COLLINS
GEM
DICTIONARY

FRANÇAIS·ALLEMAND
ALLEMAND·FRANÇAIS

FRANZÖSISCH·DEUTSCH
DEUTSCH·FRANZÖSISCH

Veronika Schnorr

édition entièrement refondue
völlig neue Ausgabe

Collins
London and Glasgow

Hachette
Paris

première édition 1984
erste Ausgabe 1984

© William Collins Sons & Co. Ltd. 1984

sixième réimpression/sechste Neuauflage 1989

ISBN 0 00 458580-1

---

avec la collaboration de/Mitarbeiter
Sabine Citron

Cornelia Enz, Bernard Gillmann
Bernadette Poltorak, Beate Wengel, Renate Winter

ouvrage réalisé par/herausgegeben von
LEXUS

Printed in Great Britain
Collins Clear-Type Press

INTRODUCTION

L'usager qui désire comprendre et lire l'allemand trouvera dans ce dictionnaire un vocabulaire moderne et très complet, comprenant de nombreux composés et locutions appartenant à la langue contemporaine. Il trouvera aussi dans l'ordre alphabétique les principales formes irrégulières, avec un renvoi à la forme de base où figure la traduction, ainsi qu'abréviations, sigles et noms géographiques choisis parmi les plus courants.

L'usager qui veut s'exprimer – communiquer – dans la langue étrangère trouvera un traitement détaillé du vocabulaire fondamental, avec de nombreuses indications le guidant vers la traduction juste et lui montrant comment l'utiliser correctement.

VORWORT

Der Wörterbuchbenutzer, dem es darum geht, Französisch zu lesen und zu verstehen, findet in diesem Wörterbuch eine ausführliche Erfassung der französischen Gegenwartssprache mit zahlreichen gebräuchlichen Wendungen und Anwendungsbeispielen. Er findet in der alphabetischen Wortliste auch die wichtigsten unregelmäßigen Formen und die häufigsten geläufigen Abkürzungen, Kurzwörter und Ortsnamen.

Der Benutzer, der sich verständigen, also auf Französisch ausdrücken will, findet eine klare und ausführliche Behandlung aller Grundwörter mit zahlreichen Hinweisen für eine angebrachte Übersetzung und den korrekten Gebrauch.

ABRÉVIATIONS

ABKÜRZUNGEN

adjectif, locution adjective	a	Adjektiv
abréviation	abr, abk	Abkürzung
adverbe, locution adverbiale	ad	Adverb
administration	ADMIN	Verwaltung
agriculture	AGR	Landwirtschaft
accusatif	akk	Akkusativ
anatomie	ANAT	Anatomie
architecture	ARCHIT	Architektur
article	art	Artikel
astronomie, astrologie	ASTR	Astronomie, Astrologie
automobile	AUT	Kraftfahrzeuge & Straßenverkehr
aviation, voyages aériens	AVIAT	Luftfahrt
biologie	BIO	Biologie
botanique	BOT	Botanik
chimie	CHIM, CHEM	Chemie
commerce	COMM	Handel
conjonction	conj	Konjunktion
cuisine, art culinaire	CULIN	Kochen & Backen
datif	dat	Dativ
déterminant	dét	attributives Pronomen
économie	ECON	Wirtschaft
électricité	ELEC	Elektrizität
et cetera	etc	und so weiter
	etw	etwas
exclamation	excl	Ausruf
féminin	f	Femininum, feminin
langue familière	fam	umgangssprachlich
emploi vulgaire	fam!	derb
emploi figuré	fig	übertragen
cinéma	FILM	Film
finance	FIN	Finanzen
génitif	gen	Genitiv
généralement	gén	meistens
géographie, géologie	GEO	Geographie, Geologie
histoire	HIST	Geschichte
impersonnel	impers	unpersönlich
invariable	inv	unveränderlich
irrégulier	irr	unregelmäßig
	jd	jemand
	jdm	jemandem
	jdn	jemanden
	jds	jemandes
domaine juridique	JUR	Rechtswesen
linguistique, grammaire	LING	Sprachwissenschaft, Grammatik

iv

masculin	m	Maskulinum, maskulin
mathématiques	MATH	Mathematik
médecine	MED	Medizin
météorologie	METEO	Meteorologie
masculin ou féminin	mf	Maskulinum oder Femininum
masculin ou féminin, suivant le sexe	m/f	Maskulinum oder Femininum
domaine militaire	MIL	militärisch
musique	MUS	Musik
nom	n	Substantiv
nautisme, navigation	NAVIG	Nautik, Seefahrt
nominatif	nom	Nominativ
neutre	nt	Neutrum, neutral
adjectif ou nom numérique	num	Zahlwort
ou	o, ou	oder
péjoratif	pej	pejorativ, abwertend
photographie	PHOT	Fotografie
physique	PHYS	Physik
pluriel	pl	Plural
politique	POL	Politik
participe passé	pp	Partizip Perfekt
préfixe	pref	Präfix
préposition	prep	Präposition
pronom	pron	Pronomen
psychologie	PSYCH	Psychologie
quelque chose	qch	
quelqu'un	qn	
marque déposée	®	Warenzeichen
religion	REL	Religion & Kirche
domaine scolaire et universitaire	SCOL	Schulwesen & Universität
singulier	sg	Singular
subjonctif	subj	Konjunktiv
domaine technique	TECH	Technik
télécommunications	TEL	Telefon & Nachrichtenwesen
télévision	TV	Fernsehen
théâtre	THEAT	Theater
typographie	TYP	Typographie, Buchdruck
verbe	vb	Verb
verbe intransitif	vi	intransitives Verb
verbe réfléchi	vr	reflexives Verb
verbe transitif	vt	transitives Verb
zoologie	ZOOL	Zoologie
verbe composé séparable	zvb	trennbares Verb
le participe passé est formé sans ge-	ohne ge-	Partizip Perfekt ohne ge-
indique une équivalence culturelle	≈	ungefähre Entsprechung

Terminaisons régulières des noms allemands
Regelmäßige Endungen

nom		gen	pl	nom		gen	pl
-ade	*f*	-ade	-aden	-ion	*.f*	-ion	-ionen
-ant	*m*	-anten	-anten	-ist	*m*	-isten	-isten
-anz	*f*	-anz	-anzen	-ium	*nt*	-iums	-ien
-ar	*m*	-ars	-are	-ius	*m*	-ius	-iusse
-är	*m*	-ärs	-äre	-ive	*f*	-ive	-iven
-at	*nt*	-at(e)s	-ate	-keit	*f*	-keit	-keiten
-atte	*f*	-atte	-atten	-lein	*nt*	-leins	-lein
-chen	*nt*	-chens	-chen	-ling	*m*	-lings	-linge
-ei	*f*	-ei	-eien	-ment	*nt*	-ments	-mente
-elle	*f*	-elle	-ellen	-mus	*m*	-mus	-men
-ent	*m*	-enten	-enten	-nis	*f*	-nis	-nisse
-enz	*f*	-enz	-enzen	-nis	*nt*	-nisses	-nisse
-ette	*f*	-ette	-etten	-nom	*m*	-nomen	-nomen
-eur	*m*	-eurs	-eure	-rich	*m*	-richs	-riche
-eurin	*f*	-eurin	-eurinnen	-schaft	*f*	-schaft	-schaften
-euse	*f*	-euse	-eusen	-sel	*nt*	-sels	-sel
-heit	*f*	-heit	-heiten	-tät	*f*	-tät	-täten
-ie	*f*	-ie	-ien	-tiv	*nt, m*	-tivs	-tive
-ik	*f*	-ik	-iken	-tor	*m*	-tors	-toren
-in	*f*	-in	-innen	-ung	*f*	-ung	-ungen
-ine	*f*	-ine	-inen	-ur	*f*	-ur	-uren

Les noms suivis d'un 'r' ou d'un 's' entre parenthèses (par exemple Ange-stellte(r) *mf*, Beamte(r) *m*, Gute(s) *nt*) se déclinent comme des adjectifs:

der Angestellte *m*	die Angestellte *f*	die Angestellten *pl*
ein Angestellter *m*	eine Angestellte *f*	Angestellte *pl*
der Beamte *m*	die Beamten *pl*	
ein Beamter *m*	Beamte *pl*	
das Gute *nt*		
ein Gutes *nt*		

PRONONCIATION DE L'ALLEMAND

Accent tonique

La plupart des mots allemands sont accentués sur la première syllabe; pour tous les autres mots, une apostrophe ['] placée avant la syllabe accentuée indique l'accentuation correcte.

Voyelles

Dans les syllabes non-accentuées, les voyelles sont en règle générale brèves.

ie se prononce [iː] dans une syllabe accentuée, mais [i] dans une syllabe non-accentuée.

Lorsqu'un mot féminin se terminant en **ie** prend un **-n** au pluriel, la terminaison se prononce [iːən] si elle est accentuée, [iən] dans les autres cas.

Consonnes

v se prononce généralement [f]; sinon la prononciation est indiquée.

iv: un mot se terminant en **iv** se prononce [iːf], mais **iv** suivi d'une désinence se prononce [iːv].

tion se prononce [tsion] sauf en fin de mot où il se prononce [tsioːn].

st, sp (i) en début de mot ou au début du second élément d'un mot composé, **st** et **sp** se prononcent [ʃt] et [ʃp].

(ii) ailleurs, **st** et **sp** se prononcent [st] et [sp].

ch se prononce [ç] sauf après **a, o, u, au** où il devient [x].

ig en fin de mot se prononce [iç]; devant une voyelle, la prononciation devient [ig].

qu se prononce [kv].

z se prononce [ts].

TRANSCRIPTION PHONETIQUE

LAUTSCHRIFT

CONSONNES   KONSONANTEN

poupée	p	Paar
bombe	b	Ball
tente thermal	t	Tafel
dinde	d	denn
coq qui képi	k	Kind
gag bague	g	gern
sale ce nation	s	Bus
zéro rose	z	
tache chat	ʃ	Stein Schlag
gilet juge	ʒ	Etage
fer phare	f	fern
valve	v	wer
lent salle	l	links
rare rentrer	R	
	r	rennen
maman femme	m	Mann
non nonne	n	Nest
agneau vigne	ɲ	
	ŋ	lang
hop!	h	Hand
yeux paille pied	j	ja
nouer oui	w	
huile lui	ɥ	
	ç	mich
	x	Loch

VOYELLES   VOKALE

NB. La mise en équivalence de certains sons n'indique qu'une ressemblance approximative.

Alle Vokallaute sind nur ungefähre Entsprechungen.

ici vie lyre	i/iː	Vitamin/Ziel
	ɪ	Kiste
jouer été	e/eː	Etage/Seele
lait merci	ɛ/ɛː	Wäsche/zählen
plat amour	a/aː	matt/Fahne
bas pâte	ɑ	
	ɐ	Vater
le premier	ə	mache
beurre peur	œ	Götter
peu deux	ø/øː	Ökonomie/blöd
or homme	ɔ	Most
mot gauche	o/oː	Oase/oben
genou roue	u/uː	zuletzt/Mut
	ʊ	Mutter
rue urne	y/yː	Typ/Kübel
	ʏ	Sünde

NASALES   NASALE

matin plein	ɛ̃/ɛ̃ː	timbrieren/Teint
brun	œ̃/œ̃ː	Parfum
sang dans	ɑ̃/ɑ̃ː	Gourmand
non pont	ɔ̃/ɔ̃ː	Fondue/Chanson

DIPHTONGUES   DIPHTONGE

	ai	weit
	au	Haus
	ɔy	heute Häuser

DIVERS   VERSCHIEDENES

* im Französischen: 'h aspiré' (wird mit dem vorhergehenden Wort nicht zusammengezogen)

' pour l'allemand: précède la syllabe accentuée
im Französischen: 'h aspiré' (siehe oben)

FRANÇAIS - ALLEMAND
FRANZÖSISCH - DEUTSCH

A

à *(à + le = **au**, à + les = **aux**) prep (lieu)* in (+dat); *(direction)* in (+akk); *(: avec villes)* nach; *(attribution):* **donner qch à qn** jdm etw geben; *(provenance):* **prendre de l'eau à la fontaine** Wasser am Brunnen holen; **aller à la campagne** aufs Land fahren; **un ami à moi** ein Freund von mir; **cinq à six heures** fünf bis sechs Stunden; **payer au mois** monatlich bezahlen; **100 km/unités à l'heure** 100 Stundenkilometer/Einheiten pro Stunde; **à 3 heures un 3 Uhr; se chauffer au gaz** mit Gas heizen; **l'homme aux yeux verts** der Mann mit den grünen Augen; **à la semaine prochaine** bis nächste Woche; **à la russe** auf russische Art.

abaisser [abese] *vt (vitre)* herunterlassen; *(manette)* nach unten drücken; *(prix, limite, niveau)* senken; *(humilier)* demütigen; **s'~** *vi* sich senken; **s'~ à faire** *qch* 100 Stundenkilometer sich erniedrigen, etw zu tun/sich zu etw herablassen.

abandon [abɑ̃dɔ̃] *nm* Verlassen *nt*; Aufgeben *nt*; Abtreten *nt*; *(détente)* Ungezwungenheit *f*; **être à l'~** *(sans entretien)* verwahrlost sein.

abandonner [abɑ̃dɔne] *vt* verlassen; *(projet, activité)* aufgeben; *(céder):* **~** *qch* **à** *qn* jdm etw abtreten // *vi (SPORT)* aufgeben; **s'~ à** sich hingeben (+dat).

abasourdir [abazurdir] *vt* betäuben, benommen machen.

abat-jour [abaʒur] *nm inv* Lampenschirm *m*.

abats [aba] *nmpl (CULIN)* Innereien *pl*.

abattement [abatmɑ̃] *nm (déduction)* Abzug *m*; *(COMM)* Rabatt *m*.

abattis [abati] *nmpl (CULIN)* Geflügelinnereien *pl*.

abattoir [abatwar] *nm* Schlachthaus *nt*.

abattre [abatr(ə)] *vt (arbre)* fällen; *(mur, maison)* niederreißen; *(avion)* abschießen; *(animal)* schlachten; *(personne)* niederschießen; **s'~** *vi (pluie)* niederprasseln; *(mât, malheur)* niederstürzen *(sur auf +akk).*

abattu, e [abaty] *a (déprimé)* entmutigt; *(fatigué)* erschöpft.

abbaye [abei] *nf* Abtei *f*.

abbé [abe] *nm (d'une abbaye)* Abt *m*; *(de paroisse)* Pfarrer *m*.

abcès [apsɛ] *nm (MED)* Abszeß *m*.

abdiquer [abdike] *vi* abdanken // *(: droit)* verzichten auf (+akk).

abdomen [abdɔmɛn] *nm* Bauch *m*, Unterleib *m*.

abeille [abej] *nf* Biene *f*.

aberrant, e [abɛrɑ̃, ɑ̃t] *a (absurde)* absurd.

abhorrer [abɔre] *vt* verabscheuen.

abîme [abim] *nm* Abgrund *m*.

abîmer [abime] *vt* beschädigen; **s'~** *vi (se détériorer)* kaputtgehen.

abject, e [abʒɛkt] *a* verabscheuungswürdig.

ablation [ablasjɔ̃] *nf (MED)* Entfernung *f*.

abnégation [abnegasjɔ̃] *nf* Entsagung *f*.

aboiement [abwamɑ̃] *nm* Bellen *nt*.

abois [abwa] *nmpl:* **être aux ~** in die Enge getrieben sein.

abolir [abɔlir] *vt* abschaffen.

abominable [abɔminabl(ə)] *a* abscheulich.

abondance [abɔ̃dɑ̃s] *nf* Reichtum *m*, Fülle *f*; **en ~** in Hülle und Fülle.

abondant, e [abɔ̃dɑ̃, ɑ̃t] *a* reichlich.

abonder [abɔ̃de] vi im Überfluß vorhanden sein; **~ en** wimmeln von.

abonnement [abɔnmɑ̃] nm Abonnement nt; (de transports en commun) Monats(fahr)karte f.

abonner [abɔne] vt: **s'~ à qch** etw abonnieren.

abord [abɔʀ] nm: **être d'un ~ facile/difficile** zugänglich/schwer zugänglich sein; **~ nmpl** (d'un lieu) Umgebung f; **au premier ~** auf den ersten Blick; **d'~** ad zuerst.

aborder [abɔʀde] vi (NAVIG) einlaufen // vt (prendre d'assaut) entern; (heurter) kollidieren mit; (fig: sujet) angehen; (:personne) ansprechen.

aboutir [abutiʀ] vi (projet, discussions) erfolgreich sein; **~ à/dans/sur** enden in (+dat).

aboyer [abwaje] vi bellen.

abrasif [abʀazif, iv] nm Schleifmittel nt.

abrégé [abʀeʒe] nm Abriß m.

abréger [abʀeʒe] vt verkürzen // (texte, mot) abkürzen, kürzen.

abreuver [abʀœve]: **s'~** vi (animal) saufen; **abreuvoir** nm Tränke f.

abréviation [abʀevjasjɔ̃] nf Abkürzung f.

abri [abʀi] nm Schutz m; (lieu couvert) Unterstand m; (cabane) Hütte f; **être/se mettre à l'~ (de)** geschützt sein (vor)/sich in Sicherheit bringen (vor +dat).

abricot [abʀiko] nm Aprikose f.

abriter [abʀite] vt (protéger) schützen; (recevoir, loger) unterbringen; **s'~** vi Schutz suchen.

abroger [abʀɔʒe] vt außer Kraft setzen.

abrupt, e [abʀypt, pt(ə)] a steil; (personne, ton) schroff, brüsk.

abrutir [abʀytiʀ] vt benommen machen.

absence [apsɑ̃s] nf Abwesenheit f; Fehlen nt.

absent, e [apsɑ̃, ɑ̃t] a abwesend; (inexistant) fehlend; (air, esprit) zerstreut // nm/f Abwesende(r) mf.

absenter [apsɑ̃te]: **s'~** vi sich frei nehmen; (momentanément) weggehen.

absolu [apsɔly] a absolut // nm: **dans l'~** absolut (gesehen); **~ment** ad absolut; (à tout prix) unbedingt.

absorber [apsɔʀbe] vt (manger, boire) zu sich nehmen; (liquide, gaz) absorbieren, aufnehmen; (temps, attention, personne) in Anspruch nehmen.

absoudre [apsudʀ(ə)] vt lossprechen.

abstenir [apstəniʀ]: **s'~** vi (POL) sich der Stimme enthalten; **s'~ de qch/de faire qch** etw unterlassen/es unterlassen, etw zu tun.

abstention [apstɑ̃sjɔ̃] nf Enthaltung f.

abstraction [apstʀaksjɔ̃] nf Abstraktion f; (idée) Abstraktum nt; **faire ~ de qch** etw beiseite lassen.

abstrait, e [apstʀɛ, ɛt] a abstrakt.

absurde [apsyʀd(ə)] a absurd.

abus [aby] nm (excès) Mißbrauch m; (injustice) Mißstand m; **~ de confiance** Vertrauensmißbrauch m.

abuser [abyze] vi das Maß überschreiten; **~ de** vt mißbrauchen; **s'~** vi sich irren.

abusif, ive [abyzif, iv] a (prix) unverschämt, maßlos; **usage ~** Mißbrauch m.

acabit [akabi] nm: **de cet ~** vom gleichen Schlag.

académie [akademi] nf (société) Akademie f; **académique** a akademisch; (péj: style) konventionell.

acajou [akaʒu] nm Mahagoni nt.

acariâtre [akaʀjɑtʀ(ə)] a griesgrämig.

accablant, e [akɑblɑ̃, ɑ̃t] a (témoignage, preuve) niederschmetternd; (chaleur, poids) unerträglich.

accabler [akɑble] vt belasten.

accalmie [akalmi] nf Flaute f.

accaparer [akapaʀe] vt sich bemächtigen (+gen).

accéder [aksede]: **~ à** vt kommen zu, gelangen zu; (requête, désirs) nachkommen (+dat).

accélérateur [akseleʀatœʀ] nm (AUT) Gaspedal nt; (atomique) Beschleuniger *m.*

accélérer [akselere] *vt* beschleunigen // *vi* (*voiture*) beschleunigen; (*conducteur*) Gas geben.

accent [aksɑ̃] *nm* Akzent *m*; (*inflexions expressives*) Tonfall *m*; (*LING: intonation*) Betonung *f*; (*signe*) Akzentzeichen *nt*; **mettre l'~ sur qch** (*fig*) etw betonen.

accentuer [aksɑ̃tɥe] *vt* betonen; (*augmenter*) steigern; **s'~** *vi* zunehmen.

acceptable [akseptablə)] *a* annehmbar.

accepter [aksepte] *vt* annehmen; (*risque, responsabilité*) auf sich (*akk*) nehmen; (*fait, hypothèse*) anerkennen; (*personne*) akzeptieren; **~ de faire qch** einwilligen, etw zu tun; **~ que** (*tolérer*) dulden, daß.

acception [aksepsjɔ̃] *nf* Bedeutung *f*.

accès [akse] *nm* Zugang *m*; (*MED: de fièvre*) Anfall *m*; (: de boutons) Ausbruch *m* // *nmpl* (*routes etc*) Zufahrtsstraße *f*; **~ de colère/joie** Wutanfall *m*/Freudenausbruch *m.*

accessible [aksesibl(ə)] *a* leicht zu erreichen; (*livre, sujet*) zugänglich.

accessoire [akseswaʀ] *a* zweitrangig // *nm* (*mécanique*) Zubehörteil *nt.*

accident [aksidɑ̃] *nm* Unglück *nt*; (*de voiture*) Unfall *m*; (*événement fortuit*) Zufall *m*; **par ~** zufälligerweise, durch Zufall.

accidenté, e [aksidɑ̃te] *a* (*terrain*) uneben, bergig; (*voiture, personne*) an einem Unfall beteiligt.

acclamer [aklame] *vt* zujubeln (+*dat*).

acclimater [aklimate]: **s'~** *vi* sich akklimatisieren.

accointances [akwɛ̃tɑ̃s] *nfpl*: **avoir des ~s avec** Verbindungen haben zu.

accolade [akɔlad] *nf* (*amicale*) Umarmung *f*; (*signe*) geschweifte Klammer.

accoler [akɔle] *vt* anfügen.

accommodant, e [akɔmɔdɑ̃, t] *a* zuvorkommend.

accommoder [akɔmɔde] *vt* (*CULIN*)

zubereiten; (*points de vue*) miteinander vereinbaren; **s'~ de** sich abfinden mit.

accompagnement [akɔ̃paɲmɑ̃] *nm* Begleitung *f.*

accompagner [akɔ̃paɲe] *vt* begleiten.

accompli, e [akɔ̃pli] *a*: **musicien ~** vollendeter Musiker.

accomplir [akɔ̃pliʀ] *vt* (*tâche, projet*) ausführen; (*souhait, vœu*) erfüllen; **s'~** *vi* in Erfüllung gehen.

accord [akɔʀ] *nm* Übereinstimmung *f*; (*convention*) Abkommen *nt*; (*consentement*) Zustimmung *f*; (*MUS*) Akkord *m*; **être d'~** (*de faire/que*) einverstanden sein (, etw zu tun/daß); **être d'~** (**avec qn**) (mit jdm) übereinstimmen.

accordéon [akɔʀdeɔ̃] *nm* Akkordeon *m.*

accorder [akɔʀde] *vt* (*faveur, délai*) bewilligen; (*harmoniser*) abstimmen (*avec qch* mit etw); (*MUS*) stimmen; **je vous accorde que ...** ich gebe zu, daß ...; **on accorde le verbe avec le sujet** das Verb richtet sich nach dem Subjekt.

accoster [akɔste] *vt* (*NAVIG*) anlegen; (*personne*) ansprechen.

accotement [akɔtmɑ̃] *nm* (*de route*) Rand *m.*

accouchement [akuʃmɑ̃] *nm* Entbindung *f.*

accoucher [akuʃe] *vi* entbinden; **~ d'un enfant** ein Kind gebären.

accouder [akude]: **s'~** *vi*: **s'~ à/contre** sich mit den Ellbogen stützen auf (+*akk*).

accoudoir [akudwaʀ] *nm* Armlehne *f.*

accoupler [akuple] *vt* (*moteurs, bœufs*) koppeln; (*idées*) verbinden; **s'~** *vi* sich paaren.

accourir [akuʀiʀ] *vi* herbeilaufen.

accoutrement [akutʀəmɑ̃] *nm* (*pej*) Aufzug *m.*

accoutumance [akutymɑ̃s] *nf* Süchtigkeit *f.*

accoutumé, e [akutyme] *a* gewohnt (à qch an etw *akk*).

accroc [akʀo] *nm* (*déchirure*) Riß *m*;

(fig) Schwierigkeit *f*, Problem *nt*.

accrochage [akʀɔʃaʒ] *nm* Aufhängen *nt*; *(AUT)* Zusammenstoß *m*.

accrocher [akʀɔʃe] *vt (suspendre)* aufhängen; *(attacher)* anhängen; *(heurter)* anstoßen; *(déchirer)* hängenbleiben mit; *(MIL)* angreifen; *(attention, regard, client)* anziehen; **s'~** *einen* Zusammenstoß haben; **s'~ à** hängenbleiben an (+*dat*); *(agripper, fig)* sich klammern an (+*akk*).

accroissement [akʀwasmɑ̃] *nm* Zunahme *f*.

accroître [akʀwatʀ(ə)] *vt* zunehmen; **s'~** *vi* anwachsen, stärker werden.

accroupir [akʀupiʀ]: **s'~** *vi* hocken, kauern.

accru, e [akʀy] *a* verstärkt.

accueil [akœj] *nm* Empfang *m*; **accueillant, e** *a* gastfreundlich.

accueillir [akœjiʀ] *vt* aufnehmen; *(loger)* unterbringen.

acculer [akyle] *vt:* **~ qn à/dans/contre** jdn in/gegen (+*akk*) treiben.

accumuler [akymyle] *vt* anhäufen; *(retard)* vergrößern; **s'~** *vi* sich ansammeln; sich vergrößern.

accusation [akyzasjɔ̃] *nf* Beschuldigung *f*; *(JUR)* Anklage *f*; *(:partie)* Anklagevertretung *f*.

accusé, e [akyze] *nm/f (JUR)* Angeklagte(r) *mf*; **~ de réception** Empfangsbestätigung *f*.

accuser [akyze] *vt* beschuldigen; *(JUR)* anklagen; *(faire ressortir)* betonen; **~ qn de qch** jdn einer Sache *(gen)* beschuldigen *ou* anklagen.

acerbe [asɛʀb(ə)] *a* bissig.

acéré, e [aseʀe] *a* scharf.

achalandé, e [aʃalɑ̃de] *a:* **bien/mal ~** gut/schlecht ausgestattet.

acharné, e [aʃaʀne] *a (lutte, adversaire)* unerbittlich, erbarmungslos; *(travailleur)* unermüdlich.

acharner [aʃaʀne]: **s'~** *vi:* **s'~ contre** *ou* **sur qn** jdn erbarmungslos angreifen; *(sujet: malchance)* jdn verfolgen; **s'~ à faire qch** etw unbedingt tun wollen.

achat [aʃa] *nm* Kauf *m*; **faire des ~s** einkaufen.

acheminer [aʃmine] *vt* senden; **s'~ vers** zusteuern auf (+*akk*).

acheter [aʃte] *vt* kaufen; **~ qch à qn** *(provenance)* etw von jdm kaufen; *(destination)* etw für jdn kaufen.

acheteur, euse [aʃtœʀ, øz] *nm/f (client)* Käufer(in *f*) *m*.

achever [aʃve] *vt* beenden; *(blessé)* den Gnadenschuß geben (+*dat*); **s'~** *vi* zu Ende gehen.

acide [asid] *a* sauer // *nm (CHIM)* Säure *f*.

acier [asje] *nm* Stahl *m*; **~ inoxidable** nichtrostender Stahl.

aciérie [asjeʀi] *nf* Stahlwerk *nt*.

acné [akne] *nf* Akne *f*.

acolyte [akɔlit] *nm (pej)* Komplize *m*.

acompte [akɔ̃t] *nm* Anzahlung *f*.

à-coup [aku] *nm* Ruck *m*; **sans/par ~s** glatt/ruckartig *ou* stoßweise.

acoustique [akustik] *a* akustisch.

acquéreur [akeʀœʀ] *nm* Käufer(in *f* *m*.

acquérir [akeʀiʀ] *vt (biens)* erwerben, kaufen; *(habitude)* annehmen; *(valeur)* bekommen; *(droit)* erlangen; *(certitude)* gelangen zu.

acquiescer [akjese] *vi* zustimmen.

acquis, e [aki, iz] *a (habitude, caractères)* angenommen; *(résultats, vitesse)* erreicht.

acquisition [akizisjɔ̃] *nf (achat)* Kauf *m*; *(de célébrité, droit)* Erlangen *nt*; *(objet acquis)* Erwerb *m*.

acquit [aki] *nm (quittance)* Quittung *f*; **par ~ de conscience** zu jds Gewissensberuhigung.

acquitter [akite] *vt (JUR)* freisprechen; *(payer)* begleichen; **s'~** *(devoir, engagement)* nachkommen (+*dat*); *(travail)* erledigen.

âcre [akʀ(ə)] *a* bitter, herb.

acrobate [akʀɔbati] *nf (art)* Akrobatik *f*; *(exercice)* akrobatisches Kunststück *m*.

acte [akt] *nm (action, geste)* Tat *f*; *(papier, document)* Akte *f*; *(THEAT)* Akt *m*; **~s** *nmpl (compte-rendu)* Protokoll *nt*; **prendre ~ de qch** etw zur Kenntnis nehmen; **faire ~ de**

présence/ candidature sich sehen lassen/sich als Kandidat vorstellen; **~ de naissance** Geburtsurkunde f.

acteur, trice [aktœr, tris] nm/f Schauspieler(in f) m.

actif, ive [aktif, iv] a aktiv // m (COMM) Aktiva pl; (fig): **mettre/ avoir qch à son ~** etw auf seine Erfolgsliste setzen/etw als Erfolg verbuchen können.

action [aksjɔ̃] nf (acte) Tat f; (activité, déploiement d'énergie) Tätigkeit f; (influence, effet) Wirkung f; (THEAT, FILM) Handlung f; (COMM) Aktie f; **mettre en ~** in Tat umsetzen; **passer à l'~** zur Tat schreiten, aktiv werden; **un homme d'~** ein Mann der Tat; **un film d'~** ein Actionfilm; **en diffamation** Verleumdungsklage f.

actionner [aksjɔne] vt betätigen.

activité [aktivite] nf Aktivität f; (occupation, loisir) Betätigung f.

actrice nf voir **acteur**.

actualiser [aktɥalize] vt verwirklichen.

actualité [aktɥalite] nf Aktualität f; **~s** nfpl (TV) Nachrichten pl.

actuel, le [aktɥɛl] a (présent) augenblicklich; (d'actualité) aktuell; **~lement** ad derzeit.

acuité [akɥite] nf (des sens) Schärfe f; (d'une crise, douleur) Intensität f.

adage [adaʒ] nm Sprichwort nt.

adaptateur [adaptatœr] nm (ELEC) Adapter m.

adaptation [adaptasjɔ̃] nf Bearbeitung f.

adapter [adapte] vt (œuvre) bearbeiten; (approprier): **~ qch à** etw anpassen an (+akk); **~ qch sur/ dans/à** etw anbringen auf/in/an (+akk); **s'~ (à)** (sujet: personne) sich anpassen (an +akk).

additif [aditif] nm Zusatz m.

addition [adisjɔ̃] nf Hinzufügen nt; (MATH) Addition f; (au café) Rechnung f.

additionner [adisjɔne] vt (MATH) addieren; **~ un produit/vin d'eau** einem Produkt Wasser hinzufügen/ Wein mit Wasser strecken.

adepte [adɛpt(ə)] nm/f Anhänger(in f) m.

adéquat, e [adekwa, at] a passend, angebracht.

adhérent, e [adeʁɑ̃, ɑ̃t] nm/f Mitglied nt.

adhérer [adeʁe] vi: **~à** (coller à) haften an (+dat); (se rallier à: parti, club) beitreten (+dat); (opinion) unterstützen, eintreten für (+akk).

adhésif, ive [adezif, iv] a haftend // nm Klebstoff m.

adhésion [adezjɔ̃] nf (voir **adhérer**) Beitritt m; Unterstützung f.

adieu, x [adjø] excl lebewohl // nm Abschied m; **dire ~ à qn** sich von jdm verabschieden.

adjacent, e [adʒasɑ̃, ɑ̃t] a angrenzend.

adjectif [adʒɛktif] nm Adjektiv nt.

adjoindre [adʒwɛ̃dʁ(ə)] vt: **~ qch à** qch etw einer Sache (dat) beifügen; **s'~ un collaborateur** sich (dat) einen Mitarbeiter ernennen.

adjoint, e [adʒwɛ̃, ɛ̃t] nm/f: (directeur) ~ stellvertretender Direktor m; **~ au maire** zweiter Bürgermeister m.

adjudant [adʒydɑ̃] nm Feldwebel m.

adjudication [adʒydikasjɔ̃] nf (vente aux enchères) Versteigerung f; (marché administratif) Ausschreibung f; (attribution) Vergabe f.

adjuger [adʒyʒe] vt verleihen (+dat); **adjugé! (vendu)** verkauft!

admettre [admɛtʁ(ə)] vt (visiteur, nouveau venu) hereinlassen; (patient, membre) aufnehmen (dans in +akk); (comportement) durchgehen lassen; (fait, point de vue) anerkennen; (explication) gelten lassen; **~ que** zugeben, daß.

administrateur, trice [administ-ratœr, tris] nm/f Verwalter(in f) m.

administratif, ive [administratif, iv] a administrativ, Verwaltungs-; (style, paperasserie) bürokratisch.

administration [administʁasjɔ̃] nf Verwaltung f; **l'A~** ≃ der Staatsdienst.

administrer [administʁe] vt (diriger) führen, leiten; (remède, cor-

rection) verbrechen; *(sacrement)* spenden.

admirable [admirabl(ə)] *a* bewundernswert.

admirateur, trice [admiratœr, tris] *nm/f* Bewunderer(in *f*) *m*.

admirer [admire] *vt* bewundern.

admissible [admisibl(ə)] *a* (*comportement*) zulässig; (*candidat*: SCOL) (zur mündlichen Prüfung) zugelassen.

admission [admisjɔ̃] *nf* Einlaß *m*; Aufnahme *f* (*à in +akk*); Bestehen *nt*; Anerkennung *f*; (*de candidat reçu*) Zulassung *f*; (*patient*) Neuaufnahme *f*.

admonester [admɔneste] *vt* ermahnen.

adolescence [adɔlesɑ̃s] *nf* Jugend *f*.

adolescent, e [adɔlesɑ̃, ɑ̃t] *nm/f* Jugendliche(r) *mf*.

adonner [adɔne]: **s'~ à** *vt* sich hingebungsvoll widmen (+*dat*).

adopter [adɔpte] *vt* (*projet de loi*) verabschieden; (*politique, attitude, mode*) annehmen; (*enfant*) adoptieren; (*nouveau venu*) aufnehmen.

adoptif, ive [adɔptif, iv] *a* Adoptiv-; (*patrie, ville*) Wahl-.

adorable [adɔrabl(ə)] *a* bezaubernd.

adorer [adɔre] *vt* über alles lieben; (REL) anbeten.

adosser [adose] *vt*: **~ qch à/contre** etw lehnen an/gegen (+*akk*).

adoucir [adusir] *vt* (*goût*) verfeinern; (*peau*) weich machen; (*caractère*) abschwächen; (*peine*) mildern; **s'~** *vi* sich verfeinern; (*caractère*) sich abschwächen; (*température*) abnehmen.

adresse [adres] *nf* (*habileté*) Geschick *nt*; (*domicile*) Adresse *f*.

adresser [adrese] *vt* (*lettre*) schicken (*à an +akk*); (*écrire l'adresse sur*) adressieren; (*injure, compliments*) richten (*à an +akk*); **s'~ à** (*parler à*) sprechen zu; (*destinataire*) sich richten an (+*akk*).

Adriatique [adriatik] *nf* Adria *f*.

adroit, e [adrwa, wat] *a* geschickt.

aduler [adyle] *vt* verherrlichen.

adulte [adylt(ə)] *nm/f* Erwachsene(r) *mf* // *a* (*chien, arbre*) ausgewachsen; (*attitude*) reif.

adultère [adylter] *nm* Ehebruch *m*.

advenir [advənir] *vi* geschehen, sich ereignen; **qu'est-il advenu de ...** was ist aus ... geworden?

adverbe [adverb(ə)] *nm* Adverb *nt*.

adversaire [adverser] *nm/f* Gegner(in *f*) *m*.

adversité [adversite] *nf* Not *f*.

aération [aerasjɔ̃] *nf* Lüftung *f*.

aérer [aere] *vt* lüften; (*style*) auflockern.

aérien, ne [aerjɛ̃, jɛn] *a* (AVIAT) Luft-; (*câble*) oberirdisch; **métro ~** Hochbahn *f*.

aérodrome [aerodrom] *nm* Flugplatz *m*.

aérogare [aerogar] *nf* (*à l'aéroport*) Flughafen *m*; (*en ville*) Airterminal *m*.

aéroglisseur [aeroglisœr] *nm* Luftkissenboot *nt*.

aéronautique [aeronotik] *a* aeronautisch.

aéronaval, e [aeronaval] *a* Luft- und See-.

aéroport [aeropor] *nm* Flughafen *m*.

aérosol [aerosol] *nm* (*bombe*) Spraydose *f*.

affable [afabl(ə)] *a* umgänglich.

affadir [afadir] *vt* fade machen.

affaiblir [afeblir] *vt* schwächen; **s'~** *vi* schwächer werden.

affaire [afer] *nf* (*problème, question*) Angelegenheit *f*; (*criminelle, judiciaire*) Fall *m*; (*scandale*) Affäre *f*; (COMM) Geschäft *nt*; (*occasion intéressante*) günstige Gelegenheit *f*; **~s** *nfpl* (*intérêts privés ou publics*) Geschäfte *pl*; (*effets personnels*) Sachen *pl*; **ce sont mes/tes ~s** (*cela me/te concerne*) das ist meine/deine Sache; **avoir ~ à qn/qch** es mit jdm/etw zu tun haben.

affairer [afere]: **s'~** *vi* geschäftig hin und her eilen.

affaisser [afese]: **s'~** *vi* (*terrain, immeuble*) einstürzen; (*personne*) zusammenbrechen.

affaler [afale]: **s'~** vi: **s'~ dans/sur** sich erschöpft fallen lassen in (+akk)/auf (+akk).

affamer [afame] vt aushungern.

affecter [afɛkte] vt (émouvoir) berühren, treffen; (feindre) vortäuschen; (allouer) zuteilen (à dat); (marquer): ~ **qch d'un coefficient/indice** etw mit einem Koeffizienten/einem Zeichen versehen.

affection [afɛksjɔ̃] nf Zuneigung f; (MED) Leiden nt.

affectionner [afɛksjɔne] vt mögen.

affectueux, euse [afɛktɥø, øz] a liebevoll.

affermir [afɛʀmiʀ] vt fest werden lassen.

affichage [afiʃaʒ] nm Anschlag m.

affiche [afiʃ] nf Plakat nt; **être à l'~** (THEAT, FILM) gespielt werden; **tenir l'~** lang auf dem Programm stehen.

afficher [afiʃe] vt anschlagen; (attitude) zur Schau stellen.

affilée [afile]: **d'~** ad ununterbrochen.

affiler [afile] vt schärfen.

affilier [afilje]: **s'~ à** vt Mitglied werden bei.

affinité [afinite] nf Verwandtschaft f, Affinität f.

affirmatif, ive [afiʀmatif, iv] a (réponse) bejahend; (personne) positiv // nf: **répondre par l'affirmative** ja sagen, mit Ja antworten; **dans l'affirmative** bejahendenfalls.

affirmation [afiʀmasjɔ̃] nf (assertion) Behauptung f.

affirmer [afiʀme] vt (prétendre, assurer) behaupten; (désir, autorité) geltend machen.

affleurer [aflœʀe] vi sich an der Oberfläche zeigen.

affligé, e [afliʒe] a erschüttert; ~ **d'une maladie/tare** an einer Krankheit/einem Gebrechen leidend.

affliger [afliʒe] vt (peiner) zutiefst bekümmern.

affluence [aflyɑ̃s] nf: **heure/jour d'~** ~ Stoßzeit f/geschäftigster Tag m.

affluent [aflyɑ̃] nm (GEO) Nebenfluß m.

affluer [aflye] vi (secours, biens) eintreffen; (sang, gens) strömen; **s'~** vi durchdrehen.

affolé, e [afole] a verrückt machen; **s'~** vi durchdrehen.

affranchir [afʀɑ̃ʃiʀ] vt freimachen; (esclave) freilassen; (d'une contrainte, menace) befreien.

affréter [afʀete] vt mieten.

affreux, euse [afʀø, øz] a schrecklich.

affronter [afʀɔ̃te] vt (adversaire) entgegentreten (+dat).

affût [afy] nm: **être à l'~ de qch** auf etw (akk) lauern.

affûter [afyte] vt schärfen.

afin [afɛ̃]: ~ **que** conj so daß, damit; ~ **de faire** um zu tun.

a fortiori [afɔʀsjɔʀi] ad um so mehr.

africain, e [afʀikɛ̃, ɛn] a afrikanisch; **A~, e** nm/nf Afrikaner(in f) m.

Afrique [afʀik] nf: l'~ Afrika nt.

agacer [agase] vt (volontairement) quälen; (involontairement) aufregen.

âge [aʒ] nm Alter nt; (ère) Zeitalter nt; **quel ~ as-tu?** wie alt bist du? ~ **de raison** verständiges Alter; l'~ **ingrat** die Pubertät, die Flegeljahre; l'~ **mûr** das reife Alter.

âgé, e [aʒe] a alt; ~ **de 10 ans** 10 Jahre alt.

agence [aʒɑ̃s] nf Agentur f; (succursale) Filiale f; ~ **immobilière/matrimoniale/de voyages** Immobilienbüro nt/Eheinstitut nt/Reisebüro nt.

agencer [aʒɑ̃se] vt (éléments, texte) zusammenfügen, arrangieren; (appartement) einrichten.

agenda [aʒɛ̃da] nm Kalender m.

agenouiller [aʒnuje]: **s'~** vi niederknien.

agent [aʒɑ̃] nm (élément, facteur) Faktor m; ~ (de police) Polizist(in f) m; ~ (secret) (Geheim)agent(in f) m; ~ **de change/d'assurances** Börsenmakler(in f) m/Versicherungsmakler(in f) m.

agglomération [aglomeʀasjɔ̃] nf Ortschaft f; l'~ **parisienne** das Stadtgebiet von Paris.

agglomérer [aglɔmeʀe] vt anhäufen; (TECH) verbinden.

agglutiner [aglytine] vt zusammenkleben.

aggraver [agʀave] vt verschlimmern; (peine) erhöhen.

agile [aʒil] a beweglich.

agir [aʒiʀ] vi handeln; (se comporter) sich verhalten; (avoir de l'effet) wirken; **de quoi s'agit-il?** um was handelt es sich?

agitation [aʒitasjɔ̃] nf Bewegung f; (état d'excitation, d'inquiétude) Erregung f; (politique) Aufruhr m.

agité, e [aʒite] a unruhig; (trouble, excité) aufgeregt, erregt; (mer) aufgewühlt.

agiter [aʒite] vt schütteln; (préoccuper) beunruhigen.

agneau, x [aɲo] nm Lamm nt; (CULIN) Lammfleisch nt.

agonie [agɔni] nf Todeskampf m.

agrafe [agʀaf] nf (de vêtement) Haken m; Spange f; (de bureau) Heftklammer f.

agrafer [agʀafe] vt zusammenhalten; heften; **agrafeuse** nf (de bureau) Heftmaschine f.

agraire [agʀɛʀ] a agrarisch.

agrandir [agʀɑ̃diʀ] vt erweitern; (PHOT) vergrößern; **s'~** vi größer werden; **agrandissement** nm (PHOT) Vergrößerung f.

agréable [agʀeabl(ə)] a angenehm.

agréé [agʀee] a: **magasin/concessionnaire ~** = eingetragener Laden/Händler.

agrégation [agʀegasjɔ̃] nf höchste Lehramtsbefähigung.

agrément [agʀemɑ̃] nm (accord) Zustimmung f; (plaisir) Vergnügen nt.

agrémenter [agʀemɑ̃te] vt ausschmücken; angenehm machen.

agresser [agʀese] vt angreifen.

agresseur [agʀesœʀ] nm Angreifer(in f) m; (POL, MIL) Aggressor(in f) m.

agressif, ive [agʀesif, iv] a aggressiv.

agression [agʀesjɔ̃] nf Aggression f; (POL, MIL) Angriff m.

agricole [agʀikɔl] a landwirtschaftlich.

agriculteur [agʀikyltœʀ] nm Landwirt(in f) m.

agriculture [agʀikyltyʀ] nf Landwirtschaft f.

agripper [agʀipe] vt schnappen, packen; **s'~ à** greifen nach (+dat).

agrumes [agʀym] nmpl Zitrusfrüchte pl.

aguerrir [ageʀiʀ] vt abhärten, stählen.

aguets [agɛ] nmpl: **être aux ~** auf der Lauer sein.

ah! [a] excl aha!

ahurir [ayʀiʀ] vt verblüffen.

aide [ɛd] nf Hilfe f // nm/f Assistent(in f) m; à l'~ de mit Hilfe von; **appeler à l'~** zu Hilfe rufen; **~ comptable/électricien** nm Buchhaltungsgehilfe m(-gehilfin f)/Elektrikergehilfe m(-gehilfin f); **~ soignant, 'e** nm/f Schwesternhelfer(in f) m.

aide-mémoire [ɛdmemwaʀ] nm inv Gedächtnishilfe f.

aider [ɛde] vt helfen (+dat); **~ à** (faciliter) beitragen zu.

aïeul, e [ajœl] nm/f Großvater m, Großmutter f; **aïeux** [ajø] nmpl Großeltern pl.

aigle [ɛgl(ə)] nm Adler m.

aigre [ɛgʀ(ə)] a sauer, säuerlich; (fig) schneidend.

aigreur [ɛgʀœʀ] nf saurer Geschmack m; **~s d'estomac** Sodbrennen nt.

aigrir [ɛgʀiʀ] vt (personne) verbittern.

aigu, ë [egy] a (objet, arête) spitz; (son, voix) hoch; (douleur, conflit, intelligence) scharf.

aigue-marine [ɛgmaʀin] nf Aquamarin m.

aiguillage [egɥijaʒ] nm Weiche f.

aiguille [egɥij] nf (de réveil, compteur) Zeiger m; (à coudre) Nadel f; **à tricoter** Stricknadel f.

aiguillon [egɥijɔ̃] nm (d'abeille) Stachel m.

aiguillonner [egɥijɔne] vt

anspornen.

aiguiser [egize] *vt (outil)* schleifen, schärfen; *(fig)* stimulieren.

ail [aj] *nm* Knoblauch *m*.

aile [ɛl] *nf* Flügel *m*.

aileron [ɛlʀɔ̃] *nm (de requin)* Flosse *f*; *(d'avion)* Querruder *nt*; *(de voiture)* Spoiler *m*.

ailier [elje] *nm* Flügelspieler(in *f*) *m*.

ailleurs [ajœʀ] *ad* woanders; **nulle part** ~ nirgendwo anders; **d'**~ übrigens; **par** ~ überdies.

aimable [emabl(ə)] *a* freundlich.

aimant [emã] *nm* Magnet *m*.

aimer [eme] *vt* lieben; *(d'amitié, d'affection)* mögen; *(chose, activité)* gern haben; **bien** ~ **qn/qch** jdn/etw sehr gern haben; ~ **mieux qch/faire etw** lieber mögen/tun; ~ **autant faire qch** *(préférer)* etw lieber tun.

ainsi [ɛ̃si] *ad* so // ~ **que** *conj* wie; *(et aussi)* und; **pour** ~ **dire** sozusagen.

aine [ɛn] *nf (ANAT)* Leiste *f*.

aîné, e [ene] *a* älter // *nm* ältestes Kind *nt*, Älteste(r) *mf*.

air [ɛʀ] *nm (mélodie)* Melodie *f*; *(expression)* Gesichtsausdruck *m*; *(attitude)* Benehmen *nt*, Auftreten *nt*; *(atmosphérique)* Luft *f*; **prendre de grands** ~**s avec qn** jdn herablassend behandeln; **parole/menace en l'**~ leere Reden/Drohung; **prendre l'**~ Luft schnappen; **avoir l'**~ scheinen; **avoir l'**~ **triste/d'un clown** traurig aussehen/aussehen wie ein Clown.

aire [ɛʀ] *nf* Fläche *f*; *(domaine, zone)* Gebiet *nt*.

aisance [ezãs] *nf* Leichtigkeit *f*; *(grâce, adresse)* Geschicklichkeit *f*; *(richesse)* Wohlstand *m*.

aise [ɛz] *nf (confort)* Komfort *m* // *a*: **être bien** ~ *(content)* froh erfreut sein von/daß; **être à l'**~ *ou* à son ~ sich wohl fühlen; *(financièrement)* sich gut stehen; **se mettre à l'**~ es sich *(dat)* bequem machen; **être mal à l'**~ *ou* à son ~ sich nicht wohl fühlen; **en faire à son** ~ tun, was man beliebt.

aisé, e [eze] *a (facile)* leicht; *(assez riche)* gutsituiert.

---

aisselle [ɛsɛl] *nf* Achselhöhle *f*.

Aix-la-Chapelle [ɛkslaʃapɛl] *n* Aachen *nt*.

ajoncs [aʒɔ̃] *nmpl* Stechginster *m*.

ajouré, e [aʒuʀe] *a* durchbrochen.

ajourner [aʒuʀne] *vt* vertagen.

ajouter [aʒute] *vt* hinzufügen; ~ **foi** à Glauben schenken (+*dat*).

ajuster [aʒyste] *vt (régler)* einstellen; *(adapter)* einpassen (à qch in +*akk*).

ajusteur [aʒystœʀ] *nm* Metallarbeiter(in *f*) *m*.

alambic [alãbik] *nm* Destillierapparat *m*.

alarme [alaʀm(ə)] *nf (signal)* Alarm *m*; *(inquiétude)* Sorge *f*, Beunruhigung *f*.

alarmer [alaʀme] *vt* warnen; **s'**~ *vi* sich *(dat)* Sorgen machen.

Albanie [albani] *nf*: **l'**~ Albanien *nt*.

albâtre [albatʀ(ə)] *nm* Alabaster *m*.

album [albɔm] *nm* Album *nt*.

albumen [albymɛn] *nm* Eiweiß *nt*.

albumine [albymin] *nf* Albuminurie *f*; **avoir** *ou* **faire de l'**~ Eiweiß im Urin haben.

alcool [alkɔl] *nm*: **l'**~ der Alkohol; **un** ~ ein Weinbrand *m*; ~ **à brûler** Brennspiritus *m*; ~ **à 90°** Wundbenzin *nt*; ~**ique** *a* alkoholisch // *nm/f* Alkoholiker(in *f*) *m*; ~**isé, e** *a (boisson)* alkoholisch; ~**isme** *nm* Alkoholismus *m*; **alcotest** ®️ *nm* Alkoholtest *m*.

aléas [aleas] *nmpl* Risiken *pl*.

alentour [alãtuʀ] *ad* darum herum // ~**s** *nmpl* Umgebung *f*.

alerte [alɛʀt(ə)] *a* aufgeweckt, lebendig // *nf (menace)* Warnung *f*; *(signal)* Alarm *m*; **donner l'**~ Alarm auslösen.

alevin [alvɛ̃] *nm* Zuchtfisch *m*.

algèbre [alʒɛbʀ(ə)] *nf* Algebra *f*; **algébrique** *a* algebraisch.

Algérie [alʒeʀi] *nf*: **l'**~ Algerien *nt*; **algérien, ne** *a* algerisch; **A~n, ne** *nm/f* Algerier(in *f*) *m*.

algue [alg(ə)] *nf* Alge *f*.

alibi [alibi] *nm* Alibi *nt*.

aliéné, e [aljene] *nm/f* Geistesgestörte(r) *mf*.

aliéner [aljene] *vt (bien, liberté)* veräußern; *(partisans, support)* befremden.

aligner [aliɲe] *vt* in eine Reihe stellen; *(adapter)* angleichen *(sur an +akk);* *(présenter)* in einer Reihenfolge darlegen; **s'~** *(concurrents)* sich aufstellen; *(POL)* sich ausrichten *(sur nach).*

aliment [alimɑ̃] *nm* Nahrungsmittel *nt.*

alimentation [alimɑ̃tasjɔ̃] *nf* Ernährung *f;* Versorgung *f; (commerce)* Lebensmittelhandel *m.*

alimenter [alimɑ̃te] *vt* ernähren; *(en eau, électricité)* versorgen; *(conversation)* in Gang halten; *(haine etc)* nähren.

alinéa [alinea] *nm* Absatz *m.*

aliter [alite] **s'~** *vi* sich ins Bett legen.

allaiter [alete] *vt* stillen.

allant, e [alɑ̃, ɑ̃t] *nm* Elan *m.*

allécher [aleʃe] *vt* anlocken.

allée [ale] *nf* Allee *f;* **~ et venues** *nfpl* das Kommen und Gehen.

allégation [alegasjɔ̃] *nf* Behauptung *f.*

alléger [aleʒe] *vt* leichter machen; *(dette, impôt)* senken; *(souffrance)* lindern.

alléguer [alege] *vt (fait, texte)* anführen; *(prétexte)* vorbringen.

Allemagne [alman] *nf:* **l'~** Deutschland *nt;* **~ de l'Est/l'Ouest** Ost-/Westdeutschland *nt.*

allemand, e [almɑ̃, d] *a* deutsch // *nm (langue)* Deutsch *nt;* **A~, e** *nm/f* Deutsche(r) *mf.*

aller [ale] *nm (trajet)* Hinweg *m; (billet)* Einfachfahrkarte *f// vi* gehen; **je vais y aller/me fâcher/le faire** ich werde hingehen/ärgerlich/es machen; **~ voir/chercher qch** sich *(dat)* etw ansehen/etw holen; **comment allez-vous/va-t-il?** wie geht es Ihnen/ihm?; **ça va?** wie geht's?; **cela me va** *(couleur, vêtement)* das steht mir; *(projet, dispositions)* das paßt mir; **cela va bien avec le tapis/les rideaux** das paßt gut zum Teppich/zu den Vorhängen; **il y va de leur vie/notre salut** es

geht um ihr Leben/unser Wohl; **s'en ~** *vi* weggehen; **~ et retour** *nm (billet)* Rückfahrkarte *f.*

allergie [alɛrʒi] *nf* Allergie *f;* **allergique** *a:* **~ (à)** allergisch (gegen).

alliage [aljaʒ] *nm* Legierung *f.*

alliance [aljɑ̃s] *nf* Allianz *f; (bague)* Ehering *m;* **neveu par ~** angeheirateter Neffe.

allier [alje] *vt* legieren; *(unir)* verbünden; **s'~** *(pays, personnes)* sich verbünden; *(éléments, caractéristiques)* sich verbinden; **s'~ à** sich verbünden mit.

allô [alo] *excl* hallo!

allocation [alɔkasjɔ̃] *nf* Zuteilung *f,* Zuweisung *f;* **~ (de) logement/chômage** Mietzuschuß *m/* Arbeitslosenunterstützung *f;* **~s familiales** Familienbeihilfe *f.*

allocution [alɔkysjɔ̃] *nf* kurze Ansprache *f.*

allonger [alɔ̃ʒe] *vt* verlängern; *(bras, jambe)* ausstrecken; **s'~** *vi (se coucher)* sich hinlegen; **~ le pas** den Schritt beschleunigen.

allouer [alwe] *vt* zuteilen.

allumage [alymaʒ] *nm (AUT)* Zündung *f.*

allumer [alyme] *vt (lampe, phare)* einschalten; *(feu)* machen; *(la lumière ou l'électricité)* das Licht anmachen.

allumette [alymɛt] *nf* Streichholz *nt.*

allure [alyʀ] *nf (vitesse)* Geschwindigkeit *f; (démarche, maintien)* Gang *m; (aspect, air)* Aussehen *nt;* **avoir de l'~** Eleganz haben; **à toute ~** mit voller Geschwindigkeit.

allusion [alyzjɔ̃] *nf* Anspielung *f;* **faire ~ à** anspielen auf *(+akk).*

alors [alɔʀ] *ad (à ce moment là)* da; *(par conséquent)* infolgedessen, also; **~ que** *(non) (tandis que)* während.

alouette [alwɛt] *nf* Lerche *f.*

alourdir [aluʀdiʀ] *vt* belasten.

alpage [alpaʒ] *nm* Alm *f.*

Alpes [alp] *nfpl:* **les ~** die Alpen *pl.*

alphabet [alfabɛ] *nm* Alphabet *nt;* **alphabétique** *a* alphabetisch; **alphabétiser** *vt* das Schreiben und Lesen beibringen *(+dat).*

alpinisme [alpinism(ə)]

Bergsteigen nt.

alpiniste [alpinist(ə)] nmf Bergsteiger(in f) m.

Alsace [alzas] nf: l'~ das Elsaß; **alsacien, ne** a elsässisch.

altérer [altere] vt (texte, document) (ab)ändern; (matériau) beschädigen, angreifen; (sentiment) beeinträchtigen.

alternateur [alternatœr] nm Wechselstromgenerator m.

alternatif, ive [alternatif, iv] a (mouvement) wechselnd; (courant) Wechsel- // nf (choix) Alternative f; **alternativement** ad abwechselnd.

altesse [altes] nf: son ~ le ... Seine Hoheit, der ...

altimètre [altimɛtR(ə)] nm Höhenmesser m.

altitude [altityd] nf Höhe f.

alto [alto] nm (instrument) Viola f.

aluminium [alyminjɔm] nm Aluminium nt.

alunir [alyniR] vi auf dem Mond landen.

alvéole [alveɔl] nf (de ruche) (Bienen)wabe f.

amabilité [amabilite] nf Liebenswürdigkeit f; **il a eu l'~ de le faire** er war so nett und hat es gemacht.

amadouer [amadwe] vt umgarnen.

amaigrir [amegRiR] vt abmagern lassen.

amalgame [amalgam] nm Mischung f.

amande [amɑ̃d] nf Mandel f; **en** ~ mandelförmig.

amandier [amɑ̃dje] nm Mandelbaum m.

amant [amɑ̃] nm Geliebter m.

amarrer [amaRe] vt (NAVIG) vertäuen, festmachen.

amas [amɑ] nm Haufen m.

amasser [amɑse] vt anhäufen.

amateur [amatœR] nm (non professionnel) Amateur m; (qui aime): ~ **de musique** Musikliebhaber(in f) m.

amazone [amazon] nf: **en** ~ im Damensitz.

ambassade [ɑ̃basad] nf Botschaft f;

ambassadeur, drice nmf (POL)

Botschafter(in f) m.

ambiance [ɑ̃bjɑ̃s] nf Atmosphäre f.

ambiant, e [ɑ̃bjɑ̃, ɑ̃t] a der Umgebung.

ambidextre [ɑ̃bidɛkstR(ə)] a mit beiden Händen gleich geschickt.

ambigu, ë [ɑ̃bigy] a zweideutig.

ambition [ɑ̃bisjɔ̃] nf Ehrgeiz m.

ambre [ɑ̃bR(ə)] nm: ~ **jaune** Bernstein m; ~ **gris** Amber m.

ambulance [ɑ̃bylɑ̃s] nf Krankenwagen m; **ambulancier, ière** nmf Sanitäter(in f) m.

ambulant, e [ɑ̃bylɑ̃, ɑ̃t] a umherziehend, Wander-.

âme [am] nf Seele f; **rendre l'~** den Geist aufgeben; ~ **sœur** Gleichgesinnte(r) mf.

améliorer [ameljɔRe] vt verbessern; s'~ vi besser werden.

aménagement [amenaʒmɑ̃] nm Ausstattung f, Einrichtung f.

aménager [amenaʒe] vt (local, appartement) einrichten; (espace, terrain, parc) anlegen; (mansarde, vieille ferme) umbauen; (cuisine, placards) einbauen.

amende [amɑ̃d] nf Geldstrafe f; **mettre à l'~** bestrafen; **faire** ~ **honorable** sich öffentlich bekennen.

amender [amɑ̃de] vt (JUR) ändern; s'~ vi sich bessern.

amener [amne] vt mitnehmen, bringen; (causer) mit sich führen; (baisser: drapeau, voiles) abnehmen; s'~ vi (fam: venir) aufkreuzen.

amer, ère [amɛR] a bitter.

américain, e [ameRikɛ̃, ɛn] a amerikanisch; **A**~, **e** nmf Amerikaner(in f) m.

Amérique [ameRik] nf: l'~ Amerika nt; l'~ **centrale** Zentralamerika nt; l'~ **latine** Lateinamerika nt; l'~ **du Nord** Nordamerika nt; l'~ **du Sud** Südamerika nt.

amerrir [ameRiR] vi wassern.

amertume [amɛRtym] nf Bitterkeit f.

ameublement [amœblmɑ̃] nm Mobiliar nt; **tissu d'**~ Möbelstoff m.

ameuter [amøte] vt (badauds)

zusammenlaufen lassen.

ami, e [ami] *nm/f* Freund(in *f*) *m*; **être (très) ~ avec qn** mit jdm (sehr) gut befreundet sein.

amiable [amjabl(ə)] *a* gütlich; **à l'~ ad** mit gegenseitigem Einverständnis.

amiante [amjɑ̃t] *nf* Asbest *m*.

amical, e, aux [amikal, o] *a* freundschaftlich // *nf (club)* Vereinigung *f*.

amidonner [amidɔne] *vt* stärken.

amincir [amɛ̃siʀ] *vt (objet)* dünn machen; *(personne: sujet: robe)* schlank machen; **s'~** *vi (personne)* schlanker werden.

amiral, aux [amiʀal, o] *nm* Admiral *m*.

amitié [amitje] *nf* Freundschaft *f*; **faire ou présenter ses ~s à qn** jdm viele Grüße ausrichten lassen.

ammoniac [amɔnjak] *nm*: **(gaz) ~** Ammoniak *nt*.

ammoniaque [amɔnjak] *nf* Salmiakgeist *m*.

amnésie [amnezi] *nf* Gedächtnisverlust *m*.

amnistie [amnisti] *nf* Amnestie *f*.

amoindrir [amwɛ̃dʀiʀ] *vt* vermindern.

amollir [amɔliʀ] *vt* weich machen.

amonceler [amɔ̃sle] *vt* anhäufen.

amont [amɔ̃]: **en ~ ad** stromaufwärts.

amorce [amɔʀs(ə)] *nf (sur un hameçon)* Köder *m*; *(explosif)* Zünder *m*; *(fig: début)* Ansatz *m*.

amorcer [amɔʀse] *vt (hameçon)* beködern; *(munition)* schußfertig machen; *(négociations)* in die Wege leiten; *(virage)* angehen; *(geste)* ansetzen zu.

amorphe [amɔʀf(ə)] *a* passiv, träge.

amortir [amɔʀtiʀ] *vt (choc, bruit)* dämpfen; *(douleur)* mildern; *(mise de fonds)* abschreiben.

amortisseur [amɔʀtisœʀ] *nm (AUT)* Stoßdämpfer *m*.

amour [amuʀ] *nm (sentiment)* Liebe *f*; **faire l'~** sich lieben.

amouracher [amuʀaʃe]: **s'~ de qn** *(pej)* sich verschießen in (+*akk.*).

amoureux, euse [amuʀø, øz] *a* ver-

liebt; *(vie, passions)* Liebes-; *(personne)*: **être ~ (de qn)** (in jdn) verliebt sein // *nmpl* Liebespaar *nt*.

amour-propre [amuʀpʀɔpʀ] *nm* Eigenliebe *f*.

amovible [amɔvibl(ə)] *a* abnehmbar.

amphithéâtre [ɑ̃fiteɑtʀ(ə)] *nm* Amphitheater *nt*; *(SCOL)* Hörsaal *m*.

ample [ɑ̃pl(ə)] *a (vêtement)* weit; *(gestes, mouvement)* ausladend; *(ressources)* üppig, reichlich.

ampleur [ɑ̃plœʀ] *nf* Größe *f*, Weite *f*; *(d'un désastre)* Ausmaß *nt*.

amplificateur [ɑ̃plifikatœʀ] *nm* Verstärker *m*.

amplifier [ɑ̃plifje] *vt (son, oscillation)* verstärken; *(fig)* vergrößern.

amplitude [ɑ̃plityd] *nf (d'une onde, vibration, oscillation)* Schwingung *f*; *(des températures)* Schwankung *f*.

ampoule [ɑ̃pul] *nf (électrique)* Birne *f*; *(de médicament)* Ampulle *f*; *(aux mains, pieds)* Blase *f*.

ampoulé, e [ɑ̃pule] *a (pej)* geschwollen, schwülstig.

amputer [ɑ̃pyte] *vt (MED)* amputieren; *(texte, budget)* drastisch reduzieren; **~ qn d'un bras/pied** jdm einen Arm/Fuß abnehmen.

amusant, e [amyzɑ̃, ɑ̃t] *a* unterhaltsam; *(comique)* komisch.

amuse-gueule [amyzgœl] *nm inv* Appetithappen *m*.

amusement [amyzmɑ̃] *nm (fait d'être égayé)* Belustigung *f*; *(divertissement)* Unterhaltung *f*.

amuser [amyze] *vt (divertir)* belustigen; *(détourner l'attention de)* unterhalten; **s'~** *vi (jouer)* spielen; *(se divertir)* sich amüsieren.

amygdale [amidal] *nf*: **opérer qn des ~s** jdm die Mandeln herausnehmen.

an [ɑ̃] *nm* Jahr *nt*; **être âgé de ou avoir 3 ~s** 3 Jahre alt sein; **le jour de l'~, le premier de l'~, le nouvel ~** der Neujahrstag.

analgésique [analʒezik] *nm* Schmerzmittel *nt*.

analogue [analɔg] *a* analog.

analyse [analiz] *nf* Analyse *f*.

analyser [analize] *vt* analysieren.

analyste [analist(ə)] *nm/f* Analytiker(in *f*) *m*; *(PSYCH)* Psychoanalytiker(in *f*) *m*.

analytique [analitik] *a* analytisch.

ananas [anana(s)] *nm* Ananas *f*.

anarchie [anaʀʃi] *nf* Anarchie *f*.

anarchiste [anaʀʃist(ə)] *nm/f* Anarchist(in *f*) *m*.

anathème [anatɛm] *nm*: **jeter l'~ sur qn, lancer l'~ contre qn** jdn mit dem Bann belegen.

anatomie [anatɔmi] *nf* Anatomie *f*.

ancestral, e, aux [ãsɛstʀal, o] *a* Ahnen-.

ancêtre [ãsɛtʀ(ə)] *nm/f* Vorfahr *m*; **~s** *nmpl* (aïeux) Vorfahren *pl*.

anchois [ãʃwa] *nm* Sardelle *f*.

ancien, ne [ãsjɛ̃, jɛn] *a* (vieux, de jadis) alt; (précédent, ex-) ehemalig // *nm/f* (d'une tribu) Älteste(r) *mf*.

anciennement [ãsjɛnmã] *ad* früher.

ancienneté [ãsjɛnte] *nf* Alter *nt*; *(ADMIN)* höherer Dienstgrad *m*.

ancre [ãkʀ(ə)] *nf* Anker *m*; **jeter/ lever l'~** Anker werfen/den Anker lichten; **à l'~** vor Anker.

ancrer [ãkʀe] *vt* verankern; **s'ancrer** *vi (NAVIG)* Anker werfen.

andouille [ãduj] *nf (pej)* Trottel *m*.

âne [ɑn] *nm* Esel *m*.

anéantir [aneãtiʀ] *vt* vernichten; *(personne)* fertigmachen.

anecdote [anɛkdɔt] *nf* Anekdote *f*.

anémie [anemi] *nf* Anämie *f*.

anémique [anemik] *a* anämisch.

anémone [anemɔn] *nf* Anemone *f*; **~ de mer** Seeanemone *f*.

ânerie [anʀi] *nf* Dummheit *f*.

anesthésie [anɛstezi] *nf* Betäubung *f*; **~ générale/locale** Vollnarkose *f*/örtliche Betäubung *f*.

anfractuosité [ãfʀaktɥozite] *nf* Spalte *f*.

ange [ãʒ] *nm* Engel *m*.

angine [ãʒin] *nf* Angina *f*; **~ de poitrine** Angina pectoris *f*.

anglais, e [ãglɛ, ɛz] *a* englisch // *nm (LING)* Englisch *nt*; **E~** Englisch *nt*, *m*~, e *nm/f* Engländer(in *f*) *m*; **filer à l'~e** sich auf französisch verabschieden.

angle [ãgl(ə)] *nm* Winkel *m*; **~ droit/ obtus/aigu** rechter/stumpfer/ spitzer Winkel.

Angleterre [ãglətɛʀ] *nf*: **l'~** England *nt*.

angoisse [ãgwas] *nf* Angstgefühl *nt*.

angoisser [ãgwase] *vt* beängstigen, beklemmen.

anguille [ãgij] *nf* Aal *m*.

anguleux, euse [ãgylø, øz] *a* eckig, kantig.

animal, e, aux [animal, o] *a* tierisch; *(règne)* Tier–// *nm* Tier *nt*.

animateur, trice [animatœʀ, tʀis] *nm/f (de TV, music-hall)* Unterhalter(in *f*) *m*; *(de maison de jeunes)* Leiter(in *f*) *m*.

animer [anime] *vt (conversation, soirée)* beleben; *(mettre en mouvement)* anfeuern; *(stimuler)* animieren; **s'~** *vi (rue, ville)* sich beleben; *(conversation, personne)* lebhaft werden.

animosité [animozite] *nf* Feindseligkeit *f*.

ankyloser [ãkiloze] **s'~** *vi* steif werden.

annales [anal] *nfpl* Annalen *pl*.

anneau, x [ano] *nm (de chaîne)* Glied *nt*; *(bague; de rideau)* Ring *m*.

année [ane] *nf* Jahr *nt*; **l'~ scolaire/ fiscale** das Schul-/Steuerjahr.

annexe [anɛks(ə)] *nf (bâtiment)* Anbau *m*; *(document)* Anhang *m*.

annexer [anɛkse] *vt (pays, biens)* annektieren; *(texte, document)* anfügen.

annihiler [aniile] *vt* vernichten.

anniversaire [anivɛʀsɛʀ] *nm* Geburtstag *m*; *(d'un événement, bâtiment)* Jahrestag *m*.

annonce [anɔ̃s] *nf* Ankündigung *f*; *(publicitaire)* Anzeige *f*; *(CARTES)* Angabe*f*; **les petites ~s** vermischte Kleinanzeigen *pl*.

annoncer [anɔ̃se] *vt* ankündigen; **s'~** *vi*: **s'~ bien/difficile** vielversprechend/schwierig aussehen.

annonceur, euse [anɔ̃sœʀ, øz] *nm/f (TV, RADIO)* Ansager(in *f*) *m*; *(publicitaire)* Inserent(in *f*) *m*.

annoter [anɔte] *vt* mit Anmerkungen versehen.

annuaire [anɥɛʀ] *nm* Jahrbuch *nt*; ~ **téléphonique** Telefonbuch *nt*.

annuel, elle [anɥɛl] *a* jährlich.

annulaire [anylɛʀ] *nm* Ringfinger *m*.

annuler [anyle] *vt* (*rendez-vous, voyage*) absagen; (*résultats*) für ungültig erklären; (*MATH*) aufheben.

anodin, e [anɔdɛ̃, in] *a* unbedeutend.

anse [ɑ̃s] *nf* (*de panier, tasse*) Henkel *m*; (*GEO*) Bucht *f*.

antécédent [ɑ̃tesedɑ̃] *nm* (*LING*) Bezugswort *nt*; ~**s** *nmpl* (*MED*) Vorgeschichte *f*.

antenne [ɑ̃tɛn] *nf* Antenne *f*; **à l'**~ im Radio.

antérieur, e [ɑ̃teʀjœʀ] *a* (*d'avant*) vorig; (*de devant*) vordere(r, s); ~ **à** vor (+*dat*).

anti... [ɑ̃ti] *pref* anti-; ~**atomique** *a*: **abri** ~**atomique** Atomschutzbunker *m*; ~**biotique** *nm* Antibiotikum *nt*; ~**brouillard** *a*: **phare** ~**brouillard** Nebelschlußwerfer *m*.

antichambre [ɑ̃tiʃɑ̃bʀ(ə)] *nf* Vorzimmer *nt*.

anticipé, e [ɑ̃tisipe] *a* (*règlement*) vorzeitig; **avec mes remerciements** ~**s** im voraus schon vielen Dank.

anticiper [ɑ̃tisipe] *vt* (*événement, coup*) vorhersehen.

anticonceptionnel, le [ɑ̃tikɔ̃sɛpsjɔnɛl] *a* Verhütungs-.

anticyclone [ɑ̃tisiklon] *nm* Hoch(druckgebiet) *nt*.

antidote [ɑ̃tidɔt] *nm* Gegenmittel *nt*.

antigel [ɑ̃tiʒɛl] *nm* Frostschutzmittel *m*.

antipathique [ɑ̃tipatik] *a* unsympathisch.

antiquaire [ɑ̃tikɛʀ] *nm* Antiquitätenhändler(in *f*) *m*.

antiseptique [ɑ̃tisɛptik] *a* antiseptische.

antivol [ɑ̃tivɔl] *nm* Diebstahlversicherung *f*.

antre [ɑ̃tʀ(ə)] *nm* Höhle *f*, Bau *m*.

anus [anys] *nm* After *m*.

anxieux, euse [ɑ̃ksjø, øz] *a* besorgt.

août [u] *nm* August *m*.

apaiser [apeze] *vt* (*colère*) besänftigen; (*douleur*) mildern, lindern.

apanage [apanaʒ] *nm*: **être l'**~ **de qn** jds Vorrecht sein.

aparté [aparte] *nm*: **en** ~ *ad* beiseite, privat.

apatride [apatrid] *nm/f* Staatenlose(r) *mf*.

apercevoir [apɛʀsəvwaʀ] *vt* wahrnehmen; **s'**~ **de** bemerken; **s'**~ **que** bemerken, daß.

apéritif [apeʀitif] *nm* Aperitif *m*.

apeuré, e [apœʀe] *a* verängstigt.

apiculteur [apikyltœʀ] *nm* Imker *m*.

apitoyer [apitwaje] *vt* mitleidig stimmen.

aplanir [aplaniʀ] *vt* ebnen; (*fig*) beseitigen.

aplatir [aplatiʀ] *vt* flach machen.

aplomb [aplɔ̃] *nm* (*fig*) Selbstsicherheit *f*; **d'**~ *ad* (*CONSTR*) im Lot, senkrecht.

apogée [apɔʒe] *nm* Höhepunkt *m*.

apoplexie [apɔplɛksi] *nf* Schlaganfall *m*.

a posteriori [apɔstɛʀjɔʀi] *ad* im nachhinein.

apostrophe [apɔstʀɔf] *nf* (*signe*) Apostroph *m*; (*interpellation*) Beschimpfung *f*.

apôtre [apotʀ(ə)] *nm* Apostel *m*.

apparaître [apaʀɛtʀ(ə)] *vi* erscheinen // *vb avec attribut* scheinen.

appareil [apaʀɛj] *nm* Apparat *m*; (*avion*) Maschine *f*; (*dentier*) Spange *f*; ~ **digestif** Verdauungssystem *nt*; ~**photo** *nm* Fotoapparat *m*.

appareiller [apaʀeje] *vi* auslaufen.

apparemment [apaʀamɑ̃] *ad* anscheinend.

apparence [apaʀɑ̃s] *nf* Anschein *m*; **en** ~ scheinbar.

apparent, e [apaʀɑ̃, ɑ̃t] *a* sichtbar; scheinbar.

apparenté, e [apaʀɑ̃te] *a*: ~ **à**

verwandt mit.

apparition [aparisjɔ̃] nf Erscheinung f.

appartement [apartəmɑ̃] nm Wohnung f.

appartenir [apartənir]: ~ à vt gehören (+dat); (faire partie de) angehören (+dat), gehören zu.

appas [apa] nmpl (d'une femme) Reize pl.

appât [apa] nm Köder m.

appel [apɛl] nm Ruf m; (nominal, demande) Aufruf m; (TEL) Anruf m; (recrutement) Einberufung f; faire ~ (JUR) Berufung einlegen; faire ~ à (invoquer) appellieren an (+akk); (avoir recours à) zurückgreifen auf (+akk); sans ~ endgültig.

appeler [aple] vt rufen; (nommer) nennen; (nécessiter) erfordern; s'~ heißen; comment ça s'appelle? wie heißt das?

appellation [apelasjɔ̃] nf Bezeichnung f.

appendicite [apɛ̃disit] nf Blinddarmentzündung f.

appesantir [apzɑ̃tir]: s'~ sur vt sich verbreiten über (+akk).

appétissant, e [apetisɑ̃, ɑ̃t] a (mets) lecker.

appétit [apeti] nm Appetit m; bon ~! guten Appetit!

applaudir [aplodir] vt loben // vi klatschen; **applaudissements** nmpl Beifall m.

applique [aplik] nf Wandleuchte f.

appliqué, e [aplike] a (élève etc) fleißig; (science) angewandt.

appliquer [aplike] vt anwenden; (poser) anbringen; s'~ vi (élève) sich anstrengen.

appoint [apwɛ̃] nm: faire l'~ die genaue Summe zahlen.

appointements [apwɛ̃təmɑ̃] nmpl Einkünfte pl.

apport [apɔr] nm Beitrag m.

apporter [apɔrte] vt bringen.

appréciable [apresjabl] a (important) beträchtlich.

apprécier [apresje] vt (personne) schätzen; (distance) abschätzen; (importance) einschätzen.

appréhender [apreɑ̃de] vt (craindre) fürchten; (arrêter) festnehmen.

appréhension [apreɑ̃sjɔ̃] nf (crainte) Furcht f, Besorgnis f.

apprendre [aprɑ̃dr(ə)] vt (nouvelle, résultat) erfahren; (leçon, texte) lernen; ~ qch à qn (informer) jdm etw mitteilen; (enseigner) jdn etw lehren; ~ à faire qch lernen, etw zu tun.

apprenti, e [aprɑ̃ti] nm/f Lehrling m.

apprentissage [aprɑ̃tisaʒ] nm Lehre f.

apprivoiser [aprivwaze] vt zähmen.

approbation [aprɔbasjɔ̃] nf Zustimmung f.

approche [aprɔʃ] nf Herannahen nt; (d'un problème) Methode f.

approcher [aprɔʃe] vi sich nähern; (vacances, date) nahen, näherrücken // (faire) näher (heran)rücken, näher stellen; ~ de vt näher (her)rücken an (+akk) oder zu; (but, moment) sich nähern (+dat); s'~ de vt sich nähern (+dat).

approfondir [aprɔfɔdir] vt vertiefen.

approprié, e [aprɔprije] a: ~ à angemessen (+dat).

approprier [aprɔprije]: s'~ vt sich (dat) aneignen.

approuver [apruve] vt (projet) genehmigen; (loi) annehmen; (personne) zustimmen (+dat).

approvisionner [aprɔvizjɔne] vt beliefern, versorgen; (compte bancaire) auffüllen.

approximatif, ive [aprɔksimatif,iv] a ungefähr.

appui [apɥi] nm Stütze f; (de fenêtre) Fensterbrett nt; (fig) Unterstützung f, Hilfe f; **prendre** ~ sur sich stützen auf (+akk); à l'~ de zum Nachweis (+gen).

appuyer [apɥije] vt (soutenir) unterstützen; (poser:) ~ qch sur/ contre/à etw stützen auf (+akk)/stützen ou lehnen gegen an (+akk); ~ sur vt drücken auf (+akk); (frein) betätigen; (mot, détail) unterstreichen; ~ à droite sich rechts halten; s'~ sur vt stützen auf (+*akk*).

âpre [apʀ(ə)] *a* herb; (*voix*) rauh; (*lutte*) heftig, erbittert.

après [apʀɛ] *prep* nach (+*dat*) // *ad* danach; ~ **qu'il est** *ou* **soit parti/ avoir fait qch** nachdem er weggegangen ist/nachdem er/sie etw getan hatte; **d'~ lui** ihm nach; ~ **coup** *ad* hinterher, nachträglich; ~**-demain** *ad* übermorgen; ~**-midi** *nm ou nf inv* Nachmittag *m*.

à-propos [apʀopo] *nm* (*présence d'esprit*) Geistesgegenwart *f*; (*repartie*) Schlagfertigkeit *f*.

apte [apt(ə)] *a* fähig; (*MIL*) tauglich.

aptitude [aptityd] *nf* Fähigkeit *f*; (*prédisposition*) Begabung *f*.

aquarelle [akwaʀɛl] *nf* Aquarellmalerei *f*; (*tableau*) Aquarell *nt*.

aquarium [akwaʀjɔm] *nm* Aquarium *nt*.

aquatique [akwatik] *a* Wasser-.

arabe [aʀab] *a* arabisch; A~ *nm/f* Araber(in *f*) *m*.

arachide [aʀaʃid] *nf* Erdnuß *f*.

araignée [aʀɛɲe] *nf* Spinne *f*.

arbitraire [aʀbitʀɛʀ] *a* willkürlich.

arbitre [aʀbitʀ(ə)] *nm* (*SPORT*) Schiedsrichter *m*; (*JUR*) Schlichter *m*.

arborer [aʀbɔʀe] *vt* (*drapeau*) hissen; (*fig*) zur Schau tragen.

arbre [aʀbʀ(ə)] *nm* Baum *m*; ~ **de transmission** (*AUT*) Kardanwelle *f*; ~ **généalogique** Stammbaum *m*.

arbuste [aʀbyst(ə)] *nm* Busch *m*, Strauch *m*.

arc [aʀk] *nm* Bogen *m*.

arcade [aʀkad] *nf* Arkade *f*; ~ **sourcilière** Augenbrauenbogen *m*.

arc-bouter [aʀkbute]: **s'~** *vi* sich aufstemmen.

arc-en-ciel [aʀkɑ̃sjɛl] *nm* Regenbogen *m*.

arche [aʀʃ(ə)] *nf* Brückenbogen *m*; **l'~ de Noé** die Arche Noah.

archer [aʀʃe] *nm* Bogenschütze *m*.

archet [aʀʃɛ] *nm* Bogen *m*.

archevêque [aʀʃəvɛk] *nm* Erzbischof *m*.

architecte [aʀʃitɛkt(ə)] *nm* Architekt(in *f*) *m*.

architecture [aʀʃitɛktyʀ] *nf* Architektur *f*; (*ART*) Baustil *m*.

archives [aʀʃiv] *nfpl* Archiv *nt*.

ardent, e [aʀdɑ̃, ɑ̃t] *a* (*feu, soleil*) glühend, heiß; (*soif*) brennend; (*prière*) inbrünstig; (*amour*) leidenschaftlich; (*lutte*) erbittert.

ardeur [aʀdœʀ] *nf* (*du soleil, feu*) Glut *f*, Hitze *f*; (*fig: ferveur*) Leidenschaft *f*, Heftigkeit *f*, Eifer *m*.

ardoise [aʀdwaz] *nf* Schiefer *m*.

ardu, e [aʀdy] *a* schwierig.

arête [aʀɛt] *nf* (*de poisson*) Gräte *f*; (*d'une montagne*) Grat *m*, Kamm *m*; (*MATH, ARCHIT*) Kante *f*.

argent [aʀʒɑ̃] *nm* (*métal*) Silber *nt*; (*monnaie*) Geld *nt*; ~ **liquide** Bargeld *nt*.

argenterie [aʀʒɑ̃tʀi] *nf* Silber *nt*.

argentin, e [aʀʒɑ̃tɛ̃, in] *a* (*son*) silberhell; (*GEO*) argentinisch.

Argentine [aʀʒɑ̃tin] *nf*: **l'~** Argentinien *nt*.

argile [aʀʒil] *nf* Ton *m*, Lehm *m*.

argot [aʀgo] *nm* Argot *nt*, Slang *m*.

argument [aʀgymɑ̃] *nm* (*raison*) Argument *nt*.

aride [aʀid] *a* ausgetrocknet; (*cœur*) gefühllos; (*texte*) undankbar.

arithmétique [aʀitmetik] *a* arithmetisch // *nf* Arithmetik *f*.

armateur [aʀmatœʀ] *nm* Reeder *m*.

armature [aʀmatyʀ] *nf* (*de bâtiment*) Gerüst *nt*; (*de tente*) Gestänge *nt*.

arme [aʀm(ə)] *nf* Waffe *f*; ~**s** *nfpl* (*blason*) Wappen *nt*; ~ **à feu** Feuerwaffe *f*.

armé, e [aʀme] *a* bewaffnet; (*garni, équipé*): ~ **de** versehen mit, ausgerüstet mit.

armée [aʀme] *nf* Armee *f*; ~ **de l'air/de terre** Luftwaffe *f*/Heer *nt*.

armement [aʀməmɑ̃] *nm* Bewaffnung *f*; (*matériel*) Rüstung *f*.

armer [aʀme] *vt* bewaffnen; (*arme à feu*) spannen; (*appareil-photo*) weiterspulen; **s'~ de** sich bewaffnen mit; (*courage, patience*) sich wappnen mit.

armistice [aʀmistis] *nm* Waffenstillstand m.

armoire [armwar] nf Schrank m.

armoiries [armwari] nfpl Wappen nt.

armure [armyr] nf Rüstung f.

armurier [armyrje] nm Waffenschmied m.

aromate [arɔmat] nm Duftstoff m; (épice) Gewürz nt.

arôme [arom] nm Aroma nt; (odeur) Duft m.

arpenter [arpɑ̃te] vt auf und ab gehen in (+dat).

arpenteur [arpɑ̃tœr] nm Landvermesser m.

arqué, e [arke] a gekrümmt.

arrache-pied [araʃpje]: **d'~** ad unermüdlich.

arracher [araʃe] vt herausziehen; (dent) ziehen; (page) herausreißen; (bras) wegreißen; (fig: obtenir) abringen; **s'~ de/à** sich losreißen von; **s'~** vt (personne, article très recherché) sich reißen um.

arraisonner [arezɔne] vt (bateau) überprüfen, kontrollieren.

arrangeant, e [arɑ̃ʒɑ̃, ɑ̃t] a (personne) verträglich.

arranger [arɑ̃ʒe] vt (appartement) einrichten; (rendez-vous) vereinbaren; (voyage) organisieren; (problème) regeln, in Ordnung bringen; (convenir à): **cela m'arrange** das paßt mir; (MUS) arrangieren; **s'~** (se mettre d'accord) sich einigen; **s'~ à ce que** sich so einrichten, daß.

arrestation [arestasjɔ̃] nf Verhaftung f, Festnahme f.

arrêt [are] nm Anhalten nt, Stillstand m; (maintien) Halt m, Stillstand m; (JUR) Urteil nt, Entscheidung f; **sans ~** ununterbrochen, unaufhörlich; **~ (d'autobus)** Haltestelle f.

arrêté [arete] nm (JUR) Erlaß m.

arrêter [arete] vt (projet, construction) einstellen; (voiture, personne) anhalten; (date) festlegen; (suspect) festnehmen, verhaften; **son choix s'est arrêté sur** seine Wahl fiel auf (+akk); **~ de faire** aufhören, etw zu tun; **s'~** vi stehenbleiben; (pluie, bruit) aufhören.

arrhes [ar] nfpl Anzahlung f.

arrière [arjɛr] a inv: **feu/siège/roue ~** Rücklicht nt/Rücksitz m/Hinterrad nt (d'une voiture) Heck nt; (d'une maison) Rückseite f; (SPORT) Verteidiger m; **à l'~** hinten; **en ~** ad rückwärts.

arriéré, e [arjere] a (personne) zurückgeblieben // nm (d'argent) (Zahlungs)rückstand m.

arrière... [arjɛr] pref: **~-garde** nf Nachhut f; **~-goût** nm Nachgeschmack m; **~-grand-mère** nf Urgroßmutter f; **~-grand-père** nm Urgroßvater m; **~-pays** nm Hinterland nt; **~-pensée** nf Hintergedanke m; **~-plan** nm Hintergrund m; **~-train** nm Hinterteil m.

arrimer [arime] vt (chargement) verstauen; (bateau) festmachen.

arrivage [ariva3] nm Eingang m.

arrivée [arive] nf Ankunft f; (SPORT) Ziel nt; (TECH): **~ d'air/de gaz** Luft-/Gaszufuhr f.

arriver [arive] vi (événement, fait) geschehen, sich ereignen; (dans un lieu) ankommen; **~ à** vt: **j'arrive à faire qch** es gelingt mir, etw zu tun; **il arrive que** es kommt vor, daß; **il lui arrive de rire** es kommt vor, daß er lacht.

arriviste [arivist(ə)] nm/f Streber(in f) m.

arroger [arɔʒe]: **s'~** vt (droit) sich (dat) anmaßen.

arrondir [arɔ̃dir] vt (forme) runden; (somme) abrunden.

arrondissement [arɔ̃dismɑ̃] nm Verwaltungsbezirk m.

arroser [aroze] vt gießen; (rôti, victoire) begießen.

arrosoir [arozwar] nm Gießkanne f.

arsenal, aux [arsənal, o] nm (NAVIG) Werft f; (MIL) Arsenal nt; (dépôt d'armes) Waffenlager nt; (panoplie) Sammlung f.

arsenic [arsenik] nm Arsen nt.

art [ar] nm Kunst f; **~ dramatique** Schauspielkunst f.

artère [artɛr] f Arterie f; (rue) Verkehrsader m.

artichaut [artiʃo] nm Artischocke f.

article [aRtikl(ə)] *nm* Artikel *m*; **faire l'~** seine Ware anpreisen.

articulation [aRtikylasjɔ̃] *nf* (LING) Artikulation *f*; (ANAT) Gelenk *nt*.

articuler [aRtikyle] *vt* (prononcer) aussprechen; **s'~ (sur)** durch ein Gelenk verbunden sein (mit).

artifice [aRtifis] *nm* Trick *m*; Kunstgriff *m*.

artificiel, le [aRtifisjɛl] *a* künstlich; (pej: factice) gekünstelt.

artisan [aRtizɑ̃] *nm* Handwerker *m*.

artisanat [aRtizana] *nm* Handwerk *nt*.

artiste [aRtist(ə)] *nm/f* Künstler(in*f*) *m*.

artistique [aRtistik] *a* künstlerisch.

as [ɑs] *nm* As *nt*.

ascendance [asɑ̃dɑ̃s] *nf* Abstammung *f*, Herkunft *f*.

ascendant, e [asɑ̃dɑ̃, ɑ̃t] *a* aufsteigend//*nm* (influence) Einfluß *m*.

ascenseur [asɑ̃sœR] *nm* Aufzug *m*.

ascension [asɑ̃sjɔ̃] *nf* Besteigung *f*; (d'un ballon etc) Aufstieg *m*; **l'A~** (Christi) Himmelfahrt *f*.

ascète [asɛt] *nm/f* Asket *m*.

aseptiser [asɛptize] *vt* keimfrei machen.

asiatique [azjatik] *a* asiatisch; **A~** *nm/f* Asiat(in*f*) *m*.

Asie [azi] *nf:* **l'~** Asien *nt*.

asile [azil] *nm* (refuge) Zuflucht *f*; (POL) Asyl *nt*; (pour malades mentaux) Anstalt *f*, Heim *nt*; (pour vieillards) Altersheim *nt*.

aspect [aspɛ] *nm* (apparence) Aussehen *nt*; (point de vue) Aspekt *m*, Gesichtspunkt *m*; **à l'~ de ...** beim Anblick *t* (+gen).

asperge [aspɛRʒ(ə)] *nf* Spargel *m*.

asperger [aspɛRʒe] *vt* bespritzen.

aspérité [aspeRite] *nf* Unebenheit *f*.

asphyxie [asfiksi] *nf* Ersticken *nt*.

aspic [aspik] *nm* (ZOOL) Natter *f*; (CULIN) Aspik *m*, Sülze *f*.

aspirateur [aspiRatœR] *nm* Staubsauger *m*.

aspiration [aspiRasjɔ̃] *nf* Atemholen *nt*, Einatmen *nt*; Aufsaugen *nt*; (gén pl: ambition) Streben *nt* (à nach); **les ~s** die Ambitionen.

aspirer [aspiRe] *vt* aufsaugen; (air) einatmen; **~ à** *vt* streben nach.

assagir [asaʒiR]: **s'~** *vi* ruhiger werden.

assaillir [asajiR] *vt* (gén) angreifen; (fig) überschütten (de mit).

assainir [aseniR] *vt* sanieren; (pièce) desinfizieren; saubermachen.

assaisonnement [asɛzɔnmã] *nm* Gewürz *nt*; Würzen *nt*.

assassin [asasɛ̃] *nm* Mörder(in*f*) *m*.

assassiner [asasine] *vt* ermorden.

assaut [aso] *nm* (MIL) (Sturm)angriff *m*; **prendre d'~** stürmen.

assécher [asefe] *vt* trockenlegen.

assemblée [asɑ̃ble] *nf* Versammlung *f*.

assembler [asɑ̃ble] *vt* (TECH) zusammensetzen; (mots, idées) verbinden; **s'~** *vi* (personnes) sich versammeln.

assentiment [asɑ̃timɑ̃] *nm* Zustimmung *f*, Einwilligung *f*.

asseoir [aswaR] *vt* hinsetzen; (autorité, réputation) festigen; **s'~** *vi* sich setzen.

assermenté, e [asɛRmɑ̃te] *a* beeidigt, vereidigt.

assertion [asɛRsjɔ̃] *nf* Behauptung *f*.

asservir [asɛRviR] *vt* unterjochen.

assez [ase] *ad* (suffisamment) genug (avec d, ad) ziemlich; **~ de pain/livres** genug ou genügend Brot/Bücher; **en avoir ~ de qch** von etw genug haben, etw (akk) satt haben.

assidu, e [asidy] *a* eifrig.

assiduité [asidyite] *nf* Eifer *m*; Gewissenhaftigkeit *f*; **~s** *nfpl* (lästige) Aufmerksamkeiten *pl*.

assiéger [asjeʒe] *vt* belagern.

assiette [asjɛt] *nf* Teller *m*; **~ plate** creuse/à dessert flacher Teller/Suppen-/Dessertteller *m*; **~ anglaise** *f* kalter Aufschnitt *m*.

assigner [asine] *vt* (part, travail) zuweisen, zuteilen; (limite, crédit) festsetzen (à für).

assimiler [asimile] *vt* (digérer) verdauen; (connaissances, idées) verarbeiten; (immigrants) integrieren; (comparer): **~ qch/qn à etw/**jdn gleichstellen mit.

assis, e [asi, iz] a sitzend // nf (d'une maison, d'un objet) Unterbau m; (GEO) Schicht f; (d'un régime) Grundlage f; **~es** nfpl (JUR) Schwurgericht nt.

assistance [asistãs] nf (public) Publikum nt; (aide) Hilfe f; **l'A~ publique** die Fürsorge.

assistant, e [asistã, ãt] nm/f Assistent(in f) m; **~s** nmpl (public) Anwesende pl; **~**, **e social(e)** Sozialarbeiter(in f) m.

assisté, e [asiste] a (AUT) Servo-.

assister [asiste] vt: **~ qn** jdm helfen; **~ à** vt beiwohnen (+dat).

association [asɔsjasjɔ̃] nf Vereinigung f; (d'idées) Assoziation f; (participation) Beteiligung f; (groupe) Verein m.

associé, e [asɔsje] nm/f (COMM) Gesellschafter(in f) m.

associer [asɔsje] vt vereinigen; (mots, idées) verbinden; (faire participer): **~ qn à** jdn beteiligen an (+dat); (joindre): **~ qch à etw** verbinden mit; **s'~** sich verbinden; **s'~ à** sich anschließen an (+akk).

assoiffé, e [aswafe] a durstig.

assombrir [asɔ̃bRiR] vt verdunkeln.

assommer [asɔme] vt niederschlagen, totschlagen.

Assomption [asɔ̃psjɔ̃] nf: **l'~** Mariä Himmelfahrt f.

assorti, e [asɔRti] a (zusammen)passend; (varié): **fromages/légumes ~s** Käse-/Gemüseplatte f; **~ à** passend zu.

assortiment [asɔRtimã] nm Auswahl f.

assoupir [asupiR]: **s'~** vi einschlummern, einnicken; (fig) sich beruhigen.

assouplir [asupliR] vt geschmeidig machen; (fig) lockern.

assourdir [asuRdiR] vt (étouffer) abschwächen; (rendre comme sourd) betäuben.

assouvir [asuviR] vt stillen, befriedigen.

assujettir [asyʒetiR] vt unterwerfen; **~ qn à qch** (impôt) jdm etw auferlegen.

assumer [asyme] vt (fonction, emploi) übernehmen.

assurance [asyRãs] f (confiance en soi) Selbstbewußtsein nt; (contrat) Versicherung f; **~-vol** Diebstahlversicherung f.

assuré, e [asyRe] a: **~ de qch** einer Sache (gen) sicher // nf (couvert par une assurance) Versicherte(r) mf.

assurément [asyRemã] ad sicherlich, ganz gewiß.

assurer [asyRe] vt (COMM) versichern; (démarche, construction) absichern; (succès, victoire) sichern; (fait) bestätigen; (service, garde) sorgen für, stellen; (affirmer): **~ (à qn) que** (jdm) versichern, daß; (confirmer, garantir): **~ qn de qch** jdm etw zusichern; **s'~ (contre)** (COMM) sich versichern (gegen); **s'~ de** (vérifier) sich überzeugen von.

astérisque [asteRisk(ə)] nm Sternchen nt.

asthme [asm(ə)] nm Asthma nt.

asticot [astiko] nm Made f.

astiquer [astike] vt polieren.

astre [astR(ə)] nm Gestirn nt.

astreindre [astRɛ̃dR(ə)] vt: **~ qn à qch/faire qch** jdn zu etw zwingen/ zwingen, etw zu tun.

astrologie [astRɔlɔʒi] nf Astrologie f.

astronaute [astRɔnot] nm/f Astronaut(in f) m.

astronomie [astRɔnɔmi] nf Astronomie f.

astuce [astys] nf (ingéniosité) Findigkeit f; (plaisanterie) Witz m; (truc) Trick m, Kniff m.

atelier [atəlje] nm Werkstatt f; (de peintre) Atelier nt.

athée [ate] a atheistisch.

athlète [atlɛt] nm/f (SPORT) Athlet(in f) m.

athlétisme [atletism(ə)] nm Leichtathletik f.

atlantique [atlãtik] nm: **l'(océan) A~** der Atlantische Ozean.

atlas [atlas] nm Atlas m.

atmosphère [atmɔsfɛR] nf Atmosphäre f; (air) Luft f.

atome [atom] nm Atom nt.

atomique [atɔmik] a Atom-.

atomiseur [atɔmizœʀ] nm Zerstäuber m.

atout [atu] nm Trumpf m.

âtre [ɑtʀ(ə)] nm Feuerstelle f, Kamin m.

atroce [atʀɔs] a entsetzlich.

atrophier [atʀɔfje]: **s'~** vi verkümmern.

attabler [atable]: **s'~** vi sich an den Tisch setzen.

attachant, e [ataʃɑ̃, ɑ̃t] a liebenswert.

attache [ataʃ] nf (Heft)klammer f, (fig) Bindung f, Band nt.

attacher [ataʃe] vt (chien) anbinden, festbinden; (bateau) festmachen; (étiquette) befestigen; (mains, pieds, prisonnier) fesseln; (ceinture, tablier) umbinden; (souliers) binden, schnüren // vi (CULIN: poêle, riz) anhängen; ~ qch à etw festmachen ou befestigen an (+dat); **s'~ à** (par affection) liebgewinnen (+akk).

attaque [atak] nf Angriff m; (MED: cardiaque) Anfall m, (:cérébrale) Schlag m.

attaquer [atake] vt angreifen; (travail) in Angriff nehmen.

attardé, e [ataʀde] a verspätet; (enfant, classe) zurückgeblieben; (conceptions etc) rückständig.

attarder [ataʀde]: **s'~** vt sich verspäten.

atteindre [atɛ̃dʀ(ə)] vt erreichen; (sujet: projectile) treffen.

atteint, e [atɛ̃, ɛ̃t] a (MED): **être ~ de** leiden an (+dat) // nf Angriff m, Verletzung f; **hors d'~e** außer Reichweite; **porter ~e à** schaden (+dat).

atteler [atle] vt (cheval) anschirren, anspannen; (wagon) ankoppeln.

attelle [atɛl] f (MED) Schiene f.

attenant, e [atnɑ̃, ɑ̃t] a: **~ à** (an)grenzend an (+akk).

attendre [atɑ̃dʀ(ə)] vt warten auf (+akk); (être destiné à) erwarten; **~ qch de qn/qch** etw von jdm/einer Sache erwarten // vi warten; **~ que** warten bis; **~ un enfant** ein Kind

erwarten; **s'~ à** vt rechnen mit.

attendrir [atɑ̃dʀiʀ] vt (personne) rühren; **s'~** vi: **s'~ (sur)** gerührt sein (von).

attentat [atɑ̃ta] nm Attentat nt, Anschlag m; **~ à la pudeur** Sittlichkeitsvergehen nt.

attente [atɑ̃t] nf Warten nt; Wartezeit f; (espérance) Erwartung f.

attentif, ive [atɑ̃tif, iv] a aufmerksam; (soins, travail) sorgfältig.

attention [atɑ̃sjɔ̃] nf Aufmerksamkeit f; **à l'~ de** zu Händen von; **faire ~ à** (danger) achtgeben auf (+akk); **faire ~ que/à ce que** aufpassen daß; **~! Achtung!, Vorsicht!**

attentionné, e [atɑ̃sjɔne] a aufmerksam, zuvorkommend.

atténuant, e [atenɥɑ̃, t] a: circonstances **~es** mildernde Umstände pl.

atténuer [atenɥe] vt abschwächen.

atterrer [ateʀe] vt bestürzen.

atterrir [ateʀiʀ] vi landen.

atterrissage nm Landung f.

attestation [atɛstasjɔ̃] nf Bescheinigung f.

attester [atɛste] vt bestätigen; (témoigner de) zeugen von.

attirail [atiʀaj] nm Ausrüstung f.

attirer [atiʀe] vt anlocken; (sujet chose) anziehen; (entraîner): **~ qn dans un coin/vers soi** jdn in eine Ecke/zu sich ziehen; **s'~ des ennuis** sich (dat) Ärger einhandeln.

attiser [atize] vt (feu) schüren.

attitude [atityd] nf Haltung f; (comportement) Verhalten nt.

attraction [atʀaksjɔ̃] nf (attirance) Reiz m; (terrestre) Anziehungskraft f; (de foire) Attraktion f.

attrait [atʀɛ] nm Reiz m, Zauber m.

attraper [atʀape] vt fangen; (habitude) annehmen; (maladie) bekommen; (fam: amende) aufgebrummt bekommen; (duper) hereinlegen.

attrayant, e [atʀɛjɑ̃, ɑ̃t] a attraktiv.

attribuer [atʀibɥe] vt (prix) verleihen; (rôle, tâche) zuweisen, zuteilen; (conséquence) zuschreiben; **s'~** vt für sich in Anspruch nehmen.

attribut [atʀiby] nm (symbole

Merkmal *nt*, Kennzeichen *nt*; (LING) Attribut *nt*; ~s *nmpl* (ADMIN) Zuständigkeit *f*.

attrister [atriste] *vt* betrüben, traurig machen.

attrouper [atrupe]: s'~ *vi* sich versammeln.

au *prép* + *dét* voir à.

aubaine [oben] *nf* Glücksfall *m*.

aube [ob] *nf* (du jour) Morgengrauen *nt*; (fig): l'~ de der Anbruch (+*gen*); à l'~ bei Tagesanbruch.

auberge [obɛrʒ(ə)] *nf* Gasthaus *m*; ~ de jeunesse Jugendherberge *f*.

aubergine [obɛrʒin] *nf* Aubergine *f*.

aubergiste [obɛrʒist(ə)] *nmf* (Gast)wirt(in *f*) *m*.

aucun, e [okœ̃, yn] *dét* kein(e) // *pron* keine(r, s); sans ~ doute zweifellos; plus qu'~ autre mehr als jeder andere; ~ des deux/ participants keiner von beiden/ keiner der Teilnehmer; d'~s einige.

audace [odas] *nf* (hardiesse) Kühnheit *f*; (pej: culot) Frechheit *f*; **audacieux, euse** *a* kühn.

au-delà [odla] *ad* weiter, darüber hinaus // *nm*: l'~ das Jenseits; ~ de *prép* jenseits von; (limite) über (+*dat*).

au-dessous [od(ə)su] *ad* unten; ~ de *prép* unter (+*dat*); (mouvement) unten (+*akk*).

au-dessus [od(ə)sy] *ad* oben, über; ~ de *prép* über (+*dat*); (mouvement) über (+*akk*).

au-devant [od(ə)vã] *ad*: aller ~ de entgegengehen (+*dat*); (désirs de qn) zuvorkommen (+*dat*).

audience [odjãs] *nf* (entrevue) Audienz *f*; (JUR: séance) Sitzung *f*.

audio-visuel, le [odjovizɥɛl] *a* audiovisuell.

auditeur, trice [oditœr, tris] *nm/f* (à la radio) Hörer(in *f*) *m*.

audition [odisjõ] *nf* (ouïe) Hören *nt*; (de témoins) Anhörung *f*; (THEAT) Vorsprechprobe *f*.

auditionner [odisjone] *vt* (artiste) vorsprechen *ou* vorspielen lassen.

auditoire [oditwar] *nm* Publikum *nt*.

auge [oʒ] *nf* Trog *m*.

augmentation [ɔgmãtasjõ] *nf*: ~ (de salaire) Gehaltserhöhung *f*.

augmenter [ɔgmãte] *vt* erhöhen; (grandeur) erweitern; (employé, salarié) eine Gehaltserhöhung/ Lohnerhöhung geben (+*dat*) // *vi* zunehmen, sich vergrößern; steigen; (vie, produit) teurer werden.

augure [ɔgyr] *nm* Wahrsager(in *f*) *m*, Seher(in *f*) *m*; (présage): être de bon/mauvais ~ ein gutes/ schlechtes Zeichen sein.

augurer [ɔgyre] *vt*: ~ bien de qch etwas Gutes für etw verheißen.

aujourd'hui [oʒurdɥi] *ad* heute; (de nos jours) heutzutage.

aumône [omon] *nf* Almosen *nt*; faire l'~ (à qn) (jdm) ein Almosen geben.

aumônier [omonje] *nm* (d'une prison) Anstaltsgeistliche(r) *m*; (MIL) Feldgeistliche(r) *m*.

auparavant [oparavã] *ad* vorher, zuvor.

auprès [oprɛ]: ~ de *prép* bei; (recourir, s'adresser) an (+*akk*).

auquel *prép* + *pron*: voir lequel.

auréole [oreɔl] *nf* Heiligenschein *m*; (tache) Ring *m*.

auriculaire [orikylɛr] *nm* kleiner Finger *m*.

aurore [orɔr] *nf* Morgengrauen *nt*; ~ boréale Nordlicht *nt*.

ausculter [oskylte] *vt* abhorchen.

aussi [osi] *ad* (également) auch, ebenfalls; (tant, a, ad) (eben)so // *conj* (par conséquent) daher, deshalb; ~ fort/rapidement que ebenso stark/schnell wie; moi ~ ich auch.

aussitôt [osito] *ad* sofort, (so)gleich; ~ que (sobald).

austère [ostɛr] *a* (personne) streng; (paysage) karg.

austral, e [ostral] *a* südlich, Süd-.

Australie [ostrali] *nf*: l'~ Australien *nt*; **australien, ne** *a* australisch.

autant [otã] *ad* (tant, tellement) soviel; (comparatif): ~ (que) (eben)soviel (wie); ~ de soviel; partir/ne rien dire es ist besser abzufahren/nichts zu sagen; il y a ~

de garçons que de filles es gibt (eben)soviele Jungen wie Mädchen; **pour** ~ trotzdem; **pour** ~ **que** *conj* soviel, soweit; **d'~ plus/moins/mieux (que)** um so mehr/weniger/besser (als).

autel [ɔtɛl] *nm* Altar *m*.

auteur [otœʀ] *nm* (*d'un crime*) Täter(in *f*) *m*; (*d'un livre*) Autor(in *f*) *m*, Verfasser(in *f*) *m*.

authentique [ɔtɑ̃tik] *a* echt; (*véridique*) wahr.

auto [ɔto] *nf* Auto *m* // *pref*: auto-Auto-, Selbst-.

autobiographie [ɔtɔbjɔgʀafi] *nf* Autobiographie *f*.

autobus [ɔtɔbys] *nm* Bus *m*.

autocar [ɔtɔkaʀ] *nm* (Reise)bus *m*.

autodéfense [ɔtɔdefɑ̃s] *nf* Selbstverteidigung *f*.

auto-école [ɔtɔekɔl] *nf* Fahrschule *f*.

autographe [ɔtɔgʀaf] *nm* Autogramm *nt*.

automatique [ɔtɔmatik] *a* automatisch.

automobile [ɔtɔmɔbil] *nf* Auto *nt*; **automobiliste** *nm/f* Autofahrer(in *f*) *m*.

autonome [ɔtɔnɔm] *a* autonom; (*appareil, système*) unabhängig.

autopsie [ɔtɔpsi] *nf* Autopsie *f*.

autorisation [ɔtɔʀizasjɔ̃] *nf* Genehmigung *f*, Erlaubnis *f*.

autorisé, e [ɔtɔʀize] *a* (*sources*) zuverlässig; (*opinion*) maßgeblich.

autoriser [ɔtɔʀize] *vt* genehmigen; (*permettre*) berechtigen (*à* zu).

autoritaire [ɔtɔʀitɛʀ] *a* autoritär.

autorité [ɔtɔʀite] *nf* Machtbefugnis *f*; (*ascendant, influence*) Autorität *f*; **faire** ~ maßgeblich sein.

autoroute [ɔtɔʀut] *nf* Autobahn *f*.

auto-stop [ɔtɔstɔp] *nm*: **faire de l'~** per Anhalter fahren, trampen; **~peur, euse** *nm/f* Tramper(in *f*) *m*.

autour [ɔtuʀ] *ad* herum, umher; (*tout* ~) ringsherum; ~ **de** *prep* um (+*akk*) (... herum); (*près de*) in der Nähe (+*gen*); (*environ*) etwa.

autre [otʀ(ə)] *a* (*différent*) andere(r,s); (*supplémentaire*): **un** ~ **verre/d'~s verres** noch ein ou ein

weiteres Glas/noch mehr Gläser; (*de deux, deux ensembles*): **l'~ livre/les ~s livres** das andere Buch/die anderen Bücher // *pron* andere(r, s); **l'~, les ~s** der andere, die anderen; **l'un et l'~** beide; **se détester l'un l'~/les uns les ~s** einander verabscheuen; **d'un ~** von einer Minute auf die andere/von einem Jahr aufs andere; ~ **part** *ad* anderswo; **d'~ part** andererseits; (*en outre*) überdies; **entre ~s** unter anderem; **nous ~s** wir.

autrefois [otʀəfwa] *ad* früher, einst.

Autriche [otʀiʃ] *nf*: **l'~** Österreich *nt*; **autrichien, ne** *a* österreichisch; **A~,** the *nm/f* Österreicher(in *f*) *m*.

autruche [otʀyʃ] *nf* Strauß *m*.

autrui [otʀɥi] *pron* der Nächste, die anderen.

auvent [ovɑ̃] *nm* Vordach *nt*.

aux *prep* + *dét voir* **à**.

auxiliaire [oksiljɛʀ] *a* Hilfs- // *nm* (*ADMIN*) Hilfskraft *f* // *nm* (*LING*) Hilfsverb *nt*.

auxquels *prep* + *pron voir* **lequel.**

aval [aval] *nm*: **en** ~ flußabwärts.

avalanche [avalɑ̃ʃ] *nf* Lawine *f*.

avaler [avale] *vt* (*hinunter*)schlucken, verschlingen.

avance [avɑ̃s] *nf* (*de coureur, dans le travail*) Vorsprung *m*; (*de train*) Verfrühung *f*; (*d'argent*) Vorschuß *m*; ~**s** *nfpl* (*amoureuses*) Annäherungsversuche *pl*; (**être**) **en** ~ zu früh dran (sein); **payer/réserver d'~** vorausbezahlen/vorbestellen; **par** ~, **d'~** im voraus; **à l'~** im voraus.

avancé, e [avɑ̃se] *a* (*heure*) vorgerückt; (*saison, travail*) fortgeschritten; (*de pointe*) fortschrittlich

avancement [avɑ̃smɑ̃] *nm* (*professionnel*) Beförderung *f*.

avancer [avɑ̃se] *vi* sich (vorwärts-)bewegen; (*progresser*) vorangehen; (*:personne*) vorankommen; (*montre, réveil*) vorgehen // *vt* vorrücken, vorschieben; (*main*) ausstrecken; (*date, rencontre*) vorverlegen; (*montre*) vorstellen; (*hypothèse*) aufstellen; (*argent*) vorstrecken; **s'~**

(s'approcher) näherkommen; *(être en saillie)* herausragen.

avanies [avani] *nfpl* Demütigung *f*.

avant [avɑ̃] *prep* vor *(+dat)/(mouvement)* vor *(+akk)* // *a inv* Vorder- // *nm (d'un véhicule)* Vorderteil *nt*; ~ **qu'il parte/de faire qch** bevor er abfährt/man etw tut; ~ **tout** vor allem; **en** ~ *ad* vorwärts.

avantage [avɑ̃taʒ] *nm* Vorteil *m*; *(supériorité)* Überlegenheit *f*.

avantager [avɑ̃taʒe] *vt* bevorzugen.

avantageux, euse [avɑ̃taʒø, øz] *a* vorteilhaft, günstig.

avant... [avɑ̃] *pref*: ~**-bras** *nm* Unterarm *m*; ~**-dernier, ère** *nm/f* Vorletzte(r) *mf*; ~**-garde** *(MIL)* Vorhut *f*; *(fig)* Avantgarde *f*; ~**-goût** *nm* Vorgeschmack *m*; ~**-hier** *ad* vorgestern; ~**-première** *f (de film)* Voraufführung *f*; ~**-projet** *nm* Vorentwurf *m*; ~**-propos** *nm* Vorwort *nt*; ~**-veille** *nf*: **l'**~**-veille** zwei Tage davor.

avare [avar] *a* geizig.

avarié, e [avarje] *a* verdorben.

avec [avɛk] *prep* mit *(+dat)*; *(en plus de, en sus de)* zu *(+dat)*; *(envers)* zu, gegenüber *(+dat)*; ~ **habileté/ lenteur** geschickt/langsam.

avenant, e [avnɑ̃, ɑ̃t] *a* freundlich; **le reste à l'**~ der Rest ist entsprechend.

avènement [avɛnmɑ̃] *nm (d'un roi)* Thronbesteigung *f*.

avenir [avnir] *nm* Zukunft *f*; **à l'**~ in Zukunft.

avent [avɑ̃] *nm*: **l'**~ der Advent.

aventure [avɑ̃tyr] *nf* Abenteuer *nt*.

aventurer [avɑ̃tyre] *vt*: **s'**~ vis sich wagen.

avenue [avny] *nf* Allee *f*; breite Zufahrtsstraße *f*.

avérer [avere]: **s'**~ *vb avec attribut*: **s'**~ **faux/coûteux** sich als falsch/kostspielig erweisen.

averse [avɛrs(ə)] *nf* Regenschauer *m*.

aversion [avɛrsjɔ̃] *nf* Abneigung *f*.

avertir [avertir] *vt* warnen *(de vor +dat)*; *(renseigner)* benachrichtigen *(de von)*; **avertissement** *nm*

Warnung *f*; Benachrichtigung *f*; *(blâme)* Mahnung *f*.

avertisseur [avertisœr] *nm (AUT)* Hupe *f*.

aveu, x [avø] *nm* Geständnis *nt*.

aveugle [avœgl(ə)] *a* blind; **aveuglément** *ad* blindlings.

aveugler [avœgle] *vt (sujet: lumière, soleil)* blenden; *(: amour, colère)* blind machen.

aviateur, trice [avjatœr, tris] *nm/f* Flieger(in *f*) *m*.

aviation [avjasjɔ̃] *nf* Luftfahrt *f*; *(MIL)* Luftwaffe *f*.

avide [avid] *a* gierig, begierig.

avilir [avilir] *vt* erniedrigen.

avion [avjɔ̃] *nm* Flugzeug *nt*; **aller (quelque part) en** ~ *(irgendwohin)* fliegen.

aviron [avirɔ̃] *nm* Ruder *nt*; *(SPORT)* Rudern *nt*.

avis [avi] *nm (point de vue)* Meinung *f*, Ansicht *f*; *(notification)* Mitteilung *f*; **être d'**~ **de** der Meinung ou Ansicht sein, daß; **changer d'**~ seine Meinung ändern.

avisé, e [avize] *a (sensé)* vernünftig.

aviser [avize] *vt (voir)* bemerken; *(informer)*: ~ **qn de qch/que** jdn von etw in Kenntnis setzen/jdn davon in Kenntnis setzen, daß // *vi (réfléchir)* nachdenken; **s'**~ **de qch/ que** etw bemerken/bemerken, daß.

avocat, e [avɔka, at] *nm/f (JUR)* Rechtsanwalt *m/*-anwältin *f* // *nm (CULIN)* Avocado *f*; ~ **général** Staatsanwalt *m/*-anwältin *f*.

avoine [avwan] *nf* Hafer *m*.

avoir [avwar] *nm* Vermögen *nt*; *(FIN)* Guthaben *nt* // *vb auxiliaire* haben; ~ **à faire qch** etw tun müssen; ~ **faim/peur** Hunger/Angst haben; **il y a un homme sur le toit** auf dem Dach ist ein Mann; **il y a des gens qui exagèrent** manche Leute übertreiben wirklich; **il n'y a qu'à faire ...** man braucht nur ... zu tun; **qu'est-ce qu'il y a?** was ist los?; **en** ~ **à ou contre qn** auf jdn böse sein.

avoisiner [avwazine] *vt* (an)grenzen an *(+akk)*.

avorter [avɔʀte] vi abtreiben; (fig) mißlingen, scheitern.

avortement [avɔʀtəmɑ̃] nm (MED) Abtreibung f.

avoué [avwe] nm Rechtsanwalt m/ -anwältin f (der/die nicht plädiert).

avouer [avwe] vt gestehen; **s'~ vaincu/incompétent** sich geschlagen geben/zugeben, daß man inkompetent ist.

avril [avʀil] nm April m.

axe [aks(ə)] nm Achse f.

azote [azɔt] nm Stickstoff m.

azur [azyʀ] nm (couleur) Azur m, Himmelsblau nt; (ciel) Himmel m.

B

B.A. sigle f (= bonne action) gute Tat f.

baba [baba] a inv: **en être ~** platt sein // nm: **~ au rhum** leichter mit Rum getränkter Rosinenkuchen.

babil [babi(l)] nm Babbeln nt.

babillage [babijaʒ] nm Plappern nt.

babiller [babije] vi plappern.

babines [babin] nfpl Lefzen pl.

babiole [babjɔl] nf Kleinigkeit f.

bâbord [babɔʀ] nm: **à ~** an Backbord.

babouin [babwɛ̃] nm Pavian m.

bac [bak] nm (abr de baccalauréat) Abi nt; (bateau) Fähre f; (pour laver) Becken nt.

baccalauréat [bakalɔʀea] nm Abitur nt.

bâche [baʃ] nf Plane f; **bâcher** vt mit einer Plane zudecken.

bachot [baʃo] nm (abr de baccalauréat) Abi nt.

bacille [basil] nm Bazillus m.

bâcler [bakle] vt pfuschen.

bactérie [bakteʀi] nf Bakterie f.

badaud, e [bado, od] nm/f Schaulustige(r) mf.

badigeonner [badiʒɔne] vt (peindre) tünchen; (pej) beschmieren; (MED) bepinseln.

badin, e [badɛ̃, in] a scherzhaft.

badinage [badinaʒ] nm Scherze pl, Geplänkel nt.

badine [badin] nf Gerte f.

badiner [badine] vi plänkeln, scherzen; **ne pas ~ avec qch** etw ernst nehmen, mit etw nicht scherzen.

baffe [baf] nf (fam) Ohrfeige f.

bafouiller [bafuje] vt, vi stammeln.

bâfrer [bafʀe] vt, vi (fam) schlingen.

bagage [bagaʒ] nm: **~s** pl Gepäck nt.

bagarre [bagaʀ] nf: **une ~** eine Rauferei; **il aime la ~** er rauft sich gern; **se bagarrer** vi sich raufen.

bagatelle [bagatɛl] nf Kleinigkeit f.

bagnard [baɲaʀ] nm Sträfling m.

bagne [baɲ] nm Strafkolonie f.

bagnole [baɲɔl] nf (fam) Karre f.

bagout, bagou [bagu] nm: **avoir du ~** ein geschmiertes Mundwerk haben.

bague [bag] nf Ring m; **~ de fiançailles** Verlobungsring m; **~ de serrage** Klammer f.

baguette [bagɛt] nf Stab m; Stäbchen nt; (de chef d'orchestre) Taktstock m; (pain) Stangenweißbrot nt; **mener qn à la ~** jdn an der Kandare haben; **~ de tambour** Trommelschlegel m.

bahut [bay] nm Truhe f.

baie [bɛ] nf (GEO) Bucht f; (fruit) Beere f; **~** (**vitrée**) Fenster nt.

baignade [bɛɲad] nf Baden nt.

baigner [beɲe] vt baden // vi: **~ dans son sang** im eigenen Blut baden; **~ dans la brume** in Nebel gehüllt sein; **se ~** vi schwimmen, baden.

baigneur, euse [beɲœʀ, øz] nm/f Badende(r) mf.

baignoire [beɲwaʀ] nf Badewanne f; (THEAT) Parterreloge f.

bail [baj] nm Mietvertrag m.

bâiller [baje] vi gähnen; (être ouvert) offen stehen.

bailleur [bajœʀ] nm: **~ de fonds** Geldgeber m.

bâillon [bajɔ̃] nm Knebel m; **bâillonner** vt knebeln.

bain [bɛ̃] nm Bad nt; **costume ou maillot de ~** Badeanzug m; **prendre un ~** ein Bad nehmen; **~-marie** Wasserbad nt; **~ de mer** Bad im Meer; **~ de pieds** Fußbad nt; **~ de soleil** Sonnenbad nt;

prendre un ~ de soleil sonnenbaden.

baisemain [bɛzmɛ̃] nm Handkuß m.

baiser [bese] nm Kuß m // vt küssen; *(fam!: une femme)* bumsen, ficken (!).

baisse [bes] nf Sinken nt; *(de niveau, d'influence)* Abnahme f; **~ sur la viande** Preisnachlaß m beim Fleisch.

baisser [bese] vt *(store, vitre)* herunterlassen; *(tête, yeux, voix)* senken; *(radio)* leiser machen; *(chauffage)* niedriger stellen; *(prix)* herabsetzen // vi *(niveau, température, cours, prix)* fallen, sinken; *(facultés, lumière)* schwächer werden, abnehmen; **le jour baisse** es wird dunkel; **se ~** vi sich bücken.

bal [bal] nm Ball m.

balade [balad] nf *(à pied)* Spaziergang m; *(en voiture)* Spazierfahrt f; **faire une ~** einen Spaziergang machen.

balader [balade] vt *(promener)* spazierenführen; *(traîner)* mit sich herumschleppen; **se ~** vi spazierengehen.

balafre [balafʀ(ə)] nf *(coupure)* Schnitt m; *(cicatrice)* Narbe f.

balai [bale] nm Besen m; **donner un coup de ~** ausfegen; **~-brosse** Schrubber m.

balance [balɑ̃s] nf *(aussi ASTR)* Waage f; **~ des comptes** Zahlungsbilanz f.

balancer [balɑ̃se] vt *(bras, jambes)* baumeln lassen; *(encensoir etc)* schwenken; *(jeter: fam)* wegwerfen // vi *(lustre etc)* schwanken; **se ~** vi sich hin- und herbewegen; *(sur une balançoire)* schaukeln; **se ~ de** *(fam)* sich kümmern um.

balancier [balɑ̃sje] nm *(de pendule)* Pendel m; *(perche)* Balancierstange f.

balançoire [balɑ̃swaʀ] f *(suspendue)* Schaukel f; *(sur pivot)* Wippe f.

balayer [baleje] vt *(feuilles etc)* zusammenfegen; *(pièce, cour)* ausfegen; *(fig: chasser)* vertreiben; *(sujet: phares, radar)* absuchen.

balayeur, euse [balejœʀ, øz] nm/f

Straßenkehrer(in f) m // nf *(engin)* Straßenkehrmaschine f.

balayures [balejyʀ] nfpl Kehricht m.

balbutier [balbysje] vi, vt stammeln.

balcon [balkɔ̃] nm Balkon m; *(THEAT)* erster Rang m.

baleine [balɛn] nf Wal m; *(de parapluie)* Speiche f.

balise [baliz] nf *(NAVIG)* Bake f; *(AVIAT)* Seezeichen nt; Befeuerungslicht nt; *(AUT, SKI)* Markierung f.

balivernes [balivɛʀn(ə)] nfpl Geschwätz nt.

Balkans [balkɑ̃] nmpl: **les ~** die Balkanländer pl.

ballade [balad] nf Ballade f.

ballant, e [balɑ̃, ɑ̃t] a: **les bras ~s** mit hängenden Armen; **les jambes ~es** mit baumelnden Beinen.

ballast [balast] nm *(sur voie ferrée)* Schotter m.

balle [bal] nf *(de fusil)* Kugel f; *(de tennis etc)* Ball m; *(du blé)* Spreu f; *(paquet)* Ballen m; **~ perdue** verirrte Kugel.

ballerine [balʀin] nf Ballerina f.

ballet [balɛ] nm Ballett nt.

ballon [balɔ̃] nm Ball m; *(AVIAT)* Ballon m; *(de vin)* Glas nt; **~ de football** Fußball m.

ballonner [balɔne] vt: **j'ai le ventre ballonné** ich habe einen Blähbauch.

ballot [balo] nm Ballen m; *(pej)* Blödmann m.

ballottage [balɔtaʒ] nm *(POL)* Stichwahl f.

ballotter [balɔte] vi hin- und herrollen // vt durcheinanderwerfen; **être ballotté entre** hin- und hergerissen sein zwischen.

balluchon [balyʃɔ̃] nm Bündel nt.

balnéaire [balneɛʀ] a See-.

balourd, e [baluʀ, uʀd(ə)] a unbeholfen, linkisch; **~ise** nf Unbeholfenheit f, Schwerfälligkeit f.

Baltique [baltik] nf: **la ~** die Ostsee.

balustrade [balystʀad] nf Geländer nt.

bambin [bɑ̃bɛ̃] nm kleines Kind nt.

bambou [bɑ̃bu] nm Bambus m.

ban [bã] nm: **ouvrir/fermer le ~** den Trommelwirbel eröffnen/ schließen; **être/mettre au ~ de** ausgestoßen sein/ausstoßen; **~s** nmpl (mariage) Aufgebot nt.

banal, e [banal] a banal; **four/ moulin ~** Dorfbackhaus nt/-mühle nf; **~-ité** nf Banalität f.

banane [banan] nf Banane f.

banc [bã] nm (siège) Bank f; (de poissons) Schwarm m; **~ d'essai** Prüfstand m; **~ de sable** Sandbank f; **le ~ des témoins/accusés** die Zeugen-/Anklagebank.

bancaire [bãkɛʀ] a Bank-.

bancal, e [bãkal] a wackelig.

bandage [bãdaʒ] nm Verband m; **~ herniaire** Bruchband nt.

bande [bãd] nf (de tissu etc) Streifen m, Band nt; (MED) Binde f; (magnétique) Band nt; (motif, dessin) Streifen nt; (pej): **une ~** de eine Horde von; **par la ~** auf Umwegen; (NAVIG): **donner de la ~** krängen; **faire ~ à part** sich absondern; **~ dessinée** Cartoon m; **~ sonore** Tonspur f.

bandeau, x [bãdo] nm (autour du front) Stirnband nt; (sur les yeux) Augenbinde f.

bander [bãde] vt (blessure) verbinden; (muscle) anspannen; **~ les yeux à qn** jdm die Augen verbinden.

banderole [bãdʀɔl] nf Spruchband nt.

bandit [bãdi] nm Bandit m; (fig: escroc) Gauner m.

bandoulière [bãduljɛʀ] **en ~, ad** umgehängt.

banlieue [bãljø] nf Vorort m; **quartier de ~** Vorstadtviertel nt; **banlieusard, e** nm/f Vorortbewohner(in f) m; Pendler(in f) m.

bannière [banjɛʀ] nf Banner nt.

bannir [baniʀ] vt verbannen.

banque [bãk] nf Bank f; **~ d'affaires** Handelsbank f.

banqueroute [bãkʀut] nf Bankrott m.

banquet [bãkɛ] nm Festmahl m, Bankett nt.

banquette [bãkɛt] nf Sitzbank f;

(d'auto) Autositz m.

banquier [bãkje] nm Bankier m.

banquise [bãkiz] nf Packeis nt.

baptême [batɛm] nm Taufe f; **~ de l'air** Jungfernflug m.

baptiser [batize] vt taufen.

baptismal, e, aux [batismal , o] a: **eau ~e** Taufwasser nt.

baquet [bakɛ] nm Zuber m, Kübel m.

bar [baʀ] nm (établissement) Bar f; (comptoir) Tresen m, Theke f; (meuble) Bar f.

baragouiner [baʀagwine] vt, vi radebrechen vt.

baraque [baʀak] nf Baracke f; (fam: maison) Bude f; **~ foraine** Jahrmarktsbude f.

baraqué, e [baʀake] a (fam) gut beieinander, drall.

baraquements [baʀakmã] nmpl Barackensiedlung f.

baratin [baʀatɛ̃] nm (fam) Geschwätz nt; **baratiner** vt (fam) einreden auf (+akk).

barbare [baʀbaʀ] a (cruel) barbarisch; (inculte) unzivilisiert // nm/f Barbar(in f) m; **barbarie** nf Barbarei f.

barbe [baʀb] nf Bart m; **à la ~ de** unbemerkt von; (fam): **quelle ~!** so ein Mist!; **~ à papa** Zuckerwatte f.

barbelé, e [baʀbəle] nm Stacheldraht m.

barber [baʀbe] vt (fam) langweilen.

barbiche [baʀbiʃ] nf Spitzbart m.

barbiturique [baʀbityʀik] nm Schlafmittel nt.

barboter [baʀbɔte] vi waten // vt (fam) klauen.

barboteuse [baʀbɔtøz] nf Strampelanzug m.

barbouiller [baʀbuje] vt beschmieren; **avoir l'estomac barbouillé** einen verdorbenen Magen haben.

barbu, e [baʀby] a bärtig.

barda [baʀda] nm (fam) Zeug nt, Sachen pl.

barde [baʀd(ə)] nf (CULIN) Speckstreifen m // nm (poète) Barde m.

bardeaux, x [baʀdo] nmpl Schindeln pl.

barder [baʀde] vi (fam): **ça va~** das

gibt Ärger.

barème [baʀɛm] nm (des prix, des tarifs) Skala f; **~ des salaires** Lohnstaffel f.

baril [baʀi(l)] nm Faß nt.

barillet [baʀijɛ] nm (de revolver) Trommel f.

bariolé, e [baʀjɔle] a bunt.

barman [baʀman] nm Barkeeper m.

baron, ne [baʀɔ̃, ɔn] nm Baron(in f) m.

baroque [baʀɔk] a barock; (fig) seltsam.

barque [baʀk(ə)] nf Barke f.

barrage [baʀaʒ] nm Damm m; (sur route, rue) Straßensperre f; **~ de police** Polizeisperre f.

barre [baʀ] nf (de fer etc) Stange f; (NAVIG: pour gouverner) Ruderpinne f; (de la houle) Springflut f; (écrite) Strich m; (JUR): **la ~** das Gericht; (NAVIG): **être à** ou **tenir la ~** steuern; **~ fixe** Reck nt; **~s parallèles** Barren m.

barreau, x [baʀo] nm Stab m; (JUR): **le ~** die Anwaltschaft f.

barrer [baʀe] vt (route etc) (ab)sperren; (mot) (durch)streichen; (chèque) zur Verrechnung ausstellen; (NAVIG) steuern; **se ~** (fam) abhauen.

barrette [baʀɛt] nf (pour cheveux) Spange f.

barreur [baʀœʀ] nm Steuermann m.

barricade [baʀikad] nf Barrikade f.

barricader vt verbarrikadieren; (fig) **se ~ chez soi** sich einschließen.

barrière [baʀjɛʀ] nf Zaun m; (de passage à niveau) Schranke f; (obstacle) Barriere f; **~s douanières** Zollschranken pl.

barrique [baʀik] nf Faß nt.

bas, basse [ba, bɑs] a niedrig; (ton) tief; (vil) gemein m; (chaussette) Strumpf m; (partie inférieure): **le ~** der untere Teil m; (MUS) Baß m // ad niedrig, tief; (parler) leise; **plus ~** tiefer, leiser; (dans un texte) weiter unten; **la tête basse** mit gesenktem Kopf; **avoir la vue ~se** schlecht sehen; **au ~ mot** mindestens; **enfant en ~ âge** Kleinkind nt.

en ~ unten; **en ~ de** unterhalb von; **de haut en ~** von oben bis unten; **mettre** // vi Junge werfen // vt (chargement) abladen; **à ~ la dictature/l'école!** nieder mit der Diktatur/Schule!; **~ morceaux** nmpl (viande) billige Fleischstücke pl.

bas-côté nm (route) Rand m; (église) Seitenschiff nt.

bascule [baskyl] nf: (jeu de) **~** Wippe f; (balance à **~**) Waage f; **fauteuil à ~** Schaukelstuhl m.

basculer [baskyle] vi (container) umfallen; (sur un pivot) (um)kippen // vt (gén faire) (um)kippen.

base [bɑz] nf (d'édifice) Fundament nt; (de triangle) Basis f; (de montagne) Fuß m; (militaire) Basis f, Stützpunkt m; (POL): **la ~** die Basis; (fondement, principe) Grundlage f, Basis f; **jeter les ~s de qch** die Grundlage für etw legen; **à la ~ de** (fig) am Anfang ou zu Beginn von; **sur la ~ de** (fig) ausgehend von; **principe/produit de ~** Grundprinzip/-produkt nt; **à ~ de café** auf Kaffeebasis.

baser [bɑze] vt: **~ qch sur** etw auf etw (dat) basieren lassen; **se baser sur** sich stützen auf (+akk).

bas-fond [bɑfɔ̃] nm (NAVIG) Untiefe f; (fig): **~s** Abschaum m.

basilic [bazilik] nm (CULIN) Basilikum nt.

basilique [bazilik] nf Basilika f.

basque [bask(ə)] a baskisch.

basque [bask(ə)] nfpl Rockschoß m; **être pendu aux ~ de qn** jdm auf Schritt und Tritt folgen.

basse [bɑs] a, nf voir **bas**; **~-cour** nf Hühnerhof m; Kleintierzucht f.

bassin [basɛ̃] nm (cuvette) Becken nt, Schüssel f; (pièce d'eau) Bassin nt; (ANAT) Becken nt; (GÉO) Becken nt; **~ houiller** Steinkohlebecken nt.

bastingage [bastɛ̃gaʒ] nm Reling f.

bastion [bastjɔ̃] nm Bastion f; (fig) Bollwerk nt.

bas-ventre [bavɑtʀ(ə)] nm Unterleib m.

bât [bɑ] nm Packsattel m.

bataille [bataj] nf Schlacht f, Kampf

m; ~ **rangée** offener Kampf.

bâtard, e [bɑtar, ard(ə)] *a* (solution) Misch- // nm/f Bastard m.

bateau, x [bato] x nm Schiff nt.

batelier, ière [batəlje, ER] nm/f Flußschiffer(in *f*) m.

bâti, e [bɑti] *a*: **bien ~** gut gebaut // nm (armature) Rahmen m.

batifoler [batifɔle] *vi* herumalbern.

bâtiment [bɑtimɑ̃] nm (édifice) Gebäude nt; (NAVIG) Schiff nt; (industrie): **le ~** das Baugewerbe.

bâtir [bɑtiR] *vt* bauen, gründen.

bâton [bɑtɔ̃] nm Stock m; (d'agent de police) Knüppel m; **mettre des ~s dans les roues à qn** jdm Knüppel zwischen die Beine werfen; **à ~s rompus** ohne Zusammenhang; **~ de rouge (à lèvres)** Lippenstift m.

batracien [batRasjɛ̃] nm Amphibie *f*.

battage [bataʒ] nm (publicité) Werbekampagne *f*.

battant, e [batɑ̃, ɑ̃t] nm (de cloche) Klöppel m; (de volet, de porte) Flügel m; **porte à double ~** Doppeltür *f*.

battement [batmɑ̃] nm (de cœur) Schlagen nt; (intervalle) Pause *f*; (entre trains) Aufenthalt m; **un ~ de 10 minutes, 10 minutes de ~** (entre) 10 Minuten Zeit (zwischen); **~ de paupières** Blinzeln nt.

batterie [batRi] nf (MIL, ELEC) Batterie *f*; (MUS) Schlagzeug nt; **~ de cuisine** Küchengeräte *pl*.

batteur [batœR] nm (MUS) Schlagzeuger m; (appareil) Rührbesen m.

batteuse [batøz] nf Dreschmaschine *f*.

battre [batR(ə)] *vt* schlagen; (tapis) klopfen; (blé) dreschen; (fer) hämmern; (passer au peigne fin) abkämmen // *vi* schlagen; **se ~** *vi* sich schlagen; **~ de:** **~ des mains** in die Hände klatschen; **en brèche** einreißen; **~ son plein** in vollem Schwung sein; **~ pavillon britannique** unter der britischen Fahne segeln; **~ en retraite** den Rückzug antreten.

battue [baty] nf Treibjagd *f*.

baume [bom] nm Balsam m.

bavard, e [bavar, ard(ə)] *a*

schwatzhaft; **~age** nm Geschwätz nt; **~er** *vi* schwatzen; (indiscrètement) klatschen.

bavarois, e [bavarwa, waz] *a* bayrisch.

bave [bav] nf Speichel m; (de chien etc) Geifer m; (d'escargot etc) Schleim m; **baver** *vi* sabbern; (chien) geifern; **en ~** (fam) schuften.

bavette [bavɛt] nf Lätzchen nt.

baveux, euse [bavø, øz] *a* sabbernd; (omelette) flüssig.

Bavière [bavjɛR] nf: **la ~** Bayern m.

bavure [bavyR] nf (fig: erreur) Schnitzer m.

bazar [bazar] nm Kaufhaus nt; (fam) Durcheinander nt.

B.D. *sigle f* = **bande dessinée.**

béant, e [beɑ̃, ɑ̃t] *a* weit offen, klaffend.

béat, e [bea, at] *a* treudoof; (content de soi) selbstgefällig; **béatitude** *f* Glückseligkeit *f*.

beau(bel), belle, beaux [bo, bɛl] *a* schön; (homme) gutaussehend; (moralement) gut; **un ~ geste** (fig) eine nette Geste; **un ~ salaire** ein annehmbares Gehalt; (ironique): **un ~ gâchis/rhume** ein schöner Schlamassel/Schnupfen m; ~ nf (SPORT): **la belle** der Entscheidungskampf; **en faire/dire de belles** schöne Geschichten machen/ erzählen // nm: **le temps est au ~** es wird schönes Wetter // *ad*: **il fait ~** es ist schön; **un ~ jour** eines schönen Tages; **de plus belle** um so mehr; **bel et bien** gut und schön; **le plus ~ c'est que** das Schönste daran ist, daß; **c'est du ~!** das ist ein starkes Stück!; **on a ~ essayer** egal, wie sehr man versucht; **faire le ~** (chien) Männchen machen; **parleur** Schönredner m.

beaucoup [boku] *ad* viel; (très) sehr; **pas ~** wenig, nicht sehr, nicht viel; **~ de** (nombre) viele; (quantité) viel; **pas ~ de** nicht viele/nicht viel; **~ plus/trop** viel mehr/viel zu viel; **de ~** bei weitem.

beau-fils [bofis] nm Schwiegersohn m; (d'un remariage) Stiefsohn m.

beau-frère [bofʀɛʀ] nm Schwager m; (d'un remariage) Stiefbruder m.

beau-père [bopɛʀ] nm Schwiegervater m; (d'un remariage) Stiefvater m.

beauté [bote] nf Schönheit f; **de toute** ~ wunderbar; **en** ~ gekonnt.

beaux-arts [bozaʀ] nmpl: **les** ~ die schönen Künste pl.

beaux-parents [bopaʀɑ̃] nmpl Schwiegereltern pl; (d'un remariage) Stiefeltern pl.

bébé [bebe] nm Baby nt.

bec [bɛk] nm (d'oiseau) Schnabel m; (de récipient) ~ **verseur** Schnabel m, Tülle f; (fam: bouche) Mund m; ~ **de gaz** Gaslaterne f.

bécane [bekan] nf (fam) Fahrrad nt.

bécasse [bekas] nf (ZOOL) Waldschnepfe f; (fam) dumme Gans f.

bec-de-lièvre [bɛkdəljɛvʀ(ə)] nm Hasenscharte f.

bêche [bɛʃ] nf Spaten m; **bêcher** vt umgraben.

bécoter [bekɔte] vt abküssen; **se** ~ schnäbeln.

becquée [beke] nf: **donner la** ~ à füttern.

becqueter [bekte] vt picken.

bedaine [bədɛn] nf Wanst m.

bedeau, x [bədo] nm Kirchendiener m.

bedonnant, e [bədɔnɑ̃, ɑ̃t] a dick.

bée [be] a: **bouche** ~ mit offenem Mund.

beffroi [befʀwa] nm Glockenstube f.

bégayer [begeje] vt, vi stottern.

bègue [bɛg] a: **être** ~ stottern / nm/f Stotterer(in f) m.

béguin [begɛ̃] nm: **avoir le** ~ **pour qn** für jdn schwärmen.

beige [bɛʒ] a beige inv.

beignet [benɛ] nm Beignet m, Krapfen m.

bel a voir beau.

bêler [bele] vi blöken.

belette [bəlɛt] nf Wiesel nt.

belge [bɛlʒ(ə)] a belgisch; **B**~ nm/f Belgier(in f) m.

Belgique [bɛlʒik] nf: **la** ~ Belgien nt.

bélier [belje] nm Widder m; (engin) Rammbock m; (ASTR) Widder m.

belle [bɛl] a, nf voir beau; ~**-fille** f Schwiegertochter f; (d'un remariage)

Stieftochter f; ~**-mère** nf Schwiegermutter f; (d'un remariage) Stiefmutter f; ~**-sœur** nf Stiefschwester in f; (d'un remariage) Stiefschwester f.

belligérant, e [beliʒeʀɑ̃, ɑ̃t] a kriegführend.

belliqueux, euse [belikø, øz] a kriegerisch.

belvédère [belvedɛʀ] nm Aussichtspunkt m.

bémol [bemɔl] nm Erniedrigungszeichen nt, b nt.

bénédictin [benediktɛ̃] nm Benediktiner m; **travail de** ~ Plackerei f.

bénédiction [benediksjɔ̃] nf Segen m.

bénéfice [benefis] nm (COMM) Gewinn m; (avantage) Nutzen m; **au** ~ **de** zugunsten von.

bénéficiaire [benefisjɛʀ] nm/f Nutznießer(in f) m.

bénéficier [benefisje] vi: ~ **de** (jouir de, avoir) genießen; (tirer profit de) profitieren von; (obtenir) erhalten.

bénéfique [benefik] a gut, vorteilhaft.

benêt [bənɛ] nm Dummkopf m.

bénévole [benevɔl] a freiwillig; ~**ment** ad freiwillig.

bénigne [benin] af voir **bénin**; **bénignité** nf (bonté) Güte f; (d'un mal) Gutartigkeit f.

bénin, igne [benɛ̃, iɲ] a (humeur, caractère) gütig; (tumeur, mal) gutartig; (rhume, punition) leicht.

bénir [beniʀ] vt segnen.

bénit, e [beni, it] a gesegnet; **eau** ~**e** Weihwasser nt.

bénitier [benitje] nm Weihwasserbecken nt.

benjamin, e [bɛ̃ʒamɛ̃] nm/f Benjamin m.

benne [bɛn] nf (de camion) Container m; (de téléphérique) Gondel f; (dans mine) Förderkorb m; ~ **basculante** Kipper m.

benzine [bɛ̃zin] nf Leichtbenzin nt.

B.E.P.C. sigle m voir **brevet**.

béquille [bekij] nf Krücke f; (de vélo) Ständer m.

bercail [bɛʀkaj] nm Schoß m der

Familie.

berceau, x nm Wiege f.

bercer [bɛʀse] vt wiegen; (suj: musique etc) einlullen; ~ **qn de promesses** jdn mit Versprechungen täuschen.

berceuse [bɛʀsøz] nf Wiegenlied nt.

béret (basque) [beʀe(bask(ə))] nf Baskenmütze f.

berge [bɛʀʒ(ə)] nf Ufer nt.

berger, ère [bɛʀʒe, ɛʀ] nm/f Schäfer(in) f) m // ~ nf (fauteuil) bequemer Sessel; **bergerie** nf Schafstall m.

berlingot [bɛʀlɛ̃go] nm (emballage) Tetraeder m.

berne [bɛʀn(ə)]: **en ~ a**, ad auf Halbmast.

berner [bɛʀne] vt zum Narren halten.

besogne [bəzɔɲ] nf Arbeit f.

besogneux, euse [b(ə)zɔɲø, øz] a fleißig.

besoin [bəzwɛ̃] nm Bedürfnis m; (pauvreté): **le ~** die Bedürftigkeit; **le ~ d'argent** der Bedarf an Geld; **le ~ de gloire** das Bedürfnis nach Ruhm; **faire ses ~s** seine Notdurft verrichten; **avoir ~ de** qch etw brauchen; **avoir besoin de faire** qch etw tun müssen; **au ~** notfalls.

bestiaux [bestjo] nmpl Vieh nt.

bestiole [bestjɔl] nf Tierchen nt.

bétail [betaj] nm Vieh nt.

bête [bɛt] nf Tier nt // a (stupide) dumm; **chercher la petite ~** übergenau sein; **~s sauvages** wilde Tiere; **~ de somme** Lasttier nt; **c'est ma ~ noire** das ist für mich ein rotes Tuch.

bêtise [betiz] nf Dummheit f; (parole) Unsinn m; (bagatelle) Lappalie f; **dire des ~s** Unsinn reden; **dire une ~** etwas Dummes sagen.

béton [betɔ̃] nm Beton m; **~ armé** Stahlbeton m; **bétonner** vt betonieren; **bétonnière** nf Betonmischmaschine f.

betterave [betʀav] nf Rübe, (rouge) rote Bete f; **~ fourragère** Futterrübe f; **~ sucrière** Zuckerrübe f.

beugler [bøgle] vi (bovin) brüllen;

(pej: personne, radio) plärren // vt (pej) schmettern.

beurre [bœʀ] nm Butter f.

beurrer [bœʀe] vt buttern.

beurrier [bœʀje] nm Butterdose f.

bévue [bevy] nf Schnitzer m.

biais [bje] nm (fig: moyen): **par le ~ de** mittels (+gen); **en ~, de** (obliquement) schräg; (fig) indirekt; **biaiser** vi (fig) ausweichen.

bibelot [biblo] nm Schmuckstück nt.

biberon [bibʀɔ̃] nm Fläschchen nt; **nourrir au ~** mit der Flasche aufziehen.

bible [bibl(ə)] nf Bibel f.

bibliobus [biblijobys] nm Fahrbücherei f.

bibliographie [biblijɔgrafi] nf Bibliographie f.

bibliophile [biblijɔfil] nm/f Bücherfreund m.

bibliothécaire [biblijɔtekɛʀ] nm/f Bibliothekar(in) m.

bibliothèque [biblijɔtɛk] nf Bibliothek f; (meuble) Bücherschrank m; **~ municipale** Stadtbücherei f.

biblique [biblik] a biblisch.

bicarbonate [bikaʀbɔnat] nm: **~ (de soude)** Natron nt.

biceps [bisɛps] nm Bizeps m.

biche [biʃ] nf Hirschkuh f.

bichonner [biʃɔne] vt verhätscheln.

bicolore [bikɔlɔʀ] a zweifarbig.

bicoque [bikɔk] nf (pej) Schuppen m.

bicyclette [bisiklɛt] nf Fahrrad nt.

bidasse [bidas] nm (fam) Soldat m.

bide [bid] nm (fam: ventre) Bauch m; (THEAT) Reinfall m.

bidet [bide] nm (cuvette) Bidet nt.

bidon [bidɔ̃] nm (récipient) Kanne f, Kanister m; **c'est du ~** (fam) das ist Quatsch // a inv (fam: simulé) Schein-, vorgetäuscht.

bielle [bjel] nf Pleuelstange f.

bien [bjɛ̃] nm (avantage, profit) Beste(s) nt, Nutzen m; (d'une personne, du public) Wohl nt; (patrimoine, possession) Besitz m; **les ~s** das Gute; **le ~ public** das Gemeinwohl; **faire du ~** à qn jdm guttun; **faire le ~** Gutes tun; **dire du ~ de** gut sprechen von; **changer en ~** sich

Guten wenden; **je te veux du** ~ ich meine es gut mit dir; **c'est pour son** ~ **que** es ist nur zu seinem Besten, daß; **les** ~ **s de ce monde** die weltlichen Güter *pl*; **mener à** ~ zum guten Ende führen; ~ **s de consommation** Verbrauchsgüter *pl ad* (*travailler, manger*) gut; (*comprendre*) richtig; (*très*): ~ **jeune/souvent** sehr jung/oft; ~ **assez wirklich** genug; ~ **mieux** sehr viel besser, (*beaucoup*): ~ **du temps/des gens** viel Zeit/viele Leute; **j'espère** ~ **y aller** ich hoffe doch, dorthin zu gehen; (*concession*): **je veux** ~ **y aller** ich will ja gern dorthin gehen; **il faut** ~ **le faire** es muß getan werden; ~ **sûr** natürlich, gewiß; **c'est** ~ **fait** (*mérité*) er ist verdient // **à inv** (*à l'aise*): **se sentir/être** ~ sich wohl fühlen; (*juste, moral*): **ce n'est pas** ~ **de** es ist nicht richtig; (*adéquat*): **cette maison/secrétaire** ~ dieses Haus/diese Sekretärin ist genau richtig; (*sérieux, convenable: parfois pej*): **des gens** ~ feine Leute; **être** ~ **avec qn** (*bien vu de lui*) sich mit jdm gut verstehen; ~ **que** *conj* obwohl; ~ **aimé, e** a geliebt // *nm/f* Geliebte(r) *m/f*; ~ **-être** *nm* (*sensation*) Wohlbefinden *nt*; (*situation*) Wohlstand *m*; ~ **faisance** *nf* Wohltätigkeit *f*; ~ **faisant, e** (*chose*) gut, zuträglich; ~ **fait** (*acte*) *nm* gute Tat *f*; (*avantage*) Nutzen, Vorteil *m*; ~ **-faiteur, -trice** *nm/f* Wohltäter(in *f*) *m*; ~ **-fondé** *nm* Berechtigung *f*; ~ **heureux, euse** a glücklich; (*REL*) selig.

biennal, e, aux [bjenal, o] a zweijährig; (*tous les deux ans*) zweijährlich; **alle zwei Jahre stattfindend; plan** ~ Zweijahresplan *m*.

bienséance [bjɛ̃seãs] *nf* Anstand *m*.

bientôt [bjɛ̃to] *ad* bald; **à** ~ bis bald.

bienveillance [bjɛ̃vɛjãs] *nf* Wohlwollen *nt*.

bienveillant, e [bjɛ̃vɛjã] a wohlwollend.

bienvenu, e [bjɛ̃vny] a willkommen // *nm/f* **être le** ~ /**la** ~ **e** willkommen sein // *nf*: **souhaiter la** ~ **e à qn** jdn

bière [bjɛʀ] *nf* (*boisson*) Bier *nt*; (*cercueil*) Sarg *m*.

biffer [bife] *vt* durchstreichen.

bifteck [biftɛk] *nm* Beefsteak *nt*.

bifurcation [bifyʀkasjɔ̃] *nf* Abzweigung *f*.

bifurquer [bifyʀke] *vi* (*route*) abzweigen, sich gabeln; (*véhicule, personne*) abbiegen.

bigarré, e [bigaʀe] a bunt, kunterbunt.

bigorneau, x [bigoʀno] *nm* Strandschnecke *f*.

bigot, e [bigo, ɔt] (*pej*) a bigott // *nm/f* Frömmler(in *f*) *m*.

bigoudi [bigudi] *nm* Lockenwickler *m*.

bijou, x [biʒu] *nm* Schmuckstück *nt*; ~ **x** Schmuck *m*; (*fig*) Juwel *nt*; ~ **terie** *nf* Juweliergeschäft *nt*; ~ **tier, -ière** *nm/f* Juwelier(in *f*).

bikini [bikini] *nm* Bikini *m*.

bilan [bilã] *nm* Bilanz *f*; **faire le** ~ **de** die Bilanz ziehen aus; **déposer son** ~ den Konkurs anmelden.

bile [bil] *nf* Galle *f*; **se faire de la** ~ (*fam*) sich (*dat*) Sorgen machen.

biliaire [biljɛʀ] a Gallen-.

bilieux, euse [biljø, jøz] a (*visage, teint*) gelblich; (*fig: colérique*) aufbrausend.

bilingue [bilɛ̃g] a zweisprachig.

bille [bij] *nf* (*gén*) Kugel *f*; (*du jeu de billes*) Murmel *f*; **jouer aux** ~ **s** Murmel spielen.

billet [bijɛ] *nm* (*aussi*: ~ **de banque**) (Geld)schein *m*; (*de cinéma*) (Eintritts)karte *f*; (*de bus etc*) (Fahr)karte *f*, Fahrkarte *f*; (*d'avion*) Flugschein *m*; (*courte lettre*) Briefchen *nt*; ~ **doux** Liebesbrief *m*; ~ **circulaire** Rundreiseticket *nt*; ~ **de commerce** Schuldschein *m*; ~ **de faveur** Freikarte *f*; ~ **de loterie** Los *nt*; ~ **de quai** Bahnsteigkarte *f*.

billot [bijo] *nm* Klotz *m*.

bimensuel, le [bimãsɥel] a vierzehntägig.

bimoteur [bimotœʀ] a zweimotorig.

binette [binɛt] *nf* (*outil*) Hacke *f*.

binocle [binɔkl(ə)] *nm* Lorgnon *nt*,

Kneifer m.

bio- [bjo] pref Bio-, bio-; ~**dégradable** a biologisch abbaubar; ~**graphie** f Biographie f; ~**graphique** a biographisch; ~**logie** f Biologie f; ~**logique** a biologisch.

bipède [biped] nm Zweifüßer m.

biplan [biplɑ̃] nm Doppeldecker m.

biréacteur [bireaktœʀ] nm zweimotoriges Flugzeug nt.

bis, e [bi, biz] a (couleur) graubraun // ad (après un chiffre) a // excl, nm Zugabe f.

bisannuel, le [bizanɥɛl] a zweijährlich; (plante) zweijährig.

biscornu, e [biskɔʀny] a unförmig, ungestalt; (pej: idée, esprit) bizarr, ausgefallen.

biscotte [biskɔt] nf Zwieback m.

biscuit [biskɥi] nm Keks m; (porcelaine) Biskuitporzellan nt.

bise [biz] af voir bis // nf (baiser) Kuß m; (vent) (Nord)wind m.

bison [bizɔ̃] nm Bison m.

bisque [bisk(ə)] nf ~**d'écrevisses** Garnelensuppe f.

bissectrice [bisɛktʀis] nf Halbierende f.

bisser [bise] vt um Zugabe bitten.

bissextile [bisɛkstil] a: **année** ~ Schaltjahr n.

bissexué, e [bisɛksɥe] a bisexuell.

bistouri [bisturi] nm Lanzette f.

bistro(t) [bistʀo] nm Kneipe f.

bitte [bit] nf: ~ **d'amarrage** Poller m.

bitume [bitym] nm Asphalt m.

bizarre [bizaʀ] a bizarr.

blafard, e [blafaʀ] a bleich.

blague [blag] nf (propos) Witz m; (farce) Streich m; ~ **à tabac** Tabaksbeutel m; **sans** ~! im Ernst!

blaguer [blage] vi Witze machen // vt necken; **blagueur, euse** a neckend; (sourire) schelmisch // nm/f Witzbold m.

blaireau, x [blɛʀo] nm (animal) Dachs m; (brosse) Rasierpinsel m.

blâme [blɑm] nm Tadel m.

blâmer [blame] vt tadeln.

blanc, blanche [blɑ̃, blɑ̃ʃ] a weiß;

(non imprimé) leer; (innocent) rein; **d'une voix blanche** mit tonloser Stimme; **aux cheveux** ~**s** mit weißem Haar // nm/f Weiße(r) mf; **les B**-**s** die Weißen pl // nm (couleur) Weiß nt; (linge): **le** ~ die Weißwaren pl; (espace non écrit) freier Raum; ~(**d'œuf**) Eiweiß nt; (de poulet) Hähnchenbrust f; **le** ~ **de l'œil** das Weiße im Auge; **du** (**vin**) ~ Weißwein m // nf (MUS) halbe Note; **laisser en** ~ (ne pas écrire) offen lassen; **chèque en** ~ Blankoscheck m; **à** ~ ad (chauffer) weißglühend; (tirer, charger) mit Platzpatronen; ~**bec** nm Grünschnabel m.

blancheur [blɑ̃ʃœʀ] nf Weiße f.

blanchir [blɑ̃ʃiʀ] vt (gén) weiß machen; (mur) weißeln; (cheveux) grau werden lassen; (linge) waschen; (CULIN) blanchieren; (fig: disculper) reinwaschen // vi weiß werden; (cheveux) grau werden; **blanchi à la chaux** geweißelt; **blanchissage** nm (du linge) Waschen nt.

blanchisserie [blɑ̃ʃisʀi] nf Wäscherei f.

blanchisseur, euse [blɑ̃ʃisœʀ, øz] nm/f Wäscher(in) m.

blanc-seing [blɑ̃sɛ̃] nm Blankovollmacht f.

blanquette [blɑ̃kɛt] nf: ~ **de veau** Kalbsragout nt.

blasé, e [blaze] a (esprit, personne) blasiert.

blason [blazɔ̃] nm Wappen nt.

blasphème [blasfɛm] nm Blasphemie f.

blasphémer [blasfeme] vi Gott lästern // vt lästern.

blatte [blat] nf Schabe f.

blazer [blazɛʀ] nm Blazer m.

blé [ble] nm Weizen m.

bled [blɛd] nm (pej: lieu isolé) Kaff m.

blême [blɛm] a blaß.

blessé, e [blese] a verletzt // nm/f Verletzte(r) mf; **un** ~ **grave, un grand** ~ ein Schwerverletzter.

blesser [blese] vt verletzen; (offenser) verletzen, kränken; **se** ~ sich verletzen; **se** ~ **au pied** etc sich den Fuß etc verletzen.

blessure [blesyʀ] nf Wunde f, Verletzung f.

blet, te [blɛ, blɛt] a überreif.

bleu [blø] a blau; (bifteck) blutig, roh; **une peur ~e** Todesangst; **une colère ~e** ein unmäßiger Zorn // nm (couleur) Blau nt; (novice) Neuling m; (contusion) blauer Fleck; (vêtement: aussi ~s) blauer Anton m; (CULIN): **au ~** blau.

bleuet [bløɛ] nm Kornblume f.

bleuté, e [bløte] a bläulich.

blindage [blɛ̃daʒ] nm Panzerung f.

blindé, e [blɛ̃de] a gepanzert; (fig) abgehärtet // nm Panzer m.

blinder [blɛ̃de] vt panzern; (fig) abhärten.

blizzard [blizaʀ] nm Schneesturm m.

bloc [blɔk] nm Block m; **à ~** ganz, fest; **en ~** im ganzen; **faire ~** zusammenhalten; **~-moteur** Motorblock m; **~-opératoire** Operationszimmerkomplex m.

blocage [blɔkaʒ] nm Blockieren nt; (PSYCH) Komplex m.

bloc-notes [blɔknɔt] nm Notizblock m.

blocus [blɔkys] nm Blockade f.

blond, e [blɔ̃, blɔ̃d] a (cheveux, personne) blond; (sable, blés) gelb // nm/f blonder Mann m, Blondine f; **~ cendré** aschblond.

bloquer [blɔke] vt (regrouper) zusammenfassen; (passage, pièce mobile) blockieren; (crédits, compte) sperren; **~ les freins** die Vollbremsung machen.

blottir [blɔtiʀ]: **se ~** vi sich zusammenkauern.

blouse [bluz] nf Kittel m.

blouson [bluzɔ̃] nm Blouson nt; **~-noir** Halbstarke(r) m.

bluff [blœf] nm Bluff m; **~er** vt, vi bluffen.

bobard [bɔbaʀ] nm (fam) Märchen nt.

bobine [bɔbin] nf Spule f.

bocage [bɔkaʒ] nm Hain m.

bocal [bɔkal] nm Glasbehälter m.

bœuf [bœf] nm (animal) Ochse m; (CULIN) Rindfleisch nt.

bohémien, ienne [bɔemjɛ̃, jɛn] a Zigeuner- // nm/f Zigeuner(in f) m.

boire [bwaʀ] vt trinken; (absorber) aufsaugen; **~ un verre ein Gläschen trinken** // vi (alcoolique) trinken.

bois [bwa] nm (substance) Holz nt; (forêt) Wald m; **~ vert/mort** grünes/totes Holz; **de ~, en ~** aus Holz.

boiser [bwaze] vt (chambre) täfeln; (galerie de mine) abstützen; (terrain) aufforsten.

boiseries [bwazʀi] nfpl Täfelung f.

boisson [bwasɔ̃] nf Getränk nt; **pris de ~** betrunken; **s'adonner à la ~** sich dem Trunk ergeben; **~s alcoolisées** alkoholische Getränke; **~s gazeuses** Brause f.

boite [bwat] nf Schachtel f; **aliments en ~** Büchsenkost f; **une ~ d'allumettes** eine Streichholzschachtel f; **une ~ de sardines** eine Sardinenbüchse f; **~ de conserves** Konservenbüchse ou **-dose** f; **~ crânienne** Schädel m; **~ aux lettres** Briefkasten m; **~ de vitesses** Getriebe nt; **~ de nuit** Nachtclub m.

boiter [bwate] vi hinken.

boiteux, euse [bwatø, øz] a hinkend // nm/f Hinkende(r) mf.

boitier [bwatje] nm Gehäuse nt.

bol [bɔl] nm Schale f; **un ~ d'air** ein bißchen frische Luft.

bolet [bɔlɛ] nm Röhrling m; **~ comestible** Steinpilz m.

bolide [bɔlid] nm Rennwagen m; **comme un ~** rasend schnell.

bombance [bɔ̃bɑ̃s] nf: **faire ~** schlemmen.

bombardement [bɔ̃baʀdəmɑ̃] nm Bombardierung f.

bombarder [bɔ̃baʀde] vt bombardieren; **~ qn de cailloux** jdn mit Steinen bewerfen; **~ qn de lettres** jdn mit Briefen überhäufen; **~ qn directeur** jdn auf den Posten des Direktors katapultieren.

bombe [bɔ̃b] nf Bombe f; (atomiseur) Spray m; **faire la ~** (fam) auf Sauftour gehen; **~ atomique** Atombombe f; **~ à retardement** Zeitzünderbombe f.

bomber [bɔ̃be] vt: **~ le torse** die

Brust schwellen // vi sich wölben.

bon, bonne [bɔ̃, bɔn] a gut; (juste): **c'est le ~ numéro/moment** das ist die richtige Nummer/der richtige Moment; (bienveillant, charitable) gut; (marque la quantité): **un ~ nombre** eine beträchtliche Zahl; **une bonne pièce** ein gutes Stück; (adopté, approprié): **~ à qch zu;** **~ pour qn für //** ad: **il fait ~** es ist schönes Wetter; **sentir ~** gut riechen; **tenir ~** standhalten; **pour de ~** wirklich //excl: **~! gut! ah ~?** ach wirklich? // nm (billet) Bon m; (de rationnement) Marke f; **~ (cadeau)** Geschenkgutschein m; **il y a du ~ dans cela/ce qu'il dit** das hat etwas Gutes für sich/es ist gar nicht so schlecht, was er sagt // nf (domestique) Hausgehilfin f; **~ anniversaire!** herzlichen Glückwunsch zum Geburtstag!; **~ voyage!** gute Reise!; **bonne chance!** viel Glück!; **bonne année!** ein gutes Neues Jahr!; **bonne nuit!** gute Nacht!; **avoir ~ dos** einen breiten Rücken haben; **d'essence** nm Benzingutschein m; **~ marché** a inv, ad billig, preiswert; **~ sens** nm gesunder Menschenverstand m; **à tirer** nm Druckgenehmigung f; **vivant** nm Lebenskünstler m; **bonne d'enfant** nf Kindermädchen nt; **bonne femme** nf (fam) Tante f; **bonne à tout faire** nf Mädchen nt für alles; **bonnes œuvres** nfpl wohltätige Werke pl.

bonbon [bɔ̃bɔ̃] nm Bonbon nt.

bonbonne [bɔ̃bɔn] nf Korbflasche f.

bond [bɔ̃] nm Sprung m; **faire un ~** einen Sprung machen; **d'un seul ~** mit einem Satz.

bonde [bɔ̃d] nf (d'évier etc) Stöpsel m; (de tonneau) Spund m.

bondé, e [bɔ̃de] a überfüllt.

bondir [bɔ̃diʀ] vi springen.

bonheur [bɔnœʀ] nm Glück nt; **avoir le ~ de** das Glück haben zu; **porter ~ (à qn)** (jdm) Glück bringen; **au petit ~** aufs Geratewohl; **par ~** glücklicherweise.

bonhomie [bɔnɔmi] nf Gutmütigkeit f.

bonhomme [bɔnɔm] nm, pl **bonshommes** [bɔ̃zɔm] Mensch m, Typ m //a gutmütig; **un vieux ~** ein altes Männchen; **aller son ~ de chemin** gemächlich seinen Weg gehen; **~ de neige** Schneemann m.

boni [bɔni] nm Profit m.

bonification [bɔnifikasjɔ̃] nf (somme) Bonus m.

bonifier [bɔnifje] vt verbessern.

bonjour [bɔ̃ʒuʀ] nm, excl guten Tag; **donner ou souhaiter le ~ à qn** jdm guten Tag sagen; **~ Monsieur!** guten Tag!; **dire ~ à qn** jdn grüßen.

bonne a, nf voir bon.

bonnement [bɔnmɑ̃] ad: **tout ~** ganz einfach.

bonnet [bɔnɛ] nm Mütze f; (de soutien-gorge) Körbchen nt; **~ d'âne** Papierhut für den schlechtesten Schüler; **~ de nuit** Nachtmütze f; **~ de bain** Badekappe ou -mütze f.

bon-papa [bɔ̃papa] nm (fam) Opa m.

bonsoir [bɔ̃swaʀ] nm, excl guten Abend.

bonté [bɔte] nf Güte f; (gén pl: attention, gentillesse) Freundlichkeit f; **avoir la ~ de** so gut sein und.

bord [bɔʀ] nm (de rivière, lac) Ufer m; **à ~** an Bord; **monter à ~** an Bord gehen; **jeter par-dessus ~** über Bord werfen; **du même ~** der gleichen Meinung; **au ~ de la mer** am Meer; **au ~ de la route** am Rand der Straße; **être au ~ des larmes** den Tränen nahe sein.

bordeaux [bɔʀdo] nm (vin) Bordeaux(wein) m // a inv (couleur) weinrot.

bordel [bɔʀdɛl] nm (fam) Puff m; (fig) heilloses Durcheinander nt.

border [bɔʀde] vt (être le long de) säumen; (garnir) einfassen (de mit); (qn dans son lit, le lit de qn) zudecken.

bordé de gesäumt von.

bordereau, x [bɔʀdəʀo] nm Zettel m; Rechnung f.

bordure [bɔʀdyʀ] nf Umrandung f; (sur un vêtement) Bordüre f; **en ~ de** entlang (+dat).

borgne [bɔʀɲ(ə)] a einäugig;

(fenêtre) blind; **hôtel** ~ schäbiges Hotel.

borne [bɔʀn(ə)] nf *(pour délimiter)* Grenz- ou. Markstein m; *(gén —* **kilométrique)** Kilometerstein m; **~s** *(limites)* Grenzen pl; **cela dépasse les ~s** das geht zu weit; **sans ~(s)** grenzenlos.

borné, e [bɔʀne] a engstirnig.

borner [bɔʀne] vt *(terrain, horizon)* be- ou eingrenzen; *(désirs)* zurückschrauben; **se ~ à qch/faire qch** sich begnügen mit etw/damit, etw zu tun.

bosquet [bɔskɛ] nm Wäldchen nt.

bosse [bɔs] nf *(de terrain, sur un objet)* Unebenheit f; *(enflure)* Beule f; *(du bossu)* Buckel m; *(du chameau etc)* Höcker m; **avoir la ~ des maths** ein Talent für Mathe haben; **rouler sa ~** herumkommen.

bosser [bɔse] vt *(fam) (travailler)* arbeiten; *(travailler dur)* schuften.

bossu, e [bɔsy] a bucklig // nm/f Bucklige(r) mf.

bot [bo] am: **pied ~** Klumpfuß m.

botanique [bɔtanik] nf Botanik f // a botanisch.

botte [bɔt] nf *(soulier)* Stiefel m; *(escrime: coup)* Stoß m; *(gerbe):* **~ de paille** Strohbündel nt; **~ de radis** Rettichbund m; **~ d'asperges** Bündel nt Spargel.

botter [bɔte] vt Stiefel anziehen (+dat); *(donner un coup de pied dans)* einen Tritt versetzen (+dat); *(fam):* **ça me botte** das reizt mich.

bottier [bɔtje] nm Schuhmacher(in)f m.

bottin [bɔtɛ̃] nm Telefonbuch nt.

bottine [bɔtin] nf *(geknöpfter)* Halbstiefel m.

bouc [buk] nm *(animal)* Ziegenbock m; *(barbe)* Spitzbart m; **~ émissaire** Sündenbock m.

boucan [bukã] nm *(bruit)* Lärm m, Getöse nt.

bouche [buʃ] nf Mund m; *(de volcan)* Schlund m; *(de four)* Öffnung f; **une ~ inutile** ein unnützer Esser m; **ouvrir la ~** *(fig)* den Mund aufmachen; **~ cousue!** halt den Mund!;

~ à ~ nm Mund-zu-Mund-Beatmung f; **~ de chaleur** Heißluftöffnung f; **~ d'égout** Kanalschacht m; **~ d'incendie** Hydrant m; **~ de métro** Metroeingang m.

bouché, e [buʃe] a verstopft; *(vin, cidre)* verkorkt; *(temps, ciel)* bewölkt; *(pej: personne)* blöd(e); **avoir le nez ~** eine verstopfte Nase haben.

bouchée [buʃe] nf Bissen m; **ne faire qu'une ~ de** schnell fertig werden mit; **pour une ~ de pain** für ein Butterbrot; **~s à la reine** Königinpastetchen nt.

boucher [buʃe] vt verstopfen; *(passage, vue)* versperren // nm Metzger m; **se ~ le nez/les oreilles** sich die Nase/Ohren zuhalten; **se ~ vi** sich verstopfen.

boucherie [buʃʀi] nf Metzgerei f; *(fig)* Gemetzel nt.

bouche-trou [buʃtʀu] nm *(fig)* Notbehelf m.

bouchon [buʃɔ̃] nm *(en liège)* Korken m; *(autre matière)* Stöpsel m; *(fig: AUT)* Stau m; *(de ligne de pêche)* Schwimmer m.

boucle [bukl(ə)] nf *(forme, figure)* Schleife f; *(objet)* Schnalle, Spange f; **~ (de cheveux)** Locke f; **~ d'oreilles** Ohrring m.

bouclé, e [bukle] a lockig.

boucler [bukle] vt *(fermer)* zumachen, abriegeln; *(enfermer)* einschließen; *(terminer)* abschließen // vi: **faire ~** *(cheveux)* Locken machen in (+akk); **~ son budget** sein Budget ausgleichen.

bouclier [buklije] nm Schild nt.

bouder [bude] vi schmollen.

boudeur, euse [budœʀ, øz] a schmollend.

boudin [budɛ̃] nm *(charcuterie)* Blutwurst f; *(TECH)* Spirale f.

boue [bu] nf Schlamm m.

bouée [bwe] nf *(balise)* Boje f; **~ (de sauvetage)** Rettungsring m.

boueux, euse [bwø, øz] a schlammig // nm Müllmann m; **~** nmpl Müllabfuhr f.

bouffant, e [bufã, ãt] a bauschig.

bouffe [buf] nf *(fam)* Essen nt.

bouffée [bufe] *nf (de fumée)* Stoß *m*; *(d'air)* Hauch *m*; *(de pipe)* Wolke, Schwade *f*; ~ **de fièvre** Fieberanfall *m*; ~ **d'orgueil/de honte** Anfall *m* von Stolz/Scham.

bouffer [bufe] *vt (fam)* fressen.

bouffi, e [bufi] *a* geschwollen.

bougeoir [buʒwar] *nm* Kerzenhalter *m*.

bougeotte [buʒɔt] *nf*: **avoir la** ~ kein Sitzfleisch haben.

bouger [buʒe] *vi (remuer)* sich bewegen; *(voyager)* (herum)reisen; *(changer)* sich ändern; *(agir)* sich regen // *vt* bewegen; **se** ~ *(fam)* Platz machen.

bougie [buʒi] *nf* Kerze *f*; *(AUT)* Zündkerze *f*.

bougon, ne [bugɔ̃, ɔn] *a* mürrisch, grantig; **bougonner** *vi* murren.

bougre [bugr(ə)] *nm* Kerl *m*; **ce** ~ **de** dieser verfluchte Kerl von.

bouillant, e [bujɑ̃, ɑ̃t] *a (qui bout)* kochend; *(très chaud)* siedend heiß.

bouille [buj] *nf (fam)* Birne *f*, Rübe *f*.

bouilli, e [buji] *a* gekocht // *nf* gekochtes Fleisch *nt* // *nf* Brei *m*; *(fig)*: **en** ~**e** zerquetscht.

bouillir [bujir] *vi* kochen; *(CULIN: gén)* **faire** ~) kochen; *(pour stériliser)* auskochen.

bouilloire [bujwar] *nf* Kessel *m*.

bouillon [bujɔ̃] *nm (CULIN)* Bouillon *f*; *(bulle)* Blase *f*; *(écume)* Schaum *m*; ~ **de culture** Nährlösung *f*.

bouillonnement [bujɔnmɑ̃] *nm (d'un liquide)* Aufwallen *nt*.

bouillonner [bujɔne] *vi* sprudeln.

bouillotte [bujɔt] *nf* Wärmflasche *f*.

boulanger, ère [bulɑ̃ʒe, ɛr] *nm/f* Bäcker(in *f*).

boulangerie [bulɑ̃ʒri] *nf (boutique)* Bäckerei *f*; *(commerce, abstrait)* Bäckerhandwerk *nt*; ~ **-pâtisserie** Bäckerei und Konditorei *f*.

boule [bul] *nf (gén)* Ball *m*; *(pour jouer)* Kugel *f*; **roulé en** ~ zusammengerollt; *(fig)*: **se mettre en** ~ wütend werden; *(fam)*: **perdre la** ~ verrückt werden; ~ **de neige** Schneeball *m*; **faire** ~ **de neige** lawinenartig anwachsen.

bouleau, x [bulo] *nm* Birke *f*.

boulet [bulɛ] *nm (aussi* ~ **de canon)** (Kanonen)kugel *f*; *(charbon)* Eierbrikett *nt*.

boulette [bulɛt] *nf* Bällchen *nt*; *(de viande)* Kloß *m*.

boulevard [bulvar] *nm* Boulevard *m*.

bouleversement [bulvɛrsəmɑ̃] *nm (politique, social)* Aufruhr *m*.

bouleverser [bulvɛrse] *vt* erschüttern; *(pays, vie, objets)* durcheinanderbringen.

boulier [bulje] *nm* Abakus *m*; *(SPORT)* Anzeigetafel *f*.

boulimie [bulimi] *nf* Heißhunger *m*.

boulon [bulɔ̃] *nm* Bolzen *m*; **boulonner** *vt* zuschrauben.

boulot, te [bulo, ɔt] *a* stämmig.

boulot [bulo] *nm (fam: travail)* Arbeit *f*.

bouquet [bukɛ] *nm (de fleurs)* (Blumen)strauß *m*; *(de persil etc)* Bund *m*; *(parfum)* Bukett *nt*; **c'est le** ~! das ist der Abschuß!

bouquetin [buktɛ̃] *nm* Steinbock *m*.

bouquin [bukɛ̃] *nm* Buch *nt*; **bouquiner** *vi* lesen; **bouquiniste** *nm/f* Buchhändler(in *f*) *m*.

bourbeux, euse [burbø, øz] *a* schlammig.

bourbier [burbje] *nm* Morast *m*; *(fig)* üble Geschichte *f*.

bourdon [burdɔ̃] *nm* Hummel *f*.

bourdonnement [burdɔnmɑ̃] *nm* Summen *nt*.

bourdonner [burdɔne] *vi (abeilles etc)* summen; *(oreilles)* dröhnen.

bourg [bur] *nm* Stadt *f*.

bourgade [burgad] *nf (großes)* Dorf *nt*.

bourgeois, e [burʒwa, waz] *a* bürgerlich; *(pej)* spießig // *nm/f* Bürger(in *f*) *m*; *(pej)* Spießer *m*; **bourgeoisie** *nf* Bürgertum *nt*; **haute/petite bourgeoisie** *f* Groß-/Kleinbürgertum *nt*.

bourgeon [burʒɔ̃] *nm* Knospe *f*; **bourgeonner** *vi* knospen.

Bourgogne [burgɔɲ] *nf*: **la** ~ Burgund *nt* // **b~** *nm (vin)* Burgunder(wein) *m*.

bourguignon, onne [burgiɲɔ̃, ɔn] *a* burgundisch; **bœuf** ~ *Rindfleisch in Rotwein*.

bourlinguer [burlɛ̃ge] *vi* herumziehen.

bourrade [burad] *nf* Schubs *m*.

bourrage [buraʒ] *nm*: ~ **de crâne** *Gehirnwäsche f*; (SCOL) Pauken *nt*.

bourrasque [burask(ə)] *nf* Bö *f*.

bourratif, ive [buratif, iv] *a* stopfend.

bourré, e [bure] *a*: ~ **de** vollgestopft mit.

bourreau, x [buro] *nm* (exécuteur) Henker *m*; (qui maltraite, torture) Folterknecht *m*; ~ **de travail** Arbeitstier *nt*.

bourrelet [burlɛ] *nm* Filzstreifen *m*; (isolant) Dichtungsmaterial *nt*; (renflement) Wulst *m*.

bourrer [bure] *vt* vollstopfen; (pipe) stopfen; ~ **qn de coups** auf jdn einschlagen; ~ **le crâne à qn** jdm einen Bären aufbinden.

bourrique [burik] *nf* (âne) Esel *m*.

bourru, e [bury] *a* mürrisch, mißmutig.

bourse [burs(ə)] *nf* (pension) Stipendium *m*; (petit sac) Geldbeutel *m*; **la B**~ die Börse; **sans** ~ **délier** ohne Geld auszugeben.

boursier, ière [bursje, jɛr] *nm/f* Stipendiat(in *f*) *m*.

boursouflé, e [bursufle] *a* geschwollen.

boursoufler [bursufle] *vt* anschwellen lassen; **se** ~ *vi* (visage) anschwellen; (peinture etc) Blasen werfen.

bousculade [buskylad] *nf* (remous) Gedränge *nt*; (hâte) Hast *f*.

bousculer [buskyle] *vt* überrennen; (heurter) anrempeln; (fig) einen Stoß geben (+dat); **être bousculé** (pressé) viel zu tun haben.

bouse [buz] *nf*: ~ (**de vache**) Kuhmist *m*.

boussole [busɔl] *nf* Kompaß *m*.

bout [bu] *nm* (morceau) Stück *nt*; (extrémité) Ende *nt*; (de pied, bâton) Spitze *f*; **au** ~ **de** (après) nach; **être à**

~ **am Ende sein; pousser qn à** ~ jdn zur Weißglut bringen; **venir à** ~ **de qch** zum Ende von etw kommen; **venir à bout de qn** mit jdm fertigwerden; ~ **à** ~ aneinander; **d'un** ~ **à l'autre, de** ~ **en** ~ von Anfang bis Ende.

boutade [butad] *nf* witzige Bemerkung *f*.

bouteille [butej] *nf* Flasche *f*.

boutique [butik] *nf* Laden *m*.

boutiquier, ière [butikje, jɛr] *nm/f* (péj) Krämer(in *f*) *m*.

bouton [butɔ̃] *nm* Knopf *m*; (BOT) Knospe *f*; (MED) Pickel *m*; ~ **d'or** *nm* Butterblume *f*; **boutonner** [butɔne] *vt* zuknöpfen; **boutonnière** *nf* Knopfloch *nt*; **~-pression** *nm* Druckknopf *m*.

bouture [butyr] *nf* Ableger *m*.

bouvreuil [buvrœj] *nm* Dompfaff *m*.

bovin, e [bɔvɛ̃, in] *a* (élevage, race) Rinder-; (fig: air) blöd.

box [bɔks] *nm* (JUR) Anklagebank *f*; (pour cheval) Box *f*.

boxe [bɔks(ə)] *nf* Boxen *nt*.

boxer [bɔkse] *vi* boxen.

boxeur [bɔksœr] *nm* Boxer *m*.

boyau, x [bwajo] *nm* (viscère) Eingeweide *pl*; (galerie) Gang *m*; (tuyau) Schlauch *m*.

boycotter [bɔjkɔte] *vt* boykottieren.

bracelet [braslɛ] *nm* Armband *nt*; ~**-montre** *nm* Armbanduhr *f*.

braconnage [brakɔnaʒ] *nm* Wilderei *f*.

braconner [brakɔne] *vt* wildern.

braconnier [brakɔnje] *nm* Wilddieb *m*.

brader [brade] *vt* verschleudern.

braguette [bragɛt] *nf* Hosenschlitz *m*.

braillard, e [brajar, ard(ə)] *a* brüllend.

brailler [braje] *vi* grölen, schreien // *vi* brüllen.

braire [brɛr] *vi* schreien; (âne) iahen.

braise [brɛz] *nf* Glut *f*.

braiser [brɛze] *vt* schmoren; **bœuf braisé** geschmortes Rindfleisch *nt*.

bramer [bʀame] vi röhren

brancard [bʀɑ̃kaʀ] nm (pour blessé) Bahre f; (pour cheval) Deichsel f; **brancardier** nm Krankenträger m.

branchages [bʀɑ̃ʃaʒ] nmpl Astwerk nt.

branche [bʀɑ̃ʃ] nf Ast m; (de lunettes) Bügel m; (enseignement, science) Zweig m.

branchement [bʀɑ̃ʃmɑ̃] nm Anschluß m.

brancher [bʀɑ̃ʃe] vt anschließen.

branchies [bʀɑ̃ʃi] nfpl Kiemen pl.

brandir [bʀɑ̃diʀ] vt schwingen, fuchteln mit.

brandon [bʀɑ̃dɔ̃] nm Feuerbrand m.

branlant, e [bʀɑ̃lɑ̃, ɑ̃t] a wacklig.

branle [bʀɑ̃l] nm: **mettre en ~ in** Gang bringen; **donner le ~ à qch** etw in Bewegung setzen; **~ bas** inv Aufregung f, Durcheinander nt.

branler [bʀɑ̃le] vi/vt: **la tête mit dem Kopf wackeln**.

braquer [bʀake] vt steuern // vt ~ qch sur jdn etw auf jdn richten; (mettre en colère) aufbringen; **se ~ vi:** **se ~ (contre) sich widersetzen** (+dat).

bras [bʀa] nm Arm m // nmpl (fig: travailleurs) Arbeitskräfte pl; **avoir le ~ long viel Einfluß haben; à ~ -le-corps aus der Hüfte heraus; à ~ raccourcis mit aller Gewalt; le ~ droit** (fig) die rechte Hand; **~ de mer Meeresarm m**.

brasier [bʀazje] nm Feuerbrunst f.

brassage [bʀasaʒ] nm (fig: des races, des populations) Gemisch nt.

brassard [bʀasaʀ] nm Armbinde f; **~ noir ou de deuil schwarze Armbinde f, Trauerflor m.**

brasse [bʀas] nf (nage) Brustschwimmen nt; (mesure) Faden m; ~ **papillon Schmetterlingsstil m.**

brassée [bʀase] nf Armvoll m.

brasser [bʀase] vt durcheinanderkneten; **~ de l'argent viel Geld in Umlauf bringen; ~ des affaires viele Geschäfte tätigen.**

brasserie [bʀasʀi] nf (restaurant) Bierlokal nt; (usine) Brauerei f.

brasseur [bʀasœʀ] nm (de bière)

Brauer m; ~ **d'affaires großer Geschäftsmann m.**

brassière [bʀasjɛʀ] nf (de bébé) Babyjäckchen nt.

bravache [bʀavaʃ] a prahlerisch.

bravade [bʀavad] nf: **par ~ aus Übermut.**

brave [bʀav] a (courageux) mutig; (bon, gentil) lieb; (pej) bieder.

braver [bʀave] vt trotzen (+dat).

bravo [bʀavo] excl bravo.

bravoure [bʀavuʀ] nf Mut m.

brebis [bʀəbi] nf Mutterschaf nt; **~ galeuse schwarzes Schaf nt.**

brèche [bʀɛʃ] nf Öffnung f; (fig): **être sur la ~ immer auf Trab sein; battre en ~ Punkt für Punkt widerlegen.**

bredouille [bʀəduj] a ohne Beute.

bredouiller [bʀəduje] vt, vi murmeln, stammeln.

bref, brève [bʀɛf, ɛv] a kurz // ad kurz gesagt; **d'un ton ~ angebunden; (voyelle) brève kurzer Vokal; en ~ kurz (gesagt).**

brelogue [bʀəlɔk] nf Anhänger m.

Brésil [bʀezil] nm: **le ~ Brasilien nt; ~ien, ne** nm/f Brasilianer(in) f m.

bretelle [bʀətɛl] nf (de fusil etc) Trageriemen m; (de combinaison, soutiengorge) Träger m; (d'autoroute) Zubringer m; **~s** (pour pantalons) Hosenträger pl.

breton, ne [bʀətɔ̃, ɔn] a bretonisch; **B~, ne** nm/f Bretone m, Bretonin f.

breuvage [bʀœvaʒ] nm Getränk nt.

brève [bʀɛv] a, nf voir bref.

brevet [bʀəvɛ] nm Diplom nt; ~ **(d'invention) Patent nt; ~ d'apprentissage Gesellenbrief m; ~ d'études du premier cycle (BEPC) = mittlere Reife f.**

breveté, e [bʀəvte] a (invention) patentiert; (diplômé) qualifiziert.

breveter [bʀəvte] vt patentieren.

bréviaire [bʀevjɛʀ] nm Brevier nt.

bribes [bʀib] nfpl (de conversation) Bruchstücke pl; (fig) **par ~ stückweise.**

bric-à-brac [bʀikabʀak] nm inv Trödel m.

bricolage [bʀikɔlaʒ] nm Basteln nt.

bricole [brikɔl] nf Bagatelle f.

bricoler [brikɔle] vi herúmwerkeln; basteln // vt herumbasteln an (+dat); (faire) basteln.

bricoleur, euse [brikɔlœr, øz] nm/f Bastler(in f) m, Heimwerker(in f) m // a Bastler-.

bride [brid] nf Zaum m; (d'un bonnet) Band nt; à ~ abattue mit einem Affentempo; tenir en ~ im Zaume halten.

bridé, e [bride] a: yeux ~s Schlitzaugen pl.

brider [bride] vt (réprimer) zügeln; (cheval) aufzäumen; (CULIN) dressieren.

bridge [bridʒ(ə)] nm (jeu) Bridge nt; (dentaire) Brücke f.

brièvement [brijɛvmã] ad kurz.

brièveté [brijɛvte] nf Kürze f.

brigade [brigad] nf (MIL: petit détachement) Trupp m; (d'infanterie etc) Brigade f; (de police) Dezernat nt.

brigadier [brigadje] nm Gefreite(r) m.

brigand [brigã] nm Räuber m.

briguer [brige] vt streben nach.

brillamment [brijamã] ad strahlend; (passer) großartig, glänzend.

brillant, e [brijã, ãt] a strahlend; (fig) großartig // nm (diamant) Brilliant m.

briller [brije] vi leuchten, glänzen.

brimade [brimad] nf (vexation) Schikane f.

brimer [brime] vt schikanieren.

brin [brɛ̃] nm (de laine, ficelle etc) Faden m; (fig: un peu): un ~ de ein bißchen; ~ d'herbe Grashalm m; ~ de muguet Maiglöckchenstrauß m; ~ de paille Strohhalm m.

brindille [brɛ̃dij] nf Zweig m.

brio [brijo] nm: avec ~ großartig.

brioche [brijɔʃ] nf Brioche f; (fam: ventre) Bauch m.

brique [brik] nf Ziegelstein m // a inv (couleur) ziegelrot.

briquer [brike] vt (nettoyer) polieren.

briquet [brike] nm Feuerzeug nt.

brisé, e [brize] a (ligne, arc) gebrochen.

brisées [brize] nfpl: aller ou marcher sur les ~ de qn jdm ins Gehege kommen; suivre les ~ de qn in die Fußstapfen von jdm treten.

briser [brize] vt (casser: objet) zerbrechen; (fig: carrière, vie, amitié) zerstören; (volonté, résistance, personne) brechen; (fatiguer) erschöpfen; se ~ vi brechen; (fig) sich zerschlagen; **brisé de fatigue** erschöpft vor Müdigkeit; **d'une voix brisée** mit gebrochener Stimme.

briseur, euse [brizœr, øz] nm/f: ~ de grève Streikbrecher(in f) m.

britannique [britanik] a britisch // nm/f Brite m, Britin f.

broc [bro] nm Kanne f.

brocante [brokãt] nf Trödelladen m.

brocanteur, euse [brokãtœr, øz] nm/f Trödler(in f) m.

broche [brɔʃ] nf Brosche f; (CULIN) Spieß m; à la ~ am Spieß.

broché, e [brɔʃe] a (livre) broschiert.

brochet [brɔʃɛ] nm Hecht m.

brochette [brɔʃɛt] nf (CULIN) Spieß m; ~ de décorations Ordensreihe f.

brochure [brɔʃyr] nf Broschüre f.

broder [brode] vt sticken // vi: ~ sur des faits/une histoire die Tatsachen/eine Geschichte ausschmücken.

broderie [brodri] nf Stickerei f.

bromure [brɔmyr] nm Brom nt.

broncher [brõʃe] vi stolpern; sans ~ ohne zu protestieren.

bronchite [brõʃit] nf Bronchitis f.

bronze [brõz] nm (métal) Bronze f; (objet d'art) Bronzefigur f.

bronzé, e [brõze] a gebräunt, braun.

bronzer [brõze] vt bräunen // vi braun werden; se ~ sonnenbaden.

brosse [brɔs] nf (ustensile) Bürste f; donner un coup de ~ à qch etw abbürsten; en ~ mit Bürstenschnitt; ~ à cheveux Haarbürste f; ~ à dents Zahnbürste f.

brosser [brɔse] vt (nettoyer) bürsten; (fig: tableau, bilan etc) in groben Zügen darlegen; se ~ vt sich bürsten.

brouette [bruɛt] nf Schubkarren m.

brouhaha [bruaa] nm Tumult m.

brouillard [brujar] nm Nebel m.

brouille [bruj] nf Streit m.

brouillé, e [bruje] a (fâché) (mit jdm) verkracht; (teint) unrein.

brouiller [bruje] vt durcheinander-bringen; (embrouiller) vermischen; (RADIO: émission) stören; (rendre trouble, confus) trüben; (désunir: amis) entzweien; se ~ (ciel, temps) sich bewölken; (vitres, vue) sich be-schlagen; (détails durcheinan-dergeraten; (amis) sich überwerfen.

brouillon [bruj5] nm (écrit) Konzept nt; **cahier de ~(s)** Konzeptheft nt // **brouillon, -onne** a unordentlich.

broussailles [brusaj] nfpl Gestrüpp nt, Gebüsch n; **broussailleux, euse** a buschig.

brousse [brus] nf: **la ~** der Busch.

brouter [brute] vt abgrasen // vi grasen.

broutille [brutij] nf Lappalie f.

broyer [brwaje] zerkleinern; ~ **du noir** Schwarz sehen.

bru [bry] nf Schwiegertochter f.

brucelles [brysɛl] nfpl: (pinces) Pinzette f.

bruine [bruin] nf Nieselregen m; **bruiner** vi: **il bruine** es nieselt.

bruissement [bruismã] nm Ra-scheln nt.

bruit [brui] nm: **un ~** ein Geräusch nt; (fig: rumeur) ein Gerücht nt; **le ~** der Lärm m; **pas/trop de ~** kein/zuviel Lärm; **sans ~** geräuschlos; ~ **de fond** Hintergrundgeräusch nt; **faire grand ~** (fig) Aufsehen erregen.

bruitage [bruita3] nm Toneffekte pl.

brûlant, e [brylã, ãt] a siedend heiß; (regard) feurig; (sujet) heiß.

brûlé, e [bryle] a (fig: démasqué) entlarvt // nm: **odeur de ~** Brandgeruch m.

brûle-pourpoint [brylpurpwɛ̃]: **à ~** ad unvermittelt.

brûler [bryle] vt verbrennen; (sujet: eau bouillante) verbrühen; (consom-mer: charbon, électricité) verbrau-chen; (fig: enfiévrer) verzehren // vi brennen; (être brûlant, ardent)

glühen; **se** ~ vt (accidentellement: feu) sich (akk) verbrennen; (:eau bouillante) sich (akk) verbrühen; **se** ~ **la cervelle** sich (dat) eine Kugel durch den Kopf jagen; ~ **le feu rouge** bei Rot über die Ampel fahren; ~ **les étapes** die Stufe überspringen; ~ **de fièvre** vor Fieber glühen.

brûleur [brylœr] nm (TECH) Brenner m.

brûlure [brylyr] nf (lésion) Verbren-nung f; (sensation) Brennen nt; ~**s d'estomac** Sodbrennen nt.

brume [brym] nf Nebel m.

brun, e [brœ̃, yn] a braun // nm (couleur) Braun nt; **brunir** vi braun werden // vt bräunen.

brusque [brysk(ə)] a (soudain) plötzlich; (rude) schroff; ~**ment** ad (soudainement) plötzlich, unvermittelt.

brusquer [bryske] vt (personne) hetzen, drängen; **en** ~ nichts überstürzen.

brusquerie [bryskəri] nf (rudesse) Barschheit f.

brut, e [bryt] a (sauvage) roh; (bénéfice, salaire, poids) brutto; (champagne) = trockener Cham-pagner // nf Rohling m.

brutal, e aux [brytal, o] a brutal; ~**iser** vt grob behandeln; ~**ité** nf Brutalität f.

Bruxelles [brysɛl] n Brüssel nt.

bruyamment [bruijamã] ad laut.

bruyant, e [bruijã, ãt] a laut.

bruyère [bruijɛr] nf Heidekraut nt.

bu, e [by] pp de **boire**.

buanderie [buãdri] nf Wäscherei f.

buccal, e, aux [bykal, o] a: **par voie** ~ **e** oral.

bûche [byʃ] nf Holzscheit m; (fig): **prendre une** ~ hinfallen; ~ **de Noël** Weihnachtskuchen in Form eines Holzscheites.

bûcher [byʃe] nm Scheiterhaufen m // vt, vi (fam) büffeln.

bûcheron [byʃrɔ̃] nm Holzfäller m.

budget [byd3ɛ] nm (FIN, de ménage) Budget nt; **budgétaire** a Budget-.

buée [bue] nf (sur une vitre) Beschlag

m; (de l'haleine) Dampf m.

buffet [byfε] nm (meuble) Anrichte f; (de réception) Büfett nt; ~ **(de gare)** Bahnhofsgaststätte f.

buffle [byfl(ə)] nm Büffel m.

buis [buj] nm (BOT) Buchsbaum m; (bois) Buchsbaumholz nt.

buisson [bujsɔ̃] nm Busch m.

buissonnière [bujsɔnjεr] af: **faire l'école** ~ die Schule schwänzen.

bulbe [bylb(ə)] nm (BOT) Zwiebel f; (ANAT) Knoten m; (coupole) Zwiebelturm m.

bulldozer [buldozεr] nm Bulldozer m.

bulgare [bylgar] a bulgarisch // nm/f Bulgare m, Bulgarin f.

Bulgarie [bylgari] nf: **la** ~ Bulgarien nt.

bulle [byl] nf Blase f; (papale) Bulle f; ~ **de savon** Seifenblase f.

bulletin [byltε̃] nm (RADIO, TV) Sendung f; (SCOL) Zeugnis nt; ~ **(de vote)** Stimmzettel m; ~ **de santé** Krankheitsbericht m; ~ **météorologique** Wetterbericht m.

buraliste [byralist(ə)] nm/f Tabakwarenhändler(in f) m.

bureau, x [byro] nm Büro nt; (meuble) Schreibtisch m; ~ **de location** Maklerbüro nt; ~ **de poste** Postamt nt; ~ **de tabac** Tabakladen m; ~ **de vote** Wahllokal nt; **bureaucrate** nm Bürokrat m; **bureaucratie** f Bürokratie f; **bureaucratique** a bürokratisch.

burette [byrεt] nf (de mécanicien) Ölkanne f; (de chimiste) Bürette f.

burin [byrε̃] nm Stichel m.

buriné, e [byrine] a (fig: visage) zerfurcht.

burlesque [byrlεsk(ə)] a lächerlich; (littérature) burlesk.

bus [bys] nm Bus m.

buse [byz] nf Bussard m.

busqué, e [byske] a: **nez** ~ Hakennase f.

buste [byst(ə)] nm (ANAT) Brustkorb m; (sculpture) Büste f.

but [by] nm (cible) Zielscheibe f; (fig) Ziel nt; (SPORT: limites, point) Tor nt; **de** ~ **en blanc** geradeheraus; **il a**

pour ~ **de faire qch** es ist sein Ziel, etw zu tun; **dans le** ~ **de** in der Absicht zu; (SPORT): **gagner par 3** ~ **s à 2** 3 : 2 gewinnen.

butane [bytan] nm Butan nt.

buté, e [byte] a stur.

buter [byte] vi: ~ **contre/sur qch** gegen/auf etw (akk) stoßen // vt (contrecarrer) aufbringen; **se** ~ vi sich versteifen.

butin [bytε̃] nm Beute f.

butiner [bytine] vi Honig sammeln.

butte [byt] nf (éminence) Hügel m; **être en** ~ **à** ausgesetzt sein (+dat).

buvable [byvabl(ə)] a trinkbar.

buvard [byvar] nm Löschpapier nt.

buvette [byvεt] nf Erfrischungsraum m.

buveur, euse [byvœr, øz] nm/f (pej) Säufer(in f) m; ~ **de bière/vin** Bier/Weintrinker(in f) m.

C

ça [sa] pron das; ~ **va?** wie geht's?; (d'accord) in Ordnung?; ~ **alors!** na so was!; **c'est** ~ richtig!

çà [sa] ad: ~ **et là** hier und da.

cabane [kaban] nf Hütte f.

cabaret [kabarε] nm Nachtclub m.

cabas [kaba] nm Einkaufstasche f.

cabillaud [kabijo] nm Kabeljau m.

cabine [kabin] nf (de bateau, de plage) Kabine f; (de camion) Führerhaus nt; (d'avion) Cockpit nt; ~ **(téléphonique)** Telefonzelle f.

cabinet [kabinε] nm (petite pièce) Kammer f; (de médecin) Sprechzimmer m; (d'avocat) Büro nt; (clientèle) Praxis f; (POL) Kabinett nt; ~**s** nmpl (w.c.) Toiletten pl.

câble [kabl(ə)] nm Kabel nt.

câbler [kable] vt telegrafisch übermitteln.

cabrer [kabre] vt (cheval) steigen lassen; (avion) hochziehen; **se** ~ vi (cheval) sich aufbäumen; (personne) sich auflehnen.

cabri [kabri] nm Zicklein nt.

cacahuète [kakawεt] nf Erdnuß f.

cacao [kakao] nm Kakao m.

cache [kaʃ] nm (PHOT) Maske f // nf Versteck nt.

cache-cache [kaʃkaʃ] nm: **jouer à ~** Verstecken spielen.

cacher [kaʃe] vt verstecken; (intentions, sentiments) verbergen; (empêcher de voir) verdecken; (vérité, nouvelle) verheimlichen; **je ne vous cache pas que ...** ich verhehle nicht, daß ...; **se ~** sich verstecken.

cachet [kaʃe] nm (comprimé) Tablette f; (sceau) Siegel nt; (rétribution) Gage f; (fig) Stil m; **cacheter** vt versiegeln.

cachette [kaʃet] nf Versteck nt; **en ~** heimlich.

cachot [kaʃo] nm Verlies nt.

cactus [kaktys] nm Kaktus m.

cadavre [kadavʀ(ə)] nm Leiche f.

cadeau, x [kado] nm Geschenk nt; **faire ~ de qch à qn** jdm etw schenken; **faire un ~ à qn** jdm etwas schenken.

cadenas [kadnɑ] nm Vorhängeschloß nt; **cadenasser** vt verschließen.

cadence [kadɑ̃s] nf (MUS) Kadenz f; (de travail) Tempo nt; **en ~** im Rhythmus; **cadencé, e** a (MUS) rhythmisch.

cadet, te [kade, ɛt] a jünger // nm/f Jüngste(r) mf.

cadran [kadʀɑ̃] nm Zifferblatt nt; (du téléphone) Wählscheibe f; **~ solaire** Sonnenuhr f.

cadre [kadʀ(ə)] nm Rahmen m; (paysage) Umgebung f; (ADMIN) Führungskraft f; **~ moyen/supérieur** mittlere(r)/höhere(r) Angestellte(r) mf; **rayer qn des ~s** jdn entlassen; **dans le ~ de** im Rahmen von.

cadrer [kadʀe] vi: **~ avec qch** einer Sache (dat) entsprechen // vt (FILM) zentrieren.

caduc, uque [kadyk] a veraltet; **arbre à feuilles ~s** Laubbaum m.

cafard [kafaʀ] nm Schabe f; **avoir le ~** deprimiert sein.

café [kafe] nm Kaffee m; (bistro) Kneipe f // a inv kaffeebraun; **~ au lait** Milchkaffee m; **~ noir** schwarzer Kaffee; **~ tabac** Kneipe mit Ta-

---

bakwarenverkauf; **cafetier, ière** nm/f Kneipeninhaber(in f) m // nf (pot) Kaffeekanne f.

cage [kaʒ] nf Käfig m; **~ (des buts)** Tor nt; **~ (d'escalier)** Treppenhaus nt; **~ thoracique** Brustkorb m.

cageot [kaʒo] nm Lattenkiste f.

cagneux, euse [kaɲø, øz] a X-beinig.

cagnotte [kaɲɔt] nf gemeinsame Kasse f.

cagoule [kagul] nf Kapuze f; (SKI) Kapuzenmütze f.

cahier [kaje] nm (Schul)heft nt; **~ de brouillon** Schmierheft nt.

cahot [kao] nm Ruck m; **cahoter** vi holpern.

cahute [kayt] nf Hütte f.

caille [kaj] nf Wachtel f.

caillé [kaje] a: **lait ~** geronnene Milch.

cailler [kaje] vi gerinnen; (fam) frieren.

caillot [kajo] nm Klumpen m.

caillou, x [kaju] nm Kieselstein m; **~teux, euse** a steinig.

caisse [kes] nf Kasse f; (boîte) Kiste f, **grosse ~** (MUS) Pauke f; **~ d'épargne/de retraite** Spar-/Pensionskasse f; **~ enregistreuse** Registrierkasse f; **caissier, ière** nm/f Kassierer(in f) m.

cajoler [kaʒɔle] vt ganz lieb sein zu.

cake [kɛk] nm Früchtekuchen m.

calaminé, e [kalamine] a (AUT) verrußt.

calandre [kalɑ̃dʀ(ə)] nf (AUT) Kühlergitter nt.

calanque [kalɑ̃k] nf kleine Bucht am Mittelmeer.

calcaire [kalkɛʀ] nm Kalkstein m // a (eau) kalkhaltig; (terrain) kalkig.

calciné, e [kalsine] a verkohlt.

calcium [kalsjɔm] nm Kalzium nt.

calcul [kalkyl] nm Rechnung f; **le ~** (SCOL) das Rechnen // **~ (biliaire)/(rénal)** (Gallen-)/(Nieren)stein m; **~ mental** Kopfrechnen nt; **calculatrice** nf Rechenmaschine f; **~atrice de poche** Taschenrechner m.

calculer [kalkyle] vt berechnen;

(combiner) kalkulieren // vi rechnen.

cale [kal] *nf (de bateau)* Laderaum m; *(en bois)* Keil m; ~ **sèche** Trockendock nt.

calé, e [kale] *a (fixé)* verkeilt; *(fam)* bewandert.

caleçon [kalsɔ̃] nm Unterhose f; ~ **de bain** Badeanzug m.

calembour [kalɑ̃buʀ] nm Wortspiel nt.

calendes [kalɑ̃d] *nfpl:* **renvoyer aux ~ (grecques)** auf den St. Nimmerleinstag verschieben.

calendrier [kalɑ̃dʀije] nm Kalender m; *(programme)* Zeitplan m.

calepin [kalpɛ̃] nm Notizbuch nt.

caler [kale] *vt (fixer)* festmachen; ~ **(son moteur/véhicule)** (den Motor/das Fahrzeug) abwürgen.

calfeutrer [kalføtʀe] vt abdichten.

calibre [kalibʀ] nm *(d'un fruit)* Größe f; *(d'une arme)* Kaliber nt; *(fig)* Format nt.

califourchon [kalifuʀʃɔ̃]: **à ~** *ad* rittlings.

câlin, e [kɑlɛ̃, in] *a* anschmiegsam.

câliner [kɑline] vt schmusen mit.

calleux, euse [kalø, øz] *a* schwielig.

calmant [kalmɑ̃] nm Beruhigungsmittel nt.

calme [kalm(ə)] *a* ruhig, friedlich // nm *(d'un lieu)* Stille f.

calmer [kalme] vt *(personne)* beruhigen; *(douleur, colère)* mildern, lindern; **se ~** *(personne, mer)* sich beruhigen; *(vent)* sich legen.

calomnie [kalɔmni] nf Verleumdung f; **calomnier** vt verleumden.

calorie [kalɔʀi] nf Kalorie f.

calorifère [kalɔʀifɛʀ] nm (Warmluft)heizung f.

calorifuge [kalɔʀifyʒ] *a* wärmespeichernd.

calotte [kalɔt] nf *(coiffure)* Scheitelkäppchen nt; *(fam: gifle)* Ohrfeige f.

calque [kalk(ə)] nm Pause f; *(fig)* Nachahmung f; **papier ~** nm Pauspapier nt.

calquer [kalke] vt durchpausen; *(fig)* nachahmen.

calvaire [kalvɛʀ] nm *(croix)* Wegkreuz nt; *(souffrances)* Martyrium nt, Leidensweg m.

camaïeu [kamajø] nm: **(peinture en)** ~ monochrome Malerei f.

camarade [kamaʀad] nm/f Kumpel m; *(POL)* Genosse m, Genossin f; ~**rie** nf Freundschaft f.

cambouis [kɑ̃bwi] nm Motorenöl nt.

cambrer [kɑ̃bʀe] vt krümmen.

cambriolage [kɑ̃bʀijɔlaʒ] nm Einbruch m.

cambrioler [kɑ̃bʀijɔle] vt einbrechen; **cambrioleur, euse** nm/f Einbrecher(in f) m.

came [kam] nf: **arbre à ~s** Nockenwelle f.

camelot [kamlo] nm Hausierer(in f) m.

camelote [kamlɔt] nf Ramsch m.

caméra [kameʀa] nf Kamera f.

camion [kamjɔ̃] nm Lastwagen m; ~**-citerne** nm Tankwagen m; **camionnette** nf Lieferwagen m.

camisole [kamizɔl] nf: **~ (de force)** Zwangsjacke f.

camomille [kamɔmij] nf Kamille f.

camoufler [kamufle] vt tarnen.

camp [kɑ̃] nm Lager nt; *(groupe)* Seite f; ~ **de concentration** Konzentrationslager nt; **~ de vacances** Ferienlager nt.

campagnard, e [kɑ̃paɲaʀ, aʀd(ə)] *a* Land-; *(mœurs)* ländlich.

campagne [kɑ̃paɲ] nf Land nt; *(MIL, POL, COMM)* Kampagne f; **à la ~** auf dem Land.

campement [kɑ̃pmɑ̃] nm Lager nt.

camper [kɑ̃pe] vi kampieren; *(en vacances)* zelten // vt kess aufsetzen; **se ~ devant** sich aufstellen vor.

campeur, euse [kɑ̃pœʀ, øz] nm/f Camper(in f) m.

camphre [kɑ̃fʀ(ə)] nm Kampfer m.

camping [kɑ̃piŋ] nm Zelten nt, Camping nt; **(terrain de) ~** Campingplatz m; **faire du ~** zelten.

camus [e, [kamy, yz] *a:* **nez à ~** Boxernase f.

Canada [kanada] nm: **le ~** Kanada nt; **Canadien, ne** nm/f Kanadier(in f) m; **canadienne** nf *(veste)* gefütterte Schafslederjacke f.

canaille [kanɑj] *nf* Schurke *m.*

canal, aux [kanal, o] *nm* Kanal *m.*

canalisation [kanalizasjɔ̃] *nf (tuyauterie)* Leitungsnetz *nt; (: pour vidanges)* Kanalisation *f; (d'eau, de gaz)* Leitung *f.*

canaliser [kanalize] *vt* kanalisieren.

canapé [kanape] *nm* Sofa *nt; (CULIN)* Kanapee *nt.*

canard [kanaʀ] *nm* Enterich *m*, Ente *f.*

canari [kanaʀi] *nm* Kanarienvogel *m.*

cancans [kɑ̃kɑ̃] *nmpl* Klatsch *m.*

cancer [kɑ̃seʀ] *nm* Krebs *m.* **cancéreux, euse** *a* krebsartig.

cancre [kɑ̃kʀ(ə)] *nm* Dummkopf *m.*

candeur [kɑ̃dœʀ] *nf* Naivität *f.*

candi [kɑ̃di] *a inv:* **sucre ~** Kandiszucker *m.*

candidat, e [kɑ̃dida, at] *nm/f* Kandidat(in *f*) *m.*

candide [kɑ̃did] *a* naiv, unbefangen.

cane [kan] *nf* Ente *f.*

canette [kanɛt] *nf (de bière)* Bierflasche *f.*

canevas [kanva] *nm (COUTURE)* Leinwand *f.*

caniche [kaniʃ] *nm* Pudel *m.*

canicule [kanikyl] *nf* Hundstage *pl.*

canif [kanif] *nm* Taschenmesser *nt.*

canin, e [kanɛ̃, in] *a* Hunde- // *nf* Eckzahn *m.*

caniveau, x [kanivo] *nm* Rinnstein *m.*

canne [kan] *nf* Stock *m;* **~ à pêche** Angelrute *f;* **~ à sucre** Zuckerrohr *nt.*

cannelle [kanɛl] *nf* Zimt *m.*

canoë [kanɔe] *nm* Kanu *nt.*

canon [kanɔ̃] *nm* Kanone *f; (d'une arme: tube)* Lauf *m; (norme)* Regel *f; (MUS)* Kanon *m.*

canoniser [kanɔnize] *vt* heiligsprechen.

canot [kano] *nm* Boot *nt;* **~ pneumatique** Schlauchboot *nt;* **~ de sauvetage** Rettungsboot *nt.*

canotier [kanɔtje] *nm (chapeau)* Kreissäge *f.*

cantatrice [kɑ̃tatʀis] *nf* Sängerin *f.*

cantine [kɑ̃tin] *nf (réfectoire)* Kantine *f.*

cantique [kɑ̃tik] *nm* Kirchenlied *nt*, Hymne *f.*

canton [kɑ̃tɔ̃] *nm (en France) Verwaltungseinheit mehrerer Gemeinden; (en Suisse)* Kanton *m.*

cantonade [kɑ̃tɔnad]: **à la ~** *ad* lauthals.

cantonner [kɑ̃tɔne] *vt* einquartieren; **se ~ dans** sich beschränken auf *(+akk); (maison)* sich zurückziehen in *(+akk).*

cantonnier [kɑ̃tɔnje] *nm* Straßenwärter *m.*

canular [kanylaʀ] *nm* Streich *m.*

caoutchouc [kautʃu] *nm* Kautschuk *m; (bande élastique)* Gummiband *nt;* **en ~** aus Gummi; **~ mousse** Schaumgummi *m.*

cap [kap] *nm* Kap *nt;* **mettre le ~ sur** Kurs nehmen auf *(+akk).*

C.A.P. *sigle m* = Certificat d'aptitude professionnelle.

capable [kapabl(ə)] *a* fähig; **~ de faire** fähig zu tun; **un livre ~ d'intéresser** ein möglicherweise interessantes Buch.

capacité [kapasite] *nf (compétence)* Fähigkeit *f; (contenance)* Kapazität *f.*

cape [kap] *nf* Cape *nt;* **rire sous ~** sich *(dat)* ins Fäustchen lachen.

capillaire [kapileʀ] *a (soins, lotion)* Haar-; *(vaisseau etc)* kapillar.

capitaine [kapitɛn] *nm* Kapitän *m; (MIL)* Feldherr *m; (de gendarmerie, pompiers)* Hauptmann *m.*

capital, e, aux [kapital, o] *a* bedeutend // *nm* Kapital *nt // nf (ville)* Hauptstadt *f; (lettre)* Großbuchstabe *m // nmpl (fonds)* Vermögen *nt;* **peine ~e** Todesstrafe *f;* **~iser** *vt (amasser)* anhäufen; **~isme** *nm* Kapitalismus *m;* **~iste** *a* kapitalistisch.

capiteux, euse [kapitø, øz] *a* berauschend.

capitonner [kapitɔne] *vt* polstern.

capituler [kapityle] *vi* kapitulieren.

caporal, aux [kapɔʀal, o] *nm* Obergefreite(r) *m.*

capot [kapo] *nm (AUT)* Kühlerhaube *f.*

capote [kapɔt] *nf (de voiture)* Verdeck *nt; (de soldat)* Überziehmantel *m.*

capoter [kapɔte] vi sich überschlagen.

câpre [kɑpʀ(ə)] nf Kaper f.

caprice [kapʀis] nm Laune f; **capri-
cieux, ieuse** a launisch.

Capricorne [kapʀikɔʀn(ə)] nm
Steinbock m.

capsule [kapsyl] nf (de bouteille) Verschluß m; (spatiale) Kapsel f.

capter [kapte] vt auffangen; (intérêt)
erregen.

captif, ive [kaptif, iv] a gefangen.

captiver [kaptive] vt fesseln, faszinieren.

captivité [kaptivite] nf Gefan-
genschaft f.

capturer [kaptyʀe] vt einfangen.

capuchon [kapyʃɔ̃] nm Kapuze f; (de
stylo) Kappe f.

capucine [kapysin] nf Kapuziner-
kresse f.

caquet [kakɛ] nm: **rabattre le ~ à
qn** jdm einen Dämpfer geben.

caqueter [kakte] vi (poule) gackern;
(fig) plappern.

car [kaʀ] nm (Reise)bus m // conj weil,
da.

carabine [kaʀabin] nf Karabiner m.

caractère [kaʀaktɛʀ] nm Charakter
m; (lettre, signe) Schriftzeichen nt; **en
~s gras** fett gedruckt; **avoir bon ~**
gutmütig sein; **avoir mauvais ~**
ein übles Wesen haben; **~ (d'imprimerie)** Druckbuchstabe m.

caractérisé, e [kaʀakteʀize] a
ausgeprägt.

caractériser [kaʀakteʀize] vt cha-
rakterisieren.

caractéristique [kaʀakteʀistik] a
charakteristisch // nf typisches
Merkmal nt.

carafe [kaʀaf] nf Karaffe f.

caramel [kaʀamɛl] nm (bonbon)
Karamellbonbon nt; (substance)
Karamel m.

carapace [kaʀapas] nf Panzer m.

carat [kaʀa] nm Karat nt.

caravane [kaʀavan] nf (de chameaux)
Karawane f; (de camping)
Wohnwagen m.

carbone [kaʀbɔn] nm Kohlenstoff m;
(feuille) Kohlepapier nt; (double)

Durchschlag m.

carbonique [kaʀbɔnik] a: **gaz ~**
Kohlensäure f; **neige ~** Trockeneis
nt.

carboniser [kaʀbɔnize] vt ver-
bonisieren.

carburant [kaʀbyʀɑ̃] nm Brennstoff m.

carburateur [kaʀbyʀatœʀ] nm Ver-
gaser m.

carcan [kaʀkɑ̃] nm (fig) Joch nt.

carcasse [kaʀkas] nf (d'animal)
Kadaver m; (chez le boucher) Rumpf
m; (de voiture) Karosserie f.

carder [kaʀde] vt kämmen.

cardiaque [kaʀdjak] a Herz-.

carême [kaʀɛm] nm: **le C~** die
Fastenzeit.

carence [kaʀɑ̃s] nf (incompétence)
Unfähigkeit f; (manque) Mangel m.

carène [kaʀɛn] nf Schiffskörper m.

caresse [kaʀɛs] nf Zärtlichkeit f.

caresser [kaʀese] vt streicheln; (fig:
projet, espoir) spielen mit.

cargaison [kaʀgɛzɔ̃] nf Schiffs-
fracht f.

cargo [kaʀgo] nm Frachter m.

caricature [kaʀikatyʀ] nf Karikatur
f.

carie [kaʀi] nf: **la ~ (dentaire)**
Karies f; **une ~** ein Loch m im Zahn.

carillon [kaʀijɔ̃] nm (d'église) Läuten
nt; (pendule) Schlagen nt; (de porte): ~
(électrique) Türklingel f.

carlingue [kaʀlɛ̃g] nf Cockpit nt und
Kabine f.

carnage [kaʀnaʒ] nm Blutbad nt.

carnassier, ière [kaʀnasje, jɛʀ] a
fleischfressend.

carnaval, s [kaʀnaval] nm Karneval
m.

carnet [kaʀnɛ] nm Heft nt; ~ **de
chèques** Scheckheft nt.

carnivore [kaʀnivɔʀ] a fleischfressend.

carotte [kaʀɔt] nf Möhre f.

carpe [kaʀp(ə)] nf Karpfen m.

carré, e [kaʀe] a quadratisch;
(visage, épaules) eckig; (franc)
aufrichtig, geradeaus // nm Quadrat
nt; (de terrain, jardin) Stück nt; **élever
un nombre au ~**

eine Zahl ins Quadrat erheben;
mètre/kilomètre ~ Quadratmeter
m /-kilometer m.

carreau, x [kaʀo] nm (en faïence etc)
Fliese f; (de fenêtre) Glasscheibe f;
(motif) Karomuster nt; (CARTES)
Karo nt; **à** ~**x** kariert.

carrefour [kaʀfuʀ] nm Kreuzung f.

carrelage [kaʀlaʒ] nm Fliesen pl.

carreler [kaʀle] vt mit Fliesen
belegen.

carrelet [kaʀlɛ] nm (poisson) Scholle
f.

carrément [kaʀemã] ad direkt.

carrer [kaʀe]: **se** ~ vi: **se** ~ **dans un
fauteuil** sich in einen Sessel
kuscheln.

carrière [kaʀjɛʀ] nf (de craie, sable)
Steinbruch m; (métier) Karriere f;
militaire de ~ Berufssoldat m.

carriole [kaʀjɔl] nf (pej) Karren m.

carrossable [kaʀosabl(ə)] a
befahrbar.

carrosse [kaʀos] nm Kutsche f.

carrosserie [kaʀosʀi] nf Karosserie
f.

carrossier [kaʀosje] nm Karos-
seriebauer m.

carrousel [kaʀusɛl] nm Karussell nt.

carrure [kaʀyʀ] nf Statur f.

cartable [kaʀtabl(ə)] nm Schulta-
sche f.

carte [kaʀt(ə)] nf Karte f; (d'électeur,
de parti, d'abonnement etc) Ausweis
m; (au restaurant) Speisekarte f; ~
(postale) Postkarte f; ~ **(de visite)**
Visitenkarte f; **avoir/donner** ~
blanche freie Hand haben/lassen;
la ~ **grise** (AUT) der
Kraftfahrzeugschein.

carter [kaʀtɛʀ] nm (d'huile) Ölwanne
f.

cartilage [kaʀtilaʒ] nm Knorpel m.

cartomancien, ienne
[kaʀtɔmãsjɛ̃, jɛn] nm/nf Wahrsager/in
f) m.

carton [kaʀtɔ̃] nm (matériau) Pappe f;
(boîte) Karton m; **faire un** ~ (au tir)
einen Treffer landen; ~ **(à dessin)**
Mappe f; **cartonné, e** a (livre)
kartoniert.

cartouche [kaʀtuʃ] nf Patrone f; (de

film, de ruban encreur) Kassette f.

cas [kɑ] nm Fall m; **faire peu
de/grand** ~ **de** viel/wenig Aufhebens machen um; **en aucun** ~
unter keinen Umständen; **au** ~ **où**
falls; **en** ~ **de** wenn; **en** ~ **de besoin**
notfalls; **en tout** ~ auf jeden Fall, in
jedem Fall.

casanier, ière [kazanje, jɛʀ] a
häuslich.

cascade [kaskad] nf Wasserfall m;
(fig) Flut f.

cascadeur [kaskadœʀ] nm
Stuntman m.

case [kɑz] nf (hutte) Hütte f; (compartiment) Fach m; (sur un formulaire, de
mots-croisés, d'échiquier) Kästchen nt.

caser [kɑze] vt einordnen; einquartieren; **se** ~ sich niederlassen.

caserne [kazɛʀn(ə)] nf Kaserne f.

cash [kaʃ] ad: **payer** ~ bar bezahlen.

casier [kɑzje] nm (à bouteilles, journaux) Ständer m; (pour le courrier)
Fach m; ~ **judiciaire** Vorstrafen m.

casque [kask(ə)] nm Helm m; (chez le
coiffeur) Trockenhaube f; (pour audition) Kopfhörer m.

casquette [kaskɛt] nf Kappe f.

cassant, e [kasã, ãt] a zerbrechlich;
(fig) schroff.

cassation [kasasjɔ̃] nf: **recours en**
~ Berufung f; **cour de** ~ Be-
rufungsgericht nt.

casse [kas] nf (AUT): **mettre à la** ~
verschrotten lassen; (dégâts): **il y a
eu de la** ~ es gab viel Bruch.

casse [kas] préf: ~**cou** a inv waghalsig; ~**croûte** nm inv Imbiß m;
~**noisette(s)**, ~**noix** nm inv
Nußknacker m; ~ ~**pieds** a (fam)
unerträglich.

casser [kase] vt brechen; (œuf) aufschlagen; (gradé) degradieren;
(JUR) aufheben // si reißen; **se** ~ vi
brechen.

casserole [kasʀɔl] nf Kochtopf m.

casse-tête [] nm inv Kopfzerbre-
chen nt.

cassette [kasɛt] nf (bande magnétique) Kassette f; (coffret) Schatulle f.

cassis [kasis] nm (BOT) schwarze
Johannisbeere f; (de la route)

Unebenheit f.

cassoulet [kasulɛ] nm Ragout mit weißen Bohnen und Gänse-, Hammel- oder Schweinefleisch.

cassure [kasyr] nf Riß m.

castor [kastɔr] nm Biber m.

castrer [kastre] vt kastrieren.

cataclysme [kataklism(ə)] nm Verheerung f.

catalogue [katalɔg] nm Katalog m.

cataloguer [kataloge] vt katalogisieren; (pej) einordnen.

catalyseur [katalizœr] nm Katalysator m.

cataphote [katafɔt] nm Katzenauge nt.

cataplasme [kataplasm(ə)] nm Umschlag m.

cataracte [katarakt(ə)] nf grauer Star m.

catastrophe [katastrɔf] nf Katastrophe f.

catéchisme [katefism(ə)] nm Religionsunterricht m.

catégorie [kategɔri] nf Kategorie f; (SPORT) Klasse f.

catégorique [kategɔrik] a kategorisch.

cathédrale [katedral] nf Kathedrale f.

catholicisme [katɔlisism(ə)] nm Katholizismus m.

catholique [katɔlik] a katholisch; **pas très** ~ zweifelhaft.

catimini [katimini]: **en** ~ ad still und leise.

cauchemar [kɔʃmar] nm Alptraum m.

cause [koz] nf Grund m; (d'un événement, phénomène, accident) Ursache f; (JUR) Fall m; **faire** ~ **commune avec qn** mit jdm gemeinsame Sache machen; à ~ **de** wegen; (et) **pour** ~ zu Recht; **qch est en** ~ es geht um etw; **mettre en** ~ in Frage stellen.

causer [koze] vt verursachen // vi plaudern.

causerie [kozri] nf Gespräch nt.

caustique [kostik] a bissig.

cauteleux, euse [kotlø, øz] a hin-

terlistig.

cautériser [kɔterize] vt kauterisieren.

caution [kosjɔ̃] nf Kaution f; (fig) Unterstützung f; **libéré sous** ~ gegen Kaution freigelassen.

cautionner [kosjɔne] vt (soutenir) unterstützen.

cavalerie [kavalri] nf Kavallerie f.

cavalier, ière [kavalje, jɛr] a (dé-sinvolte) unbekümmert // nm/f Reiter(in f) m; (au bal) Partner(in f) m // nm (ECHECS) Springer m.

cave [kav] nf Keller m // a: **yeux** ~s tiefliegende Augen pl.

caveau, x [kavo] nm Gruft f.

caverne [kavɛrn(ə)] nf Höhle f.

caverneux, euse [kavɛrnø, øz] a: **voix** ~euse hohle Stimme.

caviar [kavjar] nm Kaviar m.

cavité [kavite] nf Hohlraum m.

C.C.P. sigle m voir **compte**.

ce (cet), **cette**, (pl) **ces** [sə, sɛt, se] dét (gén) diese(r,s), pl diese // pron: **ce qui/que** (das,) was; **il est bête, ce qui me chagrine** er ist dumm und das macht mir Kummer; **ce dont j'ai parlé** (das,) wovon ich gesprochen habe; **ce que c'est grand!** (fam) das ist aber groß!; **c'est petit/grand** es ist klein/groß; **c'est un brave homme** er ist ein guter Mensch; **c'est une girafe das ist eine Giraffe; qui est-ce? c'est le médecin** wer ist das? der Arzt; (à la porte) wer ist da? der Arzt; voir aussi -**ci, est-ce que, n'est-ce pas, c'est-à-dire.**

ceci [səsi] pron dies(es), das.

cécité [sesite] nf Blindheit f.

céder [sede] vt abtreten // vi nachgeben; ~ **à** erliegen (+dat).

cédille [sedij] nf Cedille f.

cèdre [sɛdr(ə)] nm Zeder f.

CEE sigle f (= Communauté économique européenne) EWG f.

ceindre [sɛ̃dr(ə)] vt: ~ **sa tête/ses épaules de qch** etw um den Kopf/die Schultern schlingen.

ceinture [sɛ̃tyr] nf Gürtel m; ~ **de sécurité** Sicherheitsgurt m; **ceinturer** v (saisir) (an der Taille) packen.

cela [s(ə)la] *pron* das, jene(r,s).

célèbre [selebʀ(ə)] *a* berühmt.

célébrer [selebʀe] *vt* feiern.

céleri [selʀi] *nm*: ~ **(-rave)** (Knollen)sellerie *m* ou *f*; ~ **en branche** Stangensellerie *m* ou *f*.

céleste [selɛst(ə)] *a* himmlisch.

célibat [seliba] *nm* Ehelosigkeit *f*; (*de prêtre*) Zölibat *m*.

célibataire [selibatɛʀ] *a* unverheiratet.

celle, celles [sɛl] *pron voir* celui.

cellophane [selɔfan] *nf* Cellophan *nt*.

cellulaire [selylɛʀ] *a*: **voiture** *f* ou **fourgon** *m* ~ grüne Minna *f*.

cellule [selyl] *nf* Zelle *f*; ~ **(photo-électrique)** Photozelle *f*.

cellulite [selylit] *nf* Zellulitis *f*.

celte [sɛlt(ə)] *a* keltisch.

celui, celle, *pl* **ceux, celles** [səlɥi, sɛl, sø] *pron* der/die/das; **celui qui bouge** der/den(jenige), der/die(jenige), die/die(jenige), das sich bewegt; **celui dont je parle** der/die/das von dem/der/dem ich spreche; **celui qui veut** (*valeur indéfinie*) wer will; **celui du salon** der/die/das aus dem Wohnzimmer; **celui-ci/là, celle-ci/là** diese(r,s) (hier/da); **ceux-ci/-là, celles-ci/-là** diese (hier/da).

cendre [sɑ̃dʀ(ə)] *nf* Asche *f*; **sous la** ~ (*CULIN*) in der Glut; **cendré, e** *a* (*couleur*) aschfarben; **cendrier** *nm* Aschenbecher *m*.

cène [sɛn] *nf* Abendmahl *nt*.

censé, e [sɑ̃se] *a*: **être** ~ **faire qch** etw eigentlich tun sollen.

censeur [sɑ̃sœʀ] *nm* (*SCOL*) Aufseher *m*.

censure [sɑ̃syʀ] *nf* Zensur *f*.

censurer [sɑ̃syʀe] *vt* (*FILM, PRESSE*) zensieren.

cent [sɑ̃] *num* (ein)hundert; **centaine** *nf*: **une** ~ **aine (de)** etwa hundert; **centenaire** *a* hundertjährig // *nm/f* Hundertjährige(r) *m/f* // *nm* (*anniversaire*) hunderster Geburtstag *m*; **centième** *num* hunderste(r,s); **centigrade** *nm* Celsius *nt*; **centime** *nm* Centime *nt*;

centimètre *nm* Zentimeter *m* ou *nt*; (*ruban*) Maßband *nt*.

central, e, aux [sɑ̃tʀal, o] *a* zentral // *nm*: ~ **(téléphonique)** (Telefon)zentrale *f* // *nf* ~ **e électrique/nucléaire** Elektrizitätswerk *nt*/Kernkraftwerk *nt*.

centraliser [sɑ̃tʀalize] *vt* zentralisieren.

centre [sɑ̃tʀ(ə)] *nm* Zentrum *nt*; (*milieu*) Mitte *f*; ~ **commercial/sportif/culturel** Geschäfts-/Sport-/Kulturzentrum *nt*; ~ **de gravité** Schwerpunkt *m*; **le** ~ **ville** die Stadtzentrum.

centriste [sɑ̃tʀist(ə)] *a* Zentrums-.

centuple [sɑ̃typl(ə)] *nm* Hundertfache(s) *nt*.

cep [sɛp] *nm* (Wein)stock *m*.

cèpe [sɛp] *nm* Steinpilz *m*.

cependant [s(ə)pɑ̃dɑ̃] *ad* jedoch.

céramique [seʀamik] *nf* Keramik *f*.

cercle [sɛʀkl(ə)] *nm* Kreis *m*; (*objet*) Reifen *m*.

cercueil [sɛʀkœj] *nm* Sarg *m*.

céréale [seʀeal] *nf* Getreide *nt*.

cérébral, e, aux [seʀebʀal, o] *a* zerebral, Hirn-.

cérémonie [seʀemɔni] *nf* Feierlichkeit(en *pl*) *f*; ~**s** (*pej*) Theater *nt*, Umstände *pl*.

cerf [sɛʀ] *nm* Hirsch *m*.

cerfeuil [sɛʀfœj] *nm* Kerbel *m*.

cerf-volant [sɛʀvɔlɑ̃] *nm* Drachen *m*.

cerise [s(ə)ʀiz] *nf* Kirsche *f*.

cerisier [s(ə)ʀizje] *nm* Kirschbaum *m*.

cerné, e [sɛʀne] *a* (*assiégé*) umzingelt; (*yeux*) mit dunklen Ringen.

cerner [sɛʀne] *vt* umzingeln; (*problème*) einkreisen.

certain, e [sɛʀtɛ̃, ɛn] *a* bestimmt, gewiß; (*sûr*): ~ **(de/que)** sicher (*gen*/daß) // *dét*: **un** ~ **Georges/dimanche** ein gewisser Georges/bestimmter Sonntag; **un** ~ **courage/talent** eine ordentliche Portion Mut/ein gewisses Talent; ~**s cas** gewisse Fälle; **certainement** *ad* (*probablement*) höchstwahrscheinlich; (*bien sûr*) sicherlich.

certes [sɛʀt(ə)] ad sicherlich.

certificat [sɛʀtifika] nm Zeugnis nt, Bescheinigung f; le ~ **d'études** das Schulabschlußzeugnis.

certifier [sɛʀtifje] vt bescheinigen; ~ **que** bestätigen, daß.

certitude [sɛʀtityd] nf Gewißheit f.

cerveau, x [sɛʀvo] nm Gehirn nt.

cervelle [sɛʀvɛl] nf Hirn nt.

Cervin [sɛʀvɛ̃] nm: **le** ~ das Matterhorn.

ces [se] dét voir **ce.**

césarienne [sezaʀjɛn] nf Kaiserschnitt m.

cessantes [sesɑ̃t] afpl: **toutes affaires** ~ umgehend.

cesse [sɛs]: **sans** ~ ad unaufhörlich; **n'avoir de** ~ **que** nicht ruhen bis.

cesser [sese] vt aufhören mit.

cessez-le-feu [seselfø] nm inv Feuereinstellung f; (plus long) Waffenruhe f.

c'est-à-dire [sɛtadiʀ] ad das heißt.

cet, cette [sɛt] dét voir **ce.**

ceux [sø] pron voir **celui.**

chacun, e [ʃakœ̃, yn] pron jede(r,s).

chagrin, e [ʃagʀɛ̃, in] a mißmutig // nm Kummer m, Leid nt.

chahut [ʃay] nm Lärm m; **chahuter** vt auspfeifen // vi lärmen.

chai [ʃe] nm Wein- und Spirituosenlager nt.

chaîne [ʃɛn] nf Kette f; (RADIO, TV) sur **la 2ᵉ** ~ im 2. Programm; **travail à la** ~ Fließbandarbeit f; **faire la** ~ eine Kette bilden; **(stéréo)** Stereoanlage f; ~ **de (montage ou de fabrication)** Fließband nt; ~ **de (montagnes)** (Berg)kette f.

chair [ʃɛʀ] nf Fleisch nt; **(couleur)** fleischfarben; **avoir la** ~ **de poule** eine Gänsehaut haben; **être bien en** ~ gut beieinander sein; **en** ~ **et os** leibhaftig.

chaire [ʃɛʀ] nf (d'église) Kanzel f; (d'université) Lehrstuhl m.

chaise [ʃɛz] nf Stuhl m; ~ **longue** Liegestuhl m.

chaland [ʃalɑ̃] nm (bateau) Lastkahn m.

châle [ʃɑl] nm Umhängetuch nt.

chaleur [ʃalœʀ] nf Hitze f; (modérée, aussi fig) Wärme f; **les grandes** ~**s** die heißen Tage.

chaleureux, euse [ʃalœʀø, øz] a warm(herzig); herzlich.

chaloupe [ʃalup] nf (de sauvetage) Rettungsboot nt.

chalumeau, x [ʃalymo] nm Lötlampe f.

chalutier [ʃalytje] nm (bateau) Fischdampfer m.

chamailler [ʃamaje]: **se** ~ vi (fam) sich streiten.

chambranle [ʃɑ̃bʀɑ̃l] nm Rahmen m.

chambre [ʃɑ̃bʀ(ə)] nf Zimmer nt; (JUR, POL) Kammer f; ~ **de commerce/de l'industrie** Handels-/Industriekammer f; ~ **à un lit/deux lits** (à l'hôtel) Einzel-/Doppelzimmer nt; ~ **à air** Schlauch m; ~ **à coucher** Schlafzimmer nt; ~ **noire** (PHOT) Dunkelkammer f.

chambrer [ʃɑ̃bʀe] vt (vin) auf Zimmerwärme bringen.

chameau, x [ʃamo] nm Kamel nt.

chamois [ʃamwa] nm Gemse f.

champ [ʃɑ̃] nm Feld nt; (fig: domaine) Gebiet nt; ~ **de bataille** Schlachtfeld nt.

champagne [ʃɑ̃paɲ] nm Champagner m.

champêtre [ʃɑ̃pɛtʀ(ə)] a ländlich.

champignon [ʃɑ̃piɲɔ̃] nm Pilz m; ~ **de Paris** Champignon m.

champion, ne [ʃɑ̃pjɔ̃, ɔn] nm/f (SPORT) Champion m, Meister(in f) m; (d'une cause) Verfechter m.

chance [ʃɑ̃s] nf: **la** ~ der Zufall; **une** ~ ein Glück; **bonne** ~! viel Glück!; **par** ~ zufälligerweise; glücklicherweise; **tu as de la** ~ du hast Glück; ~**s** nfpl Chancen pl, Aussichten pl.

chanceler [ʃɑ̃sle] vi (personne) taumeln; (meuble, mur) wackeln.

chancelier [ʃɑ̃səlje] nm (allemand) Kanzler m; (d'ambassade) Sekretär m.

chanceux, euse [ʃɑ̃sø, øz] a glücklich; **être** ~ Glück haben.

chandail [ʃɑ̃daj] nm Pullover m.

Chandeleur [ʃɑ̃dlœʀ] nf Mariä

Lichtmeß.

chandelier [ʃɑ̃dəlje] *nm* Kerzenhalter *m*.

chandelle [ʃɑ̃dɛl] *nf* Kerze *f*.

change [ʃɑ̃ʒ] *nm* (COMM) Wechseln *nt*; **contrôle des ~s** Devisenkontrolle *f*; **le taux du ~** der Wechselkurs.

changement [ʃɑ̃ʒmɑ̃] *nm* Wechsel *m*, Änderung *f*.

changer [ʃɑ̃ʒe] *vt* wechseln; *(modifier)* abändern; *(rhabiller)* umziehen // *vi* sich ändern; **se ~** sich umziehen; **~ de wechseln**; *(modifier)* ändern; **~ de domicile** umziehen; **~ d'idée** es sich *(dat)* anders überlegen; **~ de place avec qn** mit jdm (den Platz) tauschen; **~ (de train)** umsteigen; **~ de vitesse** (AUT) schalten.

chanson [ʃɑ̃sɔ̃] *nf* Lied *nt*.

chant [ʃɑ̃] *nm* Gesang *m*; *(d'église, folklorique)* Lied *nt*.

chantage [ʃɑ̃taʒ] *nm* Erpressung *f*.

chanter [ʃɑ̃te] *vt* singen; *(vanter)* besingen // *vi* singen; **si cela lui chante** *(fam)* wenn es ihm gefällt.

chanterelle [ʃɑ̃tʀɛl] *nf* Pfifferling *m*.

chanteur, euse [ʃɑ̃tœʀ, øz] *nm/f* Sänger(in *f*) *m*.

chantier [ʃɑ̃tje] *nm* Baustelle *f*; **être/mettre en ~** im Entstehen sein/in die Wege leiten; **~ naval** Werft *f*.

chanvre [ʃɑ̃vʀ(ə)] *nm* Hanf *m*.

chaparder [ʃapaʀde] *vt* klauen.

chapeau, x [ʃapo] *nm* Hut *m*; **~ mou/de soleil** Filz-/Sonnenhut *m*.

chapelet [ʃaplɛ] *nm* Rosenkranz *m*.

chapelle [ʃapɛl] *nf* Kapelle *f*; **~ ardente** Leichenhalle *f*.

chapelure [ʃaplyʀ] *nf* Paniermehl *nt*.

chapiteau, x [ʃapito] *nm* (de cirque) Festzelt *nt*.

chapitre [ʃapitʀ(ə)] *nm* (d'un livre) Kapitel *nt*; (fig) Thema *nt*; **avoir voix au ~** ein Wörtchen mitzureden haben.

chaque [ʃak] *dét* jede(r,s).

char [ʃaʀ] *nm* (à foin etc) Wagen *m*,

Karren *m*; (MIL: aussi ~ **d'assaut**) Panzer *m*.

charabia [ʃaʀabja] *nm* Quatsch *m*.

charbon [ʃaʀbɔ̃] *nm* Kohle *f*.

charcuterie [ʃaʀkytʀi] *nf* (magasin) Schweinemetzgerei *f*; (CULIN) Schweinefleisch *nt* und Wurst(waren *pl*) *f*.

chardon [ʃaʀdɔ̃] *nm* Distel *f*.

charge [ʃaʀʒ(ə)] *nf* (fardeau) Last *f*; (ELEC, explosif) Ladung *f*; (rôle, mission) Aufgabe *f*; (MIL) Angriff *m*; (JUR) Anklagepunkt *m*; **~s** *nfpl* (du loyer) Nebenkosten *pl*; **à la ~ de** (dépendant de) abhängig von; (aux frais de) zu Lasten von; **prendre qch en ~** etw übernehmen; **~s sociales** Sozialabgaben *pl*.

chargement [ʃaʀʒəmɑ̃] *nm* (objets) Last *f*, Ladung *f*.

charger [ʃaʀʒe] *vt* beladen; (fusil, batterie, caméra) laden; (portrait, description) übertreiben, überziehen // *vi* (éléphant, soldat) stürmen; **se ~ de qch/faire qch** jdm mit etw beauftragen/beauftragen, etw zu tun.

chariot [ʃaʀjo] *nm* (table roulante) Teewagen *m*; (à bagages) Kofferkuli *m*; (à provisions) Einkaufswagen *m*; (charrette) Karren *m*; (de machine à écrire) Wagen *m*.

charitable [ʃaʀitabl(ə)] *a* karitativ, wohltätig.

charité [ʃaʀite] *nf* (vertu) Nächstenliebe *f*; **faire la ~ à qn** jdm ein Almosen geben; **fête de ~** Wohltätigkeitsfest *nt*.

charmant, e [ʃaʀmɑ̃, ɑ̃t] *a* charmant.

charme [ʃaʀm(ə)] *nm* (d'une personne) Charme *m*; (d'un endroit, d'une activité) Reiz *m*; (envoûtement) Anziehungskraft *f*; **faire du ~** charmant sein; **charmer** *vt* (séduire, plaire) bezaubern.

charnel, le [ʃaʀnɛl] *a* fleischlich.

charnière [ʃaʀnjɛʀ] *nf* (de porte) Türangel *f*.

charnu, e [ʃaʀny] *a* fleischig.

charogne [ʃaʀɔɲ] *nf* Aas *nt*.

charpente [ʃaʀpɑ̃t] *nf* Gerüst *nt*.

charpentier [ʃarpɑ̃tje] nm Zimmermann m.

charrette [ʃaʀɛt] nf Karren m.

charrier [ʃaʀje] vt mit sich führen.

charrue [ʃaʀy] nf Pflug m.

chasse [ʃas] nf (sport) Jagd f; (poursuite) Verfolgung f; ~ (d'eau) Spülung f; **prendre en** ~ verfolgen; **tirer la** ~ (**d'eau**) die Spülung betätigen.

châsse [ʃas] nf Reliquienschrein m.

chasse-neige [ʃasnɛʒ] nm inv Schneepflug m.

chasser [ʃase] vt (gibier, voleur) jagen; (expulser) vertreiben; (: employé) hinauswerfen; (dissiper) zerstreuen; **chasseur, euse** nm Jäger(in f) m // nm (avion) Jagdflugzeug nt; (domestique) Page m.

châssis [ʃasi] nm (AUT) Chassis nt; (cadre) Rahmen m; (de jardin) Frühbeet nt.

chaste [ʃast(ə)] a keusch.

chasuble [ʃazybl(ə)] nf Meßgewand nt.

chat, te [ʃa, at] nm/f Katze f.

châtaigne [ʃatɛɲ] nf Kastanie f.

châtain [ʃatɛ̃] a inv kastanienbraun.

château, x [ʃato] nm (forteresse) Burg f; (palais) Schloß nt; ~ (**fort**) Festung f.

châtier [ʃatje] vt bestrafen; (style) den letzten Schliff geben (+dat); **châtiment** nm Bestrafung f.

chaton [ʃatɔ̃] nm (ZOOL) Kätzchen nt; (de bague) Fassung f.

chatouiller [ʃatuje] vt kitzeln; (l'odorat, le palais) anregen; **chatouilleux, euse** a kitzelig; (fig) empfindlich.

chatoyer [ʃatwaje] vi schimmern.

châtrer [ʃatʀe] vt kastrieren.

chatte [ʃat] nf voir **chat**.

chaud, e [ʃo, od] a warm; (très) heiß; **il fait** ~ es ist warm/heiß; **j'ai** ~ mir ist warm/heiß; **tenir** ~ warm sein ou halten.

chaudière [ʃodjɛʀ] nf (de chauffage central) Boiler m; (de bateau) Dampfkessel m.

chaudron [ʃodʀɔ̃] nm großer Kessel m.

chauffage [ʃofaʒ] nm Heizung f; ~

au gaz/à l'électricité Gasheizung f/elektrische Heizung f; ~ **central** Zentralheizung f.

chauffant, e [ʃofɑ̃, ɑ̃t] a: **couverture/plaque** ~**e** Heizdecke/-platte.

chauffard [ʃofaʀ] nm (pej) Verkehrsrowdy m.

chauffe-eau [ʃofo] nm inv Warmwasserbereiter m.

chauffer [ʃofe] vt (eau) erhitzen; (appartement) heizen // vi (eau, four) sich erwärmen; (moteur) heißlaufen; **se** ~ (se mettre en train) warm werden; (au soleil) heiß werden.

chauffeur [ʃofœʀ] nm Fahrer(in f) m; (professionnel) Chauffeur m.

chaumière [ʃomjɛʀ] nf strohgedecktes Haus nt.

chaussée [ʃose] nf Fahrbahn f.

chausse-pied [ʃospje] nm Schuhanzieher m.

chausser [ʃose] vt (bottes, skis) anziehen; (enfant) Schuhe anziehen (+dat); ~ **du 38/42** Schuhgröße 38/42 haben.

chaussette [ʃosɛt] nf Söckchen nt.

chausson [ʃosɔ̃] nm (pantoufle) Pantoffel m; ~ (**de bébé**) Babyschuh m; ~ (**aux pommes**) Apfeltasche f.

chaussure [ʃosyʀ] nf Schuh m; ~**s basses** Halbschuhe m.

chauve [ʃov] a kahl (köpfig).

chauve-souris [ʃovsuʀi] nf Fledermaus f.

chauvin, e [ʃovɛ̃, in] a chauvinistisch.

chaux [ʃo] nf Kalk m.

chavirer [ʃaviʀe] vi kentern.

chef [ʃɛf] nm Führer(in f) m; (patron) Chef m; (de tribu) Häuptling m; (de cuisine) Koch m; ~ **d'accusation** Anklage f; ~ **de l'État** Staatschef (in f) m; ~ **d'orchestre** Dirigent(in f) m; **chef-d'œuvre** [ʃɛdœvʀ(ə)] nm Meisterwerk nt.

chef-lieu [ʃɛfljø] nm Hauptstadt eines französischen Departements.

chemin [ʃ(ə)mɛ̃] nm Weg m; **en** ~ unterwegs; ~ **de fer** Eisenbahn f.

cheminée [ʃ(ə)mine] nf Kamin m; (sur le toit) Schornstein m.

cheminer [ʃ(ə)mine] *vi* gehen.

cheminot [ʃ(ə)mino] *nm* Eisenbahner *m*.

chemise [ʃ(ə)miz] *nf* Hemd *nt*; *(dossier)* Aktendeckel *m*.

chemisier [ʃ(ə)mizje] *nm* Bluse *f*.

chenal, aux [ʃ∂nal, o] *nm* Kanal *m*.

chêne [ʃɛn] *nm* Eiche *f*.

chenil [ʃ(ə)nij] *nm (élevage)* Hundezucht *f*.

chenille [ʃ(ə)nij] *nf (ZOOL)* Raupe *f*; *(AUT)* Raupenkette *f*.

chèque [ʃɛk] *nm* Scheck *m*; **~ barré/sans provision/au porteur** Verrechnungsscheck *m*/ungedeckter Scheck/Inhaberscheck *m*; **chéquier** *nm* Scheckheft *nt*.

cher, ère [ʃɛʀ] *a (aimé)* lieb; *(coûteux)* teuer *f*; **coûter/payer ~** teuer sein/bezahlen.

chercher [ʃɛʀʃe] *vt* suchen; **aller ~** holen.

chercheur, euse [ʃɛʀʃœʀ, øz] *nm/f (scientifique)* Forscher(in *f*) *m*.

chéri, e [ʃeʀi] *a* geliebt; **(mon) ~** Liebling *m*.

chérir [ʃeʀiʀ] *vt* lieben.

chétif, ive [ʃetif, iv] *a* schwächlich.

cheval, aux [ʃ(ə)val, o] *nm* Pferd *nt*; *(AUT)*: **~ (-vapeur)** *(C.V.)* Pferdestärke *f*; **faire du ~** reiten; **à ~ sur** rittlings auf *(+dat)*.

chevalet [ʃ(ə)valɛ] *nm* Staffelei *f*.

chevalier [ʃ(ə)valje] *nm* Ritter *m*.

chevalière [ʃ(ə)valjɛʀ] *nf* Siegelring *m*.

chevalin, e [ʃ(ə)valɛ̃, in] *a*: **boucherie ~e** Pferdemetzgerei *f*.

chevaucher [ʃ(ə)voʃe] *vi (aussi: se ~)* sich überlappen // *vt* sitzen auf *(+dat)*.

chevelu, e [ʃəvly] *a* haarig; **cuir ~** Kopfhaut *f*.

chevelure [ʃəvlyʀ] *nf* Haar *nt*.

chevet [ʃ(ə)vɛ] *nm*: **au ~ de qn** an jds Bettkante; **table de ~** Nachttisch *m*.

cheveu, x [ʃ(ə)vø] *(gén pl)* Haar *nt*; **avoir les ~x courts** kurze Haare haben.

cheville [ʃ(ə)vij] *nf (ANAT)* Knöchel *m*; *(de bois)* Stift *m*.

chèvre [ʃɛvʀ(ə)] *nf* Ziege *f*.

chèvrefeuille [ʃɛvʀəfœj] *nm* Geißblatt *nt*.

chevreuil [ʃəvʀœj] *nm* Reh *nt*; *(viande)* Rehfleisch *nt*.

chevron [ʃəvʀɔ̃] *nm (poutre)* Sparren *m*; **à ~s im** Fischgrät(en)muster.

chevronné, e [ʃəvʀɔne] *a* erfahren.

chevrotant, e [ʃəvʀɔtɑ̃, ɑ̃t] *a* bebend, zitternd.

chewing-gum [ʃwiŋgɔm] *nm* Kaugummi *m*.

chez [ʃe] *prép* bei *(+dat)*; **~ moi/nous** bei mir/uns; **~soi** *nm inv* Zuhause *nt*.

chic [ʃik] *a inv* schick; *(fam: généreux)* anständig // *nm* Chic *m*; **avoir le ~ de** das Talent haben zu; **~! klasse!**

chicane [ʃikan] *nf (obstacle)* Hindernis *nt*; *(querelle)* Streiterei *f*.

chiche [ʃiʃ] *a* knauserig // **~!** wetten, daß!; *(en réponse)* die Wette gilt.

chicorée [ʃikɔʀe] *nf (à café)* Zichorie *f*.

chicot [ʃiko] *nm (dent)* Stumpen *m*.

chien [ʃjɛ̃] *nm* Hund *m*; *(de pistolet)* Hahn *m*; **couché en ~ de fusil** eingeigelt.

chiendent [ʃjɛ̃dɑ̃] *nm* Quecke *f*.

chienne [ʃjɛn] *nf* Hündin *f*.

chiffon [ʃifɔ̃] *nm* Lappen *m*, Lumpen *m*.

chiffonner [ʃifɔne] *vt* zerknittern.

chiffonnier [ʃifɔnje] *nm* Lumpensammler *m*.

chiffre [ʃifʀ(ə)] *nm* Ziffer *f*; *(montant, total)* Summe *f*; **en ~s ronds** abgerundet; **~ d'affaires** Umsatz *m*; **chiffrer** *vt (dépense)* beziffern.

chignon [ʃiɲɔ̃] *nm* (Haar)knoten *m*.

Chili [ʃili] *nm*: **le ~** Chile *nt*; **c~en(ne)** *a* chilenisch.

chimie [ʃimi] *nf* Chemie *f*; **chimique** *a* chemisch; **chimiste** *nm/f* Chemiker(in *f*) *m*.

Chine [ʃin] *nf*: **la ~** China *nt*.

chinois, e [ʃinwa, waz] *a* chinesisch // *nm (langue)* Chinesisch *nt*; **C~, e**

nm/f Chinese *m*, Chinesin *f*.
chiot [ʃjo] *nm* Hündchen *nt*.
chips [ʃip(s)] *nfpl* (aussi: **pommes ~**) Chips *pl*.
chiquenaude [ʃikno] *nf* Schnipser *m*.
chiquer [ʃike] *vi* Tabak kauen // *vt* kauen.
chiromancien, ne [kiʀɔmɑ̃sjɛ̃, jɛn] *nm/f* Handliniendeuter(in *f*) *m*.
chirurgical, e, aux [ʃiʀyʀʒikal, o] *a* chirurgisch.
chirurgie [ʃiʀyʀʒi] *nf* Chirurgie *f*; **~ esthétique** plastische Chirurgie; **chirurgien, ne** *nm/f* Chirurg(in *f*) *m*.
choc [ʃɔk] *nm* Schock *m*; **troupes de ~** Kampftruppen *pl*.
chocolat [ʃɔkola] *nm* Schokolade *f*; **à croquer** Bitterschokolade *f*; **~ au lait** Milchschokolade *f*.
chœur [kœʀ] *nm* (chorale) Chor *m*; (ARCHIT) Chor(raum) *m*; **en ~** im Chor.
choisir [ʃwaziʀ] *vt* auswählen; (nommer) wählen; (décider de) sich entscheiden für.
choix [ʃwa] *nm* Auswahl *f*; Wahl *f*; Entscheidung *f*; (assortiment) Auswahl *f* (de an +dat); (liberté): **avoir le ~** die Wahl haben; **premier ~** erste Wahl; **au ~** nach Wahl.
chômage [ʃomaʒ] *nm* Arbeitslosigkeit *f*; **être au ~** arbeitslos sein.
chômeur, se [ʃomœʀ, øz] *nm/f* Arbeitslose(r) *mf*.
chope [ʃɔp] *nf* Seidel *nt*.
choquant, e [ʃɔkɑ̃, ɑ̃t] *a* schockierend; (injustice, contraste) schreiend.
choquer [ʃɔke] *vt* schockieren; (commotionner) erschüttern.
choriste [kɔʀist(ə)] *nm/f* Chorsänger(in *f*) *m*.
chose [ʃoz] *nf* Ding *nt*; (événement, histoire) Ereignis *nt*; (sujet, matière) Sache *f*; **les ~s** (la situation) die Lage, die Dinge; **c'est peu de ~** das ist nicht der Rede wert.
chou, x [ʃu] *nm* Kohl *m*; **mon petit ~** Süßer, meine Süße; **~ (à la crème)** Windbeutel *m*.

chouchou, te [ʃuʃu, ut] *nm/f* (SCOL) Liebling *m*.
choucroute [ʃukʀut] *nf* Sauerkraut *nt*.
chouette [ʃwɛt] *nf* Eule *f* // *a* (fam) **c'est ~!** das ist toll!
chou-fleur [ʃuflœʀ] *nm* Blumenkohl *m*.
choyer [ʃwaje] *vt* liebevoll sorgen für.
chrétien, ne [kʀetjɛ̃, jɛn] *a* christlich.
Christ [kʀist] *nm*: **le ~** Christus *m*; **christianisme** *nm* Christentum *nt*.
chrome [kʀom] *nm* Chrom *nt*; **chromé, e** *a* verchromt.
chronique [kʀɔnik] *a* (MED) chronisch; (problème, difficultés) andauernd // *nf* (de journal) Kolumne *f*; (historique) Chronik *f*; (RADIO, TV): **sportive/théâtrale** Sportbericht *m*/Theaterübersicht *f*; **la ~ locale** die Lokalnachrichten *pl*.
chronologique [kʀɔnɔlɔʒik] *a* chronologisch.
chrono(mètre) [kʀɔnɔmɛtʀ(ə)] *nm* Stoppuhr *f*; **chronométrer** *vt* stoppen.
chrysalide [kʀizalid] *nf* Puppe *f*.
chuchoter [ʃyʃɔte] *vt, vi* flüstern.
chuinter [ʃɥɛ̃te] *vi* zischen.
chut [ʃyt] *excl* pst!.
chute [ʃyt] *nf* Sturz *m*; (des feuilles) Fallen *nt*; (de bois, papier: déchet) Stückchen *nt*; **la ~ des cheveux** der Haarausfall; **~s de pluie/neige** Regen-/Schneefall *m*; **~ (d'eau)** Wasserfall *m*; **~ libre** freier Fall.
-ci, ce [si] *ad voir* **par, comme, ci-contre, ci-joint** etc // *dét*: **ce garçon-ci/-là** dieser/jener Junge; **ces femmes-ci/-là** diese/jene Frauen.
ci-après [siapʀɛ] *ad* im folgenden.
cible [sibl(ə)] *nf* Zielscheibe *f*.
ciboulette [sibulɛt] *nf* Schnittlauch *m*.
cicatrice [sikatʀis] *nf* Narbe *f*.
cicatriser [sikatʀize] *vt*: **se ~** (ver)heilen.
ci-contre [sikɔ̃tʀ] *ad* gegenüber.
ci-dessous [sid(ə)su] *ad* unten.

ci-dessus [sid(ə)sy] *ad* oben.

cidre [sidr(ə)] *nm* Apfelwein *m*.

ciel, cieux [sjɛl] *nm* Himmel *m*.

cierge [sjɛrʒ(ə)] *nm* Kerze *f*.

cigale [sigal] *nf* Zikade *f*.

cigare [sigar] *nm* Zigarre *f*.

cigarette [sigarɛt] *nf* Zigarette *f*.

ci-gît [siʒi] *ad* + *vb* hier ruht.

cigogne [sigɔɲ] *nf* Storch *m*.

ci-joint, e [siʒwɛ̃, ʒwɛ̃t] *a, ad* beiliegend.

cil [sil] *nm* (Augen)wimper *f*.

cime [sim] *nf* (d'arbre) Krone *f*; (de montagne) Gipfel *m*.

ciment [simã] *nm* Zement *m*; ~ **armé** Stahlbeton *m*.

cimetière [simtjɛr] *nm* Friedhof *m*.

cinéaste [sineast] *nm/f* Filmemacher(in *f*) *m*.

cinéma [sinema] *nm* (art) Film *m*; (local) Kino *nt*.

cingler [sɛ̃gle] *vt* peitschen; (vent, pluie) peitschen gegen // *vi* (NAVIG): ~ **vers** Kurs halten auf (+akk).

cinq [sɛ̃k] *num* fünf.

cinquantaine [sɛ̃kãten] *nf*: **une** ~ **de** etwa fünfzig.

cinquante [sɛ̃kãt] *num* fünfzig; ~**naire** *nm/f* Fünfzigjährige(r) *mf* // *nm* (anniversaire) fünfzigster Geburtstag *m*.

cintre [sɛ̃tr(ə)] *nm* Kleiderbügel *m*; (ARCHIT) Bogen *m*.

cintré, e [sɛ̃tre] *a* (bois) gewölbt; (chemise) tailliert.

cirage [siraʒ] *nm* (pour parquet) Bohnerwachs *nt*; (pour chaussures) Schuhcreme *f*.

circoncision [sirkɔ̃sizjɔ̃] *nf* Beschneidung *f*.

circonférence [sirkɔ̃ferãs] *nf* Umfang *m*.

circonflexe [sirkɔ̃flɛks(ə)] *a*: **accent** ~ Zirkumflex *m*.

circonscription [sirkɔ̃skripsjɔ̃] *nf*: ~ **électorale/militaire** Wahlkreis *m*/Wehrerfassungsbereich *m*.

circonscrire [sirkɔ̃skrir] *vt* abstecken; (incendie) eindämmen.

circonspect, e [sirkɔ̃spɛ(kt), ɛkt(ə)] *a* umsichtig.

circonstance [sirkɔ̃stãs] *nf* Umstand *m*; ~**s** *nfpl* (contexte) Umstände *pl*, Verhältnisse *pl*; ~**s atténuantes** mildernde Umstände *pl*.

circonstancié, e [sirkɔ̃stãsje] *a* ausführlich.

circonvenir [sirkɔ̃vnir] *vt* umstimmen.

circuit [sirkɥi] *nm* (trajet) Rundgang *m*; (ELEC) Stromkreis *m*.

circulaire [sirkylɛr] *a* kreisförmig; (mouvement) Kreis-; (regard) umherschweifend // *nf* Rundschreiben *nt*.

circulation [sirkylasjɔ̃] *nf* (MED) Kreislauf *m*; (AUT) Verkehr *m*; **mettre en** ~ in Umlauf bringen.

circuler [sirkyle] *vi* (personne) gehen; (voiture) fahren; (sang, électricité etc) fließen, zirkulieren; (devises, capitaux) in Umlauf sein; **faire** ~ (nouvelle) verbreiten; (badauds) zum Weitergehen auffordern.

cire [sir] *nf* Wachs *nt*.

ciré [sire] *nm* Ölzeug *nt*.

cirer [sire] *vt* (parquet) (ein)wachsen; (souliers) putzen.

cirque [sirk(ə)] *nm* Zirkus *m*; (GEO) Kar *nt*.

cirrhose [siroz] *nf*: ~ **du foie** Leberzirrhose *f*.

cisaille(s) [sizaj] *nf(pl)* (Garten)schere *f*.

ciseau, x [sizo] *nm*: ~ **(à bois)** Meißel *m* // *nmpl* Schere *f*.

citadelle [sitadɛl] *nf* Zitadelle *f*.

citadin, e [sitadɛ̃, in] *nm/f* Städter(in *f*) *m*.

citation [sitasjɔ̃] *nf* (d'auteur) Zitat *nt*; (JUR) Vorladung *f*.

cité [site] *nf* Stadt *f*; ~ **universitaire** Studentensiedlung *f*.

citer [site] *vt* (un auteur) zitieren; (JUR) vorladen.

citerne [sitɛrn(ə)] *nf* Zisterne *f*.

citoyen, ne [sitwajɛ̃, ɛn] *nm/f* Bürger(in *f*) *m*.

citron [sitrɔ̃] *nm* Zitrone *f*.

citrouille [sitruj] *nf* Kürbis *m*.

civet [sivɛ] *nm* in Wein geschmortes Wild.

civière [sivjɛr] nf Bahre f.

civil, e [sivil] a (staats)bürgerlich; *(institution)* staatlich; *(non militaire, JUR)* Zivil-, zivil; *(guerre)* Bürger-; *(poli)* höflich // nm Zivilist m; **habillé en ~** in Zivil; **mariage/ enterrement ~** standesamtliche Trauung/nichtkirchliche Bestattung.

civilisation [sivilizasjɔ̃] nf Zivilisation f.

civilisé, e [sivilize] a zivilisiert.

civisme [sivism(ə)] nm vorbildliches staatsbürgerliches Verhalten nt.

claie [klɛ] nf Gitter nt.

clair, e [klɛr] a klar; *(couleur, teint, local)* hell// *ad* **voir ~** deutlich sehen // nm: **~ de lune** Mondschein m; **tirer qch au ~** etw klären; **mettre au ~** in Ordnung bringen; **le plus ~ de son temps** die meiste Zeit; **bleu/ rouge ~** hellblau/-rot.

clairière [klɛrjɛr] nf Lichtung f.

clairon [klɛrɔ̃] nm Bügelhorn nt.

clairsemé, e [klɛrsəme] a dünngesät.

clairvoyant, e [klɛrvwajã, ãt] a klarsichtig.

clameur [klamœr] nf Lärm m.

clandestin, e [klɑ̃dɛstɛ̃, in] a geheim; *(passager)* blind; *(commerce)* Schleich-.

clapoter [klapɔte] vi schlagen, plätschern.

claque [klak] nf *(gifle)* Klaps m, Schlag m.

claquer [klake] vi *(drapeau)* flattern; *(coup de feu)* krachen // vt *(porte)* zuschlagen; *(doigts)* schnalzen mit.

clarifier [klarifje] vt *(fig)* klären.

clarinette [klarinɛt] nf Klarinette f.

clarté [klarte] nf Helligkeit f; Klarheit f.

classe [klas] nf Klasse f; *(local)* Klassenzimmer nt; **un (soldat de) deuxième ~** ein gemeiner Soldat; **faire la ~** unterrichten; **~ sociale** soziale Klasse ou Schicht f.

classement [klasmã] nm *(liste)* Einteilung f; *(rang)* Einstufung f.

classer [klase] vt *(papiers, idées)* ein-teilen; *(candidat, concurrent)* einstufen; *(JUR: affaire)* abschließen; **se ~ premier/dernier** als erste(r)/letze(r) kommen.

classeur [klasœr] nm *(cahier)* Aktenordner m; *(meuble)* Aktenschrank m.

classifier [klasifje] vt klassifizieren.

classique [klasik] a klassisch; *(traditionnel)* herkömmlich; *(habituel)* üblich.

clause [kloz] nf Klausel f.

clavecin [klavsɛ̃] nm Cembalo nt.

clavicule [klavikyl] nf Schlüsselbein nt.

clavier [klavje] nm *(de piano)* Klaviatur f; *(de machine)* Tastatur f.

clé [kle] ou **clef** nf Schlüssel m; *(MUS): ~ de sol/de fa/d'ut* Violin-/Baß-/C-Schlüssel m; *(de boite de conserves)* (Dosen)öffner m; *(de mécanicien)* Schraubenschlüssel m; *(fig: solution)* Lösung f // a *(fig):* **problème/position ~** Hauptproblem nt/Schlüsselstellung f; **~ anglaise** Engländer m; **~ de contact** Zündschlüssel m; **~ de voûte** Schlußstein m.

clément, e [klemã, ãt] a mild.

clerc [klɛr] nm: **~ de notaire/ d'avoué** Notariats-/Anwaltsangestellte(r) mf.

clergé [klɛrʒe] nm Klerus m.

clérical, e, aux [klerikal, o] a geistlich.

cliché [klife] nm *(PHOT)* Negativ nt; *(LING, gén)* Klischee nt.

client, e [klijã, ãt] nm/f *(acheteur)* Kunde m, Kundin f; *(du docteur)* Patient(in f) m; *(de l'avocat)* Klient(in f) m; **clientèle** nf *(du magasin)* Kundschaft f; *(du docteur, de l'avocat)* Klientel f.

cligner [kliɲe] vi: **~ des yeux** mit den Augen zwinkern; **~ de l'œil** zwinkern.

clignotant [kliɲɔtã] nm *(AUT)* Richtungsanzeiger m, Blinker m.

clignoter [kliɲɔte] vi *(yeux)* zwinkern; *(lumière)* blinken; *(: vaciller)* flackern; *(étoile)* funkeln.

climat [klima] nm Klima nt.

climatisé, e [klimatize] a klimatisiert.

clin d'œil [klɛ̃dœj] nm Augenzwinkern nt; **en un ~** im Nu.

clinique [klinik] nf Klinik f.

cliqueter [klikte] vi aneinanderschlagen; rasseln; klirren.

clitoris [klitɔris] nm Klitoris f.

clivage [klivaʒ] nm Kluft f.

clochard, e [klɔʃar, ard(ə)] nm/f Stadtstreicher(in) f m, Penner m.

cloche [klɔʃ] nf Glocke f; (fam) Trottel m; **~ à fromage** Käseglocke f.

cloche-pied [klɔʃpje]: **à ~** ad auf einem Bein hüpfend.

clocher [klɔʃe] nm Kirchturm m // vi (fam) nicht hinhauen.

cloison [klwazɔ̃] nf Trennwand f.

cloître [klwatr(ə)] nm Kreuzgang m.

cloîtrer [klwatre] vt: **se ~** sich einschließen.

cloque [klɔk] nf Blase f.

clore [klɔr] vt (ab)schließen.

clos, e [klo, oz] a (fermé) geschlossen; (achevé) beendet.

clôture [klotyr] nf Abschluß m; Schließen nt; (barrière) Einfriedung f, Zaun m;

clou [klu] nm Nagel m; **~s** nmpl = **passage clouté; pneus à ~s** Spikes pl; **le ~ du spectacle/de la soirée** der Höhepunkt der Veranstaltung/ des Abends; **~ de girofle** Gewürznelke f; **~er** vt festou zunageln.

clown [klun] nm Clown m.

club [klœb] nm Club m.

coaguler [kɔagyle] vi: **se ~** gerinnen.

coasser [kɔase] vi quaken.

cobaye [kɔbaj] nm Meerschweinchen nt; (fig) Versuchskaninchen nt.

cocagne [kɔkaɲ] nf: **pays de ~** Schlaraffenland nt.

cocasse [kɔkas] a komisch, spaßig.

coccinelle [kɔksinɛl] nf Marienkäfer m.

cocher [kɔʃe] nm Kutscher m // vt abhaken.

cochère [kɔʃɛr] a: **porte ~** Hoftor nt.

cochon, ne [kɔʃɔ̃, ɔn] nm Schwein nt // nm/f (péj) Schwein n // a (fam) schmutzig, schweinisch; **cochonnerie** nf (fam) Schweinerei f.

cochonnet [kɔʃɔnɛ] nm (BOULES) Zielkugel f.

cocktail [kɔktɛl] nm Cocktail m; (réception) Cocktailparty f.

coco [kɔko] nm voir **noix**; (fam) Typ m.

cocon [kɔkɔ̃] nm Kokon m.

cocorico [kɔkɔriko] excl Kikeriki.

cocotier [kɔkɔtje] nm Kokospalme f.

cocotte [kɔkɔt] nf (en fonte) Kasserolle f; **ma ~** (fam) meine Süße; **~ (minute)** Dampfkochtopf m.

cocu [kɔky] nm betrogener Ehemann m.

code [kɔd] nm (JUR) Gesetzbuch nt; (gén) Kodex m // a: **~ (éclairage, phares) ~(s)** Abblendlicht nt; **~ civil/pénal** Zivil-/Strafgesetzbuch nt; **~ postal** Postleitzahl f; **~ de la route** Straßenverkehrsordnung f.

coefficient [kɔefisjɑ̃] nm Koeffizient m.

cœur [kœr] nm Herz nt; **avoir bon/du ~** gutherzig sein; **j'ai mal au ~** mir ist schlecht; **apprendre/ savoir par ~** auswendig lernen/ wissen; **de bon ou grand ~** bereitwillig, gern; **avoir à ~ de faire qch** Wert darauf legen, etw zu tun; **cela lui tient à ~** das liegt ihm am Herzen.

coffre [kɔfr(ə)] nm (meuble) Truhe f; (d'auto) Kofferraum m; (fam) Puste f; **~(-fort)** nm Tresor m.

coffret [kɔfrɛ] nm Schatulle f.

cogner [kɔɲe] vi stoßen, schlagen; **~ à la porte/fenêtre** an die Tür/ans Fenster klopfen; **~ sur/contre** schlagen auf/gegen (+akk).

cohérent, e [kɔerɑ̃, ɑ̃t] a zusammenhängend; (politique, équipe) einheitlich.

cohue [kɔy] nf Menge f.

coi, coite [kwa, kwat] a: **rester ou se tenir ~** ruhig bleiben, sich ruhig verhalten.

coiffe [kwaf] nf (bonnet) Haube f.

coiffé, e [kwafe] a: **bien/mal**

frisiert/nicht frisiert; **être ~ en arrière/en brosse** zurückgekämmtes Haar/einen Bürstenschnitt haben; **être ~ d'un béret** eine Baskenmütze tragen.

coiffer [kwafe] *vt* frisieren; *(surmonter)* bedecken; **se ~** *(se peigner)* sich frisieren; **~ qn de qch** jdm etw aufsetzen.

coiffeur, euse [kwafœʀ, øz] *nm/f* Friseur *m*, Friseuse *f* // **~** *(meuble)* *nm (table)* Frisiertisch *m*.

coiffure [kwafyʀ] *nf (cheveux)* Frisur *f*; *(chapeau)* Kopfbedeckung *f*; *(art)* **la ~** das Friseurhandwerk.

coin [kwɛ̃] *nm* Ecke *f*; *(outil)* Keil *m*; *(endroit)* Winkel *m*; **au ~ du feu** am Kamin; **les ~** *(les alentours)* in der Umgebung; **l'épicerie du ~** der Lebensmittelladen in der Nähe.

coincer [kwɛse] *vt* klemmen; *(fam)* in die Enge treiben.

coïncidence [kɔɛ̃sidɑ̃s] *nf* Zufall *m*.

coïncider [kɔɛ̃side] *vi*: **~ (avec)** zusammenfallen (mit).

col [kɔl] *nm* Kragen *m*; *(encolure, cou)* Hals *m*; *(de montagne)* Paß *m*.

colère [kɔlɛʀ] *nf* Wut *f*; **en ~** wütend; **se mettre en ~** wütend werden; **coléreux, euse** *a*, **colérique** *a* jähzornig.

colimaçon [kɔlimasɔ̃] *nm*: **escalier en ~** Wendeltreppe *f*.

colin [kɔlɛ̃] *nm* Seehecht *m*.

colique [kɔlik] *nf* Kolik *f*.

colis [kɔli] *nm* Paket *nt*.

collaborateur, *trice* [kɔlabɔʀatœʀ, tʀis] *nm/f* Mitarbeiter(in *f*) *m*; *(POL)* Kollaborateur(in *f*) *m*.

collaborer [kɔlabɔʀe] *vi* zusammenarbeiten; *(POL)* kollaborieren; **~ à** mitarbeiten (+*dat*).

collant, e [kɔlɑ̃, ɑ̃t] *a* klebrig; *(robe)* enganliegend; *(péj)* aufdringlich // *nm (bas)* Strumpfhose *f*; *(de danseur)* Gymnastikanzug *m*, Trikot *nt*.

collation [kɔlasjɔ̃] *nf* Imbiß *m*.

colle [kɔl] *nf* Klebstoff *m*; *(devinette)* schwere Nuß *f*; *(SCOL: punition)* Nachsitzen *nt*.

collecte [kɔlɛkt(ə)] *nf* Sammlung *f*.

collecteur [kɔlɛktœʀ] *nm (égout)* Abwasserkanal *m*.

collectif, ive [kɔlɛktif, iv] *a* kollektiv; *(LING)* Sammel-.

collection [kɔlɛksjɔ̃] *nf* Sammlung *f*; **~ (de mode)** Kollektion *f*; **collectionner** *vt* sammeln; **collectionneur, euse** *nm/f* Sammler(in *f*) *m*.

collectivité [kɔlɛktivite] *nf* Gemeinschaft *f*.

collège [kɔlɛʒ] *nm (école)* höhere Schule *f*; *(assemblée)* Kollegium *nt*.

collègue [kɔlɛg] *nm/f* Kollege *m*, Kollegin *f*.

coller [kɔle] *vt* kleben; *(morceaux)* zusammenkleben; *(fam: mettre)* schmeißen; *(SCOL: fam)* nachsitzen lassen // *vi (être collant)* kleben; *(fam)* hinhauen; **~ à** kleben an (+*dat*).

collet [kɔle] *nm (piège)* Falle *f*; *(cou)*: **prendre qn au ~** jdn am Kragen packen.

collier [kɔlje] *nm (bijou)* Halskette *f*; *(de chien)* Halsband *nt*.

colline [kɔlin] *nf* Hügel *m*.

collision [kɔlizjɔ̃] *nf* Zusammenstoß *m*; **entrer en ~ (avec)** zusammenstoßen (mit).

colmater [kɔlmate] *vt* ver- ou zustopfen.

Cologne [kɔlɔɲ] *n* Köln *nt*.

colombe [kɔlɔ̃b] *nf (weiße)* Taube *f*.

colon [kɔlɔ̃] *nm* Siedler(in *f*) *m*.

colonel [kɔlɔnɛl] *nm* Oberst *m*.

colonie [kɔlɔni] *nf* Kolonie *f*; **~ (de vacances)** Ferienlager *nt*.

colonne [kɔlɔn] *nf* Säule *f*; *(dans un registre; de chiffres, de journal)* Spalte *f*; *(de soldats, camions)* Kolonne *f*; **~ de secours** Suchtrupp *m*; **~ (vertébrale)** Wirbelsäule *f*.

colorant [kɔlɔʀɑ̃] *nm* Farbstoff *m*.

coloration [kɔlɔʀasjɔ̃] *nf* Färbung *f*.

colorer [kɔlɔʀe] *vt* färben.

coloris [kɔlɔʀi] *nm* Farbe *f*.

colporter [kɔlpɔʀte] *vt* hausieren mit; *(nouvelle)* verbreiten; **colporteur, euse** *nm/f* Hausierer(in *f*) *m*.

colza [kɔlza] *nm* Raps *m*.

coma [kɔma] *nm* Koma *nt*.

combat [kɔ̃ba] *nm* Kampf *m*.

combattant, e [kɔ̃batɑ̃, ɑ̃t] nm/f Kampfteilnehmer(in f) m; **ancien ~** Kriegsveteran m.

combattre [kɔ̃batr(ə)] vt bekämpfen.

combien [kɔ̃bjɛ̃] ad (quantité) wieviel; (avec pl) wieviele; (exclamatif) wie; **~ coûte/mesure ceci?** wieviel kostet/mißt das?; **~ de personnes** wieviele Menschen.

combinaison [kɔ̃binɛzɔ̃] nf Zusammenstellung f, Kombination f; (de femme) Unterrock m; (spatiale, de scaphandrier) Anzug m; (de cadenas, de coffre-fort) Kombination f.

combiné [kɔ̃bine] nm (aussi: **~ téléphonique**) Hörer m.

combiner [kɔ̃bine] vt kombinieren, zusammenstellen; (plan, horaire, rencontre) planen.

comble [kɔ̃bl(ə)] a brechend voll // nm (du bonheur, plaisir) Höhepunkt m; **~s** nmpl Dachboden m; **de fond en ~** von oben bis unten; **c'est le ~!** das ist die Höhe!.

combler [kɔ̃ble] vt (trou) zumachen; (fig: lacune, déficit) ausgleichen; (satisfaire) zufriedenstellen, vollkommen glücklich machen.

combustible [kɔ̃bystibl(ə)] nm Brennstoff m.

comédie [kɔmedi] nf Komödie f; Theater nt; **comédien, ne** nm/f Schauspieler(in f) m.

comestible [kɔmɛstibl(ə)] a eßbar.

comique [kɔmik] a komisch // nm (artiste) Komiker(in f) m.

comité [kɔmite] nm Komitee nt; **~ d'entreprise** Betriebsrat m.

commandant [kɔmɑ̃dɑ̃] nm Kommandant m; (NAVIG) Fregattenkapitän m; (AVIAT): **~ (de bord)** Kapitän m.

commande [kɔmɑ̃d] nf (COMM) Bestellung f; **~s** nfpl (AVIAT etc) Steuerung f; **sur ~** auf Befehl.

commandement [kɔmɑ̃dmɑ̃] nm (ordre) Befehl m; (REL) Gebot nt.

commander [kɔmɑ̃de] vt (COMM) bestellen; (armée, bateau, avion) befehligen; **~ à qn de faire qch** jdm befehlen, etw zu tun.

commando [kɔmɑ̃do] nm Kommandotrupp m.

comme [kɔm] prep wie; (en tant que) als // ad: **~ il est fort/c'est bon** wie stark er ist/gut das ist; **donner ~ prix** als Preis angeben // conj (ainsi que) wie; (parce que, puisque) da; (au moment où, alors que) als; **~ cela** ou **ça** so; **~ ci ~ ça** so lala; **joli/bête ~ tout** unheimlich hübsch/dumm.

commémorer vt gedenken (+gen).

commencement [kɔmɑ̃smɑ̃] nm Anfang m, Beginn m.

commencer [kɔmɑ̃se] vt anfangen; (être placé au début de) beginnen // vi anfangen, beginnen; **~ à ou de faire qch** anfangen ou beginnen, etw zu tun; **~ par faire qch** mit etw anfangen, etw zuerst tun.

comment [kɔmɑ̃] ad wie; (que dites-vous): **~?** wie bitte?

commentaire [kɔmɑ̃tɛr] nm Kommentar m.

commenter [kɔmɑ̃te] vt kommentieren.

commérages [kɔmera3] nmpl Klatsch m.

commerçant, e [kɔmɛrsɑ̃, ɑ̃t] a (ville) Handels-; (rue) Geschäfts- // nm/f Kaufmann m, Händler(in f) m.

commerce [kɔmɛrs(ə)] nm (activité) Handel m; (boutique) Geschäft nt, Laden m; (fig: rapports) Umgang m; **commercial, e, aux** a Handels-; **commercialiser** vt auf den Markt bringen.

commère [kɔmɛr] nf Klatschbase f.

commettre [kɔmɛtr(ə)] vt begehen.

commis [kɔmi] nm (de magasin) Verkäufer(in f) m; (de banque) Angestellte(r) mf; **~ voyageur** Handelsreisende(r) mf.

commisération [kɔmizerasjɔ̃] nf Mitleid nt.

commissaire [kɔmisɛr] nm (de police) Kommissar(in f) m; **~-priseur** nm Versteigerer m.

commissariat [kɔmisarja] nm (de police) Polizeiwache f.

commission [kɔmisjɔ̃] nf Kommission f; (message) Auftrag m, Botschaft f; **~s** nfpl (achats) Einkäufe pl.

commissure [kɔmisyʀ] nf: ~ **des lèvres** Mundwinkel m.

commode [kɔmɔd] a (pratique) praktisch; (facile) leicht, bequem; (personne) umgänglich // nf Kommode f.

commotion [kɔmosjɔ̃] nf: ~ (**cérébrale**) Gehirnerschütterung f.

commuer [kɔmɥe] vt umwandeln.

commun, e [kɔmœ̃, yn] a gemeinsam; gewöhnlich // nm (ADMIN) Gemeinde f; ~ **s** nmpl (bâtiments) Nebengebäude pl; **le ~ des mortels** der Durchschnittsmensch, die Allgemeinheit; **en ~** (faire) gemeinsam; (mettre) zusammen; **commun, al, e, aux** a (ADMIN) Gemeinde-.

communauté [kɔmynote] nf Gemeinde f; (monastère) (Ordens)gemeinschaft f; (JUR): **régime de la ~** gemeinsamer Güterstand m.

commune [kɔmyn] a, nf voir **commun.**

communication [kɔmynikasjɔ̃] nf Kommunikation f, Verständigung f; (message) Mitteilung f; (: téléphonique) Verbindung f, (Telefon)gespräch nt; ~ **s** nfpl (routes, téléphone etc) Verbindungen pl, Verkehr m.

communier [kɔmynje] vi (REL) die Kommunion empfangen; das Abendmahl empfangen.

communion [kɔmynjɔ̃] nf (REL) (catholique) Kommunion f; (protestant) Abendmahl nt; (fig) Verbundenheit f.

communiqué [kɔmynike] nm Kommuniqué nt, (amtliche) Verlautbarung f.

communiquer [kɔmynike] vt (nouvelle) mitteilen; (demande) übermitteln; (dossier) übergeben; (chaleur) übertragen; (maladie, peur etc): ~ **qch à qn** etw auf jdn übertragen, jdn mit etw anstecken // vi (salles) verbunden sein; ~ **avec** (sujet: salle) verbunden sein; **se ~ à** übergreifen auf (+akk).

communisme [kɔmynism(ə)] nm Kommunismus m; **communiste** [kɔmynist(ə)] nm/f Kommunist(in f) m.

commutateur [kɔmytatœʀ] nm (ELEC) Schalter m.

compact, e [kɔ̃pakt, akt(ə)] a kompakt, dicht, fest.

compagne [kɔ̃paɲ] nf voir **compagnon.**

compagnie [kɔ̃paɲi] nf Gesellschaft f; (MIL) Kompanie f; **en ~ de** in Gesellschaft von, in Begleitung von; **fausser ~ à qn** jdm entwischen; **tenir ~ à qn** jdm Gesellschaft leisten.

compagnon [kɔ̃paɲɔ̃], **compagne** [kɔ̃paɲ] nm/f (de voyage) Gefährte m, Gefährtin f, Begleiter(in f) m; (de classe) Kamerad(in f) m; (partenaire) Partner(in f) m.

comparable [kɔ̃paʀabl(ə)] a: ~ (**à**) vergleichbar (mit).

comparaison [kɔ̃paʀɛzɔ̃] nf Vergleich m.

comparaître [kɔ̃paʀɛtʀ(ə)] vi: ~ (**devant**) erscheinen (vor).

comparer [kɔ̃paʀe] vt: ~ (**à** ou **et**) vergleichen (mit).

compartiment [kɔ̃paʀtimã] nm (de train) Abteil nt; (case) Fach nt.

comparution [kɔ̃paʀysjɔ̃] nf Erscheinen nt (vor Gericht).

compas [kɔ̃pa] nm (MATH) Zirkel m; (NAVIG) Kompaß m.

compassé, e [kɔ̃pase] a steif, förmlich.

compassion [kɔ̃pasjɔ̃] nf Mitgefühl nt.

compatible [kɔ̃patibl(ə)] a: ~ (**avec**) vereinbar (mit).

compatir [kɔ̃patiʀ] vi: ~ **à** Anteil nehmen an (+dat).

compatriote [kɔ̃patʀijɔt] nm/f Landsmann m/-männin f.

compenser [kɔ̃pãse] vt ausgleichen.

compétent, e [kɔ̃petã, ãt] a (apte) fähig; (expert) kompetent, sachverständig; (JUR) zuständig.

compétition [kɔ̃petisjɔ̃] nf Konkurrenz f, Wettbewerb m; (SPORT) Wettkampf m.

compiler [kɔ̃pile] vt zusammenstellen.

complainte [kɔ̃plɛ̃t] nf Klage f.

complaire [kɔ̃plɛʀ]: **se ~** vi: **se ~**

dans Gefallen finden an (+*dat*); **se ~ parmi** sich wohl fühlen bei.

complaisance [kɔ̃plɛzɑ̃s] *nf* Zuvorkommenheit *f*, Gefälligkeit *f*; (*pej*) Nachsichtigkeit *f*; **certificat de ~** aus Gefälligkeit ausgestellte Bescheinigung.

complaisant, e [kɔ̃plɛzɑ̃, ɑ̃t] *a* gefällig, zuvorkommend; (*pej*) nachsichtig.

complément [kɔ̃plemɑ̃] *nm* Ergänzung *f*.

complet, ète [kɔ̃plɛ, ɛt] *a* (*plein*) voll; (*total*) völlig, total; (*entier*) vollständig, komplett // *nm* (*costume*) Anzug *m*; **compléter** *vt* (*série, collection*) vervollständigen; (*études*) abschließen; (*former le pendant de*) ergänzen.

complexe [kɔ̃plɛks(ə)] *a* kompliziert, komplex // *nm* Komplex *m*.

complice [kɔ̃plis] *nm* Komplize *m*, Komplizin *f*, Mittäter(in *f*) *m*.

compliment [kɔ̃plimɑ̃] *nm* Kompliment *nt*; **~s** *nmpl* Glückwünsche *pl*.

compliquer [kɔ̃plike] *vt* komplizieren.

complot [kɔ̃plo] *nm* Komplott *nt*, Verschwörung *f*.

comportement [kɔ̃pɔrtəmɑ̃] *nm* Verhalten *nt*.

comporter [kɔ̃pɔrte] *vt* sich zusammensetzen aus, haben; **se ~** *vi* sich verhalten.

composante [kɔ̃pɔzɑ̃t] *nf* Komponente *f*.

composé, e [kɔ̃poze] *a* zusammengesetzt; (*visage, air*) einstudiert, affektiert // *nm* Mischung *f*, Verbindung *f*; **~ de** zusammengesetzt ou bestehend aus.

composer [kɔ̃poze] *vt* (*musique*) komponieren; (*mélange, équipe*) zusammenstellen, bilden; (*texte*) abfassen; (*faire partie de*) bilden, ausmachen // *vi* (*transiger*) sich abfinden; **se ~ de** sich zusammensetzen aus, bestehen aus; **~ un numéro** (*TEL*) eine Nummer wählen.

composite [kɔ̃pozit] *a* verschiedenartig.

compositeur, trice [kɔ̃pozitœr, tris] *nm/f* (*MUS*) Komponist(in *f*) *m*; (*TYP*) Setzer(in *f*) *m*.

composition [kɔ̃pozisjɔ̃] *nf* Zusammensetzung *f*, Aufbau *m*; (*style, arrangement*) Stil *m*, Komposition *f*; (*SCOL*) Schulaufgabe *f*; (*MUS*) Komposition *f*; (*TYP*) Setzen *nt*; **de bonne ~** (*accommodant*) verträglich.

composteur [kɔ̃pɔstœr] *nm* Entwerter *m*.

compote [kɔ̃pɔt] *nf* Kompott *nt*; **compotier** *nm* Kompottschale *f*.

compréhensible [kɔ̃preɑ̃sibl(ə)] *a* verständlich.

compréhensif, ive [kɔ̃preɑ̃sif, iv] *a* verständnisvoll.

compréhension [kɔ̃preɑ̃sjɔ̃] *nf* Verständnis *nt*.

comprendre [kɔ̃prɑ̃dr(ə)] *vt* verstehen; (*se composer de*) umfassen, enthalten.

compresse [kɔ̃prɛs] *nf* Kompresse *f*, Umschlag *m*.

compression [kɔ̃prɛsjɔ̃] *nf* (*voir comprimer*) Kompression *f*, Verdichtung *f*; Zusammenpressen *nt*; Kürzung *f*; Verringerung *f*.

comprimé [kɔ̃prime] *a*: **air ~** Preßluft // *nm* Tablette *f*.

comprimer [kɔ̃prime] *vt* (*air*) komprimieren, verdichten; (*substance*) zusammenpressen; (*crédit*) kürzen; (*effectifs*) verringern.

compris, e [kɔ̃pri, iz] *a* (*inclus*) enthalten, einbezogen; (*COMM: service, frais*) inbegriffen ou, inklusive *ad*; **~ entre** (*situé*) gelegen zwischen; **la maison ~e, y ~ la maison** einschließlich des Hauses ou mit(samt) dem Haus; **la maison non ~e, non ~ la maison** das Haus nicht mitgerechnet ou ohne das Haus; **100 F tout ~** alles in allem 100 F.

compromettre [kɔ̃prɔmɛtr(ə)] *vt* (*personne*) kompromittieren; (*plan, chances*) gefährden.

compromis [kɔ̃prɔmi] *nm* Kompromiß *m*.

comptabilité [kɔ̃tabilite] *nf* (*activité, technique*) Buchführung *f*, Buchhaltung f; (comptes) Geschäftsbücher pl; (service) Buchhaltung f.

comptable [kɔ̃tabl(ə)] nm/f Buchhalter(in f) m.

comptant [kɔ̃tɑ̃] ad: payer ~ gegen bar kaufen; **acheter** ~ bar (be)zahlen.

compte [kɔ̃t] nm Zählung f; (total, montant) Betrag m, Summe f; (bancaire) Konto nt; (facture) Rechnung f; ~**s** nmpl Geschäftsbücher pl; **à bon** ~ günstig; **avoir son** ~ genug haben; **en fin de** ~ letztlich; **pour le** ~ **de qn** für jdn; **travailler à son** ~ selbständig sein; **rendre** ~ **(à qn) de qch** (jdm) über etw (akk) Rechenschaft ablegen; ~ **chèques postaux (C.C.P.)** Postscheckkonto nt; ~ **courant** Girokonto nt; ~ **de dépôt** Sparkonto nt; ~ **à rebours** Countdown m ou nt ou m.

compte-gouttes [kɔ̃tgut] nm inv Tropfenzähler m.

compter [kɔ̃te] vt zählen; (facturer) berechnen; (avoir à son actif) (für sich) verbuchen; (comporter) haben; (espérer): ~ **réussir/revenir** hoffen ou damit rechnen, Erfolg zu haben/ wiederzukehren // vi (calculer) zählen, rechnen; (être économe) rechnen, haushalten; (être négligeable) (kaum) ins Gewicht fallen, wichtig sein; (valoir): ~ **pour rien** nichts gelten; (figurer): ~ **parmi** zählen zu; ~ **sur** vt rechnen mit, sich verlassen auf (+akk); ~ **avec/sans qch/qn** mit/ohne etw/jdm rechnen/nicht rechnen; **sans** ~ **que** abgesehen davon, daß.

compte-rendu [kɔ̃trɑ̃dy] nm (Rechenschafts)bericht m.

compte-tours [kɔ̃ttur] nm inv Drehzahlmesser m, Tourenzähler m.

compteur [kɔ̃tœr] nm Zähler m.

comptine [kɔ̃tin] nf Abzählreim m.

comptoir [kɔ̃twar] nm (de magasin) Ladentisch m; (de café) Theke f.

compulser [kɔ̃pylse] vt konsultieren.

comte, comtesse [kɔ̃t, kɔ̃tɛs] nm/f Graf m, Gräfin f.

concéder [kɔ̃sede] vt: ~ **qch à qn** jdm etw zugestehen; ~ **que**

zugeben, daß; ~ **la défaite** sich geschlagen geben.

concentration [kɔ̃sɑ̃trasjɔ̃] nf Konzentration f.

concentrer [kɔ̃sɑ̃tre] vt konzentrieren; (pouvoirs) vereinigen, vereinen; (population) versammeln; **se** ~ vi sich konzentrieren.

concept [kɔ̃sɛpt] nm Begriff m.

conception [kɔ̃sɛpsjɔ̃] nf (vue) **concevoir** f) Konzeption f; Empfängnis f.

concerner [kɔ̃sɛrne] vt angehen, betreffen; **en ce qui concerne...** bezüglich ou hinsichtlich (+gen).

concert [kɔ̃sɛr] nm Konzert nt; **de** ~ ad in Übereinstimmung, gemeinsam.

concerter [kɔ̃sɛrte] vt: **se** ~ sich absprechen.

concession [kɔ̃sesjɔ̃] nf Zugeständnis nt; (terrain, exploitation) Konzession f.

concevoir [kɔ̃s(ə)vwar] vt sich (dat) ausdenken, konzipieren; (enfant) empfangen.

concierge [kɔ̃sjɛrʒ(ə)] nm/f Hausmeister(in f) m, Pförtner(in f) m.

concile [kɔ̃sil] nm Konzil nt.

conciliabules [kɔ̃siljabyl] nmpl vertrauliche Unterredung f.

concilier [kɔ̃silje] vt in Einklang bringen, miteinander vereinbaren; **se** ~ **qn/l'appui de qn** jdn für sich/jds Unterstützung gewinnen.

concis, e [kɔ̃si, iz] a kurz, knapp, präzis(e).

concitoyen, ne [kɔ̃sitwajɛ̃, jɛn] nm/f Mitbürger(in f) m.

concluant, e [kɔ̃klyɑ̃, ɑ̃t] a schlüssig, überzeugend.

conclure [kɔ̃klyr] vt schließen; (déduire): ~ **qch de qch** etw aus etw (dat) schließen ou folgern; ~ **à** vt sich aussprechen für.

conclusion [kɔ̃klyzjɔ̃] nf Schluß m.

concombre [kɔ̃kɔ̃br(ə)] nm (Salat)gurke f.

concordance [kɔ̃kɔrdɑ̃s] nf Übereinstimmung f; **la** ~ **des temps** die Zeitenfolge.

concorde [kɔ̃kɔrd(ə)] nf Eintracht f.

concorder [kɔkɔʀde] *vi* übereinstimmen.

concourir [kɔkuʀiʀ] *vi*: ~ **à** *vt* beitragen zu.

concours [kɔkuʀ] *nm* (SPORT) Wettkampf *m*; (*gén*) Wettbewerb *m*; (SCOL) (Auswahl)prüfung *f*; (*assistance*) Hilfe *f*, Unterstützung *f*; **apporter son** ~ **à** beitragen zu; ~ **de circonstances** Zusammentreffen *nt* von Umständen.

concret, ète [kɔkʀɛ, ɛt] *a* konkret.

conçu, e [kɔsy] *pp de* **concevoir**.

concubinage [kɔkybinaʒ] *nm* eheähnliche Gemeinschaft *f*.

concurremment [kɔkyʀamɑ̃] *ad* gleichzeitig.

concurrence [kɔkyʀɑ̃s] *nf* Konkurrenz *f*; **jusqu'à** ~ **de** bis zur Höhe von; ~ **déloyale** unlauterer Wettbewerb *m*.

concurrent, e [kɔkyʀɑ̃, ɑ̃t] *nm* (SPORT) Teilnehmer(in*f*) *m*; (ECON etc) Konkurrent(in*f*) *m*.

condamnation [kɔdanɑsjɔ̃] *nf* Verurteilung *f*.

condamner [kɔdane] *vt* verurteilen; (*porte, ouverture*) zumauern; (*malade*) aufgeben; (*obliger*): ~ **qn à qch** jdn zu etw zwingen; ~ **qn à faire qch** jdn dazu verurteilen ou verdammen, etw zu tun; ~ **qn à 2 ans de prison** jdn zu 2 Jahren Freiheitsentzug verurteilen.

condensateur [kɔdɑ̃satœʀ] *nm* Kondensator *m*.

condenser [kɔdɑ̃se] *vt* (*discours, texte*) zusammenfassen; (*gaz etc*) kondensieren; **se** ~ *vi* kondensieren.

condescendre [kɔdesɑ̃dʀ(ə)] *vi*: ~ **à qch** sich zu etw herbei- *ou* herablassen.

condiment [kɔdimɑ̃] *nm* Gewürz *nt*.

condisciple [kɔdisipl(ə)] *nm/f* Schulkamerad(in*f*) *m*.

condition [kɔdisjɔ̃] *nf* Bedingung *f*; (*rang social*) Stand *m*, Rang *m*; ~ **s** *nfpl* Bedingungen *pl*; **sans** ~ bedingungslos; **sous** ~ **de/que** unter dem Vorbehalt, daß; **à** ~ **de/que** vorausgesetzt, daß.

conditionné, e [kɔdisjɔne] *a*: **air** ~ Klimaanlage *f*.

conditionnel, le [kɔdisjɔnɛl] *a* bedingt // *nm* Konditional *nt*.

conditionnement [kɔdisjɔnmɑ̃] *nm* (*emballage*) Verpackung *f*.

conditionner [kɔdisjɔne] *vt* (*déterminer*) bestimmen; (COMM: *produit*) verpacken, präsentieren.

condoléances [kɔdɔleɑ̃s] *nfpl* Kondolenz *f*, Beileid *nt*.

conducteur, trice [kɔdyktœʀ, tʀis] *a* (ELEC) leitend // *nm/f* (*de véhicule*) Fahrer(in*f*) *m*.

conduire [kɔdɥiʀ] *vt* führen; (*véhicule*) fahren; ~ **à** (*fig*) führen zu (+*dat*); **se** ~ sich benehmen, sich betragen.

conduit [kɔdɥi] *nm* (TECH) Leitung *f*, Rohr *nt*; (ANAT) Gang *m*, Kanal *m*.

conduite [kɔdɥit] *nf* (*comportement*) Verhalten *nt*, Benehmen *nt*; (*d'eau, gaz*) Rohr *nt*, Leitung *f*; ~ **à gauche** (AUT) Linkssteuerung *f*; ~ **intérieure** Limousine *f*.

cône [kon] *nm* Kegel *m*.

confection [kɔfɛksjɔ̃] *nf* (*fabrication*) Herstellung *f*; (*en couture*): **la** ~ die Konfektion, die Bekleidungsindustrie.

confectionner [kɔfɛksjɔne] *vt* herstellen.

confédération [kɔfedeʀasjɔ̃] *nf* (POL) Bündnis *nt*, Bund *m*, Konföderation *f*.

conférence [kɔfeʀɑ̃s] *nf* (*exposé*) Vortrag *m*; (*pourparlers*) Konferenz *f*; ~ **de presse** Pressekonferenz *f*.

conférer [kɔfeʀe] *vt*: ~ **qch à qn/qch** jdm/einer Sache etw verleihen.

confesser [kɔfese] *vt* gestehen, zugeben; (REL) beichten; **se** ~ (REL) beichten; **confesseur** *nm* Beichtvater *m*.

confession [kɔfesjɔ̃] *nf* (REL) Beichte *f*; (*culte*) Konfession *f*, (Glaubens)bekenntnis *nt*; **confessionnal, aux** *nm* Beichtstuhl *m*.

confiance [kɔfjɑ̃s] *nf* Vertrauen *nt*; **avoir** ~ **en** Vertrauen haben zu, vertrauen (+*dat*); **question/vote de**

~ **Vertrauensfrage** *f/*-votum *nt.*

confiant, e [kɔ̃fjɑ̃, ɑ̃t] *a* vertrauensvoll.

confidence [kɔ̃fidɑ̃s] *nf:* **une** ~ eine vertrauliche Mitteilung.

confidentiel, le [kɔ̃fidɑ̃sjɛl] *a* vertraulich.

confier [kɔ̃fje] *vt:* ~ **qch à qn** (*en dépôt, garde*) jdm etw anvertrauen; (*travail, responsabilité*) jdn mit etw betrauen; **se** ~ **à qn** sich jdm anvertrauen.

configuration [kɔ̃figyrasjɔ̃] *nf* Beschaffenheit *f.*

confiné, e [kɔ̃fine] *a* (*air*) verbraucht.

confiner [kɔ̃fine]: ~ **à** *vt* grenzen an (+*akk*); **se** ~ **dans/à** sich zurückziehen in (+*akk*)/sich beschränken auf (+*akk*).

confins [kɔ̃fɛ̃] *nmpl:* **aux** ~ **de** (*deux régions*) an der Grenze zwischen (+*dat*).

confirmer [kɔ̃firme] *vt* bestätigen.

confiserie [kɔ̃fizri] *nf* (*magasin*) Süßwarenladen *m;* (*bonbon*) Süßigkeit *f.*

confiseur, euse [kɔ̃fizœr, øz] *nm/f* Konditor *m.*

confisquer [kɔ̃fiske] *vt* beschlagnahmen, konfiszieren.

confit, e [kɔ̃fi, it] *a:* **fruits** *mpl* ~**s** kandierte Früchte *pl* // *nm:* ~ **d'oie** eingemachte *ou* eingelegte Gans *f.*

confiture [kɔ̃fityr] *nf* Marmelade *f.*

conflit [kɔ̃fli] *nm* Konflikt *m.*

confluent [kɔ̃flyɑ̃] *nm* Zusammenfluß *m.*

confondre [kɔ̃fɔ̃dʀ(ə)] *vt* (*jumeaux*) verwechseln; (*dates, faits*) durcheinanderbringen; (*témoin*) verwirren, aus der Fassung bringen; (*menteur*) der Lüge überführen; **se** ~ **en excuses** sich vielmals entschuldigen.

conforme [kɔ̃fɔʀm(ə)] *a* ~ **à** entsprechend (+*dat*); übereinstimmend mit; **copie certifiée** ~ beglaubigte Abschrift *f.*

conformément [kɔ̃fɔʀmemɑ̃] *ad:* ~ **à** entsprechend (+*dat*), gemäß (+*dat*).

conformer [kɔ̃fɔʀme] *vt:* ~ **qch à** etw anpassen an (+*akk*); **se** ~ **à** sich anpassen an (+*akk*), sich richten nach.

conformisme [kɔ̃fɔʀmism(ə)] *nm* Konformismus *m.*

conformité [kɔ̃fɔʀmite] *nf* Übereinstimmung *f.*

confort [kɔ̃fɔʀ] *nm* Komfort *m;* **tout** ~ (*COMM*) mit allem Komfort.

confortable [kɔ̃fɔʀtabl(ə)] *a* (*fauteuil etc*) bequem; (*hôtel*) komfortabel; (*somme*) ausreichend.

confrère [kɔ̃fʀɛʀ] *nm* (*Berufs*)kollege *m.*

confronter [kɔ̃fʀɔ̃te] *vt* gegenüberstellen.

confus, e [kɔ̃fy, yz] *a* (*vague*) wirr, verworren; (*embarrassé*) verwirrt, verlegen.

congé [kɔ̃ʒe] *nm* (*vacances*) Urlaub *m;* (*avis de départ*) Kündigung *f;* **en** ~ im Urlaub; **j'ai deux semaines/un jour de** ~ ich habe zwei Wochen Urlaub/einen Tag frei; **donner son** ~ **à qn** jdm kündigen; **être en** ~ **de maladie** krankgeschrieben sein; **prendre** ~ **de qn** sich von jdm verabschieden; ~**s payés** bezahlter Urlaub.

congédier [kɔ̃ʒedje] *vt* entlassen.

congélateur [kɔ̃ʒelatœʀ] *nm* (*armoire*) Gefriertruhe *f;* (*compartiment*) Tiefkühlfach *nt.*

congeler [kɔ̃ʒle] *vt* einfrieren.

congénère [kɔ̃ʒenɛʀ] *nm/f* Artgenosse *m,* -genossin *f.*

congénital, e, aux [kɔ̃ʒenital, o] *a* angeboren.

congère [kɔ̃ʒɛʀ] *nf* Schneewehe *f.*

congestion [kɔ̃ʒɛstjɔ̃] *nf* Stau *m;* ~ **pulmonaire/cérébrale** Lungenentzündung *f/*Schlaganfall *m.*

congestionner [kɔ̃ʒɛstjɔne] *vt* (*rue*) verstopfen; **être congestionné(e)** (*personne*) ein rotes Gesicht haben; (*visage*) rot (angelaufen) sein.

congrégation [kɔ̃gʀegasjɔ̃] *nf* Bruderschaft *f.*

congrès [kɔ̃gʀɛ] *nm* Kongreß *m,* Tagung *f.*

congru, e [kɔ̃gʀy] *a:* **portion** ~**e**

sehr geringer Lohn m.

conifère [kɔnifɛʀ] nm Nadelbaum m.

conique [kɔnik] a konisch, kegelförmig.

conjecture [kɔ̃ʒɛktyʀ] nf Vermutung f.

conjoint, e [kɔ̃ʒwɛ̃, wɛ̃t] a gemeinsam // nm/f (époux) Ehegatte m, -gattin f.

conjonction [kɔ̃ʒɔ̃ksjɔ̃] nf (LING) Konjunktion f, Bindewort nt.

conjonctivite [kɔ̃ʒɔ̃ktivit] nf Bindehautentzündung f.

conjoncture [kɔ̃ʒɔ̃ktyʀ] nf Umstände pl, Lage f; (ECON) Konjunktur f.

conjugaison [kɔ̃ʒygɛzɔ̃] nf (LING) Konjugation f.

conjugal, e, aux [kɔʒygal, o] a ehelich.

conjuguer [kɔ̃ʒyge] vt (LING) konjugieren, beugen; (efforts etc) vereinigen.

conjuré, e [kɔ̃ʒyʀe] nm/f Verschwörer(in f) m.

conjurer [kɔ̃ʒyʀe] vt (sort, maladie) abwenden; ~ qn de faire qch jdn beschwören, etw zu tun.

connaissance [kɔnɛsɑ̃s] nf (personne connue) Bekanntschaft f, Bekannte(r) mf; ~ pl Wissen nt, Kenntnisse pl; être sans/perdre ~ bewußtlos sein/werden; à ma/sa ~ meines Wissens, soviel ich/er weiß; en ~ de cause in Kenntnis der Sachlage; avoir ~ de (fait, document) Kenntnis haben von; prendre ~ de (fait) zur Kenntnis nehmen (+akk); (document) durchlesen (+akk).

connaisseur, euse [kɔnɛsœʀ, øz] nm/f Kenner(in f).

connaître [kɔnɛtʀ(ə)] vt kennen; ~ le succès/une fin tragique Erfolg haben/ein tragisches Ende erleben; ~ qn de nom/vom Sehen jdn dem Namen nach/vom Sehen kennen; ils se sont connus à Stuttgart sie haben sich in Stuttgart kennengelernt.

connecter [kɔnɛkte] vt anschließen.

connu, e [kɔny] a bekannt.

conquérant, e [kɔ̃keʀɑ̃, ɑ̃t] nm/f Eroberer m, Eroberin f.

conquérir [kɔ̃keʀiʀ] vt erobern; (droit) erwerben, erkämpfen.

conquête [kɔ̃kɛt] nf Eroberung f.

consacré, e [kɔ̃sakʀe] a: ~ à gewidmet (+dat).

consacrer [kɔ̃sakʀe] vt (REL) weihen; (sujet: usage etc) sanktionieren; (employer): ~ qch à qch etw einer Sache (dat) widmen; ~ son temps/argent à faire qch seine Zeit darauf/sein Geld dazu verwenden, etw zu tun; se ~ à qch sich einer Sache (dat) widmen.

consanguin, e [kɔ̃sɑ̃gɛ̃, in] a blutsverwandt.

conscience [kɔ̃sjɑ̃s] nf (sentiment, perception) Bewußtsein nt; (siège du jugement moral) Gewissen nt; avoir/prendre ~ de qch sich (dat) einer Sache (gen) bewußt sein/werden; perdre ~ das Bewußtsein verlieren, ohnmächtig werden; avoir bonne/mauvaise ~ ein gutes/schlechtes Gewissen haben; ~ professionnelle Berufsethos nt.

consciencieux, ieuse [kɔ̃sjɑ̃sjø, jøz] a gewissenhaft.

conscient, e [kɔ̃sjɑ̃, ɑ̃t] a (MED) bei Bewußtsein; ~ de qch einer Sache (gen) bewußt.

conscrit [kɔ̃skʀi] nm (MIL) Rekrut m.

consécration [kɔ̃sekʀasjɔ̃] nf (REL) Weihe f; (confirmation) Sanktionierung f.

consécutif, ive [kɔ̃sekytif, iv] a aufeinanderfolgend; ~ à qch nach etw.

conseil [kɔ̃sɛj] nm (avis) Rat m, Ratschlag m; (assemblée) Rat m, Versammlung f; tenir ~ sich beraten; (se réunir) eine Sitzung abhalten; prendre ~ (auprès de qn) sich (dat) (bei jdm) Rat holen; ~ d'administration Aufsichtsrat m; ~ municipal Stadt- ou Gemeinderat m; ~ de discipline Disziplinargericht nt; ~ des ministres Ministerrat m.

conseiller [kɔ̃seje] vt: ~ qn jdn beraten, jdm einen Rat geben; ~

qch à qn jdm etw *(akk)* raten ou empfehlen, jdm zu etw *(dat)* raten.
conseiller, ère [kɔ̃seje, ɛʀ] *nm/f* Ratgeber(in *f*) *m*, Berater(in *f*) *m*; ~ **municipal(e)** *nm/f* Stadtrat *m*, -rätin *f*.

consentement [kɔ̃sɑ̃tmɑ̃] *nm* Zustimmung *f*, Einwilligung *f*.
consentir [kɔ̃sɑ̃tiʀ] *vt*: ~ **à qch** einer Sache zustimmen, in etw *(akk)* einwilligen; ~ **à faire qch** sich einverstanden erklären, etw zu tun.

conséquence [kɔ̃sekɑ̃s] *nf* Folge *f*, Konsequenz *f*; **en** ~ *(donc)* folglich; *(de façon appropriée)* entsprechend; **tirer/ne pas tirer à** ~ Folgen/keine Folgen haben.
conséquent, e [kɔ̃sekɑ̃, ɑ̃t] *a* konsequent; **par** ~ folglich.

conservateur, trice [kɔ̃sɛʀvatœʀ, tʀis] *a (traditionaliste)* konservativ // *nm (de musée)* Kustos *m*.
conservation [kɔ̃sɛʀvasjɔ̃] *nf (préservation)* Erhaltung *f*; *(d'aliments)* Konservierung *f*; Einmachen *nt*.
conservatoire [kɔ̃sɛʀvatwaʀ] *nm (de musique)* Konservatorium *nt*.
conserve [kɔ̃sɛʀv(ə)] *nf (gén pl: aliments)* Konserve *f*; **en** ~ Dosen-, Büchsen-; **de** ~ *(ensemble)* gemeinsam.
conserver [kɔ̃sɛʀve] *vt (aliments)* konservieren, einmachen; *(amis, espoir)* behalten; *(habitude)* beibehalten; **bien conservé(e)** gut erhalten.

considérable [kɔ̃sideʀabl(ə)] *a* beträchtlich.
considération [kɔ̃sideʀasjɔ̃] *nf* Überlegung *f*; *(idée)* Gedanke *m*; *(estime)* Achtung *f*; **prendre en** ~ in Erwägung ziehen, bedenken.
considérer [kɔ̃sideʀe] *vt (étudier, regarder)* betrachten; *(tenir compte de)* bedenken, berücksichtigen; *(estimer)*: ~ **que** meinen, daß; *(juger)*: ~ **qch comme** etw halten für.

consigne [kɔ̃siɲ] *nf (de bouteilles, d'emballages)* Pfand *nt*; *(de gare)* Gepäckaufbewahrung *f*; *(SCOL, MIL)* Arrest *m*.
consigner [kɔ̃siɲe] *vt (noter)* notieren; *(soldat, élève)* Arrest geben

(+dat); *(emballage)* ein Pfand berechnen für.

consistance [kɔ̃sistɑ̃s] *nf (d'une substance)* Konsistenz *f*.
consistant, e [kɔ̃sistɑ̃, ɑ̃t] *a* fest.
consister [kɔ̃siste] *vi*: ~ **en** bestehen aus; ~ **à faire qch** darin bestehen, etw zu tun.

consœur [kɔ̃sœʀ] *nf (Berufs)*kollegin *f*.
consolation [kɔ̃sɔlasjɔ̃] *nf* Trost *m*.
console [kɔ̃sɔl] *nf (d'ordinateur)* Kontrollpult *nt*.
consoler [kɔ̃sɔle] *vt (personne)* trösten; **se** ~ **(de qch)** *(über etw akk)* hinwegkommen.
consolider [kɔ̃sɔlide] *vt (maison)* befestigen; *(meuble)* verstärken.

consommateur, trice [kɔ̃sɔmatœʀ, tʀis] *nm/f (ECON)* Verbraucher(in *f*) *m*, Konsument(in *f*) *m*; *(dans un café)* Gast *m*.
consommation [kɔ̃sɔmasjɔ̃] *nf (boisson)* Verzehr *m*, Getränk *nt*; ~ **de 10 litres aux 100 km** (Treibstoff)verbrauch *m* von 10 l auf 100 km.
consommé, e [kɔ̃sɔme] *a* vollendet, vollkommen // *nm (potage)* Kraftbrühe *f*.
consommer [kɔ̃sɔme] *vt* verbrauchen // *vi (dans un café)* etwas verzehren ou zu sich nehmen.

consonne [kɔ̃sɔn] *nf* Konsonant *m*, Mitlaut *m*.
conspirer [kɔ̃spiʀe] *vi* sich verschwören.
conspuer [kɔ̃spɥe] *vt* ausbuhen, auspfeifen.
constamment [kɔ̃stamɑ̃] *ad* andauernd.
constant, e [kɔ̃stɑ̃, ɑ̃t] *a (personne)* standhaft; *(efforts)* beständig; *(température)* gleichbleibend; *(augmentation)* konstant.
constat [kɔ̃sta] *nm* Protokoll *nt*; Bericht *m*.
constater [kɔ̃state] *vt* feststellen.
constellation [kɔ̃stelasjɔ̃] *nf* Konstellation *f*.
consterner [kɔ̃stɛʀne] *vt* bestürzen.
constipation [kɔ̃stipasjɔ̃] *nf* Ver-

stopfung f.

constipé, e [kɔ̃stipe] a verstopft; (fig) steif.

constitué, e [kɔ̃stitɥe] a: **être ~ de** bestehen aus.

constituer [kɔ̃stitɥe] vt (comité, équipe) bilden, aufstellen; (dossier, collection) zusammenstellen; (sujet: éléments, parties) bilden, ausmachen; (représenter, être): ~ **une menace/ un début** eine Bedrohung/ein Anfang sein; **se ~ prisonnier** sich stellen.

constitution [kɔ̃stitysjɔ̃] nf (composition) Zusammensetzung f; (santé) Konstitution f, Gesundheit f; (POL) Verfassung f.

constructeur [kɔ̃stryktœr] nm (de voitures) Hersteller m; (de bateaux) Schiffsbauer m.

construction [kɔ̃stryksjɔ̃] nf Bau m.

construire [kɔ̃stryir] vt (bâtiment, pont, navire) bauen; (phrase) konstruieren; (théorie) entwickeln; (histoire) sich (dat) ausdenken.

consulat [kɔ̃syla] nm Konsulat nt.

consultation [kɔ̃syltasjɔ̃] nf Konsultation f; (juridique, astrologique) Beratung f; (MED) Untersuchung f; ~**s** nfpl (POL) Gespräche pl; **heures de ~** (MED) Sprechstunde f.

consulter [kɔ̃sylte] vt (médecin, avocat, conseiller) konsultieren, zu Rate ziehen; (dictionnaire, annuaire) nachschlagen in (+dat); (plan) nachsehen auf (+dat); (baromètre, montre) sehen auf (+akk) // vi (médecin) Sprechstunde haben; **se ~** vt miteinander beraten.

consumer [kɔ̃syme] vt (brûler) verbrennen; (fig: personne) verzehren; **se ~** vi: **se ~ de chagrin/douleur** sich vor Kummer/Schmerz verzehren.

contact [kɔ̃takt] nm (physique) Kontakt m, Berührung f; (gén pl: rencontres, rapports) Kontakte pl, Beziehungen pl; **au ~ de l'air/la peau** wenn es mit Luft/der Haut in Berührung kommt; (AUT): **mettre/ couper le ~** den Motor anlassen/ ausschalten; **entrer en ~ (avec)**

sich in Verbindung setzen (mit); **prendre ~ ou se mettre en ~ avec qn** sich mit jdm in Verbindung setzen.

contacter [kɔ̃takte] vt sich in Verbindung setzen mit.

contagieux, euse [kɔ̃taʒjø, øz] a ansteckend.

contaminer [kɔ̃tamine] vt (MED) anstecken.

conte [kɔ̃t] nm: ~ **de fées** Märchen nt.

contempler [kɔ̃tɑ̃ple] vt betrachten.

contemporain, e [kɔ̃tɑ̃pɔrɛ̃, ɛn] a (de la même époque) zeitgenössisch; (actuel) heutig // nm/f Zeitgenosse m, -genossin f.

contenance [kɔ̃tnɑ̃s] nf (d'un récipient) Fassungsvermögen nt; (attitude) Haltung f; **perdre ~** die Fassung verlieren; **se donner une ~** die Haltung bewahren.

contenir [kɔ̃tnir] vt enthalten; (capacité) fassen; **se ~** vt sich beherrschen.

content, e [kɔ̃tɑ̃, ɑ̃t] a zufrieden; (heureux) froh; ~ **de qn/qch** mit jdm/etw zufrieden; **contenter** vt (personne) zufriedenstellen; **se ~ de** sich begnügen mit.

contentieux [kɔ̃tɑ̃sjø] nm (litiges) Streitsache f.

contenu [kɔ̃tny] nm Inhalt m.

conter [kɔ̃te] vt erzählen.

contestation [kɔ̃tɛstasjɔ̃] nf (POL): **la ~** der Protest.

conteste [kɔ̃tɛst(ə)]: **sans ~** ad unbestreitbar.

contester [kɔ̃tɛste] vt in Frage stellen; (droit) abstreiten (à qn jdm) // vi protestieren; ~ **que** bestreiten, daß.

contexte [kɔ̃tɛkst(ə)] nm Zusammenhang m.

contigu, uë [kɔ̃tigy] a aneinandergrenzend, benachbart.

continent [kɔ̃tinɑ̃] nm (GEO) Kontinent m.

contingences [kɔ̃tɛ̃ʒɑ̃s] nfpl Eventualitäten pl.

contingenter [kɔ̃tɛ̃ʒɑ̃te] vt: ~ **qch**

etw kontingentieren, etw einteilen.

continu, e [kɔtiny] *a* ständig, dauernd; (*ligne*) ununterbrochen // *nm:* (**courant**) ~ Gleichstrom *m*.

continuel, le [kɔtinɥel] *a* ständig, dauernd.

continuer [kɔtinɥe] *vt* (*gén: travail*) weitermachen mit; (*voyage*) fortsetzen; (*prolonger*) verlängern // *vi* nicht aufhören; (*personne*) weitermachen; (*pluie etc*) andauern; (*vie*) weitergehen; ~ **à** *ou* **de faire qch** etw weitertun.

contorsion [kɔtɔrsjɔ] *nf* (*gén pl*) Verrenkung *f*.

contour [kɔtur] *nm* (*limite*) Kontur *f*, Umriß *m*.

contourner [kɔturne] *vt* umgehen.

contraceptif [kɔtraseptif] *nm* Verhütungsmittel *nt*.

contraception [kɔtrasepsjɔ] *nf* Empfängnisverhütung *f*.

contracter [kɔtrakte] *vt* (*muscle*) zusammenziehen; (*visage*) verzerren; (*maladie*) sich (*dat*) zuziehen; (*habitude*) annehmen; (*dette*) machen; (*obligation*) eingehen; (*assurance*) abschließen // **se** ~ vi sich zusammenziehen.

contraction [kɔtraksjɔ] *nf* (*spasme*) Krampf *m*; ~**s** *nfpl* (*de l'accouchement*) Wehen *pl*.

contractuel, le [kɔtraktɥel] *a* vertraglich // *nm* (*agent*) Verkehrspolizist *m*, Politesse *f*.

contradiction [kɔtradiksjɔ] *nf* Widerspruch *m*.

contradictoire [kɔtradiktwar] *a* widersprüchlich; **débat** ~ Debatte *f*.

contraindre [kɔtrɛdr(ə)] *vt:* ~ **qn à qch** jdn zu etw (*dat*) zwingen; ~ **qn à faire qch** jdn dazu zwingen, etw zu tun.

contrainte [kɔtrɛt] *nf* Zwang *m*; **sans** ~ zwanglos.

contraire [kɔtrer] *a* (*opposé*) entgegengesetzt; ~ **à** (*loi, raison*) gegen (+*akk*), wider (+*akk*); (*santé*) schädlich für // *nm* Gegenteil *nt*; **au** ~ **à** im Gegenteil.

contrarier [kɔtrarje] *vt* (*personne*)

ärgern; (*mouvement, action*) stören, behindern; (*projets*) durchkreuzen.

contrariété [kɔtrarjete] *nf* Unannehmlichkeit *f*.

contraste [kɔtrast(ə)] *nm* Kontrast *m*; Gegensatz *m*.

contraster [kɔtraste] *vi:* ~ (**avec**) kontrastieren (mit), im Gegensatz stehen zu.

contrat [kɔtra] *nm* Vertrag *m*.

contravention [kɔtravɑsjɔ] *nf* (*infraction*): ~ **de** Verstoß *m* gegen; Übertretung *f* (+*gen*); (*amende*) Bußgeld *nt*; (*procès-verbal*) (gebührenpflichtige) Verwarnung *f*, Strafzettel *m*.

contre [kɔtr(ə)] *prep* gegen (+*akk*); ~-**attaquer** *vi* zurückschlagen.

contrebalancer [kɔtrəbalɑse] *vt* (*compenser*) ausgleichen.

contrebande [kɔtrəbɑd] *nf* (*trafic*) Schmuggel *m*; (*marchandise*) Schmuggelware *f*; **faire la** ~ **de qch** etw schmuggeln.

contrebas [kɔtrəba]: **en** ~ *ad* (weiter) unten.

contrebasse [kɔtrəbas] *nf* Kontrabaß *m*.

contrecarrer [kɔtrəkare] *vt* (*personne*) einen Strich durch die Rechnung machen (+*dat*); (*action*) vereiteln.

contrecœur [kɔtrəkœr]: **à** ~ *ad* widerwillig.

contre-coup [kɔtrəku] *nm* (*répercussion*) Nachwirkung *f*.

contre-courant [kɔtrəkurɑ]: **à** ~ *ad* gegen den Strom.

contredire [kɔtrədir] *vt* widersprechen (+*dat*); (*faits, réalité*) im Widerspruch stehen zu; **se** ~ sich widersprechen.

contrée [kɔtre] *nf* Gegend *f*.

contre-espionnage [kɔtrɛspiɔnaʒ] *nm* Spionageabwehr *f*.

contre-expertise [kɔtrɛkspertiz] *nf* zweites Sachverständigengutachten *nt*.

contrefaçon [kɔtrəfasɔ] *nf* Fälschung *f*.

contrefaire [kɔtrəfer] *vt* fälschen;

(personne, démarche) nachahmen *ou* -machen; *(dénaturer)* verstellen.

contrefait, e [kɔ̃trəfɛ, ɛt] *a* mißgestaltet.

contreforts [kɔ̃trəfɔr] *nmpl* (GEO) (Gebirgs)ausläufer *pl.*

contre-jour [kɔ̃trəʒur]: **à ~ ad** im Gegenlicht.

contremaître [kɔ̃trəmɛtr(ə)] *nm* Vorarbeiter(in *f*) *m.*

contremarque [kɔ̃trəmark(ə)] *nf (ticket)* Kontrollkarte *f.*

contre-offensive [kɔ̃trɔfãsiv] *nf (MIL)* Gegenoffensive *f; (gén)* Gegenangriff *m.*

contre-ordre [kɔ̃trɔrdr(ə)] *nm* Gegenbefehl *m.*

contrepartie [kɔ̃trəparti] *nf:* **en ~** dafür.

contrepèterie [kɔ̃trəpetri] *nf* Schüttelreim *m.*

contre-pied [kɔ̃trəpje] *nm:* **prendre le ~ de** das Gegenteil tun/ sagen von; **prendre qn à ~** jdn auf dem falschen Fuß erwischen.

contre-plaqué [kɔ̃trəplake] *nm* Sperrholz *nt.*

contrepoids [kɔ̃trəpwa] *nm* Gegengewicht *nt;* **faire ~** (ein Gewicht) ausgleichen.

contrer [kɔ̃tre] *vt (adversaire)* außer Gefecht setzen; *(CARTES)* kontra bieten (+*dat*).

contre-sens [kɔ̃trəsãs] *nm* Fehldeutung *f;* Unsinn *m;* **à ~ ad** verkehrt.

contresigner [kɔ̃trəsiɲe] *vt* gegenzeichnen.

contretemps [kɔ̃trətã] *nm (complication, ennui)* Zwischenfall *m;* **à ~** *(MUS)* in falschem Takt; *(fig)* zur Unzeit.

contrevenir [kɔ̃trəvnir]: **à ~ vt** verstoßen gegen.

contribuable [kɔ̃tribɥabl(ə)] *nm/f* Steuerzahler(in *f*) *m.*

contribuer [kɔ̃tribɥe]: **~ à vt** beitragen zu; *(dépense, frais)* beisteuern zu.

contribution [kɔ̃tribysjɔ̃] *nf* Beitrag *m;* **~s directes/indirectes** direkte/indirekte Steuern *pl;*

mettre qn à ~ jds Dienste in Anspruch nehmen.

contrit, e [kɔ̃tri, it] *a (air)* reuig, zerknirscht.

contrôle [kɔ̃trol] *nm (vérification)* Kontrolle *f,* Überprüfung *f; (surveillance)* Überwachung *f;* **perdre/ garder le ~ de son véhicule** die Kontrolle *ou* Gewalt *ou* Herrschaft über sein Fahrzeug verlieren/ bewahren; **~ des naissances** Geburtenkontrolle *f;* **~ d'identité** Ausweiskontrolle *f.*

contrôler [kɔ̃trole] *vt* kontrollieren, überprüfen; *(surveiller)* beaufsichtigen; *(COMM)* kontrollieren; **se ~** *vt* sich beherrschen.

contrôleur, euse [kɔ̃trolœr, øz] *nm/f (de train, bus)* Schaffner(in *f*) *m.*

contrordre [kɔ̃trɔrdr(ə)] *nm* Gegenbefehl *m;* **sauf ~** bis auf gegenteilige Anweisung.

controversé, e [kɔ̃trɔverse] *a* umstritten.

contumace [kɔ̃tymas] *nf:* **par ~ ad** in Abwesenheit.

contusion [kɔ̃tyzjɔ̃] *nf* Quetschung *f,* Prellung *f.*

convaincre [kɔ̃vɛ̃kr(ə)] *vt (personne):* **~ qn de qch** jdn von etw überzeugen; *(JUR):* **~ qn de qch** jdn einer Sache *(gén)* überführen.

convalescence [kɔ̃valesãs] *nf* Genesung *f,* Rekonvaleszenz *f;* **maison de ~** Erholungsheim *nt.*

convenable [kɔ̃vnabl(ə)] *a* anständig.

convenance [kɔ̃vnãs] *nf:* **à ma/votre ~** nach meinem/Ihrem Belieben; **~s** *nfpl* Schicklichkeit *f,* Anstand *m.*

convenir [kɔ̃vnir] *vi:* **~ à** *(être approprié à)* passen (+*dat*); geeignet sein für; **il convient de faire qch/que ...** es empfiehlt sich, etw zu tun/, daß; **~ de** *(admettre)* zugeben (+*akk*); *(fixer)* vereinbaren; **~ de faire qch** übereinkommen, etw zu tun; **il a été convenu que/de faire qch** es wurde vereinbart, daß/etw zu tun; **comme convenu** wie vereinbart.

convention [kɔ̃vãsjɔ̃] *nf* Abkommen

nt, Vereinbarung f; (assemblée) Konvent m; de ~ konventionell; ~s (gesellschaftliche) Konventionen pl; ~ collective Tarifvertrag m.

conventionné, e [kɔ̃vãsjone] a (médecin) im Staatsdienst; (clinique, pharmacie) öffentlich.

convenu, e [kɔ̃vny] a vereinbart, festgesetzt.

converger [kɔ̃vɛrʒe] vi (MATH, OPTIQUE) konvergieren; (efforts, idées) übereinstimmen; ~ vers zustreben (+dat).

conversation [kɔ̃vɛrsasjɔ̃] nf Unterhaltung f; **il a de la** ~ er ist ein guter Gesprächspartner.

converser [kɔ̃vɛrse] vi sich unterhalten.

convertir [kɔ̃vɛrtir] vt: ~ qn (à) jdn bekehren (zu); ~ en etw unwandeln in (+akk); **se** ~ (à) konvertieren (zu).

conviction [kɔ̃viksjɔ̃] nf Überzeugung f.

convier [kɔ̃vje] vt: ~ qn à (sujet: personne) jdn einladen zu; ~ qn à faire qch jdn auffordern, etw zu tun.

convive [kɔ̃viv] nm/f Gast m (bei Tisch).

convocation [kɔ̃vɔkasjɔ̃] nf (document) Benachrichtigung f; (JUR) Vorladung f.

convoi [kɔ̃vwa] nm Konvoi m, Kolonne f; (train) Zug m; ~ (funèbre) Leichenzug m.

convoiter [kɔ̃vwate] vt begehren.

convoquer [kɔ̃vɔke] vt (assemblée) einberufen; (candidat) kommen lassen.

convoyeur [kɔ̃vwajœr] nm (NAVIG) Begleitschiff nt; ~ de fonds Sicherheitsbeamte(r) m.

convulsions [kɔ̃vylsjɔ̃] nfpl (MED) Zuckungen pl, Krämpfe pl.

coopération [kɔɔperasjɔ̃] nf (aide) Kooperation f, Unterstützung f; (POL): **la C~ militaire/technique** die Entwicklungshilfe f auf militärischem/technischem Gebiet.

coopérer [kɔɔpere] vi zusammenarbeiten; ~ à mitarbeiten an (+dat); beitragen zu.

coordonnées [kɔɔrdɔne] nfpl Koordinaten pl.

copain, copine [kɔpɛ̃, kɔpin] nm/f Freund(in f) m, Kamerad(in f) m//a: **être** ~ **avec qn** mit jdm gut befreundet sein.

copeau, x [kɔpo] nm Hobelspan m.

copie [kɔpi] nf (double) Kopie f; (feuille d'examen) Blatt nt, Bogen m; (devoir) (Schul)arbeit f; (PRESSE) Artikel m.

copier [kɔpje] vt kopieren // vi (SCOL) abschreiben.

copieux, euse [kɔpjø, øz] a (repas) reichlich.

copine [kɔpin] nf voir copain.

copropriété [kɔprɔprijete] nf Miteigentum nt, Mitbesitz m; **acheter un appartement en** ~ eine Eigentumswohnung erwerben

coq [kɔk] nm Hahn m.

coq-à-l'âne [kɔkalɑn] nm inv abrupter Themawechsel m.

coque [kɔk] nf (de noix) Schale f; (de bateau) Rumpf m; (mollusque) Muschel f; **à la** ~ weich(gekocht).

coquelicot [kɔkliko] nm Mohn m.

coqueluche [kɔklyʃ] nf (MED) Keuchhusten m.

coquet, te [kɔkɛ, ɛt] a (personne) kokett; (joli) hübsch, nett.

coquetier [kɔktje] nm (à œufs) Eierbecher m.

coquillage [kɔkijaʒ] nm Muschel f.

coquille [kɔkij] nf (de noix, d'œuf) Schale f; (TYP) Druckfehler m; ~ **St Jacques** Jakobsmuschel f.

coquin, e [kɔkɛ̃, in] a schelmisch, spitzbübisch.

cor [kɔr] nm (MUS) Horn nt; (MED): ~ **(au pied)** Hühnerauge nt; **à** ~ **et à cri** (fig) lautstark; ~ **de chasse** Waldhorn nt, Jagdhorn nt.

corail, aux [kɔraj, o] nm Koralle f.

Coran [kɔrã] nm: **le** ~ der Koran.

corbeau, x [kɔrbo] nm Rabe m.

corbeille [kɔrbɛj] nf Korb m; (à la Bourse) Maklerraum m; ~ **à papier** Papierkorb m; ~ **à pain** Brotkorb m; ~ **de mariage** Hochzeitsgeschenke pl.

corbillard [kɔrbijar] nm Leichenwagen m.

corde [kɔʀd(ə)] nf Seil nt, Strick m; (de violon, raquette) Saite f; (d'arc) Sehne f; **la ~ (trame)** der Faden; (SPORT, AUT) Innenseite f; **les instruments à ~s** die Saiteninstrumente pl; **les ~s** (MUS) die Streicher pl; **semelles de ~** geflochtene Sohlen; **~s vocales** Stimmbänder pl.

cordeau, x [kɔʀdo] nm Richtschnur f.

cordée [kɔʀde] nf (alpinistes) Seilschaft f.

cordial, e, aux [kɔʀdjal, jo] a herzlich.

cordon [kɔʀdɔ̃] nm Schnur f; **~ de police** Postenkette f, Polizeikordon m; **~ bleu** Meisterkoch m/-köchin f; **~ ombilical** Nabelschnur f; **~ sanitaire** Sperrgürtel m (um ein Seuchengebiet).

cordonnier, ière [kɔʀdɔnje, jɛʀ] nm/f Schuster m, Schuhmacher(in f) m.

coriace [kɔʀjas] a zäh; (problème) hartnäckig.

corne [kɔʀn(ə)] nf Horn nt.

cornée [kɔʀne] nf Hornhaut f.

cornélien, ne [kɔʀneljɛ̃, jɛn] a: **un débat ~** ein innerer Zwiespalt m.

cornemuse [kɔʀnəmyz] nf Dudelsack m.

corner [kɔʀneʀ] nm (FOOTBALL) Eckball m // [kɔʀne] vt (pages) Eselsohren machen in (+akk) // vi (klaxonner) hupen.

cornet [kɔʀnɛ] nm Tüte f; (de glace) Eistüte f; **~ à piston** Kornett nt.

cornette [kɔʀnɛt] nf (coiffure) Schwesternhaube f.

corniaud [kɔʀnjo] nm Promenadenmischung f; (pej) Trottel m.

corniche [kɔʀniʃ] nf (route) Küstenstraße f.

cornichon [kɔʀniʃɔ̃] nm saure Gurke f.

cornue [kɔʀny] nf (CHIM) Retorte f.

coron [kɔʀɔ̃] nm Bergarbeitersiedlung f.

corporation [kɔʀpɔʀasjɔ̃] nf Innung f, Zunft f.

corporel, le [kɔʀpɔʀɛl] a Körper-; (douleurs) körperlich.

corps [kɔʀ] nm Körper m; (cadavre) Leiche f; (fig: d'un texte, discours) Hauptteil m; **le ~ du Christ** der Leib des Herrn; **à son ~ défendant** widerwillig, ungern; **perdu ~ et biens** mit Mann und Maus gesunken; **prendre ~** Gestalt annehmen; **faire ~ avec** eine Einheit bilden mit; **~ à ~** nm Nahkampf m; Handgemenge nt; **à ~ perdu** blindlings, Hals über Kopf; **le ~ du délit** die Tatwaffe; **le ~ diplomatique** das diplomatische Korps; **le ~ enseignant** der Lehrkörper; **le ~ électoral** die Wähler pl, die Wählerschaft f; **~ étranger** Fremdkörper m; **~ d'armée** Armeekorps nt; **~ de ballet** Balletttruppe f.

corpulent, e [kɔʀpylɑ̃, ɑ̃t] a korpulent, (wohl)beleibt.

correct, e [kɔʀɛkt, ɛkt(ə)] a korrekt; (exact) richtig; (passable) ausreichend; **~ement** ad richtig.

correction [kɔʀɛksjɔ̃] nf (voir corriger) Korrektur f, Verbesserung f; Richtigstellung f; (qualité) Richtigkeit f; Korrektheit f; (rature, surcharge) Korrektur f; (coups) Züchtigung f, Hiebe pl.

correctionnelle [kɔʀɛksjɔnɛl] nf: **la ~** das Strafgericht.

corrélation [kɔʀelasjɔ̃] nf Wechselbeziehung f, direkter Zusammenhang m.

correspondance [kɔʀɛspɔ̃dɑ̃s] nf (analogie, rapport) Entsprechung f; (lettres) Korrespondenz f; (de train, d'avion) Anschluß m, Verbindung f; **le train assure la ~ avec l'avion de 10h** mit diesem Zug hat man Anschluß an die 10 Uhr-Maschine.

correspondant, e [kɔʀɛspɔ̃dɑ̃, ɑ̃t] nm/f (épistolaire) Brieffreund(in f) m; (journaliste) Korrespondent(in f) m.

correspondre [kɔʀɛspɔ̃dʀ(ə)] vi (données) übereinstimmen; (chambres) miteinander verbunden sein; **~ à vt** (être en conformité avec) entsprechen (+dat); **~ avec qn** mit jdm in Briefwechsel stehen.

corridor [kɔridɔr] nm Korridor m, Gang m.

corriger [kɔriʒe] vt korrigieren; (erreur, défaut) berichtigen, verbessern; (idée) richtigstellen; (punir) züchtigen.

corroborer [kɔrɔbɔre] vt bestätigen.

corroder [kɔrɔde] vt zerfressen.

corrompre [kɔrɔ̃pr(ə)] vt (soudoyer) bestechen; (dépraver) verderben, korrumpieren.

corruption [kɔrypsjɔ̃] nf Korruption f.

corsage [kɔrsaʒ] nm Bluse f.

Corse [kɔrs(ə)] nf: **la** ~ Korsika nt.

corsé, e [kɔrse] a (vin, café) würzig; (affaire, problème) heikel, heiß.

corset [kɔrsɛ] nm Korsett nt.

cortège [kɔrtɛʒ] nm Zug m.

corvée [kɔrve] nf lästige ou undankbare Aufgabe f; (MIL) Arbeitsdienst m.

cosmique [kɔsmik] a kosmisch.

cosmonaute [kɔsmɔnot] nm/f Kosmonaut(in f) m.

cosmopolite [kɔsmɔpɔlit] a kosmopolitisch.

cosmos [kɔsmɔs] nm Kosmos m, Weltall nt.

cosse [kɔs] nf (BOT) Hülse f, Schote f.

cossu, e [kɔsy] a (maison) prunkvoll, stattlich; (personne) wohlhabend.

costaud, e [kɔsto, od] a stämmig, kräftig.

costume [kɔstym] nm (d'homme) Anzug m; (de théâtre) Kostüm nt.

cote [kɔt] nf (en Bourse) (Börsen- ou Kurs)notierung f; (d'un cheval) Gewinnchance f; (d'un candidat) Chance f; (altitude) Höhe f; ~ **d'alerte** Hochwassermarke f.

côte [kot] nf (pente) Abhang m; (rivage) Küste f; (ANAT, d'un tricot) Rippe f; ~ **à** ~ ad Seite an Seite.

côté [kote] nm Seite f; **de tous les** ~ von allen Seiten; **de quel** ~ **est-il parti?** in welche Richtung ou wohin ist er gefahren/gegangen?; **de ce/de l'autre** ~ auf dieser/auf der anderen Seite; (mouvement) in diese/in die andere Richtung; **du** ~

de (nahe) bei; in Richtung, auf (+akk) ... zu; von ... her; **du** ~ **paternel** väterlicherseits; **de** ~ ad (marcher, se tourner) zur Seite; seitwärts; (regarder) von der Seite; **laisser de** ~ beiseite lassen; **mettre de** ~ auf die Seite legen, zurücklegen; **à** ~ ad daneben, nebenan; **à** ~ **de** neben (+dat); **être aux** ~**s de qn** bei jdm sein.

coteau, x [kɔto] nm Hügel m, Anhöhe f.

côtelé, e [kotle] a gerippt; **velours** ~ Kordsamt m.

côtelette [kotlɛt] nf Kotelett nt.

coter [kɔte] vt (en Bourse) notieren.

côtier, ière [kotje, jɛr] a Küsten-.

cotisation [kɔtizasjɔ̃] nf (argent) Beitrag m.

cotiser [kɔtize] vi (à une assurance etc) seinen Beitrag bezahlen; **se** ~ zusammenlegen.

coton [kɔtɔ̃] nm Baumwolle f; ~ **hydrophile** Verbandwatte f.

côtoyer [kotwaje] vt (personne) zusammenkommen mit; (précipice, rivière) entlangfahren/-gehen; (indécence) grenzen an (+akk); (misère) nahe sein (+dat).

cou [ku] nm Hals m.

couard, e [kwar, ard(ə)] a feige.

couche [kuʃ] nf Schicht f; (de bébé) Windel f; ~**s** (MED) Entbindung f, Niederkunft f; **être en** ~**s** im Wochenbett liegen; ~**-culotte** nf Windelhöschen nt; ~**s sociales** Gesellschaftsschichten pl.

coucher [kuʃe] nm (du soleil) Untergang m; **à prendre avant le** ~ (MED) vor dem Schlafengehen einzunehmen // a (personne) zu Bett bringen; (écrire: idées) niederschreiben // vi (dormir) schlafen; (fam): ~ **avec qn** mit jdm schlafen; **se** ~ vi (pour dormir) schlafen gehen; (s'étendre) sich hinlegen.

couchette [kuʃɛt] nf (de bateau) Koje f; (de train) Liegewagenplatz m.

coucou [kuku] nm Kuckuck m.

coude [kud] nm (ANAT) Ellbogen m; (de tuyau) Knie nt; (de la route) Kurve f; ~ **à** ~ ad Schulter an Schulter,

Seite an Seite.

cou-de-pied [kudpje] *nm* Spann *m*,
Rist *m*.

coudre [kudʀ(ə)] *vt* (*robe*) nähen;
(*bouton*) annähen // *vi* nähen.

couenne [kwan] *nf* Schwarte *f*.

coulant, e [kulã, ãt] *a* (*fam: indulgent*) großzügig, kulant.

couler [kule] *vi* fließen; (*fuir: stylo*)
auslaufen; (: *récipient*) lecken;
(*sombrer*) sinken, untergehen // *vt*
(*cloche, sculpture*) gießen; (*bateau*)
versenken; (*magasin, entreprise*)
zugrunde richten, ruinieren; (*candidat*) durchfallen lassen; **se ~ dans**
schlüpfen durch.

couleur [kulœʀ] *nf* Farbe *f*; **~s** (*du
teint*) (Gesichts)farbe *f*; **~s** (MIL)
die Nationalfarben *pl*; **film/
télévision en ~s** Farbfilm *m/*
-fernsehen *nt*.

couleuvre [kulœvʀ(ə)] *nf* Natter *f*.

coulisse [kulis] *nf* (TECH) Lauf-
schiene *f*, Führungsleiste *f*, Falz *m*;
~s (THEAT) Kulisse *f*; (*fig*) Hinter-
gründe *pl*; **dans la ~** hinter den
Kulissen; **fenêtre/porte à ~**
Schiebefenster *nt/*-tür *f*.

couloir [kulwaʀ] *nm* (*de maison*)
Gang *m*, Flur *m*; (*de train, bus*) Gang
m; **~ aérien** Luftkorridor *m*.

coup [ku] *nm* Schlag *m*; (*de fusil*)
Schuß *m*; (*fois*) Mal *m*; **~ de coude/
genou** Stoß *m ou* Stups *m* mit dem
Ellbogen/Knie; **à ~s de hache/
marteau** mit der Axt/dem
Hammer; **~ de tonnerre** Donner-
schlag *m*; **~ de sonnette** Läuten *nt*;
~ de crayon/pinceau Bleistift-/
Pinselstrich *m*; **donner un ~ de
balai/chiffon** zusammenkehren *ou*
-fegen/staubwischen; **avoir le ~**
den Dreh herausgaben; **boire un ~**
trinken; **d'un seul ~** auf einmal;
du même ~ gleichzeitig; **à ~
sûr** bestimmt, ganz sicher; **après ~**
hinterher; **~ sur ~** Schlag auf
Schlag; **sur le ~** auf der Stelle; **sous
le ~ de** unter dem Eindruck (+*gen*);
(JUR: *mesure, condamnation*) bedroht
von; **~ de chance** Glücksfall *m*; **~
de couteau** Messerstich *m*; **~ dur**

harter *ou* schwerer Schlag; **~
d'essai** erster Versuch *m*; **~ d'état**
Staatsstreich *m*; **~ de feu** Schuß *m*;
~ de filet Fang *m*; **donner un ~ de
frein** scharf bremsen; **~ de grâce**
Gnadenstoß *m*; **~ d'œil** Blick *m*; **~
de main** (*aide*) Hilfe *f*; (*raid*) Hand-
streich *m*; **donner un ~ de main à
qn** jdm behilflich sein; **~ de pied**
Fußtritt *m*; **~ de poing** Faustschlag
m; **~ de soleil** Sonnenbrand *m*; **~ de
téléphone** Anruf *m*; **donner un ~
de téléphone à qn** jdn anrufen; **~
de tête** impulsive, unüberlegte
Entscheidung *f*; **~ de théâtre** Knall-
effekt *m*; **~ de vent** Windstoß *m*, Bö
f; **en ~ de vent** mit Windeseile.

coupable [kupabl(ə)] *a* schuldig (*de
gen ou an +dat*) // *nm/f* Schuldige(r)
mf; (JUR) Täter(in *f*) *m*.

coupe [kup] *nf* (*verre*) Becher *m*,
Kelch *m*; (*à fruits*) Schale *f*; (SPORT)
Pokal *m*; (*de cheveux, vêtement*)
Schnitt *m*; **vu en ~** im Querschnitt;
être sous le ~ de qn unter jds
Fuchtel stehen; **faire des ~s
sombres dans** qch etw ein-
schneiden.

coupe-papier [kuppapje] *nm*
Messer/papier *m*.

couper [kupe] *vt* schneiden; (*tissu*)
zuschneiden; (*tranche, morceau*)
abschneiden; (*passage*) abschneiden; (*communication*) unterbrechen;
(*eau, courant*) sperren, abstellen;
(*appétit*) nehmen; (*fièvre*) senken;
(*vin, cidre*) verdünnen // *vi* (*verre,
couteau*) schneiden; (*prendre un raccourci*) den Weg abkürzen; (CARTES)
abheben; (: *avec l'atout*) stechen; **se
~** *vt* (*se blesser*) sich schneiden // *vi*
(*en témoignant etc*) sich verraten,
sich versprechen; **~ la parole à**
qn jdm ins Wort fallen; **~ les vivres à**
qn nicht mehr für jds Unterhalt aufkommen; **~ le contact** *ou* **l'allumage** (AUT) die Zündung
ausschalten.

couple [kupl(ə)] *nm* (*époux*) Ehepaar
nt.

coupler [kuple] *vt* koppeln.

couplet [kuplɛ] *nm* Strophe *f*.

coupole [kupɔl] nf Kuppel f.

coupon [kupɔ̃] nm (ticket) Abschnitt m; ~-réponse international Internationaler Antwortschein m.

coupure [kupyʀ] nf (blessure) Schnitt m, Schnittwunde f; (billet de banque) Banknote f; (de journal) Zeitungsausschnitt m; ~ de courant Stromsperre f; ~ d'eau Abstellen nt des Wassers.

cour [kuʀ] nf Hof m; (JUR) Gericht nt; faire la ~ à qn jdm den Hof machen; ~ d'assises Schwurgericht nt; ~ martiale Kriegsgericht nt.

courage [kuʀaʒ] nm Mut m; courageux, euse a mutig, tapfer.

couramment [kuʀamɑ̃] ad (souvent) oft, häufig; (parler) fließend.

courant, e [kuʀɑ̃, ɑ̃t] a (usuel) gebräuchlich, üblich // nm Strömung f; ~ (électrique) Strom m; ~ d'air (Luft)zug m; il y a un ~ d'air es zieht; être au ~ (de) Bescheid wissen (über +akk); mettre au ~ (de) auf dem laufenden halten (über +akk); se tenir au ~ (de) sich auf dem laufenden halten (über +akk).

courbature [kuʀbatyʀ] nf Muskelkater m, Gliederschmerzen pl.

courbe [kuʀb(ə)] a gebogen, gekrümmt // nf Kurve f.

courber [kuʀbe] vt (plier, arrondir) biegen; ~ la tête den Kopf senken.

coureur, euse [kuʀœʀ, øz] nm/f (cycliste) Radfahrer(in f) m; (automobile) Rennfahrer(in f) m; (à pied) Läufer(in f) m // nm (pej): ~ de jupons (pej): c'est une ~euse sie ist dauernd auf Männerfang.

courge [kuʀʒ(ə)] nf Kürbis m.

courgette [kuʀʒɛt] nf Zucchino m.

courir [kuʀiʀ] vi laufen, rennen // vt (SPORT) laufen; ~ un risque ein Risiko eingehen; ~ un danger sich einer Gefahr aussetzen; les cafés/bals sich (ständig) in Kneipen/auf Bällen herumtreiben; le bruit court que ... es geht das Gerücht, daß ...

couronne [kuʀɔn] nf Krone f; (de fleurs) Kranz m.

couronner [kuʀɔne] vt krönen; (carrière) der Höhepunkt ou die Krönung sein von; (ouvrage, auteur) auszeichnen.

courrier [kuʀje] nm (lettres) Post f, Briefe pl.

courroie [kuʀwa] nf Riemen m, Gurt m.

courroucé, e [kuʀuse] a zornig.

cours [kuʀ] nm (Unterrichts)stunde f; (à l'université) Vorlesung f; (classes pour adultes, ECON) Kurs m; (d'une rivière) Lauf m; donner libre ~ à freien Lauf lassen (+dat); avoir ~ (argent) gesetzliches Zahlungsmittel sein; (être usuel) gebräuchlich sein; (à l'école) Unterricht haben; en ~ laufend; en ~ de route unterwegs; au ~ de im Verlauf (+gen), während (+gen); ~ du soir Abendkurs m.

course [kuʀs] nf (à pied) (Wett)lauf m; (automobile, de chevaux, cycliste) Rennen nt; (du soleil) Lauf m; (d'un projectile) Flugbahn f; (d'un piston) Hub m; (excursion en montagne) Bergtour f; (d'un taxi, autocar) Fahrt f; (petite mission) Besorgung f; ~s nfpl (achats) Einkäufe pl, Besorgungen pl; faire les/ses ~s einkaufen gehen.

court, e [kuʀ, kuʀt(ə)] a kurz // ad: tourner ~ plötzlich aufhören; couper ~ à abbrechen; ~ (de tennis) Tennisplatz m; être à ~ d'argent/de papier kein Geld/Papier mehr haben; prendre qn de ~ jdn überraschen.

court-bouillon [kuʀbujɔ̃] nm würzige Fischbrühe.

court-circuit [kuʀsiʀkqi] nm Kurzschluß m.

courtier, ière [kuʀtje, jɛʀ] nm/f (COMM) Makler(in f) m.

courtiser [kuʀtize] vt (femme) den Hof machen (+dat).

courtois, e [kuʀtwa, waz] a höflich.

cousin, e [kuzɛ̃, in] nm/f Cousin m, Vetter m; Kusine f, Base f; ~ germain Vetter ersten Grades.

coussin [kusɛ̃] nm Kissen nt; ~ d'air Luftkissen nt.

cousu, e [kuzy] pp de coudre.

coût [ku] *nm* Kosten *pl*; **le ~ de la vie** die Lebenshaltungskosten *pl*.

coûtant [kutã] *a*: **au prix ~** zum Selbstkostenpreis.

couteau, x [kuto] *nm* Messer *nt*; **~ à cran d'arrêt** Klappmesser *nt*.

coûter [kute] *vt* kosten // *vi*: **~ à qn** (*décision etc*) jdm schwerfallen; **~ cher** teuer sein; **combien ça coûte?** was *ou* wieviel kostet das?; **coûte que coûte** koste es, was es wolle; **coûteux, euse** *a* teuer.

coutume [kutym] *nf* Sitte *f*, Brauch *m*, Gewohnheit *f*; (*JUR*): **la ~** das Gewohnheitsrecht.

couture [kutyʀ] *nf* (*activité*) Nähen *nt*, Schneidern *nt*; (*ouvrage*) Näharbeit *f*; (*art*) Schneiderhandwerk *nt*; (*points*) Naht *f*.

couturier [kutyʀje] *nm* Couturier *m*, Modeschöpfer *m*.

couturière [kutyʀjɛʀ] *nf* Schneiderin *f*, Näherin *f*.

couvée [kuve] *nf* Brut *f*.

couvent [kuvã] *nm* Kloster *nt*.

couver [kuve] *vt* ausbrüten // *vi* (*feu*) schwelen; (*révolte*) sich zusammenbrauen.

couvercle [kuvɛʀkl(ə)] *nm* Deckel *m*.

couvert, e [kuvɛʀ, ɛʀt(ə)] *pp de* **couvrir** // *nm* (*cuiller ou fourchette*) Besteck *nt*; (*place à table*) Gedeck *nt* // *a* (*ciel, temps*) bedeckt, bewölkt; **être ~** (*d'un chapeau*) einen Hut aufhaben; **~ de** bedeckt mit; **mettre le ~** den Tisch decken; **~ compris/10%** Kosten für das Gedeck einbegriffen/zuzüglich 10% pro Gedeck; **à ~** geschützt; **sous le ~ de** im Schutze (*+gen*); **sous le manteau** de im Schutze (*+gen*) den Deckmantel (*+gen*).

couverture [kuvɛʀtyʀ] *nf* (*de lit*) (Bett)decke *f*; (*de bâtiment*) Dachhaut *f*; (*de livre*) Einband *m*; (*de cahier*) Umschlag *m*; (*d'un espion, d'une entreprise*) Tarnung *f*.

couveuse [kuvøz] *nf* (*de maternité*) Brutkasten *m*.

couvre-chef [kuvʀəʃɛf] *nm* Kopfbedeckung *f*, Hut *m*.

couvre-feu [kuvʀəfø] *nm* (*interdic-*

couvre-lit [kuvʀəli] *nm* Tagesdecke *f*.

couvreur [kuvʀœʀ] *nm* Dachdecker *m*.

couvrir [kuvʀiʀ] *vt* (*recouvrir*) bedecken; (*d'ornements, d'éloges*) überhäufen; (*protéger*) decken; (*parcourir*) zurücklegen; **se ~** *vi* (*temps, ciel*) sich bewölken, sich bedecken // *vt* (*s'habiller*) sich anziehen; (*se coiffer*) seinen Hut aufsetzen; (*par une assurance*) sich absichern.

crabe [kʀab] *nm* Krabbe *f*.

crachat [kʀaʃa] *nm* Spucke *f*.

cracher [kʀaʃe] *vi* spucken // *vt* spucken; (*lave*) speien; (*injures*) ausstoßen.

crachin [kʀaʃɛ̃] *nm* Sprühregen *m*.

craie [kʀɛ] *nf* Kreide *f*.

craindre [kʀɛ̃dʀ(ə)] *vt* (*avoir peur de*) fürchten, sich fürchten vor (*+dat*); (*chaleur, froid*) nicht vertragen; **~ que** (be)fürchten, daß.

craintif, ive [kʀɛ̃tif, iv] *a* furchtsam, ängstlich.

cramoisi, e [kʀamwazi] *a* puterrot.

crampe [kʀɑ̃p] *nf* Krampf *m*.

crampon [kʀɑ̃pɔ̃] *nm* (*ALPINISME*) Steigeisen *nt*.

cramponner [kʀɑ̃pɔne]: **se ~** *vi*: **~ à** sich klammern an (*+akk*).

cran [kʀɑ̃] *nm* Einschnitt *m*; (*courage*) Schneid *m*, Mumm *m*; **à ~ d'arrêt** mit Sicherung.

crâne [kʀɑn] *nm* Schädel *m*.

crâner [kʀɑne] *vi* (*fam*) angeben.

crapaud [kʀapo] *nm* (*ZOOL*) Kröte *f*.

crapule [kʀapyl] *nf* Schuft *m*.

craquelure [kʀaklyʀ] *nf* Riß *m*, Sprung *m*.

craquement [kʀakmɑ̃] *nm* Krachen *nt*; Knacks *m*.

craquer [kʀake] *vi* (*bruit*) knacken, knarren; (*fil, couture*) (zer)reißen; (*planche*) entzwei- *ou* (zer)brechen; (*s'effondrer*) zusammenbrechen // *vi*: **~ une allumette** ein Streichholz anzünden.

crasse [kʀas] *nf* (*saleté*) Schmutz *m*, Dreck *m*.

crassier [kʀasje] *nm* Schlackenhalde f.

cravache [kravaʃ] nf Reitgerte f.

cravate [kravat] nf Krawatte f.

crawl [krol] nm Kraul m.

crayeux, euse [krejø, øz] a kreidig, kreidehaltig.

crayon [krejɔ̃] nm Bleistift m; (de rouge à lèvres etc) Stift m; ~ à bille Kugelschreiber m; ~ de couleur Farbstift m.

créancier, ière [kreɑ̃sje, jɛʀ] nm/f Gläubiger(in f) m.

créateur, trice [kreatœʀ, tʀis] nm/f Schöpfer(in f) m.

création [kreasjɔ̃] nf Schaffung f, Erschaffung f, (THEAT) Uraufführung f; (univers) Schöpfung f; (de nouvelle pièce, voiture etc) Kreation f.

créature [kreatyʀ] nf Geschöpf nt, Lebewesen nt.

crécelle [kresɛl] nf Rassel f.

crèche [krɛʃ] nf Krippe f.

crédibilité [kredibilite] nf Glaubwürdigkeit f.

crédit [kredi] nm (confiance) Glaube f; (autorité) Ansehen nt; (prêt) Kredit m; (d'un compte bancaire) Guthaben nt; ~s nmpl (fonds) Mittel pl, Gelder pl; payer à ~ in Raten zahlen; acheter à ~ auf Kredit kaufen; faire ~ à qn jdm Kredit geben ou einen Kredit gewähren.

créditer [kredite] vt: ~ un compte d'une somme einen Betrag einem Konto gutschreiben.

crédule [kredyl] a leichtgläubig.

créer [kree] vt (inventer, concevoir) schaffen, (REL) erschaffen; (COMM) herausbringen; (embouteillage) verursachen; (problème) schaffen; (besoins) entstehen lassen; (THEAT: spectacle) (ur)aufführen.

crémaillère [kremajɛʀ] nf (tige crantée) Zahnstange f; chemin de fer à ~ Zahnradbahn f; pendre la ~ Einzug feiern.

crématoire [krematwaʀ] a: four ~ Krematorium m.

crème [krɛm] nf (du lait) Sahne f, Rahm m; (de beauté, entremets) Creme f // à inv creme(farben); un (café) ~ ein Kaffee m mit Milch ou

Sahne; ~ fouettée Schlagsahne f; ~ rie f Milchgeschäft nt.

créneau, x [kreno] nm (de fortification) Zinne f; faire un ~ ein Auto in eine Parklücke stellen.

crêpe [krɛp] nf (galette) Pfannkuchen m, Crêpe f // nm (tissu) Krepp m; (de deuil) Trauerflor m; semelle (de) ~ Kreppsohle f.

crêpé, e [krɛpe] a (cheveux) toupiert.

crépi [krepi] nm Verputz m.

crépiter [krepite] vi (huile) zischen, brutzeln; (mitrailleuse) knattern.

crépon [krepɔ̃] nm Kräuselkrepp m.

crépu, e [krepy] a gekräuselt.

crépuscule [krepyskyl] nm (Abend)dämmerung f.

cresson [kresɔ̃] nm Kresse f.

crête [krɛt] nf (de coq) Kamm m; (d'oiseau) Haube f.

crétin, e [kretɛ̃, in] nm/f Schwachkopf m.

creuser [krøze] vt (trou, tunnel) graben; (sol) graben in (+dat); (bois) aushöhlen; (fig: approfondir) vertiefen; se ~ (la cervelle ou la tête) sich (dat) den Kopf zerbrechen.

creux, creuse [krø, krøz] a hohl; (assiette) tief; (yeux) tiefliegend // nm Loch nt; (dépression) Vertiefung f, Senke f; le ~ des reins das Kreuz; le ~ de la main die hohle Hand; heures creuses stille ou ruhige Zeit f, Flaute f.

crevaison [krəvɛzɔ̃] nf Reifenpanne f.

crevasse [krəvas] nf (GEO) Spalte f; (MED) Schrunde f, Riß m.

crever [krəve] vt (papier, tambour) zerreißen; (ballon) platzen lassen // vi (pneu) platzen; (automobiliste) eine Reifenpanne haben; (abcès) aufplatzen; (outre) platzen; (fam: mourir) krepieren.

crevette [krəvɛt] nf: ~ rose Garnele f, Krabbe f; ~ grise Garnele f, Krevette f.

cri [kri] nm Schrei m; (appel) Ruf m; ~s de protestation Protestgeschrei m; ~s d'enthousiasme Begeisterungsrufe pl; c'est le dernier ~ das ist der letzte Schrei.

criard, e [krijar, ard(ə)] a (couleur) grell; (voix) kreischend.

crible [kribl(ə)] nm Sieb nt; **passer qch au ~** etw durchsieben.

criblé, e [krible] a durchlöchert (de von); **être ~ de dettes** bis über die Ohren in Schulden stecken.

cric [krik] nm (AUT) Wagenheber m.

crier [krije] vi schreien // vt (ordre) brüllen; **~ famine** über Hungersnot klagen; **~ grâce** um Gnade bitten.

crime [krim] nm Verbrechen nt; (meurtre) Mord m.

criminel, le [kriminɛl] nm/f Verbrecher(in f) m; **~ de guerre** Kriegsverbrecher m.

crin [krɛ̃] nm Mähnenhaar nt; Schwanzhaar nt; (comme fibre) Roßhaar m; **à tous ou tout ~** durch und durch.

crinière [krinjɛr] nf Mähne f.

crique [krik] nf kleine Bucht f.

criquet [krikɛ] nm Heuschrecke f.

crise [kriz] nf Krise f; **~ cardiaque** Herzanfall m; **~ de foie** Leberbeschwerden pl; **avoir une ~ de nerfs** mit den Nerven am Ende sein.

crisper [krispe] vt (muscle) anspannen; (visage) verzerren; **se ~** vi sich verkrampfen.

crisser [krise] vi (neige) knirschen; (pneu) quietschen.

cristal, aux [kristal, o] nm Kristall m; (verre) Kristall(glas) nt; **~ de roche** Bergkristall m.

cristallin, e [kristalɛ̃, in] a (voix, eau) kristallklar // nm (Augen)linse f.

cristalliser [kristalize] vi (aussi se ~) (sich) kristallisieren.

critère [kritɛr] nm Kriterium nt.

critique [kritik] a kritisch // nf Kritik f // nm Kritiker(in f) m.

critiquer [kritike] vt (dénigrer) kritisieren.

croasser [krɔase] vi krächzen.

croc [kro] nm (dent) Zahn m; (de boucher) Haken m.

croc-en-jambe [krɔkɑ̃ʒɑ̃b] nm Beinstellen nt.

croche [krɔʃ] nf Achtelnote f.

crochet [krɔʃɛ] nm Haken m; (tige,

clef) Dietrich m; (détour) Abstecher m; (aiguille) Häkelnadel f; (tricot) Häkelarbeit f; **~s** nmpl (TYP) eckige Klammern pl; **faire du ~** häkeln; **vivre aux ~s de qn** auf jds Kosten leben.

crochu, e [krɔʃy] a krumm.

crocodile [krɔkɔdil] nm Krokodil nt.

crocus [krɔkys] nm Krokus m.

croire [krwar] vt glauben; (personne) glauben (+dat); (penser): **~ qn honnête** jdn für ehrlich halten; **~ que** glauben, daß; **~ à ou en** vt glauben an (+akk).

croisade [krwazad] nf Kreuzzug m.

croisé, e [krwaze] a (pull, veste) zweireihig // nm (guerrier) Kreuzritter m // nf: **~e d'ogives** Spitzbogen m; **être à la ~e des chemins** am Scheideweg stehen.

croisement [krwazmɑ̃] nm Kreuzung f.

croiser [krwaze] vt (personne, voiture) begegnen (+dat); (route) kreuzen; (jambes) übereinanderschlagen; (bras) verschränken; (BIO) kreuzen // vi (NAVIG) kreuzen; **se ~** vi (personnes, véhicules) einander begegnen; (routes, lettres) sich kreuzen; (regards) sich begegnen; **se ~ les bras** (fig) die Hände in den Schoß legen.

croiseur [krwazœr] nm Kreuzer m.

croisière [krwazjɛr] nf Kreuzfahrt f; **vitesse de ~** = Reisegeschwindigkeit f.

croissance [krwasɑ̃s] nf Wachsen nt, Wachstum nt; **~ économique** Wirtschaftswachstum nt.

croissant [krwasɑ̃] nm (à manger) Hörnchen m; **~ de lune** Mondsichel f.

croître [krwatr(ə)] vi wachsen; (fig) zunehmen.

croix [krwa] nf Kreuz nt; **en ~** a, ad kreuzweise; la **C~-Rouge** das Rote Kreuz.

croquant, e [krɔkɑ̃, ɑ̃t] a (croûte) knusprig; (pomme) knackig.

croque-monsieur [krɔkməsjø] nm geröstetes Sandwich mit Käse und Schinken.

croque-mort [krɔkmɔr] nm (fam) Leichenträger m.

croquer [krɔke] vt (manger) knabbern; (dessiner) skizzieren // vi knirschen, krachen.

croquis [krɔki] nm Skizze f.

cross(-country) [krɔs(kuntri)] nm Geländelauf m; Querfeldeinrennen nt.

crosse [krɔs] nf (de fusil) Gewehrkolben m; (d'évêque) Bischofsstab m.

crotte [krɔt] nf Kot m; (de chèvre, brebis, lapin) Bohne f // excl (fam) Mist!.

crotté, e [krɔte] a (sale) dreckig.

crottin [krɔtɛ̃] nm: ~ (de cheval) (Pferde)apfel m.

crouler [krule] vi (s'effondrer) einstürzen; (être délabré) zerfallen, verfallen; ~ **sous (le poids de)** qch unter dem Gewicht von etw (dat) zusammenbrechen.

croupe [krup] nf Kruppe f; **monter en** ~ hinten aufsitzen.

croupir [krupir] vi (eau) faulen; (personne) vegetieren (dans in + dat).

croustillant, e [krustijɑ̃, ɑ̃t] a knusprig; (histoire) pikant.

croûte [krut] nf (du pain) Kruste f; (du fromage) Rinde f; (MED) Schorf m; (de tartre, peinture etc) Schicht f; **en** ~ (CULIN) in einer Teighülle; ~ **au fromage/aux champignons** Käse-/Champignontoast m.

croûton [krutɔ̃] nm (CULIN) gerösteter Brotwürfel m; (extrémité du pain) Brotkanten m.

croyant, e [krwajɑ̃, ɑ̃t] nm/f Gläubige(r) mf.

C.R.S. sigle m (= membre des Compagnies républicaines de Sécurité) Polizist m.

cru, e [kry] pp de **croire** // a (non cuit) roh; (lumière, couleur) grell; (paroles, langage) derb // (vignoble) Weingegend f, Weinbaugebiet nt; Weinlage f; (vin) Wein m, Sorte f // **de** (d'un cours d'eau) Hochwasser nt; **être en** ~e Hochwasser führen.

crû, e [kry] pp de **croître**.

cruauté [kryote] nf Grausamkeit f.

cruche [kryʃ] nf Krug m.

crucial, e, aux [krysjal, o] a entscheidend, sehr wichtig.

crucifier [krysifje] vt kreuzigen.

crucifix [krysifi] nm Kruzifix nt.

crudités [krydite] nfpl (CULIN) Salat m // nf; Rohkost f.

cruel, le [kryɛl] a grausam.

crustacés [krystase] nmpl (CULIN) Meeresfrüchte pl.

cube [kyb] nm Würfel m; (jouet) Bauklotz m; **mètre** ~ Kubikmeter m ou nt; (d'un nombre) Kubik nt; **élever au** ~ in die dritte Potenz erheben.

cubique [kybik] a kubisch, würfelförmig.

cueillette [kœjɛt] nf (Obst)ernte f.

cueillir [kœjir] vt pflücken.

cuiller ou **cuillère** [kɥijɛr] nf Löffel m; ~ **à soupe/café** Suppen-/ Kaffeelöffel m.

cuillerée [kɥijɛre] nf: **une** ~ ein Löffel (voll) (+ attribut).

cuir [kɥir] nm Leder nt.

cuirasse [kɥiras] nf Brustharnisch m.

cuire [kɥir] vt, vi (aliments) kochen; (au four) backen.

cuisant, e [kɥizɑ̃, ɑ̃t] a (défaite) schmerzlich; (sensation) brennend.

cuisine [kɥizin] nf Küche f; (nourriture) Kost f, Essen nt; **faire la** ~ kochen; **cuisiner** vt zubereiten; (fam: interroger) ins Verhör nehmen // vi kochen.

cuisinier, ière [kɥizinje, jɛr] nm/f Koch m, Köchin f // nf (poêle) (Küchen)herd m.

cuisse [kɥis] nf (ANAT) Schenkel m; (CULIN: de mouton) Keule f; (: de poulet) Schlegel m.

cuit, e [kɥi, kɥit] a (légumes) gekocht; (pain) gebacken; (viande): **bien** ~(e) gut durchgebraten.

cuivre [kɥivr(ə)] nm Kupfer nt; **les** ~s die Blechblasinstrumente pl.

cul [ky] nm (fam!) Arsch m; ~ **de bouteille** Flaschenboden m.

culasse [kylas] nf (AUT) Zylinderkopf m; (de fusil) Verschluß m.

culbute [kylbyt] nf (en jouant) Purzelbaum m; (accidentelle) Sturz m.

culbuteur [kylbytœʀ] nm (AUT) Kipphebel m.

cul-de-jatte [kydʒat] nm/f beinloser Krüppel m.

cul-de-sac [kydsak] nm Sackgasse f.

culinaire [kylinɛʀ] a kulinarisch, Koch-.

culminant, e [kylminɑ̃, ɑ̃t] a: **point ~** höchster Punkt; (fig) Höhepunkt m.

culminer [kylmine] vi den höchsten Punkt erreichen.

culot [kylo] nm (d'ampoule) Sockel m; (effronterie) Frechheit f.

culotte [kylɔt] nf (pantalon) Kniehose f; (de femme): **(petite) ~** Schlüpfer m; **~ de cheval** Reithose f.

culotté, e [kylɔte] a (cuir) abgegriffen; (pipe) geschwärzt; (effronté) frech.

culpabilité [kylpabilite] nf Schuld f.

culte [kylt(ə)] nm (religion) Religion f; (hommage, vénération) Verehrung f, Kult m; (service) Gottesdienst m.

cultivateur, trice [kyltivatœʀ, tʀis] nm/f Landwirt(in f) m.

cultivé, e [kyltive] a (terre) bebaut; (personne) kultiviert, gebildet.

cultiver [kyltive] vt (terre) bebauen, bestellen; (légumes) anbauen, anpflanzen; (esprit, mémoire) entwickeln.

culture [kyltyʀ] nf (agriculture) Ackerbau m; (de plantes) Anbau m; Kultur f; **~ physique** Leibesübungen pl.

culturisme [kyltyʀism(ə)] nm Bodybuilding nt.

cumin [kymɛ̃] nm Kümmel m.

cumuler [kymyle] vt gleichzeitig innehaben; (salaires) gleichzeitig beziehen.

cupide [kypid] a gierig, habgierig.

cure [kyʀ] nf (MED) Kur f; (REL) Pfarrei f; **faire une ~ de fruits/légumes** eine Obst-/Gemüsekur machen; **n'avoir ~ de** sich nicht kümmern um; **~ thermale** Badekur f.

curé [kyʀe] nm Pfarrer m.

cure-dents [kyʀdɑ̃] nm Zahnstocher m.

curer [kyʀe] vt säubern.

curieux, euse [kyʀjø, øz] a (étrange) eigenartig, seltsam; (indiscret, intéressé) neugierig // nmpl (badauds) Schaulustige pl.

curiosité [kyʀjozite] nf Neugier(de) f; (objet) Kuriosität f; (lieu) Sehenswürdigkeit f.

curriculum vitae [kyʀikylɔmvite] nm Lebenslauf m.

cuti-réaction [kytiʀeaksjɔ̃] nf (MED) Hauttest m.

cuve [kyv] nf Bottich m.

cuvée [kyve] nf (de cuve) Inhalt m eines Bottichs; (de vignoble) Ertrag m eines Weinbergs.

cuvette [kyvɛt] nf (récipient) (Wasch)schüssel f; (GEO) Becken nt.

C.V. sigle m (AUT) voir **cheval**; (COMM) = **curriculum vitae.**

cyanure [sjanyʀ] nm Zyanid nt.

cyclable [siklabl(ə)] a: **piste ~** Radweg m.

cyclamen [siklamɛn] nm Alpenveilchen nt.

cycle [sikl(ə)] nm (vélo) (Fahr)rad nt; (naturel, biologique) Zyklus m, Kreislauf m.

cycliste [siklist(ə)] nm/f Radfahrer(in f) m.

cyclomoteur [siklomotœʀ] nm Moped nt; Mofa nt; **cyclomotoriste** nm/f Mopedfahrer(in f) m; Mofafahrer(in f) m.

cyclone [siklon] nm Wirbelsturm m.

cygne [siɲ] nm Schwan m.

cylindre [silɛ̃dʀ(ə)] nm Zylinder m.

cylindrée [silɛ̃dʀe] nf Hubraum m.

cymbale [sɛ̃bal] nf (MUS) Becken nt.

cynique [sinik] a zynisch.

cyprès [sipʀɛ] nm Zypresse f.

cystite [sistit] nf Blasenentzündung f.

cytise [sitiz] nm Goldregen m.

D

d' prep, dét voir **de.**

dactylo [daktilo] nf Stenotypist(in f) m; **~graphier** vt mit der Maschine schreiben.

dada [dada] nm Steckenpferd m.

daigner [dɛɲe] vt sich herablassen zu.

daim [dɛ̃] nm Damhirsch m; (peau) Wildleder nt.

dalle [dal] nf (Stein)platte f, Fliese f.

daltonien, ne [daltɔnjɛ̃, jɛn] a farbenblind.

dam [dɑ̃] nm: **au grand ~ de** sehr zum Ärgernis von; zum großen Nachteil von.

dame [dam] nf Dame f; **~s** nfpl (jeu) Damespiel nt.

damier [damje] nm Damebrett nt; (dessin) Karomuster nt.

damner [dɑne] vt verdammen.

dancing [dɑ̃siŋ] nm Tanzlokal nt.

Danemark [danmark] nm: **le ~** Dänemark nt.

danger [dɑ̃ʒe] nm Gefahr f; **dangereux, euse** a gefährlich.

danois, e [danwa, waz] a dänisch; **D~** e nm/f Däne m, Dänin f.

dans [dɑ̃] prep in (+dat); (direction) in (+akk); **je l'ai pris ~ le tiroir** ich habe es aus der Schublade genommen; **boire ~ un verre** aus einem Glas trinken; **~ deux mois** in zwei Monaten.

danse [dɑ̃s] nf Tanz m; (action) Tanzen m; **la ~ (classique)** das Ballett; **danser,** vi, vt tanzen.

Danube [danyb] nm: **le ~** die Donau.

d'après voir **après.**

dard [daR] nm (ZOOL) Stachel m.

date [dat] nf Datum nt; **de longue ~** langjährig; **~ de naissance** Geburtsdatum nt; **dater** vt datieren // vi veraltet sein; **dater du XVIe** aus dem 16. Jhdt stammen; **à dater de** von ... an.

datte [dat] nf Dattel f.

dauphin [dofɛ̃] nm Delphin m; (HIST) Dauphin f.

davantage [davɑ̃taʒ] ad mehr; (plus longtemps) länger; **~ de** mehr.

de [de + le = **du,** de + les = **des**] [də, dy, de] prep von (+dat); (d'un pays, d'une ville) aus (+dat); (moyen) mit (+dat); **la voiture ~** Claire/mes **parents** Claires Auto/das Auto meiner Eltern; **un bureau d'acajou** ein Schreibtisch aus Mahagoni, ein

Mahagonischreibtisch; **une pièce ~ 2 m** ein 2 m breites Zimmer; **un bébé ~ dix mois** ein zehn Monate altes Baby; **un séjour ~ deux ans** ein zweijähriger Aufenthalt; **douze mois ~ crédit** zwölf Monate Kredit // dét: **du vin/de l'eau/des pommes** Wein/Wasser/Apfel; **des enfants sont venus** es sind Kinder gekommen; **il ne veut pas de pommes** er will keine Apfel; **pendant des mois** monatelang.

dé [de] nm (aussi: **~ à coudre**) Fingerhut m; (à jouer) Würfel m.

débâcle [debɑkl(ə)] nf Eisschmelze f; (d'une armée) Flucht f, Debakel nt.

déballer [debale] vt auspacken.

débandade [debɑ̃dad] nf Flucht f.

débarbouiller [debaRbuje] vt: **se ~** sich waschen.

débarcadère [debarkadɛR] nm Landungsbrücke f.

débardeur [debardœR] nm Docker m; (maillot) Pullunder m.

débarquer [debarke] vt ausladen // vi von Bord gehen; (fam) plötzlich ankommen.

débarras [debaRa] nm Rumpelkammer f; **bon ~!** den/die/das weg ist zum Glück los.

débarrasser [debaRase] vt (local) räumen; (la table) abräumen; **~ qn de qch** (dégager) jdm etw abnehmen; **se ~ de qn/qch** jdn/etw loswerden.

débat [deba] nm Debatte f.

débattre [debatR(ə)] vt diskutieren; **se ~** vi sich wehren.

débauche [deboʃ] nf Ausschweifung f.

débaucher [deboʃe] vt (licencier) entlassen; (entraîner) verderben.

débile [debil] a schwach; (fam: idiot) hirnrissig; **~ mental, e** nm/f Geistesgestörte(r) mf.

débit [debi] nm (d'une) Wassermenge f; (élocution) Redefluß m; (d'un magasin) Umsatz m; (à la banque) Soll nt; **~ de boisson** Ausschank m; **~ de tabac** Tabakladen m; **débiter** vt (compte) belasten; (liquide, gaz) ausstoßen; (bois) zerkleinern; (viande) aufschneiden; *(pej)* fortlaufend pro- duzieren; **débiteur, trice** *nm/f* Schuldner(in *f*) *m*.

déblayer [debleje] *vt* räumen.

débloquer [debloke] *vt* losmachen; *(prix, salaires)* freigeben; *(crédit)* bewilligen.

déboires [debwar] *nmpl* Rück- schläge *pl*.

déboiser [debwaze] *vt* abholzen.

déboîter [debwate] *vi (AUT)* aus- scheren // *vt*: **se ~ le genou** sich *(dat)* das Knie verrenken.

débonnaire [deboner] *a* gutmütig.

débordé, e *a*: **être ~ überlastet sein** *(de mit)*.

déborder [deborde] *vi (rivière)* über die Ufer treten; *(eau, lait)* über- laufen; **~ (de) qch** über etw *(akk)* hinausgehen; **~ de joie/zèle** sich überschlagen vor Freude/Eifer.

débouché [debuʃe] *nm (gén pl: COMM)* Absatzmarkt *m*; *(: perspec- tives d'emploi)* Berufsaussichten *pl*.

déboucher [debuʃe] *vt* frei machen; *(bouteille)* entkorken // *vi* heraus- kommen *(de aus)*; **~ sur** treffen ou stoßen auf *(+akk)*.

débourser [deburse] *vt* ausgeben.

debout [dabu] *ad*: **être ~ stehen**; *(éveillé)* auf sein; **être encore ~** *(fig)* noch intakt sein; **se mettre ~** aufstehen; **~!** aufgestanden!; **ça ne tient pas ~** das ist doch nicht stich- haltig.

déboutonner [debutɔne] *vt* aufknöpfen.

débraillé, e [debraje] *a* schlampig.

débrayage [debrejaʒ] *nm (AUT)* Kupplung *f*; **faire un double ~** Zwi- schengas geben.

débrayer [debreje] *vi (AUT)* (aus)kuppeln; *(cesser de travail)* die Arbeit niederlegen.

débridé, e [debride] *a* ungezügelt.

débris [debri] *nm (fragment)* Scherbe *f*; *(déchet)* Überrest *m*; *(d'un bâtiment, fig)* Trümmer *pl*.

débrouillard, e [debrujar, ard(ə)] *a* einfallsreich, findig.

débrouiller [debruje] *vt* klären; **se ~** *vi* zurechtkommen.

débusquer [debyske] *vt* auf- scheuchen.

début [deby] *nm* Anfang *m*, Beginn *m*; **~s** *nmpl (FILM, SPORT)* Debüt *nt*.

débutant, e [debytɑ̃, ɑ̃t] *nm/f* Anfän- ger(in *f*) *m*.

débuter [debyte] *vi* anfangen.

deçà [dəsa]: **en ~ de** *prep* auf dieser Seite von; **en ~ ad** diesseits.

décacheter [dekaʃte] *vt* entsiegeln, öffnen.

décadence [dekadɑ̃s] *nf* Dekadenz *f*.

décaféiné, e [dekafeine] *a* kof- feinfrei.

décalage [dekalaʒ] *nm* Abstand *m*; *(écart)* Unterschied *m*; **~ horaire** Zeitunterschied *m*.

décaler [dekale] *vt* verrücken; *(dans le temps)* verschieben; **~ de 10 cm** um 10 cm verschieben.

décalquer [dekalke] *vt* abpausen.

décamper [dekɑ̃pe] *vi* abziehen.

décanter [dekɑ̃te] *vt* absetzen lassen.

décaper [dekape] *vt* abkratzen; *(avec une solution)* abbeizen.

décapiter [dekapite] *vt* enthaupten; *(par accident)* köpfen.

décapotable [dekapɔtabl(ə)] *a*: **voiture ~** Kabriolett *nt*.

décapsuler [dekapsyle] *vt* den Deckel abnehmen von; **décap- suleur** *nm* Flaschenöffner *m*.

décédé, e [desede] *a* verstorben.

décéder [desede] *vi* sterben.

déceler [desle] *vt* entdecken; *(sujet: indice etc)* erkennen lassen.

décembre [desɑ̃br(ə)] *nm* Dezem- ber *m*.

décemment [desamɑ̃] *ad* anstän- dig; *(raisonnablement)* vernünftig.

décence [desɑ̃s] *nf* Anstand *m*.

décent, e [desɑ̃, ɑ̃t] *a* anständig.

déception [desɛpsjɔ̃] *nf* Enttäu- schung *f*.

décerner [deserne] *vt (prix)* ver- leihen; *(compliment)* aussprechen.

décès [dese] *nm* Ableben *nt*.

décevoir [desvwar] *vt* enttäuschen.

déchaîner [deʃene] *vt* auslösen; **se ~** *vi (tempête)* losbrechen; *(mer)* toben; *(passions, colère etc)* ausbrechen; *(se mettre en colère)* wütend werden.

déchanter [deʃɑ̃te] *vi* desillusioniert werden.

décharge [deʃaʀʒ(ə)] *nf (dépôt d'ordures)* Müllabladeplatz *m; (aussi: ~ électrique)* Schlag *m;* à la ~ de zur Entlastung von.

décharger [deʃaʀʒe] *vt* abladen; *(ELEC, arme)* entladen; *(faire feu)* abfeuern; ~ qn de *(fig)* jdn befreien von.

décharné, e [deʃaʀne] *a* hager.

déchausser [deʃose] *vt* die Schuhe ausziehen (+*dat*); *(ski)* ausziehen; se ~ die Schuhe ausziehen; *(dent)* wackeln.

déchéance [deʃeɑ̃s] *nf* Verfall *m.*

déchet [deʃɛ] *nm* Abfall *m.*

déchiffrer [deʃifʀe] *vt* entziffern; *(musique, partition)* lesen.

déchiqueter [deʃikte] *vt* zerreißen, zerfetzen.

déchirant, e [deʃiʀɑ̃, ɑ̃t] *a* herzzerreißend.

déchirement [deʃiʀmɑ̃] *nm* tiefer Schmerz *m; (gén pl: conflit)* Kluft *f.*

déchirer [deʃiʀe] *vt* zerreißen; se ~ vi reißen; se ~ un muscle/tendon sich *(dat)* einen Muskel/eine Sehne zerren.

déchoir [deʃwaʀ] *vi* herunterkommen.

déchu, e [deʃy] *a* gefallen; *(roi)* abgesetzt.

déci- [desi] *pref* Dezi-.

décidé, e [deside] *a* entschlossen; c'est ~ es ist beschlossen.

décider [deside] *vt* beschließen // *vi* entscheiden *(de qch etw)*; ~ qn (à faire qch) jdn überreden (etw zu tun); se ~ **pour/à** sich entscheiden für/entschließen zu.

décimal, e [desimal] *a* dezimal, dezimal // *nf* Dezimalzahl *f.*

décimètre [desimɛtʀ(ə)] *nm* Dezimeter *m;* **double** ~ Lineal *nt (von 20 cm).*

décisif, ive [desizif, iv] *a* entscheidend.

décision [desizjɔ̃] *nf* Entscheidung *f; (fermeté)* Entschlossenheit *f.*

déclaration [deklaʀasjɔ̃] *nf* Erklärung *f;* ~ **(de sinistre)** Meldung *f;* ~ **(d'amour)** Liebeserklärung *f;* ~ **de décès/ naissance** Anmeldung *f* eines Todesfalles/einer Geburt.

déclarer [deklaʀe] *vt* erklären; *(revenus)* angeben; *(employés, décès)* anmelden; *(marchandises)* verzollen; se ~ vi *(feu, maladie)* ausbrechen; *(amoureux)* eine Liebeserklärung machen; se ~ **prêt à** sich bereit erklären zu.

déclasser [deklase] *vt* niedriger einstufen.

déclencher [deklɑ̃ʃe] *vt* auslösen; se ~ vi losgehen.

déclic [deklik] *nm* Auslösevorrichtung *f; (bruit)* Klicken *nt.*

déclin [deklɛ̃] *nm* Verfall *m;* Verschlechterung *f.*

déclinaison [deklinɛzɔ̃] *nf* Deklination *f.*

décliner [dekline] *vi (empire)* verfallen; *(acteur)* nachlassen; *(santé)* sich verschlechtern; *(jour, soleil)* abnehmen // *vt (refuser)* ablehnen; *(nom, adresse)* angeben; *(LING)* deklinieren.

décocher [dekɔʃe] *vt (flèche)* abschießen; *(regard)* werfen.

décoder [dekɔde] *vt* dekodieren.

décoiffer [dekwafe] *vt* zerzausen; *(enlever le chapeau)* den Hut vom Kopf wehen (+*dat*); se ~ vi den Hut abnehmen.

décollage [dekɔlaʒ] *nm (AVIAT)* Abflug *m.*

décoller [dekɔle] *vt* lösen // *vi (avion)* abheben; se ~ vi sich lösen.

décolleté, e [dekɔlte] *a* ausgeschnitten // *nm* Halsausschnitt *m.*

décoloniser [dekɔlɔnize] *vt* entkolonialisieren.

décolorer [dekɔlɔʀe] *vt* bleichen; *(cheveux)* entfärben; se ~ vi verblassen.

décombres [dekɔ̃bʀ(ə)] *nmpl* Ruinen *pl,* Trümmer *pl.*

décommander [dekɔmɑ̃de] *vt* abbestellen; *(réception)* absagen; se ~ vi absagen.

décomposer [dekɔpoze] vt zerlegen; se ~ vi sich zersetzen, verwesen; (fig: visage, traits) zerfallen.

décompte [dekɔ̃t] nm Abzug m; (facture détaillée) (aufgeschlüsselte) Rechnung f.

décompter [dekɔ̃te] vt abziehen.

déconcerter [dekɔ̃sɛrte] vt aus der Fassung bringen.

déconfit, e [dekɔ̃fi, it] a geknickt.

décongeler [dekɔ̃ʒle] vt auftauen.

décongestionner [dekɔ̃ʒɛstjɔne] vt (MED) abschwellen lassen; (rue) entlasten.

déconseiller [dekɔ̃seje] vt: ~ qch (à qn) (jdm) von etw abraten.

déconsidérer [dekɔ̃sidere] vt in Mißkredit bringen.

décontenancer [dekɔ̃tnɑse] vt aus der Fassung bringen.

décontracté, e [dekɔ̃trakte] a locker, entspannt.

décontracter [dekɔ̃trakte] vt entspannen; se ~ vi sich entspannen.

déconvenue [dekɔ̃vny] nf Enttäuschung f.

décor [dekɔr] nm Dekor m, Ausstattung f; (gén pl: THEAT) Bühnenbild nt; (: FILM) Szenenaufbau m.

décorateur [dekɔratœr] nm Dekorateur(in f) m; (FILM) Bühnenbildner(in f) m.

décoratif, ive [dekɔratif, iv] a dekorativ.

décoration [dekɔrɑsjɔ̃] nf (ornement) Schmuck m; (médaille) Dekoration f.

décorer [dekɔre] vt schmücken; (médailler) dekorieren.

décortiquer [dekɔrtike] vt enthülsen; (noix) schälen.

décorum [dekɔrɔm] nm Etikette f.

découcher [dekuʃe] vi auswärts schlafen.

découdre [dekudr(ə)] vt auftrennen; se ~ vi aufgehen.

découler [dekule] vi: ~ de folgen aus.

découper [dekupe] vt (volaille, viande) zerteilen; (manche, article) ausschneiden; se ~ sur le ciel/l'horizon sich gegen den Himmel/

Horizont abheben.

découplé, e [dekuple] a: bien ~ wohlproportioniert.

décourager [dekuraʒe] vt entmutigen; (dissuader) abhalten; se ~ vi entmutigt werden.

décousu, e [dekuzy] a abgetrennt; (fig) zusammenhangslos.

découvert, e [dekuvɛr, ɛrt(ə)] a bloß; (lieu) kahl, nackt // m (bancaire) Kontoüberziehung f // nf Entdeckung f; à ~ (MIL) ungeschützt; (compte) überzogen.

découvrir [dekuvrir] vt aufdecken; (trouver) entdecken; ~ que herausfinden, daß; se ~ vi (ôter son: chapeau) den Hut lüften; (ses vêtements) sich ausziehen; (au lit) sich aufdecken; (ciel) sich aufklären.

décret [dekrɛ] nm Verordnung f; **décréter** vt ver- ou anordnen.

décrire [dekrir] vt beschreiben.

décrocher [dekrɔʃe] vt herunternehmen; (TEL) abnehmen; (fig) bekommen // vi ausscheiden.

décroître [dekrwatr(ə)] vi abnehmen, zurückgehen.

décrypter [dekripte] vt entziffern.

déçu, e [desy] pp de **décevoir**.

déculotter [dekylɔte] vt die Hosen ausziehen (+dat).

décupler [dekyple] vt verzehnfachen // si sich verzehnfachen.

dédaigner [dedɛɲe] vt verschmähen; ~ de faire sich nicht herablassen zu tun.

dédale [dedal] nm Labyrinth nt.

dedans [d(ə)dɑ̃] ad innen // nm Innere(s) nt; là—- dort drinnen; au ~ innen.

dédicacer [dedikase] vt mit einer Widmung versehen.

dédier [dedje] vt widmen.

dédire [dedir]: se ~ vi sein Wort zurücknehmen.

dédommagement [dedɔmaʒmɑ̃] nm Entschädigung f.

dédommager [dedɔmaʒe] vt entschädigen.

dédouaner [dedwane] vt zollamtlich abfertigen.

dédoubler [deduble] vt (classe, effec-

tifs) halbieren.

déduction [dedyksjɔ̃] *nf (d'argent)* Abzug *m*, Nachlaß *m; (raisonnement)* Folgerung *f*.

déduire [dedɥiʀ] *vt* abziehen; *(conclure)* folgern, schließen.

déesse [dees] *nf* Göttin *f*.

défaillance [defajɑ̃s] *nf* Ohnmachtsanfall *m; (technique, intellectuelle)* Versagen *nt*, Ausfall *m*.

défaillir [defajiʀ] *vi* ohnmächtig werden.

défaire [defɛʀ] *vt (installation, échafaudage)* abmontieren; *(paquet etc)* auspacken; *(nœud, vêtement)* aufmachen; **se ~** *vi* aufgehen; *(fig)* zerbrechen; **se ~ de** *vi* loswerden.

défait, e [defɛ, ɛt] *a (visage)* abgespannt // *nf* Niederlage *f*.

défalquer [defalke] *vt* abziehen.

défaut [defo] *nm* Fehler *m; (moral)* Schwäche *f; (de métal)* Defekt *m; (carence)* Mangel *m*; **en ~** im Unrecht; **faire ~** fehlen; **à ~ (de)** mangels (+*gen*); **par ~** *(JUR)* in Abwesenheit.

défaveur [defavœʀ] *nf* Ungnade *f*.

défavorable [defavɔʀabl(ə)] *a* ungünstig.

défavoriser [defavɔʀize] *vt* benachteiligen.

défection [defɛksjɔ̃] *nf* Abtrünnigkeit *f*, Abfall *m; (absence)* Nichterscheinen *nt;* **faire ~** abtrünnig werden.

défectueux, euse [defɛktɥø, øz] *a* fehlerhaft, defekt.

défendable [defɑ̃dabl(ə)] *a* vertretbar, verfechtbar.

défendre [defɑ̃dʀ(ə)] *vt* verteidigen; *(opinion etc)* vertreten; *(interdire)* untersagen; **~ à qn de faire** jdm untersagen zu tun; **se ~** *vi* sich verteidigen; **se ~ de/contre** *(se protéger)* sich schützen vor/gegen; **se ~ de** *(se garder de)* sich enthalten (+*gen*).

défense [defɑ̃s] *nf* Verteidigung *f; (fig, PSYCH)* Schutz *m; (corne)* Stoßzahn *m;* **~ de fumer/cracher** Rauchen/Spucken verboten.

défensive [defɑ̃siv] *nf:* **être sur la** ~ in der Defensive sein.

déférent, e [defeʀɑ̃, ɑ̃t] *a* ehrerbietig, respektvoll.

déférer [defeʀe] *vt:* **~ à** sich beugen (+*dat*); **~ qn à la justice** jdn vor Gericht bringen.

déferler [defɛʀle] *vi (vagues)* sich brechen; *(enfants)* strömen.

défi [defi] *nm* Herausforderung *f; (refus)* Trotz *m*.

défiance [defjɑ̃s] *nf* Mißtrauen *nt*.

déficience [defisjɑ̃s] *nf* Schwäche *f*.

déficit [defisit] *nm* Defizit *nt*.

défier [defje] *vt* herausfordern; *(fig)* trotzen (+*dat*); **se ~ de** *(se méfier)* mißtrauen (+*dat*).

défigurer [defigyʀe] *vt* entstellen.

défilé [defile] *nm (GEO)* (Meeres)enge *f;* Engpaß *m; (soldats, manifestants)* Vorbeimarsch *m*.

défiler [defile] *vi* vorbeimarschieren, vorbeiziehen; **se ~** *vi (fam)* sich verdrücken.

définir [definiʀ] *vt* definieren.

définitif, ive [definitif, iv] *a* definitiv, entschieden // *nf:* **en définitive** eigentlich, letztendlich.

déflagration [deflagʀasjɔ̃] *nf* Explosion *f*.

déflorer [deflɔʀe] *vt* entjungfern.

défoncer [defɔ̃se] *vt (porte)* einbrechen; *(boîte)* den Boden (+*gen*) ausschlagen; *(lit, fauteuil)* die Federn (+*gen*) eindrücken; *(terrain)* umpflügen.

déformation [defɔʀmasjɔ̃] *nf:* **~ professionnelle** Konditionierung *f* durch den Beruf.

déformer [defɔʀme] *vt* aus der Form bringen; *(pensée, fait)* verdrehen; **se ~** *vi* sich verformen.

défouler [defule]: **se ~** *vi* sich abreagieren.

défraîchir [defʀeʃiʀ]: **se ~** *vi* verbleichen, verschießen.

défricher [defʀiʃe] *vt* roden.

défunt, e [defœ̃, œ̃t] *a* verstorben.

dégagé, e [degaʒe] *a* klar; *(ton, air)* lässig, ungezwungen.

dégager [degaʒe] *vt (exhaler)* aussenden, ausströmen; *(délivrer)* befreien; *(désencombrer)* räumen;

(isoler) hervorheben; **se** ~ **sich befreien** *(odeur)* ausströmen; *(passage bloqué)* frei werden; *(ciel)* sich aufklären.

dégainer [degene] *vt* ziehen.

dégarnir [degarnir] *vt (vider)* leeren; **se** ~ *vi (salle, rayons)* sich leeren; *(tempe, crâne)* sich lichten.

dégâts [dega] *nmpl* Schaden m.

dégel [deʒɛl] *nm* Tauwetter nt.

dégeler [deʒle] *vt* auftauen lassen; *(fig: prix)* freigeben; *(: atmosphère)* entspannen // *vi* auftauen.

dégénéré, e [deʒenere] a degeneriert.

dégénérer [deʒenere] *vi* degenerieren; *(empirer)* ausarten.

dégivrer [deʒivre] *vt* enthrosten, abtauen.

dégivreur [deʒivrœr] *nm* Enthroster m.

déglutir [deglytir] *vi* hinunterschlucken.

dégonflé, e [degõfle] a *(pneu)* platt.

dégonfler [degõfle] *vt* die Luft ablassen aus; **se** ~ *vi (fam)* kneifen.

dégorger [degɔrʒe] *vt (CULIN):* **faire** ~ entwässern.

dégouliner [deguline] *vi* tropfen.

dégourdi, e [degurdi] a schlau.

dégourdir [degurdir] *vt:* **se** ~ **(les jambes)** sich *(dat)* die Beine vertreten.

dégoût [degu] *nm* Abneigung f.

dégoûtant, e [degutã, ãt] a widerlich; *(injuste)* empörend, gemein.

dégoûter [degute] *vt* anekeln, anwidern; *(fig)* empören; ~ **qn de qch** jdm etw verleiden; **se** ~ **de** überdrüssig werden *(+gen).*

dégradé [degrade] *nm (en peinture)* Abstufung f.

dégrader [degrade] *vt (MIL)* degradieren; *(abîmer)* verunstalten; *(fig)* erniedrigen; **se** ~ *vi (roche)* erodieren; *(relations)* sich verschlechtern; *(s'avilir)* sich erniedrigen.

dégrafer [degrafe] *vt* aufhaken.

dégraisser [degrese] *vt (soupe)* entfetten; *(vêtement)* die Fettflecken entfernen von.

degré [dəgre] *nm* Grad m; *(échelon)*

Stufe f; *(de méchanceté, de courage)* Ausmaß nt; **équation du 1er/2ème** ~ lineare/ quadratische Gleichung f; **alcool à 90** ~**s** 90-prozentiger Alkohol; **par** ~**(s)** *ad* nach und nach.

dégrever [degrave] *vt* steuerlich entlasten.

dégringoler [degrɛ̃gɔle] *vi* herunterpurzeln.

dégriser [degrize] *vt* nüchtern machen.

déguenillé, e [degnije] a zerlumpt.

déguerpir [degerpir] *vi* sich aus dem Staub machen.

déguisement [degizmã] *nm* Verkleidung f; *(fig)* Verschleierung f.

déguiser [degize] *vt* verkleiden; *(fig)* verschleiern; **se** ~ sich verkleiden.

déguster [degyste] *vt* probieren; *(fig)* kosten, genießen.

déhancher [deãʃe]: **se** ~ *vi* in den Hüften wiegen.

dehors [dəɔr] *ad* (dr)außen // *nmpl* Äußere(s) nt; **mettre ou jeter** ~ hinauswerfen; **au** ~ draußen; **en** ~ nach außen; **en** ~ **de** *(hormis)* mit Ausnahme von.

déjà [deʒa] *ad* schon; *(auparavant)* bereits.

déjeuner [deʒœne] *vi (le matin)* frühstücken; *(à midi)* zu Mittag essen // *nm* Frühstück nt; Mittagessen nt.

déjouer [deʒwe] *vt* ausweichen *(+dat)*, sich entziehen *(+dat).*

delà [dəla] *ad* **par** ~, **en** ~ **(de)**, **au** ~ **(de)** über *(+dat)*, jenseits *(+gen).*

délabrer [delabre]: **se** ~ *vi* verfallen, herunterkommen.

délacer [delase] *vt (chaussures)* aufschnüren.

délai [dele] *nm (attente)* Wartezeit f; *(sursis)* Frist f; **sans** ~ unverzüglich; **à bref** ~ kurzfristig; **dans les** ~**s** innerhalb der Frist.

délaisser [delese] *vt* im Stich lassen.

délasser [delase] *vt* entspannen.

délateur, trice [delatœr, tris] *nm/f* Denunziant(in f) m.

délavé, e [delave] a verwaschen.

délayer [deleje] *vt (CULIN)* in Wasser verrühren; *(peinture)* verdünnen; (fig) ausdehnen, strecken.

delco [dɛlko] nm Verteiler m.

délégué, e [delege] nm/f Abgeordnete(r) mf, Vertreter(in f) m.

déléguer [delege] vt delegieren.

délester [deleste] vt entlasten.

délibération [deliberasjɔ̃] nf Beratung f; (réflexion) Überlegung f // nfpl Beschluß m.

délibéré, e [delibeʀe] a (conscient) absichtlich.

délibérément [deliberemã] ad mit Absicht, bewußt.

délibérer [delibeʀe] vi sich beraten.

délicat, e [delika, at] a (fin) fein; (fragile) empfindlich; (: enfant, santé) zart; (manipulation, problème) delikat, heikel; (embarrassant) peinlich; (plein de tact, d'attention) taktvoll; **délicatesse** nf (tact) Fingerspitzengefühl nt.

délice [delis] nm Freude f // nfpl: ~s Genüsse pl.

délicieux, euse [delisjø, jøz] a köstlich; (sensation) wunderbar.

délimiter [delimite] vt abgrenzen.

délinquance [delɛ̃kɑ̃s] nf Kriminalität f.

délinquant, e [delɛ̃kɑ̃, ɑ̃t] a straffällig // nm/f Delinquent m.

délire [deliʀ] nm (fièvre) Delirium nt.

délirer [deliʀe] vi sich spinnen.

délit [deli] nm Delikt nt.

délivrer [delivʀe] vt entlassen; (passeport, certificat) ausstellen; ~ qn de jdn befreien von.

déloger [deloʒe] vt (ennemi) vertreiben; (locataire) ausquartieren.

déluge [delyʒ] nm (biblique) Sintflut f; un ~ de einen Flut von.

déluré, e [delyʀe] a gewitzt, clever; (pej) dreist.

démaillée [demaje] a (bas) mit Laufmaschen.

demain [d(ə)mɛ̃] ad morgen; ~ matin/soir morgen früh/abend; à ~ bis morgen.

demande [d(ə)mɑ̃d] nf Forderung f (ADMIN, formulaire) Antrag m, Gesuch nt; (ECON): la ~ die Nachfrage; ~ d'emploi, de poste

Stellengesuch nt.

demandé, e [d(ə)mɑ̃de] a gefragt.

demander [d(ə)mɑ̃de] vt (vouloir savoir) fragen nach; (question) stellen; (désirer) bitten um; (vouloir avoir) verlangen; (vouloir engager) suchen; (requérir, nécessiter) erfordern // à qn von jdm); ~ la main de qn um jds Hand anhalten; ~ qch à qn jdn (nach) etw fragen; jdn um etw bitten; ~ à qn de faire jdn bitten zu tun; ~ à qn etw fragen, daß; ~ pourquoi/si fragen, warum/ob; se ~ si/pourquoi sich fragen ob/warum; **on vous demande au téléphone** Sie werden am Telefon verlangt.

démangeaison [demɑ̃ʒɛzɔ̃] nf Jucken nt.

démanger [demɑ̃ʒe] vi jucken.

démanteler [demɑ̃tle] vt zerstören.

démaquillant, e [demakijɑ̃, ɑ̃t] a, nm Abschmink-.

démaquiller [demakije] vt: se ~ vt sich abschminken.

démarche [demaʀʃ(ə)] nf (allure) Gang m; (fig) Denkweise f; **faire des ~s auprès de** vorsprechen bei.

démarquer [demaʀke] vt (COMM) heruntersetzen; (SPORT) freispielen.

démarrage [demaʀaʒ] nm Starten nt, Anfahren nt; (SPORT) Start m.

démarrer [demaʀe] vi (AUT, SPORT) starten; (travaux) losgehen // vt (voiture) anlassen; (travail) in die Wege leiten; **démarreur** nm Anlasser m.

démasquer [demaske] vt entlarven.

démêler [demele] vt entwirren.

démêlés [demele] nmpl Auseinandersetzung f.

déménagement [demenaʒmã] nm Umzug m; **camion de ~** Möbelwagen m.

déménager [demenaʒe] vt, vi umziehen.

démence [demɑ̃s] nf Wahnsinn m.

démener [demne]: se ~ vi um sich schlagen.

démentiel, le [demɑ̃sjɛl] a wahnsinnig.

démentir [demɑ̃tiʀ] vt *(nier)*
dementieren; *(contredire)*
widerlegen.

démesure [demǝzyʀ] nf Maßlosig-
keit f.

démettre [demɛtʀ(ǝ)] vt: ~ qn de
jdn entheben (+gen); se ~ vt
(membre) sich *(dat)* ausrenken; se ~
de ses fonctions das Amt
niederlegen.

demeurant [dǝmœʀɑ̃]: au ~ ad im
übrigen.

demeure [dǝmœʀ] nf Wohnung f,
Wohnsitz m; **mettre qn en ~ de
faire...** jdn auffordern ... zu tun.

demeurer [dǝmœʀe] vi *(habiter)*
wohnen; *(rester)* bleiben.

demi, e [d(ǝ)mi] a halb; **et ~: trois
heures/bouteilles et ~** dreiein-
halb Stunden/Flaschen; **il est 2
heures/midi et ~** es ist halb drei/
halb eins // nm *(bière)* Halbe f; **à ~** ad
halb; **à la ~** e *(heure)* um halb.

demi [d(ǝ)mi] pref Halb-; **~~cercle**
nm Halbkreis m; **~~douzaine** nf
halbes Dutzend nt; **~~finale** nf Semi-
finalspiel nt; **~~frère** nm Halb-
bruder m; **~~heure** nf halbe Stunde
f; **~~jour** nm Zwielicht nt;
~~journée nf Halbtag m.

demi-litre [d(ǝ)militʀ] nm halber
Liter m.

demi-mot [d(ǝ)mimo]: **à ~** ad
andeutungsweise.

demi-pension [d(ǝ)mipɑ̃sjɔ̃] nf *(à
l'hôtel)* Halbpension f.

demi-place [d(ǝ)miplas] nf
Fahrkarte f zum halben Preis.

démis, e [demi, iz] a ausgerenkt.

demi-saison [d(ǝ)misɛzɔ̃] nf:
vêtements de ~ Über-
gangskleidung f.

demi-sel [d(ǝ)misɛl] a leicht
gesalzen.

démission [demisjɔ̃] nf Demission f;
donner sa ~ seinen Rücktritt
erklären.

demi-tarif [d(ǝ)mitaʀif] nm halber
Preis m.

demi-tour [d(ǝ)mituʀ] nm
Kehrtwendung f; **faire ~**
kehrtmachen.

démocratie [demɔkʀasi] nf Demo-
kratie f.

démocratique [demɔkʀatik] a
demokratisch.

démocratiser [demɔkʀatize] vt
demokratisieren.

démodé, e [demɔde] a altmodisch.

démographique [demɔgʀafik] a
demographisch; **poussée ~** Bevöl-
kerungszuwachs m.

demoiselle [d(ǝ)mwazɛl] nf
Fräulein nt;   ~ **d'honneur**
Ehrenjungfer f.

démolir [demɔliʀ] vt ab- ou einreißen; *(fig)* vernichten.

démon [demɔ̃] nm Dämon m; *(enfant)*
Teufel m.

démoniaque [demɔnjak] a teuflisch.

démonstration [demɔ̃stʀasjɔ̃] nf
Demonstration f, Vorführung f.

démonté, e [demɔ̃te] a *(mer)* tobend;
(personne) rasend.

démonter [demɔ̃te] vt auseinandernehmen; se ~ vi *(personne)* die
Fassung verlieren.

démontrer [demɔ̃tʀe] vt *(MATH)*
beweisen.

démoraliser [demɔʀalize] vt
entmutigen.

démordre [demɔʀdʀ(ǝ)] vi: **ne pas
~ de** beharren auf *(+dat)*.

démouler [demule] vt *(gâteau)* aus
der Form nehmen.

démuni, e [demyni] a mittellos.

démunir [demyniʀ] vt: ~ **de qch**
einer Sache *(gen)* berauben.

dénaturer [denatyʀe] vt vollkommen verändern; *(fig)* verdrehen.

dénégations [denegasjɔ̃] nfpl
Leugnen nt.

dénicher [deniʃe] vt *(trouver)* ausgraben, aufstöbern.

denier [dǝnje] nm: **~s publics**
öffentliche Mittel pl; **de ses
(propres) ~s** mit seinem eigenen
Geld.

dénier [denje] vt leugnen.

dénigrer [denigʀe] vt verun-
glimpfen.

dénivellation [denivɛlasjɔ̃] nf
Höhenunterschied m; Unebenheit f.

dénombrer [denɔ̃Rbe] *vt* zählen; *(énumérer)* aufzählen.

dénominateur [denɔminatœR] *nm* Nenner *m*.

dénommer [denɔme] *vt* benennen.

dénoncer [denɔ̃se] *vt (personne)* anzeigen; *(abus, erreur)* brandmarken; **se ~** sich stellen; **dénonciation** *nf* Denunziation *f*.

dénoter [denɔte] *vt* verraten.

dénouement [denumɑ̃] *nm* Ausgang *m*.

dénouer [denwe] *vt* aufknoten.

dénoyauter [denwajote] *vt* entsteinen.

denrée [dɑ̃Re] *nf:* **~s alimentaires** Nahrungsmittel *pl.*

dense [dɑ̃s] *a* dicht.

densité [dɑ̃site] *nf* Dichte *f*.

dent [dɑ̃] *nf* Zahn *m*; **à belles ~s** mit Genuß; **~ de lait** Milchzahn *m*; **~ de sagesse** Weisheitszahn *m*; **dentaire** *a* Zahn-; **denté, e** *a:* **roue dentée** Zahnrad *nt.*

dentelé, e [dɑ̃tle] *a* gezackt.

dentelle [dɑ̃tɛl] *nf* Spitze *f*.

dentier [dɑ̃tje] *nm* Gebiß *nt.*

dentifrice [dɑ̃tifRis] *nm* Zahnpasta *f*.

dentiste [dɑ̃tist(ə)] *nm/f* Zahnarzt *m*, Zahnärztin *f*.

dentition [dɑ̃tisjɔ̃] *nf* Zähne *pl.*

dénudé, e [denyde] *a* bloß.

dénuder [denyde] *vt (corps)* entblößen.

dénué, e [denɥe] *a:* **~ de** ohne (+akk).

dénuement [denymɑ̃] *nm* bittere Not *f*, Elend *nt.*

déodorant [deɔdɔRɑ̃] *nm* Deodorant *nt.*

dépannage [depanaʒ] *nm* Reparatur *f*; **service de ~** Pannendienst *m*.

dépanner [depane] *vt* reparieren; *(fig)* aus der Patsche helfen (+dat); **dépanneuse** *nf* Abschleppwagen *m*.

dépareillé, e [depaReje] *a (collection, service)* unvollständig.

déparer [depaRe] *vt* verderben.

départ [depaR] *nm* Abreise *f*; (SPORT) Start *m*; *(sur un horaire)* Abfahrt *f*; **au ~** zu Beginn.

départager [depaRtaʒe] *vt* entscheiden zwischen.

département [depaRtəmɑ̃] *nm* Abteilung *f*; *(en France)* Departement *nt.*

départir [depaRtiR] : **se ~ de** *vt* aufgeben (+akk).

dépassé, e [depase] *a* veraltet, überholt; *(affolé)* überfordert.

dépasser [depase] *vt* überholen; *(endroit)* vorübergehen an (+dat); *(limite fixée, prévisions)* überschreiten; *(en intelligence)* übertreffen // *vi (ourlet, jupon)* vorsehen.

dépaysé, e [depeize] *a* verwirren.

dépayser [depeize] *vt* verwirren.

dépecer [depase] *vt* zerlegen.

dépêcher [depeʃe] *vt* senden, schicken; **se ~** sich beeilen.

dépeindre [depɛ̃dR(ə)] *vt* beschreiben.

dépendre [depɑ̃dR(ə)] *vt* abnehmen; **~ de** *vt (sujet: personne, pays)* abhängig sein von; *(: résultat, situation)* abhängen von.

dépens [depɑ̃] *nmpl:* **aux ~ de** auf Kosten von.

dépense [depɑ̃s] *nf* Ausgabe *f*.

dépenser [depɑ̃se] *vt* ausgeben; **se ~** sich anstrengen.

dépensier, ière [depɑ̃sje, jɛR] *a* verschwenderisch.

dépérir [depeRiR] *vi* verkümmern.

dépêtrer [depetRe] *vt:* **se ~ de** sich befreien von.

dépeupler [depœple] *vt* entvölkern; **se ~** sich entvölkert sein.

déphasé, e [defaze] *a* phasenverschoben; *(fig)* nicht auf dem laufenden.

dépilatoire [depilatwaR] *a:* **crème ~** Enthaarungscreme *f*.

dépister [depiste] *vt* entdecken; *(voleur)* finden.

dépit [depi] *nm* Trotz *m*; **en ~ de** *prep* trotz (+gen); **en ~ du bon sens** gegen alle Vernunft, depité, e *a* verärgert.

déplacé, e [deplase] *a (propos)* unangebracht, deplaziert.

déplacement [deplasmɑ̃] *nm (voyage)* Reise *f*.

déplacer [deplase] vt umstellen, verschieben; (employé) versetzen; **se ~** vi (voyager) verreisen.

déplaire [deplɛʀ] vi: **~ à qn** jdm nicht gefallen.

dépliant [deplijɑ̃] nm Prospekt m.

déplier [deplije] vt auseinanderfalten; **se ~** vi (parachute) sich entfalten.

déploiement [deplwamɑ̃] nm Einsatz m; Ausbreiten m.

déplorer [deplɔʀe] vt bedauern.

déployer [deplwaje] vt einsetzen; (aile, voile, carte) ausbreiten.

dépoli, e [depɔli] a: **verre ~** Milchglas m.

déporter [depɔʀte] vt (POL) deportieren; (dévier) vom Weg abbringen.

déposer [depoze] vt (mettre, poser) legen, stellen; (à la consigne) abgeben; (à la banque) einzahlen; (passager, roi) absetzen; (réclamation, dossier) einreichen // vi (vin etc) sich absetzen; (JUR): **~ contre** aussagen (gegen); **se ~** vi (calcaire, poussière) sich ablagern.

déposition nf Aussage f.

déposséder [deposede] vt enteignen.

dépôt [depo] nm (de sable, poussière) Ablagerung f; (entrepôt, réserve) (Waren)lager nt.

dépotoir [depotwaʀ] nm Müllabladeplatz m.

dépouille [depuj] nf abgezogene Haut f; **la ~ (mortelle)** die sterblichen Überreste pl.

dépouillé, e [depuje] a nüchtern.

dépouiller [depuje] vt die Haut abziehen (+dat); (fig: personne) berauben; (résultats, documents) sorgfältig durchlesen.

dépourvu, e [depuʀvy] a: **~ de** ohne; **au ~** ad unvorbereitet.

dépraver [depʀave] vt verderben.

déprécier [depʀesje] vt (personne) herabsetzen; (chose) entwerten; **se ~** vi an Wert verlieren.

dépression [depʀesjɔ̃] nf (creux) Vertiefung f, Mulde f; (ECON) Flaute f; (METEO) Tief nt; **faire une ~ (nerveuse)** eine Depression haben.

déprimer [depʀime] vt deprimieren.

depuis [dəpɥi] prep seit; (espace) von ... an; (quantité, rang) von, ab // ad seitdem; **~ que** seit.

député [depyte] nm Abgeordnete(r) mf.

députer [depyte] vt delegieren.

déraciner [deʀasine] vt entwurzeln (idée, tabou) ausrotten.

dérailler [deʀaje] vi entgleisen.

dérailleur [deʀajœʀ] nm Kettenschaltung f.

déraisonner [deʀezɔne] vi Unsinn reden.

dérangement [deʀɑ̃ʒmɑ̃] nm Störung f; **en ~** gestört.

déranger [deʀɑ̃ʒe] vt durcheinanderbringen; (personne) stören.

déraper [deʀape] vi (voiture) schleudern; (personne) ausrutschen.

dératiser [deʀatize] vt von Ratten befreien.

déréglé, e [deʀegle] a (mœurs, vie) ausschweifend, zügellos.

dérégler [deʀegle] vt (mécanisme) außer Betrieb setzen.

dérider [deʀide]: **se ~** vi fröhlicher werden.

dérision [deʀizjɔ̃] nf Spott m; **tourner en ~** verspotten.

dérisoire [deʀizwaʀ] a lächerlich.

dérivatif [deʀivatif] nm Ablenkung f.

dérive [deʀiv] nf (NAVIG) Abtrift f; **aller à la ~** sich treiben lassen.

dérivé, e [deʀive] a (LING) derivativ // nm Derivat nt // nf (MATH) Ableitung f.

dériver [deʀive] vt (MATH) ableiten; (cours d'eau etc) umleiten // vi (bateau, avion) abgetrieben werden; **~ de** stammen von; (LING) sich ableiten von.

dermatologue [dɛʀmatɔlɔg] nm/f Dermatologe m, Dermatologin f.

dernier, ière [dɛʀnje, jɛʀ] a letzte(r, s); **lundi/le mois ~** letzten Montag/Monat; **du ~ chic** äußerst schick; **en ~** zuletzt; **ce ~** der, die, das letztere; **dernièrement** ad kürzlich.

dérobé, e [derobe] a (porte, escalier) geheim, versteckt // nf: **à la ~e** verstohlen, heimlich.

dérober [derobe] vt stehlen; **~ qch à (la vue de) qn** etw (vor jdm) verbergen; **se ~** vi sich wegstehlen; **~à** (regards, obligation) ausweichen (+dat); (justice) sich entziehen (+dat).

dérogation [derogasjɔ̃] nf Abweichung f.

déroger [deroʒe]: **~ à** vt abweichen von.

dérouler [derule] vt aufrollen; **se ~** vi (avoir lieu) stattfinden.

déroute [derut] nf Debakel nt.

dérouter [derute] vt umleiten; (étonner) aus der Fassung bringen.

derrière [derjer] prep hinter (+dat); (direction) hinter (+akk) // ad hinten; dahinter // nm Rückseite f; (ANAT) Hinterteil nt; **les pattes/roues de ~** die Hinterbeine/-reifen pl; **par ~** von hinten.

dès [de] prep von ... an; **~ que** conj sobald; **~ son retour** sobald er zurückkehrt/zurückgekehrt war; **~ lors** ad von da an.

désabusé, e [dezabyze] a desillusioniert.

désaccord [dezakɔr] nm Meinungsverschiedenheit f; (contraste) Diskrepanz f.

désaccordé, e [dezakɔrde] a verstimmt.

désaffecté, e [dezafekte] a leerstehend, nicht mehr benutzt.

désagréable [dezagreabl(ə)] a unangenehm.

désagréger [dezagreʒe]: **se ~** vi auseinanderbröckeln.

désagrément [dezagremã] nm Ärger m.

désaltérer [dezaltere] vt: **~ qn** jds Durst löschen // vi den Durst stillen.

désamorcer [dezamɔrse] vt entschärfen.

désappointé, e [dezapwɛte] a enttäuscht.

désapprouver [dezapruve] vt mißbilligen.

désarçonner [dezarsɔne] vt abwer-

fen; (fig) aus dem Konzept bringen.

désarmement [dezarməmã] nm (MIL) Abrüstung f.

désarmer [dezarme] vt (personne) entwaffnen; (pays) abrüsten.

désarroi [dezarwa] nm Ratlosigkeit f.

désarticuler [dezartikyle] vt: **se ~** sich verrenken.

désastre [dezastr(ə)] nm Katastrophe f.

désavantage [dezavãtaʒ] nm Nachteil m.

désaxé, e [dezakse] a (fig) verrückt.

descendant, e [desãdã, ãt] nm/f Nachkomme m.

descendre [desãdr(ə)] vt (escalier, rue) hinuntergehen; (montagne) hinuntersteigen von; (rivière) hinunterfahren; (valise, paquet) hinuntertragen ou -bringen; (fam: abattre) abschießen // vi hinuntergehen; (ascenseur etc) nach unten fahren; (passager: s'arrêter) aussteigen; (avion) absteigen; (voiture) herunterfahren; (route, chemin) herunterführen; (niveau, température) fallen, sinken; **~ de** (famille) abstammen von; **~ du train** aus dem Zug steigen; **~ de cheval** vom Pferd steigen; **~ à l'hôtel** im Hotel absteigen.

descente [desãt] nf (route) Abstieg m; (SKI) Abfahrt f; **~ de lit** Bettvorleger m; **~ (de police)** Razzia f.

description [deskripsjɔ̃] nf Beschreibung f.

désemparé, e [dezãpare] a ratlos.

désemparer [dezãpare] vi: **sans ~** ununterbrochen.

désemplir [dezãplir] vi: **ne pas ~** immer voll sein.

déséquilibre [dezekilibr(ə)] nm Ungleichgewicht nt; (fig, PSYCH) Unausgeglichenheit f.

déséquilibrer [dezekilibre] vt aus dem Gleichgewicht bringen.

désert [dezer] nm Wüste f.

déserter [dezerte] vi (MIL) desertieren // vt verlassen.

désespéré, e [dezespere] a verzweifelt; **~ment** ad verzweifelt.

désespérer [dezεspeʀe] vt
entmutigen // vi: ~ **de** verzweifeln
an (+dat).
désespoir [dezεspwaʀ] nm Verzweiflung f.
déshabillé, e [dezabije] a unbe-
kleidet // nm Negligé nt.
déshabiller [dezabije] vt ausziehen;
se ~ sich ausziehen.
déshabituer [dezabitɥe] vt: **se** ~ **de**
qch sich (dat) etw abgewöhnen.
désherbant [dezεʀbã] nm Unkrautvernichtungsmittel nt.
déshériter [dezeʀite] vt enterben.
déshonorer [dezɔnɔʀe] vt Schande
machen (+dat).
déshydraté, e [dezidʀate] a sehr
durstig; (MED) dehydriert; (aliment)
Trocken-.
désigner [deziɲe] vt (montrer) zeigen
ou deuten auf (+akk); (sujet: symbole,
signe) bezeichnen; (nommer)
ernennen.
désinence [dezinãs] nf Endung f.
désinfecter [dezεfεkte] vt desinfizieren.
désintégrer [dezεtegʀe] vt spalten;
se ~ si zerfallen.
désintéressé, e [dezεteʀese] a
selbstlos, uneigennützig.
désintéresser [dezεteʀese] vt: **se** ~
(de) qn/qch) das Interesse an
jdm/etw verlieren.
désintoxication [dezεtɔksikasjɔ̃] nf
Entgiftung f; **cure de** ~
Entziehungskur f.
désinvolte [dezεvɔlt(ə)] a zwanglos.
désir [deziʀ] nm Verlangen nt,
Sehnsucht f; **exprimer le** ~ **de** den
Wunsch äußern zu.
désirer [deziʀe] vt wünschen; (sexuellement) begehren; **je désire ...**
ich möchte gerne ...; ~ **que**
wünschen, daß; ~ **faire qch** etw
gerne tun wollen.
désister [deziste]: **se** ~ vi zurücktreten.
désobéir [dezɔbeiʀ] vi: ~ **(à**
qn/qch) (jdm/etw) nicht gehorchen.
désobéissance, e [dezɔbeisã, ãt] a
ungehorsam.

désodorisant [dezɔdɔʀizã, ãt] nm
Deodorant nt; (d'appartement) Raum-
spray nt.
désœuvré, e [dezœvʀe] a müßig.
désolé, e [dezɔle] a: **je suis** ~ es tut
mir leid.
désoler [dezɔle] vt Kummer machen
(+dat).
désopilant, e [dezɔpilã, ãt] a
urkomisch.
désordre [dezɔʀdʀ(ə)] nm
Unordnung f; ~**s** nmpl (POL)
Unruhen pl; **en** ~ unordentlich.
désorganiser [dezɔʀganize] vt
durcheinanderbringen.
désorienter [dezɔʀjãte] vt die
Orientierung verlieren lassen.
désormais [dezɔʀmε] ad von jetzt
an, in Zukunft.
désosser [dezɔse] vt entbeinen.
dessaisir [desεziʀ]: **se** ~ **de** vt verzichten auf (+akk).
dessaler [desale] vt entsalzen.
dessécher [dese∫e] vt austrocknen.
dessein [desε] nm Absicht f; **dans le**
~ **de faire** mit der Absicht zu tun; **à**
~ absichtlich.
desserrer [deseʀe] vt lösen.
dessert [deseʀ] nm Nachtisch m.
desservir [deseʀviʀ] vt abräumen;
(ville etc) versorgen; (nuire) einen
schlechten Dienst erweisen (+dat).
dessin [desε] nm Zeichnung f; (motif)
Muster nt; (ART): **le** ~ das Zeichnen;
~ **animé** Zeichentrickfilm m.
dessinateur, trice [desinatœʀ,
tʀis] nm/f Zeichner(in) f m.
dessiner [desine] vt zeichnen.
dessoûler [desule] vi nüchtern
werden.
dessous [d(ə)su] ad: **en** ~, **au** ~
darunter; (au fig) heimlich // nm
Unterseite f // nmpl (fig) Hinter-
gründe pl; (sous-vêtements) Unterwäsche f; **avoir le** ~ unterlegen
sein; **par** ~ unter (+dat); **au** ~ **de**
prep unter (+dat); **au** ~ **de tout**
unter aller Kritik; ~-**de-plat** nm inv
Untersetzer m.
dessus [d(ə)sy] ad: **en** ~, **par** ~, **au**
~ darüber // nm Oberseite f; **avoir le**
~ die Oberhand haben; **au** ~ **de**

über (+dat); ~-**de-lit** nm inv
Bettüberwurf m.

destin [dɛstɛ̃] nm Schicksal nt.

destinataire [dɛstinatɛʀ] nm/f
Empfänger(in f) m.

destination nf Bestimmung f; (fig)
Zweck m.

destinée [dɛstine] nf Schicksal nt.

destiner [dɛstine] vt: ~ **qn/qch à
qch** jdn/etw für etw ausersehen; ~
qch à qn etw für jdn bestimmen.

destituer [dɛstitɥe] vt absetzen.

destruction [dɛstʀyksjɔ̃] nf
Zerstörung f.

désuet, ète [desɥɛ, ɛt] a altmodisch;
désuétude nf: **tomber en désuétude** außer Gebrauch kommen.

désunir [dezyniʀ] vt entzweien.

détaché, e [detaʃe] a (fig) gleichgültig.

détacher [detaʃe] vt (délier) lösen;
(représentant, envoyé) abordnen; (nettoyer) die Flecken entfernen aus; ~
vi (tomber) abgehen; (se défaire)
aufgehen; **se ~ (de qn/qch)** sich
innerlich (von jdm/etw) entfernen.

détail [detaj] nm Einzelheit f;
(COMM): **le ~** der Einzelhandel; **en
~** im einzelnen.

détaillant [detajɑ̃] nm Ein-
zelhändler(in f) m.

détartrer [detaʀtʀe] vt entkalken.

détecter [detɛkte] vt entdecken;
détecteur nm Detektor m.

détective [detɛktiv] nm: ~ (**privé**)
Detektiv m.

déteindre [detɛ̃dʀ(ə)] vi verblassen; ~ **sur** abfärben auf (+akk).

dételer [detle] vt (cheval)
abschirren.

détendre [detɑ̃dʀ(ə)] vt: **se ~** vi sich
lockern; (se reposer, se décontracter)
sich entspannen.

détenir [detniʀ] vt im Besitz (+gen)
sein; (prisonnier) in Haft halten.

détente [detɑ̃t] nf (relaxation) Entspannung f; (d'une arme) Abzug m.

détenteur, trice [detɑ̃tœʀ, tʀis]
nm/f Inhaber(in f) m.

détention [detɑ̃sjɔ̃] nf: ~ **préventive** Untersuchungshaft f.

détenu, e [detny] nm/f Häftling m.

détergent [detɛʀʒɑ̃] nm Reini-
gungsmittel nt.

détériorer [deteʀjɔʀe] vt beschädigen; **se ~** vi (fig, santé) sich
verschlechtern.

déterminant, e [detɛʀminɑ̃, ɑ̃t] a
ausschlaggebend.

détermination [detɛʀminasjɔ̃] nf
(résolution) Entschlossenheit f.

déterminé, e [detɛʀmine] a entschlossen; (fixé) fest, bestimmt.

déterminer [detɛʀmine] vt bestimmen; (décider) veranlassen.

déterrer [detɛʀe] vt ausgraben.

détester [detɛste] vt hassen.

détonateur [detonatœʀ] nm
Sprengkapsel f.

détonner [detɔne] vi (MUS) falsch
singen/spielen; (fig) nicht dazu
passen.

détour [detuʀ] nm Umweg m; (tournant) Kurve f; **sans ~** ohne
Umschweife.

détourné, e [detuʀne] a: **par des
moyens ~s** auf Umwegen.

détournement [detuʀnəmɑ̃] nm: ~
d'avion Flugzeugentführung f; ~
(**de fonds**) Unterschlagung f von
Geldern; ~ **de mineur** Verführung
f von Minderjährigen.

détourner [detuʀne] vt (rivière,
trafic) umleiten; (yeux, tête)
abwenden; (argent) unterschlagen;
(avion) entführen; **se ~** vi sich
abwenden.

détracteur, trice [detʀaktœʀ, tʀis]
nm/f Verleumder(in f) m.

détraquer [detʀake] vt verderben;
se ~ vi falsch gehen.

détresse [detʀɛs] nf Verzweiflung f;
(misère) Kummer m; **en ~** in Not.

détriment [detʀimɑ̃] nm: **au ~ de**
zum Schaden von.

détritus [detʀitys] nmpl Abfall m.

détroit [detʀwa] nm Meerenge f.

détromper [detʀɔ̃pe] vt eines
Besseren belehren.

détrôner [detʀone] vt entthronen.

détrousser [detʀuse] vt berauben.

détruire [detʀɥiʀ] vt zerstören.

dette [dɛt] nf Schuld f.

deuil [dœj] nm Trauerfall m;

(période) Trauern nt; **porter le ~** Trauer tragen; **être en ~** trauern.

deux [dø] num zwei; **deuxième** num zweite(r,s); **~-temps** a Zweitakt-.

devais etc vb voir **devoir**.

dévaler [devale] vt hinunterrennen.

dévaliser [devalize] vt berauben.

dévaloriser [devalɔrize] vt *(fig)* mindern, herabsetzen; **se ~** vi *(monnaie)* an Kaufkraft verlieren.

dévaluation [devaluasjɔ̃] nf Geldentwertung f, *(ECON)* Abwertung f.

dévaluer [devalɥe] vt abwerten.

devancer [dəvɑ̃se] vt vorangehen (+dat); kommen vor (+dat); *(prévenir)* zuvorkommen (+dat).

devant [d(ə)vɑ̃] ad vorn; *(dans un véhicule)* vorne // prep vor (+dat); *(direction)* vor (+akk) // nm Vorderseite f; **pattes de ~** Vorderbeine pl; **par ~** vorne; **aller au ~ de qn/qch** jdm/etw entgegenkommen.

devanture [d(ə)vɑ̃tyʀ] nf *(étalage)* Auslage f.

dévaster [devaste] vt verwüsten.

déveine [deven] nf Pech nt.

développement [devlɔpmɑ̃] nm Entwicklung f.

développer [devlɔpe] vt entwickeln; **se ~** vi sich entwickeln.

devenir [dəvniʀ] vi+av attribut werden.

dévergonder [devɛʀgɔ̃de]: **se ~** vi alle Scham verlieren.

devers [dəvɛʀ] ad: **par-~ soi** zu sich selbst.

déverser [devɛʀse] vt ausgießen; *(ordures)* ausschütten.

dévêtir [devetiʀ] vt ausziehen; **se ~** sich ausziehen.

déviation [devjasjɔ̃] nf *(AUT)* Umleitung f.

dévider [devide] vt abwickeln.

dévier [devje] vt umleiten // vi *(balle)* vom Kurs abkommen; *(conversation)* vom Thema abkommen.

devin [dəvɛ̃] nm Hellseher m.

deviner [d(ə)vine] vt raten, erraten; *(prédire)* vorhersagen; *(prévoir)* vorhersehen.

devinette [d(ə)vinɛt] nf Rätsel nt.

devins etc vb voir **devenir**.

devis [d(ə)vi] nm Voranschlag m.

dévisager [devizaʒe] vt mustern.

devise [d(ə)viz] nf *(formule)* Motto nt, Devise f; *(monnaie)* Währung f; **~s** nfpl Devisen pl.

deviser [dəvize] vi sich unterhalten.

dévisser [devise] vt aufschrauben.

dévoiler [devwale] vt *(statue)* enthüllen; *(secret)* aufdecken.

devoir [d(ə)vwaʀ] nm: *(gén pl: obligation)*: **le ~/un ~** die Pflicht/eine Verpflichtung; *(SCOL)* Aufgabe f // vt *(argent)* schulden; *(suivi de l'infinitif)* müssen.

dévolu, e [devɔly] a: **~ à qn** für jdn vorgesehen // nm: **jeter son ~ sur** sein Augenmerk richten auf (+akk).

dévorer [devɔʀe] vt verschlingen; *(sujet: feu, soucis)* verzehren.

dévot, e [devo, ɔt] a fromm.

dévoué, e [devwe] a ergeben.

dévouement [devumɑ̃] nm Hingabe f.

dévouer [devwe]: **se ~** vi: **se ~ (pour)** sich opfern (für); *(se consacrer)*: **se ~ à** sich widmen (+dat).

dévoyé, e [devwaje] a vom rechten Weg abgekommen.

dextérité [dɛksteʀite] nf Geschick nt.

diabète [djabɛt] nm Zuckerkrankheit f, Diabetes f; **diabétique** nm/f Diabetiker(in f) m.

diable [djabl(ə)] nm Teufel m; **diabolique** a teuflisch.

diacre [djakʀ(ə)] nm Diakon m.

diagnostic [djagnɔstik] nm Diagnose f; **diagnostiquer** vt diagnostizieren.

diagonal, e, aux [djagɔnal, o] a diagonal // nf Diagonale f; **en ~e** diagonal; **lire en ~e** überfliegen.

diagramme [djagʀam] nm Diagramm nt.

dialecte [djalɛkt(ə)] nm Dialekt m.

dialogue [djalɔg] nm Dialog m; **dialoguer** vi *(POL)* im Dialog stehen.

diamant [djamɑ̃] nm Diamant m.

diamètre [djamɛtʀ(ə)] nm Durchmesser m.

diapason [djapazɔ̃] nm Stimmgabel

f; **être au ~ de qn** nach jdm ausgerichtet sein.

diaphragme [djafʀagm(ə)] · (ANAT) Zwerchfell nt; (PHOT) Blende f; (contraceptif) Pessar nt.

diapositive [djapozitiv] nf Dia nt, Lichtbild nt.

diarrhée [djaʀe] nf Durchfall m.

dictateur [diktatœʀ] nm Diktator m.

dictature [diktatyʀ] nf Diktatur f.

dictée [dikte] nf Diktat nt.

dicter [dikte] vt diktieren; (fig) aufzwingen (+dat).

diction [diksjɔ̃] nf Diktion f; **cours de ~** Sprecherziehung f.

dictionnaire [diksjɔnɛʀ] nm Wörterbuch nt.

dièse [djɛz] nm Kreuz nt.

diesel [djezɛl] nm Dieselöl nt; **un (véhicule/moteur) ~** éin Diesel m.

diète [djɛt] nf Diät f.

diététicien, ne [djetetisjɛ̃, jɛn] nm/f Diätist(in f) m; **diététique** a diätetisch.

dieu, x [djø] nm Gott m.

diffamation [difamasjɔ̃] nf Verleumdung f.

diffamer [difame] vt verleumden.

différé [difeʀe] nm (TV): **en ~** aufgezeichnet.

différence [difeʀɑ̃s] nf Unterschied m; (MATH) Differenz f; **à la ~ de** im Unterschied zu.

différencier [difeʀɑ̃sje] vt unterscheiden.

différend [difeʀɑ̃] nm Meinungsverschiedenheit f.

différent, e [difeʀɑ̃, ɑ̃t] a verschieden; **~s objets** mehrere Gegenstände.

différentiel, le [difeʀɑ̃sjɛl] a (tarif, droit) unterschiedlich // nm (AUT) Differential nt.

différer [difeʀe] vt auf- ou verschieben // vi: **~ (de)** sich unterscheiden (von).

difficile [difisil] a schwierig; **~ment** ad mit Schwierigkeiten; **~ment lisible** schwer leserlich.

difficulté [difikylte] nf Schwierigkeit f; **en ~** (bateau) in Seenot; (alpiniste) in Schwierigkeiten.

difforme [difɔʀm(ə)] a deformiert.

diffus, e [dify, yz] a diffus.

diffuser [difyze] vt verbreiten; (émission, musique) ausstrahlen; **diffusion** nf Verbreitung f; Ausstrahlung f.

digérer [diʒeʀe] vt verdauen; **digestif, ive** a Verdauungs- // nm Verdauungsschnaps m; **digestion** nf Verdauung f.

digne [diɲ] a (respectable) würdig; **~ de qch** einer Sache (gen) wert; **~ d'intérêt** beachtenswert; **~ de foi** vertrauenswürdig; **~ de qn** jds würdig.

dignitaire [diɲitɛʀ] nm Würdenträger(in f) m.

dignité [diɲite] nf Würde f; (fierté, honneur) Ehre f.

digue [dig] nf Deich m, Damm m.

dilapider [dilapide] vt durchbringen.

dilater [dilate] vt (joues, ballon) aufblasen; (narines) aufblähen; **se ~** vi sich dehnen.

dilemme [dilɛm] nm Dilemma nt.

diligence [diliʒɑ̃s] nf Postkutsche f; (empressement) Eifer m.

diligent, e [diliʒɑ̃, ɑ̃t] a eifrig.

diluer [dilɥe] vt verdünnen.

diluvien, ne [dilyvjɛ̃, jɛn] a: **pluie ~ne** Wolkenbruch m.

dimanche [dimɑ̃ʃ] nm Sonntag m; **le ~** sonntags.

dimension [dimɑ̃sjɔ̃] nf Dimension f; (taille, grandeur) Größe f.

diminuer [diminɥe] vt (hauteur, quantité, nombre) verringern, reduzieren; (enthousiasme, ardeur) abschwächen; (personne: physiquement) angreifen; (: moralement) unterminieren // vi (quantité) abnehmen, sich verringern; (intensité) sich vermindern; (fréquence) abnehmen; **diminutif** nm (LING) Verkleinerungsform f; (surnom) Kosename m; **diminution** nf Abnahme f, Rückgang m.

dinde [dɛ̃d] nf Truthahn m.

dindon [dɛ̃dɔ̃] nm Puter m.

dîner [dine] nm Abendessen nt; **~ d'affaires** Arbeitsessen nt.

dingue [dɛ̃g] a (fam) verrückt.

diphtérie [difteri] nf Diphterie f.

diphtongue [diftɔ̃g] nf Diphthong m.

diplomate [diplɔmat] a diplomatisch // nm Diplomat m.

diplomatie [diplɔmasi] nf Diplomatie f.

diplôme [diplom] nm Diplom nt; **diplômé, e** a Diplom-.

dire [dir] nm: au ~ des témoins den Aussagen der Zeugen zufolge // vt sagen; (secret, mensonge) erzählen; (poème etc) aufsagen; **vouloir ~ (que)** bedeuten (daß); **cela me dit (de faire)** (fam) ich hätte Lust (zu tun); **on dirait** que man könnte meinen, daß; **on dirait un chat** es sieht nach einer Katze aus; **à vrai ~** offengestanden; **dites donc!** (agressif) nun hören Sie mal!; **et ~ que ...** wenn man bedenkt, daß ... .

direct, e [dirɛkt, ɛkt(ə)] a direkt; **~ement** ad direkt.

directeur, trice [dirɛktœr, tris] a Haupt- // nm/f Direktor(in f) m; (d'école primaire) Rektor(in f) m; **~ de thèse** Doktorvater m.

direction [dirɛksjɔ̃] nf Leitung f; Führung f; (AUT) Lenkung f; (sens) Richtung f; (directeurs, bureaux) Geschäftsleitung f; **sous la ~ de** unter Leitung von.

directive [dirɛktiv] nf Direktive f.

dirigeable [diriʒabl(ə)] nm Luftschiff nt, Zeppelin m.

diriger [diriʒe] vt leiten; (personnes) führen; (véhicule) lenken; (orchestre) dirigieren; (regard, arme): **~ sur** richten auf (+akk); **se ~** (s'orienter) sich orientieren; **se ~ vers/sur** zugehen ou zufahren auf (+akk).

dis etc vb voir **dire**.

discernement [disɛrnəmã] nm feines Gespür nt.

discerner [disɛrne] vt wahrnehmen.

disciple [disipl(ə)] nm/f Jünger m.

discipline [disiplin] nf Disziplin f.

discontinu, e [diskɔ̃tiny] a periodisch, mit Unterbrechungen.

discontinuer [diskɔ̃tinɥe] vi: **sans ~** unuterbrochen.

discordant, e [diskɔrdã, ãt] a nicht miteinander harmonierend.

discorde [diskɔrd(ə)] nf Zwist m.

discothèque [diskɔtɛk] nf (disques) Plattensammlung f; (dans une bibliothèque) Schallplattenarchiv nt; (boîte de nuit) Diskothek f.

discours [diskur] nm Rede f.

discréditer [diskredite] vt in Mißkredit bringen.

discret, ète [diskrɛ, ɛt] a (réservé, modéré) zurückhaltend; (pas indiscret) diskret; **un endroit ~** ein stilles Plätzchen; **discrètement** ad diskret; dezent, zurückhaltend.

discrétion [diskresjɔ̃] nf Diskretion f; Zurückhaltung f; **à la ~ de qn** jds Gutdünken; **à ~** nach Belieben.

discrimination [diskriminasjɔ̃] nf Diskriminierung f; (distinction) Unterscheidung f.

disculper [diskylpe] vt entlasten.

discussion [diskysjɔ̃] nf Diskussion f; **~s** nfpl (négociations) Verhandlungen pl.

discutable [diskytabl(ə)] a (contestable) anfechtbar.

discuté, e [diskyte] a umstritten.

discuter [diskyte] vt (contester) in Frage stellen; **~ de** (négocier) verhandeln über (+akk); **~ de** (parler) diskutieren (+akk).

disette [dizɛt] nf Hungersnot f.

diseuse [dizøz] nf: **~ de bonne aventure** Wahrsagerin f.

disgrâce [disgras] nf: **être en ~** in Ungnade sein.

disgracieux, ieuse [disgrasjø, jøz] a linkisch.

disjoindre [diʒwɛdr(ə)] vt auseinandernehmen; **se ~** vi sich trennen.

disjoncteur [diʒɔ̃ktœr] nm (ELEC) Unterbrecher m.

disloquer [dislɔke] vt (membre) ausrenken; (chaise) auseinandernehmen; **se ~** vi (parti, empire) auseinanderfallen; **se ~ l'épaule** sich (dat) den Arm auskugeln.

disparaître [disparɛtr(ə)] vi verschwinden; (mourir) sterben.

disparité [disparite] nf Ungleichheit f.

disparition [disparisjɔ̃] nf Verschwinden nt; Sterben nt.

disparu, e [dispaʀy] nm/f (défunt) Verstorbene(r) mf.

dispensaire [dispɑ̃sɛʀ] nm Poliklinik f.

dispenser [dispɑ̃se] vt (donner) schenken, gewähren; ~ qn de faire qch jdn davon befreien, etw zu tun; se ~ de qch sich einer Sache (dat) entziehen.

disperser [dispɛʀse] vt verstreuen; (chasser) auseinandertreiben; (son attention, ses efforts) verschwenden; se ~ vi (foule) sich zerstreuen.

disponibilité [disponibilite] nf Verfügbarkeit f.

disponible [disponibl(ə)] a verfügbar.

dispos [dispo] am: (frais et) ~ frisch und munter, taufrisch.

disposé, e [dispoze] a (arrangé) vereinbart; ~ à bereit zu.

disposer [dispoze] vt (arranger, placer) anordnen // vi: vous pouvez ~ Sie können gehen; ~ de vt (avoir) verfügen über (+akk); ~ qn à qch jdn für etw gewinnen; ~ qn à faire qch jdn dafür gewinnen, etw zu tun; se ~ à faire qch sich darauf vorbereiten, etw zu tun.

dispositif [dispozitif] nm Vorrichtung f, Anlage f; (fig) Einsatzplan m.

disposition [dispozisjɔ̃] nf (arrangement) Anordnung f; (humeur) Veranlagung f; Neigung f; (pl: mesure, décision) Maßnahme f; être à la ~ de qn jdm zur Verfügung stehen.

disproportion [dispʀopʀsjɔ̃] nf Mißverhältnis nt; **disproportionné, e** a unverhältnismäßig.

dispute [dispyt] nf Streit m.

disputer [dispyte] vt (match) austragen; se ~ vi sich streiten; ~ qch à qn vt jdm um etw kämpfen.

disquaire [diskɛʀ] nm/f Schallplattenverkäufer(in) f.

disqualifier [diskalifje] vt disqualifizieren.

disque [disk(ə)] nm Scheibe f; (MUS) Schallplatte f; (SPORT) Diskus m.

disséminer [disemine] vt aus- ou verstreuen.

dissension [disɑ̃sjɔ̃] nf (gén pl) Meinungsverschiedenheit f.

disséquer [diseke] vt sezieren.

dissertation [disɛʀtasjɔ̃] nf (SCOL) Aufsatz m.

dissimuler [disimyle] vt (cacher) verheimlichen; (masquer à la vue) verbergen; se ~ sich verbergen.

dissiper [disipe] vt auflösen; (doutes) zerstreuen; (fortune) vergeuden, verschwenden; se ~ vi (brouillard) sich auflösen; (doutes) sich zerstreuen; (perdre sa concentration) sich zerstreuen lassen; (se dévergonder) sich Ausschweifungen hingeben.

dissolu, e [disoly] a zügellos.

dissolution [disolysjɔ̃] nf Auflösung f.

dissolvant [disolvɑ̃, ɑ̃t] nm (CHIM) Lösungsmittel nt; ~ (gras) Nagellackentferner m.

dissonant, e [disonɑ̃, ɑ̃t] a disharmonisch.

dissoudre [disudʀ(ə)] vt auflösen; se ~ vi sich auflösen.

dissuader [disɥade] vt: ~ qn de qch jdn davon abbringen, etw zu tun; ~ qn de qch jdn von etw abbringen.

dissuasion [disɥazjɔ̃] nf: force de ~ Abschreckungskraft f.

distance [distɑ̃s] nf Entfernung f, Distanz f; (fig) Abstand m; à ~ aus der Entfernung; tenir qn à ~ jdn auf Distanz halten; tenir la ~ (SPORT) durchhalten; **distancer** vt hinter sich (dat) lassen, abhängen.

distant, e [distɑ̃, ɑ̃t] a (réservé) distanziert, reserviert; (éloigné): ~ d'un lieu von einem Ort entfernt; ~ de 5 km 5 km entfernt.

distiller [distile] vt destillieren; (venin, suc) tropfenweise absondern; **distillerie** nf Brennerei f.

distinct, e [distɛ̃(kt), distɛ̃kt(ə)] a (différent) verschieden; (clair, net) deutlich, klar; **distinctement** ad deutlich.

distinction [distɛ̃ksjɔ̃] nf (bonnes

manières Vornehmheit *f*; *(médaille)* Auszeichnung *f*; *(différence)* Unterschied *m*.

distingué, e [distɛ̃ge] *a (éminent)* von hohem Rang; *(raffiné, élégant)* distinguiert, vornehm.

distinguer [distɛ̃ge] *vt (apercevoir)* erkennen; *(différencier)* unterscheiden; **se ~** sich auszeichnen; **~ (de)** *(différer)* sich unterscheiden (von).

distraction [distraksjɔ̃] *nf* Zerstreutheit *f*; *(détente, passe-temps)* Zerstreuung *f*.

distraire [distrɛr] *vt (déranger)* ablenken; *(divertir)* unterhalten; **se ~** sich zerstreuen.

distrait, e [distrɛ, ɛt] *a* zerstreut.

distribuer [distribɥe] *vt* verteilen; *(gifles, coups)* austeilen; *(COMM)* vertreiben; **distributeur, trice** *nm*: **~ (automatique)** Münzautomat *m*; **distribution** *nf* Verteilung *f*; Vertrieb *m*; *(choix d'acteurs)* Rollenverteilung *f*.

district [distrikt] *nm* Bezirk *m*.

dit, e [di] *pp de* **dire** // *a (fixé)* vereinbart; *(surnommé)*: **X, ~ Pierrot** X, genannt Pierrot.

diurétique [djyretik] *a* harntreibend.

diurne [djyrn(ə)] *a* Tages-, Tag-.

divaguer [divage] *vi* unzusammenhängendes Zeug faseln.

divan [divɑ̃] *nm* Diwan *m*.

divergence [divɛrʒɑ̃s] *nf* Meinungsverschiedenheit *f*.

diverger [divɛrʒe] *vi (personnes, idées)* voneinander abweichen; *(rayons, lignes)* divergieren.

divers, e [divɛr, ɛrs(ə)] *a (varié, différent)* unterschiedlich // *dét* **mehrere**; **diversifier** *vt* abwechslungsreicher gestalten; **diversion** [divɛrsjɔ̃] *nf* Ablenkung *f*; **faire ~ (à)** ablenken (von).

diversité [divɛrsite] *nf* Vielfalt *f*.

divertir [divɛrtir] *vt* unterhalten; **se ~** sich amüsieren.

divin, e [divɛ̃, in] *a* göttlich; **divinité** *nf* Gottheit *f*.

diviser [divize] *vt (MATH)* divi-

dieren, teilen; *(somme, terrain)* aufteilen; *(ouvrage, ensemble)* unterteilen; **se ~ en** sich teilen in (*+akk*).

division *nf* Teilung *f*, Division *f*; Aufteilung *f*; *(secteur)* Abteilung *f*; *(MIL)* Division *f*; *(SPORT)* Liga *f*.

divorce [divɔrs(ə)] *n* Scheidung *f*; **divorcé, e** *nm/f* Geschiedene(r) *mf*; **divorcer** *vi* sich scheiden lassen (**de** von).

divulguer [divylge] *vt* veröffentlichen.

dix [dis] *num* zehn; **dixième** *num* zehnte(r, s)// *nm (fraction)* Zehntel *nt*.

dizaine [dizɛn] *nf (10)* zehn; *(environ 10):* **une ~ de** etwa zehn.

do [do] *nm* C *nt*.

docile [dɔsil] *a* gefügig.

docte [dɔkt(ə)] *a* gelehrt.

docteur [dɔktœr] *nm* Arzt *m*; *(d'université)* Doktor *m*.

doctorat [dɔktɔra] *nm* Doktorwürde *f*; **faire son ~** promovieren; **doctoresse** [dɔktɔrɛs] *nf* Ärztin *f*.

doctrine [dɔktrin] *nf* Doktrin *f*.

document [dɔkymɑ̃] *nm* Dokument *nt*.

documentaire [dɔkymɑ̃tɛr] *a*; **(film) ~** Dokumentarfilm *m*.

documentaliste [dɔkymɑ̃talist(ə)] *nm/f* Archivar(in *f*) *m*.

documentation [dɔkymɑ̃tasjɔ̃] *nf (documents)* Dokumentation *f*.

documenter [dɔkymɑ̃te] *vt*: **se (sur)** sich Informationsmaterial beschaffen (über *+akk*).

dodo [dodo] *nm*: **faire ~** schlafen.

dodu, e [dody] *a* gut genährt.

dogmatique [dɔgmatik] *a* dogmatisch.

dogme [dɔgm(ə)] *nm* Dogma *nt*.

dogue [dɔg] *nm* Dogge *f*.

doigt [dwa] *nm* Finger *m*; **il a été à deux ~s de réussir** es wäre ihm fast gelungen; **~ de pied** Zeh *m*.

doigté [dwate] *nm (MUS)* Fingersatz *m*; *(fig)* Fingerspitzengefühl *nt*.

doit [dwa] *etc vb voir* **devoir**.

doléances [dɔleɑ̃s] *nfpl* Beschwerde *f*.

D.O.M. *sigle m(pl) = département(s) d'outre-mer.*

domaine [dɔmɛn] *nm* Grundbesitz *m*; *(fig)* Gebiet *nt*.

domanial, e, aux [dɔmanjal, jo] *a* zu den Staatsgütern gehörend.

dôme [dom] *nm* Kuppel *f*.

domestique [dɔmɛstik] *a* (*animal*) Haus-; (*de la maison, du ménage*) häuslich, Haus- // *nm/f* Hausangestellte(r) *mf*.

domestiquer [dɔmɛstike] *vt* (*animal*) domestizieren.

domicile [dɔmisil] *nm* Wohnsitz *m*; à ~ zu Hause; (*livrer*) ins Haus; **domicilié, e** *a* : **être domicilié à** den Wohnsitz haben in (+*dat*).

dominant, e [dɔminɑ̃, ɑ̃t] *a* dominierend; (*principal*) Haupt-.

dominateur, trice [dɔminatœr, tris] *a* beherrschend, dominierend.

dominer [dɔmine] *vt* beherrschen; (*surpasser*) übertreffen // *vi* (*SPORT*) dominieren; **se** ~ sich beherrschen.

dominical, e, aux [dɔminikal, o] *a* Sonntags-.

domino [dɔmino] *nm* Dominostein *m*; ~**s** *nmpl* (*jeu*) Domino(spiel) *nt*.

dommage [dɔmaʒ] *nm* (*dégâts, pertes*) Schaden *m*; **c'est** ~ **que** ... es ist schade daß ... ; ~**s-intérêts** *nmpl* Schadensersatz *m*.

dompter [dɔ̃te] *vt* bändigen.

don [dɔ̃] *nm* (*cadeau*) Geschenk *nt*; (*charité*) Spende *f*; (*aptitude*) Gabe *f*, Talent *nt*.

donation [dɔnasjɔ̃] *nf* Schenkung *f*.

donc [dɔ̃k] *conj* deshalb, daher; (*après une digression*) also.

donjon [dɔ̃ʒɔ̃] *nm* Bergfried *m*.

donné, e [dɔne] *a* : **prix/jour** vereinbarter Preis/Tag; **c'est** ~ das ist geschenkt; **étant** ~ **que** ... es ist geschenkt; **étant** ~ **que** ... aufgrund der Tatsache, daß// *nf*(*MATH*) bekannte Größe *f*; (*gén: d'un problème*) Gegebenheit *f*; (*INFORMATIQUE*) Daten *pl*.

donner [dɔne] *vt* geben; (*en cadeau*) schenken; (*dire: nom*) angeben; (*film, spectacle*) zeigen; ~ **sur** blicken auf (+*akk*); **se** ~ **à fond** (à son travail) sich (seiner Arbeit) vollständig widmen; **s'en** ~ (à cœur joie)

(fam) sich toll amüsieren.

dont [dɔ̃] *pron relatif* wovon; **la maison** — **je vois le toit** das Haus dessen Dach ich sehe; **l'homme** — **je connais la sœur** der Mann dessen Schwester ich kenne; **dix blessés** — **deux grièvement** zehn Verletzte, zwei davon schwerverletzt; **deux livres** — **l'un est gros** zwei Bücher wovon eins dick ist; **il y avait plusieurs personnes,** — **Simon** es waren mehrere da, (unter anderem) auch Simon; **le fils/livre** — **il est si fier** der Sohn, auf den/das Buch, worauf er so stolz ist.

doré, e [dɔre] *a* (*golden*); (*montre, bijou*) vergoldet.

dorénavant [dɔrenavɑ̃] *ad* von nun an.

dorer [dɔre] *vt* (*cadre*) vergolden; **(faire)**~ (*CULIN*) (goldbraun) braten.

dorloter [dɔrlɔte] *vt* verhätscheln.

dormir [dɔrmir] *vi* schlafen.

dortoir [dɔrtwar] *nm* Schlafsaal *m*.

dorure [dɔryr] *nf* Vergoldung *f*.

doryphore [dɔrifɔr] *nm* Kartoffelkäfer *m*.

dos [do] *nm* Rücken *m*; **voir au** ~ siehe Rückseite; **de** ~ von hinten; à ~ **de mulet** auf einem Maulesel (reitend).

dosage [dozaʒ] *nm* Dosierung *f*.

dose [doz] *nf* (*MED*) Dosis *f*; (*fig*) Ration *f*.

dossier [dosje] *nm* Akte *f*; (*de chaise*) Rückenlehne *f*.

dot [dɔt] *nf* Mitgift *f*.

doter [dɔte] *vt* : **qn/qch de** jdn/etw ausstatten mit.

douane [dwan] *nf* Zoll *m*; **douanier, ière** *a* Zoll- // *nm/f* Zollbeamte(r) *m*, -beamtin *f*.

double [dubl(ə)] *a, ad* doppelt // *nm* (2 *fois plus*): ~ doppelt so viel; (*autre exemplaire*) Duplikat *nt*; (*sosie*) Doppelgänger(in *f*) *m*; (*TENNIS*) Doppel *nt*.

doubler [duble] *vt* (*multiplier par 2*) verdoppeln; (*vêtement*) füttern; (*dépasser*) überholen; (*film*) synchronisieren; (*acteur*) doubeln // *vi*

doublure   98   duc

vi sich verdoppeln; ~ **(la classe)** (SCOL) sitzenbleiben.

doublure [dublyʀ] nf Futter nt; (FILM) Double nt.

douce [dus] a voir **doux**; **douceâtre** a süßlich; ~**ment** ad behutsam; (lentement) langsam; ~**reux, euse** a süßlich; **douceur** [dusœʀ] nf Süßigkeit f; Sanftheit f; Zartheit f; Milde f; **douceurs** nfpl (friandises) Süßigkeiten pl.

douche [duʃ] nf Dusche f; ~**s** nfpl (salle) Duschraum m; **se doucher** sich duschen.

doué, e [dwe] a begabt; **être ~ de qch** etw besitzen.

douille [duj] nf (ELEC) Fassung f; (de projectile) Hülse f.

douillet, te [duje, ɛt] a (personne) empfindlich; (lit, maison) gemütlich, behaglich.

douleur [dulœʀ] nf Schmerz m; (chagrin) Leid nt, Kummer m; **douloureux, euse** a schmerzhaft; (membre) schmerzend; (séparation, perte) schmerzlich.

doute [dut] nm: **le ~** der Zweifel; **un ~** ein Verdacht m; **sans nul ou aucun ~** zweifellos.

douter [dute] vt: ~ **de** vt (allié) Zweifel haben an +(dat); (résultat) anzweifeln (+akk); **se ~ de qch/que** etw ahnen/ahnen, daß.

douteux, euse [dutø, øz] a zweifelhaft; (pej) fragwürdig.

doux, douce [du, dus] a süß; (personne) sanft, (couleur) zart; (climat, région) mild.

douzaine [duzɛn] nf Dutzend nt.

douze [duz] num zwölf; **douzième** num zwölfte(r,s) // nm (fraction) Zwölftel nt.

doyen, ne [dwajɛ̃, ɛn] nm/f (en âge) Älteste(r) mf; (de faculté) Dekan m.

dragée [dʀaʒe] nf Mandelbonbon nt; (MED) Dragée nt.

dragon [dʀagɔ̃] nm Drache m.

draguer [dʀage] vt (rivière) ausbaggern; (fam) aufreißen.

drainer [dʀene] vt entwässern.

dramatique [dʀamatik] a dramatisch; (tragique) tragisch // nf (TV) Fernsehdrama nt.

dramaturge [dʀamatyʀʒ(ə)] nm Dramatiker(in f) m.

drame [dʀam] nm Drama nt.

drap [dʀa] nm (de lit) Laken nt; (tissu) (Woll)stoff m.

drapeau, x [dʀapo] nm Fahne f; **être sous les ~** Soldat sein.

drapier [dʀapje] nm Textilhändler m.

dresser [dʀese] vt aufrichten; (animal) dressieren; ~ **l'oreille** die Ohren spitzen; ~ **la table** den Tisch decken; **se ~** vi (église, falaise, obstacle) emporragen; ~ **qn contre qn** jdn gegen jdn aufbringen.

dressoir [dʀeswaʀ] nm Anrichte f.

drogue [dʀɔg] nf Droge f.

drogué, e [dʀɔge] nm/f Drogensüchtige(r) mf.

droguer [dʀɔge] vt betäuben; (malade) Betäubungsmittel geben (+dat); **se ~** Drogen nehmen.

droguerie [dʀɔgʀi] nf Drogerie f.

droguiste [dʀɔgist(ə)] nm Drogist(in f) m.

droit, e [dʀwa, dʀwat] a (non courbe) gerade; (vertical) senkrecht; (loyal, franc) aufrecht; (opposé à gauche) rechte(r,s) // ad gerade; (fig): **aller au fait/cœur** gleich zu den Tatsachen kommen/zutiefst bewegen // nm Recht nt // nf (direction) rechte Seite f; (POL): **la ~e** die Rechte; ~**s** nmpl (taxes) Steuern pl; **être en ~ de** berechtigt sein zu; **à qui de ~** an die betreffende Person; **à ~** rechts.

droitier, ière [dʀwatje, jɛʀ] nm/f Rechtshänder(in f) m.

droiture [dʀwatyʀ] nf Aufrichtigkeit f.

drôle [dʀol] a komisch.

dromadaire [dʀɔmadɛʀ] nm Dromedar nt.

dru, e [dʀy] a (cheveux) dicht; (pluie) stark.

du [dy] voir **de**.

dû, e [dy] pp de **devoir** // a (somme) schuldig; (venant à échéance) fällig // nm (somme) Schuld f.

dubitatif, ive [dybitatif, iv] a zweifelnd.

duc [dyk] nm Herzog m; **duchesse** (in f)

Herzogin f.

dûment [dymã] ad ordnungsgemäß; *(fam)* ordentlich.

dune [dyn] nf Düne f.

dupe [dyp] a: **(ne pas) être ~ de** (nicht) hereinfallen auf (+akk).

duper [dype] vt betrügen.

duplex [dyplεks] nm *(appartement)* zweistöckige Wohnung f.

duplicata [dyplikata] nm Duplikat nt.

duplicité [dyplisite] nf Doppelspiel nt.

dur, e [dyʀ] a hart; *(difficile)* schwierig; *(climat)* rauh; *(viande)* zäh; *(col)* steif; *(sévère)* streng // ad *(travailler)* schwer; *(taper)* hart; **mener la vie ~e à qn** jdm das Leben schwer machen; **~ d'oreille** schwerhörig.

durable [dyʀabl(ə)] a dauerhaft.

durant [dyʀã] prep während (+gen); **~ des mois du des mois** monatelang.

durcir [dyʀsiʀ] vt härten; *(fig)* verhärten // vi *(colle)* hart werden; **se ~** vi hart werden, sich verhärten.

durcissement [dyʀsismã] nm (Er)härten nt; Verhärtung f.

durée [dyʀe] nf Dauer f.

durement [dyʀmã] ad hart; *(sévèrement)* streng.

durer [dyʀe] vi *(se prolonger)* dauern; *(résister à l'usure)* halten.

dureté [dyʀte] nf Härte f; Schwierigkeit f; Strenge f; *(résistance)* Zähigkeit f.

duvet [dyvε] nm Daune f; *(poils)* Flaum m.

dynamique [dinamik] a dynamisch.

dynamite [dinamit] nf Dynamit nt.

dynamiter [dinamite] vt sprengen.

dynamo [dinamo] nf Dynamo m.

dynastie [dinasti] nf Dynastie f.

dysenterie [disãtʀi] nf Ruhr f.

dyslexie [dislεksi] nf Legasthenie f.

E

eau, x [o] nf Wasser nt // nfpl Gewässer pl; **prendre l'~** undicht

sein; **~ de Cologne** Kölnisch Wasser; **~ courante** fließendes Wasser; **~ gazeuse** kohlensäurehaltiges Wasser; **~ de Javel** Bleichmittel nt; **~ minérale** Mineralwasser nt; **~ plate** Tafelwasser nt; **~-de-vie** Schnaps m.

ébahi, e [ebai] a verblüfft.

ébattre: s'~ vi sich tummeln.

ébauche [eboʃ] nf Entwurf m; **ébaucher** vt entwerfen; **~ un sourire** ein Lächeln andeuten; **s'~** vi sich andeuten.

ébène [ebεn] nm Ebenholz nt.

ébéniste [ebenist(ə)] nm Möbeltischler m.

éberlué, e [ebεʀlɥe] a verblüfft.

éblouir [ebluiʀ] vt blenden.

éborgner [ebɔʀɲe] vt ein Auge ausstechen (+dat).

éboueur [ebwœʀ] nm Müllmann m.

ébouillanter [ebujãte] vt *(CULIN)* ab- ou überbrühen.

éboulis [ebuli] nmpl Geröll nt.

ébouriffé, e [ebuʀife] a zerzaust.

ébranler [ebʀãle] vt erschüttern; *(fig)* ins Wanken bringen; **s'~** vi *(partir)* sich in Bewegung setzen.

ébrécher [ebʀeʃe] vt anschlagen.

ébriété [ebʀiete] nf: **en état d'~** in betrunkenem Zustand.

ébrouer: s'~ vi sich schütteln; schnauben.

ébruiter [ebʀɥite] vt verbreiten.

ébullition [ebylisjɔ̃] nf: **être en ~** sieden.

écaille [ekaj] nf *(de poisson)* Schuppe f; *(de coquillage)* Muschelschale f; *(matière)* Schildpatt m.

écailler [ekaje] vt *(poisson)* abschuppen; *(huître)* aufmachen; **s'~** vi abblättern.

écarlate [ekaʀlat] a knallrot.

écarquiller [ekaʀkije] vt: **~ les yeux** die Augen aufreißen.

écart [ekaʀ] nm Abstand m; *(de prix etc)* Differenz f; *(embardée)* Schlenker m *(fam)*; *(fig)* Verstoß m *(de gegen)*; **à l'~** ad abseits; **à l'~ de** prep abseits von; **faire un ~** *(cheval)* ausscheren; **~ à droite** nach rechts ausweichen.

écarteler [ekaʀtəle] vt vierteilen;

(fig) hin- und herreißen.

écartement [ekartəmã] *nm*
Abstand *m*; *(RAIL)* Spurweite *f.*

écarter [ekarte] *vt (éloigner)* fern-
halten; *(séparer)* trennen; *(jambes)*
spreizen; *(bras)* aufhalten; *(possibilité)* verwerfen; *(rideau)* öffnen;
s'~ *vi* sich öffnen; **s'~ de** sich
entfernen von.

ecclésiastique [eklezjastik] *a*
kirchlich.

écervelé, e [esɛrvəle] *a* leichtsinnig.

échafaudage [eʃafodaʒ] *nm* Gerüst
nt.

échafauder [eʃafode] *vt (plan)*
entwerfen.

échalas [eʃala] *nm* Pfahl *m.*

échalote [eʃalɔt] *nf* Schalotte *f.*

échancrure [eʃɑ̃kryr] *nf (de robe)*
Ausschnitt *m*; *(de côte, arête rocheuse)*
Einbuchtung *f.*

échange [eʃɑ̃ʒ] *nm* Austausch *m*; **en
~ dafür; en ~ de** für (+*akk*); **~ de
lettres** Briefwechsel *m.*

échanger [eʃɑ̃ʒe] *vt* austauschen; **~
qch (contre qch)** etw (gegen etw)
tauschen; **~ qch avec qn** *(clin d'œil,
lettres etc)* etw mit jdm wechseln;
échangeur *nm (AUT)* Autobahn-
kreuz *nt.*

échantillon [eʃɑ̃tijɔ̃] *nm* Muster *m*;
(fig) Probe *f.*

échappée [eʃape] *nf (vue)* Ausblick
m; *(CYCLISME)* Ausbruch *m.*

échappement [eʃapmã] *nm (AUT)*
Auspuff *m.*

échapper [eʃape]: **~ à** *vt (gardien)*
entkommen (+*dat*); *(punition, péril)*
entgehen (+*dat*); **~ à qn** *(détail, sens)*
jdm entgehen; *(objet qu'on tient)* jdm
entgleiten; *(mot)* jdm entfallen; **s'~**
vi fliehen; **l'~ belle** mit knapper Not
davonkommen.

écharde [eʃard(ə)] *nf* Splitter *m.*

écharpe [eʃarp(ə)] *nf* Schal *m*; *(de
maire)* Schärpe *f.*

échassier [eʃasje] *nm* Stelzvogel *m.*

échauffer [eʃofe] *vt* erwärmen;
(plus chaud) erhitzen; *(moteur)* über-
hitzen; **s'~** *(SPORT)* sich warm
laufen; *(s'animer)* sich erhitzen.

échauffourée [eʃofure] *nf* Krawall
m.

échéance [eʃeãs] *nf (d'un paiement:
date)* Frist *f*, Fälligkeit *f*; *(somme due)*
fällige Zahlung *f*; **à brève/longue ~**
auf kurze/lange Sicht.

échéant [eʃeã, ãt]: **le cas ~** *ad*
gegebenenfalls.

échec [eʃɛk] *nm* Mißerfolg *m*; **~s**
nmpl (jeu) Schach *nt*; **~ et mat; au roi**
schachmatt/Schach dem König;
tenir en ~ in Schach halten.

échelle [eʃɛl] *nf (de)* Leiter *f*; *(de valeurs,
sociale)* Ordnung *f*; *(d'une carte)*
Maßstab *m.*

échelon [eʃlɔ̃] *nm (d'échelle)* Sprosse
f; *(ADMIN, SPORT)* Rang *m.*

échelonner [eʃlɔne] *vt* staffeln.

échevelé, e [eʃəvle] *a* zerzaust.

échine [eʃin] *nf* Rückgrat *m.*

échiquier [eʃikje] *nm* Schachbrett
nt.

écho [eko] *nm* Echo *nt.*

échoir [eʃwar] *vi* fällig werden;
(délais) ablaufen; **~ à** *vt* zuteil
werden (+*dat*).

échouer [eʃwe] *vi* scheitern; **s'~** *vi*
auf Grund laufen.

échu, e [eʃy] *pp* voir **échoir.**

éclabousser [eklabuse] *vt*
bespritzen.

éclair [eklɛr] *nm (d'orage)* Blitz *m*;
(gâteau) Eclair *nt.*

éclairage [eklɛraʒ] *nm* Beleuchtung *f.*

éclaircie [eklɛrsi] *nf* Aufheiterung *f.*

éclaircir [eklɛrsir] *vt (fig)* erhellen,
aufklären; *(CULIN)* verdünnen; **s'~**
vi (ciel) aufklären; **s'~ la voix** sich
räuspern; **éclaircissement** *nm*
Erklärung *f.*

éclairer [eklɛre] *vt* beleuchten; *(fig)*
aufklären // *vi* leuchten; **~ bien/mal**
gutes/schlechtes Licht geben; **s'~ à
l'électricité** elektrische Beleuchtung haben.

éclaireur, euse [eklɛrœr, øz] *nm/f
(scout)* Pfadfinder(in *f*) *m //* *nm (MIL)*
Kundschafter *m*; **partir en ~** auf
kundschaften gehen.

éclat [ekla] *nm (de bombe, verre)* Splitter *m*; *(du soleil, d'une couleur)* Hellig-

keit f; (d'une cérémonie) Pracht f; (scandale) faire un ~ Aufsehen erregen; ~ de rire schallendes Gelächter nt; ~s de voix schallende Stimmen pl.

éclatant, e [eklatɑ̃, ɑ̃t] a hell; (fig) offensichtlich.

éclater [eklate] vi (zer)platzen; (se déclarer) ausbrechen; ~ de rire/en sanglots laut aufachen/schluchzen.

éclipse [eklips(ə)] nf (ASTR) Finsternis f.

éclipser [eklipse] vt (fig) in den Schatten stellen; s'~ vi verschwinden.

éclore [eklɔʀ] vi (fleur) aufgehen.

écluse [eklyz] nf Schleuse f.

écœurer [ekœʀe] vt anwidern.

école [ekɔl] nf Schule f; aller à l'~ (être scolarisé) zur Schule gehen; ~ maternelle Kindergarten m; ~ normale Pädagogische Hochschule f; ~ primaire Grundschule f; ~ secondaire höhere Schule; **écolier, ière** nm/f Schüler(in f) m.

éconduire [ekɔ̃dɥiʀ] vt abweisen.

économe [ekɔnɔm] a sparsam // nm/f Schatzmeister m.

économie [ekɔnɔmi] nf (vertu) Sparsamkeit f; (gain) Ersparnis f; (science) Wirtschaftswissenschaft f; (situation économique) Wirtschaft f; ~s nfpl (pécule) Ersparnisse pl; **économique** a wirtschaftlich.

économiser [ekɔnɔmize] vt, vi sparen.

écoper [ekɔpe] vt (bateau) ausschöpfen // vi (fig) bestraft werden; ~ de bekommen.

écorce [ekɔʀs(ə)] nf Rinde f.

écorcher [ekɔʀʃe] vt (animal) häuten; (égratigner) aufschürfen.

écossais, e [ekɔsɛ, ɛz] a schottisch.

Écosse [ekɔs] nf: l'~ Schottland nt.

écosser [ekɔse] vt enthülsen.

écouler [ekule] vt absetzen; s'~ vi (eau) (heraus)fließen; (jours, temps) vergehen.

écourter [ekuʀte] vt abkürzen.

écouter [ekute] vt hören; (personne, conversation) zuhören (+dat); (suivre: les conseils de) hören auf (+akk);

écouteur nm Hörer m.

écoutille [ekutij] nf Luke f.

écran [ekʀɑ̃] nm Bildschirm m; (de cinéma) Leinwand f; ~ d'eau Wasserwand f; le petit ~ das Fernsehen.

écrasant, e [ekʀazɑ̃, ɑ̃t] a überwältigend.

écraser [ekʀaze] vt zerquetschen, zerdrücken; (sujet: voiture, train etc) überfahren; (ennemi, armée, équipe adverse) vernichten; ~ qn d'impôts/de responsabilités jdn mit Steuern/Verantwortung arg Gebühr belasten; s'~ (au sol) (am Boden) zerschellen; s'~ contre/sur knallen gegen/auf (+akk).

écrémer [ekʀeme] vt entrahmen.

écrevisse [ekʀəvis] nf Krebs m.

écrier [ekʀije]: s'~ vi ausrufen.

écrin [ekʀɛ̃] nm Schatulle f.

écrire [ekʀiʀ] vt schreiben; s'~ vi sich schreiben // (s'orthographier) geschrieben werden; **écrit** nm Schriftstück nt; (examen) schriftliche Prüfung f; **par écrit** schriftlich.

écriteau, x [ekʀito] nm Schild nt.

écriture [ekʀityʀ] nf Schrift f; (COMM) Eintrag m; ~s nfpl (COMM) Konten pl; l'É~ die Heilige Schrift.

écrivain [ekʀivɛ̃] nm Schriftsteller(in f) m.

écrou [ekʀu] nm (TECH) Mutter f.

écrouer [ekʀue] vt inhaftieren.

écrouler [ekʀule]: s'~ vi (mur) einstürzen; (personne, animal) zusammenbrechen.

écru, e [ekʀy] a ungebleicht.

écueil [ekœj] nm Riff nt; (fig) Falle f, Fallstrick m.

écuelle [ekɥɛl] nf Schüssel f.

éculé, e a (chaussure) abgelaufen; (fig: pej) abgedroschen.

écume [ekym] nf Schaum m.

écumer [ekyme] vt (CULIN) abschöpfen; (fig) ausplündern // vi (mer, fig: personne) schäumen.

écureuil [ekyʀœj] nm Eichhörnchen f.

écurie [ekyʀi] nf Pferdestall m.

écusson [ekysɔ̃] nm Wappen nt.

écuyer, ère [ekɥije] nm/f (Kunst)-

reiter(in) f m.

eczéma [ɛgzema] nm Ekzem nt.

édenté, e [edɑ̃te] a zahnlos.

édifice [edifis] nm Gebäude nt.

édifier [edifje] vt erbauen; (fig) aufstellen.

édiles [edil] nmpl Stadtväter pl.

édit [edi] nm Erlaß m.

éditer [edite] vt (publier) herausbringen; **éditeur, trice** nm/f Herausgeber(in) f m; Redakteur(in) f m; **édition** nf (tirage) Auflage f; (version d'un texte) Ausgabe f; (industrie) Verlagswesen nt.

éditorial, aux [editɔ ʀjal, jo] nm Leitartikel m.

édredon [edʀədɔ̃] nm Federbett nt.

éducation [edykasjɔ̃] nf Erziehung f; Bildung f; (formation) Ausbildung f; (manières) Manieren pl; **~ physique** Sport m, Leibesübungen pl.

édulcorer [edylkɔʀe] vt versüßen.

éduquer [edyke] vt erziehen; (instruire) bilden; (faculté) schulen.

effacer [efase] vt (gommer) ausradieren; (fig) auslöschen; **s'~** vi (inscription etc) sich verlieren; (pour laisser passer) zurücktreten.

effarer [efaʀe] vt erschrecken.

effaroucher [efaʀuʃe] vt in Schrecken versetzen.

effectif, ive [efɛktif, iv] a effektiv // nm Bestand m; **devenir ~** in Kraft treten; **effectivement** ad tatsächlich.

effectuer [efɛktɥe] vt ausführen.

efféminé, e [efemine] a weibisch.

effervescent, e [efɛʀvesɑ̃, ɑ̃t] a (cachet, boisson) sprudelnd.

effet [efɛ] nm Wirkung f; **~s** nmpl (vêtements) Kleider pl; **faire de l'~** wirken; **sous l'~ de** unter dem Einfluß von; **en ~** ad tatsächlich.

efficace [efikas] a wirksam; (personne) fähig; **efficacité** nf Wirksamkeit f.

effigie [efiʒi] nf Bildnis nt.

effilé, e [efile] a dünn, zugespitzt.

effiler [efile] vt (tissu) ausfransen.

efflanqué, e [eflɑ̃ke] a ausgezehrt.

effleurer [eflœʀe] vt streifen.

effluves [eflyv] nmpl Gerüche pl.

effondrer [efɔ̃dʀe] : **s'~** vi einstürzen; (prix) stürzen; (personne) zusammenbrechen.

efforcer [efɔʀse]: **s'~ de** vt: **s'~ de faire** sich bemühen zu tun.

effort [efɔʀ] nm Anstrengung f; **faire un ~** sich anstrengen.

effraction [efʀaksjɔ̃]: **s'introduire par ~** einbrechen.

effrayant, e [efʀɛjɑ̃, ɑ̃t] a schrecklich.

effrayer [efʀeje] vt erschrecken; **s'~** (sich) erschrecken.

effréné, e [efʀene] a wild.

effriter [efʀite]: **s'~** vi bröckeln.

effroi [efʀwa] nm panische Angst f.

effronté, e [efʀɔ̃te] a unverschämt.

effroyable [efʀwajabl(ə)] a grauenvoll.

effusion [efyzjɔ̃] nf Gefühlsausbruch m; **sans ~ de sang** ohne Blutvergießen.

égal, e, aux [egal, o] a gleich; (surface) eben; (vitesse) gleichmäßig // nm/f Gleichgestellte(r) m/f; **être ~ à** sich seine wie; **ça lui est ~** das ist ihm egal; **sans ~** unvergleichlich; **~ement** ad gleichermaßen; (aussi) auch, ebenfalls; **~er** vt (personne) gleichkommen (+dat); (record) einstellen; **~iser** vt ausgleichen; (sol) ebnen // vi (SPORT) ausgleichen; **~itaire** a Gleichheits-; **~ité** nf Gleichheit f; **être à ~ité (de points)** (punkte)gleich sein; **~ité de droits** Gleichberechtigung f; **~ité d'humeur** Gleichmütigkeit f.

égard [egaʀ] nm: **~s** nmpl Rücksicht f; **à cet ~** in dieser Beziehung; **à certains/tous ~s** in mancher/jeder Hinsicht; **eu ~ à** mit Rücksicht auf (+akk); **par ~ pour** aus Rücksicht für; **sans ~ pour** ohne Berücksichtigung (+gen); **à l'~ de** gegenüber (+dat).

égarement [egaʀmɑ̃] nm Verwirrung f.

égarer [egaʀe] vt (objet) verlegen; (personne) irreleiten; **s'~** vi sich irren; (dans une discussion) (vom Thema) abkommen.

égayer [egeje] vt erheitern; belu-

stigen; (récit, endroit) aufheitern.
églantine [eglɑ̃tin] nf wilde Rose f,
Heckenrose f.
églefin [egləfɛ̃] nm Schellfisch m.
église [egliz] nf Kirche f.
égocentrique [egɔsɑ̃trik] a ego-
zentrisch.
égoïsme [egɔism(ə)] nm Egoismus
m; **égoïste** [egɔist(ə)] a egoistisch.
égorger [egɔrʒe] vt die Kehle
durchschneiden (+dat).
égosiller [egozije]: **s'~** vi sich
heiser schreien.
égout [egu] nm Abwasserkanal m.
égoutter [egute] vt (vaisselle)
abtropfen lassen.
égratigner [egratiɲe] vt
(zer)kratzen; **s'~** vi sich aufkratzen;
égratignure nf Kratzer m.
égrener [egrəne] vt entkörnen;
(raisin) abzupfen; (chapelet) beten.
grillard, e [egrijar, ard(ə)] a
deftig, zotig.
Égypte [eʒipt] nf l'~ Ägypten m;
égyptien, ne a ägyptisch.
eh [e] excl he; ~ **bien!** na so was!; ~
bien? nun?, also?
éhonté, e [eɔ̃te] a unverschämt.
éjaculer [eʒakyle] vi ejakulieren.
éjecter [eʒɛkte] vt (TECH) ausstoßen; (fam) rausschmeißen.
élaborer [elabɔre] vt ausarbeiten.
élaguer [elage] vt (zurecht)stutzen.
élan [elɑ̃] nm (ZOOL) Elch m; (SPORT)
Anlauf m; (mouvement, ardeur)
Schwung m; (de tendresse etc)
Anwandlung f; **prendre son ~**
Anlauf nehmen.
élancé, e [elɑ̃se] a schlank.
élancement [elɑ̃smɑ̃] nm ste-
chender Schmerz m.
élancer [elɑ̃se]: **s'~** vi sich stürzen;
(arbre, clocher) hochragen.
élargir [elarʒir] vt verbreitern;
(vêtement) weiter machen; (groupe)
vergrößern; (débat) ausdehnen;
(JUR) freilassen; **s'~** vi sich verbreitern; (vêtement) sich dehnen.
élastique [elastik] a elastisch // nm
Gummiband m.
lecteur, trice [elɛktœr, tris] nm/f
Wähler(in f) m.

élection [elɛksjɔ̃] nf Wahl.
électorat [elɛktɔra] nm Wähler pl.
électricien, ne [elɛktrisjɛ̃] nm/f
Elektriker(in f) m.
électricité [elɛktrisite] nf Elek-
trizität f; **fonctionner à l'~** elektrisch sein; **allumer/éteindre l'~**
das Licht an-/ausmachen.
électrifier [elɛktrifje] vt elek-
trifizieren.
électrique [elɛktrik] a elektrisch.
électro- [elɛktrɔ] pref: **~aimant**
nm Elektromagnet m; **~cardio-
gramme** nm Elektrokardio-
gramm nt; **~choc** nm
Elektroschockbehandlung f; **~cuter**
vt durch einen Stromschlag töten;
~magnétique a elektromagnetisch;
~ménager a: **appareils
~ménagers** elektrische Haus-
haltsgeräte pl.
électron [elɛktrɔ̃] nm Elektron nt.
électronicien, ne [elɛktrɔnisje,
jɛn] nm/f Elektroniker(in f) m.
électronique [elɛktrɔnik] a elek-
tronisch.
électrophone [elɛktrɔfɔn] nm Plattenspieler m.
élégance [elegɑ̃s] nf Eleganz f.
élégant, e [elegɑ̃, ɑ̃t] a elegant.
élément [elemɑ̃] nm Element nt;
(abstrait: composante) Bestandteil m;
~s nmpl (eau, air etc) Elemente pl;
(rudiments) Grundbegriffe pl;
élémentaire a einfach, simpel.
éléphant [elefɑ̃] nm Elefant m.
élevage [elvaʒ] nm Zucht f; (activité):
l'~ die Aufzucht.
élévation [elevasjɔ̃] nf Erhöhung f;
Anstieg m; (ARCHIT) Aufriß m.
élève [elɛv] nm/f Schüler(in f) m.
élevé, e [elve] a (prix, sommet) hoch;
(fig) erhaben; **bien/mal** gut/
schlecht erzogen.
élever [elve] vt (enfant) aufziehen;
(animal) züchten; (immeuble, niveau)
erhöhen; (âme, esprit) erbauen; **s'~**
vi (avion, alpiniste) hochsteigen;
(clocher, cri) sich erheben; (niveau,
température) ansteigen; (difficultés)
auftreten; **s'~ à** (sujet: frais, dégâts)
sich belaufen auf (+akk); **s'~ contre**

qch sich gegen etw erheben; **~ une protestation** Protest erheben; **~ la voix** die Stimme heben; **éleveur, euse** nm/f Viehzüchter(in f) m.

éligible [eliʒibl(ə)] a wählbar.

élimé, e [elime] a abgetragen.

éliminatoire [eliminatwaʀ] nf (SPORT) Ausscheidungskampf m.

éliminer [elimine] vt (ANAT) ausscheiden; (SPORT) ausscheiden lassen.

élire [eliʀ] vt wählen.

élite [elit] nf Elite f; **tireur/chercheur d'~** Scharfschütze m/ Spitzenforscher m.

elle [εl] pron (sujet) sie, pl sie; (autrement: selon le genre du mot allemand) er, es, pl sie; (complément indirect) ihr, pl ihnen; ihm, pl ihnen; **Marie est~ grande?** ist Marie groß?; **c'est ~ qui me l'a dit** sie war es, die es mir gesagt hat.

élocution [elɔkysjɔ̃] nf Vortragsweise f.

éloge [elɔʒ] nm Lob nt; **faire l'~ de qn/qch** jdn loben/etw preisen.

éloigné, e [elwaɲe] a entfernt.

éloignement [elwaɲmɑ̃] nm Entfernung f.

éloigner [elwaɲe] vt entfernen; (échéance, but) verschieben; (soupçons, danger) abwenden; **s'~** vi (personne) sich entfernen; (: affectivement) sich entfernen; (véhicule etc) wegfahren; **s'~ de** sich entfernen von.

élongation [elɔ̃gasjɔ̃] nf Dehnung f.

éloquence [elɔkɑ̃s] nf Wortgewandtheit f.

éloquent, e [elɔkɑ̃, ɑ̃t] a wortgewandt; (significatif) vielsagend.

élu, e [ely] pp de **élire** // nm/f (POL) Abgeordnete(r) mf.

élucider [elyside] vt aufklären.

élucubrations [elykybʀasjɔ̃] nfpl Hirngespinste pl.

éluder [elyde] vt ausweichen (+dat).

émacié, e [emasje] a ausgezehrt.

émail, aux nm Email nt; (des dents) Zahnschmelz m.

émaillé, e [emaje] a emailliert.

émanciper [emɑ̃sipe] vt befreien; (JUR) mündig sprechen; **s'~** sich freimachen; (femmes) sich emanzipieren.

émaner [emane]: **~ de** vt herrühren von; (ADMIN) stammen von.

émasculer [emaskyle] vt kastrieren; (fig) entkräften.

emballage [ɑ̃balaʒ] nm Verpackung f.

emballer [ɑ̃bale] vt ein- ou verpacken; (fig: fam) begeistern; **s'~** vi (cheval) durchgehen; (moteur) hochdrehen.

embarcadère [ɑ̃baʀkadɛʀ] nm Anlegestelle f.

embarcation [ɑ̃baʀkasjɔ̃] nf Boot nt.

embardée [ɑ̃baʀde] nf Schlenker m.

embargo [ɑ̃baʀgo] nm Embargo nt.

embarquer [ɑ̃baʀke] vt einschiffen; (fam) mitgehen lassen // vi (passager) an Bord gehen; **s'~** vi an Bord gehen; **s'~ dans** (affaire, aventure) sich einlassen in (+akk).

embarras [ɑ̃baʀa] nm Hindernis nt; (confusion) Verlegenheit f.

embarrasser [ɑ̃baʀase] vt (lieu) vollstopfen; (personne) behindern; (gêner) in Verlegenheit bringen.

embaucher [ɑ̃boʃe] vt einstellen.

embauchoir [ɑ̃boʃwaʀ] nm Schuhspanner m.

embaumer [ɑ̃bome] vt (lieu) mit Duft erfüllen // vi: **la lavande** nach Lavendel duften.

embellir [ɑ̃beliʀ] vt verschönern // vi schöner werden.

embêtement [ɑ̃bɛtmɑ̃] nm Unannehmlichkeit f.

embêter [ɑ̃bɛte] vt (importuner) ärgern; **s'~** vi sich langweilen.

emblée [ɑ̃ble]: **d'~** ad sofort.

emboîter [ɑ̃bwate] vt zusammenfügen; **s'~ dans** passen in (+akk); **~ le pas à qn** jdm auf den Fersen folgen.

embonpoint [ɑ̃bɔ̃pwɛ̃] nm Korpulenz f, Fülligkeit f.

embouchure [ɑ̃buʃyʀ] nf (GEO) Mündung f; (MUS) Mundstück nt.

embourber [ɑ̃buʀbe] **s'~** vi sich

Morast steckenbleiben.

embouteillage [ãbutjaʒ] *nm* Verkehrsstau *m*.

embouteiller [ãbutije] *vt (heurter)* krachen gegen.

embranchement [ãbrãʃmã] *nm (routier)* Kreuzung *f*.

embraser [ãbraze]: **s'~** *vi* Feuer fangen.

embrasser [ãbrase] *vt* küssen; *(étreindre)* umarmen; *(sujet, période)* umfassen; *(carrière, métier)* einschlagen, ergreifen; **s'~** sich küssen.

embrasure [ãbrazyr] *nf* Öffnung *f*.

embrayage [ãbrejaʒ] *nm (mécanisme)* Kupplung *f*.

embrigader [ãbrigade] *vt* anwerben.

embrouiller [ãbruje] *vt* durcheinanderbringen; *(personne)* verwirren; **s'~** *vi (personne)* konfus werden.

embruns [ãbrœ̃] *nmpl* Gischt *f*.

embryon [ãbrijɔ̃] *nm* Embryo *m*.

embûches [ãbyʃ] *nfpl* Falle *f*.

embué, e [ãbɥe] *a* beschlagen.

embuscade [ãbyskad] *nf* Hinterhalt *m*.

éméché, e [emeʃe] *a* beschwipst.

émeraude [emrod] *nf* Smaragd *m*.

émerger [emerʒe] *vi* auftauchen.

émeri [emri] *nm*: **toile** *ou* **papier ~** Schmirgelpapier *nt*.

émerveiller [emerveje] *vt* in Bewunderung versetzen; **s'~ de** qch über etw *(akk)* staunen.

émetteur [emetœr] *nm*: **(poste) ~** Sender *m*.

émettre [emetr(ə)] *vt (son, lumière)* ausstrahlen; *(RADIO)* senden; *(billet, emprunt)* ausgeben; *(hypothèse, avis)* zum Ausdruck bringen// *vi*: **~ sur ondes courtes** auf Kurzwelle senden.

émeute [emøt] *nf* Aufruhr *m*.

émietter [emjete] *vt* zerkrümeln.

émigré, e [emigre] *nm/f* Emigrant(in *f*) *m*.

émigrer [emigre] *vi* auswandern.

éminence [eminãs] *nf* hohes Ansehen *nt*; *(colline)* Anhöhe *f*; **Son/ Votre E~** Seine/Eure Eminenz.

éminent, e [eminã, ãt] *a* ausgezeichnet.

émission [emisjɔ̃] *nf* Ausstrahlen *nt*; Senden *nt*; Abgabe *f*; *(RADIO, TV)* Sendung *f*.

emmagasiner [ãmagazine] *vt (marchandises)* einlagern.

emmanchure [ãmãʃyr] *nf* Armloch *nt*.

emmêler [ãmele] *vt* verwirren; **s'~** sich verheddern.

emménager [ãmenaʒe] *vi*: **~ dans** einziehen in (+*akk*).

emmener [ãmne] *vt* mitnehmen.

emmerder [ãmerde] *vt (fam!)* nerven, auf den Geist gehen (+*dat*).

emmitoufler [ãmitufle] *vt* warm einpacken.

émoi [emwa] *nm* Aufregung *f*.

émoluments [emolymã] *nmpl* Vergütung *f*.

émonder [emɔ̃de] *vt* beschneiden.

émotif, ive [emotif, iv] *a* emotional; *(personne)* gefühlsbetont.

émotion [emosjɔ̃] *nf* Gefühlsregung *f*, Emotion *f*; *(attendrissement)* Bewegtheit *f*.

émousser [emuse] *vt* stumpf machen; *(fig)* abstumpfen.

émouvoir [emuvwar] *vt (troubler)* aufwühlen, bewegen; *(attendrir)* rühren; *(indigner)* erregen; **s'~** *vi* aufgewühlt/gerührt/erregt sein.

empailler [ãpaje] *vt* ausstopfen.

empaler [ãpale] *vt*: **s'~ sur** aufspießen auf (+*dat*).

emparer [ãpare]: **s'~ de** *vt (objet)* ergreifen; *(MIL)* einnehmen; *(sujet: peur, doute)* überkommen.

empâter [ãpate]: **s'~** *vi* dicker werden.

empattement [ãpatmã] *nm (AUT)* Radabstand *m*.

empêchement [ãpeʃmã] *nm* Verhinderung *f*.

empêcher [ãpeʃe] *vt* verhindern; **~ qn de faire qch** jdn abhalten, etw zu tun; **il n'empêche que** trotzdem; **ne pas pouvoir s'~ de** nicht anders können als.

empereur [ãprœr] *nm* Kaiser *m*.

empester [ãpeste] *vt (lieu)* verstänkern // vi stinken.

empêtrer [ɑ̃petre] vt: s'~ dans sich verheddern in (+dat).

emphase [ɑ̃faz] nf Pathos m.

empiéter [ɑ̃pjete]: ~ sur vt vordringen in (+akk).

empiffrer [ɑ̃pifre]: s'~ vi sich vollstopfen.

empiler [ɑ̃pile] vt aufstapeln.

empire [ɑ̃piʀ] nm Kaiserreich nt; Imperium nt; (fig) Einfluß m.

empirer [ɑ̃piʀe] vi sich verschlechtern.

empirique [ɑ̃piʀik] a empirisch.

emplacement [ɑ̃plasmɑ̃] nm Platz m, Stelle f.

emplette [ɑ̃plɛt] nf: faire des ~s einkaufen.

emplir [ɑ̃pliʀ] vt füllen; (fig) erfüllen; s'~ (de) sich füllen mit (+dat).

emploi [ɑ̃plwa] nm (utilisation) Gebrauch m; (poste) Stelle f; d'~ facile leicht zu benutzen; ~ du temps Zeitplan m; (SCOL) Stundenplan m.

employé, e [ɑ̃plwaje] nm/f Angestellte(r) mf.

employer [ɑ̃plwaje] vt verwenden, gebrauchen; (ouvrier, main d'œuvre) beschäftigen; s'~ à faire qch sich bemühen, etw zu tun; employeur, euse nm/f Arbeitgeber(in f) m.

empocher [ɑ̃pɔʃe] vt einstecken.

empoignade [ɑ̃pwaɲad] nf Rauferei f.

empoigner [ɑ̃pwaɲe] vt packen.

empoisonner [ɑ̃pwazɔne] vt vergiften; (empester) verpesten; (fam) verrückt machen.

emporter [ɑ̃pɔʀte] vt mitnehmen; (blessés, voyageurs) .wegbringen; (entraîner) mitreißen; (arracher) fortreißen; (MIL: position) einnehmen; (avantage) erzielen; (décision, approbation) gewinnen; s'~ (de colère) aufbrausen; l'~ (sur) die Oberhand gewinnen (über +akk); (méthode etc) sich durchsetzen (gegenüber); boissons/plats chauds à (l')~ Getränke/Speisen zum Mitnehmen.

empreint, e [ɑ̃pʀɛ̃, ɛ̃t] a: ~ de voll von // nf Abdruck m; (fig) Einfluß m;

~e (digitale) Fingerabdruck m.

empressé, e [ɑ̃pʀese] a aufmerksam, beflissen.

empressement [ɑ̃pʀesmɑ̃] nm Eifer m.

empresser [ɑ̃pʀese]: s'~ vi geschäftig hin und her eilen; s'~ auprès de qn sich um jdn bemühen; s'~ de faire sich beeilen zu tun.

emprise [ɑ̃pʀiz] nf Einfluß m.

emprisonner [ɑ̃pʀizɔne] vt einsperren.

emprunt [ɑ̃pʀɛ̃] nm Anleihe f; (FIN) Darlehen nt; (LING) Entlehnung f.

emprunté, e [ɑ̃pʀɛ̃te] a (fig) unbeholfen.

emprunter [ɑ̃pʀɛ̃te] vt sich (dat) leihen; (itinéraire) einschlagen.

ému, e [emy] pp de émouvoir.

émulation [emylasjɔ̃] nf Nacheiferung f.

en [ɑ̃] prep in (+dat); (avec direction) in (+akk); (pays) nach; (moyen): ~ avion/taxi im Flugzeug/Taxi; (composition): ~ bois/verre aus Holz/ Glas; ~ travaillant bei der Arbeit; ~ dormant beim Schlafen; ~ sortant, il a ... als er hinausging, hat er ...; le même ~ plus grand das gleiche, aber größer // pron (provenance): j'~ viens ich komme von dort; (cause): il ~ est mort/perd le sommeil er ist daran gestorben/ kann deswegen nicht schlafen; (complément de nom): j'~ connais les dangers ich kenne die Gefahren (dieser Sache); (indéfini): j'~ ai/veux ich habe/möchte davon; j'~ ai assez ich habe genug; où ~ étais-je? wo war ich stehengeblieben?; ne pas s'~ faire sich (dat) nichts daraus machen.

E.N.A. [ena] sigle f = Ecole Nationale d'administration.

encadrer [ɑ̃kadʀe] vt (tableau, image) (ein)rahmen; (fig: entourer) umgeben; (: flanquer) begleiten; (personnel) einarbeiten; (soldats) drillen.

encaisser [ɑ̃kese] vt (chèque) einlösen; (argent) bekommen, einnehmen; (fig: coup, défaite) einstecker.

encastrer [ãkastʀe] vt einpassen; *(dans le mur)* einlassen; **s'~ dans** passen in (+akk); *(heurter)* aufprallen auf (+akk).

encaustique [ãkostik] nf Politur f, Wachs nt; **encaustiquer** vt einwachsen.

enceinte [ãsɛ̃t] af: ~ **(de 6 mois)** (im 6. Monat) schwanger // nf *(mur)* Mauer f, Wall m; *(espace)* Raum m, Bereich m; ~ **(acoustique)** Lautsprecherbox f.

encens [ãsã] nm Weihrauch m; **encenser** vt beweihräuchern; *(fig)* in den Himmel loben.

enchaîner [ãʃene] vt fesseln; *(mouvements, séquences)* verbinden // vi weitermachen.

enchanté, e [ãʃãte] a hocherfreut, entzückt; ~ **(de faire votre connaissance)** (sehr) angenehm!

enchanter [ãʃãte] vt erfreuen.

enchère [ãʃɛʀ] nf: vendre aux ~s versteigern.

enchevêtrer [ãʃ(ə)vetʀe] vt durcheinanderbringen.

enclencher [ãklãʃe] vt auslösen.

enclin, e [ãklɛ̃, in] a: être ~ **à qch/faire qch** zu etw neigen/dazu neigen, etw zu tun.

enclos [ãklo] nm eingezäuntes Grundstück nt.

enclume [ãklym] nf Amboß m.

encoche [ãkɔʃ] nf Kerbe f.

encolure [ãkɔlyʀ] nf Hals m; *(tour de cou)* Kragenweite f.

encombrant, e [ãkɔ̃bʀã, ãt] a behindernd, sperrig.

encombre [ãkɔ̃bʀ(ə)]: **sans ~** ad ohne Zwischenfälle.

encombrer [ãkɔ̃bʀe] vt behindern; **s'~ de** sich beladen mit.

encontre [ãkɔ̃tʀ(ə)]: **à l'~ de** prep im Gegensatz zu.

encore [ãkɔʀ] ad *(continuation)* noch; *(de nouveau)* wieder, aufs neue; *(restriction)* freilich, allerdings; *(intensif)*: ~ **plus fort/mieux** noch lauter/besser; **pas** ~ noch nicht; ~ **que** obwohl; ~ **une fois/deux jours** noch einmal/zwei Tage.

encourager [ãkuʀaʒe] vt ermutigen; *(activité, tendance)* fördern.

encourir [ãkuʀiʀ] vt sich *(dat)* zuziehen.

encre [ãkʀ(ə)] nf Tinte f; ~ **de Chine** Tusche f; **encrier** nm Tintenfaß nt.

encroûter [ãkʀute]: **s'~** vi *(fig)* in einen Trott geraten.

encyclopédie [ãsiklɔpedi] nf Enzyklopädie f.

endetter [ãdete] vt: **s'~** Schulden machen.

endiablé, e [ãdjable] a leidenschaftlich.

endimancher [ãdimãʃe] vt: **s'~** den Sonntagsstaat anziehen.

endive [ãdiv] nf Chicorée m.

endoctriner [ãdɔktʀine] vt indoktrinieren.

endommager [ãdɔmaʒe] vt beschädigen.

endormir [ãdɔʀmiʀ] vt *(enfant)* zum Schlafen bringen; *(sujet: chaleur)* schläfrig machen; *(soupçons)* einlullen; *(ennuyer)* langweilen; *(MED)* betäuben; **s'~** vi einschlafen.

endosser [ãdose] vt *(responsabilité)* übernehmen; *(chèque)* indossieren; *(uniforme)* anlegen.

endroit [ãdʀwa] nm Platz m, Ort m; *(emplacement)* Stelle f; *(opposé à l'envers)* rechte Seite f; **à l'~ de** gegenüber (+dat).

enduire [ãdyiʀ] vt überziehen; ~ **qch de** etw einreiben mit.

enduit [ãdyi] nm Überzug m.

endurance [ãdyʀãs] nf Durchhaltevermögen nt.

endurcir [ãdyʀsiʀ] vt abhärten; **s'~** vi hart/zäh werden.

endurer [ãdyʀe] vt ertragen.

énergie [enɛʀʒi] nf Energie f; **énergique** a energisch.

énergumène [enɛʀgymɛn] nm Spinner m.

énerver [enɛʀve] vt aufregen; **s'~** vi sich aufregen.

enfance [ãfãs] nf Kindheit f; *(enfants)* Kinder pl.

enfant [ãfã] nm/f Kind nt; **enfanter** vt, vi gebären; **enfantillage** nm *(péj)* Kinderei f; **enfantin, e**

a kindlich; *(simple)* kinderleicht.
enfer [ɑ̃fɛʀ] *nm* Hölle *f*.
enfermer [ɑ̃fɛʀme] *vt* einschließen; *(interner)* einsperren; **s'~** sich einschließen.
enfiévré, e [ɑ̃fjevʀe] *a (fig)* fiebrig.
enfiler [ɑ̃file] *vt (perles etc)* aufreihen; *(aiguille)* einfädeln; *(vêtement)* (hinein)schlüpfen in (+akk); *(rue, couloir)* einbiegen in (+akk); *(insérer):* **qch dans** etw einfügen in (+akk).
enfin [ɑ̃fɛ̃] *ad* endlich; *(pour conclure)* schließlich; *(de restriction, concession)* doch.
enflammer [ɑ̃flame] *vt* in Brand setzen; *(MED)* entzünden; **s'~** Feuer fangen; sich entzünden.
enflé, e [ɑ̃fle] *a* geschwollen.
enfler [ɑ̃fle] *vi* anschwellen.
enfoncer [ɑ̃fɔ̃se] *vt* einschlagen; *(forcer)* einbrechen//*vi(dansla vase etc)* einsinken; *(sol, surface porteuse)* nachgeben; **s'~** *vi:* **~ dans** einsinken in (+akk); *(forêt, ville)* verschwinden in (+dat); *(mensonge, erreur)* sich verstricken in (+dat).
enfouir [ɑ̃fwiʀ] *vt (dans le sol)* vergraben; *(dans un tiroir etc)* wegstecken; **s'~ dans/sous** sich vergraben in (+dat)/unter (+dat).
enfourcher [ɑ̃fuʀʃe] *vt* besteigen.
enfourner [ɑ̃fuʀne] *vt:* **~ qch dans** etw schieben in (+akk).
enfreindre [ɑ̃fʀɛ̃dʀ(ə)] *vt* übertreten, verletzen.
enfuir [ɑ̃fɥiʀ]: **s'~** *vi* fliehen.
enfumer [ɑ̃fyme] *vt* einräuchern.
engagé, e [ɑ̃gaʒe] *a (littérature etc)* engagiert.
engagement [ɑ̃gaʒmɑ̃] *nm (promesse)* Versprechen *nt*; *(professionnel)* Verabredung *f*; *(MIL: combat)* Gefecht *nt*.
engager [ɑ̃gaʒe] *vt (embaucher)* anou einstellen; *(commencer)* beginnen; *(impliquer: troupes)* verwickeln; *(investir)* investieren; *(insérer):* **~ qn à faire** jdn drängen zu tun; *(clef: pénétrer):* **~ qch dans** etw hineinstecken in (+akk); **s'~** *vi* *(s'embaucher)* eingestellt werden

(MIL) sich melden; *(promettre):* **s'~ (à faire)** sich verpflichten zu tun; **s'~ dans** *(rue, passage)* einbiegen in (+akk).
engelures [ɑ̃ʒlyʀ] *nfpl* Frostbeulen *pl*.
engendrer [ɑ̃ʒɑ̃dʀe] *vt* zeugen.
engin [ɑ̃ʒɛ̃] *nm* Gerät *nt*; *(MIL)* Rakete *f*; *(pej)* Ding *nt*.
englober [ɑ̃glɔbe] *vt* umfassen.
engloutir [ɑ̃glutiʀ] *vt* verschlingen; **s'~** verschlungen werden.
engorger [ɑ̃gɔʀʒe] *vt* verstopfen.
engouement [ɑ̃gumɑ̃] *nm* Begeisterung *f*, Schwärmerei *f*.
engouffrer [ɑ̃gufʀe] *vt* verschlingen; **s'~ dans** *(sujet: vent, eau)* hineinströmen in (+akk); *(sujet: personne)* sich stürzen in (+akk).
engourdir [ɑ̃guʀdiʀ] *vt* gefühllos werden lassen; **s'~** *vi* gefühllos werden.
engrais [ɑ̃gʀɛ] *nm* Dünger *m*.
engraisser [ɑ̃gʀese] *vt (animal)* mästen.
engrenage [ɑ̃gʀənaʒ] *nm* Getriebe *nt*.
engueuler [ɑ̃gœle] *vt (fam)* ausschimpfen.
énigme [enigm(ə)] *nf* Rätsel *nt*.
enivrer [ɑ̃nivʀe] *vt* betrunken machen; *(fig)* berauschen; **s'~** sich betrinken.
enjambée [ɑ̃ʒɑ̃be] *nf* Schritt *m*.
enjamber [ɑ̃ʒɑ̃be] *vt* überschreiten; *(sujet: pont etc)* überspannen.
enjeu, x [ɑ̃ʒø] *nm (fig)* Einsatz *m*.
enjoliver [ɑ̃ʒɔlive] *vt* ausschmücken; **enjoliveur** *nm (AUT)* Radkappe *f*.
enjoué, e [ɑ̃ʒwe] *a* fröhlich.
enlacer [ɑ̃lase] *vt (étreindre)* umarmen.
enlèvement [ɑ̃lɛvmɑ̃] *nm (rapt)* Entführung *f*.
enlever [ɑ̃lve] *vt (vêtement)* ausziehen; *(lunettes)* abnehmen; *(faire disparaître)* entfernen; *(prendre):* **~ qch à qn** jdm etw wegnehmen; *(ordures)* mitnehmen; *(kidnapper)* entführen; *(prix, contrat)* erhalten.
enliser [ɑ̃lize]: **s'~** *vi* versinken.

enneigé, e [ɑ̃neʒe] a verschneit.

ennemi, e [ɛnmi] a feindlich // nm/f Feind(in f) m.

ennoblir [ɑ̃nɔblir] vt adeln.

ennui [ɑ̃nɥi] nm (lassitude) Langeweile f; (difficulté) Schwierigkeit f; **ennuyer** vt ärgern; (lasser) langweilen; **s'ennuyer** vi sich langweilen; **si cela ne vous ennuie pas** wenn es Ihnen keine Umstände macht; **ennuyeux, euse** a langweilig; ärgerlich.

énoncé [enɔ̃se] nm Wortlaut m; (LING) Aussage f.

énoncer [enɔ̃se] vt ausdrücken.

enorgueillir [ɑ̃nɔrgœjir]: **s'~ de** vt sich rühmen (+gen).

énorme [enɔrm(ə)] a gewaltig, enorm; **énormément** ad: **énormément de neige/gens** ungeheuer viel Schnee/viele Menschen.

enquérir [ɑ̃kerir]: **s'~ de** vt sich erkundigen nach.

enquête [ɑ̃kɛt] nf (de police, judiciaire) Untersuchung f, Ermittlung f; (de journaliste) Nachforschung f; (sondage d'opinion) Umfrage f; **enquêter** vi untersuchen; ermitteln.

enraciné, e [ɑ̃rasine] a tief verwurzelt.

enragé, e [ɑ̃raʒe] a (MED) tollwütig; (fig) fanatisch.

enrager [ɑ̃raʒe] vi rasend sein.

enrayer [ɑ̃reje] vt aufhalten, stoppen; **s'~** vi klemmen.

enregistrement [ɑ̃rʒistrəmɑ̃] nm Aufnahme f; Eintragung f; Registrierung f; Aufgabe f.

enregistrer [ɑ̃rʒistre] vt (MUS) aufnehmen; (remarquer) bemerken; (ADMIN) eintragen, registrieren; (mémoriser) sich (dat) merken; (bagages) aufgeben.

enrhumer [ɑ̃ryme]: **s'~** vi sich erkälten.

enrichir [ɑ̃riʃir] vt reich machen; (moralement) bereichern; **s'~** vi reich werden.

enrober [ɑ̃rɔbe]: **~ qch de** etw umgeben mit.

enrôler [ɑ̃role] vt aufnehmen; **s'~**

(dans) sich melden (zu).

enrouer [ɑ̃rwe]: **s'~** vi heiser werden.

enrouler [ɑ̃rule] vt (fil, corde) aufwickeln; **~ qch autour de** etw wickeln um.

ensanglanté, e [ɑ̃sɑ̃glɑ̃te] a blutbefleckt.

enseignant, e [ɑ̃sɛɲɑ̃, ɑ̃t] nm/f Lehrer(in f) m.

enseigne [ɑ̃sɛɲ] nf Geschäftsschild nt; **à telle ~ que** ... dergestalt, daß ...; **~ lumineuse** Lichtreklame f.

enseignement [ɑ̃sɛɲmɑ̃] nm Unterrichten nt; Unterricht m; (leçon, conclusion) Lehre f; (profession) Lehrberuf m.

enseigner [ɑ̃sɛɲe] vt lehren, unterrichten; (sujet: choses) lehren, beibringen (+dat) // vi unterrichten; **~ qch à qn/à qn que** jdm etw beibringen/beibringen, daß.

ensemble [ɑ̃sɑ̃bl(ə)] ad zusammen // nm (groupe, assemblage) Komplex m; (recueil) Sammlung f; (MATH) Menge f; (totalité): **l'~ de** der/die das ganze; (unité, harmonie) Einheit f; **aller ~** zusammenpassen; **impression d'~** Gesamteindruck m; **dans l'~** im ganzen.

ensevelir [ɑ̃səvlir] vt begraben.

ensoleillé, e [ɑ̃sɔleje] a sonnig.

ensommeillé, e [ɑ̃sɔmeje] a verschlafen, schläfrig.

ensorceler [ɑ̃sɔrsəle] vt bezaubern.

ensuite [ɑ̃sɥit] ad dann; (plus tard) später.

ensuivre [ɑ̃sɥivr(ə)]: **s'~** vi folgen; **il s'ensuit que** deshalb.

entailler [ɑ̃taje] vt einkerben.

entamer [ɑ̃tame] vt (pain) anschneiden; (bouteille) anbrechen; (hostilités, pourparlers) eröffnen; (altérer) beeinträchtigen.

entasser [ɑ̃tase] vt (empiler) an- ou aufhäufen; (tenir à l'étroit) zusammenpferchen; **s'~** sich anhäufen.

entendre [ɑ̃tɑ̃dr(ə)] vt hören; (JUR: accusé, témoin) vernehmen; (comprendre) verstehen; (vouloir dire) meinen; (vouloir): **~ que** wollen, daß; **s'~** vi (sympathiser) sich verstehen, *(se mettre d'accord)* übereinkommen.

entendu, e [ãtãdy] *a (réglé)* abgemacht; *(air)* wissend; **bien ~** selbstverständlich.

entente [ãtãt] *nf* Einvernehmen *nt*; *(traité)* Vertrag *m*; **à double ~** doppeldeutig.

entériner [ãterine] *vt* bestätigen.

enterrement [ãtermã] *nm (cérémonie)* Begräbnis *nt*.

enterrer [ãtere] *vt (défunt)* begraben; *(trésor etc)* verstecken.

en-tête [ãtɛt] *nm*: **papier à ~** Papier *nt* mit Kopfdruck.

entêter [ãtete]: **s'~** *vi*: **s'~ (à faire)** sich versteifen (zu tun).

enthousiasme [ãtuzjasm(ə)] *nm* Enthusiasmus *m*; **enthousiasmer** *vt* begeistern; **s'enthousiasmer (pour qch)** sich (für etw) begeistern.

enticher [ãtiʃe]: **s'~ de** *vt* sich vernarren in (+akk).

entier, ère [ãtje, jɛr] *a* vollständig, ganz; *(caractère)* geradlinig // *nm (MATH)* Ganze(s) *nt*; **en ~** vollständig; **lait ~** Vollmilch *f*; **entièrement** *ad* ganz.

entité [ãtite] *nf* Wesen *nt*.

entonner [ãtone] *vt (chanson)* anstimmen.

entonnoir [ãtonwar] *nm* Trichter *m*.

entorse [ãtɔrs(ə)] *nf (MED)* Verstauchung *f*; **~ au règlement** Regelverstoß *m*.

entortiller [ãtɔrtije] *vt (envelopper)* einwickeln; *(enrouler):* **~ qch autour de** etw schlingen um.

entourage [ãturaʒ] *nm* Umgebung *f*; *(ce qui enclôt)* Umrandung *f*.

entourer [ãture] *vt* umgeben; *(cerner)* umzingeln; **~ qn** jdn umhegen.

entourloupette [ãturlupɛt] *nf* üble Tricks *pl*.

entracte [ãtrakt(ə)] *nm* Pause *f*.

entraide [ãtrɛd] *nf* gegenseitige Hilfe *f*.

entrailles [ãtraj] *nfpl* Eingeweide *pl*; *(fig)* Innere(s) *nt*.

entrain [ãtrɛ] *nm* Elan *m*.

entraînement [ãtrɛnmã] *nm* Trai-

ning *nt*; *(TECH)* Antrieb *m*,

entraîner [ãtrene] *vt (tirer)* ziehen; *(emmener; charrier)* mitschleppen; *(TECH)* antreiben; *(SPORT)* trainieren; *(impliquer)* mit sich bringen; **~ qn à qch/à faire qch** jdn zu etw bringen/dazu bringen, etw zu tun; **s'~** trainieren; **s'~ à qch** etw *(dat)* üben; **entraîneur, euse** *nm/f (SPORT)* Trainer *m* // *nf (de bar)* Hosteß *f*.

entraver [ãtrave] *vt* behindern.

entre [ãtr(ə)] *prep* zwischen (+dat); *(mouvement)* zwischen (+akk); *(parmi)* unter (+dat); **l'un d'~ eux/nous** einer von ihnen/uns; **~ autres (choses)** unter anderem; **~ nous** unter uns gesagt.

entrebâillé, e [ãtrəbaje] *a* angelehnt.

entrechoquer [ãtrəʃɔke]: **s'~** *vt* aneinanderstoßen.

entrée [ãtre] *nf* Ankunft *f*; *(accès: au cinéma etc)* Eintritt *m*; *(billet)* Eintrittskarte *f*; *(lieu d'accès)* Eingang *m*; *(CULIN)* Vorspeise *f*; **d'~** *ad* von Anfang an; **~ en matière** Einführung *f*.

entrefaites [ãtrəfɛt]: **sur ces ~** *ad* zu diesem Zeitpunkt, da.

entrefilet [ãtrəfilɛ] *nm* Notiz *f*.

entrejambes [ãtrəʒãb] *nm* Schritt *m*.

entrelacer [ãtrəlase] *vt (ineinander)* verschlingen.

entrelarder [ãtrəlarde] *vt (viande)* spicken.

entremêler [ãtrəmele] *vt*: **~ qch de** etw vermischen mit.

entremets [ãtrəme] *nm* Nachspeise *f*.

entremetteur, euse [ãtrəmetœr, øz] *nm/f* Vermittler(in *f*) *m*.

entremettre [ãtrəmetr(ə)]: **s'~** *vi* intervenieren.

entremise [ãtrəmiz] *nf*: **par l'~ de** mittels (+gen).

entreposer [ãtrəpoze] *vt* lagern.

entrepôt [ãtrəpo] *nm* Lagerhaus *nt*.

entreprenant, e [ãtrəprənã, ãt] *a (actif)* unternehmungslustig; *(trop galant)* dreist.

entreprendre [ɑ̃trəprɑ̃dr(ə)] machen; *(commencer)* anfangen; *(personne)* angehen.

entrepreneur [ɑ̃trəprənœr] *nm:* ~ **(en bâtiment)** Bauunternehmer m.

entreprise [ɑ̃trəpriz] *nf* Unternehmen nt.

entrer [ɑ̃tre] *vi* hereinkommen; *(véhicule)* hereinfahren; *(objet)* eindringen // *vt:* **(faire)** ~ **qch dans** etw hineintun in (+akk); ~ **dans** eintreten in (+akk); *(sujet: véhicule)* hineinfahren in (+akk); *(trou, espace etc)* eindringen in (+akk); *(phase, période)* eintreten in (+akk); *(être une composante de)* ein Teil sein von; **faire** ~ *(visiteur)* hereinbitten.

entresol [ɑ̃trəsɔl] *nm* Zwischenstock m.

entre-temps [ɑ̃trətɑ̃] *ad in der* Zwischenzeit.

entretenir [ɑ̃trətnir] *vt* unterhalten; *(feu, humidité etc)* erhalten; *(amitié, relations)* aufrechterhalten; **s'~ (de)** sich unterhalten (über +akk).

entretien [ɑ̃trətjɛ̃] *nm* Unterhalt m; *(discussion)* Unterhaltung f; *(audience)* Unterredung f.

entrevoir [ɑ̃trəvwar] *vt (à peine)* ausmachen; *(brièvement)* kurz sehen.

entrevue [ɑ̃trəvy] *nf* Gespräch nt.

entrouvert, e [ɑ̃truvɛr, ɛrt (ə)] *a* halb geöffnet.

énumérer [enymere] *vt* aufzählen.

envahir [ɑ̃vair] *vt* überfallen; *(foule)* besetzen; *(eaux, marchandises)* überschwemmen; *(inquiétude, doute)* überkommen; **envahissant, e** *a (personne)* sich ständig einmischend.

enveloppe [ɑ̃vlɔp] *nf (de lettre)* Umschlag m; *(gén, TECH)* Gehäuse nt, Hülle f.

envelopper [ɑ̃vlɔpe] *vt* einpacken; *(fig)* einhüllen; **s'~ dans qch** sich in etw (akk) hüllen.

envenimer [ɑ̃vnime] *vt* verschlechtern.

envergure [ɑ̃vɛrgyr] *nf* Spannweite f; *(fig)* Ausmaß nt, Umfang m.

envers [ɑ̃vɛr] *prep* gegenüber (+dat) // *nm (d'une feuille)* Rückseite f; *(d'une*

étoffe, d'un vêtement) linke Seite f; **à l'**~ verkehrt herum.

envie [ɑ̃vi] *nf (sentiment)* Neid m; *(souhait)* Verlangen nt; **avoir** ~ **de qch** Lust auf etw (akk) haben; **avoir** ~ **de faire qch** Lust haben, etw zu tun; **envier** *vt* beneiden; **envieux, euse** *a* neidisch.

environ [ɑ̃virɔ̃] *ad:* ~ **3 h/2 km** ungefähr 3 Stunden/2 km; ~**s** *nmpl* Umgebung f.

environnement [ɑ̃virɔnmɑ̃] *nm* Umwelt f.

environner [ɑ̃virɔne] *vt* umgeben; **s'~ de** um sich (akk) scharen.

envisager [ɑ̃vizaʒe] *vt (considérer)* betrachten; *(avoir en vue)* beabsichtigen.

envoi [ɑ̃vwa] *nm (paquet)* Sendung f.

envoler [ɑ̃vɔle]: **s'~** *vi* wegfliegen; *(avion)* abfliegen.

envoûter [ɑ̃vute] *vt* verzaubern.

envoyé, e [ɑ̃vwaje] *nm/f (POL)* Gesandte(r) *mf;* ~ **spécial** Sonderberichterstatter(in f) m m.

envoyer [ɑ̃vwaje] *vt* schicken; *(projectile, ballon)* werfen; *(fusée)* schießen.

éolien, ne [eɔljɛ̃, jɛn] *a* Wind-.

épagneul, e [epaɲœl] *nm/f* Spaniel m.

épais, se [epɛ, ɛs] *a* dick; *(sauce, liquide)* dickflüssig; *(fumée forêt, foule)* dicht; **épaisseur** *nf* Dicke f; Dickflüssigkeit f.

épancher [epɑ̃ʃe] *vt:* **s'~** *vi* sich aussprechen; *(liquide)* herausströmen.

épanouir [epanwir] *vt:* **s'~** *vi (fleur)* sich öffnen; *(fig)* aufblühen.

épargne [eparɲ(ə)] *nf* Sparen nt; **l'**~**-logement** das Bausparen.

épargner [eparɲe] *vt* sparen; *(ne pas tuer ou endommager)* verschonen // *vi* sparen; ~ **qch à qn** jdm etw ersparen.

éparpiller [eparpije] *vt* verstreuen; *(pour répartir)* zerstreuen; **s'~** *vi* sich zerstreuen.

épars, e [epar, ars(ə)] *a* verstreut.

épatant, e [epatɑ̃, ɑ̃t] *a* super.

épaté, e [epate] *a:* **nez** ~ platte Nase f.

épater [epate] vt beeindrucken.
épaule [epol] nf Schulter f.
épauler [epole] vt (aider) unterstützen; (arme) anlegen // vi zielen.
épave [epav] nf Wrack nt.
épée [epe] nf Schwert nt.
épeler [eple] vt buchstabieren.
éperdu, e [epɛʀdy] a verzweifelt; (amour, gratitude) überschwenglich.
éperon [eprɔ̃] nm (de botte) Sporn m; (de navire) Wellenbrecher m.
épervier [epɛʀvje] nm (ZOOL) Sperber m; (PÊCHE) Auswurfnetz nt.
éphémère [efemɛʀ] a kurz(lebig).
épi [epi] nm Ähre f; ~ **de cheveux** Haarbüschel nt.
épice [epis] nf Gewürz nt.
épicéa [episea] nm Fichte f.
épicer [epise] vt würzen.
épicerie [episʀi] nf (magasin) Lebensmittelgeschäft nt; ~ **fine** Feinkostgeschäft nt; **épicier, ière** nm/f Lebensmittelhändler(in f) m.
épidémie [epidemi] nf Epidemie f.
épiderme [epidɛʀm(ə)] nm Haut f; **épidermique** a (fig) oberflächlich.
épier [epje] vt erspähen; (occasion) Ausschau halten nach.
épieu, x [epjø] nm Speer m.
épilepsie [epilɛpsi] nf Epilepsie f.
épiler [epile] vt enthaaren; **s'~ les jambes/sourcils** die Beine enthaaren/Augenbrauen zupfen.
épilogue [epilɔg] nm (fig) Ausgang m.
épiloguer [epilɔge] vi: ~ (**sur**) sich auslassen über (+dat).
épinards [epinaʀ] nmpl Spinat m.
épine [epin] nf (de rose) Dorne f; (d'oursin) Stachel m; ~ **dorsale** Rückgrat nt.
épingle [epɛ̃gl(ə)] nf Nadel f; **tiré à quatre** ~**s** wie aus dem Ei gepellt; ~ **de nourrice** ou **de sûreté** ou **double** Sicherheitsnadel f.
épingler [epɛ̃gle] vt: ~ **qch sur** etw feststecken auf (+dat).
Épiphanie [epifani] nf Dreikönigsfest nt.
épique [epik] a episch.
épiscopal, e, aux [episkɔpal, o] a bischöflich.
épisode [epizɔd] nm Episode f; (de récit, film) Fortsetzung f.

épistolaire [epistɔlɛʀ] Brief-.
épithète [epitɛt] a: **adjectif** ~ attributives Adjektiv nt.
épître [epitʀ] nf Brief m.
éploré, e [eplɔʀe] a verweint.
épluche-légumes [eplyʃlegym] nm inv Kartoffelschäler m.
éplucher [eplyʃe] vt schälen; (fig) genau unter die Lupe nehmen; **épluchures** nfpl Schalen pl.
épointer [epwɛ̃te] vt stumpf machen.
éponge [epɔ̃ʒ] nf Schwamm m.
éponger [epɔ̃ʒe] vt (liquide) aufsaugen; (surface) abwischen; (déficit) absorbieren; **s'éponger le front** sich (dat) die Stirn abwischen.
épopée [epɔpe] nf Epos nt.
époque [epɔk] nf (de l'histoire) Epoche f, Ära f; (de l'année, la vie) Zeit f; **d'**~ a (meuble) Stil-; **à l'**~ où **de** zur Zeit als/von.
époumoner [epumɔne]: **s'**~ vi heiser schreien.
épouse [epuz] nf Ehefrau f.
épouser [epuze] vt heiraten; (fig: idées) eintreten für; (forme) annehmen.
épousseter [epuste] vt abstauben.
époustouflant, e [epustufla, at] a umwerfend, atemberaubend.
épouvantable [epuvãtabl(ə)] a entsetzlich, schrecklich.
épouvantail [epuvãtaj] nm Vogelscheuche f.
épouvante [epuvãt] nf: **film/livre d'**~ Horrorfilm m/-buch nt; **épouvanter** vt entsetzen.
époux [epu] nm Ehemann m // nmpl Ehepaar nt.
éprendre [epʀɑ̃dʀ(ə)]: **s'**~ **de** vt sich verlieben in (+akk).
épreuve [epʀœv] nf Prüfung f; (SPORT) Wettkampf m; (PHOT) Abzug m; (d'imprimerie) Fahne f; **à l'**~ **de** resistent gegenüber (+dat); **à toute** ~ unfehlbar; **mettre qn/qch à l'**~ jdn/etw einer Prüfung unterziehen.
épris, e [epʀi, iz] vb voir **éprendre**.
éprouver [epʀuve] vt (tester) testen; (mettre à l'épreuve): ~ **qn** jdn einer

Prüfung unterziehen; *(faire souffrir)* Kummer machen (+*dat*); *(ressentir)* spüren, fühlen; *(difficultés etc)* begegnen (+*dat*).

éprouvette [epʀuvɛt] *nf* Reagenzglas *nt*.

épuisé, e [epɥize] *a* erschöpft; *(livre)* vergriffen.

épuisement [epɥizmɑ̃] *nm:* **jusqu'à ~ du stock** solange der Vorrat reicht.

épuiser [epɥize] *vt* erschöpfen; **s'~** *vi* müde werden; *(stock)* ausgehen, zu Ende gehen.

épuisette [epɥizɛt] *nf* Reuse *f*.

épurer [epyʀe] *vt* reinigen.

équateur [ekwatœʀ] *nm* Äquator *m*; **l'É~** Ekuador *nt*.

équation [ekwasjɔ̃] *nf* Gleichung *f*.

équerre [ekɛʀ] *nf (à dessin)* Zeichendreieck *nt*; *(de maçon)* Winkel *m*; *(pour fixer)* Winkeleisen *nt*.

équestre [ekɛstʀ(ə)] *a:* **statue ~** Reiterstandbild *nt*.

équidistant, e [ekɥidistɑ̃, ɑ̃t] *a:* **~ (de)** gleich weit entfernt (von).

équilatéral, e, aux [ekɥilateʀal, o] *a* gleichseitig.

équilibre [ekilibʀ(ə)] *nm* Gleichgewicht *nt*; **équilibré, e** *a (fig)* ausgeglichen; **équilibrer** *vt* ausgleichen; **s'~** *vi (poids)* sich ausbalancieren; *(fig)* sich ausgleichen.

équinoxe [ekinɔks(ə)] *nm* Tagundnachtgleiche *f*.

équipage [ekipaʒ] *nm* Mannschaft *f*; *(SPORT)* Crew *f*.

équipe [ekip] *nf (de joueurs)* Mannschaft *f*; *(de travailleurs)* Team *nt*.

équipement [ekipmɑ̃] *nm* Ausstattung *f*; **~s** *nmpl* Anlagen *pl*.

équiper [ekipe] *vt* ausrüsten; *(voiture, cuisine)* ausstatten (de *mit*).

équitable [ekitabl(ə)] *a* gerecht.

équitation [ekitasjɔ̃] *nf* Reiten *nt*.

équité [ekite] *nf* Fairneß *f*.

équivalence [ekivalɑ̃s] *nf* Äquivalenz *f*.

équivalent, e [ekivalɑ̃, ɑ̃t] *a* gleichwertig // *nm* Gegenstück *nt*.

équivaloir [ekivalwaʀ] : **~ à** *vt* entsprechen (+*dat*); *(représenter)*

gleichkommen (+*dat*).

équivoque [ekivɔk] *a* doppeldeutig; *(louche)* zweideutig.

érable [eʀabl(ə)] *nm* Ahornbaum *m*.

érafler [eʀafle] *vt:* **s'~ la main/les jambes** sich *(dat)* die Hand/Beine zerkratzen.

éraillé, e [eʀaje] *a* heiser.

ère [ɛʀ] *nf* Ära *f*, Epoche *f*; **en l'an 1050 de notre ~** im Jahre 1050 unserer Zeitrechnung.

érection [eʀɛksjɔ̃] *nf* Errichten *nt*; *(ANAT)* Erektion *f*.

éreinter [eʀɛ̃te] *vt* erschöpfen.

ergot [ɛʀgo] *nm (de coq)* Sporn *m*; *(TECH)* Klappe *f*.

ériger [eʀiʒe] *vt (monument)* errichten; **s'~ en juge** sich als Richter aufspielen.

ermite [ɛʀmit] *nm* Einsiedler *m*.

éroder [eʀɔde] *vt* erodieren.

érotique [eʀɔtik] *a* erotisch; **érotisme** *nm* Erotik *f*.

errer [eʀe] *vi* umherirren; *(pensées)* schweifen.

erreur [eʀœʀ] *nf (de calcul)* Fehler *m*; *(de jugement)* Irrtum *m*; **induire qn en ~** jdn irreführen; **par ~** fälschlicherweise.

erroné, e [eʀɔne] *a* falsch, irrig.

éructer [eʀykte] *vi* aufstoßen.

érudit, e [eʀydi, it] *a* gelehrt, gebildet // *nm* Gelehrte(r) *mf*; **érudition** *nf* Gelehrsamkeit *f*.

éruption [eʀypsjɔ̃] *nf* Ausbruch *m*.

ès [ɛs] *prep:* **docteur ~ lettres** Dr. Phil.

escabeau, x [ɛskabo] *nm* Hocker *m*.

escadre [ɛskadʀ(ə)] *nf (NAVIG)* Geschwader *nt*; *(AVIAT)* Staffel *f*.

escadrille [ɛskadʀij] *nf (AVIAT)* Formation *f*.

escadron [ɛskadʀɔ̃] *nm* Schwadron *f*.

escalade [ɛskalad] *nf* Bergsteigen *nt*; *(fig; POL)* Eskalation *f*.

escalader [ɛskalade] *vt* klettern auf (+*akk*).

escale [ɛskal] *nf* Zwischenstation *f*; **faire ~ (à)** anlaufen (+*akk*); *(AVIAT)* zwischenlanden (in +*dat*).

escalier [ɛskalje] *nm* Treppe *f*; **dans**

l'~ *ou* les ~s auf der Treppe; ~ **roulant** Rolltreppe f.

escalope [ɛskalɔp] nf Schnitzel nt.

escamoter [ɛskamɔte] vt (esquiver) umgehen, ausweichen (+dat); (faire disparaître) wegzaubern.

escapade [ɛskapad] nf: faire une ~ eine Spritztour machen.

escargot [ɛskaʀgo] nm Schnecke f.

escarmouche [ɛskaʀmuʃ] nf Gefecht nt, Plänkelei f.

escarpé, e [ɛskaʀpe] a steil.

escient [ɛsjɑ̃] nm: à bon ~ überlegt.

esclaffer [ɛsklafe] : s'~ vi schallend loslachen.

esclandre [ɛsklɑ̃dʀ(ə)] nm Aufruhr m, Tumult m.

esclavage [ɛsklavaʒ] nm Sklaverei f.

esclave [ɛsklav] nm/f Sklave m, Sklavin f.

escompte [ɛskɔ̃t] nm (FIN) Skonto nt; (COMM) Rabatt m.

escompter [ɛskɔ̃te] vt (FIN) nachlassen; (espérer) erwarten.

escorte [ɛskɔʀt(ə)] nf Eskorte f.

escorter vt eskortieren.

escrime [ɛskʀim] nf Fechten f.

escrimer [ɛskʀime] : s'~ vi sich anstrengen.

escroc [ɛskʀo] nm Schwindler m.

escroquer [ɛskʀɔke] vt: ~ qn de qch jdm etw abschwindeln; **escroquerie** nf Schwindel m, Betrug m.

espace [ɛspas] nm Raum m; (écartement) Abstand m.

espacer [ɛspase] vt in Abständen verteilen; s'~ vi weniger häufig auftreten.

espadon [ɛspadɔ̃] nm Schwertfisch m.

Espagne [ɛspaɲ] nf: l'~ Spanien nt; **espagnol, e** a spanisch; **Espagnol, e** nm/f Spanier(in f) m.

espagnolette [ɛspaɲɔlet] nf Fensterriegel m.

espèce [ɛspes] nf Art f; une ~ de maison eine Art Haus; (pej:) ~ de maladroit! du altes Trampel!; ~s nfpl (COMM) Bargeld nt; en l'~ ad im vorliegenden Fall.

espérance [ɛspeʀɑ̃s] nf Hoffnung f; ~ de vie Lebenserwartung f.

espérer [ɛspeʀe] vt hoffen auf (+akk); ~ que/faire qch hoffen, daß/etw zu tun; ~ en qn/qch in jdn/etw vertrauen.

espiègle [ɛspjɛgl(ə)] a schelmisch.

espion, ne [ɛspjɔ̃, ɔn] nm/f Spion(in f) m.

esplanade [ɛsplanad] nf Promenade f.

espoir [ɛspwaʀ] nm Hoffnung f (de auf +akk).

esprit [ɛspʀi] nm Geist m; (pensée, intellect) Geist m, Verstand m; faire de l'~ witzig sein; perdre l'~ den Verstand verlieren; reprendre ses ~s zu sich kommen.

esquimau, aude, aux [ɛskimo, od] nm/f Eskimo m, Eskimofrau f.

esquinter [ɛskɛ̃te] vt (fam) kaputtmachen, ruinieren.

esquisse [ɛskis] nf Skizze f; Andeutung f.

esquisser [ɛskise] vt entwerfen; andeuten; s'~ vi sich abzeichnen.

esquiver [ɛskive] vt ausweichen (+dat); s'~ vi sich wegstehlen.

essai [ɛse] nm Probe f; (tentative; SPORT) Versuch m; (écrit) Essay m ou nt; à l'~ ad versuchsweise.

essaim [ɛsɛ̃] nm Schwarm m.

essayer [ɛseje] vt (aus)probieren; (vêtement, chaussures) anprobieren; ~ de faire qch versuchen, etw zu tun.

essence [ɛsɑ̃s] nf (carburant) Benzin nt; (extrait de plante) Essenz f; (fig, PHILOSOPHIE) Wesen nt; (d'arbre) Art f, Spezies f.

essentiel, le [ɛsɑ̃sjɛl] a (indispensable) erforderlich, notwendig; (de base, fondamental) wesentlich, essentiell; c'est l'~ das ist die Hauptsache; l'~ de der Hauptteil von.

essieu, x [ɛsjø] nm Achse f.

essor [ɛsɔʀ] nm (de l'économie etc) Aufschwung m.

essorer [ɛsɔʀe] vt auswringen; (à la machine) schleudern.

essoreuse [ɛsɔʀøz] nf Schleuder f.

essouffler [ɛsufle] vt außer Atem bringen; s'~ vi außer Atem geraten.

essuie-glace [ɛsɥiglas] nm inv

Scheibenwischer m.

essuie-mains [esɥimɛ̃] nm inv Handtuch nt.

essuyer [esɥije] vt abtrocknen; (épousseter) abwischen; (fig: subir) erleiden; s'~ sich abtrocknen.

est [ɛ] vb voir **être** // [ɛst] nm: l'~ der Osten // à inv Ost-, östlich; à l'~ de östlich von.

estafette [ɛstafɛt] nf Kurier m.

estaminet [ɛstaminɛ] nm Kneipe f.

estampe [ɛstɑ̃p] nf Stich m.

estampille [ɛstɑ̃pij] nf Stempel m.

est-ce que ad: ~ c'est cher? ist es teuer?; ~ c'était bon? war es gut?; quand est-ce qu'il part? wann reist er ab?; où est-ce qu'il va? wohin geht er?; qui est-ce qui a fait ça? wer hat das gemacht?

esthéticienne [ɛstetisjɛn] nf Kosmetikerin f.

esthétique [ɛstetik] a ästhetisch.

estimation [ɛstimasjɔ̃] nf Schätzung f.

estime [ɛstim] nf Wertschätzung f.

estimer [ɛstime] vt schätzen; (penser): ~ que meinen, daß; s'~ heureux sich glücklich schätzen.

estival, e, aux [ɛstival, o] a sommerlich.

estivant, e [ɛstivɑ̃, ɑ̃t] nm/f Sommerfrischler(in) f m.

estomac [ɛstɔma] nm Magen m; avoir mal à l'~ Magenschmerzen haben.

estomaqué, e [ɛstɔmake] a platt.

estomper [ɛstɔ̃pe] vt (fig) trüben, verwischen; s'~ vi undeutlich werden.

estrade [ɛstrad] nf Podium nt.

estragon [ɛstragɔ̃] nm Estragon m.

estropier [ɛstrɔpje] vt zum Krüppel machen; (fig) entstellen.

estuaire [ɛstɥɛr] nm Mündung f.

et [e] conj und; ~ **puis** und dann; ~ alors ou (puis) après? und nun?

étable [etabl(ə)] nf Kuhstall m.

établi [etabli] nm Werkbank f.

établir [etablir] vt (papiers d'identité, facture) ausstellen; (liste, programme, gouvernement) aufstellen; (entreprise) gründen; (atelier) einrichten; (camp)

errichten; s'~ (fait, culpabilité) beweisen; s'~ vi sich einrichten; s'~ (à son compte) sich selbständig machen; s'~ quelque part sich irgendwo niederlassen.

établissement [etablismɑ̃] nm Ausstellung f; Aufstellung f; (entreprise) Unternehmen nt; ~ de crédit Kreditinstitut nt; ~ scolaire Schule f.

étage [etaʒ] nm (d'immeuble) Stockwerk nt; (de fusée, de culture) Stufe f; de bas ~ a niedrig; **étager** vt (prix) staffeln; (cultures) stufenförmig anlegen.

étagère [etaʒɛr] nf (rayon) Brett nt; (meuble) Regal nt.

étai [etɛ] nm Stütze f.

étain [etɛ̃] nm Zinn m.

étal [etal] nm Stand m.

étalage [etalaʒ] nm Auslage f; faire ~ de zur Schau stellen.

étaler [etale] vt ausbreiten; (peinture) (ver)streichen; (paiements, vacances) verteilen; (marchandises) ausstellen; s'~ vi (liquide) sich ausbreiten; (travaux, paiements) sich verteilen; (fam) auf die Nase fliegen.

étalon [etalɔ̃] nm (mesure) Standard m; (cheval) Zuchthengst m.

étamer [etame] vt verzinnen.

étamine [etamin] nf (BOT) Staubgefäß nt.

étanche [etɑ̃ʃ] a wasserdicht.

étancher [etɑ̃ʃe] vt aufsaugen; ~ sa soif den Durst löschen.

étang [etɑ̃] nm Teich m.

étant [etɑ̃] vb voir **être**, **donné**.

étape [etap] nf Etappe f; (lieu d'arrivée) Rastplatz m; faire ~ à anhalten in (+dat).

état [eta] nm Staat m; (liste) Bestandsaufnahme f; (condition) Zustand m; hors d'~ (machine, ascenseur etc) außer Betrieb; être en ~/hors d'~ de faire qch in der Lage/außerstande sein etwas zu tun; en tout ~ de cause auf alle Fälle; être dans tous ses ~s aufgeregt sein; faire ~ de vorbringen; ~ civil Personenstand m; ~ des lieux umbewegliches Inventar nt; ~ **d'urgence** Notstand m; ~s **d'âme** Verfassung f, Stimmung f; **étatiser** vt verstaatlichen.

état-major [etamaʒɔʀ] nm (MIL) Stab m.

États-Unis [etazyni] nmpl: **les** ~ die Vereinigten Staaten.

étau, x [eto] nm Schraubstock m.

étayer [eteje] vt abstützen; (fig) unterstützen.

et c(a)etera [ɛtseteʀa] ad etc.

été [ete] pp de **être** // nm Sommer m.

éteignoir [etɛɲwaʀ] nm Kerzenlöscher m; (pej) Spielverderber m.

éteindre [etɛ̃dʀ(ə)] vt ausmachen; (incendie, aussi fig) löschen; (gaz) ausgehen; (mourir) verschieden; **s'** ~ vi sich ausdehnen; (terrain, forêt) sich erstrecken; (s'allonger) sich hinlegen; (expliquer) sich ausdehnen (sur auf +akk).

éteint, e a (fig) matt, stumpf; (volcan) erloschen.

étendre [etɑ̃dʀ(ə)] vt (pâte, liquide) streichen; (carte) ausbreiten; (lessive, linge) aufhängen; (bras, jambes) ausstrecken; (blessé, malade) hinlegen; (diluer) strecken; **s'** ~ vi

étendue [etɑ̃dy] nf Ausmaß nt; (surface) Fläche f.

éternel, le [etɛʀnɛl] a ewig.

éterniser [etɛʀnize]: **s'** ~ vi ewig dauern; ewig bleiben.

éternité [etɛʀnite] nf Ewigkeit f.

éternuer [etɛʀnɥe] vi niesen.

éther [etɛʀ] nm Äther m.

éthique [etik] nf Ethik f.

ethnie [etni] nf ethnische Gruppe f.

ethnologie [etnɔlɔʒi] nf Ethnologie f.

éthylisme [etilism(ə)] nm Alkoholismus m.

étinceler [etɛ̃sle] vi funkeln.

étincelle [etɛ̃sɛl] nf Funke m.

étioler [etjɔle]: **s'** ~ vi ermüden; welken.

étiqueter [etikte] vt beschriften; (pej) abstempeln.

étiquette [etikɛt] nf (de paquet) Aufschrift f; (à coller) Aufkleber m; (dans un vêtement, fig) Etikett nt; (protocole)

l' ~ die Etikette.

étirer [etiʀe] vt ausdehnen; (jambes) ausstrecken; **s'** ~ vi (personne) sich strecken; (convoi, route): **s'** ~ **sur** sich auf (+akk) ausdehnen.

étoffe [etɔf] nf Stoff m.

étoffer [etɔfe] vt ausfüllen, anreichern; **s'** ~ vi füllig werden.

étoile [etwal] nf Stern m; (vedette) Star m // a: **danseuse** ~ Startänzerin f; **à la belle** ~ im Freien; ~ **filante** Sternschnuppe f; ~ **de mer** Seestern m.

étonnant, e [etɔnɑ̃, ɑ̃t] a erstaunlich.

étonner [etɔne] vt erstaunen; **s'** ~ **de** erstaunt sein über (+akk); **cela m'étonnerait (que)** es würde mich wundern (wenn).

étouffant, e [etufɑ̃, ɑ̃t] a erstickend, bedrückend.

étouffée [etufe]: **à l'** ~ ad gedämpft, gedünstet.

étouffer [etufe] vt ersticken; (bruit) dämpfen; (scandale) vertuschen // vi ersticken; **s'** ~ vi (en mangeant etc) sich verschlucken.

étourderie [etuʀdəʀi] nf Schußlichkeit f.

étourdi, e [etuʀdi] a schußlig.

étourdir [etuʀdiʀ] vt betäuben; (griser) schwindlig machen; **étourdissement** nm Schwindelanfall m.

étrange [etʀɑ̃ʒ] a seltsam, sonderbar; (surprenant) eigenartig.

étranger, ère [etʀɑ̃ʒe, ɛʀ] a fremd; (d'un autre pays) ausländisch // nm/f Fremde(r) mf; Ausländer(in f) m // nm: **à l'** ~ im Ausland.

étranglé, e [etʀɑ̃gle] a: **d'une voix** ~**e** mit erstickter Stimme.

étranglement [etʀɑ̃gləmɑ̃] nm (d'une vallée etc) Verengung f.

étrangler [etʀɑ̃gle] vt erwürgen; (accidentellement) ersticken; **s'** ~ vi sich verschlucken.

étrave [etʀav] nf Vordersteven m.

être [ɛtʀ(ə)] nm Wesen nt // vb avec attribut sein; // vb auxiliaire sein; // avec verbes pronominaux) haben; ~ **à qn** jdm gehören; **c'est à lui de** vt es liegt bei ihm, das zu tun; **nous**

sommes le 10 janvier est ist der 10. Januar; **il est 10 heures** es ist 10 Uhr; **c'est à faire** das muß getan werden; ~ **humain** Mensch m; voir aussi **est-ce que, n'est-ce pas, c'est-à-dire, ce**.

étreindre [etʀɛ̃dʀ(ə)] vt festhalten, umklammern; (amoureusement, amicalement) umarmen; (sujet: douleur, peur) ergreifen; **s'~** sich umarmen; **étreinte** nf Griff m; (amicale, amoureuse) Umarmung f.

étrenner [etʀene] vt zum ersten Mal tragen.

étrennes [etʀɛn] nfpl Neujahrsgeschenke pl.

étrier [etʀije] nm Steigbügel m.

étriller [etʀije] vt (cheval) striegeln; (fam: battre) verprügeln.

étriper [etʀipe] vt (fam) ausnehmen.

étriqué, e [etʀike] a knapp.

étroit, e [etʀwa, wat] a eng; (fig) eng; **étroitesse** nf: **étroitesse d'esprit** Engstirnigkeit f.

étude [etyd] nf Studium nt; (ouvrage) Studie f; (de notaire) Büro nt, Kanzlei f; (salle de travail) Studierzimmer nt; **~s** nfpl Studium nt; **être à l'~** geprüft werden; **faire des ~s de droit/médecine** Jura/Medizin studieren.

étudiant, e [etydjɑ̃, ɑ̃t] nm/f Student(in f) m.

étudié, e [etydje] a (air) gespielt; (démarche, système) wohldurchdacht; (prix) niedrig.

étudier [etydje] vt studieren; (élève) lernen; (analyser) untersuchen // vi studieren.

étui [etɥi] nm Etui nt.

étuvée [etyve] à l'~ nf ad gedämpft.

étymologie [etimɔlɔʒi] nf Etymologie f.

eu, eue [y] pp voir **avoir**.

euphorie [øfɔʀi] nf Euphorie f.

Europe [øʀɔp] nf: **l'~** Europa nt; **européen, ne** a europäisch; **Européen, ne** nm/f Europäer(in f) m.

euthanasie [øtanazi] nf Euthanasie f.

eux [ø] pronom (sujet) sie; (objet) ihnen.

évacuation [evakɥɑsjɔ̃] nf Evakuierung f.

évacuer [evakɥe] vt räumen; (population, occupants) evakuieren; (déchets) leeren.

évadé, e [evade] nm/f entwichener Häftling m.

évader [evade]: **s'~** vi flüchten.

évaluer [evalɥe] vt schätzen.

Évangile [evɑ̃ʒil] nm Evangelium nt.

évanouir [evanwiʀ]: **s'~** vi ohnmächtig werden; (fig) schwinden.

évanouissement [evanwismɑ̃] nm Ohnmacht(sanfall) m/f.

évaporer [evapɔʀe]: **s'~** vi sich verflüchtigen.

évaser [evaze]: **s'~** vi sich weiten.

évasif, ive [evazif, iv] a ausweichend.

évasion [evazjɔ̃] nf Flucht f.

évêché [eveʃe] nm Bistum nt; (édifice) Bischofssitz m.

éveil [evɛj] nm Erwachen nt; **rester en ~** wachsam bleiben.

éveillé, e [eveje] a wach.

éveiller [eveje] vt wecken; **s'~** vi (se réveiller) aufwachen.

événement [evɛnmɑ̃] nm Ereignis nt.

éventail [evɑ̃taj] nm Fächer m; (choix) Spektrum nt.

éventer [evɑ̃te] vt fächeln (+dat); (secret) aufdecken.

éventrer [evɑ̃tʀe] vt den Bauch aufschlitzen (+dat); (fig) aufreißen.

éventualité [evɑ̃tɥalite] nf Eventualität f; **dans l'~ de** im Falle (+gen).

éventuel, le [evɑ̃tɥɛl] a möglich.

évêque [evɛk] nm Bischof m.

évertuer [evɛʀtɥe]: **s'~** vi: **s'~ à faire** sich abmühen zu tun.

éviction [eviksjɔ̃] nf Ausschaltung f.

évidemment [evidamɑ̃] ad (bien sûr) natürlich; (de toute évidence) offensichtlich.

évidence [evidɑ̃s] nf Offensichtlichkeit f; (fait) eindeutige Tatsache f; **mettre en ~** aufzeigen.

évident, e [evidɑ̃, ɑ̃t] a offensichtlich.

évider [evide] vt aushöhlen.

évier [evje] *nm* Spülbecken *nt*.

évincer [evɛ̃se] *vt* ausschalten.

éviter [evite] *vt* meiden; *(problème, uestion)* vermeiden; *(coup, projectile)* ausweichen (+*dat*); *(catastrophe)* verhüten; ~ **de faire/que** vermeiden zu tun/, daß; ~ **qch à qn** jdm etw ersparen.

évocation [evɔkasjɔ̃] *nf* Heraufbeschwörung *f*.

évolué, e [evɔlɥe] *a* hochentwickelt.

évoluer [evɔlɥe] *vi* sich entwickeln; *(danseur, avion etc)* kreisen; **évolution** *nf* Entwicklung *f*.

évoquer [evɔke] *vt* heraufbeschwören.

ex- [ɛks] *pref* Ex-.

exacerber [ɛgzasɛrbe] *vt (personne)* reizen.

exact, e [ɛgza, akt(ə)] *a* exakt; *(précis)* genau; **l'heure** ~**e** die genaue Uhrzeit; ~**ement** *ad* genau.

exactitude [ɛgzaktityd] *nf* Genauigkeit *f*, Exaktheit *f*.

ex aequo [ɛgzeko] *a* gleichgestellt.

exagérer [ɛgzaʒere] *vt, vi* übertreiben.

exalter [ɛgzalte] *vt (enthousiasmer)* begeistern; *(glorifier)* preisen.

examen [ɛgzamɛ̃] *nm* Prüfung *f*; *(investigation, MED)* Untersuchung *f*; **à l'**~ *(COMM)* zur Probe.

examiner [ɛgzamine] *vt* prüfen; *(étudier, MED)* untersuchen.

exaspérer [ɛgzaspere] *vt* zur Verzweiflung bringen.

exaucer [ɛgzose] *vt (vœu)* erfüllen; *(personne, prière)* erhören.

excédent [ɛksedɑ̃] *nm* Überschuß *m*; ~ **de bagages** Übergepäck *nt*.

excéder [ɛksede] *vt (dépasser)* überschreiten; *(agacer)* zur Verzweiflung bringen.

excellence [ɛkselɑ̃s] *nf* hervorragende Qualität *f*; *(titre)* Exzellenz *f*.

excellent, e [ɛkselɑ̃, ɑ̃t] *a* ausgezeichnet, hervorragend.

exceller [ɛksele] *vi*: ~ **(en)** sich auszeichnen (in +*dat*).

excentrique [ɛksɑ̃trik] *a* exzentrisch; *(quartier)* Außen-, umliegend.

excepté, e [ɛksepte] *a*: **les élèves** ~**s** die Schüler ausgenommen//*prép* außer (+*dat*); ~ **si/quand** es sei denn, daß/außer wenn.

exception [ɛksepsjɔ̃] *nf* Ausnahme *f*; **d'**~ Ausnahme-; **sans** ~ ausnahmslos; **à l'**~ **de** mit Ausnahme von; **exceptionnel, le** *a* außergewöhnlich.

excès [ɛksɛ] *nm* Überschuß // *nmpl* Ausschweifungen *pl*; **à l'**~ übertrieben; ~ **de vitesse** Geschwindigkeitsüberschreitung *f*; ~ **de zèle** Übereifer *m*; **excessif, ive** *a* übertrieben.

excitation [ɛksitasjɔ̃] *nf (état)* Aufregung *f*.

exciter [ɛksite] *vt* erregen; *(personne: agiter)* aufregen; *(sujet: café etc)* anregen; **s'**~ *vi* sich erregen; sich aufregen; **s'**~ **qn à** jdn anstacheln ou aufhetzen zu.

exclamation [ɛksklamasjɔ̃] *nf* Ausruf *m*.

exclamer [ɛksklame]: **s'**~ *vi* rufen.

exclure [ɛksklyr] *vt* ausschließen; *(faire sortir)* hinausweisen.

exclusif, ive *a* exklusiv; *(intérêt, mission)* ausschließlich; **exclusion** *nf*: **à l'exclusion de** mit Ausnahme von; **exclusivement** *ad* ausschließlich; **exclusivité** *nf (COMM)* Alleinvertrieb *m*; **en exclusivité** Exklusiv-.

excommunier [ɛkskɔmynje] *vt* exkommunizieren.

excréments [ɛkskremɑ̃] *nmpl* Exkremente *pl*.

excroissance [ɛkskrwasɑ̃s] *nf* Wucherung *f*.

excursion [ɛkskyrsjɔ̃] *nf* Ausflug *nm*.

excuse [ɛkskyz] *nf* Entschuldigung *f*; *(prétexte)* Ausrede *f*.

excuser [ɛkskyze] *vt* entschuldigen; **s'**~ *vi* sich entschuldigen; **excusez-moi** Entschuldigung!

exécrable [ɛgzekrabl(ə)] *a* scheußlich.

exécrer [ɛgzekre] *vt* verabscheuen.

exécuter [ɛgzekyte] *vt (prisonnier)* hinrichten; *(ordre, mission)* ausführen; *(opération, mouvement)* durch-

führen; (MUS: jouer) vortragen;
s'~ vi einwilligen; **exécutif, ive** a
exekutiv // nm Exekutive f; **exécu-**
tion nf Hinrichtung f; Ausführung f;
Durchführung f; **mettre à exécu-**
tion ausführen.

exemplaire [εgzãplεʀ] a vor-
bildlich, beispielhaft; (châtiment)
exemplarisch // nm Exemplar nt.

exemple [εgzãpl(ǝ)] nm Beispiel nt;
par ~ zum Beispiel; **prendre ~ sur**
sich (dat) ein Beispiel nehmen an
(+dat); **à l'~ de** genau wie.

exempt [εgzã, ãt] a: ~ **de** befreit
von; (sans) frei von.

exempter [εgzãte] vt: ~ **de** befreien
von.

exercer [εgzεʀse] vt ausüben;
(faculté, partie du corps) üben, trainieren; **s'~** (sportif, musicien) üben;
(pression etc) sich auswirken.

exercice [εgzεʀsis] nm Übung f;
(COMM) Geschäftsjahr nt; (activité
sportive, physique) Bewegung f; **en ~**
im Amt.

exhaler [εgzale] vt ausströmen.

exhaustif, ive [εgzostif, iv] a erschöpfend.

exhiber [εgzibe] vt vorzeigen; **s'~**
sich zur Schau stellen.

exhorter [εgzɔʀte] vt eindringlich
bitten.

exhumer [εgzyme] vt ausgraben.

exigeant, e [εgziʒã, ãt] a an-
spruchsvoll.

exigence [εgziʒãs] nf Forderung f.

exiger [εgziʒe] vt fordern; (sujet:
chose) erfordern, verlangen.

exigu, uë [εgzigy] a (lieu) eng.

exil [εgzil] nm Exil nt; **~er** in Verbannen; **s'~er** ins Exil gehen.

existence [εgzistãs] nf Existenz f;
(vie) Leben nt, Dasein nt.

exister [εgziste] vi (vivre) existieren,
bestehen; **il existe** es gibt.

exode [εgzɔd] nm Exodus m.

exonérer [εgzɔneʀe] vt: ~ **de**
befreien von.

exorbitant, e [εgzɔʀbitã, ãt] a
astronomisch.

exorbité, e [εgzɔʀbite] a: **yeux ~s**
Glotzaugen pl.

exorciser [εgzɔʀsize] vt exorzieren.

exotique [εgzɔtik] a exotisch.

expansif, ive [εkspãsif, iv] a
mitteilsam.

expatrier [εkspatʀije] vt (argent) ins
Ausland überführen; **s'~** ins
Ausland gehen.

expectative [εkspεktativ] nf: **être**
dans l'~ abwarten.

expectorer [εkspεktɔʀe] vi ausspeien.

expédient [εkspedjã] nm: **vivre**
d'~s sich schlau durchs Leben
schlagen.

expédier [εkspedje] vt abschicken;
(troupes) abschicken; (pej: travail etc)
hinhauen; **expéditeur, trice** nm/f
Absender(in f) m.

expéditif, ive [εkspeditif, iv] a
schnell, prompt.

expédition [εkspedisjɔ̃] nf Abschicken nt; (voyage) Expedition f.

expérience [εksperjãs] nf Erfahrung f; (scientifique) Experiment nt.

expérimenter [εkspeʀimãte] vt
erproben.

expert, e [εkspεʀ, εʀt(ǝ)] a: **être ~**
en gut Bescheid wissen über (+akk)
// nm Experte m, Expertin f; **~**
comptable nm Wirtschaftsprüfer
(in f) m; **expertise** nf Gutachten nt;
expertiser vt (objet de valeur)
schätzen; (voiture accidentée etc) die
Schadenshöhe (+gen) festsetzen.

expier [εkspje] vt sühnen.

expirer [εkspiʀe] vi (venir à
échéance) ablaufen; (respirer) ausatmen; (mourir) verscheiden.

explication [εksplikasjɔ̃] nf
Erklärung f, Rechtfertigung f; (dis-
cussion) Aussprache f; **~ de texte**
(SCOL) Textanalyse f.

explicite [εksplisit] a ausdrücklich.

expliquer [εksplike] vt erklären;
(justifier) rechtfertigen; **s'~** (se comprendre) verständlich sein; (discuter)
sich aussprechen; (fam: se disputer)
seine Streitigkeiten regeln.

exploit [εksplwa] nm große Tat f;
Leistung f.

exploitation [εksplwatasjɔ̃] nf Aus-
beutung f; Bewirtschaftung f; ~

agricole landwirtschaftlicher Betrieb m.

exploiter [ɛksplwate] vt (mine; pej) ausbeuten; (entreprise, ferme) betreiben; (dons, faiblesse) ausnützen.

explorer [ɛksplɔre] vt erforschen.

exploser [ɛksploze] vi explodieren; (joie, colère) ausbrechen; **explosif, ive** a explosiv // nm Sprengstoff m.

exportateur, trice [ɛkspɔrtatɔr, tris] a Export-.

exportation [ɛkspɔrtasjɔ̃] nf Export m.

exporter [ɛkspɔrte] vt exportieren.

exposant [ɛkspozɑ̃] nm Aussteller m; (MATH) Exponent m.

exposé, e [ɛkspoze] a: **être ~ au sud** nach Süden gehen // nm Exposé nt.

exposer [ɛkspoze] vt ausstellen; (décrire) darlegen; **~ qn/qch à** jdn/etw aussetzen (+dat); **exposition** nf Ausstellung f; (PHOT) Belichtung f.

exprès [ɛksprɛ] ad absichtlich.

exprès, esse [ɛksprɛs] a ausdrücklich // a inv **lettre/colis ~** Expreßbrief m/-päckchen nt // ad per Eilboten.

express [ɛksprɛs] a, nm: **(café) ~** Espresso m; **(train) ~** Expreßzug m.

expressément [ɛksprɛsemɑ̃] ad ausdrücklich.

expressif, ive [ɛksprɛsif, iv] a ausdrucksvoll.

expression [ɛksprɛsjɔ̃] nf Ausdruck m.

exprimer [ɛksprime] vt ausdrücken; (jus, liquide) herausdrücken; **s'~** vi sich ausdrücken.

exproprier [ɛksprɔprije] vt enteignen.

expulser [ɛkspylse] vt verweisen; (locataire) ausweisen; **expulsion** nf Ausweisung f.

expurger [ɛkspyrʒe] vt zensieren.

exquis, e [ɛkski, iz] a exquisit.

exsangue [ɛksɑ̃g] a blutleer.

extase [ɛkstaz] nf Ekstase f; **s'extasier sur** in Ekstase geraten über (+akk).

extenseur [ɛkstɑ̃sœr] nm (SPORT)

Expander m.

extensible [ɛkstɑ̃sibl(ə)] a ausziehbar.

extensif, ive [ɛkstɑ̃sif, iv] a extensiv.

extension [ɛkstɑ̃sjɔ̃] nf Strecken nt; (fig) Expansion f.

exténuer [ɛkstenɥe] vt erschöpfen.

extérieur, e [ɛksterjœr] a äußere(r, s); (commerce, escalier) Außen-; (calme, gaieté etc) äußerlich // nm (d'une maison, d'un récipient etc) Außenseite f; (d'un pays): **l'~** die Außenwelt; **à l'~** (dehors) außen; **extérioriser** vt nach außen zeigen.

exterminer [ɛkstɛrmine] vt ausrotten.

externat [ɛkstɛrna] nm Tagesschule f.

externe [ɛkstɛrn(ə)] a extern.

extincteur [ɛkstɛ̃ktœr] nm Feuerlöscher m.

extinction [ɛkstɛ̃ksjɔ̃] nf (d'une race) Aussterben nt; **~ de voix** Stimmverlust m.

extirper [ɛkstirpe] vt (tumeur) entfernen; (plante) ausreißen.

extorquer [ɛkstɔrke] vt: **~ qch à qn** etw von jdm erpressen.

extra [ɛkstra] a inv erstklassig // nm inv Aushilfe f.

extraction [ɛkstraksjɔ̃] nf (voir extraire) Gewinnung f; Ziehen nt.

extradition [ɛkstradisjɔ̃] nf Auslieferung f.

extraire [ɛkstrɛr] vt (minerai) gewinnen; (dent, MATH: racine) ziehen; (corps étranger, citation): **~ qch de** etw herausziehen aus.

extrait [ɛkstrɛ] nm (de plante) Extrakt m; (de film, livre) Auszug m.

extraordinaire [ɛkstr(a)ɔrdinɛr] a außergewöhnlich; (mission, assemblée) Sonder-.

extravagant, e [ɛkstravagɑ̃, ɑ̃t] a extravagant.

extraverti, e [ɛkstravɛrti] a extrovertiert.

extrême [ɛkstrɛm] a (chaleur) extrem; (limite) äußerste(r, s); (option, opinions) maßlos // nm: Extrem nt; **~-onction** nf letzte Ölung f;

extrémiste nm/f Extremist(in f) m.

extrémité [ɛkstʀemite] nf äußerstes Ende nt; (situation, geste désespéré) äußerste Not f; ~s nfpl (pieds et mains) Extremitäten pl.

exubérant, e [ɛgzybeʀɑ̃, ɑ̃t] a überschwenglich.

exulter [ɛgzylte] vi frohlocken.

ex-voto [ɛksvɔto] nm Votivbild nt.

F

fa [fa] nm inv F nt.

fable [fabl(ə)] nf Fabel f.

fabricant(e) [fabʀikɑ̃] nm/f Hersteller(in f) m.

fabrication [fabʀikasjɔ̃] nf Herstellung f, Bau m; Erfindung f.

fabrique [fabʀik] nf Fabrik f.

fabriquer [fabʀike] vt (produire) herstellen; (inventer) erfinden.

fabuleux, euse [fabylø, øz] a legendär; (incroyable) märchenhaft.

façade [fasad] nf Fassade f.

face [fas] nf (visage) Gesicht nt; (d'un objet) Seite f; **en ~ de** prep gegenüber (+ dat); (fig) vor (+ dat); **de ~** von vorn; **~ à** prep gegenüber (+ dat); (fig) angesichts (+ gen); **faire ~ à** gegenüberstehen (+ dat); (une obligation) nachkommen (+ dat); **~ à ~** à einander gegenüber.

facette [fasɛt] nf Facette f; (fig) Seite f.

fâché, e [faʃe] a böse, verärgert.

fâcher [faʃe] vt ärgern; **se ~** vi sich ärgern; **se ~ avec qn** (se brouiller) sich mit jdm überwerfen.

fâcheux, euse [faʃø, øz] a ärgerlich; (regrettable) bedauerlich.

facial, e, aux [fasjal, o] a Gesichts-.

facile [fasil] a leicht; (littérature) oberflächlich; (effets) billig; ~ **à faire** leicht zu machen; **~ment** ad leicht; **facilité** nf Leichtigkeit f; (dons) Talent nt; **facilités de crédit/paiement** günstige Kredit-/Zahlungsbedingungen pl; **faciliter** vt erleichtern.

façon [fasɔ̃] nf (manière) Art f, Weise f; (d'un vêtement: exécution) Verarbeitung f; (: coupe) Schnitt m; ~s nfpl (pej) Umstände pl; **de quelle ~ l'a-t-il fait?** auf welche Art und Weise hat er es getan?; **d'une autre ~** anders; **de ~ agréable/aggressive** angenehm/aggressiv; **de ~ à faire qch/à ce que** um etw zu tun/so daß; **de telle ~ que** so, daß; **à la ~ de** nach Art (+ gen); **de toute ~** auf jeden Fall.

façonner [fasɔne] vt (fabriquer) herstellen; (travailler) bearbeiten; (fig) formen.

facteur, trice [faktœʀ, tʀis] nm/f (postier) Briefträger(in f) m // nm (MATH, fig) Faktor m; **~ de pianos/d'orgues** Klavier-/Orgelbauer m.

factice [faktis] a künstlich, nachgemacht; (situation, sourire) gekünstelt, unnatürlich.

faction [faksjɔ̃] nf (groupe) Splittergruppe f; (garde) Wache f.

facture [faktyʀ] nf Rechnung f; (d'un artisan, artiste) Stil m.

facturer [faktyʀe] vt berechnen.

facultatif, ive [fakyltatif, iv] a freiwillig.

faculté [fakylte] nf (possibilité) Vermögen nt; (intellectuelle) Fähigkeit f; (SCOL) Fakultät f.

fade [fad] a fad.

fading [fadiŋ] nm (RADIO) Ausblenden nt.

fagot [fago] nm (de bois) Reisigbündel nt.

faible [fɛbl(ə)] a schwach; (sans volonté) willensschwach // nm: **le ~ de qn/qch** die schwache Stelle von jdm/etw; **avoir un ~ pour qn/qch** eine Schwäche für jdn/etw haben; **faiblesse** nf Schwäche f; **faiblir** vi (diminuer) schwächer werden.

faïence [fajɑ̃s] nf Keramik f.

faille [faj] nf Bruch m; Spalte f; (fig) schwache Stelle f.

faillible [fajibl(ə)] a fehlbar.

faim [fɛ̃] nf Hunger m; **la ~** die Hungersnot; **avoir ~** Hunger haben; **rester sur sa ~** (fig) unbefriedigt bleiben.

fainéant, e [feneɑ̃, ɑ̃t] nm/f Faulenzer(in f) m.

faire [fɛʀ] *vt* machen; *(fabriquer)* herstellen; *(AGR: produire)* erzeugen; *(discours)* halten; *(former, constituer)* darstellen, sein // *vb substitut*: **ne le casse pas comme je l'ai fait** zerbrich es nicht so wie ich; **je viens de le ~** ich habe es soeben getan // *vb impers* **voir jour, froid** *etc*; **ça fait 2 ans/heures que ...** es ist 2 Jahre/Stunden her, daß ...; **~ des dégâts** Schaden anrichten; **la cuisine ~** kochen; **~ du ski/rugby** Ski laufen/Rugby spielen; **~ du violon/piano** Geige/Klavier spielen; **~ le malade/l'ignorant** den Kranken/Unwissenden spielen; **~ du diabète** zuckerkrank sein, Diabetes haben; **~ les magasins** einen Einkaufsbummel machen; **~ l'Europe centrale** Mitteleuropa bereisen; **fait à la main** Handarbeit; **cela ne me fait rien** das ist mir egal; **cela ne fait rien** das macht nichts; **je vous le fais 10 F** ich gebe es Ihnen für 10F; **qu'allons-nous ~, dans ce cas?** was sollen wir in diesem Fall tun?; **que ~?** was tun?; **2 et 2 font 4** 2 und 2 macht 4; **9 divisé par 3 fait 3,** 9 geteilt durch 3 ist 3; **n'avoir que ~ de qch** sich nicht um etw kümmern; **vraiment? fit-il** wirklich? sagte er; **faites!** bitte!; **il ne fait que critiquer** er kritisiert immer nur; **~ vieux/démodé** alt/altmodisch aussehen; **~ réparer/vérifier qch** etw richten/überprüfen lassen; **cela fait tomber la fièvre/dormir** das bringt das Fieber zum Sinken/fördert den Schlaf; **cela a fait tomber le tableau/trembler les murs** das hat das Bild herunterfallen/die Mauern erzittern lassen; **il m'a fait ouvrir la porte** er hat mich gezwungen, die Tür zu öffnen; **il m'a fait traverser la rue** er war mir beim Überqueren der Straße behilflich; **~ chauffer de l'eau** Wasser aufsetzen; **~ démarrer un moteur** einen Motor anlassen; **je vais me ~ punir/gronder** ich werde bestraft/ausgeschimpft werden; **il va se**

~ tuer/renverser er wird noch umkommen/überfahren werden; **se ~ faire un vêtement** sich etwas zum Anziehen machen lassen; **se ~ vi** *(fromage, vin)* reifen; **se ~ à qch** *(s'habituer)* sich an etw (*akk*) gewöhnen; **cela se fait beaucoup** so macht man das kaum vor; **comment se fait-il que** ... wie kommt es, daß ...; **se ~ vieux** alt werden; **se ~ des amis** Freunde gewinnen; **il ne s'en fait pas** er macht sich keine Sorgen.

faisable [fəzabl(ə)] *a* machbar.

faisan, e [fəzɑ̃, an] *nm/f* Fasan *m*.

faisandé, e [fəzɑ̃de] *a* abgehangen; *(fig)* verdorben.

faisceau [fɛso] *nm* Bündel *nt; (de lumière)* Strahl *m*.

fait [fɛ] *nm* Tatsache *f; (événement)* Ereignis *nt;* **le fait de lire/boire** das Lesen/Trinken; **être le ~** *(typique de)* typisch sein für (+ *akk*); *(causé par)* verursacht sein von (+ *dat*); **être au ~ de** Bescheid wissen über (+ *akk*); **au ~** *(à propos)* im übrigen; **aller droit au ~** sofort zur Sache kommen; **de ~ a, ad** tatsächlich; **du ~ que/de** weil/wegen (+ *gen*); **de ce ~** somit; **en ~** tatsächlich; **en ~ de repas, il ne reçut qu'une tranche de pain** als Mahlzeit bekam er nur ein Stück Brot; **prendre ~ et cause pour qn** für jdn Partei ergreifen; **~ accompli** vollendete Tatsache; **~s divers** *pl (dans un journal)* Verschiedenes *nt*.

fait, e [fɛ, fɛt] *a (mûr)* reif; **être ~ pour** (wie) geschaffen sein für; **c'en est fait de lui/notre tranquillité** um ihn/unsere Ruhe ist es geschehen; **c'est bien fait pour lui** das geschieht ihm recht.

faîte [fɛt] *nm (d'arbre)* Wipfel *m; (du toit)* Giebel *m*.

fait-tout *nm inv*, **faitout** [fɛtu] *nm* [fɛtu] grosser Kochtopf *m*.

falaise [falɛz] *nf* Klippe *f*, Kliff *nt*.

fallacieux, euse [falasjø, øz] *a* trügerisch.

falloir [falwaʀ] *vb impers (besoin):* **il va ~ 100 F** es werden 100 F nötig sein; **il doit ~ du temps pour faire cela** es muß Zeit kosten, das zu tun; **il me faut/faudrait 100 F/de l'aide** ich brauche/bräuchte 100 F/Hilfe; **il vous faut tourner à gauche après l'église** nach der Kirche müssen Sie links abbiegen; **nous avons ce qu'il (nous) faut** wir haben, was wir brauchen; (obligation): **il faut absolument le faire/qu'il y aille** es muß unbedingt getan werden/ er muß unbedingt hingehen; **il a fallu que je parte** ich mußte weggehen; (hypothèse): **il faut qu'il ait oublié/qu'il soit malade** er muß vergessen haben/krank sein; (fatalité): **il a fallu qu'il l'apprenne** er hat es erfahren müssen; **il faut toujours qu'il s'en mêle** er muß sich immer einmischen; **s'en —: il s'en faut/il s'en est fallu de 5 minutes/100 F** (pour que ...) es fehlen/fehlten 5 Minuten/100 F (damit ...); **il s'en faut de beaucoup qu'elle soit riche** sie ist wahrhaftig nicht reich; **il s'en est fallu de peu que je devienne riche** es wäre mir ich reich geworden; **... ou peut s'en faut ...** oder beinahe.

falot, e [falo, ɔt] a (insignifiant) unbedeutend // nm (lanterne) Laterne f.

falsifier [falsifje] vt (ver)fälschen.

famé, e [fame] a: **être mal ~** einen schlechten Ruf haben.

famélique [famelik] a ausgehungert, halbverhungert.

fameux, euse [famø, øz] a berühmt; (bon) ausgezeichnet; (valeur intensive) außergewöhnlich; (pej) berüchtigt.

familial, e, aux [familjal, o] a Familien- // nf (AUT) Kombiwagen m.

familiariser [familjarize] vt: **~ qn avec jdn** vertraut machen mit; **se ~ avec** vertraut werden mit.

familiarité [familjarite] nf Vertraulichkeit f; Ungezwungenheit f; plumpe Vertraulichkeit f; (connaissance): **~ avec** Vertrautheit mit.

familier, ière [familje, jɛR] a (connu) vertraut; (dénote l'intimité) vertraulich, ungezwungen; (LING) umgangssprachlich; (impertinent) plumpvertraulich // nm Freund(in f) m, Vertraute(r) mf.

famille [famij] nf Familie f; **avoir de la ~** Verwandte haben.

famine [famin] nf Hungersnot f.

fanal, aux [fanal, o] nm (de bateau) Schiffslaterne f.

fanatique [fanatik] a fanatisch // nm/f Fanatiker(in f) m; **~ du rugby/de la voile** Rugby-/Segelfan m.

faner [fane]: **se ~** vi (fleur) verwelken, verblühen; (couleur, tissu) verblassen.

faneur, euse [fanœR, øz] nm/f Heumacher(in f) m.

fanfare [fɑ̃faR] nf (orchestre) Blaskapelle f; (morceau) Fanfare f.

fanfaron, ne [fɑ̃faRɔ̃, ɔn] nm/f Angeber(in f) m.

fange [fɑ̃ʒ] nf Schlamm m, Morast m.

fanion [fanjɔ̃] nm Wimpel m.

fantaisie [fɑ̃tezi] nf (spontanéité) Einfallsreichtum m, Spontaneität f; (caprice) Laune f; (œuvre) Phantasiestück nt // a: **bijou ~** Modeschmuck m; **agir selon sa ~** nach Lust und Laune handeln.

fantaisiste [fɑ̃tezist(ə)] a (personne) nicht ernst zu nehmen; (solution) unrealistisch // nm (de music-hall) Kabarettist(in f) m.

fantasme [fɑ̃tasm(ə)] nm Hirngespinst nt.

fantasque [fɑ̃task(ə)] a seltsam.

fantassin [fɑ̃tasɛ̃] nm Infanterist m.

fantastique [fɑ̃tastik] a phantastisch.

fantôme [fɑ̃tom] nm Gespenst nt.

faon [fɑ̃] nm Hirschkalb nt, Rehkitz nt.

farce [faRs(ə)] nf (hachis) Füllung f; (THEAT) Possenspiel nt; (blague) Streich m.

farceur, euse [faRsœR, øz] nm/f Spaßvogel m.

farcir [faRsiR] vt (CULIN) füllen; (fig): **~ qch de** etw spicken mit; **se ~** qch

(fam): **je me suis farci la vaisselle**
man hat mir das Geschirr
aufgehalst.

fard [faʀ] *nm* Schminke *f.*

fardeau [faʀdo] *nm* Last *f.*

farder [faʀde] *vt* schminken.

farfelu, e [faʀfǝly] versponnen.

farfouiller [faʀfuje] *vi (herum-)*
wühlen.

farine [faʀin] *nf* Mehl *nt.*

farineux, euse [faʀinø, øz] *a (sauce,
pomme)* mehlig // *nmpl (catégorie d'a-
liments)* mehlhaltige Nahrungsmittel *pl.*

farouche [faʀuʃ] *a (timide)* scheu;
(brutal, indompté) wild; *(volonté, haine,
résistance)* stark, heftig.

fart [faʀ(t)] *nm* Skiwachs *nt.*

farter [faʀte] *vt* wachsen.

fascicule [fasikyl] *nm* Band *m*, Heft
nt.

fasciner [fasine] *vt* faszinieren.

fascisme [faʃism(ǝ)] *nm* Faschis-
mus *m.*

fasciste [faʃist(ǝ)] *a* faschistisch //
nmf Faschist(in *f*) *m.*

faste [fast(ǝ)] *nm* Pracht *f*; **a: jour
faste** Glückstag *m.*

fastidieux, euse [fastidjø, øz] *a*
langweilig.

fastueux, euse [fastɥø, øz] *a*
prunkvoll, prachtvoll.

fat [fa(t)] *a* selbstgefällig.

fatal, e [fatal] *a* tödlich; *(erreur)* fatal;
(inévitable) unvermeidbar.

fatalité [fatalite] *nf* Unglück, Ver-
hängnis *nt*, Schicksal *nt.*

fatidique [fatidik] *a* schicksalhaft.

fatigue [fatig] *nf* Müdigkeit *f.*

fatiguer [fatige] *vt* müde machen,
ermüden; *(moteur, pièce etc)* über-
beanspruchen; *(importuner)* belästigen // *vi (moteur)* überlastet
sein; **se ~ vi** *(personne)* ermüden,
müde werden.

fatras [fatʀa] *nm* Durcheinander *nt.*

fatuité [fatɥite] *nf* Selbstgefälligkeit
f; Einbildung *f.*

faubourg [fobuʀ] *nm* Vorstadt *f.*

fauché, e [foʃe] *a (fam)* abgebrannt,
blank.

faucher [foʃe] *vt (AGR)* mähen;

(sujet: véhicule etc) niedermähen.

faucheur, euse [foʃœʀ, øz] *nm/f*
Mäher(in *f*) *m*, Schnitter(in *f*) *m* // *nf
(TECH)* Mähmaschine *f.*

faucille [fosij] *nf* Sichel *f.*

faucon [fokɔ̃] *nm (ZOOL)* Falke *m.*

faufiler [fofile] *vt* heften; **se ~ vi: se
~ dans/parmi/entre** sich
einschleichen in (+ *akk*), hin-
durchschlüpfen durch (+ *akk*).

faune [fon] *nf* Fauna *f*, Tierwelt *f*; *(fig)*
Leute *pl* // *nm* Faun *m.*

faussaire [fosɛʀ] *nm* Fälscher(in *f*)
m.

faussement [fosmɑ̃] *ad* fälschlich.

fausser [fose] *vt (serrure, objet)* verbiegen; *(résultat, données)*
(ver)fälschen.

fausseté [foste] *nf* Falschheit *f.*

faut [fo] *voir* **falloir.**

faute [fot] *nf (erreur)* Fehler *m*; *(manquement)* Verstoß *m (contre gegen)*;
par sa ~, nous ... es ist schuld
daran, daß wir ...; **c'est (de) sa/ma
~** das ist seine/meine Schuld;
prendre qn en ~ jdn ertappen; **~
de temps/d'argent** mangels *ou* aus
Mangel an Zeit/Geld; **sans ~**
ganz bestimmt; **~ d'orthographe/
de frappe** Rechtschreib-/
Tippfehler *m*; **~ de goût**
Geschmacksverirrung *f*; **~ professionnelle** berufliches Fehlverhal-
ten.

fauteuil [fotœj] *nm (de salon)* Sessel
m; **~ d'orchestre** Sperrsitz *m.*

fauteur [fotœʀ] *nm*: **~ de troubles**
Unruhestifter(in *f*) *m.*

fautif, ive [fotif, iv] *a (incorrect)* fehlerhaft; *(responsable)* schuldig.

fauve [fov] *nm* Raubkatze *f* // *a
(couleur)* rehbraun.

fauvette [fovɛt] *nf* Grasmücke *f.*

faux [fo] *nf (AGR)* Sense *f.*

faux, fausse [fo, fos] *a* falsch;
(falsifié) gefälscht; *(piano)* verstimmt; *(voix)* unrein // *ad (MUS)*:
jouer/chanter ~ falsch spielen/
singen // *nm (copie)* Fälschung *f*;
(opposé au vrai): **le ~** die
Unwahrheit; **faire ~ bond à qn** jdn
versetzen; **~ col** abnehmbarer

Kragen; ~ **frais** Nebenausgaben pl; ~ **pas** Stolpern nt; (fig) Fauxpas m;
fausse clé Dietrich m; **fausse couche** Fehlgeburt f.

faux-filet [fofilɛ] nm (CULIN) Lendenstück nt.

faux-fuyant [fofyijã] nm (fig) Ausflucht f.

faux-monnayeur [fomɔnɛjœr] nm Falschmünzer(in f) m.

faveur [favœr] nf Gunst; (service) Gefallen m; (ruban) schmales Band nt; **avoir la ~ de qn** sich jds Gunst erfreuen; **régime/traitement de ~** Bevorzugung f; **demander une ~ (à qn)** (um) einen Gefallen bitten; **en ~ de qn/qch** zugunsten jds/einer Sache.

favorable [favɔrabl(ə)] a (propice) günstig; (bien disposé) wohlwollend; **être ~ à qch/qn** einer Sache/jdm geneigt sein.

favori, te [favɔri, it] a Lieblings-// nm (SPORT) Favorit(in f) m; **~s** nmpl (barbe) Koteletten pl.

favoriser [favɔrize] vt (personne) bevorzugen; (activité) fördern; (chance, événements) begünstigen.

favoritisme [favɔritism(ə)] nm Günstlingswirtschaft f.

fébrile [febril] a (activité) fieberhaft; (personne) aufgeregt.

fécond, e [fekɔ̃, ɔ̃d] a fruchtbar; (imagination) überschwänglich; (auteur) produktiv; **féconder** vt befruchten; **fécondité** nf Fruchtbarkeit f; Produktivität f.

fécule [fekyl] nf (CULIN) Stärke f.

fédéral, e, aux [federal, o] a Bundes-.

fédération [federasjɔ̃] nf Verband m; (POL) Staatenbund m.

fée [fe] nf Fee f.

féerique [fe(e)Rik] a zauberhaft.

feindre [fɛ̃dr(ə)] vt (simuler) vortäuschen // vi: ~ **de faire qch** vorgeben/vortäuschen, etw zu machen.

feint, e [fɛ̃, fɛ̃t] pp de **feindre** // nf Finte f.

fêler [fele] vt (verre, assiette) einen Sprung machen in (+ akk).

félicitations [felisitasjɔ̃] nfpl Glückwünsche pl.

féliciter [felisite] vt beglückwünschen, gratulieren (+ dat); ~ **qn de qch** jdm gratulieren ou jdn beglückwünschen zu etw; **se ~ de qch/d'avoir fait qch** froh sein über etw (akk)/,etw getan zu haben.

félin, e [felɛ̃, in] a Katzen-, katzenhaft // nm (ZOOL) Katze f, Raubkatze f.

fêlure [felyr] nf (de vase, verre) Sprung m; (d'un os) Knacks m.

femelle [fəmɛl] a (d'animal) Weibchen nt//a weiblich; (ELEC) **prise** ~ Steckdose f.

féminin, e [feminɛ̃, in] a (équipe, vêtements etc) Frauen-; weiblich // nm (LING) Femininum nt.

féministe [feminist(ə)] a feministisch // nf Feministin f.

féminité [feminite] nf Weiblichkeit f.

femme [fam] nf Frau f; ~ **de chambre** Zimmermädchen nt; ~ **de ménage** Putzfrau f.

fémur [femyr] nm (ANAT) Oberschenkelknochen m.

fendre [fɑ̃dr(ə)] vt spalten; (foule) sich einen Weg bahnen durch; (flots) durchpflügen; **se ~** vi; (objet) bersten, springen.

fendu, e [fɑ̃dy] pp de **fendre** // a (sol, mur) rissig.

fenêtre [f(ə)nɛtr(ə)] nf Fenster nt.

fenouil [fənuj] nm Fenchel m.

fente [fɑ̃t] nf (fissure) Riß m, Sprung m, Spalt m; (ménagée intentionnellement) Schlitz m.

féodal, e, aux [feɔdal, o] a Lehens-.

fer [fɛr] nm Eisen nt; ~**s** nmpl: **mettre aux ~s** in Ketten legen; **de ou en ~** eisern; ~ **forgé** Schmiedeeisen nt; ~ **à cheval** Hufeisen nt; **en ~ à cheval** hufeisenförmig; ~ **à souder** Lötkolben m.

fer-blanc [fɛrblã] nm Blech nt; **fer-blanterie** nf Klempnerei f; **ferblantier** nm Klempner m, Spengler m.

férié, e [ferje] a: **jour ~** Feiertag m.

férir [ferir]: **sans coup ~** ad ohne

Widerstand, widerstandslos.

ferme [fɛrm(ə)] a fest; (personne) entschieden; standhaft // ad: **travailler/discuter** ~ hart arbeiten/heftig diskutieren; **acheter/vendre** ~ fest kaufen/verkaufen // nf Bauernhof m; (maison) Bauernhaus nt.

fermé, e [fɛrme] a geschlossen; (personne, visage) verschlossen.

fermement [fɛrməmɑ̃] ad fest; bestimmt, entschieden.

fermentation [fɛrmɑ̃tasjɔ̃] nf Gärung f.

fermenter [fɛrmɑ̃te] vi gären.

fermer [fɛrme] vt schließen, zumachen; (cesser l'exploitation) stillegen; (eau, robinet) zudrehen; (électricité, radio) abschalten; (aéroport, route) sperren // vi (porte, valise) zugehen; (entreprise) schließen; ~ **les yeux sur qch** die Augen vor etw (dat) verschließen; **se** ~ vi sich schließen.

fermeté [fɛrməte] nf Festigkeit f, Entschiedenheit f.

fermeture [fɛrmətyr] nf Schließen nt; Stillegung f; (d'une entreprise) Schließung f; (serrure, bouton) Verschluß m; **jour de** ~ Ruhetag m; **heure de** ~ Geschäftsschluß m; ~ **éclair** ou **à glissière** Reißverschluß m.

fermier, ière [fɛrmje, jɛr] nm/f (locataire) Pächter/in f; (propriétaire) Bauer m, Bäuerin f, Landwirt(in) m.

fermoir [fɛrmwar] nm Verschluß m, Schließe f.

féroce [ferɔs] a (animal) wild; (guerrier) unbarmherzig, grausam; (appétit, désir) unbändig.

férocité [ferɔsite] nf Wildheit f; Grausamkeit f.

ferraille [fɛrɑj] nf Schrott m, Alteisen nt; **mettre à la** ~ verschrotten.

ferré, e [fɛre] a (souliers) genagelt; (bout) mit Eisen beschlagen; (savant): ~ **en** beschlagen ou bewandert in (+ dat).

ferrer [fɛre] vt (cheval) beschlagen; (chaussure) nageln.

ferreux, euse [fɛrø] a eisenhaltig.

ferronnerie [fɛrɔnri] nf (objets) Schmiedeeisen nt; ~ **d'art** Kunstschmiedearbeit f.

ferroviaire [fɛrɔvjɛr] a Eisenbahn.

ferrugineux, euse [fɛryʒinø, øz] a eisenhaltig.

ferrure [fɛryr] nf (objet) Eisenbeschlag m.

ferry-boat [fɛrebot] nm Eisenbahnfähre f.

fertile [fɛrtil] a (terre) fruchtbar; ~ **en incidents** ereignisreich; **fertiliser** vt (terre) düngen; **fertilité** nf Fruchtbarkeit f.

féru, e [fery] a: ~ **de** begeistert von.

férule [feryl] nf: **être sous la** ~ **de qn** unter jds Fuchtel stehen.

fervent, e [fɛrvɑ̃, ɑ̃t] a (prière) inbrünstig; (admirateur) glühend.

ferveur [fɛrvœr] nf Inbrunst f; Glut f, Eifer m.

fesse [fɛs] nf Hinterbacke f; **les** ~**s** das Hinterteil.

fessée [fese] nf Schläge pl (auf den Hintern).

festin [fɛstɛ̃] nm Festmahl nt.

festival [fɛstival] nm Festival nt; (classique) Festspiele pl.

festivités [fɛstivite] nfpl Festlichkeiten pl.

festoyer [fɛstwaje] vi schmausen.

fêtard [fɛtar] nm Lebemann m.

fête [fɛt] nf (publique) Feiertag m, Festtag m; (en famille) Fest nt, Fest nt; (d'une personne) Namenstag m; **faire la** ~ in Saus und Braus leben; **faire** ~ **à qn** jdn herzlich empfangen; **jour de** ~ Festtag m, Feiertag m; **les** ~**s** (Noël et Nouvel An) die Feiertage pl; **salle/comité des** ~**s** Festsaal m/komitee nt; ~ **foraine** Jahrmarkt m, Volksfest nt; ~ **mobile** beweglicher Feiertag; **la F**~ **Nationale** der Nationalfeiertag.

Fête-Dieu [fɛtdjø] nf Fronleichnam m.

fêter [fete] vt feiern.

fétide [fetid] a (odeur, haleine) übelriechend.

fétu [fety] nm: ~ **de paille** Strohhalm *m*.

feu [fø] *a inv* verstorben.

feu, feux [fø] *nm* Feuer *nt*; *(NAVIG)* Leuchtfeuer *nt*; *(de voiture)* Scheinwerfer *m*; *(de circulation)* Ampel *f*; *(ardeur)* Begeisterung *f*; *(sensation de brûlure)* Brennen *nt*; **~x** *nmpl (éclat)* Licht *nt*; ~ **rouge/vert** rotes/grünes Licht; **tous ~x éteints** *(NAVIG, AUT)* ohne Licht; **s'arrêter aux ~x** ou au ~ **rouge** an der Ampel anhalten; **à ~ doux/vif** *(CULIN)* bei schwacher/starker Hitze; **à petit ~** *(CULIN)* auf kleiner Flamme; *(fig)* langsam; **faire ~** *(avec arme)* feuern; **prendre ~** Feuer fangen; **mettre le ~ à qch** etw in Brand stecken; **faire du ~** Feuer machen; **avez-vous du ~?** *(pour cigarette)* haben Sie Feuer?; **~ arrière** *(AUT)* Rücklicht *nt*; **~x de croisement** *(AUT)* Abblendlicht *nt*; **~ de position** *(AUT)* Standlicht *nt*; **~ de route** *(AUT)* Scheinwerfer *m*; **~ d'artifice** Feuerwerk *nt*.

feuillage [fœjaʒ] *nm (feuilles)* Blätter *pl*.

feuille [fœj] *nf (d'arbre)* Blatt *nt*; ~ **(de papier)** Blatt *nt* (Papier), *f*; ~ **d'or/de métal** Gold-/Metallblättchen *nt*; ~ **d'impôts** Steuerbescheid *m*; ~ **morte** welkes Blatt; ~ **de vigne** Weinblatt *nt*; *(sur statue)* Feigenblatt *nt*; ~ **volante** loses Blatt.

feuillet [fœjɛ] *nm* Blatt *nt*, Seite *f*.

feuilleté, e [fœjte] *a (CULIN)* **pâte ~e** Blätterteig *m*.

feuilleter [fœjte] *vt* durchblättern.

feuilleton [fœjtɔ̃] *nm (dans un journal)* Fortsetzungsroman *m*; *(RADIO, TV)* Sendefolge *f*; *(partie)* Fortsetzung *f*.

feuillu, e [fœjy] *a* belaubt; **arbres ~s** Laubbäume *pl*.

feutre [føtʀ(ə)] *nm (matière)* Filz *m*; *(chapeau)* Filzhut *m*; **stylo- ~** Filzstift *m*.

feutré, e [føtʀe] *a (tissu)* filzartig; *(après usure)* verfilzt; *(pas, voix, sons)* gedämpft.

feutrer [føtʀe] *vt (revêtir de feutre)*

mit Filz auslegen; *(bruits)* dämpfen // **vi: se ~** *(tissu)* verfilzen.

fève [fɛv] *nf* Bohne *f*.

février [fevʀije] *nm* Februar *m*.

fi [fi] *excl:* **faire ~ de** sich nicht scheren um (+ akk).

fiacre [fjakʀ(e)] *nm* Droschke *f*.

fiançailles [fjɑ̃saj] *nfpl (promesse)* Verlobung *f*; *(période)* Verlobungszeit *f*.

fiancé, e [fjɑ̃se] *nm/f* Verlobte(r) *mf* // *a:* **être ~** à verlobt sein mit.

fiancer [fjɑ̃se] *: se ~* *vi* sich verloben.

fibre [fibʀ(ə)] *nf* Faser *f*; ~ **de bois** Holzwolle *f*; *(fig)* Ader *f*; **avoir la ~ patriotique** eine militärische Ader haben; **avoir la ~ paternelle** der geborene Vater sein; ~ **de verre** Fiberglas *nt*.

fibreux, euse [fibʀø, øz] *a* faserig.

ficeler [fisle] *vt (paquet)* verschnüren; *(prisonnier)* fesseln.

ficelle [fisɛl] *nf* Schnur *f*, Bindfaden *m*; **de la ~** Kordel *f*.

fiche [fiʃ] *nf (pour fichier)* Karteikarte *f*; *(ELEC)* Stecker *m*.

ficher [fiʃe] *vt (planter)* einschlagen; *(fam:faire):* **il ne fiche rien** er macht ou tut nichts; *(: donner):* **cela me fiche la trouille** das macht mir Angst; *(: mettre):* **fiche-le dans un coin** schmeiß es in eine Ecke; **fiche(-moi) le camp!** *(fam)* hau ab!; **fiche-moi la paix!** *(fam)* laß mich in Ruhe ou Frieden!; **je m'en fiche** *(fam)* das ist mir egal; **tu te fiches de moi** *(fam)* du machst dich über mich lustig.

fichier [fiʃje] *nm* Kartei *f*.

fichu, e [fiʃy] *pp de* **ficher** // *a (fam: fini, inutilisable)* kaputt; *(: intensif):* ~ **temps/caractère** scheußliches Wetter/schwieriger Charakter // *nm (foulard)* Halstuch *nt*; **n'être pas ~ de faire qch** *(fam)* nicht imstande sein, etw zu tun; **être mal ~** *(fam: santé)* sich miserabel fühlen; *(: objet)* schlecht gemacht sein.

fictif, ive [fiktif, iv] *a* fiktiv, erfunden.

fiction [fiksjɔ̃] *nf* Fiktion *f*.

fidèle [fidɛl] *a* treu; *(précis)* zuverlässig, genau // nm/f (REL) Gläubige(r) mf; (fig) Getreue(r) mf; **être ~ à** treu sein (+ dat); (parole donnée, habitudes) festhalten an (+ dat).

fidélité [fidelite] nf Treue f; Zuverlässigkeit f, Genauigkeit f.

fiduciaire [fidysjɛʀ] a treuhänderisch.

fief [fjɛf] nm (HIST) Lehen nt; (fig) Spezialgebiet nt; (POL) Hochburg f.

fiel [fjɛl] nm Galle f; (fig) Bitterkeit f.

fiente [fjɑ̃t] nf Mist m.

fier, fière [fjɛʀ] a stolz (de auf + akk); **avoir fière allure** eine gute Figur machen.

fier [fje]: **se ~ à** vt vertrauen ou sich verlassen auf (+ akk).

fierté [fjɛʀte] nf Stolz m.

fièvre [fjɛvʀ(ə)] nf Fieber nt.

fiévreux, euse [fjevʀø, øz] a fiebrig; (fig) fieberhaft.

fifre [fifʀ(ə)] nm (flûte) Querpfeife f.

figer [fiʒe] vt (sang) gerinnen lassen; (sauce) dick werden lassen; (personne) erstarren lassen, lähmen; **se ~** vi gerinnen; dick werden; erstarren.

figue [fig] nf (BOT) Feige f.

figuier [figje] nm Feigenbaum m.

figurant, e [figyʀɑ̃, ɑ̃t] nm/f Statist(in f) m.

figuratif, ive [figyʀatif, iv] a (ART) gegenständlich.

figure [figyʀ] nf (visage) Gesicht nt; (MATH, forme) Figur f; (illustration, dessin) Abbildung f; (aspect) Aussehen nt; (personnage) Gestalt f; **se casser la ~** (fam) hinfallen.

figuré, e [figyʀe] a (LING) übertragen.

figurer [figyʀe] vi (apparaître) erscheinen // vt (représenter) darstellen; **se ~ qch/que** sich (dat) etw vorstellen/sich (dat) vorstellen daß.

fil [fil] nm Faden m; (ELEC) Leitung f; (tranchant) Schneide f; **au ~ des heures/années** im Laufe der Stunden/Jahre; **au ~ de l'eau** nit dem Strom; **donner/recevoir un coup de ~** anrufen/angerufen werden; **~ de fer** (Eisen)draht m; **~ de fer barbelé** Stacheldraht m; **~ à**

plomb Lot nt; Senkblei nt; **~ à pêche** Angelschnur f; **~ à coudre** Garn nt, Nähfaden m.

filament [filamɑ̃] nm (ELEC) Glühfaden m; (de liquide) Faden m.

filandreux, euse [filɑ̃dʀø, øz] a (viande) faserig.

filant, e [filɑ̃, ɑ̃t] a: **étoile ~e** Sternschnuppe f.

filasse [filas] a inv flachs- ou strohblond.

filature [filatyʀ] nf (fabrique) Spinnerei f; (d'un suspect) Beschattung f.

file [fil] nf Reihe f, Schlange f; **à la ou en ~ indienne** in Gänsemarsch m; **à la ~** (d'affilée) hintereinander.

filer [file] vt (tissu, toile) spinnen; (NAVIG) abwickeln, abrollen; (prendre en filature) beschatten; (fam: donner): **~ qch à qn** jdm etw geben // vi (aller vite) flitzen; (fam: partir) sich aus dem Staub machen; **~ doux** spuren, sich fügen; **une maille qui file** eine Laufmasche; **il file un mauvais coton** es geht bergab mit ihm.

filet [filɛ] nm Netz nt; (CULIN) Filet nt; **~ (à provisions)** Einkaufsnetz nt; (de liquide) Rinnsal nt.

filial, e, aux [filjal, o] a kindlich, Kindes- // nf Filiale f.

filiation [filjasjɔ̃] nf Abstammung f; (fig) Zusammenhänge pl.

filière [filjɛʀ] nf: **passer par la ~** den Dienstweg gehen; **suivre la ~** von der Pike auf chinen.

filiforme [filifɔʀm(ə)] a fadenförmig, dünn.

filigrane [filigʀan] nm (dessin imprimé) Wasserzeichen nt; **en ~** (fig) zwischen den Zeilen.

fille [fij] nf (opposé à garçon) Mädchen nt; (opposé à fils) Tochter f; **vieille ~** (alte) Jungfer f; **petite ~** Enkelin f; **jouer la ~ de l'air** sich verdrücken; **~ mère** unverheiratete ou ledige Mutter.

fillette [fijɛt] nf kleines Mädchen nt.

filleul, e [fijœl] nm/f Patenkind nt.

film [film] nm Film m; **~ muet/parlant** Stumm-/Tonfilm m; **~ d'animation** Zeichentrickfilm m.

filmer [filme] *vt* filmen.

filon [filɔ̃] *nm* (*de mine*) Ader *f*; (*fig*) Goldgrube *f*.

fils [fis] *nm* Sohn *m*; ~ **à papa** *verzogenes Kind reicher Eltern*; ~ **de famille** *junger Mann aus gutem Hause*.

filtre [filtʀ(ə)] *nm* Filter *m*.

filtrer [filtʀe] *vt* (*café, air, eau*) filtern; (*candidats, visiteurs*) sieben // *vi* (*lumière*) durchschimmern, durchscheinen; (*odeur*) durchdringen; (*bruit, liquide*) durchsickern.

fin [fɛ̃] *nf* Ende *nt*; ~**s** *nfpl* (*objectif, but*) Zweck *m*; **à** (**la**) ~ **mai/juin** Ende Mai/Juni; **en** ~ **de journée/semaine** am Ende des Tages/der Woche; **toucher à sa** ~ sich seinem Ende nähern; **mettre** ~ **à qch** etw beenden; **mettre** ~ **à ses jours** Hand an sich legen; **à la** ~ am Schluß; **en fin de** ~ endlos; **à cette** ~ zu diesem Zweck; ~ **de non-recevoir** (*JUR*) Abweisung *f*; (*ADMIN*) abschlägiger Bescheid *m*.

fin, e [fɛ̃, fin] *a* fein; (*taille*) schmal, zierlich; (*visage*) feingeschnitten; (*pointe*) dünn, spitz; (*subtil*) feinsinnig // *ad* fein; ~ **vouloir jouer au plus** ~ **avec qn** jdn zu überlisten suchen // *nf* **vouloir jouer au plus** ~ ; ~ **soûl** wollkommen betrunken; **un** ~ **gourmet/fin** ein großer Feinschmecker/ein Meisterschütze; **vin** ~ erlesener Wein; **le** ~ **fond de ...** das tiefste Innere + *gen*; **le** ~ **mot de ...** die Erklärung für; **la** ~ **fleur de ...** die Creme (+ *gen*); *der feinste Teil* (+ *gen*); **une** ~ **mouche** eine raffinierte Person; ~**es herbes** (*feingehackte*) Kräuter *pl.*

final, e [final] *a* letzte(r, s), Schluß-; End-; **cause** ~ Urgrund *m* // *nm* (*MUS*) Finale *nt* // *nf* (*SPORT*) Finale *nt*, Endspiel *nt*; **quart/huitième de** ~ Viertel-/Achtelfinale *nt.*

finalement [finalmã] *ad* schließlich.

finance [finɑ̃s] *nf* **la** ~ die Finanzwelt; ~**s** *nfpl* Finanzen *fpl*; **moyennant** ~ gegen Zahlung *ou* Entgelt.

financer [finɑ̃se] *vt* finanzieren.

financier, ière [finɑ̃sje, jɛʀ] *a* Finanz-; finanziell // *nm* Finanzier *m.*

finaud, e [fino, od] *a* listig, schlau.

finement [finmɑ̃] *ad* fein; dünn.

finesse [fines] *nf* Feinheit *f*; Zierlichkeit *f*; Feinsinnigkeit *f.*

fini, e [fini] ~ (*terminé*) fertig; (*disparu*) vorbei; (*personne*) erledigt; (*machine*) kaputt; (*limité, MATH*) endlich; (*fait*): **bien/mal** ~ gut/schlecht gemacht; (*valeur intensive*): **un égoïste/artiste** ~ ein ausgemachter Egoist/ein vollendeter Künstler // *nm* Vollendung *f*, (*letzter*) Schliff *m.*

finir [finiʀ] *vt* beenden; (*travail*) fertigmachen; (*repas, paquet de bonbons*) aufessen // *vi* zu Ende sein, enden, aufhören; ~ **de faire qch** (*terminer*) etw zu Ende machen, etw fertigmachen; (*cesser*) aufhören, etw zu tun; ~ **par faire qch** schließlich etw tun; **il finit par m'agacer** es geht mir allmählich auf die Nerven; ~ **par qch** mit etw enden; ~ **en pointe/tragédie** spitz auslaufen/in einer Tragödie enden; **en** ~ **avec qn/qch**) mit jdm/etw fertig werden; **il finit de manger** er ist noch am Essen; **il/cela va mal** ~ mit ihm wird es/das wird ein schlimmes Ende nehmen.

finissage [finisaʒ] *nm* Fertigstellung *f*, letzter Schliff *m.*

finition [finisjɔ̃] *nf* Fertigstellung *f.*

Finlande [fɛ̃lɑ̃d] *nf* **la** ~ Finnland *nt.*

fiole [fjɔl] *nf* Fläschchen *nt.*

fioriture [fjɔʀityʀ] *nf* Schnörkel *m*; (*MUS*) Verzierung *f.*

firme [fiʀm(ə)] *nf* Firma *f.*

fisc [fisk] *nm*: **le** ~ der Fiskus, die Steuerbehörde.

fiscal, e, aux [fiskal, o] *a* Steuer-.

fiscalité [fiskalite] *nf* (*système*) Steuerwesen *nt*; (*charges*) Steuerlast *f.*

fission [fisjɔ̃] *nf* Spaltung *f.*

fissure [fisyʀ] *nf* (*craquelure*) Sprung *m*; (*crevasse*) Riß *m.*

fissurer [fisyʀe]: **se** ~ *vi* Risse bekommen, rissig werden.

fiston [fistɔ̃] nm (fam) Söhnchen nt.

fixateur [fiksatœʀ] nm (PHOT) Fixiermittel nt; (pour cheveux) Festiger m.

fixation [fiksasjɔ̃] nf Befestigung f; (de ski) (Schi)bindung f; (PSYCH) Fixierung f.

fixe [fiks(ə)] a fest; (regard) starr; **à date/heure ~** zu einem bestimmten Datum/zur bestimmten Stunde; **menu à prix ~** Menü nt zu festem Preis // nm (salaire de base) Fest- ou Grundgehalt nt.

fixé, e fikse] a: **être ~ (sur)** (savoir à quoi s'en tenir) genau Bescheid wissen (über + akk).

fixer [fikse] vt befestigen, festmachen, anbringen (à an + dat); (déterminer) festsetzen, bestimmen; (CHIM, PHOT) fixieren; (regard) anstarren; **~ son regard sur** seinen Blick heften auf (+ akk); **~ son attention sur** seine Aufmerksamkeit richten auf (+ akk); se **~ quelque part** (s'établir) sich irgendwo niederlassen; **se ~ sur** (regard, attention) verweilen bei.

flacon [flakɔ̃] nm Fläschchen nt.

flageller [flaʒele] vt geißeln; peitschen.

flageoler [flaʒɔle] vi schlottern.

flageolet [flaʒɔlɛ] nm (MUS) Flageolett nt; (CULIN) Zwergbohne f.

flagorneur, euse [flagɔʀnœʀ, øz] nm/f Schmeichler (in f) m.

flagrant, e [flagʀɑ̃, ɑ̃t] a offenkundig; **prendre qn en ~ délit** jdn auf frischer Tat ertappen.

flair [flɛʀ] nm (du chien) Geruchsinn m; (fig) Spürsinn m.

flairer [flɛʀe] vt (chien etc) beschnuppern; (fig) wittern.

flamand, e [flamɑ̃, ɑ̃d] a flämisch // nm (LING) Flämisch // nm/f Flame m, Flamin f.

flamant [flamɑ̃] nm Flamingo m.

flambant [flɑ̃bɑ̃] ad: **~ neuf** brandneu, funkelnagelneu.

flambé, e [flɑ̃be] a (CULIN) flambiert // nf (feu) (hell aufloderndes) Feuer nt; (fig): **~ de violence/des prix** Aufflackern nt von Gewalt/

Emporschießen nt der Preise.

flambeau [flɑ̃bo] nm Fackel f.

flamber [flɑ̃be] vi aufflammen, auflodern // vt (poulet) absengen; (aiguille) keimfrei machen.

flamboyer [flɑ̃bwaje] vi (feu) (auf)lodern.

flamingant, e [flamɛ̃gɑ̃, ɑ̃t] a flämischsprechend.

flamme [flam] nf Flamme f; (fig) Glut f, Leidenschaft f.

flan [flɑ̃] nm (CULIN) Pudding m.

flanc [flɑ̃] nm (ANAT) Seite f; (d'une armée) Flanke f; **à ~ de montagne/colline** am Abhang; **tirer au ~** (fam) sich drücken; **prêter le ~ à** (fig) sich aussetzen (+ dat).

flancher [flɑ̃ʃe] vi (armée) zurückweichen; (cœur) aussetzen; (moral) schwächer werden.

Flandre(s) [flɑ̃dʀ] nf(pl): **la(s)** **~(s)** Flandern nt.

flâner [flɑne] vi bummeln, umherschlendern.

flanquer [flɑ̃ke] vt flankieren; (fam): **~ qch sur/dans** etw schmeißen auf (+ akk)/in (+ akk); **~ à la porte** (fam) (zur Tür) hinauswerfen.

flaque [flak] nf Lache f, Pfütze f.

flash, flashes [flaʃ] nm (PHOT) Blitz(licht nt) m; **~ d'information** Kurznachrichten pl.

flasque [flask(ə)] a schlaff.

flatter [flate] vt (personne) schmeicheln (+ dat); se **~ de qch/de pouvoir faire qch** sich einer Sache (gen) rühmen/sich rühmen, etw tun zu können; **flatterie** nf Schmeichelei f; **flatteur, euse** a schmeichelhaft // nm/f Schmeichler(in f) m.

flatulence, flatuosité [flatylɑ̃s, flatyozite] nf Blähung f.

fléau [fleo] nm (calamité) Geißel f, Plage f; (de balance) Waagebalken m; (AGR) Dreschflegel m.

flèche [flɛʃ] nf Pfeil m; (de clocher) Turmspitze f; (de grue) Arm m; **monter en ~** blitzschnell ansteigen; **partir comme une ~** wie der Blitz aufbrechen; **fléchette** nf kleiner Pfeil, Wurfpfeil m.

fléchir [fleʃiʀ] vt beugen; (détermi-

nation de qn schwächen; // *vi (poutre)* sich durchbiegen; *(courage, enthousiasme)* nachlassen; *(personne)* schwach werden.

flemme [flɛm] *nf (fam):* **avoir la ~** faulenzen, faul sein; **avoir la ~ de faire qch** zu faul sein, etw zu tun.

flétrir [fletʀiʀ] *vt (fleur)* verwelken lassen; *(peau, visage)* runzlig werden lassen; *(stigmatiser)* brandmarken; **se ~** verwelken.

fleur [flœʀ] *nf* Blume *f; (d'un arbre)* Blüte *f;* **être en ~(s)** in Blüte stehen; **tissu à ~s** geblümter Stoff; **être ~ bleue** sehr sentimental sein; **~ de lis** bourbonische Lilie *f.*

fleurer [flœʀe] *vt* duften nach.

fleurette [flœʀɛt] *nf:* **conter ~ à qn** jdm den Hof machen.

fleuri, e [flœʀi] *a (jardin)* blühend, in voller Blüte; *(maison)* blumengeschmückt, *(style)* blumig; *(teint)* gerötet.

fleurir [flœʀiʀ] *vi* blühen; *(fig)* seine Blütezeit haben // *vt (tombe, chambre)* mit Blumen schmücken.

fleuriste [flœʀist(ə)] *nm/f (vendeur)* Florist(in *f*) *m.*

fleuron [flœʀɔ̃] *nm (fig)* Schmuckstück *nt.*

fleuve [flœv] *nm* Fluß *m;* **~ de boue** Strom *m* von Schlamm.

flexible [flɛksibl(ə)] *a (objet)* biegsam; *(matériau)* elastisch; *(personne, caractère)* flexibel.

flexion [flɛksjɔ̃] *nf (mouvement)* Biegung *f,* Beugung *f; (LING)* Flexion *f,* Beugung *f.*

flic [flik] *nm (fam)* Polizist *m,* Polyp *m.*

flirter [flœʀte] *vi* flirten.

flocon [flɔkɔ̃] *nm* Flocke *f.*

floraison [flɔʀɛzɔ̃] *nf (de Blüte f; (fig)* Blütezeit *f.*

floral, e, aux [flɔʀal, o] *a* Blumen-.

flore [flɔʀ] *nf* Flora *f.*

florissant, e [flɔʀisɑ̃, ɑ̃t] *a (entreprise, commerce)* blühend.

flot [flo] *nm (fig)* Flut *f;* **~s** *nmpl (de la mer)* Wellen *pl;* **(re)mettre/être à ~** *(NAVIG)* flott machen/sein; *(fig)* (finanziell) (wieder) unter die Arme greifen (+ *dat*)/(wieder) bei Kasse sein; **à ~s** in Strömen.

flotte [flɔt] *nf (NAVIG)* Flotte *f; (fam: eau)* Wasser *nt.*

flottement [flɔtmɑ̃] *nm (hésitation)* Schwanken *nt,* Zögern *nt.*

flotter [flɔte] *vi (bateau, bois)* schwimmen; *(odeur)* schweben *(drapeau, cheveux)* wehen, flattern; *(vêtements)* lose hängen, wallen; *(monnaie)* floaten // *vb impers (fam: pleuvoir)* regnen // *vt* flößen.

flotteur [flɔtœʀ] *nm (d'hydravion etc)* Schwimmkörper *m; (de canne à pêche)* Schwimmer *m.*

flou, e [flu] *a* verschwommen; *(photo)* unscharf.

flouer [flue] *vt* betrügen.

fluctuation [flyktɥasjɔ̃] *nf (du marché)* Schwankung *f; (de l'opinion publique)* Schwanken *nt.*

fluet, te [flyɛ, ɛt] *a* zart, zerbrechlich.

fluide [flɥid] *a* flüssig // *nm (PHYS)* Flüssigkeit *f; (force invisible)* Fluidum *nt.*

fluorescent, e [flyɔʀesɑ̃, ɑ̃t] *a* fluoreszierend; **tube ~** Neonröhre *f.*

flûte [flyt] *nf (MUS)* Flöte *f; (verre)* Kelchglas *nt; (pain)* Stangenbrot *nt;* **~!** *excl* verflixt! **~ à bec** Blockflöte *f;* **~ traversière** Querflöte *f.*

fluvial, e, aux [flyvjal, o] *a* Fluß-.

flux [fly] *nm (marée)* Flut *f;* **le ~ et le reflux** Ebbe *f* und Flut; *(fig)* das Auf und Ab.

fluxion [flyksjɔ̃] *nf:* **~ de poitrine** Lungenentzündung *f.*

foc [fɔk] *nm* Klüver *m.*

fœtus [fetys] *nm* Fötus *m.*

foi [fwa] *nf (REL)* Glaube *m;* **sous la ~ du serment** unter Eid; **avoir ~ en** glauben an (+ *akk*), vertrauen auf (+ *akk*); **ajouter ~ à** Glauben schenken (+ *dat*); **digne de ~** glaubwürdig; **sur la ~ de** auf Grund (+ *gen*); **être de bonne/mauvaise ~** aufrichtig/ unaufrichtig sein; **ma ~...!** wahrhaftig.

foie [fwa] *nm* Leber *f.*

foin [fwɛ̃] *nm* Heu *nt;* **faire du ~** *(fam)* Krach schlagen.

foire [fwaʀ] *nm (marché)* Markt *m;*

(fête foraine) Jahrmarkt *m; (exposition)* Messe *f;* **faire la ~** *(fam)* auf die Pauke hauen.

fois [fwa] *nf:* **une ~** einmal; **vingt ~ zwanzigmal; 2 ~ 2** zwei mal zwei; **trois ~ plus grand (que)** dreimal so groß (wie); **encore une ~** noch einmal; **cette ~** dieses Mal; **la ~ suivante** das nächste Mal, nächstes Mal; **une ~ pour toutes** ein für allemal; **une ~ que** nachdem; **à la ~** zugleich; **des ~** manchmal; **si des ~ ...** *(fam)* wenn (zufällig) ...; **non mais des ~!** *(fam)* was glauben Sie denn eigentlich!; **il était une ~** ... es war einmal ...

foison [fwazɔ̃] *nf:* **une ~ de** eine Fülle von; **à ~** in Hülle und Fülle.

foisonner [fwazɔne] *vi:* **~ en ou de** reich sein an (+ *dat*).

folâtrer [fɔlatʀe] *vi* umhertollen.

folie [fɔli] *nf* Verrücktheit *f; (état)* Wahnsinn *m;* **la ~ des grandeurs** der Größenwahn(sinn); **faire des ~s** das Geld mit vollen Händen ausgeben.

folklore [fɔlklɔʀ] *nm* Folklore *f;* Volkskunde *f.*

folklorique [fɔlklɔʀik] *a* Volks-, volkstümlich; *(fig: fam)* seltsam.

folle [fɔl] *a, nf voir* **fou.**

follement [fɔlmɑ̃] *ad (très)* wahnsinnig.

fomenter [fɔmɑ̃te] *vt* schüren.

foncé, e [fɔ̃se] *a* dunkel; **bleu/rouge ~** dunkelblau/-rot.

foncer [fɔ̃se] *vi (tissu, teinte)* dunkler werden; *(fam: aller vite)* rasen; **~ sur** *(fam)* sich stürzen auf (+ *akk*).

foncier, ière [fɔ̃sje, jɛʀ] *a* grundlegend, fundamental; *(COMM)* Grund-.

fonction [fɔ̃ksjɔ̃] *nf* Funktion *f; (profession)* Beruf *m,* Tätigkeit *f;* Posten *m; ~s (activité, pouvoirs)* Aufgaben *pl; (corporelles, biologiques)* Funktionen *pl;* **entrer en/ reprendre ses ~s** sein Amt antreten/seine Tätigkeit wieder aufnehmen; **voiture/maison de ~** Dienstwagen *m/*-wohnung *f;* **être ~ de** abhängen von; **en ~ de** ent-

sprechend (+ *dat);* **faire ~ de** *(personne)* fungieren als; *(objet)* dienen als; **la ~ publique** der öffentliche Dienst.

fonctionnaire [fɔ̃ksjɔnɛʀ] *nm/f* Beamte(r) *m,* Beamtin *f.*

fonctionnel, le [fɔ̃ksjɔnɛl] *a* Funktions-; *(pratique)* funktionell.

fonctionner [fɔ̃ksjɔne] *vi* funktionieren.

fond [fɔ̃] *nm (d'un récipient, trou)* Boden *m; (d'une salle, d'un tableau)* Hintergrund *m; (opposé à la forme)* Inhalt *m; (petite quantité):* **un ~ de bouteille** der letzte Rest in der Flasche; *(SPORT):* **le ~** der Langstreckenlauf; **au ~ de** *(salle)* im hinteren Teil (+ *gen);* **aller au ~ des choses/du problème** den Dingen/ dem Problem auf den Grund gehen; **sans ~** a bodenlos; **à ~** *(connaître)* gründlich; *(appuyer etc)* kräftig, fest; **à ~ (de train)** *(fam)* mit Höchstgeschwindigkeit; **dans le ~, au ~** im Grunde; **au ~ en comble** al ganz und gar; **~ sonore** Geräuschkulisse *f;* **~ de teint** Grundiercreme *f.*

fondamental, e, aux [fɔ̃damɑ̃tal, o] *a* grundlegend, fundamental.

fondant, e [fɔ̃dɑ̃, ɑ̃t] *a* schmelzend; *(au goût)* auf der Zunge zergehend.

fondateur, trice [fɔ̃datœʀ, tʀis] *nm/f* Gründer(in) *f m.*

fondation [fɔ̃dasjɔ̃] *nf* Gründung *f; (établissement)* Stiftung *f;* **~s** *nmpl (d'une maison)* Fundament *nt.*

fondé, e [fɔ̃de] *a (accusation)* begründet; *(récit)* fundiert; **être ~ à croire** Grund zur Annahme haben; **~ de pouvoir** *nm* Prokurist *m.*

fondement [fɔ̃dmɑ̃] *nm (derrière)* Hintern *m; ~s nmpl (d'un édifice)* Fundament *nt; (fig)* Grundlagen *pl;* **sans ~** *a* unbegründet.

fonder [fɔ̃de] *vt* gründen; *(baser):* **~ qch sur** etw stützen auf (+ *akk);* **se ~ sur qch** sich gründen auf (+ *akk).*

fonderie [fɔ̃dʀi] *nf (usine)* Gießerei *f.*

fondre [fɔ̃dʀ(ə)] *vt (métal)* schmelzen; *(neige etc)* schmelzen lassen; *(dans l'eau)* auflösen; *(mélanger:*

couleurs) vermischen; (fig) verschmelzen // vi schmelzen; (dans l'eau) sich auflösen; (fig: argent) zerrinnen; (: courage) verfliegen; (se précipiter): ~ **sur** herfallen über (+ akk); **faire** ~ schmelzen, schmelzen lassen; auflösen; ~ **en larmes** in Tränen ausbrechen.

fonds [fɔ̃] nm (de bibliothèque, collectionneur) Schatz m; (COMM): ~ (**de commerce**) Geschäft nt // nmpl (argent) Kapital nt, Gelder pl; **prêter à** ~ **perdus** auf Nimmerwiedersehen verleihen; ~ **publics** öffentliche Gelder.

fondu, e [fɔ̃dy] a geschmolzen; (couleurs) verschwommen, verfließend // nm (FILM: ouverture) Einblendung f; (: fermeture) Ausblendung f // nf (CULIN): ~ (**au fromage**) (Käse)fondue nt; ~ **bourguignonne** Fleischfondue nt.

fongicide [fɔ̃ʒisid] nm Pilzbekämpfungsmittel nt.

font [fɔ̃] vb voir **faire**.

fontaine [fɔ̃tɛn] nf (source) Quelle f; (construction) Brunnen m.

fonte [fɔ̃t] nf Schmelze f, Schmelzen nt; (métal) Gußeisen nt; **en ~ émaillée** gußeisern; **la ~ des neiges** die Schneeschmelze.

fonts baptismaux [fɔ̃batismo] nmpl Taufbecken nt.

football [futbol] nm Fußball m; **footballeur** nm Fußballspieler(in f) m.

footing [futiŋ] nm: **faire du** ~ Dauerlauf machen, joggen.

for [fɔʀ] nm: **dans mon/son** ~ **intérieur** in meinem/seinem Innersten.

forain, e [fɔʀɛ̃, ɛn] a Jahrmarkt- // nm/f Schausteller(in f) m.

forçat [fɔʀsa] nm Sträfling m.

force [fɔʀs] nf Kraft f; (d'une armée, du vent, d'un coup, intellectuelle) Stärke f; ~ **s** nfpl (MIL) Streitkräfte pl; **ménager ses/reprendre des** ~ **s** mit seinen Kräften haushalten/wieder zu Kräften kommen; **de toutes mes/ses** ~ **s** aus Leibeskräften; **à ~ de critiques/de le critiquer** durch wiederholte Kritik/wenn man ihn

fortwährend kritisiert; **arriver en** ~ (nombreux) in großer Zahl kommen; **de** ~ ad mit Gewalt; **faire de rames/voiles** kräftig rudern/ mit vollen Segeln fahren; **être de** ~ **à** imstande sein, zu; **de première** ~ erstklassig; ~ **de caractère** Charakterstärke f; **par la** ~ **des choses** zwangsläufig; **la** ~ **de l'habitude** die Macht der Gewohnheit; ~ **d'inertie** Beharrungsvermögen nt; **les** ~ **s de l'ordre** die Polizei; ~ **de frappe** Schlagkraft f.

forcé, e [fɔʀse] a (rire, attitude) gezwungen, steif; **un bain** ~ ein unfreiwilliges Bad; **atterrissage** ~ Notlandung f; **c'est** ~! das mußte ja so kommen!; **forcément** ad (obligatoirement) gezwungenermaßen, notgedrungen; (bien sûr) natürlich; **pas forcément** nicht unbedingt.

forcené, e [fɔʀsəne] nm/f Wahnsinnige(r) mf.

forceps [fɔʀsɛps] nm Geburtszange f.

forcer [fɔʀse] vt (porte, serrure) aufbrechen; (moteur) überfordern; (plante) verfrühen; (contraindre) zwingen; **la main à qn** jdn zum Handeln zwingen; ~ **l'allure** schneller gehen/fahren; ~ **la dose** (fig) übertreiben // vi (se donner à fond) sich verausgaben; **se** ~ **à qch/faire qch** sich zu etw zwingen/sich dazu zwingen, etw zu tun.

forcir [fɔʀsiʀ] vi (grossir) dicker werden; (vent) auffrischen.

forer [fɔʀe] vt (objet, rocher) durchbohren; (trou, puits) bohren.

forestier, ère [fɔʀɛstje, jɛʀ] a Forst-, Wald- // nm Forstwirt m; (garde) Förster m; forstwirtschaftlich.

foret [fɔʀɛ] nm Bohrer m.

forêt [fɔʀɛ] nf Wald m; **la F~ Noire** der Schwarzwald.

foreuse [fɔʀøz] nf Bohrmaschine f.

forfait [fɔʀfɛ] nm (COMM) Pauschale f; (crime) Verbrechen nt, Schandtat f; **déclarer** ~ zurücktreten, nicht antreten; **travailler à** ~ für eine Pauschale arbeiten.

forfaitaire [fɔʀfɛtɛʀ] a Pauschal-.

forfanterie [fɔʀfɑ̃tʀi] nf Prahlerei f.

forge [fɔʀʒ(ə)] nf Schmiede f.
forgé, e [fɔʀʒe] a: **~ de toutes pièces** von A bis Z erfunden.
forger [fɔʀʒe] vt (métal, grille) schmieden; (personnalité, moral) formen; (prétexte, alibi) erfinden.
forgeron [fɔʀʒəʀɔ̃] nm Schmied m.
formaliser [fɔʀmalize]: **se ~** vi gekränkt sein; **se ~ de qch** an etw (dat) Anstoß nehmen.
formalité [fɔʀmalite] nf Formalität f.
format [fɔʀma] nm Format nt.
formation [fɔʀmasjɔ̃] nf Bildung f; Ausbildung f; Formung f; Entwicklung f; (groupe) Gruppe f; (éducation, apprentissage) Ausbildung; (GEO) Formation f; **la ~ professionnelle** die berufliche Ausbildung.
forme [fɔʀm(ə)] nf Form f; (condition physique, intellectuelle) Form, Verfassung f; **les ~s** sing (bonnes manières) die Umgangsformen pl; (d'une femme) die Kurven pl; **avoir la ~** in (guter) Form sein; **en bonne et due ~** in gebührender Form; **prendre ~** Gestalt annehmen.
formel, le [fɔʀmɛl] a (catégorique) eindeutig, klar; (logique) formal; **formellement** ad (absolument) ausdrücklich.
former [fɔʀme] vt bilden; (projet, idée) entwickeln; (travailler: sportif) ausbilden; (caractère) formen; (intelligence, goût) ausbilden, entwickeln; (donner une certaine forme) gestalten; **se ~** vi (apparaître) sich bilden, entstehen; (se développer) sich entwickeln.
formidable [fɔʀmidabl(ə)] a gewaltig, ungeheuer; (fam: excellent) klasse, prima, toll.
formulaire [fɔʀmylɛʀ] nm Formular nt, Vordruck m.
formule [fɔʀmyl] nf (scientifique) Formel f; (système) System nt; **~ de politesse** Höflichkeitsformel f.
formuler [fɔʀmyle] vt ausdrücken, formulieren.
forniquer [fɔʀnike] vi Unzucht treiben.
fort, e [fɔʀ, fɔʀt(ə)] a stark; (doué)

begabt, fähig; (important) bedeutend, beträchtlich; (sauce) scharf; **au ~ de** mitten in (+ dat); **~e tête** Dickkopf m // ad (très) sehr, recht; **sonner/frapper/serrer ~** kräftig ou fest klingeln/klopfen/drücken // nm (construction) Fort m, Festung f.
forteresse [fɔʀtəʀɛs] nf Festung f.
fortifiant [fɔʀtifjɑ̃] nm Stärkungsmittel nt.
fortifications [fɔʀtifikasjɔ̃] nfpl Befestigungsanlagen pl.
fortifier [fɔʀtifje] vt stärken; (ville, château) befestigen.
fortiori [fɔʀtjɔʀi]: **à ~** ad um so mehr.
fortuit, e [fɔʀtɥi, ɥit] a zufällig, unvorhergesehen.
fortune [fɔʀtyn] nf (richesse) Vermögen nt; (destin): **la ~** das Schicksal; (sort): **des ~s diverses** verschiedene Geschicke ou Lose; **faire ~** reich werden; **de ~** improvisiert; **bonne/mauvaise ~** Glück nt/Unglück nt.
fortuné, e [fɔʀtyne] a (riche) wohlhabend.
fosse [fos] nf (grand trou) Grube f; (GEO) Graben m; (tombe) Gruft f, Grab nt; **~ (d'orchestre)** Orchestergraben m; **~ septique** Klärgrube f; **~s nasales** Nasenhöhlen pl; **~ commune** Gemeinschaftsgrab nt.
fossé [fose] nm Graben m; Kluft f.
fossette [fosɛt] nf Grübchen nt.
fossile [fosil] nm Fossil nt // a versteinert.
fossoyeur [foswajœʀ] nm Totengräber m.
fou (fol), folle [fu, fɔl] a verrückt; (regard) irre; (extrême) wahnsinnig // nm/f Irre(r) mf, Verrückte(r) mf; (d'un roi) (Hof)narr m; (ECHECS) Läufer m; **être ~ de** (chose) verrückt sein auf (+ akk); (personne) verrückt sein nach (+ dat).
foudre [fudʀ(ə)] nf (im Blitz) **s'attirer les ~s de qn** jds zorn auf sich (akk) ziehen.
foudroyant, e [fudʀwajɑ̃, ɑ̃t] a (rapidité, succès) überwältigend;

(maladie, poison) tödlich.

foudroyer [fudʀwaje] vt erschlagen; ~ qn du regard jdm einen vernichtenden Blick zuwerfen.

fouet [fwɛ] nm Peitsche f; *(CULIN)* Schneebesen m; **de plein** ~ ad *(se heurter)* frontal.

fouetter [fwete] vt peitschen; *(personne)* auspeitschen; *(CULIN)* schlagen.

fougère [fuʒɛʀ] nf Farn m.

fougue [fug] nf Schwung m.

fouille [fuj] nf de police, douane) Durchsuchung f; ~ s nfpl *(archéologiques)* Ausgrabungen pl.

fouiller [fuje] vt *(police)* durchsuchen; *(animal)* wühlen in (+ dat); *(archéologue)* graben in (+ dat) // vi graben, wühlen; *(archéologue)* Ausgrabungen machen; ~ **dans/parmi** herumwühlen in/zwischen (+ dat).

fouillis [fuji] nm Durcheinander nt.

fouine [fwin] nf Steinmarder m.

fouiner [fwine] vi herumschnüffeln.

foulard [fulaʀ] nm Tuch nt; Schal m.

foule [ful] nf: la ~ die Masse; das Volk; **une** ~ **énorme/émue** eine große/aufgebrachte Menschenmenge f; **une** ~ **de** eine Masse ou Menge von; **venir en** ~ in Scharen kommen.

fouler [fule] vt *(sol)* stampfen; *(raisin)* keltern; ~ **aux pieds** mit Füßen treten; ~ **le sol de son pays** Fuß auf heimatlichen Boden setzen; **se** ~ *(la cheville, le bras)* sich *(dat)* verstauchen; **ne pas se** ~ *(fam)* sich *(dat)* kein Bein ausreißen.

foulure [fulyʀ] nf Verstauchung f.

four [fuʀ] nm *(Back)ofen m; (échec)* Mißerfolg m; Reinfall m.

fourbe [fuʀb(ə)] a *(personne)* betrügerisch; *(regard)* verschlagen.

fourbi [fuʀbi] nm *(fam)* Krempel m.

fourbir [fuʀbiʀ] vt *(polir)* blankputzen, polieren.

fourbu, e [fuʀby] a erschöpft.

fourche [fuʀʃ(ə)] nf *(à foin)* Heugabel f; *(à fumier)* Mistgabel f; *(de bicyclette)* Gabel f.

fourchette [fuʀʃet] nf Gabel f; *(ECON)* Spanne f; ~ **à dessert**

Kuchengabel f.

fourgon [fuʀgɔ̃] nm *(AUT)* Lieferwagen m; Lastwagen m; ~ **mortuaire** Leichenwagen m.

fourmi [fuʀmi] nf Ameise f; **j'ai des** ~**s dans les jambes** mir sind die Beine eingeschlafen.

fourmilière [fuʀmiljɛʀ] nf Ameisenhaufen m.

fourmillement [fuʀmijmɑ̃] nm *(démangeaison)* Kribbeln nt; *(grouillement)* Wimmeln nt.

fournaise [fuʀnɛz] nf Feuersbrunst f; *(fig)* Treibhaus nt.

fourneau [fuʀno] nm *(de cuisine)* Ofen m, Herd m.

fournée [fuʀne] nf *(de pain)* Schub m; *(de gens)* Schwung m.

fourni, e [fuʀni] a *(barbe, cheveux)* dicht; *(magasin)*: **bien/mal** ~ en gut/schlecht ausgestattet mit.

fournir [fuʀniʀ] vt liefern; *(COMM)*: ~ **en** beliefern mit; **se** ~ **chez** einkaufen bei; ~ **un exemple** ein Beispiel anführen; ~ **un renseignement** eine Auskunft erteilen; ~ **un effort** sich anstrengen.

fournisseur, euse [fuʀnisœʀ, øz] nm/f Lieferant(in f) m.

fourniture [fuʀnityʀ] nf Lieferung f; ~**s** nfpl *(matériel, équipement)* Ausstattung f; ~**s de bureau** Bürobedarf m, Büromaterial nt.

fourrage [fuʀaʒ] nm *(Vieh)futter nt.

fourrager [fuʀaʒe] vi: ~ **dans/ parmi** herumwühlen in (+ dat)/zwischen (+ dat).

fourrager, ère [fuʀaʒe, ɛʀ] a Futter-.

fourré, e [fuʀe] a *(bonbon, chocolat)* gefüllt; *(manteau, botte)* gefüttert // nm Dickicht nt.

fourreau [fuʀo] nm *(d'épée)* Scheide f.

fourrer [fuʀe] vt *(fam: mettre)*: ~ **qch dans** etw hineinstecken in (+ akk); **se** ~ **dans/sous** sich verkriechen in (+ akk)/unter (+ dat); *(une mauvaise situation)* hineingeraten in (+ akk).

fourre-tout [fuʀtu] nm *(sac)* Reisetasche f; *(local, meuble)* Rumpelkammer f.

fourreur [furœʀ] nm Kürschner(in f).

fourrière [furjɛr] nf (pour chiens) städtischer Hundezwinger m; (pour voitures) Abstellplatz m für abgeschleppte Fahrzeuge.

fourrure [furyr] nf (poil) Fell m; (vêtement etc) Pelz m; **manteau/col de ~** Pelzmantel m/-kragen m.

fourvoyer [furvwaje]: **se ~** vi sich verirren.

foutre [futr(ə)] vt (fam!) = **ficher**.

foutu, e [futy] a (fam!) = **fichu, e**.

foyer [fwaje] nm (d'une cheminée, d'un four) Feuerstelle f; (lieu d'origine) Herd m; (famille, domicile, local) Heim nt; (THEAT) Foyer nt; (OPTIQUE, PHOT) Brennpunkt m; **lunettes à double ~** Bifokalbrille f.

fracas [fraka] nm (bruit) Krach m, Getöse nt.

fracasser [frakase] vt zertrümmern; (verre)zerschlagen; **se ~ sur** an (+akk) zerschellen; **se ~ la tête** sich (dat) den Kopf aufschlagen.

fraction [fraksjɔ̃] nf (MATH) Bruch m; (partie) (Bruch)teil m; **une ~ de seconde** der Bruchteil einer Sekunde.

fractionner [fraksjɔne] vt aufteilen; **se ~** sich spalten.

fracture [fraktyr] nf (MED) Bruch m; **~ du crâne** Schädelbruch m.

fracturer [fraktyre] vt (coffre, serrure) aufbrechen; (os, membre) brechen; **se ~ la jambe/le crâne** sich (dat) ein Bein brechen/einen Schädelbruch erleiden.

fragile [fraʒil] a (objet) zerbrechlich; (estomac) empfindlich; (santé) schwach, zart; (personne) zart, gebrechlich; (équilibre, situation) unsicher; **fragilité** nf Zerbrechlichkeit f; Zartheit f; Gebrechlichkeit f; Unsicherheit f.

fragment [fragmã] nm (d'un objet) (Bruch)stück nt, Teil m; (extrait) Auszug m; **fragmentaire** a bruchstückhaft, unvollständig; **fragmenter** vt aufteilen; (roches) spalten; **se fragmenter** vi

zerbrechen.

fraichement [frɛʃmã] ad (sans enthousiasme) kühl, zurückhaltend; (récemment) neulich, vor kurzem.

fraicheur [frɛʃœr] nf Frische f; Kühle f.

fraichir [frɛʃir] vi (temps) abkühlen; (vent) auffrischen.

frais, fraiche [frɛ, frɛʃ] a frisch; (froid) kühl; **le voilà ~!** (fam: dans le pétrin) jetzt sitzt er schön in der Patsche! // ad: **il fait ~** es ist kühl; **boire/servir ~** kalt trinken/servieren // nm: **mettre au ~** kühl lagern; **prendre le ~** frische Luft schöpfen // nmpl (dépenses) Ausgaben pl, Kosten pl; **faire des ~** Ausgaben haben, Geld ausgeben; **faire les ~ de** das Opfer sein von; **~ de déplacement** pl Fahrtkosten pl; **~ généraux** nmpl allgemeine Unkosten pl.

fraise [frɛz] nf (BOT) Erdbeere f; (TECH) Senker m; **~ des bois** Walderdbeere.

fraiser [frɛze] vt fräsen; (trou) senken; **fraiseuse** nf Fräsmaschine f.

fraisier [frɛzje] nm Erdbeerpflanze f.

framboise [frãbwaz] nf (BOT) Himbeere f.

franc, franche [frã, frãʃ] a (personne) offen, aufrichtig; (visage) offen; (refus, couleur) klar; (coupure) sauber; (exempt): **~ de port** portofrei, gebührenfrei; **port ~** Freizone f // nm (monnaie) Franc m; **ancien ~** alter Franc; **nouveau ~, ~ lourd** neuer Franc; **~ français/belge** französischer/belgischer Franc; **~ suisse** Schweizer Franken m.

franche Freihafen m/Freizone f // ad: **parler ~** freimütig ou offen sprechen // nm (LING) Französisch nt; **F~, e** nm/f Franzose m, Französin f.

français, e [frãsɛ, ɛz] a französisch // nm (LING) Französisch nt; **F~, e** nm/f Franzose m, Französin f.

France [frãs] nf: **la ~** Frankreich nt.

franchement [frãʃmã] ad (réellement) (tout à fait) ausgesprochen.

franchir [frãʃir] vt überschreiten;

(obstacle) überwinden.

franchise [frãfiz] *nf* Offenheit *f*, Aufrichtigkeit *f*; *(exemption)* (Gebühren)freiheit *f*.

franciser [frãsize] *vt* französieren.

franc-maçon [frãmasõ] *nm* Freimaurer m.

franco [frãko] *ad* (COMM) franko, gebührenfrei.

franco- [frãko] *pref* französisch-.

francophone [frãkofɔn] *a* französischsprechend; **francophonie** *f* Gesamtheit *f* der französischsprechenden Bevölkerungsgruppen.

franc-parler [frãparle] *nm* Freimütigkeit *f*, Unverblümtheit *f*.

franc-tireur [frãtirœr] *nm* Partisan(in *f*) m; *(fig)* Einzelgänger(in *f*) m.

frange [frãʒ] *nf (de tissu)* Franse *f*; *(de cheveux)* Pony m; *(zone)* Rand m.

franquette [frãkɛt]: **à la bonne ~** *ad* ohne Umstände, ganz zwanglos.

frappe [frap] *nf (d'une dactylo)* Anschlag m; *(BOXE)* Schlag m.

frapper [frape] *vt* schlagen; *(monnaie)* prägen; *(étonner):* **~ qn** jdn beeindrucken; jdm auffallen; *(malheur)* treffen; jdn betreffen; **se ~** *(s'inquiéter)* sich aufregen; **~ à la porte** an die Tür klopfen.

frasques [frask(ə)] *nfpl* Eskapaden *pl*.

fraternel, le [fratɛrnɛl] *a* brüderlich; **amour ~** Bruderliebe.

fraterniser [fratɛrnize] *vi* freundschaftlichen Umgang haben.

fraternité [fratɛrnite] *nf (solidarité)* Brüderlichkeit *f*, Verbundenheit *f*.

fraude [frod] *nf* Betrug m; *(SCOL)* Schwindel m, Schummeln m; **~ fiscale** Steuerhinterziehung *f*.

frauder [frode] *vi* betrügen; schummeln.

frauduleux, euse [frodylø] *a* betrügerisch; *(concurrence)* unlauter.

frayer [freje] *vt (passage)* bahnen, schaffen; *(voie)* erschließen, auftun // *vi (poisson)* laichen; **~ avec** *vt* verkehren mit; **se ~ un passage/ chemin dans** sich *(dat)* einen Weg bahnen durch.

frayeur [frejœr] *nf* Schrecken m.

fredonner [frədɔne] *vt* summen.

freezer [frizœr] *nm* Gefrierfach nt.

frein [frɛ̃] *nm* Bremse *f*; **mettre un ~ à** *(fig)* bremsen; **~ à main** (AUT) Handbremse *f*; **~s à tambour/ disques** Trommel-/Scheibenbremsen *pl*.

freinage [frɛnaʒ] *nm* Bremsen nt; **distance de ~** Bremsweg m.

freiner [frene] *vi*, *vt* bremsen.

frelaté, e [frəlate] *a (vin)* gepanscht; *(produit)* verfälscht.

frêle [frɛl] *a* zart, zerbrechlich.

frelon [frəlõ] *nm* Hornisse *f*.

frémir [fremir] *vi (personne)* zittern; *(eau)* kochen, sieden.

frêne [frɛn] *nm* Esche *f*.

frénétique [frenetik] *a (passion)* rasend; *(musique, applaudissements)* frenetisch, rasend.

fréquemment [frekamã] *ad* oft.

fréquence [frekãs] *nf* Häufigkeit *f*; (PHYS) Frequenz *f*; (RADIO): **haute/ basse ~** Hoch-/Niederfrequenz *f*.

fréquent, e [frekã, ãt] *a* häufig.

fréquentation [frekãtasjõ] *nf (d'un lieu)* häufiger Besuch m; **de bonnes ~s** gute Beziehungen *pl*; **une mauvaise ~** ein schlechter Umgang m.

fréquenté, e [frekãte] *a (rue, plage)* belebt; *(établissement)* vielbesucht.

fréquenter [frekãte] *vt* oft häufig besuchen; *(courtiser: fille, garçon)* gehen mit.

frère [frɛr] *nm* Bruder m.

fret [frɛ] *nm (cargaison)* Fracht *f*.

fréter [frete] *vt* chartern.

frétiller [fretije] *vi (poisson etc)* zappeln; *(de joie)* springen, hüpfen; **~ de la queue** (mit dem Schwanz) wedeln.

fretin [frətɛ̃] *nm:* **le menu ~** kleine Fische *pl*.

friable [frijabl(ə)] *a* bröckelig, brüchig.

friand, e [frijã, ãd] *a:* **être ~ de** etw sehr gern mögen // *nm* (CULIN) Pastetchen nt.

friandise [frijãdiz] *nf* Leckerei *f*.

fric [frik] *nm (fam)* Mäuse *pl*, Geld nt.

fric-frac [fʀikfʀak] *nm* Einbruch *m.*

friche [fʀiʃ]: **en** ~ *a, ad* brach(liegend).

friction [fʀiksjɔ̃] *nf* Reiben *nt; (chez le coiffeur)* Massage *f; (TECH)* Reibung *f; (fig)* Reiberei *f.*

frictionner [fʀiksjɔne] *vt* (ab)reiben; *(avec serviette)* frottieren, massieren.

frigidaire [fʀiʒidɛʀ] ®*nm* Kühlschrank *m.*

frigide [fʀiʒid] *a* frigide.

frigo [fʀigo] *nm (abr de **frigidaire**)* Kühlschrank *m.*

frigorifier [fʀigɔʀifje] *vt (produit)* tiefkühlen; einfrieren; **frigorifié, e** *(personne)* durchgefroren.

frigorifique [fʀigɔʀifik] *a* Kühl-.

frileux, euse [fʀilø, øz] *a* verfroren.

frimas [fʀima] *nmpl* Rauhreif *m.*

frimousse [fʀimus] *nf* Gesichtchen *nt.*

fringale [fʀɛ̃gal] *nf:* **avoir la** ~ einen Heißhunger haben.

fringant, e [fʀɛ̃gɑ̃, ɑ̃t] *a (personne)* munter, flott.

fripé, e [fʀipe] *vi* zerknittert.

fripier, ère [fʀipje, jɛʀ] *nm/f* Trödler(in *f) m.*

fripon, ne [fʀipɔ̃, ɔn] *a* spitzbübisch, schelmisch// *nm/f* Schlingel *m.*

fripouille [fʀipuj] *nf* Schurke *m.*

frire [fʀiʀ] *vt, vi* braten.

frise [fʀiz] *nf (ARCHIT)* Fries *m.*

frisé, e [fʀize] *a* lockig.

friser [fʀize] *vt (cheveux)* eindrehen // *vi (cheveux)* sich locken, sich kräuseln.

frisson [fʀisɔ̃] *nm (de peur)* Schauder *m; (de froid)* Schauer *m; (de douleur)* Erbeben *nt;* **frissonner** *vi (personne)* schaudern, schauern; beben, zittern; *(eau, feuillage)* rauschen.

frit, e [fʀi, fʀit] *pp de **frire** // (pommes)* ~**s** Pommes frites *pl.*

friture [fʀityʀ] *nf (huile)* Bratfett *nt; (RADIO)* Nebengeräusch *nt,* Knacken *nt; (plat:* ~ **de poissons)** gebratenes Fischgericht *nt.*

frivole [fʀivɔl] *a* oberflächlich.

froid, e [fʀwa, fʀwad] *a* kalt; *(per-*

sonne, accueil) kühl // *nm:* **le** ~ **die Kälte; les grands** ~**s** die kalte Jahreszeit; **jeter un** ~ *(fig)* wie eine kalte Dusche wirken; **en** ~ **avec** ein unterkühltes Verhältnis haben zu; **il fait** ~ es ist kalt; **j'ai froid** mir ist kalt, ich friere; **à** ~ *ad (TECH)* kalt; *(fig)* ohne Vorbereitung; **froidement** *ad* kühl; *(lucidement)* mit kühlem Kopf.

froisser [fʀwase] *vt* zerknittern; *(personne)* kränken; **se** ~ vi knittern; gekränkt *ou* beleidigt sein; **se** ~ **un muscle** sich *(dat)* einen Muskel quetschen.

frôler [fʀole] *vt* streifen, leicht berühren; *(catastrophe, échec)* nahe sein an (+ *dat).*

fromage [fʀɔmaʒ] *nm* Käse *m;* ~ **blanc** = Quark *m,* Frischkäse *m.*

fromager, ère [fʀɔmaʒe, ɛʀ] *nm/f (marchand)* Käsehändler(in *f) m.*

froment [fʀɔmɑ̃] *nm* Weizen *m.*

fronce [fʀɔ̃s] *nf (kleine, geraffte)* Falte *f.*

frondaisons [fʀɔ̃dɛzɔ̃] *nfpl (feuillage)* Laubwerk *nt,* Blätterwerk *nt.*

fronde [fʀɔ̃d] *nf (lance-pierres)* Schleuder *f.*

frondeur, euse [fʀɔ̃dœʀ, øz] *a* aufrührerisch.

front [fʀɔ̃] *nm (ANAT)* Stirn *f; (MIL, fig)* Front *f;* **F**~ **de libération** Befreiungsfront *f;* **avoir le** ~ **de faire qch** die Stirn haben, etw zu tun; **de** ~ *ad (par devant)* frontal; *(rouler)* nebeneinander; *(simultanément)* gleichzeitig, zugleich; ~ **de mer** Küstenstrich *m,* Küstenlinie *f.*

frontal, e, aux [fʀɔ̃tal, o] *a (ANAT)* Stirn-; *(choc, attaque)* frontal.

frontalier, ière [fʀɔ̃talje, jɛʀ] *a* Grenz-// *(travailleur)* Grenzgänger(in *f) m.*

frontière [fʀɔ̃tjɛʀ] *nf* Grenze *f;* **poste/ville** ~ Grenzposten *m/-stadt f;* **à la** ~ an der Grenze.

frontispice [fʀɔ̃tispis] *nm* Titelbild *nt.*

fronton [fʀɔ̃tɔ̃] *nm* Giebel *m.*

frottement [fʀɔtmɑ̃] *nm (friction)* Reiben *nt.*

frotter [fʀɔte] vi reiben // vt abreiben, reiben; (pour nettoyer: sol) scheuern; (: meuble) polieren; **se ~ à qn/qch** (fig) sich reiben an jdm/auf etw (akk); **~ une allumette** ein Streichholz anzünden.

fructifier [fʀyktifje] vi (arbre) Früchte tragen; (argent) Zinsen abwerfen; (propriété) Wertzuwachs haben; **faire ~** gut ou gewinnbringend anlegen.

fructueux, euse [fʀyktɥø, øz] a einträglich, gewinnbringend.

frugal, e, aux [fʀygal, o] a (repas) frugal, einfach; (vie, personne) genügsam, schlicht.

fruit [fʀɥi] nm (BOT) Frucht f; (fig) Früchte pl; **~s pl** Obst nt; **~s secs** Dörrobst nt; **~s de mer** Meeresfrüchte pl.

fruité, e [fʀɥite] (vin) fruchtig.

fruitier, ière [fʀɥitje, jɛʀ] a: **arbre ~** Obstbaum m // nm/f (marchand) Obsthändler(in f) m.

fruste [fʀyst(ə)] a ungeschliffen, roh.

frustré, e [fʀystʀe] a frustriert.

frustrer [fʀystʀe] vt (PSYCH) frustrieren; (espoirs etc) zunichte machen; (priver): **~ qn de qch** jdn um etw bringen.

fuel [fjul] nm Heizöl nt.

fugace [fygas] a flüchtig.

fugitif, ive [fyʒitif, iv] a flüchtig // nm/f Ausreißer(in f) m.

fugue [fyg] nf (d'un enfant) Ausreißen nt; (MUS) Fuge f; **faire une ~** ausreißen.

fuir [fɥiʀ] vt: (qch) fliehen ou flüchten vor etw (dat); (responsabilités) sich einer Sache (dat) entziehen // vi (personne) fliehen; (eau) auslaufen; (robinet) tropfen; (tuyau) lecken, undicht sein.

fuite [fɥit] nf Flucht f; (écoulement) Auslaufen nt; (divulgation) Durchsickern nt; **~ de gaz** Durchsickern nt; **être en ~** auf der Flucht sein; **mettre en ~** in die Flucht schlagen; **prendre la ~** die Flucht ergreifen.

fulgurant, e [fylgyʀɑ̃, ɑ̃t] a blitz-

schnell, atemberaubend.

fulminer [fylmine] vi: **~ (contre)** wettern (gegen).

fumé, e [fyme] a (CULIN) geräuchert; (verres) getönt // nf Rauch m.

fume-cigarette [fymsigaʀɛt] nm inv Zigarettenspitze f.

fumer [fyme] vi (personne) rauchen; (liquide) dampfen // vt (cigarette, pipe) rauchen; (CULIN) räuchern; (terre, champ) düngen.

fumet [fyme] nm (CULIN) Aroma nt, Duft m.

fumeur, euse [fymœʀ, øz] nm/f Raucher(in f) m; **compartiment ~s/non ~** Raucher-/Nichtraucherabteil nt.

fumeux, euse [fymø, øz] a (pej) verschwommen, verworren.

fumier [fymje] nm (engrais) Dung m, Dünger m.

fumigation [fymigasjɔ̃] nf (MED) Dampfbad nt.

fumiste [fymist(ə)] nm (pej) Taugenichts m.

fumisterie [fymistəʀi] nf (pej) Schwindel m.

fumoir [fymwaʀ] nm Rauchzimmer nt.

funambule [fynɑ̃byl] nm Seiltänzer (in f) m.

funèbre [fynɛbʀ(ə)] a (relatif aux funérailles) Trauer-; (lugubre) düster, finster.

funérailles [fyneʀaj] nfpl Begräbnis nt, Beerdigung f.

funéraire [fyneʀɛʀ] a Bestattungs-.

funeste [fynɛst(ə)] a unheilvoll; tödlich.

funiculaire [fynikylɛʀ] nm Seilbahn f.

fur [fyʀ]: **au ~ et à mesure** ad sobald, nach und nach; **au ~ et à mesure que** sobald ou sobald, während.

furet [fyʀɛ] m (ZOOL) Frettchen nt.

fureter [fyʀte] vi (pej) herumschnüffeln.

fureur [fyʀœʀ] nf (colère) Wut f; **faire ~** (être à la mode) in sein, Furore machen.

furibond, e [fyʀibɔ̃, ɔ̃d] a wütend.

furie [fyʀi] nf (colère) Wut f; (femme)

Furie *f;* en ~ tobend.

furieux, euse [fyʀjø, øz] *a (en colère)* wütend; *(combat)* wild, erbittert; *(vent)* heftig.

furoncle [fyʀɔ̃kl(ə)] *nm* Furunkel *m.*

furtif, ive [fyʀtif, iv] *a* verstohlen.

fusain [fyzɛ̃] *nm* Zeichenkohle *f; (dessin)* Kohlezeichnung *f.*

fuseau [fyzo] *nm (pantalon)* Keilhose *f; (pour filer)* Spindel *f;* en ~ spindelförmig; ~ **horaire** Zeitzone *f.*

fusée [fyze] *nf* Rakete *f;* ~ **éclairante** Leuchtrakete *f,* Leuchtkugel *f.*

fuselage [fyzlaʒ] *nm (Flugzeug)*rumpf *m.*

fuselé, e [fyzle] *a* schlank, spindelförmig.

fusible [fyzibl(ə)] *nm* Schmelzdraht *m; (fiche)* Sicherung *f.*

fusil [fyzi] *m (arme)* Gewehr *nt;* ~ **de chasse** Jagdflinte *f,* Büchse *f.*

fusillade [fyzijad] *nf* Gewehrfeuer *nt.*

fusiller [fyzije] *vt (exécuter)* erschießen.

fusil-mitrailleur [fyzimitʀajœʀ] *(leichtes)* Maschinengewehr *nt.*

fusion [fyzjɔ̃] *nf (d'un métal)* Schmelzen *nt* (COMM: *de compagnies)* Fusion *f;* **entrer en** ~ schmelzen, flüssig werden.

fusionner [fyzjɔne] *vi* sich zusammenschließen.

fustiger [fystiʒe] *vt (critiquer)* tadeln, schelten.

fût [fy] *nm (tonneau)* Faß *nt; (de canon, de colonne)* Schaft *m; (d'arbre)* Schaft, Stamm *m.*

futaie [fyte] *nf* Hochwald *m.*

futile [fytil] *a (idée, activité)* unbedeutend, unnütz.

futur, e [fytyʀ] *a* zukünftig; **les temps** ~**s die** Zukunft // ~ **le** (LING) das Futur(um); *(avenir)* die Zukunft; **au** ~ (LING) **im** Futur; ~ **antérieur** vollendete Zukunft.

fuyant, e [fɥijɑ̃, ɑ̃t] *a (regard)* ausweichend; *(personne)* schwer faßbar; **perspective** ~ **e** Fluchtlinie *f.*

fuyard, e [fɥijaʀ, aʀd(ə)] *nm/f* Ausreißer(in *f) m.*

G

gabarit [gabaʀi] *nm (dimension)* Größe *f; (fig)* Schlag *m.*

gabegie [gabʒi] *nf* Chaos *m.*

gâcher [gɑʃe] *vt (plâtre)* anrühren; *(saboter)* verderben; *(gaspiller)* verschwenden.

gâchette [gɑʃɛt] *nf (d'arme)* Abzug *m.*

gâchis [gɑʃi] *nm (gaspillage)* Verschwendung *f.*

gadget [gadʒɛt] *nm* Spielerei *f.*

gadoue [gadu] *nf (ordures)* Müll *m.*

gaffe [gaf] *nf (instrument)* Bootshaken *m; (fam: bévue)* Schnitzer *m;* **faire** ~ *(fam)* aufpassen.

gaffer [gafe] *vi* einen Schnitzer machen.

gage [gaʒ] *nm* Pfand *nt; (assurance)* Zeichen *nt;* ~**s** *nmpl (salaire)* Lohn *m;* **mettre en** ~ verpfänden.

gager [gaʒe] *vt:* ~ **que** wetten, daß.

gageure [gaʒyʀ] *nf:* **c'est une** ~ das ist ein Ding der Unmöglichkeit.

gagnant, e [gaɲɑ̃, ɑ̃t] *nm/f* Gewinner(in *f) m.*

gagne-pain [gaɲpɛ̃] *nm inv* Broterwerb *m.*

gagner [gaɲe] *vt* gewinnen; *(salaire)* verdienen; *(aller vers)* erreichen; *(s'emparer de)* angreifen, ergreifen; *(feu)* übergreifen auf (+akk) // *vi* gewinnen, siegen; ~ **de la place** Platz sparen; ~ **sa vie** seinen Lebensunterhalt verdienen; ~ **du terrain** an Boden gewinnen.

gai, e [ge] *a* fröhlich, lustig; *(un peu ivre)* angeheitert.

gaieté [gete] *nf* Fröhlichkeit *f;* **de** ~ **de cœur** gerne.

gaillard, e [gajaʀ, aʀd(ə)] *a (robuste)* kräftig; *(grivois)* derb // *nm (fam: gars)* Kerl *m.*

gain [gɛ̃] *nm (bénéfice: gén)* Gewinn *m; (revenu: gén pl)* Einkünfte *pl; (au jeu)* Gewinn *m; (avantage)* Vorteil *m;* ~ **de temps/place** Zeit-/Raumersparnis *f;* **obtenir** ~ **de cause** etwas erreichen.

gaine [gɛn] *nf (sous-vêtement)* Hüft-

halter m; (fourreau) Scheide f;
~**-culotte** Miederhöschen nt.

galant [galã, ãt] a galant; **en ~
compagnie** in Damenbegleitung.

galanterie [galãtri] nf Höflichkeit f,
Galanterie f.

galantine [galãtin] nf Sülze f.

galbe [galb(ə)] nm Rundung f.

galbé, e [galbe] a (jambes) wohlproportioniert.

gale [gal] nf Krätze f; (du chien) Räude
f.

galerie [galʀi] nf Galerie f; (THEAT)
oberster Rang m; (souterrain) Stollen
m; (AUT) Gepäckträger m; (public)
Publikum nt.

galet [galɛ] nm Kieselstein m; (TECH)
Rad m.

galette [galɛt] nf flaches, rundes
Gebäckstück.

galeux, euse [galø, øz] a: **un chien
~** ein räudiger Hund.

galipette [galipɛt] nf: **faire des ~s**
(fam) Luftsprünge machen.

galon [galɔ̃] nm (MIL) Dienstgrad-
abzeichen nt; (décoratif) Borte f.

galop [galo] nm Galopp m; **au ~** im
Galopp.

galoper [galɔpe] vi galoppieren.

galopin [galɔpɛ̃] nm Gassenjunge m.

gambader [gãbade] vi herum-
springen.

gamelle [gamɛl] nf Kochgeschirr nt;
ramasser une ~ (fam) auf die Nase
fallen.

gamin, e [gamɛ̃, in] nm/f Kind nt / a
schelmisch; kindisch.

gaminerie [gaminʀi] nf Kinderei f.

gamme [gam] nf Skala f.

gammé, e [game] a: **croix ~e**
Hakenkreuz nt.

gangrène [gãgʀɛn] nf Brand m.

gant [gã] nm Handschuh m; **prendre
des ~s avec qn** jdn mit Samthand-
schuhen anfassen; **~ de toilette**
Waschlappen m; **~s de caoutchouc**
Gummihandschuhe pl.

ganté, e [gãte] a: **de blanc** weiße
Handschuhe tragend.

garage [gaʀaʒ] nm (abri) Garage f;
(entreprise) Werkstatt f; **à vélos**
Fahrradunterstand m.

garagiste [gaʀaʒist(ə)] nm/f (propriétaire) Werkstattbesitzer m; (mécanicien) (Auto)mechaniker m.

garant, e [gaʀã, ãt] nm/f Bürge m,
Bürgin f; **se porter ~ de qch** für
etw bürgen.

garantie [gaʀãti] nf Garantie f.

garantir [gaʀãtiʀ] vt garantieren;
(COMM) eine Garantie geben für;
(attester) versichern; (protéger): **~ de
qch** vor etw (dat) schützen.

garçon [gaʀsɔ̃] nm Junge m; (célibataire) Junggeselle m; (jeune
homme) junger Mann m; (serveur)
Kellner m; **~ de courses** Laufbursche m, Bote m.

garçonnière [gaʀsɔnjɛʀ] nf
Junggesellenbude f.

garde [gaʀd(ə)] nm Aufseher m;
(d'un prisonnier) Wache f; (MIL)
Wachtposten m // f Bewachung f;
(MIL) Wache f; (position de défense)
Deckung f; **~ champêtre** nm Feld-
schütz m; **~ du corps** nm Leib-
wächter m; **~ forestier** nm Förster
m; **~ des Sceaux** nm Justizminister
m; **~-à-vous** nm Stillgestanden!;
être/se mettre au ~-à-vous stehen; **~ des enfants** nm
(JUR) Sorgerecht nt; **~ d'honneur**
nm Ehrengarde f; **à ~ vue** (f) de Poli-
zeigewahrsam m; **mettre en ~**
warnen; **prendre ~** vorsichtig sein;
être sur ses ~ auf der Hut sein;
monter la ~ Wache stehen; **de ~**
(médecin, pharmacie) im Dienst;
page ou feuille de ~ Vorsatzblatt
nt.

garde- [gaʀd(ə)] pref: **~barrière**
nm/f Bahnwärter(in f) m; **~boue** nm
inv Schutzblech nt; **~chasse** nm
Jagdaufseher m; **~fou** nm Geländer
nt; **~malade** nm/f Krankenwache
f; **~manger** nm Speisekammer f;
~meuble nm Möbellager nt;
~pêche nm Fischereiaufseher m.

garder [gaʀde] vt behalten; (surveiller) bewachen; (: enfant, animal)
hüten; (séquestrer) einsperren;
(réserver) reservieren; **se ~** vi (se
conserver) sich halten; **~ le lit** das
Bett hüten; **se ~ de faire qch** sich

hüten, etw zu tun; **chasse gardée** privates Jagdgebiet.

garderie [gaʀdəʀi] *nf (pour enfants)* (Kinder)krippe *f.*

gardien, ne [gaʀdjɛ̃, jɛn] *nm/f (garde)* Wächter(in *f*) *m*; *(de prison)* Wärter (in *f*) *m*; *(de musée)* Aufseher (in *f*) *m*; *(fig)* Hüter(in *f*) *m*; ~ **de but** Torwart *m*; ~ **de nuit** Nachtwächter *m*; ~ **de la paix** Polizist(in *f*) *m*; ~ **d'immeuble** Hausmeister(in *f*) *m.*

gare [gaʀ] *nf* Bahnhof *m*! Achtung!; ~ **routière** Busstation *f*; ~ **de triage** Rangierbahnhof *m.*

garer [gaʀe] *vt (véhicule)* parken; **se** ~ *vi* parken; *(pour laisser passer)* ausweichen.

gargariser [gaʀgaʀize]: **se** ~ *vi* gurgeln; **se gargariser de** *(fig)* seine helle Freude haben an (+dat).

gargote [gaʀgɔt] *nf* billige Kneipe *f.*

gargouille [gaʀguj] *nf (ARCHIT)* Wasserspeier *m.*

gargouiller [gaʀguje] *vi (estomac)* knurren; *(eau)* plätschern.

garnement [gaʀnəmɑ̃] *nm* Schlingel *m.*

garni, e [gaʀni] *a (plat)* mit Beilage // *nm (chambre)* möbliertes Zimmer *nt.*

garnir [gaʀniʀ] *vt (orner)* schmükken; *(pourvoir)* ausstatten; *(renforcer)* versehen; **se** ~ *(salle)* sich füllen.

garniture [gaʀnityʀ] *nf* Verzierung *f*; *(CULIN)* Beilage *f*; *(: farce)* Füllung *f*; *(protection)* Beschlag *m*; ~ **de frein** Bremsbelag *m.*

garrot [gaʀo] *nm (MED)* Aderpresse *f*; **faire un** ~ **à qn** jdm den Arm abbinden; ~**ter** *vt* fesseln.

gars [gɑ] *nm* Bursche *m.*

gas-oil [gazɔjl] *nm* Dieselkraftstoff *m.*

gaspiller [gaspije] *vt* verschwenden.

gastrique [gastʀik] *a* Magen-.

gastronomie [gastʀonɔmi] *nf* Gastronomie *f.*

gastronomique [gastʀonɔmik] *a* gastronomisch.

gâteau, x [gɑto] *nm* Kuchen *m*; ~ **sec** Keks *m.*

gâter [gɑte] *vt* verderben; *(personne)* verwöhnen; **se** ~ *vi (s'abîmer)* schlecht werden; *(temps, situation)* schlechter werden.

gâterie [gɑtʀi] *nf (objet)* Aufmerksamkeit *f.*

gâteux, euse [gɑto, øz] *a* senil.

gauche [goʃ] *a* linke(r,s); *(maladroit)* unbeholfen // *nf (POL):* **la** ~ **die** Linke; **à** ~ links; *(mouvement)* nach links; **à** ~ **de** links von.

gaucher, ère [goʃe, ɛʀ] *a* linkshändig // *nm/f* Linkshänder(in *f*).

gauchir [goʃiʀ] *vt* verbiegen; *(fig)* verdrehen.

gauchiste [goʃist(ə)] *nm/f* Linke(r) *mf.*

gaufre [gofʀ(ə)] *nf* Waffel *f.*

gaufrette [gofʀɛt] *nf* Waffel *f.*

gaulois, e [golwa, waz] *a* gallisch; *(grivois)* derb; **G**~, **e** *nm/f* Gallier(in *f*) *m.*

gaver [gave] *vt (animal)* mästen; *(de mit)* vollstopfen; **se** ~ **de** sich vollstopfen mit.

gaz [gaz] *nm inv* Gas *nt*; **chambre/masque à** ~ Gaskammer *f*/-maske *f*; ~ **lacrymogène** Tränengas *nt*; ~ **naturel** Erdgas *nt.*

gaze [gaz] *nf (étoffe)* Gaze *f*; *(pansement)* Verbandsmull *m.*

gazéifié, e [gazeifje] *a:* **eau** ~**e** Mineralwasser *nt* mit Kohlensäure.

gazette [gazɛt] *nf (journal)* Zeitung *f.*

gazeux, euse [gazo, øz] *a* gasförmig; **eau/boisson gazeuse** kohlensäurehaltiges Wasser/Getränk.

gazoduc [gazodyk] *nm* Gasleitung *f.*

gazomètre [gazɔmɛtʀ(ə)] *nm* Gaszähler *m.*

gazon [gazɔ̃] *nm (pelouse)* Rasen *m.*

gazouiller [gazuje] *vi (oiseau)* zwitschern; *(enfant)* plappern.

geai [ʒɛ] *nm* Eichelhäher *m.*

géant, e [ʒeɑ̃, ɑ̃t] *a* riesig // *nm/f* Riese *m*, Riesin *f.*

geindre [ʒɛ̃dʀ(ə)] *vi* stöhnen.

gel [ʒɛl] *nm* Frost *m*; *(de l'eau)* Gefrieren *nt*; *(des salaires, prix)* Einfrieren *nt.*

gélatine [ʒelatin] *nf (CULIN)* Gelatine *f.*

gelé, e [ʒ(ə)le] *a (personne, doigt)*

erfroren.

gelée [ʒ(ə)le] *nf* (CULIN) Gelée *nt*; (MÉTÉO) Frost *m*; ~ **blanche** Reif *m*; **viande en** ~ Fleisch in Aspik.

geler [ʒ(ə)le] *vt* gefrieren lassen; (prix, salaires) einfrieren // *vi* (sol, eau) gefrieren; (lac) zufrieren; (personne) frieren; **il gèle** es herrscht Frost, es friert.

Gémeaux [ʒemo] *nmpl* (ASTR) Zwillinge *pl*.

gémir [ʒemir] *vi* stöhnen.

gemme [ʒɛm] *nf*(pierre) Edelstein *m*.

gênant, e [ʒɛnɑ̃, ɑ̃t] *a* (meuble, objet) hinderlich; (histoire) peinlich.

gencive [ʒɑ̃siv] *nf* Zahnfleisch *nt*.

gendarme [ʒɑ̃darm(ə)] *nm* Polizist *m*; ~**rie** *nf* Polizei in ländlichen Bezirken.

gendre [ʒɑ̃dr(ə)] *nm* Schwiegersohn *m*.

gène [ʒɛn] *nf* (physique) Schwierigkeit *f*; (dérangement) Störung *f*; (manque d'argent) Geldverlegenheit *f*, Armut *f*; (embarras) Verlegenheit *f*.

gêné, e [ʒɛne] *a* (embarrassé) verlegen.

gêner [ʒɛne] *vt* stören; (encombrer) behindern; (embarrasser): ~ **qn** jdn in Verlegenheit bringen; **se** ~ *vi* sich (dat) Zwang antun.

général, e, aux [ʒeneral, o] *a* allgemein; *a* (répétition) ~**e** Generalprobe *f* // *nm* General *m*; **en** ~ im allgemeinen; **assemblée/grève** ~**e** Generalversammlung *f*/-streik *m*; **médecine** ~**e** Allgemeinmedizin *f*; ~**ement** *ad* im allgemeinen.

généralisation [ʒeneralizasjɔ̃] *nf* Verallgemeinerung *f*.

généraliser [ʒeneralize] *vt, vi* verallgemeinern; **se** ~ sich verbreiten.

généraliste [ʒeneralist(ə)] *nm/f* Arzt *m*/Ärztin *f* für Allgemeinmedizin.

générateur, trice [ʒeneratœr, tris] *a*: **être** ~ **de qch** etw zur Folge haben // *nf* Generator *m*.

génération [ʒenerasjɔ̃] *nf* Generation *f*.

généreux, euse [ʒenerø, øz] *a* großzügig.

générique [ʒenerik] *a* artmäßig // *nm* Vor-/Nachspann *m*.

générosité [ʒenerozite] *nf* Großzügigkeit *f*.

genèse [ʒənɛz] *nf* Entstehung *f*.

genêt [ʒ(ə)nɛ] *nm* Ginster *m*.

génétique [ʒenetik] *a* genetisch.

Genève [ʒ(ə)nɛv] Genf.

génie [ʒeni] *nm* Genie *nt*; (MIL): **le** ~ die Pioniere *pl*; ~ **civil** Hoch- und Tiefbau *m*; **de** ~ *a* genial.

genièvre [ʒənjɛvr(ə)] *nm* Wacholder *m*; (boisson) Wacholderschnaps *m*.

génisse [ʒenis] *nf* Färse *f*.

génital, e, aux [ʒenital, o] *a* genital.

génitif [ʒenitif] *nm* Genitiv *m*.

génocide [ʒenosid] *nm* Völkermord *m*.

genou, x [ʒ(ə)nu] *nm* Knie *nt*; **à** ~**x** auf den Knien; **se mettre à** ~**x** sich niederknien.

genre [ʒɑ̃r] *nm* Art *f*; (ZOOL) Gattung *f*; (LING) Genus *nt*; (ART) Genre *nt*.

gens [ʒɑ̃] *nmpl* Menschen *pl*, Leute *pl*.

gentil, le [ʒɑ̃ti, ij] *a* lieb, nett.

gentillesse [ʒɑ̃tijes] *nf* Liebenswürdigkeit *f*, Nettigkeit *f*.

gentiment [ʒɑ̃timɑ̃] *ad* nett, lieb.

génuflexion [ʒenyflɛksjɔ̃] *nf* Kniebeuge *f*.

géographie [ʒeɔgrafi] *nf* Geographie *f*, Erdkunde *f*; (relief): **la** ~ **die** geographische Beschaffenheit *f*.

geôlier [ʒolje] *nm* Gefängniswärter(in *f*) *m*.

géologie [ʒeɔlɔʒi] *a* geologisch.

géomètre [ʒeɔmɛtr(ə)] *nm* (arpenteur) Landvermesser(in *f*) *m*.

géométrie [ʒeɔmɛtri] *nf* Geometrie *f*.

géométrique [ʒeɔmɛtrik] *a* geometrisch.

gérance [ʒerɑ̃s] *nf* Verwaltung *f*; (d'une entreprise) Leitung *f*; **mettre en** ~ verwalten lassen; **prendre en** ~ verwalten.

géranium [ʒeranjɔm] *nm* Geranie *f*.

gérant, e [ʒerɑ̃, ɑ̃t] *nm/f* Verwalter(in *f*) *m*; (de magasin) Geschäftsführer(in *f*) *m*.

gerbe [ʒɛrb(ə)] *nf* (de fleurs) Strauß

m; *(de blé)* Garbe *f*.

gercé, e [ʒɛʀse] *a* aufgesprungen.
gerçure [ʒɛʀsyʀ] *nf* Riß *m*.
gérer [ʒeʀe] *vt* verwalten.
gériatrie [ʒeʀjatʀi] *af* Altersheilkunde *f*.
germanique [ʒɛʀmanik] *a* germanisch.
germe [ʒɛʀm(ə)] *nm* Keim *m*.
germer [ʒɛʀme] *vi* keimen.
gésir [ʒeziʀ] *vi* ruhen; *voir aussi* ci-gît.
gestation [ʒɛstasjɔ̃] *nf (ZOOL)* Trächtigkeit *f*; *(fig)* Reifungsprozeß *m*.
geste [ʒɛst(ə)] *nm* Geste *f*; ~ **de la main** Handbewegung *f*; **un ~ de refus** eine ablehnende Geste.
gesticuler [ʒɛstikyle] *vi* gestikulieren.
gestion [ʒɛstjɔ̃] *nf* Verwaltung *f*.
gibecière [ʒibsjɛʀ] *nf* Jagdtasche *f*.
gibet [ʒibɛ] *nm* Galgen *m*.
gibier [ʒibje] *nm (animaux)* Wild *nt*; *(fig)* Beute *f*.
giboulée [ʒibule] *nf* Regenschauer *m*.
gicler [ʒikle] *vi* herausspritzen.
gicleur [ʒiklœʀ] *nm* Düse *f*.
gifle [ʒifl(ə)] *nf* Ohrfeige *f*.
gifler [ʒifle] *vt* ohrfeigen.
gigantesque [ʒigɑ̃tɛsk(ə)] *a* riesig; *(fig)* gewaltig.
gigogne [ʒigɔɲ] *a*: **lits ~s** ausziehbare Betten *pl*.
gigot [ʒigo] *nm (CULIN)* Keule *f*.
gigoter [ʒigɔte] *vi* zappeln.
gilet [ʒilɛ] *nm (de costume)* Weste *f*; *(pull)* Strickjacke *f*; *(sous-vêtement)* Unterhemd *nt*; ~ **pare-balles** kugelsichere Weste; ~ **de sauvetage** Schwimmweste *f*.
gingembre [ʒɛ̃ʒɑ̃bʀ(ə)] *nm* Ingwer *m*.
girafe [ʒiʀaf] *nf* Giraffe *f*.
giratoire [ʒiʀatwaʀ] *a*: **sens ~** Kreisverkehr *m*.
girofle [ʒiʀɔfl(ə)] *nf*: **clou de ~** (Gewürz)nelke *f*.
giroflée [ʒiʀɔfle] *nf* Goldlack *m*.
girouette [ʒiʀwɛt] *nf* Wetterhahn *m*.
gisait [ʒizɛ] *etc voir* **gésir**.

gisement [ʒizmɑ̃] *nm* Ablagerung *f*.
git [ʒi] *voir* **gésir**.
gitan [ʒitɑ̃, an] *nm/f* Zigeuner(in *f*) *m*.
gîte [ʒit] *nm (abri, logement)* Unterkunft *f*; *(du lièvre)* Bau *m*; ~ **rural** Ferienhaus *nt* auf dem Lande.
givre [ʒivʀ(ə)] *nm* Reif *m*.
glabre [glabʀ(ə)] *a (rasé)* glattrasiert.
glace [glas] *nf* Eis *nt*; *(miroir)* Spiegel *m*; *(de voiture)* Fenster *nt*; **rompre la ~** das Eis brechen.
glacé, e [glase] *a (gelé)* vereist; *(boisson)* eisgekühlt; *(main)* gefroren; *(accueil)* eisig.
glacer [glase] *vt (main, visage)* eiskalt werden lassen; *(intimider)* erstarren lassen; *(gâteau)* glasieren; *(papier, tissu)* appretieren.
glaciaire [glasjɛʀ] *a* Gletscher-; **l'ère ~** das Eiszeitalter.
glacial, e [glasjal] *a* eiskalt.
glacier [glasje] *nm* Gletscher *m*.
glaçon [glasɔ̃] *nm* Eiszapfen *m*; *(artificiel)* Eiswürfel *m*.
glaïeul [glajœl] *nm* Gladiole *f*.
glaire [glɛʀ] *nf (MED)* Schleim *m*.
glaise [glɛz] *nf* Lehm *m*.
gland [glɑ̃] *nm* Eichel *f*; *(décoration)* Quaste *f*.
glande [glɑ̃d] *nf* Drüse *f*.
glaner [glane] *vi* nachlesen // *vt* sammeln.
glapir [glapiʀ] *vi (chien)* kläffen.
glas [glɑ] *nm* Totenglocke *f*.
glauque [glok] *a* meergrün.
glissant, e [glisɑ̃, ɑ̃t] *a* rutschig.
glissement [glismɑ̃] *nm*: ~ **de terrain** Erdrutsch *m*.
glisser [glise] *vi (avancer)* rutschen, gleiten; *(déraper)* ausrutschen; *(être glissant)* rutschig ou glatt sein // *vt* schieben *(sous, dans* unter, in *+akk)*; *(chuchoter)* zuflüstern; **se ~ dans** sich einschleichen in (*+akk)*.
global, e, aux [glɔbal, o] *a* global, Gesamt-.
globe [glɔb] *nm (GEO)* Globus *m*; ~ **oculaire** Augapfel *m*.
globule [glɔbyl] *nm (du sang)* Blutkörperchen *nt*.

globuleux, euse [glɔbylø, øz] a:
yeux ~ hervorstehende Augen pl.

gloire [glwaʀ] nf Ruhm m;
Verdienst nt; (personne) Berühmt-
heit f.

glorieux, euse [glɔʀjø, øz] a glor-
reich, ruhmvoll.

glorifier [glɔʀifje] vt rühmen.

glotte [glɔt] nf Stimmritze f.

glousser [gluse] vi gackern; (rire)
kichern.

glouton, ne [glutɔ̃, ɔn] a gefräßig.

gluant, e [glyɑ̃, ɑ̃t] a klebrig.

glucide [glysid] nm Kohle(n)hydrat
nt.

glycine [glisin] nf Glyzinie f.

go [go]: **tout ce** ~ ad direkt.

goal [gol] nm Tor nt.

gobelet [gɔblɛ] nm Becher m.

gober [gɔbe] vt roh essen.

godet [gɔdɛ] nm (récipient) Becher m.

godiller [gɔdije] vi (SKI) wedeln.

goéland [gɔelɑ̃] nm Seemöwe f.

goélette [gɔelɛt] nf Schoner m.

goémon [gɔemɔ̃] nm Tang m.

gogo [gɔgo] nm: **à** ~ ad in Hülle und
Fülle.

goguenard, e [gɔgnaʀ, aʀd(ə)] a
spöttisch.

goinfre [gwɛ̃fʀ(ə)] nm Vielfraß m.

goitre [gwatʀ(ə)] nm Kropf m.

golf [gɔlf] nm Golf nt; (terrain) Golf-
platz m.

gomme [gɔm] nf (à effacer) Radier-
gummi m; **boule/pastille de** ~
Bonbon m.

gommer [gɔme] vt (effacer) ausradieren.

gond [gɔ̃] nm Angel f.

gondoler [gɔ̃dɔle] vi, **se** ~ vi sich
wellen, sich verziehen; **se** ~ (fam)
sich kaputtlachen.

gonflé, e [gɔ̃fle] a (yeux, visage) geschwollen.

gonfler [gɔ̃fle] vt (pneu, ballon) aufpumpen; (exagérer) übertreiben // vi
(enfler) anschwellen; (pâte)
aufgehen.

goret [gɔʀɛ] nm Ferkel nt.

gorge [gɔʀʒ(ə)] nf (ANAT) Kehle f;
(poitrine) Brust f; (GEO) Schlucht f;
(rainure) Rille f.

gorgé, e [gɔʀʒe] a: ~ **de** gefüllt mit;
(d'eau) durchtränkt mit // nf Schluck
m.

gorille [gɔʀij] Gorilla m.

gosier [gozje] nm Kehle f.

gosse [gɔs] nm/f Kind nt.

gothique [gɔtik] a gotisch.

goudron [gudʀɔ̃] nm Teer m.

goudronner [gudʀɔne] vt
asphaltieren.

gouffre [gufʀ(ə)] nm Abgrund m.

goujat [guʒa] nm Rüpel m.

goulot [gulo] nm Flaschenhals m;
boire au ~ aus der Flasche trinken.

goulu, e [guly] a gefräßig.

goupillon [gupijɔ̃] nm (REL) Weih-
wedel m.

gourd, e [guʀ, guʀd(ə)] a taub.

gourde [guʀd(ə)] nf (récipient) Feld-
flasche f.

gourdin [guʀdɛ̃] nm Knüppel m.

gourmand, e [guʀmɑ̃, ɑ̃d] a (de sucreries) naschhaft; (pej) gefräßig.

gourmandise [guʀmɑ̃diz] nf (mets)
Leckerbissen m.

gourmet [guʀmɛ] nm Fein-
schmecker(in f) m.

gourmette [guʀmɛt] nf Uhrkette f;
Armband nt.

gousse [gus] nf: ~ **d'ail** Knob-
lauchzehe f.

goût [gu] nm Geschmack m; **bon/**
mauvais ~ geschmackvoll/-los;
avoir du/manquer de ~
Geschmack/keinen Geschmack
haben; **prendre** ~ **à qch** an etw
(dat) Gefallen finden.

goûter [gute] vt (essayer) versuchen;
(savourer) genießen // vi (prendre une
collation) vespern, eine Nachmit-
tagsmahlzeit einnehmen // nm
Vesper f, kleine Zwischenmahlzeit am
Nachmittag; ~ **à qch** etw versuchen
ou kosten.

goutte [gut] nf Tropfen m; (MED)
Gicht f; ~ **à** ~ tropfenweise; ~-**à**-~
nm Tropf m.

gouttière [gutjɛʀ] nf Dachrinne f.

gouvernail [guvɛʀnaj] nm Ruder m,
Steuer nt.

gouverne [guvɛʀn(ə)] nf: **pour**
votre ~ zu Ihrer Orientierung.

gouvernement [guvɛrnəmã] nm Regierung f.

gouvernemental, e, aux [guvɛrnəmãtal, o] a Regierungs-.

gouverner [guvɛrne] vt (pays, peuple) regieren; (diriger) lenken, steuern; (conduite de qn) beherrschen.

grâce [grɑs] nf (bienveillance) Gunst f; (bienfait) Gefallen m; (REL) Gnade f; (charme) Anmut f; (JUR) Begnadigung f; ~s nfpl (REL) Dankgebet nt; **de bonne/mauvaise** ~ (bereit)willig/ungern; **faire** ~ à **qn de qch** jdm etw erlassen; **rendre** ~ à **qn** jdm danken; **faire** ~ à **qn de qch** jdn von etw befreien; **demander** ~ um Gnade bitten; **recours en** ~ Gnadengesuch nt; ~ à prep dank (+dat).

gracier [grasje] vt begnadigen.

gracieux, euse [grasjø, jøz] a graziös, anmutig; **à titre** ~ kostenlos.

gradation [gradasjõ] nf Abstufung f.

grade [grad] nm Rang m.

gradé [grade] nm Unteroffizier m.

gradin [gradɛ̃] nm Rang m; (d'un terrain): **en** ~s terrassenförmig.

graduel, le [graduɛl] a allmählich.

graduer [gradue] vt (augmenter graduellement) allmählich steigern; (règle, verre) gradieren; **exercices gradués** nach Schwierigkeitsgrad gestaffelte Übungen.

graffiti [grafiti] nmpl Wandschmierereien pl.

grain [grɛ̃] nm Korn nt; (du bois) Maserung f; (NAVIG) Bö f; ~ **de café** Kaffeebohne f; ~ **de raisin** Traube f; ~ **de beauté** Schönheitsfleck m.

graine [grɛn] nf Samen m.

graissage [grɛsaʒ] nm Ölen m, (AUT) Abschmieren nt.

graisse [grɛs] nf Fett m; (lubrifiant) Schmiermittel nt.

graisser [grɛse] vt (machine) schmieren, ölen; (AUT) abschmieren; (tacher) fettig machen.

grammaire [gramɛr] nf Grammatik f.

grammatical, e, aux [gramatikal, o] a grammatisch.

grand, e [grã, grãd] a groß; (voyage) lang // ad: ~ **ouvert** weit offen; **un** ~ **artiste** ein bedeutender Künstler; **un** ~ **buveur** ein starker Trinker; **avoir** ~ **besoin de qch** etw dringend benötigen; **il est** ~ **temps** es ist höchste Zeit; **un** ~ **blessé** ein Schwerverletzter; **au** ~ **air** im Freien; ~ **ensemble** Siedlung f; ~ **magasin** Kaufhaus nt; ~**e personne** Erwachsene(r) mf.

grand-chose [grãʃoz] nm inv: **pas** ~ nicht viel.

Grande-Bretagne [grãdbrətaɲ] nf: **la** ~ Großbritannien nt.

grandement [grãdmã] ad (fortement) sehr.

grandeur [grãdœr] nf Größe f; ~ **nature** a in Lebensgröße.

grandiloquence [grãdilokãs] nf geschwollene Ausdrucksweise f.

grandir [grãdir] vi wachsen; (augmenter) zunehmen // ~ **qn** jdn größer erscheinen lassen.

grand-mère [grãmɛr] nf Großmutter f.

grand-messe [grãmɛs] nf Hochamt nt.

grand-peine [grãpɛn]: **à** ~ ad mühsam.

grand-père [grãpɛr] nm Großvater m.

grand-route [grãrut] nf, **grand-rue** [grãry] nf Hauptstraße f.

grands-parents [grãpɑrã] nmpl Großeltern pl.

grange [grãʒ] nf Scheune f.

granule [granyl] nm Körnchen nt.

graphie [grafi] nf Schreibung f.

graphique [grafik] a graphisch // nm Schaubild nt.

graphologie [grafoloʒi] nf Graphologie f.

grappe [grap] nf Traube f; (multitude) Ansammlung f; ~ **de raisin** Traube f.

grappiller [grapije] vt nachlesen.

grappin [grapɛ̃] nm: **mettre le** ~ **sur qn** jdn in die Finger bekommen.

gras, se [grã, grɑs] a (personne) fett; (plaisanterie) derb // nm (CULIN) Fett nt; **faire la** ~

matinée (sich) ausschlafen.

grassement [gʀɑsmɑ̃] ad: payer ~ sehr gut bezahlen.

grassouillet, te [gʀɑsujɛ, ɛt] a rundlich, dicklich.

gratifier [gʀatifje] vt: ~ qn de qch jdm etw gewähren.

gratiné, e [gʀatine] a (CULIN) gratiniert; (fam) höllisch.

gratis [gʀatis] ad gratis.

gratitude [gʀatityd] nf Dankbarkeit f.

gratte-ciel [gʀatsjɛl] nm inv Wolkenkratzer m.

gratte-papier [gʀatpapje] nm Schreiberling m.

gratter [gʀate] vt kratzen; (enlever) abkratzen; se ~ vt sich kratzen.

gratuit, e [gʀatɥi, ɥit] a kostenlos; (hypothèse, idée) ungerechtfertigt.

gravats [gʀava] nmpl (décombres) Trümmer pl.

grave [gʀav] a (sérieux) ernst; (maladie, accident) schwer; (son, voix) tief; ~ment ad schwer.

graver [gʀave] vt (plaque) gravieren; (nom) eingravieren; ~ qch dans son esprit/sa mémoire sich (dat) etw einprägen.

gravier [gʀavje] nm Kies m.

gravillons [gʀavijɔ̃] nmpl Schotter m.

gravir [gʀaviʀ] vt hinaufklettern.

gravité [gʀavite] nf (de l'Ernst m; Schwere f; (PHYS) Schwerkraft f.

graviter [gʀavite] vi: ~ autour de sich drehen um.

gravure [gʀavyʀ] nf (action) Gravieren nt; (inscription) Gravur f; (art) Gravierkunst f; (estampe) Stich m.

gré [gʀe] nm: à son ~ nach seinem Geschmack; au ~ de mit; gemäß (+gen); contre le ~ de qn gegen jds Willen; de son (plein) ~ aus freiem Willen; de ~ ou de force wohl oder übel; bon ~ mal ~ notgedrungen; savoir ~ à qn de qch jdm wegen etw dankbar sein.

grec, grecque [gʀɛk] a griechisch.

Grèce [gʀɛs] nf: la ~ Griechenland nt.

gréement [gʀemɑ̃] nm (action) Auf-

takeln nt.

greffer [gʀefe] vt (AGR) pfropfen; (MED) transplantieren.

greffier [gʀefje] nm Gerichtsschreiber m.

grégaire [gʀegɛʀ] a: instinct ~ Herdentrieb m.

grêle [gʀɛl] a (maigre) mager // nf Hagel m.

grêlé, e [gʀɛle] a pockennarbig.

grêler [gʀɛle] vb impers: il grêle es hagelt.

grêlon [gʀɛlɔ̃] nm Hagelkorn nt.

grelot [gʀəlo] nm Glöckchen nt.

grelotter [gʀəlɔte] vi vor Kälte zittern.

grenade [gʀənad] nf (explosif) Granate f; (BOT) Granatapfel m.

grenat [gʀəna] a inv (couleur) granatfarben.

grenier [gʀənje] nm Speicher m.

grenouille [gʀənuj] nf Frosch m.

grès [gʀɛ] nm (GEO) Sandstein m; (poterie) Steingut nt.

grésiller [gʀezije] vi (CULIN) brutzeln; (RADIO) knacken.

grève [gʀɛv] nf (plage) Ufer nt; (arrêt de travail) Streik m; se mettre en/faire ~ streiken; ~ de la faim Hungerstreik m; ~ sur le tas Sitzstreik m; ~ du zèle Dienst m nach Vorschrift.

grever [gʀəve] vt belasten.

gréviste [gʀevist(ə)] nm/f Streikende(r) mf.

gribouiller [gʀibuje] vt, vi kritzeln.

grief [gʀijɛf] nm: faire ~ à qn de qch jdm etw vorwerfen.

grièvement [gʀijɛvmɑ̃] ad: ~ blessé schwer verletzt.

griffe [gʀif] nf (d'animal) Kralle f.

griffer [gʀife] vt kratzen.

griffonner [gʀifɔne] vt hinkritzeln.

grignoter [gʀiɲɔte] vt herumnagen an (+dat).

gril [gʀil(l)] nm Grill m.

grillade [gʀijad] nf Grillgericht nt.

grillage [gʀijaʒ] nm Gitter nt.

grille [gʀij] nf Gitter nt, Rost m; (porte) Tor nt.

grille-pain [gʀijpɛ̃] nm inv Toaster m.

griller [grije] vt (pain) toasten; (viande) grillen; (ampoule, résistance) durchbrennen lassen // vi (brûler) verbrennen; **faire ~** toasten; grillen.

grillon [grijɔ̃] nm Grille f.

grimace [grimas] nf Grimasse f; **faire des ~s** Grimassen schneiden.

grimer [grime] vt schminken.

grimper [grɛ̃pe] vt hinaufsteigen // vi: **~ à/sur** klettern ou steigen auf (+akk).

grincement [grɛ̃smɑ̃] nm (de porte) Quietschen nt; (de plancher) Knarren nt; (de dents) Knirschen nt.

grincer [grɛ̃se] vi quietschen; (plancher) knarren; **~ des dents** mit den Zähnen knirschen.

grincheux, euse [grɛ̃ʃø, øz] a murrisch.

grippe [grip] nf Grippe f.

grippé, e [gripe] a: **être ~** die Grippe haben.

gris, e [gri, griz] a grau; (ivre) beschwipst; **~-vert** graugrün.

grisaille [grizaj] nf (monotonie) Trübheit f.

griser [grize] vt (fig) berauschen.

grisonner [grizɔne] vi grau werden.

Grisons [grizɔ̃] nmpl: **les ~** Graubünden nt.

grisou [grizu] nm Grubengas nt.

grive [griv] nf Drossel f.

grivois, e [grivwa, waz] a derb.

grogner [grɔɲe] vi (animal) knurren; (personne) murren.

groin [grwɛ̃] nm Rüssel m.

grommeler [grɔmle] vi brummeln.

gronder [grɔ̃de] vi (animal) knurren; (moteur, tonnerre) donnern; (révolte, mécontentement) gären // vt schimpfen mit.

gros, grosse [gro, gros] a groß; (personne, trait, fil) dick; (travaux) umfangreich; (orage, bruit) gewaltig // ad: **risquer/gagner ~** viel riskieren/verdienen // nm (COMM): **le ~** der Großhandel; **en gros** (COMM) en gros; (en substance) grosso modo; **prix de ~** Großhandelspreis m; **par ~ temps/~se mer** bei rauhem Wetter/stürmischem

Meer; **le ~ de** der Großteil von; **~ intestin** Dickdarm m; **~ lot** Hauptgewinn m; **~ mot** Schimpfwort nt; **le ~ œuvre** der Rohbau.

groseille [grozɛj] nf: **~ rouge/ blanche** rote/weiße Johannisbeere f; **~ à maquereau** Stachelbeere f.

grossesse [grosɛs] nf Schwangerschaft f.

grosseur [grosœr] nf (volume) Größe f; (corpulence) Dicke f.

grossier, ière [grosje, jɛr] a (vulgaire) derb; (brut) grob; (erreur, faute) kraß.

grossièrement [grosjɛrmɑ̃] ad derb; grob; (à peu près) ungefähr.

grossir [grosir] vi zunehmen; (rivière) steigen // vt (personne) dicker erscheinen lassen; (augmenter) erhöhen; (exagérer) übertreiben; (microscope, jumelles) vergrößern.

grossiste [grosist(ə)] nm/f Großhändler(in f) m.

grotte [grɔt] nf Höhle f.

grouiller [gruje] vi wimmeln (de von).

groupe [grup] nm Gruppe f; **~ sanguin** Blutgruppe f.

groupement [grupmɑ̃] nm (association) Vereinigung f.

grouper [grupe] vt gruppieren; **se ~** vi sich versammeln.

grue [gry] nf (TECH) Kran m; (ZOOL) Kranich m.

grumeaux [grymo] nmpl (CULIN) Klumpen pl.

gruyère [gryjɛr] nm Gruyère m, Greyerzerkäse m.

gué [ge] nm Furt f.

guenilles [gənij] nfpl Lumpen pl.

guenon [gənɔ̃] nf Affin f.

guêpe [gɛp] nf Wespe f.

guêpier [gepje] nm (fig) Falle f.

guère [gɛr] ad: **ne ~** nicht sehr; **ne ~ mieux** nicht viel besser; **il n'a ~ de courage** er ist nicht sehr mutig; **il n'y a ~ que lui qui...** es gibt kaum jemand außer ihm, der...

guéridon [geridɔ̃] nm Sockeltisch m.

guérir [gerir] vt heilen (de von) // vi heilen; (personne) gesund werden.

guérison [gerizɔ̃] nf Genesung f.

guérite [geʀit] *nf (MIL)* Wachhäuschen *nt*.

guerre [gɛʀ] *nf* Krieg *m*; ~ **atomique/civile** Atom-/Bürgerkrieg *m*; **en** ~ im Krieg(szustand); **faire la** ~ à Krieg führen *od* de lasse schließlich.

guerrier, ière [geʀje, jɛʀ] *a* kriegerisch // *nm* Krieger *m*.

guerroyer [geʀwaje] *vi* Krieg führen.

guet [gɛ] *nm*: **faire le** ~ auf der Lauer liegen, lauern.

guet-apens [getapɑ̃] *nm* Hinterhalt *m*.

guêtre [gɛtʀ(ə)] *nf* Gamasche *f*.

guetter [gete] *vt* lauern auf (+akk).

gueule [gœl] *nf (d'animal)* Maul *nt*; *(ouverture)* Öffnung *f*; *(fam: bouche)* Klappe *f*.

gueuler [gœle] *vi (fam)* schreien, plärren.

gui [gi] *nm* Mistel *f*.

guichet [giʃɛ] *nm* Schalter *m*; *(d'une porte)* Fenster *nt*; *(THEAT)* Kasse *f*.

guide [gid] *nm* Führer *m* // *nf* Führerin; *(scoute)* Pfadfinderin *f*; ~**s** *nmpl (rênes)* Zügel *pl*.

guider [gide] *vt (personne)* führen; *(fig)* beraten; **se** ~ **sur**...sich richten nach.

guidon [gidɔ̃] *nm (de vélo)* Lenkstange *f*.

guignol [giɲɔl] *nm* Kasper *m*; **théâtre** ~ Kasperletheater *nt*.

guillemets [gijmɛ] *nmpl*: **entre** ~ in Anführungszeichen.

guillotiner [gijɔtine] *vt* mit der Guillotine hinrichten.

guindé, e [gɛ̃de] *a* gekünstelt.

guirlande [giʀlɑ̃d] *nf* Girlande *f*; *(couronne)* Kranz *m*.

guise [giz] *nf*: **à sa** ~ wie er/sie will; **en** ~ **de** als.

guitare [gitaʀ] *nf* Gitarre *f*.

gymnase [ʒimnɑz] *nm (SPORT)* Turnhalle *f*.

gymnaste [ʒimnast(ə)] *nm/f* Turner(in *f*) *m*.

gymnastique [ʒimnastik] *nf* Gymnastik *f*; Turnen *nt*.

gynécologie [ʒinekɔlɔʒi] *nf* Gynäkologie *f*.

H

habile [abil] *a* geschickt; *(rusé)* gerissen.

habileté [abilte] *f* Geschicklichkeit *f*; Gerissenheit *f*.

habilité, e [abilite] *a*: ~ **à faire qch** ermächtigt, etw zu tun.

habillé, e [abije] *a* gekleidet; *(vêtement)* chic, elegant.

habillement [abijmɑ̃] *nm* Kleidung *f*.

habiller [abije] *vt* anziehen, kleiden; *(fournir en vêtements)* einkleiden; *(objet)* verkleiden; *(vêtement: convenir)* chic aussehen an; **s'**~ sich anziehen; *(élégamment)* sich elegant kleiden.

habit [abi] *nm (costume)* Anzug *m*; ~**s** *nmpl (vêtements)* Kleidung *f*, Kleider *pl*; ~ **(de soirée)** Abendanzug *m*.

habitable [abitabl(ə)] *a* bewohnbar.

habitacle [abitakl(ə)] *nm (AVIAT)* Cockpit *nt*.

habitant, e [abitɑ̃, ɑ̃t] *nm/f (d'un lieu)* Einwohner(in *f*) *m*; *(d'une maison)* Bewohner(in *f*) *m*.

habitat [abita] *nm (BOT, ZOOL)* Lebensraum *m*.

habitation [abitasjɔ̃] *f (domicile)* Wohnsitz *m*; *(bâtiment)* Wohngebäude *nt*; ~ **à loyer modéré (H.L.M.)** = Sozialwohnung *f*.

habiter [abite] *vt* bewohnen; *(fig)* innewohnen (+dat) // *vi* wohnen; **rue Montmartre** in der rue Montmartre wohnen.

habitude [abityd] *nf* Gewohnheit *f*; *(expérience)* Vertrautheit *f*; **avoir l'**~ **de faire qch** es gewöhnlich tun; *(par expérience)* es gewohnt sein, etw zu tun; **d'**~ gewöhnlich, normalerweise; **comme d'**~ wie gewöhnlich.

habitué, e [abitɥe] *a*: **être** ~ **à** an etw *(akk)* gewöhnt sein // *nm/f (d'un café etc)* Stammgast *m*.

habituel, le [abituɛl] a üblich.

habituer [abitɥe] vt: ~ **qn à qch** jdn an etw (akk) gewöhnen; **s'~ à** sich gewöhnen an (+akk).

***hâbleur, euse** ['ablœʀ, øz] a angeberisch.

***hache** ['aʃ] nf Axt f, Beil nt.

***haché, e** ['aʃe] a (CULIN) gehackt, kleingehackt; (phrases, style) abgehackt; **viande ~e** Hackfleisch nt.

***hacher** ['aʃe] vt (CULIN) zerhacken.

***hachette** ['aʃɛt] nf Hackbeil nt.

***hachis** ['aʃi] nm: ~ **de viande** feingehacktes Fleisch nt.

***hachisch** ['aʃiʃ] nm Haschisch nt.

***hachoir** ['aʃwaʀ] nm (appareil) Fleischwolf m; (planche) Hackbrett nt.

***hachurer** ['aʃyʀe] vt schraffieren.

***hagard, e** ['agaʀ, aʀd(ə)] a verstört.

***haie** ['ɛ] nf Hecke f; (SPORT) Hürde f; (de personnes) Reihe f, Spalier nt; **course de ~s** Hürdenrennen nt; ~ **d'honneur** Spalier nt.

***haillons** ['aj̃ɔ] nmpl Lumpen pl.

***haine** ['ɛn] nf Haß m.

***haïr** ['aiʀ] vt hassen.

***hâlé, e** ['ale] a gebräunt.

haleine [alɛn] nf Atem m; **hors d'~** außer Atem; **de longue ~** langwierig.

***haler** ['ale] vt schleppen.

***haleter** ['alte] vi keuchen.

***hall** ['ol] nm Halle f, Vorhalle f.

***halle** ['al] nf Markthalle f; ~**s** nfpl städtische Markthallen pl.

hallucinant, e [alysinã, ãt] a verblüffend.

hallucination [alysinasjɔ̃] nf Halluzination f, Sinnestäuschung f.

***halo** ['alo] nm (de lumière) Hof m.

***halte** ['alt] nf Rast f; (RAIL) Haltepunkt m // excl halt!; **faire ~** haltmachen.

haltère [altɛʀ] nm Hantel f; **poids et ~s** Gewichtheben nt.

***hamac** ['amak] nm Hängematte f.

***hameau, x** ['amo] nm Weiler m.

hameçon [amsɔ̃] nm Angelhaken m.

***hampe** ['ãp] nf (de lance) Schaft m; (de drapeau) Stange f.

***hamster** ['amstɛʀ] nm Hamster m.

***hanche** ['ãʃ] nf Hüfte f.

handicapé, e ['ãdikape] a behindert // nm/f Behinderte(r) mf; ~ **physique/mental** Körperbehinderte(r) mf/geistig Behinderte(r) mf; ~ **moteur** Spastiker(in f) m.

handicaper ['ãdikape] vt behindern.

***hangar** ['ãgaʀ] nm Schuppen m; (AVIAT) Hangar m, Flugzeughalle f.

***hanneton** ['ant̃ɔ] nm Maikäfer m.

***hanter** ['ãte] vt (fantôme) spuken ou umgehen in (+dat); (poursuivre) verfolgen, keine Ruhe lassen (+dat).

***hantise** ['ãtiz] nf (obsessive) Angst f.

***happer** ['ape] vt schnappen; **être happé par un train** von einem Zug erfaßt werden.

***haranguer** ['aʀãge] vt eine Rede halten (+dat).

***haras** ['aʀa] nm Gestüt nt.

***harassant, e** ['aʀasã, ãt] a (travail) erschöpfend.

***harceler** ['aʀsəle] vt (importuner) belästigen; ~ **de questions** mit Fragen bestürmen.

***hardi, e** ['aʀdi] a (courageux) kühn, tapfer.

***hargne** ['aʀɲ(ə)] nf Gereiztheit f, Aggressivität f.

***hareng** ['aʀ̃ɑ] nm Hering m.

***haricot** ['aʀiko] nm Bohne f; ~ **vert/blanc** grüne/dicke Bohne.

harmonie [aʀmɔni] nf Harmonie f; (théorie) Harmonielehre f.

harmonieux, euse [aʀmɔnjø, øz] a harmonisch.

harmoniser [aʀmɔnize] vt aufeinander abstimmen; (MUS) harmonisieren.

***harnacher** ['aʀnaʃe] vt anschirren.

***harnais** ['aʀnɛ] nm Geschirr nt.

***harpe** ['aʀp(ə)] nf Harfe f.

***harponner** ['aʀpɔne] vt harpunieren; (fam) anhalten.

***hasard** ['azaʀ] nm Zufall m; **au ~** auf gut Glück, aufs Geratewohl;

~ zufällig; **à tout** ~ auf gut Glück.

*hasarder ['azarde] vt riskieren; **se ~ à faire qch** es riskieren, etw zu tun.

*hâte ['at] nf Eile f; **à la ~** hastig; **en ~ in aller Eile; avoir ~ de faire qch** es eilig haben, etw zu tun.

*hâter ['ate] vt beschleunigen; **se ~** sich beeilen.

*hâtif, ive ['atif, iv] a (travail) gepfuscht; (décision) übereilt, überstürzt; (AGR) frühreif.

*hausse ['os] nf (de prix, température) Anstieg m; (de salaires) Erhöhung f; (de fusil) Visier nt; **en ~** (prix) steigend; (température) ansteigend.

*hausser ['ose] vt erhöhen; (voix) erheben; **~ les épaules** mit den Achseln zucken; **se ~** vt: **se ~ sur la pointe des pieds** sich auf die Zehenspitzen stellen.

*haut, e ['o, 'ot] a hoch; (voix) laut // ad hoch // (partie supérieure) oberer Teil m; (sommet) Gipfel m; **de 2m/2m de haut** 2m hoch; **en ~e montagne** im Hochgebirge; **en ~** lieu an höchster Stelle; **à ~e voix, tout ~** laut; **des ~s... von...herab; de ~ en bas** von oben nach unten; (regarder) von oben bis unten; **plus ~** höher; (position) weiter oben; (plus fort) lauter; **en ~** oben; (avec mouvement) nach oben; **en ~ de** (+akk); **~s les mains!** Hände hoch!; **des ~s et des bas** Höhen und Tiefen pl.

*hautain, e ['otɛ̃, ɛn] a hochmütig.

*hautbois ['obwa] nm Oboe f.

*haut-de-forme ['odfɔrm] nm Zylinder(hut) m.

*hauteur ['otœr] nf Höhe f; (arrogance) Hochmut m, Überheblichkeit f; **être à la ~ de la situation** der Lage gewachsen sein.

*haut-fond ['ofɔ̃] nm Untiefe f.

*haut-fourneau ['ofurno] nm Hochofen m.

*haut-le-cœur ['olkœr] nm inv Übelkeit f.

*haut-parleur ['oparlœr] nm Lautsprecher m.

*havre ['avr] nm (fig) Oase f.

*hayon ['ɛjɔ̃] nm (AUT) Hecktür f.

hebdomadaire [ɛbdɔmadɛr] a wöchentlich // nm (wöchentlich erscheinende) Zeitschrift f.

héberger [ebɛrʒe] vt bei sich aufnehmen.

hébété, e [ebete] a benommen, wie im Halbschlaf.

hébreu, x [ebrø] am hebräisch; **H~** m Hebräer m.

hécatombe [ekatɔ̃b] nf Blutbad nt.

hectare [ɛktar] nm Hektar nt.

hégémonie [eʒemɔni] nf Vorherrschaft f.

*hein ['ɛ̃, hɛ̃] excl (interrogation) was?; (sollicitant approbation) nicht wahr?

*hélas ['elas] ad leider // excl ach!

*héler ['ele] vt herbeirufen.

hélice ['elis] nf Schraube f, Propeller m.

hélicoptère [elikɔptɛr] nm Hubschrauber m.

héliport [elipɔr] nm Hubschrauberlandeplatz m.

helvétique [ɛlvetik] a helvetisch, schweizerisch.

hématome [ematɔm] nm Bluterguß m.

hémicycle [emisikl(ə)] nm Halbkreis m; (POL): **l'~ das Parlament.**

hémiplégie [emipleʒi] nf halbseitige Lähmung f.

hémisphère [emisfɛr] nm: **~ nord/sud** nördliche/südliche Hemisphäre f.

hémophilie [emɔfili] nf Bluterkrankheit f.

hémorragie [emɔraʒi] nf starke Blutung f; **~ cérébrale** Gehirnblutung f.

hémorroïdes [emɔrɔid] nfpl Hämorrhoiden pl.

*hennir ['enir] vi wiehern.

hépatique [epatik] a Leber-.

herbe [ɛrb] nf Gras nt; (MED) (Heil)kraut nt; (CULIN) (Gewürz)kraut nt.

herbicide [ɛrbisid] nm Unkrautvernichtungsmittel nt.

herbier [ɛrbje] nm Herbarium nt.

herbivore [ɛrbivɔr] a pflanzenfressend.

herboriste [ɛrbɔrist(ə)] *nm/f* Heilmittelhändler(in *f*) *m*.

*here [ˈɛr] *nm*: **un pauvre ~** ein armer Teufel *m*.

héréditaire [erediter] *a* erblich.

hérédité [eredite] *nf (BIO)* Vererbung *f*; (: *caractères*) Erbgut *nt*.

hérésie [erezi] *nf* Ketzerei *f*.

hérétique [eretik] *nm/f* Ketzer(in *f*) *m*.

*hérissé, e [ˈerise] *a* (hirsute) borstig, struppig; **~ de** voll von, gespickt mit.

*hérisser [ˈerise] *vt (personne)* aufbringen; **se ~** *vi (poils)* sich sträuben.

*hérisson [ˈerisɔ̃] *nm* Igel *m*.

héritage [eritaʒ] *nm* Erbe *nt*, Erbschaft *f*.

hériter [erite] *vt, vi* erben; **~ de qch** etw erben.

héritier, ière [eritje, jɛr] *nm/f* Erbe *m*, Erbin *f*.

hermétique [ermetik] *a* hermetisch; (*visage*) verschlossen, starr.

hermine [ermin] *nf* Hermelin *nt*.

*hernie [ˈerni] *nf* (Eingeweide)bruch *m*.

héroïne [erɔin] *nf* Heldin *f*; (*drogue*) Heroin *nt*.

héroïque [erɔik] *a* heroisch, heldenhaft.

*héron [ˈerɔ̃] *nm* Reiher *m*.

*héros [ˈero] *nm* Held *m*.

*herse [ˈers(ə)] *nf (AGR)* Egge *f*; (*grille*) Fallgitter *nt*.

hésitation [ezitɑsjɔ̃] *nf* Zögern *nt*.

hésiter [ezite] *vi* zögern.

hétéroclite [eterɔklit] *a (ensemble)* eigenartig, heterogen; (*objets*) zusammengestückelt.

*hêtre [ˈɛtr(ə)] *nm* Buche *f*.

heure [œr] *nf* Stunde *f*; (*point précis du jour*) Uhr *f*; **quelle ~ est-il?** wieviel Uhr ist es?; **il est deux ~s et demie/moins le quart** es ist halb drei/viertel vor zwei; **à toute ~** jederzeit; **être à l'~** pünktlich ankommen; (*montre*) richtig gehen; **mettre à l'~** stellen; **24 ~s sur 24** rund um die Uhr; **sur l'~** sofort;

une ~ d'arrêt eine Stunde Aufenthalt; **à l'~ actuelle** gegenwärtig; **~ locale/d'été** Orts-/Sommerzeit *f*; **~ de pointe** Hauptverkehrszeit *f*; **~s supplémentaires** Überstunden *pl*.

heureusement [œrøzmɑ̃] *ad (par bonheur)* glücklicherweise.

heureux, euse [œrø, øz] *a* glücklich.

*heurt [ˈœr] *nm (choc)* Zusammenstoß *m*; **~s** *nmpl (fig)* Reibereien *pl*.

*heurté, e [ˈœrte] *a* sprunghaft.

*heurter [ˈœrte] *vt* stoßen gegen; (*fig*) verletzen; **se ~ à** *vt* zusammenstoßen mit; (*fig: obstacle*) treffen auf (*+akk*); **se ~** *vt* zusammenstoßen.

*heurtoir [ˈœrtwar] *nm (de porte)* Türklopfer *m*.

hexagone [ɛgzagɔn] *nm* Sechseck *nt*.

hiberner [iberne] *vi* den Winterschlaf halten.

*hibou, x [ˈibu] *nm* Eule *f*.

*hideux, euse [ˈidø, øz] *a* abscheulich.

hier [jɛr] *ad* gestern.

*hiérarchie [ˈjerarʃi] *nf* Hierarchie *f*.

hilarité [ilarite] *nf* Heiterkeit *f*.

hippique [ipik] *a* Pferde-.

hippisme [ipism(ə)] *nm* Pferdesport *m*.

hippopotame [ipɔpɔtam] *nm* Nilpferd *nt*.

hirondelle [irɔ̃dɛl] *nf* Schwalbe *f*.

hirsute [irsyt] *a* strubbelig, struppig.

*hisser [ˈise] *vt* hissen; **se ~ sur qch** sich auf etw (*akk*) hochziehen.

histoire [istwar] *nf* Geschichte *f*; **~s** *nfpl (ennuis)* Ärger *m*, Schererein *pl (fam)*; **l'~ sainte** die biblische Geschichte.

historien, ne [istɔrjɛ̃, jɛn] *nm/f* Historiker(in *f*) *m*.

historique [istɔrik] *a* historisch.

hiver [iver] *nm*: **l'~** der Winter; **en ~** im Winter; (*fig*) **~nal, e, aux** *a* winterlich; **~ner** *vi* überwintern.

H.L.M. *sigle m* ou *f voir* **habitation**.

*hocher [ˈɔʃe] *vt*: **~ la tête** den Kopf

schütteln; *(accord)* mit dem Kopf nicken.

*hochet [ɔʃɛ] *nm* Rassel *f*.

*hockey [ɔkɛ] *nm*: ~ **(sur glace/ gazon)** (Eis-/Feld)hockey *nt*.

*hold-up [ɔldœp] *nm inv* Raubüberfall *m*.

*hollandais, e [ɔlɑ̃dɛ, ɛz] *a* holländisch; **H~, e** *nm/f* Holländer(in *f*).

*Hollande [ɔlɑ̃d] *nf*: **la ~** Holland *nt*.

*homard [ɔmaʀ] *nm* Hummer *m*.

homélie [ɔmeli] *nf* Predigt *f*.

homéopathique [ɔmeɔpatik] *a* homöopathisch.

homicide [ɔmisid] *nm (acte)* Totschlag *m*; ~ **involontaire** fahrlässige Tötung *f*.

hommage [ɔmaʒ] *nm* Huldigung *f*; ~s *nmpl*: **présenter ses ~ à** à qn jdm grüßen; **rendre ~ à** qn jdm huldigen.

homme [ɔm] *nm (humain)* Mensch *m*; *(mâle)* Mann *m*; ~ **d'État** Staatsmann *m*; ~ **d'affaires** Geschäftsmann *m*; ~ **des cavernes** Höhlenmensch *m*; ~ **de main** Handlanger *m*; ~ **de paille** Strohmann *m*; **l'~ de la rue** der Mann auf der Straße; ~**-grenouille** Froschmann *m*; ~**-sandwich** Plakatträger *m*.

homogène [ɔmɔʒɛn] *a* homogen.

homologue [ɔmɔlɔg] *nm/f* Gegenstück *nt*, Pendant *nt*.

homologué, e [ɔmɔlɔge] *a (SPORT)* offiziell anerkannt; *(tarif)* genehmigt.

homonyme [ɔmɔnim] *nm (LING)* Homonym *nt*; *(personne)* Namensbruder *m*.

homosexuel, le [ɔmɔsɛksɥɛl] *a* homosexuell // *nm/f* Homosexuelle(r) *m*, Lesbierin *f*.

*Hongrie [ɔ̃gʀi] *nf*: **la ~** Ungarn *nt*.

honnête [ɔnɛt] *a* ehrlich; *(suffisant)* zufriedenstellend, anständig *(fam)*; ~**ment** *ad* ehrlich.

honnêteté [ɔnɛtte] *nf* Ehrlichkeit *f*.

honneur [ɔnœʀ] *nm* Ehre *f*; **en l'~ de** zu Ehren von; **faire ~ à** qch *(engagements)* etw ehren; *(famille)* *(dat)* Ehre machen; *(repas)* etw

zu würdigen wissen.

honorable [ɔnɔʀabl(ə)] *a* ehrenhaft; *(suffisant)* zufriedenstellend, anständig *(fam)*.

honoraire [ɔnɔʀɛʀ] *a* ehrenamtlich; ~**s** *nmpl* Honorar *nt*; **professeur ~** emeritierter Professor.

honorer [ɔnɔʀe] *vt* ehren; *(COMM)* bezahlen; ~ **qn de** jdn beehren mit; **s'~ de** sich einer Sache *(gen)* rühmen.

honorifique [ɔnɔʀifik] *a* Ehren-.

*honte [ɔ̃t] *nf* Schande *f*; **avoir ~ de** sich schämen *(+gen)*; **faire ~ à** qn jdm Schande machen.

*honteux, euse [ɔ̃tø, øz] *a* schändlich; *(personne)* beschämt; **être ~** *(personne)* sich schämen.

hôpital, aux [ɔpital, o] *nm* Krankenhaus *nt*.

*hoquet [ɔkɛ] *nm* Schluckauf *m*.

*hoqueter [ɔkte] *vi* hicksen, einen Schluckauf haben.

horaire [ɔʀɛʀ] *a* stündlich // *nm* Programm *nt*, Zeitplan *m*; *(SCOL)* Stundenplan *m*; *(transports)* Fahrplan *m*; *(AVIAT)* Flugplan *m*.

horizon [ɔʀizɔ̃] *nm* Horizont *m*.

horizontal, e, aux [ɔʀizɔ̃tal, o] *a* horizontal; ~**e** *nf* Horizontale *f*.

horloge [ɔʀlɔʒ] *nf* Uhr *f*; **l'~ parlante** die Zeitansage.

horloger, ère [ɔʀlɔʒe, ɛʀ] *nm/f* Uhrmacher(in *f*) *m*.

horlogerie [ɔʀlɔʒʀi] *nf* Uhrenindustrie *f*; **pièces d'~** Uhrteile *pl*.

*hormis [ɔʀmi] *prep* außer *(+dat)*.

hormone [ɔʀmɔn] *nf* Hormon *nt*.

horoscope [ɔʀɔskɔp] *nm* Horoskop *nt*.

horreur [ɔʀœʀ] *nf* Abscheulichkeit *f*, Entsetzlichkeit *f*; *(épouvante)* Entsetzen *nt*; **quelle ~!** wie gräßlich!; **avoir ~ de** qch etw verabscheuen; **faire ~ à** qn jdn anwidern.

horrible [ɔʀibl(ə)] *a* fürchterlich, grauenhaft, schrecklich.

horrifier [ɔʀifje] *vt* entsetzen.

horripiler [ɔʀipile] *vt (fam)* zur Verzweiflung bringen.

*hors [ɔʀ] *prep* außer *(+dat)*; ~ **de**

außer (+dat), außerhalb (+gen); ~
pair außergewöhnlich; ~ **de
propos** unpassend; **être ~ de soi**
außer sich sein; ~ **d'usage** defekt;
~**bord** nm Außenbordmotor m;
~**concours** a außer Konkurrenz;
d'œuvre nm Hors d'œuvre nt;
~**jeu** nm Abseits nt; ~**la-loi** nm
Geächtete(r) m, Verbrecher m;
~**taxe** a zollfrei; ~**texte** nm Tafel
f.

horticulteur, trice [ɔrtikyltœr,
tris] nm/f Gärtner(in f) m.

horticulture [ɔrtikyltyr] nf Gartenbau m.

hospice [ɔspis] nm (asile) Heim nt; ~
de vieillards Altersheim nt.

hospitalier, ière [ɔspitalje, jɛr]
(accueillant) gastfreundlich; (MED)
Krankenhaus-.

hospitaliser [ɔspitalize] vt ins Krankenhaus einweisen.

hospitalité [ɔspitalite] nf Gastfreundlichkeit f.

hostile [ɔstil] a feindlich; **être ~ à
qch** gegen etw (+akk) sein.

hostilité [ɔstilite] nf Feindseligkeit f;
~**s** nfpl Feindseligkeiten pl.

hôte [ot] nm (maître de maison)
Gastgeber m; (invité) Gast m.

hôtel [otɛl] nm Hotel m; ~ **(particulier)** Villa f; ~ **de ville** Rathaus
nt.

hôtelier, ière [otəlje, jɛr] a Hotel-
// nm/f Hotelbesitzer(in f) m.

hôtellerie [otɛlri] nf (profession)
Hotelgewerbe nt; (auberge) Gasthaus nt.

hôtesse [otɛs] nf (maîtresse de
maison) Gastgeberin f; (d'accueil)
Hosteß f; ~ **de l'air** Stewardeß f.

hotte [ɔt] nf (panier) Rückentragekorb m; (de cheminée, d'aération)
Abzugshaube f.

houblon [ubl5] nm Hopfen m.

houille [uj] nf Kohle f; ~ **blanche**
Wasserkraft f.

houle [ul] nf Dünung f.

houlette [ulɛt] nf: **sous la ~ de**
unter der Führung von.

houleux, euse [ulø, øz] a (mer)
wogend, unruhig; (fig) erregt.

houspiller [uspije] vt
(aus)schimpfen.

housse [us] nf (de protection) Bezug
m.

houx [u] nm Stechpalme f.

hublot [yblo] nm Bullauge nt.

huche [yʃ] nf: ~ **à pain** Brotkasten
m.

huées [ɥe] nfpl Buhrufe pl.

huer [ɥe] vt ausbuhen.

huile [ɥil] nf Öl nt; ~ **d'arachide**
Erdnußöl nt; ~ **de foie de morue**
Lebertran m.

huiler [ɥile] vt ölen.

huis [ɥi] nm: **à ~ clos** unter Ausschluß der Öffentlichkeit.

huissier [ɥisje] nm Amtsdiener m;
(JUR) Gerichtsvollzieher m.

huit [ɥi(t)] num acht; **samedi en ~**
Samstag in acht Tagen.

huitaine [ɥiten] nf: **une ~ de
jours** ungefähr eine Woche.

huitième [ɥitjem] num acht(er, s).

huître [ɥitr(ə)] nf Auster f.

humain, e [ymɛ̃, ɛn] a menschlich;
l'être ~ der Mensch.

humanitaire [ymanitɛr] a humanitär.

humanité [ymanite] nf (genre
humain): **l'~** die Menschheit; (sensibilité) Menschlichkeit f.

humble [œbl(ə)] a bescheiden.

humecter [ymɛkte] vt befeuchten.

humer [yme] vt einatmen.

humérus [ymerys] nm Oberarmknochen m.

humeur [ymœr] nf (momentanée)
Stimmung f, Laune f; (tempérament)
Wesen nt; (irritation) Wut f; **être de
bonne/mauvaise** ~ gut/schlecht
gelaunt sein.

humide [ymid] a feucht; (route) naß;
(saison) regnerisch.

humidificateur [ymidifikatœr] nm
Verdunster m.

humidifier [ymidifje] vt befeuchten.

humidité [ymidite] nf Feuchtigkeit f.

humiliation [ymiljasjɔ̃] nf
Demütigung f.

humilier [ymilje] vt demütigen.

humilité [ymilite] nf Bescheidenheit

f, Demut f.

humoristique [ymɔristik] *a* humoristisch.

humour [ymur] *nm* Humor *m*.

*hurlement ['yrləmɑ̃] *nm* Heulen *nt; (humain)* Geschrei *nt*, Schrei *m*.

*hurler ['yrle] *vi* heulen; *(personne)* schreien; *(: brailler)* brüllen.

hurluberlu [yrlyberly] *nm* Spinner(in *f) m*.

*hutte ['yt] *nf* Hütte *f*.

hydratant, e [idratɑ̃, ɑ̃t] *a* Feuchtigkeits-.

hydrate [idrat] *nm:* **~s de carbone** Kohle(n)hydrate *pl*.

hydraulique [idrolik] *a* hydraulisch.

hydravion [idravjɔ̃] *nm* Wasserflugzeug *nt*.

hydrocarbure [idrokarbyr] *nm* Kohlenwasserstoff *m*.

hydrogène [idrɔʒɛn] *nm* Wasserstoff *m*.

hydroglisseur [idroglisœr] *nm* Gleitboot *nt*.

hygiène [iʒjɛn] *nf* Hygiene *f;* ~ **corporelle/intime** Körper-/Intimpflege *f*.

hygiénique [iʒjenik] *a* hygienisch.

hymne [imn(ə)] *nm* Hymne *f;* ~ **national** Nationalhymne *f*.

hypermétrope [ipermetrɔp] *a* weitsichtig.

hypertension [ipɛrtɑ̃sjɔ̃] *nf* hoher Blutdruck *m*.

hypnotique [ipnɔtik] *a* hypnotisch.

hypnotiser [ipnɔtize] *vt* hypnotisieren.

hypocrisie [ipɔkrizi] *nf* Heuchelei *f*.

hypocrite [ipɔkrit] *a* heuchlerisch // *nm/f* Heuchler(in *f) m*.

hypotension [ipɔtɑ̃sjɔ̃] *nf* niedriger Blutdruck *m*.

hypothèque [ipotɛk] *nf* Hypothek *f*.

hypothéquer [ipoteke] *vt* mit einer Hypothek belasten.

hypothèse [ipɔtɛz] *nf* Hypothese *f;* **dans l'~ où...** gesetzt den Fall, daß...

hypothétique [ipɔtetik] *a* hypothetisch.

hystérique [isterik] *a* hysterisch.

I

iceberg [isbɛrg] *nm* Eisberg *m*.

ici [isi] hier.

icône [ikon] *nf* Ikone *f*.

iconographie [ikonɔgrafi] *nf (ensemble d'images)* Illustrationen *pl*.

idéal, e, aux [ideal, o] *a* ideal // *nm (modèle)* Ideal *nt*.

idée [ide] *nf* Idee *f; (esprit):* **avoir dans l'~ que** das Gefühl haben, daß; **cela ne me viendrait même pas à l'~** das käme mir überhaupt nicht in den Sinn; ~**s** *nfpl (opinions)* Denkweise *f*, Vorstellungen *pl;* **l'~ que...** wenn ich daran denke, daß...; ~**s noires** schwarze Gedanken *pl*.

identifier [idɑ̃tifje] *vt (assimiler):* ~ **qch avec** ou **à qch** etw gleichsetzen mit etw; *(reconnaître)* identifizieren; **s'~ avec** ou **à qch/qn** sich mit etw/jdm identifizieren.

identique [idɑ̃tik] *a (semblable):* ~ **(à)** identisch (mit).

identité [idɑ̃tite] *nf (de vues, goûts)* Übereinstimmung *f; (d'une personne)* Identität *f*.

idéologie [ideɔlɔʒi] *nf* Ideologie *f*.

idiot, e [idjo, idjɔt] *a* idiotisch // *nm/f* Idiot *m*.

idiotie [idjosi] *nf (remarque)* Dummheit *f*.

idolâtrer [idɔlɑtre] *vt* vergöttern.

idole [idɔl] *nf (REL)* Götzenbild *nt; (fig)* Idol *nt*.

idylle [idil] *nf (amourette)* Idyll *nt*, Romanze *f*.

igloo [iglu] *nm* Iglu *m* ou *nt*.

ignare [iɲar] *a* ungebildet, unwissend.

ignifuge [iɲifyʒ] *a* feuerfest.

ignoble [iɲɔbl(ə)] *a* niederträchtig.

ignominie [iɲɔmini] *nf (déshonneur)* Schmach *f*, Schande *f; (action):* **une ~** eine entwürdigende Tat.

ignorance [iɲɔrɑ̃s] *nf* Unwissenheit *f*, Unkenntnis *f;* **tenir qn dans l'~ de qch** jdn in Unkenntnis über etw lassen.

ignorant, e [iɲɔrɑ̃, ɑ̃t] *a* unwissend // *nm/f* Ignorant *m*.

ignorer [iɲɔʀe] vt nicht kennen; (bouder: personne) ignorieren; **j'ignore comment/si...** ich weiß nicht wie/,ob... .

il [il] pron er, sie, es; pl sie (selon le genre du mot allemand); (tournure impers) es; ~ **pleut** es regnet; (interrogation: non traduit) **Pierre est-il arrivé?** ist Pierre angekommen?; voir aussi **avoir**.

île [il] nf Insel f.

illégal, e, aux [ilegal, o] a illegal.

illégalité [ilegalite] nf Illegalität f.

illégitime [ileʒitim] a (enfant) unehelich; (pouvoir) unrechtmäßig.

illettré, e [iletʀe] nm/f (analphabète) Analphabet(in) m.

illicite [ilisit] a verboten, illegal.

illimité, e [ilimite] a unbegrenzt.

illisible [ilizibl(ə)] a (indéchiffrable) unleserlich; (roman) nicht lesbar.

illumination [ilyminasjɔ̃] nf Beleuchtung f; (inspiration) Erleuchtung f.

illuminer [ilymine] vt beleuchten; (ciel) erhellen; **s'~** vi (visage, ciel) sich erhellen.

illusion [ilyzjɔ̃] nf (erreur de perception) Illusion f; (d'un prestidigitateur) Täuschung f; **se faire des ~s** sich (dat) Illusionen machen; **faire ~** täuschen, irreführen; **~ d'optique** optische Täuschung.

illusionniste [ilyzjɔnist(ə)] nm/f Zauberkünstler(in) m.

illustration [ilystʀasjɔ̃] nf (voir illustrer) Illustration f; Erläuterung f, Erklärung f; (figure) Illustration f.

illustre [ilystʀ(ə)] a berühmt.

illustré, e [ilystʀe] a illustriert // nm Illustrierte f.

illustrer [ilystʀe] vt illustrieren; **s'~** (se distinguer) sich hervortun.

îlot [ilo] nm (petite île) kleine Insel f; (bloc de maisons) Block m.

image [imaʒ] nf Bild nt; (dans un miroir, l'eau) Spiegelbild nt; (personne ressemblante) Ebenbild nt; (représentation) Darstellung f; **~ de marque** (fig) Image nt.

imaginaire [imaʒinɛʀ] a imaginär.

imaginatif, ive [imaʒinatif, iv] a phantasievoll.

imagination [imaʒinasjɔ̃] nf Phantasie f; (idée) Einbildung f.

imaginer [imaʒine] vt sich (dat) vorstellen; (inventer) sich (dat) ausdenken; **s'~** (se représenter) sich (dat) vorstellen; (croire): **s'~ que** glauben, daß; (supposer): **j'imagine qu'il plaisantait** ich nehme an, er hat Spaß gemacht.

imbattable [ɛ̃batabl(ə)] a unschlagbar.

imbécile [ɛ̃besil] a blödsinnig, dumm.

imberbe [ɛ̃bɛʀb(ə)] a bartlos.

imbiber [ɛ̃bibe] vt ~ **qch de** etw tränken mit; **s'~ de** sich vollsaugen mit; **imbibé d'eau** durchnäßt.

imbu, e [ɛ̃by] a: ~ **de** voll von.

imitateur, trice [imitatœʀ, tʀis] nm/f Nachahmer(in) m; (professionnel) Imitator m.

imitation [imitasjɔ̃] nf Imitation f, Nachahmung f; **un sac ~ cuir** eine Tasche aus Lederimitation.

imiter [imite] vt imitieren, nachmachen; (faire comme qn): **il se leva et je l'imitai** er erhob sich, und ich folgte seinem Beispiel; (contrefaire) fälschen.

immaculé, e [imakyle] a (nappe) tadellos; (linge) blütenweiß; (neige) jungfräulich.

immatriculation [imatʀikylasjɔ̃] nf Einschreibung f.

immatriculer [imatʀikyle] vt (étudiant) einschreiben; (voiture) anmelden; **se faire ~** sich einschreiben; **voiture immatriculée dans la Seine** ein Auto mit dem Kennzeichen von dem Departement der Seine.

immédiat, e [imedja, at] a unmittelbar // nm: **dans l'~** momentan.

immédiatement [imedjatmɑ̃] ad (aussitôt) sofort; (précéder, suivre) direkt, unmittelbar.

immense [imɑ̃s] a riesig; (fig) ungeheuer.

immergé, e [imɛʀʒe] a unter Wasser.

immerger [imɛrʒe] *vt* eintauchen; (*déchets*) versenken; **s'~** *vi* (*sous-marin*) tauchen.

immeuble [imœbl(ə)] *nm* (*bâtiment*) Gebäude *nt* // *a* (*JUR*) unbeweglich; **~ locatif** Wohnblock *m*.

immigrant, e [imigrã, ãt] *nm/f* Einwanderer *m*, Einwanderin *f*.

immigration [imigrasjɔ̃] *nf* Einwanderung *f*.

immigré, e [imigre] *nm/f* Immigrant(in *f*) *m*.

imminent, e [iminã, ãt] *a* unmittelbar; nahe bevorstehend.

immiscer [imise]: **s'~ dans** *vt* sich einmischen in +*akk*.

immobile [imɔbil] *a* bewegungslos; **rester/se tenir ~** sich nicht bewegen.

immobilier, ière [imɔbilje, jɛr] *a* (*JUR*) unbeweglich; (*COMM*) Immobilien-- // *nm*: **l'~ der** Immobilienhandel.

immobiliser [imɔbilize] *vt* bewegungsunfähig machen, lahmlegen; (*stopper*) anhalten; (*membre blessé*) stillegen; **s'~** stehenbleiben.

immodéré, e [imɔdere] *a* übermäßig, übertrieben.

immoler [imɔle] *vt* opfern.

immonde [imɔ̃d] *a* ekelhaft.

immondices [imɔ̃dis] *nmpl* (*ordures*) Müll *m*, Abfall *m*.

immoral, e, aux [imɔral, o] *a* unmoralisch.

immortaliser [imɔrtalize] *vt* verewigen.

immortel, le [imɔrtɛl] *a* unsterblich.

immuable [imɥabl(ə)] *a* unveränderlich.

immuniser [imynize] *vt* immunisieren.

immunité [imynite] *nf* Immunität *f*.

impact [ɛ̃pakt] *nm* (*effet*) (Aus)wirkung *f*; (*choc*): **point d'~** Aufprallstelle *f*.

impair, e [ɛ̃pɛr] *a* (*MATH*) ungerade // *nm* (*gaffe*) Schnitzer *m*, Fehler *m*.

impardonnable [ɛ̃pardɔnabl(ə)] *a* unverzeihlich; **vous êtes ~ d'avoir**

fait cela es ist unverzeihlich, daß Sie das getan haben.

imparfait, e [ɛ̃parfɛ, ɛt] *a* (*inachevé*) unvollkommen; (*défectueux*) mangelhaft // *nm* (*LING*) Imperfekt *nt*.

impartial, e, aux [ɛ̃parsjal, o] *a* unparteiisch, unvoreingenommen.

impartir [ɛ̃partir] *vt* gewähren (*à qn* jdm).

impasse [ɛ̃pas] *nf* Sackgasse *f*; **être dans une ~** (*négociations*) festgefahren sein.

impassible [ɛ̃pasibl(ə)] *a* gelassen.

impatience [ɛ̃pasjɑ̃s] *nf* Ungeduld *f*.

impatient, e [ɛ̃pasjɑ̃, ɑ̃t] *a* ungeduldig.

impatienter [ɛ̃pasjɑ̃te] *vt*: **s'~** ungeduldig werden.

impayable [ɛ̃pɛjabl(ə)] *a* (*fam*) köstlich, unbezahlbar.

impeccable [ɛ̃pekabl(ə)] *a* tadellos.

impénétrable [ɛ̃penetrabl(ə)] *a* (*forêt*) undurchdringlich; (*secret*) unergründlich.

impénitent, e [ɛ̃penitã, ãt] *a* unverbesserlich.

impensable [ɛ̃pɑ̃sabl(ə)] *a* (*inconcevable*) undenkbar; (*incroyable*) unglaublich.

impératif, ive [ɛ̃peratif, iv] *a* dringend // *nm* (*LING*): **l'~ der** Imperativ; (*prescription*) Voraussetzung *f*, Erfordernis *nt*.

impératrice [ɛ̃peratris] *nf* Kaiserin *f*.

imperceptible [ɛ̃persɛptibl(ə)] *a* nicht wahrnehmbar; kaum wahrnehmbar.

imperfection [ɛ̃pɛrfɛksjɔ̃] *nf* Unvollkommenheit *f*.

impérial, e, aux [ɛ̃perjal, o] *a* kaiserlich // *nf*: **autobus à ~e** Doppeldeckerbus *m*.

impérialisme [ɛ̃perjalism] *nm* Imperialismus *m*.

impérieux, euse [ɛ̃perjø, øz] *a* (*autoritaire*) herrisch, gebieterisch; (*pressant*) dringend.

impérissable [ɛ̃perisabl(ə)] *a* unvergänglich.

imperméable [ɛ̃pɛrmeabl(ə)] *a* (*GEO*) undurchlässig; (*toile, tissu*) wasserdicht // *nm* Regenmantel *m*.

impersonnel, le [ɛ̃pɛʀsɔnɛl] *a* unpersönlich.

impertinence [ɛ̃pɛʀtinɑ̃s] *nf* Unverschämtheit *f*.

impertinent, e [ɛ̃pɛʀtinɑ̃, ɑ̃t] *a* (*insolent*) unverschämt.

imperturbable [ɛ̃pɛʀtyʀbabl(ə)] *a* unerschütterlich.

impétueux, - euse [ɛ̃petɥø, øz] *a* (*fougueux*) feurig, ungestüm.

impie [ɛ̃pi] *a* gottlos.

impitoyable [ɛ̃pitwajabl(ə)] *a* erbarmungslos.

implacable [ɛ̃plakabl] *a* (*ennemi, juge*) unerbittlich; (*haine*) unversöhnlich.

implanter [ɛ̃plɑ̃te] *vt* (*usage, mode*) einführen; (*idée, préjugé*) einpflanzen; **s'~** *vi* sich niederlassen.

implicite [ɛ̃plisit] *a* implizit.

impliquer [ɛ̃plike] *vt*: **~ qn dans** jdn verwickeln in +*akk*; (*supposer*) erfordern.

implorer [ɛ̃plɔʀe] *vt* (*personne, dieu*) anflehen; (*qch*) bitten um.

impoli, e [ɛ̃pɔli] *a* unhöflich.

impolitesse [ɛ̃pɔlites] *nf* Unhöflichkeit *f*.

impopulaire [ɛ̃pɔpylɛʀ] *a* unbeliebt; (*POL*) unpopulär.

importance [ɛ̃pɔʀtɑ̃s] *nf* Wichtigkeit *f*, Bedeutung *f*; (*quantitative*) Beträchtlichkeit *f*; **sans ~** unbedeutend, unwichtig.

important, e [ɛ̃pɔʀtɑ̃, ɑ̃t] *a* wichtig, bedeutend; (*quantitativement*) bedeutend, beträchtlich; (*haine*) dünkelhaft, wichtigtuerisch // *nm*: **l'~ est que** das Wichtigste ist, daß.

importateur, trice [ɛ̃pɔʀtatœʀ, tʀis] *a* einführend, Import- // *nm/f* Importeur(in *f*) *m*; **pays ~ de blé** weizenimportierendes Land.

importation [ɛ̃pɔʀtɑsjɔ̃] *nf* Einfuhr *f*, Import *m*.

importer [ɛ̃pɔʀte] *vi* (*être important*) von Bedeutung sein // *vt* importieren; **il importe** de es ist wichtig, zu; **peu m'importe** es ist mir gleichgültig ou egal; **n'importe qui/quoi**

irgendwer, irgendwas; **jede(r), der/die/das erstbeste(r,s)**; **n'importe lequel/laquelle d'entre nous** irgendeine(r) von uns; **n'importe quel/quelle** irgendein(e); **n'importe où/quand** irgendwo(hin)/ irgendwann.

importun, e [ɛ̃pɔʀtœ̃, yn] *a* (*curiosité, présence*) aufdringlich; (*arrivée, visite*) ungelegen // *nm* Eindringling *m*.

importuner [ɛ̃pɔʀtyne] *vt* belästigen.

imposable [ɛ̃pozabl(ə)] *a* steuerpflichtig.

imposant, e [ɛ̃pozɑ̃, ɑ̃t] *a* beeindruckend.

imposer [ɛ̃poze] *vt* (*taxer*) besteuern; **~ qch à qn** jdm etw aufzwingen; **s'~** (*ne pouvoir être rejeté*) erforderlich sein; (*se faire reconnaître*) sich hervorheben; (*imposer sa présence*) sich aufdrängen; **en ~ à qn** auf jdn Eindruck machen.

imposition [ɛ̃pozisjɔ̃] *nf* (*taxation*) Besteuerung *f*.

impossibilité [ɛ̃posibilite] *nf*: **être dans l'~ de faire qch** nicht in der Lage sein, etw zu tun.

impossible [ɛ̃posibl(ə)] *a* unmöglich // *nm* **faire l'~** sein möglichstes tun; **il m'est ~ de...** es ist mir nicht möglich, zu...

imposteur [ɛ̃pɔstœʀ] *nm* Betrüger(in *f*) *m*.

impôt [ɛ̃po] *nm* Steuer *f*, Abgabe *f*; **payer 1.000 F d'~s** 1.000 F Steuern zahlen; **~ sur le revenu** Einkommensteuer *f*; **~ foncier** Grundsteuer *f*.

impotent, e [ɛ̃pɔtɑ̃, ɑ̃t] *a* behindert.

impraticable [ɛ̃pʀatikabl(ə)] *a* (*irréalisable*) nicht machbar; (*piste*) unpassierbar; nicht befahrbar.

imprécation [ɛ̃pʀekɑsjɔ̃] *nf* Verwünschung *f*.

imprécis, e [ɛ̃pʀesi, iz] *a* ungenau.

imprégner [ɛ̃pʀeɲe] *vt* (*de liquide*): **~ (de)** tränken (mit ou in +*dat*); (*lieu*) erfüllen (mit); (*paroles, idée*) durchziehen; **s'~ de qch** (*de liquide*) sich vollsaugen mit etw.

imprenable [ɛ̃prənabl(ə)] *a (inex-pugnable)* uneinnehmbar; **vue ~** freier Blick.

imprésario [ɛ̃presarjo] *nm* Impre-sario *m*.

impression [ɛ̃presjɔ̃] *nf (sensation)* Eindruck *m*; *(action d'imprimer)* Druck *m*; **faire bonne/mauvaise ~** einen guten/schlechten Eindruck machen; **avoir l'~ que** das Gefühl ou den Eindruck haben, daß.

impressionnant, e [ɛ̃presjɔnɑ̃, ɑ̃t] *a* beeindruckend, eindrucksvoll.

impressionner [ɛ̃presjɔne] *vt (émouvoir)* beeindrucken; *(PHOT)* belichten.

imprévisible [ɛ̃previzibl(ə)] *a* unvorhersehbar.

imprévoyant, e [ɛ̃prevwajɑ̃, ɑ̃t] *a* sorglos.

imprévu, e [ɛ̃prevy] *a* unvor-hergesehen, unerwartet // *nm*: unvor-hergesehenes Ereignis; **en cas d'~** falls etwas dazwischenkommt.

imprimé [ɛ̃prime] *nm (formulaire)* Formular *m*; *(poste)* Drucksache *f*.

imprimer [ɛ̃prime] *vt* drucken; *(papier, tissu)* bedrucken; *(empreinte)* hinterlassen; *(publier)* veröffentlichen; *(mouvement, impulsion)* übermitteln.

imprimerie [ɛ̃primri] *nf (technique)* Drucken *nt*, Druck *m*; *(établissement)* Druckerei *f*.

imprimeur [ɛ̃primœr] *nm* Drucker *m*.

improductif, ive [ɛ̃prɔdyktif, iv] *a (capital)* nicht gewinnbringend; *(travail, personne)* unproduktiv; *(terre)* unfruchtbar.

impromptu, e [ɛ̃prɔ̃pty] *a* improvisiert.

impropre [ɛ̃prɔpr(ə)] *a (incorrect)* falsch; **~ à** ungeeignet für.

improviser [ɛ̃prɔvize] *vt, vi* improvisieren; **on l'avait improvisé cuisinier** er fungierte als Koch.

improviste [ɛ̃prɔvist(ə)]: **à l'~** *ad* unerwartet.

imprudence [ɛ̃prydɑ̃s] *nf* Leicht-

sinnigkeit *f*; *(d'une personne)* Leichtsinn *m*.

imprudent, e [ɛ̃prydɑ̃, ɑ̃t] *a* leichtsinnig; *(remarque)* unklug; *(projet)* tollkühn.

impudent, e [ɛ̃pydɑ̃, ɑ̃t] *a* unverschämt.

impudique [ɛ̃pydik] *a* schamlos.

impuissant, e [ɛ̃pɥisɑ̃, ɑ̃t] *a (désarmé)* hilflos, schwach; *(sans effet)* ineffektiv; *(sexuellement)* impotent; **~ à faire qch** außerstande, etw zu tun.

impulsif, ive [ɛ̃pylsif, iv] *a* impulsiv.

impulsion [ɛ̃pylsjɔ̃] *nf (PHYS)* Antrieb *m*; *(animation)*: **~ donnée aux affaires/au commerce** wirtschaftlicher Auftrieb *m*.

impunément [ɛ̃pynemɑ̃] *ad* ungestraft.

impur, e [ɛ̃pyr] *a* unrein, verunreinigt; *(impudique)* unzüchtig.

impureté [ɛ̃pyrte] *nf (saleté)* Unreinheit *f*.

imputer [ɛ̃pyte] *vt (attribuer)*: **~ qch à qn/qch** etw jdm/etw zuschreiben; *(COMM)*: **~ à** verrechnen mit.

inaccessible [inaksesibl(ə)] *a (endroit)*: **~ (à)** unerreichbar (für); *(à insensible)* unberührt von.

inaccoutumé, e [inakutyme] *a* ungewohnt.

inachevé, e [inaʃve] *a* unvollendet.

inactif, ive [inaktif, iv] *a (sans activité)* untätig; *(inefficace)* wirkungslos.

inaction [inaksjɔ̃] *nf* Untätigkeit *f*; *(pej)* Trägheit *f*.

inadapté, e [inadapte] *a (enfant)* verhaltensgestört; **~ à** nicht geeignet für.

inadmissible [inadmisibl(ə)] *a* unzulässig; nicht tragbar.

inadvertance [inadvertɑ̃s] *nf*: **par ~ ad** versehentlich.

inaliénable [inaljenabl(ə)] *a* unveräußerlich.

inaltérable [inalterabl(ə)] *a* beständig; *(fig)* unveränderlich; **~ à** nicht beeinträchtigt von; **couleur ~ (au lavage/à la lumière)** waschechte/

lichtechte Farbe f.

inamovible [inamɔvibl(ə)] *a* auf Lebenszeit.

inanimé, e [inanime] *a* leblos.

inanition [inanisjɔ̃] *nf* Erschöpfungszustand *m*.

inaperçu, e [inapɛrsy] *a*: **passer ~** unbemerkt bleiben.

inappréciable [inaprɛsjabl(ə)] *a* (*précieux*) unschätzbar; (*difficilement décelable*) kaum merklich.

inapte [inapt(ə)] *a*: **~ à qch/faire qch** unfähig zu etw/etw zu tun; (*MIL*) untauglich.

inattaquable [inatakabl(ə)] *a* (*MIL*: *poste*, *position*) uneinnehmbar; (*argument*, *preuve*) unwiderlegbar, unbestreitbar.

inattendu, e [inatɑ̃dy] *a* (*imprévu*) unerwartet; (*surprenant*) unvorhergesehen; (*inespéré*) unverhofft.

inattentif, ive [inatɑ̃tif, iv] *a* unaufmerksam; **~ à qch** ohne auf etw zu achten.

inattention [inatɑ̃sjɔ̃] *nf*: **une minute d'~** eine Minute der Unaufmerksamkeit; **faute/erreur d'~** Flüchtigkeitsfehler *m*.

inaugural, e, aux [inɔgyral, o] *a* Eröffnungs-; **discours ~** Antrittsrede f.

inauguration [inɔgyrasjɔ̃] *nf* Einweihung f, Einführung f.

inaugurer [inɔgyre] *vt* einweihen; (*nouvelle politique*) einführen.

inavouable [inavwabl(ə)] *a* unerhört.

inavoué, e [inavwe] *a* uneingestanden.

incalculable [ɛ̃kalkylabl(ə)] *a* unberechenbar; (*conséquences*) unabsehbar.

incandescence [ɛ̃kɑ̃desɑ̃s] *nf* Weißglut f; **porter qch à ~** etw weißglühend brennen.

incantation [ɛ̃kɑ̃tasjɔ̃] *nf* Zauberspruch *m*.

incapable [ɛ̃kapabl(ə)] *a* unfähig; **être ~ de faire qch** unfähig ou nicht imstande sein, etw zu tun.

incapacité [ɛ̃kapasite] *nf* (*incompétence*) Unfähigkeit f; (*impossibilité*):

être dans l'~ de faire qch unfähig sein, etw zu tun; **~ de travail** Arbeitsunfähigkeit f.

incarcérer [ɛ̃karsere] *vt* einkerkern.

incarné, e [ɛ̃karne] *a*: **ongle ~** eingewachsener Nagel.

incarner [ɛ̃karne] *vt* (*représenter en soi*) verkörpern; (*THEAT*) darstellen; **s'~ dans** (*REL*) sich inkarnieren in (+*dat*).

incartade [ɛ̃kartad] *nf* (*écart de conduite*) Eskapade f.

incassable [ɛ̃kasabl(ə)] *a* (*verre*, *fil*) unzerbrechlich.

incendiaire [ɛ̃sɑ̃djɛr] *a* Brand-; (*propos*) aufwiegelnd // *nm/f* Brandstifter(in f) *m*.

incendie [ɛ̃sɑ̃di] *nm* Feuer *nt*, Brand *m*; **~ criminel** Brandstiftung f.

incendier [ɛ̃sɑ̃dje] *vt* (*mettre le feu à*) in Brand setzen; (*détruire*) abbrennen.

incertain, e [ɛ̃sɛrtɛ̃, ɛn] *a* (*indéterminé*) unbestimmt; (*temps*) unbeständig; (*origine*, *date*) ungewiß; (*personne*) unsicher, unschlüssig.

incertitude [ɛ̃sɛrtityd] *nf* Ungewißheit f.

incessamment [ɛ̃sɛsamɑ̃] *ad* (*bientôt*) in Kürze.

incessant, e [ɛ̃sɛsɑ̃, ɑ̃t] *a* unaufhörlich.

inceste [ɛ̃sɛst(ə)] *nm* Inzest *m*.

inchangé, e [ɛ̃ʃɑ̃ʒe] *a* unverändert.

incident [ɛ̃sidɑ̃] *nm* (*petit événement*) Ereignis *m*, Begebenheit f; (*petite difficulté*; *POL*) Zwischenfall *m*.

incinérateur [ɛ̃sineratœr] *nm* Müllverbrennungsanlage f.

incinérer [ɛ̃sinere] *vt* verbrennen.

incisif, ive [ɛ̃sizif, iv] *a* scharf, beißend // *nf* Schneidezahn *m*.

incision [ɛ̃sizjɔ̃] *nf* (*d'un arbre*) Schnitt *m*; (*MED*) Einschnitt *m*.

inciter [ɛ̃site] *vt*: **~ qn à qch/faire qch** jdn zu etw veranlassen/ veranlassen, etw zu tun.

inclinaison [ɛ̃klinɛzɔ̃] *nf* Neigung f.

inclination [ɛ̃klinasjɔ̃] *nf* Neigung f; **montrer de l'~ pour les sciences** wissenschaftliche Neigungen haben; ~ **de (la) tête** Kopfnicken *nt*.

incliner [ɛ̃kline] *vt* neigen; **s'~** (*se courber*) sich beugen; **s'~ devant qn/qch** (*rendre hommage*) sich vor jdm/etw verbeugen; **s'~ (devant qch)** (*céder*) sich (einer Sache) beugen; ~ **à** neigen zu.

inclure [ɛ̃klyʀ] *vt* einschließen; (*dans un envoi*) beilegen.

inclus, e [ɛ̃kly, yz] *a* (*dans un envoi*) beiliegend; (*frais, dépense*) inklusiv; **jusqu'au 10 mars** ~ bis einschließlich 10. März.

incoercible [ɛ̃kɔɛʀsibl(ə)] *a* nicht zu unterdrücken.

incognito [ɛ̃kɔɲito] *ad* inkognito.

incohérent, e [ɛ̃kɔeʀɑ̃, ɑ̃t] *a* (*discours, ouvrage*) unzusammenhängend; (*comportement*) inkonsequent.

incollable [ɛ̃kɔlabl(ə)] *a* (*fam*) nicht zu schlagen.

incolore [ɛ̃kɔlɔʀ] *a* farblos.

incomber [ɛ̃kɔbe] *vi*: ~ **à qn** jdm obliegen.

incombustible [ɛ̃kɔbystibl(ə)] *a* unbrennbar.

incommensurable [ɛ̃kɔmɑ̃syʀabl(ə)] *a* unermeßlich.

incommode [ɛ̃kɔmɔd] *a* unpraktisch; (*inconfortable*) unbequem.

incommoder [ɛ̃kɔmɔde] *vt* stören.

incomparable [ɛ̃kɔpaʀabl(ə)] *a* (*inégalable*) unvergleichlich.

incompatibilité [ɛ̃kɔpatibilite] *nf*: ~ **d'humeur** Unvereinbarkeit *f* der Charaktere.

incompatible [ɛ̃kɔpatibl(ə)] *a* (*inconciliable*) unvereinbar.

incompétent, e [ɛ̃kɔpetɑ̃, ɑ̃t] *a* inkompetent.

incomplet, ète [ɛ̃kɔplɛ, ɛt] *a* unvollkommen, unvollständig.

incompréhensible [ɛ̃kɔpʀeɑ̃sibl(ə)] *a* (*inintelligible*) unverständlich; (*mystérieux*) unbegreiflich.

incompréhensif, ive [ɛ̃kpʀeɑ̃sif, iv] *a* stur.

incompris, e [ɛ̃kɔpʀi, iz] *a* unverstanden; (*personne*) verkannt.

inconcevable [ɛ̃kɔsvabl(ə)] *a* (*incroyable*) unvorstellbar; (*comportement*) unfaßbar.

inconciliable [ɛ̃kɔsiljabl(ə)] *a* unvereinbar.

inconditionnel, le [ɛ̃kɔdisjɔnɛl] *a* bedingungslos.

inconduite [ɛ̃kɔdɥit] *nf* liederlicher Lebenswandel *m*.

inconfortable [ɛ̃kɔfɔʀtabl(ə)] *a* unbequem.

incongru, e [ɛ̃kɔgʀy] *a* unschicklich.

inconnu, e [ɛ̃kɔny] *a* unbekannt // *nm/f* (*étranger*) Fremde(r) *mf* // *nm*: **l'~** das Unbekannte // *nf* (*MATH*) Unbekannte *f*.

inconscience [ɛ̃kɔsjɑ̃s] *nf* (*physique*) Bewußtlosigkeit *f*; (*morale*) Gedankenlosigkeit *f*.

inconscient, e [ɛ̃kɔsjɑ̃, ɑ̃t] *a* (*évanoui*) bewußtlos; (*irréfléchi*) gedankenlos; (*qui échappe à la conscience*) unbewußt // *nm*: **l'~** das Unbewußte; ~ **de qch** sich (*gen*) einer Sache (*gen*) nicht bewußt.

inconsidéré, e [ɛ̃kɔsideʀe] *a* unüberlegt, unbedacht.

inconsistant, e [ɛ̃kɔsistɑ̃, ɑ̃t] *a* (*raisonnement*) nicht stichhaltig; (*crème, bouillie*) flüssig.

inconstant, e [ɛ̃kɔstɑ̃, ɑ̃t] *a* unbeständig, wankelmütig.

incontestable [ɛ̃kɔtɛstabl(ə)] *a* unbestreitbar.

incontinent, e [ɛ̃kɔtinɑ̃, ɑ̃t] *a* (*enfant, vessie*) unfähig, Harn zurückzuhalten.

inconvenant, e [ɛ̃kɔvnɑ̃, ɑ̃t] *a* unschicklich, unpassend.

inconvénient [ɛ̃kɔvenjɑ̃] *nm* Nachteil *m*; **si vous n'y voyez pas d'~** wenn Sie dagegen nichts einzuwenden haben.

incorporer [ɛ̃kɔʀpɔʀe] *vt*: ~ **(à)** (*CULIN*) verrühren (mit); (*insérer, joindre*) eingliedern (in +*akk*); (*MIL*) einziehen (zu).

incorrect, e [ɛ̃kɔʀɛkt] *a* falsch; (*inconvenant*) unangebracht, unpassend.

incorrigible [ɛ̃kɔʀiʒibl(ə)] *a* unverbesserlich.

incorruptible [ɛ̃kɔʀyptibl(ə)] *a* unbestechlich.

incrédule [ɛ̃kʀedyl] *a* skeptisch; (REL) ungläubig.

increvable [ɛ̃kʀəvabl(ə)] *a* (fam: infatigable) unermüdlich.

incriminer [ɛ̃kʀimine] *vt* (personne) belasten.

incroyable [ɛ̃kʀwajabl(ə)] *a* unglaublich.

incrustation [ɛ̃kʀystasjɔ̃] *nf* (ART) Einlegearbeit *f*; (dépôt) Belag *m*; (tartre) Kesselstein *m*.

incruster [ɛ̃kʀyste] *vt* (ART) einlegen; s'~ (invité) sich einnisten.

incubation [ɛ̃kybasjɔ̃] *nf* (MED) Inkubation *f*; (d'un œuf) Ausbrüten *nt*.

inculpation [ɛ̃kylpasjɔ̃] *nf* Anschuldigung *f*, Anklage *f*.

inculpé, e [ɛ̃kylpe] *nm/f* Angeklagte(r) *mf*.

inculper [ɛ̃kylpe] *vt*: ~ qn (de) gegen jdn Anklage erheben (wegen).

inculquer [ɛ̃kylke] *vt*: ~ qch à qn etw jdm einprägen.

inculte [ɛ̃kylt] *a* (en friche) unbebaut; (ignorant) ungebildet; (cheveux, barbe) zerzaust.

incurable [ɛ̃kyʀabl(ə)] *a* unheilbar.

incursion [ɛ̃kyʀsjɔ̃] *nf* (MIL) Einfall *m*.

Inde [ɛ̃d] *nf*: l'~ Indien *nt*.

indécent, e [ɛ̃desɑ̃, ɑ̃t] *a* unanständig, anstößig.

indécis, e [ɛ̃desi, iz] *a* (qui n'est pas décidé) nicht entschieden; (imprécis) angedeutet, vage; (personne) unentschlossen.

indécision [ɛ̃desizjɔ̃] *nf* Unentschlossenheit *f*.

indéfini, e [ɛ̃defini] *a* (imprécis) undefiniert; (illimité; LING) unbestimmt.

indéfiniment [ɛ̃definimɑ̃] *ad* unbegrenzt lange.

indélébile [ɛ̃delebil] *a* (marque, tache) nicht zu entfernen; (impression) unauslöschlich.

indélicat, e [ɛ̃delika, at] *a* (grossier) taktlos; (malhonnête) unredlich.

indemne [ɛ̃dɛmn(ə)] *a* unverletzt,

unversehrt.

indemniser [ɛ̃dɛmnize] *vt*: ~ qn de qch jdn für etw entschädigen.

indemnité [ɛ̃dɛmnite] *nf* (dédommagement) Entschädigung *f*; ~ de logement Wohnungsgeld *nt*; ~ de licenciement Abfindung *f*.

indéniable [ɛ̃denjabl(ə)] *a* unbestreitbar.

indépendamment [ɛ̃depɑ̃damɑ̃] *ad* unabhängig; ~ de qch (en plus) über etw hinaus.

indépendance [ɛ̃depɑ̃dɑ̃s] *nf* Unabhängigkeit *f*, Selbständigkeit *f*.

indépendant, e [ɛ̃depɑ̃dɑ̃, ɑ̃t] *a* unabhängig; (position, emploi, etc) selbständig; (entrée) separat.

indescriptible [ɛ̃dɛskʀiptibl(ə)] *a* unbeschreiblich.

indésirable [ɛ̃deziʀabl(ə)] *a* unerwünscht.

indéterminé, e [ɛ̃detɛʀmine] *a* (incertain) ungewiß; (imprécis) unbestimmt.

index [ɛ̃dɛks] *nm* (ANAT) Zeigefinger *m*; (d'un livre) Index *m*.

indexer [ɛ̃dɛkse] *vt* (ECON): ~ (sur) angleichen (+dat).

indicateur, trice [ɛ̃dikatœʀ, tʀis] *nm/f* (de la police) Informant *m*, Spitzel *m*; (livre): ~ des chemins de fer Kursbuch *nt*; (instrument): ~ de pression/de niveau Druckmesser *m*/Höhenmesser *m*.

indicatif [ɛ̃dikatif] *nm* (LING) Indikativ *m*; (RADIO) Erkennungsmelodie *f*; (TEL) Vorwahlnummer *f*// *a*: à titre ~ zur Information.

indication [ɛ̃dikasjɔ̃] *nf* Angabe *f*; (indice) Zeichen *nt*; (directive, mode d'emploi) Anweisung *f*; (renseignement) Auskunft *f*.

indice [ɛ̃dis] *nm* (marque, signe) Zeichen *nt*, Anzeichen *nt*; (JUR) Indiz *nt*; ~ d'octane Oktanzahl *f*; ~ des prix Preisindex *m*.

indicible [ɛ̃disibl(ə)] *a* unsagbar.

indien, ne [ɛ̃djɛ̃, jɛn] *a* (d'Amérique) indianisch; (de l'Inde) indisch; I~, ne *nm/f* Indianer(in *f*) *m*; Inder(in *f*) *m*.

indifféremment [ɛ̃difeʀamɑ̃] *ad* wahllos.

indifférence [ɛ̃diferɑ̃s] nf Gleich-
gültigkeit f.
indifférent, e [ɛ̃diferɑ̃, ɑ̃t] a
gleichgültig; (insensible) ungerührt; **il
est ~ à mes soucis/à l'argent**
meine Sorgen sind/Geld ist ihm
gleichgültig.
indigence [ɛ̃diʒɑ̃s] nf: **être/vivre
dans l'~** in Armut leben.
indigène [ɛ̃diʒɛn] a einheimisch //
nm/f Einheimische(r) mf.
indigeste [ɛ̃diʒɛst(ə)] a
unverdaulich.
indigestion [ɛ̃diʒɛstjɔ̃] nf Magen-
verstimmung f.
indignation [ɛ̃diɲasjɔ̃] nf Entrü-
stung f.
indigne [ɛ̃diɲ] a unwürdig; **~ de
qch** einer Sache (gen) nicht würdig.
indigner [ɛ̃diɲe] vt aufbringen,
entrüsten; **s'~ (de qch/contre qn)**
(über etw/jdn) aufregen.
indiqué, e [ɛ̃dike] a (adéquat)
angemessen; **ce n'est pas très ~**
das ist nicht sehr ratsam.
indiquer [ɛ̃dike] vt zeigen; (pendule)
anzeigen; (recommander) empfehlen;
(signaler) mitteilen; **~ qch du doigt**
mit dem Finger auf etw zeigen.
indirect, e [ɛ̃dirɛkt] a indirekt.
indiscipline [ɛ̃disiplin] nf Diszi-
plinlosigkeit f.
indiscret, ète [ɛ̃diskrɛ, ɛt] a
indiskret.
indiscrétion [ɛ̃diskresjɔ̃] nf Indis-
kretion f.
indiscutable [ɛ̃diskytabl(ə)] a
unbestreitbar.
indispensable [ɛ̃dispɑ̃sabl(ə)] a
(essentiel) unerläßlich; (de première
nécessité) unbedingt erforderlich.
indisposé, e [ɛ̃dispoze] a unpäßlich.
indisposer [ɛ̃dispoze] vt: **~ qn**
(rendre malade) jdm nicht bekommen; (désobliger) jdn verärgern.
indistinct, e [ɛ̃distɛ̃(kt), ɛ̃kt(ə)] a
verschwommen; (bruit) schwach.
indistinctement [ɛ̃distɛ̃ktəmɑ̃] ad
undeutlich; (sans distinction): **tous
les Français ~** alle Franzosen
unterschiedslos.

individu [ɛ̃dividy] nm Individuum
nt.
individuel, le [ɛ̃dividɥɛl] a (distinct,
propre) individuell; (particulier, personnel) persönlich; (isolé) einzeln; **
chambre ~le** Einzelzimmer nt.
indocile [ɛ̃dɔsil] a widerspenstig.
indolent, e [ɛ̃dɔlɑ̃, ɑ̃t] a (apathique)
träge; (nonchalant) lässig.
indolore [ɛ̃dɔlɔr] a schmerzlos.
indomptable [ɛ̃dɔ̃tabl(ə)] a
unzähmbar; (fig) unbezähmbar.
indu, e [ɛ̃dy]: **à des heures ~es** zu
einer unchristlichen Zeit.
indubitable [ɛ̃dybitabl(ə)] a
unzweifelhaft.
induire [ɛ̃dɥir] vt: **~ qn en erreur**
jdn irreführen.
indulgent, e [ɛ̃dylʒɑ̃, ɑ̃t] a nachsichtig; (juge, jury) milde.
indûment [ɛ̃dymɑ̃] ad (à tort)
ungebührlich; ungerechtfertig-
terweise.
industrialiser [ɛ̃dystrijalize] vt
industrialisieren.
industrie [ɛ̃dystri] nf (ECON) Industrie f; **~ automobile/textile** Auto-/
Textilindustrie f.
industriel, le [ɛ̃dystrijɛl] a indus-
triell, Industrie- // nm Indu-
strielle(r) m.
inébranlable [inebrɑ̃labl(ə)] a
solid, fest; (stoïque) unerschütterlich.
inédit, e [inedi, it] a unveröffent-
licht; (nouveau) neuartig.
ineffable [inefabl(ə)] a unauslöschlich.
inefficace [inefikas] a wirkungslos;
(personne) wenig effizient.
inégal, e, aux [inegal, o] a ungleich,
unterschiedlich; (surface) uneben;
(rythme) unregelmäßig.
inégalable [inegalabl(ə)] a einzigartig.
inégalé, e [inegale] a unerreicht,
unübertroffen.
inégalité [inegalite] nf Ungleichheit
f, Unterschiedlichkeit f; Unebenheit
f; Unregelmäßigkeit f.
inéluctable [inelyktabl(ə)] a unaus-
weichlich.

inénarrable [inenaʀabl(ə)] *a* sehr komisch.

inepte [inɛpt(ə)] *a (stupide)* unsinnig; *(personne)* dumm.

ineptie [inɛpsi] *nf* Dummheit *f*.

inépuisable [inepɥizabl(ə)] *a* unerschöpflich.

inerte [inɛʀt(ə)] *a* unbeweglich; *(apathique)* apathisch; *(PHYS)* träge.

inestimable [inɛstimabl(ə)] *a* unschätzbar; *(service, bienfait)* unbezahlbar.

inévitable [inevitabl(ə)] *a* unvermeidbar, zwangsläufig.

inexact, e [inɛgza(kt), akt(ə)] *a (peu exact)* ungenau; *(faux)* falsch; *(non ponctuel)* unpünktlich.

inexcusable [inɛkskyzabl(ə)] *a* unverzeihlich.

inexorable [inɛgzɔʀabl(ə)] *a* unerbittlich.

inexpérimenté, e [inɛksperimɑ̃te] *a* ungeübt.

inexplicable [inɛksplikabl(ə)] *a* unerklärlich.

inexpressif, ive [inɛkspresif, iv] *a (mot, style)* nichtssagend; *(regard, visage)* ausdruckslos.

inexprimable [inɛkspʀimabl(ə)] *a* unbeschreiblich.

in extenso [inɛkstɛ̃so] *ad* ganz, vollständig.

in extremis [inɛkstʀemis] *a, ad (à l'article de la mort)* auf dem Sterbebett; *(fig)* in letzter Minute.

inextricable [inɛkstʀikabl(ə)] *a* unentwirrbar; *(fig)* verwickelt.

infaillible [ɛ̃fajibl(ə)] *a* unfehlbar.

infâme [ɛ̃fam] *a* niederträchtig, gemein; *(odeur, logis)* übel.

infanterie [ɛ̃fɑ̃tʀi] *nf* Infanterie *f*.

infanticide [ɛ̃fɑ̃tisid] *nm/f* Kindesmörder(in *f*) *m // nm (meurtre)* Kindesmord *m*.

infantile [ɛ̃fɑ̃til] *a* kindisch, infantil; **maladie** ~ Kinderkrankheit *f*.

infarctus [ɛ̃faʀktys] *nm*: ~ **(du myocarde)** Herzinfarkt *m*.

infatigable [ɛ̃fatigabl(ə)] *a* unermüdlich.

infect, e [ɛ̃fɛkt, ɛkt(ə)] *a* übel, ekelhaft.

infecter [ɛ̃fɛkte] *vt (atmosphère, eau)* verunreinigen; *(MED)* infizieren; **s'**~ sich entzünden.

infectieux, euse [ɛ̃fɛksjø, øz] *a* ansteckend, infektiös.

infection [ɛ̃fɛksjɔ̃] *nf* Infektion *f*.

inférer [ɛ̃feʀe] *vt* schließen.

inférieur, e [ɛ̃feʀjœʀ] *a* Unter-, untere(r, s); *(qualité)* minderwertig; *(nombre)* niedriger; *(intelligence, esprit)* geringer; ~ **à** kleiner als; *(moins bien que)* schlechter als.

infériorité [ɛ̃feʀjɔʀite] *nf* Minderwertigkeit; ~ **en nombre** zahlenmäßige Unterlegenheit.

infernal, e, aux [ɛ̃fɛʀnal, o] *a* höllisch; *(méchanceté, machination)* teuflisch.

infester [ɛ̃fɛste] *vt (ravager)* heimsuchen; *(envahir)* herfallen über +*akk*.

infidèle [ɛ̃fidɛl] *a* untreu.

infidélité [ɛ̃fidelite] *nf* Untreue *f*.

infiltrer [ɛ̃filtʀe]: **s'**~ *vi (liquide)* (hin)einsickern; *(personne, idées)* sich einschleichen.

infime [ɛ̃fim] *a* niedrigste(r, s); *(minuscule)* winzig.

infini, e [ɛ̃fini] *a* unendlich; *(extrême)* grenzenlos // **à l'**~ Unendlichkeit *f*; **à l'**~ *(MATH)* bis ins Unendliche; *(discourir)* endlos; *(agrandir, varier)* unendlich.

infiniment [ɛ̃finimɑ̃] *ad (sans bornes)* grenzenlos; *(beaucoup)* ungeheuer; *(MATH)*: ~ **grand/petit** unendlich groß/klein.

infinité [ɛ̃finite] *nf (quantité infinie)*: **une** ~ **de** eine unendliche Anzahl von.

infinitif [ɛ̃finitif] *nm* Infinitiv *m*.

infirme [ɛ̃fiʀm] *a* behindert // *nm/f* Behinderte(r) *m/f*; ~ **de guerre** Kriegsversehrte(r) *m*.

infirmer [ɛ̃fiʀme] *vt* entkräften.

infirmerie [ɛ̃fiʀmǝʀi] *nf* Krankenrevier *nt*.

infirmier, ière [ɛ̃fiʀmje, jɛʀ] *nm/f* Krankenpfleger *m*, Krankenschwester *f*.

infirmité [ɛ̃fiʀmite] *nf* Behinderung *f*.

inflammable [ɛ̃flamabl(ə)] *a* entzündbar.

inflammation [ɛ̃flamɑsjɔ̃] *nf* Entzündung *f*.

inflation [ɛ̃flɑsjɔ̃] *nf* Inflation *f*.

inflexible [ɛ̃flɛksibl(ə)] *a* unbeugsam, unerbittlich.

inflexion [ɛ̃flɛksjɔ̃] *nf (de la voix)* Tonfall *m; (mouvement):* ~ **de la tête** Kopfbeugen *nt*, Kopfnicken *nt*.

infliger [ɛ̃fliʒe] *vt* verhängen, auferlegen.

influençable [ɛ̃flyɑ̃sabl(ə)] *a* beeinflußbar.

influence [ɛ̃flyɑ̃s] *nf* Einfluß *m*.

influencer [ɛ̃flyɑ̃se] *vt* beeinflussen.

influent, e [ɛ̃flyɑ̃, ɑ̃t] *a* einflußreich.

informaticien, ne [ɛ̃fɔrmatisjɛ̃, jɛn] *nm/f* Informatiker(in *f*) *m*.

information [ɛ̃fɔrmasjɔ̃] *nf (renseignement)* Auskunft *f; (nouvelle):* **~s politiques/sportives** politische Nachrichten/Sportnachrichten *pl;* **agence d'~** Nachrichtenagentur *f*.

informatique [ɛ̃fɔrmatik] *f (techniques)* Datenverarbeitung *f; (science)* Informatik *f*.

informe [ɛ̃fɔrm(ə)] *a* formlos; *(ébauché)* grob.

informer [ɛ̃fɔrme] *vt* informieren *(de* über *+akk) // vi (JUR):* ~ **contre qn/sur qch** Ermittlungen einleiten gegen jdn/über etw; **s'~** sich informieren, sich erkundigen.

infortune [ɛ̃fɔrtyn] *nf* Pech *nt*, Mißgeschick *nt*.

infraction [ɛ̃fraksjɔ̃] *nf:* ~ **(à)** Verstoß *m* (gegen); **être en** ~ *(AUT)* gegen die Straßenverkehrsordnung verstoßen.

infranchissable [ɛ̃frɑ̃ʃisabl(ə)] *a* unüberwindlich.

infrarouge [ɛ̃fraruʒ] *a* infrarot.

infrastructure [ɛ̃frastryktyr] *f (fondation)* Unterbau *m; (AVIAT)* Bodenanlagen *pl; (ECON, MIL)* Infrastruktur *f*.

infructueux, euse [ɛ̃fryktɥø, øz] *a* unfruchtbar.

infuser [ɛ̃fyze] *vt (gén:* **faire ~)** ziehen lassen.

infusion [ɛ̃fyzjɔ̃] *nf (tisane)* Kräuter-

tee *m*.

ingénier [ɛ̃ʒenje]: **s'~** *vi:* **s'~ à faire qch** bemüht sein, etw zu tun.

ingénieur [ɛ̃ʒenjœr] *nm* Ingenieur *m;* ~ **agronome/chimiste** Agronom *m*/chemischer Ingenieur; ~ **du son** Toningenieur *m*.

ingénieux, euse [ɛ̃ʒenjø, øz] *a* genial; *(personne)* erfinderisch.

ingénu, e [ɛ̃ʒeny] *a* naiv.

ingérer [ɛ̃ʒere]: **s'~ dans** *vt* sich einmischen in *+akk*.

ingrat, e [ɛ̃gra, at] *a* undankbar; *(terre)* unfruchtbar.

ingrédient [ɛ̃gredjɑ̃] *nm (CULIN)* Zutat *f; (d'un médicament)* Bestandteil *m*.

inguérissable [ɛ̃geRisabl(ə)] *a* unheilbar.

ingurgiter [ɛ̃gyrʒite] *vt* herunterschlingen.

inhabile [inabil] *a* ungeschickt.

inhabitable [inabitabl(ə)] *a* unbewohnbar.

inhalation [inalasjɔ̃] *nf* Inhalation *f;* **faire une/des ~(s) de qch** etw inhalieren.

inhérent, e [inerɑ̃, ɑ̃t] *a:* ~ **à** innewohnend *(+dat),* inhärent *(+dat)*.

inhibition [inibisjɔ̃] *nf* Hemmung *f*.

inhumain, e [inymɛ̃, ɛn] *a* unmenschlich.

inhumer [inyme] *vt* bestatten.

inimitié [inimitje] *nf* Feindschaft *f*.

iniquité [inikite] *nf* Ungerechtigkeit *f*.

initial, e, aux [inisjal, o] *a* anfänglich; *(qui commence un mot)* Anfangs-.

initiateur, trice [inisjatœr, tris] *nm/f* Initiator(in *f*) *m;* **l'~ d'une mode/technique** jd, der eine Mode/ Technik einführt.

initiative [inisjativ] *nf* Initiative *f;* **prendre l'~ de faire qch** die Initiative ergreifen, etw zu tun.

initier [inisje] *vt (REL)* feierlich aufnehmen; *(instruire)* einweihen *(à* in *+akk);* **s'~ à qch** etw *(akk)* erlernen.

injecté, e [ɛ̃ʒekte] *a:* **yeux ~s de sang** blutunterlaufene Augen

injecter [ɛ̃ʒɛkte] vt einspritzen.

injection [ɛ̃ʒɛksjɔ̃] nf (MED): ~ **intraveineuse/sous-cutanée** intraveinöse/subkutane Injektion f; (ECON): ~ **de capitaux** Finanzspritze f; **à** ~ a (TECH) Einspritz-.

injonction [ɛ̃ʒɔ̃ksjɔ̃] nf Anordnung f.

injure [ɛ̃ʒyʀ] nf (insulte) Schimpfwort nt; (JUR) Beleidigung f.

injurier [ɛ̃ʒyʀje] vt beschimpfen.

injurieux, euse [ɛ̃ʒyʀjø, øz] a beleidigend.

injuste [ɛ̃ʒyst(ə)] a ungerecht.

injustice [ɛ̃ʒystis] nf Ungerechtigkeit f; (acte injuste) Unrecht nt.

inlassable [ɛ̃lasabl(ə)] a unermüdlich.

inné, e [ine] a angeboren.

innocent, e [inɔsɑ̃, ɑ̃t] a unschuldig; ~ **de qch** einer Sache nicht schuldig // innocent Unschuldige(r) mf.

innocenter [inɔsɑ̃te] vt: ~ **qn** jds Unschuld beweisen.

innombrable [inɔ̃bʀabl(ə)] a unzählige.

innommable [inɔmabl(ə)] a unbeschreiblich.

innover [inɔve] vi Neuerungen einführen.

inoccupé, e [inɔkype] a (logement) unbewohnt, leerstehend; (siège) nicht besetzt; (désœuvré) untätig.

inoculer [inɔkyle] vt einimpfen.

inodore [inɔdɔʀ] a geruchlos.

inoffensif, ive [inɔfɑ̃sif, iv] a harmlos.

inondation [inɔ̃dasjɔ̃] nf Überschwemmung f; (fig) Flut f.

inonder [inɔ̃de] vt überschwemmen; (envahir) strömen in (+akk).

inopérant, e [inɔpeʀɑ̃, ɑ̃t] a wirkungslos.

inopiné, e [inɔpine] a unerwartet.

inopportun, e [inɔpɔʀtœ̃, yn] a ungelegen.

inoubliable [inublijabl(ə)] a unvergeßlich.

inouï, e [inwi] a einmalig, unglaublich.

inoxydable [inɔksidabl(ə)] a rostfrei.

inqualifiable [ɛ̃kalifjabl(ə)] a unbeschreiblich, abscheulich.

inquiet, ète [ɛ̃kjɛ, ɛt] a unruhig, besorgt.

inquiétant, e [ɛ̃kjetɑ̃, ɑ̃t] a beunruhigend; (sinistre) finster.

inquiéter [ɛ̃kjete] vt beunruhigen, Sorgen machen (+dat); (suj: police) schikanieren; **s'~ (de)** sich (um etw) Sorgen ou Gedanken machen.

inquiétude [ɛ̃kjetyd] nf Besorgnis f; **avoir des ~s au sujet de** besorgt sein wegen.

insaisissable [ɛ̃sezisabl(ə)] a (fugitif) flüchtig; (nuance) schwer faßbar.

insalubre [ɛ̃salybʀ(ə)] a ungesund.

insanité [ɛ̃sanite] nf Wahnsinn m.

insatiable [ɛ̃sasjabl(ə)] a (fig) unersättlich.

insatisfait, e [ɛ̃satisfɛ, ɛt] a unzufrieden; (désir) unbefriedigt.

inscription [ɛ̃skʀipsjɔ̃] nf (sur mur, écriteau) Aufschrift f; Inschrift f; (immatriculation) Immatrikulation f, Anmeldung f.

inscrire [ɛ̃skʀiʀ] vt (noter) aufschreiben; (graver) einmeißeln; (dépenses) aufnehmen (à in +akk); (personne) eintragen; (immatriculer) einschreiben; (à un examen, concours) anmelden (à für); ~ s' (à un club, parti) beitreten; (à l'université) sich immatrikulieren; (à un examen, concours) sich anmelden (à für); **s'~ en faux contre qch** etw anfechten ou in Frage stellen.

insecte [ɛ̃sɛkt(ə)] nm Insekt nt.

insecticide [ɛ̃sɛktisid] nm Insektengift nt.

insémination [ɛ̃seminasjɔ̃] nf Befruchtung f; Besamung f.

insensé, e [ɛ̃sɑ̃se] a wahnsinnig, unsinnig.

insensibiliser [ɛ̃sɑ̃sibilize] vt betäuben.

insensible [ɛ̃sɑ̃sibl(ə)] a (nerf, membre) taub, empfindungslos; (personne: dur) gefühllos; (: indifférent): ~ **aux compliments/à la poésie** unempfänglich für Komplimente ohne Sinn für Dichtung; (impercep-

tible) nicht *ou* kaum wahrnehmbar; ~ **au froid/à la chaleur** gegen Kälte/Hitze unempfindlich.

inséparable [ɛ̃separabl(ə)] *a (personnes)* unzertrennlich; *(inhérent à):* ~ **de** fest verbunden mit.

insérer [ɛ̃sere] *vt (intercaler)* einlegen; *(dans un journal: texte, article)* bringen; *(: annonce)* aufgeben; **s'~ dans qch** *(fig)* im Rahmen von etw geschehen.

insidieux, euse [ɛ̃sidjø, øz] *a* heimtückisch.

insigne [ɛ̃siɲ] *nm (d'une dignité)* Merkmal *nt; (badge)* Abzeichen *nt // a* hervorragend.

insignifiant, e [ɛ̃siɲifjɑ̃, ɑ̃t] *a* unbedeutend; *(roman)* nichtssagend.

insinuation [ɛ̃sinyasjɔ̃] *nf* Anspielung *f*.

insinuer [ɛ̃sinɥe] *vt (suggérer):* **que voulez-vous** ~? was wollen Sie damit andeuten?; **s'~ dans** sich einschleichen in +*akk*.

insipide [ɛ̃sipid] *a* fade; *(fig)* nichtssagend, geistlos.

insistance [ɛ̃sistɑ̃s] *nf* Bestehen *nt*, Beharren *nt*.

insister [ɛ̃siste] *vi* bestehen, beharren *(sur qch auf etw);* ~ **sur qch** *(s'appesantir sur)* etw betonen.

insolation [ɛ̃sɔlasjɔ̃] *nf (MED)* Sonnenstich *m*.

insolence [ɛ̃sɔlɑ̃s] *nf* Unverschämtheit *f*.

insolent, e [ɛ̃sɔlɑ̃, ɑ̃t] *a* unverschämt, frech.

insolite [ɛ̃sɔlit] *a* ungewöhnlich; *(bizarre)* ausgefallen.

insoluble [ɛ̃sɔlybl(ə)] *a (problème)* unlösbar; *(substance)* unlöslich.

insolvable [ɛ̃sɔlvabl(ə)] *a* zahlungsunfähig.

insomnie [ɛ̃sɔmni] *nf* Schlaflosigkeit *f*.

insondable [ɛ̃sɔ̃dabl(ə)] *a* unergründlich.

insonoriser [ɛ̃sɔnɔrize] *vt* schalldicht machen.

insouciant, e [ɛ̃susjɑ̃, ɑ̃t] *a* sorglos, unbekümmert.

insoumis, e [ɛ̃sumi, iz] *a (caractère,*

enfant) widerspenstig, rebellisch; *(contrée, tribu)* unbezwungen.

insoupçonnable [ɛ̃supsɔnabl(ə)] *a* über jeden Verdacht erhaben.

insoupçonné, e [ɛ̃supsɔne] *a* ungeahnt, unvermutet.

insoutenable [ɛ̃sutnabl(ə)] *a (inadmissible)* unhaltbar; *(insupportable)* unerträglich.

inspecter [ɛ̃spɛkte] *vt* kontrollieren.

inspecteur, trice [ɛ̃spɛktœr, tris] *nm/f* Aufsichtsbeamte(r) *m*, -beamtin *f; (des assurances)* Inspektor(in *f*) *m;* ~ **(de police)** (Polizei)inspektor *m;* ~ **des finances** Steuerprüfer *m;* ~ **(de l'enseignement) primaire** Schulrat *m*, Schulrätin *f*.

inspection [ɛ̃spɛksjɔ̃] *nf (examen)* Kontrolle *f*, Prüfung *f*.

inspiration [ɛ̃spirasjɔ̃] *nf* Inspiration *f*, Eingebung *f; (divine)* Erleuchtung *f*.

inspirer [ɛ̃spire] *vt (prophète)* erleuchten; *(poète)* inspirieren; *(propos, acte)* beeinflussen // *vi (aspirer)* einatmen.

instable [ɛ̃stabl(ə)] *a* unbeständig; *(meuble)* wackelig.

installation [ɛ̃stalasjɔ̃] *nf (de l'électricité, du téléphone)* Installation *f*, Anschluß *m; (établissement)* Niederlassung *f; (logement)* Unterkunft *f;* ~**s** *nfpl (appareils):* ~**s électriques** elektrische Anlagen *pl; (équipement)* ~**s portuaires/industrielles** Hafenanlagen *pl*/Industrieanlage *f*.

installer [ɛ̃stale] *vt (loger)* unterbringen; *(asseoir)* setzen; *(coucher)* legen; *(chose)* stellen; *(rideaux etc)* anbringen; *(gaz, électricité, téléphone)* installieren, anschließen; *(appartement)* einrichten; *(fonctionnaire)* einsetzen; **s'~** *vi (s'établir)* sich niederlassen; *(se loger):* **s'~ chez qn** bei jdm wohnen; *(fig)* sich einnisten.

instamment [ɛ̃stamɑ̃] *ad* eindringlich.

instance [ɛ̃stɑ̃s] *nf (JUR) (procédure, procès)* Verfahren *nt; (autorité)*

Instanz f; **~s** nfpl (sollicitations) inständige Bitte f; **être en ~ de divorce** in Scheidung leben.

instant [ɛ̃stɑ̃] nm Moment m, Augenblick m; **dans un ~** gleich; **à l'~ où** in dem Moment, als; **à chaque ~, à tout ~** jederzeit; **pour l'~** im Augenblick; **de tous les ~s** a ständig, fortwährend.

instantané, e [ɛ̃stɑ̃tane] a (explosion, mort) unmittelbar, sofortig // (PHOT) Schnappschuß m, Momentaufnahme f.

instar [ɛ̃staʀ]: **à l'~ de** prep nach dem Beispiel von.

instaurer [ɛ̃stɔʀe] vt einführen.

instigateur, trice [ɛ̃stigatœʀ, tʀis] nm/f Initiator(in f) m, Anstifter(in f) m.

instigation [ɛ̃stigasjɔ̃] nf: **à l'~ de qn** auf jds Betreiben.

instinct [ɛ̃stɛ̃] nm Instinkt m; **d'~** instinktiv; **~ de conservation** Selbsterhaltungstrieb m.

instinctif, ive [ɛ̃stɛ̃ktif, iv] a instinktiv.

instituer [ɛ̃stitɥe] vt einführen.

institut [ɛ̃stity] nm Institut m; **~ de beauté** Schönheitssalon m; **I~ universitaire de technologie (IUT)** Technische Hochschule f.

instituteur, trice [ɛ̃stitytœʀ, tʀis] nm/f Volksschullehrer(in f) m.

institution [ɛ̃stitysjɔ̃] nf (personne, morale, groupement) Institution f, Einrichtung f; (école privée) Privatschule f; **~s** nfpl (formes, structures sociales) Institutionen pl.

instructif, ive [ɛ̃stʀyktif, iv] a instruktiv, aufschlußreich.

instruction [ɛ̃stʀyksjɔ̃] nf (enseignement) Unterricht m; Ausbildung f; (connaissances) Bildung f; (JUR) Ermittlungen pl; **~s** nfpl (directives) Anweisungen pl; (mode d'emploi) Gebrauchsanleitung f; **~ civique/religieuse** Staatsbürgerkunde f/ Religionsunterricht m.

instruire [ɛ̃stʀɥiʀ] vt (enseigner) unterrichten, lehren; (JUR) ermitteln in (+dat); **s'~** sich bilden; **~ qn de qch** (informer) jdn über etw (akk) informieren.

instruit, e [ɛ̃stʀɥi, it] a gebildet.

instrument [ɛ̃stʀymɑ̃] nm Instrument nt; **~ de mesure** Meßinstrument nt; **~ de travail** Arbeitsmaterial nt; **~ de musique** Musikinstrument nt; **~ à vent/à percussion** Blas-/Schlaginstrument nt.

insu [ɛ̃sy] nm: **à l'~ de qn** ohne jds Wissen.

insubmersible [ɛ̃sybmɛʀsibl(ə)] a unsinkbar.

insubordination [ɛ̃sybɔʀdinasjɔ̃] nf (d'un élève) Aufsässigkeit f; (MIL) Gehorsamsverweigerung f.

insuccès [ɛ̃syksɛ] nm Mißerfolg m.

insuffisance [ɛ̃syfizɑ̃s] nf unzureichende Menge; Unzulänglichkeit f; **~s** nfpl (déficiencies) Unzulänglichkeiten pl, Mängel pl; **~ cardiaque** Herzinsuffizienz f; Herzschwäche f.

insuffisant, e [ɛ̃syfizɑ̃, ɑ̃t] a (en nombre) ungenügend, nicht genügend; (en qualité) unzulänglich, mangelhaft.

insuffler [ɛ̃syfle] vt einblasen.

insulaire [ɛ̃sylɛʀ] a Insel-.

insulte [ɛ̃sylt(ə)] nf (injure) Beleidigung f.

insulter [ɛ̃sylte] vt (injurier) beleidigen, beschimpfen.

insupportable [ɛ̃sypɔʀtabl(ə)] a unerträglich.

insurgé, e [ɛ̃syʀʒe] nm/f Aufständische(r) mf.

insurger [ɛ̃syʀʒe]: **s'~** vi: **s'~ contre** sich auflehnen gegen.

insurmontable [ɛ̃syʀmɔ̃tabl(ə)] a unüberwindlich.

insurrection [ɛ̃syʀɛksjɔ̃] nf Aufstand m.

intact, e [ɛ̃takt, akt(ə)] a unversehrt, intakt.

intangible [ɛ̃tɑ̃ʒibl(ə)] a (impalpable) nicht greifbar; (inviolable) unantastbar.

intarissable [ɛ̃taʀisabl(ə)] a unerschöpflich.

intégral, e, aux [ɛ̃tegʀal, o] a vollständig.

intégrant, e [ētegʀɑ̃, ɑ̃t]: **faire partie** ~ **de qch** ein fester Bestandteil von etw sein.

intègre [ētegʀ(ǝ)] a aufrecht, rechtschaffen.

intégrer [ētegʀe] vt integrieren; **s'~ dans qch** sich in etw (akk) eingliedern.

intégrité [ētegʀite] nf Integrität f.

intellectuel, le [ētelektɥel] a intellektuell // nm/f Intellektuelle(r) mf.

intelligence [ēteliʒɑ̃s] nf Intelligenz f; (jugement) Verstand m; (accord): **vivre en bonne** ~ **avec qn** gut mit jdm auskommen.

intelligent, e [ēteliʒɑ̃, ɑ̃t] a intelligent, gescheit.

intelligible [ēteliʒibl(ǝ)] a verständlich.

intempérant, e [ētɑ̃peʀɑ̃, ɑ̃t] a (excessif) maßlos, unmäßig.

intempéries [ētɑ̃peʀi] nfpl schlechtes Wetter nt.

intempestif, ive [ētɑ̃pestif, iv] a unpassend, ungelegen.

intenable [ētnabl(ǝ)] a (intolérable) unerträglich.

intendant, e [ētɑ̃dɑ̃, ɑ̃t] nm/f Intendant m; (SCOL) Finanzverwalter(in f) m; (d'une propriété) Verwalter(in f) m.

intense [ētɑ̃s] a stark, intensiv; (lumière) hell; (froid, chaleur) groß.

intensif, ive [ētɑ̃sif, iv] a intensiv.

intensité [ētɑ̃site] nf (du son, de la lumière) Intensität f; (ELEC) Stärke f; (véhémence) Heftigkeit f.

intenter [ētɑ̃te] vt: ~ **un procès contre** ou **à qn** einen Prozeß gegen jdn anstrengen.

intention [ētɑ̃sjɔ̃] nf Absicht f; **avoir l'~ de faire qch** beabsichtigen, etw zu tun; **à l'~ de** prep für; **à cette** ~ zu diesem Zweck.

intentionné, e [ētɑ̃sjɔne] a: **bien/mal** ~ wohlgesinnt/nicht wohlgesinnt.

intentionnel, le [ētɑ̃sjɔnel] a absichtlich; (JUR) vorsätzlich.

inter [ēteʀ] nm (TEL) abr de **interurbain**; (SPORT): ~ **gauche/droit** Halblinke(r)/-rechte(r) m.

intercaler [ēteʀkale] vt einfügen.

intercéder [ēteʀsede] vi: ~ **(pour qn)** sich (für jdn) verwenden.

intercepter [ēteʀsepte] vt abfangen.

interchangeable [ēteʀʃɑ̃ʒabl(ǝ)] a austauschbar.

interclasse [ēteʀklɑs] nm kurze Pause f.

interdiction [ēteʀdiksjɔ̃] nf Verbot nt; ~ **de séjour** Aufenthaltsverbot nt.

interdire [ēteʀdiʀ] vt verbieten; ~ **à qn de faire qch** jdm verbieten, etw zu tun; (empêcher) hindern, etw zu tun; **s'~ qch** auf etw (akk) verzichten.

interdit, e [ēteʀdi, it] a (illicite) verboten; (étonné) erstaunt, verblüfft; **stationnement** ~ Parken verboten.

intéressant, e [ēteʀesɑ̃, ɑ̃t] a interessant.

intéressé, e [ēteʀese] a interessiert; (concerné) beteiligt; (cupide) eigennützig.

intéresser [ēteʀese] vt interessieren; (concerner) betreffen; (aux bénéfices) beteiligen; **s'~ à qn/qch** sich für jdn/etw interessieren.

intérêt [ēteʀe] nm Interesse nt; (FIN) Zins m; (importance) Bedeutung f; (égoïsme) Eigennutz m; **il a** ~ **à se taire** er würde besser daran tun, zu schweigen.

intérieur, e [ēteʀjœʀ] a innere(r, s); (POL) Innen- // nm: **l'~** das Innere; (d'un pays) das Innere; ~ (**FILM**) im Studio.

intérim [ēteʀim] nm Zwischenzeit f; (remplacement): **assurer l'~ de qn** die Vertretung (für jdn) übernehmen; **par** ~ (provisoirement) vorläufig.

intérioriser [ēteʀjɔʀize] vt (PSYCH) verinnerlichen.

interligne [ēteʀliɲ] nm Zwischenraum m.

interlocuteur, trice [ēteʀlɔkytœʀ, tʀis] nm/f Gesprächspartner(in f) m.

ministère de l'~ Innenministerium nt; (décor, mobilier) Innenausstattung f; **à l'~** innen; (avec mouvement) nach innen; **à l'~ de** in (+dat); **en** ~

interloquer [ɛtɛrlɔke] *vt* sprachlos machen.

interlude [ɛtɛrlyd] *nm* Pause *f.*

intermédiaire [ɛtɛrmedjɛr] *a* Zwischen- // *nm/f (médiateur)* Vermittler(in *f*) *m;* (COMM) Mittelsmann *m* // *nm:* **sans ~** direkt; **par l'~ de** durch Vermittlung von.

interminable [ɛtɛrminabl(ə)] *a* endlos.

intermittence [ɛtɛrmitɑ̃s] *nf:* **par ~** periodisch.

intermittent, e [ɛtɛrmitɑ̃, ɑ̃t] *a* periodisch auftretend, unregelmäßig.

internat [ɛtɛrna] *nm (établissement)* Internat *nt.*

international, e, aux [ɛtɛrnasjɔnal, o] *a* international // *nm/f* (SPORT) Nationalspieler(in *f*) *m.*

interne [ɛtɛrn(ə)] *a* innere(r, s) // *nm/f (élève)* Internatsschüler(in *f*) *m;* (MED) Medizinalassistent(in *f*) *m.*

interner [ɛtɛrne] *vt* (POL) internieren; (MED) in eine Anstalt einweisen.

interpeller [ɛtɛrpele] *vt* (appeler) zurufen (+dat), ansprechen; (apostropher) beschimpfen; (arrêter) festnehmen; (POL) befragen.

interphone [ɛtɛrfɔn] *nm* Sprechanlage *f.*

interposer [ɛtɛrpoze] *vt* dazwischentun; **s'~** (obstacle) dazwischenkommen; **par personnes interposées** durch Mittelsleute.

interprétation [ɛtɛrpretasjɔ̃] *nf* Interpretation *f.*

interprète [ɛtɛrprɛt] *nm/f (traducteur)* Dolmetscher(in *f*) *m;* (porte-parole) (Für)sprecher *m.*

interpréter [ɛtɛrprete] *vt* interpretieren; (rêves) deuten.

interrogateur, trice [ɛtɛrɔgatœr, tris] *a* fragend.

interrogatif, ive [ɛtɛrɔgatif, iv] *a* fragend; (LING) Frage-, Interrogativ-.

interrogation [ɛtɛrɔgasjɔ̃] *nf* (action) Befragen *nt;* (question) Frage *f;* (SCOL): **~ écrite/orale** schriftliche/mündliche Prüfung *f.*

interrogatoire [ɛtɛrɔgatwar] *nm* (de police) Verhör *nt;* (JUR) Vernehmung *f.*

interroger [ɛtɛrɔʒe] *vt* befragen; (inculpé) verhören, vernehmen.

interrompre [ɛtɛrɔ̃pr(ə)] *vt* unterbrechen; **s'~** (personne) aufhören.

interrupteur [ɛtɛryptœr] *nm* Schalter *m.*

interruption [ɛtɛrypsjɔ̃] *nf* Unterbrechung *f.*

intersection [ɛtɛrsɛksjɔ̃] *nf* Schnittpunkt *m;* (croisement) Kreuzung *f.*

interstice [ɛtɛrstis] *nm* Zwischenraum *m,* Spalt *m.*

interurbain, e [ɛtɛryrbɛ̃, ɛn] *a:* **communication ~e** Ferngespräch *nt* // *nm:* **l'~** der Fernmeldedienst.

intervalle [ɛtɛrval] *nm* Zwischenraum *m;* **dans l'~** inzwischen; **à deux mois d'~** im Abstand von zwei Monaten; **par ~s** (dans le temps) von Zeit zu Zeit.

intervenir [ɛtɛrvənir] *vi* eingreifen (dans in +akk); (intercéder): **~ auprès de qn/en faveur de qn** sich bei jdm/für jdn verwenden; (se produire) sich ereignen.

intervention [ɛtɛrvɑ̃sjɔ̃] *nf* (voir intervenir) Eingreifen *nt;* Intervention *f;* Verwendung *f;* (MED) Eingriff *m.*

intervertir [ɛtɛrvɛrtir] *vt* umkehren.

interview [ɛtɛrvju] *nf* Interview *nt.*

interviewer [ɛtɛrvjuve] *vt* interviewen.

intestin, e [ɛtɛstɛ̃, in] *a:* **querelles/luttes ~es** innere Kämpfe // *nm* Darm *m.*

intestinal, e, aux [ɛtɛstinal, o] *a* Darm-.

intime [ɛtim] *a* intim // *nm/f* enger Freund, Vertraute(r) *mf.*

intimer [ɛtime] *vt* (citer) vorladen; **~ un ordre à qn** jdm einen Befehl zukommen lassen.

intimider [ɛtimide] *vt* einschüchtern.

intimité [ɛtimite] : **dans la plus**

stricte ~ im privaten Kreis, im engsten Familienkreis.

intituler [ɛ̃tityle] vt betiteln; **s'~** (ouvrage) den Titel tragen.

intolérable [ɛ̃tɔlerabl(ə)] a unerträglich.

intolérance [ɛ̃tɔlerɑ̃s] nf Intoleranz f.

intolérant, e [ɛ̃tɔlerɑ̃, ɑ̃t] a unduldsam, intolerant.

intoxication [ɛ̃tɔksikasjɔ̃] nf Vergiftung f.

intoxiquer [ɛ̃tɔksike] vt vergiften; (POL) indoktrinieren.

intraduisible [ɛ̃tradɥizibl(ə)] a unübersetzbar.

intraitable [ɛ̃trɛtabl(ə)] a unnachgiebig (sur in bezug auf +akk); **demeurer** ~ nicht nachgeben.

intransigeant, e [ɛ̃trɑ̃ziʒɑ̃, ɑ̃t] a unnachgiebig, stur; (morale, passion) kompromißlos.

intransitif, ive [ɛ̃trɑ̃zitif, iv] a intransitiv.

intraveineux, euse [ɛ̃travenø, øz] a intravenös.

intrépide [ɛ̃trepid] a (courageux) mutig, beherzt.

intrigue [ɛ̃trig] nf (manœuvre) Intrige f; (scénario) Handlung f.

intriguer [ɛ̃trige] vi intrigieren // vt neugierig machen.

intrinsèque [ɛ̃trɛ̃sɛk] a immanent.

introduction [ɛ̃trɔdyksjɔ̃] nf (voir introduire) Einführen nt; Hereinführen nt; Zutritt m; (de marchandises) Einfuhr f; (d'un ouvrage) Einleitung f.

introduire [ɛ̃trɔdɥir] vt einführen; (objet): ~ **dans** stecken in (+akk); (visiteur) hereinführen; (faire admettre dans une société) einführen; **s'~ dans** (se glisser) eindringen in (+akk); (se faire admettre) sich (dat) Zutritt verschaffen zu.

introspection [ɛ̃trɔspɛksjɔ̃] nf Selbstbeobachtung f.

introuvable [ɛ̃truvabl(ə)] a unauffindbar; (très rare) nicht erhältlich.

introverti, e [ɛ̃trɔverti] nm/f Introvertierte(r) mf.

intrus, e [ɛ̃try, yz] nm/f Eindringling m.

intrusion [ɛ̃tryzjɔ̃] nf Eindringen nt; (ingérence) Einmischung f.

intuitif, ive [ɛ̃tɥitif, iv] a intuitiv.

intuition [ɛ̃tɥisjɔ̃] nf (pressentiment) Vorgefühl nt, Intuition f; **avoir une** ~ eine Ahnung haben.

inusable [inyzabl(ə)] a unverwüstlich.

inusité, e [inyzite] a (LING) ungebräuchlich.

inutile [inytil] a (qui ne sert pas) nutzlos; (superflu) unnötig.

inutilisable [inytilizabl(ə)] a unbrauchbar.

invalide [ɛ̃valid] a körperbehindert // nm (MIL) Invalide m // nm/f: ~ **du travail** Arbeitsunfähige(r) mf.

invalider [ɛ̃valide] vt (annuler) ungültig machen.

invariable [ɛ̃varjabl(ə)] a unveränderlich.

invasion [ɛ̃vazjɔ̃] nf Invasion f.

invectiver [ɛ̃vɛktive] vt beschimpfen.

invendable [ɛ̃vɑ̃dabl(ə)] a unverkäuflich.

invendu, e [ɛ̃vɑ̃dy] a unverkauft.

inventaire [ɛ̃vɑ̃tɛr] nm Inventar nt; (COMM: liste) Warenliste f; (: opération) Inventur f; (fig) Bestandsaufnahme f.

inventer [ɛ̃vɑ̃te] vt erfinden.

inventeur [ɛ̃vɑ̃tœr] nm Erfinder(in f) m.

inventif, ive [ɛ̃vɑ̃tif, iv] a schöpferisch; (ingénieux) einfallsreich.

invention [ɛ̃vɑ̃sjɔ̃] nf Erfindung f; (découverte) Entdeckung f.

inventorier [ɛ̃vɑ̃tɔrje] vt eine Aufstellung machen von.

inverse [ɛ̃vɛrs(ə)] a umgekehrt; (mouvement) entgegengesetzt // nm: l'~ das Gegenteil.

inverser [ɛ̃vɛrse] vt umkehren.

investigation [ɛ̃vɛstigasjɔ̃] nf Untersuchung f.

investir [ɛ̃vɛstir] vt (personne) ~ **qn de** jdn ausstatten mit (+dat); (d'une fonction) jdn einsetzen in (+akk); (MIL) belagern; (FIN) investieren *vi* investieren.

investissement [ɛ̃vestismɑ̃] *nm* Investition *f.*

investiture [ɛ̃vestityʀ] *nf* Einsetzung *f; (d'un candidat)* Nominierung *f.*

invétéré, e [ɛ̃vetere] *a* eingefleischt; *(personne)* unverbesserlich.

invincible [ɛ̃vɛ̃sibl(ə)] *a* unbesiegbar, unschlagbar; *(charme)* unwiderstehlich.

inviolable [ɛ̃vjɔlabl(ə)] *a* unverletzbar, unantastbar.

invisible [ɛ̃vizibl(ə)] *a* unsichtbar.

invitation [ɛ̃vitasjɔ̃] *nf* Einladung *f; (exhortation):* à/sur l'~ de qn auf jds Aufforderung hin.

invité, e [ɛ̃vite] *nm/f* Gast *m.*

inviter [ɛ̃vite] *vt (convier)* einladen; *(exhorter):* ~ qn à faire qch jdn auffordern, etw zu tun; *(sujet: chose)* einladen zu.

involontaire [ɛ̃vɔlɔ̃tɛʀ] *a (réaction)* unwillkürlich; *(insulte)* unbeabsichtigt; *(témoin, complice)* unfreiwillig.

invoquer [ɛ̃vɔke] *vt (prier)* anrufen; *(excuse, argument)* anbringen; *(loi, texte)* sich berufen auf *(+akk);* ~ **la clémence de qn** um Nachsicht bitten.

invraisemblable [ɛ̃vʀɛsɑ̃blabl(ə)] *a* unwahrscheinlich; *(étonnant)* unglaublich.

invulnérable [ɛ̃vylneʀabl(ə)] *a* unverletzbar; *(position)* unangreifbar.

iode [jɔd] *nm* Jod *nt.*

ionique [jɔnik] *a (ARCHIT)* ionisch; *(PHYS)* Ionen-.

Iran [iʀɑ̃] *nm:* l'~ (der) Iran.

Iraq [iʀak] *nm:* l'~ (der) Irak.

irascible [iʀasibl(ə)] *a* jähzornig.

iris [iʀis] *nm* Iris *f.*

irisé, e [iʀize] *a* regenbogenfarben.

irlandais, e [iʀlɑ̃dɛ, ɛz] *a* irisch; **I~** *nm/f* Ire *m,* Irin *f.*

Irlande [iʀlɑ̃d] *nf:* l'~ Irland *nt.*

ironie [iʀɔni] *nf* Ironie *f.*

ironique [iʀɔnik] *a* ironisch, spöttisch.

ironiser [iʀɔnize] *vi* spotten.

irradier [iʀadje] *vi (lumière)* ausstrahlen.

irraisonné, e [iʀezɔne] *a (geste, acte)* unüberlegt; *(crainte)* unsinnig.

irrationnel, le [iʀasjɔnel] *a* irrational.

irréalisable [iʀealizabl(ə)] *a* unerfüllbar; *(projet)* nicht machbar.

irrecevable [iʀəsvabl(ə)] *a* unannehmbar.

irréconciliable [iʀekɔ̃siljabl(ə)] *a* unversöhnlich.

irrécupérable [iʀekypeʀabl(ə)] *a* nicht zu reparieren; *(personne)* nicht mehr zu retten.

irrécusable [iʀekyzabl(ə)] *a (témoin)* glaubwürdig; *(témoignage, preuve)* unanfechtbar.

irréductible [iʀedyktibl(ə)] *a (obstacle)* unbezwingbar; *(ennemi)* unversöhnlich.

irréel, elle [iʀeel] *a* unwirklich.

irréfléchi, e [iʀefleʃi] *a* unüberlegt, gedankenlos.

irréfutable [iʀefytabl(ə)] *a* unwiderlegbar.

irrégularité [iʀegylaʀite] *nf (voir* **irrégulier)** Unregelmäßigkeit *f;* Unebenheit *f;* Unbeständigkeit *f;* Ungesetzlichkeit *f.*

irrégulier, ière [iʀegylje, jɛʀ] *a* unregelmäßig; *(surface, terrain)* uneben; *(travailleur, travail)* unbeständig, wechselhaft; *(illégal)* rechtswidrig, ungesetzlich; *(peu honnête)* zwielichtig.

irrémédiable [iʀemedjabl(ə)] *a* nicht wiedergutzumachend.

irremplaçable [iʀɑ̃plasabl(ə)] *a* unersetzlich.

irrépressible [iʀepʀesibl(ə)] *a* unbezähmbar.

irréprochable [iʀepʀɔʃabl(ə)] *a* einwandfrei, tadellos, untadelig.

irrésistible [iʀezistibl(ə)] *a* unwiderstehlich; *(preuve, logique)* zwingend.

irrésolu, e [iʀezɔly] *a* unentschlossen.

irrespectueux, euse [iʀespɛktɥø, øz] *a* respektlos.

irresponsable [iʀespɔ̃sabl(ə)]

unverantwortlich; *(JUR)* unmündig; *(politique, morale)* verantwortungslos.

irrévérencieux, euse [iʀeveʀãsjø, øz] *a* respektlos.

irréversible [iʀevɛʀsibl(ə)] *a* nicht rückgängig zu machen.

irrévocable [iʀevɔkabl(ə)] *a* unwiderruflich.

irriguer [iʀige] *vt* bewässern.

irritable [iʀitabl(ə)] *a* reizbar.

irriter [iʀite] *vt* reizen.

irruption [iʀypsjɔ̃] *nf* Eindringen *nt*, Hereinstürzen *nt*; **faire ~ chez qn** plötzlich bei jdm erscheinen.

islamique [islamik] *a* islamisch.

Islande [islɑ̃d] *nf*: **l'~** Island *nt*.

isolant, e [izɔlɑ̃, ɑ̃t] *a* isolierend.

isolation [izɔlasjɔ̃] *nf*: **~ acoustique/thermique** Schall-/Wärmeisolierung *f* ou -dämmung *f*.

isolé, e [izɔle] *a* isoliert; *(maison)* einzeln; *(cas, fait)* vereinzelt.

isoler [izɔle] *vt* isolieren.

isoloir [izɔlwaʀ] *nm* Wahlzelle *f*.

Israël [isʀaɛl] *nm* Israel *nt*.

israélien, ne [isʀaeljɛ̃, jɛn] *a* israelisch; **I~** Israeli *mf*.

israélite [isʀaelit] *a* jüdisch; **I~** *nm/f* Israelit(in *f*) *m*.

issu, e [isy] *a*: **être ~ de** abstammen von; *(fig)* herrühren von // **issue** *nf* Ausgang *m*; *(résultat)* Ergebnis *nt*; **à l'~e de** am Ende von; **rue sans ~** Sackgasse *f*.

Italie [itali] *nf*: **l'~** Italien *nt*.

italien, ne [italjɛ̃, jɛn] *a* italienisch; **I~** *nm/f* Italiener(in *f*) *m*.

italique [italik] *nm*: **en ~** kursiv.

itinéraire [itineʀɛʀ] *nm* Route *f*.

itinérant, e [itineʀɑ̃, ɑ̃t] *a* Wander-, wandernd.

I.U.T. *sigle m* = **Institut universitaire de technologie.**

ivoire [ivwaʀ] *nm* Elfenbein *nt*.

ivre [ivʀ(ə)] *a* betrunken; **~ de colère/de bonheur** außer sich vor Wut/Glück.

ivresse [ivʀɛs] *nf* Trunkenheit *f*.

ivrogne [ivʀɔɲ] *nm/f* Trinker(in *f*) *m*.

J

jacasser [ʒakase] *vi (bavarder)* schwatzen.

jachère [ʒaʃɛʀ] *nf*: **(être) en ~** brach(liegen).

jacinthe [ʒasɛ̃t] *nf* Hyazinthe *f*.

jadis [ʒadis] *ad* einst(mals).

jaillir [ʒajiʀ] *vi* herausspritzen, hervorsprudeln; *(cri)* erschallen, ertönen.

jalon [ʒalɔ̃] *nm* Markierungspfosten *m*.

jalousie [ʒaluzi] *nf* Eifersucht *f*; *(store)* Jalousie *f*.

jaloux, se [ʒalu, uz] *a* eifersüchtig.

jamais [ʒamɛ] *ad* nie, niemals; *(non négatif)* je(mals); **ne ... jamais** nie, niemals.

jambe [ʒɑ̃b] *nf* Bein *nt*.

jambon [ʒɑ̃bɔ̃] *nm* Schinken *m*.

janvier [ʒɑ̃vje] *nm* Januar *m*.

Japon [ʒapɔ̃] *nm*: **le ~** Japan *nt*.

japonais, e [ʒapɔnɛ, ɛz] *a* japanisch; **J~, e** *nm/f* Japaner(in *f*) *m*.

jaquette [ʒakɛt] *nf (de cérémonie)* Cut(away) *m*; *(de dame)* Jacke *f*.

jardin [ʒaʀdɛ̃] *nm* Garten *m*; **~ d'enfants** Kindergarten *m*.

jardinage [ʒaʀdinaʒ] *nm* Gartenarbeit *f*; Gartenbau *m*.

jardinier, ière [ʒaʀdinje, jɛʀ] *nm/f* Gärtner(in *f*) *m* // *nf (caisse)* Blumenkasten *m*; **~ière de (légumes)** gemischtes Gemüse; **~ière d'enfants** Kindergärtnerin *f*.

jarret [ʒaʀɛ] *nm (ANAT)* Kniekehle *f*; *(CULIN)* Hachse *f*, Haxe *f*.

jaser [ʒaze] *vi* schwatzen; *(indiscrètement)* klatschen, tratschen.

jatte [ʒat] *nf* Napf *m*, Schale *f*.

jauger [ʒoʒe] *vt (mesurer)* messen; *(juger)* abschätzen, beurteilen.

jaune [ʒon] *a* gelb // *nm* Gelb *nt*; **~ d'œuf** Eigelb *nt*, Dotter *m* // *ad (fam)*: **rire ~** gezwungen lachen.

jaunir [ʒoniʀ] *vi* gelb werden, vergilben.

javel [ʒavɛl]: **eau de ~** *nf* Bleichlauge *f*, Bleichmittel *nt*.

javelot [ʒavlo] *nm* Speer *m*.

J.-C. *abr voir* **Jésus-Christ.**

je [ʒ(ə)] *pron* ich.

jersey [ʒɛʀzɛ] *nm* Pullover *m; (tissu)* Jersey *m.*

Jésus-Christ [ʒezykʀi(st)] *nm* Jesus Christus *m;* **800 avant/après ~ (ou J.-C.)** 800 vor/nach Christus *(ou v. Chr. ou A.D./nach Chr.).*

jet [ʒɛ] *nm (lancer)* Wurf *m;* Werfen *nt; (jaillissement)* Strahl *m; (tuyau)* Düse *f; (avion)* Jet *m;* **du premier ~** auf Anhieb; **~ d'eau** Wasserstrahl *m.*

jetée [ʒ(ə)te] *nf* Mole *f.*

jeter [ʒ(ə)te] *vt* werfen; *(agressivement)* schleudern; *(se défaire de)* wegwerfen; *(cri, insultes)* ausstoßen.

jeton [ʒ(ə)tɔ̃] *nm (au jeu)* Spielmarke *f; (de téléphone)* Telefonmarke *f.*

jeu, x [ʒø] *nm* Spiel *nt; (fonctionnement)* Funktionieren *nt; (fig)* Zusammenspiel *nt;* **un ~ de clés/d'aiguilles** ein Satz *m* Schlüssel/ein Spiel Nadeln; **remettre en ~** *(FOOTBALL)* einwerfen; **être en ~** *(fig)* auf dem Spiel stehen; **entrer dans le ~** *(fig)* mitspielen; **mettre en ~** aufs Spiel setzen; **~x de hasard** die Glücksspiele *pl;* **~ de mots** Wortspiel *nt;* **~ d'orgue(s)** Orgelzug *m.*

jeudi [ʒødi] *nm* Donnerstag *m.*

jeûn [ʒœ̃]: **à ~** *ad* nüchtern; mit nüchternem Magen.

jeune [ʒœn] *a* jung *(animal, plante)* jung, klein // *ad:* **faire ~** jugendlich *ou* jung aussehen; **les ~s** die jungen Leute *pl,* die Jugend *f;* **~ fille** *f (jeune)* Mädchen *nt;* **~ homme** *m* junger Mann *m;* **~s mariés** *mpl* Jungverheiratete *pl,* Jungvermählte *pl.*

jeûne [ʒøn] *nm* Fasten *nt.*

jeunesse [ʒœnɛs] *nf* Jugend *f; (apparence)* Jugendlichkeit *f.*

joaillerie [ʒɔajʀi] *nf (COMM)* Juweliergeschäft *nt; (articles)* Schmuck *m.*

joaillier, ière [ʒɔaje, jɛʀ] *nm/f* Juwelier *m; (artisan)* Goldschmied(in *f) m.*

joie [ʒwa] *nf* Freude *f.*

joindre [ʒwɛ̃dʀ(ə)] *vt (relier)* verbinden *(à mit); (ajouter)* beifügen, hinzufügen *(à zu); (contacter)* erreichen; **~ les mains** die Hände falten; **~ les deux bouts** gerade (mit seinem Geld) auskommen; **se ~ à qn** sich jdm anschließen.

joint [ʒwɛ̃] *nm (de suture, soudage)* Naht *f; (articulation)* Gelenk *nt; (de robinet)* Dichtung *f; ~ de culasse* Zylinderkopfdichtung *f.*

joli [ʒɔli] *a* hübsch; **un ~ gâchis** ein schöner Schlamassel; **c'est du ~!** das ist ja reizend!

joncher [ʒɔ̃ʃe] *vt* verstreut liegen auf *ou* in *(+dat),* bedecken, **jonché(e) de** übersät mit.

jonction [ʒɔ̃ksjɔ̃] *nf (action)* Verbindung *f; (de routes)* Kreuzung *f; (de fleuves)* Zusammenfluß *m.*

jongleur, euse [ʒɔ̃glœʀ, øz] *nm/f* Jongleur *m.*

jonquille [ʒɔ̃kij] *nf* Osterglocke *f.*

Jordanie [ʒɔʀdani] *nf:* **la ~** Jordanien *nt.*

joue [ʒu] *nf* Backe *f,* Wange *f;* **mettre qch en ~** auf etw zielen.

jouer [ʒwe] *vt* spielen; *(argent)* setzen, spielen um; *(réputation)* aufs Spiel setzen; *(simuler)* vorspielen, vortäuschen // *vi* spielen; *(se voiler)* sich verziehen; **~ à qch** etw spielen; **~ des coudes** die Ellbogen gebrauchen; **~ avec sa santé** seine Gesundheit aufs Spiel setzen; **~ des obstacles** spielend fertigwerden mit Hindernissen; **se ~ de qn** jdn zum Narren haben; **~ un tour à qn** jdm einen Streich spielen; **~ de malchance** vom Pech verfolgt sein.

jouet [ʒwɛ] *nm* Spielzeug *nt;* **être le ~ de** das Opfer *(+gen)* sein.

joueur, euse [ʒwœʀ, øz] *nm/f* Spieler(in *f) m.*

joufflu [ʒufly] *a* pausbäckig.

joug [ʒu] *nm:* **sous le ~ de** unter dem Joch *(+gen).*

jouir [ʒwiʀ] *vi:* **~ de** *(savourer)* etw genießen, sich einer Sache *(gen)* erfreuen; *(avoir)* etw haben.

jouissance [ʒwisɑ̃s] *nf (plaisir)* Freude *f,* Vergnügen *nt; (usage):* **la ~**

de qch die Nutznießung einer Sache (gen).

joujou [ʒuʒu] nm (fam) Spielzeug nt.

jour [ʒuʀ] nm Tag m; (aspect) Licht nt; (ouverture) Öffnung f, Durchbruch m; **au ~ le ~** von einem Tag auf den anderen; **il fait ~** es ist Tag, es ist hell; **au grand ~** offen, in aller Öffentlichkeit; **sous un ~ favorable/nouveau** in einem günstigen/neuen Licht; **mettre à ~** auf den neuesten Stand bringen; **~ férié** Feiertag m.

journal, aux [ʒuʀnal, o] nm Zeitung f; (intime) Tagebuch nt; **~ parlé** (Radio)nachrichten pl; **~ télévisé** (Fernseh)nachrichten pl.

journalisme [ʒuʀnalism(ə)] nm Journalismus m.

journaliste [ʒuʀnalist(ə)] nm/f Journalist(in f) m.

journée [ʒuʀne] nf Tag m; **la ~ continue** durchgehende Arbeitszeit f (ohne Mittagspause).

jovial, e, aux [ʒɔvjal, o] a jovial.

joyau, x [ʒwajo] nm Juwel nt.

joyeux, euse [ʒwajø, øz] a fröhlich, vergnügt; (qui apporte la joie) freudig.

jubilé [ʒybile] nm Jubiläum nt.

jubiler [ʒybile] vi jubeln, jauchzen.

jucher [ʒyʃe] vt: **~ qch sur** etw (hoch) (hinauf)legen/stellen/setzen auf (+akk) vi (oiseaux) hocken, sitzen.

judaïque [ʒydaik] a jüdisch.

judiciaire [ʒydisjɛʀ] a gerichtlich; Justiz-; richterlich.

judicieux, euse [ʒydisjø, øz] a klug, gescheit.

judo [ʒydo] nm Judo nt.

juge [ʒyʒ] nm (magistrat) Richter(in f) m; (de concours) Preisrichter(in f) m; (de combat) Kampfrichter(in f) m; **~ d'instruction** Untersuchungsrichter(in f) m; **~ de paix** Friedensrichter m.

jugé [ʒyʒe] nm: **au ~** ad aufs Geratewohl.

jugement [ʒyʒmɑ̃] nm Urteil nt; (perspicacité) Urteilsvermögen nt; **~ de valeur** Werturteil nt.

juger [ʒyʒe] vt entscheiden über (+akk); (évaluer) beurteilen; **~ qn/qch satisfaisant** jdn/etw für zufriedenstellend halten; **~ bon de faire qch** es für gut halten, etw zu tun; **~ que...** meinen ou der Ansicht sein, daß...

juif, ive [ʒɥif, ʒɥiv] a jüdisch // nm/f Jude m, Jüdin f.

juillet [ʒɥijɛ] nm Juli m.

juin [ʒɥɛ̃] nm Juni m.

jumeau, elle, eaux [ʒymo, ɛl] a Doppel- // nm/f Zwilling m; **(frère) ~** Zwillingsbruder m; **(sœur) ~** Zwillingsschwester f // nfpl (OPTIQUE) Fernglas nt, Feldstecher m.

jumeler [ʒymle] vt (TECH) koppeln, miteinander verbinden; (villes) zu Partnerstädten machen.

jumelle [ʒymɛl] a, nf voir **jumeau.**

jument [ʒymɑ̃] nf Stute f.

jungle [ʒœ̃gl(ə)] nf Dschungel m.

jupe [ʒyp] nf Rock m.

jupon [ʒypɔ̃] nm Unterrock m.

juré, e [ʒyʀe] nm/f Geschworene(r) mf.

jurer [ʒyʀe] vt schwören, geloben // vi (dire des jurons) fluchen; (dissoner) **~ (avec)** sich nicht vertragen (mit); (s'engager): **il jura de faire qch** er schwor, etw zu tun; (affirmer): **~ que** schwören ou versichern, daß.

juridique [ʒyʀidik] a juristisch; rechtlich; Rechts-.

juron [ʒyʀɔ̃] nm Fluch nt.

jury [ʒyʀi] nm Geschworene pl; (SCOL) Prüfungsausschuß m.

jus [ʒy] nm Saft m; (de viande) Bratensaft m; **~ de fruits** Fruchtsaft m; **~ de pommes** Apfelsaft m.

jusque [ʒysk(ə)]: **jusqu'à** prep (endroit); bis an (+akk); bis nach (+dat); (moment) bis zu (+dat); (quantité, limite) bis zu (+dat); **jusqu'à ce que** bis (hinauf) zu/bis in/bis (hin)zu; **jusqu'à ce que** conj bis; **jusqu'ici** (lieu) bis hierher; (temps) bis dahin; **jusqu'là** (temps) bis dahin; **jusqu'à présent** bis jetzt.

juste [ʒyst(ə)] a (équitable) gerecht; (légitime) gerechtfertigt, berechtigt; (précis) genau; (correct) richtig; (étroit, insuffisant) knapp // ad *(exactement)* genau, richtig; *(seule-ment)* nur, bloß; **~ assez/au-dessus** gerade genug/gerade *ou* genau darüber; **au ~** genau; **à ~ titre** mit vollem *ou* gutem Recht.

justement [ʒystəmɑ̃] *ad (avec raison)* zu Recht, mit Recht; *(précisément):* **c'est ~ ce qu'il fallait éviter** genau *ou* gerade das hätte vermieden werden sollen.

justesse [ʒystɛs] *nf (exactitude)* Richtigkeit *f; (précision)* Genauigkeit *f;* **de ~** mit knapper Not, gerade noch.

justice [ʒystis] *nf (équité)* Gerechtigkeit *f;* (ADMIN) Justiz *f;* **rendre la ~** Recht sprechen; **obtenir ~** sein Recht bekommen; **rendre ~ à qn** jdm Recht *ou* Gerechtigkeit widerfahren lassen.

justicier, ière [ʒystisje, jɛʀ] *nm/f (vengeur)* Rächer *m.*

justifiable [ʒystifjabl(ə)] *a* zu rechtfertigen, vertretbar.

justification [ʒystifikɑsjɔ̃] *nf* Rechtfertigung *f.*

justifier [ʒystifje] *vt (expliquer)* rechtfertigen.

jute [ʒyt] *nm* Jute *f.*

juteux, euse [ʒytø, øz] *a* saftig.

juvénile [ʒyvenil] *a* jugendlich.

K

kaki [kaki] *a inv* kakifarben.

kangourou [kɑ̃guʀu] *nm* Känguruh *nt.*

karaté [kaʀate] *nm* Karate *nt.*

kayac *ou* **kayak** [kajak] *nm* Kajak *m ou nt.*

képi [kepi] *nm* Käppi *nt.*

kermesse [kɛʀmɛs] *nf (de bienfaisance)* Wohltätigkeitsveranstaltung *f; (villageoise)* Kirmes *f.*

kidnapper [kidnape] *vt* kidnappen.

kilo [kilo] *nm abr de* **kilogramme.**

kilogramme [kilɔgʀam] *nm* Kilo(gramm) *nt.*

kilométrage [kilɔmetʀaʒ] *nm (au compteur)* Kilometerstand *m.*

kilomètre [kilɔmɛtʀ(ə)] *nm* Kilometer *m.*

kilométrique [kilɔmetʀik] *a (borne, compteur)* Kilometer-; *(distance)* in Kilometern.

kilowatt [kilɔwat] *nm* Kilowatt *nt.*

kiosque [kjɔsk(ə)] *nm* Kiosk *m,* Stand *m; (dans un jardin public)* Musikpavillon *m.*

kirsch [kiʀʃ] *nm* Kirsch(wasser *nt)*
m.

klaxon [klaksɔn] *nm* Hupe *f.*

klaxonner [klaksɔne] *vi* hupen // *vt* anhupen.

knock-out [nɔkawt] *nm* Knockout *m.*

K.O. [kao] *a inv* k.o.

kyste [kist(ə)] *nm* Zyste *f.*

L

l' [l] *dét voir* **le.**

la [la] *dét voir* **le.**

la [la] *(voir aussi* **-ci,** celui) *ad* dort; *(ici)* da; *(dans le temps)* dann; **elle n'est pas ~** sie ist nicht da; **c'est ~ que** das ist wo ...; **de ~** *(fig)* daher; **par ~** *(fig)* dadurch; **~-bas** *ad* dort.

label [label] *nm* Stempel *m,* Marke *f.*

labeur [labœʀ] *nm* Mühe *f,* Arbeit *f.*

laboratoire [labɔʀatwaʀ] *nm* Labor(atorium) *nt; ~* **de langues/d'analyses** Sprach-/Untersuchungslabor *nt.*

laborieux, euse [labɔʀjø, øz] *a (difficile: tâche)* mühsam, mühselig; *(personne)* fleißig; **les masses laborieuses** die Arbeiterklasse.

labour [labuʀ] *nm* Pflügen *nt; ~s* *nmpl (champs)* umgepflügte Felder *pl;* **cheval/bœuf de ~** Arbeitspferd *nt/*-ochse *m.*

labourer [labuʀe] *vt* pflügen; *(fig: visage)* zerfurchen.

laboureur [labuʀœʀ] *nm* Bauer *m.*

labyrinthe [labiʀɛ̃t] *nm* Labyrinth *nt.*

lac [lak] *nm* See *m.*

lacer [lase] *vt (chaussures, corsage)* zubinden, zuschnüren.

lacérer [laseʀe] *vt* zerreißen, zerfetzen.

lacet [lase] *nm (de chaussure)* Schnürsenkel m; (de route) scharfe Kurve f; (piège) Falle f.

lâche [lɑʃ] a locker; (personne) feige // nm Feigling m.

lâcher [lɑʃe] nm (de ballons, d'oiseaux) Fliegenlassen nt // vt (volant, poignée) loslassen; (ce qui tombe) fallenlassen; (libérer) freilassen; (chien) loslassen; (mot, remarque) fallenlassen; (SPORT: distancer) hinter sich (dat) lassen; (abandonner) im Stich lassen // vi (fil, amarres) reißen; (freins) versagen; ~ **les amarres** (NAVIG) losmachen; ~ **prise** loslassen.

lâcheté [lɑʃte] nf (faiblesse) Feigheit f.

lacrymogène [lakʀimɔʒɛn] a (bombe) Tränengas-.

lacté, e [lakte] a (produit, régime) Milch-.

lacune [lakyn] nf (de texte, mémoire) Lücke f.

là-dedans [lad(ə)dɑ̃] ad drinnen.

là-dessous [lad(ə)su] ad (sous un objet) drunter; (fig) dahinter.

là-dessus [lad(ə)sy] ad (sur un objet) darüber; (fig) darauf.

ladite [ladit] dét voir ledit.

là-haut [la'o] ad da oben.

laïc [laik] nm/f = laïque.

laid, e [lɛ, lɛd] a häßlich.

laideur [lɛdœʀ] nf Häßlichkeit f; (fig: bassesse) Gemeinheit f.

lainage [lɛnaʒ] nm (vêtement) Wollsachen pl.

laine [lɛn] nf Wolle f; ~ **de verre** Glaswolle f.

laineux, euse [lɛnø, øz] a (étoffe) Woll-.

laïque [laik] a Laien-; (école, enseignement) staatlich // nm/f Laie m.

laisse [lɛs] nf Leine f; **tenir en ~ an** der Leine führen.

laisser [lese] vt lassen // vb auxiliaire: ~ **qn faire** jdn tun lassen; **se ~ aller** sich gehenlassen; ~**-aller** nm Nachlässigkeit f, Unbekümmertheit f.

laissez-passer [lesepase] nm Passierschein m.

lait [lɛ] nm Milch f; ~ **écrémé/**

concentré Mager-/Kondensmilch f; ~ **démaquillant/de beauté** Reinigungs-/Schönheitsmilch f.

laitage [lɛtaʒ] nm Milchprodukt nt.

laiterie [lɛtʀi] nf (usine) Molkerei f.

laitier, ière [letje, letjɛʀ] a (produit, vache) Milch- // nm/f Milchmann m, Milchhändler(in f) m.

laiton [lɛtɔ̃] nm Messing nt.

laitue [lety] nf Lattich m; Salat m.

laïus [lajys] nm (pej) Sermon m.

lambeau, x [lɑ̃bo] nm (de tissu, chair) Fetzen m; en ~ in Fetzen.

lambris [lɑ̃bʀi] nm Täfelung f.

lame [lam] nf Klinge f; (vague) Welle f; ~ **de fond** Dünung f; ~ **de rasoir** Rasierklinge f.

lamé [lame] nm Lamé nt.

lamelle [lamɛl] nf Lamelle f; (métal, plastic) kleiner Streifen m, Blättchen nt.

lamentable [lamɑ̃tabl(ə)] a traurig, erbärmlich.

lamentation [lamɑ̃tasjɔ̃] nf (gémissement) Klagen nt, Jammern nt.

lamenter [lamɑ̃te] vt: **se ~ (sur)** klagen (über +akk).

laminoir [laminwaʀ] nm Walzmaschine f.

lampadaire [lɑ̃padɛʀ] nm (de salon) Stehlampe f; (dans la rue) Straßenlaterne f.

lampe [lɑ̃p(ə)] nf Lampe f; ~ **à pétrole** Paraffinlampe f; ~ **de poche** Taschenlampe f; ~ **à souder** Lötlampe f.

lampée [lɑ̃pe] nf Schluck m.

lampion [lɑ̃pjɔ̃] nm Lampion m.

lance [lɑ̃s] nf (arme) Speer m, Lanze f; ~ **d'incendie** Feuerwehrschlauch m.

lancement [lɑ̃smɑ̃] nm (COMM) Einführung f; (d'un bateau) Stapellauf m; (d'une fusée) Abschuß m.

lancer [lɑ̃se] nm (SPORT) Wurf m; (PÊCHE) Angeln nt // vt (ballon, pierre) werfen; (flamme, éclat) aussenden; (bateau) vom Stapel lassen; (fusée) abschießen; (produit, voiture) auf den Markt bringen; (artiste) herausbringen, lancieren; (mot, injure) schleudern; ~ qch à qn jdm etw zuwerfen; *(avec aggression)* jdm etw entgegenschleudern; **se** ~ *vi (prendre de l'élan)* losstürmen; *(se précipiter):* **se** ~ **sur/contre** losstürzen auf (+*akk*).

lancinant, e [lãsinã, t] *a (regrets)* quälend; *(douleur)* stechend.

landau, x [lãdo] *nm (pour bébé)* Kinderwagen *m.*

lande [lãd] *nf* Heide *f.*

langage [lãgaʒ] *nm* Sprache *f.*

lange [lãʒ] *nm* Windel *f.*

langer [lãʒe] *vt* die Windeln wechseln (+*dat*).

langoureux, euse [lãgurø, øz] *a* schläfrig, träge.

langouste [lãgust(ə)] *nf* Languste *f.*

langue [lãg] *nf (ANAT, CULIN)* Zunge *f; (LING)* Sprache *f;* **tirer la** ~ **(à)** die Zunge herausstrecken (+*dat*); ~ **de terre** Landzunge *f;* **de** ~ **française** Französisch sprechend; ~ **vivante** lebende Sprache *f;* ~ **maternelle** Muttersprache *f;* ~ **verte** Slang *m;* ~ **-de-chat** Löffelbiskuit *m.*

languette [lãgɛt] *nf (de chaussure)* Zunge *f*, Lasche *f.*

langueur [lãgœr] *nf (mélancolie)* Wehmut *f.*

languir [lãgir] *vi (être oisif)* apathisch sein, verkümmern; *(d'amour)* schmachten; *(émission, conversation)* erlahmen.

lanière [lanjɛr] *nf* Riemen *m.*

lanterne [lãtɛrn(ə)] *nf* Laterne *f.*

laper [lape] *vt (auf)lecken.

lapidaire [lapidɛr] *a (fig)* knapp.

lapider [lapide] *vt (attaquer)* mit Steinen bewerfen; *(tuer)* steinigen.

lapin [lapɛ̃] *nm* Kaninchen *m.*

laps [laps] *nm:* ~ **de temps** Zeitraum *m.*

laque [lak] *nf (peinture)* Lack *m; (pour cheveux)* Haarspray *m* ou *nt.*

laquelle [lakɛl] *pron, voir* **lequel.**

larcin [larsɛ̃] *nm* Diebstahl *m.*

lard [lar] *nm* Speck *m.*

lardon [lardɔ̃] *nm (CULIN)* Speckstreifen *m.*

large [larʒ(ə)] *a* breit; *(fig: généreux)* großzügig // *ad:* **voir** ~ großzügig

sehen // *nm (largeur):* **5 m de** ~ **5 m** breit; *(mer):* **le** ~ das offene Meer; **au** ~ **de** in Höhe von, im Umkreis von; ~ **d'esprit** weitherzig, liberal.

largement [larʒ(ə)mã] *ad (généreusement)* großzügig; *(amplement):* **il a** ~ **le temps** er hat reichlich Zeit; **il a** ~ **de quoi vivre** er hat sein gutes Auskommen.

largesse [larʒɛs] *nf (générosité)* Großzügigkeit *f.*

largeur [larʒœr] *nf* Breite *f*, Weite *f; (fig)* Liberalität *f.*

larguer [large] *vt* abwerfen.

larme [larm(ə)] *nf* Träne *f; (fig):* **une** ~ **de** ein Tropfen ...; **en** ~**s** in Tränen aufgelöst.

larmoyer [larmwaje] *vi (yeux)* tränen; *(se plaindre)* klagen.

larvé, e [larve] *a (fig)* latent, versteckt.

laryngite [larɛ̃ʒit] *nf* Kehlkopfentzündung *f.*

larynx [larɛ̃ks] *nm* Kehlkopf *m.*

las, lasse [lɑ, lɑs] *a* müde, matt.

laser [lazɛr] *nm, a: (rayon)* ~ Laser(strahl) *m.*

lasser [lase] *vt* erschöpfen; **se** ~ **de** leid werden (+*akk*).

lassitude [lasityd] *nf* Müdigkeit *f.*

latent, e [latã, ãt] *a* latent.

latéral, e, aux [lateral, o] *a* seitlich.

latin, e [latɛ̃, in] *a* lateinisch.

latitude [latityd] *nf (GEO)* Breite *f; (fig): avoir la* ~ **de faire qch** völlig freie Hand haben, etw zu tun; **à 48°** **de** ~ **nord** 48° nördlicher Breite.

latte [lat] *nf* Latte *f; (de plancher)* Leiste *f.*

lattis [lati] *nm* Lattenwerk *nt.*

lauréat, e [lɔrea, at] *a/nm/f* Gewinner(in *f*) *m.*

laurier [lɔrje] *nm* Lorbeer *m; (CULIN)* Lorbeerblatt *nt.*

lavabo [lavabo] *nm (de salle de bains)* Waschbecken *nt;* ~**s** *pl (toilettes)* Toilette *fsg.*

lavage [lavaʒ] *nm* Waschen *nt;* ~ **d'estomac/d'intestin** Magen-/Darmspülung *f;* ~ **de cerveau** Gehirnwäsche *f.*

lavande [lavãd] *nf* Lavendel *m.*

lave [lav] nf Lava f.

lave-glace [lavglas] nm (AUT) Scheibenwischanlage f.

laver [lave] vt waschen; (tache) abwaschen; (baigner: enfant) baden; **se ~** sich waschen; **se ~ les mains** sich (dat) die Hände waschen; **se ~ les dents** sich (dat) die Zähne putzen.

laverie [lavʀi] nf: **~ (automatique)** Waschsalon m.

laveur, euse [lavœʀ, øz] nm/f (de carreaux) Fensterputzer(in f) m; (de voiture) Wagenwäscher(in f).

lave-vaisselle [lavvɛsɛl] nm inv Geschirrspülmaschine f.

lavoir [lavwaʀ] nm (bac) Spülbecken nt; (édifice) Waschhaus nt.

laxatif, ive [laksatif, iv] a abführend // nm Abführmittel nt.

layette [lɛjɛt] nf Babyausstattung f.

le (l'), la, les [l(ə), la, le] dét (l'), die (f), das (nt), die (pl) // pron (personne: mâle) ihn / (: femelle) sie; (chose) ihn (m), sie (f), es (nt) (remplaçant une phrase) es, das; (indique la possession): **se casser la jambe** sich (dat) das Bein brechen; **levez la main** heb die Hand; **avoir les yeux gris/le nez rouge** graue Augen/eine rote Nase haben; **le jeudi** etc ad (d'habitude) donnerstags etc; (: ce jeudi-là) am Donnerstag; **le matin/soir** ad am Morgen/Abend; **10 F le mètre/kilo** 10 F pro Meter/Kilo; **le tiers/quart** ein Drittel/Viertel.

lécher [leʃe] vt lecken; **~ les vitrines** einen Schaufensterbummel machen.

leçon [l(ə)sɔ̃] nf (SCOL: heure de classe) Stunde f; (: devoir) Lektion f; (fig: avertissement) Lehre f; **faire la ~ à qn** (fig) jdm einen langen Vortrag halten; **~s de conduite** Fahrstunden fpl; **~s particulières** Privatstunden pl, Nachhilfestunden pl.

lecteur, trice [lɛktœʀ, tʀis] nm/f (de journal, livre) Leser(in f) m; (d'université) Lektor(in f) m.

lecture [lɛktyʀ] nf Lesen nt, Lektüre f.

ledit, ladite, mpl **lesdits,** fpl **lesdites** a besagte(r,s).

légal, e, aux [legal, o] a (JUR: âge, formalité) gesetzlich.

légaliser [legalize] vt (situation, fait, papier) legalisieren.

légalité [legalite] nf Legalität f.

légataire [legatɛʀ] nm: **~ universel** Alleinerbe f.

légendaire [leʒɑ̃dɛʀ] a (héros, histoire) legendär; (fig) berühmt.

légende [leʒɑ̃d] nf Legende f.

léger, ère [leʒe, ɛʀ] a (poids, vent) leicht; (erreur, retard) klein, geringfügig; (superficiel) leichtfertig; (volage) locker, lose; **à la légère** ad (parler, agir) unbesonnen, gedankenlos.

légèrement [leʒɛʀmɑ̃] ad leicht, locker; (parler, agir) unbesonnen; **~ plus grand/en retard** leicht größer/im Verzug.

légion [leʒjɔ̃] nf Legion f; **~ étrangère** Fremdenlegion f.

légionnaire [leʒjɔnɛʀ] nm Legionär m.

législatif, -ive [leʒislatif, iv] a gesetzgebend.

législation [leʒislasjɔ̃] nf Gesetzgebung f.

législature [leʒislatyʀ] nf Legislative f.

légiste [leʒist(ə)] a: **médecin ~** Gerichtsarzt m.

légitime [leʒitim] a (JUR: droit) legitim; (parent) gesetzmäßig; (enfant) ehelich; (fig) berechtigt; **en état de ~ défense** in Notwehr.

legs [lɛg] nm Erbschaft f.

léguer [lege] vt: **~ qch à qn** (JUR) jdm etw vermachen; (fig) jdm etw vererben.

légume [legym] nm Gemüse nt.

lendemain [lɑ̃dmɛ̃] nm: **le ~** der nächste Tag; **le ~ matin/soir** am nächsten Morgen/Abend; **le ~ de** am Tag nach; **au ~ de** in den Tagen nach; **sans ~** kurzlebig.

lent, e [lɑ̃, lɑ̃t] a langsam.

lentement [lɑ̃tmɑ̃] ad langsam.

lentille [lɑ̃tij] nf Linse f.

lèpre [lɛpʀ(ə)] nf Lepra f.

lequel, laquelle, mpl **lesquels,** fpl **lesquelles** [ləkɛl] (avec à, de: **auquel, auxquels(quelles);** **duquel, desquels(quelles))** pron (interrogatif) welche(r, s), pl welche; (relatif) welche(r,s), pl⁷ welche; der, die, das, pl die // a: **auquel cas** in diesem Fall.

les [le] dét voir le.

lesbienne [lɛsbjɛn] nf Lesbierin f.

léser [leze] vt Unrecht tun (+dat).

lésiner [lezine] vi: ~ **(sur)** sparen an (+dat).

lésion [lezjɔ̃] nf Verletzung f; ~**s cérébrales** Gehirnschädigung fsg.

lesquels, lesquelles pron voir **lequel**.

lessive [lesiv] nf (poudre) Waschpulver nt; (linge) Wäsche f; **faire la** ~ waschen.

lessiver [lesive] vt (sol) aufwischen; (mur) abwaschen.

lessiveuse [lesivøz] nf Waschkessel m.

lest [lɛst] nm Ballast m.

leste [lɛst(ə)] a flink, behende.

lettre [lɛtʀ(ə)] nf Brief m; (TYP) Letter f; ~**s** fpl (littérature) Literatur f; **à la** ~ (fig: prendre) wörtlich; (: obéir) aufs Wort; **en toutes** ~**s** ausgeschrieben; ~ **de change** Wechsel m.

lettré, e [letʀe] a gebildet, belesen.

leucémie [løsemi] nf Leukämie f.

leur [lœʀ] dét ihr, ihre, ihr // pron ihnen; **le(la)** ~, **les** ~**s** ihr(e), pl ihre; **à leur approche** als sie näher kamen; **à leur vue** bei ihrem Anblick.

leurre [lœʀ] nm (appât) Köder m; (fig) Blendwerk nt.

leurrer [lœʀe] vt irreführen.

levain [ləvɛ̃] nm (de boulanger) Sauerteig m.

levant [ləvɑ̃] am: **soleil** ~ aufgehende Sonne // nm **le L**~ der Orient.

levé, e [l(ə)ve] a: **être** ~ auf sein.

levée [l(ə)ve] nf (P&T) Leerung f; (CARTES) Stich m; ~ **de boucliers** (fig) Welle f des Protestes; ~ **de troupes** Truppenaushebung f.

lever [l(ə)ve] vt aufheben; (bras, poids) hochheben; (tête, yeux) erheben; (difficulté) beseitigen; (impôts) erheben; (armée) ausheben; (CHASSE) aufjagen // vi (CULIN) aufgehen // nm ~ au ~ beim Aufstehen; **se** ~ vi aufstehen; (soleil) aufgehen; (jour) anbrechen; (brouillard) sich aufklären; **ça va se** ~ das Wetter klärt auf; ~ **du jour** Tagesanbruch m; ~ **du rideau** Beginn m der Vorstellung; ~ **de soleil** Sonnenaufgang m.

levier [ləvje] nm Hebel m; ~ **de changement de vitesse** Schalthebel m.

lèvre [lɛvʀ(ə)] nf Lippe f.

lévrier [levʀje] nm Windhund m.

levure [l(ə)vyʀ] nf Hefe f.

lexique [lɛksik] nm (index) Glossar nt.

lézard [lezaʀ] nm Eidechse f.

lézarde [lezaʀd(ə)] nf Riß m, Spalte f.

liaison [ljɛzɔ̃] nf (RAIL, AVIAT etc) Verbindung f; (amoureuse) Liaison f; (PHONETIQUE) Bindung f; **entrer/être en** ~ **avec** in Kontakt treten/sein mit.

liasse [ljas] nf (de billets, lettres) Stoß m, Bündel m.

Liban [libɑ̃] nm: **le** ~ der Libanon.

libanais, e [libanɛ, ɛz] a libanesisch; **L**~, **e** nm/f Libanese m, Libanesin f.

libeller [libele] vt (chèque, mandat): ~ **(au nom de qn)** (auf jdn) ausstellen; (lettre, rapport) formulieren.

libellule [libelyl] nf Libelle f.

libéral, e, aux [libeʀal, o] a (général) großzügig; (économie, politique) liberal.

libéralité [libeʀalite] nf Großzügigkeit f.

libération [libeʀasjɔ̃] nf Befreiung f; **la L**~ (1945) die Befreiung.

libérer [libeʀe] vt befreien; (relâcher) freilassen; (dégager: gaz) freisetzen; **se** ~ (de rendez-vous) sich frei machen.

liberté [libɛʀte] nf Freiheit f; ~**s** (privautés) Freiheiten fpl; **mettre/être en** ~ freilassen/frei sein; **en** ~ **provisoire/surveillée/**

conditionelle auf Kaution/mit Meldeverpflichtung/auf Bewährung freigelassen; ~ **de la presse/ d'opinion** Presse-/Meinungsfreiheit f.

libertin, e [libɛʀtɛ̃, in] a liederlich, ausschweifend.

libraire [libʀɛʀ] nm/f Buchhändler(in f) m.

librairie [libʀɛʀi] nf Buchhandlung f.

libre [libʀ(ə)] a frei; (SCOL) Privat-; ~ **de faire qch** frei, etw zun tun; ~ **de** (contrainte, obligation) frei von; ~ **arbitre** freier Wille m; **libre-échange** nm Freihandel m; **libre-service** nm (magasin) Selbstbedienungsladen m.

licence [lisɑ̃s] nf (permis) Befugnis f, Erlaubnis f; (diplôme) Lizenz f, Diplom nt; (liberté: des mœurs) Zügellosigkeit f.

licencié, e [lisɑ̃sje] nm/f (SPORT) Teilnahmeberechtigte(r) mf; (SCOL): ~ **ès lettres** Lizentiat(in f) m der philosophischen Fakultät.

licencier [lisɑ̃sje] vt (renvoyer) entlassen; (débaucher) entlassen, kündigen (+dat).

licencieux, euse [lisɑ̃sjø, øz] a unzüchtig.

lichen [likɛn] nm Flechte f.

lie [li] nf (du vin, cidre) Bodensatz m.

lié, e [lje] a être très ~ **avec qn** (fig) mit jdm sehr eng befreundet sein; être ~ **par** (serment, promesse) verpflichtet sein durch.

liège [ljɛʒ] nm Kork m.

lien [ljɛ̃] nm (corde, fig: analogie) Band nt; (: rapport affectif, culturel) Bande pl, Verbindung f; ~ **de parenté/ famille** Familienbande pl.

lier [lje] vt (cheveux, fleurs etc) zusammenbinden; (paquet) zubinden; (prisonnier, mains) fesseln, binden; (fig: unir) verbinden; (conversation, connaissance) anknüpfen; (CULIN) binden; ~ **qch à** etw verbinden mit; etw binden an/auf (+akk); **se** ~ **avec qn** mit jdm Freundschaft schließen.

lierre [ljɛʀ] nm Efeu m.

liesse [ljɛs] nf: être en ~ im Jubel-

taumel sein.

lieu, x [ljø] nm Ort m, Platz m; ~ **mpl** (habitation, salle): **vider/quitter les** ~**x** eine Wohnung räumen/ verlassen; (endroit: d'un accident, de manifestation): **arriver/être sur les** ~**x** am Schauplatz ankommen/sein; **en haut** ~ an maßgeblicher Stelle; **en premier/dernier** ~ erstens/ letztens; **avoir** ~ stattfinden; **avoir** ~ **de** (se demander, s'inquiéter) Grund haben zu; **tenir** ~ **de** als etw funktionieren ou dienen; **donner** ~ **à** Veranlassung geben zu etw; **au** ~ **de** an der Stelle von, statt (+gen).

lieu-dit [ljødi], pl **lieux-dits** nm Ort m, Örtlichkeit f.

lieutenant [ljøtnɑ̃] nm Oberleutnant m.

lièvre [ljɛvʀ(ə)] nm Feldhase m.

liftier [liftje] nm Liftboy m.

ligament [ligamɑ̃] nm Band nt.

ligne [liɲ] nf (gén) Linie f; (TRANSPORTS: liaison) Strecke f, Linie f; (silhouette féminine): **garder la** ~ die Figur halten; "**à la** ~" "neue Zeile"; **entrer en** ~ **de compte** in Betracht gezogen werden; ~ **de but/ médiane** Tor-/Mittellinie f.

lignée [liɲe] nf Linie f.

ligneux, euse [liɲø, øz] a hölzern.

ligoter [ligɔte] vt binden, fesseln.

ligue [lig] nf (association) Bund m, Liga f.

liguer [lige] vt: **se** ~ **contre** sich verbünden gegen.

lilas [lila] nm Flieder m.

limace [limas] nf Nacktschnecke f.

limaille [limaj] nf: ~ **de fer** Eisenspäne mpl.

limande [limɑ̃d] nf Scharbe f.

lime [lim] nf (TECH) Feile f; ~ **à ongles** Nagelfeile f.

limer [lime] vt feilen.

limier [limje] nm Spürhund m.

limite [limit] nf Grenze f; **sans** ~**s** grenzenlos; **vitesse/âge** ~ Höchstgeschwindigkeit f/-alter nt; **date** ~ letzter Termin f.

limiter [limite] vt (délimiter) begren-

zen; *(restreindre):* ~ qch (à) etw beschränken (auf +*akk*).

limoger [limɔʒe] *vt* *(POL)*
kaltstellen.

limon [limɔ̃] *nm* Schlick *m*.

limonade [limɔnad] *nf* Limonade *f*.

limpide [lɛpid] *a* klar.

lin [lɛ̃] *nm* Lein *m*, Flachs *m*.

linceul [lɛ̃sœl] *nm* Leichentuch *nt*.

linge [lɛ̃ʒ] *nm* Wäsche *f*; *(pièce de
tissu)* Tuch *nt*; *(aussi:* ~ **de corps)**
Unterwäsche *f*; *(aussi:* ~ **de toilette)**
Handtücher *pl*; ~ **sale** schmutzige
Wäsche *f*.

lingerie [lɛ̃ʒʀi] *nf* *(vêtements)* Unterwäsche *f*.

lingot [lɛ̃go] *nm* Barren *m*.

linguiste [lɛ̃gɥist] *nm/f* Lin-
guist(in *f*) *m*.

linguistique [lɛ̃gɥistik] *nf* Lingui-
stik *f*.

linoléum [linɔleɔm] *nm* Linoleum *nt*.

lion, ne [ljɔ̃, ljɔn] *nm/f* Löwe *m*, Löwin
f; **L~** *(ASTR)* Löwe.

liqueur [likœʀ] *nf* *(digestif)* Likör *m*.

liquidation [likidɑsjɔ̃] *nf* *(vente)*
Verkauf *m*; *(règlement)* Regelung *f*,
Erledigung *f*; *(COMM)* Ausverkauf
m; *(fam: meurtre)* Beseitigung *f*.

liquide [likid] *a* flüssig // *nm*
Flüssigkeit *f*; *(COMM):* **en** ~ in bar.

liquider [likide] *vt* *(société, dettes)*
verkaufen; *(compte, dettes)* regeln,
bezahlen; *(affaire, travail, problème)*
erledigen; *(COMM: stock, articles)*
ausverkaufen; *(témoin gênant)*
beseitigen, liquidieren.

lire [liʀ] *vi, vt* lesen // *nf* *(monnaie ita-
lienne)* Lira *f*.

lis [lis] *nm* = **lys**.

lisible [lizibl(ə)] *a* lesbar.

lisière [lizjɛʀ] *nf* *(de forêt)* Rand *m*; *(de
tissu)* Kante *f*, Saum *m*.

lisse [lis] *a* glatt.

lisser [lise] *vt* glätten.

liste [list(ə)] *nf* Liste *f*; **faire la ~ de**
eine Liste machen von; ~
électorale Wählerliste *f*.

lit [li] *nm* Bett *nt*; **faire son ~** das
Bett machen; **aller** ou **se mettre au**
~ ins Bett gehen; ~ **de camp**
Feldbett *nt*.

literie [litʀi] *nf* Bettzeug *nt*.

litière [litjɛʀ] *nf* *(d'animal)* Wurf *m*.

litige [litiʒ] *nm* Rechtsstreit *m*.

litigieux, euse [litiʒjø, jøz] *a (sujet)*
umstritten, strittig.

litre [litʀ(ə)] *nm* Liter *m* ou *nt*; **un** ~
de vin/bière ein Liter Wein/Bier.

littéraire [liteʀɛʀ] *a* literarisch.

littérature [liteʀatyʀ] *nf* Literatur *f*.

littoral, aux [litɔʀal, o] *nm* Küste *f*.

liturgie [lityʀʒi] *nf* Liturgie *f*.

livide [livid] *a* blaß, bleich.

livraison [livʀɛzɔ̃] *nf* Lieferung *f*.

livre [livʀ(ə)] *nm* Buch *nt* // *nf (poids,
monnaie)* Pfund *nt*; ~ **de bord**
Logbuch *nt*; ~ **de poche** Taschen-
buch *nt*.

livré, e [livʀe] *a:* ~ **à soi-même** ~
(dat) selbst überlassen // ~ Livree *f*.

livrer [livʀe] *vt* *(COMM)* liefern; *(pri-
otage, coupable)* ausliefern; *(: secret,
information)* verraten, preisgeben;
se ~ **à** *(se confier à: ami, personne)*
sich anvertrauen (+*dat*); *(se rendre:
police, justice)* sich stellen (+*dat*);
(faire) sich widmen (+*dat*).

livret [livʀɛ] *nm* *(petit livre)* Broschüre *f*; *(d'opéra)* Libretto *nt*; ~ **de
caisse d'épargne** Sparbuch *nt*; ~
de famille Stammbuch *nt*; ~
scolaire Zeugnisheft *nt*.

livreur, euse [livʀœʀ, øz] *nm/f* Liefe-
rant(in *f*) *m*.

lobe [lɔb] *nm:* ~ **de l'oreille** Ohr-
läppchen *nt*.

lober [lɔbe] *vt* *(FOOTBALL)* steil
anspielen; *(TENNIS)* im Lob spielen.

local, e, aux [lɔkal, o] *a* lokal,
örtlich // *nm (salle)* Lokal *nt* // *nmpl*
Räumlichkeiten *pl*.

localiser [lɔkalize] *vt* *(repérer: dans
l'espace)* lokalisieren; *(: dans le
temps)* datieren; *(limiter)* einschränken.

localité [lɔkalite] *nf* *(ADMIN)* Örtlichkeit *f*, Ortschaft *f*.

locataire [lɔkatɛʀ] *nm/f* Pächter(in *f*)
m, Mieter(in *f*) *m*.

location [lɔkasjɔ̃] *nf* *(par le locataire)*
Miete *f*, Mieten *f*; *(par l'usager)*
Mieten *nt*; *(par le propriétaire)* Ver-
mieten *nt*; '~ **de voitures**' 'Wagen-

verleih' m.

locomotive [lɔkɔmɔtiv] nf Lokomotive f; (fig) Schrittmacher m.

locution [lɔkysjɔ̃] nf Ausdruck m.

loge [lɔʒ] nf (THEATRE: d'artiste) Ankleideraum m, (: de spectateurs) Loge f; (de concierge) Pförtnerloge f; (de franc-maçon) Loge f.

logement [lɔʒmɑ̃] nm Unterkunft f, (appartement) Wohnung f.

loger [lɔʒe] vt unterbringen // vi (habiter) wohnen; **trouver à se** ~ Unterkunft finden; **se** ~ **dans** (sujet: balle, flèche) steckenbleiben in (+dat).

logeur, euse [lɔʒœr, øz] nm/f Vermieter(in f) m.

logique [lɔʒik] a logisch // nf Logik f.

logis [lɔʒi] nm Wohnung f, Haus nt.

loi [lwa] nf Gesetz nt; **faire la** ~ bestimmen, das Sagen haben.

loin [lwɛ̃] ad (dans l'espace) weit; (dans le temps: passé) weit zurück; (: futur) fern; **plus** ~ weiter; **moins** ~ (**que**) nicht so weit (wie); ~ **de** weit von; **au** ~ in der Ferne; **de** ~ von weitem; (fig: de beaucoup) bei weitem.

lointain, e [lwɛ̃tɛ̃, ɛn] a entfernt; (dans le passé) weit zurückliegend; (dans le futur) entfernt; (fig: cause, parent) entfernt // nm: **dans le** ~ in der Ferne.

loisir [lwazir] nm: **heures de** ~ Mußestunden fpl, ~s nmpl (temps libre) Freizeit f; (activités) Freizeitgestaltung f; **prendre/avoir le** ~ **de faire qch** sich (dat) die Zeit nehmen/Zeit haben, etw zu tun.

Londres [lɔ̃dʀ(ə)] nm London nt.

long, longue [lɔ̃, lɔ̃g] a lang; (très lang); **de 3 m** ~ **3 m lang** // nf: **à la longue** auf die Dauer; **de longue date** alt; **être** ~ **à faire** qch lange zu etw brauchen; **en** ~ längs; (tout) **le** ~ **de** entlang (+dat); **de** ~ **en large** (marcher) hin und her.

long-courrier [lɔ̃kuʀje] nm (AVIAT) Fernstreckenflugzeug nt.

longe [lɔ̃ʒ] nf (corde) Strick m; (CULIN) Lende f.

longer [lɔ̃ʒe] vt entlanggehen; (en voiture) entlangfahren; (sujet: mur,

route) entlangführen.

longévité [lɔ̃ʒevite] nf Langlebigkeit f.

longiligne [lɔ̃ʒiliɲ] a langgliedrig.

longitude [lɔ̃ʒityd] nf (GEO) Länge f; **45° de** ~ **nord/ouest** 45° nördlicher/ westlicher Länge.

longitudinal, e, aux [lɔ̃ʒitydinal, o] a Längen-.

longtemps [lɔ̃tɑ̃] ad lange; **avant** ~ bald; **pour/pendant** ~ lange; **il y a** ~ **que je travaille/l'ai connu** ich arbeite/kenne ihn schon lange; **il y a** ~ **que je n'ai pas travaillé** ich habe schon lange nicht mehr gearbeitet.

longuement [lɔ̃gmɑ̃] ad lange.

longueur [lɔ̃gœr] nf Länge f; ~s nfpl (fig: d'un film, livre) Längen pl; **sur une longueur de 10 km** auf einer Länge von 10 km; ~ ad (être) in der Länge; (mettre) der Länge nach.

longue-vue [lɔ̃gvy] nf Fernrohr nt.

lopin [lɔpɛ̃] nm: ~ **de terre** Stück nt Land.

loquace [lɔkas] a redselig.

loque [lɔk] nf (fig: personne) Wrack nt; ~s nfpl (habits) Fetzen mpl.

loquet [lɔkɛ] nm (de porte) Riegel m.

lorgner [lɔʀɲe] vt (regarder) anstarren; (convoiter) liebäugeln mit.

Lorraine [lɔʀɛn] nf: **la** ~ Lothringen nt.

lors [lɔʀ]: ~ **de** prép während (+gen), anläßlich (+gen).

lorsque [lɔʀsk(ə)] conj als, wenn.

losange [lɔzɑ̃ʒ] nm Raute f.

lot [lo] nm (part, portion) Anteil m; (de loterie) Los nt; (fig: destin) Los nt, Schicksal nt.

loterie [lɔtʀi] nf Lotterie f.

loti, e [lɔti] a: **être bien/mal** ~ es gut/schlecht getroffen haben.

lotion [lɔsjɔ̃] nf Lotion f.

lotir [lɔtiʀ] vt (diviser) parzellieren; (vendre) parzellenweise verkaufen.

lotissement [lɔtismɑ̃] nm Siedlung f; (parcelle) Parzelle f.

loto [lɔto] nm Lotto nt.

louange [lwɑ̃ʒ] nm: **voiture de** ~ Mietwagen m.

louange [lwɑ̃ʒ] nf: ~s nfpl Lob nt.

louche [luʃ] a zwielichtig, dubios // nf Schöpflöffel m.

loucher [luʃe] vi schielen.

louer [lwe] vt (sujet: propriétaire) vermieten; (: locataire) mieten; (réserver) buchen; (faire l'éloge de) loben; à ~ zu vermieten.

loufoque [lufɔk] a verrückt.

loup [lu] nm (ZOOL) Wolf m.

loupe [lup] nf (OPTIQUE) Lupe f.

louper [lupe] vt (manquer) verfehlen.

lourd, e [lur, lurd(ə)] a schwer; (démarche, gestes) schwerfällig; (METEO) drückend; ~ **de conséquences** folgenschwer.

lourdaud, e [lurdo, od] a (pej: au physique) schwerfällig; (: au moral) flegelhaft.

lourdeur [lurdœr] nf Schwere f; Schwerfälligkeit f; ~ **d'estomac** Magendrücken nt.

louve [luv] nf (ZOOL) Wölfin f.

louvoyer [luvwaje] vi (NAVIG) kreuzen; (fig) geschickt taktieren.

lover [lɔve]: **se** ~ vi sich einrollen.

loyal, e, aux [lwajal, o] a (fidèle) loyal, treu; (fair-play) fair.

loyauté [lwajote] nf Loyalität f, Treue f, Fairneß f.

loyer [lwaje] nm Miete f.

lu, e [ly] pp de **lire**.

lubie [lybi] nf Marotte f.

lubrifiant [lybrifjɑ̃] nm Schmiermittel nt.

lubrifier [lybrifje] vt (TECH) schmieren.

lucarne [lykarn(ə)] nf (de toit) Dachluke f.

lucide [lysid] a (esprit) klar; (personne) bei klarem Verstand; scharfsichtig.

lucratif, ive [lykratif, iv] a lukrativ; **à but non** ~ nicht auf Gewinn ausgerichtet.

lueur [lɥœr] nf Schein m.

luge [lyʒ] nf Schlitten m; **faire de la** ~ Schlitten fahren.

lugubre [lygybr(ə)] a (voix, musique) düster; (air, personne) gedrückt, trübsinnig; (maison, endroit) finster.

lui [lɥi] pron (objet indirect: femelle) ihr; (: mâle) ihm; (: chose) ihm (m), ihr

(f), ihm (nt); (avec préposition: +acc) ihn, sie, es; (+dat): ihm, ihr, ihm; (sujet: humain) er; (: non humain ou animé, y compris pays) es.

luire [lɥir] vi scheinen, glänzen; (étoiles, lune, yeux) leuchten.

lumbago [lɔ̃bago] nm Hexenschuß m.

lumière [lymjɛr] nf Licht nt; ~ s nfpl (d'une personne) Wissen ntsg; **à la** ~ **du jour** bei Tageslicht; **à la** ~ **de** (fig) angesichts (+gen); **donner de la** ~ Licht geben; **faire (toute) la** ~ **sur** (fig) gänzlich aufklären (+akk).

luminaire [lyminɛr] nm (appareil) Licht nt.

lumineux, euse [lyminø, øz] a (émettant de la lumière) leuchtend; (éclairé) erhellt; (ciel, journée, couleur) hell; (relatif à la lumière: rayon etc) Licht-.

lunaire [lynɛr] a Mond-.

lunatique [lynatik] a launisch, wunderlich, schrullig.

lundi [lœdi] nm Montag m; **le** ~ **20 août** (lettre) Montag, den 20. August; ~ **de Pâques** Ostermontag m.

lune [lyn] nf Mond m; ~ **de miel** Flitterwochen pl.

lunette [lynɛt(ə)] nf ~ s nfpl Brille f; ~ **d'approche** Teleskop nt; ~ **arrière** (AUT) Heckscheibe f; ~ s **noires** Verdunklungsbrille f; ~ s **de soleil** Sonnenbrille f; ~ s **protectrices** Schutzbrille f.

lustre [lystr(ə)] nm (lampe) Kronleuchter m; (fig: éclat) Glanz m.

lustrer [lystre] vt (faire briller) polieren; (poil d'un animal) striegeln.

luth [lyt] nm Laute f.

lutin [lytɛ̃] nm Kobold m.

lutte [lyt] nf Kampf m.

lutter [lyte] vi kämpfen; (SPORT) ringen.

luxe [lyks(ə)] nm Luxus m; **de** ~ à la Luxus-.

Luxembourg [lyksɑ̃bur] nm: **le** ~ Luxemburg m.

luxer [lykse] vt: **se** ~ **l'épaule/le genou** sich (dat) die Schulter/das Knie ausrenken.

luxueux, euse [lyksɥø, øz

luxuriös.

luxure [lyksyʀ] nf Wollust f.

luxuriant, e [lyksyʀjɑ̃, ɑ̃t] a üppig.

lycée [lise] nm Gymnasium nt.

lycéen, ne [liseɛ̃, ɛn] nm/f Gymnasiast(in f) m.

lynx [lɛ̃ks] nm Luchs m.

lyre [liʀ] nf Leier f.

lyrique [liʀik] a lyrisch; **comédie ~** komische Oper f; **théâtre ~** Opernhaus nt.

lys [lis] nm Lilie f.

M

M. abr de **Monsieur**.

m' [m(ə)] pron voir **me**.

ma [ma] dét voir **mon**.

macaron [makaʀɔ̃] nm (gâteau) Makrone f; (natte) Schnecke f; (insigne) Plakette f.

macaroni [makaʀɔni] nm Makkaroni pl; **~ au fromage** Käsemakkaroni pl; **~ au gratin** Makkaroniauflauf m.

macédoine [masedwan] nf: **~ de légumes** gemischtes Gemüse nt; **~ de fruits** Obstsalat m.

macérer [maseʀe] vi: **faire ~** einlegen.

mâché, e [maʃe] a: **papier ~** Pappmaché nt, Papiermaché nt.

mâcher [maʃe] vt kauen; **le travail à ~** jdm die Arbeit vorkauen; **ne pas ~ ses mots** kein Blatt vor den Mund nehmen.

machin [maʃɛ̃] nm (fam) Ding(s) nt.

machinal, e, aux [maʃinal, o] a mechanisch.

machine [maʃin] nf Maschine f; (d'un navire etc) Motor m; (ensemble complexe): **la ~ administrative/économique** der Verwaltungs-/Wirtschaftsapparat; **~ à laver/coudre** Wasch-/Nähmaschine f; **~ à écrire** Schreibmaschine f; **~ à vapeur** Dampfmaschine f.

machine-outil [maʃinuti] nf Werkzeugmaschine f.

machiner [maʃine] vt aushecken.

machinerie [maʃinʀi] nf (d'une usine) Maschinen pl; (d'un navire) Maschinenraum m.

machinisme [maʃinism(ə)] nm: **le ~** die Mechanisierung.

machiniste [maʃinist(ə)] nm (THEAT) Bühnenarbeiter(in f) m; (conducteur, mécanicien) Maschinist m.

mâchoire [maʃwaʀ] nf (ANAT) Kiefer m; (TECH: d'un étau, d'une clef) Backen pl; **~ de frein** Bremsbacken pl.

mâchonner [maʃɔne] vt herumkauen auf (+dat).

maçon [masɔ̃] nm Maurer m.

maçonnerie [masɔnʀi] nf (partie des travaux de construction) Maurerarbeit f; (construction): **~ de briques/de béton** Backstein-/Betonmauerwerk nt.

maculer [makyle] vt beschmutzen; (TYP) verschmieren.

Madame, pl Mesdames [madam, medam] f: **~ X** Frau X; **occupez-vous de ~/Mademoiselle/Monsieur** würden Sie bitte die Dame/den Herrn bedienen; **bonjour ~/Mademoiselle/Monsieur** guten Tag; (si le nom est connu) guten Tag Frau/Fräulein/Herr X; **~/Mademoiselle/Monsieur!** (pour appeler) hallo!, Entschuldigung!; **~/Mademoiselle/Monsieur** (sur lettre) sehr geehrte Dame/sehr geehrter Herr; **chère ~/Mademoiselle/cher Monsieur** sehr geehrte Frau/sehr geehrter Herr X; (plus familier) liebe Frau/liebes Fräulein/lieber Herr X; **Mesdames** meine Damen; **~ la Directrice** Frau Direktor(in) f.

madeleine [madlɛn] nf (gâteau) kleiner, runder Kuchen.

mademoiselle, pl mesdemoiselles [madmwazɛl, medmwazɛl] nf Fräulein nt; voir aussi **Madame**.

madère [madeʀ] nm Madeira m.

magasin [magazɛ̃] nm (boutique) Geschäft nt, Laden m; (entrepôt) Lager nt; (d'une arme) Magazin nt; **grand ~** Kaufhaus nt.

magasinage [magazinaʒ] *nm*
Lagern *nt*.

magazine [magazin] *nm* Zeitschrift
f.

mage [maʒ] *nm*: **les Rois M~s** die
Heiligen Drei Könige.

magicien, ne [maʒisjɛ̃, jɛn] *nm/f*
Zauberer *m*, Zauberin *f*.

magie [maʒi] *nf* (*sorcellerie*) Magie *f*;
(*charme, séduction*) Zauber *m*.

magique [maʒik] *a* (*occulte*)
magisch; (*étonnant*) erstaunlich;
baguette ~ Zauberstab *m*.

magistral, e, aux [maʒistral, o] *a*
(*œuvre, adresse*) meisterhaft; (*ton*)
herrisch; **réussir un coup ~** eine
Meisterleistung vollbringen; **ensei-
gnement/cours ~** Vorlesung
f/Kursus *m*.

magistrat [maʒistra] *nm* (*JUR*)
Magistrat *m*.

magistrature [maʒistratyr] *f*
(*charge*) Richteramt *nt*; (*corps*) Ge-
richtswesen *nt*.

magnanime [maɲanim] *a*
großmütig.

magnétique [maɲetik] *a* magne-
tisch; (*champ, ruban*) Magnet-.

magnétiser [maɲetize] *vt* mag-
netisieren; (*fig*) faszinieren, fesseln.

magnétisme [maɲetism(ə)] *nm*
(*PHYS*) Magnetismus *m*.

magnéto [maɲeto] *nm* Tonband *nt*.

magnificence [maɲifisɑ̃s] *nf* (*faste*)
Pracht *f*.

magnifier [maɲifje] *vt* verherrlichen.

magnifique [maɲifik] *a* großartig;
(*paysage, temps*) herrlich.

magnolia [maɲɔlja] *nm* Magnolie *f*.

magnum [magnɔm] *nm* große
Flasche *f*.

mahométan, e [maɔmetɑ̃, an] *nm/f*
Mohamedaner(in *f*) *m* // *a*
mohamedanisch.

mai [mε] *nm* Mai *m*.

maigre [mεgr(ə)] *a* (*après nom: personne, animal*) mager, dürr; (*: viande,
fromage*) mager; (*avant nom*) dürftig,
spärlich // *ad*: **faire ~** fasten; **jours
~s** Fasttage *mpl*.

maigreur [mεgrœr] *f* Magerkeit *f*,

Magerheit *f*; Spärlichkeit *f*, Dürftig-
keit *f*.

maigrir [mεgrir] *vi* abnehmen // *vt*
schlank machen.

maille [maj] *nf* Masche *f*; **monter
des ~s** (Maschen) aufnehmen; **~ à
l'endroit/à l'envers** rechte/linke
Masche.

maillet [majε] *nm* Holzhammer *m*.

maillon [majɔ̃] *nm* (*d'une chaîne*)
Glied *nt*.

maillot [majo] *nm* Trikot *nt*; (*lange de
bébé*) Windel *f*; **~ de corps** Unterhemd *nt*; **~ de bain** Badeanzug *m*.

main [mε̃] *nf* Hand *f*; **la ~ dans la ~**
Hand in Hand; **à deux/d'une ~(s)**
zwei-/einhändig; **battre des ~(s)**
klatschen; **tenir qch à la ~** etw in
der Hand halten; **fait à la main** von
Hand gemacht; **avoir qch sous la ~**
etw zur Hand haben; **haut les ~s!**
Hände hoch!; **attaque à ~ armée**
bewaffneter Überfall; **voiture de
première/seconde ~** Auto aus
erster/zweiter Hand; **en ~ propre**
persönlich; **forcer la ~ à qn** jdn
zwingen; **prendre qch en ~** (*fig*)
etw in die Hand nehmen; **avoir/
céder/passer la ~** (*CARTES*)
Karten haben/ziehen/geben;
donner un coup de ~ à qn jdm
helfen; **coup de ~** (*fig: attaque*)
Schlag *m*; **à ~ droite/gauche**
rechts/links.

main-d'œuvre [mε̃dœvr] *nf* Arbeit
f; (*ouvriers*) Arbeitskräfte *pl*.

main-forte [mε̃fɔrt(ə)] *nf*: **donner/
prêter ~ à qn** jdm beistehen.

maint, e [mε̃, ε̃t] *a*: **à ~es reprises**
wiederholte Male; **~es fois** oft; **~es
et ~es fois** immer wieder.

maintenant [mε̃tnã] *ad* jetzt; **~ que**
jetzt, da *ou* wo.

maintenir [mε̃tnir] *vt* (*soutenir*)
halten; (*personne*) unterhalten;
(*animal*) halten; (*conserver*) aufrechterhalten; (*affirmer*) behaupten;
se ~ *vi* (*paix*) anhalten, andauern;
(*santé*) gleich bleiben; (*malade*) sich
halten.

maintien [mε̃tjε̃] *nm* Aufrechter-
haltung *f*; (*allure*) Haltung *f*.

maire [mɛʀ] *nm* Bürgermeister *m*.

mairie [meʀi] *nf* Rathaus *nt*; *(administration)* Stadtverwaltung *f*.

mais [mɛ] *conj* aber.

maïs [mais] *nm* Mais *m*.

maison [mɛzɔ̃] *nf* Haus *nt*; *(chez-soi)* Zuhause *nt*; *(COMM)* Firma *f* // *a inv*: **pâté/tarte** ~ Pastete *f*/Torte *f* nach Art des Hauses; **à la** ~ zu/nach Hause; **~ de campagne** Landhaus *nt*; **~ de correction** Besserungsanstalt *f*; **~ de santé** Heilanstalt *f*; **~ de repos** Erholungsheim *nt*; **~ de retraite** Altersheim *nt*; **~ des jeunes et de la culture** Jugendzentrum *nt*; **~ close** *ou* **de passe** Bordell *nt*; **~ de détail/de gros** Einzel-/Großhandelsfirma *f*; **~ mère** Stammhaus *nt*.

maître, esse [mɛtʀ(ə), mɛtʀɛs] *nm/f* Herr(in *f*) *m*; *(chef)* Chef(in *f*) *m*; *(propriétaire)* Eigentümer(in *f*) *m*; *(instituteur, professeur)* Lehrer(in *f*) *m* // *nm (peintre, sculpteur, écrivain)* Meister *m*; *(titre)*: **M~** Meister // *f (d'un amant)* Mätresse *f*, Geliebte *f* // *a* wesentlich; **maison de** ~ Herrenhaus *nt*; **rester** ~ **de la situation** Herr der Lage bleiben; **tableau de** ~ Meisterwerk *nt*; **passer** ~ **dans l'art de qch** etw meisterhaft beherrschen; **une maîtresse femme** eine energische Frau; ~, **esse de maison** Hausherr(in *f*) *m*; ~, **esse d'école** Lehrer(in *f*) *m*; **~ d'armes** Fechtmeister *m*; **~d'hôtel** Oberkellner *m*.

maître-chanteur [mɛtʀəʃɑ̃tœʀ] *nm* Erpresser *m*.

maîtrise [mɛtʀiz] *nf (calme)* Selbstbeherrschung *f*; *(habileté)* Können *nt*; *(domination)* Herrschaft *f* *(de* über *+akk)*; *(diplôme)* Magisterwürde *f*.

maîtriser [mɛtʀize] *vt (cheval)* zähmen, bändigen; *(incendie)* unter Kontrolle bringen; *(sujet)* meistern; *(émotion)* beherrschen; **se** ~ sich beherrschen.

majesté [maʒɛste] *nf* Majestät *f*; **Sa/Votre M~** Seine/Eure Majestät.

majestueux, euse [maʒɛstɥø, øz]

a majestätisch.

majeur, e [maʒœʀ] *a (important)* wichtig; *(JUR)* volljährig; **en** ~**e partie** größtenteils; **la** ~**e partie** der größte Teil.

major [maʒɔʀ] *nm* Major *m*, Oberstabsarzt *m*.

majorer [maʒɔʀe] *vt* erhöhen.

majoritaire [maʒɔʀitɛʀ] *a* Mehrheits-; **système/scrutin** ~ Mehrheitssystem *nt*/-beschluß *m*.

majorité [maʒɔʀite] *nf* Mehrheit *f*; *(JUR)* Volljährigkeit *f*; **absolue/ relative** absolute/relative Mehrheit *f*; ~ **civile** *ou* **électorale** Wahlrecht *nt*; **la** ~ **silencieuse** die schweigende Mehrheit.

majuscule [maʒyskyl] *nf* Großbuchstabe *m* // *a* Groß-, groß.

mal, maux [mal, mo] *nm* Böse(s) *nt*; *(malheur)* Übel *nt*; *(douleur physique)* Schmerz *m*; *(maladie)* Krankheit *f*; *(difficulté)* Schwierigkeit *f*, Mühe *f*; *(souffrance morale)* Leiden *nt*; **le** ~ *(péché)* das Böse // *ad* schlecht // *am* schlecht, übel, schlimm; **faire du** ~ **à qn** jdm weh tun, jdm schaden; **faire** ~ weh tun; **avoir** ~ **à faire qch** Mühe haben, etw zu tun; **dire du** ~ **des autres** schlecht von anderen reden; **penser du** ~ **de qn** über jdn schlecht denken; **ne voir aucun** ~ **à** nichts Schlechtes sehen in *(+dat)*; **ne vouloir de** ~ **à personne** niemandem übelwollen; **j'ai** ~ **au cœur** mir ist (es) schlecht; **être** ~ sich nicht wohl fühlen; **avoir** ~ **à la tête/aux dents** Kopf-/ Zahnschmerzen *pl* haben; **avoir le** ~ **du pays** Heimweh *nt* haben; **se faire** ~ sich verletzen; **tourner** ~ sich zum Schlechten wenden; **se sentir** *ou* **se trouver** ~ sich elend fühlen; **être au plus** ~ *(brouillé)* sich schlecht verstehen; *(malade)*: **il est au plus** ~ es geht ihm sehr schlecht; **pas** ~ nicht schlecht; **pas** ~ **de** *(beaucoup de)* viel(e); **bon gré** ~ **gré** mehr oder weniger gern.

malade [malad] *a* krank; *(poitrine, gorge)* entzündet // *nm/f* Kranke(r) *mf*; **tomber** ~ krank werden; **être** ~

du cœur herzleidend sein; ~ **mental** geisteskrank; **grand** ~ Schwerkranke(r) *mf*.

maladie [maladi] *nf* Krankheit *f*.

maladif, ive [maladif, iv] *a (personne)* kränklich; *(pâleur)* kränklich; *(curiosité etc)* krankhaft.

maladresse [maladʀɛs] *nf* Ungeschicklichkeit *f*.

maladroit, e [maladʀwa, wat] *a* ungeschickt.

malaise [malɛz] *nm* Unbehagen *nt*; *(MED)* Unwohlsein *nt*.

malappris [malapʀi] *nm* Flegel *m*.

malaria [malaʀja] *nf* Malaria *f*.

malavisé, e [malavize] *a* unbedacht.

malchance [malʃɑ̃s] *nf*: **le** ~ **das Pech**; *(mésaventure) (Pech!)* Pech *nt*; **par** ~ unglücklicherweise.

mâle [mɑl] *nm* Mann *m*; *(animal)* Männchen *nt* // *a* männlich; **prise** ~ *(ELEC)* Stecker *m*.

malédiction [malediksjɔ̃] *nf* Fluch .

malentendu [malɑ̃tɑ̃dy] *nm* Mißverständnis *nt*.

malfaisant, e [malfəzɑ̃, ɑ̃t] *a* böse; *(idées)* schädlich.

malfaiteur [malfɛtœʀ] *nm* Verbrecher *m*.

malformation [malfɔʀmasjɔ̃] *nf* Deformation *f*.

malgache [malgaʃ] *a* madagassisch // *nm/f* Madagasse *m*, Madagassin *f* // *nm (LING)* Madagassisch *nt*.

malgré [malgʀe] *prep* trotz *(+gen)*; ~ **soi/lui** gegen seinen Willen; ~ **tout** trotz allem.

malheur [malœʀ] *nm* Unglück *nt*; *(inconvénient)* Mißgeschick *nt*.

malheureux, euse [malœʀø, øz] *a* unglücklich; *(triste)* traurig; **la** ~ **e femme** de **arme Frau** // *nm/f* Arme(r) *mf*; *(insignifiant):* **une** ~ **euse petite erreur** ein bedauerlicher kleiner Irrtum.

malhonnête [malɔnɛt] *a* unehrenhaft.

malhonnêteté [malɔnɛtte] *nf* Unehrenhaftigkeit *f*.

malice [malis] *nf* Bosheit *f*; **par** ~ aus Bosheit; **sans** ~ ohne Arg.

malicieux, ieuse [malisjø, øz] *a*

schelmisch.

malin, igne [malɛ̃, iɲ] *a (personne)* clever, schlau; *(influence)* böse; *(tumeur)* bösartig.

malingre [malɛ̃gʀ(ə)] *a* schwächlich.

malle [mal] *nf* Truhe *f*; *(AUT):* ~ **arrière** Kofferraum *m*.

malléable [maleabl(ə)] *a* formbar.

mallette [malɛt] *nf (valise)* Köfferchen *nt*.

malmener [malməne] *vt* grob behandeln; *(fig)* hart angreifen.

malodorant, e [malɔdɔʀɑ̃, ɑ̃t] *a* übelriechend.

malotru, e [malɔtʀy] *nm* Lümmel *m*, Flegel *m*.

malpropre [malpʀɔpʀ(ə)] *a* schmutzig.

malsain, e [malsɛ̃, ɛn] *a* ungesund; *(esprit)* krankhaft.

malt [malt] *nm* Malz *nt*.

maltraiter [maltʀete] *vt* mißhandeln; *(fig)* hart angreifen.

malveillance [malvejɑ̃s] *nf (hostilité)* Feindseligkeit *f*; *(intention de nuire)* Böswilligkeit *f*.

malvenu, e [malvəny] *a*: **être** ~ **de/à faire qch** nicht das Recht haben, etw zu tun.

maman [mamɑ̃] *nf (fam)* Mama *f*.

mamelle [mamɛl] *nf* Euter *nt*.

mamelon [mamlɔ̃] *nm (ANAT)* Brustwarze *f*; *(petite colline)* Hügel *m*.

mammifère [mamifɛʀ] *nm* Säugetier *nt*.

manche [mɑ̃ʃ] *nf* Ärmel *m*; *(d'un jeu)* Runde *f*; **la M**~ der Ärmelkanal // *nm* Griff *m*; *(de violon etc)* Hals *m*; ~ **à air** Windsack *m*.

manchette [mɑ̃ʃɛt] *nf* Manschette *f*; *(titre large)* Schlagzeile *f*; **boutons de** ~ Manschettenknöpfe *pl*.

manchon [mɑ̃ʃɔ̃] *nm (de fourrure)* Muff *m*; ~ **à incandescence** Glühstrumpf *m*.

manchot [mɑ̃ʃo] *nm* Einarmige(r), Eindhändige(r), Armlose(r) *m*; *(ZOOL)* Pinguin *m*.

mandarine [mɑ̃daʀin] *nf* Mandarine *f*.

mandat [mɑ̃da] *nm (procuration)*

Vollmacht f; (d'un député etc) Mandat nt; (POSTE) Postanweisung; **toucher un** ~ eine Postanweisung erhalten; ~ **télégraphique** telegrafische Anweisung f; ~ **d'arrêt** ou **de dépôt** Haftbefehl m; ~ **d'amener** Vorladung f.

mandataire [mɑ̃datɛʀ] nm Bevollmächtigte(r) mf.

mandat-carte [mɑ̃dakaʀt] nf Anweisung f als Postkarte.

mandat-lettre [mɑ̃daletʀ] nf Anweisung f als Brief.

mander [mɑ̃de] vt kommen lassen; (faire savoir) benachrichtigen.

manège [manɛʒ] nm Manege f; (du Jahrmarkt) Karussell nt; (fig) Schliche pl; **faire un tour de** ~ Karussell fahren; ~ **de chevaux de bois** (Pferde)karussell nt.

manette [manɛt] nf Hebel m, Druckknopf m.

mangeable [mɑ̃ʒabl(ə)] a eßbar.

mangeoire [mɑ̃ʒwaʀ] nf Futtertrog m.

manger [mɑ̃ʒe] vt essen; (ronger, attaquer) zerfressen; (utiliser, consommer) verschlingen // vi essen.

maniable [manjabl(ə)] a handlich; (voiture, voilier) wendig; (personne) lenksam, gefügig.

maniaque [manjak] a pingelig; (fou) wahnsinnig // nm/f (fam) Verrückte(r) mf.

manie [mani] nf Manie f; (MED) Wahn m.

maniement [manimɑ̃] nm Umgang m, Umgehen (de mit); (d'un appareil) Gebrauch m; (d'affaires) Verwaltung f; ~ **d'armes** Waffenübung f.

manier [manje] vt umgehen mit; (fig) manipulieren.

manière [manjɛʀ] nf Art f, Weise f; (style) Stil m; ~**s** nfpl (attitude) Benehmen nt; (chichis) Theaternt; **de** ~ à so daß, damit; **de telle** ~ **que** so daß; **de cette** ~ auf diese Art und Weise; **d'une** ~ **générale** ganz allgemein; **de toute** ~ auf alle Fälle; **d'une certaine** ~ in gewisser Hinsicht; **manquer de** ~**s** kein Benehmen haben; **faire des** ~**s** sich anstellen.

benehmen, Theater machen; **sans** ~**s** zwanglos; **employer la** ~ **forte** hart durchgreifen; **complément/ adverbe de** ~ Umstandsbestimmung f.

maniéré, e [manjeʀe] a geziert, affektiert.

manifestant, e [manifɛstɑ̃, ɑ̃t] nm/f Demonstrant(in f) m.

manifestation [manifɛstasjɔ̃] nf Manifestation f; (de joie etc) Ausdruck m, Äußerung f; (rassemblement) Demonstration f.

manifeste [manifɛst(ə)] a offenbar // nm (déclaration) Manifest nt.

manifester [manifɛste] vt (volonté, intentions) manifestieren, kundtun; (inquiétude, étonnement) zeigen // vi demonstrieren; **se** ~ vi sich zeigen; (difficultés) auftauchen; (témoin etc) sich melden.

manigance [manigɑ̃s] nf Trick m, Intrige f.

manipulateur, trice [manipylatœʀ, tʀis] nm/f (technicien) Techniker(in f) m; (prestidigitateur) Zauberkünstler(in f) m; (pej) Manipulator(in f) m.

manipuler [manipyle] vt (TECH) handhaben; (colis) transportieren; (transformer) manipulieren; (fig) manipulieren.

manivelle [manivɛl] nf Kurbel f.

mannequin [man[kɛ̃] nm (COUTURE) Schneiderpuppe f; (vitrine) Schaufensterpuppe f; (femme) Modell nt, Mannequin nt.

manœuvre [manœvʀ(ə)] nf Steuerung f, Führen nt, Bedienung f; (MIL, fig) Manöver nt // nm (ouvrier) Hilfsarbeiter(in f) m.

manœuvrer [manœvʀe] vt (bateau, voiture) steuern; (cordage) führen; (levier, machine) bedienen; (personne) manipulieren // vi manövrieren.

manoir [manwaʀ] nm Landsitz m.

manomètre [manɔmɛtʀ] nm Manometer nt.

manque [mɑ̃k] nm (insuffisance) Mangel m; ~**s** nmpl Mängel pl; **par** ~ **de** aus Mangel an (+dat).

manqué, e [mɑ̃ke] a: **garçon** ~ Wildfang m.

manquement [mãkmã] nm: ~ à Verstoß m gegen.

manquer [mãke] vi fehlen // vt verfehlen, verpassen; (ne pas réussir) verderben // vb impers: **il manque des pages** es fehlen Seiten; ~ **à qn** jdm fehlen; ~ **à qch** (être en moins) zu ou bei etw fehlen; (ne pas se conformer à) verstoßen gegen; **il manque d'argent/de patience** es fehlt ihm das Geld/die Geduld; **elle a manqué (de) se faire écraser** sie wäre fast überfahren worden.

mansarde [mãsard(ǝ)] nf Mansarde f.

mansuétude [mãsyetyd] nf Milde f.

manteau, x [mãto] nm Mantel m; (de cheminée) Kaminsims m.

manucure [manykyr] nf Maniküre f.

manuel, le [manɥɛl] a manuell; (commande) Hand- // nm Handbuch nt; **travailleur** ~ Arbeiter m.

manufacture [manyfaktyr] nf (établissement) Fabrik f.

manufacturé, e [manyfaktyre] a: **produit/article** ~ Fertigerzeugnis nt.

manuscrit, e [manyskri, it] a handschriftlich // nm Manuskript nt.

manutention [manytãsjɔ̃] nf (manipulation) Verladen nt; (local) Lager nt.

mappemonde [mapmɔ̃d] nf (carte plane) Erdkarte f; (sphère) Globus m.

maquereau, x [makro] nm (proxénète) Kuppler m; (souteneur) Zuhälter m; (ZOOL) Makrele f.

maquette [makɛt] nf Skizze f; (à trois dimensions) Modell nt.

maquillage [makijaʒ] nm Schminke f, Make-up nt; (fig) Fälschung f.

maquiller [makije] vt (visage) schminken; (falsifier) fälschen; (dénaturer, fausser) frisieren, verfälschen; **se** ~ sich schminken.

maquis [maki] nm Dickicht nt; (résistance) Widerstandsbewegung f.

maquisard [makizar] nm französischer Widerstandskämpfer.

maraîcher, ère [mareʃe, mareʃɛr] a (culture) Gemüse- // nm/f

Gemüsegärtner(in f) m.

marais [mare] nm (marécage) Sumpf m, Moor nt.

marasme [marasm(ǝ)] nm (apathie) Lustlosigkeit f; (ECON) Stagnation f.

marathon [maratɔ̃] nm Marathon(lauf) m.

maraudeur [marodœr] nm Dieb m.

marbre [marbr(ǝ)] nm Marmor m.

marbrer [marbre] vt (surface) marmorieren; (peau) sprenkeln.

marc [mar] nm (de raisin, pommes) Treber pl; ~ **de café** Kaffeesatz m.

marchand, e [marʃɑ̃, ɑ̃d] nm/f Händler(in f) m // a: **prix/valeur ~(e)** Handelspreis m/-wert m; ~ **en gros/au détail** Groß-/ Einzelhändler(in f) m; ~ **de couleurs** Drogist(in f) m; ~ **de quatre saisons** Obst- und Gemüsehändler(in f) m.

marchandage [marʃɑ̃daʒ] nm Handeln m, Feilschen nt (pej).

marchander [marʃɑ̃de] vt (article) handeln ou feilschen (pej) um // vi handeln, feilschen (pej).

marchandise [marʃɑ̃diz] nf (COMM) Ware f.

marche [marʃ(ǝ)] nf (promenade) Spaziergang m; (activité) Gehen nt; (démarche) Gang m; (d'un train, navire) Fahrt f; (d'une horloge) Gang m; (du temps, progrès, affaire) Lauf m; (d'un service) Verlauf m; (MUS, MIL) Marsch m; (d'un escalier) Stufe f; **à une heure de** ~ zu Fuß eine Stunde entfernt; **faire** ~ **arrière**, rückwärts fahren/gehen; **mettre en** ~ in Gang setzen; **monter/prendre en** ~ aufspringen; ~ **à suivre** Vorgehen nt.

marché [marʃe] nm Markt m; (affaire) Geschäft nt; **(à) bon** ~ billig; **par dessus le** ~ obendrein, noch dazu; **M~ Commun** Europäische (Wirtschafts)gemeinschaft f; ~ **noir** schwarzer Markt m; ~ **du travail** Arbeitsmarkt m; ~ **aux puces** Flohmarkt m.

marchepied [marʃǝpje] nm Trittbrett nt.

marcher [marʃe] vi (personne)

gehen, laufen; (MIL) marschieren; (rouler) fahren; (fonctionnner, réussir) laufen, gehen; (fam: consentir) mitmachen; (: croire naïvement) darauf hereinfallen; ~ **sur** gehen auf (+dat); (mettre le pied sur) treten auf (+akk); (MIL) zumarschieren auf (+akk); ~ **dans** (herbe etc) gehen auf (+dat); (flaque) treten in (+akk); **faire** ~ **qn** jdn auf den Arm nehmen.

marcheur, euse [marʃœr, øz] nm/f Wanderer m, Wanderin f.

mardi [mardi] nm Dienstag m; **M~ gras** Fastnachtsdienstag m.

mare [mar] nf Tümpel m; ~ **de sang** Blutlache f.

marécage [mareka3] nm Sumpf m, Moor nt.

maréchal, aux [mareʃal, o] nm Marschall m.

maréchal-ferrant [mareʃalfɛrɑ̃] nm Schmied m.

marée [mare] nf Gezeiten pl; (poissons) frische Seefische pl; ~ **haute/basse** Hoch-/Niedrigwasser nt; ~ **montante** Ebbe f; ~ **descendante** Flut f.

marémotrice [maremotris] a: **usine/énergie** ~ Gezeitenkraftwerk nt/-energie f.

margarine [margarin] nf Margarine f.

marge [mar3(ə)] nf Rand m; (fig) Spielraum m; **en** ~ **(de)** am Rande (von); ~ **bénéficiaire** Gewinnspanne f.

marginal, e, aux [mar3inal, o] a am Rande befindlich, Rand-; (secondaire) nebensächlich.

marguerite [margərit] nf Margerite f.

mari [mari] nm (Ehe)mann m.

mariage [marja3] nm (union) Heirat f; (noce) Hochzeit f; (état) Ehe f; (fig) Verbindung f; ~ **civil/religieux** standesamtliche/kirchliche Trauung f.

marié, e [marje] a verheiratet // nm/f Bräutigam m, Braut f; **jeunes** ~**s** Frischvermählte pl.

marier [marje] vt (sujet: prêtre, maire) trauen; (: parents) verheira-

ten; (fig) paaren; **se** ~ vi heiraten; **se** ~ **avec qn** jdn heiraten.

marin, e [marɛ̃, in] a See-, Meeres-// nm (navigateur) Seemann m; (matelot) Matrose m // nf Marine f// a (couleur) marineblau; **avoir le pied** ~ seefest sein; ~**e de guerre/marchande** Kriegs-/Handelsmarine f.

mariner [marine] vt (gén: faire ~: poisson, viande) marinieren.

marionnette [marjɔnɛt] nf Marionette f.

maritime [maritim] a See-.

marjolaine [mar3olɛn] nf Majoran m.

marmelade [marməlad] nf (confiture) Marmelade f; (compote) Kompott nt.

marmite [marmit] nf (Koch)topf m.

marmonner [marmone] vt murmeln.

marmotter [marmote] vt vor sich (akk) hin murmeln.

Maroc [marɔk] nm: **le** ~ Marokko nt.

marocain, e [marɔkɛ̃, ɛn] a marokkanisch // nm/f Marokkaner(in f) m.

maroquinerie [marɔkinri] nf (industrie) Lederverarbeitung f; (commerce) Lederwarenhandel m; (articles) Lederwaren pl.

marquant, e [markɑ̃, ɑ̃t] a markant.

marque [mark(ə)] nf Zeichen nt; (trace) Abdruck m; (LING): ~ **du pluriel** Pluralzeichen nt; (SPORT, JEU): **décompte des points** (Spiel)stand m; (COMM: cachet, contrôle) Warenzeichen nt; (produit) Marke f; **à vos** ~**s!** auf die Plätze!; **de** ~ a (COMM) Marken-; (fig) bedeutend; ~ **de fabrique** Marken- ou Firmenzeichen nt; ~ **déposée** eingetragenes Warenzeichen nt.

marqué, e [marke] a (linge, drap) ausgezeichnet, markiert; (visage) gezeichnet; (taille) betont; (fig: différence etc) deutlich.

marquer [marke] vt (inscrire, noter) aufschreiben; (frontières) einzeichnen; (fautes, place) anzeichnen, anstreichen; (linge, drap) zeichnen; (bétail) brandmarken; (indiquer) anzeigen; (célébrer) feiern; (laisser une trace sur) zeichnen; (endommager) beschädigen; (JEU: points) machen; (SPORT: buts etc) schießen; (: joueur) decken; (accentuer: taille etc) hervorheben, betonen; (: temps d'arrêt) angeben; (différences) aufzeigen; (manifester: refus etc) ausdrücken, zeigen // vi (sujet: coup) sitzen; (tampon) stempeln; (événement, personnalité) von Bedeutung sein; (SPORT) ein Tor schießen; ~ **la mesure** den Takt schlagen.

marqueterie [markɛtri] nf Intarsienarbeit f.

marqueur [markœr] nm (stylo) Filzstift m.

marquis, e [marki, iz] nm/f Marquis m, Marquise f // nf (auvent) Markise f.

marraine [marɛn] nf Patentante f.

marrant, e [marɑ̃, ɑ̃t] a lustig.

marre [mar] ad (fam): **en avoir ~** die Nase voll haben.

marrer [mare]: **se ~** vi (fam) sich amüsieren, sich kugeln.

marron [marɔ̃] nm Eßkastanie f // a inv (kastanien)braun.

marronnier [marɔnje] nm Eßkastanienbaum m.

mars [mars] nm März m.

marsouin [marswɛ̃] nm Tümmler m.

marteau, x [marto] nm Hammer m; (de porte) Klopfer m; **~-piqueur** Preßlufthammer m.

marteler [martəle] vt hämmern.

martial, e, aux [marsjal, o] a kriegerisch; **loi ~e** Kriegsgesetz nt; **cour ~e** Kriegsgericht nt.

martien, ne [marsjɛ̃, jɛn] a Mars-.

martinet [martinɛ] nm (fouet) Peitsche f; (ZOOL) Mauersegler m.

martyr, e [martir] nm/f Märtyrer(in f) m.

martyriser [martirize] vt martern; (fig) peinigen.

marxisme [marksism(ə)] nm Marxismus m.

mascarade [maskarad] nf Maskerade f; (hypocrisie) Heuchelei f, Theater nt.

mascotte [maskɔt] nf Maskottchen nt.

masculin, e [maskylɛ̃, in] a männlich; (métier, vêtements, équipe) Männer- // nm Maskulinum nt.

masochisme [mazoʃism(ə)] nm Masochismus m.

masque [mask(ə)] nm Maske f; **~ à gas** Gasmaske f.

masquer [maske] vt (paysage, porte) maskieren; (vérité, projet) verschleiern; (goût, odeur) verhüllen; **bal masqué** Maskenball m.

massacre [masakr(ə)] nm Massaker nt; **jeu de ~** Ballwurfspiel nt.

massacrer [masakre] vt massakrieren; (fig) verschandeln.

massage [masaʒ] nm Massage f.

masse [mas] nf Masse f; (quantité) Menge f; **la ~** die Masse f; (quantité) Menge f; **la ~ des** die Masse f; **~ s** nfpl: **la grande ~ des** die Masse + gen; **en ~** (en bloc, en foule) en masse; **une ~ de** jede Menge.

massepain [maspɛ̃] nm Marzipan m.

masser [mase] vt (assembler) versammeln; (personne, jambe) massieren; **se ~** sich versammeln.

masseur, euse [masœr, øz] nm/f Masseur m, Masseurin f.

massif, ive [masif, iv] a massiv; (porte, silhouette) massig // nm (GEO) Massiv nt; (de fleurs) Blumenbeet nt.

massue [masy] nf Keule f.

mastic [mastik] nm (pâte) Kitt m.

mastiquer [mastike] vt (aliment) kauen; (vitre) verkitten.

mat, e [mat] a matt; (son) dumpf // a inv (ÉCHECS) schachmatt.

mât [ma] nm Mast m.

match [matʃ] nm Spiel nt; **~-aller/retour** Hin-/Rückspiel nt; **faire ~ nul** 0 : 0 ou unentschieden spielen.

matelas [matla] nm Matratze f; **~ d'air** Luftkissen nt; **~ pneumatique** Luftmatratze f.

matelasser [matlase] vt (fauteuil) polstern; (manteau) füttern.

matelot [matlo] nm (marin) Matrose m.

mater [mate] vt (personne) bändigen; (révolte etc) unter Kontrolle bringen.

matérialiste [materjalist(ə)]

materialistisch // nm/f Materialist(in f) m.

matériaux [materjo] nmpl (de construction) Baumaterial nt.

matériel, le [materjɛl] a materiell; (impossibilité) praktisch; (preuve) greifbar // nm (équipement) Material nt; (de camping, pêche) Ausrüstung f.

maternel, le [matɛrnɛl] a mütterlich; (grand-père, oncle) mütterlicherseits ad; (qualité, protection) Mutter-; **école** ~le Kindergarten m; **langue** ~le Muttersprache f.

maternité [matɛrnite] f (état): la ~ die Mutterschaft; (grossesse) Schwangerschaft f; (établissement) Entbindungsheim nt.

mathématicien, ienne [matematisjɛ̃, jɛn] nm/f Mathematiker(in f) m.

mathématique [matematik] a mathematisch; ~s nfpl Mathematik f.

matière [matjɛr] nf Stoff m, Materie f.

matin [matɛ̃] nm Morgen m, Vormittag m; **le** ~ (chaque ~) morgens; **par** **un** ~ **de décembre** an einem Dezembermorgen; **dimanche** ~ Sonntagvormittag m; **jusqu'au** ~ bis frühmorgens; **le lendemain** ~ am nächsten Morgen; **hier** ~ gestern morgen; **du** ~ **au soir** von morgens bis abends; **tous les** ~**s** jeden Morgen; ~ **et soir** morgens und abends; **une heure du** ~ ein Uhr nachts; **un beau** ~ ein schöner Morgen; **eines schönen Morgens; de** **grand/bon** ~ am frühen Morgen.

matinal, e, aux [matinal, o] a morgendlich; (personne): **être** ~ ein Morgenmensch sein.

matinée [matine] nf Morgen m, Vormittag m; (spectacle) Matinee f, Frühvorstellung f; **faire la grasse** ~ bis in den Tag hinein schlafen.

matou [matu] nm Kater m.

matraque [matrak] nf Knüppel m.

matricule [matrikyl] nf (registre, liste) Matrikel f // a: **registre/** **numéro/livret** ~ Stammregister m/-nummer f/-buch nt.

matrimonial, **e,** **aux** [matrimɔnjal, o] a: **agence** ~**e** Heiratsvermittlung f; **régime** ~ Ehevertrag m.

maturité [matyrite] nf Reife f.

maudire [modir] vt verfluchen, verwünschen.

maudit, e [modi, it] a verflucht.

mausolée [mozole] nm Mausoleum nt.

maussade [mosad] a mürrisch; (ciel, temps) unfreundlich.

mauvais, e [mɔvɛ, ɛz] a schlecht; (faux) falsch; (malveillant) böse // ad: **il fait** ~ es ist schlechtes Wetter; **la** **mer est** ~**e** das Meer ist stürmisch.

mauve [mov] nm (BOT) Malve f // a malvenfarbig, mauve.

maximal, e, aux [maksimal, o] a maximal.

maxime [maksim] nf Maxime f.

maximum [maksimɔm] a Höchst- // nm (de vitesse, force) Maximum nt; **le** ~ **de chances** das Höchstmaß an Möglichkeiten; **atteindre un/son** ~ ein/sein Höchstmaß erreichen; **au** ~ (pousser, utiliser) bis zum äußersten; (tout au plus) höchstens, maximal.

mazout [mazut] nm Heizöl nt.

me [m(ə)] pron mich; (dat) mir.

mécanicien, ienne [mekanisjɛ̃, jɛn] nm/f Mechaniker(in f) m.

mécanique [mekanik] a mechanisch // nf Mechanik f; **ennui** ~ Motorschaden m.

mécanisation [mekanizasjɔ̃] nf Mechanisierung f.

mécaniser [mekanize] vt mechanisieren.

mécanisme [mekanism(ə)] nm Mechanismus m.

méchanceté [meʃɑ̃ste] nf (d'une personne, parole) Boshaftigkeit f; (parole, action) Gemeinheit f.

méchant, e [meʃɑ̃, ɑ̃t] a boshaft, gemein; (enfant: turbulent) böse, unartig; (animal) bissig; (avant le nom: désagréable) übel.

mèche [mɛʃ] nf (d'une lampe, bougie) Docht m; (d'un explosif) Zündschnur f; (d'une perceuse, de dentiste) Bohrer m; (de cheveux: coupés) Locke f; (: d'une autre couleur) Strähne f.

mécompte [mekɔ̃t] nm (erreur de calcul) Rechenfehler m; (déception) Enttäuschung f.

méconnaissable [mekɔnɛsabl(ə)] a unkenntlich.

méconnaître [mekɔnɛtʀ(ə)] vt verkennen.

mécontent, e [mekɔ̃tɑ̃, ɑ̃t] a unzufrieden.

mécontenter [mekɔ̃tɑ̃te] vt verärgern.

médaille [medaj] nf Medaille f.

médaillon [medajɔ̃] nm Medaillon nt.

médecin [medsɛ̃] nm Arzt m; ~ généraliste praktischer Arzt m; ~ de famille Hausarzt m; ~ traitant behandelnder Arzt m.

médecine [medsin] nf Medizin f.

médiation [medjasjɔ̃] nf Schlichtung f.

médical, e, aux [medikal, o] a ärztlich.

médicament [medikamɑ̃] nm Medikament nt.

médicinal, e, aux [medisinal, o] a Heil-.

médiéval, e, aux [medjeval, o] a mittelalterlich.

médiocre [medjɔkʀ(ə)] a mittelmäßig.

médiocrité [medjɔkʀite] nf Mittelmäßigkeit f.

médire [medir] vi: ~ de schlecht reden von.

médisance [medizɑ̃s] nf: la ~ üble Nachrede f, Klatsch m.

méditatif, ive [meditatif, iv] a nachdenklich, sinnend.

méditation [meditasjɔ̃] nf: la ~ die Meditation; (pensée profonde) Gedanke m.

méditer [medite] vt nachdenken über (+akk); (combiner) vorhaben // vi nachdenken; (REL) meditieren.

Méditerranée [mediterane] nf: la ~ das Mittelmeer.

méditerranéen, enne [mediteʀaneɛ̃, ɛn] a Mittelmeer- // nm/f Bewohner(in f) m der Mittelmeerländer.

médium [medjɔm] nm (spirite) Medium nt.

méduse [medyz] nf Qualle f.

meeting [mitiŋ] nm Treffen nt, Veranstaltung f.

méfait [mefɛ] nm (faute) Missetat f; (résultat désastreux: gén pl) Schaden m, Auswirkung f.

méfiance [mefjɑ̃s] nf Mißtrauen nt.

méfiant, e [mefjɑ̃, ɑ̃t] a mißtrauisch.

méfier [mefje]: se ~ vi sich in acht nehmen; se ~ de vt mißtrauen (+dat).

mégalomanie [megalɔmani] nf Größenwahn m.

mégaphone [megafɔn] nm Megaphon nt.

mégarde [megard(ə)] nf: par ~ aus Versehen.

mégère [meʒɛʀ] nf Megäre f.

mégot [mego] nm Kippe f.

meilleur, e [mɛjœʀ] a besser; (superlatif): le ~ (de) der/die/das beste // ad besser // nm: le ~ (personne) der Beste; (chose) das Beste; ~ marché billiger; de ~e heure früher.

mélancolie [melɑ̃kɔli] nf Melancholie f.

mélancolique [melɑ̃kɔlik] a melancholisch.

mélange [melɑ̃ʒ] nm Mischung f.

mélanger [melɑ̃ʒe] vt (substance) mischen; (mettre en désordre) durcheinanderbringen; (confondre) **vous mélangez tout!** Sie bringen alles durcheinander!

mélasse [melas] nf Melasse f.

mêlée [mele] nf (bataille) Kampf m; (RUGBY) offenes Gedränge nt.

mêler [mele] vt (ver)mischen; (embrouiller) verwirren; ~ à mischen zu; ~ avec/de vermischen mit; se ~ (couleurs, sujet: chose): se ~ à/avec/de sich vermischen mit; (: personne): se ~ à sich mischen unter (+akk); (: personne): se ~ de sich mischen in (+akk); ~ qn à une affaire jdn in eine Sache verwickeln.

mélodie [melɔdi] nf Melodie f; (composition vocale) Lied nt.

mélodieux, euse [melɔdjø, øz] *a* mélodieux.

melon [m(ə)lɔ̃] *nm* Melone *f*; **chapeau ~** Melone *f*.

membre [mɑ̃br(ə)] *nm* (ANAT) Glied *nt*; (*personne, pays*) Mitglied *nt*; (LING): **~ de phrase** Satzteil *m* // *a* Mitglieds-.

même [mɛm] *a* gleich; **ils ont les mêmes goûts** sie haben den gleichen *ou* denselben Geschmack; **en ~ temps** zur gleichen Zeit, gleichzeitig; **il est la loyauté ~** er ist die Treue selbst; **nous-mêmes/ moi-même** *etc* wir selbst/ich selbst *etc*; **de lui-même** von selbst; **cela revient au ~** das kommt auf dasselbe *ou* das gleiche heraus // *ad* selbst, selber; **réservé, ~ timide** reserviert, ja sogar schüchtern; **~ pas** nicht einmal; **je ne me rappelle ~ plus** ich erinnere mich nicht einmal mehr; **~ lui a ...** selbst er hat ...; **ici ~** genau hier; **de ~** ebenso; **de ~ que** *conj* wie.

mémoire [memwar] *nf* Gedächtnis *nt*; (*d'ordinateur*) Speicher *m*; (*souvenir*) Erinnerung *f* // *nm* (*exposé*) Memorandum *nt*; (*dissertation*) wissenschaftliche Abhandlung *f*; **~s** *nmpl* (*écrit*) Memoiren *pl*; **avoir la ~ des visages/chiffres** ein gutes Personen-/Zahlengedächtnis haben; **avoir de la ~** ein gutes Gedächtnis haben; **à la ~ de** im Gedenken an (+*akk*); **pour ~** zur Erinnerung; **de ~** auswendig.

mémorable [memɔrabl(ə)] *a* denkwürdig.

mémorandum [memɔrɑ̃dɔm] *nm* Memorandum *nt*.

mémorial [memɔrjal] *nm* Denkmal *nt*.

menace [mənas] *nf* Drohung *f*; (*danger*) Bedrohung *f*.

menacer [mənase] *vt* drohen (+*dat*).

ménage [menaʒ] *nm* (*entretien*) Haushalt *m*; (*couple*) Paar *nt*; (*famille, ADMIN*) Haushalt *m*; **faire le ~** den Haushalt machen; **femme de ~** Putzfrau *f*.

ménagement [menaʒmɑ̃] *nm*

(*respect*) Rücksicht *f*; **~s** *nmpl* (*égards*) Umsicht *f*.

ménager [menaʒe] *vt* (*personne*) schonend behandeln; (*traiter avec mesure*) schonen; (*économiser: vêtements, santé*) schonen; (*temps, argent*) sparen; (*arranger*) sorgen für; (*installer*) anbringen.

ménager, ère [menaʒe, ɛr] *a* Haushalts- // *nf* Hausfrau *f*.

mendiant, ate [mɑ̃djɑ̃, ɑ̃t] *nm/f* Bettler(in *f*) *m*.

mendier [mɑ̃dje] *vi* betteln // *vt* betteln um.

menées [məne] *nfpl* Schliche *pl*.

mener [məne] *vt* (*personne*), (*enquête*) durchführen; (*affaires*) leiten // *vi*: (*gagner*) führen; **~ qn à qchn** (*sujet: personne, métier*) jdn führen nach *ou* zu/in (+*akk*); (: *train etc*) jdn bringen nach/in (+*akk*); **~ promener** spazierenführen; **~ à rien/à tout** zu nichts/allem führen.

meneur, euse [mənœr, øz] *nm/f* Führer(in *f*) *m*; (*péj: agitateur*) Drahtzieher *m*; **~ de jeu** Quizmaster *m*.

méningite [menɛ̃ʒit] *nf* Hirnhautentzündung *f*.

ménopause [menɔpoz] *nf* Wechseljahre *pl*.

menottes [mənɔt] *nfpl* (*entraves*) Handschellen *pl*.

mensonge [mɑ̃sɔ̃ʒ] *nm* Lüge *f*.

mensonger, ère [mɑ̃sɔ̃ʒe, ɛr] *a* verlogen.

mensuel, elle [mɑ̃sɥɛl] *a* monatlich.

mental, e, aux [mɑ̃tal, o] *a* (*maladie*) Geistes-; (*âge*) geistig; (*restriction*) innerlich; **calcul ~** Kopfrechnen *nt*.

mentalité [mɑ̃talite] *nf* (*manière de penser*) Denkweise *f*; (*état d'esprit*) Mentalität *f*; (*comportement moral*) Moral *f*.

menteur, euse [mɑ̃tœr, øz] *nm/f* Lügner(in *f*) *m*.

menthe [mɑ̃t] *nf* (BOT) Minze *f*.

mention [mɑ̃sjɔ̃] *nf* (*note*) Vermerk *m*; (SCOL) Note *f*; **~ passable/bien/ très bien** ausreichend/gut/sehr gut.

mentionner [mɑ̃sjɔne] *vt* erwähnen; *(adresse)* angeben.

mentir [mãtir] *vi* lügen; ~ **à qn** jdn belügen.

menton [mãtõ] *nm* Kinn nt; **double** ~ Doppelkinn nt.

menu, e [məny] *a* dünn, winzig; *(peu important)* gering // *ad:* **couper/hacher** ~ fein schneiden/fein hacken // *nm (mets)* Menü nt; *(liste)* Speisekarte f; **la** ~ **e monnaie** das Kleingeld.

menuiserie [mənɥizri] *nf (travail)* Schreinerei f; *(ouvrage):* **plafond en** ~ Holzdecke f.

méprendre [meprãdr(ə)]: **se** ~ **sur** *vt* sich täuschen in (+dat).

mépris [mepri] *nm* Verachtung f; **au** ~ **de** ohne Rücksicht auf (+akk).

méprisable [meprizabl(ə)] *a (honteux)* schändlich, verachtenswert.

méprise [mepriz] *nf* Irrtum m, Verwechslung f.

mépriser [meprize] *vt* mißachten; *(personne)* verachten.

mer [mɛr] *nf* Meer nt; **la M~ du Nord** die Nordsee; ~ **intercontinentale** Ozean m; ~ **fermée** Binnenmeer nt; *(fig):* ~ **de sable/feu** Sand-/Flammenmeer nt; **en haute/pleine** ~ auf hoher See/mitten auf See; **la** ~ **est haute/basse** es ist Flut/Ebbe; **mal de** ~ Seekrankheit f.

mercenaire [mɛrsənɛr] *a* Söldner- // *nm (soldat)* Söldner m.

mercerie [mɛrsəri] *nf (COUTURE):* **articles de** ~ Kurzwaren pl; *(boutique)* Kurzwarengeschäft nt.

merci [mɛrsi] *excl* danke // *nf:* **à la** ~ **de qn/qch** jdm/einer Sache ausgeliefert; ~ **de/pour** vielen Dank für.

mercredi [mɛrkrədi] *nm* Mittwoch m.

mercure [mɛrkyr] *nm* Quecksilber nt.

merde [mɛrd(ə)] *nf (fam!)* Scheiße f // *excl (fam!)* Scheiße!

mère [mɛr] *nf* Mutter f; ~ **célibataire** ledige Mutter f; ~ **adoptive** Adoptivmutter f; **maison** ~ *(COMM)* Muttergesellschaft f.

méridional, e, aux [meridjɔnal, o] *a* südlich, südfranzösisch // *nm/f* Südfranzose m, Südfranzösin f.

meringue [mərɛ̃g] *nf* Baiser nt.

mériter [merite] *vt* verdienen; ~ **de/que** es verdienen zu/,daß.

merlan [mɛrlã] *nm* Merlan m.

merle [mɛrl(ə)] *nm* Amsel f.

merveille [mɛrvɛj] *nf* Wunder nt; **faire** ~/**des** ~**s** Wunder vollbringen; **les sept** ~ **s du monde** die sieben Weltwunder.

merveilleux, euse [mɛrvɛjø, øz] *a* herrlich, wunderbar.

mes [me] *dét voir* ma.

mésange [mezãʒ] *nf* Meise f.

mésaventure [mezavãtyr] *nf* Mißgeschick nt.

mesdames *voir* madame.

mesdemoiselles *voir* mademoiselle.

mésentente [mezãtãt] *nf* Unstimmigkeit f.

mesquin, e [mɛskɛ̃, in] *a* kleinlich; **esprit** ~/**personne** ~**e** Kleingeist m.

mesquinerie [mɛskinri] *nf* Knauserei f.

mess [mɛs] *nm* Kasino nt.

message [mesaʒ] *nm (communication)* Nachricht f; *(d'un écrivain, livre)* Botschaft f.

messager, ère [mesaʒe, ɛr] *nm/f* Bote m, Botin f.

messe [mɛs] *nf* Messe f; ~ **de minuit** Mitternachtsmesse f; ~ **noire** schwarze Messe f.

messie [mesi] *nm:* **le M~** der Messias.

mesure [m(ə)zyr] *nf* Maß nt; *(évaluation)* Messen *m*; *(MUS)* Takt m; *(étalon):* ~ **de longueur/capacité** Längen-/Hohlmaß nt; *(disposition, acte)* Maßnahme f; **sur** ~ nach Maß; **à la** ~ **de qn** jdm entsprechend; **dans la** ~ **de/où** soweit; ~ **qu'ils avancaient, ...** je weiter sie kamen ...; **au fur et à** ~ nach und nach; **être en** ~ **de** imstande sein zu (+inf); **il n'y a pas de commune** ~ **entre eux** man kann sie nicht ver-

gleichen; **unité/système de ~**
Maßeinheit f/-system nt.

mesuré, e [məzyʀe] a (ton) gleichmäßig; (effort) mäßig; (personne)
gemäßigt.

mesurer [məzyʀe] vt messen;
(risque, portée d'un acte) ermessen,
einschätzen; (limiter) bemessen; **se
~ avec/à** sich mit jdm messen.

métal, aux [metal, o] nm Metall nt.

métallique [metalik] a Metall-,
metallen; (éclat, son) metallisch.

métallurgiste [metalyʀʒist(ə)] nm
(ouvrier) Metallarbeiter m; (industriel) Hütteningenieur m.

métamorphose [metamɔʀfoz] nf
Metamorphose f; (fig) Verwandlung
f.

métaphysique [metafizik] a meta-
physisch.

météo [meteo] nf (abr de **météorologie**) Wetterbericht m.

météore [meteoʀ] nm Meteor m.

météorologie [meteoʀɔlɔʒi] nf
(étude) Wetterkunde f, Meteorologie
f; (service) Wetterdienst m.

météorologique [meteoʀɔlɔʒik] a
meteorologisch, Wetter-.

méthode [metɔd] nf Methode f;
(livre) Lehrbuch nt.

méthodique [metɔdik] a metho-
disch.

méticuleux, euse [metikylø, øz] a
gewissenhaft.

métier [metje] nm (profession) Beruf
m; (expérience) Erfahrung f;
(machine) Webstuhl m.

métis, isse [metis] a (enfant)
Mischlings- // nm/f Mischling m.

métisser [metise] vt kreuzen.

métrage [metʀaʒ] nm (mesurer) Ver-
messen nt; (longueur de tissu, film)
Länge f; (FILM): **long ~** Spielfilm m;
moyen ~ Film m mittlerer Länge;
court ~ Kurzfilm m.

mètre [mɛtʀ(ə)] nm (unité) Meter m
ou nt; (règle) Metermaß nt; **un cent/
huit cents ~** (SPORT) ein
Hundert-/Achthundertmeterlauf m.

métrique [metʀik] a: **système ~**
metrisches System nt.

métro [metʀo] nm U-Bahn f; (à Paris)

Metro f.

métropole [metʀɔpɔl] nf (capitale)
Hauptstadt f; (pays) Mutterland nt.

mets [mɛ] nm Gericht nt.

metteur [metœʀ] nm: **~ en scène/
ondes** Regisseur m.

mettre [mɛtʀ(ə)] vt (placer) legen,
stellen, setzen; (ajouter: sucre etc)
tun; (vêtement) anziehen, tragen;
(consacrer) brauchen (à für); (:
énergie) aufwenden; (: espoirs) setzen
(dans in +akk); (enclencher: chauffage,
radio etc) anmachen; (: réveil) stellen
(à auf +akk); (installer: gaz, électricité)
anschließen; (écrire) schreiben;
(dépenser) zahlen; (pari) setzen; (:
dans affaire) stecken (dans in +akk);
se ~ vi (se placer) sich setzen,
(debout) hinstehen; (dans une situation) sich bringen; **~ qn dans une
situation** jdn in eine Lage bringen;
se ~ à genoux sich hinknien; **se ~
au travail** sich an die Arbeit
machen; **se ~ à faire qch** anfangen,
etw zu tun; **se ~ avec qn** sich mit
jdm zusammentun; **se ~ bien avec
qn** sich gut mit jdm stellen; **~ en
bouteille/en sac** in Flaschen/Säcke
füllen; **~ à la poste** zur Post
bringen; **~ du sien** das Seine tun;
du temps à faire qch lange brauchen, um etw zu tun; **~ le désordre**
Unordnung machen; **~ fin à qch**
etw beenden; **~ le feu à qch** etw
anzünden; **mettons que** angenommen, daß; **~ sur pied** (affaire) auf
die Beine stellen; **~ qn debout/
assis** jdn hinstellen/ hinsetzen; **~
au point** klarstellen.

meuble [mœbl(ə)] nm Möbelstück
nt // a (terre) locker; (JUR) beweglich; **~s** Möbel pl.

meublé, e [mœble] a: **chambre ~e**
möbliertes Zimmer nt.

meubler [mœble] vt möblieren; (fig)
gestalten.

meugler [møgle] vi muhen.

meule [møl] nf Mahlstein m; (à
aiguiser, polir) Schleifstein m.

meunier, ière [mønje, jɛʀ] nm/f
Müller(in f) m; (CULIN): **poisson (à
la) ~** Fisch nach Müllerinart.

meurtre [mœrtr(ə)] nm Mord m.
meurtrier, ière [mœrtrije, ijɛr]
nm/f Mörder(in f) m // nf (ouverture)
Schießscharte f // a mörderisch;
(arme) Mord-.
meurtrir [mœrtrir] vt quetschen;
(fig) verletzen.
meurtrissure [mœrtrisyr] nf
blauer Fleck m; (tache: d'un fruit,
légume) Macke f; (fig) Narbe f.
meute [møt] nf Meute f.

mexicain, e [mɛksikɛ̃, ɛn] a
mexikanisch // nm/f: M~
Mexikaner(in f) m.
Mexique [mɛksik] nm: le ~ Mexiko
nt.
mi [mi] nm (MUS) E nt.
mi- [mi] préf halb-; à ~-hauteur/
pente auf halber Höhe; à
~-janvier Mitte Januar.
miauler [mjole] vi miauen.
mi-carême [mikarɛm] nf: la ~
Gründonnerstag m.
miche [miʃ] nf Laib m.
mi-chemin [miʃəmɛ̃]: à ~ ad auf
halbem Wege.
mi-clos, e [miklo, kloz] a halbge-
schlossen.
micro [mikro] nm Mikrophon nt.
microbe [mikrɔb] nm Mikrobe f.
microfiche [mikrɔfiʃ] nf Mikrofiche
m ou nt.
microfilm [mikrɔfilm] nm Mi-
krofilm m.
microscope [mikrɔskɔp] nm Mi-
kroskop nt; **examiner au ~** mi-
kroskopisch untersuchen.
midi [midi] nm (milieu du jour) Mittag
m; (heure) 12 Uhr; (sud) Süden m; (: de
la France): le M~ Südfrankreich nt;
tous les ~ s jeden Mittag; **le repas
de ~** das Mittagessen; **en plein ~**
mitten am Tag.
mie [mi] nf Krume f.
miel [mjɛl] nm Honig m.
mien, mienne [mjɛ̃, mjɛn] a mein,
meine, mein // pron: **le/la ~**
meine(r,s).
miette [mjɛt] nf Krümel m.
mieux [mjø] a besser; (superlatif)
le/la ~ der, die, das beste // ad
besser; am besten // nm (amélio-

ration, progrès) Verbesserung f;
valoir ~ besser sein; **faire de son
~** sein Bestes tun; **aimer ~** lieber
mögen; **faire ~ de** besser (daran)
tun zu; **de ~ en ~** immer besser;
pour le ~ zum Besten; **aller ~**
bessergehen; **du ~ qu'il peut** so gut
er (nur) kann; **au ~** bestenfalls;
faute de ~ in Ermangelung eines
Besseren.
mièvre [mjɛvr(ə)] a schmalzig.
mignon, onne [miɲɔ̃, ɔn] a (joli)
niedlich, süß; (gentil) nett.
migraine [migrɛn] nf Migräne f.
migration [migrasjɔ̃] nf (peuple)
(Völker)wanderung f; (d'oiseaux)
Zug m.
mi-jambe [miʒɑ̃b]: à ~ ad bis an die
Waden.
mijoter [miʒɔte] vt (plat) schmoren;
(: préparer avec soin) liebevoll
zubereiten; (fig) aushecken // vi
schmoren.
milieu, x [miljø] nm (centre) Mitte f;
(fig): **il y a un ~ entre …** es gibt ein
Mittelding nt zwischen (+dat);
(environnement: biologique) Lebens-
bereich m; (: social) Milieu nt; **le
M~** die Unterwelt; **au ~ de** mitten in
(+dat); (table etc) mitten auf
(+dat); **au beau ~ en plein ~ de**
mitten unter (+dat); **le juste ~** der
goldene Mittelweg.
militaire [militɛr] a Militär- // nm
Soldat m; **marine** ~ Marine f; **aviation** ~ Luftwaffe f; **service** ~
Militärdienst m.
militer [milite] vi kämpfen; ~ **pour/
contre** sprechen für/gegen.
mille [mil] num (ein)tausend // nm
(nombre) Tausend f; (mesure de longueur): ~ **marin** Seemeile f; **mettre
dans le** ~ ins Schwarze treffen.
mille-feuille [milfœj] nm (CULIN)
Cremeschnitte aus Blätterteig.
millénaire [milenɛr] nm
Jahrtausend nt // a tausendjährig.
mille-pattes [milpat] nm inv
Tausendfüß(l)er m.
millésime [milezim] nm (médaille)
Jahreszahl f; (vin) Jahrgang m.
millet [mijɛ] nm Hirse f.

milliard [miljaʀ] nm Milliarde f.

milliardaire [miljaʀdɛʀ] nm/f Milliardär(in f) m.

millier [milje] nm Tausend nt; par ~s zu Tausenden.

milligramme [miligʀam] nm Milligramm nt.

millimètre [milimɛtʀ(ə)] nm Millimeter m ou nt.

millimétré, e [milimetʀe] a: papier ~ Millimeterpapier nt.

million [miljɔ̃] nm Million f.

millionnaire [miljɔnɛʀ] nm/f Millionär(in f) m.

mime [mim] nm (acteur) Pantomime m, Patomimin f; (art) Pantomime f.

mimer [mime] vt pantomimisch darstellen; (imiter) nachmachen.

mimique [mimik] nf Mimik f.

mimosa [mimoza] nm Mimose f.

minable [minabl(ə)] a miserabel.

mince [mɛ̃s] a dünn; (personne, taille) schlank; (fig: profit, connaissances) gering; (: prétexte) fadenscheinig.

minceur [mɛ̃sœʀ] nf Dünne f, Schlankheit f.

mine [min] nf (physionomie) Miene f; (extérieur) Aussehen nt; (d'un crayon, explosif, gisement) Mine f; (cavité) Bergwerk nt; Stollen m; (fig): une ~ de eine Fundgrube an (+dat); les M~s (ADMIN) die Bergwerke pl ou Zechen pl; avoir bonne/mauvaise ~ gut/schlecht aussehen; faire ~ de so.tun, als ob; ~ de rien ad mit aller Unschuldsmiene.

miner [mine] vt (saper, ronger) aushöhlen; (MIL) verminen; (fig) untergraben; untergraben.

minéral [mineʀal] nm Erz nt.

minéral, e, aux [mineʀal, o] a Mineral- // nm Mineral nt; eau ~e Mineralwasser nt.

minéralogique [mineʀalɔʒik] a: plaque/numéro ~ Nummernschild nt/Kennzeichen nt.

minet, ette [minɛ, ɛt] nm/f (chat) Kätzchen nt; (pej) Püppchen nt.

mineur, e [minœʀ] a zweitrangig // nm/f (JUR) Minderjährige(r) mf // nm (ouvrier) Bergmann m.

miniature [minjatyʀ] nf (tableau)

Miniatur f; en ~ (fig) in Kleinformat.

minibus [minibys] nm Kleinbus m.

minier, ière [minje, jɛʀ] a Bergwerks-, Bergbau-; (bassin, pays) Gruben-.

mini-jupe [miniʒyp] nf Minirock m.

minimal, e, aux [minimal, o] a minimal.

minime [minim] a sehr klein // nm/f (SPORT) Junior(in f) m.

minimiser [minimize] vt bagatellisieren.

minimum [minimɔm] a Mindest- // nm Minimum nt; au ~ ein Minimum an (+dat); au ~ (au moins) mindestens.

ministère [ministɛʀ] nm Ministerium nt; (gouvernement) Regierung f; (portefeuille) Ministeramt nt; (REL) Priesteramt nt; ~ public Staatsanwaltschaft f.

ministériel, elle [ministeʀjɛl] a Regierungs-, Minister-.

ministre [ministʀ(ə)] nm/f Minister(in f) m; (REL) Pfarrer(in f) m; ~ d'État Staatsminister(in f) m.

minorité [minɔʀite] nf Minderheit f; (âge) Minderjährigkeit f; dans la ~ des cas in den seltensten Fällen; être en ~ in der Minderheit sein.

minoterie [minɔtʀi] nf (Getreide)mühle f.

minuit [minɥi] nm Mitternacht f.

minuscule [minyskyl] a winzig, sehr klein // nf: (lettre) ~ kleiner Buchstabe m.

minute [minyt] nf Minute f; (original) Urschrift f; d'une ~ à l'autre jede Minute; à la ~ auf die Minute; entrecôte/steak ~ Minutensteak nt.

minuter [minyte] vt zeitlich begrenzen.

minuterie [minytʀi] nf Schaltuhr f.

minutie [minysi] nf Akribie f, Gewissenhaftigkeit f.

minutieux, euse [minysjø, øz] a gewissenhaft, äußerst genau.

mirabelle [miʀabɛl] nf (fruit) Mirabelle f.

miracle [miʀakl(ə)] nm Wunder nt.

miraculeux, euse [miʀakylø, øz] a

wunderbar.

mirage [miʀaʒ] nm Fata Morgana f.

mire [miʀ] nf: **être le point de ~** (fig) der Mittelpunkt sein.

mirifique [miʀifik] a großartig, fabelhaft.

miroir [miʀwaʀ] nm Spiegel m.

miroiter [miʀwate] vi spiegeln; **faire ~ qch à qn** jdm etw in glänzenden Farben schildern.

miroiterie [miʀwatʀi] nf Glaserei f.

mis, e [mi, miz] a (table) gedeckt; (personne): **bien/mal ~** gut/schlecht angezogen.

misaine [mizɛn] nf: **mât de ~** Focksegel nt/-mast m.

mise [miz] nf (argent) Einsatz m; (habillement) Kleidung f; ~ **en bouteilles** Flaschenabfüllung f; ~ **en ondes** Spielleitung f; ~ **en scène** Inszenierung f; ~ **sur pied** Gründung f; ~ **en plis** Wasser ou Dauerwelle f; ~ **à feu** Zündung f; ~ **de fonds** Investition f.

miser [mize] vt setzen; ~ **sur** vt setzen auf (+akk); (fig) rechnen mit.

misérable [mizeʀabl(ə)] a kläglich, elend; (personne) bedauernswert; (mesquin: acte, argumentation) miserabel; (avant le nom: insignifiant: salaire) kümmerlich; (: querelle) nichtig // nmf Elende(r) mf.

misère [mizɛʀ] nf (pauvreté): **la ~** die Armut; ~**s** nfpl (malheurs) Kummer m; **salaire de ~** Hungerlohn m; **faire des ~s à qn** jdn quälen ou schikanieren.

miséricorde [mizeʀikɔʀd(ə)] n Barmherzigkeit f.

missel [misɛl] nm Meßbuch nt.

missile [misil] nm Rakete f.

mission [misjɔ̃] nf Mission f; ~ **de reconnaissance** Aufklärungsmission f.

missionnaire [misjɔnɛʀ] nm Missionar m.

missive [misiv] nf Schreiben nt.

mite [mit] nf Motte f.

mité, e [mite] a mottenzerfressen.

mi-temps [mitɑ̃] nf (SPORT) Halbzeit f; **travailler à ~** halbtags arbeiten.

mitigation [mitigasjɔ̃] nf: **~ des peines** Strafmilderung f.

mitraille [mitʀaj] nf (décharge d'obus etc) Geschützfeuer nt.

mitrailler [mitʀaje] vt mit MG-Feuer beschießen; (fig) bombardieren; (fam: photographier) knipsen.

mitraillette [mitʀajɛt] nf Maschinenpistole f.

mitrailleur [mitʀajœʀ] nm MG-Schütze m // am: **fusil ~** Maschinengewehr nt.

mitrailleuse [mitʀajøz] nf (größeres) Maschinengewehr nt.

mitre [mitʀ(ə)] nf (REL) Mitra f.

mi-voix [mivwa]: **à ~** ad halblaut.

mixage [miksaʒ] nm Tonmischung f.

mixer [miksœʀ] nm Mixer m.

mixte [mikst(ə)] a gemischt; **mariage ~** Mischehe f; **double ~** gemischtes Doppel nt.

mixture [mikstyʀ] nf (CHIM) Mixtur f; (boisson) Gesöff nt.

M.L.F. sigle m = mouvement de libération de la femme = Frauenbewegung f.

Mlle, pl **Mlles** abr de **Mademoiselle.**

MM. abr de **Messieurs.**

Mmes, pl **Mmes** abr de **Madame.**

mobile [mɔbil] a beweglich; (nomade) wandernd, Wander- // nm (motif) Beweggrund m.

mobilier, ière [mɔbilje, jɛʀ] a (propriété) beweglich // nm (meubles) Mobiliar nt; **effets/valeurs ~(ière)s** übertragbare Effekten/Werte pl; **vente/saisie ~ière** Eigentumsverkauf m/-pfändung f.

mobilisation [mɔbilizasjɔ̃] nf Mobilisieren nt; Wecken nt; ~ **générale** allgemeine Mobilmachung f.

mobiliser [mɔbilize] vt mobilisieren; (fig: enthousiasme, courage) wecken.

mobilité [mɔbilite] nf Beweglichkeit f, Mobilität f.

mocassin [mɔkasɛ̃] nm Mokassin m.

moche [mɔʃ] a (fam) häßlich.

modalité [mɔdalite] nf Modalität f; **adverbe de ~** Modaladverb nt.

mode [mɔd] nf Mode f // nm Art f,

Weise f; (LING) Modus m; **à la ~**
modisch; **~d'emploi** Gebrauchsan-
weisung f; **~ de paiement** Zah-
lungsweise f.

modèle [mɔdɛl] nm Modell nt;
(exemple) Beispiel nt; **les divers ~
d'entreprises** die verschiedenen
Unternehmensformen pl // **à ~** mus-
tergültig; (cuisine, femme) Muster-; **~
réduit** verkleinertes Modell nt; **~
déposé** (COMM) Gebrauchsmuster
nt.

modeler [mɔdle] vt modellieren; **~
sa conduite sur celle de son père**
sich (dat) ein Beispiel am Verhalten
des Vaters nehmen.

modération [mɔderasjɔ̃] nf (qualité)
Mäßigung f, Einschränkung f;
(action) Drosselung f.

modéré, e [mɔdere] a (mesuré)
maßvoll, gemäßigt; (faible) mäßig //
nm/f Gemäßigte(r) mf.

modérer [mɔdere] vt mäßigen;
(dépenses) einschränken; (vitesse)
drosseln // **se ~** vi sich mäßigen.

moderne [mɔdɛʀn(ə)] a modern;
(vie) heutig; (langues, histoire)
neuere(r,s).

moderniser [mɔdɛʀnize] vt modernisieren.

modeste [mɔdɛst(ə)] a bescheiden;
(petit: employé, commerçant) klein.

modestie [mɔdɛsti] nf Bescheidenheit f.

modification [mɔdifikasjɔ̃] nf
Änderung f, Modifikation f.

modifier [mɔdifje] vt ändern, modi-
fizieren // **se ~** vi sich ändern, sich
wandeln.

modique [mɔdik] a gering.

modiste [mɔdist(ə)] nf Modistin f.

modulation [mɔdylasjɔ̃] nf: **~ de
fréquence** Ultrakurzwelle f.

module [mɔdyl] nm: **~ lunaire**
Mondfähre f.

moduler [mɔdyle] vt modulieren.

moelle [mwal] nf Mark nt.

moelleux, euse [mwalø, øz] a
weich; (chocolat) kremig.

moellon [mwalɔ̃] nm Baustein m.

mœurs [mœʀ(s)] nfpl (morale) Sitten
pl; (coutumes) Bräuche pl; (mode de

vie): **des ~ simples** ein einfaches
Leben nt; (personne): **contraire aux bonnes ~**
wider die guten Sitten (verstoßend);
police des ~ Sittenpolizei f.

mohair [mɔɛʀ] nm Mohair nt.

moi [mwa] pron ich; (objet) mich; mir;
c'est ~ ich bin's.

moignon [mwaɲɔ̃] nm Stumpf m.

moindre [mwɛ̃dʀ(ə)] a ge-
ringere(r,s); **le/la ~ ...** der/die/das
kleinste ....

moine [mwan] nm Mönch m.

moineau, x [mwano] nm Spatz m.

moins [mwɛ̃] ad weniger // nm das
wenigste, das geringste // prép
(calcul) weniger, minus; (heure) vor;
~ grand/riche que kleiner/
weniger reich als; **le/la ~ doué(e)**
der/die Unbegabteste; **le/la ~ riche**
der/die am wenigsten Reiche;
d'eau/de fautes weniger Wasser/
Fehler; **trois jours de ~** drei Tage
weniger; **2 livres en ~** 2 Pfund
weniger/zuwenig; **~ je travaille,
mieux je me porte** je weniger ich
arbeite, desto besser geht es mir; **à
~ que** es sei denn, daß/wenn; **à ~
de** außer daß ou wenn; **pour le ~**
wenigstens; **du ~** wenigstens; **il est
~ cinq** es ist fünf (Minuten) vor; **il fait ~
cinq** es ist minus fünf (Grad).

mois [mwa] nm Monat m; (salaire)
Monatsgehalt nt.

moisi, e [mwazi] a schimm(e)lig //
nm Schimmel m.

moisir [mwaziʀ] vi schimmeln; (fig)
gammeln // vt verschimmeln
lassen.

moisissure [mwazisyʀ] nf Schimmel m.

moisson [mwasɔ̃] nf Ernte f.

moissonner [mwasɔne] vt (céréales)
ernten; (champ) abernten.

moissonneur, euse [mwasɔnœʀ,
øz] nm/f Schnitter(in f) m // nf
(machine) Mähmaschine f; **moisson-
neuse-batteuse** nf Mähdrescher m.

moite [mwat] a feucht.

moitié [mwatje] nf Hälfte f.

molester [mɔlɛste] vt mißhandeln.

molette [mɔlɛt] nf Spornrad nt.

mollement [mɔlmɑ̃] ad (faiblement)

schwach; *(nonchalamment)* lässig.

mollet [mɔlɛ] *nm* Wade *f* // *a:* **œuf** ~ weichgekochtes Ei *nt.*

molleton [mɔltɔ̃] *nm* Molton *m.*

molletonné, e [mɔltɔne] *a:* **gants** ~s gefütterte Handschuhe *pl.*

mollir [mɔliʀ] *vi* weich werden; *(vent)* abflauen; *(fig) (résolution)* nachlassen; *(: personne)* weich werden.

mollusque [mɔlysk(ə)] *nm* Weichtier *nt.*

môme [mom] *nm/f (fam: enfant)* Gör *nt* // *nf (fam: fille)* Biene *f.*

moment [mɔmɑ̃] *nm (instant)* Moment *m,* Augenblick *m; (date:)* **les grands** ~**s de l'histoire** die großen Momente in der Geschichte; *(temps:)* ~ **de gêne/bonheur** peinlicher/glücklicher Moment *ou* Augenblick; *(occasion:)* **profiter du** ~ die Gelegenheit beim Schopf ergreifen; **à un** ~ **donné** zu einem bestimmten Zeitpunkt; **pour un bon** ~ eine ganze Zeitlang; **au** ~ **de** zu der Zeit, als; **au** ~ **où** in dem Moment, als; **à tout** ~ jederzeit; **ce n'est pas le** ~ das ist nicht der richtige Zeitpunkt; **pour le** ~ im Moment; **en ce** ~ in diesem Moment, gerade jetzt; **sur le** ~ im ersten Augenblick; **par** ~**s** manchmal; **d'un** ~ **à l'autre** jeden Augenblick; **du** ~ **où** *ou* **que** da.

momentané, e [mɔmɑ̃tane] *a* momentan, augenblicklich.

momie [mɔmi] *nf* Mumie *f.*

mon, ma, mes [mɔ̃, ma, me] *dét* mein, meine, mein, *pl* meine.

monarchie [mɔnaʀʃi] *nf* Monarchie *f.*

monarque [mɔnaʀk(ə)] *nm* Monarch *m.*

monastère [mɔnastɛʀ] *nm* Kloster *nt.*

monastique [mɔnastik] *a* klösterlich, Kloster-.

monceau, x [mɔ̃so] *nm* Haufen *m.*

mondain, e [mɔ̃dɛ̃, ɛn] *a (vie, obligations)* gesellschaftlich; *(peintre, soirée)* Gesellschafts-; *(personne)* mondän, der besseren Gesellschaft;

carnet ~ Klatschblatt *nt;* **police** ~**e** die Sittenpolizei.

monde [mɔ̃d] *nm* Welt *f; (cosmos)* Weltall *nt; (groupement):* **le** ~ **capitaliste/végétal/du spectacle** die kapitalistische Welt/die Pflanzenwelt/die Welt des Theaters; *(milieu:)* **ne pas être du même** ~ nicht in derselben Welt leben; *(foule:)* **y a-t-il du** ~ **dans le parc?** sind viele Leute im Park?; *(personnes mondaines)* Gesellschaft *f,* High Society *f;* **l'autre** ~ das Jenseits; **tout le** ~ alle, jedermann; **pas le moins du** ~ nicht im geringsten; **le meilleur homme du** ~ der beste Mensch der Welt; **tour du** ~ Reise *f* um die Welt; **homme/femme du** ~ Mann/Frau von Welt.

mondial, e, aux [mɔ̃djal, o] *a* Welt-.

mondialement [mɔ̃djalmɑ̃] *ad* weltweit.

monégasque [mɔnegask(ə)] *a* monegassisch.

monétaire [mɔnetɛʀ] *a (unité)* Währungs-; *(circulation)* Geld-.

mongolien, ne [mɔ̃gɔljɛ̃, jɛn] *a* mongoloid // *nm/f* Mongoloide *m,* Mongoloidin *f.*

moniteur, trice [mɔnitœʀ, tʀis] *nm/f (SPORT: de ski)* Skilehrer(in *f) m; (d'éducation physique)* Sportlehrer(in *f) m; (de colonie de vacances)* Animateur(in *f) m* // *nm:* ~ **cardiaque** Herzschrittmacher *m.*

monnaie [mɔnɛ] *nf (pièce)* Münze *f; (ECON, gén: moyen d'échange)* Geld *nt,* Währung *f; (petites pièces):* **avoir de la** ~ Wechselgeld haben; **faire de la** ~ Wechselgeld bekommen; **avoir la** ~ **de 20F** für 20F Wechselgeld haben; **faire ou donner à qn la** ~ **de 20F** jdm 20F wechseln; **rendre à qn la monnaie (sur 20F)** jdm (auf 20F) herausgeben.

monnayer [mɔneje] *vt* zu Geld machen; *(fig)* Kapital schlagen aus.

monocle [mɔnɔkl(ə)] *nm* Monokel *nt.*

monocorde [mɔnɔkɔʀd(ə)] *a* monoton.

monoculture [mɔnɔkyltyʀ] *nf*

Monokultur f.

monogramme [mɔnɔgram] nm
Monogramm nt.

monolingue [mɔnɔlɛ̃g] a
einsprachig.

monologue [mɔnɔlɔg] nm Monolog
m, Selbstgespräch nt.

monologuer [mɔnɔlɔge] vi
Selbstgespräche führen.

monoplace [mɔnɔplas] a einsitzig //
nm Einsitzer m.

monopole [mɔnɔpɔl] nm Monopol nt.

monopoliser [mɔnɔpɔlize] vt mo-
nopolisieren; (fig) für sich allein
beanspruchen.

monosyllabe [mɔnɔsilab] a einsilbig // nm einsilbiges Wort nt.

monotone [mɔnɔtɔn] a monoton.

monotonie [mɔnɔtɔni] nf Monotonie
f.

monseigneur [mɔ̃sɛɲœr] nm Seine
Exzellenz.

monsieur, pl **messieurs** [məsjø,
mesjø] nm Herr m; voir aussi
Madame.

monstre [mɔ̃str(ə)] nm Monstrum
nt; (MYTHOLOGIE) Ungeheuer nt // a
kolossal; **~s sacrés** (THEAT) Stars
pl.

monstrueux, -euse [mɔ̃stryø, øz]
a (difforme) mißgebildet; (colossal)
Riesen-; (abominable) ungeheuer-
lich, grauenhaft.

monstruosité [mɔ̃stryozite] nf
Ungeheuerlichkeit f, Grausamkeit f;
(MED) Mißbildung f; (atrocité)
Greuel m.

mont [mɔ̃] nm Berg m; **par ~s et par
vaux** durchs ganze Land.

montage [mɔ̃taʒ] nm Aufbau m,
Errichtung f; (d'un bijou) Fassen nt;
(d'une tente) Aufbauen nt; (assemblage) Montage f; (photo-montage)
Photomontage f; (FILM) Montage f;
~ sonore Tonausgabe f.

montagnard, e [mɔ̃taɲar, ard(ə)]
a Berg-, Gebirgs- // nm/f
Gebirgsbewohner(in f) m.

montagne [mɔ̃taɲ] nf Berg m;
(région): **la ~** das Gebirge, die Berge
pl; **route/station de ~** Bergstraße
f/-station f; **la haute/moyenne ~**

das Hoch-/Mittelgebirge; **~s
russes** Berg- und Talbahn f.

montagneux, euse [mɔ̃taɲø, øz] a
bergig, gebirgig.

montant, e [mɔ̃tɑ̃, ɑ̃t] a (mouvement)
aufwärts; (marée) auflaufend,
steigend; (chemin) ansteigend; (robe,
col) hochgeschlossen // nm (d'une
fenêtre, d'un lit) Pfosten m; (d'une
échelle) Sprosse f; (fig: somme) Betrag
m.

mont-de-piété [mɔ̃dpjete] nm
Pfandleihanstalt f.

monte-charge [mɔ̃tʃarʒ(ə)] nm inv
Lastenaufzug m.

montée [mɔ̃te] nf (action de monter)
Aufstieg m; (: en voiture) Auffahrt f;
(pente) Ansteigen nt.

monter [mɔ̃te] vi steigen; (passager):
~ dans einsteigen in (+akk); (avion)
aufsteigen; (voiture) hochfahren;
(route) ansteigen; (température, voix,
prix) ansteigen; (bruit) anschwellen;
(à cheval): **bien/mal** gut/schlecht
reiten // vt (escalier, côte) hinaufgehen, hinauffahren; (cheval) aufsitzen auf (+akk); (femelle) decken;
(valise, courrier) hinauftragen; (tente)
aufschlagen; (bijou) fassen;
(échafaudage, étagère) aufstellen;
(COUTURE: manches, col) annähen;
(film) schneiden; (fig: pièce de théâtre)
aufführen; (: affaire) veranstalten;
se ~ à (frais) sich belaufen auf
(+akk); **~ sur** ou **à un arbre/une
échelle** auf einen Baum/eine Leiter
steigen; **~ à cheval** reiten; **~ à
bicyclette** Fahrrad fahren; **~ à
bord** an Bord gehen.

monteur, euse [mɔ̃tœr, øz] nm/f
(TECH) Monteur m; (FILM) Cutter(in
f) m.

monticule [mɔ̃tikyl] nm Hügel m;
(tas) Haufen m.

montre [mɔ̃tr(ə)] nf Uhr f; **faire ~
de qch** (exhiber) etw zur Schau
tragen; (faire preuve de) etw unter
Beweis stellen.

montrer [mɔ̃tre] vt zeigen; **~ qch à
qn** jdm etw zeigen; **se ~** vi (paraître)
erscheinen; **se ~ habile/à la
hauteur de** sich geschickt/

gewachsen (+*dat*) zeigen.

montreur, euse [mɔ̃trœr, øz] *nm/f:*
~ **de marionnettes** Marionettenspieler(in *f*) *m.*

monture [mɔ̃tyr] *nf (animal)* Reittier
nt; (d'une bague) Fassung *f; (de lunettes)* Gestell *nt.*

monument [mɔnymɑ̃] *nm* Monument *nt; (pour commémorer)* Denkmal *nt;* ~ **aux morts** Kriegerdenkmal.

moquer [mɔke] **se** ~ **de** *vt (railler)*
sich lustig machen über (+*akk*); *(se désintéresser de)* sich nicht kümmern um; *(tromper)* auf den Arm nehmen (+*akk*).

moquette [mɔkεt] *nf* Teppichboden *m.*

moqueur, euse [mɔkœr, øz] *a*
spöttisch.

moral, e, aux [mɔral, o] *a* moralisch; *(force, douleur)* seelisch // *nm (état d'esprit)* Stimmung *f* // *nf* Moral *f;*
au ~ seelisch; **avoir le** ~ **à zéro**
überhaupt nicht in Stimmung sein;
faire la ~**e à qn** jdm eine Strafpredigt halten.

moraliste [mɔralist] *nm/f (auteur)*
Moralist(in *f*) *m; (moralisateur)* Moralprediger(in *f*) *m.*

moralité [mɔralite] *nf* Moral *f.*

morceau, x [mɔrso] *nm* Stück *nt;*
couper/déchirer/mettre en ~**x** in
Stücke schneiden/reißen/teilen.

morceler [mɔrsəle] *vt* aufteilen.

mordant, e [mɔrdɑ̃, ɑ̃t] *a (article, écrivain, ironie)* ätzend; *(froid)*
beißend.

mordiller [mɔrdije] *vt* knabbern an
(+*dat*).

mordre [mɔrdr(ə)] *vt* beißen; *(sujet: insecte)* stechen; *(: lime, ancre, vis)*
fassen; *(: soleil)* stechen; *(: froid)*
beißen // *vi (poisson)* anbeißen; ~
dans *(gâteau)* beißen in (+*akk*); ~
sur *(marge)* übertreten; ~ **à** *(appât)*
anbeißen an (+*dat*); *(fig)* Geschmack
finden an (+*dat*).

mordu, e [mɔrdy] *nm/f:* **un** ~ **de** ein
Fan *m* von.

morfondre [mɔrfɔ̃dr(ə)]: **se** ~ *vi*
sich zu Tode langweilen.

morgue [mɔrg(ə)] *nf (arrogance)*

Dünkel *m; (lieu)* Leichenschauhaus
nt.

morille [mɔrij] *nf* Morchel *f.*

morne [mɔrn(ə)] *a* trübsinnig.

morose [mɔroz] *a* mürrisch.

morphine [mɔrfin] *nf* Morphium *nt.*

mors [mɔr] *nm* Gebiß *nt.*

morse [mɔrs(ə)] *nm (ZOOL)* Walroß
nt; (TEL) Morsealphabet *nt;* **Morsen**
nt.

morsure [mɔrsyr] *nf* Biß *m; (d'insecte)* Stich *m.*

mort, e [mɔr, mɔrt(ə)] *a* tot // *nm/f
(dépouille mortelle)* Leiche *f; (victime)*
Tot(e)r *mf/f/* *nf* Tod *m; (fig: fin)* Niedergang *m*//*nm (CARTES)* Strohmann *m;*
à la ~ **de** an bei jds Tod; **à la vie, à**
la ~ für ewig; **ou vif** tot oder
lebendig; **être** ~ **de peur** sich zu
Tode ängstigen; ~ **de fatigue**
todmüde; **faire le** ~ sich tot stellen;
~**apparente** Scheintod *m;* ~
clinique klinischer Tod *m.*

mortalité [mɔrtalite] *nf* Sterblichkeit *f*, Sterblichkeitsziffer *f.*

mortel, elle [mɔrtεl] *a* tödlich; *(personne)* sterblich.

morte-saison [mɔrtəsεzɔ̃] *nf* Saureguralzeit *f.*

mortier [mɔrtje] *nm (mélange)*
Mörtel *m; (récipient, canon)* Mörser
m.

mortifier [mɔrtifje] *vt* zutiefst
treffen.

mort-né, e [mɔrne] *a* totgeboren.

mortuaire [mɔrtɥεr] *a* Toten-;
cérémonie ~ Totenfeier *f;* **drap** ~
Leichentuch *nt.*

morue [mɔry] *nf (ZOOL)* Kabeljau *m.*

mosaïque [mozaik] *nf* Mosaik *nt.*

mosquée [mɔske] *nf* Moschee *f.*

mot [mo] *nm* Wort *nt; (message):*
mettre un ~ **écrire/recevoir un** ~
ein paar Zeilen schreiben/erhalten; ~
d'esprit geistreiches Wort; ~ **de la**
fin Schlußwort; *(au)* ~ **à** ~ *(traduire)*
wortwörtlich; **au bas** ~ mindestens; **sur/à ces** ~ mit einem Wort;
en un ~ mit einem Wort; **pour** ~
pour ~ wortgetreu; **avoir le**
dernier ~ das letzte Wort haben;
prendre qn au ~ jdn beim Wort

nehmen; ~s croisés Kreuzworträtsel *nt*.

motard [motar] *nm (fam)* Motorradpolizist *m*.

motel [motɛl] *nm* Motel *nt*.

moteur, trice [motœr] *a (force, roue)* treibend; *(nerf)* motorisch // *nm* Motor *m*; ~ à explosion Verbrennungsmotor *m*; ~ à deux/quatre temps Zweitakter-/Viertaktermotor *m*; à ~ Motor-.

motif [motif] *nm* Motiv *nt*; ~s *mnpl (JUR)* Begründung *f*; sans ~ grundlos.

motion [mosjõ] *nf* Antrag *m*; ~ de censure Mißtrauensantrag *m*.

motivé, e [motive] *a (personne)* motiviert.

motiver [motive] *vt (suj: personne)* motivieren; *(: chose)* begründen.

moto [moto] *nf* Motorrad *nt*.

moto-cross [motokrɔs] *nm* Moto-Cross *nt*.

motocycliste [motosiklist(ə)] *nmf* Motorradfahrer(in *f*) *m*.

motoneige [motonɛʒ] *nf* Motorbob *m*.

motorisé, e [motorize] *a* motorisiert.

motte [mɔt] *nf* Klumpen *m*.

mou (mol), molle, moux [mu, mɔl] *a* weich; *(bruit)* schwach; *(fig: geste, personne)* lässig, schlaff *(pej)*; *(: résistance)* schwach // *nm (homme faible)* Schwächling *m*, Weichling *m*; *(abats)* Lunge *f*; **avoir/donner du** ~ **avoir les jambes molles** weiche Knie haben; **chapeau** ~ Schlapphut *m*.

mouchard, e [muʃar] *nm/f* Spitzel *m* // *nm (appareil)* Kontrollapparat *m*.

mouche [muʃ] *nf (ZOOL)* Fliege *f*.

moucher [muʃe] *vt (nez, personne)* schneuzen, putzen; *(chandelle)* ausmachen; **se** ~ *vi* sich *(dat)* die Nase putzen, sich schneuzen.

moucheron [muʃrõ] *nm* Mücke *f*.

moucheté, e [muʃte] *a* gesprenkelt, gescheckt.

mouchoir [muʃwar] *nm* Taschentuch *nt*.

moudre [mudr(ə)] *vt* mahlen.

moue [mu] *nf*: **faire la** ~ einen Flunsch ziehen.

mouette [mwɛt] *nf* Möwe *f*.

moufle [mufl(ə)] *nf (gant)* Fausthandschuh *m*.

mouillage [muja3] *nm (NAVIG)* Liegeplatz *m*.

mouiller [muje] *vt* naß machen, anfeuchten; *(CULIN: ragoût)* verdünnen, Wasser o Wein zugeben zu *(+dat)*; *(: couper)* verdünnen; *(NAVIG: mine)* legen; *(: ancre)* lassen // *vi* ankern.

moule [mul] *nf* Muschel *f* // *nm* Form *f*.

mouler [mule] *vt* formen; ~ **qch sur** *(fig)* etw nach dem Vorbild von etw machen.

moulin [mulɛ̃] *nm* Mühle *f*; ~ à café/à poivre Kaffee-/Pfeffermühle; ~ à légumes Gemüsezerkleinerer *m*; ~ à vent Windmühle *f*.

moulinet [mulinɛ] *nm* Rolle *f*; *(mouvement)*: **faire des** ~**s avec qch** etw herumwirbeln.

moulinette [mulinɛt] *nf* Gemüsezerkleinerer *m*.

moulu, e [muly] *pp de* moudre.

moulure [mulyr] *nf* Stuckverzierung *f*.

mourant, e [murã, ãt] *a* sterbend; *(son)* ersterbend.

mourir [murir] *vi* sterben; *(civilisation)* untergehen; *(flamme)* erlöschen; ~ **de froid** erfrieren; ~ **de faim** verhungern; *(fig)* fast verhungern; ~ **d'ennui** sich zu Tode langweilen; ~ **d'envie de faire qch** darauf brennen, etw zu tun.

mousqueton [muskətõ] *nm (fusil)* Karabiner *m*; *(anneau)* Karabinerhaken *m*.

mousse [mus] *nf* Schaum *m*; *(BOT)* Moos *nt*; *(dessert)* Creme *f*; *(pâté):* ~ de foie gras Leberpastete *f* // *nm* Schiffsjunge *m*; ~ carbonique *nf* Feuerlöschschaum *m*.

mousseline [muslin] *nf* Musselin *m*.

mousser [muse] *vi* schäumen.

mousseux, euse [musø, øz] *a* schaumig // *nm* Schaumwein *m*.

mousson [musɔ̃] nf Monsun m.

moustache [mustaʃ] nf Schnurrbart m.

moustiquaire [mustikɛʀ] nf (rideau) Moskitonetz nt; (châssis) Fliegenfenster nt ou -gitter nt.

moustique [mustik] nm Stechmücke f; Moskito m.

moutarde [mutaʀd(ə)] nf Senf m.

mouton [mutɔ̃] nm Schaf nt; (cuir) Schafsleder nt; (fourrure) Schaffell nt; (viande) Schaf- ou Hammelfleisch nt.

mouvant, e [muvɑ̃, ɑ̃t] a (terrain) nachgiebig.

mouvement [muvmɑ̃] nm (déplacement, activité) Bewegung f; (trafic) Betrieb m; (d'une phrase, d'un récit) Lebendigkeit f; (MUS: rythme) Tempo nt; (: partie) Satz m; (ligne courbe: d'un terrain, sol) Unebenheit f; (mécanisme) Mechanismus m; (de montre) Uhrwerk nt; (fig: impulsion): ~ de colère Wutausbruch m; (variation) Schwankung f, Bewegung f; en ~ in Bewegung.

mouvementé, e [muvmɑ̃te] a (terrain) uneben; (récit) lebhaft; (agité) turbulent.

mouvoir [muvwaʀ] vt bewegen; (fig: personne) antreiben, animieren // se ~ vi sich bewegen.

moyen, enne [mwajɛ̃, ɛn] a (taille, température, classe) mittlere(r,s); (lecteur, spectateur) Durchschnitts-; (passable) durchschnittlich // nm (procédé, façon) Mittel nt // nf Durchschnitt m; ~s nmpl (intellectuels, physiques) Fähigkeiten pl; (pécuniaires) Mittel pl; au ~ de mit Hilfe von; en ~ne durchschnittlich; faire la ~ne den Durchschnitt errechnen; ~ne d'âge Durchschnittsalter nt; par tous les ~s auf Biegen und Brechen; par ses propres ~s allein, selbst; ~ de transport Transportmittel nt; ~âge Mittelalter nt; ~ terme Mittelweg m, Kompromiß m.

moyen-courrier [mwajɛ̃kuʀje] nm Mittelstreckenflugzeug nt.

moyennant [mwajɛnɑ̃] prep (prix)

für; (travail, effort) durch.

moyeu, x [mwajø] nm Radnabe f.

mû, e [my] pp de **mouvoir.**

muer [mɥe] vi (serpent) sich häuten; (oiseau) sich mausern; (voix, garçon) im Stimmbruch sein; **se ~ en** sich verwandeln in (+akk).

muet, ette [mɥe, ɛt] a stumm; ~ **d'admiration/d'étonnement** sprachlos vor Bewunderung/ Staunen; (carte, médaille) leer // nm/f Stumme(r) mf // nm: **le ~** (FILM) der Stummfilm.

mufle [myfl(ə)] nm Maul nt; (fam: goujat) Flegel m.

mugir [myʒiʀ] vi brüllen; (fig: vent, sirène) heulen.

muguet [myɡɛ] nm (BOT) Maiglöckchen nt.

mulâtre, tresse [mylɑtʀ(ə), ɛs] nm/f Mulatte m, Mulattin f.

mule [myl] nf (ZOOL) Mauleselin f; (pantoufle) Pantoffel m.

mulet [mylɛ] nm Maulesel m; (poisson) Meerbarbe f.

multicolore [myltikɔlɔʀ] a bunt.

multinational, e, aux [myltinasjɔnal, o] a multinational.

multiple [myltipl(ə)] a vielfältig; (nombre) vielfach, mehrfach // nm Vielfache(s) nt.

multiplication [myltiplikasjɔ̃] nf (augmentation) Zunahme f, Vermehrung f; (MATH) Multiplikation f.

multiplicité [myltiplisite] nf Vielfalt f.

multiplier [myltiplije] vt vermehren; (exemplaires) vervielfältigen; (MATH) multiplizieren // **se ~** vi (ouvrages, accidents) zunehmen; (êtres vivants, partis) sich vermehren.

multitude [myltityd] nf Menge f.

Munich [munik] n München nt.

municipal, e, aux [mynisipal, o] a Stadt-, Gemeinde-.

municipalité [mynisipalite] nf (corps municipal) Gemeinderat m; (commune) Gemeinde f.

munir [myniʀ] vt: **qn/qch de** jdn/etw ausstatten ou versehen mit.

munition [mynisjɔ̃] nf: ~**s** nfpl Munition f.

muqueuse [mykøz] *nf* Schleimhaut *f.*

mur [myʀ] *nm* Mauer *f;* (*à l'intérieur*) Wand *f;* ~ **du son** Schallmauer *f.*

mûr, e [myʀ] *a* reif // *nf* (*du mûrier*) Maulbeere *f;* (*de la ronce*) Brombeere *f.*

muraille [myʀɑj] *nf* Mauerwerk *nt;* (*fortification*) Stadt-/Festungsmauer *f.*

mural, e, aux [myʀal, o] *a* Mauer-, Wand-.

murène [myʀɛn] *nf* Muräne *f.*

murer [myʀe] *vt* (*enclos*) ummauern; (*issue*) zumauern; (*personne*) einmauern.

muret [myʀɛ] *nm* Mäuerchen *nt.*

mûrir [myʀiʀ] *vi* reifen // *vt* reifen lassen.

murmure [myʀmyʀ] *nm* (*d'un ruisseau*) Plätschern *nt;* ~ **d'approbation/d'admiration** beifälliges/bewunderndes Murmeln *nt;* ~ **de protestation** Protestgemurmel *nt;* ~**s** *nmpl* Murren *nt;* **sans** ~ ohne Murren.

murmurer [myʀmyʀe] *vi* (*chuchoter*) murmeln; (*se plaindre*) murren; (*ruisseau, arbre*) plätschern.

musaraigne [myzaʀɛɲ] *nf* Spitzmaus *f.*

musc [mysk] *nm* Moschus *m.*

muscade [myskad] *nf* Muskat *m;* **noix** ~ Muskatnuß *f.*

muscat [myska] *nm* (*raisin*) Muskatellertraube *f;* (*vin*) Muskateller(wein) *m.*

muscle [myskl(ə)] *nm* Muskel *m.*

musclé, e [myskle] *a* muskulös.

museau, x [myzo] *nm* (*d'un animal*) Schnauze *f.*

musée [myze] *nm* Museum *nt.*

museler [myzle] *vt* (*animal*) einen Maulkorb anlegen (*+dat*); (*fig: opposition, presse*) mundtot machen.

muselière [myzəljɛʀ] *nf* Maulkorb *m.*

musette [myzɛt] *nf* (*sac*) Proviantbeutel *m* // *a inv* (*orchestre etc*) Akkordeon-.

musical, e, aux [myzikal, o] *a* musikalisch, Musik-; (*voix*) klangvoll.

musicien, enne [myzisjɛ̃, jɛn] *nm/f* Musiker(in *f*) *m* // *a* musikalisch.

musique [myzik] *nf* Musik *f;* (*notation écrite*) Noten *pl;* (*d'une phrase*) Melodie *f;* ~ **de chambre** Kammermusik *f;* ~ **de film/militaire** Film-/Militärmusik *f.*

musulman, e [myzylmɑ̃, an] *a* mohamedanisch // *nm/f* Mohamedaner(in *f*) *m.*

mutation [mytasjɔ̃] *nf* (*d'un fonctionnaire*) Versetzung *f.*

mutilation [mytilasjɔ̃] *nf* Verstümmelung *f.*

mutilé, e [mytile] *a* verstümmelt // *nm/f* Krüppel *m;* ~ **de guerre/du travail** Kriegs-/Berufsbeschädigte(r) *mf;* **grand** ~ Schwerbeschädigte(r) *mf.*

mutiler [mytile] *vt* verstümmeln.

mutin, e [mytɛ̃, in] *a* verschmitzt // *nm/f* Meuterer *m.*

mutinerie [mytinʀi] *nf* Meuterei *f.*

mutisme [mytism(ə)] *nm* Stummheit *f.*

mutuel, elle [mytɥɛl] *a* gegenseitig // *nf* Versicherungsverein *m* auf Gegenseitigkeit.

myope [mjɔp] *a* kurzsichtig // *nm/f* Kurzsichtige(r) *mf.*

myopie [mjɔpi] *nf* Kurzsichtigkeit *f.*

myosotis [mjɔzɔtis] *nm* Vergißmeinnicht *nt.*

myrtille [miʀtij] *nf* Heidelbeere *f.*

mystère [mistɛʀ] *nm* Geheimnis *nt;* (*énigme*) Rätsel *nt.*

mystérieux, euse [misteʀjø, øz] *a* geheimnisvoll; (*inexplicable*) rätselhaft; (*secret*) geheim.

mysticisme [mistisism(ə)] *nm* Mystik *f.*

mystifier [mistifje] *vt* täuschen, narren, irreführen.

mystique [mistik] *a* mystisch // *nm/f* Mystiker(in *f*) *m.*

mythe [mit] *nm* Mythos *m;* (*légende*) Sage *f.*

mythique [mitik] *a* mythisch.

mythologie [mitɔlɔʒi] *nf* Mythologie *f.*

mythologique [mitɔlɔʒik] *a* mythologisch.

N

n' [n] *ad voir* **ne.**

nabot [nabo] *nm* Knirps *m*.

nacelle [nasɛl] *nf (de ballon)* Korb *m*.

nacre [nakʀ(ə)] *nf* Perlmutt *nt*.

nacré, e [nakʀe] *a* perlmutterfarben, schimmernd.

nage [naʒ] *nf (action)* Schwimmen *nt*; *(style)* Schwimmstil *m*; **traverser à la ~** durchschwimmen; **s'éloigner à la ~** wegschwimmen; **~ libre/papillon** Frei-/Schmetterlingstil *m*; **en ~** schweißgebadet.

nageoire [naʒwaʀ] *nf* Flosse *f*.

nager [naʒe] *vi* schwimmen.

nageur, euse [naʒœʀ, øz] *nm/f* Schwimmer(in *f*) *m*.

naguère [nagɛʀ] *ad* unlängst, vor kurzem.

naïf, -ïve [naif, naiv] *a* naiv.

nain, e [nɛ̃, nɛn] *nm/f* Zwerg(in *f*) *m*.

naissance [nɛsɑ̃s] *nf* Geburt *f*; *(fig)* Entstehung *f*; **donner ~ à** gebären; *(fig)* entstehen lassen.

naître [nɛtʀ(ə)] *vi* geboren werden; *(fig)* entstehen; **~ de** geboren werden von, entstehen aus; **il est né en 1960** er ist 1960 geboren; **faire ~** erwecken.

naïveté [naivte] *nf* Naivität *f*.

nantir [nɑ̃tiʀ] *vt*: **~ qn de** jdn versehen *ou* ausstatten mit; **les nantis** die Wohlhabenden *pl*.

nappe [nap] *nf* Tischdecke *f*; **~ d'eau** große Wasserfläche *f*.

napperon [napʀɔ̃] *nm* Untersetzer *m*.

naquîmes, naquit *etc voir* **naître.**

narcissisme [naʀsisism(ə)] *nm* Narzißmus *m*.

narcotique [naʀkɔtik] *nm* Betäubungsmittel *nt*.

narguer [naʀge] *vt* verspotten.

narine [naʀin] *nf* Nasenloch *nt*.

narquois, e [naʀkwa, waz] *a* spöttisch.

narrateur, trice [naʀatœʀ, tʀis] *nm/f* Erzähler(in *f*) *m*.

narration [naʀasjɔ̃] *nf* Erzählung *f*.

naseau, x [nazo] *nm* Nüster *f*.

natal, e [natal] *a*: **mon pays ~** mein Heimatland *nt*; **ma ville ~** meine Heimatstadt *f*.

natalité [natalite] *nf* Geburtsrate *f*.

natation [natasjɔ̃] *nf* Schwimmen *nt*; **faire de la ~** Schwimmsport *m* betreiben.

natif, ive [natif, iv] *a (originaire):* **~ de Paris** gebürtiger Pariser.

nation [nasjɔ̃] *nf* Nation *f*, Volk *nt*.

national, e, aux [nasjɔnal, o] *a* national *// nf: (route)* ~ Bundesstraße *f*.

nationalisation [nasjɔnalizasjɔ̃] *nf* Verstaatlichung *f*.

nationaliser [nasjɔnalize] *vt* verstaatlichen.

nationalisme [nasjɔnalism(ə)] *nm* Nationalismus *m*.

nationaliste [nasjɔnalist(ə)] *nm/f* Nationalist(in *f*) *m*.

nationalité [nasjɔnalite] *nf* Nationalität *f*; **il est de ~ française** er ist französischer Staatsbürger.

natte [nat] *nf (tapis)* Matte *f*; *(cheveux)* Zopf *m*.

naturaliser [natyʀalize] *vt* naturalisieren, einbürgern.

naturaliste [natyʀalist(ə)] *nm/f* Naturkundler(in *f*) *m*.

nature [natyʀ] *nf* Natur *f*; *(d'un terrain)* Beschaffenheit *f // a, ad (CULIN)* natur *inv (postposé):* **payer en ~** in Naturalien zahlen; **~ morte** *nf* Stilleben *nt*.

naturel, le [natyʀɛl] *a* natürlich; *(phénomène, sciences)* natur-; *(inné)* angeboren *// nm (caractère)* Art *f*; *(aisance)* Natürlichkeit *f*.

naturellement *ad* natürlich.

naturiste [natyʀist(ə)] *nm/f* FKK-Anhänger(in *f*) *m*.

naufrage [nofʀaʒ] *nm* Schiffbruch *m*; **faire ~** Schiffbruch erleiden.

naufragé, e [nofʀaʒe] *a* schiffbrüchig *// nm/f* Schiffbrüchige(r) *mf*.

nauséabond, e [nozeabɔ̃, ɔ̃d] *a* widerlich.

nausée [noze] *nf* Übelkeit *f*; *(fig)* Ekel *m*; **j'ai la ~** es ist mir schlecht.

nautique [notik] *a* nautisch.

nautisme [notism(ə)] *nm* Wassersport m.

navet [navɛ] nm (BOT) (Steck)rübe f.

navette [navɛt] nf (objet) (Weber)schiffchen nt; (transport) Pendelverkehr m; **faire le ~** pendeln.

navigable [navigabl(ə)] a schiffbar.

navigateur [navigatœʀ] nm (AVIAT) Navigator m; (NAVIG) Seefahrer m.

navigation [navigasjɔ̃] nf Schiffahrt f.

naviguer [navige] vi fahren.

navire [naviʀ] nm Schiff nt.

navrer [navʀe] vt betrüben; **je suis navré** es tut mir leid; **c'est navrant** es ist bedauerlich.

ne, n' [n(ə)] ad nicht; (explétif) se traduit pas.

né, e [ne] a: **~ en 1960** 1960 geboren; **~e Dupont** gebürtige Dupont; **un comédien ~** der geborene Komiker.

néanmoins [neɑ̃mwɛ̃] ad trotzdem, dennoch.

néant [neɑ̃] nm Nichts nt; **réduire à ~** zerstören.

nébuleux, euse [nebylø, øz] a nebelig.

nécessaire [nesesɛʀ] a notwendig; (indispensable) unersätzlich; (effet) unvermeidlich // nm: **~ de toilette** Kulturbeutel m; **~ de couture** Nähtäschchen nt; **faire le ~** das Notwendige tun; **n'emporter que le strict ~** nur das Notwendigste mitbringen.

nécessité [nesesite] nf Notwendigkeit f; (besoin) Bedürfnis nt; **se trouver dans la ~ de faire qch** sich gezwungen sehen, etw zu tun; **par ~** notgedrungen(erweise).

nécessiter [nesesite] vt erfordern.

nécessiteux, euse [nesesitø, øz] a bedürftig.

néerlandais, e [neɛʀlɑ̃dɛ, ɛz] a niederländisch.

nef [nɛf] nf Kirchenschiff nt.

néfaste [nefast(ə)] a unglückselig; (influence) schlecht.

négatif, ive [negatif, iv] a negativ // nm (PHOT) Negativ nt; **répondre par la négative** mit Nein

antworten.

négligé, e [neglize] a (en désordre) schlampig // nm (déshabillé) Negligé nt.

négligeable [neɡliʒabl(ə)] a minimal.

négligent, e [negliʒɑ̃, ɑ̃t] a nachlässig.

négliger [negliʒe] vt vernachlässigen; (ne pas tenir compte) nicht beachten; **~ de faire** vt versäumen, etw zu tun.

négoce [negɔs] nm Handel m.

négociable [negɔsjabl(ə)] a übertragbar.

négociant, e [negɔsjɑ̃, ɑ̃t] nm Händler(in f) m.

négociateur, trice [negɔsjatœʀ, tʀis] nm/f Unterhändler(in f) m.

négociation [negɔsjasjɔ̃] nf Verhandlung f.

négocier [negɔsje] vt aushandeln; (virage) nehmen // vi (POL) verhandeln.

nègre [nɛgʀ(ə)] nm (péj) Neger m; (écrivain) Schreiberling m.

négresse [negʀɛs] nf (péj) Negerin f.

neige [nɛʒ] nf Schnee m; **~ carbonique** Trockenschnee m; **battre les œufs en ~** Eiweiß zu Schnee schlagen.

neiger [neʒe] vb impersonnel: **il neige** es schneit.

nénuphar [nenyfaʀ] nm Seerose f.

néon [neɔ̃] nm Neon nt.

néphrite [nefʀit] nf Nierenentzündung f.

nerf [nɛʀ] nm Nerv m; (vigueur) Elan m, Schwung m.

nerveux, euse [nɛʀvø, øz] a nervös; (MED) Nerven-; (cheval, voiture) sensibel; (tendineux) sehnig.

nervosité [nɛʀvozite] nf Nervosität f.

nervure [nɛʀvyʀ] nf (de feuille) Ader f; (ARCHIT, TECH) Rippe f.

n'est-ce pas [nɛspɑ] ad nicht wahr?

net, nette [nɛt] a deutlich; (propre) sauber, rein; (sans équivoque) eindeutig; (COMM) Netto- // ad (refuser) glatt; (s'arrêter) plötzlich, sofort // nm: **mettre au ~** ins reine schreiben; **netteté** nf Klarheit f.

nettoyage [netwaja3] nm Reinigung f, Säuberung f; ~ **à sec** chemische Reinigung.

nettoyer [netwaje] vt reinigen, säubern.

neuf [nœf] num neun.

neuf, neuve [nœf, nœv] a neu; (original) neuartig // nm: **repeindre à** ~ neu streichen; **remettre à** ~ renovieren; **quoi de** ~? was gibt's Neues?

neutre [nøtr(ə)] a neutral; (LING) sächlich // nm (LING) Neutrum nt.

neuvième [nœvjɛm] a neunte(r,s) // nm Neuntel nt.

neveu, x [nœvø, ɛz] nm Neffe m.

névralgie [nevralʒi] nf Neuralgie f.

névrite [nevrit] nf Nervenentzündung f.

névrose [nevroz] nf Neurose f.

névrosé, e [nevroze] a neurotisch.

nez [ne] nm Nase f; **rire au** ~ **de qn** jdm ins Gesicht lachen; ~ **à** ~ **avec** gegenüber (+dat).

ni [ni] conj: ~ **l'un** ~ **l'autre ne sont...** weder der eine noch der andere ist...; **il n'a rien dit** ~ **fait** er hat weder etwas gesagt, noch etwas getan.

niais, e [njɛ, ɛz] a dümmlich.

niche [niʃ] nf (de chien) (Hunde)hütte f; (dans mur) Nische f.

nicher [niʃe] vi (Vogel) brüten.

nickel [nikɛl] nm Nickel nt.

nicotine [nikɔtin] nf Nikotin nt.

nid [ni] nm Nest nt; ~ **de poule** Schlagloch nt.

nièce [njɛs] nf Nichte f.

nier [nje] vt leugnen.

nigaud, e [nigo, od] nm/f Dummkopf m.

n'importe [nɛpɔrt(ə)] a irgend-; ~ **qui** irgendwer; ~ **quoi** irgend etwas.

niveau, x [nivo] nm Niveau nt; (hauteur) Höhe f; **au** ~ **de** auf gleicher Höhe mit; **de** ~ **(avec)** gleich hoch (wie); **le** ~ **de la mer** die Meereshöhe; ~ **de vie** Lebensstandard m.

niveler [nivle] vt einebnen; (fig)

angleichen.

n° abr de **numéro**.

noble [nɔbl(ə)] a edel, nobel // nm/f Adlige(r) mf.

noblesse [nɔblɛs] nf Adel m; (d'une action) Großmütigkeit f.

noce [nɔs] nf: **les** ~**s** die Hochzeit f; **en secondes** ~**s** in zweiter Ehe; ~**s d'or/d'argent** goldene Hochzeit/ Silberhochzeit f; (fam): **faire la** ~ (wild) feiern.

nocif, ive [nɔsif, iv] a schädlich.

nocturne [nɔktyrn(ə)] a nächtlich.

Noël [nɔɛl] nm Weihnachten nt.

nœud [nø] nm Knoten m; (d'une question) Kernpunkt m.

noir, e [nwar] a schwarz; (sombre) dunkel // nm (MUS) Viertelnote f // nm/f (race) Schwarze(r) mf; **dans le** ~ im dunkeln.

noirceur [nwarsœr] nf Dunkelheit f; Schwärze f; **noircir** vi schwarz werden.

noisette [nwazɛt] nf Haselnuß f // a (yeux) nußbraun.

noix [nwa] nf Walnuß f; **une** ~ **de beurre** ein kleines Stück Butter; **à la** ~ (fam) wertlos; ~ **de cajou** Cashewnuß f; ~ **de coco** Kokosnuß f; ~ **muscade** Muskatnuß f; ~ **de veau** Kalbsnuß f.

nom [nɔ̃] nm Name m; (LING) Substantiv nt; **au** ~ **de** im Namen von (+dat); ~ **de famille** Familienname m; ~ **de jeune fille** Mädchenname m; ~ **d'une pipe** ou **d'un chien** (fam) verflucht!; **Mensch!**

nomade [nɔmad] a nomadisch // nm/f Nomade m, Nomadin f.

nombre [nɔ̃br(ə)] nm Zahl f; (LING) Numerus m; **le** ~ **considérable de gens qui...** die beträchtliche Anzahl von Menschen, die...; ~ **d'années/de gens** viele Jahre/Leute; **ils sont au** ~ **de 3** sie sind zu dritt; **au** ~ **de mes amis** unter meinen Freunden; **sans** ~ zahllos.

nombreux, euse [nɔ̃brø, øz] a (avec pl) viele; (avec sg) groß, riesig; **peu** ~ wenig(e).

nombril [nɔ̃bri] nm Nabel m.

nominatif [nɔminatif] nm Nominativ m.

nomination [nominasjɔ̃] *nf* Ernennung *f*.

nommer [nɔme] *vt* nennen, benennen; *(qualifier)* bezeichnen; *(élire)* ernennen; **se ~** *vi*: **il se nomme Jean** er heißt Jean.

non [nɔ̃] *ad* nein; *(réponse)* nein // *pref* nicht // *nm* nein *nt*; **moi ~ plus** ich auch nicht.

non-alcoolisé, e [nɔnalkɔlize] *a* alkoholfrei.

non-fumeur [nɔ̃fymœr] *nm* Nichtraucher *m*.

non-lieu [nɔ̃ljø] *nm* Einstellung *f*; **il y a eu ~** das Verfahren ist eingestellt worden.

non-sens [nɔ̃sɑ̃s] *nm* Nonsens *m*.

nord [nɔr] *nm* Norden *m* // *a* nördlich, Nord-; **au ~ de** nördlich von (+*dat*); **~-africain, e** nordafrikanisch; **N~, e** *nm/f* Nordafrikaner(in *f*) *m*.

nord-est [nɔrɛst] *nm* Nordosten *m*.

nordique [nɔrdik] *a* nordisch.

nord-ouest [nɔrwɛst] *nm* Nordwesten *m*.

normal, e, aux [nɔrmal, o] *a* normal // *nf*: **la ~e** die Norm; **~ement** *ad* normalerweise.

norme [nɔrm(ə)] *nf* Norm *f*.

Norvège [nɔrvɛʒ] *nf*: **la ~** Norwegen *nt*.

norvégien, ne [nɔrveʒjɛ̃, jɛn] *a* norwegisch; **N~, ne** *nm/f* Norweger(in *f*) *m*.

nos [no] *dét voir* **notre**.

nostalgie [nɔstalʒi] *nf* Nostalgie *f*.

notable [nɔtabl(ə)] *a* bedeutend; *(sensible)* beachtlich // *nm* Prominente(r) *m*.

notaire [nɔtɛr] *nm* Notar *m*.

notamment [nɔtamɑ̃] *ad* besonders.

notation [nɔtasjɔ̃] *nf* Zeichen *pl*; *(note)* Notiz *f*; (SCOL) Zensierung *f*.

note [nɔt] *nf* Note *f*; *(facture)* Rechnung *f*; *(billet)* Zettel *m*, Notiz *f*; *(annotation)* Erläuterung *f*; **prendre des ~s** (SCOL) mitschreiben, sich Notizen machen; **prendre ~ de** *(dat)* sich *(dat)* etw merken; **une ~ de gaieté** eine fröhliche Note; **~ de service** Memorandum *nt*.

noté, e [nɔte] *a*: **être bien/mal** gut/schlecht bewertet werden.

noter [nɔte] *vt* notieren; *(remarquer)* bemerken; *(évaluer)* bewerten; **notez bien) que...** beachten Sie bitte, daß... .

notice [nɔtis] *nf* Notiz *f*; **~ explicative** Erläuterung *f*.

notifier [nɔtifje] *vt*: **~ qch à qn** jdn von etw benachrichtigen.

notion [nosjɔ̃] *nf* Vorstellung *f*, Idee *f*; *(rudiment)*: **~s** Grundwissen *nt*.

notoire [nɔtwar] *a* bekannt; *(en mal)* notorisch.

notre [nɔtr(ə)], **nos** [no] *dét* unser(e), *pl* unsere.

nôtre [notr(ə)] *pron*: **le/la ~** der/die/das unsere; **les ~s** *(famille)* die Unsrigen; **soyez des ~s** schließen Sie sich uns an!

nouer [nwe] *vt* binden, schnüren; *(alliance, amitié)* schließen.

noueux, euse [nwø, øz] *a* knorrig.

nouilles [nuj] *nfpl* Nudeln *pl*.

nourri, e [nuri] *a* *(continu)* anhaltend.

nourrice [nuris] *nf* Amme *f*.

nourrir [nurir] *vt* *(alimenter)* füttern; *(entretenir)* nähren; *(espoir, haine)* nähren; **logé, nourri** mit Übernachtung und Verpflegung; **bien/mal nourri** gut genährt/schlecht ernährt; **~ au sein** stillen; **se ~ de légumes** nichts als Gemüse essen.

nourrissant, e [nurisɑ̃, ɑ̃t] *a* nahrhaft.

nourriture [nurityr] *nf* Nahrung *f*.

nous [nu] *pron* (*sujet*) wir; (*objet*) uns.

nouveau (nouvel), elle, aux [nuvo, ɛl, o] *a* neu // *nm/f* (*personne*) Neue(r) *m/f* // *nm*: **il y a du ~** es gibt Neues // *nf* Nachricht *f*; *(récit)* Novelle *f*; **de ~, à ~** aufs neue, wieder; **je suis sans nouvelles de lui** ich habe nichts von ihm gehört; **Nouvel An** *nm* Neujahr *nt*; **~-né, e** neugeboren // *nm* Neugeborene(s) *nt*; **~ riche** neureich; **~ venu, nouvelle venue** *nf* Neuankömmling *m*; **~té** *nf* Neuheit *f*.

nouvel *am voir* **nouveau**.

nouvelle *a, nf voir* **nouveau**.

novembre [nɔvɑ̃bʀ(ə)] nm November m.

novice [nɔvis] a unerfahren // nm/f Neuling m.

noyade [nwajad] nf Ertrinken nt.

noyau, x [nwajo] nm Kern m.

noyé, e [nwaje] nm/f Ertrunkene(r) mf.

noyer [nwaje] nm Walnußbaum m // vt ertränken, ersäufen; (submerger) überschwemmen; ~ **son moteur** den Motor absaufen lassen; **se** ~ vi ertrinken; sich ertränken.

nu, e [ny] a nackt; (fig) leer // nm Akt m; ~-**pieds, (les) pieds** ~**s** barfuß; ~-**tête, (la) tête** ~**e** barhäuptig; à **mains** ~**es** mit bloßen Händen; à **l'œil** ~ mit bloßem Auge; **se mettre** ~ sich ausziehen; **mettre à** ~ entblößen.

nuage [nɥaʒ] nm Wolke f.

nuageux, euse [nɥaʒø, øz] a wolkig.

nuance [nɥɑ̃s] nf Nuance f; **il y a une** ~ (**entre...**) es gibt einen feinen Unterschied (zwischen +dat).

nuancer [nɥɑ̃se] vt nuancieren.

nucléaire [nykleɛʀ] a nuklear, Kern-.

nudiste [nydist(ə)] nf Nudist(in f) m.

nudité [nydite] nf Nacktheit f, Blöße f.

nuée [nɥe] nf: **une** ~ **de** eine Wolke/ ein Schwarm von.

nues [ny] nfpl: **tomber des** ~ aus allen Wolken fallen; **porter qn aux** ~ jdn in den Himmel heben.

nuire [nɥiʀ] vi schädlich sein; ~ **à qn/qch** jdm/etw schaden.

nuisible [nɥizibl(ə)] a schädlich.

nuit [nɥi] nf Nacht f; **il fait** ~ es ist Nacht; **cette** ~ heute Nacht; **service/vol de** ~ Nachtdienst m/-flug m; ~ **blanche** schlaflose Nacht; ~ **de noces** Hochzeitsnacht.

nul, nulle [nyl] a kein; (non valable) ungültig; (pej) unnütz; **match** ~ unentschieden // pron niemand, keiner; ~**lement** ad keineswegs; ~**le part** ad nirgendwo.

numéraire [nymeʀɛʀ] nm Bargeld nt.

numérateur [nymeʀatœʀ] nm Zähler m.

numération [nymeʀɑsjɔ̃] nf: **décimale/binaire** Dezimal-/ Binärsystem nt.

numérique [nymeʀik] a numerisch.

numéro [nymeʀo] nm Nummer f.

numéroter [nymeʀɔte] vt numerieren.

numismate [nymismat] nm/f Münzensammler(in f) m.

nuque [nyk] nf Nacken m, Genick nt.

nutritif, ive [nytʀitif, iv] a nahrhaft; (fonction) Nähr-.

nutrition [nytʀisjɔ̃] nf Ernährung f.

nylon [nilɔ̃] nm Nylon nt.

nymphomane [nɛ̃fɔman] nf Nymphomanin f.

O

oasis [ɔazis] nf Oase f.

obéir [ɔbeiʀ] vi: **à qn**(-qch) gehorchen; ~ **à qch** : ordre, loi) eine Sache befolgen; (: impulsion, loi naturelle) einer Sache (dat) folgen; (: force) einer Sache (dat) nachgeben.

obéissance [ɔbeisɑ̃s] nf Gehorsam m.

obéissant, e [ɔbeisɑ̃, ɑ̃t] a gehorsam.

obèse [ɔbɛz] a fett(leibig).

objecter [ɔbʒɛkte] vt (prétexter: fatigue) vorgeben; ~ **qch à** : (argument) etw einwenden gegen; (: personne) etw entgegenhalten (+dat).

objecteur [ɔbʒɛktœʀ] nm: ~ **de conscience** Wehrdienstverweigerer m.

objectif, ive [ɔbʒɛktif, iv] a objektiv // nm (PHOT) Objektiv nt; (MIL, fig) Ziel nt; ~ **grand angulaire/à focale variable** Weitwinkel-/ Zoomobjektiv nt.

objection [ɔbʒɛksjɔ̃] nf Einwand m; Widerspruch m.

objectivité [ɔbʒɛktivite] nf Objektivität f.

objet [ɔbʒɛ] nm (chose) Gegenstand m; (sujet, but) Objekt nt; **être ou faire l'** ~ **de qch** (discussion, enquête, soins) Gegenstand einer Sache (gen) sein; **sans** ~ nichtig, gegenstandslos;

personnels persönliche Dinge pl; ~s de toilette Toilettenartikel pl; ~ d'art Kunstgegenstand m; (bureau des) ~s trouvés Fundbüro nt.

obligation [ɔbligasjɔ̃] f (COMM) Obligation f; **sans ~ d'achat/de votre part** unverbindlich; **être dans l'~ de** faire qch, **avoir l'~ de** faire qch verpflichtet sein, etw zu tun.

obligatoire [ɔbligatwar] a obligatorisch.

obligatoire, e [ɔbliʒe] a verpflichtet.

obligeant, e [ɔbliʒã, ãt] a freundlich.

obliger [ɔbliʒe] vt (contraindre): ~ qn à qch (à ou zu) etw zwingen; ~ qn à faire qch jdn zwingen, etw zu tun; (JUR: engager) jdn zu etw verpflichten, jdn verpflichten, etw zu tun; (rendre service à): ~ qn jdm einen Gefallen tun.

oblique [ɔblik] a (ligne, regard) schräg, schräg; **en ~** ad diagonal.

obliquer [ɔblike] vi: ~ **à gauche/à droite/vers qch** nach links/rechts/ gegen etw abschwenken.

oblitération [ɔbliterasjɔ̃] nf (timbre) Entwerten nt.

oblong, **gue** [ɔblɔ̃, ɔblɔ̃g] a länglich.

obscène [ɔpsɛn] a obszön.

obscénité [ɔpsenite] nf Obszönität f.

obscur, e [ɔpskyr] a (sombre) finster, dunkel; (raisons, exposé) obskur; (sentiment) dunkel; (médiocre) unscheinbar; (inconnu) unbekannt, dunkel.

obscurcir [ɔpskyrsir] vt (assombrir) verdunkeln; (fig) unklar machen; **s'~** vi (temps) dunkel werden.

obscurité [ɔpskyrite] nf Dunkelheit f; **dans l'~** im Dunkeln.

obsédé, e [ɔpsede] a, nm/f: ~ **sexuel(le)** Sexbesessene(r) mf.

obséder [ɔpsede] vt verfolgen; **être obsédé par** besessen sein von.

obsèques [ɔpsɛk] nfpl Begräbnis nt.

observateur, **trice** [ɔpsɛrvatœr, tris] a aufmerksam // nm/f Beobachter(in f) m; (SCIENCES) Forscher(in f) m.

observation [ɔpsɛrvasjɔ̃] nf Beo-

bachtung f; (commentaire, reproche) Bemerkung f; (scientifique) Forschung f.

observatoire [ɔpsɛrvatwar] nm Observatorium nt; (lieu élevé) Beobachtungsstand m.

observer [ɔpsɛrve] vt beobachten; (scientifiquement) untersuchen; (remarquer, noter) bemerken; (se conformer à) befolgen; **faire ~ qch à qn** (le lui dire) jdn auf etw (akk) aufmerksam machen.

obsession [ɔpsesjɔ̃] nf Besessenheit f; fixe Idee f.

obstacle [ɔpstakl(ə)] nm Hindernis nt; (SPORT) Hindernis n, Hürde f; **faire ~ à qch** sich einer Sache (dat) entgegenstellen.

obstétrique [ɔpstetrik] nf Geburtshilfe f.

obstination [ɔpstinasjɔ̃] nf Eigensinn m.

obstiné, e [ɔpstine] a eigensinnig; (effort, résistance) stur.

obstiner [ɔpstine]: **s'~** vi nicht nachgeben, stur bleiben; **s'~ à faire** (hartnäckig) darauf bestehen, etw zu tun; **s'~ sur qch** sich auf etw (akk) versteifen.

obstruction [ɔpstryksjɔ̃] nf Verstopfung f; (SPORT) Sperren nt; (POL) Obstruktion f; **faire de l'~** (fig) sich querstellen.

obstruer [ɔpstrye] vt verstopfen.

obtenir [ɔptənir] vt bekommen, erhalten; (total, résultat) erreichen; ~ **de qn que** von jdm erreichen, daß; ~ **satisfaction** Genugtuung erhalten.

obturateur [ɔptyratœr] nm (PHOT) Verschluß m.

obturation [ɔptyrasjɔ̃] nf Verschließung f; ~ (**dentaire**) Zahnfüllung f.

obturer [ɔptyre] vt zustopfen.

obus [ɔby] nm Granate f.

occasion [ɔkazjɔ̃] nf Gelegenheit f; (acquisition avantageuse) Gelegenheitskauf m; **à plusieurs ~s** bei/zu mehreren Gelegenheiten; **à cette/la première ~** bei dieser/bei der ersten Gelegenheit; **être l'~ de**

Anlaß für etw sein; **à l'~** ad gelegentlich; **à l'~ de son anniversaire** zu seinem Geburtstag; **d'~** gebraucht.

occasionnel, le [ɔkazjɔnɛl] a (fortuit) zufällig; (non régulier) gelegentlich.

occasionner [ɔkazjɔne] vt verursachen; **~ des frais/du dérangement à qn** jdm Kosten/Unannehmlichkeiten verursachen.

occident [ɔksidɑ̃] nm (de l'Westen; (POL): **l'O~** die Westmächte pl.

occidental, e, aux [ɔksidɑ̃tal, o] a westlich, West-.

occlusion [ɔklyzjɔ̃] nf: **~ intestinale** Darmverschluß m.

occulte [ɔkylt(ə)] a okkult.

occupant, e [ɔkypɑ̃, ɑ̃t] a (armée, autorité) Besatzungs-// nm/f (d'un appartement) Bewohner(in f) m.

occupation [ɔkypasjɔ̃] nf (MIL) Besetzung f; (d'un logement) Bewohnen nt; (passe-temps, emploi) Beschäftigung f; **l'O~** ('41-44) die Besatzung Frankreichs durch Deutschland.

occupé, e [ɔkype] a besetzt; (personne) beschäftigt; (esprit: absorbé) total in Anspruch genommen.

occuper [ɔkype] vt (appartement) bewohnen; (sujet: chose: place) einnehmen, brauchen; (personne: place, MIL, POL) besetzen; (remplir, couvrir: surface, période) ausfüllen; (heure, loisirs) in Anspruch nehmen; (fonction) innehaben; (main d'œuvre, personnel) beschäftigen; **s'~** vi sich beschäftigen; **s'~ de** vt sich kümmern um; (s'intéresser à, pratiquer) sich beschäftigen mit.

océan [ɔseɑ̃] nm Ozean m.

ocre [ɔkr(ə)] a inv ockerfarben.

octane [ɔktan] nm Oktan nt.

octave [ɔktav] nm (MUS) Oktave f.

octobre [ɔktɔbʀ(ə)] nm Oktober m.

octogénaire [ɔktɔʒenɛʀ] a achtzigjährig // nm/f Achtzigjährige(r) m/f.

oculaire [ɔkylɛʀ] a Augen- // nm Okular m.

oculiste [ɔkylist(ə)] nm/f Augenarzt

m, Augenärztin f.

odeur [ɔdœʀ] nf Geruch m; **mauvaise ~** Gestank m.

odieux, euse [ɔdjø, øz] a (personne, crime) widerlich, ekelhaft; (enfant: insupportable) unerträglich.

odorant, e [ɔdɔʀɑ̃, ɑ̃t] a duftend.

odorat [ɔdɔʀa] nm Geruchssinn m; **avoir l'~ fin** eine feine Nase haben.

œcuménique [ekymenik] a ökumenisch.

œil [œj] nm (ANAT) Auge nt; (d'une aiguille) Öse f; **avoir un ~ au beurre noir** ein blaues Auge haben; **à l'~** (fam: gratuitement) umsonst; **tenir à l'~** jdn im Auge behalten; **avoir l'~** (à) (être vigilant) aufpassen (auf +akk); **voir qch d'un bon/mauvais ~** etw gutfinden/etw nicht gern sehen; **à mes/ses yeux** in meinen/seinen Augen; **de ses propres yeux** mit eigenen Augen; **fermer les yeux (sur qch)** (bei etw) ein Auge zudrücken.

œillade [œjad] nf: **lancer une ~ à qn** jdm zublinzeln; **faire des ~s à qn** jdm schöne Augen machen.

œillères [œjɛʀ] nfpl Scheuklappen pl.

œillet [œjɛ] nm Nelke f; (trou) Öse f.

œstrogène [østʀɔʒɛn] a: **hormone ~** Östrogen nt.

œuf, œufs [œf, ø] nm Ei nt; **~ à la coque/dur/mollet** weiches/ hartgekochtes/wachsweiches Ei; **~ au plat** Spiegelei nt; **~ poché** pochiertes Ei; **~s à la neige** Eischnee m; **~s brouillés** Rührei nt; **~ de Pâques** Osterei m.

œuvre [œvʀ(ə)] nf Werk nt; (organisation charitable) Stiftung f // nm (d'un artiste) Werk m; (ARCHIT): **le gros ~** der Rohbau; **~s** nfpl (REL: actions, actes) Werke pl; **être/se mettre à l'~** arbeiten/sich an die Arbeit machen; **mettre en ~** (moyens) einsetzen, Gebrauch machen von; **bonnes ~s, ~s de bienfaisance** gute Werke pl; **~ d'art** Kunstwerk nt.

offense [ɔfɑ̃s] nf (affront) Beleidigung f; (péché) Sünde f.

offenser [ɔfɑ̃se] vt (personne) beleidigen; (bon goût, principes) verletzen; (Dieu) sündigen gegen; **s'~ de qch** an etw (dat) Anstoß nehmen.

offensif, ive [ɔfɑ̃sif, iv] a Offensiv- // nf Offensive f.

office [ɔfis] nm (charge) Amt nt; (agence) Büro nt; (messe) Gottesdienst m // nm ou f (pièce) Vorratskammer f; **faire ~ de** fungieren als; **d'~** automatisch; **bon ~s** Vermittlung f; **~ du tourisme** Fremdenverkehrsamt nt.

officiel, le [ɔfisjɛl] a offiziell // nm/f Beamte(r) m, Beamtin f; (SPORT) Funktionär m.

officier [ɔfisje] nm Offizier m // vi den Gottesdienst abhalten; **~ de police** Polizeibeamte(r) m.

officieux, euse [ɔfisjø, øz] a offiziös, halbamtlich.

officinal, e, aux [ɔfisinal, o] a: **plantes ~es** Heilpflanzen pl.

officine [ɔfisin] nf (laboratoire de pharmacien) Labor nt (einer Apotheke); (pharmacie) Apotheke f.

offrande [ɔfrɑ̃d] nf (don) Gabe f; (REL) Opfergabe f.

offre [ɔfr(ə)] nf Angebot nt; (aux enchères) Angebot nt; **~ d'emploi** Stellenangebot nt; **~s d'emploi** Stellenmarkt m; **~ publique d'achat (O.P.A.)** Übernahmeangebot nt.

offrir [ɔfriR] vt (donner): **~ (à qn)** (jdm) geben; (proposer): **~ (à qn)** (jdm) anbieten; (présenter: choix, avantage etc) bieten; (montrer: aspect, spectacle) darbieten; **s'~** vt (se payer) sich (dat) leisten ou genehmigen // vi (se présenter) sich bieten; **~ (à qn) de faire qch** (jdm) anbieten, etw zu tun; **~ à boire à qn** jdm etw zu trinken anbieten; **s'~ à faire qch** sich anbieten, etw zu tun; **s'~ comme guide/en otage** sich als Führer/Geisel anbieten.

oie [wa] nf Gans f.

oignon [ɔɲɔ̃] nm Zwiebel f.

oiseau, x [wazo] nm Vogel m; **~ de paradis** Paradiesvogel m; **~ de proie** Raubvogel m; **~ de nuit** Nachtvogel m.

oisif, ive [wazif, iv] a müßig, untätig // nm/f (péj) Müßiggänger(in) f.

oléoduc [ɔleɔdyk] nm Ölleitung f.

olive [ɔliv] nf Olive f; (type d'interrupteur) Schalter m, Druckknopf m // a inv olivgrün.

olivier [ɔlivje] nm (arbre) Olivenbaum m; (bois) Olivenholz nt.

olympique [ɔlɛ̃pik] a olympisch.

ombrage [ɔbRaʒ] nm (feuillage): **~s** schattiges Laubwerk nt; (ombre) Schatten m.

ombragé, e [ɔbRaʒe] a schattig.

ombrageux, euse [ɔbRaʒø, øz] a (cheval etc) unruhig; (caractère, personne) empfindlich.

ombre [ɔbR(ə)] nf Schatten m; **à l'~** im Schatten; **à l'~ de** im Schatten (+gen); (fig) beschützt von; **donner/faire de l'~** Schatten geben/werfen; **dans l'~** im Dunkeln; **~ à paupières** Lidschatten m.

ombrelle [ɔbRɛl] nf kleiner Sonnenschirm m.

omelette [ɔmlɛt] nf Omelett m; **aux herbes/au fromage/au jambon** Kräuter-/Käse-/Schinkenomelett.

omettre [ɔmɛtR(ə)] vt unterlassen; (oublier) vergessen; (de: liste) auslassen; **~ de faire qch** etw nicht tun.

omission [ɔmisjɔ̃] nf (voir omettre) Unterlassen nt; Vergessen nt; Auslassen nt; Unterlassung f.

omnibus [ɔmnibys] nm: (train) Personenzug m, Bummelzug m.

O.M.S. sigle f (voir **organisation**).

on [ɔ̃] pron (indéterminé): **~ peut le faire ainsi** man kann es so machen; (quelqu'un): **~ frappe à la porte** es klopft an der Tür; (nous): **~ va y aller demain** wir gehen morgen hin; (les gens): autrefois, **~ croyait aux fantômes** früher glaubte man an Geister; **~ vous demande au téléphone** Sie werden am Telefon verlangt; **~ ne peut plus stupide/heureux** so dumm/ glücklich wie sonst was.

oncle [ɔ̃kl(ə)] nm Onkel m.

onction [ɔ̃ksjɔ̃] nf voir **extrême-**

onction.

onctueux, euse [ɔ̃ktɥø, øz] a
cremig; (fig: manières) salbungsvoll.

onde [ɔ̃d] nf Welle f; **sur les ~s**
(radio) über den Äther; **mettre en ~s**
(texte etc) für den Rundfunk bearbeiten; **~s courtes/moyennes** Kurz-/
Mittelwelle f; **longues ~s**
Langwelle f.

ondée [ɔ̃de] nf Regenguß m.

on-dit [ɔ̃di] nm inv Gerücht nt.

ondoyer [ɔ̃dwaje] vi (blé, herbe)
wogen; (drapeau) flattern // vt
nottaufen.

ondulation [ɔ̃dylasjɔ̃] nf (cheveux)
Welle f; **~ du sol/terrain** Boden-/
Erdwelle f.

ondulé, e [ɔ̃dyle] a wellig.

onduler [ɔ̃dyle] vi (vagues, blés)
wogen; (route, cheveux) sich wellen.

ongle [ɔ̃gl(ə)] nm Nagel m; **manger/
ronger ses ~s an den Nägeln
kauen; **faire/se faire les ~s**
seine Nägel maniküren.

onguent [ɔ̃gɑ̃] nm Salbe f.

O.N.U. [ɔny] sigle f voir
organisation.

onyx [ɔniks] nm Onyx m.

onze [ɔ̃z] a num elf.

onzième [ɔ̃zjɛm] a elfte(r,s) // nm/f
Elfte(r) nm // nm (fraction) Elftel nt.

opale [ɔpal] nf Opal m.

opaque [ɔpak] a undurchsichtig.

opéra [ɔpera] nm Oper f.

opéra-comique [ɔperakɔmik] nm
komische Oper f.

opérateur, trice [ɔperatœr, tris]
nm/f (manipulateur) Operator(in) m,
Bediener(in) m // f; **~ (de prise de
vues)** Kameramann m/-frau f.

opération [ɔperasjɔ̃] nf Operation f;
(processus) Vorgang m; **~ de
sauvetage** Rettungsaktion f; **~ de
publicité** Werbekampagne f.

opératoire [ɔperatwar] a operativ;
bloc ~ Operationsstation f.

O.P.E.P. [ɔpep] sigle f (= Organisation
des pays exportateurs de pétrole)
OPEC f.

opérer [ɔpere] vt (MED) operieren;
(faire, exécuter) durchführen; (: choix)
treffen // vi (faire effet) wirken; (pro-

céder) vorgehen; (MED) operieren;
s'~ (avoir lieu) stattfinden, sich
ereignen; **~ qn des amygdales/du
cœur** jdn an den Mandeln/am Herz
operieren; **se faire ~ (de qch)** sich
(an etw dat) operieren lassen, (an
etw) operiert werden.

opérette [ɔperet] nf Operette f.

opiner [ɔpine] vi: **~ de la tête** zustimmen mit dem Kopf nicken.

opiniâtre [ɔpinjatr(ə)] a
hartnäckig.

opinion [ɔpinjɔ̃] nf Meinung f; **l'~ du
monde/du public** die öffentliche
Meinung; **~s** (philosophiques etc)
Anschauungen pl; **avoir bonne/
mauvaise ~ de** eine gute/schlechte
Meinung haben von.

opium [ɔpjɔm] nm Opium nt.

opportun, e [ɔpɔrtɥ, yn] a günstig.

opportunisme [ɔpɔrtynism(ə)] nm
Opportunismus m.

opportuniste [ɔpɔrtynist(ə)] nm/f
a opportunistisch.

opposant, e [ɔpozɑ̃, ɑ̃t] a (parti, minorité) oppositionell; **~s** nmpl (d'un
régime, projet) Gegner pl; (membres de
l'opposition) Opposition f.

opposé, e [ɔpoze] a (situation)
gegenüberliegend; (couleurs) kon-
trastierend; (goûts, opinions)
entgegengesetzt; (personne, faction)
gegnerisch // nm (côté, sens opposé)
entgegengesetzte Richtung f; (contraire) Gegenteil nt; **il est tout l'~ de
son frère** er ist genau das Gegenteil
von seinem Bruder; **à l'~** (suj: personne) gegen etw sein; **à l'~**
dagegen, andererseits; **à l'~ de** (du
côté opposé à) gegenüber von; (en
contradiction avec) im Gegensatz zu.

opposer [ɔpoze] vt einander
gegenüberstellen; **~ qch à qch**
(comparer) etw einer Sache (dat)
gegenüberstellen; **~ qch à qn**
(comme obstacle) jdm etw entgegen-
setzen; (arguments) jdm etw
entgegenhalten; (objecter) etw einwenden; **le match opposera X et Y**
bei dem Spiel werden sich X und Y
gegenüberstehen; **s'~** entgegengesetzt sein; (couleurs) kontrastieren; **s'~ à qch/qn** sich (sujet:
personne) sich einer Sache/an

widersetzen; (: préjugés etc) gegen etw/jdn sein; (tenir tête a) sich gegen jdn stellen ou auflehnen; **s'~ à ce que** dagegen sein, daß

opposition [ɔpozisjɔ̃] nf Opposition f; (contraste) Gegensatz m; (d'intérêts) Konflikt m; **par ~ à im** Gegensatz zu; **(objection)** Widerspruch m; **entre en ~ avec qn** mit jdm in Konflikt kommen; **être en ~ avec** (parents, directeur) sich widersetzen (+dat); **(idées, conduite)** im Widerspruch stehen zu; **faire de l'~** dagegen sein; **faire ~ à un chèque** einen Scheck sperren

oppresser [ɔprese] vt (suj: vêtement) beengen; (chaleur, angoisse) bedrücken; **se sentir oppressé(e)** sich beklommen fühlen

oppressif, ive [ɔpresif, iv] a drückend

oppression [ɔpresjɔ̃] nf (malaise) Beklemmung f; (asservissement, sujétion): **l'~** die Unterdrückung

opprimer [ɔprime] vt unterdrücken

opprobre [ɔprɔbr(ə)] nm Schande f.

opter [ɔpte] : **~ pour** vt sich entscheiden für.

opticien, ne [ɔptisjɛ̃, jɛn] nm/f Optiker(in) f) m.

optimal, e, aux [ɔptimal, o] a optimal.

optimiste [ɔptimist(ə)] nm/f Optimist(in f) m.

optimum [ɔptimɔm] nm Optimum n // a beste(r, s), optimal.

option [ɔpsjɔ̃] nf Wahl f; (SCOL) Wahlfach nt; (JUR) Option f.

optique [ɔptik] a optisch // nf Optik f; (fig) Blickwinkel m.

opulent, e [ɔpylɑ̃, ɑ̃t] a üppig; (riche) reich, wohlhabend

or [ɔr] nm Gold nt // conj nun, aber; **en ~** aus Gold, golden; (affaire) **marché en ~** Goldgrube f; **plaqué ~** vergoldet; **~ jaune/blanc** Gelb-/Weißgold nt; **~ noir** (pétrole) flüssiges Gold.

oracle [ɔrakl(ə)] nm Orakel nt.

orage [ɔraʒ] nm Gewitter nt, Unwetter nt; (fig) Sturm m.

orageux, euse [ɔraʒø, øz] a gewittrig, Gewitter-; (fig) stürmisch.

oraison [ɔrɛzɔ̃] nf Gebet nt; **~ funèbre** Grabrede f.

oral, e, aux [ɔral, o] a mündlich; (LING) oral; (MED): **par voie ~e** oral // nm (SCOL) mündliche Prüfung f.

orange [ɔrɑ̃ʒ] nf Orange f, Apfelsine f // a inv orange // nm Orange nt; **~ sanguine** Blutorange f; **~ pressée** frischer Orangensaft m.

orangé, e [ɔrɑ̃ʒe] a orangefarben.

orangeade [ɔrɑ̃ʒad] nf Orangeade f.

oranger [ɔrɑ̃ʒe] nm Orangenbaum m.

orateur [ɔratœr] nm Redner m.

orbital, e, aux [ɔrbital, o] a: **station ~** e Raumfahrtstation f.

orbite [ɔrbit] nf (ANAT) Augenhöhle f; (ASTR) Umlaufbahn f; **mettre un satellite sur son/en ~** placer/ einen Satelliten in seine/die Umlaufbahn bringen.

orchestre [ɔrkɛstr(ə)] nm (MUS) Orchester nt; (THEAT) Parkett nt.

orchestrer [ɔrkɛstre] vt (MUS) instrumentieren; (fig) inszenieren.

orchidée [ɔrkide] nf Orchidee f.

ordinaire [ɔrdinɛr] a (habituel) gewöhnlich; (banal) einfach // nm: **intelligence au-dessus de l'~** überdurchschnittliche Intelligenz; **d'~, à l'~** gewöhnlich.

ordinal, e, aux [ɔrdinal, o] a: **adjectif/nombre ~** Ordinalzahl f.

ordinateur [ɔrdinatœr] nm (machine) Computer m.

ordonnance [ɔrdɔnɑ̃s] nf (ARCHIT): **l'~ d'un appartment** die Gestaltung einer Wohnung; (MIL) Ordonnanz f; (MED) Anordnung f, Rezept nt.

ordonné, e [ɔrdɔne] a geordnet; (personne) ordentlich.

ordonner [ɔrdɔne] vt (arranger, agencer) anordnen; (donner un ordre): **~ qch à qn** jdm etw befehlen; (REL) weihen; (MED) verschreiben.

ordre [ɔrdr(ə)] nm Ordnung f; (disposition) Anordnung f, Reihenfolge f;

(directive) Befehl *m; (association)* Verband *m; (REL)* Orden *m;* *(ARCHIT)* Ordnung *f;* ~ *nmpl:* **être/ entrer dans les** ~ sich ordiniert sein/ werden; **en** ~ in Ordnung; **mettre en** ~ aufräumen; **payer à l'** ~ **de** ausstellen auf (+*akk*); **procéder par** ~ systematisch vorgehen; **par** ~ **d'entrée en scène** in der Reihen- folge des Auftritts; **jusqu'à nouvel** ~ bis auf weiteres; **rentrer dans l'** ~ sich normalisieren; **rappeler qn à l'** ~ jdn zur Ordnung rufen; **donner l'** ~ de Befehl geben zu; **de l'** ~ **de** in der Größenordnung von; **être aux** ~ **s de qn** jdm unterstellt sein; **de premier/second** ~ erst- /zweitklassig; ~ **du jour** Tag- esordnung *f; (MIL)* Tagesbefehl *m;* **à l'** ~ **du jour** *(fig)* auf der Tag- esordnung; ~ **de grandeur** Größenordnung *f.*

ordure [ɔʀdyʀ] *nf* Unrat *m; (excré- ment d'animal)* Kot *m; (propos)* Schmutz *m;* ~ **s** *(déchets)* Abfall *m;* ~ **s ménagères** Müll *m.*

ordurier, ière [ɔʀdyʀje, jɛʀ] *a* ordinär.

oreille [ɔʀɛj] *nf (ANAT)* Ohr *nt; (TECH)* Öhr *nt; (d'une marmite, tasse)* Henkel *m;* **avoir l'** ~ **e** ein gutes Gehör haben; **parler/dire qch à l'** ~ **de qn** jdm etw ins Ohr flüstern.

oreiller [ɔʀeje] *nm* Kopfkissen *nt.*

oreillons [ɔʀejɔ̃] *nmpl* Ziegenpeter *m (fam),* Mumps *m.*

ores [ɔʀ] : **d'** ~ **et déjà** *ad* bereits, schon.

orfèvrerie [ɔʀfɛvʀəʀi] *nf* Gold- schmiedekunst *f.*

organe [ɔʀgan] *nm* Organ *nt; (fig)* Sprachrohr *nt.*

organigramme [ɔʀganigʀam] *nm* Flußdiagramm *nt.*

organique [ɔʀganik] *a* organisch.

organisation [ɔʀganizasjɔ̃] *nf* Organisation *f;* **l'O~ des Nations Unies (ONU)** die Vereinten Nationen *pl* (UNO); **O~ mondiale de la santé (O.M.S.)** Weltgesundheitsorganisation (WGO) *f;* **Organisation du traité**

de l'Atlantique Nord (OTAN) NATO *f.*

organiser [ɔʀganize] *vt* organisie- ren; *(mettre sur pied)* veranstalten.

organisme [ɔʀganism(ə)] *nm* Organismus *m; (ensemble organisé)* Organ *nt; (association)* Vereinigung *f.*

organiste [ɔʀganist(ə)] *nm/f* Organ- ist(in *f) m.*

orgasme [ɔʀgasm(ə)] *nm* Orgasmus *m.*

orge [ɔʀʒ(ə)] *nm* Gerste *f.*

orgeat [ɔʀʒa] *nm:* **sirop d'** ~ Man- delmilch *f.*

orgelet [ɔʀʒəlɛ] *nm* Gerstenkorn *nt.*

orgie [ɔʀʒi] *nf* Orgie *f;* **une** ~ **de** ein Meer von.

orgue [ɔʀg(ə)] *nm* Orgel *f;* ~ **électrique/électronique** elektrische/elektronische Orgel.

orgueil [ɔʀgœj] *nm* Stolz *m; (arro- gance)* Hochmut *m.*

orgueilleux, euse [ɔʀgœjø, øz] *a* stolz, hochmütig, überheblich.

Orient [ɔʀjɑ̃] *nm:* **l'** ~ der Orient; **le Proche/le Moyen/l'Extrême- Orient** der Nahe/Mittlere/Ferne Osten.

oriental, e, aux [ɔʀjɑ̃tal, o] *a* orienta- lisch // *nmf* Orientale *m,* Orientalin *f.*

orientation [ɔʀjɑ̃tasjɔ̃] *nf* Orien- tierung *f; (tendance)* Kurs *m;* **avoir le sens de l'** ~ einen guten Orien- tierungssinn haben.

orienté, e [ɔʀjɑ̃te] *a (POL)* gefärbt, tendenziös; **appartement bien/mal** ~ Wohnung in guter/ schlechter Lage; **la chambre est** ~ **e à l'est** das Zimmer liegt nach Osten.

orienter [ɔʀjɑ̃te] *vt (diriger)* stellen; *(maison)* legen; *(carte, plan)* aus- richten *(vers* nach); *(touriste)* die Richtung weisen (+*dat*); *(fig: élève)* beraten; *(recherches)* ~ **s'** ~ *(se repérer)* sich zurechtfinden; **s'** ~ **vers** *(fig: recherches, études)* sich (aus)richten auf (+*akk*), sich orientieren nach.

origan [ɔʀigɑ̃] *nm* wilder Majoran, Oregano *m.*

originaire [ɔʀiʒinɛʀ] *a:* **être** ~ **d'un**

pays/lieu aus einem Land/von einem Ort stammen.

original, e, aux [ɔʀiʒinal, o] *a* (*pièce, document*) original, echt; (*idée*) ursprünglich; (*bizarre*) originell // *nm/f* (*fantaisiste*) Sonderling *m*; (*fam*) Original *nt* // *nm* (*d'une reproduction*) Original *nt*.

originalité [ɔʀiʒinalite] *nf* Originalität *f*; (*d'une personne*) Besonderheit *f*, Neuheit *f*.

origine [ɔʀiʒin] *nf* (*d'une personne*) Herkunft *f*; (*d'un animal*) Abstammung *f*; (*du monde, des temps*) Entstehung *f*, Anfang *m*; (*d'un mot*) Ursprung *m*; (*d'un message, appel téléphonique, vin*) Herkunft *f*; (*commencements*): **les ~s de la vie** die Anfänge des Lebens; **dès l'~** von Anfang an; **à l'~** am Anfang, anfänglich; **avoir son ~ dans qch** seinen Ursprung in etw (*dat*) haben; **pays d'~** Ursprungsland *nt*.

originel, elle [ɔʀiʒinɛl] *a* ursprünglich; **péché ~** Erbsünde *f*.

oripeaux [ɔʀipo] *nmpl* Fetzen *pl*.

orme [ɔʀm(ə)] *nm* Ulme *f*.

ornement [ɔʀnəmɑ̃] *nm* Verzierung *f*, ~s *nmpl*: **~s sacerdotaux** Priestergewänder *pl*.

ornementer [ɔʀnəmɑ̃te] *vt* verzieren.

orner [ɔʀne] *vt* schmücken.

ornière [ɔʀnjɛʀ] *nf* Spur *f*.

orphelin, e [ɔʀfəlɛ̃, in] *a* verwaist // *nm/f* Waisenkind *nt*; **~ de père/ mère** Halbwaise *f*.

orphelinat [ɔʀfəlina] *nm* Waisenhaus *nt*.

orteil [ɔʀtɛj] *nm* Zehe *f*; **gros ~** große Zehe.

orthodoxe [ɔʀtɔdɔks(ə)] *a* orthodox.

orthographe [ɔʀtɔgʀaf] *nf* Rechtschreibung *f*.

orthographier [ɔʀtɔgʀafje] *vt* (*richtig*) schreiben.

orthopédique [ɔʀtɔpedik] *a* orthopädisch.

ortie [ɔʀti] *nf* Brennessel *f*.

os [ɔs] *nm* Knochen *m*.

osciller [ɔsile] *vi* (*mât*) schwingen;

(*aiguille*) ausschlagen; (*fig*) **~ entre** schwanken zwischen (+*dat*).

osé, e [oze] *a* gewagt.

oseille [ozɛj] *nf* (*BOT*) Sauerampfer *m*.

oser [oze] *vt*: **~ faire qch** es wagen, etw zu tun // *vi* es wagen; **je n'ose pas** ich (ge)traue mich nicht.

osier [ozje] *nm* Korbweide *f*; **d'~, en ~** aus Korb.

ossature [ɔsatyʀ] *nf* Skelett *nt*; (*ARCHIT*) Gerippe *nt*; (*fig*) Struktur *f*.

osseux, euse [ɔsø, øz] *a* knochig; (*tissu, maladie, geffe*) Knochen-.

ostensible [ɔstɑ̃sibl(ə)] *a* ostentativ.

ostentation [ɔstɑ̃tasjɔ̃] *nf* Prahlerei *f*.

ostracisme [ɔstʀasism(ə)] *nm* Ausstoß *m*.

otage [ɔtaʒ] *nm* Geisel *f*.

OTAN [ɔtɑ̃] *sigle f voir* **organisation**.

otarie [ɔtaʀi] *nf* Seelöwe *m*.

ôter [ote] *vt* (*vêtement*) ausziehen; (*tache, noyau*) herausmachen; (*arête*) herausziehen; **~ qch de etw** wegnehmen von; **une somme/ un nombre de** eine Summe/Zahl abziehen von; **~ qch à qn** jdm etw nehmen; **6 ôté de 10 égale 4** 10 weniger 6 gleich 4.

ottomane [ɔtɔman] *nf* Art Sofa.

ou [u] *conj* oder; **~ ... ~ ...** entweder ... oder; **~ bien** oder aber.

où [u] *ad* wo; wohin // *pron* wo; wohin; (*dans lequel*) worin; (*hors duquel, duquel*) woraus; (*sur lequel*) worauf; (*sens de 'que'*): **au train ~ ça va/prix ~ c'est** bei dem Tempo/Preis; **le jour ~ il est parti** am Tag, als er abgereist ist; **par ~ passer?** wo entlang?; **les villes par ~ il est passé** die Städte, durch die er gefahren ist; **le village d'~ je viens** das Dorf, aus dem ich komme; **la chambre ~ il était** das Zimmer, in dem er war; **d'~ vient qu'il est parti?** woher kommt es, daß er gegangen ist; **d'~ vient qu'il est parti?** warum ist er gegangen?

ouate [wat] *nf* (*bourre*) Watte *f*; (*coton*): **tampon d'~** Wattebausch *m*; **~ de**

verre Glaswolle f.

oubli [ubli] nm Vergeßlichkeit f; (absence de souvenirs): **l'~ das** Vergessen; **tomber dans l'~ der** Vergessenheit anheimfallen.

oublier [ublije] vt vergessen; **s'~** vt sich vergessen; **~ l'heure** die Zeit vergessen.

oubliettes [ublijɛt] nfpl Verlies nt.

ouest [wɛst] nm Westen m // a inv westlich; **l'O~** (région de France) Westfrankreich n; (POL: l'Occident) der Westen; **à l'~ de** im Westen von.

oui [wi] ad ja; **répondre (par) ~** mit ja antworten.

oui-dire [widiʀ] nm inv: **par ~** vom Hörensagen.

ouïe [uj] nf Gehör(sinn) m nt; **~s** nfpl (de poisson) Kiemen pl.

ouragan [uʀagɑ̃] nm Orkan m.

ourler [uʀle] vt säumen.

ourlet [uʀlɛ] nm Saum m.

ours [uʀs] nm (ZOOL) Bär m; (jouet): **~ (en peluche)** Teddybär m; **~ brun/blanc** Braun-/Eisbär m; **~ marin** Seebär m.

ourse [uʀs(ə)] nf Bärin f.

oursin [uʀsɛ̃] nm Seeigel m.

ourson [uʀsɔ̃] nm Bärenjunge(s) nt.

ouste [ust] excl raus.

outil [uti] nm Werkzeug nt; **~ de travail** Arbeitsgerät nt.

outiller [utije] vt ausrüsten.

outrage [utʀaʒ] nm Beleidigung f; **~ par paroles/écrits** mündliche/ schriftliche Beleidigung; **faire subir les derniers ~ à** vergewaltigen.

outrager [utʀaʒe] vt (personne) aufbringen; **~ les bonnes mœurs/le bon sens** gegen die guten Sitten/den gesunden Menschenverstand verstoßen.

outrance [utʀɑ̃s] nf: **à ~** ad bis zum Exzeß.

outre [utʀ(ə)] nf Schlauch m // prep außer (+dat) // ad: **passer ~** weitergehen; **passer ~ à** hinweggehen über (+akk); **en~** außerdem; **en ~ de** über (+akk) hinaus; **~ que** außer, daß; **~ mesure** über die Maßen.

outre-mer [utʀəmɛʀ] ad übersee-

isch; **outremer** a ultramarin(blau).

outrepasser [utʀəpɑse] vt überschreiten.

outrer [utʀe] vt übertreiben; (indigner) empören.

outre-Rhin [utʀɔʀɛ̃] ad auf der anderen Seite des Rheins.

ouvert, e [uvɛʀ, ɛʀt(ə)] a offen; (robinet, gaz) aufgedreht; **à cœur ~** (MED) bei geöffnetem Herz.

ouvertement [uvɛʀtəmɑ̃] ad frei heraus, offen.

ouverture [uvɛʀtyʀ] nf (action) Öffnen nt; (fondation) Eröffnung f; (orifice) Öffnung f; (PHOT) Blende f; (MUS) Ouvertüre f; **faire des ~s** ein Angebot machen.

ouvrable [uvʀabl(ə)] a: **jour ~** Werktag m.

ouvrage [uvʀaʒ] nm Arbeit f; (livre) Werk nt; **panier ou corbeille à ~** Handarbeitskorb m.

ouvragé, e [uvʀaʒe] a verziert.

ouvrant, e [uvʀɑ̃, ɑ̃t] a: **toit ~** (AUT) Schiebedach nt.

ouvre-boîte [uvʀəbwat] nm inv Büchsenöffner m.

ouvre-bouteilles [uvʀəbutɛj] nm Flaschenöffner m.

ouvreuse [uvʀøz] nf Platzanweiserin f.

ouvrier, ière [uvʀije, ijɛʀ] nm/f Arbeiter(in f) m // a Arbeiter-.

ouvrir [uvʀiʀ] vt öffnen, aufmachen; (compte, crédit) eröffnen; (robinet) aufdrehen; (chauffage etc) anmachen; (mettre en train): **~ le bal/la marche** den Ball eröffnen/den Marsch anführen; (: exposition, débat) eröffnen; (rendre accessible à): **~ à qn** jdm öffnen // vi (magasin, théâtre) aufmachen, öffnen; (CARTES): **~ à cœur/trèfle** mit Herz/Kreuz herauskommen; (cours, scène) anfangen; **s'~** vi aufgehen, sich öffnen; (procès) anfangen; **~/s'~ sur** sich öffnen; **s'~ à qn** sich jdm eröffnen; **~ l'œil** die Augen aufmachen; **~ des horizons/ perspectives** Horizonte/Perspektiven (er)öffnen; **~ l'esprit** den Geist öffnen.

ovaire [ɔvɛr] nm Eierstock m.

ovale [ɔval] a oval.

ovation [ɔvasjɔ̃] nf Ovation f.

ovin, e [ɔvɛ̃, in] a (race) Schaf-; ~s nmpl Schafe pl.

OVNI [ɔvni] sigle m (= objet volant non identifié) UFO nt.

ovule [ɔvyl] nm Ei nt, Eizelle f; (PHARMACIE) Zäpfchen nt.

oxyder [ɔkside] : s'~ vi oxydieren.

oxygène [ɔksiʒɛn] nm Sauerstoff m; (air pur): cure d'~ Frischluftkur f.

oxygéné, e [ɔksiʒene] a: cheveux ~s blondierte Haare pl.

ozone [ozɔn] nm Ozon nt.

P

pacage [pakaʒ] nm (terrain) Weide f.

pacifier [pasifje] vt (pays) Ruhe und Frieden herstellen in (+dat); (fig) beruhigen.

pacifique [pasifik] a friedlich; (personne) friedfertig // nm: le P~ der Pazifische Ozean.

pacte [pakt(ə)] nm Pakt m; ~ d'alliance Bündnis nt; ~ de non-agression Nichtangriffspakt m.

pactiser [paktize] vi: ~ avec (accord) sich einigen mit.

pagaie [pagɛ] nf Paddel nt.

pagaille [pagaj] nf (désordre) Durcheinander nt, Unordnung f.

pagayer [pageje] vi paddeln.

page [paʒ] nf Seite f // nm Page m; être à la ~ auf dem laufenden sein.

pagode [pagɔd] nf Pagode f.

paie [pɛ] nf = **paye**.

paiement [pɛmã] nm = **payement**.

païen, enne [pajɛ̃, jɛn] a heidnisch // nm/f Heide m, Heidin f.

paillard, e [pajar, ard(ə)] a derb.

paillasse [pajas] nf (matelas) Strohsack m.

paillasson [pajasɔ̃] nm (tapis-brosse) Fußmatte f.

paille [paj] nf Stroh nt; (défaut) Fehler m; ~ de fer Stahlwolle f.

paillette [pajɛt] nf(d'or) Paillette f; lessive en ~s Seifenflocken pl.

pain [pɛ̃] nm Brot nt; (morceau:) ~ de

sucre Zuckerhut m; ~ de cire Stück nt Wachs; ~ bis Graubrot nt; ~ complet Vollkornbrot nt; ~ d'épice Lebkuchen m; ~ grillé Toastbrot nt; ~ de mie Brot ohne Kruste; ~ noir Schwarzbrot nt; ~ de seigle Roggenbrot nt.

pair, e [pɛr] a gerade // nm (titre) Peer m; aller ou marcher de ~ Hand in Hand gehen; jeune fille au ~ Au-pair-Mädchen nt; (FIN): au ~ (valeurs) zum Nennwert.

paire [pɛr] nf (deux objets assortis) Paar nt; (un objet): une ~ de lunettes/tenailles eine Brille/Beißzange.

paisible [pezibl(ə)] a ruhig; (personne) friedlich.

paître [pɛtr(ə)] vi weiden, grasen.

paix [pɛ] nf Frieden m; (tranquillité) Ruhe f, Frieden; faire la ~ avec sich versöhnen mit; avoir la ~ Ruhe haben.

palace [palas] nm (hôtel) Luxushotel nt.

palais [palɛ] nm Palast m; (ANAT) Gaumen m; le ~ de l'Elysée der Elyseepalast; le ~ de Justice der Gerichtshof.

palan [palã] nm Flaschenzug m.

Palatinat [palatina] nm: le ~ die Pfalz.

pale [pal] nf (Propeller-/Ruder)blatt nt.

pâle [pal] a blaß; (personne, teint) blaß, bleich; bleu/vert ~ hellblau/-grün.

Palestine [palestin] nf: la ~ Palästina nt.

palet [palɛ] nm Scheibe f.

paletot [palto] nm (kurzer) Mantel m.

palette [palɛt] nf(de peintre) Palette f.

pâleur [palœr] nf Blässe f, Bleichheit f.

palier [palje] nm (plate-forme) Treppenabsatz m; (d'une machine) Lager nt; les prix ont atteint un nouveau ~ die Preise haben sich (auf einem Niveau) eingependelt; par ~s in Stufen, in Etappen.

pâlir [palir] vi (personne) blaß

werden; *(couleur)* verblassen; ~ **de colère** vor Wut bleich werden.

palissade [palisad] *nf* Zaun m.

palissandre [palisɑ̃dr(ə)] *nm* Palisander m.

palliatif, ive [paljatif, iv] *a* lindernd // *nm* Überbrückungsmaßnahme f.

pallier [palje] *vt*, ~ **à** *(obvier à, atténuer)* ausgleichen.

palmarès [palmarɛs] *nm* Preisträgerliste f.

palme [palm(ə)] *nf* (BOT) Palmzweig m; *(symbole de la victoire)* Siegespalme f; *(nageoire en caoutchouc)* Schwimmflosse f.

palmé, e [palme] *a*: **pattes/pieds ~(e)s** Schwimmfüße pl/-füße pl.

palmier [palmje] *nm* Palme f.

palombe [palɔ̃b] *nf* Ringeltaube f.

pâlot, otte [palo, ɔt] *a* blaß, bläßlich.

palper [palpe] *vt* befühlen, anfassen.

palpitant, e [palpitɑ̃, ɑ̃t] *a (saisissant)* spannend, aufregend.

palpitation [palpitasjɔ̃] *nf*: **avoir des ~s** Herzklopfen haben.

palpiter [palpite] *vi (cœur)* schlagen; *(paupières)* zucken; ~ **de peur/convoitise** vor Angst/Lust zittern.

paludisme [palydism] *nm* Malaria f.

pâmer [pame] : **se ~** *vi*: **se ~ d'amour/d'admiration** vor Liebe/Bewunderung ganz hingerissen sein.

pâmoison [pamwazɔ̃] *nf*: **tomber en ~** ohnmächtig werden.

pamphlet [pɑ̃flɛ] *nm* Spott-/Schmähschrift f.

pamplemousse [pɑ̃pləmus] *nm* Grapefruit f, Pampelmuse f.

pan [pɑ̃] *nm (de vêtement)* Schoß m // *excl* peng!

panacée [panase] *nf* Allheilmittel nt.

panache [panaʃ] *nm (de plumes)* Federbusch m; **avoir du ~** Schwung haben.

panaché, e [panaʃe] *a*: **œillet ~** bunte Nelke f; **glace ~e** gemischtes Eis nt.

panaris [panari] *nm* Nagelbettentzündung f.

pancarte [pɑ̃kart(ə)] *nf (écriteau)*

Schild nt; *(dans un défilé)* Transparent nt.

pancréas [pɑ̃kreas] *nm* Bauchspeicheldrüse f.

pané, e [pane] *a* paniert.

panier [panje] *nm* Korb m; **mettre au ~** wegwerfen; ~ **à provisions** Einkaufskorb m.

panique [panik] *nf* Panik f // *a* panisch.

paniquer [panike] *vt* in Panik geraten.

panne [pan] *nf* Panne f; **être/tomber en ~** eine Panne haben; **être en ~ d'essence** *ou* **sèche** kein Benzin mehr haben; ~ **d'électricité** *ou* **de courant** Stromausfall m.

panneau, x [pano] *nm (de boiserie, de tapisserie)* Tafel f; (ARCHIT) Platte f; *(écriteau)* Tafel, Schild nt; ~ **électoral** Wahlplakat nt; ~ **de signalisation** Straßenhinweisschild nt.

panneau-réclame [panoreklam] *nm* Plakatwand f.

panonceau, x [panɔ̃so] *nm (panneau)* Schild nt.

panoplie [panɔpli] *nf (d'armes)* Waffensammlung f; (fig: d'arguments etc) Reihe f; (jouet): ~ **de pompier/d'infirmière** Feuerwehrmann-/Krankenschwesterkostüm nt.

panorama [panɔrama] *nm (vue)* Panorama nt; (fig: étude complète) Übersicht f.

panoramique [panɔramik] *a* Panorama-.

panse [pɑ̃s] *nf* (ZOOL) Pansen m.

pansement [pɑ̃smɑ̃] *nm (action)* Verbinden nt; (bandage) Verband m.

panser [pɑ̃se] *vt (cheval)* striegeln; (plaie, blessé) verbinden.

pantalon [pɑ̃talɔ̃] *nm* Hose f; ~ **de ski/de golf** Ski-/Golfhose f; ~ **de pyjama** Schlafanzughose.

pantelant, e [pɑ̃tlɑ̃, ɑ̃t] *a (haletant)* keuchend.

panthère [pɑ̃tɛr] *nf* Panther m.

pantin [pɑ̃tɛ̃] *nm* Hampelmann m.

pantois [pɑ̃twa] *am*: **rester** *ou* **demeurer ~** verblüfft sein.

pantomime [pɑ̃tɔmim] *nf* Pantomime f.

pantoufle [pãtufl(ə)] nf Pantoffel m.

paon [pã] nm Pfau m.

papa [papa] nm Papa m.

papauté [papote] nf Papsttum m.

pape [pap] nm: **le ~** der Papst.

paperasserie [paprasri] nf Papierwust m.

paperasses [papras] nfpl Papierkram m.

papeterie [papɛtri] nf (magasin) Schreibwarenladen m.

papetier, ière [paptje, jɛr] nm/f: **papetier-libraire** nm Schreibwaren- und Buchhändler m.

papier [papje] nm Papier m; (feuille) Blatt m; (article) Artikel m; ~s (documents, notes) Dokumente pl, Papiere pl; **sur le ~** auf dem Papier; ~ **buvard** Löschblatt m; ~ **carbone** Kohlepapier; ~ **d'emballage** Packpapier m; ~ **hygiénique** Toilettenpapier m; ~ **journal** Zeitungspapier m; ~ **à lettres** Briefpapier m; ~ **peint** Tapete f; ~ **de verre** Sandpapier m; ~s **(d'identité)** Ausweis m.

papillon [papijɔ̃] nm (ZOOL) Schmetterling m; (contravention) Strafzettel m; (écrou) Flügelmutter f.

papillote [papijɔt] nf Papierlockenwickel m.

papilloter [papijɔte] vi (yeux) blinzeln; (lumière, soleil) funkeln.

paprika [paprika] nm Paprika m.

paquebot [pakbo] nm Passagierschiff m.

pâquerette [pakrɛt] nf Gänseblümchen m.

Pâques [pak] nfpl (fête) Osterfest m // nm (période) Ostern m.

paquet [pakɛ] nm Paket m; (de sucre, cigarettes etc) Päckchen m; ~s nm (bagages) Gepäck 'm; **paquet-cadeau** nm Geschenk m.

par [par] prep durch; **finir/commencer ~ dire** etc schließlich/ anfangs sagen etc; ~ **amour** aus Liebe; **passer ~ Lyon/la côte** über Lyon/an der Küste entlang fahren; ~ **jour/personne** 3 pro Tag/Person; **2 ~ 2** zu zweit; jeweils zwei; ~ **où?** wo?; ~ **ici** hier; hierher; ~**-ci**, ~**-là**

hier und da.

parabole [parabɔl] nf (REL) Gleichnis m; (MATH) Parabel f.

parachever [paraʃve] vt vollenden, fertigstellen.

parachute [paraʃyt] nm Fallschirm m.

parade [parad] nf Parade f; (BOXE) Abwehr f.

paradis [paradi] nm Paradies m.

paradoxe [paradɔks(ə)] nm Paradox m.

parafer [parafe] vt unterzeichnen, signieren.

paraffine [parafin] nf Paraffin m.

parages [paraʒ] nmpl (NAVIG) Gewässer m; **dans les ~ (de)** in der Nähe (von).

paragraphe [paragraf] nm Absatz m, Abschnitt m.

paraître [parɛtr(ə)] vb avec attribut scheinen // vi (apparaître, se montrer) erscheinen; (soleil) herauskommen; (publication) erscheinen; **laisser ~** zeigen; **aimer** ou **vouloir ~** Aufmerksamkeit erregen wollen; **il (me) parait/paraîtrait que** es scheint (mir), daß; **il parait préférable/absurde de** es (er)scheint vorzuziehen/absurd, zu; ~ **en public/justice** in der Öffentlichkeit/vor Gericht erscheinen; **il ne parait pas son âge** man sieht ihm sein Alter nicht an.

parallèle [paralɛl] a (MATH) parallel; (fig: difficultés, expériences) vergleichbar // nm (comparaison): **faire un ~ entre** une Parallele ziehen zwischen (+dat); (GEO): ~ **(de latitude)** Breitengrad m // nf Parallele f.

parallélisme [paralelism(ə)] nm (AUT: des roues) Spur f.

paralyser [paralize] vt lähmen; (grève) lahmlegen.

paralysie [paralizi] nf Lähmung f.

paramédical, e, aux [paramedikal, o] a: **personnel ~** nichtmedizinisches Personal m.

paranoïaque [paranɔjak] nm/f Paranoiker(in f) m.

parapet [parapɛ] nm (garde-fou) Brüstung f.

parapher [paʀafe] vt = **parafer**.

paraphrase [paʀafʀɑz] nf Umschreibung f, Paraphrasierung f.

paraphraser [paʀafʀɑze] vt paraphrasieren, umschreiben.

parapluie [paʀaplui] nm Regenschirm m.

parasite [paʀazit] nm Parasit m, Schmarotzer m; (RADIO) Störung f.

parasol [paʀasɔl] nm Sonnenschirm m; ~ **de plage** Strandschirm m.

paratonnerre [paʀatɔnɛʀ] nm Blitzableiter m.

paravent [paʀavɑ̃] nm (meuble) spanische Wand f.

parc [paʀk] nm (d'une demeure) Park m; (enclos pour le bétail) Gehege nt; (d'enfant) Laufstall m; (MIL:) ~ **d'artillerie/de munitions** Artillerie-/Munitionsdepot nt; (ECON:) **le ~ automobile français/d'une compagnie de taxis** der französische Wagenbestand/der Wagenpark eines Taxiunternehmens; ~ **zoologique** zoologischer Garten m; ~ **de stationnement** Parkplatz m; ~ **à huitres** Austernbank f.

parcelle [paʀsɛl] nf Bruchstück nt, Stückchen nt; (de terrain) Parzelle f.

parce que [paʀsk(ə)] conj weil, da.

parchemin [paʀʃəmɛ̃] nm Pergament nt.

parcimonie [paʀsimɔni] nf Geiz m.

parc(o)mètre [paʀk(ɔ)mɛtʀ(ə)] nm Parkuhr f.

parcourir [paʀkuʀiʀ] vt gehen durch; (trajet déterminé) zurücklegen; (journal, livre) überfliegen; (regarder:) ~ **qch des yeux/du regard** seinen Blick über etw (akk) schweifen lassen.

parcours [paʀkuʀ] nm (trajet) Strecke f, Route f; (SPORT) Bahn f; (tour) Runde f.

par-dessous [paʀd(ə)su] prep unter (+dat) // ad darunter.

par-dessus [paʀd(ə)sy] prep über (+dat); (avec mouvement) über (+akk) // ad darüber.

pardessus [paʀdəsy] nm Mantel m.

par-devant [paʀd(ə)vɑ̃] prep vor (+dat); in Gegenwart von // ad vorne.

pardon [paʀdɔ̃] nm Verzeihung f, Vergebung f // excl (politesse) Verzeihung, Entschuldigung! (contradiction) verzeihen Sie, aber ...; **demander** — **à qn (de qch/d'avoir fait qch)** jdn um Verzeihung bitten (wegen etw/etw getan zu haben); **je vous demande** — verzeihen Sie.

pardonner [paʀdɔne] vt verzeihen, vergeben.

pare-balles [paʀbal] a inv kugelsicher.

pare-boue [paʀbu] nm Schutzblech nt.

pare-brise [paʀbʀiz] nm inv Windschutzscheibe f.

pare-chocs [paʀʃɔk] nm inv Stoßstange f.

pareil, eille [paʀɛj] a (similaire) gleich; (tel:) **en** — **cas** in einem solchen Fall // ad: **habillés** ~ gleich angezogen // nm/f (chose): **la ~(eille)** der/die/das Gleiche; (personne): **vos** ~**s** euresgleichen; ~ **à** gleich, ähnlich (+dat); **sans** ~ ohnegleichen; **c'est du** ~ **au même** das ist Jacke wie Hose.

pareillement [paʀɛjmɑ̃] ad ebenso.

parent, e [paʀɑ̃, ɑ̃t] nm/f: **un/une** ~(**e**) ein Verwandter/eine Verwandte // a: **être** ~**s/~ de qn** verwandt sein/mit jdm verwandt sein; ~**s** nmpl (père et mère) Eltern pl.

parenté [paʀɑ̃te] nf Verwandtschaft f.

parenthèse [paʀɑ̃tɛz] nf (ponctuation) Klammer f; (fig) Einschub m; **entre** ~**s** in Klammern.

parer [paʀe] vt schmücken, zieren; (CULIN) zubereiten; (coup, manœuvre) abwehren; ~ **à** abwenden (+akk).

pare-soleil [paʀsɔlɛj] nm Sonnenblende f.

paresse [paʀɛs] nf Faulheit f.

paresseux, euse [paʀɛsø, øz] a (personne) faul, träge; (attitude) schwerfällig // nm (ZOOL) Faultier nt.

parfaire [paʀfɛʀ] vt ver-

vollkommnen.
parfait, e [paʀfɛ, ɛt] a *(exemplaire)* perfekt, vollkommen; *(accompli, achevé)* völlig, total // nm (LING) Perfekt nt; *(glace)* Parfait nt // excl fein, toll!

parfaitement [paʀfɛtmɑ̃] ad *(très bien)* perfekt, ausgezeichnet; *(complètement)* völlig, vollkommen // excl genau!

parfois [paʀfwa] ad manchmal.

parfum [paʀfœ̃] nm *(de fleur, tabac, vin)* Duft m, Aroma nt; *(essence)* Parfüm nt.

parfumé, e [paʀfyme] a *(fleur, fruit)* duftend, wohlriechend; *(femme)* parfümiert; *(aromatisé)* glace ~e au café Eis mit Kaffeegeschmack.

parfumer [paʀfyme] vt parfümieren; *(aromatiser)* Geschmack verleihen (+dat); **se** ~ sich parfümieren.

parfumerie [paʀfymʀi] nf *(produits)* Toilettenartikel pl; *(boutique)* Parfümerie f.

pari [paʀi] nm Wette f.

parieur [paʀjœʀ] nm Wetter m.

parisien, ne [paʀizjɛ̃, jɛn] a Pariser; P~, ne nm/f Pariser(in f) m.

paritaire [paʀitɛʀ] a: **commission** ~ gemeinsamer Ausschuß.

parité [paʀite] nf Gleichheit f; ~ **de change** Wechselkursparität f.

parjure [paʀʒyʀ] nm Meineid m.

parjurer [paʀʒyʀe] **se** ~ vt einen Meineid leisten.

parking [paʀkiŋ] nm Parkplatz m; Parkhaus nt.

parlant, e [paʀlɑ̃, ɑ̃t] a *(expressif)* ausdrucksvoll; *(fig: comparaison, preuve)* beredt, eindeutig; **cinéma/film** ~ Tonfilm m // ad **humainement/généralement** ~ menschlich/allgemein gesprochen.

parlé, e [paʀle] a: **langue** ~e gesprochene Sprache f.

parlement [paʀləmɑ̃] nm Parlament nt.

parlementaire [paʀləmɑ̃tɛʀ] a par-

lamentarisch.

parler [paʀle] vi sprechen, reden; *(malfaiteur, complice)* aussagen, reden; *(s'exprimer):* ~ **par gestes** mit Gesten reden; *(être éloquent):* **les faits parlent d'eux-mêmes** die Fakten sprechen für sich; ~ **de qch/qn** von jdm/etw sprechen; ~ **à qn (de qch/qn)** mit jdm (über etw/jdn) sprechen; ~ **de faire qch** davon reden, etw zu tun; **le/en français** Französisch/französisch sprechen; ~ **affaires/politique** über Geschäfte/Politik reden; ~ **en dormant** im Schlaf sprechen; **sans** ~ **de** abgesehen von; **tu parles!** *(fam)* von wegen!

parloir [paʀlwaʀ] nm Sprechzimmer nt.

parmesan [paʀmzɑ̃] nm Parmesan nt.

parmi [paʀmi] prep (mitten) unter (+dat), bei.

parodie [paʀɔdi] nf Parodie f.

parodier [paʀɔdje] vt parodieren.

paroi [paʀwa] nf *(cloison)* Trennwand f; *(d'un récipient)* Wand f; ~ **(rocheuse)** Felswand f.

paroisse [paʀwas] nf Pfarrei f.

parole [paʀɔl] nf *(faculté de parler):* **la** ~ **die Sprache**; *(débit de voix)* Stimme f, Tonfall m; *(engagement formel)* Wort nt; *(droit de parler):* **demander/obtenir la** ~ ums Wort bitten/das Wort erhalten; *(mot, phrase):* **une/des** ~(s) ein Wort/Worte pl; ~s nfpl *(promesses)* Versprechungen pl; *(MUS: d'une chanson)* Text m; *(croire qn sur* ~ jdm aufs Wort glauben.

parquer [paʀke] vt *(animaux)* einsperren, einpferchen; *(MIL: soldats)* stationieren; *(voiture)* (ein)parken.

parquet [paʀkɛ] nm *(magistrats):* **le** ~ **die Staatsanwaltschaft;** *(plancher)* Parkett m.

parrain [paʀɛ̃] nm Pate m; *(d'un nouvel adhérent)* Bürge m.

parricide [paʀisid] nm *(meurtre)* Vater-/Muttermord m.

parsemer [paʀsəme] vt verstreut sein über (+dat); ~ **qch de etw be-**

streuen mit.

part [paʀ] *nf* Teil *m*; *(d'efforts, de peines)* Anteil *m*; *(FIN)* Aktie *f*; **prendre ~ à qch** an etw *(dat)* teilnehmen; **faire ~ de qch à qn** jdm etw mitteilen; **pour ma ~** was mich betrifft; **de la ~ de qn** von jdm; **de toute(s) ~(s)** von allen Seiten; **de ~ et d'autre** auf beiden Seiten; **de ~ en ~** durch und durch; **d'une ~ ... d'autre ~** einerseits ... andererseits; **nulle/autre/quelque ~** nirgends/anderswo/irgendwo; **à ~** *ad* beiseite // *prep*: **à ~ cela** abgesehen davon // **à ~** außergewöhnlich, besonders, speziell; **mettre à ~** beiseite legen; **prendre qn à ~** jdn beiseite nehmen; **faire la ~ des choses** die Umstände berücksichtigen.

partage [paʀtaʒ] *nm* Aufteilung *f*; **en ~: recevoir en ~** anteilmäßig erhalten.

partager [paʀtaʒe] *vt* teilen; **se ~** *vt* sich aufteilen.

partance [paʀtɑ̃s]: **en ~** *ad* startbereit; **le train en ~ pour Poitiers** der Zug nach Poitiers.

partant [paʀtɑ̃] *nm* Teilnehmer(in *f*) *m*.

partenaire [paʀtənɛʀ] *nm/f* Partner(in *f*) *m*.

parterre [paʀtɛʀ] *nm (de fleurs)* Blumenbeet *nt*; *(THEAT)* Parkett *m*.

parti [paʀti] *nm* Partei *f*; *(personne à marier)*: **un beau/riche ~** eine schöne/reiche Partie; **tirer ~ de** Nutzen ziehen aus; **prendre le ~ (de faire qch/de qn)** sich entschließen (etw zu tun/für jdn); **prendre ~ (pour/contre qn)** Partei ergreifen (für/gegen jdn); **prendre son ~ (de qch)** sich (mit etw) abfinden; **~ pris** Voreingenommenheit *f*.

partial, e, aux [paʀsjal, o] *a* voreingenommen, parteiisch.

participant, e [paʀtisipɑ̃, ɑ̃t] *nm/f* Teilnehmer(in *f*) *m*.

participation [paʀtisipasjɔ̃] *nf* Teilnahme *f*; Beteiligung *f*; Mitarbeit *f*; **~ aux frais/bénéfices** Kosten-/

Gewinnbeteiligung *f*; **~ ouvrière** Mitbestimmung *f*.

participe [paʀtisip] *nm* Partizip *nt*.

participer [paʀtisipe]: **~ à** *vt (jeu, réunion)* teilnehmen an (+*dat*); *(frais, bénéfices)* sich beteiligen an (+*dat*); *(suj: élève)* sich beteiligen, mitarbeiten; **~ au chagrin/succès de qn** an jds Kummer/Erfolg Anteil nehmen.

particularité [paʀtikylaʀite] *nf* Besonderheit *f*, Eigenheit *f*.

particule [paʀtikyl] *nf* Teilchen *nt*; *(LING)* Partikel *f*.

particulier, -ière [paʀtikylje, jɛʀ] a besondere(r,s); *(personnel, privé)* privat, Privat-; *(cas)* einzeln; *(intérêt, raison)* eigen // *nm/f (citoyen)*: **un ~** ein Privatmann *m*; **être ~ à qn** jdm eigen sein; **être ~ à qch** eine Besonderheit von etw sein; **en ~** *ad (à part)* getrennt, gesondert; *(en privé)* vertraulich; *(parler)* unter vier Augen; *(surtout)* besonders, vor allem.

particulièrement [paʀtikyljɛʀmɑ̃] *ad* besonders.

partie [paʀti] *nf* Teil *m*; *(profession, spécialité)* Gebiet *nt*; *(MUS)* Partie *f*; *(JUR, fig: adversaire)* Partei *f*; *(de cartes, tennis)* Spiel *m*, Partie *f*; *(lutte, combat)* Kampf *m*; *(divertissement)*: **~ de campagne / de pêche** Landpartie *f*/Angeltour *f*; **en ~** *ad* teilweise; **faire ~ de qch** zu etw gehören; **prendre qn à ~** jdn ins Gebet nehmen; **en grande/majeure ~** zu einem großen Teil/hauptsächlich; **~ civile** Privatkläger *m*; **~ publique** Staatsanwalt *m*.

partiel, le [paʀsjɛl] a Teil-, teilweise, partiell // *nm (SCOL)* (Teil)klausur *f*.

partir [paʀtiʀ] *vi (personne)* gehen, weggehen, *(: en voiture, train etc)* abfahren; *(avion)* abfliegen; *(train, bus, voiture)* abfahren; *(lettre)* abgehen; *(pétard, fusil)* losgehen; *(bouchon)* (heraus)fliegen; *(tache)* *(se détacher: bouton)* abgehen; *(moteur)* anspringen; **~ en voyage** abreisen; **~ d'un endroit/ de chez soi** von einem Ort aus/von zu Hause losgehen *ou* losfahren; **~**

de (*commencer: suj: personne*) anfangen mit; (*suj: route*) anfangen in (+*dat*), ausgehen von; (*suj: abonnement*) anfangen in (+*dat*)/am; (*suj: proposition*) ausgehen von; ~ **de rien** mit nichts anfangen; à ~ **de von ...** an.

partisan, e [partizã, an] *nm/f* Anhänger(in *f*) *m* // *a*: **être ~ de qch/faire qch** für etw sein/dafür sein, etw zu tun.

partitif, ive [partitif, iv] *a*: **article** ~ Teilungsartikel *m*.

partition [partisjɔ̃] *nf* (MUS) Noten *pl*, Partitur *f*.

partout [partu] *ad* überall; **de** ~ von überallher; **trente** ~ (TENNIS) dreißig beide.

paru, e [pary] *pp* de **paraître**.

parure [paryʀ] *nf* (*vêtements, ornements, bijoux*) Staat *m*, Aufmachung *f*; (*bijoux assortis*): ~ **de diamants** Diamantschmuck *m*; (*de table, sous-vêtements*) Wäsche *f*.

parution [parysjɔ̃] *nf* Erscheinung *f*, Veröffentlichung *f*.

parvenir [parvəniʀ]: ~ **à** *vi* erreichen (jdn, einen Ort); (*arriver*): ~ **à ses fins** zu seinem Ziel gelangen; ~ **à la fortune** zu Reichtum kommen; ~ **à un âge avancé** ein fortgeschrittenes Alter erreichen; ~ **à faire qch** es schaffen, etw zu tun.

parvenu, e [parvəny] *nm/f* (*péj*) Emporkömmling *m*.

parvis [parvi] *nm* Vorplatz *m*.

pas [pa] *ad* (*avec verbe*): **ne ... pas** nicht; (*avec nom*): **pas de ...** kein(e, er); **je ne vais** ~ **à l'école** ich gehe nicht zur Schule; **je ne mange** ~ **de pain** ich esse kein Brot; **je n'en sais** ~ **plus** ich weiß nicht mehr; **elle travaille, (mais) lui** ~ sie arbeitet, er aber nicht; ~ **du tout** überhaupt nicht; ~ **encore** noch nicht; ~ **de sitôt** so schnell nicht; ~ **plus tard qu'hier** erst gestern; **ils ont** ~ **mal d'argent/d'enfants** sie haben nicht (gerade) wenig Geld/wenig Kinder; **ce n'est** ~ **sans peine/ hésitation que je ...** nicht ohne Mühe/Zögern ... ich.

pas [pa] *nm* Schritt *m*; (*trace de pas*) Tritt *m*, Spur *f*; (*fig: étape*) Etappe *f*; (DANSE): **un** ~ **de tango/de deux** ein Tangoschritt/Pas de deux *m*; (*d'un cheval*) Gang *m*; (TECH: *de vis, d'écrou, d'hélice*) Gewinde *nt*; ~ **à** ~ Schritt für Schritt; **au** ~ im Schritttempo; **à** ~ **de loup** verstohlen; ~ **de la porte** Türschwelle *f*.

passage [pasaʒ] *nm voir* **passer**; (NAVIG: *traversée*) Überfahrt *f*; (*lieu: troué, col*) Übergang *m*; (*d'un livre, d'une symphonie*) Passage *f*; (*chemin*): **laissez/n'obstruez pas le** ~ lassen Sie Platz/behindern Sie nicht den Durchgang; (*itinéraire*) Weg *m*; ~ **clouté** Fußgängerüberweg *m*; ~ **interdit** Durchfahrt verboten; ~ **à niveau** höhengleicher Bahnübergang *m*; ~ **protégé** vorfahrtsberechtigte Straße *f*.

passager, ère [pasaʒe, ɛʀ] *a* vorübergehend // *nm/f* Passagier *m*; ~ **clandestin** blinder Passagier *m*.

passant, e [pasã, ãt] *a* geschäftig, lebhaft // *nm/f* Passant(in *f*) *m*; **re- marquer qchen** ~ etw beiläufig ou en passant bemerken.

passe [pas] *nf* (SPORT) Paß *m* // *nm* (*passe-partout*) Hauptschlüssel *m*; (*de cambrioleur*) Dietrich *m*.

passé *prep*: ~ **10 heures** nach 10 Uhr.

passé, e [pase] *a* vergangen; (*fané*) verblaßt; **midi** ~ nach Mittag // *nm* Vergangenheit *f*; ~ **simple/ composé** Passé simple *nt*/Passé composé *nt*.

passe-droit [pasdʀwa] *nm* Vergünstigung *f*.

passementerie [pasmãtʀi] *nf* (*ouvrages*) Litzen, Bänder und Spitzen *pl*.

passe-montagne [pasmɔ̃taɲ] *nm* Kapuzenmütze *f*.

passe-partout [paspaʀtu] *nm inv* (*clé*) Hauptschlüssel *m*; (*de cambrioleur*) Dietrich *m* // *a inv* Allzweck-.

passe-passe [paspas] *nm inv*: **tour de** ~ Taschenspielertrick *m*.

passeport [paspɔʀ] *nm* Reisepaß *m*.

passer [pase] *vi* vorbeigehen; (*véhicule*) vorbeifahren; (*faire une* *halte rapide: livreur)* vorbeikommen; *(: pour rendre visite)* ~ **(chez qn)** vorbeikommen ou hereinschauen (bei jdm); *(courant électrique, air, lumière)* durchdringen; *(se rendre)* ~ **d'une pièce/d'un pays dans un(e) autre** von einem Zimmer/ Land ins andere gehen; *(franchir un obstacle)* durchkommen; *(temps, jours)* vorbeigehen; *(liquide)* durchlaufen; *(projet de loi)* durchkommen; *(film)* laufen; *(émission)* kommen; *(pièce de théâtre)* gegeben werden, spielen; *(personne)* ~ **à la radio/télévision** im Radio/Fernsehen kommen; *(couleur, papier)* verblassen; *(mode)* vorbeigehen; *(douleur, maladie)* vergehen; *(CARTES)* passen // *vt (franchir)* überqueren; *(SCOL)* bestehen; *(journée, temps)* verbringen; *(permettre)* ~ **qch (à qn)** (jdm) etw durchlassen; *(transmettre)* ~ **qch à qn** *(: objet)* jdm etw geben; *(: message)* jdm etw übermitteln; *(: maladie)* jdm (mit etw) anstecken; *(enfiler)* anziehen; *(dépasser: gare, maison)* vorbeigehen/-fahren an *(+dat)*; *(café, thé, soupe)* durchseihen, filtern; *(film, pièce)* geben; spielen; *(effacer)* ausgleichen; ~ **par** *vt* gehen durch/über *(+akk)*; *(voiture)* fahren über/durch *(+akk)*; *(intermédiaire)* gehen über *(+akk)*; *(organisme)* gehen durch; *(expérience)* durchmachen; ~ **sur** *vt* übergehen; ~ **dans les mœurs/l'usage** üblich ou gebräuchlich werden; ~ **au travers d'une corvée/punition** von einer lästigen Pflicht/einer Strafe befreit werden; ~ **devant/ derrière qn/qch** vor/hinter jdm/etw vorbeigehen; ~ **avant qch/qn** *(être plus important que)* vor etw/jdm kommen; **laisser** ~ *(lumière, personne)* durchlassen; *(affaire, erreur)* durchgehen lassen; ~ **dans la classe supérieure** in die nächste Klasse kommen; ~ **en seconde/troisième** *(AUT)* in den zweiten/dritten Gang schalten; ~ **à la radio** geröntgt werden; ~ **à la**

visite médicale medizinisch untersucht werden; ~ **inaperçu** unerkannt bleiben; ~ **pour riche/un imbécile** für reich/einen Dummkopf gehalten werden; ~ **à table/au salon** à côté zu Tisch/ins Wohnzimmer/nebenan gehen; ~ **à l'étranger/à l'opposition** ins Ausland/in die Opposition gehen; **se** ~ *vi (avoir lieu)* sich abspielen, stattfinden; *(arriver)* **que s'est-il passé?** was ist passiert?; *(temps)* vorbeigehen; ~ **l'oral** das Mündliche bestehen; ~ **à la seconde/troisième** *(AUT)* in den zweiten/dritten Gang schalten; ~ **qch en fraude** etw schmuggeln; ~ **la tête/la main par la portière** den Kopf/die Hand durch die Tür strecken; ~ **le balai/l'aspirateur** fegen/staubsaugen; **je vous passe M. X** *(au téléphone)* ich gebe Ihnen Herrn X; ~ **un marché/accord** einen Vertrag/ein Abkommen schließen; **se** ~ **les mains sous l'eau/de l'eau sur le visage** sich *(dat)* die Hände waschen/sich *(dat)* Wasser ins Gesicht sprühen; **se** ~ **de qch** auf etw *(akk)* verzichten.

passerelle [pasʀɛl] *nf (pont étroit)* Fußgängerüberführung *f; (d'un navire, avion)* Gangway *f.*

passe-temps [pastɑ̃] *nm inv* Zeitvertreib *m.*

passeur, euse [pasœʀ, øz] *nm/f (fig)* Schmuggler(in) *f) m.*

passif, -ive [pasif, iv] *a* passiv // *nm (LING)* Passiv *nt; (COMM)* Passiva *pl,* Schulden *pl.*

passion [pasjɔ̃] *nf (amour, émotion, flamme)* Leidenschaft *f,* Leidenschaftlichkeit *f; (frénésie, avidité):* **la** ~ **du jeu/de l'argent** die Spielleidenschaft/die Faszination des Geldes.

passionnant, e [pasjɔnɑ̃, ɑ̃t] *a* spannend.

passionné, e [pasjɔne] *a* leidenschaftlich.

passionner [pasjɔne] *vt* faszinieren, fesseln; *(débat, discussion)*

begeistern, erregen; **se ~ pour qch**
sich leidenschaftlich für etw interessieren.

passoire [paswar] *nf* Sieb *nt*.

pastèque [pastɛk] *nf* Wassermelone
f.

pasteur [pastœr] *nm (protestant)*
Pfarrer *m*.

pasteuriser [pastœrize] *vt* pas-
teurisieren.

pastiche [pastiʃ] *nm* Persiflage *f*.

pastille [pastij] *nf* Pastille *f*.

patate [patat] *nf*: **~ douce** Süßkar-
toffel *f*.

pâte [pat] *nf* Teig *m*; *(d'un fromage)*
Masse *f*; *(substance molle)* Brei *m*,
Paste *f*; **~s** *nfpl (macaroni etc)* Teig-
waren *pl*; **~ brisée/feuilletée**
Mürb-/Blätterteig *m*; **~ d'amandes**
Mandelpaste *f*; **~ de fruits** Frucht-
paste *f*; **~ à papier** Papierbrei *m*; **~
à modeler** Plastilin *nt*.

pâté [pate] *nm (charcuterie)* Pastete *f*;
(tache d'encre) Tintenfleck *m*; **~ en
croûte** Fleischpastete *f*; **~ de
foie/de lapin** Leber-/Hasenpastete
f.

pâtée [pate] *nf* Futterbrei *m*.

patente [patɑ̃t] *nf (COMM)* Gewer-
besteuer *f*.

patère [patɛr] *nf* Kleiderhaken *m*.

paternel, elle [patɛrnɛl] *a*
väterlich.

pâteux, euse [patø, øz] *a* zähflüssig.

pathétique [patetik] *a* ergreifend.

pathologie [patɔlɔʒi] *nf* Pathologie
f.

patience [pasjɑ̃s] *nf* Geduld *f*;
perdre ~ die Geduld verlieren.

patient, e [pasjɑ̃, ɑ̃t] *a* geduldig //
nm/f Patient(in *f*) *m*.

patienter [pasjɑ̃te] *vi* sich gedulden,
warten.

patin [patɛ̃] *nm*: **~s (à glace)** Schlitt-
schuhe *pl*; **~s à roulettes** Roll-
schuhe *pl*.

patinage [patinaʒ] *nm (technique)*: **le
~** das Schlittschuhlaufen *nt*; **~
artistique/de vitesse** Kunstlaufen
nt/Eisschnellaufen *nt*.

patine [patin] *nf* Glanz *m*.

patiner [patine] *vi (personne)* Schlitt-

schuh laufen; *(embrayage)* schleifen;
(roue, voiture) nicht fassen; **se ~**
(meuble, cuir) Glanz bekommen.

patineur, euse [patinœr, øz] *nm/f*
Schlittschuhläufer(in *f*) *m*.

patinoire [patinwar] *nf* Eisbahn *f*.

pâtir [patir]: **~ de** *vt* leiden unter
(+*dat*).

pâtisserie [patisri] *nf*: **la ~** das
Gebäck, das Backwerk; *(boutique)*
Konditorei *f*; **~s** *nfpl (gâteaux)* feine
Kuchen *pl*, Backwaren *pl*.

pâtissier, ière [patisje, jɛr] *nm/f*
Konditor(in *f*).

patois [patwa] *nm* Mundart *f*.

patriarche [patrijarʃ(ə)] *nm (REL)*
Patriarch *m*.

patrie [patri] *nf* Vaterland *nt*,
Heimat *f*.

patrimoine [patrimwan] *nm* Erbe
nt.

patriote [patrijɔt] *a* patriotisch //
nm/f Patriot(in *f*).

patriotique [patrijɔtik] *a* patriotisch.

patron, ne [patrɔ̃, ɔn] *nm/f (saint)*
Patron(in *f*) *m*; *(NAVIG)* Kapitän *m*;
(d'un café, hôtel, d'une usine) Besit-
zer(in *f*) *m*; *(employeur)*: **~s et
employés** Arbeitgeber *pl* und
Arbeitnehmer *pl*; *(MED)* Klinikchef
m // *nm (COUTURE)* (Schnitt)muster
nt.

patronal, e, aux [patrɔnal, o] *a*
(syndicat, intérêts) Arbeitgeber-.

patronner [patrɔne] *vt (protéger)*
protegieren, sponsern.

patrouille [patruj] *nf* Patrouille *f*,
Streife *f*.

patrouiller [patruje] *vi* patrouillieren.

patte [pat] *nf (ZOOL)* Fuß *m*, Pfote *f*,
Klaue *f*; *(languette)* Streifen *m*.

pâturage [patyraʒ] *nm* Weide *f*.

paume [pom] *nf (ANAT)* Handfläche
f, Handteller *m*.

paumer [pome] *vt (fam: perdre)*
verlieren.

paupière [popjɛr] *nf* Lid *nt*.

paupiette [popjɛt] *nf*: **~s de veau**
Kalbsroulade *f*.

pause [poz] *nf* Pause *f*.

pauvre [povʀ(ə)] *a* arm.

pauvreté [povʀəte] *nf* Armut *f*.

pavaner [pavane]: **se** ~ *vi* herumstolzieren.

pavé, e [pave] *a* gepflastert // *nm* (*bloc de pierre*) Pflasterstein *m*; (*pavage d'église*) Fußboden *m*.

pavillon [pavijɔ̃] *nm* (*kiosque*) Pavillon *m*; (*maisonnette, villa*) Häuschen *nt*; (*NAVIG*) Flagge *f*; ~ **de complaisance** Billigflagge *f*.

pavot [pavo] *nm* Mohn *m*.

payant, e [pejɑ̃, ɑ̃t] *a* (*hôte, spectateur*) zahlend; (*place, spectacle*) wo man Eintritt bezahlen muß; (*billet*) nicht kostenlos; (*entreprise, coup*) gewinnbringend, rentabel.

paye [pɛj] *nf* (*d'un employé*) Lohn *m*.

payement [pɛjmɑ̃] *nm* Bezahlung *f*; (*somme*) Zahlung *f*.

payer [peje] *vt* bezahlen, zahlen; (*fig: faute, crime*) bezahlen für // *vi* sich auszahlen, sich lohnen; ~ **qn de** (*ses efforts, peines*) jdn belohnen für; ~ **qch à qn** jdm etw zahlen; ~ **comptant** *ou* **en espèces/par chèque** bar/mit Scheck bezahlen.

pays [pei] *nm* Land *nt*.

paysage [peizaʒ] *nm* Landschaft *f*.

paysagiste [peizaʒist(ə)] *nm/f* (*peintre*) Landschaftsmaler(in *f*) *m*; (*jardinier*) Landschaftsgärtner(in *f*) *m*.

paysan, anne [peizɑ̃, an] *nm/f* Bauer *m*, Bäuerin *f* // *a* (*moeurs, revendications*) Bauern-, bäuerlich; (*air*) Land-.

P.C.V. [peseve] *nm* R-Gespräch *nt*.

P.D.G. [pedeʒe] *sigle m voir* **président**.

péage [peaʒ] *nm* (*sur autoroute*) Autobahngebühr *f*; (*sur pont*) Brückengebühr *f*; (*endroit*) Maut *f*; **autoroute/pont à** ~ gebührenpflichtige Straße/Brücke.

peau, x [po] *nf* Haut *f*; (*morceau de peau*) **une** ~ ein Hautstück *nt*; (*cuir fin*): **gants de** ~ Handschuhe *pl* aus feinstem Leder; ~ **de chamois** (*chiffon*) Fensterleder *nt*.

peau-rouge [poʀuʒ] *nm/f* Rothaut *f*.

pêche [pɛʃ] *nf*: **la** ~ das Fischen; (*à la*

ligne) das Angeln; (*poissons pêchés*) Fang *m*; (*fruit*) Pfirsich *m*.

péché [peʃe] *nm* Sünde *f*.

pécher [peʃe] *vi* (*REL*) sündigen.

pêcher [peʃe] *nm* Pfirsichbaum *m* // *vt* fischen; angeln; ~ **à la ligne** angeln; ~ **au filet** mit dem Netz fischen.

pêcheur, eresse [peʃœʀ, peʃʀɛs] *nm/f* Sünder(in *f*) *m*.

pêcheur, euse [peʃœʀ, peʃøz] *nm/f* Fischer(in *f*) *m*, Angler(in *f*) *m*.

pécule [pekyl] *nm* (*économies*) Ersparnisse *pl*.

pécuniaire [pekynjɛʀ] *a* finanziell.

pédagogie [pedagɔʒi] *nf* Pädagogik *f*.

pédagogique [pedagɔʒik] *a* pädagogisch.

pédagogue [pedagɔg] *nm/f* Pädagoge *m*, Pädagogin *f*.

pédale [pedal] *nf* Pedal *nt*.

pédaler [pedale] *vi* (*in die Pedale*) treten.

pédalo [pedalo] *nm* Tretboot *nt*.

pédant, e [pedɑ̃, ɑ̃t] *a* besserwisserisch.

pédéraste [pedeʀast(ə)] *nm* Päderast *m*.

pédestre [pedɛstʀ(ə)] *a*: **randonnée** ~ Wanderung *f*.

pédiatre [pedjatʀ(ə)] *nm/f* Kinderarzt *m*, -ärztin *f*.

pédiatrie [pedjatʀi] *nf* Kinderheilkunde *f*.

pédicure [pedikyʀ] *nm/f* Fußpfleger(in *f*) *m*.

pedigree [pedigʀi] *nm* Stammbaum *m*.

pègre [pɛgʀ(ə)] *nf* Unterwelt *f*.

peigne [pɛɲ(ə)] *nm* Kamm *m*.

peigner [peɲe] *vt* kämmen; **se** ~ sich kämmen.

peignoir [peɲwaʀ] *nm* (*de sportif, sortie de bain*) Bademantel *m*; (*déshabillé*) Morgenmantel *m*.

peindre [pɛ̃dʀ(ə)] *vt* malen; (*mur, carrosserie*) streichen.

peine [pɛn] *nf* (*affliction, chagrin*) Kummer *m*; (*mal, effort, difficulté*) Mühe *f*; (*punition, JUR*) Strafe *f*; **faire de la** ~ **à qn** jdm weh tun; **prendre**

la ~ de ... sich (dat) die Mühe machen, zu ...; **se donner de la ~** sich bemühen; **ce n'est pas la ~** es ist nicht nötig; **ça ne vaut pas la ~** es lohnt sich nicht; **à ~** ad (presque, très peu) kaum; (tout juste): **il y a à ~ huit jours** es ist kaum acht Tage her; **sous ~ d'amende** bei Strafe; ~ **de mort/capitale** Todesstrafe f.

peiner [pene] vi (se fatiguer) sich quälen // vt betrüben.

peintre [pɛtʀ(ə)] nm Maler(in f) m; ~ **en bâtiment** Anstreicher(in f) m.

peinture [pɛtyʀ] nf (art): **la** ~ die Malerei; (tableau, peinture murale) Bild nt; (ART): **(An)streichen** nt; (couleur) Farbe f; ~ **mate/brillante** Matt-/Glanzlack m; ~ **fraîche!** frisch gestrichen!

péjoratif, ive [peʒɔʀatif, iv] a pejorativ, abwertend.

pelage [pəlaʒ] nm Fell nt.

pêle-mêle [pɛlmɛl] ad durcheinander.

peler [pəle] vt schälen // vi sich schälen.

pèlerin [pɛlʀɛ̃] nm (REL) Pilger(in f) m.

pélican [pelikɑ̃] nm Pelikan m.

pelle [pɛl] nf Schaufel f; ~ **mécanique** (Löffel)bagger m; ~ **à tarte** ou **gâteau** Tortenheber m.

pellicule [pelikyl] nf (couche fine) Häutchen nt; (PHOT) Film m; ~**s** nfpl Schuppen pl.

pelote [p(ə)lɔt] nf (de fil, laine) Knäuel m; (d'épingles, d'aiguilles) Nadelkissen nt; (jeu): ~ **(basque)** Pelota f (baskisches Ballspiel).

peloton [p(ə)lɔtɔ̃] nm (MIL): ~ **de punition** Straftrupp m; ~ **d'exécution** Hinrichtungskommando nt; (SPORT) (Haupt)feld nt.

pelotonner [p(ə)lɔtone]: **se** ~ vi sich zusammenkugeln.

pelouse [p(ə)luz] nf Rasen m.

peluche [p(ə)lyʃ] nf: **animal en** ~ Stofftier nt.

pelure [p(ə)lyʀ] nf Schale f.

pénal, e, aux [penal, o] a Straf-.

pénalité [penalite] nf (sanction) Strafe f; (SPORT) Strafstoß m.

penalty [penalti] nm Elfmeter m.

pénard [penaʀ] = **peinard**.

penaud, e [pəno, od] a zerknirscht.

penchant [pɑ̃ʃɑ̃] nm Neigung f, Vorliebe f; **avoir un** ~ **pour** qch eine Vorliebe für etw haben.

pencher [pɑ̃ʃe] vi sich neigen; (personne): ~ **pour** neigen zu (+dat) // vt neigen; **se** ~ (personne) sich vorbeugen; **se** ~ **sur** sich beugen über (+akk); (fig) sich vertiefen in (+akk).

pendaison [pɑ̃dɛzɔ̃] nf Hängen nt.

pendant [pɑ̃dɑ̃] prep während (+gen) // **pendant, e** a (JUR, ADMIN) schwebend // nm: ~**s d'oreilles** Ohrringe pl.

pendentif [pɑ̃dɑ̃tif] nm (bijou) Anhänger m.

penderie [pɑ̃dʀi] nf (placard) Kleiderschrank m.

pendre [pɑ̃dʀ(ə)] vt aufhängen; (personne) hängen // vi hängen; (laisser) aufhängen; **se** ~ **à** qch hängen an (+dat).

pendu, e [pɑ̃dy] nm/f Gehängte(r) mf.

pendule [pɑ̃dyl] nf (horloge) (Wand)uhr f // nm Pendel m.

pêne [pɛn] nm Riegel m.

pénétrer [penetʀe] vi: ~ **dans/à l'intérieur de** herein-/hineinkommen in (+akk); (de force) eindringen in (+akk); (en voiture etc) herein-/hineinfahren in (+akk) // vt eindringen in (+akk); (mystère, secret) herausfinden.

pénible [penibl(ə)] a (astreignant, difficile) mühsam, schwierig; (douloureux, affligeant) schmerzhaft; (personne, caractère) lästig.

péniblement [peniblǝmɑ̃] ad mit Schwierigkeit; schmerzlich.

péniche [peniʃ] nf Last-/Frachtkahn m.

pénicilline [penisilin] nf Penizillin nt.

péninsule [penɛ̃syl] nf Halbinsel f.

pénis [penis] nm Penis m.

pénitence [penitɑ̃s] nf (repentir) Reue f; (REL) Buße f; (punition) Strafe f.

pénitencier [penitɑ̃sje] nm (prison) Zuchthaus nt.

pénombre [penɔ̃bʀ(ə)] nf Halbdunkel nt.

pensée [pɑ̃se] nf (faculté, fait de penser): **la** ~ das Denken nt; (ce qu'on pense) Gedanke m; (doctrine) Lehre f; (maxime, sentence) Gedanke m, Reflexion f; (BOT) Stiefmütterchen nt; **en** ~ im Geist.

penser [pɑ̃se] vi denken // vt denken; (imaginer, concevoir) sich (dat) denken; ~ **à** vt denken an (+akk); (réfléchir à) nachdenken über (+akk); ~ **faire qch** vorhaben, etw zu tun; ~ **du bien/du mal de qn/qch** gut/ schlecht über jdn/etw denken.

penseur [pɑ̃sœʀ] nm Denker(in f) m.

pensif, -ive [pɑ̃sif, iv] a nachdenklich.

pension [pɑ̃sjɔ̃] nf (allocation) Rente f; (somme, prix payé) Pension f; (hôtel, maison particulière) Pension f; (SCOL) Internat nt; **prendre** ~ **chez qn/dans un hôtel** bei jdm/in einem Hotel in Pension sein; **prendre qn en** ~ jdn als Pensionär aufnehmen; **mettre un enfant en** ~ **dans un collège** ein Kind in ein Internat tun; **chambre sans/avec** ~ **complète** Zimmer mit/ohne Vollpension; ~ **alimentaire** Unterhaltsbeitrag m; ~ **de famille** Pension f.

pensionnaire [pɑ̃sjɔnɛʀ] nm/f Pensionsgast m; Internatsschüler(in f) m.

pensionnat [pɑ̃sjɔna] nm Internat nt.

pente [pɑ̃t] nf (d'un terrain, d'une surface) Gefälle nt; (surface oblique): **une** ~ ein Abhang m; **en** ~ schräg, abfallend.

Pentecôte [pɑ̃tkot] nf: **la** ~ das Pfingstfest nt, Pfingsten nt.

pénurie [penyʀi] nf Mangel m.

pépier [pepje] vi zwitschern.

pépin [pepɛ̃] nm (BOT) Kern m, (fig) Haken m, Schwierigkeit f.

pépinière [pepinjɛʀ] nf Baumschule f.

pépite [pepit] nf (Gold)klumpen m.

perçant, e [pɛʀsɑ̃, ɑ̃t] a (vue) scharf; (voix) durchdringend.

percée [pɛʀse] nf (chemin, trouée) Öffnung f; (SPORT) Durchbruch m.

perce-neige [pɛʀsənɛʒ] nf inv Schneeglöckchen m.

percepteur [pɛʀsɛptœʀ] nm Steuereinnehmer m.

perception [pɛʀsɛpsjɔ̃] nf Wahrnehmung f; (bureau) Finanzamt nt.

percer [pɛʀse] vt ein Loch machen in (+akk); (oreilles) durchstechen; (abcès) aufschneiden; (trou, tunnel) bohren; (fenêtre) ausbrechen; (avenue) anlegen; (suj: lumière, soleil, bruit) durchdringen; (mystère, énigme) auflösen // vi durchkommen; (aube) erscheinen; (réussir: artiste) den Durchbruch schaffen; ~ **une dent** (bébé) zahnen.

perceuse [pɛʀsøz] nf (outil) Bohrer m.

percevoir [pɛʀsəvwaʀ] vt (discerner) wahrnehmen, erkennen; (argent) einnehmen.

perche [pɛʀʃ] nf (ZOOL) (Fluß)barsch m; (pièce de bois, métal) Stange f.

percher [pɛʀʃe] vi, **se** ~ vi (oiseau) hocken, sitzen.

perchoir [pɛʀʃwaʀ] nm Stange f.

percolateur [pɛʀkɔlatœʀ] nm Kaffeemaschine f.

percussion [pɛʀkysjɔ̃] nf voir **instrument**.

percuter [pɛʀkyte] vt stoßen, schlagen // vi: ~ **contre** knallen gegen (+akk).

perdant, e [pɛʀdɑ̃, ɑ̃t] nm/f (personne) Verlierer(in f) m.

perdre [pɛʀdʀ(ə)] vt verlieren; (gaspiller) verschwenden, vergeuden; (occasion) verpassen; (moralement) ruinieren // vi (personne) verlieren; (récipient) undicht sein, lecken; **se** ~ (personne) sich verirren; (rester inutilisé: chose) verkümmern, brach liegen; (disparaître) sich verlieren; ~ **son chemin** sich verirren; ~ **qch/qn de vue** jdn aus den Augen verlieren; ~ **connaissance/l'équilibre** das Bewußtsein/Gleichgewicht verlieren; ~ **la raison/la parole/la vue**

den Verstand/die Sprache/das Augenlicht verlieren.

perdreau, x [pɛrdro] *nm* junges Rebhuhn *nt.*

perdrix [pɛrdri] *nf* Rebhuhn *nt.*

perdu, e [pɛrdy] *a (objet)* verloren; *(égaré)* verlaufen; *(isolé)* abgelegen, gottverlassen; *(emballage, verre)* Einweg-; *(occasion)* vertan; *(malade, blessé)* unheilbar; **à vos moments ~s** in Ihren Mußestunden.

père [pɛr] *nm* Vater *m;* ~**s** *nmpl:* **nos/vos** ~**s** *(ancêtres)* unsere/Ihre Vorfahren; **de** ~ **en fils** vom Vater auf den Sohn; ~ **de famille** Familienvater *m;* **le** ~ **Noël** der Weihnachtsmann.

perfection [pɛrfɛksjɔ̃] *nf* Vollkommenheit *f.*

perfectionner [pɛrfɛksjɔne] *vt* vervollkommnen; **se** ~ **en anglais/allemand** sein Englisch/Deutsch verbessern.

perfide [pɛrfid] *a* heimtückisch.

perforateur, -trice [pɛrfɔratœr, tris] *nm/f* Lochkartenstanzer(in *f) m.*

perforatrice [pɛrfɔratris] *nf (outil: pour cartes)* Locher *m; (:pour tickets)* Lochzange *f.*

perforé, e [pɛrfɔre] *a:* **carte/bande** ~**e** Lochkarte *f*/-streifen *m.*

perforer [pɛrfɔre] *vt (ticket)* lochen; *(TECH)* perforieren.

perforeuse [pɛrfɔrøz] *nf* Bohrer *m.*

performance [pɛrfɔrmãs] *nf* Leistung *f.*

péril [peril] *nm* Gefahr *f;* **à ses risques et** ~**s** auf eigenes Risiko.

périlleux, euse [perijø, øz] *a* gefährlich.

périmé, e [perime] *a (conception)* überholt; *(passeport etc)* abgelaufen.

périmètre [perimɛtr(ə)] *n (MATH)* Umfang *m; (ligne)* Grenze *f; (zone)* Umkreis *m.*

période [perjɔd] *nf (époque)* Zeit *f; (durée)* Zeitraum *m,* Zeit *f.*

périodique [perjɔdik] *a* periodisch, regelmäßig // *nm (magazine, revue)* Zeitschrift *f.*

péripétie [peripesi] *nf:* ~**s** Ereignisse *pl,* Vorfälle *pl.*

périphérique [periferik] *a* Außen-, umliegend; *(RADIO)* Rand-// *nm* peripher.

périphrase [perifraz] *nf* Umschreibung *f.*

périple [peripl(ə)] *nm (Rund)reise f.*

périr [perir] *vi (personne)* umkommen, sterben; *(navire)* untergehen.

périscope [periskɔp] *nm* Periskop *nt.*

périssable [perisabl(ə)] *a (denrée)* verderblich.

perle [pɛrl(ə)] *nf* Perle *f; (de liquide)* Tropfen *m.*

perler [pɛrle] *vi (sueur)* abperlen, abtropfen.

permanence [pɛrmanãs] *nf* Dauerhaftigkeit *f; (ADMIN, MED)* Bereitschaftsdienst *m; (lieu)* Bereitschaftszentrale *f;* **en** ~ *ad* permanent, ständig.

permanent, e [pɛrmanã, ãt] *a* ständig; *(constant, stable)* beständig, dauerhaft // *nf* Dauerwelle *f.*

perméable [pɛrmeabl(ə)] *a (roche, terrain)* durchlässig; ~ **à** *(fig)* offen für.

permettre [pɛrmɛtr(ə)] *vt* erlauben; ~ **qch à qn** jdm etw erlauben; **se** ~ **de faire qch** sich *(dat)* erlauben, etw zu tun.

permis [pɛrmi] *nm* Genehmigung *f;* ~ **de construire** Baugenehmigung *f;* ~ **de chasse/pêche** Jagd-/Angelschein *m;* ~ **d'inhumer** Totenschein *m;* ~ **de conduire** Führerschein *m;* ~ **de séjour** Aufenthaltserlaubnis *f;* ~ **poids lourds** Führerschein *m* für LKWs.

permissif, ive [pɛrmisif] *a* freizügig.

permission [pɛrmisjɔ̃] *nf* Erlaubnis *f; (MIL)* Urlaub *m;* **avoir la** ~ **de faire qch** die Erlaubnis haben, etw zu tun.

permuter [pɛrmyte] *vt* umstellen // *vi (personnes)* die Stelle tauschen.

péroné [perɔne] *nm* Wadenbein *nt.*

perpendiculaire [pɛrpãdikylɛr] *a* senkrecht // *nf* Senkrechte *f;* ~ **à** senkrecht zu *(+dat).*

perpétrer [pɛrpetre] *vt* begehen,

verüben.

perpétuel, elle [pɛʀpetɥɛl] a (continuel) ständig, fortwährend; (fonction) dauerhaft, lebenslang.

perpétuité [pɛʀpetɥite] nf: **à ~** ad fürs Leben; **être condamné à ~** zu lebenslänglicher Strafe verurteilt sein.

perplexe [pɛʀplɛks(ə)] a verblüfft, perplex.

perquisitionner [pɛʀkizisjɔne] vi eine Haussuchung vornehmen.

perron [pɛʀɔ̃] nm Freitreppe f.

perroquet [pɛʀɔkɛ] nm (ZOOL) Papagei m.

perruche [pɛʀyʃ] nf Wellensittich m.

perruque [pɛʀyk] nf Perücke f.

persan, e [pɛʀsɑ̃, an] a Perser-; persisch.

Perse [pɛʀs(ə)] nf: **la ~** Persien nt.

persécution [pɛʀsekysjɔ̃] nf Verfolgung f.

persévérant, e [pɛʀseveʀɑ̃, ɑ̃t] a ausdauernd, beharrlich.

persévérer [pɛʀseveʀe] vi nicht aufgeben; **~ dans** qch (ne nicht aufgeben); (dans une erreur) (in) etw (dat) verharren.

persiennes [pɛʀsjɛn] nfpl Fensterläden pl.

persiflage [pɛʀsiflaʒ] nm Spott m.

persil [pɛʀsi] nm Petersilie f.

persistant, e [pɛʀsistɑ̃, ɑ̃t] a anhaltend; (feuillage) immergrün; **arbre à feuillage ~** immergrüner Busch m.

persister [pɛʀsiste] vi fortdauern; (personne) nicht aufhören; **~ dans** qch auf etw (+akk) beharren; **~ à faire** qch etw weiterhin tun.

personnage [pɛʀsɔnaʒ] nm Person f; (notable) Persönlichkeit f.

personnaliser [pɛʀsɔnalize] vt (voiture, appartement) eine persönliche Note geben (+dat); (impôt, assurance) auf den einzelnen abstimmen.

personnalité [pɛʀsɔnalite] nf Persönlichkeit f.

personne [pɛʀsɔn] pron niemand; (quelqu'un) (irgend) jemand // nf (être humain, individu) Mensch m; (LING):

première/troisième ~ erste/dritte Person f; **dix francs par ~** 10 Francs pro Person; **en ~** persönlich; **~ âgée** älterer Mensch m; **grande ~** Erwachsene(r) mf; **à ~ charge** (JUR) Unterhaltsberechtigte(r) mf.

personnel, elle [pɛʀsɔnɛl] a persönlich // nm (employés) Personal m.

personnellement [pɛʀsɔnɛlmɑ̃] ad persönlich.

personnifier [pɛʀsɔnifje] vt personifizieren.

perspective [pɛʀspɛktif] nf (ART, fig) Perspektive f; (vue, coup d'œil) Ausblick m; (angle, optique) Blickwinkel m; **~s** nfpl (horizons) Aussichten pl; **en ~** in Aussicht.

perspicace [pɛʀspikas] a scharfsichtig.

persuader [pɛʀsɥade] vt überzeugen; **~ qn de** qch jdn von etw überzeugen; **~ qn de faire** qch jdn überreden, etw zu tun.

persuasion [pɛʀsɥazjɔ̃] nf Überzeugung f.

perte [pɛʀt(ə)] nf Verlust m; (fig) Ruin m; **à ~** mit Verlust; **à ~ de vue** soweit das Auge reicht; (fig) endlos; **~ sèche** Verlustgeschäft nt; **~s blanches** Ausfluß m.

pertinent, e [pɛʀtinɑ̃, ɑ̃t] a (remarque, analyse) treffend.

perturbation [pɛʀtyʀbasjɔ̃] nf (agitation, trouble) Unruhe f; **~ atmosphérique** atmosphärische Störungen pl.

perturber [pɛʀtyʀbe] vt stören; (personne) beunruhigen.

pervers, e [pɛʀvɛʀ, ɛʀs(ə)] a (vicieux, dépravé) pervers; (machination, conseil) verworfen // nm/f perverser Mensch m.

pervertir [pɛʀvɛʀtiʀ] vt verderben.

pesage [pəzaʒ] nm Wiegen nt; (endroit) Wiegeplatz m.

pesamment [pəzamɑ̃] ad schwerfällig.

pesant, e [pəzɑ̃, ɑ̃t] a schwer; (présence) lästig; (sommeil) tief; (architecture, marche) schwerfällig.

pesanteur [pəzɑ̃tœʀ] nf (PHYS): **la ~** die Schwerkraft.

pèse-bébé [pɛzbebe] *nm* Säuglingswaage *f*.

pèse-lettre [pɛzlɛtʀ(ə)] *nm* Briefwaage *f*.

peser [pəze] *vt* wiegen; (*considérer, comparer*) abwägen // *vi* (*avoir un certain poids*) schwer wiegen; (*avoir tel ou tel poids*): ~ **cent kilos/peu** 100 Kilo/wenig wiegen; ~ **sur** lasten auf (+*dat*); (*influencer*) beeinflussen.

pessimiste [pesimist(ə)] *a* pessimistisch // *nm/f* Pessimist(in *f*) *m*.

peste [pɛst(ə)] *nf* (MED) Pest *f*.

pester [pɛste] *vi*: ~ **contre qn/qch** auf jdn/etw schimpfen.

pétale [petal] *nf* (BOT) Blütenblatt *nt*.

pétanque [petɑ̃k] *nf*: **la** ~ das Kugelspiel (in Südfrankreich).

pétarader [petaʀade] *vi* fehlzünden.

pétard [petaʀ] *nm* Knallkörper *m*; Zündkapsel *f*.

péter [pete] *vi* (*fam*) furzen.

pétiller [petije] *vi* knistern; (*mousse, champagne*) perlen; (*yeux*) funkeln.

petit, e [p(ə)ti, it] *a* klein; (*pluie*) fein; (*promenade, voyage*) kurz; (*bruit, cri*) schwach // *ad*: ~ **à** ~ nach und nach; ~**s** *nmpl* (*dans une collectivité, école*) die Kleinen *pl*; (*d'un animal*) die Jungen *pl*; **les tout-petits** die ganz Kleinen; ~**(e) ami(e)** Freund(in *f*) *m*; ~ **pois** Erbsen *pl*.

petit-bourgeois, petite-bourgeoise [p(ə)tibuʀʒwa, p(ə)titbuʀʒwaz] *a* kleinbürgerlich, spießig // *nm/f* Kleinbürger *m*, Spießer(in *f*).

petite-fille [p(ə)titfij] *nf* Enkelin *f*.

petitesse [p(ə)tites] *nf* Kleinheit *f*; (*d'un salaire*) Geringfügigkeit *f*; (*d'une existence*) Bescheidenheit *f*; (*de procédés*) Kleinlichkeit *f*.

petit-fils [p(ə)tifis] *nm* Enkel *m*.

pétition [petisjɔ̃] *nf* Petition *f*.

petit-lait [pətile] *nm* Molke *f*.

petits-enfants [pətizɑ̃fɑ̃] *nmpl* Enkel *m pl*.

pétrifier [petʀifje] *vt* versteinern; (*personne*) lähmen.

pétrin [petʀɛ̃] *nm* Backtrog *m*; (*situation difficile*) Klemme *f*.

pétrir [petʀiʀ] *vt* kneten.

pétrole [petʀɔl] *nm* Öl *nt*; (*naturel*)

Erdöl *nt*; **à** ~: **lampe/poêle à** ~ Paraffinlampe *f*/-ofen *m*.

pétrolier, ière [petʀɔlje, jɛʀ] *a* Öl-// *nm* (*navire*) Öltanker *m*.

peu [pø] *ad* wenig; (*avec adjectif, adverbe*) nicht sehr // *pron* wenige *pl* // *nm*: **le** ~ **de courage qui nous restait** das bißchen Mut, das wir noch hatten; ~ **de** wenig; **un (petit)** ~ **(de)** etwas, ein wenig, ein bißchen; **à** ~ **près** ungefähr; **de** ~ knapp; **depuis** ~ seit kurzem; ~ **à** ~ nach und nach; ~ **avant/après** kurz davor/bald danach; **sous** *ou* **avant** ~ bald; **c'est** ~ **de chose** das ist eine Kleinigkeit.

peuple [pœpl] *nm* Volk *nt*.

peupler [pœple] *vt* (*pourvoir d'une population*) bevölkern; (*habiter*) leben in (+*dat*); (*hanter, remplir*) erfüllen.

peuplier [pøplije] *nm* Pappel *f*.

peur [pœʀ] *nf* Angst *f*; **avoir** ~ **de qn/qch/faire qch** Angst haben (vor jdm/etw/, etw zu tun); **avoir** ~ **que** befürchten, daß; **faire** ~ **à qn** jdm Angst machen; **de** ~ **de/que** aus Angst, daß.

peureux, euse [pœʀø, øz] *a* ängstlich.

peut-être [pøtɛtʀ(ə)] *ad* vielleicht; ~ **bien** es kann gut sein; ~ **que** vielleicht.

phalange [falɑ̃ʒ] *nf* (*des doigts*) Fingerglied *nt*; (*des orteils*) Zehenglied *nt*; (POL) Phalanx *f*.

phare [faʀ] *nm* (*tour*) Leuchtturm *m*; (*d'un aéroport*) Leuchtfeuer *nt*; (AUT) Scheinwerfer *m*; (*position*): **se mettre en** ~**s** das Fernlicht einschalten.

pharmaceutique [faʀmasøtik] *a* pharmazeutisch.

pharmacie [faʀmasi] *nf* (*science*) Pharmazie *f*; (*local*) Apotheke *f*; (*produits*) Arzneimittel *ntpl*.

pharmacien, ienne [faʀmasjɛ̃, jɛn] *nm/f* Apotheker(in *f*) *m*.

pharynx [faʀɛ̃ks] *nm* Rachen *m*.

phase [faz] *nf* Phase *f*.

phénomène [fenɔmɛn] *nm* Phänomen *nt*; (*excentrique, original*) Kauz *m*.

philanthropie [filãtʀɔpi] nf Menschenfreundlichkeit f.

philatélie [filateli] nf Briefmarkensammeln nt, Philatelie f.

philharmonique [filaʀmɔnik] a philharmonisch.

philistin [filistɛ̃] nm Banause m.

philosophe [filɔzɔf] nm/f Philosoph(in f) m // a philosophisch.

philosophie [filɔzɔfi] nf Philosophie f; (calme, résignation) Gelassenheit f.

philosophique [filɔzɔfik] a philosophisch.

phobie [fɔbi] nf Phobie f.

phonétique [fɔnetik] a phonetisch // nf: la ~ die Phonetik.

phoque [fɔk] nm Seehund m; (fourrure) Seal m.

photo [fɔto] nf Foto nt; en ~: être mieux en ~ qu'au naturel auf Fotos besser aussehen als in Wirklichkeit; prendre qn/qch en ~ von jdm/etw ein Foto machen; faire de la ~ fotografieren, Fotos machen; ~ en couleurs Farbfoto nt; ~ d'identité Paßfoto nt.

photocopie [fɔtɔkɔpi] nf Fotokopie f.

photogénique [fɔtɔʒenik] a fotogen.

photographe [fɔtɔgʀaf] nm/f Fotograf(in f) m.

photographie [fɔtɔgʀafi] nf Fotografie f.

photographier [fɔtɔgʀafje] vt fotografieren.

photographique [fɔtɔgʀafik] a fotografisch.

photo-robot [fɔtɔʀɔbo] nf Phantombild nt.

phrase [fʀaz] nf Satz m.

phtisie [ftizi] nf Schwindsucht f.

physicien, ienne [fizisjɛ̃, jɛn] nm/f Physiker(in f) m.

physiologique [fizjɔlɔʒik] a physiologisch.

physionomie [fizjɔnɔmi] nf Gesichtsausdruck m; (fig) Gepräge nt.

physique [fizik] a (de la nature) physisch; (du corps) physisch, körperlich; (PHYS) physikalisch // nm (d'une personne) Statur f // nf: la ~ die Physik; au ~ körperlich.

physiquement [fizikmã] ad körperlich, physisch.

piaffer [pjafe] vi stampfen.

piailler [pjaje] vi (oiseau) piepsen.

pianiste [pjanist(ə)] nm/f Pianist(in f) m.

piano [pjano] nm Klavier nt.

pianoter [pjanɔte] vi (jouer du piano) auf dem Klavier klimpern; (tapoter): ~ sur une table/vitre mit den Fingern auf den Tisch/ans Fenster trommeln.

pic [pik] nm (instrument) Spitzhacke f; (montagne, cime) Gipfel m; (ZOOL) Specht m; à ~ ad (verticalement) senkrecht; (à point nommé): arriver à ~ wie gerufen kommen; ça tombe à ~ das trifft sich gut.

pichet [piʃɛ] nm Krug m.

pickpocket [pikpɔkɛt] nm Taschendieb(in f) m.

pick-up [pikœp] nm (tourne-disque) Plattenspieler m.

picorer [pikɔʀe] vt picken.

picoter [pikɔte] vt (oiseau, poule) picken; (piquer, irriter) stechen, prickeln.

pie [pi] nf Elster f.

pièce [pjɛs] nf (d'un logement) Zimmer nt; (THEAT; morceau) Stück nt; (d'un mécanisme) Teil m; (de monnaie) Münze f; (COUTURE) Teil m, Einsatz m; (document): ~ d'identité Ausweis m; ~ justificative Nachweis m; (de bétail, gibier, poisson) Einzeltier nt; (d'un jeu d'échecs) Figur f; (d'une collection) Einzelteil nt; vendre à la ~ einzeln ou stückweise verkaufen; dix francs la ~ je 10 Francs; travailler à la ~ im Akkord arbeiten; payer à la ~ Stücklohn zahlen; un deux ~s cuisine eine Zweizimmerwohnung mit Küche; un trois ~ eine Dreizimmerwohnung; ~ d'eau Teich m; ~ montée Baumkuchen m; ~s détachées Einzelteile pl.

pied [pje] nm Fuß m; (d'un meuble) Bein m; (d'un verre) Stiel m; (POESIE) Versfuß m; à ~ zu Fuß; à ~s secs trockenen Fußes; de ~ en cap von Kopf bis Fuß; avoir ~ Boden unter den Füßen haben; **avoir le ~ marin** seefest sein; **être sur ~ dès cinq heures** ab 5 Uhr den Beinen sein; **au ~ de la lettre** buchstabengetreu; **être ~s nus/nu~s** barfuß sein ou gehen; **se lever du ~ gauche** mit dem linken Fuß zuerst aufstehen; **mettre sur ~** die Beine stellen; **mettre qn au ~ du mur** jdn in die Enge treiben; **mettre à ~** (employé) entlassen; **de salade** Kopfsalat m; **~ de vigne** Weinrebe f.

pied-à-terre [pjetatɛʀ] nm inv Zweitwohnung f.

pied-de-biche [pjedbiʃ] nm (COUTURE) Steppfuß m.

piédestal, aux [pjedɛstal, o] nm Sockel m.

pied-noir [pjenwaʀ] nm Franzose, der in Algerien geboren wurde.

piège [pjɛʒ] nm Falle f; **prendre au ~** mit einer Falle fangen; **tomber dans le ~** in die Falle geben.

piéger [pjeʒe] vt (avec une mine) verminen; **lettre piégée** Briefbombe f; **voiture piégée** Autobombe f.

pierraille [pjeʀaj] nf Geröll nt.

pierre [pjɛʀ] nf Stein m; **première ~** (d'un édifice) Grundstein m; **~ tombale** Grabplatte f; **~ de taille** Quaderstein m; **~ sèche** Bruchstein m; **~ ponce** Bimsstein m; **~ précieuse** Edelstein m; **~ à briquet** Feuerstein m.

pierreries [pjɛʀʀi] nfpl Edelsteine pl.

piété [pjete] nf Frömmigkeit f.

piétiner [pjetine] vi (trépigner) aufstampfen; (marquer le pas) auf der Stelle treten; (fig) stocken // vt herumtreten auf (+dat).

piéton, onne [pjetɔ̃, ɔn] nm/f Fußgänger(in) m.

piétonnier, ière [pjetɔnje, jɛʀ] a: **rue/zone ~ière** Fußgängerstraße f/-zone f.

pieu, x [pjø] nm (piquet) Pfahl m.

pieuvre [pjœvʀ(ə)] nf Tintenfisch m, Krake f.

pieux, euse [pjø, øz] a fromm.

pigeon [piʒɔ̃] nm Taube f.

pigeonnier [piʒɔnje] nm (colombier) Taubenschlag m.

piger [piʒe] vt (fam) begreifen.

pigment [pigmã] nm Pigment nt.

pignon [piɲɔ̃] nm (d'un mur) Giebel m; (d'un engrenage) Zahnrad nt.

pile [pil] nf (tas) Stapel m, Stoß m; (ELEC) Batterie f // ad (brusquement) plötzlich, abrupt; (à point nommé): **9 heures ~** Punkt 9 Uhr; **jouer à ~ ou face** knobeln; **~ atomique** Kernreaktor m.

piler [pile] vt zerdrücken.

pileux, euse [pilø, øz] a: **système ~** Haare pl.

pilier [pilje] nm Pfeiler m; (personne) Stütze f.

pillard, e [pijaʀ, aʀd(ə)] nm/f Plünderer(in) m.

piller [pije] vt plündern.

pilon [pilɔ̃] nm (instrument) Stößel m.

pilonner [pilɔne] vt (MIL) unter Beschuß haben.

pilotage [pilɔtaʒ] nm Flugzeugführung f.

pilote [pilɔt] nm (NAVIG) Lotse m; (AVIAT) Pilot(in) m; (d'une voiture de course) Fahrer(in) m; **~ automatique** Autopilot m; **~ de ligne/d'essai/de chasse** Linien-/Test-/Jagdpilot(in) m.

piloter [pilɔte] vt (avion) fliegen; (navire) lotsen; (automobile) fahren.

pilule [pilyl] nf Pille f; **la ~** (anticonceptionnelle) die (Antibaby)pille.

piment [pimã] nm Peperoni pl; (fig) Würze f.

pimpant, e [pɛ̃pã, ãt] a adrett und gepflegt.

pin [pɛ̃] nm Kiefer f; (bois) Kiefernholz nt.

pince [pɛ̃s] nf (outil) Zange f; (d'un homard, crabe) Schere f; (pli) Abnäher m; **~ à épiler** Pinzette f; **~ à sucre/glace** Zucker-/Eiszange f; **~s de cycliste** Fahrradklammern pl; **~ à linge** Wäscheklammer f.

pincé, e [pɛ̃se] a (air, sourire) steif // nf: **une ~ de sel/poivre** eine Prise Salz/Pfeffer.

pinceau, x [pɛ̃so] nm (instrument) Pinsel m.

pince-nez [pɛ̃sne] nm inv Kneifer m.

pincer [pɛ̃se] vt kneifen; (MUS) zupfen; (coincer) (ein)klemmen; (vêtement) abnähen; (fam: malfaiteur) schnappen; **se ~ le nez** sich (dat) die Nase zuhalten.

pincettes [pɛ̃sɛt] nfpl Pinzette f; (pour le feu) Feuerzange f.

pinède [pined] nf Kiefernhain m.

pingouin [pɛ̃gwɛ̃] nm Pinguin m.

ping-pong [piŋpɔ̃g] nm Tischtennis nt.

pingre [pɛ̃gʀ(ə)] a knauserig.

pinson [pɛ̃sɔ̃] nm Buchfink m.

pintade [pɛ̃tad] nf Perlhuhn nt.

pin-up [pinœp] nf inv Pin-up-girl nt.

pioche [pjɔʃ] nf (outil) Spitzhacke f.

piocher [pjɔʃe] vt (terre, sol) aufhacken; **~ dans** (fouiller) wühlen in (+dat).

piolet [pjɔlɛ] nm Eispickel m.

pion, pionne [pjɔ̃, pjɔn] nm/f (SCOL) Aufsicht f // nm (de jeu) Stein m; (échecs) Bauer m.

pionnier [pjɔnje] nm (défricheur) Pionier m; (fig) Wegbereiter m, Bahnbrecher m.

pipe [pip] nf Pfeife f; **fumer la/une ~** Pfeife/eine Pfeife rauchen.

pipeau, x [pipo] nm (flûte) Flöte f.

pipe-line [pajplajn, piplin] nf Pipeline f.

piquant, e [pikɑ̃, ɑ̃t] a (barbe, rosier) kratzig; (saveur, fig) scharf // nm (épine) Dorn m; (fig) Würze f.

pique [pik] nf Pike f, Spieß m; (fig): **envoyer** ou **lancer des ~s à qn** Spitzen gegen jdn verteilen // nm Pik nt.

piqué, e [pike] a (tissu) gesteppt; (livre, glace) fleckig; (vin) sauer // nm (tissu) Pikee m.

pique-nique [piknik] nm Picknick nt.

piquer [pike] vt (percer de trous) stechen; (MED) spritzen; (insecte) stechen; (fourmi, serpent, fumée, froid) beißen; (barbe) kratzen; (poivre, orbie) brennen; (COUTURE) steppen; (fam: voler) klauen; (: arrêter) schnappen // vi (oiseau, avion) einen Sturzflug machen; **se ~** vt (avec une aiguille)

sich stechen; (se faire une piqûre) sich spritzen; **se ~ de qch** sich (dat) etwas auf etw (akk) einbilden; **~ une aiguille/fourchette dans qch** eine Nadel/Gabel in etw (akk) stecken; **~ du nez** zum Sturzflug ansetzen; **~ un galop** ou **cent mètres** galoppieren/sprinten.

piquet [pike] nm (pieu) Pflock m; **mettre un élève au ~** einen Schüler in die Ecke stellen; **~ de grève** Streikposten m; **~ d'incendie** Feuerbekämpfungstrupp m.

piqûre [pikyʀ] nf (d'épingle) Stich m; (d'ortie) Brennen n; (MED) Spritze f; (COUTURE) Stich m, Naht f; **faire une ~ à qn** jdm eine Spritze geben.

pirate [piʀat] nm Pirat m // a (clandestin): **émetteur** ou **station ~** Piratensender m; **édition ~** Raubdruck m; **~ de l'air** Luftpirat m.

pire [piʀ] a (comparatif) schlimmer, schlechter; (superlatif) schlechteste(r,s), schlimmste(r,s) // nm: **le ~** das Schlimmste.

pis [pi] ad: **faire ~** schlimmer machen // nm **~** das Euter; **de mal en ~** immer schlimmer; **~-aller** nm inv Notlösung f, Notbehelf m; **au ~ aller** schlimmstenfalls.

piscine [pisin] nf Schwimmbad nt; **~ en plein air/couverte** Frei-/Hallenbad nt.

pissenlit [pisɑ̃li] nm Löwenzahn m.

pisser [pise] vi (fam!: uriner) pinkeln, pissen (!).

pistache [pistaʃ] nf Pistazie f.

piste [pist(ə)] nf (d'un animal, fig) Spur f, Fährte f; (SPORT) Bahn f; (de cirque) Ring m; (de danse) Tanzfläche f; (AVIAT) Start- und Landebahn f; (d'un magnétophone) Spur f; **être sur la ~ de qn** auf jds Spur (dat) sein; **~ de ski** Skipiste f; **~ cyclable** Radweg m.

pistolet [pistɔlɛ] nm Pistole f; (de peinture, vernis) Spritzpistole f; **~ à bouchon** Spielzeugpistole f; **~ à air comprimé** Luftgewehr nt.

pistolet-mitrailleur [pistɔlɛmitʀajœʀ] nm Maschinenpistole f.

piston [pistɔ̃] nm (TECH) Kolben m.

pistonner [pistɔne] vt Beziehungen spielen lassen für.

pitance [pitɑ̃s] nf (nourriture) Ration f (Essen).

piteux, euse [pitø, øz] a jämmerlich.

pitié [pitje] nf Mitleid nt; **faire ~** Mitleid erregen; **avoir ~ de qn** mit jdm Mitleid haben.

piton [pitɔ̃] nm Haken m.

pitoyable [pitwajabl(ə)] a erbärmlich.

pitre [pitʀ(ə)] nm (fig)Kasper m.

pitrerie [pitʀəʀi] nf Unsinn m.

pittoresque [pitɔʀɛsk(ə)] a (quartier) malerisch, pittoresk; (expression, détail) anschaulich, bildhaft.

pivot [pivo] nm (axe) Lagerzapfen m, Drehzapfen m; (fig) Dreh- und Angelpunkt m.

pivoter [pivɔte] vi sich drehen.

placard [plakaʀ] nm (armoire) Schrank m; (affiche) Plakat nt; ~ **publicitaire** Großanzeige f.

placarder [plakaʀde] vt anschlagen, anbringen.

place [plas] nf Platz m; (emplacement, lieu) Ort m, Platz m; (situation) Lage f; (emploi) Stelle f; **en ~** am vorgesehenen Platz; **sur ~** an Ort und Stelle; **faire ~ à** etw (dat) weichen; **à la ~ de** anstelle von (+dat); **d'honneur** Ehrenplatz m; **une quatre ~s** (AUT) ein Viersitzer; **~s avant/arrière** vordere/hintere Plätze pl; **~ assise/debout** Sitz-/Stehplatz m.

placé, e [plase] a: **personnage haut ~** Persönlichkeit von hohem Rang.

placement [plasmɑ̃] nm (investissement) Anlage f, agence/bureau **de ~** Stellenvermittlungsbüro nt.

placer [plase] vt setzen, stellen, legen; (convive, spectateur) unterbringen, setzen; (procurer un emploi, un logement à) unterbringen; (COMM: marchandises, valeurs) absetzen, verkaufen; (: capital) anlegen, investieren; (mot, histoire) anbringen;

(localiser, situer) legen; **se ~ au premier rang** sich auf dem ersten Rang plazieren.

placide [plasid] a ruhig, gelassen.

plafond [plafɔ̃] nm (d'une pièce) Decke f; (METEO): **de nuages** Wolkendecke f; (AVIAT) Steig-/ Gipfelhöhe f.

plafonner [plafɔne] vi (AVIAT) die Gipfelhöhe erreichen; (fig: industrie, salaire) die obere Grenze erreichen.

plage [plaʒ] nf Strand m; (d'un lac, fleuve) Ufer nt; (RADIO): ~ **musicale** Zwischenmusik f; ~ **arrière** (AUT) Ablage f.

plagier [plaʒje] vt plagieren.

plaid [plɛd] nm (couverture) Reisedecke f.

plaider [plede] vi das Plädoyer halten // vt (cause) verteidigen, vertreten; ~ **coupable/non coupable** schuldig/unschuldig plädieren; ~ **pour ou en faveur de qn** (fig) für jdn sprechen.

plaie [plɛ] nf Wunde f.

plaignant, e [plɛɲɑ̃, ɑ̃t] a klagend // nm/f Kläger(in) f m.

plaindre [plɛ̃dʀ(ə)] vt (personne) bedauern; **se ~ (de qn/qch)** sich (über jdn/etw) beklagen; **se ~ à qn** sich bei jdm beklagen; **se ~ que** sich beklagen, daß.

plaine [plɛn] nf Ebene f.

plain-pied [plɛpje]: **de ~** ad (au même niveau) auf gleicher Höhe.

plainte [plɛ̃t] nf Klage f; (JUR): **porter ~** klagen.

plaire [plɛʀ] vi (modèle, pièce, mode, personne) gefallen, Anklang finden; ~ **à qdelln** (+dat); **il se plait ici** ihm gefällt es hier; **tant qu'il vous plaira** soviel Sie wollen; **s'il vous plaît** bitte.

plaisance [plɛzɑ̃s] nf: **navigation de ~** Bootfahren nt.

plaisant, e [plɛzɑ̃, ɑ̃t] a (maison, décor, site) schön; (personne) angenehm; (histoire, anecdote) amüsant, unterhaltsam.

plaisanter [plɛzɑ̃te] vi Spaß machen, scherzen.

plaisanterie [plɛzɑ̃tʀi] nf Scherz m,

Spaß *m*.

plaisir [plezir] *nm* Vergnügen *nt*; *(joie)* Freude *f*; ~**s** *nmpl* Freuden *pl*; **boire/manger avec** ~ mit Genuß trinken/essen; **faire** ~ **à qn** jdm (eine) Freude machen; **prendre** ~ **à qch/faire qch** an etw *(dat)* Gefallen finden/Gefallen daran finden, etw zu tun; **j'ai le** ~ **de ...** es ist mir eine Freude, zu ...; **M. et Mme X ont le** ~ **de vous faire part de ...** Herr und Frau X geben sich die Ehre, Ihnen ... mitzuteilen; **se faire un** ~ **de faire qch** etw sehr gern(e) *ou* mit Vergnügen tun; **à** ~ nach Lust und Laune; **pour le** *ou* **par** *ou* **pour son** ~ zum reinen Vergnügen.

plan, e [plɑ̃,plan] *a* eben // *nm* Plan *m*; *(MATH)* Ebene *f*; **au premier/à l'arrière** ~ im Vorder-/Hintergrund; **mettre qch au premier** ~ einer Sache *(dat)* den Vorrang geben; **de premier/second** ~ *(personnage, personnalité)* erst-/zweitrangig; **sur le** ~ **sexuel** was das Sexuelle betrifft; **sur tous les** ~**s** in jeder Hinsicht; ~ **d'eau** Wasserfläche *f*; ~ **d'action** Aktionsplan *m*; ~ **de vol** Flugplan *m*.

planche [plɑ̃ʃ] *nf (pièce de bois)* Brett *nt*; *(d'illustrations)* Abbildung *f*; *(dans jardin)* Beet *nt*; ~ **à dessin** Reißbrett *nt*; ~ **à repasser** Bügelbrett *nt*; ~ **de salut** Rettungsanker *m*.

plancher [plɑ̃ʃe] *nm* (Fuß)boden *m*.

planer [plane] *vi (oiseau, avion)* gleiten; *(danger, mystère, deuil)* schweben.

planète [planɛt] *nf* Planet *m*.

planeur [planœr] *nm (AVIAT)* Segelflugzeug *nt*.

planification [planifikasjɔ̃] *nf* Planung *f*.

planifier [planifje] *vt* planen.

planning [planiŋ] *nm (plan de travail)* Planung *f*; ~ **familial** Familienplanung *f*.

planque [plɑ̃k] *nf (combine)* ruhige Kugel *f*; *(fam: cachette)* Versteck *nt*.

plant [plɑ̃] *nm (jeune végétal)* Setzling *m*.

plantation [plɑ̃tɑsjɔ̃] *nf (champ,*

exploitation) Pflanzung *f*, Plantage *f*.

plante [plɑ̃t] *vt* Pflanze *f*; *(ANAT)*: ~ **des pieds** Fußsohle *f*.

planter [plɑ̃te] *vt* pflanzen; *(lieu)*: ~ **de** *ou* **en vignes/arbres** mit Weinreben/Bäumen bepflanzen; *(enfoncer)* einschlagen; *(dresser)* aufstellen.

planteur [plɑ̃tœr] *nm* Pflanzer(in *f*) *m*.

plantureux, euse [plɑ̃tyrø øz] *a (repas)* reichlich; *(femme, poitrine)* üppig.

plaque [plak] *nf (d'ardoise, de verre, de revêtement)* Platte *f*; *(avec inscription)* Schild *nt*; *(tache)*: **avoir des** ~**s rouges sur le visage** rote Flecken im Gesicht haben; ~ **de chocolat** Schokoladentafel *f*; ~ **d'identité/de police** Erkennungsmarke *f* Nummernschild *nt*; ~ **d'immatriculation** *ou* **minéralogique** Kraftfahrzeugkennzeichen *nt*.

plaqué, e [plake] *a*: ~ **or/argent** vergoldet/-silbert.

plaquer [plake] *vt (bijou)* vergolden; versilbern; *(RUGBY: adversaire)* zu Fall bringen.

plastic [plastik] *nm* Plastiksprengstoff *m*.

plastifié, e [plastifje] *a* plastiküberzogen.

plastique [plastik] *a (arts, qualité, beauté)* plastisch // *nm* Plastik *nt*; **objet/bouteille en** ~ Plastikgegenstand *m*/-flasche *f*.

plastiquer [plastike] *vt* sprengen.

plat, e [pla, plat] *a* flach; *(cheveux)* glatt; *(livre)* langweilig // *nm (récipient)* Schale *f*, Schüssel *f*; *(contenu)* Gericht *nt*; *(mets d'un repas)*: **le premier/deuxième** ~ der erste/zweite Gang; *(partie plate)*: **le** ~ **de la main** die Handfläche; **à** ~ *ventre* ad bäuchlings; **à** ~ ad *(horizontalement)* horizontal // *a*: **pneu** ~ Plattfuß *m*; **batterie à** ~ leere Batterie *f*; ~ **du jour** Tagesgericht *nt*; ~ **de résistance** Hauptgericht *nt*.

platane [platan] *nm* Platane *f*.

plateau, x [plato] *nm (à fromages, de bois, d'une table)* Platte *f*; *(d'une* balance) Waagschale f; (GEO) Plateau nt; (RADIO, TV) Studiobühne f.

plate-bande [platbɑ̃d] nf (de terre) Rabatte f, Beet nt.

plate-forme [platfɔʀm(ə)] nf Plattform f; ~ **de forage/pétrolière** Bohr-/Ölinsel f.

platine [platin] nm (métal) Platin nt // nf (d'un tourne-disque) Plattenteller m.

plâtras [plɑtʀɑ] nm (débris) Schutt m.

plâtre [plɑtʀ(ə)] nm (matériau): **le** ~ der Gips; (statue) Gipsstatue f; (mur) décoratif) Stuck m; (MED) Gips(verband) m; **avoir un bras/une jambe dans le** ~ einen Arm/Fuß in Gips haben.

plein, e [plɛ̃, plɛn] a voll; (porte, roue) massiv; (joues, visage, formes) voll, rund; (chienne, jument) trächtig // prep: **avoir de l'argent** ~ **les poches** die Taschen voller Geld haben // nm: **faire le** ~ (d'eau) vollmachen; (d'essence) volltanken; **la** ~**e lune** der Vollmond; **à** ~**s temps** ganztags; **à** ~ **régime** mit Vollgas; **en** ~**s pouvoirs** Vollmacht f; **en** ~ **air** im Freien; **en** ~ **mer** auf hoher See; **en** ~**e rue** mitten auf der Straße; **en** ~ **milieu** genau in der Mitte; **en** ~ **jour** am hellichten Tag; **en** ~**e nuit** mitten in der Nacht; **en** ~ **sur** (juste, exactement sur) genau auf (+dat); **le** ~ **air** (l'extérieur) draußen; **en** ~ **a** voll.

plein-emploi [plɛ̃ãplwa] nm Vollbeschäftigung f.

plénitude [plenityd] nf (d'un son, des formes) Fülle f.

pléthore [pletɔʀ] nf: **il y a** ~ **de** ... es gibt mehr als genug ...

pleurer [plœʀe] vi weinen; (yeux) tränen // vt (regretter) nachtrauern (+dat); ~ **sur qch** etw beklagen; ~ **de rire** vor Lachen weinen.

pleurésie [plœʀezi] nf Rippenfellentzündung f.

pleurnicher [plœʀniʃe] vi flennen.

pleurs [plœʀ] nmpl: **en** ~ in Tränen.

pleuvoir [pløvwaʀ] vb impers: **il pleut** es regnet // vi: **les coups/critiques pleuvaient** es hagelte Schläge/Kritik; **les lettres/**

invitations pleuvaient es kam eine Flut von Briefen/Einladungen; **il pleut des cordes** ou **à verse** es regnet in Strömen, es gießt.

pli [pli] nm Falte f; (dans un papier) Kniff m; (du cou, menton) Runzel f; (enveloppe) Umschlag m; (ADMIN: lettre) Schreiben nt; (CARTES) Stich m; **faux** ~ Falte f.

pliable [plijabl(ə)] a faltbar.

pliage [plija3] nm Falten nt.

pliant, e [plijã, ãt] a (table, lit, vélo) Klapp-; (mètre) zusammenklappbar // nm Klappstuhl m.

plier [plije] vt (zusammen)falten; (genou, bras) beugen, biegen; (table pliante) zusammenklappen; (personne): ~ **qn à une discipline/un exercice** jdn einer Disziplin/Übung unterwerfen // vi (branche, arbre) sich biegen; **se** ~ **à** (se soumettre à) sich beugen (+dat).

plinthe [plɛ̃t] nf (MENUISERIE) Scheuerleiste f.

plissé, e [plise] a (GEO) mit Bodenfalten // nm (d'une jupe, robe) Plissee nt.

plisser [plise] vt (papier, jupe) fälteln; (front) runzeln; (bouche) verziehen; **se** ~ (se froisser) Falten bekommen.

plomb [plɔ̃] nm (métal): **le** ~ das Blei; (d'une cartouche) Schrot m ou nt; (PÊCHE) Senker m; (sceau) Plombe f; (ELEC): (**fusible**) Sicherung f; **à** ~ senkrecht.

plomber [plɔ̃be] vt (PÊCHE) mit Blei beschweren; (sceller) verplomben; (mur) loten; (dent) plombieren.

plomberie [plɔ̃bʀi] nf (canalisations) Rohre und Leitungen pl.

plombier [plɔ̃bje] nm Installateur m, Klempner m.

plongeant, e [plɔ̃3ã, ãt] a (décolleté) tief ausgeschnitten; (vue, tir) von oben.

plongée [plɔ̃3e] nf (prise de vue) Aufnahme f nach unten; (navigation sous-marine): **sous-marin en** ~ U-Boot auf Tauchstation; (SPORT): **la** ~ (**sous-marine**) das Tauchen.

plongeoir [plɔ̃3waʀ] nm Sprungbrett nt.

plongeon [plɔ̃ʒɔ̃] *nm* Sprung *m*.
plonger [plɔ̃ʒe] *vi* (*personne*) springen; (*sous-marin*) tauchen; (*avion, oiseau*) einen Sturzflug machen; (*gardien de but*) hechten; (*s'enfoncer*): ~ **dans un sommeil profond** in einen tiefen Schlaf versinken // *vt* (*immerger*) hineintauchen; (*enfoncer: arme*) stoßen (*dans* à +*akk*); (*enfouir*): ~ **une ville dans l'obscurité** eine Stadt in Dunkelheit hüllen; (*précipiter*): ~ **qn dans l'embarras** jdn in Verlegenheit bringen.
ployer [plwaje] *vt*: ~ **les genoux** die Knie beugen // *vi* sich biegen, nachgeben.
plu [ply] *pp de* **plaire, pleuvoir**.
pluie [plɥi] *nf* Regen *m*; (*de pierres, coups*) Hagel *m*; (*de cadeaux, baisers*) Flut *f*; **tomber en** ~ niederprasseln; **une** ~ **de cendres/d'étincelles** ein Aschen-/Funkenregen.
plume [plym] *nf* Feder *f*.
plumer [plyme] *vt* (*oiseau*) rupfen.
plumet [plymɛ] *nm* (*d'un casque*) Federbusch *m*.
plumier [plymje] *nm* Federkasten *m*.
plupart [plypaʀ]: **la** ~ *pron* die Mehrheit, die meisten; **la** ~ **des hommes** die meisten Menschen; **la** ~ **d'entre-nous** die meisten von uns; **la plupart du temps** meistens; **dans la** ~ **des cas** in den meisten Fällen; **pour la** ~ meistens.
pluriel [plyʀjɛl] *nm* Plural *m*.
plus [ply] *ad* (*calcul*): **3** ~ **4** 3 und 4; (*comparaison*): ~ **intelligent/grand (que)** intelligenter/größer (als); (*superlatif*): **le** ~ **intelligent/grand** der Intelligenteste/Größte; ~ **de 3 heures/4 kilos** mehr als 3 Stunden/4 Kilo; **3 heures/4 kilos de** ~ **que 3** Stunden/4 Kilo mehr als; **manger/ en faire** ~ **que** mehr essen/tun als; **en** ~ dazu, zusätzlich; **de** ~ **en** ~ immer mehr; **d'autant** ~ **que** um so mehr als; (**tout) au** ~ höchstens; ~ **ou moins** mehr oder weniger.
plusieurs [plyzjœʀ] *a*, *pron* mehrere, einige.

plus-que-parfait [plyskəpaʀfɛ] *nm* Plusquamperfekt *nt*.
plus-value [plyvaly] *nf* (ECON) Mehrwert *m*; (FIN) Gewinn *m*.
plutôt [plyto] *ad* eher, vielmehr; **faire** ~ **qch** lieber etw tun; ~ **que (de) faire qch** statt etw zu tun; ~ **grand/rouge** eher groß/rot.
pluvieux, euse [plyvjø, øz] *a* regnerisch.
pneu, x [pnø] *nm* Reifen *m*.
pneumatique [pnømatik] *nm* Reifen *m*.
pneumonie [pnømɔni] *nf* Lungenentzündung *f*.
poche [pɔʃ] *nf* (*d'un vêtement, sac*) Tasche *f*; (*déformation, d'un vêtement*): **faire une/des** ~**(s)** sich ausbeulen; **couteau/lampe de** ~ Taschenmesser *nt*/-lampe *f*.
poché, e [pɔʃe] *a*: **œil** ~ blaues Auge *nt*.
pocher [pɔʃe] *vt* (CULIN) pochieren.
poche-revolver [pɔʃʀevɔlvɛʀ] *nf* Gesäßtasche *f*.
pochette [pɔʃɛt] *nf* (*enveloppe*) kleiner Umschlag *m*; (*mouchoir*) Ziertaschentuch *nt*; ~ **d'allumettes** Streichholzheftchen *nt*; ~ **de disque** Plattenhülle *f*.
pochoir [pɔʃwaʀ] *nm* (PEINTURE) Schablone *f*.
podium [pɔdjɔm] *nm* (*estrade*) Podest *m*.
poêle [pwal] *nm* (*appareil de chauffage*) Ofen *m* // *nf* (*ustensile*) Pfanne *f*; ~ **à frire** Bratpfanne *f*.
poêlon [pwalɔ̃] *nm* Schmortopf *m*.
poème [pɔɛm] *nm* Gedicht *nt*.
poésie [pɔezi] *nf* Gedicht *nt*; (*art*): **la** ~ die Dichtung.
poète [pɔɛt] *nm* Dichter(in *f*) *m*.
poétique [pɔetik] *a* poetisch; (*œuvres, talent, licence*) dichterisch.
pognon [pɔɲɔ̃] *nm* (*fam: argent*) Kohle *f*, Kies *m*.
poids [pwa] *nm* Gewicht *nt*; (*fardeau, charge*) Last *f*; (*fig*) Belastung *f*; **remords**): **c'est un** ~ **sur ma conscience** das lastet mir auf der Seele; (*importance, valeur*) Bedeutung *f*; (*objet pour peser*) Gewicht

nt; ~ **et haltères** Gewichtheben nt; ~ **lancer du** ~ Kugelstoßen nt; **vendre qch au** ~ etw nach Gewicht verkaufen; **prendre/perdre du** ~ zu-/abnehmen; ~ **lourd** (camion) Lastkraftwagen m; ~ **mort** Leergewicht nt.

poignant, e [pwaɲɑ̃, ɑ̃t] a (émotion, souvenir) schmerzlich; (lecture) ergreifend.

poignard [pwaɲaʀ] nm Dolch m.

poignarder [pwaɲaʀde] vt erdolchen.

poigne [pwaɲ] nf Griff m.

poignée [pwaɲe] nf (quantité) Handvoll f; (pour tenir) Griff m; ~ **de main** Händedruck m.

poignet [pwaɲɛ] nm Handgelenk m; (d'une chemise) Manschette f.

poil [pwal] nm Haar nt; (d'un tissu, tapis) Flor m; (pelage, fourrure) Fell nt; (ensemble des poils) Haare pl.

poilu, e [pwaly] a behaart.

poinçon [pwɛ̃sɔ̃] nm (outil) Pfriem m; (marque de contrôle) Stempel m.

poinçonner [pwɛ̃sɔne] vt (marchandise, bijou) stempeln; (billet, ticket) knipsen.

poing [pwɛ̃] nm Faust f.

point [pwɛ̃] nm Punkt m; (endroit, lieu) Stelle f, Ort m; (moment, stade) Zeitpunkt m; (COUTURE) Stich m; (TRICOT) Masche f; (négation): **ne ...** ~ nicht; ~ **d'intersection/de tangence/contact** Schnitt-/Berührungs-/Kontaktpunkt m; **faire le** ~ (NAVIG) die Position bestimmen; (fig) die Lage klären; **en tous** ~**s** ad in jeder Hinsicht; **être sur le** ~ **de faire qch** im Begriff sein, etw zu tun; **au** ou **à tel** ~ **que** so sehr, daß; **mettre au** ~ (mécanisme, procédé) entwickeln; (PHOT) scharf einstellen; (affaire) klären; **à** ~ **nommé** zur rechten Zeit; ~ **noir** (sur le visage) Mitesser m; ~ **de repère** Orientierungspunkt m; ~ **faible** schwacher Punkt m; ~ **de vue** (paysage) Aussicht(spunkt m) f; (conception) Meinung f, Gesichtspunkt m; ~ **d'interrogation/d'exclamation** Frage-/Ausrufezeichen nt; ~ **de suspension/final** Auslassungs-/Schlußpunkt m; ~ **de croix/chainette** Kreuz-/Kettenstich m; ~ **de départ/d'arrivée/d'arrêt** Abfahrts-/Ankunfts-/Haltepunkt m; **du** ~ **de vue de qch** was etw (akk) anbelangt; **au** ~ **de vue scientifique** wissenschaftlich gesehen; **au** ~ **mort** im Leerlauf; ~ **de côté** Seitenstechen nt; ~ **de chute** Absturzstelle f; ~ **culminant** Höhepunkt m; ~ **chaud** (POL) Krisenherd m; **les** ~**s cardinaux** die vier Himmelsrichtungen.

pointe [pwɛ̃t] nf Spitze f; (petite quantité): **une** ~ **d'ail/d'ironie/d'accent** eine Spur Knoblauch/Ironie/ein Anflug m von einem Akzent; ~**s** nfpl (DANSE) Spitzen pl; **être à la** ~ **de qch** (personne) an der Spitze von etw sein; **faire** ou **pousser une** ~ **jusqu'à...** einen Abstecher nach ... machen; **sur la** ~ **des pieds** auf Zehenspitzen; **en** ~ ad spitzig // a spitz; **de** ~ a: **industries de** ~ Spitzenindustrien pl; **de** ~ **de vitesse** Spurt m.

pointer [pwɛ̃te] vt (cocher) abhaken; (employés, ouvriers) kontrollieren; (diriger: canon, longue-vue) richten (vers auf +akk) // vi (ouvrier, employé) stempeln; **le doigt vers qch mit** dem Finger auf etw (akk) zeigen; ~ **les oreilles** die Ohren spitzen.

pointillé [pwɛ̃tije] nm (trait discontinu) punktierte Linie f.

pointilleux, euse [pwɛ̃tijø, øz] a pingelig.

pointu, e [pwɛ̃ty] a spitz; (son) schrill, hoch.

pointure [pwɛ̃tyʀ] nf Größe f.

point-virgule [pwɛ̃viʀgyl] nm Semikolon nt.

poire [pwaʀ] nf (BOT) Birne f; ~ **à injections** Klistierspritze f.

poireau, x [pwaʀo] nm Lauch m.

poirier [pwaʀje] nm (BOT) Birnbaum m.

pois [pwa] nm (BOT) Erbse f; (sur une étoffe) Punkt m; ~ **de senteur** Gartenwicke f; ~ **chiche** Kichererbse f.

poison [pwazɔ̃] nm Gift nt.

poisse [pwas] nf (malchance) Pech nt.

poisson [pwasɔ̃] nm Fisch m; (ASTR): P~s Fische pl; **pêcher ou prendre des ~s** Fische fangen; **~ d'avril!** April, April!; (blague) Aprilscherz m.

poissonnerie [pwasɔnri] nf (magasin) Fischladen m.

poitrine [pwatrin] nf (ANAT) Brustkorb m; (de bœuf, veau, mouton) Brust f; (d'une femme) Busen m.

poivre [pwavʀ(ə)] nm Pfeffer m; ~ **en grains** Pfefferkörner pl; ~ **moulu** gemahlener Pfeffer; ~ **gris/blanc/vert** grauer/weißer/grüner Pfeffer; ~ **et sel** a (cheveux) graumeliert; ~ **de cayenne** Cayennepfeffer m.

poivré, e [pwavʀe] a pfeffrig.

poivrier [pwavʀije] nm (ustensile) Pfefferstreuer m.

poivron [pwavʀɔ̃] nm (BOT) Paprika m.

pôle [pol] nm (GEO) Pol m; (ELEC): **positif/négatif** Plus-/Minuspol m; (chose en opposition) entgegengesetzte Seite f; **le ~ Nord/Sud** der Nord-/ Südpol; ~ **d'attraction** Anziehungspunkt m.

poli, e [pɔli] a (civil) höflich; (caillou, surface) glatt, poliert.

police [pɔlis] nf (ADMIN): **la ~** die Polizei; (discipline) Ordnung f; (ASSURANCES): ~ **d'assurance** Versicherungspolice f; **être dans la ~** bei der Polizei sein; ~ **judiciaire** Kriminalpolizei f; ~ **secrète** Geheimpolizei f; **peines de simple ~** Polizeistrafe f; ~ **secours** Notdienst m.

polichinelle [pɔliʃinɛl] nm (jouet) Kasper m.

policier, ière [pɔlisje, jɛʀ] a Polizei-; (mesures) polizeilich // nm Polizist(in f) m; (roman, film) Krimi m.

policlinique [pɔliklinik] nf Poliklinik f.

polio(myélite) [pɔljo(mjelit)] nf Kinderlähmung f, Polio f.

polir [pɔliʀ] vt polieren.

polisson, onne [pɔlisɔ̃, ɔn] a frech.

politesse [pɔlites] nf Höflichkeit f.

politicien, ienne [pɔlitisjɛ̃, jɛn] nm/f Politiker(in f) m.

politique [pɔlitik] a politisch // nf Politik f.

politiser [pɔlitize] vt politisieren.

pollen [pɔlɛn] nm Blütenstaub m.

pollution [pɔlysjɔ̃] nf Umweltverschmutzung f.

Pologne [pɔlɔɲ] nf: **la ~** Polen nt.

polonais, e [pɔlɔnɛ, ɛz] a polnisch; P~, e nm/f Pole m, Polin f.

poltron, onne [pɔltʀɔ̃, ɔn] a feige.

polyamide [pɔljamid] nf Polyamid nt.

polyclinique [pɔliklinik] nf allgemeine Klinik f.

polycopié, e [pɔlikɔpje] a vervielfältigt.

polyester [pɔliɛstɛʀ] nm Polyester m.

polygamie [pɔligami] nf Polygamie f.

Polynésie [pɔlinezi] nf: **la ~** Polynesien nt.

polynésien, ienne [pɔlinezjɛ̃, jɛn] a polynesisch.

polype [pɔlip] nm (ZOOL) Polyp m; (MED) Polypen pl.

pommade [pɔmad] nf Salbe f.

pomme [pɔm] nf (fruit) Apfel m; (pomme de terre): **un steak ~s frites** ein Steak mit Pommes frites; ~ **d'Adam** Adamsapfel m; ~ **de pin** Tannenzapfen m; ~ **de terre** Kartoffel f; ~ **d'arrosoir** Brausekopf m.

pommeau, x [pɔmo] nm (boule) Knauf m; (d'une selle) Knopf m.

pommette [pɔmɛt] nf (ANAT) Backenknochen m.

pommier [pɔmje] nm Apfelbaum m.

pompe [pɔ̃p] nf (appareil) Pumpe f; (faste) Pomp m; ~ **à incendie** Feuerspritze f; ~ **(à essence)** Zapfsäule f; ~ **à huile/eau** Öl-/Wasserpumpe f; ~ **de bicyclette** Fahrradpumpe f; ~**s funèbres** Beerdigungsinstitut nt.

pomper [pɔ̃pe] vt pumpen.

pompeux, euse [pɔ̃pø, øz] a bombastisch, schwülstig.

pompier [pɔ̃pje] nm (sapeur-pompier) Feuerwehrmann m.

ponction [pɔ̃ksjɔ̃] nf Punktion f.

ponctualité [pɔ̃ktɥalite] nf Pünktlichkeit f; Gewissenhaftigkeit f.

ponctuation [pɔ̃ktɥasjɔ̃] nf Interpunktion f.

ponctuel, elle [pɔ̃ktɥel] a pünktlich; gewissenhaft; (image, source lumineuse) punktförmig.

ponctuer [pɔ̃ktɥe] vt (texte, lettre) mit Satzzeichen versehen.

pondéré, e [pɔ̃dere] a (personne) ausgeglichen.

pondre [pɔ̃dʀ(ə)] vt (œufs) legen.

poney [pɔne] nm Pony nt.

pont [pɔ̃] nm Brücke f; (AUT): ~ arrière/avant Hinter-/Vorderachse f; (NAVIG) Deck nt; faire le ~ (entre deux jours fériés) dazwischen freinehmen; ~ suspendu Hängebrücke f; ~ de graissage Rampe f; P~s et Chaussées Verwaltung f für Brücken- und Wegebau; ~ d'envol Startdeck nt.

pont-levis [pɔ̃lvi] nm Zugbrücke f.

pop-corn [pɔpkɔʀn] nm Popcorn nt.

populace [pɔpylas] nf Pöbel m.

populaire [pɔpylɛʀ] a Volks-; (croyances, traditions, bon sens) volkstümlich; (LING) umgangssprachlich; (milieu, classes) Arbeiter-; (mesure, écrivain) populär.

popularité [pɔpylarite] nf Beliebtheit f, Popularität f.

population [pɔpylasjɔ̃] nf (du globe, de la France) Bevölkerung f; (d'une ville) Einwohner pl; ~ civile Zivilbevölkerung f; ~ ouvrière Arbeiterschaft f.

populeux, euse [pɔpylø, øz] a dicht bevölkert.

porc [pɔʀ] nm (ZOOL) Schwein nt; (viande) Schweinefleisch nt; (peau) Schweinsleder nt.

porcelaine [pɔʀsəlɛn] nf Porzellan nt.

porcelet [pɔʀsəlɛ] nm Ferkel nt.

porc-épic [pɔʀkepik] nm Stachelschwein nt.

porche [pɔʀʃ(ə)] nm Vorhalle f.

porcherie [pɔʀʃəri] nf Schweinestall m.

pore [pɔʀ] nm Pore f.

poreux, euse [pɔʀø, øz] a porös.

porno [pɔʀno] a Porno-.

pornographique [pɔʀnɔgʀafik] a pornographisch.

port [pɔʀ] nm Hafen m; (ville) Hafenstadt f; (prix du transport) Porto nt; ~ de commerce/pétrolier/de pêche Handels-/Öl-/Fischereihafen m; ~ franc Freihafen m; ~ dû/payé (COMM) unfrei/portofrei.

portail [pɔʀtaj] nm Portal nt.

portant, e [pɔʀtɑ̃, ɑ̃t] a tragend; être bien/mal ~ gesund/krank sein.

portatif, ive [pɔʀtatif, iv] a tragbar.

porte [pɔʀt(ə)] nf Tür f; (d'une ville; SKI) Tor nt; ~ d'entrée Eingangstür f; faire du ~ à ~ (COMM) hausieren; mettre qn à la ~ jdn hinauswerfen.

porte-avions [pɔʀtavjɔ̃] nm inv Flugzeugträger m.

porte-bagages [pɔʀtbagaʒ] nm inv (d'une bicyclette, moto) Gepäckträger m; (AUT: galerie) Dachgepäckträger m; (filet) Gepäcknetz nt.

porte-cigarettes [pɔʀtsigaʀɛt] nm inv Zigarettenetui nt.

porte-clefs [pɔʀtəkle] nm inv Schlüsselring m.

porte-documents [pɔʀtədɔkymɑ̃] nm inv Akten-/Kollegmappe f.

portée [pɔʀte] nf (d'une arme, voix, main) Reichweite f; (fig: importance) Tragweite f; (fig: niveau) Niveau nt; (d'animal) Wurf m; (MUS) Notenlinien pl; à ~ de la main in Griffnähe; à la ~ (de qn) in (jds) Reichweite; (fig) auf jds Niveau; hors de ~ (de qn) außer (jds) Reichweite; à la ~ de toutes les bourses für jeden erschwinglich.

porte-fenêtre [pɔʀtfənɛtʀ(ə)] nf Verandatür f.

portefeuille [pɔʀtəfœj] nm (porte-monnaie) Brieftasche f; (d'un ministre) Ministerposten m, Portefeuille nt.

portemanteau, x [pɔʀtmɑ̃to] nm Kleiderhaken m; Garderobenständer m.

porte-mine [pɔʀtəmin]

Drehbleistift m.

porte-monnaie [pɔʀtmɔnε] nm inv Geldbeutel m.

porte-parole [pɔʀtpaʀɔl] nm inv Wortführer m.

porter [pɔʀte] vt tragen; (apporter) bringen; (inscrire): ~ **de l'argent au crédit d'un compte** Geld einem Konto gutschreiben // vi reichen; (~ juste) treffen; (voix) tragen; (fig) ihr Wirkung erzielen; **se ~** vi (se sentir): **se ~ bien/mal** sich gut/schlecht fühlen; ~ **secours à qn** jdm Hilfe leisten; ~ **bonheur à qn** jdm Glück bringen; ~ **la main à son front** mit der Hand an die Stirn fassen; ~ **un verre à ses lèvres** ein Glas ansetzen; ~ **un toast à** einen Toast ausbringen auf (+akk); ~ **plainte (contre qn)** Strafanzeige (gegen jdn) erstatten; ~ **un jugement sur qn/qch** über jdn/etw ein Urteil fällen; ~ **son attention/regard sur** die Aufmerksamkeit/ den Blick richten auf (+akk); ~ **un fait à la connaissance de qn** jdn von etw in Kenntnis setzen.

porte-savon [pɔʀtsavɔ̃] nm Seifenschale f.

porte-serviettes [pɔʀtsεʀvjεt] nm Handtuchhalter m.

porteur, euse [pɔʀtœʀ, øz] nm/f (de message) Überbringer(in f) m; (COMM) Inhaber(in f) m // (de bagages) Gepäckträger m.

porte-voix [pɔʀtəvwa] nm inv Megaphon nt.

portier [pɔʀtje] nm Portier m.

portière [pɔʀtjεʀ] nf Tür f.

portillon [pɔʀtijɔ̃] nm Sperre f.

portion [pɔʀsjɔ̃] nf Teil m; (de nourriture) Portion f; (d'héritage) Anteil m.

portique [pɔʀtik] nm (SPORT) Querstange f; (ARCHIT) Säulenhalle f.

porto [pɔʀto] nm Portwein m.

portrait [pɔʀtʀε] nm Porträt nt.

portrait-robot [pɔʀtʀεʀobo] nm Phantombild nt.

portuaire [pɔʀtɥεʀ] a: **installation** ~ Hafenanlage f.

portugais, e [pɔʀtygε, εz] a portugiesisch; **P~,** e nm/f Portugiese m, Portugiesin f.

Portugal [pɔʀtygal] nm: **le** ~ Portugal nt.

pose [poz] nf (Legen nt; Anbringen nt; (attitude) Haltung f, Pose f; (PHOT): **(temps de)** ~ Belichtung(szeit) f.

posé, e [poze] a (réfléchi) gesetzt.

posemètre [pozmεtʀ(ə)] nm Belichtungsmesser m.

poser [poze] vt (mettre): (debout) stellen; (qn) absetzen; (rideaux, serrure) anbringen; (MATH: chiffre) schreiben; (principe, définition) aufstellen; (formuler) formulieren // vi (prendre une pose) posieren; **se ~** (oiseau, avion) landen; (question, problème) sich stellen; **se ~ en artiste** sich als Künstler aufspielen; ~ **son regard sur qn/qch** den Blick auf jdn/etw richten lassen; ~ **une question à qn** jdm eine Frage stellen; ~ **sa candidature** sich bewerben; (POL) kandidieren; **posons que ...** nehmen wir (einmal) an, daß ...

poseur, euse [pozœʀ, øz] nm/f (fat, pédant) Angeber(in f) m.

positif, ive [pozitif, iv] a positiv; (incontestable, réel) sicher, bestimmt; (pratique) nüchtern; (ELEC) Plus-.

position [pozisjɔ̃] nf Stellung f; (horizontale, couchée) Lage f; (attitude réglementaire) Haltung f; (emplacement, localisation) Anordnung f; Stelle f; (d'un navire, avion) Position f; (d'un concurrent, coureur) Platz m; (circonstances): **être dans une** ~ **difficile/délicate** in einer schwierigen/delikaten Lage sein; (point de vue, attitude) Meinung f, Haltung f; (d'un compte en banque) Stand m; **prendre** ~ (fig) Stellung beziehen ou nehmen.

posséder [pɔsede] vt besitzen; (connaître, dominer) beherrschen.

possessif, ive [pɔsesif, iv] a (LING) possessiv; (personne: abusif) besitzergreifend // nm (LING) Possessiv nt.

possession [pɔsesjɔ̃] nf Besitz m, Eigentum nt; **être en ~ de** qch im Besitz von etw sein.

possibilité [pɔsibilite] nf Möglichkeit f.

possible [pɔsibl(ə)] a möglich; (projet, entreprise) durchführbar; (fam: supportable) (ne) ... **pas possible** unmöglich // nm: **faire (tout) son ~** sein möglichstes tun; **autant que ~** soviel wie möglich; **le plus/moins (de) ...** ~ soviel/sowenig ... wie möglich; **aussitôt/dès que ~** sobald wie möglich; **au ~** (gentil, brave) äußerst.

postal, e, aux [pɔstal, o] a Post-.

postdater [pɔstdate] vt nachdatieren.

poste [pɔst(ə)] nf Post f; (bureau) Post f, Postamt nt; **agent** m ou **employé(e)** nf des ~s Postbeamte(r) m, Postbeamtin f // nm (MIL; charge) Posten m; ~ (de radio/télévision) (Radio-/Fernseh)apparat m; **P~s et Télécommunications, P. et T.** die französische Post; ~ **restante** ad postlagernd; ~ (de police) (Polizei)station f; ~ **de secours** Erste-Hilfe-Station f; ~ **d'essence** Tankstelle f; ~ **d'incendie** Feuerlöschstelle f; ~ **émetteur** Sender m; ~ **de pilotage** Cockpit m.

poster [pɔste] vt (lettre, colis) aufgeben; (personne) postieren.

poster [pɔstɛʀ] nm Plakat nt.

postérieur, e [pɔsteʀjœʀ] a (date, document) spätere(r,s); (partie) hintere(r,s) // nm (fam) Hintern m.

posteriori [pɔsteʀjɔʀi] : **a ~** ad hinterher.

postérité [pɔsteʀite] nf (générations futures) Nachkommenschaft f; (avenir) Nachwelt f.

posthume [pɔstym] a (œuvre, gloire) posthum.

postiche [pɔstiʃ] nm Haarteil nt.

post-scriptum [pɔstskʀiptɔm] nm inv Postskriptum nt.

postulant, e [pɔstylɑ̃, ɑ̃t] nm/f (candidat) Bewerber(in f) m.

postuler [pɔstyle] vt (emploi) sich bewerben um.

posture [pɔstyʀ] nf (attitude) Haltung f; **être en bonne/mauvaise ~** in einer guten/schlechten Lage sein.

pot [po] nm (récipient) Topf m; (pour liquide) Kanne f, Krug m; (fam: chance): **avoir du/un coup de ~** Schwein ou Glück haben; ~ **à tabac** Tabakdose f; ~ **à confitures/de confiture** Marmeladenglas nt; ~ **de fleurs** Blumentopf m; ~ **(de chambre)** Nachttopf m; **boire** ou **prendre un ~** einen trinken; ~ **d'échappement** Auspufftopf m.

potable [pɔtabl(ə)] a (eau) trinkbar.

potage [pɔtaʒ] nm Suppe f.

potager, ère [pɔtaʒe, ɛʀ] a Gemüse- // nm (jardin) Gemüsegarten m.

potasse [pɔtas] nf (CHIM) Pottasche f; (engrais chimique) Kali nt.

pot-au-feu [pɔtofø] nm inv (mets) Eintopfgericht aus Fleisch und Gemüse; (viande) Suppenfleisch nt.

pot-de-vin [pɔdvɛ̃] nm Schmiergeld nt, Bestechungsgeld nt.

poteau, x [pɔto] nm Pfosten m, Pfahl m; ~ **indicateur** Wegweiser m; ~ **télégraphique** Telegrafenmast m.

potelé, e [pɔtle] a rundlich, mollig.

potentiel, elle [pɔtɑ̃sjɛl] a potentiell // nm Potential nt.

poterie [pɔtʀi] nf (fabrication) Töpferei f; (objet) Töpferware f.

potiche [pɔtiʃ] f (vase) große Porzellanvase.

potier, ère [pɔtje, jɛʀ] nm/f Töpfer(in f) m.

potion [pɔsjɔ̃] nf Saft m, Trank m.

potiron [pɔtiʀɔ̃] nm Kürbis m.

pot-pourri [pupuʀi] nm (MUS) Potpourri nt.

pou, x [pu] nm Laus f.

poubelle [pubɛl] nf Mülleimer m.

pouce [pus] nm (de la main) Daumen m.

poudre [pudʀ(ə)] nf (particules fines) Pulver m; (fard) Puder m; (explosif) Schießpulver m; **café en ~** Pulverkaffee m; **savon/lait en ~** Seifen-

poudrer 248 **poussée**

Milchpulver *nt*.

poudrer [pudʀe] *vt* pudern.

poudreux, euse [pudʀø, øz] *a* (couvert de poussière) staubig; (neige) pulvrig.

poudrier [pudʀije] *nm* Puderdose *f*.

pouf [puf] *nm* (siège) Puff *m*.

pouffer [pufe] *vi:* ~ **de** (de rire) kichern.

pouilleux, euse [pujø, øz] *a* (personne) verlaust; (quartier, dancing) verkommen, schmutzig.

poulailler [pulaje] *nm* Hühnerstall *m; (fam: THEAT)* Galerie *f*.

poulain [pulɛ̃] *nm* Fohlen *nt*.

poularde [pulaʀd(ə)] *nf* Poularde *f*.

poule [pul] *nf* (ZOOL) Henne *f;* (CULIN) Huhn *nt;* ~ **d'eau** Teichhuhn *nt;* ~ **au riz** Huhn mit Reis.

poulet [pulɛ] *nm* (jeune poule) Küken *nt;* (CULIN) Hühnchen *nt*.

poulie [puli] *nf* Flaschenzug *m*.

pouls [pu] *nm* Puls *m;* **prendre le** ~ **de qn** jdm den Puls fühlen.

poumon [pumɔ̃] *nm* Lunge *f;* ~ **d'acier** eiserne Lunge *f*.

poupe [pup] *nf* Heck *nt*.

poupée [pupe] *nf* Puppe *f;* **maison de** ~ Puppenhaus *nt*.

poupon [pupɔ̃] *nm* Baby *nt*.

pouponnière [pupɔnjɛʀ] *nf* Kinderkrippe *f*.

pour [puʀ] *prep* für (+*akk*); (destination) nach (+*dat*); (en vue de): ~ **le plaisir/ton anniversaire** zum Spaß/zu deinem Geburtstag; (à cause de): ~ **fermé** ~ (**cause de**) **travaux** wegen Umbau geschlossen; (à la place de): **il a parlé** ~ **moi** er hat für mich gesprochen; (comme) als; (quant à) was ... betrifft; (avec infinitif) um zu // *nm:* **le** ~ **et le contre** das Für und Wider; ~ **que** *conj* damit, so daß; **mot** ~ **mot** Wort für Wort; **jour** ~ **jour** auf den Tag; **c'est** ~ **cela que** deshalb; ~ **de bon** wirklich; ~ **quoi faire?** wozu?; **je n'y suis** ~ **rien** es ist nicht meine Schuld; **être** ~ **quelque chose dans** wesentlich zu etw beitragen; **ce n'est pas** ~ **dire, mais ...** (*fam*) ich

will ja nichts sagen, aber ... .

pourboire [puʀbwaʀ] *nm* Trinkgeld *nt*.

pourcentage [puʀsɑ̃taʒ] *nm* Prozente *pl*.

pourchasser [puʀʃase] *vt* verfolgen.

pourlécher [puʀleʃe]: **se** ~ *vi* sich (dat) die Lippen lecken.

pourparlers [puʀpaʀle] *nmpl* Verhandlungen *pl*.

pourpre [puʀpʀ(ə)] *a* purpurrot.

pourquoi [puʀkwa] *ad* warum // *nm inv:* **le** ~ (**de**) (motif) der Grund (für); **c'est** ~ darum.

pourri, e [puʀi] *a* faul; (arbre, bois) morsch; (corrompu) verdorben.

pourrir [puʀiʀ] *vi* (fruit, cadavre) verfaulen; (arbre) morsch werden // *vt* verfaulen lassen; (enfant) verwöhnen.

poursuite [puʀsɥit] *nf* Verfolgung *f;* ~**s** *nfpl* (JUR) Strafverfahren *nt*.

poursuivant, e [puʀsɥivɑ̃, ɑ̃t] *nm/f* Verfolger(in *f*) *m*.

poursuivre [puʀsɥivʀ(ə)] *vt* verfolgen; (presser, relancer) zusetzen (+*dat*); (hanter, obséder) quälen, verfolgen; (JUR): ~ **qn en justice** jdn gerichtlich verfolgen; (briguer, rechercher) nachjagen (+*dat*); (but) verfolgen; (continuer) fortsetzen; **se** ~ (continuer) weitergehen.

pourtant [puʀtɑ̃] *ad* trotzdem; **et** ~ aber trotzdem.

pourtour [puʀtuʀ] *nm* Umfang *m*.

pourvoi [puʀvwa] *nm* Gesuch *nt*, Antrag *m*.

pourvoir [puʀvwaʀ] *vt:* ~ **qn/qch de** jdn/etw versehen mit; ~ **à qch** für etw sorgen; ~ **à un emploi** eine Stelle besetzen; **se** ~ **de qch** sich mit etw versorgen; **se** ~ **en cassation** Revision einlegen.

pourvu, e [puʀvy] *a:* ~ **de** versehen mit; ~ **que** vorausgesetzt, daß; (espérons que) hoffentlich.

pousse [pus] *nf* Wachsen *nt;* (bourgeon) Trieb *m*, Sproß *m*.

poussée [puse] *nf* (pression) Druck *m;* (attaque) Ansturm *m;* (MED) Ausbruch *m*.

pousser [puse] vt (faire avancer) stoßen; (exhorter): ~ **qn à qch/à faire qch** jdn zu etw drängen/jdn drängen, etw zu tun; (produire) ausstoßen; (moteur, auto) auf vollen Touren laufen lassen; (recherches, études) gründlich vorantreiben // vi wachsen; ~ **à qch** (an)treiben; (an)treiben; ~ **jusqu'à un endroit/plus loin** bis zu einem Ort/weiter vorstoßen.

poussette [puset] nf (voiture d'enfant) Kinderwagen m.

poussière [pusjɛʀ] nf Staub m; (poudre): ~ **de charbon** Kohlenstaub m; (grain de poussière): **une** ~ ein Staubkorn nt.

poussiéreux, euse [pusjeʀø, øz] a staubig.

poussif, ive [pusif, iv] a kurzatmig.

poussin [pusɛ̃] nm Küken nt.

poutre [putʀ(ə)] nf (en bois) Balken m; (en fer, ciment armé) Träger m.

pouvoir [puvwaʀ] vt können // vb impers: **il peut arriver que** es kann passieren, daß // nm Macht f; (capacité) Fähigkeit f; (législatif, exécutif) Gewalt f; (JUR: d'un tuteur, mandataire) Befugnis f; (propriété): ~ **calorifique/absorbant** Heizwert m/Absorptionsvermögen nt; (POL: des dirigeants): **le** ~ die Regierung; ~**s** nmpl (attributions) Befugnisse pl; (surnaturel) Kräfte pl; **pleins** ~**s** Vollmacht f; ~ **législatif/exécutif/judiciaire** Legislative f/Exekutive f/Judikative f; **les** ~**s publics** die öffentliche Hand; ~ **d'achat** Kaufkraft f; **on ne peut plus** ad unwahrscheinlich; **je n'en peux plus** ich kann nicht mehr; **il se peut que** es kann sein, daß.

prairie [pʀɛʀi] nf Wiese f.

praliné, e [pʀaline] a (amande) mit Zuckerguß; (feuilleté) mit Nußfüllung; (chocolat, glace) mit gebrannten Mandeln.

praticable [pʀatikabl(ə)] a (route) befahrbar.

praticien, enne [pʀatisjɛ̃, jɛn] nm/f (médecin) praktischer Arzt m, praktische Ärztin f.

pratiquant, e [pʀatikɑ̃, ɑ̃t] a praktizierend.

pratique [pʀatik] nf Ausübung f; Betreiben nt; Spielen nt; Praktizieren nt; Anwendung f; (coutume) Brauch m; (opposé à théorie) Praxis f; **mettre en** ~ in die Praxis umsetzen // a praktisch.

pratiquement [pʀatikmɑ̃] ad (dans la pratique) in der Praxis, im Praktischen; (à peu près, pour ainsi dire) praktisch.

pratiquer [pʀatike] vt (métier, art) ausüben; (sport, métier) betreiben; (football, golf etc) spielen; (religion) praktizieren; (intervention, opération) durchführen; (méthode, système) anwenden; (charité) üben; (chantage, bluff) anwenden; (genre de vie) leben, führen; (ouverture, abri) machen // vi (REL) praktizieren; ~ **le bien** Gutes tun; ~ **la photo/l'escrime** fotografieren/fechten.

pré [pʀe] nm Wiese f.

préalable [pʀealabl(ə)] a vorhergehend, Vor- // nm (conditions) Voraussetzung f; **sans avis** ~ ohne Vorankündigung; **au** ~ vorerst.

préambule [pʀeãbyl] nm Einleitung f; (d'un texte de loi) Präambel f.

préavis [pʀeavi] nm: ~ **(de licenciement ou de congé)** Kündigungsfrist f; ~ **communication téléphonique avec** ~ Gespräch nt mit Voranmeldung.

précaution [pʀekosjɔ̃] nf Vorsichtsmaßnahme f; **avec/sans** ~ vorsichtig/unvorsichtig; **prendre des/ses** ~**s** (Sicherheits)vorkehrungen treffen.

précédemment [pʀesedamã] ad vorher, früher.

précédent, e [pʀesedã, ãt] a vorhergehend // nm Präzedenzfall m; **sans** ~ erstmalig, einmalig; **le jour** ~ der Vortag.

précéder [pʀesede] vt vorangehen (+dat); (dans un véhicule) vorausfahren (+dat); (selon l'ordre logique) kommen vor (+dat).

précepte [pʀesɛpt(ə)] nm Grundsatz m.

précepteur, trice [pʀesɛptœʀ,

tris] *nm/f* Hauslehrer(in *f*) *m*.

prêcher [pʀeʃe] *vt* predigen.

précieux, euse [pʀesjø, øz] *a* wertvoll, kostbar; *(style)* preziös.

précipice [pʀesipis] *nm* Abgrund *m*.

précipitamment [pʀesipitamɑ̃] *ad* überstürzt.

précipitation [pʀesipitasjɔ̃] *nf* *(hâte)* Hast *f*; *(CHIM)* Niederschlag *m*; *(METEO):* **~s (atmosphériques)** Niederschläge *pl*.

précipité, e [pʀesipite] *a (respiration, pas)* hastig; *(départ, entreprise)* überstürzt.

précipiter [pʀesipite] *vt (faire tomber):* **~ qn/qch du haut de qch** jdn/etw von etw hinabstürzen; *(hâter, accélérer)* beschleunigen; **~** *(battements du cœur, respiration)* schneller werden, sich überstürzen; **se ~ sur qn/qch** sich auf jdn/etw stürzen; **se ~ au-devant de qn** jdm entgegenstürzen.

précis, e [pʀesi, iz] *a* genau; *(tir, contours, point)* deutlich.

précisément [pʀesizemɑ̃] *ad* genau.

préciser [pʀesize] *vt* präzisieren; **se ~** vi konkreter werden.

précision [pʀesizjɔ̃] *nf* Genauigkeit *f*.

précoce [pʀekɔs] *a (végétal)* früh; *(mariage, calvitie)* verfrüht; *(enfant, jeune fille)* frühreif.

préconçu, e [pʀekɔ̃sy] *a* vorgefaßt.

préconiser [pʀekɔnize] *vt (recommander)* empfehlen, befürworten.

précurseur [pʀekyʀsœʀ] *nm* Vorläufer *m*.

prédécesseur [pʀedesesœʀ] *nm* Vorgänger(in *f*) *m*; *nmpl (ancêtres)* Vorfahren *pl*.

prédestiner [pʀedɛstine] *vt:* **~ qn à qch** jdn zu etw vorbestimmen; **~ qn à faire qch** jdn prädestinieren, etw zu tun.

prédiction [pʀediksjɔ̃] *nf* Prophezeiung *f*.

prédilection [pʀedilɛksjɔ̃] *nf:* **avoir une ~ pour qn/qch** eine Vorliebe für jdn/etw haben; **de ~** *a* Lieblings-.

prédire [pʀediʀ] *vt* vorher- ou vor-

aussagen.

prédisposition [pʀedispozisjɔ̃] *nf* Veranlagung *f*.

prédominer [pʀedɔmine] *vi* vorherrschen.

préfabriqué, e [pʀefabʀike] *a:* **élément ~** Fertigteil *nt*.

préface [pʀefas] *nf* Vorwort *nt*.

préfecture [pʀefɛktyʀ] *nf* Präfektur *f*; **~ de police** Polizeipräfektur *f*.

préférable [pʀefeʀabl(ə)] *a* vorzuziehend; **cette solution est ~ à l'autre** diese Lösung ist der anderen vorzuziehen.

préféré, e [pʀefeʀe] *a* Lieblings-.

préférence [pʀefeʀɑ̃s] *nf* Vorzug *m*; **de ~** *ad* am liebsten; **de ~ à** *prep* lieber als; **donner la ~ à qn** jdm den Vorzug geben.

préférentiel, elle [pʀefeʀɑ̃sjɛl] *a* Vorzugs-.

préférer [pʀefeʀe] *vt* vorziehen, lieber mögen; **~ qn/qch à qn/qch** jdn/etw jdm/etw vorziehen, jdn/etw lieber mögen als jdn/etw; **~ faire qch** etw lieber tun.

préfet [pʀefɛ] *nm* Präfekt *m*.

préfixe [pʀefiks] *nm* Präfix *nt*.

préhistoire [pʀeistwaʀ] *nf:* **la ~** die Urgeschichte.

préjudice [pʀeʒydis] *nm* Nachteil *m*, Schaden *nm*.

préjugé [pʀeʒyʒe] *nm* Vorurteil *nt*.

prélasser [pʀelase]: **se ~** *(dat)* bequem machen.

prélèvement [pʀelɛvmɑ̃] *nm* Entnahme *f*; **~ de sang** Blutprobe *f*.

prélever [pʀelve] *vt* entnehmen.

préliminaire [pʀeliminɛʀ] *a* Vor-, vorbereitend; **~s** *nmpl* vorbereitende Maßnahmen *pl*.

prématuré, e [pʀematyʀe] *a* vorzeitig, verfrüht; *(enfant)* frühgeboren // *nm* Frühgeburt *f*.

préméditation [pʀemeditasjɔ̃] *nf:* **avec ~** mit Vorsatz, vorsätzlich.

préméditer [pʀemedite] *vt* vorsätzlich planen.

premier, ière [pʀəmje, jɛʀ] *a* erste(r,s); *(le plus bas)* unterste(r,s); *(après le nom:* fondamental) grundlegend // *nm (premier étage)* erster Stock m // nf (AUT) erster Gang m; (première classe) erste Klasse f; (THEAT) Première f, Uraufführung f; au ~ abord auf den ersten Blick; au ou du ~ coup gleich, auf Anhieb; de ~ ordre erstklassig; à la première occasion bei der erstbesten Gelegenheit; de première qualité von bester Qualität; de ~ choix erstklassig; de première importance von höchster Wichtigkeit; le ~ venu der erstbeste; première communion Erstkommunion f; en ~ lieu in erster Linie.

premièrement [prəmjɛrmɑ̃] ad (d'abord) zunächst; (dans une énumération) erstens; (introduisant une objection) zunächst einmal.

prémonition [premɔnisjɔ̃] nf Vorahnung f.

prémonitoire [premɔnitwar] a: signe ~ warnendes Zeichen nt.

prémunir [premynir] vt: se ~ contre qch sich gegen etw schützen.

prendre [prɑ̃dr(ə)] vt nehmen; (aller chercher) holen; (emporter, emmener avec soi) mitnehmen; (attraper) fangen; (surprendre) erwischen; (aliment, boisson) zu sich (dat) nehmen; (médicament) einnehmen; (acheter) kaufen; (engagement, risques) eingehen; (mesures) ergreifen; (ton, attitude) annehmen; (dispositions, mesures, précautions) treffen; (s'accorder) sich (dat) gönnen; (considérer) ~ qch au sérieux etw ernst nehmen; (nécessiter) brauchen; (accrocher, coincer) einklemmen // vi (liquide) fest werden; (peinture) trocknen; (bouture, greffe) anwachsen; (feu, allumette) brennen; ~ à gauche (nach) links abbiegen; ~ qn par la main/dans ses bras jdn bei der Hand/in die Arme nehmen; ~ la défense de qn für jdn eintreten; ~ qch à qn jdm etw wegnehmen; ~ l'air spazierengehen; ~ son temps sich (dat) Zeit lassen; ~ feu Feuer fangen; ~ sa retraite in den Ruhe-

stand gehen; ~ congé de qn sich von jdm verabschieden; ~ des notes sich (dat) Notizen machen; cette place est prise dieser Platz ist besetzt; ~ qn comme ou pour amant/associé jdn zum Liebhaber/Partner nehmen; ~ du plaisir/de l'intérêt à qch an etw (dat) Gefallen/Interesse finden; ~ qn pour qch/qn jdn für etw/jdn halten; à tout ~ insgesamt; s'en ~ à angreifen; (passer sa colère sur) sich abreagieren an (+dat); s'y ~ (procéder) verfahren; il faudra s'y ~ à l'avance man muß früh damit anfangen.

preneur [prənɶr] nm (acheteur) Käufer m, Abnehmer m.

prénom [prenɔ̃] nm Vorname m.

préoccupation [preɔkypasjɔ̃] nf Sorge f.

préoccuper [preɔkype] vt (personne) Sorgen machen (+dat); (esprit, attention) stark beschäftigen.

préparatifs [preparatif] nmpl Vorbereitungen pl.

préparation [preparasjɔ̃] nf Vorbereitung f; (CULIN) Zubereitung f; (CHIM) Präparat nt; (devoir): ~ latine/française lateinische/ französische Hausaufgabe f.

préparer [prepare] vt vorbereiten; (mets) zubereiten; se ~ (orage, tragédie) sich anbahnen; se ~ à qch/ faire qch sich auf etw (akk) vorbereiten/sich darauf vorbereiten, etw zu tun.

prépondérant, e [prepɔ̃derɑ̃, ɑ̃t] a überwiegend.

préposé, e [prepoze] nm/f (employé) Angestellte(r) mf.

préposition [prepozisjɔ̃] nf Präposition f.

prérogative [prerɔgativ] nf Vorrecht nt.

près [prɛ] ad nahe, in der Nähe; ~ de prep nahe bei (+dat); (environ) ungefähr; de ~ ad genau; être ~ de faire qch beinahe etw tun; à 5 mm ~ auf 5 mm genau; à cela ~ que abgesehen davon, daß.

présage [preza3] nm Vorzeichen nt,

Omen nt.

présager [prezaʒe] vt (prévoir) voraussehen.

presbyte [presbit] a weitsichtig.

presbytère [presbiter] nm Pfarrhaus nt.

prescription [preskripsjɔ̃] nf Vorschrift f; (MED) Rezept nt.

prescrire [preskrir] vt vorschreiben; (MED) verschreiben.

préséance [preseɑ̃s] nf Vorrang m.

présence [prezɑ̃s] nf Gegenwart f, Anwesenheit f; (d'un acteur, écrivain) Ausstrahlung f; **en ~ de qn** in Gegenwart von jdm; **en ~** s'entgegenüberstehend; **~ d'esprit** Geistesgegenwart f.

présent, e [prezɑ̃, ɑ̃t] a anwesend; (à un contrôle): **~!** hier!; (dans le temps) gegenwärtig; (ADMIN, COMM): **la ~ lettre** der vorliegende Brief // nm/f: **les ~s** die Anwesenden // nm (partie du temps): **le ~** die Gegenwart; (LING) das Präsens; (cadeau) Geschenk nt // vt (COMM): **la ~** e das vorliegende Schreiben; **à ~** jetzt; **dès à ~** von nun an; **jusqu'à ~** bis jetzt; **à ~ que** jetzt, wo.

présentateur, trice [prezɑ̃tatœr, tris] nm/f (RADIO, TV) Moderator(in f) m.

présentation [prezɑ̃tasjɔ̃] nf Vorstellung f; Anbieten nt; Darbietung f; Ankündigung f; Anstellung f; Anmeldung f; Vorlegung f; **faire les ~s** jdm vorstellen.

présenter [prezɑ̃te] vt (personne) vorstellen; (offrir) anbieten; (spectacle, vue) (dar)bieten; (introduire) ansagen, ankündigen; (disposer) ausstellen; (candidat) anmelden; (thèse, devis, projet) vorlegen; (exprimer) aussprechen; (défense, théorie) darlegen; (symptômes, avantages) haben, aufweisen // vi (personne): **~ mal/bien** einen schlechten/guten Eindruck machen; **se ~** (se proposer) sich bewerben; (se faire connaître) sich vorstellen; (solution, occasion) sich bieten; (difficultés) auftauchen; **se ~ bien/mal** gut/schlecht aussehen.

préservatif [prezervatif] nm Präservativ nt.

préserver [prezerve] vt: **~ qn/qch de** jdn/etw schützen vor (+dat.).

président [prezidɑ̃] nm Vorsitzende(r) m; (JUR): **premier ~ de la cour d'appel** erster Vorsitzender m des Berufungsgerichtes; (POL) Präsident m; **~ directeur général**, **P.D.G.** Generaldirektor m; **~ de la République** Präsident der Republik, Staatspräsident m.

présidentiel, le [prezidɑ̃sjel] a (élection, système) Präsidentschafts-; **~ régime** – Präsidentschaft f.

présider [prezide] vt leiten, den Vorsitz führen von; (dîner) Ehrengast sein bei.

présomption [prezɔ̃psjɔ̃] nf (supposition) Vermutung f, Annahme f.

présomptueux, euse [prezɔ̃ptɥø, øz] a anmaßend.

presque [presk(ə)] ad fast, beinahe.

presqu'île [preskil] nf Halbinsel f.

pressant, e [presɑ̃, ɑ̃t] a dringend.

presse [pres] nf Presse f; **sous ~** im Druck.

pressé, e [prese] a eilig // nm: **aller au plus ~** das Wichtigste zuerst erledigen; **orange ~e** frisch gepreßter Orangensaft.

presse-citron [presitrɔ̃] nm inv Zitronenpresse f.

pressentiment [presɑ̃timɑ̃] nm Vorgefühl m, Vorahnung f.

pressentir [presɑ̃tir] vt ahnen.

presse-papiers [prespapje] nm inv Briefbeschwerer m.

presser [prese] vt (fruit, éponge) auspressen, pressen; (interrupteur, bouton) drücken auf (+akk); (harceler): **~ qn de questions/ses débiteurs** mit Fragen bedrängen/seine Schuldner drängen // vi: **le temps presse** es eilt/es eilt sehr; **rien ne presse** es eilt nicht; **se ~** (se hâter) sich beeilen; **se ~ contre qn** sich an jdn pressen; **se ~ pas/l'allure** den Schritt/Gang beschleunigen; **~ qn entre ou dans ses bras** jdn in den Arm nehmen.

pressing [presiŋ] nm Dampfbügeln

nt; (magasin) Schnellreinigung f.

pression [prɛsjɔ̃] nf Druck m; (bouton) Druckknopf m; **faire ~ sur qn/qch** Druck auf jdn/etw ausüben; **~ atmosphérique** Luftdruck m; **~ artérielle** Blutdruck m.

pressoir [prɛswar] nm (machine) Presse f.

pressurer [prɛsyre] vt (fig) auspressen, aussaugen.

prestance [prɛstɑ̃s] nf sicheres Auftreten m.

prestataire [prɛstatɛr] nm/f Leistungs- ou Unterstützungsempfänger(in) f.

prestation [prɛstasjɔ̃] nf Leistung f; **~s de vieillesse** Altersversorgung f; **~s familiales** Familienbeihilfe f.

prestidigitateur, trice [prɛstidiʒitatœr, tris] nm/f Zauberkünstler(in) m.

prestigieux, euse [prɛstiʒjø, øz] a wunderbar.

présumer [prezyme] vt (supposer) annehmen, vermuten; **~ de qn/qch** jdn/etw zu hoch einschätzen; **~ qn coupable/innocent** jdn für schuldig/unschuldig halten.

prêt, e [prɛ, ɛt] a fertig, bereit // nm (Ver)leihen nt; (somme) Anleihe f; **~ sur gages** Pfandleihe f; (avance) Vorschuß m; **~ à faire qch** bereit, etw zu tun; **~ à toute éventualité** auf alles vorbereitet; **~ à tout** zu allem bereit.

prêt-à-porter [prɛtaporte] nm Konfektion f.

prétendant [pretɑ̃dɑ̃] nm (à un trône) Prätendent m; (à la main d'une femme) Freier m.

prétendre [pretɑ̃dr(ə)] vt (vouloir): **~ faire qch** beabsichtigen, etw zu tun; (soutenir) behaupten; **~ à** Anspruch erheben auf (+akk).

prétendu, e [pretɑ̃dy] a (supposé: avant le nom) angeblich.

prête-nom [prɛtnɔ̃] nm Strohmann m.

prétentieux, euse [pretɑ̃sjø, øz] a (personne) anmaßend; (maison) protzig.

prétention [pretɑ̃sjɔ̃] nf (exigence) Anspruch m; (ambition, visée)

Ambition f; (arrogance) Überheblichkeit f; **sans ~** bescheiden.

prêter [prete] vt (fournir): **~ son assistance/appui à qn** jdm helfen/jdn unterstützen; (livres, argent) (ver)leihen; (attribuer): **~ à qn un des propos/intentions** jdm Äußerungen/Absichten unterstellen // vi (s'élargir) nachgeben; **~ aux commentaires/à équivoque** Anlaß zu Kommentaren/zu Mißverständnissen geben; **se ~ à qch** (personne) bei etw mitmachen; (chose) sich für etw eignen; **~ attention** Aufmerksamkeit schenken; **~ serment** den Eid leisten; **~ l'oreille à** anhören.

prétexte [pretɛkst(ə)] nm Vorwand m; **donner qch pour ~** etw als Vorwand nehmen; **sous aucun ~** keinesfalls.

prêtre [prɛtr(ə)] nm Priester m.

preuve [prœv] nf Beweis m; **jusqu'à ~ du contraire** bis nicht das Gegenteil bewiesen ist; **faire ~ de** zeigen, beweisen; **faire ses ~s** seine Fähigkeiten zeigen.

prévaloir [prevalwar] vi (opinion, sich durchsetzen; **se ~ de qch** (tirer vanité de) sich (dat) etwas einbilden auf (+akk).

prévenant, e [prevnɑ̃, ɑ̃t] a aufmerksam, rücksichtsvoll.

prévenir [prevnir] vt (informer): **~ qn (de qch)** jdn (von etw) benachrichtigen; (empêcher) verhindern; **~ qn contre qch/qn** jdn gegen etw/jdn einnehmen; **~ les besoins/désirs de qn** jds Bedürfnissen/Wünschen (dat) zuvorkommen.

préventif, ive [prevɑ̃tif, iv] a vorbeugend; **détention ~ive** Untersuchungshaft f.

prévention [prevɑ̃sjɔ̃] nf Verhütung f; (incarcération) Untersuchungshaft f.

prévenu [prevny] nm/f Angeklagte(r) mf.

prévision [previzjɔ̃] nf: **~s** nf pl Vorhersage(n pl) f; **~s météorologiques** Wettervorhersage f; **en ~ de**

prévoir [prevwar] vt vorhersehen.

prévoyance [prevwajãs] nf: **société/caisse de ~** Rentenversicherung f/-fonds m.

prévoyant, e [prevwajã, ãt] a vorsorgend, vorausschauend.

prier [prije] vi beten//vt (Dieu) bitten zu; (personne) (inständig) bitten; (terme de politesse) ersuchen, bitten; (inviter): **~ qn à dîner** jdn zum Essen einladen; **je vous en prie** bitte.

prière [prijer] nf (REL) Gebet nt; (demande instante) Bitte f; **dire une/sa ~** beten; **de ne pas fumer** bitte nicht rauchen.

primaire [primer] a (SCOL) Grundschul-; (ECON) secteur **~** Primärsektor m; (simpliste) simpel// nm (enseignement): **le ~** die Grundschulausbildung.

primauté [primote] nf Vorrang m.

prime [prim] nf Prämie f; (objet gratuit) Werbegeschenk nt; **~ de risque** Gefahrenzulage f// a: **de ~ abord** auf den ersten Blick.

primer [prime] vt (l'emporter): **~ qch** einer Sache (dat) überlegen sein; (récompenser) prämieren // vi überwiegen.

primeurs [primœr] nfpl Frühobst nt/-gemüse nt.

primevère [primver] nf Schlüsselblume f.

primitif, ive [primitif, iv] a ursprünglich; (société) rudimentäre; primitiv: couleurs **~ives** Grundfarben pl.

primordial, e, aux [primordjal, o] a wesentlich, bedeutend.

prince [prẽs] nm Prinz m.

princesse [prẽses] nf Prinzessin f.

princier, ière [prẽsje, jer] a fürstlich.

principal, e, aux [prẽsipal, o] a Haupt- // nm (essentiel): **le ~** das Wesentliche; (d'un collège) Rektor m.

principauté [prẽsipote] nf Fürstentum nt.

principe [prẽsip] nm Prinzip nt; (d'une discipline, science) Grundsatz

m; **partir du ~ que** davon ausgehen, daß; **pour le/par ~** aus Prinzip; **de ~** prinzipiell; **en ~** im Prinzip.

printemps [prẽtã] nm Frühling m, Frühjahr nt.

priorité [prijorite] nf (AUT): **avoir la ~** Vorfahrt haben; **~ à droite** rechts vor links; **en ~** vorrangig, zuerst.

pris, e [pri] a (place) besetzt; (journée, mains) voll; (personne) beschäftigt; (MED): **avoir le nez/la gorge ~** eine verstopfte Nase/einen entzündeten Hals haben.

prise [priz] nf (d'une ville) Einnahme f; (PÊCHE) Fang m; (ELEC): **~ (de courant)** Stecker m; Steckdose f; (SPORT: moyen de tenir) Griff m; **être aux ~s avec qn** sich mit jdm in den Haaren liegen; **lâcher ~** loslassen; **~ de vue** Aufnahme f; **~ de son** Tonaufnahme f; **~ de sang** Blutabnahme f; **~ d'eau** Wasserzapfstelle f; **~ de terre** Erdung f; **~ multiple** Mehrfachstecker m; **~ en charge** (par la sécurité sociale) Kostenübernahme f.

priser [prize] vt (tabac) nehmen, schnupfen; (apprécier) schätzen.

prison [prizɔ̃] nf Gefängnis nt.

prisonnier, ière [prizonje, jer] nm/f (détenu) Häftling m; (soldat) Gefangene(r) mf// à gefangen; **faire ~** gefangennehmen.

privation [privasjɔ̃] nf (gén pl: sacrifice) Entbehrung f.

privé, e [prive] a privat, Privat-; (personnel, intime) persönlich; **en ~** privat.

priver [prive] vt: **~ qn de** jdm etw entziehen; **se ~ (de qch/faire qch) sich** (dat) versagen (etw/etw zu tun).

privilégié, e [privileʒje] a privilegiert; (favorisé) begünstigt.

prix [pri] nm Preis m; **au ~ fort** zum Höchstpreis; **hors de ~** sehr teuer; **à aucun ~** um keinen Preis; **à tout ~** um jeden Preis; **~ de gros/détail** Groß-/Einzelhandelspreis m; **~ de revient** Selbstkostenpreis m.

probabilité [probabilite] nf Wahrscheinlichkeit f.

probable [prɔbabl(ə)] a wahrscheinlich.

probablement [prɔbabləmɑ̃] ad wahrscheinlich.

probant, e [prɔbɑ̃, ɑ̃t] a beweiskräftig, überzeugend.

probité [prɔbite] nf Redlichkeit f.

problème [prɔblɛm] nm Problem nt; (SCOL) Aufgabe f.

procédé [prɔsede] nm (méthode) Verfahren nt, Prozeß m; (comportement) Verhalten nt.

procéder [prɔsede] vi (agir) vorgehen; ~ **à qch** etw durchführen.

procédure [prɔsedyr] nf Verfahrensweise f; **le code de** ~ **civile/pénale** die Zivil-/Strafprozeßordnung.

procès [prɔsɛ] nm Prozeß m; **être en** ~ **avec qn** mit jdm prozessieren.

processus [prɔsesys] nm Prozeß m.

procès-verbal, verbaux [prɔsɛvɛrbal, o] nm Protokoll nt; (de contravention) Strafmandat nt.

prochain, e [prɔʃɛ̃, ɛn] a nächste(r, s); (près de se produire): **la fin** ~**e** das nahe Ende; (date): **la semaine** ~**e** (die) nächste Woche; **à la** ~**e fois!** bis zum nächsten Mal!

prochainement [prɔʃɛnmɑ̃] ad demnächst.

proche [prɔʃ] a nahe (de dat ou bei) ~**s** nmpl (parents) nächste Verwandte pl; **de** ~ **en** ~ nach und nach.

proclamer [prɔklame] vt (la république, un roi) ausrufen, proklamieren; (résultat d'un examen) bekanntgeben; (son innocence etc) erklären, beteuern.

procréer [prɔkree] vt zeugen, hervorbringen.

procuration [prɔkyrasjɔ̃] nf Vollmacht f.

procurer [prɔkyre] vt (fournir): ~ **qch à qn** jdm etw verschaffen; (plaisir, joie) jdm etw machen od bereiten; **se** ~ qch (dat) verschaffen.

procureur [prɔkyrœr] nm: ~ **(de la République)** Staatsanwalt m; ~ **général** Generalstaatsanwalt m.

prodige [prɔdiʒ] nm Wunder nt.

prodigieux, euse [prɔdiʒjø, øz] a erstaunlich, phantastisch.

prodigue [prɔdig] a verschwenderisch.

prodiguer [prɔdige] vt (dilapider) vergeuden; ~ **qch (à qn)** (jdn) mit etw überhäufen.

producteur, trice [prɔdyktœr, tris] a: **pays** ~ **de blé/pétrole** weizen-/erdölerzeugendes Land nt // nm/f (de biens) Hersteller(in f) m; (FILM) Produzent(in f) m.

productif, ive [prɔdyktif, iv] a fruchtbar, ertragreich; (capital, personnel) produktiv.

production [prɔdyksjɔ̃] nf Erzeugung f; Produktion f, Herstellung f.

productivité [prɔdyktivite] nf Produktivität f.

produire [prɔdɥir] vt erzeugen; (entreprise) herstellen, produzieren; (résultat, changement) bewirken; (FILM, TV) produzieren; (documents, témoins) liefern, beibringen // vi (rapporter) produzieren; (investissement, argent) Gewinn abwerfen, arbeiten; **se** ~ (acteur) sich produzieren; (changement, événement) sich ereignen.

produit [prɔdɥi] nm Produkt nt; (d'un investissement) Rendite f; ~ **brut/fini** Roherzeugnis nt/ Fertigprodukt nt; ~ **d'entretien** Putzmittel nt; ~ **national brut** Bruttosozialprodukt nt.

proéminent, e [prɔeminɑ̃, ɑ̃t] a vorstehend.

profane [prɔfan] a (REL) weltlich; (ignorant, non initié) laienhaft.

proférer [prɔfere] vt von sich (dat) geben.

professer [prɔfese] vt (déclarer hautement avoir) bekunden; (enseigner) unterrichten.

professeur [prɔfesœr] nm Lehrer(in f) m; ~ **de l'Université** (Universitäts)professor(in f) m.

profession [prɔfesjɔ̃] nf Beruf m; **de** ~ von Beruf.

professionnel, le [prɔfesjɔnɛl] a Berufs-, beruflich // nm (sportif, cambrioleur) Profi m; (ouvrier) Facharbeiter(in) f) m.

professorat [prɔfɛsɔra] nm: **le ~** der Lehrberuf.

profil [prɔfil] nm (du visage) Profil nt; (section, coupe) Längsschnitt m; **de ~** im Profil.

profiler [prɔfile] vt (TECH) Stromlinienform geben (+dat); **se ~** sich abheben.

profit [prɔfi] nm (avantage) Nutzen m, Vorteil m; (COMM, FIN) Gewinn m, Profit m; **au ~ de qn** zugunsten von jdm; **tirer ~ de qch** Gewinn aus etw ziehen.

profitable [prɔfitabl(ə)] a gewinnbringend, nützlich.

profiter [prɔfite]: **~ de** vt ausnutzen; **~ à qn/qch** jdm/einer Sache nützlich sein.

profond, e [prɔfɔ̃, 5d] a tief; (esprit, écrivain) tiefsinnig; (silence, indifférence) vollkommen; (erreur) schwer.

profondeur [prɔfɔ̃dœr] nf Tiefe f.

profusion [prɔfyzjɔ̃] nf Fülle f; (fig) Überfülle f; **à ~** ad in Hülle und Fülle.

progéniture [prɔʒenityr] nf Nachwuchs m.

programme [prɔgram] nm Programm nt; (SCOL) Lehrplan m.

programmer [prɔgrame] vt (émission) senden, zeigen; (ordinateur) programmieren.

programmeur, euse [prɔgramœr, øz] nm/f Programmierer(in) f) m.

progrès [prɔgrɛ] nm Fortschritt m; (d'un incendie, d'une épidémie) Fortschreiten m.

progresser [prɔgrese] vi vorrücken, vordringen; (élève) Fortschritte machen.

progressif, ive [prɔgresif, iv] a (impôt, taux) progressiv; (développement) fortschreitend; (difficulté) zunehmend.

progression [prɔgresjɔ̃] nf Entwicklung f; (d'une armée) Vorrücken nt; (MATH) Reihe f.

prohiber [prɔibe] vt verbieten.

prohibitif, ive [prɔibitif, iv] a Verbots-; (prix) unerschwinglich.

proie [prwa] nf Beute f; **être la ~ de** das Opfer (+gen) sein; **être en ~ à** (désespoir, inquiétude) leiden unter (+dat).

projecteur [prɔʒɛktœr] nm Projektor m; (spot) Scheinwerfer m.

projectile [prɔʒɛktil] nm Geschoß nt.

projection [prɔʒɛksjɔ̃] nf Werfen nt; Sprühen nt; Ausstoß m; Vorführen nt, Projektion f; **conférence avec ~s** Diavortrag m.

projet [prɔʒɛ] nm Plan m; (ébauche) Entwurf m; **~ de loi** Gesetzentwurf m.

projeter [prɔʒte] vt werfen; (étincelles) sprühen; (fumée) ausstoßen; (envisager) planen, beabsichtigen; (film, diapositives) vorführen, projizieren.

prolétariat [prɔletarja] nm Proletariat nt.

proliférer [prɔlifere] vi sich stark vermehren.

prolifique [prɔlifik] a fruchtbar.

prolixe [prɔliks(ə)] a wortreich.

prolongation [prɔlɔ̃gasjɔ̃] nf Verlängerung f; Andauern nt; **jouer les ~s** in die Verlängerung gehen.

prolongement [prɔlɔ̃ʒmã] nm Verlängerung f; (~s) nmpl (conséquences) Auswirkungen pl, Folgen pl; **dans le ~ de** weiterführend von.

prolonger [prɔlɔ̃ʒe] vt verlängern; (sujet: chose) eine Verlängerung sein von; **se ~** vi (leçon, repas) andauern; (route, chemin) weitergehen.

promenade [prɔmnad] nf Spaziergang m; **~ en voiture** Spazierfahrt f; **~ à vélo** Fahrradtour f.

promener [prɔmne] vt (personne, chien) spazierenführen; (doigts, main, regards) schweifen ou gleiten lassen; **se ~** spazierengehen; (en voiture) spazierenfahren.

promeneur, euse [prɔmnœr, øz] nm/f Spaziergänger(in) m.

promesse [prɔmɛs] nf Versprechen nt; **tenir sa ~** sein Versprechen halten.

promettre [prɔmɛtr(ə)] vt versprechen; (annoncer) hindeuten auf (+akk) // vi (récolte, arbre) eine gute Ernte versprechen; (enfant, musicien) vielversprechend sein; **se ~ qch** sich (dat) etw versprechen.

promiscuité [prɔmiskɥite] nf Enge f.

promontoire [prɔmɔ̃twar] nm Landspitze f.

promoteur, trice [prɔmɔtœr, tris] nm/f (instigateur) Initiator(in f) m; ~ **(de construction)** Bauträger m.

promotion [prɔmosjɔ̃] nf (professionnelle) Beförderung f; ~ **des ventes** (COMM) Absatzförderung f.

promouvoir [prɔmuvwar] vt (personne) befördern; (encourager) fördern, sich einsetzen für.

prompt, e [prɔ̃, prɔ̃t] a schnell.

promulguer [prɔmylge] vt erlassen.

pronom [prɔnɔ̃] nm Pronomen nt.

pronominal, e, aux [prɔnɔminal, o] a: **verbe ~** reflexives Verb.

prononcé, e [prɔnɔ̃se] a ausgeprägt.

prononcer [prɔnɔ̃se] vt aussprechen; (proférer) hervorbringen; (jugement, sentence) verkünden // vi: **bien/mal** eine gute/schlechte Aussprache haben; **se ~** sich entscheiden; **se ~ sur qch** seine Meinung über etw (akk) äußern; **se ~ en faveur de/contre qch/qn** sich für/gegen etw/jdn aussprechen.

prononciation [prɔnɔ̃sjasjɔ̃] nf Aussprache f.

pronostic [prɔnɔstik] nm Prognose f.

propagande [prɔpagɑ̃d] nf Propaganda f.

propager [prɔpaʒe] vt (répandre) verbreiten; **se ~** vi sich ausbreiten.

prophète [prɔfɛt], **prophétesse** [prɔfɛt, prɔfɛtɛs] nm/f Prophet(in f).

prophétie [prɔfesi] nf Prophezeiung f.

propice [prɔpis] a günstig.

proportion [prɔpɔrsjɔ̃] nf (équilibre, harmonie) Proportionen pl; (relation) Verhältnis nt; (mesure): **il n'y a**

aucune ~ **entre le prix demandé et le prix réel** der verlangte Preis steht in keinem Verhältnis zum eigentlichen Wert; (pourcentage) Prozentsatz m; **~s** nfpl Proportionen pl; (taille, importance) Ausmaß nt; **en ~ de** im Verhältnis zu; **toute(s) ~(s) gardée(s)** den Verhältnissen entsprechende.

proportionnel, le [prɔpɔrsjɔnɛl] a proportional, anteilmäßig; **représentation ~** Verhältniswahlrecht nt; ~ **à** proportional zu.

propos [prɔpo] nm (paroles) Worte pl; (intention) Absicht f; (sujet): **à quel ~?** aus welchem Anlaß?; **à ~ de** bezüglich (+gen); **à tout ~** ständig, bei jeder Gelegenheit; **à ~!** übrigens!; **à ~** günstig.

proposer [prɔpoze] vt vorschlagen; (SCOL) stellen; (offrir) anbieten; (loi, motion) einbringen; **se ~** sich anbieten; ~ **de faire qch** (suggérer) vorschlagen, etw zu tun; (offrir) anbieten, etw zu tun; **se ~ de faire qch** (avoir pour but) sich (dat) vornehmen, etw zu tun.

proposition [prɔpozisjɔ̃] nf (suggestion) Vorschlag m; (POL) Antrag m; (offre) Angebot nt; (LING) Satz m; ~ **principale/subordonnée** Haupt-/Nebensatz m.

propre [prɔpr(ə)] a sauber; (personne, vêtement) ordentlich, gepflegt; (honnête) ordentlich, redlich; (intensif possessif) eigen; (spécifique): **~ à** typisch für, eigen (+dat); (convenable): ~ **à** angemessen (+dat); (de nature à): ~ **à faire qch** geeignet, etw zu tun // nm: **mettre ou recopier au ~** ins reine schreiben; (particularité): **le ~ de** eine Eigenschaft (+gen); **au ~** (au sens propre) eigentlich; ~ **à rien** nm/f Nichtsnutz m.

proprement [prɔprəmɑ̃] ad sauber, ordentlich; **à ~ parler** strenggenommen, eigentlich.

propreté [prɔprəte] nf Sauberkeit f; Gepflegtheit f.

propriétaire [prɔprijetɛr] nm/f Besitzer(in f) m, Eigentümer(in f) m; (de terres, d'immeubles) Besitzer(in f) *m; (qui loue)* Hausbesitzer(in *f*) *m*, Vermieter(in *f*) *m*.

propriété [prɔprijete] *nf* (*JUR*) Besitz *m*; *(possession)* Eigentum *nt; (immeuble, maison)* Grund- ou Hausbesitz *m; (qualité)* Eigenschaft *f; (d'un mot)* Angemessenheit *f*.

propulser [prɔpylse] *vt (missile, engin)* antreiben; *(projeter)* schleudern.

prorata [prɔrata] *nm inv:* **au ~ de** im Verhältnis zu.

proroger [prɔrɔʒe] *vt (renvoyer)* aufschieben; *(prolonger)* verlängern; *(POL)* vertagen.

proscrire [prɔskrir] *vt (bannir)* verbannen; *(interdire)* verbieten.

prose [proz] *nf* Prosa *f*.

prospecter [prɔspɛkte] *vt (terrain)* nach Bodenschätzen suchen in *(+dat); (COMM)* erforschen.

prospectus [prɔspɛktys] *nm* Prospekt *m*.

prospère [prɔspɛr] *a (période)* ertragreich; *(finances, entreprise)* florierend, gutgehend.

prospérer [prɔspere] *vi* gut gedeihen; *(entreprise, ville, science)* blühen, florieren.

prospérité [prɔsperite] *nf* Wohlstand *m*.

prosterner [prɔstɛrne] *vt:* **se ~** sich niederwerfen.

prostituée [prɔstitɥe] *nf* Prostituierte *f*.

prostitution [prɔstitysjɔ̃] *nf* Prostitution *f*.

protecteur, trice [prɔtɛktœr, tris] *a* beschützend; *(régime, système)* Schutz- // *nm/f (défenseur)* Beschützer(in *f*) *m*.

protection [prɔtɛksjɔ̃] *nf* Schutz *m; (patronage, ECON)* Protektion *f*; **écran/enveloppe de ~** Schutzschirm *m*/-umschlag *m*.

protégé, e [prɔteʒe] *nm/f* Protegé *m*, Schützling *m*.

protège-cahier [prɔtɛʒkaje] *nm* Heftumschlag *m*.

protéger [prɔteʒe] *vt* schützen; *(physiquement)* beschützen; *(intérêt, liberté, institution)* wahren; **se ~ de**

qch/contre qch sich vor etw *(dat)/*gegen etw *(akk)* schützen.

protéine [prɔtein] *nf* Protein *nt*.

protestant, e [prɔtɛstɑ̃, ɑ̃t] *a* protestantisch // *nm/f* Protestant(in *f*) *m*.

protestation [prɔtɛstasjɔ̃] *nf (plainte)* Protest *m; (déclaration)* Beteuerung *f*.

protester [prɔtɛste] *vi:* **~ (contre qch)** *(gegen etw)* protestieren; **~ de son innocence** seine Unschuld beteuern.

prothèse [prɔtɛz] *nf (appareil)* Prothese *f;* **~ (dentaire)** Zahnprothese *f*, Gebiß *nt*.

protocole [prɔtɔkɔl] *nm (étiquette)* Protokoll *nt;* **~ d'accord** Vereinbarungsprotokoll *nt*.

prototype [prɔtɔtip] *nm (d'avion, de voiture de course)* Prototyp *m*.

protubérance [prɔtyberɑ̃s] *nf* Beule *f*.

protubérant, e [prɔtyberɑ̃, ɑ̃t] *a* vorstehend.

proue [pru] *nf* Bug *m*.

prouesse [prues] *nf (acte de courage)* Heldentat *f; (exploit)* Kunststück *nt*, Meisterleistung *f*.

prouver [pruve] *vt* beweisen.

provenance [prɔvnɑ̃s] *nf* Herkunft *f*, Ursprung *m;* **avion/train en ~ de ...** Flugzeug/Zug aus ... .

provençal, e, aux [prɔvɑ̃sal, o] *a* provenzalisch.

provenir [prɔvnir] **~ de** *vt (venir de)* herkommen aus; *(tirer son origine de)* stammen von; *(résulter de)* kommen von.

proverbe [prɔvɛrb(ə)] *nm* Sprichwort *nt*.

proverbial, e, aux [prɔvɛrbjal, o] *a* sprichwörtlich.

providence [prɔvidɑ̃s] *nf* Vorsehung *f*.

providentiel, le [prɔvidɑ̃sjɛl] *a (opportun)* unerwartet, glücklich.

province [prɔvɛ̃s] *nf (région)* Provinz *f*.

provincial, e, aux [prɔvɛ̃sjal, o] *a* Provinz-; *(pej)* provinzlerisch.

proviseur [prɔvizœr] *nm* Direktor *m*.

provision [pʀɔvizjɔ̃] nf Vorrat m; (acompte, avance) Anzahlung f, Vorschuß m; (COMM: dans un compte) Deckung f; ~s nfpl (ravitaillement) Vorräte pl; faire ~ de qch einen Vorrat an (+dat) anlegen.

provisoire [pʀɔvizwaʀ] a vorläufig; **mise en liberté** ~ vorläufige Haftentlassung f.

provisoirement [pʀɔvizwaʀmɑ̃] ad einstweilig.

provocant, e [pʀɔvɔkɑ̃, ɑ̃t] a herausfordernd, provozierend.

provocation [pʀɔvɔkasjɔ̃] nf (parole, écrit) Provokation f.

provoquer [pʀɔvɔke] vt (inciter à): ~ qn à jdn provozieren zu; (défier) herausfordern; (causer: choses) hervorrufen; (: colère, curiosité) verursachen; (: gaieté, rires) hervorrufen; (: aveux, explications) hervorlocken.

proxénète [pʀɔksenet] nm (souteneur) Zuhälter m.

proximité [pʀɔksimite] nf Nähe f; à ~ in der Nähe.

prude [pʀyd] a prüde.

prudence [pʀydɑ̃s] nf Umsicht f; Überlegtheit f; Vorsicht f; **avec** ~ umsichtig; **par (mesure de)** ~ als Vorsichtsmaßnahme.

prudent, e [pʀydɑ̃, ɑ̃t] a (circonspect) umsichtig; (sage) klug, überlegt; (réservé) vorsichtig.

prune [pʀyn] nf (fruit) Pflaume f.

pruneau, x [pʀyno] nm (fruit sec) Backpflaume f.

prunelle [pʀynɛl] nf (ANAT) Pupille f; **comme la** ~ **de ses yeux** wie seinen Augapfel.

prunier [pʀynje] nm Pflaumenbaum m.

Prusse [pʀys] nf: **la** ~ Preußen nt.

psaume [psom] nm Psalm m.

pseudonyme [psødɔnim] nm Pseudonym nt.

psychanalyse [psikanaliz] nf Psychoanalyse f.

psychiatre [psikjatʀ(ə)] nm/f Psychiater(in f) m.

psychiatrie [psikjatʀi] nf Psychiatrie f.

psychiatrique [psikjatʀik] a: **hôpital** ~ psychiatrisches Krankenhaus nt.

psychique [psiʃik] a psychisch.

psychologie [psikɔlɔʒi] nf (science) Psychologie f; (intuition) Menschenkenntnis f.

psychologique [psikɔlɔʒik] a psychologisch; (psychique) psychisch.

psychologue [psikɔlɔg] nm/f Psychologe m, Psychologin f.

puant, e [pɥɑ̃, ɑ̃t] a stinkend.

puanteur [pɥɑ̃tœʀ] nf Gestank m.

puberté [pybɛʀte] nf Pubertät f.

pubis [pybis] nm (bas-ventre) Schambein nt.

public, ique [pyblik] a öffentlich // nm (population) Öffentlichkeit f; (audience, lecteurs) Öffentlichkeit f; **en** ~ öffentlich; **interdit au** ~ der Öffentlichkeit nicht zugänglich.

publication [pyblikasjɔ̃] nf Veröffentlichung f.

publicitaire [pyblisitɛʀ] a Werbe-.

publicité [pyblisite] nf (COMM) Werbung f; (annonce) Anzeige f.

publier [pyblije] vt (livre: auteur) veröffentlichen; (: éditeur) herausbringen; (bans, décret, loi) verkünden; (nouvelle) verbreiten.

puce [pys] nf (ZOOL) Floh m; ~s nfpl: **les** ~s, **le marché aux** ~s der Flohmarkt.

pucelle [pysɛl] a jungfräulich.

pudeur [pydœʀ] nf Schamhaftigkeit f.

pudique [pydik] a (chaste) schamhaft, sittsam; (discret) dezent, diskret.

puer [pɥe] vi stinken.

puéricultrice [pɥeʀikyltʀis] nf Säuglingsschwester f.

puéril, e [pɥeʀil] a kindisch.

pugilat [pyʒila] nm Faustkampf m.

puis [pɥi] ad dann.

puiser [pɥize] vt (eau) schöpfen; (fig: exemple, renseignement): ~ **qch dans** qch etw einer Sache (dat) entnehmen.

puisque [pɥisk(ə)] conj da; (valeur intensive): ~ **je te le dis!** und wenn ich es dir sage!

puissance [pɥisɑ̃s] nf Stärke f; (Etat)

Macht f; (MATH): **deux (à la) ~ cinq** 2 hoch 5; **les ~s occultes** die übernatürlichen Mächte.

puissant, e [pɥisã, ãt] a stark; (influent) mächtig, einflußreich; (exemple, raisonnement) überzeugend.

puits [pɥi] nm (d'eau) Brunnen m; (de pétrole) Bohrloch nt.

pull [pyl] nm (abr de **pull-over**) Pulli m.

pull-over [pulɔvœʀ] nm Pullover m.

pulluler [pylyle] vi (grouiller) schwärmen, wimmeln.

pulmonaire [pylmɔnɛʀ] a Lungen-.

pulpe [pylp(ə)] nf (d'un fruit, légume) Fleisch nt.

pulsation [pylsasjɔ̃] nf (MED) Schlagen nt.

pulvérisateur [pylveʀizatœʀ] nm (à parfum) Zerstäuber m; (à peinture) Sprühdose f; (pour médicament) Spray m ou nt.

pulvériser [pylveʀize] vt (solide) pulverisieren; (liquide) sprühen, spritzen; (adversaire) fertigmachen; (argument) zerpflücken; (record) brechen.

punaise [pynɛz] nf (ZOOL) Wanze f; (clou) Reißzwecke f.

punch [pɔ̃ʃ] nm (boisson) Punsch m; [pœnʃ] (BOXE) Schlagkraft f; (efficacité, dynamisme) Pfeffer m.

punching-ball [pœnʃiŋbol] nm Lederball m, Birnball m.

punir [pyniʀ] vt bestrafen; **~ qn de qch** jdn für etw bestrafen.

punitif, ive [pynitif, iv] a: **expédition ~ive** Strafexpedition f.

punition [pynisjɔ̃] nf Bestrafung f.

pupille [pypij] nf (ANAT) Pupille f; (enfant) Mündel nt; **~ de l'État** Fürsorgekind nt; **~ de la Nation** Kriegswaise f.

pupitre [pypitʀ(ə)] nm Pult nt; (REL) Kanzel f; (de chef d'orchestre) Dirigentenpult nt.

pur, e [pyʀ] a rein; (vin) unverdünnt; (whisky, gin) pur; (air, ciel) klar; (intentions) selbstlos; **~ et simple a** ganz einfach; **en ~ perte** vergeblich.

purée [pyʀe] nf: **~ (de pommes de terre)** Kartoffelbrei m; **~ de marrons** Maronenpüree nt; **~ de tomates** Tomatenmark nt; **~ de pois** (brouillard) Waschküche f.

pureté [pyʀte] nf Reinheit f; Klarheit f; Selbstlosigkeit f.

purgatif [pyʀgatif] nm Abführmittel nt.

purgatoire [pyʀgatwaʀ] nm Fegefeuer nt.

purge [pyʀʒ(ə)] nf (POL) Säuberungsaktion f; (MED) (starkes) Abführmittel nt.

purger [pyʀʒe] vt (conduite, radiateur) leeren; (circuit hydraulique, freins) lüften; (MED) entschlacken; (JUR: peine) verbüßen; (POL) säubern.

purifier [pyʀifje] vt reinigen.

purin [pyʀɛ̃] nm Jauche f.

puriste [pyʀist(ə)] nm/f Purist(in, f).

pur-sang [pyʀsã] nm inv Vollblut nt.

purulent, e [pyʀylã, ãt] a eitrig.

pus [py] nm Eiter m.

pusillanime [pyzilanim] a zaghaft, ängstlich.

pustule [pystyl] nf (bouton) Pustel f.

putain [pytɛ̃] nf (am) Hure f.

putréfier [pytʀefje] vt verwesen lassen; (fruit) faulen lassen; **se ~** vi verwesen; faulen.

putsch [putʃ] nm Putsch m.

puzzle [pœzl(ə)] nm Puzzle n.

P.V. [peve] sigle m = **procès verbal.**

pyjama [piʒama] nm Schlafanzug m.

pylône [pilon] nm (d'un pont) Pfeiler m; (mât, poteau) Mast m.

pyramide [piʀamid] nf Pyramide f.

pyrex [piʀɛks] nm ® Jenaer Glas ®.

Q

QG [kyʒe] voir **quartier.**

QI [kyi] voir **quotient.**

quadragénaire [kwadʀaʒenɛʀ] a vierzigjährig; zwischen vierzig und fünfzig.

quadrangulaire [kwadʀãgylɛʀ] a viereckig.

quadrilatère [kadrilatɛr] *nm* Viereck *nt*.

quadrillage [kadrijaʒ] *nm* Aufteilung *f* in Quadrate, (*MIL, POLICE*) Bewachung *f*; (*dessin*) Karomuster *nt*.

quadriller [kadrije] *vt* in Quadrate aufteilen; (*MIL, POLICE*) streng bewachen.

quadrimoteur [kadrimotœr] *nm* viermotoriges Flugzeug.

quadriréacteur [kadrireaktœr] *nm* viermotoriger Jet.

quadrupède [kadrypɛd] *nm* Vierfüßer *m* // *a* vierfüßig.

quadruple [kadrypl(ə)] *a* vierfach // *nm* Vierfache(s) *nt*.

quadrupler [kadryple] *vt* vervierfachen // *vi* sich vervierfachen.

quadruplés, ées [kadryple] *nm/fpl* Vierlinge *pl*.

quai [ke] *nm* (*d'un port*) Kai *m*; (*d'une gare*) Bahnsteig *m*; (*voie publique*) Uferstraße *f*, Quai *m*; **être à ~** im Hafen liegen.

qualificatif, ive [kalifikatif, iv] *a* (*LING*) erläuternd // *nm* (*terme*) Bezeichnung *f*.

qualification [kalifikasjɔ̃] *nf* nähere Bestimmung *f*, Qualifikation *f*; (*aptitude*) Qualifikation *f*, Befähigung *f*; **~ professionnelle** berufliche Qualifikation.

qualifier [kalifje] *vt* näher bestimmen; (*appeler*): **~ qch/qn de** etw/jdn bezeichnen als; (*donner qualité à*) berechtigen, qualifizieren; (*SPORT*) qualifizieren; **se ~** *vi* (*SPORT*) sich qualifizieren.

qualité [kalite] *nf* Qualität *f*; (*d'une personne*) (gute) Eigenschaft *f*; (*titre, fonction*) Funktion *f*; **en ~ de** in der Eigenschaft von *ou* als.

quand [kɑ̃] *conj* wenn; **de ~** wann // *ad*: **~ pars tu?** wann reist du ab?; **~ même** (*cependant, pourtant*) trotzdem; (*fam: tout de même*): **tu exagères ~ même** du übertreibst aber.

quant [kɑ̃(t)]: **~ à** *prep* (*pour ce qui est de*) was ... betrifft; (*au sujet de*): **il ne m'a rien dit ~ à ses projets** er hat mir über seine Pläne nichts gesagt.

quant-à-soi [kɑ̃taswa] *nm*: **rester sur son ~** reserviert bleiben.

quantité [kɑ̃tite] *nf* (*somme, nombre*): **la ~ (de)** die Menge *ou* Quantität (von); (*grand nombre*): **une/des ~(s) de** eine Unmenge/Unmengen von; (*SCIENCE*): **une ~ négligeable** eine zu vernachlässigende Größe; **en grande/petite ~** in großen/kleinen Mengen; **du travail/des accidents en ~** viel Arbeit/unzählige Unfälle; **~ de** viele.

quarantaine [karɑ̃tɛn] *nf* (*nombre*): **une ~ (de)** ungefähr vierzig; (*âge*): **il a la ~** er ist um die Vierzig; (*isolement*) Quarantäne *f*; (*fig*) Achtung *f*; **mettre en ~** unter Quarantäne stellen; (*fig*) schneiden.

quarante [karɑ̃t] *num* vierzig.

quart [kar] *nm* Viertel *nt*; (*d'un kilo*): **un ~ de beurre** ein halbes Pfund *nt* Butter; (*d'un litre*): **un ~ de vin** ein Viertel *nt*, (*NAVIG*) Wache *f*; **~ d'heure** Viertelstunde *f*; **4 h et un ~** Viertel nach 4; **1 h moins un ou le ~** Viertel vor 1; **les trois ~s du temps** meistens; **être de/prendre le ~** die Wache schieben/übernehmen; **~s de finale** Viertelfinale *nt*.

quartier [kartje] *nm* Viertel *nt*; **~s** *nmpl* (*MIL*) Quartier *nt*; **cinéma de ~** Lokalkino *nt*; **avoir ~ libre** Ausgang haben; **~ général (QG)** Hauptquartier *nt*.

quartier-maître [kartjemɛtr(ə)] *nm* Maat *m*.

quartz [kwarts] *nm* Quarz *m*.

quasi [kazi] *ad* quasi- // *pref*: **la ~-totalité** fast alle.

quasiment [kazimɑ̃] *ad* fast.

quatorze [katɔrz(ə)] *num* vierzehn.

quatre [katr(ə)] *num* vier // *nm* Vier *f*; **à ~ pattes** auf allen Vieren; **se mettre en ~ pour qn** sich (*dat*) für jdn ein Bein ausreißen.

quatre-vingt(s [katrəvɛ̃] *num* achtzig.

quatre-vingt-dix [katrəvɛ̃dis] *num* neunzig.

quatrième [katrijɛm] *num* vierte(r,s).

quatuor [kwatyɔr] *nm* Quartett *nt*.

que [k(ə)] *conj* (*introduisant complétive*) daß; (*remplaçant: si, quand*) wenn; (: *comme*) da; (*hypothèse*) ob; (*but*) damit, daß; (*temps*): **elle venait à peine de sortir qu'il se mit à pleuvoir** sie war kaum ausgegangen, da fing es an zu regnen; **il y a 2 ans qu'il est parti** er ist schon 2 Jahre weg; (*subjonctif*): **qu'il fasse ce qu'il voudra** er soll tun, was er will; (*après comparatif*) als; (*seulement*): **je n'ai qu'un livre** ich habe nur ein Buch // ad: (**qu'est-ce**) **qu'il est bête!** wie dumm er doch ist!; **~ de difficultés!** was für Schwierigkeiten! // *pron* (*relatif: personne*) den, die, das; (*temps*) als; (*attribut*): **c'est une erreur ~ de croire...** es ist ein Fehler, zu glauben...; (*interrogatif*) was; **qu'est-ce que tu fais?** was machst du?

québécois, e [kebekwa, waz] *a* aus (der Stadt oder Provinz) Quebec.

quel, le [kɛl] *a* welche(r,s); (*excl*): **~ le surprise/coïncidence!** welche Überraschung/welch ein Zufall!; **~ dommage qu'il soit parti!** wie schade, daß er schon weg ist!; (*relatif: être animé*): **~ que soit le coupable** wer auch immer der Schuldige ist, egal wer der Schuldige ist; (: *chose*): **~ que soit votre avis** egal, welcher Meinung Sie sind, welcher Meinung Sie auch sind // *pron interrogatif* welche(r,s).

quelconque [kɛlkɔ̃k] *a* irgendeine(r,s); (*moindre*) geringste(r,s); (*médiocre*) mittelmäßig; (*sans attrait*) gewöhnlich.

quelque [kɛlk(ə)] *dét* (*sans pl*) einige(r,s); (*pl*) einige paar; (*pl avec article*): **les ~s enfants/livres qui...** die paar ou wenigen Kinder/ Bücher, die... // ad (*environ*): **~ 100 mètres** etwa ou ungefähr 100 Meter; **~... que:** **~ temps qu'il fasse** egal, wie das Wetter ist; **200 francs et ~(s)** etwas über 200 Francs; **~ chose** *pron* etwas; **~**

chose d'autre etwas anderes; **puis-je faire ~ chose pour vous?** kann ich noch etwas für Sie tun?; **~ part** irgendwo; **~ peu** ziemlich; **en ~ sorte** gewissermaßen, beinahe.

quelquefois [kɛlkəfwa] *ad* manchmal.

quelques-uns, -unes [kɛlkəzœ̃, yn] *pron* einige, manche; **~ des lecteurs** einige ou manche Leser.

quelqu'un, une [kɛlkœ, yn] *pron* jemand; **~ d'autre** jemand anders.

quémander [kemɑ̃de] *vi* betteln um.

qu'en-dira-t-on [kɑ̃dirat5] *nm inv* Gerede *nt*.

quenelle [kənɛl] *nf* Kloß *m*.

quenouille [kənuj] *nf* Spinnrocken *m*.

querelle [kərɛl] *nf* Streit *m*.

quereller [kərele]: **se ~** *vi* streiten.

querelleur, euse [kərɛlœr, øz] *a* streitsüchtig.

qu'est-ce que [kɛskə] *ad, pron voir* **que**.

question [kɛstj5] *nf* Frage *f*; **il a été ~ de es** ging um; **c'est une ~ de temps/d'habitude** das ist eine Zeitfrage/eine Sache der Gewohnheit; **de quoi est-il ~?** um was geht es?; **il n'en est pas ~** das steht außer Frage; **en ~** fraglich; **hors de ~ (das)** kommt nicht in Frage; **remettre ou mettre en ~** in Frage stellen.

questionnaire [kɛstjɔnɛr] *nm* Fragebogen *m*.

questionner [kɛstjɔne] *vt* (*interroger*) befragen, Fragen stellen (*+dat*) *ou* über (*+akk*).

quête [kɛt] *nf* (*collecte*) Sammlung *f*; (*recherche*) Suche *f*; **faire la ~** sammeln.

quêter [kɛte] *vi* sammeln // *vt* erbitten, bitten um.

queue [kø] *nf* Schwanz *m*; (*fin*) Ende *nt*; (*d'une casserole, d'un fruit*) Stiel *m*; (*file de personnes*) Schlange *f*; **faire la ~** Schlange stehen; **histoire sans ~ ni tête** hirnrissige Geschichte *f*; **~ de cheval** Pferdeschwanz *m*.

qui [ki] *pron* (*interrogatif sujet*): **~**

(est-ce ~) wer; *(interrogatif objet):* ~(est-ce que) wen; à ~ est ce sac? wem gehört die Tasche?; *(relatif sujet)* der, die, das; *(relatif avec prep):* l'ami de ~ je vous ai parlé der Freund, von dem ich Ihnen erzählt habe; *(relatif sans antécédent):* amenez ~ vous voulez bringen Sie mit, wen Sie wollen; ~ que ce soit egal wer.

quiche [kiʃ] *nf:* ~ lorraine Quiche *f.*

quiconque [kikɔ̃k] *pron relatif* der, der *ou* welcher // *pron indéfini* irgendwer.

quiétude [kjetyd] *nf* Ruhe *f;* en toute ~ in aller Ruhe.

quille [kij] *nf* Kegel *m;* (jeu de) ~s Kegeln *nt.*

quincaillerie [kɛ̃kajri] *nf* Eisenwaren *pl;* (magasin) Eisenwarenhandlung *f.*

quinine [kinin] *nf* Chinin *nt.*

quinquagénaire [kɛ̃kaʒenɛr] *a* fünfzigjährig; über fünfzig, in den Fünfzigern.

quintal, · aux [kɛ̃tal, o] *nm* Doppelzentner *m.*

quinte [kɛ̃t] *nf:* ~ de toux Hustenanfall *m.*

quintuple [kɛ̃typl(ə)] *a* fünffach // *nm:* le ~ (de) das Fünffache (von).

quintuplés, ées [kɛ̃typle] *nm/fpl* Fünflinge *pl.*

quinzaine [kɛ̃zɛn] *nf:* une ~ (de) etwa fünfzehn; une ~ (de jours) vierzehn Tage *pl.*

quinze [kɛ̃z] *num* fünfzehn; dans ~ jours in vierzehn Tagen; demain/lundi en ~ morgen/Montag in vierzehn Tagen; le ~ de France die französische Rugbymannschaft.

quiproquo [kiprɔko] *nm* Mißverständnis *nt.*

quittance [kitɑ̃s] *nf* Quittung *f.*

quitte [kit] *a:* être ~ envers qn mit jdm quitt sein; être ~ de qch frei sein, los sein; ~ à faire qch selbst wenn das bedeutet, daß man etw tut.

quitter [kite] *vt* verlassen; *(renoncer à)* aufgeben; *(vêtement)* ausziehen; **se** ~ auseinandergehen; **ne quittez pas** *(TEL)* bleiben Sie am Apparat.

qui-vive [kiviv] *nm:* être sur le ~ auf der Hut sein.

quoi [kwa] *pron (interrogatif)* was; *(relatif):* as-tu de ~ écrire? hast du etwas zum Schreiben?; ~ qu'il arrive was auch geschieht, egal was geschieht; ~ qu'il en soit wie dem auch sei; ~ que ce soit egal was; il n'y a pas de ~ bitte!; ~ de neuf *ou* de nouveau? was gibt's Neues?; à ~ bon? wozu auch?

quoique [kwak(ə)] *conj* obwohl.

quolibet [kɔlibe] *nm* Spott *m.*

quote-part [kɔtpar] *nf* Anteil *m.*

quotidien, ienne [kɔtidjɛ̃, jɛn] *a* täglich; *(banal)* alltäglich // *nm (journal)* Tageszeitung *f.*

quotient [kɔsjɑ̃] *nm* Quotient *m;* ~ intellectuel (QI) Intelligenzquotient (IQ) *m.*

R

rabâcher [rabaʃe] *vt* dauernd wiederholen.

rabais [rabɛ] *nm* Rabatt *m;* au ~ ad reduzieren; mit Rabatt.

rabaisser [rabese] *vt (fig)* herabsetzen, schmälern.

rabattre [rabatr(ə)] *vt (couvercle, siège, col)* herunterklappen; *(gibier)* treiben // **se** ~ *vi (couvercle)* zugehen; *(véhicule, coureur)* sich einreihen, einscheren; **se** ~ **sur qch/qn** *vt* mit etw/jdm vorliebnehmen.

râble [rɑbl(ə)] *nm* Rücken *m.*

râblé, e [rɑble] *a* stämmig.

rabot [rabo] *nm* Hobel *m.*

raboter [rabɔte] *vt* hobeln.

raboteux, euse [rabɔtø, øz] *a* holprig.

rabougri, e [rabugri] *a (plante)* verkümmert; *(personne)* mickrig.

rabrouer [rabrue] *vt* eine Abfuhr erteilen (+*dat*).

racaille [rakaj] *nf* Gesindel *nt.*

raccommodage [rakɔmɔdaʒ] *nm* Flicken *nt,* Stopfen *nt.*

raccommoder [rakɔmɔde] *vt* flicken, stopfen; *(fam: réconcilier)* versöhnen.

raccompagner [rakɔ̃paɲe] vt zurückbegleiten.

raccord [rakɔr] nm (pièce) Verbindungsstück nt; (FILM) Übergang m.

raccordement [rakɔrdəmã] nm Verbindung f.

raccorder [rakɔrde] vt verbinden; ~ qn au réseau du téléphone jdn ans Telefonnetz anschließen.

raccourci [rakursi] nm Abkürzung f.

raccourcir [rakursir] vt (ver- ou ab)kürzen // vi (vêtement) einlaufen; (jours) kürzer werden.

raccrocher [rakrɔʃe] vt wieder aufhängen; (TEL) auflegen // vi (TEL) auflegen; se ~ à vt sich klammern an (+akk).

race [ras] nf Rasse f; (ascendance) Geschlecht nt; (fig: espèce) Gruppe f; de ~ a Rasse-.

rachat [raʃa] nm Rückkauf m; (fig) Sühne f.

racheter [raʃte] vt (de nouveau) wieder kaufen, noch mal kaufen; (davantage) nachkaufen; (après avoir vendu) zurückkaufen; (d'occasion) gebraucht kaufen; (pension, rente) ablösen; (REL: sauver) erlösen; (: expier) sühnen; (: réparer) wiedergutmachen; (compenser) ausgleichen; se ~ vt es wiedergutmachen, (REL) erlöst werden.

racial, e, aux [rasjal, o] a Rassen-

racine [rasin] nf Wurzel f; ~ carrée/cubique Quadrat-/Kubikwurzel f; prendre ~ (fig) Wurzeln schlagen.

raciste [rasist(ə)] a rassistisch // nm/f Rassist(in f) m.

racket [rakɛt] nm Erpressung f.

racler [rakle] vt (casserole, plat) auskratzen, ausschaben; (tache, boue) abkratzen; (frotter contre) reiben an (+dat); (fig: MUS) kratzen.

racoler [rakɔle] vt (sujet: prostituée) anlocken, ansprechen; (fig) (an)werben, anlocken.

racontars [rakɔ̃tar] nmpl Geschichten pl, Klatsch m.

raconter [rakɔ̃te] vt (fait vrai) berichten; (histoire, choses fausses) erzählen.

racorni, e [rakɔrni] a verhärtet.

radar [radar] nm Radar m.

rade [rad] nf (bassin) Reede f; en ~ auf der Reede, im Hafen; laisser/rester en ~ im Stich lassen/festsitzen.

radeau, x [rado] nm Floß nt.

radial, e, aux [radjal, o] a: pneu à ~ carcasse f Gürtelreifen m.

radiateur [radjatœr] nm Heizkörper m; (AUT) Kühler m; ~ électrique/à gaz elektrischer Ofen/Gasofen m.

radiation [radjasjɔ̃] nf (d'une liste) Streichung f; (PHYS) Strahlung f.

radical, e, aux [radikal, o] a radikal; (POL) den 'Parti radical (eine Partei der Mitte) betreffend // nm (LING) Stamm m; (MATH) Wurzelzeichen nt.

radier [radje] vt streichen (de aus).

radieux, euse [radjø, øz] a strahlend.

radio [radjo] nf (appareil) Radio(apparat m) nt; (radiodiffusion) la ~ der Rundfunk; (radiographie) Röntgenaufnahme f // nm (radiotélégraphiste) Bordfunker m; à la ~ im Radio; passer à la ~ im Rundfunk kommen; (MED) geröntgt werden.

radioactivité [radjoaktivite] nf Radioaktivität f.

radiodiffuser [radjodifyze] vt senden, übertragen.

radiodiffusion [radjodifyzjɔ̃] nf Rundfunk m.

radiographie [radjografi] nf (procédé) Röntgenaufnahme f; (document) Röntgenbild nt.

radiographier [radjografje] vt röntgen.

radiophonique [radjofɔnik] a: programme/émission/jeu ~ Radioprogramm nt/-sendung f/ Hörspiel nt.

radioscopie [radjoskɔpi] nf Durchleuchtung f.

radiotélévisé, e [radjotelevize] a in

Funk und Fernsehen gesendet.

radiothérapie [radjoterapi] *nf* Radiotherapie *f;* Röntgentherapie *f.*

radis [radi] *nm* Radieschen *nt.*

radoter [radɔte] *vi* faseln; schwätzen.

radoucir [radusir]: **se** — *vi (se réchauffer)* wärmer werden; *(se calmer)* sich beruhigen.

rafale [rafal] *nf (de vent)* Windstoß *m,* Bö *f; (tir)* Salve *f.*

raffermir [rafɛrmir] *vt* stärken, kräftigen; *(fig)* (ver)stärken.

raffiné, e [rafine] *a* erlesen; *(personne)* kultiviert; *(sucre, pétrole)* raffiniert.

raffinement [rafinmã] *nm* Erlesenheit *f;* Vornehmheit *f.*

raffiner [rafine] *vt (sucre, pétrole)* raffinieren.

raffinerie [rafinri] *nf* Raffinerie *f.*

raffoler [rafɔle]: **— de** *vt* versessen sein auf *(+akk).*

rafle [rafl(ə)] *nf (de police)* Razzia *f.*

rafler [rafle] *vt (fam)* an sich *(akk)* raffen.

rafraîchir [rafreʃir] *vt (température)* abkühlen; *(boisson, dessert)* kühlen; *(visage, main, personne)* erfrischen; *(chapeau, rideau, tableau)* auffrischen // *vi:* **mettre du vin/une boisson à** — Wein/ein Getränk kalt stellen; **se** — *vi (temps, température)* sich abkühlen.

rafraîchissant, e [rafreʃisã, ãt] *a* erfrischend.

rafraîchissement [rafreʃismã] *nm (de la température)* Abkühlung *f; (boisson)* Erfrischung *f.*

rage [raʒ] *nf (MED)* Tollwut *f; (fureur)* Wut *f;* **— de dents** rasende Zahnschmerzen *pl;* **faire** — wüten.

rageur, euse [raʒœr, øz] *a (enfant)* jähzornig; *(ton)* wütend.

ragot [rago] *nm (fam)* Klatsch *m.*

ragoût [ragu] *nm* Ragout *m.*

raid [rɛd] *nm (MIL)* Überfall *m;* Luftangriff *m.*

raide [rɛd] *a* steif; *(cheveux)* glatt; *(tendu)* straff; *(escarpé)* steil; *(fam: surprenant)* kaum zu glauben; *(: osé)* gewagt // *ad (à pic)* steil; **tomber** —

mort (auf der Stelle) tot umfallen.

raidir [redir] *vt (muscles, membres)* anspannen; *(câble, fil de fer)* straff anziehen; **se** — sich anspannen; *(personne)* sich sträuben.

raie [rɛ] *nf (ZOOL)* Rochen *m; (rayure)* Streifen *m; (séparation des cheveux)* Scheitel *m.*

raifort [rɛfɔr] *nm* Meerrettich *m.*

rail [raj] *nm* Schiene *f; (chemins de fer):* **le** — die Eisenbahn.

railler [raje] *vt* verspotten.

raillerie [rajri] *nf* Spott *m.*

rainure [renyr] *nf* Rille *f.*

raisin [rɛzɛ̃] *nm* Traube *f;* **~s blancs/noirs** weiße/blaue Trauben; **~s secs** Rosinen *pl.*

raison [rɛzɔ̃] *nf* Grund *m; (faculté)* Vernunft *f,* Verstand *m;* **perdre la** — den Verstand verlieren; **ramener qn à la** — jdn zur Vernunft bringen; **à plus forte** — um so mehr; **avoir raison** recht haben; **donner** — **à qn** jdm recht geben; **se faire une** — sich damit abfinden; **en** — **de** wegen; **à** — **de** *(au taux de)* in Höhe von; *(à proportion de)* entsprechend *(+dat);* **sans** — grundlos; **~ sociale** Firmenname *m;* **~ d'être** Lebenssinn *m;* **~ d'État** Staatsräson *f.*

raisonnable [rɛzɔnabl(ə)] *a* vernünftig.

raisonnement [rɛzɔnmã] *nm* Überlegung *f; (argumentation)* Argumentation *f.*

raisonner [rɛzɔne] *vi (penser)* überlegen, nachdenken; *(argumenter)* argumentieren; *(répliquer, discuter)* Einwände machen // *vt (qn)* gut zureden *(+dat).*

rajeunir [raʒœnir] *vt* verjüngen; jünger machen; *(rafraîchir)* aufmöbeln; *(moderniser)* modernisieren // *vi (personne)* jünger werden/aussehen.

rajouter [raʒute] *vt* hinzufügen.

rajuster [raʒyste] *vt (coiffure)* wieder in Ordnung bringen; *(cravate)* zurechtrücken; *(salaires, prix)* anpassen; *(machine)* neu einstellen.

râle [ral] *nm* Röcheln *nt.*

ralenti, e [ralāti] *nm (AUT)*: **tourner au ~** im Leerlauf sein; *(FILM)* Zeitlupe *f*.

ralentir [ralātir] *vt (marche, allure)* verlangsamen; *(production, expansion)* drosseln // *vi*, **se ~** *vi* langsamer werden.

ralliement [ralimā] *nm (rassemblement)* Versammlung *f*; *(adhésion)* Anschluß *m (à an +akk)*.

rallier [ralje] *vt (rassembler)* versammeln; *(rejoindre)* sich wieder anschließen (+*dat*); *(gagner)* für sich gewinnen; **se ~ à** *vi* sich anschließen (+*dat*).

rallonge [ralɔ̃ʒ] *nf (de table)* Ausziehplatte *f*; *(de vêtements etc)* Verlängerungsstück *nt*.

rallonger [ralɔ̃ʒe] *vt* verlängern.

ramassage [ramasaʒ] *nm*: **~ scolaire** Schulbus(dienst) *m*.

ramassé, e [ramase] *a (trapu)* stämmig, gedrungen.

ramasser [ramase] *vt* aufheben; *(recueillir)* einsammeln; *(récolter)* sammeln; *(pommes de terre)* ernten; **se ~** *vi (sur soi-même)* sich zusammenkauern.

ramassis [ramasi] *nm*: **un ~ de** ein Haufen (+*gen*).

rambarde [rɑ̃bard(ə)] *nf* Geländer *nt*.

rame [ram] *nf (aviron)* Ruder *nt*; *(de métro)* Zug *m*; *(de papier)* Ries *nt*; **~ de haricots** Bohnenstange *f*.

rameau, x [ramo] *nm* Zweig *m*; **les R~x** Palmsonntag *m*.

ramener [ramne] *vt* zurückbringen; *(rabattre)* herunterziehen; *(rétablir)* wiederherstellen; **~ qch à** etw reduzieren auf (+*akk*); **se ~ à** *(se réduire)* hinauslaufen auf (+*akk*).

ramer [rame] *vi* rudern.

ramification [ramifikasjɔ̃] *nf* Verzweigung *f*.

ramollir [ramɔlir] *vt* weich machen; **se ~** *vi* weich werden; *(os, tissus)* sich erweichen.

ramoner [ramɔne] *vt* fegen.

ramoneur [ramɔnœr] *nm* Schornsteinfeger *m*.

rampe [rɑ̃p] *nf (d'escalier)*

Treppengeländer *nt*; *(dans un garage)* Auffahrt *f*; *(d'un terrain, d'une route)* Steigung *f*; **~ de lancement** Abschußrampe *f*.

ramper [rɑ̃pe] *vi* kriechen.

rancard [rɑ̃kar] *nm (fam: rendezvous)* Rendezvous *nt*, Treffen *nt*; *(: renseignement)* Tip *m*.

rancart [rɑ̃kar] *nm*: **mettre au ~** *(fam)* ausrangieren.

rance [rɑ̃s] *a* ranzig.

rancœur [rɑ̃kœr] *nf* Groll *m*.

rançon [rɑ̃sɔ̃] *nf* Lösegeld *nt*.

rancune [rɑ̃kyn] *nf* Groll *m*; **garder ~ à qn** *(de qch)* jdm *(wegen etw)* grollen; **sans ~!** nichts für ungut!

randonnée [rɑ̃dɔne] *nf* Ausflug *m*; *(activité)* das Wandern.

rang [rɑ̃] *nm (rangée)* Reihe *f*; *(grade, classement)* Rang *m*; *(condition sociale)* Schicht *f*; Stand *m*; **se mettre en ~s** sich in einer Reihe aufstellen; **se mettre sur les ~s** *(fig)* sich bewerben; **au premier/dernier ~** *(rangée de sièges)* in der ersten/letzten Reihe; **servir dans le ~** *(MIL)* gemeiner Soldat sein.

rangé, e [rɑ̃ʒe] *a (sérieux)* solide, ordentlich.

rangée [rɑ̃ʒe] *nf* Reihe *f*.

ranger [rɑ̃ʒe] *vt (classer)* ordnen; *(mettre à sa place)* wegräumen; *(voiture)* parken; *(mettre de l'ordre dans)* aufräumen; *(disposer)* aufstellen; *(fig: au nombre de)* einzuordnen; **se ~** *(s'écarter)* ausweichen; *(se garer)* einparken; *(fam: s'assagir)* ruhiger werden.

ranimer [ranime] *vt* wiederbeleben; *(feu)* schüren; *(fig)* wiederaufleben lassen.

rapace [rapas] *nm* Raubvogel *m* // *a (pej)* raffgierig, habsüchtig.

râpe [rɑp] *nf (CULIN)* Reibe *f*, Raspel *f*.

râpé, e [rɑpe] *a (élimé)* abgetragen; *(CULIN)* gerieben // *nm (gruyère)* Reibkäse *m*.

râper [rɑpe] *vt (CULIN)* reiben, raspeln; *(bois)* abraspeln.

rapetisser [raptise] *vt (raccourcir)* verkürzen; *(faire paraître plus petit)* kleiner wirken lassen.

rapide [Rapid] *a* schnell // *nm* (train) Schnellzug *m*; (eau) Stromschnelle *f*.

rapidité [Rapidite] *nf* Schnelligkeit *f*.

rapiécer [Rapjese] *vt* flicken.

rappel [Rapel] *nm* (d'un exilé, d'un ambassadeur) Zurückberufung *f*; (THEAT) Herausrufen *nt*, Vorhang *m*; (MIL) Einberufung *f*; (de vaccin) Wiederholungsimpfung *f*; (de salaire) Nachzahlung *f*; (évocation) Erinnerung *f*; (sur écriteau) Wiederung *f*.

rappeler [Raple] *vt* zurückrufen; ~ **qch à qn** (jdn) an etw (akk) erinnern; **se** ~ *vt* sich erinnern an (+akk); **se** ~ **que...** sich (daran) erinnern, daß.

rapport [RapoR] *nm* (compte rendu) Bericht *m*; (d'expert) Gutachten *nt*; (profit) Ertrag *m*; (lien) Zusammenhang *m*; (proportion) Verhältnis *nt*; ~**s** *nmpl* (relations) Beziehungen *pl*; ~**s** (sexuels) (Geschlechts) verkehr *m*; **être en** ~ **avec** (lien logique) im Zusammenhang stehen mit; **être/se mettre en** ~ **avec qn** mit jdm in Verbindung treten/sich mit jdm in Verbindung setzen; **par** ~ **à** im Vergleich mit; **sous le** ~ **de** hinsichtlich (+gen).

rapporter [RapoRte] *vt* (rendre) zurückbringen; (apporter davantage) noch einmal bringen; (revenir avec) mitbringen; (COUTURE) annähen, aufnähen; (produire) abwerfen, einbringen; (relater) berichten // *vi* (investissement, propriété) Gewinn abwerfen; (SCOL: moucharder) petzen; ~ **qch à qn** (rendre) jdm etw zurückgeben; (relater) jdm etw berichten; (attribuer) jdm etw zuschreiben; **se** ~ **à** (correspondre à) sich beziehen auf (+akk).

rapporteur, euse [RapoRtœR, øz] *nm/f* (SCOL: pej) Petze *f* // *nm* (d'un procès, d'une commission) Berichterstatter *m*; (MATH) Winkelmesser *m*.

rapprochement [RapRoʃmā] *nm* (réconciliage) Versöhnung *f*; (anal-ogie) Vergleich *m*.

rapprocher [RapRoʃe] *vt* (chaise) heranrücken; (deux objets) zusammenrücken; (personnes) versöhnen; (comparer) gegenüberstellen, vergleichen; **se** ~ *vi* sich nähern; (familles, pays) sich annähern, sich verständigen; **se** ~ **de** *vt* näher herankommen an (+akk); (présenter une analogie avec) vergleichbar sein mit.

rapt [Rapt] *nm* Entführung *f*.

raquette [Raket] *nf* Schläger *m*; (à neige) Schneeschuh *m*.

rare [RaR] *a* selten; (peu dense) dünn; **il est** ~ **que** es kommt selten vor, daß.

ras, e [Ra, Raz] *a* kurzgeschoren; (herbe) kurz // *ad* (couper) kurz; **au** ~ **de** auf gleicher Höhe mit; **en avoir** ~ **le bol** (fam) die Nase (gestrichen) voll haben; ~ **du cou** *a* (vêtement) mit rundem Halsausschnitt.

raser [Raze] *vt* (barbe, cheveux) abrasieren; (menton, personne) rasieren; (fam: ennuyer) langweilen; (quartier) dem Erdboden gleichmachen; (frôler) streifen; **se** ~ *vt* sich rasieren; (fam: s'ennuyer) sich langweilen.

rasoir [RazwaR] *nm*: ~ **électrique/mécanique** Rasierapparat *m*/-messer *nt*.

rassasier [Rasazje] *vt* sättigen.

rassembler [Rasāble] *vt* (réunir) versammeln; (troupes) zusammenziehen; (moutons, objets épars) sammeln; (accumuler) ansammeln; **se** ~ *vi* (s'assembler) sich versammeln.

rassis [Rasi] *a*: **pain** ~ trockenes Brot *nt*.

rassurer [RasyRe] *vt* (tranquilliser) beruhigen; **se** ~ sich beruhigen; **rassure-toi** sei beruhige dich.

rat [Ra] *nm* Ratte *f*.

ratatiné, e [Ratatine] *a* runzelig.

rate [Rat] *nf* (ANAT) Milz *f*.

raté, e [Rate] *nm/f* (personne) Versager(in *f*) *m* // *nm* (AUT) Fehlzündung *f* // *a* (tentative) fehlgeschlagen, mißglückt; (Kuchen) mißraten.

râteau, x [ʀɑto] *nm (de jardinage)* Rechen *m*.

râtelier [ʀɑtəlje] *nm (pour bétail)* Futterraufe *f; (fam: dentier)* (künstliches) Gebiß *nt*.

rater [ʀate] *vi (échouer)* fehlschlagen, schiefgehen // *vt (cible)* verfehlen; *(train, occasion)* verpassen; *(devoir)* verpfuschen; *(examen)* durchfallen durch.

ration [ʀɑsjɔ̃] *nf* Ration *f; (fig)* Teil *m* ou *nt*.

rationnel, elle [ʀasjɔnɛl] *a* rational; *(procédé, méthode)* rationell.

rationnement [ʀasjɔnmɑ̃] *nm* Rationierung *f;* **carte** *ou* **ticket de ~** Lebensmittelmarke *f*.

ratisser [ʀatise] *vt (glatt)harken; (fouiller)* durchkämmen.

rattacher [ʀataʃe] *vt (attacher de nouveau: animal)* wieder anbinden; *(: cheveux)* wieder zusammenbinden; *(incorporer)* angliedern; *(fig: relier)* verknüpfen *(à mit); (lier)* binden *(à* an *+akk);* **se ~ à** *(avoir un lien avec)* verbunden sein mit.

rattraper [ʀatʀape] *vt (reprendre)* wieder einfangen; *(empêcher de tomber)* auffangen; *(rejoindre)* einholen; *(réparer)* wiedergutmachen; **se ~** *vi (compenser une perte de temps)* aufholen; **~ son retard/le temps perdu** die Verspätung/die verlorene Zeit aufholen.

rature [ʀatyʀ] *nf* Verbesserung *f;* Streichung *f*.

rauque [ʀok] *a* heiser, rauh.

ravage [ʀavaʒ] *nm: ~s* **nmpl** Verwüstung *f; (de la guerre)* Verheerungen *pl*.

ravaler [ʀavale] *vt (mur)* renovieren; *(déprécier)* erniedrigen; *(avaler de nouveau)* (wieder) hinunterschlucken.

rave [ʀav] *nf* Rübe *f*.

ravi, e [ʀavi] *a* begeistert; **être ~ de/que...** hoch erfreut sein über *(+akk)/*daß...

ravin [ʀavɛ̃] *nm* Schlucht *f*.

ravir [ʀaviʀ] *vt (enchanter)* hinreißen; *(enlever)* rauben;

entführen.

raviser [ʀavize]: **se ~** *vi* seine Meinung ändern.

ravissant, e [ʀavisɑ̃, ɑ̃t] *a* entzückend, hinreißend.

ravisseur, euse [ʀavisœʀ, øz] *nm/f* Entführer(in *f*) *m*.

ravitaillement [ʀavitajmɑ̃] *nm* Versorgung *f; (provisions)* Vorräte *pl*.

ravitailler [ʀavitaje] *vt* versorgen; *(AVIAT)* auftanken; **se ~** *vi (s'approvisionner)* sich versorgen.

raviver [ʀavive] *vt (feu)* neu beleben; *(couleurs)* auffrischen; *(douleur)* wieder aufleben lassen.

rayé, e [ʀeje] *a* gestreift; *(éraflé)* zerkratzt.

rayer [ʀeje] *vt* streichen; *(érafler)* zerkratzen.

rayon [ʀejɔ̃] *nm* Strahl *m; (d'un cercle)* Radius *m; (périmètre):* **dans un ~ de...** in einem Umkreis *m* von...; *(d'une roue)* Speiche *f; (étagère)* Regal *nt; (de grand magasin)* Abteilung *f; (d'une ruche)* Wabe *f; ~* **de braquage** Wendekreis *m; ~* **de soleil** Sonnenstrahl *m*.

rayonnement [ʀejɔnmɑ̃] *nm (solaire)* Strahlung *f; (fig)* Einfluß *m*.

rayonner [ʀejɔne] *vi (chaleur, énergie)* ausgestrahlt werden; *(être radieux)* strahlen; *(excursionner)* Ausflüge machen.

rayure [ʀejyʀ] *nf (motif)* Streifen *m; (éraflure)* Schramme *f,* Kratzer *m; (rainure)* Rille *f;* **à ~s** gestreift.

raz-de-marée [ʀɑdmaʀe] *nm inv* Flutwelle *f; (fig)* Flut *f*.

razzia [ʀazja] *nf* Raubüberfall *m*.

R.D.A. *sigle f* (= République Démocratique Allemande) DDR *f*.

ré [ʀe] *nm (MUS):* **le ~** das D.

réacteur [ʀeaktœʀ] *nm* Reaktor *m; (AVIAT)* Düsentriebwerk *nt*.

réaction [ʀeaksjɔ̃] *nf* Reaktion *f;* **avion/moteur à ~** Düsenflugzeug *nt/*-triebwerk *nt; ~* **en chaîne** Kettenreaktion *f*.

réadapter [ʀeadapte] *vt (wieder)* anpassen; *(MED)* rehabilitieren.

réagir [ʀeaʒiʀ] *vi* reagieren; **~ à/contre** reagieren auf *(+akk);*

sur *(se répercuter)* sich auswirken auf *(+akk)*.

réalisateur, trice [Realizatœr, tris] *nm/f* Regisseur(in *f*) *m*.

réalisation [Realizasjɔ̃] *nf (voir réaliser)* Verwirklichung *f*; Erfüllung *f*; *(COMM)* Verkauf *m*; *(œuvre)* Werk *nt*.

réaliser [Realize] *vt (projet)* verwirklichen; *(rêve, souhait)* wahrmachen; *(exploit)* vollbringen; *(achat, vente)* tätigen; *(film)* machen, produzieren; *(bien, capital)* zu Geld machen; *(se rendre compte)* begreifen; **se ~** *vi (prévision)* in Erfüllung gehen; *(projet)* verwirklicht werden.

réalité [Realite] *nf (d'un fait)* Realität *f*; *(le réel)* **la ~, les ~s** die Wirklichkeit; **en ~** in Wirklichkeit.

réarmement [Reaʀməmɑ̃] *nm* Aufrüstung *f*.

rébarbatif, ive [Rebaʀbatif, iv] *a* abstoßend.

rebattu, e [R(ə)baty] *a* abgedroschen.

rebelle [Rəbɛl] *nm/f* Rebell(in *f*) *m//a* rebellisch; *(cheveux etc)* widerspenstig; **~ à** rebellisch ou aufrührerisch gegen; *(un art, un sujet)* nicht empfänglich für.

rébellion [Rebeljɔ̃] *nf (révolte)* Aufruhr *f*; *(insoumission)* Rebellion *f*; *(rebelles)* Rebellen pl.

rebondi, e [R(ə)bɔ̃di] *a* prall.

rebondir [R(ə)bɔ̃diʀ] *vi (ballon)* abprallen; *(fig)* wieder in Gang kommen.

rebondissement [R(ə)bɔ̃dismɑ̃] *nm (fig)* Wiederaufleben *nt*.

rebord [R(ə)bɔʀ] *nm* Rand *m*.

rebours [R(ə)buʀ]: **à ~** *ad (fig)* verkehrt.

rebouteux, euse [R(ə)butø, øz] *nm/f* Heilkundige(r) *m/f*.

rebrousser [R(ə)bʀuse] *vt*: **~ chemin** kehrtmachen, umkehren.

rebut [Rəby] *nm*: **mettre/jeter qch au ~** etw ausrangieren.

rebuter [R(ə)byte] *vt (travail, matière)* entmutigen; *(attitude, manières)* abschrecken.

récalcitrant, e [Rekalsitʀɑ̃, ɑ̃t] *a* störrisch.

recaler [R(ə)kale] *vt (SCOL)* durchfallen lassen.

récapituler [Rekapityle] *vt* rekapitulieren; *(résumer)* zusammenfassen.

receler [Rəs(ə)le] *vt* verstecken.

receleur, euse [Rəs(ə)lœʀ, øz] *nm/f* Hehler(in *f*) *m*.

récemment [Resamɑ̃] *ad* kürzlich.

recenser [R(ə)sɑ̃se] *vt (population)* zählen; *(inventorier: ressources, possibilités)* eine Liste machen von.

récent, e [Resɑ̃, ɑ̃t] *a* neu.

récépissé [Resepise] *nm* Empfangsbescheinigung *f*.

récepteur [ReseptœR] *nm (de téléphone)* Hörer *m*; **~ (de radio)** Empfänger *m*, (Radio)apparat *m*.

réception [Resɛpsjɔ̃] *nf* Empfang *m*; *(d'un bureau, hôtel)* **la ~** die Rezeption; **heures de ~** *(MED)* Sprechstunden pl.

recette [R(ə)sɛt] *nf (CULIN, fig)* Rezept *nt*; *(COMM)* Ertrag *m*; Einnahme *f*.

receveur, euse [RəsvœR, øz] *nm/f (des postes)* Vorsteher(in *f*) *m*; *(d'autobus)* Schaffner(in *f*) *m*.

recevoir [RəsvwaR] *vt* erhalten, bekommen; *(personne)* empfangen; *(candidat)* durchkommen lassen // *(inviter)* Gäste empfangen.

rechange [R(ə)fɑ̃ʒ]: **de ~** *a* Reserve-; *(politique, plan)* Ausweich-, alternativ.

réchapper [Refape]: **~ de ou à** *vt* glücklich überstehen; **va-t-il en ~?** wird er davonkommen?

recharge [R(ə)faʀʒ] *nf (de stylo)* Tintenpatrone *f*.

recharger [R(ə)faʀʒe] *vt (camion)* wieder beladen; *(fusil)* wieder laden; *(appareil de photo)* laden; *(briquet, stylo)* nachfüllen; *(batterie)* wieder auffladen.

réchaud [Refo] *nm* Rechaud *m*, Stövchen *nt*.

réchauffer [Refofe] *vt* aufwärmen; *(courage, zèle)* anfeuern; **se ~** *vi (personne, pieds)* sich aufwärmen; *vi (tem-*

pérature) wieder wärmer werden.

rêche [rɛʃ] *a* rauh.

recherche [R(ə)ʃɛRʃ(ə)] *nf* Suche *f (de nach); (raffinement)* Eleganz *f; (SCOL):* **la ~** die Forschung; **~s** *nfpl (de la police)* Nachforschungen *pl; Ermittlungen pl; (scientifiques)* Forschung *f;* **être/se mettre à la ~ de** auf der Suche sein nach/sich auf die Suche machen nach.

recherché, e [R(ə)ʃɛRʃe] *a* begehrt, gesucht; *(raffiné)* erlesen; *(pej)* affektiert.

rechercher [R(ə)ʃɛRʃe] *vt* suchen; *(objet égaré)* suchen nach.

rechute [R(ə)ʃyt] *nf* Rückfall *m.*

récidiviste [Residivist(ə)] *nm/f* Rückfällige(r) *m/f.*

récif [Resif] *nm* Riff *nt.*

récipient [Resipjã] *nm* Behälter *m.*

réciproque [ResipRɔk] *a* gegenseitig; *(verbe)* reflexiv-reziprok.

récit [Resi] *nm* Erzählung *f.*

récital [Resital] *nm* Konzert *nt.*

récitation [Resitasjɔ̃] *nf* Vortrag *m.*

réciter [Resite] *vt* aufsagen; *(pej)* deklamieren.

réclamation [Reklamasjɔ̃] *nf* Reklamation *f;* **service des ~s** Beschwerdeabteilung *f.*

réclame [Reklam] *nf (publicité):* **la ~** die Werbung; *(annonce, affiche, prospectus):* **une ~** eine Reklame; **article en ~** Sonderangebot *nt.*

réclamer [Reklame] *vt* verlangen; *(nécessiter)* erfordern // *vi (protester)* reklamieren, sich beschweren.

reclus, e [Rəkly, yz] *nm/f* Einsiedler *m.*

réclusion [Reklyzjɔ̃] *nf (JUR)* Freiheitsstrafe *f.*

recoin [Rəkwɛ̃] *nm* verborgener Winkel *m; (fig)* geheimer Winkel *m.*

récolte [Rekɔlt(ə)] *nf* Ernte *f.*

récolter [Rekɔlte] *vt* ernten.

recommandation [R(ə)kɔmɑ̃dasjɔ̃] *nf* Empfehlung *f;* **lettre de ~** Empfehlungsschreiben *nt.*

recommandé, e [R(ə)kɔmɑ̃de] *a* empfohlen // *nm (POSTES)*

Einschreiben *nt;* **(en) ~** eingeschrieben.

recommander [R(ə)kɔmɑ̃de] *vt* empfehlen; *(POSTES)* einschreiben lassen; **~ qn auprès de qn/à qn** jdn jdm empfehlen; **se ~ par** sich auszeichnen durch.

recommencer [R(ə)kɔmɑ̃se] *vt (reprendre)* wieder aufnehmen; *(refaire)* noch einmal anfangen // *vi* wieder anfangen.

récompense [Rekɔ̃pɑ̃s] *nf* Belohnung *f.*

récompenser [Rekɔ̃pɑ̃se] *vt* belohnen.

réconciliation [Rekɔ̃siljasjɔ̃] *nf* Versöhnung *f.*

réconcilier [Rekɔ̃silje] *vt (personnes)* versöhnen, aussöhnen; *(opinions, doctrines)* in Einklang bringen; **se ~** sich versöhnen.

reconduire [R(ə)kɔ̃dɥiR] *vt (raccompagner)* zurückbegleiten; *(renouveler)* verlängern.

réconfort [Rekɔ̃fɔR] *nm* Trost *m.*

réconforter [Rekɔ̃fɔRte] *vt (consoler)* trösten; *(revigorer)* stärken.

reconnaissance [R(ə)kɔnesɑ̃s] *nf* Anerkennung *f; (gratitude)* Dankbarkeit *f; (MIL)* Aufklärung *f.*

reconnaissant, e [R(ə)kɔnesɑ̃, ɑ̃t] *a* dankbar; **je vous serais ~ de bien vouloir...** ich wäre Ihnen dankbar, wenn Sie...

reconnaître [R(ə)kɔnetR(ə)] *vt* anerkennen; *(se rappeler de)* (wieder)erkennen; *(identifier)* erkennen; *(distinguer)* auseinanderhalten; *(terrain, positions)* auskundschaften.

reconnu, e [R(ə)kɔny] *a* anerkannt.

reconstituer [R(ə)kɔ̃stitɥe] *vt (monument)* restaurieren; *(événement, accident)* rekonstruieren; *(fortune, patrimoine)* wiederherstellen.

record [R(ə)kɔR] *nm* Rekord *m* // *a* Rekord-; **~ du monde** Weltrekord *m;* **battre tous les ~s** *(fig)* alle Rekorde schlagen.

recoupement [R(ə)kupmɑ̃] *nm:* **par ~** durch Kombinieren

recouper [R(ə)kupe]: **se ~** vi übereinstimmen.

recourbé, e [R(ə)kuRbe] a gebogen, krumm.

recourir [R(ə)kuRiR]: **~ à** vt (ami, agence) sich wenden an (+akk); (employer) zurückgreifen auf (+akk).

recours [R(ə)kuR] nm: **le ~ à la ruse/violence** List/Gewalt als letzter Ausweg; **avoir ~ à qn/qch** sich an jdn wenden/auf etw (akk) zurückgreifen; **en dernier ~** als letzter Ausweg.

recouvrer [R(ə)kuvre] vt (retrouver) wiedererlangen; (impôts, créance) eintreiben, einziehen.

recouvrir [R(ə)kuvRiR] vt (couvrir à nouveau) wieder zudecken; (couvrir entièrement) zudecken; (cacher) verbergen; (embrasser) umfassen; **se ~** (se superposer) sich überlappen.

récréatif, ive [RekReatif, iv] a unterhaltsam.

récréation [RekReasjɔ̃] nf (détente) Erholung f; (SCOL) Pause f.

récrier [RekRije]: **se ~** vi (protester) protestieren.

récrimination [RekRiminasjɔ̃] nf (gen pl) Vorwurf m.

recroqueviller [R(ə)kRɔkvije]: **se ~** vi (plantes, papier) sich zusammenrollen; (personne) sich zusammenkauern.

recrue [R(ə)kRy] nf (MIL) Rekrut m; (fig) neues Mitglied nt.

recruter [R(ə)kRyte] vt (MIL) ausheben; (personnel) einstellen; (clients, adeptes) anwerben.

rectangle [Rɛktɑ̃gl] nm Rechteck nt.

rectangulaire [Rɛktɑ̃gylɛR] a rechteckig.

recteur [RɛktœR] nm Rektor m.

rectifier [Rɛktifje] vt (rendre droit) begradigen; (corriger) berichtigen; (erreur, faute) richtigstellen.

rectiligne [Rɛktiliɲ] a gerade verlaufend; (MATH) geradlinig.

rectitude [Rɛktityd] nf Geradlinigkeit f.

rectorat [RɛktɔRa] nm Rektorat nt.

reçu, e [R(ə)sy] pp de **recevoir** // a

(consacré) vorgefertigt, feststehend // nm Quittung f, Empfangsbestätigung f.

recueil [R(ə)kœj] nm Sammlung f.

recueillir [R(ə)kœjiR] vt sammeln; (accueillir) aufnehmen; **se ~** vi sich sammeln.

recul [R(ə)kyl] nm Rückzug m; (d'une arme) Rückschlag m; **avoir un mouvement de ~** zurückschrecken; **prendre du ~** (fig) Abstand nehmen.

reculé, e [R(ə)kyle] a (isolé) zurückgezogen; (lointain) entfernt.

reculer [R(ə)kyle] vi sich rückwärts bewegen; (perdre du terrain) zurückgehen; (se dérober) sich zurückziehen // vt (meuble) zurückschieben; (véhicule) zurückfahren; (mur, limites, date, décision) verschieben; **~ devant** ausweichen (+dat).

reculons [R(ə)kylɔ̃]: **à ~** ad rückwärts.

récupérer [RekypeRe] vt wiederbekommen; (forces) wiedererlangen; (vieux matériel, ferraille) wiederverwerten; (heures de travail) aufholen; (POL) für seine Ziele einspannen // vi (se forces) sich erholen.

récurer [RekyRe] vt scheuern.

récuser [Rekyze] vt (témoin, juré) ablehnen; (argument, témoignage) zurückweisen; **se ~** vi sich für nicht zuständig erklären.

recyclage [R(ə)siklaʒ] nm Umschulung f; **cours de ~** Weiterbildungs-/ Umschulungskursus m.

rédacteur, trice [RedaktœR, tRis] nm/f (journaliste) Redakteur(in f) m; (d'ouvrage de référence) Herausgeber(in f) m; **~ en chef** Chefredakteur(in f) m; **publicitaire** Werbetexter(in f) m.

rédaction [Redaksjɔ̃] nf Abfassen nt; (d'un journal) Redaktion f; (SCOL: devoir) Aufsatz m.

reddition [Redisjɔ̃] nf Kapitulation f.

rédemption [Redɑ̃psjɔ̃] nf Erlösung f.

redevable [ʀədəvabl(ə)] a: être ~ de
(somme) noch schuldig sein; être ~
de qch à qn (fig) jdm etw verdanken.
redevance [ʀədəvɑ̃s] nf Gebühr f.
rédiger [ʀediʒe] vt abfassen;
apprendre à ~ schreiben ou redi-
gieren lernen.
redire [ʀ(ə)diʀ] vt (ständig)
wiederholen; avoir ou trouver à ~
à qch etwas an etw (dat) auszusetzen
haben.
redoublé, e [ʀ(ə)duble] a: frapper
à coups ~s heftig klopfen.
redoubler [ʀ(ə)duble] vt (LING)
verdoppeln; (SCOL) wiederholen //
vi sich verstärken; (SCOL) sitzenbleiben; ~ de vt verdoppeln,
verstärken.
redoutable [ʀ(ə)dutabl(ə)]   a
furchtbar.
redouter [ʀ(ə)dute] vt fürchten.
redresser [ʀ(ə)dʀese] vt (arbre, mât)
wieder aufrichten; (pièce tordue)
wieder gerade richten; (avion)
hochziehen; (situation, économie)
wiederherstellen, sanieren; ~ (les
roues) (die Reifen) auswuchten //
se ~ vi (se remettre droit) sich wieder
aufrichten; (se tenir très droit) sich
gerade aufrichten.
réduction [ʀedyksjɔ̃]   nf Re-
duzierung f; Verkleinerung f;
(rabais) Rabatt m.
réduire [ʀedyiʀ] vt reduzieren;
(photographie) verkleinern; (texte)
verkürzen; (CULIN) einkochen;
(MATH) kürzen; ~ qn au silence/à
l'inaction jdn zum Schweigen
bringen/jdn lähmen; ~ qch à
(ramener) etw zurückführen auf
(+akk); ~ qch en etw verwandeln in
(+akk); se ~ à sich reduzieren auf
(+akk); se ~ en sich umwandeln in
(+akk).
réduit, e [ʀedyi, it] a (prix, tarif) redu-
ziert; (échelle, mécanisme) ver-
kleinert; (vitesse) gedrosselt // nm
(local) Abstellkammer f.
rééducation [ʀeedykasjɔ̃] nf (de la
parole) Sprechtherapie f; Logopädie
f; (d'un membre, d'un blessé) Heil-
therapie f; (de   délinquants)

Rehabilitation f.
réel, elle [ʀeɛl] a real, tatsächlich;
(intensif: avant le nom) wirklich.
réélire [ʀeeliʀ] vt wiederwählen.
réellement [ʀeɛlmɑ̃] ad wirklich.
réévaluer [ʀeevalɥe] vt aufwerten.
réexpédier [ʀeɛkspedje] vt zurücksenden;   (faire   suivre)
nachsenden.
refaire [ʀ(ə)fɛʀ] vt noch einmal
machen, wiederholen; (autrement)
umarbeiten; (réparer, restaurer)
reparieren, restaurieren; (santé,
force) wiederherstellen; se ~ vi sich
erholen.
réfection [ʀefɛksjɔ̃] nf (réparation)
Instandsetzung f.
réfectoire [ʀefɛktwaʀ] nm Kantine
f; Refektorium f.
référence [ʀefeʀɑ̃s] nf (renvoi)
Verweis m; (COMM) Bezugnahme f;
~s nfpl (recommandation) Refe-
renzen pl; faire ~ à Bezug nehmen
auf (+akk);   ouvrage de ~
Nachschlagewerk nt.
référer [ʀefeʀe]: se ~ à vt sich
beziehen auf (+akk); en ~ à qn jdm
die Entscheidung überlassen.
réfléchi, e [ʀefleʃi] a (personne)
bedächtig; (action, décision)
überlegt; (LING) reflexiv.
réfléchir [ʀefleʃiʀ] vt reflektieren //
vi überlegen, nachdenken; ~ à/sur
nachdenken über (+akk); c'est tout
réfléchi es ist schon entschieden.
reflet [ʀəflɛ] nm (image réfléchie)
Widerschein m; (fig) Wiedergabe f;
Ausdruck m; ~s nmpl (du soleil, de la
lumière) Reflektionen pl; (éclat)
Schimmern nt.
refléter [ʀ(ə)flete] vt reflektieren;
(exprimer) erkennen lassen; se ~ vi
reflektiert werden.
réflexe [ʀeflɛks(ə)] nm Reflex m // a:
acte/mouvement
Reflexhandlung f/-bewegung f; ~-
conditionné bedingter Reflex;
avoir de bons ~s reaktionsschnell
sein.
réflexion [ʀeflɛksjɔ̃] nf (de lumière,
son) Reflexion f; (fait de penser)
Überlegen nt, (Nach)denken nt;

(pensée) Gedanke m; *(remarque)* Bemerkung f; **~s** nfpl *(méditations)* Gedanken pl; **~ faite, à la ~** wenn ich es mir richtig überlege.

refluer [R(ə)flye] vi zurückfließen; *(fig)* zurückströmen.

reflux [Rəfly] nm *(de la mer)* Ebbe f.

refondre [R(ə)fɔ̃dR(ə)] vt *(texte)* umarbeiten, neu bearbeiten.

réformateur, trice [RefɔRmatœR, tRis] nm/f Reformer(in f) m; *(REL)* Reformator m // a reformierend, Reform-.

réforme [RefɔRm(ə)] nf Reform f; *(MIL)* Ausmusterung f; *(REL)* la R~ die Reformation.

réformé, e [RefɔRme] a *(MIL)* ausgemustert; *(REL)* reformiert // nm/f Untauglicher; Reformierte(r) m/f.

réformer [RefɔRme] vt reformieren; *(MIL)* ausmustern.

refoulé, e [R(ə)fule] a verklemmt.

refouler [R(ə)fule] vt *(envahisseurs)* zurückdrängen; *(fig)* unterdrücken; *(PSYCH)* verdrängen.

réfractaire [RefRaktɛR] a *(rebelle)* aufsässig; *(minerai, brique)* hitzebeständig; **être ~ à** sich auflehnen gegen.

refrain [R(ə)fRɛ̃] nm Refrain m; *(fig)* **c'est toujours le même ~** es ist immer das gleiche Lied.

refréner [R(ə)fRene] vt zügeln.

réfrigérer [RefRiʒeRe] vt kühlen; *(fam: geler)* unterkühlen; *(fig)* abkühlen.

refroidir [R(ə)fRwadiR] vt abkühlen lassen // vi abkühlen; **se ~** vi abkühlen; *(prendre froid)* sich erkälten.

refroidissement [R(ə)fRwadismã] *(MED)* Erkältung f.

refuge [R(ə)fyʒ] m *(abri)* Zuflucht f; *(de montagne)* Hütte f; *(pour piétons)* Verkehrsinsel f.

réfugié, e [Refyʒje] a geflüchtet // nm/f Flüchtling m.

réfugier [Refyʒje] se ~ vi *(s'enfuir)* flüchten; *(s'abriter)* sich flüchten.

refus [R(ə)fy] nm Ablehnung f; **ce n'est pas de ~** *(fam)* ich sage nicht nein.

refuser [R(ə)fyze] vt ablehnen; *(SCOL: candidat)* durchfallen lassen; *(dénier)* ~ **qch à qn** jdm etw verweigern; **se ~ à qch/faire qch** etw verweigern, etw zu tun; **se ~ à qn** *(un homme)* sich jdm verweigern; **ne rien se ~** sich *(dat)* nichts versagen.

réfuter [Refyte] vt widerlegen.

regagner [R(ə)gaɲe] vt zurückgewinnen; *(lieu)* zurückkommen nach; **~ le temps perdu** verlorene Zeit aufholen; **~ du terrain** wieder an Boden gewinnen.

regain [R(ə)gɛ̃] nm *(herbe)* Grummet nt; *(fig)* **le commerce a connu un ~ d'activité** die Geschäfte haben sich wieder belebt.

régal [Regal] nm: **c'est un (vrai) ~** das ist lecker; *(fig)*: **un ~ pour les yeux** eine Augenweide.

régaler [Regale] vt: ~ **qn** *(de)* jdn *(fürstlich)* bewirten (mit); **se ~** *(faire un bon repas)* schlemmen; *(fig)* genießen.

regard [R(ə)gaR] nm Blick m; **menacer du ~** drohend ansehen; **au ~ de** vom Standpunkt *(+gen)*.

regardant, e [R(ə)gaRdã, ãt] a *(pej)* geizig.

regarder [R(ə)gaRde] vt ansehen; betrachten; *(film, match)* sich *(dat)* ansehen; *(situation, avenir)* betrachten, sehen; *(son intérêt etc)* im Auge haben, bedacht sein auf *(+akk)*; *(être orienté vers)*: ~ *(vers)* gehen (nach); *(concerner)* angehen; **~ à** vt *(tenir compte de)* achten auf *(+akk)*; ~ **qn/qch comme** jdn/etw halten für; **~ la télévision** fernsehen; **~ dans le dictionnaire** im Wörterbuch nachschlagen; **~ par la fenêtre** aus dem Fenster sehen; **dépenser sans ~** mit seinem Geld verschwenderisch umgehen; **cela ne me regarde pas** das geht mich nichts an.

régie [Reʒi] nf *(ADMIN)* staatlicher Betrieb m; *(THEAT, FILM)* Regie f.

reginber [R(ə)ʒɛ̃be] vi *(personne)* sich sträuben.

régime [Reʒim] nm *(POL)* Regime nt;

(des prisons, fiscal etc) System nt; *(MED)* Diät f; *(d'un moteur)* Drehzahl f; *(de bananes, dattes)* Büschel nt; **suivre un ~** eine Abmagerungskur *(pour maigrir)* machen; **à plein ~** auf vollen Touren.

régiment [reʒimā] nm *(unité)* Regiment nt; *(l'armée)*: **le ~** das Heer; *(quantité)* Heer nt.

région [reʒjɔ̃] nf Gegend f.

régional, e, aux [reʒjɔnal, o] a regional.

régir [reʒiʀ] vt bestimmen; *(LING)* regieren.

régisseur [reʒisœʀ] nm *(d'un domaine)* Verwalter(in f) m; *(FILM, THEAT)* Regisseur(in f) m.

registre [ʀəʒistʀ(ə)] nm *(livre)* Register n; *(MUS)* (Stimm)lage f; *(d'orgue)* Register nt; *(LING)* Stilebene f.

règle [ʀɛgl(ə)] nf Regel f; *(instrument)* Lineal nt; ~**s** nfpl *(MED)* Periode f; **en ~** *(papiers)* in Ordnung, ordnungsgemäß; **dans** ou **selon les ~s** den Regeln entsprechend; **en ~ générale** generell.

réglé, e [ʀegle] a *(vie)* geregelt; *(papier)* liniert.

règlement [ʀɛgləmā] nm Regelung f; *(paiement)* Bezahlung f; *(arrêté)* Verordnung f; *(règles)* Bestimmungen pl.

réglementaire [ʀɛgləmātɛʀ] a vorschriftsmäßig.

réglementation [ʀɛgləmātasjɔ̃] nf Beschränkung f.

réglementer [ʀɛgləmāte] vt *(production, commerce)* kontrollieren.

régler [ʀegle] vt regeln; *(mécanisme)* regulieren, einstellen; *(fournisseur)* bezahlen; *(papier)* liniieren.

réglisse [ʀeglis] nf Lakritze f.

règne [ʀɛɲ] nm Herrschaft f; **le ~ végétal/animal** das Pflanzen-/Tierreich.

régner [ʀeɲe] vi herrschen.

regorger [ʀ(ə)gɔʀʒe] ~ **de** vt überfließen von.

régression [ʀegʀɛsjɔ̃] nf Rückgang m; **être en ~** zurückgehen.

regret [ʀ(ə)gʀɛ] nm *(nostalgie)* Sehnsucht f *(de nach)*; *(repentir)* Reue f; *(d'un projet non réalisé)* Bedauern nt; **à ~** ungern; **avec ~** ad mit Bedauern; **à mon grand ~** zu meinem großen Bedauern; **être au ~ de ne pas pouvoir faire qch** es bedauern, etw nicht tun zu können; **j'ai le ~ de...**, c'est avec ~ **que je...** bedauerlicherweise muß ich...

regrettable [ʀ(ə)gʀɛtabl(ə)] a bedauerlich.

regretter [ʀ(ə)gʀete] vt bedauern; *(action commise)* bereuen; *(époque passée)* nachtrauern *(+dat)*; *(personne)* vermissen; **je regrette** es tut mir leid.

regrouper [ʀ(ə)gʀupe] vt *(grouper)* zusammenfassen; *(réunir)* vereinigen.

régularité [ʀegylaʀite] nf *(voir régulier)* Regelmäßigkeit f; Gleichmäßigkeit f; gleichbleibende Leistung f; Legalität f; Anständigkeit f.

régulier, ière [ʀegylje, jɛʀ] a regelmäßig; *(répartition, pression)* gleichmäßig; *(ponctuel)* pünktlich; *(constant)* gleichbleibend; *(réglementaire)* ordentlich, ordnungsgemäß; *(fam: correct)* in Ordnung, anständig; *(MIL)* regulär.

rehausser [ʀəose] vt erhöhen.

rein [ʀɛ̃] nm Niere f; ~**s** nmpl *(dos)* Kreuz nt; **avoir mal aux ~s** Kreuzschmerzen haben.

reine [ʀɛn] nf Königin f; *(ECHECS)* Dame f.

reine-claude [ʀɛnklod] nf Reneklode f.

reinette [ʀɛnɛt] nf Renette f.

réintégrer [ʀeɛ̃tegʀe] vt *(lieu)* zurückkehren nach/in/zu; *(fonctionnaire)* wiedereinsetzen.

réitérer [ʀeiteʀe] vt wiederholen.

rejaillir [ʀ(ə)ʒajiʀ] vi *(liquide)* (auf)spritzen; *(fig)*: ~ **sur** zurückfallen auf *(+akk)*.

rejet [ʀ(ə)ʒɛ] nm *(refus)* Ablehnung f; *(BOT)* Schößling m.

rejeter [ʀəʒte] vt *(renvoyer)* zurückwerfen; *(vomir)* erbrechen;

(refuser) ablehnen; **~ la tête en arrière** den Kopf zurückwerfen; **~ la responsabilité de qch sur qn** die Verantwortung für etw auf jdn abwälzen.

rejoindre [R(ə)ʒwɛ̃dR(ə)] *vt* zurückkehren zu; *(rattraper)* einholen; *(sujet: route)* münden in (+akk); **se ~** *vi (personnes)* sich treffen; *(routes)* zusammenlaufen; *(coïncider)* übereinstimmen.

réjouir [ReʒwiR] *vt* erfreuen; **se ~** sich freuen; **se ~ de qch** sich über etw *(akk)* freuen.

réjouissance [Reʒwisɑ̃s] *nf (joie collective)* Freude *f*; **~s** *nfpl* Freudenfest *nt*.

relâche [R(ə)lɑʃ] *: sans ~ ad* ohne Pause *ou* Unterbrechung.

relâchement [R(ə)lɑʃmɑ̃] *nm* Lockerung *f*; Nachlassen *nt*.

relâcher [R(ə)lɑʃe] *vt (desserrer)* lockern; *(libérer)* freilassen // *(NAVIG)* Station machen; **se ~** *vi* locker werden; *(élève, ouvrier)* nachlassen.

relais [R(ə)lɛ] *nm (SPORT): (course de) ~* Staffel(lauf *m*) *f*; *(ELEC)* Relais *nt*; *(retransmission)* Übertragung *f*; **équipes de ~** Schichten *pl*; *(SPORT)* Staffelmannschaften *pl*; **travail par ~** Schichtarbeit *f*; **prendre le ~ de qn** jdn ablösen; **~ routier** Fernfahrerlokal *nt*.

relance [R(ə)lɑ̃s] *nf* Aufschwung *m*.

relancer [R(ə)lɑ̃se] *vt (balle)* zurückwerfen; *(moteur)* wieder anlassen; *(économie, projet)* ankurbeln; *(personne)* anhauen, belästigen.

relater [R(ə)late] *vt* erzählen.

relatif, ive [R(ə)latif, iv] *a* relativ; *(positions, situations)* gegenseitig; *(LING)* Relativ-; **~ à qch** etw *betreffend*.

relation [R(ə)lasjɔ̃] *nf (récit)* Erzählung *f*; *(rapport)* Beziehung *f*, Relation *f*; **~s** *nfpl* Beziehungen *pl*; **entrer en ~(s) avec qn** mit jdm in Verbindung *ou* Kontakt treten; **avoir *ou* entretenir des ~s avec**

Beziehungen unterhalten zu; **~s publiques** Public Relations *pl*.

relativement [R(ə)lativmɑ̃] *ad* relativ; **~ à** verglichen mit.

relativité [R(ə)lativite] *nf* Relativität *f*.

relaxer [R(ə)lakse] *vt (détenu)* freilassen, entlassen; *(détendre)* entspannen; **se ~** *vi* sich entspannen.

relayer [R(ə)leje] *vt* ablösen; *(RADIO, TV)* übertragen.

reléguer [R(ə)lege] *vt (confiner)* verbannen; *(SPORT)* absteigen lassen; **~ au second plan** auf den zweiten Platz verweisen.

relents [R(ə)lɑ̃] *nmpl* Gestank *m*.

relève [R(ə)lɛv] *nf* Ablösung *f*; Ablösungsmannschaft *f*; **prendre la ~** übernehmen; *(jdn)* ablösen.

relevé, e [Rəlve] *a (retroussé)* hochgekrempelt; *(virage)* überhöht; *(conversation, style)* gehoben // *nm (écrit)* Aufstellung *f*; *(d'un compteur)* Stand *m*; *(topographique)* Aufnahme *f*; **~ de compte** Kontoauszug *m*.

relever [Rəlve] *vt (redresser)* aufheben; *(mur, colonne)* wieder aufrichten *ou* aufstellen; *(vitre)* hochdrehen; *(store)* hochziehen; *(plafond)* erhöhen; *(col)* hochschlagen; *(pays, économie)* einen Aufschwung geben (+dat); *(niveau de vie, salaire)* erhöhen; *(CULIN)* würzen; *(relayer)* ablösen; *(souligner)* betonen, hervorheben; *(constater)* bemerken; *(répliquer)* erwidern auf (+akk); *(défi)* annehmen; *(copier)* kopieren; *(noter)* aufschreiben; *(compteur)* ablesen; *(ramasser)* einsammeln // *vi*: **~ de** *(appartenir à)* gehören zu; *(être du ressort de)* eine Angelegenheit (+gen) sein; **se ~** *vi* aufstehen; **~ qn de qch** jdn einer Sache *(gen)* entbinden; **~ la tête en** Kopf heben.

relief [Rəljɛf] *nm (GEO, ART)* Relief *nt*; *(d'un pneu)* Profil *nt*; **~s** *nmpl (restes)* Überreste *pl*; **en ~** erhaben; *(photographie)* dreidimensional; **mettre en ~** *(fig)* hervorheben.

relier [Rəlje] *vt* verbinden; *(livre)* binden; ~ **qch à** etw verbinden mit; **livre relié/relié cuir** gebundenes/ ledergebundenes Buch *nt.*

relieur, euse [Rəljœr, øz] *nm/f* Buchbinder(in *f*) *m.*

religieux, euse [R(ə)liʒjø, øz] *a* religiös; *(respect, silence)* andächtig // *nm* Mönch *m* // *nf* Nonne *f*; *(gâteau=)* Windbeutel *m.*

religion [R(ə)liʒjɔ̃] *nf* Religion *f*; *(piété, dévotion)* Glaube *m.*

relique [R(ə)lik] *nf* Reliquie *f.*

relire [R(ə)liR] *vt (une nouvelle fois)* noch einmal lesen; *(vérifier)* durch-lesen, überprüfen.

reliure [RəljyR] *nf (art, métier)*: **la** ~ das Buchbinden; *(type de* ~) Bindung *f*; *(couverture)* Einband *m.*

reluire [RəlɥiR] *vi* glänzen, schimmern.

remaniement [R(ə)manimɑ̃] *nm*: ~ **ministériel** Kabinettsumbildung *f.*

remanier [R(ə)manje] *vt* umarbeiten; *(ministère)* umbilden.

remarquable [R(ə)maRkabl(ə)] *a* bemerkenswert.

remarque [R(ə)maRk(ə)] *nf* Bemerkung *f.*

remarquer [R(ə)maRke] *vt* bemerken; **se** ~ *(être apparent)* auffallen; **se faire** ~ auffallen; **faire** ~ **(à qn)** que (jdn) darauf hinweisen, daß; **faire** ~ **qch (à qn)** (jdn) auf etw *(akk)* hinweisen; **re-marquez que...** beachten Sie, daß...

rembarrer [RãbaRe] *vt* zurecht-weisen; zurückweisen.

remblai [Rãblɛ] *nm* Böschung *f*, Damm *m*; **travaux de** ~ Aufschüttungsarbeiten *pl.*

rembourrer [RãbuRe] *vt* polstern.

remboursement [RãbuRsəmã] *nm* Bezahlung *f*; **envoi contre** ~ Nachnahme(sendung) *f.*

rembourser [RãbuRse] *vt* zurück-zahlen; *(personne)* bezahlen.

rembrunir (se) [RãbRyniR]: **se** ~ *vi* sich verdüstern.

remède [R(ə)mɛd] *nm* Heil- ou Arzneimittel *nt*; *(fig)* Mittel *nt.*

remémorer [R(ə)memɔRe]: **se** ~ *vt*

sich *(dat)* ins Gedächtnis zurück-rufen.

remerciement [R(ə)mɛRsimã]: ~**s** *nmpl* Dank *m*; **recevez ou agréez mes** ~**s** herzlichen Dank; **(avec) tous mes** ~**s** mit bestem Dank.

remercier [R(ə)mɛRsje] *vt* danken (+*dat*); *(congédier)* entlassen; ~ **qn de qch** jdm für etw danken; ~ **qn d'avoir fait qch** jdm dafür danken, daß er/sie etw gemacht hat; **non, je vous remercie** nein danke.

remettre [R(ə)mɛtR(ə)] *vt* zu-rücktun; *(vêtement)* wieder anziehen; *(ajouter)* zufügen, dazu-geben; *(rendre)* (zurück)geben; *(donner)* übergeben; *(ajourner)* ver-schieben (à *auf* +*akk*); **se** ~ *vi (per-sonne malade)* sich erholen; *(temps)* sich bessern; **se** ~ **de** *vt* sich erholen von; **s'en** ~ **à** sich richten nach; ~ **qch en place** etw zurücktun ou -stellen; **une pendule à l'heure** eine Uhr stellen; ~ **un moteur/une machine en marche** einen Motor/ eine Maschine wieder in Gang setzen; ~ **sa démission** kündigen; ~ **à neuf** wieder wie neu machen, renovieren.

réminiscence [Reminisãs] *nf* Erinnerung *f.*

remise [R(ə)miz] *nf (d'un colis)* Übergabe *f*; *(d'un prix)* Überreichung *f*; *(rabais)* Rabatt *m*; *(local)* Schuppen *m*; ~ **de peine** Strafnachlaß *m*; ~ **en jeu** Einwurf *m.*

rémission [Remisjɔ̃] *nf*: **sans** ~ *ad* unerbittlich.

remontant [R(ə)mɔ̃tã] *nm* Stär-kungsmittel *nt.*

remonte-pente [R(ə)mɔ̃tpãt] *nm* Ski-lift *m.*

remonter [R(ə)mɔ̃te] *vi (sur un cheval)* wieder aufsteigen; *(dans une voiture)* wieder einsteigen; *(au deuxième étage)* wieder hinaufgehen; *(jupe)* hochrutschen; *(s'élever)* steigen // *vt (escalier, côte)* hinaufgehen; *(fleuve)* hinaufsegeln/ -schwimmen; *(pantalon)* hochkrempeln; *(col)* hochklappen; *(hausser)* erhöhen; *(réconforter)* aufmuntern; *(objet démonté)* (wieder) zusammensetzen; *(garderobe)* erneuern; *(montre, mécanisme)* aufziehen; ~ à zurückgehen auf (+akk).

remontrer [R(ə)mɔ̃tre] vt *(montrer de nouveau)* qch (à qn) (jdm) etw wieder zeigen; *(fig)* en ~ à qn sich jdm gegenüber beweisen, jdn belehren wollen.

remords [R(ə)mɔR] nm schlechtes Gewissen nt; **avoir des ~** Gewissensbisse haben.

remorque [R(ə)mɔRk(ə)] nf Anhänger m; **prendre en ~** abschleppen.

remorquer [R(ə)mɔRke] vt *(bateau)* schleppen; *(véhicule)* abschleppen.

rémouleur [Remulœr] nm Messerschleifer m.

remous [R(ə)mu] nm *(à l'arrière d'un navire)* Kielwasser nt; *(d'une rivière)* Wirbel m; *(fig)* Unruhe f.

rempart [Rɑ̃paR] nm Wall m; *(fig)* Schutz m.

remplaçant, e [Rɑ̃plasɑ̃, ɑ̃t] nm/f Ersatz m; Vertretung f.

remplacement [Rɑ̃plasmɑ̃] nm *(suppléance)* Vertretung f.

remplacer [Rɑ̃plase] vt ersetzen; *(prendre la place de)* vertreten; *(changer)* auswechseln; ~ **qch par qch d'autre/qn par qn d'autre** etw durch etw/jdn durch jdn ersetzen.

remplir [Rɑ̃pliR] vt füllen; *(temps, document)* ausfüllen; *(satisfaire à)* erfüllen; *(fonction, rôle)* ausüben; **se** ~ vi sich füllen; ~ **qch de** etw füllen mit; ~ **qn de** *(joie, admiration)* jdn erfüllen mit.

remplissage [Rɑ̃plisaʒ] nm *(pej)* Füllsel nt.

remporter [Rɑ̃pɔRte] vt *(wieder)* mitnehmen, zurücknehmen; *(victoire)* davontragen; *(succès)* haben.

remuant, e [Rəmɥɑ̃, ɑ̃t] a *(enfant)* lebhaft.

remue-ménage [R(ə)mymenaʒ] nm inv Durcheinander nt, Spektakel m.

remuer [Rəmɥe] vt *(meuble, objet)* verschieben, verstellen; *(partie du corps)* bewegen; *(café, sauce)*

umrühren; *(salade)* mischen, anmachen; *(émouvoir)* bewegen, rühren // vi sich bewegen; *(opposants)* sich bemerkbar machen; **se** ~ vi sich bewegen.

rémunération [RemyneRasjɔ̃] nf Entlohnung f, Bezahlung f.

rémunérer [RemyneRe] vt entlohnen, bezahlen.

renaître [R(ə)nɛtR(ə)] vi wiederaufleben.

renard [R(ə)naR] nm Fuchs m.

renchérir [Rɑ̃ʃeRiR] vi sich verteuern, teurer werden; ~ *(sur qch)* (etw) übertreffen.

rencontre [Rɑ̃kɔ̃tR(ə)] nf Begegnung f; *(de cours d'eau)* Zusammenfluß m; *(congrès)* Treffen nt, Versammlung f; **faire la ~ de qn** jds Bekanntschaft machen; **aller à la ~ de qn** jdn treffen.

rencontrer [Rɑ̃kɔ̃tRe] vt treffen; *(difficultés, opposition)* stoßen auf (+akk); **se** ~ sich treffen; *(fleuves)* zusammenfließen.

rendement [Rɑ̃dmɑ̃] nm *(produit)* Ertrag m; *(efficacité)* Leistung f; **à plein** ~ auf vollen Touren.

rendez-vous [Rɑ̃devu] nm *(rencontre)* Verabredung f; *(lieu)* Treffpunkt m; **prendre** *(avec qn)*, **donner** ~ **à qn** sich mit jdm verabreden; **avoir** ~ *(avec qn)* (mit jdm) verabredet sein.

rendre [Rɑ̃dR(ə)] vt zurückgeben; *(la monnaie)* herausgeben; *(salut, visite)* erwidern; *(honneurs)* erweisen; *(vomir)* erbrechen; *(sons)* hervorbringen; *(exprimer)* ausdrücken; *(jugement)* erlassen; *(faire devenir)*: ~ **qn célèbre/qch possible** jdn berühmt/etw möglich machen; **se** ~ vi *(capituler)* sich ergeben; *(fig)* aufgeben; **se** ~ **quelquepart** irgendwohin gehen; ~ **visite à qn** jdn besuchen; **se** ~ **malade** sich krank machen.

rênes [Rɛn] nfpl Zügel pl.

renfermé, e [Rɑ̃fɛRme] a *(personne)* verschlossen // nm: **sentir le** ~ muffig riechen.

renfermer [Rɑ̃fɛRme] vt *(contenir)*

enthalten; **se ~** sich verschließen.

renflé, e [Rɑ̃fle] *a* bauchig; gewölbt.

renflement [Rɑ̃fləmɑ̃] *nm* Wölbung *f*; Ausbuchtung *f*.

renfoncement [Rɑ̃fɔ̃smɑ̃] *nm* Vertiefung *f*, Nische *f*.

renforcer [Rɑ̃fɔRse] *vt* verstärken; *(expression, argument)* bekräftigen; **~ qn dans ses opinions** jdn in seiner Meinung bestärken.

renfort [Rɑ̃fɔR] **~s** *nmpl* Verstärkung *f*; **à grand ~ de...** mit einem großen Aufwand an (+*dat*) ou mit vielen.

rengaine [Rɑ̃gɛn] *nf* altes Lied *nt*.

rengainer [Rɑ̃gene] *vt (épée)* in die Scheide stecken; *(revolver)* ins Halfter stecken.

rengorger [Rɑ̃gɔRʒe]: **se ~** *vi* sich aufplustern.

renier [Rənje] *vt* verleugnen; *(engagements)* nicht anerkennen.

renifler [Rənifle] *vi* schnüffeln // *(odeur)* riechen.

renne [Rɛn] *nm* Ren(tier) *nt*.

renom [Rənɔ̃] *nm* Ruf *m*.

renommé, e [Rənɔme] *a* berühmt, renommiert // *nf* Ruhm *m*.

renoncement [Rənɔ̃smɑ̃] *nm* Verzicht *m* (à auf +*akk*).

renoncer [Rənɔ̃se]: **~ à** vt aufgeben; *(droit, succession)* verzichten auf (+*akk*); **~ à faire qch** darauf verzichten, etw zu tun.

renouer [Rənwe] *vt* neu binden; *(conversation, liaison)* wieder anknüpfen ou aufnehmen; **~ avec** *(vieil ami)* sich wieder anfreunden mit; **~ avec** *(cette tradition)* wiederaufnehmen.

renouveler [Rənuvle] *vt* erneuern; *(personnel, membres d'un comité)* austauschen, ersetzen; *(proroger)* verlängern; *(usage, mode)* wiederbeleben; *(refaire)* wiederholen; **se ~** *vi (incident)* sich wiederholen.

renouvellement [Rənuvɛlmɑ̃] *nm* Erneuerung *f*; Austausch *m*; Verlängerung *f*; Wiederbelebung *f*; Wiederholung *f*.

rénover [Renɔve] *vt* renovieren.

renseignement [Rɑ̃sɛɲmɑ̃] *nm*

Auskunft *f*; **prendre des ~s sur** sich erkundigen über (+*akk*).

renseigner [Rɑ̃seɲe] *vt*: **~ qn (sur)** jdn informieren (über +*akk*); *(expérience, document)* jdm Aufschluß geben über (+*akk*); **se ~** sich erkundigen.

rente [Rɑ̃t] *nf (revenu)* Einkommen *nt*; Rente *f*; *(emprunt de l'Etat)* Staatsanleihe *f*; **~ viagère** Lebensrente *f*.

rentier, ière [Rɑ̃tje, jɛR] *nm/f* Rentner (in *f*) *m*.

rentrée [Rɑ̃tRe] *nf (d'argent)* Einnahmen *pl*; *(retour)* Rückkehr *f*; **la ~ (des classes)** der Schuljahresbeginn.

rentrer [Rɑ̃tRe] *vi (de nouveau: aller/venir)* wieder hereinkommen/hineingehen; *(fam: entrer)* hereinkommen/hineingehen; *(revenir chez soi)* nach Hause kommen/gehen; *(pénétrer)* eindringen; *(revenu, argent)* hereinkommen // *vt (véhicule)* einfahren, hineinbringen; *(foins)* einbringen; *(chemise dans pantalon etc)* hineinstecken; *(griffes)* einziehen; *(train d'atterrissage)* einfahren; *(larmes, colère)* unterdrücken, hinunterschlucken; **~ le ventre** den Bauch einziehen; **~ dans** *(heurter)* prallen gegen; *(appartenir à)* gehören zu; **~ dans sa famille/son pays** zu seiner Familie/in sein Land zurückkehren; **~ dans son argent** ou **ses frais** seine Ausgaben hereinbekommen.

renverse [Rɑ̃vɛRs(ə)]: **à la ~** *ad* nach hinten.

renversé, e [Rɑ̃vɛRse] *a (image)* umgekehrt; *(écriture)* nach links geneigt.

renversement [Rɑ̃vɛRsəmɑ̃] *nm (d'un régime)* (Um)sturz *m*; *(de traditions)* Aufgabe *f*; **~ de la situation** Umkehrung *f* der Lage.

renverser [Rɑ̃vɛRse] *vt (retourner)* umwerfen, umkippen, umstoßen; *(piéton)* anfahren; *(: tuer)* überfahren; *(contenu)* verschütten; *(: volontairement)* ausschütten; *(inter-*

vertir) umkehren; *(tradition, ordre établi)* umstoßen; *(POL)* stürzen; *(stupéfier)* umwerfen; **se** ~ *vi* umfallen; *(véhicule)* umkippen; *(liquide)* verschüttet werden.

renvoi [ʀɑ̃vwa] *nm (référence)* Verweis *m*; *(éructation)* Rülpser *m*.

renvoyer [ʀɑ̃vwaje] *vt* zurückschicken; *(congédier)* entlassen; *(balle)* zurückwerfen; *(: TENNIS)* zurückschlagen; *(lumière, son)* reflektieren; *(ajourner)* verschieben *(à auf +akk)*; ~ **qn à qn/qch** jdn an jdn/auf etw verweisen.

réorganiser [ʀeɔʀganize] *vt* umorganisieren.

réouverture [ʀeuvɛʀtyʀ] *f* Wiedereröffnung *f*.

repaire [ʀ(ə)pɛʀ] *nm* Höhle *f*.

répandre [ʀepɑ̃dʀ(ə)] *vt* verbreiten; *(liquide)* verschütten; *(gravillons, sable)* streuen; **se** ~ *vi* sich verbreiten; **se** ~ **en** sich ergehen in *(+dat)*.

réparation [ʀepaʀasjɔ̃] *f* Reparatur *f*; Wiedergutmachung *f*; ~ **s** *nfpl (travaux)* Reparaturarbeiten *pl*; **en** ~ *(machine etc)* in Reparatur; **demander à qn** ~ *(offense)* von jdm Wiedergutmachung verlangen für.

réparer [ʀepaʀe] *vt* reparieren; wiedergutmachen.

repartie [ʀəpaʀti] *nf (schlagfertige)* Antwort *f*; **avoir de la** ~ schlagfertig sein.

repartir [ʀ(ə)paʀtiʀ] *vi (partir de nouveau)* wieder aufbrechen; *(s'en retourner)* zurückgehen *ou* -kehren; *(fig: affaire)* sich wieder erholen; ~ **à zéro** noch einmal von vorne anfangen.

répartir [ʀepaʀtiʀ] *vt* verteilen, aufteilen; **se** ~ *vt (travail)* sich teilen; *(rôles)* aufteilen.

répartition [ʀepaʀtisjɔ̃] *nf* Verteilung *f*, Aufteilung *f*.

repas [ʀ(ə)pa] *nm* Mahlzeit *f*; **à l'heure des** ~ zur Essenszeit.

repasser [ʀ(ə)pase] *vi* wieder vorbeikommen // *vt (vêtement)* bügeln;

(film) noch einmal zeigen; *(plat, pain)*: ~ **qch à qn** jdm etw reichen; *(examen, leçon)* wiederholen.

repêcher [ʀ(ə)peʃe] *vt (noyé)* bergen.

repenser [ʀ(ə)pɑ̃se] *vi*: ~ **à qch** *(par hasard)* sich an etw *(akk)* erinnern; *(considérer à nouveau)* etw überdenken.

repentir [ʀ(ə)pɑ̃tiʀ] *nm* Reue *f* // **se** ~ *vi* Reue empfinden; **se** ~ **de qch/d'avoir fait qch** etw bereuen/bereuen, etw getan zu haben.

répercussions [ʀepɛʀkysjɔ̃] *nfpl* Auswirkungen *pl*, Folgen *pl*.

répercuter [ʀepɛʀkyte]: **se** ~ *vi (bruit)* widerhallen; *(fig)*: **se** ~ **sur** sich auswirken auf *(+akk)*.

repère [ʀ(ə)pɛʀ] *nm* Zeichen *nt*, Markierung *f*.

repérer [ʀ(ə)peʀe] *vt (apercevoir)* entdecken; *(MIL)* ausmachen; **se** ~ *(s'orienter)* sich zurechtfinden; **se faire** ~ entdeckt werden.

répertoire [ʀepɛʀtwaʀ] *nm (inventaire)* Verzeichnis *nt*, Register *nt*; *(carnet)*: ~ **d'adresses** Adreßbuch *nt*; *(d'un théâtre, artiste)* Repertoire *nt*.

répéter [ʀepete] *vt* wiederholen; *(nouvelle, secret)* weitersagen // *vi (THEAT)* proben; **se** ~ *vt* sich wiederholen.

répétition [ʀepetisjɔ̃] *nf (redite)* Wiederholung *f*; *(THEAT)* Probe *f*.

repeupler [ʀəpœple] *vt* wiederbevölkern; *(d'animaux)* wieder *(mit Fischen etc)* besetzen.

répit [ʀepi] *nm*: **sans** ~ ununterbrochen, unablässig.

repli [ʀ(ə)pli] *nm (d'une étoffe)* Falte *f*; *(retraite)* Rückzug *m*.

replier [ʀ(ə)plije] *vt (rabattre)* zusammenfalten; **se** ~ *vi (reculer)* sich zurückziehen, zurückweichen.

réplique [ʀeplik] *nf (repartie)* Antwort *f*, Erwiderung *f*; *(objection)* Widerrede *f*; *(THEAT)* Replik *f*; *(copie)* Nachahmung *f*; **sans** ~ *(ton)* keine Widerrede duldend; *(argument)* nicht zu widerlegen.

répliquer [ʀeplike] *vi* erwidern;

répondre [Repɔ̃dʀ(ə)] vi antworten; (freins, mécanisme) ansprechen; ~ à vt (question, argument etc) antworten auf (+akk); (personne) antworten auf (+dat); (: avec impertinence) Widerworte geben (+dat); (invitation, salut, sourire) erwidern; (convocation) Folge leisten (+dat); (provocation) reagieren auf (+akk); (sujet: véhicule, mécanisme) ansprechen auf (+akk); (correspondre à) entsprechen (+dat); ~ de bürgen für.

réponse [Repɔ̃s] nf Antwort f; (solution) Lösung f; (réaction) Reaktion f; en ~ à in Antwort auf (+akk).

reportage [Rəpɔʀtaʒ] nm Reportage f.

reporter nm [Rəpɔʀtɛʀ] Reporter(in f) m // vt [Rəpɔʀte] (total): ~ qch (à) etw übertragen auf (+akk); (notes) etw auffühhren an (+akk); (ajourner): ~ qch (à) etw verschieben auf (+akk); (transférer): ~ qch sur etw übertragen auf (+akk); se ~ à (époque) sich zurückversetzen in (+akk); (se référer) sich berufen auf (+akk).

repos [Rəpo] nm Ruhe f.

reposé, e [Rəpoze] a ausgeruht, frisch; à tête ~e in Ruhe.

reposer [Rəpoze] vt (verre) wieder absetzen; (livre) wieder hinlegen; (rideaux, carreaux) wieder anbringen; (question) umformulieren; (délasser) entspannen, ausruhen lassen // vi (liquide, pâte) laisser ~ ruhen lassen; (personne) ici repose... hier ruht...; ~ sur ruhen auf (+dat); se ~ sur sich auf jdn verlassen.

repousser [Rəpuse] vi (feuille, cheveux) nachwachsen // vt (refouler) abwehren; (refuser) ablehnen; (différer) aufschieben; (dégoûter) abstoßen; (tiroir, table) zurückschieben.

reprendre [Rəpʀɑ̃dʀ(ə)] vt (prisonnier) wieder ergreifen; (ville) zurückerobern; (chercher): je viendrai te ~ à 4h ich hole dich um

4 Uhr ab; (prendre davantage) noch einmal nehmen; (prendre à nouveau) wieder nehmen; (récupérer) zurücknehmen; (racheter) zurücknehmen; (entreprise) übernehmen; (travail, études) wiederaufnehmen; (argument, prétexte) wieder benutzen; (dire): reprit-il fuhr er fort; (article) bearbeiten; (jupe, pantalon) ändern; (réprimander) tadeln; (corriger) verbessern // vi (recommencer) wieder anfangen, wieder beginnen; (froid, pluie) wieder einsetzen; (affaires, industrie) sich erholen; se ~ (se corriger) sich verbessern; (se ressaisir) sich fassen; ~ des forces/courage neue Kraft/neuen Mut schöpfen; ~ la route sich wieder auf den Weg machen; ~ connaissance wieder zu Bewußtsein kommen; ~ haleine ou son souffle verschnaufen; s'y ~ einen zweiten Versuch machen.

représailles [Rəpʀezaj] nfpl Repressalien pl.

représentant, e [Rəpʀezɑ̃tɑ̃, ɑ̃t] nm/f Vertreter(in f) m.

représentatif, ive [Rəpʀezɑ̃tatif, iv] a repräsentativ.

représentation [Rəpʀezɑ̃tasjɔ̃] nf (image) Darstellung f; (spectacle) Vorstellung f, Aufführung f; (COMM) Vertretung f; frais de ~ Aufwandsentschädigung f.

représenter [Rəpʀezɑ̃te] vt darstellen; (jouer) aufführen; (pays, commerce etc) vertreten; se ~ vi (occasion) sich wieder ergeben; se ~ à (examen) sich noch einmal melden zu; (élection) sich wieder aufstellen lassen für; se ~ vt (s'imaginer) sich (dat) vorstellen.

répression [Repʀesjɔ̃] nf Unterdrückung f; Niederschlagung f; Bestrafung f.

réprimande [Repʀimɑ̃d] nf Tadel m, Verweis m.

réprimer [Repʀime] vt (désirs, passions) unterdrücken; (révolte) niederschlagen; (abus, désordres) bestrafen, vorgehen gegen.

reprise [Rəpʀiz] nf (d'une ville)

Zurückeroberung f; (recommencement) Wiederbeginn m; (ECON) Aufschwung m; (TV, THEAT) Wiederholung f; (d'un moteur) Beschleunigung f; (d'un article usagé) Inzahlungnahme f; (raccomodage) Flicken nt; **à plusieurs ~s** mehrmals.

repriser [R(ə)pRize] vt (raccommoder) stopfen; flicken.

réprobation [RepRɔbasjɔ̃] nf Mißbilligung f.

reproche [R(ə)pRɔʃ] nm Vorwurf m; **sans ~(s)** tadellos.

reprocher [R(ə)pRɔʃe] vt: **~ qch à qn** jdm etw vorwerfen; **~ qch à qch** an etw (dat) etw auszusetzen haben; **se ~** qch sich (dat) etw vorwerfen.

reproduction [R(ə)pRɔdyksjɔ̃] nf (imitation) Nachahmung f; (d'un texte) Nachdruck m; Vervielfältigung f, Kopie f; (d'un son) Wiedergabe f; (BIO) Vermehrung f; (répétition) Wiederholung f; (dessin) Reproduktion f, Kopie f.

reproduire [R(ə)pRɔdɥiR] vt (imiter) nachahmen; (dessin) reproduzieren; (texte) nachdrucken, vervielfältigen; (son) wiedergeben; **se ~** vi (BIO) sich vermehren; (recommencer) sich wiederholen.

réprouver [RepRuve] vt mißbilligen.

reptile [Reptil] nm Reptil nt.

repu, e [Rəpy] a satt.

république [Repyblik] nf Republik f; **la R~ Française** (die Republik) Frankreich; **la R~ fédérale allemande** die Bundesrepublik Deutschland.

répudier [Repydje] vt (femme) verstoßen; (doctrine) verwerfen.

répugnance [Repynãs] nf Ekel m; Abscheu f (pour tour +dat).

répugner [Repyne] vt: **~ à qn** (nourriture) jdn ekeln; (comportement, activité) jdn anwidern; **~ à faire qch** etw sehr ungern tun.

répulsion [Repylsjɔ̃] nf Abscheu f (pour +dat).

réputation [Repytasjɔ̃] nf Ruf m.

réputé, e [Repyte] a berühmt.

requérir [RəkeRiR] vt erfordern; (au nom de la loi) anfordern.

requête [Rəkɛt] nf Bitte f, Ersuchen nt; (JUR) Antrag m.

requin [R(ə)kɛ̃] nm Hai(fisch) m.

requis, e [Rəki, iz] a erforderlich.

réquisitionner [Rekizisjɔne] vt (choses) requirieren; (personnes) dienstverpflichten.

rescapé, e [Rɛskape] nm/f Überlebende(r) mf.

rescousse [Rɛskus] nf: **aller/venir à la ~ de qn** jdm zu Hilfe kommen.

réseau, x [Rezo] nm Netz nt.

réservation [RezɛRvasjɔ̃] nf Reservierung f, Reservation f.

réserve [RezɛRv(ə)] nf Reserve f; (entrepôt) Lager nt; (territoire protégé) Reservat nt, Schutzgebiet nt; (de pêche, chasse) Revier nt; (restriction) **faire de ~s** Einschränkungen pl machen; (MIL): **les ~s** die Reservetruppen pl; **officier de ~** Reserveoffizier m; **sous toutes ~s** mit allen Vorbehalten; **sous ~ de** unter Vorbehalt (+gen); **sans ~** auf vorbehaltlos; **en ~** in Reserve; **de ~** Reserve-.

réservé, e [RezɛRve] a reserviert; (chasse, pêche) privat; **~ à/pour** reserviert für.

réserver [RezɛRve] vt reservieren, vorbestellen; (réponse, diagnostic) sich (dat) vorbehalten; (destiner): **~ qch à** (usage) etw vorsehen für; **~ qch à qn** jdm etw vorbehalten; (: surprise, accueil etc) jdm etw bereiten; **se ~ le droit de...** sich (dat) das Recht vorbehalten, zu...

réservoir [RezɛRvwaR] nm Reservoir nt; (d'essence) Tank m.

résidence [Rezidãs] nf (ADMIN) Wohnsitz m; (habitation luxueuse) Residenz f; (groupe d'immeubles) Wohnblock m; **~ principale/secondaire** erster/zweiter Wohnsitz m; **(en) ~ surveillée** (unter) Hausarrest m.

résidentiel, elle [Rezidãsjɛl] a Wohn-.

résider [Rezide] vi: **~ à/dans/en** wohnen in (+dat); **~ dans** (consister *en)* bestehen in (+*dat*).

résidu [Rezidy] *nm* Überbleibsel *nt*; *(CHIM)* Rückstand *m*.

résigner [Rezine] *vt* zurücktreten von; **se ~ à qch/faire qch** sich mit etw abfinden//sich damit abfinden, etw zu tun.

résilier [Rezilje] *vt* auflösen.

résine [Rezin] *nf* Harz *nt*.

résistance [Rezistãs] *nf* Widerstand *m*; *(endurance)* Widerstandsfähigkeit *f*; *(ELEC)* Heizelement *nt*; *(POL)*: **la R~** die französische Widerstandsbewegung *(im 2. Weltkrieg)*.

résister [Reziste] *vi* standhalten; standhaft bleiben; **~ à** *vt* standhalten (+*dat*); *(effort, souffrance)* aushalten (+*akk*); *(personne)* sich widersetzen (+*dat*); *(tentation, péché)* widerstehen (+*dat*).

résolu, e [Rezɔly] *a* entschlossen (à zu).

résolution [Rezɔlysjɔ̃] *nf (solution)* Lösung *f*; *(fermeté)* Entschlossenheit *f*; *(décision)* Beschluß *m*, Entschluß *m*; **prendre la ~ de...** den Entschluß fassen, zu... .

résonance [Rezɔnãs] *nf (d'une cloche)* Klang *m*; *(d'une salle)* Akustik *f*.

résonner [Rezɔne] *vi (cloche)* klingen; *(pas, voix)* hallen, schallen; *(salle, rue)* widerhallen.

résorber [Rezɔrbe] *se ~ vi (tumeur, abcès)* sich zurückbilden; *(déficit, chômage)* abgebaut werden.

résoudre [Rezudr(ə)] *vt* lösen; **se ~ à qch/faire qch** sich zu etw entschließen//sich dazu entschließen, etw zu tun.

respect [Respɛ] *nm* Respekt *m (de* vor +*dat*); *(de Dieu, pour les morts)* Ehrfurcht *f (de, pour* vor +*dat*); **tenir qn en ~** jdn in Schach halten.

respectable [Respɛktabl(ə)] *a (personne)* achtbar, anständig; *(scrupules)* ehrenhaft; *(quantité)* ansehnlich, beachtlich.

respecter [Respɛkte] *vt* achten, respektieren; *(ne pas porter atteinte à)* Rücksicht nehmen auf (+*akk*).

respectif, ive [Respɛktif, iv] *a* gegenseitig.

respectivement [Respɛktivmã] *ad* beziehungsweise.

respectueux, euse [Respɛktyø, øz] *a* respektvoll; **être ~ de qch** etw achten.

respiration [RespiRasjɔ̃] *nf* Atmen *nt*; *(fonction)* Atmung *f*; **retenir sa ~** den Atem anhalten; **~ artificielle** künstliche Beatmung *f*.

respirer [Respire] *vi* atmen; *(avec soulagement)* aufatmen // *vt* einatmen; *(manifester)* ausstrahlen.

responsabilité [Respɔ̃sabilite] *nf* Verantwortung *f*; *(légale)* Haftung *f*.

responsable [Respɔ̃sabl(ə)] *a*: **~ (de)** verantwortlich (für); haftbar (für) // *nm/f* Verantwortliche(r) *m/f*; *(d'un parti, syndicat)* Vertreter(in *f*) *m*.

ressac [Rəsak] *nm* Brandung *f*.

ressaisir [R(ə)seziR]: **se ~** sich (*sg*) *calmer)* sich fassen; *(se reprendre)* sich fangen.

ressasser [R(ə)sase] *vt (remâcher)* mit sich herumtragen; *(répéter)* wieder aufwärmen.

ressemblance [R(ə)sãblãs] *nf* Ähnlichkeit *f*.

ressemblant, e [R(ə)sãblã, ãt] *a* ähnlich.

ressembler [R(ə)sãble]: **~ à** *vt* ähnlich sein (+*dat*); **se ~** sich ähneln, einander ähnlich sein.

ressemeler [R(ə)səmle] *vt* neu besohlen.

ressentiment [R(ə)sãtimã] *nm* Groll *m*, Ressentiment *nt*.

ressentir [R(ə)sãtiR] *vt (éprouver)* empfinden; *(injure, privation)* spüren; **se ~ de qch** die Folgen einer Sache *(gen)* spüren.

resserrer [R(ə)seRe] *vt (pores)* schließen; *(noeud, boulon)* anziehen; *(liens d'amitié)* stärken; **se ~ (route, vallée)** sich verengen.

resservir [R(ə)seRviR] *vt (personne)*: **~ qn (d'un plat)** jdm *(von einem Gericht)* nachgeben // *vi* noch einmal gebraucht werden.

ressort [R(ə)sɔR] *nm (pièce)* Feder *f*; *(énergie)* innere Kraft *f*; *(recours)*: **en**

dernier ~ als letzter Ausweg; *(compétence:)* **être du** ~ **de qn** in jds Ressort ou Bereich fallen

ressortir [R(ə)sɔRtiR] *vi* wieder herauskommen/hinausgehen; *(contraster)* sich abheben; ~ **de** *(résulter de)* sich zeigen anhand von

ressortissant, e [R(ə)sɔRtisɑ̃, ɑ̃t] *nm/f* im Ausland lebende(r) Staatsangehörige(r) *m/f*

ressource [R(ə)suRs(ə)] *nf (recours)* Hilfe *f*; ~**s** *nfpl* Mittel *pl*; ~**s d'énergie** Energiequellen *pl*

ressusciter [Resysite] *vt* wiederbeleben // *vi (Christ)* auferstehen

restant, e [Restɑ̃, ɑ̃t] *a* restlich, übrig // *nm* Rest *m*

restaurant [RestɔRɑ̃] *nm* Restaurant *m*

restaurateur, trice [RestɔRatœR, tRis] *nm/f (aubergiste)* Gastronom (in *f*) *m*; *(ART)* Restaurator (in *f*) *m*

restauration [RestɔRasjɔ̃] *(ART)* Restauration *f*; *(hôtellerie:)* **la** ~ das Gastronomiegewerbe

restaurer [RestɔRe] *vt (rétablir)* wiederherstellen; *(ART)* restaurieren

reste [Rest(ə)] *nm* Rest *m*; ~**s** *nmpl* Überreste *pl*; **j'ai perdu le** ~ **de l'argent** ich habe das restliche Geld verloren; **utiliser un** ~ **de poulet/tissu** Hähnchen-/Stoffreste verwerten; **faites ceci, je me charge du** ~ machen Sie dies, ich kümmere mich um den Rest ou das Übrige; **le** ~ **du temps/des gens** die übrige Zeit/die übrigen Leute; **avoir du temps/de l'argent de** ~ Zeit/Geld übrig haben; **et tout le** ~ und so weiter; **du** ~, **au** ~ ud außerdem.

rester [Reste] *vi* bleiben; *(subsister)* übrigbleiben // *vb impers:* **il reste du pain/du temps/2 œufs** es ist noch Brot/Zeit/es sind 2 Eier übrig; **il me reste du pain/2 œufs** ich habe noch Brot/2 Eier (übrig); **il me reste assez de temps** ich habe noch genügend Zeit; **voilà tout ce qui (me) reste** das ist alles, was ich noch (übrig) habe; **ce qui reste à**

faire was noch zu tun ist; **(il) reste à savoir si...** man muß nur abwarten, ob...; **restons-en là** lassen wir's dabei; ~ **immobile/assis** sich nicht bewegen/sitzen bleiben

restituer [Restitɥe] *vt:* ~ **qch (à qn)** (jdm) etw zurückgeben; *(reconstituer)* wiederherstellen; *(énergie)* wieder abgeben

restitution [Restitysjɔ̃] *nf* Rückgabe *f*

restoroute [RestɔRut] *nm* Rasthof *m*

restreindre [RestRɛ̃dR(ə)] *vt* einschränken

restriction [RestRiksjɔ̃] *nf* Einschränkung *f*, Beschränkung *f*; ~**s** *nfpl (rationnement)* Beschränkungen *pl*; Rationierung *f*; **faire des** ~ (*mentales*) Vorbehalte *pl* haben; **sans** ~ *ad* uneingeschränkt.

résultat [Rezylta] *nm* Ergebnis *nt*, Resultat *nt*

résulter [Rezylte]: ~ **de** *vt* herrühren von; **il résulte de ceci que...** daraus folgt, daß...

résumé [Rezyme] *nm* Zusammenfassung *f*; *(ouvrage)* Übersicht *f*; **en** ~ *ad* zusammenfassend.

résumer [Rezyme] *vt* zusammenfassen; *(récapituler)* rekapitulieren; **se** ~ *vt (personne)* zusammenfassen.

résurrection [RezyRɛksjɔ̃] *nf (REL)* Auferstehung *f*

rétablir [RetabliR] *vt* wiederherstellen; *(faits, vérité)* richtigstellen; *(monarchie)* wieder einführen; *(MED)* gesund werden lassen; **se** ~ *vi (guérir)* gesund werden, genesen; *(silence, calme)* wieder eintreten; ~ **qn dans son emploi/ses droits** jdn wiedereinstellen/jdn wieder in den Genuß seiner Rechte kommen lassen.

rétablissement [Retablismɑ̃] *nm (voir rétablir)* Wiederherstellung *f*; *(guérison)* Genesung *f*, Besserung *f*; *(SPORT)* Klimmzug *m*.

rétamer [Retame] *vt* neu beschichten

retaper [R(ə)tape] vt herrichten; (fam: revigorer) wieder auf die Beine bringen; (redactylographier) noch einmal tippen ou schreiben.

retard [R(ə)taR] nm Verspätung f; (dans un paiement) Rückstand m; (scolaire, mental) Zurückgebliebenheit f; (industriel) Rückständigkeit f; **être en ~** (personne) zu spät kommen; (train) Verspätung haben; (dans paiement, travail) im Rückstand sein; (pays) rückständig sein; **être en ~ de 2 h** 2 Stunden zu spät kommen; **2 Stunden Verspätung haben; avoir un ~ de 2h/2km** (SPORT) 2 Stunden/ Kilometer zurückliegen; **avoir du/une heure de ~** Verspätung/ eine Stunde Verspätung haben; **prendre du ~** (train, avion) sich verspäten; **sans ~** ad unverzüglich.

retardement [R(ə)taRdəmã]: **à ~** a Zeit-, mit Zeitauslöser.

retarder [R(ə)taRde] vt (immobiliser) zurückhalten; (garder) dabehalten; (saisir) halten; (réprimer) unterdrücken; (souffle) anhalten; (odeur, chaleur) behalten; (accepter) annehmen; (réserver) reservieren; (prélever) zurückbehalten (sur von); **se ~** (euphémisme) es aushalten; (se raccrocher): **se ~ à** sich halten (an +dat); (se contenir): **se ~ (de faire qch)** sich zurückhalten (, etw zu tun).

rétention [Retãsjɔ̃] nf: **~ d'urine** Harnverhaltung f.

retentir [R(ə)tãtiR] vi (bruit, paroles) hallen; (salle): **~ de** widerhallen von; **~ sur** vt sich auswirken auf (+akk).

retentissant, e [R(ə)tãtisã, ãt] a (voix) schallend; (succès etc) aufsehenerregend.

retentissement [R(ə)tãtismã] nm (répercussion: gén pl) Auswirkung f; (éclat) Wirkung f; Erfolg m.

retenue [Rətny] nf (somme) Abzug m; (MATH) behaltene Zahl; (SCOL: consigne) Arrest m; (réserve) Zurückhaltung f.

réticence [Retisãs] nf (hésitation) Zögern m, Bedenken nt; (omission) Auslassung f; **sans ~** ad bedenkenlos.

rétine [Retin] nf Netzhaut f.

retiré, e [R(ə)tiRe] a (personne, vie) zurückgezogen; (quartier) abgelegen.

retirer [R(ə)tiRe] vt (candidature, plainte) zurückziehen; (vêtement) ausziehen; (lunettes) abnehmen; (enlever): **~ qch à qn** jdm etw (weg)nehmen; (extraire): **~ qch de** etw (heraus)nehmen aus; (bagages, billet réservé) abholen; (argent) abheben; **~ des avantages de** einen Vorteil haben von; **se ~** vi (partir) sich zurückziehen, weggehen; (POL, compétition) zurücktreten; (reculer) zurückweichen.

retombées [R(ə)tɔ̃be] nfpl (radioactives) Niederschlag m; (fig: d'un événement) Nebenwirkung f.

retomber [R(ə)tɔ̃be] vi (de nouveau) noch einmal fallen; (sauteur, cheval) aufkommen; (fusée, ballon) herunterkommen; (cheveux, rideaux) (herunter)fallen; **~ sur qn** (fig) auf jdn fallen.

rétorquer [RetɔRke] vt erwidern.

retors, e [Rətɔr, ɔrs(ə)] a gewitzt, schlau.

rétorsion [RetɔRsjɔ̃] nf: **mesures de ~** Vergeltungsmaßnahmen pl.

retouche [R(ə)tuʃ] nf (à une peinture, photo) Retusche f; (à un vêtement) Änderung f.

retoucher [R(ə)tuʃe] vt (tableau, photo, texte) retuschieren; (vêtement) ändern.

retour [R(ə)tuR] nm Rückkehr f (à

zu); *(voyage)* Rückreise *f*, Heimreise *f*; *(COMM)* Rückgabe *f*; *(par la poste)* Zurücksenden *nt*; **à mon** ~ bei meiner Rückkehr; **être de** ~ **(de)** zurücksein (von); **de** ~ **à/chez** wieder in (+*dat*)/bei; **de** ~ **dans 10 minutes** in 10 Minuten zurück; **en** ~ *ad* dafür; **par** ~ **du courrier** postwendend; **match** ~ Rückspiel *nt*; ~ **en arrière** *(flash-back)* Rückblende *f*; ~ **à l'envoyer** zurück an Absender.

retourner [ʀ(ə)tuʀne] *vt (dans l'autre sens)* umdrehen; *(terre, sol)* umgraben; *(foin)* wenden; *(émouvoir)* erschüttern; *(lettre)* zurücksenden; *(marchandise, restituer):* ~ **qch à jdm etw** zurückgeben // *vi (aller de nouveau):* ~ **quelque part/vers/ chez...** wieder irgendwohin/nach/ zu... gehen; *(revenir):* ~ **chez soi/à l'école** heimgehen/wieder in die Schule gehen; ~ **à** *(état initial, activité)* zurückkehren zu; **se** ~ *(personne)* sich umdrehen; *(voiture)* sich überschlagen; ~ **en arrière** *ou* **sur ses pas** umkehren.

rétracter [ʀetʀakte] *vt (désavouer)* zurücknehmen; *(antenne)* einziehen; **se** ~ *vi (nier)* das Gesagte zurücknehmen; *(antenne)* einziehbar sein.

retraduire [ʀ(ə)tʀadɥiʀ] *vt (à nouveau)* noch einmal übersetzen; *(dans la langue de départ)* zurückübersetzen.

retrait [ʀ(ə)tʀɛ] *nm (voir retirer)* Zurückziehen *nt*; Wegnahme *f*; Abholen *nt*; *(d'argent)* Abheben *nt*; Rücktritt *m*; Zurückweichen *nt*; *(rétrécissement)* Eingehen *nt*; **en** ~ *a, ad* zurückgesetzt, weiter hinten (stehend); ~ **du permis de conduire** Führerscheinentzug *m*.

retraite [ʀ(ə)tʀɛt] *nf (MIL)* Rückzug *m*; *(d'un employé: date, période)* Ruhestand *m*; *(: pension)* Rente *f*; *(refuge)* Zufluchtsort *m*; **battre en** ~ den Rückzug antreten; **être/mettre à la** ~ im Ruhestand sein/in den Ruhestand versetzen; **prendre sa**

~ **in den Ruhestand gehen, sich pensionieren lassen; ~ anticipée** vorzeitiger Ruhestand *m*.

retraité, e [ʀ(ə)tʀete] *a* pensioniert // *nm/f* Rentner(in *f*) *m*.

retrancher [ʀ(ə)tʀɑ̃ʃe] *vt (éliminer, couper)* entfernen; *(nombre):* ~ **qch de** etw abziehen von.

retransmission [ʀ(ə)tʀɑ̃smisjɔ̃] *nf* Übertragung *f*.

rétrécir [ʀetʀesiʀ] *vt* enger machen; *vi (vêtement)* eingehen; **se** ~ *vi* sich verengen.

rétribution [ʀetʀibysjɔ̃] *nf* Bezahlung *f*.

rétroactif, ive [ʀetʀoaktif, iv] *a* rückwirkend.

rétrograde [ʀetʀogʀad] *a* rückschrittlich.

rétrograder [ʀetʀogʀade] *vi (régresser)* zurückfallen; *(AUT)* hinunterschalten.

rétrospective [ʀetʀɔspektiv] *nf* Rückschau *f*.

rétrospectivement [ʀetʀɔspektivmɑ̃] *ad* rückblickend.

retrousser [ʀ(ə)tʀuse] *vt (pantalon, manches)* hochkrempeln; *(jupe)* raffen.

retrouvailles [ʀ(ə)tʀuvaj] *nfpl* Wiedersehen *nt*.

retrouver [ʀ(ə)tʀuve] *vt* finden, wiederfinden; *(reconnaître)* wiedererkennen; *(revoir)* wiedersehen; *(rejoindre)* wieder treffen; **se** ~ *vi (subitement):* **se** ~ **seul/sans argent** plötzlich allein/ ohne Geld dastehen; *(s'orienter)* sich zurechtfinden; **se** ~ **dans** sich zurechtfinden in (+*dat*); **s'y** ~ *(fam: rentrer dans ses frais)* seine Kosten hereinbringen.

rétroviseur [ʀetʀovizœʀ] *nm* Rückspiegel *m*.

réunion [ʀeynjɔ̃] *nf (voir réunir)* Sammlung *f*; Vereinigung *f*; Treffen *nt*; Verbindung *f*; Anschluß *m*; *(meeting, congrès)* Versammlung *f*.

réunir [ʀeyniʀ] *vt* sammeln; *(personnes)* versammeln; *(cumuler)* vereinigen; *(étrangers, antagonistes)* zusammenbringen; *(rattacher)* verbinding; (Etats) vereinigen; (province) anschließen (à an +akk); ~ qch à etw verbinden mit; ~ vi zusammenkommen, sich treffen; (Etats) sich vereinigen; (chemins, cours d'eau) ineinander münden.

réussi, e [Reysi] a gelungen.

réussir [Reysir] vi gelingen; (personne) Erfolg haben; (plante, culture) gedeihen // vt: ~ qch jdm gelingt etw; ~ à un examen eine Prüfung bestehen; il a réussi à faire qch es ist ihm gelungen, etw zu tun; le mariage lui réussit die Ehe tut ihm gut.

réussite [Reysit] nf Erfolg m; (CARTES) Kartenlegen nt.

revaloriser [R(ə)valɔRize] vt (monnaie) aufwerten; (salaire) erhöhen; (fig) wieder aufwerten.

revanche [R(ə)vɑ̃ʃ] nf (vengeance) Rache f; (SPORT) Revanche f; prendre sa ~ (sur) sich rächen (an +dat); en ~ ad andererseits.

rêve [Rɛv] nm Traum m; (activité psychique): le ~ das Träumen; de ~ traumhaft; la voiture de ses ~s das Auto seiner/ihrer Träume.

revêche [Rəvɛʃ] a mürrisch.

réveil [Revej] nm Aufwachen nt; (de la nature) Erwachen nt; (d'un volcan) Aktivwerden nt; (pendule) Wecker m; au ~ beim Aufwachen; sonner le ~ zum Wecken blasen.

réveille-matin [Revejmatɛ̃] nm inv Wecker m.

réveiller [Reveje] vt (personne) aufwecken; (fig) wecken; se ~ vi aufwachen; (fig) wiedererwachen; (volcan) aktiv werden.

réveillon [Revejɔ̃] nm Heiliger Abend m; Silvester nt.

réveillonner [Revejɔne] vi den Heiligen Abend/Silvester feiern.

révélateur, trice [RevelatœR, tRis] a bezeichnend, aufschlußreich // nm (PHOT) Entwickler m.

révélation [Revelasjɔ̃] nf (voir révéler) Bekanntgabe f; (information) Enthüllung f; (prise de conscience) Erkenntnis f; (artiste) Sensation f; (REL) Offenbarung f.

révéler [Revele] vt (dévoiler) bekanntgeben, enthüllen; (témoigner de) zeigen; (œuvre, artiste) bekanntmachen; (REL) offenbaren; se ~ vi (se manifester) sich zeigen; se ~ facile/faux sich als einfach/falsch herausstellen.

revenant, e [Rəvnɑ̃, ɑ̃t] nm/f Gespenst nt, Geist m.

revendeur, euse [R(ə)vɑ̃dœR, øz] nm/f (détaillant) Einzelhändler(in f) m; (brocanteur) Gebrauchtwarenhändler(in f) m.

revendication [R(ə)vɑ̃dikasjɔ̃] nf Forderung f; journée de ~ Aktionstag m.

revendiquer [R(ə)vɑ̃dike] vt fordern; (responsabilité) übernehmen.

revendre [R(ə)vɑ̃dR(ə)] vt (d'occasion) weiterverkaufen; (détailler) (im Einzelhandel) verkaufen; (vendre davantage) ~ du sucre noch mehr Zucker verkaufen; avoir du talent/de l'énergie à ~ mehr als genug Talent/Energie haben.

revenir [Rəvnir] vi zurückkommen; (réapparaître) wiederkommen; (calme) wieder eintreten; (CULIN): faire ~ anbräunen; ~ à (études, conversation) wieder anfangen zu aufnehmen; (coûter): cela (nous) revient cher/à 100F das ist teuer/das kostet uns 100F; (équivaloir à) hinauslaufen auf (+akk); ~ à qn (part, honneur) jdm zufallen; (souvenir, nom) jdm einfallen; ~ de (fig) sich erholen von; ~ sur (sujet) zurückkommen auf (+akk); (promesse) zurücknehmen; s'en ~ zurückkommen; ~ à soi wieder zu Bewußtsein kommen; je n'en reviens pas ich kann es nicht fassen; ~ sur ses pas umkehren; cela revient au même/à dire que... das läuft aufs gleiche raus/das heißt soviel wie, daß...

revente [R(ə)vɑ̃t] nf Weiterverkauf m, Wiederverkauf m.

revenu [Rəvny] nm (d'un individu) Einkommen nt; (de l'Etat, de magasin) Einnahmen pl; (d'une terre)

Ertrag m; (d'un capital) Rendite f.

rêver [reve] vi, vt träumen; ~ **de**, **à** träumen von.

réverbère [reverber] nm Straßenlaterne f.

réverbérer [reverbere] vt reflektieren, zurückstrahlen.

révérence [reverãs] nf (salut) Verbeugung f; Knicks m.

révérer [revere] vt (mémoire) ehren; (REL) verehren.

rêverie [revri] nf Träumerei f.

revers [revεr] nm Rückseite f; (d'étoffe) linke Seite f; (de vêtement) Aufschlag m; (TENNIS) Rückhand f; (échec: gén pl) Rückschlag m; **prendre à ~** von hinten angreifen.

revêtement [revεtmã] nm Belag m; (d'une paroi) Verkleidung f; (enduit) Überzug m.

revêtir [revεtir] vt (vêtement) anziehen; (forme, caractère) annehmen; ~ **qn de qch** (autorité) jdm etw verleihen; ~ **qch de** (boiserie) etw verkleiden mit; (carreaux) etw auslegen mit; (enduit) etw überziehen mit.

rêveur, euse [revεr, øz] a verträumt // nm/f Träumer(in f) m.

revigorer [rəvigɔre] vt beleben.

revirement [rəvirmã] nm (changement d'avis) Meinungsumschwung m.

réviser [revize] vt (texte) durchlesen, überprüfen; (comptes) prüfen; (SCOL) wiederholen; (machine) überholen; (procès) wiederaufnehmen.

révision [revizjɔ̃] nf (voir réviser) Überprüfung f; Prüfung f; Wiederholung f; Überholen nt; Wiederaufnahme f; **faire ses ~** den Stoff wiederholen; **la ~ des 10000 km** die 10000 km Inspektion.

revisser [rəvise] vt wieder zuschrauben.

revitaliser [rəvitalize] vt neu beleben.

revivre [rəvivr(ə)] vi wiederaufleben // vt im Geiste noch einmal erleben.

revoir [rəvwar] vt (voir de nouveau)

wieder sehen; (ami, lieu natal) wiedersehen; (région, film, tableau) noch einmal sehen; (revivre) noch einmal erleben; (en imagination) vor sich (dat) sehen; (corriger) durchsehen, korrigieren; (SCOL) wiederholen // nm: **au ~** auf Wiedersehen; **dire au ~ à qn** sich von jdm verabschieden; **se ~** sich wiedersehen.

révolte [revɔlt(ə)] nf Aufstand m.

révolter [revɔlte] vt entrüsten, empören; **se ~** vi: **se ~ (contre)** rebellieren (gegen); (s'indigner) sich entrüsten (über + akk).

révolu, e [revɔly] a vergangen; **âgé de 18 ans ~s** über 18 Jahre alt; **après 3 ans ~s** nach 3 vollen Jahren.

révolution [revɔlysjɔ̃] nf (rotation) Umdrehung f; (POL) Revolution f.

révolutionnaire [revɔlysjɔnɛr] a Revolutions-; (opinions, méthodes) revolutionär.

revolver [revɔlvɛr] nm Revolver m.

révoquer [revɔke] vt (fonctionnaire) des Amtes entheben; (arrêt, contrat) annullieren, aufheben; (donation) rückgängig machen.

revue [rəvy] nf (MIL) Parade f; (périodique) Zeitschrift f; (pièce satirique) Kabarett nt; (spectacle de music-hall) Revue f; **passer en ~** (problèmes, possibilités) durchgehen.

rez-de-chaussée [redʃose] nm inv Erdgeschoß nt.

R.F.A. sigle f (= République Fédérale Allemande) BRD f.

Rhin [rɛ̃] nm: **le ~** der Rhein.

rhinocéros [rinɔsɛrɔs] nm Nashorn nt, Rhinozeros nt.

rhubarbe [rybarb(ə)] nf Rhabarber m.

rhum [rɔm] nm Rum m.

rhumatismal, e [rymatizal, ãt] nm/f Rheumatiker(in f) m.

rhumatisme [rymatism(ə)] nm Rheuma nt, Rheumatismus m.

rhume [rym] nm Erkältung f; ~ **de cerveau** Schnupfen m; ~ **des foins** Heuschnupfen m.

ri [ri] pp de **rire**.

riant, e [rjɑ̃, ɑ̃t] a lachend; (*campagne, paysage*) strahlend.

ribambelle [ribɑ̃bɛl] nf: **~ d'enfants/de chats** eine Meute Kinder/Katzen.

ricaner [rikane] vi boshaft lachen; (*bêtement, avec gêne*) kichern.

riche [riʃ] a reich; (*somptueux*) teuer, prächtig; (*fertile*) fruchtbar; (*sujet, matière*) ergiebig; (*documentation, vocabulaire*) umfangreich; (*aliment*) nahrhaft, reichhaltig // nmpl: **les ~s** die Reichen pl; **~ en reich an** (+dat); **~ de** voller (+ nom).

richesse [riʃɛs] nf Reichtum m; **~s** nfpl (*argent*) Vermögen nt; (*possessions*) Besitz m, Reichtümer pl; (*d'un musée, d'une région*) Reichtümer pl; **la ~ en vitamines d'un aliment** der hohe Vitamingehalt eines Nahrungsmittels.

ricin [risɛ̃] nm: **huile de ~** Rizinusöl nt.

ricocher [rikɔʃe] vi (*pierre sur l'eau*) hüpfen; (*projectile*) abprallen; **~ sur** abprallen auf (+dat).

ricochet [rikɔʃɛ] nm: **faire des ~s** Steine übers Wasser hüpfen lassen; **faire ~** abprallen; (*fig*) indirekte Auswirkungen haben; **par ~** ad (*fig*) indirekt.

rictus [riktys] nm (verzerrtes) Grinsen nt.

ride [rid] nf Falte f, Runzel f.

ridé, e [ride] a faltig, runzlig.

rideau, x [rido] nm Vorhang m.

rider [ride] vt runzeln; (*fig*) kräuseln; **se ~** vi (*avec l'âge*) Falten bekommen.

ridicule [ridikyl] a lächerlich // nm Lächerlichkeit f; (*travers: gén tpl*) die lächerliche Seite.

ridiculiser [ridikylize] vt lächerlich machen; **se ~** vt sich lächerlich machen.

rien [rjɛ̃] pron nichts; **il n'a ~ dit/fait** er hat nichts gesagt/getan; **a-t-il jamais ~ fait pour nous?** hat er jemals etwas für uns getan?; **~ de:** **~ d'autre/d'intéressant** nichts anderes/nichts Interessantes; **~ que:** **~ que cela/qu'à faire cela** nur das/allein schon das zu tun; **~ que pour eux/faire cela** nur für sie ou wegen ihnen/nur um das zu tun; **ça ne fait ~** das macht nichts; **~ à faire!** nichts zu machen; **de ~** (*formule*) bitte // nm: **un petit ~** ein kleines Etwas; **des ~s** Nichtigkeiten pl; **avoir peur d'un ~** vor jeder Kleinigkeit Angst haben.

rieur, euse [rjœr, rjøz] a fröhlich; (*fig*) streng.

rigide [riʒid] a steif; (*fig*) streng.

riglolade [riɡɔlad] nf (*amusement*): **la ~** Spaß m; (*fam: chose peu sérieuse*): **c'est de la ~** das ist ein Witz.

rigole [riɡɔl] nf (*conduit*) Rinne f, Kanal m; (*filet d'eau*) Bächlein nt.

rigoler [riɡɔle] vi (*fam: rire*) lachen; (: *s'amuser*) sich amüsieren; (: *plaisanter*) Spaß machen.

rigolo, ote [riɡɔlo, ɔt] a (*fam*) komisch // nm/f Scherzbold m.

rigoureusement [riɡurøzmɑ̃] ad ganz genau; **~ vrai/interdit** genau der Wahrheit entsprechend/strengstens verboten.

rigoureux, euse [riɡurø, øz] a streng; (*climat*) hart, rauh; (*exact*) genau.

rigueur [riɡœr] nf Strenge f; Härte f; Genauigkeit f; **de ~** (*tenue*) vorgeschrieben, Pflicht-; **à la ~** zur Not.

rime [rim] nf Reim m.

rimer [rime] vi sich reimen.

rinçage [rɛ̃saʒ] nm Spülen nt.

rince-doigts [rɛ̃sdwa] nm inv Fingerschale f.

rincer [rɛ̃se] vt (*vaisselle*) abspülen; ausspülen; (*linge*) spülen; **se ~ la bouche** den Mund ausspülen.

ripoliné, e [ripoline] a mit Lackfarbe gestrichen.

riposte [ripɔst(ə)] nf (*schlagfertige*) Antwort f; (*contre-attaque*) Gegenschlag m.

riposter [ripɔste] vi zurückschlagen // vt: **~ que** erwidern, daß; **~ à qch** auf etw erwidern.

rire [rir] vi lachen; (*se divertir*) Spaß haben; (*plaisanter*) Spaß machen // nm Lachen nt; **~ de** vt lachen über (+akk); **se ~ de qch** eine nicht ernst nehmen; **~ aux éclats/aux larmes**

schallend/Tränen lachen; **pour** ~ *ad* zum Spaß.

ris [ʀi] *nm:* ~ **de veau** Kalbsbries *nt.*

risée [ʀize] *nf:* **être la** ~ **de qch** zum Gespött von etw werden.

risible [ʀizibl(ə)] *a* lächerlich.

risque [ʀisk] *nm* Risiko *nt;* **prendre un** ~/**des** ~**s** ein Risiko eingehen; **à ses** ~**s et périls** auf eigenes Risiko; **au** ~ **de** auf die Gefahr(+*gen*) hin; ~ **d'incendie** Feuergefahr *f.*

risqué, e [ʀiske] *a* riskant, gewagt.

risquer [ʀiske] *vt* riskieren; aufs Spiel setzen; (*oser dire*) wagen; **ça ne risque rien** da kann nichts passieren; **il risque de** er kann dabei umkommen; **il a risqué de se tuer** er wäre beinahe umgekommen; **ce qui risque de se produire** was passieren könnte; **se** ~ wagen; **se** ~ **à faire qch** es wagen, etw zu tun.

rissoler [ʀisole] *vi, vt:* (**faire**) ~ anbräunen.

ristourne [ʀistuʀn(ə)] *nf* Rabatt *m.*

rite [ʀit] *nm* Ritual *nt;* (*REL*) Ritus *m.*

ritournelle [ʀituʀnɛl] *nf* (*fig*) alte Leier *f.*

rituel, le [ʀitɥɛl] *a* rituell // *nm* (*habitudes*) Ritual *nt.*

rivage [ʀivaʒ] *nm* Ufer *nt.*

rival, e, aux [ʀival, o] *a* gegnerisch // *nm/f* (*adversaire*) Gegner(in *f*) *m;* (*en amour*) Rivale *m,* Rivalin *f;* **sans** ~ *a* unerreicht.

rivaliser [ʀivalize] *vi:* ~ **avec** (*personne*) sich messen mit, rivalisieren mit; (*choses*) sich messen können mit.

rivalité [ʀivalite] *nf* Rivalität *f.*

rive [ʀiv] *nf* Ufer *nt.*

river [ʀive] *vt* nieten.

riverain, e [ʀivʀɛ̃, ɛn] *nm/f* (*d'un fleuve, lac*) Uferbewohner(in *f*) *m;* (*d'une route, rue*) Anlieger(in *f*) *m.*

rivet [ʀivɛ] *nm* Niete *f.*

riveter [ʀivte] *vt* nieten.

rivière [ʀivjɛʀ] *nf* Fluß *m;* ~ **de diamants** Diamantenkollier *nt.*

rixe [ʀiks(ə)] *nf* Rauferei *f.*

riz [ʀi] *nm* Reis *m.*

robe [ʀɔb] *nf* (*vêtement féminin*) Kleid

nt; (*de juge, d'avocat*) Robe *f,* Talar *m;* (*d'ecclésiastique*) Gewand *nt;* (*d'un animal*) Fell *nt;* **de soirée/de mariée** Abend-/Brautkleid *nt;* ~ **de chambre** Morgenrock *m* ou -mantel *m;* ~ **de grossesse** Umstandskleid *nt.*

robinet [ʀɔbinɛ] *nm* Hahn *m;* (*du gaz* Gashahn *m;* ~ **mélangeur** Mischbatterie *f.*

roc [ʀɔk] *nm* Fels *m.*

rocaille [ʀɔkaj] *nf* (*pierraille*) Geröll *nt;* (*terrain*) steiniges Gelände *nt;* (*jardin*) Steingarten *m* // *a:* **style** ~ Rokokostil *m.*

rocailleux, euse [ʀɔkajø, øz] *a* steinig; (*style, voix*) hart.

roche [ʀɔʃ] *nf* Fels *m;* ~**s éruptives/ calcaires** Eruptiv-/Kalkgestein *nt.*

rocher [ʀɔʃe] *nm* (*bloc*) Felsen *m;* (*dans la mer*) Klippe *f;* (*matière*) Fels *m.*

rocheux, euse [ʀɔʃø, øz] *a* felsig.

rodage [ʀɔdaʒ] *nm* (*voir rodage*) Einfahren *nt;* Einführung *f;* **en** ~ wird eingefahren.

roder [ʀɔde] *vt* (*AUT*) einfahren; (*spectacle, service*) einführen.

rôder [ʀode] *vi* herumziehen; (*de façon suspecte*) herumlungern.

rogne [ʀɔɲ] *nf:* **être/mettre en** ~ gereizt ou wütend sein/wütend machen; **se mettre en** ~ wütend ou gereizt werden.

rogner [ʀɔɲe] *vt* (*cuir, plaque de métal*) beschneiden; (*ongles*) schneiden; (*ailes*) stutzen; (*prix etc*) kürzen; ~ **sur qch** (*dépenses etc*) etw kürzen.

rognons [ʀɔɲɔ̃] *nmpl* (*CULIN*) Nieren *pl.*

rognures [ʀɔɲyʀ] *nfpl* Abfälle *pl,* Schnitzel *pl.*

roi [ʀwa] *nm* König *m;* **les R**~**s mages** die Heiligen Drei Könige; **le jour ou la fête des R**~**s, les R**~**s** das Dreikönigsfest.

roitelet [ʀwatlɛ] *nm* Zaunkönig *m.*

rôle [ʀol] *nm* Rolle *f;* **jouer un** ~ **important dans...** eine wichtige Rolle spielen bei...

romain, e [ʀɔmɛ̃, ɛn] *a* römisch

(TYP) mager // nm/f Römer(in f) m // nf Romagnasalat m.

roman, e [ʀɔmɑ̃, an] a romanisch // nm Roman m; ~ **policier/ d'espionnage** Kriminal-/Spionage-roman m.

romance [ʀɔmɑ̃s] nf sentimentales Lied nt.

romancer [ʀɔmɑ̃se] vt zu einem Roman verarbeiten.

romancier, ière [ʀɔmɑ̃sje, jɛʀ] nm/f Romanschriftsteller(in f) m.

romanesque [ʀɔmanɛsk(ə)] a (incroyable) wie im Roman, sagenhaft; (sentimental) romantisch, sentimental.

roman-feuilleton [ʀɔmɑ̃fœjtɔ̃] nm Fortsetzungsroman m.

romanichel, le [ʀɔmaniʃɛl] nm/f (pej) Zigeuner(in f) m.

romantique [ʀɔmɑ̃tik] a romantisch.

romantisme [ʀɔmɑ̃tism(ə)] nm Romantik f.

romarin [ʀɔmaʀɛ̃] nm Rosmarin m.

rompre [ʀɔ̃pʀ(ə)] vt brechen; (digue) sprengen; (silence, monotonie) unterbrechen; (entretien, relations) abbrechen; (fiançailles) lösen; (équilibre) stören // vi (couple) sich trennen; ~ **avec** (personne) brechen mit; (habitude) aufgeben; **se** ~ vi (branche, digue) brechen; (corde, chaîne) reißen.

rompu, e [ʀɔ̃py] a (fourbu) kaputt, erschöpft; ~ **à** (art, métier) beschlagen in (+dat).

ronce [ʀɔ̃s] nf (BOT) Brombeerstrauch m, Brombeere f; ~**s** nfpl Dornen pl.

ronchonner [ʀɔ̃ʃɔne] vi (fam) meckern.

rond, e [ʀɔ̃, ʀɔ̃d] a (figure) Kreis m // nf (MIL) Runde f, Rundgang m; (danse) (Ringel)reihen m; (MUS) ganze Note f; **en** ~ ad im Kreis; **à la** ~**e à 10 km à la** ~**e** im Umkreis von 10 km; **passer qch à la** ~**e** herumgehen lassen; ~ **de serviette** Serviettenring m.

rondelet, ette [ʀɔ̃dlɛ, ɛt] a rundlich; (somme) nett, hübsch.

rondelle [ʀɔ̃dɛl] nf (TECH) Unterlagscheibe f; (tranche) Scheibe f.

rondement [ʀɔ̃dmɑ̃] ad (promptement) zügig, prompt; (carrément) ohne Umschweife.

rondin [ʀɔ̃dɛ̃] nm Klotz m.

rond-point [ʀɔ̃pwɛ̃] nm (runder) Platz m; Kreisverkehr m.

ronéotyper [ʀɔneɔtipe] vt mit Matrize kopieren.

ronfler [ʀɔ̃fle] vi (personne) schnarchen; (moteur) brummen; (poêle) bullern.

ronger [ʀɔ̃ʒe] vt annagen, nagen an (+dat); (fig) quälen; **se** ~ **d'inquiétude** von Sorgen verzehrt werden; **se** ~ **les ongles** an den (Finger)nägeln kauen; **se** ~ **les sangs** vor Sorgen fast umkommen.

rongeur [ʀɔ̃ʒœʀ] nm Nagetier nt.

ronronner [ʀɔ̃ʀɔne] vi schnurren.

roquet [ʀɔkɛ] nm Kläffer m.

roquette [ʀɔkɛt] nf Rakete f.

rosace [ʀozas] nf Rosette f.

rosaire [ʀozɛʀ] nm Rosenkranz m.

rosbif [ʀɔsbif] nm Roastbeef nt.

rose [ʀoz] a rosarot, rosa(farben) // nf Rose f // nm (couleur) Rosa(rot) nt; ~ **des vents** Windrose f.

rosé, e [ʀoze] a zartrosa, rosé // nm: (vin m) **rosé m** Rosé(wein) m.

roseau, x [ʀozo] nm Schilfrohr nt.

rosée [ʀoze] nf Tau m.

roseraie [ʀozʀɛ] nf Rosengarten m.

rosier [ʀozje] nm Rosenstock m.

rosir [ʀoziʀ] vi (leicht) erröten.

rosse [ʀɔs] nf (cheval) Klepper m, Gaul m // a scharf(züngig).

rosser [ʀɔse] vt (fam) verprügeln.

rossignol [ʀɔsiɲɔl] nm Nachtigall f; (crochet) Dietrich m.

rot [ʀo] nm Rülpser m; (de bébé) Bäuerchen nt.

rotatif, ive [ʀɔtatif, iv] a rotierend; (pompe) Kreisel- // nf (TYP) Rotationspresse f.

rotation [ʀɔtasjɔ̃] nf Umdrehung f, Rotation f; (de personnel) abwechselnder Dienst m; ~ **des cultures** Fruchtwechsel m; ~ **du stock** (COMM) Umsatz m.

rôti [ʀoti] nm Braten m; **un ~ de bœuf/porc** ein Rinds-/Schweine-braten.

rotin [ʀɔtɛ̃] nm Rattan nt; Peddigrohr nt.

rôtir [ʀotiʀ] vt, vi (aussi: **faire ~**) braten.

rôtisserie [ʀotisʀi] nf ≈ Steakhaus nt.

rôtissoire [ʀotiswaʀ] nf Grill m.

rotonde [ʀɔtɔd] nf (ARCHIT) Rundbau m.

rotondité [ʀɔtɔdite] nf (de la terre) Rundheit f.

rotule [ʀɔtyl] nf Kniescheibe f.

roturier, ière [ʀɔtyʀje, jɛʀ] nm/f Bürgerliche(r) mf.

rouage [ʀwaʒ] nm (d'un mécanisme) Zahnrad nt; (fig) Rad nt im Getriebe.

roucouler [ʀukule] vi gurren; (amoureux) turteln.

roue [ʀu] nf Rad nt; **faire la ~** ein Rad schlagen; **descendre en ~ libre** im Leerlauf hinunterfahren; **~s avant/arrière** Vorder-/ Hinterräder pl; **~ de secours** Reserverad nt; **~ à aubes** Schaufelrad nt; **~ dentée** Zahnrad nt.

roué, e [ʀwe] a gerissen.

rouer [ʀwe] vt: **~ qn de coups** jdn verprügeln.

rouet [ʀwe] nm Spinnrad nt.

rouge [ʀuʒ] a rot // nm (couleur) Rot nt; (vin rouge) Rotwein m; (fard) Rouge nt; **~ (à lèvres)** Lippenstift m; **passer au ~** (feu) auf Rot schalten; **porter au ~** (métal) rotglühend werden lassen.

rougeâtre [ʀuʒatʀ(ə)] a rötlich.

rouge-gorge [ʀuʒɡɔʀʒ] nm Rotkehlchen nt.

rougeole [ʀuʒɔl] nf Masern pl.

rouget [ʀuʒɛ] nm Seebarbe f.

rougeur [ʀuʒœʀ] nf Röte f.

rougir [ʀuʒiʀ] vi rot werden; (d'émotion) erröten.

rouille [ʀuj] nf Rost m // a inv (couleur) rostfarben, rostrot.

rouillé, e [ʀuje] a verrostet, rostig.

rouiller [ʀuje] vt rosten lassen; (fig) einrosten lassen // vi rosten; **se ~** vi rosten; (fig) einrosten.

roulant, e [ʀulɑ̃, ɑ̃t] a: **trottoir/ escalier ~** Rolltreg n/-treppe f.

rouleau, x [ʀulo] nm Rolle f; (de machine à écrire) Walze f; (bigoudi) Lockenwickler m; (à peinture) Roller m, Rolle f; (vague) Roller m; **être au bout du ~** am Ende sein; **~ à pâtisserie** Nudelholz nt; **~ de pellicule** Filmspule f; **~ compresseur** Dampfwalze f.

roulement [ʀulmɑ̃] nm (d'équipes) Wechsel m; (d'ouvriers) Schicht(wechsel m) f; (à billes) Kugellager m.

rouler [ʀule] vt rollen; (tissu, papier, tapis) aufrollen; (cigarette) drehen; (yeux) verdrehen, rollen mit; (pâte) auswalzen; (fam: tromper) reinlegen // vi rollen; (véhicule, conducteur) fahren; (bateau) rollen, schlingern; **se ~ dans** (boue) sich wälzen in (+dat); (couverture) sich einrollen in (+akk).

roulette [ʀulɛt] nf (d'une table, d'un fauteuil) Rolle f; (de pâtissier) Teigrädchen nt; (jeu): **la ~** Roulett nt.

roulis [ʀuli] nm Schlingern m.

roulotte [ʀulɔt] nf (Plan)wagen m.

roumain, e [ʀumɛ̃, ɛn] a rumänisch.

Roumanie [ʀumani] nf: **la ~** Rumä-nien nt.

rouquin, e [ʀukɛ̃, in] nm/f Rotschopf (m).

rousse [ʀus] a voir **roux**.

roussi [ʀusi] nm: **ça sent le ~** es riecht angebrannt; (fig) da ist etwas faul.

roussir [ʀusiʀ] vt (linge) ansengen // vi (feuilles) bräunlich werden; (CULIN): **faire ~** (an)bräunen.

route [ʀut] nf Straße f; (parcours; fig) Weg m; Route f; **par (la) ~** auf dem Landweg, zu Lande; **il y a 3h de ~** es ist eine Strecke von 3 Stunden; **en ~** unterwegs; **en ~!** los geht's!; **se mettre en ~** sich auf den Weg machen; **mettre en ~** anlassen; **faire ~ vers...** in Richtung... gehen/fahren; **faire fausse ~** (fig) auf Abwege geraten.

routier, ière [ʀutje, jɛʀ] a Straßen-

// nm (camionneur) Lastwagenfahrer m // nf (voiture) Tourenwagen m.

routine [Rutin] nf Routine f.

routinier, ière [Rutinje, jɛR] a (personne) starr; (procédé) routinemäßig, eingefahren.

rouvrir [RuvRiR] vt, vi wieder öffnen; (débat) wiedereröffnen; **se** ~ vi (porte) sich wieder öffnen; (blessure) wieder aufgehen.

roux, rousse [Ru, Rus] a rot; (personne) rothaarig // nm/f Rothaarige(r) mf // nm (CULIN) Mehlschwitze f.

royal, e, aux [Rwajal, o] a königlich; (festin, cadeau) fürstlich, prachtvoll; (indifférence, paix) göttlich.

royaume [Rwajom] nm Königreich nt; (fig) Reich nt; **le R~ Uni** das Vereinigte Königreich.

royauté [Rwajote] nf (dignité) Königswürde f; (régime) Monarchie f.

R.S.V.P. sigle (= répondez s'il vous plaît) u.A.w.g.

ruban [Rybã] nm Band nt; (de téléscripteur etc) Streifen m; (de machine à écrire) Farbband nt; ~ **adhésif** Klebestreifen m.

rubéole [Rybeɔl] nf Röteln pl.

rubis [Rybi] nm Rubin m.

rubrique [RybRik] nf Rubrik f; (dans journal) Spalte f.

ruche [Ryʃ] nf Bienenstock m.

rude [Ryd] a hart, rauh; (difficile) hart; (bourru) grob, rauh; (fruste) herb, knorrig.

rudimentaire [RydimãtɛR] a elementar.

rudiments [Rydimã] nmpl Grundlagen pl.

rudoyer [Rydwaje] vt hart anpacken.

rue [Ry] nf Straße f.

ruée [Rɥe] nf Gedränge nt; **la** ~ **vers l'or** der Goldrausch.

ruelle [Rɥɛl] nf Gäßchen nt, Sträßchen nt.

ruer [Rɥe] vi ausschlagen; **se** ~ **sur/vers** sich stürzen auf (+akk); **se** ~ **dans/hors de** sich stürzen in (+akk)/hinausstürzen aus.

rugby [Rygbi] nm Rugby nt.

rugir [RyʒiR] vi brüllen; (moteur) dröhnen, heulen // vt brüllen.

rugueux, euse [Rygø, øz] a rauh.

ruine [Rɥin] nf (d'un édifice) Ruine f; (fig) Ruin m; **tomber en** ~ zerfallen.

ruiner [Rɥine] vt ruinieren; **se** ~ sich ruinieren.

ruisseau, x [Rɥiso] nm Bach m; (caniveau) Gosse f.

ruisseler [Rɥisle] vi (eau, larmes) strömen; (pluie) in Strömen fließen; (mur, arbre) tropfen; ~ **de larmes/ sueur** tränenüberströmt/schweißgebadet sein.

rumeur [RymœR] nf (bruit confus) Lärm m; (de voix) Gemurmel nt; (nouvelle) Gerücht nt.

ruminer [Rymine] vt wiederkäuen; (fig) mit sich herumtragen // vi (vache) wiederkäuen.

rupture [RyptyR] nf (d'un câble) Zerreißen nt; (d'une digue) Bruch m; (d'un tendon) Riß m; (des négociations) Abbruch m; (séparation) Trennung f.

rural, e, aux [RyRal, o] a ländlich, Land-.

ruse [Ryz] nf List f; **par** ~ durch eine List.

rusé, e [Ryze] a gewitzt, listig.

russe [Rys] a russisch; **R~** nm/f Russe m, Russin f.

Russie [Rysi] nf: **la** ~ Rußland nt.

rustique [Rystik] a (mobilier) rustikal; (vie) ländlich; (plante) widerstandsfähig.

rustre [RystR(ə)] nm Flegel m, Bauer m.

rut [Ryt] nm: **le** ~ **die Brunst(zeit)**; **en** ~ brünstig.

rutilant, e [Rytilã, ãt] a glänzend.

rythme [Ritm(ə)] nm Rhythmus m; (de la vie) Tempo nt.

rythmé, e [Ritme] a rhythmisch.

rythmique [Ritmik] a rhythmisch // nf: **la** ~ **die Rhythmik.**

S

S.A. sigle voir **société.**

sable [sabl(ə)] nm Sand m; ~**s mouvants** Treibsand m.

sablé [sable] *nm* Butterkeks *m.*

sabler [sable] *vt* mit Sand bestreuen; *(chaussée verglacée)* streuen; ~ **le champagne** Champagner trinken.

sablier [sablije] *nm* Sanduhr *f; (de cuisine)* Eieruhr *f.*

sablière [sablijɛr] *nf (carrière)* Sandgrube *f.*

sablonneux, euse [sablɔnø, øz] *a* sandig.

saborder [sabɔrde] *vt* versenken; *(fig)* zumachen.

sabot [sabo] *nm* Holzschuh *m; (ZOOL)* Huf *m.*

saboter [sabɔte] *vt* sabotieren.

sabre [sabr(ə)] *nm* Säbel *m.*

sac [sak] *nm* Tasche *f; (à charbon, patates etc)* Sack *m; (en papier)* Tüte *f; (pillage)* Plünderung *f;* ~ **de couchage** Schlafsack *m;* ~ **à dos** Rucksack *m;* ~ **à main** Handtasche *f;* ~ **à provisions** Einkaufstasche *f;* **mettre à** ~ plündern.

saccade [sakad] *nf* Ruck *m.*

saccager [sakaʒe] *vt* plündern; *(fig)* verwüsten.

saccharine [sakarin] *nf* Süßstoff *m.*

sacerdoce [saserdɔs] *nm (prêtrise)* Priestertum *nt.*

sachet [saʃɛ] *nm* Tütchen *nt;* ~ **de thé** Teebeutel *m.*

sacoche [sakɔʃ] *nf* Tasche *f; (de vélo, moto)* Satteltasche *f.*

sacre [sakr(ə)] *nm (d'un souverain)* Krönung *f.*

sacré, e [sakre] *a* heilig; *(fam)* verdammt.

sacrement [sakrəmɑ̃] *nm* Sakrament *nt.*

sacrifice [sakrifis] *nm* Opfer *nt;* **faire des** ~**s** Opfer bringen.

sacrifier [sakrifje] *vt* opfern; ~ **à** *(obéir à)* sich unterordnen (+*dat*); **se** ~ *vt* sich (*auf*)opfern.

sacrilège [sakrilɛʒ] *nm* Sakrileg *nt; (fig)* Frevel *m // a* frevelhaft.

sacristain [sakristɛ̃] *nm* Küster *m.*

sacristie [sakristi] *nf* Sakristei *f.*

sacro-saint, e [sakrosɛ̃, ɛt] *a* hochheilig.

sadique [sadik] *a* sadistisch // *nm/f* Sadist(in *f*) *m.*

sadisme [sadism(ə)] *nm* Sadismus *m.*

sagace [sagas] *a* scharfsinnig.

sage [saʒ] *a* klug, weise; *(enfant)* artig, brav // *nm* Weise(r) *m.*

sage-femme [saʒfam] *nf* Hebamme *f.*

sagesse [saʒɛs] *nf* Klugheit *f,* Weisheit *f.*

Sagittaire [saʒitɛr] *nm (ASTR)* **le** ~ der Schütze.

saignant, e [sɛɲɑ̃, ɑ̃t] *a (viande)* blutig, englisch; *(blessure, plaie)* blutend.

saignée [seɲe] *nf (MED)* Aderlaß *m; (ANAT):* **la** ~ **du bras** die Armbeuge; *(fig)* schwerer Verlust *m.*

saignement [sɛɲmɑ̃] *nm* Blutung *f;* ~ **de nez** Nasenbluten *nt.*

saigner [seɲe] *vi* bluten; *vt (MED)* Blut entnehmen (+*dat*); *(animal)* abschlachten; *(fig)* ausbluten.

saillie [saji] *nf (d'une construction)* Vorsprung *m; (trait d'esprit)* geistreiche Bemerkung *f.*

saillir [sajir] *vi (faire saillie)* vorstehen // *vt (monter)* decken.

sain, e [sɛ̃, sɛn] *a* gesund; ~ **et sauf** unversehrt.

saindoux [sɛ̃du] *nm* Schweineschmalz *nt.*

saint, e [sɛ̃, sɛ̃t] *a* heilig // *nm/f* Heilige(r) *m* // *nm (statue)* Heiligenstatue *f;* ~ **Pierre** der heilige Petrus; *(église)* Sankt Peter; **une** ~ **nitouche** eine Scheinheilige.

saint-bernard [sɛ̃bɛrnar] *nm inv (chien)* Bernhardiner *m.*

sainteté [sɛ̃tte] *nf* Heiligkeit *f.*

Saint-Sylvestre [sɛ̃silvɛstr] *nf:* **la** ~ Silvester *m ou nt.*

saisie [sezi] *nf (JUR)* Beschlagnahme *f; Pfändung f.*

saisir [sezir] *vt* nehmen, ergreifen; *(comprendre)* erfassen; *(CULIN)* kurz (an)braten; *(JUR)* beschlagnahmen; *(pour dettes)* pfänden; ~ **un tribunal d'une affaire** ein Gericht wegen einer Sache anrufen.

saisissant, e [sezisɑ̃, ɑ̃t] *a* ergreifend; auffallend.

saisissement [sezismã] nm: **muet/figé de ~** überwältigt/wie gelähmt.

saison [sɛzɔ̃] nf Jahreszeit f; (époque) Zeit f; (touristique) Saison f; **en/hors ~** in der/außerhalb der Saison; **haute/basse/morte ~** Hoch-/Zwischen-/Nachsaison f.

saisonnier, ière [sɛzɔnje, jɛʀ] a (produits) der entsprechenden Jahreszeit f // nm (travailleur) Saisonarbeiter m.

salade [salad] nf Salat m; (BOT) Salatpflanze f; **~s** nfpl (fam): **raconter des ~s** Märchen erzählen; **haricots en ~** Bohnensalat m; **~ de fruits** Fruchtsalat m.

saladier [saladje] nm (Salat)schüssel f.

salaire [salɛʀ] nm Lohn m; (d'un employé) Gehalt nt; **~ de base** Grundgehalt nt/-lohn m.

salaison [salɛzɔ̃] nf (opération) Einsalzen m; **~s** nfpl (produits) Pökelfleisch nt/-fisch m, Gepökelte(s) nt.

salami [salami] nm Salami f.

salarié, e [salaʀje] nm/f Lohn-/Gehaltsempfänger(in f) m.

salaud [salo] nm (fam!) Scheißkerl m.

sale [sal] a schmutzig; (avant le nom: fam) Drecks-.

salé, e [sale] a salzig; (CULIN) gesalzen; (histoire, plaisanterie) schlüpfrig, pikant.

saler [sale] vt (plat) salzen; (pour conserver) pökeln.

saleté [salte] nf Schmutz m; (action vile, obscénité) Schweinerei f; (chose sans valeur) Mist m.

salière [saljɛʀ] nf (récipient) Salznäpfchen nt.

salin, e [salɛ̃, in] a salzig // f Saline f.

salir [saliʀ] vt beschmutzen, schmutzig machen; (personne, réputation) besudeln, beschmutzen.

salissant, e [salisã, ãt] a leicht schmutzend, heikel; (métier) schmutzig.

salive [saliv] nf Speichel m.

saliver [salive] vi sabbern.

salle [sal] nf Zimmer nt; (de restaurant) Speiseraum m; (de musée) Saal m; (public) Zuschauer pl; **faire ~ comble** volles Haus haben; **~ à manger** Eßzimmer nt; **~ d'attente** Wartesaal m; **~ d'eau** Duschraum m; **~ de bain(s)** Badezimmer nt; **~ de séjour** Wohnzimmer nt.

salon [salɔ̃] nm Salon m; (pièce) Wohnzimmer nt; (mobilier) Polstergarnitur f; **~ de coiffure** Friseursalon m; **~ de thé** Café nt.

salopard [salɔpaʀ] nm (fam!) Scheißkerl m.

saloperie [salɔpʀi] nf (fam!) Schweinerei f, Sauerei f(!).

salopette [salɔpɛt] nf Latzhose f; (de travail) Overall m.

salsifis [salsifi] nm Schwarzwurzel f.

salubre [salybʀ(ə)] a gesund.

saluer [salɥe] vt begrüßen; (: pour dire au revoir) sich verabschieden von; (MIL) salutieren.

salut [saly] nm (sauvegarde) Wohl nt, Sicherheit f; (REL) Erlösung f, Heil nt; (geste, parole) Gruß m; (MIL) Salut m // excl (bonjour) hallo!; (au revoir) tschüs!

salutaire [salytɛʀ] a heilsam, nützlich.

salutations [salytasjɔ̃] nfpl Begrüßung f, Gruß m; **recevez mes ~ distinguées/respectueuses** mit freundlichen Grüßen.

samedi [samdi] nm Samstag m.

sanctifier [sãktifje] vt heiligen.

sanction [sãksjɔ̃] nf Sanktion f.

sanctuaire [sãktɥɛʀ] nm heiliger Ort m; (d'une église) Altarraum m.

sandale [sãdal] nf Sandale f.

sandwich [sãdwitʃ] nm Sandwich nt, belegtes Brot nt; **pris en ~** (entre) eingeklemmt (zwischen +dat).

sang [sã] nm Blut nt; **se faire du mauvais ~** sich (dat) Sorgen machen.

sang-froid [sãfʀwa] nm Kaltblütigkeit f; **garder son ~** ruhig Blut bewahren; **perdre son ~** die Fassung verlieren.

sanglant, e [sãglã, ãt] a blutig; (reproche, affront) tief verletzend.

sangle [sãgl(ə)] nf Gurt m.

sanglier [sɑ̃glije] *nm* Wildschwein *nt*.

sangloter [sɑ̃glɔte] *vi* schluchzen.

sangsue [sɑ̃sy] *nf* Blutegel *m*.

sanguin, e [sɑ̃gɛ̃, in] *a* Blut-; *(tempérament)* hitzig // *(nf) (orange)* Blutorange *f*; *(ART)* Rötelzeichnung *f*.

sanguinaire [sɑ̃ginɛʀ] *a* blutrünstig.

sanguinolent, e [sɑ̃ginɔlɑ̃, ɑ̃t] *a* blutig.

sanitaire [sanitɛʀ] *a* sanitär, Gesundheits-.

sans [sɑ̃] *prep* ohne (+*akk*); ~ **qu'il s'en aperçoive** ohne daß er es merkt.

sans-abri [sɑ̃zabʀi] *nm/f inv* Obdachlose(r) *mf*.

sans-façon [sɑ̃fasɔ̃] *nm inv* Ungezwungenheit *f*.

sans-gêne [sɑ̃ʒɛn] *a inv* ungeniert // *nm inv* Ungeniertheit *f*.

sans-travail [sɑ̃tʀavaj] *nm/f* Arbeitslose(r) *mf*.

santé [sɑ̃te] *nf* Gesundheit *f*; **être en bonne** ~ gesund sein; **boire à la** ~ **de qn** auf jds Wohl trinken; **à ta** ~! prost!.

santon [sɑ̃tɔ̃] *nm* Krippenfigur *f*.

saoul [su, sul] *a* = **soûl**.

saper [sape] *vt* untergraben; *(fig)* unterminieren.

sapeur [sapœʀ] *nm* (*MIL*) Pionier *m*.

sapeur-pompier [sapœʀpɔ̃pje] *nm* Feuerwehrmann *m*.

sapin [sapɛ̃] *nm* Tanne *f*, Tannenbaum *m*; ~ **de Noël** Weihnachtsbaum *m*.

sarcastique [saʀkastik] *a* sarkastisch.

sarcler [saʀkle] *vt* jäten.

sarde [saʀd(ə)] *a* sardisch.

sardine [saʀdin] *nf* Sardine *f*.

S.A.R.L. *sigle voir* **société**.

sarment [saʀmɑ̃] *nm*: ~ **(de vigne)** Weinranke *f*.

sarrau [saʀo] *nm* Kittel *m*.

Sarre [saʀ] *nf*: **la** ~ **das** Saarland *nt*; *(rivière)* die Saar.

sarriette [saʀjɛt] *nf* (*BOT, CULIN*) Bohnenkraut *nt*.

sas [sɑ] *nm (pièce étanche)* Luftschleuse *f*; ~ **de** Verbindungsschleuse *f*; *(d'une écluse)* Schleusenkammer *f*.

satané, e [satane] *a (devant le nom)* verflucht, verteufelt.

satanique [satanik] *a* teuflisch.

satellite [satelit] *nm* Satellit *m*.

satiété [sasjete] *ad*: **manger/boire à** ~ **sich satt essen/seinen Durst löschen**; **répéter à** ~ **bis zum Überdruß wiederholen**.

satin [satɛ̃] *nm* Satin *m*.

satiné, e [satine] *a* satiniert; *(peau)* seidig.

satirique [satiʀik] *a* satirisch.

satisfaction [satisfaksjɔ̃] *nf (action)* Befriedigung *f*; *(état)* Zufriedenheit *f*; **obtenir** ~ Genugtuung erlangen; **donner** ~ **(à qn)** (jdn) zufriedenstellen.

satisfaire [satisfɛʀ] *vt* befriedigen; ~ **à** *vt* erfüllen (+*akk*).

satisfait, e [satisfɛ, ɛt] *a* zufrieden (*de mit*).

saturation [satyʀasjɔ̃] *nf (PHYS)* Sättigung *f*; *(de l'emploi, du marché)* Übersättigung *f*.

saturer [satyʀe] *vt* übersättigen *(de mit)*.

sauce [sos] *nf* Soße *f*; **en** ~ im Saft; ~ **à salade** Salatsoße *f*; ~ **tomate** Tomatensoße *f*.

saucière [sosjɛʀ] *nf* Sauciere *f*, Soßenschüssel *f*.

saucisse [sosis] *nf* Bratwurst *f*; Würstchen *nt*.

saucisson [sosisɔ̃] *nm* Wurst *f*; ~ **sec/à l'ail** Hart-/Knoblauchwurst *f*.

sauf [sof] *prep* außer (+*dat*); ~ **si...** außer, wenn...; ~ **empêchement** wenn nichts dazwischenkommt; ~ **erreur** wenn ich mich nicht irre; ~ **avis contraire** sofern nichts Gegenteiliges zu hören ist.

sauf, sauve [sof, sov] *a* unbeschadet; **laisser la vie sauve à qn** jds Leben verschonen.

sauf-conduit [sofkɔ̃dɥi] *nm (lettre)* Geleitbrief *m*.

sauge [soʒ] *nf* Salbei *m*.

saugrenu, e [sogʀəny] *a* absurd.

saule [sol] nm Weide f; ~ **pleureur** Trauerweide f.

saumâtre [somɑtr(ə)] a (eau) salzig; (goût) unangenehm.

saumon [somɔ̃] nm Lachs m.

saumure [somyʀ] nf Salzlake f.

saupoudrer [sopudʀe] vt bestreuen.

saur [sɔʀ] am: **hareng ~** Bückling m.

saut [so] nm Sprung m; (HIPPISME) Springreiten nt; (SKI) Skispringen nt; **faire un ~ chez qn** auf einen Sprung bei jdm vorbeigehen; **au ~ du lit** beim Aufstehen nt; ~ **en hauteur/longueur** Hoch-/Weitsprung m; ~ **à la perche** Stabhochsprung m; ~ **périlleux** Salto Mortale m; ~ **en parachute** Fallschirmspringen nt.

saute [sot] nf: ~ **de vent** Windumsprung m; ~ **de température** Temperaturumschwung m; **avoir des ~s d'humeur** wechselhaft sein.

sauté, e [sote] a (CULIN) gebraten // nm: ~ **de veau** Kalbsbraten m.

saute-mouton [sotmutɔ̃] nm Bockspringen nt.

sauter [sote] vi (bondir) springen; (exploser) in die Luft fliegen; (fusibles) durchbrennen; (se rompre) reißen // vt (obstacle) überspringen; (omettre) überspringen, auslassen; **faire ~** (avec des explosifs) sprengen; (CULIN) braten; ~ **à pieds joints** aus dem Stand springen; ~ **en parachute** mit dem Fallschirm abspringen; ~ **à la corde** seilspringen; ~ **de joie** vor Freude hüpfen; ~ **au cou de qn** jdm um den Hals fallen.

sauterelle [sotʀɛl] nf Heuschrecke f.

sautiller [sotije] vi hopsen, hüpfen.

sautoir [sotwaʀ] nm (de perles) Halskette f.

sauvage [sovaʒ] a wild; (insociable) ungesellig // nm Wilde(r) mf; (brute) Barbar(in f) m.

sauve [sov] af voir **sauf**.

sauvegarde [sovgaʀd(ə)] nf Schutz m; **sauvegarder** vt schützen.

sauve-qui-peut [sovkipø] nm Panik f // excl rette sich, wer kann!

sauver [sove] vt retten; ~ **qn de** jdn retten aus; **se** ~ vi (fam: partir) abhauen.

sauvetage [sovtaʒ] nm Rettung f.

sauvette [sovɛt]: **à la ~** a, ad (vendre) schwarz; (se marier etc) überstürzt.

sauveur [sovœʀ] nm Retter m; (REL): **le S~** der Erlöser.

savamment [savamɑ̃] ad (avec érudition) gelehrt; (habilement) geschickt.

savant, e [savɑ̃, ɑ̃t] a (instruit) gelehrt; (édition, travaux) wissenschaftlich; (fig) bewandert; schwierig; (démonstration, combinaison) geschickt // nm Gelehrte(r) m.

saveur [savœʀ] nf (goût) Geschmack m; (fig) Reiz m.

savoir [savwaʀ] vt wissen; (connaître) können; (être capable de): ~ **nager** schwimmen können // (fig): ~ **nager** (culture, érudition) Wissen nt; **se ~ malade** wissen, daß man krank ist; **à ~** nämlich; **faire ~ qch à qn** jdm etw wissen lassen; **sans le ~** unbewußt, automatisch.

savoir-faire [savwaʀfɛʀ] nm inv: **le ~** das Know-how.

savoir-vivre [savwaʀvivʀ] nm inv gute Manieren pl.

savon [savɔ̃] nm Seife f; (fam): **passer un ~ à qn** jdm den Kopf waschen; **savonner** vt einseifen; **savonnette** nf Toilettenseife f; **savonneux, euse** a seifig.

savourer [savuʀe] vt genießen.

savoureux, euse [savuʀø, øz] a köstlich.

scabreux, euse [skabʀø, øz] a (périlleux) heikel; (indécent) anstößig.

scandale [skɑ̃dal] nm Skandal m; (indignation): **au grand ~ de...** zum großen Ärgernis nt von...; (tapage): **faire du ~** einen Spektakel machen; **faire ~** Anstoß erregen.

scandaleux, euse [skɑ̃dalø, øz] a skandalös; (prix) empörend.

scandaliser [skɑ̃dalize] vt entrüsten.

scaphandre [skafɑ̃dʀ(ə)] nm (de

plongeur) Taucheranzug m.

scarabée [skaʀabe] *nm* Käfer m.

scarlatine [skaʀlatin] *nf* Scharlach nt.

sceau, x [so] *nm (cachet)* Siegel nt; *(fig)* Stempel m.

scélérat, e [seleʀa, at] *nm/f* Schurke m, Schurkin f.

sceller [sele] *vt* besiegeln; *(lettre, ouverture)* versiegeln.

scénario [senaʀjo] *nm* Szenario nt.

scène [sɛn] *nf* Szene f; *(lieu de l'action)* Schauplatz m; *(THEAT):* **la ~ de Bühne;** **entrer en ~** auftreten; **mettre en ~** inszenieren; **~ de ménage** Ehekrach m.

sceptique [septik] *a* skeptisch.

sceptre [septʀ(ə)] *nm* Zepter nt.

schéma [ʃema] *nm* Schema nt.

schématique [ʃematik] *a* schematisch.

schisme [ʃism(ə)] *nm* Spaltung f.

schiste [ʃist(ə)] *nm* Schiefer m.

schizophrène [skizofʀɛn] *nm/f* Schizophrene(r) *mf*.

sciatique [sjatik] *nf* Ischias m.

scie [si] *nf* Säge f; **~ à bois/métaux** Holz-/Metallsäge f; **~ à découper** Laubsäge f; **~ circulaire** Kreissäge f.

sciemment [sjamã] *ad* wissentlich.

science [sjãs] *nf* Wissenschaft f; *(connaissance)* Wissen nt; **les ~s** *(SCOL)* die Naturwissenschaften.

science-fiction [sjãsfiksjɔ̃] *nf* Science-Fiction f.

scientifique [sjãtifik] *a* wissenschaftlich // *nm/f* Wissenschaftler(in f) m.

scier [sje] *vt* sägen.

scierie [siʀi] *nf* Sägewerk nt.

scinder [sɛde] *vt* aufspalten; **se ~** *vi (parti)* sich aufspalten.

scintiller [sɛtije] *vi* funkeln.

scission [sisjɔ̃] *nf* Spaltung f.

sciure [sjyʀ] *nf:* **~ (de bois)** Sägemehl nt.

sclérose [skleʀoz] *nf* Sklerose f; *(fig)* Verknöcherung f; **~ artérielle** Arterienverkalkung f.

scolaire [skɔlɛʀ] *a* Schul-, schulisch; **l'année ~** das Schuljahr; **en âge ~** im Schulalter.

scolariser [skɔlaʀize] *vt* mit Schulen versorgen.

scolarité [skɔlaʀite] *nf* Schulbesuch m; Schulzeit f; **la ~ de** Schulgeld nt; **la ~ obligatoire** die Schulpflicht.

scooter [skutœʀ] *nm* Motorroller m.

score [skɔʀ] *nm* Punktstand m.

scorpion [skɔʀpjɔ̃] *nm (ZOOL, ASTR)* Skorpion m.

scout [skut] *nm* Pfadfinder m.

scoutisme [skutism(ə)] *nm* Pfadfinderbewegung f.

scribe [skʀib] *nm* Schreiber m; *(pej)* Schreiberling m.

script [skʀipt] *nm* Wahl f; **~ à deux tours** Wahl mit zwei Durchgängen.

scrupule [skʀypyl] *nm* Skrupel m.

scrupuleux, euse [skʀypylœ, øz] *a* gewissenhaft.

scrutateur, trice [skʀytatœʀ, tʀis] *a* forschend.

scruter [skʀyte] *vt* erforschen; *(motifs, comportement)* ergründen.

scrutin [skʀytɛ̃] *nm* Wahl f; **~ à deux tours** Wahl mit zwei Durchgängen.

sculpter [skylte] *vt* in Stein hauen; *(pierre)* meißeln; *(bois)* schnitzen.

sculpteur [skyltœʀ] *nm* Bildhauer m.

sculpture [skyltyʀ] *nf* Skulptur f.

se [s(ə)] *pron* sich; **~ casser la jambe/laver les mains** *(dat)* das Bein brechen/die Hände waschen.

séance [seãs] *nf* Sitzung f; *(récréative, musicale)* Veranstaltung f; *(FILM, THEAT)* Vorstellung f; **~ tenante** *ad* unverzüglich.

séant, e [seã, seãt] *a* anständig // *nm (fam)* Gesäß nt, Hintern m.

seau, x [so] *nm* Eimer m; **~ à glace** Eiskühler m.

sec, sèche [sɛk, sɛʃ] *a* trocken; *(fruits)* getrocknet; *(bruit)* kurz; *(insensible)* hart; *(réponse, ton)* schroff // *nm:* **tenir au ~** trocken aufbewahren // *ad (démarrer)* hart; **à ~** *a (cours d'eau)* ausgetrocknet.

sécateur [sekatœʀ] *nm* Gartenschere f.

sécession [sesesjɔ̃] nf: **faire** ~ sich abspalten.

sèche [sɛʃ] af voir **sec**.

sèche-cheveux [sɛʃəvø] nm inv Haartrockner m, Fön ® m.

sécher [seʃe] vt trocknen; (peau) austrocknen; (fam: SCOL) schwänzen // vi trocknen; (fam: candidat) ins Rotieren kommen; **se** ~ sich abtrocknen.

sécheresse [sɛʃʀɛs] nf Trockenheit f; (fig: du ton) Schroffheit f.

séchoir [seʃwaʀ] nm (à linge) Wäschetrockner m; (à cheveux) Haartrockner m, Fön ® m.

second, e [s(ə)gɔ̃, d] a zweite(r, s) // nm (adjoint) zweiter Mann m; (étage) zweiter Stock m; (NAVIG) Unteroffizier m, Maat m // nf (d'une minute) Sekunde f; (SCOL) Obersekunda f; **voyager en** ~**e** zweiter Klasse reisen.

secondaire [s(ə)gɔ̃dɛʀ] a (accessoire) sekundär, nebensächlich; (SCOL) höher, weiterführend.

seconder [s(ə)gɔ̃de] vt unterstützen, helfen (+dat).

secouer [s(ə)kwe] vt schütteln; (tapis) ausschütteln; (passagers) durchschütteln; (sujet: séisme) erschüttern.

secourir [s(ə)kuʀiʀ] vt helfen (+dat).

secourisme [s(ə)kuʀism(ə)] nm Erste Hilfe f.

secouriste [s(ə)kuʀist(ə)] nm/f Sanitäter(in f) m.

secours [s(ə)kuʀ] nm Hilfe f; ~ nmpl (soins, équipes de secours) Hilfe f; (aide matérielle) Unterstützung f; **appeler au** ~ um Hilfe rufen; **aller au** ~ **de qn** jdm zu Hilfe kommen; **les premiers** ~ die Erste Hilfe f.

secousse [s(ə)kus] nf Erschütterung f; (fig, électrique) Schlag m; ~ **sismique** ou **tellurique** Erdstoß m.

secret, ète [sakʀɛ, ɛt] a geheim; (renfermé) reserviert // nm Geheimnis nt; (discrétion) Verschwiegenheit f; **en** ~ insgeheim; **au** ~ (prisonnier) isoliert.

secrétaire [s(ə)kʀetɛʀ] nm/f Sekretär(in f) m // nm (meuble) Sekretär m; ~ **de direction** Privatsekretär(in f) m; ~ **général** Generalsekretär(in f) m.

secrétariat [s(ə)kʀetaʀja] nm (profession) sekretärischer Beruf m; (bureau) Sekretariat nt; (fonction) Amt nt des Schriftführers.

sécréter [sekʀete] vt absondern.

sectaire [sɛktɛʀ] a sektiererisch.

secte [sɛkt(ə)] nf Sekte f.

secteur [sɛktœʀ] nm Sektor m, Bereich m; (ELEC): **branché sur le** ~ **ans** (Strom)netz angeschlossen.

section [sɛksjɔ̃] nf Schnitt m; (tronçon) Abschnitt m, (de parcours) Teilstrecke f; (d'une estrade, université) Abteilung f; (SCOL) Zug m; **tube de 6,5 mm de** ~ Rohr mit 6,5 mm Durchmesser.

sectionner [sɛksjɔne] vt durchschneiden; (membre) abtrennen.

séculaire [sekylɛʀ] a hundertjährig; (fête, cérémonie) Hundertjahres-.

séculier, ière [sekylje, jɛʀ] a weltlich.

sécuriser [sekyʀize] vt ein Gefühl der Sicherheit geben (+dat).

sécurité [sekyʀite] nf Sicherheit f; **la** ~ **sociale** die Sozialversicherung.

sédatif [sedatif] nm Beruhigungsmittel nt.

sédentaire [sedɑ̃tɛʀ] a seßhaft; (profession) sitzend; (casanier) häuslich.

sédiment [sedimɑ̃] nm (au fond d'une bouteille) Bodensatz m; ~**s** nmpl (GEO) Ablagerungen pl.

séditieux, euse [sedisjø, øz] a aufrührerisch, rebellisch.

sédition [sedisjɔ̃] nf Aufstand m.

séducteur, trice [sedyktœʀ, tʀis] nm/f Verführer(in f) m.

séduction [sedyksjɔ̃] nf (action) Verführung f; (attrait) Reiz m.

séduire [sedɥiʀ] vt (conquérir) für sich gewinnen, erobern; (femme) verführen; (captiver) bezaubern.

séduisant, e [sedɥizɑ̃, ɑ̃t] bezaubernd; (offre, promesse) verführerisch.

segment [sɛgmɑ̃] nm (MATH)
Segment nt; Abschnitt m; (AUT): ~
(**de piston**) Kolbenring m.

segmenter [sɛgmɑ̃te] vt teilen.

ségrégation [segregasjɔ̃] nf: ~
raciale Rassentrennung f.

seigle [sɛgl(ə)] nm Roggen m.

seigneur [sɛɲœr] nm (féodal) Herr
m, Gutsherr m; (REL): **le S~** der
Herr.

sein [sɛ̃] nm (poitrine) Busen m;
(thorax) Brust f; **au ~ de** prep
inmitten (+gen); **nourrir au ~**
stillen.

séisme [seism(ə)] nm Erdbeben nt.

seize [sɛz] a num sechzehn.

séjour [seʒur] nm Aufenthalt m;
(pièce) Wohnzimmer nt.

séjourner [seʒurne] vi sich
aufhalten.

sel [sɛl] nm Salz nt; (fig: piquant)
Würze f; ~ **de cuisine/fin** ou **de
table** Koch-/Tafelsalz nt.

sélection [selɛksjɔ̃] nf Auswahl f.

sélectionner [selɛksjɔne] vt
auswählen.

self-service [sɛlfsɛrvis] nm
Selbstbedienungsgeschäft nt/-
restaurant nt.

selle [sɛl] nf Sattel m; (CULIN)
Rücken m; ~ s nfpl (MED) Stuhlgang
m; **se mettre en** ~ aufsitzen.

seller [sele] vt satteln.

sellette [sɛlɛt] nf: **mettre qn/être
sur la** ~ jn ins Kreuzfeuer
nehmen/im Kreuzfeuer stehen.

sellier [selje] nm Sattler m.

selon [s(ə)lɔ̃] prep gemäß (+dat); ~
moi nach meiner Meinung nach; ~ **les
circonstances** den Umständen
entsprechend; ~ **que** je nachdem ob.

semailles [s(ə)maj] nfpl Saat f.

semaine [s(ə)mɛn] nf Woche f; (jours
ouvrables): **en** ~ werktags; **la** ~
sainte die Karwoche.

sémaphore [semafɔr] nm (RAIL)
Signalmast m.

semblable [sɑ̃blabl(ə)] a ähnlich;
(démonstratif): **de** ~s **mésa-
ventures/calomnies** derartiges

Mißgeschick nt/derartige Ver-
leumdungen pl // nm (prochain)
Mitmensch m; **à so wie, ähnlich
wie.

semblant [sɑ̃blɑ̃] nm Anschein m;
faire ~ **de** so tun, als ob
man etw täte; **faire** ~ nur so tun.

sembler [sɑ̃ble] vb avec attribut
scheinen; **cela leur semblait cher/
pratique** das kam ihnen teuer/
praktisch vor // vb impers: **il semble
inutile/bon de...** es scheint
unnötig/ratsam, zu...; **il semble que**
es hat den Anschein, daß; **il me
semble que** mir scheint, daß;
comme/quand bon lui semble
nach seinem Gutdünken.

semelle [s(ə)mɛl] nf Sohle f.

semence [s(ə)mɑ̃s] nf (graine) Samen
m.

semer [s(ə)me] vt (aus)säen; (fig)
(aus)streuen; (poursuivants)
abhängen; ~ **la discorde/terreur
parmi...** Streit m/Schrecken m verbreiten unter (+dat).

semestre [s(ə)mɛstr(ə)] nm Halb-
jahr nt; (SCOL) Semester nt.

semi- [səmi] préf halb-.

séminaire [seminɛr] nm Seminar nt.

semi-remorque [səmirəmɔrk]
nm (camion) Sattelschlepper m.

semis [s(ə)mi] nm Saat f; (plant)
Sämling m.

sémite [semit] a semitisch.

semonce [səmɔ̃s] nf (réprimande)
Verweis m.

semoule [s(ə)mul] nf Grieß m.

sempiternel, le [sɛ̃piternɛl] a ewig.

sénat [sena] nm Senat m.

sénateur [senatœr] nm Senator m.

sénile [senil] a senil.

sens [sɑ̃s] nm Sinn m; (signification)
Sinn m, Bedeutung f; (direction) Richtung f; ~ **interdit/giratoire/unique**
Durchfahrt verboten/Kreisverkehr
m/Einbahnstraße f; ~ **figuré/
propre** übertragene/wörtliche Bedeutung; **avoir le** ~ **des affaires/
de la mesure** Geschäftssinn m/einen
Sinn für das richtige Maß haben;
reprendre ses ~ das Bewußtsein
wiedererlangen; **dans le** ~ **de la**

longueur der Länge nach; **dans le mauvais** ~ verkehrt herum; **bon** ~, ~ **commun** gesunder Menschenverstand *m*; ~ **dessus dessous** *ad* völlig durcheinander.

sensation [sɑ̃sasjɔ̃] *nf* Gefühl *nt*; *(effet de surprise)* Sensation *f*; **faire** ~ Aufsehen *nt* erregen.

sensationnel, le [sɑ̃sasjɔnɛl] *a* sensationell.

sensé, e [sɑ̃se] *a* vernünftig.

sensibiliser [sɑ̃sibilize] *vt*: ~ **qn (à)** jdn sensibilisieren (für).

sensibilité [sɑ̃sibilite] *nf* Empfindlichkeit *f*; *(émotivité)* Sensibilität *f*.

sensible [sɑ̃sibl(ə)] *a (personne)* sensibel; *(gorge, instrument)* empfindlich; *(perceptible)* wahrnehmbar; *(appréciable)* merklich; *(PHOT)* hochempfindlich; ~ **à** *(flatterie, musique)* empfänglich für; *(chaleur, radiations)* empfindlich gegen.

sensiblement [sɑ̃siblǝmɑ̃] *ad (notablement)* merklich; *(à peu près)* so etwa.

sensiblerie [sɑ̃siblǝri] *nf* Gefühlsduselei *f*.

sensitif, ive [sɑ̃sitif, iv] *a (nerf)* sensorisch; *(personne)* überempfindlich.

sensualité [sɑ̃sɥalite] *nf* Sinnlichkeit *f*.

sensuel, le [sɑ̃sɥɛl] *a* sinnlich.

sentence [sɑ̃tɑ̃s] *nf (jugement)* Urteil *(spruch m)* *nt*; *(maxime)* Maxime *f*.

sentencieux, euse [sɑ̃tɑ̃sjø, øz] *a* dozierend.

senteur [sɑ̃tœr] *nf* Duft *m*.

sentier [sɑ̃tje] *nm* Weg *m*, Pfad *m*.

sentiment [sɑ̃timɑ̃] *nm* Gefühl *nt*; **recevez mes** ~**s respectueux** ou **dévoués** mit freundlichen Grüßen; **faire du** ~ auf die Tränendrüsen drücken.

sentimental, e, aux [sɑ̃timɑ̃tal, o] *a* sentimental; *(vie, aventure)* Liebes-.

sentinelle [sɑ̃tinɛl] *nf* Wachposten *m*.

sentir [sɑ̃tir] *vt* fühlen, spüren; *(percevoir ou répandre une odeur)* riechen;

(avoir le goût de) schmecken/riechen nach // *vi (exhaler une mauvaise odeur)* stinken; ~ **bon/mauvais** gut/schlecht riechen; **se** ~ **bien/mal à l'aise** sich wohl/nicht wohl fühlen; **se** ~ **mal** sich krank ou unwohl fühlen; **se** ~ **le courage/la force de faire qch** den Mut/die Kraft verspüren, etw zu tun; **ne plus se** ~ **de joie** außer sich sein vor Freude.

seoir [swar] : **à** *vt* sich ziemen ou schicken für.

séparation [separasjɔ̃] *nf* Trennung *f*; *(mur cloison)* Trennwand *f*; ~ **de corps** gesetzliche Trennung.

séparé, e [separe] *a* getrennt; *(appartements)* separat, einzeln; ~ **de** getrennt von.

séparer [separe] *vt* trennen; *(détacher)* ~ **qch de qch** etw von etw abtrennen; *(partager)* ~ **qch (par ou au moyen de)** etw teilen (durch); **se** ~ **qch** sich trennen (de von); *(se diviser)* sich teilen; ~ **un jardin en deux** einen Garten in zwei Teile aufteilen.

sept [sɛt] *num* sieben.

septembre [sɛptɑ̃br(ə)] *nm* September *m*.

septennat [sɛptena] *nm* siebenjährige Amtszeit *f*.

septentrional, e, aux [sɛptɑ̃trijonal, o] *a* nördlich.

septicémie [sɛptisemi] *nf* Blutvergiftung *f*.

septième [sɛtjɛm] *num* siebte(r, s).

septique [sɛptik] *a*: **fosse** ~ Klärgrube *f*.

septuagénaire [sɛptɥaʒenɛr] *nm/f* Siebzigjährige(r) *mf*.

sépulture [sepyltyr] *nf (inhumation)* Beerdigung *f*.

séquelles [sekɛl] *nfpl* Folgen *pl*.

séquence [sekɑ̃s] *nf (FILM)* Sequenz *f*.

séquestre [sekɛstr(ə)] *nm* Beschlagnahme *f*.

séquestrer [sekɛstre] *vt (personne)* der Freiheit berauben, einsperren; *(biens)* beschlagnahmen.

serein, e [sǝrɛ̃, ɛn] *a (ciel, nuit)* wolkenlos; *(visage, personne)* ruhig, gelassen; (jugement) nüchtern.

sérénité [serenite] nf (d'une personne) Gelassenheit f; (d'un jugement) Nüchternheit f.

serf, serve [sɛʀ(f), sɛʀv(ə)] nm/f Leibeigene(r) mf.

sergent [sɛʀʒã] nm Unteroffizier m.

sergent-major [sɛʀʒãmaʒɔʀ] nm Hauptfeldwebel m.

série [seʀi] nf Reihe f, Serie f; (catégorie) Klasse f, Rang m; **en ~** serienweise; **fabrication en ~** Serienproduktion f; **hors ~** (COMM) spezialgefertigt; (fig) außergewöhnlich.

sérieusement [seʀjøzmã] ad ernst; **~?** im Ernst?

sérieux, euse [seʀjø, øz] a ernst; (conscieux) gewissenhaft; (maison) seriös; (renseignement, personne) zuverlässig; (moral) anständig; (important) bedeutend, wichtig // nm Ernst m; Gewissenhaftigkeit f; Seriosität f; Zuverlässigkeit f; Anständigkeit f; **garder son ~** gewissenhaft sein; **prendre qch/qn au ~** etw/jdn ernst nehmen.

serin [s(ə)ʀɛ̃] nm Zeisig m.

seringue [s(ə)ʀɛ̃g] nf Spritze f.

serment [sɛʀmã] nm Eid m, Schwur m; **prêter ~** schwören; **témoigner sous ~** unter Eid aussagen; **~ d'ivrogne** leeres Versprechen nt.

sermon [sɛʀmɔ̃] nm Predigt f.

serpe [sɛʀp(ə)] nf Sichel f.

serpent [sɛʀpã] nm Schlange f.

serpenter [sɛʀpãte] vi sich schlängeln, sich winden.

serpentin [sɛʀpãtɛ̃] nm (tube) Kühlrohr nt; (ruban) Papierschlange f.

serpillière [sɛʀpijɛʀ] nf Scheuerlappen m.

serre [sɛʀ] nf (construction) Gewächshaus nt; **~s** nfpl (griffes) Krallen pl; **~ chaude/froide** Treibhaus/Kühlhaus nt.

serré, e [seʀe] a eng; (lutte, match) knapp; (entassé) gedrängt // ad: **jouer ~** vorsichtig spielen; **avoir le cœur/la gorge ~(e)** bedrückt sein/

eine zugeschnürte Kehle haben.

serre-livres [sɛʀlivʀ] nm inv Bücherstütze f.

serrer [seʀe] vt festhalten; (comprimer) drücken, pressen; (mâchoires) zusammenbeißen; (poings) ballen; (sujet: vêtement) eng anliegen an (+dat); (trop) besetzen; (rapprocher) zusammenrücken; (frein, vis) anziehen; (ceinture, nœud) zuziehen; (robinet) fest zudrehen // vi: **à droite/gauche** sich rechts/links halten; **se ~** vt (personnes) zusammenrücken; **la main à qn** jdm die Hand schütteln; **~ qn dans ses bras** jdn in die Arme nehmen; **~ la gorge/le cœur à qn** (sujet: chagrin, douleur) jdm die Kehle/das Herz zuschnüren; **~ qn de près** dicht hinter jdm sein; **se ~ contre qn** sich an jdn schmiegen; **se ~ les coudes** zusammenhalten.

serrure [seʀyʀ] nf Schloß nt.

serrurerie [seʀyʀʀi] nf Schlosserei f; **~ d'art** Kunstschmiedearbeit f.

serrurier [seʀyʀje] nm Schlosser m.

sertir [sɛʀtiʀ] vt (pierre précieuse) fassen.

sérum [seʀɔm] nm: **~ sanguin** Blutserum nt; **~ antitétanique** Tetanusserum nt.

servante [sɛʀvãt] nf (bonne) Dienstmädchen nt.

serveur, euse [sɛʀvœʀ, øz] nm/f (de restaurant) Kellner(in f) m.

serviable [sɛʀvjabl(ə)] a gefällig, hilfsbereit.

service [sɛʀvis] nm (des convives, clients) Bedienung f; (série de repas) Essenzeit f; (assortiment de vaisselle) Service m; (faveur) Gefallen m; (travail, fonction d'intérêt public) Dienst m; (département) Abteilung f; (fonctionnement) Betrieb m; (transport) Verkehrsverbindung f; (REL) Gottesdienst m; (TENNIS) Aufschlag m; **~s** nmpl (travail) Dienst m; (ECON) Dienstleistungsbetriebe pl; **compris** inklusive Bedienung; **faire le ~** bedienen; **être au ~ de qn** (employé) bei jdm bedienstet sein; **rendre ~ (à qn)** (jdm) helfen;

rendre un ~ à qn jdm einen Gefallen tun; **être/mettre en ~** in Betrieb sein/nehmen; **hors ~** außer Betrieb; **~s sociaux** Sozialleistungen pl; **~ public** öffentlicher Dienst m; **~ après vente** Kundendienst m; **~s secrets** Geheimdienst m; **~ d'ordre** Ordner pl; **~ militaire** Militärdienst m.

serviette [sɛʀvjɛt] nf (de table) Serviette f; (de toilette) Handtuch nt; (porte-documents) Aktentasche f; **~ hygiénique** Monatsbinde f.

servile [sɛʀvil] a unterwürfig.

servir [sɛʀviʀ] vt dienen (+dat); (domestique) arbeiten für; (dans restaurant, magasin) bedienen; (plat, boisson): **~ qch (à qn)** jdm etw servieren; (aider) helfen (+dat); (intérêts, intérêts) auszahlen // vi (TENNIS) aufschlagen; (CARTES) geben // vb impers: **à quoi cela sert-il?** wozu soll das gut sein?; **à quoi cela sert-il de faire...?** was nützt es, zu tun? **se ~** (d'un plat) sich bedienen; **se ~ de qch** (plat) sich (dat) etw nehmen; (utiliser) benutzen; **~ à qn** jdm nützlich sein; **~ à qch/ faire qch** zu etw dienen; **cela ne sert à rien** das nutzt nichts; **~ (à qn) de** ... (von jdm) als ... benutzt werden; **(à qn) de secrétaire** als (jds) Sekretär fungieren.

serviteur [sɛʀvitœʀ] nm Diener m.

servitude [sɛʀvityd] nf Knechtschaft f; (fig) Zwang m.

ses [se] dét voir **son**.

session [sesjɔ̃] nf Sitzung f.

set [sɛt] nm (TENNIS) Satz m.

seuil [sœj] nm Schwelle f.

seul, e [sœl] a allein; (isolé) einsam; (unique) einzig; lui **~ peut**... nur er allein kann...; **à lui (tout) ~** ganz allein; **d'un ~ coup** ad auf einmal // ad allein; **parler tout ~** Selbstgespräche führen // nm: **j'en veux un ~** ich will nur eine(n, s) davon; **il en reste un ~** es ist nur ein(e) einzige(r, s) übrig.

seulement [sœlmã] ad nur, bloß; (pas avant:) **~ hier** erst gestern.

sève [sɛv] nf (d'une plante) Saft m;

(énergie) Lebenskraft f.

sévère [sevɛʀ] a streng; (climat) hart; (pertes, défaite) schwer.

sévérité [seveʀite] nf Strenge f; Härte f; Schwere f.

sévices [sevis] nmpl Mißhandlung f.

sévir [seviʀ] vi durchgreifen; (fléau) grassieren, wüten; **~ contre** streng vorgehen gegen.

sevrer [səvʀe] vt (enfant, agneau) entwöhnen.

sexagénaire [sɛgzaʒenɛʀ] a sechzigjährig.

sexe [sɛks(ə)] nm Geschlecht nt; (sexualité) Sex m; (organe) Geschlechtsorgane pl.

sexualité [sɛksɥalite] nf Sexualität f.

sexuel, le [sɛksɥɛl] a sexuell.

seyant, e [sɛjã, ãt] a kleidsam.

shampooing [ʃɑ̃pwɛ̃] nm (lavage) Haarwäsche f; (produit) Shampoo nt, Haarwaschmittel nt.

short [ʃɔʀt] nm Shorts pl.

si [si] nm (MUS) H nt // ad (affirmatif) doch, ja; (tellement): **~ gentil/ rapidement** so nett/schnell; **(tant et) ~ bien que**... so (sehr) daß...; **~ rapide qu'il soit**... so schnell er auch sein mag... // conj wenn; **je me demande ~**... ich frage mich, ob...

sidéré, e [sideʀe] a verblüfft.

sidérurgie [sideʀyʀʒi] nf: **la ~** die Eisenindustrie.

siècle [sjɛkl(ə)] nm Jahrhundert nt; (époque) Zeitalter nt; (REL) Welt f.

sied [sje] vb voir **seoir**.

siège [sjɛʒ] nm Sitz m; (d'une douleur, maladie) Herd m; (MIL) Belagerung f; **~ avant/arrière** Vorder-/ Rücksitz m; **~ social** (COMM) Firmensitz m.

siéger [sjeʒe] vi tagen; (député) einen Sitz haben (à in +dat).

sien, ne [sjɛ̃, sjɛn] pron: **le ~, la ~** der seine, seine, das seine, seine; das seine, seines; **les ~s, les ~nes** seine, seine; **y mettre du ~** das Seine dazutun; **faire des ~nes** (fam) tolle Sachen anstellen.

sieste [sjɛst(ə)] nf Mittagsschlaf m.

sieur [sjœʀ] nm: **le ~ Duval** Herr Duval.

sifflement [siflǝmɑ̃] *nm* Pfeifen *nt*.

siffler [sifle] *vi* (*siffle*) (*merle, serpent*) zischen // *vt* pfeifen; (*huer*) auspfeifen; (*signaler en sifflant*) abpfeifen; (*fam: avaler*) kippen.

sifflet [siflɛ] *nm* (*instrument*) Pfeife *f*; (*sifflement*) Pfiff *m*; **coup de ~** Pfiff *m*.

siffloter [siflote] *vi, vt* vor sich (*akk*) hin pfeifen.

sigle [sigl(ǝ)] *nm* Abkürzung *f*.

signal, aux [siɲal, o] *nm* Zeichen *nt*; (*indice, annonce*) (An)zeichen *nt*; (*écriteau*) Schild *nt*; (*appareil*) Signal *nt*; **donner le ~ de** das Signal geben zu...; **~ sonore/optique** Ton-/Lichtsignal *nt*; **~ de détresse** Notruf *m*; **~ d'alarme** Alarmsignal *nt*; **~ horaire** Zeitzeichen *nt*.

signalement [siɲalmɑ̃] *nm* Personenbeschreibung *f*.

signaler [siɲale] *vt* (*annoncer*) ankündigen; (*par un signal*) signalisieren; (*dénoncer*) melden, anzeigen; (*montrer*): **~ qch à qn/(à qn) que** jdn auf etw (*akk*) hinweisen/ (jdn) darauf hinweisen, daß; **se ~ (par)** sich hervortun (durch).

signalisation [siɲalizasjɔ̃] *nf* (*ensemble des signaux*) Verkehrszeichen *pl*; **panneau de ~** Verkehrsschild *nt*.

signaliser [siɲalize] *vt* beschildern.

signataire [siɲatɛr] *nmf* Unterzeichner(in *f*) *m*.

signature [siɲatyr] *nf* Unterzeichnung *f*; (*inscription*) Unterschrift *f*.

signe [siɲ] *nm* Zeichen *nt*; **c'est ~ que** das zeigt, daß; **faire un ~ de la tête/main** mit dem Kopf/der Hand ein Zeichen geben; **faire ~ à qn** jdm Bescheid geben; **le ~ de la croix** das Kreuzzeichen *nt*; **~ de ponctuation** Satzzeichen *nt*; **~ du zodiaque** Sternzeichen *nt*.

signer [siɲe] *vt* unterschreiben; (*œuvre*) signieren; **se ~** *vi* sich bekreuzigen.

signet [siɲɛ] *nm* Lesezeichen *nt*.

significatif, ive [siɲifikatif, iv] *a* bezeichnend, vielsagend.

signification [siɲifikasjɔ̃] *nf* Bedeutung *f*.

signifier [siɲifje] *vt* (*vouloir dire*) bedeuten; (*faire connaître*): **~ qch (à qn)** (jdm) etw zu verstehen geben; (*JUR*): **~ qch à qn** jdm etw zustellen.

silence [silɑ̃s] *nm* (*mutisme*) Schweigen *nt*; (*absence de bruit*) Stille *f*, Ruhe *f*; (*moment, MUS*) Pause *f*; **garder le ~** schweigen, ruhig sein; **garder le ~ sur qch** über etw (*akk*) Stillschweigen bewahren.

silencieux, euse [silɑ̃sjø, øz] *a* (*personne*) schweigsam; (*appareil, pas*) leise; (*endroit*) ruhig // *nm* (*AUT*) Auspufftopf *m*; (*d'une arme*) Schalldämpfer *m*.

silex [silɛks] *nm* Feuerstein *m*.

silhouette [silwɛt] *nf* Silhouette *f*; (*contour*) Umriß *m*; (*figure*) Figur *f*.

sillage [sijaʒ] *nm* (*d'un bateau*) Kielwasser *nt*; **dans le ~ de** (*fig*) in den Fußstapfen von.

sillon [sijɔ̃] *nm* (*d'un champ*) Furche *f*; (*d'un disque*) Rille *f*.

sillonner [sijone] *vt* (*rides*) furchen; (*parcourir*) durchstreifen.

simagrées [simagre] *nfpl* Getue *nt*.

similaire [similɛr] *a* ähnlich.

similarité [similarite] *nf* Ähnlichkeit *f*.

similicuir [similikɥir] *nm* Kunstleder *nt*.

similitude [similityd] *nf* Ähnlichkeit *f*.

simple [sɛ̃pl(ǝ)] *a* einfach; (*pej: naïf*) einfältig // *nm* (*TENNIS*): **~ messieurs/dames** Herren-/Dameneinzel *nt*; **~ s** *nfpl* (*plantes*) Heilkräuter *pl*; **une ~ objection** nur ein Einwand; **une formalité** nur eine Formsache; **un ~ employé** ein einfacher Angestellter/Bürger; **~ particulier** ein einfacher Angestellter/Bürger; **~ course** einfach; **~ d'esprit** *a* einfältig.

simplicité [sɛ̃plisite] *nf* Einfachheit *f*; (*candeur*) Naivität *f*.

simplifier [sɛ̃plifje] *vt* vereinfachen; (*MATH*) kürzen.

simpliste [sɛ̃plist(ǝ)] *a* allzu einfach, simpel.

simulacre [simylakr(ǝ)] *nm*: **~ de**

combat/gouvernement Scheingefecht nt/-regierung f.

simuler [simyle] vt simulieren; (émotion) heucheln; (imiter) nachahmen.

simultané, e [simyltane] a simultan, gleichzeitig.

sincère [sɛ̃sɛʀ] a ehrlich, aufrichtig; **mes ~s condoléances** mein aufrichtiges Beileid.

sincérité [sɛ̃seʀite] nf Ehrlichkeit f, Aufrichtigkeit f; **en toute ~** ganz offen.

sinécure [sinekyʀ] nf Ruheposten m.

sine qua non [sinekwanɔn] a: **condition ~** unbedingt notwendige Voraussetzung.

singe [sɛ̃ʒ] nm Affe m.

singer [sɛ̃ʒe] vt nachäffen.

singeries [sɛ̃ʒʀi] nfpl Faxen pl.

singulariser [sɛ̃gylaʀize] vt auszeichnen; **se ~** auffallen.

singularité [sɛ̃gylaʀite] nf Eigenart f; (bizarrerie) Seltsamkeit f.

singulier, ière [sɛ̃gylje, jɛʀ] a eigenartig // nm (LING) Singular m.

sinistre [sinistʀ(ə)] a unheimlich; (inquiétant) unheilverkündend; **un ~ imbécile** ein schrecklicher Dummkopf // nm Katastrophe f; (ASSURANCES) Schadensfall m.

sinistré, e [sinistʀe] a (région) von einer Katastrophe heimgesucht // nm/f Katastrophenopfer nt.

sinon [sinɔ̃] ad andernfalls, sonst // conj (sauf) außer; (si ce n'est) wenn nicht.

sinueux, euse [sinɥø, øz] a gewunden; (fig) verwickelt.

sinuosité [sinɥozite] nf Gewundenheit f, Kompliziertheit f; **~s** pl Kurven pl und Windungen pl.

sinus [sinys] nm (ANAT) Höhle f; (MATH) Sinus m.

sinusite [sinyzit] nf Stirnhöhlenentzündung f.

siphon [sifɔ̃] nm Siphon m; (tube) Saugheber m.

siphonner [sifɔne] vt absaugen.

sire [siʀ] nm (titre): **S~** Majestät; **un triste ~** ein übler Geselle m.

sirène [siʀɛn] nf Sirene f.

sirop [siʀo] nm Sirup m; **~ contre la toux** Hustensirup m.

siroter [siʀɔte] vt schlürfen.

sis, e [si] a: **~ rue de la Paix** in der Rue de la Paix gelegen.

sismique [sismik] a seismisch.

site [sit] nm (environnement) Umgebung f; (emplacement) Lage f; (pittoresque) landschaftlich schöne Gegend f; **~s touristiques** Sehenswürdigkeiten pl.

sitôt [sito] ad sogleich; **~ après** gleich danach; **~ parti,...** kaum war er gegangen,...; **pas de ~** nicht so bald; **~ que** sobald.

situation [sitɥasjɔ̃] nf Lage f; (emploi) Stellung f; (circonstances) Situation f.

situé, e [sitɥe] a gelegen.

situer [sitɥe] vt legen; (en pensée) einordnen; **se ~** vi (être) liegen, sich befinden.

six [sis] num sechs.

sixième [sizjɛm] num sechste(r, s).

ski [ski] nm Ski m; **faire du ~** Ski laufen; **~ nautique** Wasserski m; **~ de fond** Langlauf m; **~ de piste** Abfahrtslauf m; **~ de randonnée** Skiwandern nt.

skier [skje] vi Ski laufen.

skieur, euse [skjœʀ, øz] nm/f Skiläufer(in f) m.

slalom [slalɔm] nm (SKI) Slalom m; (fig): **faire du ~ entre** sich durchschlängeln durch; **~ géant** Riesenslalom m.

slave [slav] a slawisch.

slip [slip] nm Unterhose f; (de bain) Badehose f; (d'un bikini) Slip m, Unterteil nt.

slogan [slogã] nm Slogan m.

smoking [smokiŋ] nm Smoking m.

snob [snɔb] a versnobt // nm/f Snob m.

sobre [sɔbʀ(ə)] a (personne) mäßig; enthaltsam; (élégance, style) schlicht.

sobriété [sɔbʀijete] nf Enthaltsamkeit f; Schlichtheit f.

sobriquet [sɔbʀikɛ] nm Spitzname m.

soc [sɔk] nm Pflugschar f.

sociable [sɔsjabl(ə)] a gesellig.

social, e, aux [sɔsjal, o] a gesellschaftlich; (POL, ADMIN) sozial.

socialisme [sɔsjalism(ə)] nm
Sozialismus m.

socialiste [sɔsjalist(ə)] nm/f
Sozialist(in f) m.

société [sɔsjete] nf Gesellschaft f; **la ~ d'abondance de consommation** die Wohlstands-Konsumgesellschaft (AG) f; **~ anonyme (SA)** Aktiengesellschaft (AG) f; **~ à responsabilité limitée (S.A.R.L.)** Gesellschaft f mit beschränkter Haftung (GmbH).

sociologie [sɔsjɔlɔʒi] nf Soziologie f.

sociologue [sɔsjɔlɔg] nm/f Soziologe m, Soziologin f.

socle [sɔkl(ə)] nm Sockel m.

socquette [sɔkɛt] nf Socke f.

sodium [sɔdjɔm] nm Natrium nt.

sœur [sœʀ] nf Schwester f; (religieuse) Ordensschwester f, Nonne f; ~ **aînée/cadette** ältere/jüngere Schwester.

soi [swa] pron sich; **cela va de ~** das versteht sich von selbst.

soi-disant [swadizɑ̃] a inv sogenannt // ad angeblich.

soie [swa] nf Seide f; (poil) Borste f.

soierie [swaʀi] nf Seidenindustrie f; (tissu) Seidengewebe nt.

soif [swaf] nf Durst m; (fig) Gier f; **avoir ~** Durst haben; **donner ~ (à qn)** jdn durstig machen.

soigné, e [swaɲe] a gepflegt; (travail) sorgfältig; (fam: excessif) gehörig.

soigner [swaɲe] vt behandeln; (faire avec soin) sorgfältig bearbeiten ou ausarbeiten; (jardin, chevelure) pflegen; (choyer) betreuen, behandeln.

soigneusement [swaɲøzmɑ̃] ad gewissenhaft, sorgfältig.

soigneux, euse [swaɲø, øz] a gewissenhaft; ~ **de** bedacht auf (+akk).

soi-même [swamɛm] pron (sich) selbst.

soin [swɛ̃] nm (application) Sorgfalt f; (responsabilité) Verantwortung f (de für); ~s nmpl Pflege f; (attention) Fürsorge f, Obhut f; ~ **de beauté/du corps** Schönheits-/Körperpflege f; **les ~s du ménage** die Versorgung

des Haushalts; **prendre ~ de qch/qn** sich um etw/jdn kümmern; **prendre ~ de faire qch** darauf achten, etw zu tun; **confier qn aux ~s de qn** jdm jdn anvertrauen; **aux bons ~s de** per Adresse, bei.

soir [swaʀ] nm Abend m; **le ~** ad abends; **ce/hier/dimanche ~** heute/gestern/Sonntag abend; **à ce ~!** bis heute abend!; **la veille au ~** am Vorabend; **sept heures du ~** sieben Uhr abends; **le repas/journal du ~** das Abendessen/die Abendzeitung.

soirée [swaʀe] nf (soir) Abend m; (réception) (Abend)gesellschaft f.

soit [swa] conj (à savoir) das heißt; (ou): ~..., ~... entweder... oder...; que..., ~ que... sei es, daß... oder, daß... // ad in Ordnung, einverstanden.

soixantaine [swasɑ̃tɛn] nf (nombre): **une ~** etwa sechzig; (âge): **il frise la ~** er ist beinahe sechzig (Jahre alt).

soixante [swasɑ̃t] num sechzig.

soja [sɔʒa] nm Soja nt.

sol [sɔl] nm Boden m; (MUS) G nt.

solaire [sɔlɛʀ] a Sonnen-.

soldat [sɔlda] nm Soldat m; ~ **de plomb** Zinnsoldat m.

solde [sɔld(ə)] nf Sold m // nm (FIN) Saldo m; ~s nmpl ou fpl (COMM) Ausverkauf m; **à la ~ de qn** in jds Sold; **en** ~ zu reduziertem Preis.

solder [sɔlde] vt (compte) saldieren; (marchandise) ausverkaufen; **se ~ par** enden mit; **article soldé (à) 10F** auf 10F reduzierter Artikel.

sole [sɔl] nf Seezunge f.

solécisme [sɔlesism(ə)] nm Verstoß m gegen Sprachregeln.

soleil [sɔlɛj] nm Sonne f; (BOT) Sonnenblume f; **il fait (du) ~** die Sonne scheint; **au ~** in der Sonne; **en plein ~** in der prallen Sonne; **le ~ levant/couchant** die aufgehende/untergehende Sonne.

solennel, le [sɔlanɛl] a feierlich.

solennité [sɔlanite] nf Feierlichkeit f.

solfège [sɔlfɛʒ] nm allgemeine Musiklehre f.

solidaire [sɔlidɛʀ] *a (personnes)* solidarisch *(de mit); (choses, pièces mécaniques)* miteinander verbunden.

solidariser [sɔlidaʀize]: **se ~ avec qn** *vt* sich mit jdm solidarisch erklären.

solidarité [sɔlidaʀite] *nf* Solidarität *f;* Verbindung *f.*

solide [sɔlid] *a (mur, maison, meuble)* stabil; *(non liquide)* fest; *(amitié, institutions)* dauerhaft; *(partisan)* treu, zuverlässig; *(connaissances, argument)* solid, handfest; *(vigoureux, résistant)* kräftig, robust // *nm* Festkörper *m.*

solidifier [sɔlidifje] *vt (substance)* fest werden lassen; **~ se** *vi* erstarren.

solidité [sɔlidite] *nf* Stabilität *f;* Dauerhaftigkeit *f.*

soliloque [sɔlilɔk] *nm* Selbstgespräch *nt.*

solitaire [sɔlitɛʀ] *a* einsam; *(isolé)* einzelnstehend // *nm* Einsiedler(in *f) m* // *nm (diamant)* Solitär *m.*

solitude [sɔlityd] *nf* Einsamkeit *f.*

sollicitations [sɔlisitasjɔ̃] *nfpl* dringende Bitte *f.*

solliciter [sɔlisite] *vt (personne)* dringend bitten, anflehen; *(emploi)* sich bewerben um; *(faveur, audience)* bitten um; *(exciter)* reizen.

sollicitude [sɔlisityd] *nf* Fürsorge *f.*

solstice [sɔlstis] *nm* Sonnenwende *f.*

soluble [sɔlybl(ə)] *a* löslich.

solution [sɔlysjɔ̃] *nf* Lösung *f;* ~ **de facilité** bequeme Lösung; ~ **de continuité** Unterbrechung *f.*

solvable [sɔlvabl(ə)] *a* zahlungsfähig.

solvant [sɔlvɑ̃] *nm* Lösungsmittel *nt.*

sombre [sɔ̃bʀ(ə)] *a* dunkel; *(visage, avenir)* düster; *(personne)* finster; *(humeur)* schwarz.

sombrer [sɔ̃bʀe] *vi (bateau)* untergehen, sinken; ~ **corps et biens** mit Mann und Maus untergehen; ~ **dans la misère ou le désespoir** ins Elend/in Verzweiflung verfallen.

sommaire [sɔmɛʀ] *a (bref)* kurz; *(repas)* einfach; *(examen)* ober-

flächlich // *nm* Zusammenfassung *f;* *(examen)* Standgericht *nt.*

sommation [sɔmasjɔ̃] *nf* Aufforderung *f;* **faire feu sans ~** ohne Vorwarnung schießen.

somme [sɔm] *nf* Summe *f* // *nm:* **faire un ~** ein Nickerchen machen; **en ~** *ad* insgesamt; ~ **toute** *ad* letzten Endes.

sommeil [sɔmɛj] *nm* Schlaf *m;* **avoir ~** müde ou schläfrig sein.

sommeiller [sɔmeje] *vi* schlummern.

sommelier [sɔməlje] *nm* Getränkekellner *m.*

sommer [sɔme] *vt:* ~ **qn de** jdn auffordern, etw zu tun.

sommet [sɔme] *nm* Gipfel *m;* *(d'une tour)* Spitze *f;* *(d'un arbre)* Wipfel *m;* *(MATH)* Scheitelpunkt *m.*

sommier [sɔmje] *nm* *(d'un lit)* Bettrost *m.*

sommité [sɔmite] *nf* Kapazität *f.*

somnambule [sɔmnɑ̃byl] *nm/f* Schlafwandler(in *f) m.*

somnifère [sɔmnifɛʀ] *nm* Schlafmittel *nt.*

somnoler [sɔmnɔle] *vi* dösen.

somptueux, euse [sɔ̃ptɥø, øz] *a* prunkvoll, prächtig.

son, sa, ses [sɔ̃,sa,se] *dét* sein(e); *(antécédent f)* ihr(e).

son [sɔ̃] *nm* Ton *m;* *(bruit)* Laut *m;* *(sonorité)* Klang *m;* *(PHYS)* Schall *m;* *(de mouture)* Kleie *f.*

sondage [sɔ̃daʒ] *nm* *(de terrain)* Bohrung *f;* *(enquête)* Umfrage *f;* ~ **d'opinion** Meinungsumfrage *f.*

sonde [sɔ̃d] *nf* Raumsonde *f.*

sonder [sɔ̃de] *vt* untersuchen; *(terrain)* bohren; *(fig)* erforschen, ergründen; *(personne)* ausfragen.

songe [sɔ̃ʒ] *nm* Traum *m.*

songer [sɔ̃ʒe]: ~ **à** *vt (penser à)* denken an (+*akk*); *(envisager)* daran denken, ...; ~ **que** (be)denken, daß.

songeur, euse [sɔ̃ʒœʀ, øz] *a* nachdenklich.

sonnant, e [sɔnɑ̃, ɑ̃t] *a:* **à huit heures ~es** Schlag acht Uhr.

sonné, e [sɔne] *a (révolu):* **il a quarante ans bien ~s** er ist gut über vierzig; *(fam: fou)* bekloppt.

sonner [sɔne] *vi (cloche)* läuten; *(TEL, réveil, à la porte)* klingeln; *(son métallique)* klingen, tönen // *vt* läuten; *(personne)* herbeiklingeln; *(messe)* läuten zu; *(assommer)* umwerfen; ~ **du clairon** ins Jagdhorn blasen; ~ **faux** falsch klingen; ~ **les heures** die Stunden schlagen.

sonnerie [sɔnʀi] *nf (son)* Klingeln nt; *(: d'horloge)* Schlagen nt; *(mécanisme)* Läutwerk nt; Schlagwerk nt; *(sonnette)* Klingel f; ~ **de clairon** Hörnerklang m; ~ **d'alarme** Alarm m.

sonnette [sɔnɛt] *nf* Klingel f; ~ **de nuit** Nachtglocke f; ~ **d'alarme** Alarmglocke f.

sono [sɔno] *nf (fam) abr de* **sonorisation.**

sonore [sɔnɔʀ] *a (métal)* klingend; *(voix)* laut; *(salle, pièce)* mit einer guten Akustik; *(LING)* stimmhaft; **ondes** ~**s** Schallwellen *pl*; **effets** ~**s** Klangeffekte *pl.*

sonorisation [sɔnɔʀizasjɔ̃] *nf (appareils)* Lautsprecheranlage f.

sonoriser [sɔnɔʀize] *vt (film)* mit Ton versehen; *(salle)* mit einer Lautsprecheranlage versehen.

sonorité [sɔnɔʀite] *nf* Klang m; *(d'un lieu)* Akustik f; ~**s** *nfpl* Töne *pl.*

sophistiqué, e [sɔfistike] *a* kultiviert; gekünstelt.

soporifique [sɔpɔʀifik] *a* einschläfernd; *(pej)* langweilig.

sorcellerie [sɔʀsɛlʀi] *nf* Hexerei f.

sorcier, ière [sɔʀsje, jɛʀ] *nm/f* Zauberer m, Zauberin f; Hexe f // *a*: **ce n'est pas** ~ *(fam)* das ist kein Kunststück.

sordide [sɔʀdid] *a (sale)* verdreckt, verkommen; *(mesquin)* gemein.

sornettes [sɔʀnɛt] *nfpl* Gefasel nt.

sort [sɔʀ] *nm* Schicksal nt; *(condition)* Los nt; *(magique)*: **jeter un** ~ **sur qn** jdn verhexen; **un coup du** ~ ein Schicksalsschlag; **le** ~ **en est jeté** die Würfel sind gefallen; **tirer au** ~ losen.

sorte [sɔʀt] *nf* Art f, Sorte f; **une** ~ **de** eine Art von; **de la** ~ *ad* so; **en quelque** ~ gewissermaßen; **de (telle)** ~ **que, en** ~ **que** *conj* so, daß.

sortie [sɔʀti] *nf* Ausgang m; *(action de sortir)* Hinausgehen nt; *(promenade)* Spaziergang m; *(MIL)* Ausfall m; *(parole incongrue)* Ausfall m; Beleidigung f; *(écoulement)* Austritt m; *(de produits, capitaux)* Export m; *(par rution)* Erscheinen nt; *(somme dépensée)* Ausgabe f; **à sa** ~ als er/sie ging; ~ **de secours** Notausgang m.

sortilège [sɔʀtilɛʒ] *nm* Zauber m.

sortir [sɔʀtiʀ] *vi* hinausgehen; *(venir)* herauskommen; *(quitter chez soi)* ausgehen; *(partir)* weggehen // *vt (mener dehors, au spectacle)* ausführen; *(chose)* herausnehmen *(de aus)*; *(publier, mettre en vente)* herausbringen; *(fam: expulser)* hinauswerfen; ~ **de** kommen aus; *(pays)* verlassen; *(rôle, cadre)* hinausgehen über *(+akk)*; **se** ~ **de** sich ziehen aus; **s'en** ~ durchkommen.

sosie [sozi] *nm/f* Doppelgänger(in f) m.

sot, sotte [so, sɔt] *a* dumm // *nm/f* Dummkopf m.

sottise [sɔtiz] *nf* Dummheit f.

sou [su] *nm*: **être près de ses** ~**s** ein Geizhals sein; **être sans le** ~ keinen roten Heller haben.

soubassement [subasmɑ̃] *nm (d'une construction)* Unterbau m; *(d'une colonne)* Sockel m.

soubresaut [subʀəso] *nm (de peur etc)* Satz m; *(d'un cheval)* Sprung m; *(d'un véhicule)* Ruck m.

souche [suʃ] *nf (d'un arbre)* Stumpf m; *(fig)* Stamm m; *(d'un registre, carnet)* Abschnitt m; **de vieille** ~ aus altem Geschlecht.

souci [susi] *nm* Sorge f; *(BOT)* Ringelblume f; **se faire du** ~ sich *(dat)* Sorgen machen.

soucier [susje]: **se** ~ **de** *vt* sich kümmern um.

soucieux, euse [susjø, øz] *a* bekümmert; **être** ~ **de son apparence** auf sein Äußeres Wert legen; **être** ~ **que** darauf Wert legen, daß; **peu** ~ **de/que...** sich wenig kümmernd um/daß.

soucoupe [sukup] *nf* Untertasse f.

soudain, e [sudɛ̃, ɛn] *a, ad* plötzlich.

soude [sud] *nf* Natron nt; Soda nt.

souder [sude] *vt (avec fil à souder)* löten; *(par soudure autogène)* schweißen; *(fig)* zusammenschweißen.

soudoyer [sudwaje] *vt* bestechen, kaufen.

soudure [sudyʀ] *nf* Löten nt; Schweißen nt; *(joint)* Lötstelle f; Schweißnaht f.

souffle [sufl(ə)] *nm* Atemzug m; *(respiration)* Atem m; *(d'une explosion)* Druckwelle f; *(du vent)* Wehen nt; *(très léger)* Hauch m; **retenir son ~** den Atem anhalten; **être à bout de ~** außer Atem sein; **avoir le ~ court** kurzatmig sein.

soufflé, e [sufle] *a (fam: ahuri)* baff // *nm (CULIN)* Soufflé nt.

souffler [sufle] *vi (vent)* wehen, blasen; *(haleter)* schnaufen; *(pour éteindre): ~ sur* blasen auf (+akk) // *vt (éteindre)* ausblasen; *(poussière, fumée)* wegpusten, wegblasen; *(sujet: explosion)* in die Luft sprengen; *(leçon, rôle)* vorsagen, soufflieren; *(verre)* blasen; *(fam: voler)* klauen.

soufflet [sufle] *nm (instrument)* Blasebalg m; *(entre wagons)* Verbindungsgang m; *(gifle)* Ohrfeige f.

souffrance [sufʀɑ̃s] *nf* Leiden nt; **en ~** unerledigt.

souffrant, e [sufʀɑ̃, ɑ̃t] *a (personne)* unwohl; *(air)* leidend.

souffre-douleur [sufʀədulœʀ] *nm inv* Prügelknabe m.

souffreteux, euse [sufʀətø, øz] *a* kränklich.

souffrir [sufʀiʀ] *vi* leiden // *vt* (er)leiden; *(supporter)* ertragen, aushalten; *(admettre: exception, retard)* dulden; **~ de qch** unter etw *(dat)* leiden; **ne pas pouvoir ~ qch** etw nicht leiden können.

soufre [sufʀ(ə)] *nm* Schwefel m.

souhait [swe] *nm* Wunsch m; **~s de bonne année** Neujahrswünsche pl; **à ~** *ad* nach Wunsch; **à vos ~s!** Gesundheit!

souhaitable [swetabl(ə)] *a*

wünschenswert.

souhaiter [swete] *vt* wünschen.

souiller [suje] *vt* schmutzig machen; *(fig)* besudeln.

soûl, e [su, sul] *a* betrunken // *nm:* **boire/manger tout son ~** nach Herzenslust trinken/essen.

soulagement [sulaʒmɑ̃] *nm* Erleichterung f.

soulager [sulaʒe] *vt (personne)* erleichtern; *(douleur, peine)* lindern; **~ qn de qch** *(fardeau)* jdm etw abnehmen.

soûler [sule] *vt* betrunken machen; *(fig)* benebeln, berauschen; **se ~** sich betrinken.

soulèvement [sulɛvmɑ̃] *nm (POL)* Aufstand m.

soulever [sulve] *vt* hochheben; *(poussière)* aufwirbeln; *(vagues)* aufwerfen; *(pousser à se révolter)* aufhetzen; *(indigner)* empören; *(provoquer)* auslösen; *(question, débat)* aufwerfen; **se ~** *vi (se révolter)* sich aufbäumen; *(se dresser)* sich aufrichten.

soulier [sulje] *nm* Schuh m; **~s plats/à talons hauts** flache/hochhackige Schuhe pl.

souligner [suliɲe] *vt* unterstreichen.

soumettre [sumɛtʀ(ə)] *vt (subjuguer)* unterwerfen; **~ qn à qch** jdm etw *(dat)* unterziehen; **~ qch à qn** jdm etw vorlegen; **se ~ (à)** sich unterwerfen (+dat).

soumis, e [sumi, iz] *a (personne, air)* unterwürfig; *(peuples)* unterworfen; **~ à l'impôt** steuerpflichtig.

soumission [sumisjɔ̃] *nf* Unterwerfung f; *(docilité)* Unterwürfigkeit f, Gefügigkeit f; *(JUR)* Angebot nt.

soupape [supap] *nf* Ventil nt; **~ de sûreté** Sicherheitsventil nt.

soupçon [supsɔ̃] *nm* Verdacht m; *(petite quantité):* **un ~ de** eine Spur.

soupçonner [supsɔne] *vt (personne)* verdächtigen; *(piège, manœuvre)* vermuten.

soupçonneux, euse [supsɔnø, øz] *a* mißtrauisch.

soupe [sup] *nf* Suppe *f*; ~ **à l'oignon/ de poisson** Zwiebel-/Fischsuppe *f*; ~ **au lait** *a inv* jähzornig, aufbrausend.

souper [supe] *vi* Abendbrot essen, zu Abend essen // *nm* Abendessen *nt*; **avoir soupé de qch** *(fam)* die Nase von etw voll haben.

soupeser [supɑze] *vt* in der Hand wiegen; *(fig)* abwägen.

soupière [supjɛʀ] *nf* Suppenschüssel *f*.

soupir [supiʀ] *nm* Seufzer *m*; *(MUS)* Viertelpause *f*.

soupirail [supiʀaj] *nm* Kellerfenster *nt*.

soupirant [supiʀɑ̃] *nm* Verehrer *m*.

soupirer [supiʀe] *vi* seufzen; ~ **après qch** sich nach etw *(dat)* sehnen.

souple [supl(ə)] *a (branche)* biegsam; *(col, cuir)* weich; *(personne, membres)* gelenkig, geschmeidig; *(caractère, règlement)* flexibel; *(gracieux)* anmutig.

souplesse [suples] *nf* Biegsamkeit *f*, Weichheit *f*; Gelenkigkeit *f*; Flexibilität *f*; Anmut *f*.

source [suʀs(ə)] *nf* Quelle *f*; ~ **de chaleur/lumineuse** Wärme-/ Lichtquelle *f*; **prendre sa ~ à/dans** entspringen in (+*dat*); **tenir qch de bonne ~** etw aus sicherer Quelle haben; ~ **d'eau minérale** Mineralquelle *f*.

sourcil [suʀsil] *nm* Augenbraue *f*; **froncer les ~s** die Stirn runzeln.

sourciller [suʀsije] *vi*: **ne pas ~** keine Miene verziehen; **sans ~** ohne mit der Wimper zu zucken.

sourcilleux, euse [suʀsijø, øz] *a (pointilleux)* kleinlich, pingelig.

sourd, e [suʀ, suʀd(ə)] *a (personne)* taub; *(peu sonore)* leise; *(douleur)* dumpf; *(lutte)* stumm; *(LING)* stimmlos // *nm/f* Taube(r) *mf*; **être ~ à qch** taub stellen gegenüber.

sourdine [suʀdin] *nf* *(MUS)* Dämpfer *m*; **en ~** *a* leise; **mettre une ~ à** *(fig)* abmildern.

sourd-muet, sourde-muette [suʀmɥɛ, suʀdmɥɛt] *a* taubstumm //

nm/f Taubstumme(r) *mf*.

sourdre [suʀdʀ(ə)] *vi* sprudeln; *(fig)* aufsteigen.

souricière [suʀisjɛʀ] *nf* Mausefalle *f*; *(fig)* Falle *f*.

sourire [suʀiʀ] *nm* Lächeln *nt* // *vi* lächeln; ~ **à qn** jdm zulächeln; **garder le ~** sich nicht unterkriegen lassen.

souris [suʀi] *nf* Maus *f*.

sournois, e [suʀnwa, waz] *a* heimtückisch.

sous [su] *prep* unter (+*dat*); *(avec mouvement)* unter (+*akk*); ~ **la pluie** im Regen; ~ **mes yeux** vor meinen Augen; ~ **terre** *ad* unterirdisch; ~ **peu** in Kürze, bald.

sous- [su] *pref* Unter-, unter-; ~**-alimenté/peuplé** unterernährt/ -bevölkert

sous-bois [subwa] *nm inv* Unterholz *nt*.

sous-chef [suʃef] *nm* stellvertretende(r) Vorsteher(in *f*) *m*.

souscription [suskʀipsjɔ̃] *nf* Subskription *f*.

souscrire [suskʀiʀ]: ~ **à** *vt (emprunt)* etw zeichnen; *(publication)* subskribieren; *(approuver)* gutheißen.

sous-développé, e [sudevlɔpe] *a* unterentwickelt.

sous-directeur, trice [sudiʀɛktœʀ, tʀis] *nm/f* stellvertretende(r) Direktor(in *f*) *m*.

sous-emploi [suzɑ̃plwa] *nm* Unterbeschäftigung *f*.

sous-entendre [suzɑ̃tɑ̃dʀ] *vt* andeuten.

sous-entendu, e [suzɑ̃tɑ̃dy] *a* unausgesprochen; *(LING)* zu ergänzen // *nm* Andeutung *f*.

sous-estimer [suzɛstime] *vt* unterschätzen.

sous-exposer [suzɛkspoze] *vt* unterbelichten.

sous-jacent, e [suʒasɑ̃, ɑ̃t] *a* tieferliegend.

sous-location [sulɔkasjɔ̃] *nf* Untermiete *f*; **en ~** zur Untermiete.

sous-louer [sulwe] *vt (donner à loyer)* untervermieten; *(prendre à loyer)* als

Untermieter mieten.

sous-main [sumɛ̃] *nm inv* Schreibunterlage *f*; **en ~** *ad* unter der Hand.

sous-marin, e [sumaʀɛ̃, in] *a (flore)* Meeres-; *(navigation, pêche)* Unterwasser-// *nm* U-Boot *nt.*

sous-officier [suzɔfisje] *nm* Unteroffizier *m.*

sous-préfecture [supʀefɛktyʀ] *nf* Unterpräfektur *f.*

sous-produit [supʀɔdɥi] *nm* Nebenprodukt *nt*; *(pej)* Abklatsch *m.*

soussigné, e [susiɲe] *a*: **je ~...** ich, der Unterzeichnete...; **le/les ~(s)** der/die Unterzeichnete(n).

sous-sol [susɔl] *nm (sablonneux, calcaire)* Untergrund *m*; *(d'une construction)* Untergeschoß *nt*; **en ~** im Keller.

sous-titré, e [sutitʀe] *a* mit Untertiteln.

soustraction [sustʀaksjɔ̃] *nf* Subtraktion *f.*

soustraire [sustʀɛʀ] *vt (nombre)* subtrahieren, abziehen; *(dérober)* entziehen; **~ qn à qch** jdn von etw *(dat)* schützen; **se ~ à** sich entziehen *(+dat).*

sous-traitance [sutʀɛtɑ̃s] *nf (COMM)* vertragliche Weitervergabe *f* von Arbeit.

sous-vêtements [suvɛtmɑ̃] *nmpl* Unterwäsche *f.*

soutane [sutan] *nf* Sutane *f.*

soute [sut] *nf* Laderaum *m*; **~ à bagages** Gepäckraum *m.*

soutenable [sutnabl(ə)] *a* vertretbar.

soutenance [sutnɑ̃s] *nf*: **~ de thèse** Rigorosum *nt.*

soutènement [sutɛnmɑ̃] *nm*: **mur de ~** Stützmauer *f.*

souteneur [sutnœʀ] *nm* Zuhälter *m.*

soutenir [sutniʀ] *vt* tragen; *(personne)* halten; *(consolider, empêcher de tomber)* stützen; *(réconforter, aider)* helfen *(+dat)*; *(financièrement)* unterstützen; *(résister à)* aushalten; *(faire durer)* aufrechterhalten; *(affirmer)* verfechten, verteidigen; **~ que** behaupten, daß.

soutenu, e [sutny] *a (régulier)* anhaltend; *(style)* gehoben.

souterrain, e [suteʀɛ̃, ɛn] *a* unterirdisch // *nm* unterirdischer Gang *m.*

soutien [sutjɛ̃] *nm* Stütze *f*; **apporter son ~ à qn** jdn unterstützen; **~ de famille** *(ADMIN)* Ernährer *m.*

soutien-gorge [sutjɛ̃gɔʀʒ(ə)] *nm* Büstenhalter *m.*

soutirer [sutiʀe] *vt* ablocken.

souvenance [suvnɑ̃s] *nf*: **avoir ~ de** sich erinnern an *(+akk).*

souvenir [suvniʀ] *nm (réminiscence)* Erinnerung *f*; *(objet)* Andenken *nt* // *vb*: **se ~ de** sich erinnern an *(+akk)*/, daß; **en ~ de** zur Erinnerung an *(+akk)*; **avec mes affectueux/meilleurs ~s** mit herzlichen Grüßen

souvent [suvɑ̃] *ad* oft; **peu ~** selten.

souverain, e [suvʀɛ̃, ɛn] *a (état)* souverän, unabhängig; *(juge, cour)* oberste(r, s); *(mépris)* höchste(r, s) // *nm/f* Herrscher(in *f*) *m*; Staatsoberhaupt *nt*; **le ~ pontife** der Papst.

soviétique [sɔvjetik] *a* sowjetisch; **S~** *nm/f* Sowjetbürger(in *f*) *m.*

soyeux, euse [swajø, øz] *a* seidig.

spacieux, euse [spasjø, øz] *a* geräumig.

sparadrap [spaʀadʀa] *nm* Heftpflaster *m.*

spasme [spasm(ə)] *nm* Krampf *m.*

spatial, e, aux [spasjal, o] *a* räumlich; *(AVIAT)* (Welt)raum-.

spatule [spatyl] *nf* Spachtel *m.*

speaker, ine [spikœʀ, in] *nm/f* Ansager(in *f*).

spécial, e, aux [spesjal, o] *a* speziell, besondere(r, s); *(droits, cas)* Sonder-; *(fam: bizarre)* eigenartig.

spécialement [spesjalmɑ̃] *ad* besonders, speziell.

spécialiser [spesjalize] *vt*: **se ~** sich spezialisieren.

spécialiste [spesjalist(ə)] *nm/f* Spezialist(in *f* in *m*); *(MED)* Facharzt *m*, Fachärztin *f.*

spécialité [spesjalite] *nf* Spezialgebiet *nt*; *(CULIN)* Spezialität *f.*

spécieux, euse [spesjø, øz] *a* trügerisch.

spécifier [spesifje] *vt* spezifizieren; ~ **que** betonen, daß.

spécifique [spesifik] *a* spezifisch.

spécimen [spesimɛn] *nm* Probe(exemplar *nt*) *f*.

spectacle [spɛktakl(ə)] *nm* (*aspect*) Anblick *m*; (*représentation*) Aufführung *f*, Vorstellung *f*; **l'industrie du ~** die Unterhaltungsindustrie; **se donner en ~** (*pej*) sich zur Schau stellen.

spectateur, trice [spɛktatœr, tris] *nm/f* Zuschauer(in *f*) *m*.

spectre [spɛktr(ə)] *nm* Gespenst *nt*; (*PHYS*) Spektrum *nt*.

spéculateur, trice [spekylatœr, tris] *nm/f* Spekulant(in *f*) *m*.

spéculation [spekylɑsjɔ̃] *f* Spekulation *f*.

spéculer [spekyle] *vi* (*méditer*) nachdenken (*sur über +akk*); (*FIN*) spekulieren (*sur* mit); (*compter sur*) rechnen mit.

spéléologie [speleɔlɔʒi] *nf* Höhlenforschung *f*.

spermatozoïde [spɛrmatozoid] *nm* Samen *m*, Sperma *nt*.

sperme [spɛrm(ə)] *nm* Samenflüssigkeit *f*.

sphère [sfɛr] *nf* Kugel *f*; (*domaine*) Sphäre *f*, Bereich *m*; ~ **d'activité/d'influence** Wirkungs-/Einflußbereich *m*.

sphérique [sferik] *a* rund.

sphincter [sfɛktɛr] *nm* (*ANAT*) Schließmuskel *m*.

spirale [spiral] *nf* Spirale *f*.

spirituel, le [spirityɛl] *a* (*immatériel*) geistlich; (*intellectuel*) geistig; (*plein d'esprit*) geistreich.

spiritueux [spirityø] *mpl* Spirituosen *pl*.

splendeur [splɑ̃dœr] *nf* Herrlichkeit *f*; Pracht *f*.

splendide [splɑ̃did] *a* herrlich.

spolier [spɔlje] *vt* berauben (*qn de jdn +gen*).

spongieux, euse [spɔ̃ʒjø, øz] *a* schwammig.

spontané, e [spɔ̃tane] *a* spontan.

sport [spɔr] *nm* Sport *m*; **faire du ~** Sport treiben; **~s d'hiver** Wintersport *m*.

sportif, ive [spɔrtif, iv] *a* sportlich; (*association, épreuve*) Sport-.

spot [spɔt] *nm* (*lampe*) Scheinwerfer *m*; ~ (**publicitaire**) Werbespot *m*.

sprint [sprint] *nm* Sprint *m*, End-spurt *m*; **piquer un ~** zum Sprint ansetzen.

square [skwar] *nm* Grünanlage *f*.

squelette [skəlɛt] *nm* Skelett *nt*.

squelettique [skəletik] *a* (*spindel*)dürr; (*exposé, effectifs*) dürftig, kümmerlich.

stabiliser [stabilize] *vt* stabilisieren; (*terrain*) befestigen.

stabilité [stabilite] *nf* Stabilität *f*.

stable [stabl(ə)] *a* stabil.

stade [stad] *nm* (*SPORT*) Stadion *nt*; (*phase*) Stadium *nt*.

stage [staʒ] *nm* Praktikum *nt*; (*de perfectionnement*) Fortbildungskurs *m*; (*d'avocat, d'enseignant*) Referendarzeit *f*.

stagiaire [staʒjɛr] *nm/f* Praktikant(in *f*) *m*; Lehrgangs-/Kursteilnehmer(in *f*) *m*.

stagnant, e [stagnɑ̃, ɑ̃t] *a* stehend; (*fig*) stagnierend.

stalle [stal] *nf* (*de cheval*) (Pferde)box *f*.

stand [stɑ̃d] *nm* (*d'exposition*) Stand *m*; ~ **de tir** Schießstand *m*; ~ **de ravitaillement** Box *f*.

standard [stɑ̃dar] *a inv* genormt, Standard- // *nm* (*TEL*) Telefonzentrale *f*.

standardiser [stɑ̃dardize] *vt* normen, standardisieren.

standardiste [stɑ̃dardist(ə)] *nm/f* Telefonist(in *f*) *m*.

standing [stɑ̃diŋ] *nm* (*rang*) Status *m*; (*niveau de vie*) (finanzielle) Verhältnisse *pl*; **immeuble de grand ~** Luxuswohnungen *pl*.

star [star] *nf*: ~ (**de cinéma**) Filmstar *m*.

starter [startɛr] *nm* (*AUT*) Choke(r) *m*.

station [stɑsjɔ̃] *nf* (*arrêt*) Haltestelle *f*; (*RADIO, TV*) Sender *m*;

(d'observation, de la croix) Station *f*; *(de villégiature)* Ferienort *m*; Kurort *m*; *(posture):* **la ~ debout** die aufrechte Haltung, das Stehen; **~ de taxis** Taxistand *m*; **~ thermale** Thermalkurort *m*; **~ balnéaire/de sports d'hiver** Badeort *m*/ Wintersportort *m*.

stationnaire [stasjɔnɛʀ] *a (état)* gleichbleibend.

stationnement [stasjɔnmɑ̃] *nm (AUT)* Parken *nt*.

stationner [stasjɔne] *vi* parken.

station-service [stasjɔsɛʀvis] *nf* Tankstelle *f*.

statique [statik] *a (ELEC)* statisch; *(fig)* unbewegt, starr.

statistique [statistik] *nf* Statistik *f*.

statue [staty] *nf* Statue *f*.

statuer [statɥe] *vi*: **~ sur qch** etw bestimmen.

stature [statyʀ] *nf (taille)* Größe *f*; Gestalt *f*; *(fig: importance)* Bedeutung *f*.

statut [staty] *nm* Status *m*; **~s** *nmpl (règlement)* Satzung *f*.

statutaire [statytɛʀ] *a* satzungsgemäß.

steak [stɛk] *nm* Steak *nt*.

stencil [stɛnsil] *nm* Matrize *f*.

sténo(dactylo) [stenodaktilo] *nm/f* Stenotypist (in *f*) *m*.

sténo(graphie) [stenografi] *nf* Stenographie *f*; **prendre qch en sténo** etw stenographieren.

stéréo(phonie) [steʀeofɔni] *nf*: **la ~** die Stereophonie; **émission en ~** Stereosendung *f*.

stéréo(phonique) [steʀeofɔnik] *a* Stereo-.

stéréotype [steʀeotip] *nm* Klischee *nt*.

stérile [steʀil] *a* unfruchtbar; *(esprit)* steril.

stérilet [steʀilɛ] *nm (MED)* Spirale *f*.

stériliser [steʀilize] *vt* sterilisieren.

stérilité [steʀilite] *nf* Sterilität *f*, Unfruchtbarkeit *f*.

sternum [stɛʀnɔm] *nm* Brustbein *nt*.

stick [stik] *nm* Stift *m*; *(déodorant)* Deostift *m*.

stigmate [stigmat] *nm* Stigma *nt*.

stigmatiser [stigmatize] *vt* brandmarken.

stimulant, e [stimylɑ̃, ɑ̃t] *a (encourageant)* aufmunternd; *(excitant)* anregend // *nm (fig)* Ansporn *m*.

stimuler [stimyle] *vt (personne)* stimulieren, anregen; *(appétit)* anregen; *(exportations)* beleben.

stipulation [stipylasjɔ̃] *nf* Bedingung *f*.

stipuler [stipyle] *vt (énoncer)* vorschreiben; *(préciser)* (eindeutig) angeben.

stock [stɔk] *nm (de marchandises)* Lagerbestand *m*; *(réserve)* Reserve *f*; *(fig)* Vorrat *m (de an + dat)*.

stocker [stɔke] *vt (marchandises)* (ein)lagern.

stockiste [stɔkist(ə)] *nm (COMM)* Händler *m*.

stoïque [stɔik] *a* stoisch.

stomacal, e, aux [stɔmakal, o] *a* Magen-.

stop [stɔp] *nm (signal routier)* Stoppschild *nt*; *(feu arrière)* Bremsleuchte *f*; *(dans un télégramme)* stop // *excl* stop!, halt!

stoppage [stɔpaʒ] *nm* Stopfen *nt*.

stopper [stɔpe] *vt* anhalten; *(machine)* abstellen; *(attaque)* aufhalten; *(COUTURE)* stopfen // *vi* (an)halten.

store [stɔʀ] *nm* Rollo *nt*; Rolladen *m*.

strabisme [stʀabism(ə)] *nm* Schielen *nt*.

strapontin [stʀapɔ̃tɛ̃] *nm (siège)* Notsitz *m*.

stratagème [stʀataʒɛm] *nm* List *f*.

stratégie [stʀateʒi] *nf* Strategie *f*.

stratégique [stʀateʒik] *a* strategisch.

stratifié, e [stʀatifje] *a (GEO)* geschichtet; *(TECH)* beschichtet.

strict, e [stʀikt(ə)] *a* streng; *(obligation)* strikt; *(sans ornements)* schlicht, schmucklos; **c'est son droit le plus ~** das ist sein gutes Recht; **dans la plus ~e intimité** im engsten Familienkreis; **au sens ~ du mot** im wahrsten Sinne des Wortes; **le ~ nécessaire** *ou* **minimum** das (Aller)notwendigste.

strictement [striktəmɑ̃] ad (rigoureusement) absolut; (uniquement) ausschließlich; (sévèrement) streng.

strident, e [stridɑ̃, ɑ̃t] a schrill, kreischend.

strie [stri] nf (gen pl) Streifen m.

strié, e [strije] a gerillt.

strip-teaseuse [striptizøz] nf Striptease-Tänzerin f, Stripperin f.

strophe [strof] nf Strophe f.

structure [stryktyr] nf Struktur f.

stuc [styk] nm Stuck m.

studieux, euse [stydjø, øz] a fleißig; (vacances, retraite) den Studien gewidmet, Studien-.

studio [stydjo] nm (logement) Einzimmerwohnung f; (atelier) Atelier nt; (FILM, TV) Studio nt.

stupéfaction [stypefaksjɔ̃] nf Verblüffung f.

stupéfait, e [stypefɛ, ɛt] a verblüfft.

stupéfiant, e [stypefjɑ̃, ɑ̃t] a (étonnant) verblüffend // nm (drogue) Rauschgift nt.

stupeur [stypœr] nf (inertie) Abgestumpftheit f; (étonnement) Verblüffung f.

stupide [stypid] a dumm.

stupidité [stypidite] nf Dummheit f.

style [stil] nm Stil m; meuble de ~ Stilmöbel nt; en ~ télégraphique im Telegrammstil; ~ de vie Lebensstil m.

stylé, e [stile] a (domestique) geschult.

stylisé, e [stilize] a stilisiert.

stylo [stilo] nm: ~ (à encre) Füller m; ~-feutre Filzstift m; ~ (à) bille Kugelschreiber m.

su, e [sy] pp de savoir // nm: au ~ de qn mit jds Wissen.

suaire [sɥɛr] nm Leichentuch nt.

suave [sɥav] a (odeur) süß, angenehm; (voix) sanft, weich.

subalterne [sybaltɛrn(ə)] a subaltern, untergeordnet // nm/f Untergebene(r) mf.

subconscient, e [sybkɔ̃sjɑ̃, ɑ̃t] a; nm: le ~ das Unterbewußtsein.

subdiviser [sybdivize] vt unterteilen.

subir [sybir] vt erleiden, (con-

séquences) tragen; (influence, charme) erliegen (+dat); (traitement) sich unterziehen (+dat); (fam: supporter) ertragen.

subit, e [sybi, it] a plötzlich.

subitement [sybitmɑ̃] ad plötzlich.

subjectif, ive [sybʒɛktif, iv] a subjektiv.

subjonctif [sybʒɔ̃ktif] nm Konjunktiv m.

subjuguer [sybʒyge] vt erobern.

sublime [syblim] a überragend; (très beau) wunderbar.

submerger [sybmɛrʒe] vt überschwemmen; (fig) überwältigen.

subordonné, e [sybɔrdɔne] a untergeordnet // nm/f Untergebene(r) mf.

subornation [sybɔrnasjɔ̃] nf Bestechung f.

subrepticement [sybrɛptismɑ̃] ad heimlich.

subside [sypsid] nm Zuschuß m, Beihilfe f.

subsidiaire [sypsidjɛr] a: question ~ entscheidende Frage.

subsistance [sybzistɑ̃s] nf Unterhalt m; pourvoir à la ~ de qn für jds Unterhalt sorgen.

subsister [sybziste] vi (rester) bestehen; (vivre) leben.

substance [sypstɑ̃s] nf (matière) Substanz f, Stoff m; (essentiel) Wesentliche(s) nt; en ~ ad im wesentlichen.

substantiel, le [sypstɑ̃sjɛl] a (nourrissant) nahrhaft; (avantage, bénéfice) wesentlich, bedeutend.

substantif [sypstɑ̃tif] nm Substantiv nt.

substituer [sypstitɥe] vt: ~ qn/qch à jdn/etw ersetzen durch; se ~ à qn jdn ersetzen.

substitut [sypstity] nm (d'un magistrat) Vertreter m; (succédané) Ersatz m.

substitution [sypstitysjɔ̃] nf Ersetzen m.

subterfuge [sybtɛrfyʒ] nm List f; (échappatoire) Ausrede f.

subtil, e [sybtil] a subtil; (personne)

feinsinnig.

subtiliser [syptilize] vt (dérober): ~ **qch (à qn)** jdm etw stibitzen.

subtilité [syptilite] nf Subtilität f; Feinsinn m.

subvenir [sybvəniʀ] ~ **à** vt (besoin) sorgen für; (dépense) bestreiten.

subvention [sybvɑ̃sjɔ̃] nf Subvention f, Zuschuß m.

subventionner [sybvɑ̃sjɔne] vt subventionieren.

subversif, ive [sybvɛʀsif, iv] a umstürzlerisch, subversiv.

suc [syk] nm Saft m; ~**s gastriques** Magensaft m.

succédané [syksedane] nm Ersatz m.

succéder [syksede] ~ **à** vt (successeur) nachfolgen (+dat); (chose) folgen auf (+akk), kommen nach; **se** ~ vi aufeinanderfolgen.

succès [syksɛ] nm Erfolg m; **avec** ~ ad erfolgreich; **sans** ~ ad erfolglos, ohne Erfolg; ~ **pl (féminins)** Eroberungen pl.

successeur [syksesœʀ] nm Nachfolger(in) f m; (héritier) Erbe m, Erbin f.

successif, ive [syksesif, iv] a aufeinanderfolgend.

succession [syksesjɔ̃] nf (patrimoine) Erbe nt; (transmission de pouvoir royal) Thronfolge f.

succinct, e [syksɛ̃, ɛ̃t] a knapp, kurz und bündig.

succion [syksjɔ̃] nf: **bruit de** ~ Sauggeräusch nt.

succomber [sykɔ̃be] vi (mourir) umkommen; (céder): ~ **à** einer Sache (dat) unterliegen ou erliegen.

succulent, e [sykylɑ̃, ɑ̃t] a köstlich.

succursale [sykyʀsal] nf Filiale f; **magasin à** ~**s multiples** Ladenkette f.

sucer [syse] vt (citron, orange) (aus)saugen; (pastille, bonbon) lutschen; ~ **son pouce** am Daumen lutschen.

sucette [sysɛt] nf (bonbon) Lutscher m; (de bébé) Schnuller m.

sucre [sykʀ(ə)] nm Zucker m; ~ **de canne/betterave** Rohr-/

Rübenzucker m; ~ **en morceaux/ cristallisé/en poudre** Würfel-/ Kristall-/Puderzucker m.

sucré, e [sykʀe] a (tasse de thé etc) gezuckert; (produit alimentaire) gesüßt; (au goût) süß; (ton, voix) (honig)süß.

sucrer [sykʀe] vt (thé, café) süßen; **se** ~ (prendre du sucre) Zucker nehmen; (fam: faire des bénéfices) absahnen.

sucrerie [sykʀəʀi] nf (usine) Zuckerraffinerie f; ~**s** nfpl (bonbons) Süßigkeiten pl.

sucrier, ière [sykʀije, ijɛʀ] a Zucker- // nm (récipient) Zuckerdose f.

sud [syd] nm Süden m // a inv Süd-, südlich; **au** ~ (situation) im Süden; (direction) nach Süden; **au** ~ **de** südlich von.

sud-américain, e [sydameʀikɛ̃, ɛn] a südamerikanisch.

sudation [sydasjɔ̃] nf Schwitzen nt.

sud-est [sydɛst] nm Südosten m.

sud-ouest [sydwɛst] nm Südwesten m.

Suède [sɥɛd] nf: **la** ~ Schweden nt.

suédois, e [sɥedwa, waz] a schwedisch; **S~, e** nm/f Schwede m, Schwedin f.

suer [sɥe] vi schwitzen; (fam: se fatiguer) sich abquälen // vt (fig: exhaler) ausstrahlen; (bêtise) strotzen vor (+dat).

sueur [sɥœʀ] nf Schweiß m; **en** ~ schweißgebadet; **avoir des** ~**s froides** (fig) in kalten Schweiß ausbrechen.

suffire [syfiʀ] vi reichen; **se** ~ unabhängig sein; **il suffit de...** (pour que...) man braucht nur... (damit...); **ça suffit!** jetzt reicht's!

suffisamment [syfizamɑ̃] ad genügend, ausreichend; ~ **de** genügend, genug.

suffisance [syfizɑ̃s] nf (prétention, vanité)Selbstgefälligkeit f; (quantité): **en** ~ zur Genüge.

suffisant, e [syfizɑ̃, ɑ̃t] a genügend, ausreichend; (vaniteux) selbstgefällig.

suffocation [syfɔkasjɔ̃]

Ersticken nt.

suffoquer [syfɔke] vt ersticken; (chaleur) erdrücken; (fig) überwältigen // vi (personne) ersticken.

suffrage [syfraʒ] nm (voix) Stimme f; (approbation): ~s Zustimmung f; (méthode): ~ universel/direct/indirect allgemeines Wahlrecht nt/ direkte/indirekte Wahl f.

suggérer [syɡʒeʀe] vt (conseiller) vorschlagen; (évoquer) erinnern an (+akk); (insinuer): ~ (à qn) que (jdm) zu verstehen geben, daß.

suggestif, ive [syɡʒestif, iv] a ausdrucksvoll, stimmungsvoll; (érotique) aufreizend.

suggestion [syɡʒestjɔ̃] nf (conseil) Vorschlag m; (PSYCH) Suggestion f.

suicide [sɥisid] nm Selbstmord m.

suicider [sɥiside]: **se** ~ vi sich umbringen.

suie [sɥi] nf Ruß m.

suif [sɥif] nm Talg m.

suinter [sɥɛ̃te] vi (liquide) sickern; (mur) schwitzen.

Suisse [sɥis] nf: **la** ~ die Schweiz; ~ **romande** französische ou welsche Schweiz; ~ **allemande** ou **alémanique** deutsche Schweiz.

suisse [sɥis] a schweizerisch; **S~** nm/f Schweizer(in f) m // nm (bedeau) Küster m; ~ **romand**, e a welschschweizerisch; ~**allemand**, e a deutschschweizerisch.

suite [sɥit] nf Folge f; (série): **une** ~ **de...** eine Reihe von...; (liaison logique) Zusammenhang m; (appartement; MUS) Suite f; (escorte) Gefolgschaft f; ~s nfpl (conséquences) Folgen pl; **prendre la** ~ **de** qn jds Nachfolge antreten; **donner** ~ **à** weiterverfolgen; **faire** ~ **à** folgen auf (+akk); (faisant) ~ **à votre lettre du...** mit Bezug auf Ihr Schreiben vom...; **de** ~ ad nacheinander; (immédiatement) sofort; **par la** ~ später; **à la** ~ **de** hinter (+dat); (à cause de) aufgrund von; **avoir de la** ~ **dans les idées** logisch denken.

suivant, e [sɥivã, ãt] a folgend //

prep (selon) gemäß (+dat); je nach; **au** ~! der Nächste bitte!; **le jour** ~ ad am Tag danach; **le client** ~ der nächste Kunde.

suivi, e [sɥivi] a (régulier) regelmäßig; (cohérent) logisch; (politique) konsequent; **très** ~ (cours) gut besucht; (mode) der/die viel Anklang findet; (feuilleton) vielgelesen.

suivre [sɥivʀ(ə)] vt folgen (+dat); (poursuivre; regarder) verfolgen; (accompagner) begleiten; (sujet: bagages) (nach)folgen (+dat); (venir après) folgen auf (+akk); (traitement) befolgen; (cours) teilnehmen an (+dat); (être attentif à) aufpassen bei; (contrôler l'évolution de) beobachten; (COMM: article) weiter führen // vi folgen; (écouter attentivement) aufpassen; **se** ~ aufeinanderfolgen, nacheinander kommen; ~ **des yeux** mit den Augen verfolgen; **faire** ~ (lettre) nachsenden; ~ **son cours** seinen Lauf nehmen; **à** ~ Fortsetzung folgt.

sujet, te [syʒɛ, ɛt] a: **être** ~ **à** neigen zu; (vertige etc) leiden an (+dat) // nm/f (d'un roi etc) Untertan(in f) m // nm (matière) Gegenstand m; (thème) Thema nt; (raison) Anlaß m (de zu), Grund m (de für); (élève) Schüler(in f) m; (LING) Subjekt nt; **avoir** ~ **de plaindre** Grund zum Klagen haben; **au** ~ **de** prep über (+akk); ~ **à caution** zweifelhaft; ~ **de conversation** Gesprächsthema nt; ~ **d'examen** (SCOL) Prüfungsstoff m/-frage f; ~ **d'expérience** Versuchsperson f/-tier nt.

sujétion [syʒesjɔ̃] nf (soumission) Unterwerfung f; (assujettissement) Untertänigkeit f.

sulfater [sylfate] vt (vignes) (mit Kupferkalk) bespritzen.

sulfureux, euse [sylfyʀø, øz] a Schwefel-, schwefelig.

sulfurique [sylfyʀik] a: **acide** ~ Schwefelsäure f.

summum [sɔmɔm] nm: **le** ~ **de** Gipfel m (+gen).

super(carburant) [sypɛʀkaʀbyʀɑ̃]

nm Super(benzin) *nt*.

superbe [sypɛʀb(ə)] *a* (*très beau*) wundervoll, herrlich; (*remarquable*) phantastisch.

supercherie [sypɛʀʃəʀi] *nf* Betrug *m*, Täuschung *f*.

superficie [sypɛʀfisi] *nf* (*d'un terrain, appartement*) (Grund)fläche *f*; (*aspect extérieur*) Oberfläche *f*.

superficiel, le [sypɛʀfisjɛl] *a* oberflächlich; (*plaie*) leicht.

superflu, e [sypɛʀfly] *a* überflüssig // *nm*: **le ~** das Überflüssige.

supérieur, e [sypeʀjœʀ] *a* (*du haut*) obere(s, r), Ober-; (*plus élevé*): **~ (à)** höher (als); (*meilleur*): **~ (à)** besser (als); (*excellent, arrogant*) überlegen // *nm* (*hiérarchique*) Vorgesetzte(r) *mf*; (*REL*) Superior(in *f*) *m*; Oberin *f*; **~ en nombre** zahlenmäßig überlegen.

supériorité [sypeʀjɔʀite] *nf* Überlegenheit *f*.

superlatif [sypɛʀlatif] *nm* Superlativ *m*.

supermarché [sypɛʀmaʀʃe] *nm* Supermarkt *m*.

superposer [sypɛʀpoze] *vt* aufeinanderlegen/-stellen, stapeln; **se ~** *vi* (*images, souvenirs*) sich vermischen; **lits superposés** Etagenbett *nt*.

superproduction [sypɛʀpʀɔdyksjɔ̃] *nf* (*FILM*) Monumentalfilm *m*.

supersonique [sypɛʀsɔnik] *a* (*avion, vitesse*) Überschall-.

superstitieux, euse [sypɛʀstisjø, øz] *a* abergläubisch.

superstition [sypɛʀstisjɔ̃] *nf* Aberglaube *m*.

superstructure [sypɛʀstʀyktyʀ] *nf* Überbau *m*; (*NAVIG*) Aufbauten *pl*.

superviser [sypɛʀvize] *vt* beaufsichtigen.

supplanter [syplɑ̃te] *vt* verdrängen.

suppléance [sypleɑ̃s] *nf* Vertretung *f*.

suppléant, e [sypleɑ̃, ɑ̃t] *a* stellvertretend // *nm/f* Stellvertreter(in *f*) *m*.

suppléer [syplee] *vt* (*mot manquant*)

ergänzen; (*lacune*) ausfüllen; (*défaut*) ausgleichen; (*remplacer*) vertreten; **~ à qch** (*remédier à*) etw ausgleichen; (*remplacer*) etw ersetzen (*par durch*).

supplément [syplemɑ̃] *nm* Ergänzung *f*; (*au restaurant*) Extraportion *f*; (*d'un livre, dictionnaire*) Ergänzungsband *m*; (*d'un journal*) Beilage *f*; (*à payer*) Zuschlag *m*; **un ~ d'information** zusätzliche Informationen *pl*.

supplémentaire [syplemɑ̃tɛʀ] *a* zusätzlich.

supplication [syplikasjɔ̃] *nf* Bitte *f*; **~s** *nfpl* (*adjurations*) Flehen *nt*.

supplice [syplis] *nm* (*peine corporelle*) Folter *f*; (*fig*) Qual *f*; **être au ~** (*fig*) Folterqualen leiden.

supplier [syplije] *vt* anflehen.

supplique [syplik] *nf* Bittschrift *f*.

support [sypɔʀ] *nm* Stütze *f*; (*pour outils*) Ständer *m*; **~ audio-visuel** audio-visuelles Hilfsmittel *nt*; **~ publicitaire** Werbemittel *nt*.

supportable [sypɔʀtabl(ə)] *a* erträglich.

supporter *nm* Fan *m* // [sypɔʀte] *vt* (*porter*) tragen; (: *mur*) stützen; (*tolérer*) aushalten; dulden, ertragen; (: *chaleur, vin*) vertragen; **~ que** ertragen, daß.

supposé, e [sypoze] *a* mutmaßlich.

supposer [sypoze] *vt* annehmen; (*impliquer*) voraussetzen; **en supposant ou à ~ que** vorausgesetzt, daß...

supposition [sypozisjɔ̃] *nf* (*conjecture*) Vermutung *f*, Annahme *f*.

suppositoire [sypozitwaʀ] *nm* Zäpfchen *nt*.

suppression [sypʀesjɔ̃] *nf* Aufhebung *f*, Abschaffung *f*.

supprimer [sypʀime] *vt* abschaffen; (*mot, clause*) weglassen; (*obstacle, cloison*) beseitigen, entfernen; (*cause, douleur*) beheben; (*censurer*) nicht erscheinen lassen; (*qn*) beseitigen; **~ qch à qn** jdm etw entziehen.

suppurer [sypyʀe] *vi* eitern.

supputer [sypyte] *vt* überschlagen,

berechnen.

suprématie [sypremasi] *nf* Überlegenheit *f*; (POL) Vormachtstellung *f*.

suprême [syprɛm] *a* oberste(r, s); (bonheur, habileté) höchste(r, s); (ultime): **un ~ espoir/effort** eine äußerste Hoffnung/Anstrengung.

sur [syr] *prep* auf (+dat); (au-dessus de) über (+dat); (direction) auf (+akk); (par-dessus) über (+akk); (à propos de) über (+akk); **un ~ 10** (SCOL) ein Sechser; **2 sur 20 sont venus** von 20 sind 2 gekommen; **4m ~ 2** 4m auf 2m; **~ sa recommandation** auf seine Empfehlung hin; **avoir une influence ~** Einfluß haben auf (+akk); **~ accident** einen Unfall nach dem anderen haben; **~ ce** daraufhin; **je n'ai pas d'argent ~ moi**, ich habe kein Geld bei mir.

sur, e [syr] *a* sauer, herb.

sûr, e [syr] *a* sicher; (digne de confiance, fiable) zuverlässig; **être ~ de qn** nach (dat) jds sicher sein; **~ de soi** selbstsicher; **le plus ~ est de...** das sicherste ist,... .

surabondance [syrabɔ̃dɑ̃s] *nf* (de produits, richesses) Überfluß *m* (de an +dat); (de couleurs, détails) Überfülle *f* (de von).

suraigu, uë [syregy] *a* schrill.

surajouter [syraʒute] *vt*: **~ qch à** noch etw hinzufügen zu.

suranné, e [syrane] *a* altmodisch.

surbaissé, e [syrbese] *a* (ARCHIT) flach gewölbt.

surcharge [syrʃarʒ(ə)] *nf* (de passagers) Überlastung *f*; (de marchandises) Überbelastung *f*; (correction) Beifügung *f*, Änderung *f*.

surchargé, e [syrʃarʒe] *a* überladen.

surcharger [syrʃarʒe] *vt* (véhicule) überbeladen; (emploi du temps) zu sehr belasten.

surchauffé, e [syrʃofe] *a* überheizt; (imagination, esprit) überhitzt.

surchoix [syrʃwa] *a inv* von bester Qualität.

surclasser [syrklase] *vt* übertreffen.

surcoupe [syrkupe] *vt* (CARTES) übertrumpfen.

surcroît [syrkrwa] *nm*: **un ~ de travail/d'inquiétude** zusätzliche Arbeit/Sorgen; **par ou de ~** obendrein.

surdité [syrdite] *nf* Taubheit *f*; **atteint de ~ totale** völlig taub.

sureau, x [syro] *nm* Holunder *m*.

surélever [syrelve] *vt* aufstocken.

sûrement [syrmã] *ad* sicher.

suremploi [syrãplwa] *nm* Überbeschäftigung *f*.

surenchère [syrãʃɛr] *nf* höheres Gebot *nt*; **la ~ électorale** das gegenseitige Übertrumpfen im Wahlkampf.

surenchérir [syrãʃerir] *vi* höher bieten.

surestimer [syrestime] *vt* (objet) überbewerten; (possibilité, personne) überschätzen.

sûreté [syrte] *nf* Sicherheit *f*, Zuverlässigkeit *f*; (garantie) Sicherheit *f*; **la S~ (nationale)** der Sicherheitsdienst; **être/mettre en ~** in Sicherheit sein/bringen; **pour plus de ~** zur Sicherheit.

surexciter [syreksite] *vt* überreizen.

surexposer [syrekspoze] *vt* überbelichten.

surf [sœrf] *nm* Surfing *nt*; **faire du ~** surfen.

surface [syrfas] *nf* Oberfläche *f*; (MATH) Fläche *f*; **faire ~** auftauchen; **en ~** (fig) oberflächlich (gesehen); **100m² de ~** 100m² Fläche; **~ de réparation** Strafraum *m*.

surfait, e [syrfɛ, ɛt] *a* überbewertet.

surfin, e [syrfɛ̃, in] *a* hochfein.

surgelé, e [syrʒəle] *a* tiefgekühlt.

surgir [syrʒir] *vi* (jaillir) hervorbrechen; (personne, véhicule) (plötzlich) auftauchen.

surhumain, e [syrymɛ̃, ɛn] *a* übermenschlich.

surimposer [syrɛ̃poze] *vt* (surtaxer) übermäßig besteuern.

surimpression [syʀɛpʀesjɔ̃] nf
(PHOT) Doppelbelichtung f; **en** ~
(fig) obendrein.

sur-le-champ [syʀləʃɑ̃] ad sofort,
auf der Stelle.

surlendemain [syʀlɑ̃dmɛ̃] nm: le ~
der übernächste Tag, **am**
übernächsten Tag; **le** ~ **de** zwei
Tage nach.

surmenage [syʀmǝnaʒ] nm
Überanstrengung f.

surmener [syʀmǝne] vt überanstrengen, überfordern; **se** ~ sich
überanstrengen.

surmonter [syʀmɔ̃te] vt (être au
dessus de) sich erheben über (+dat);
(dompter, dominer) überwinden.

surmultiplié, e [syʀmyltiplije] a:
vitesse ~e Overdrive m.

surnager [syʀnaʒe] vi obenauf
schwimmen; (fig) übrigbleiben.

surnaturel, le [syʀnatyʀɛl] a
übernatürlich; (extraordinaire)
außergewöhnlich.

surnom [syʀnɔ̃] nm Spitzname m.

surnombre [syʀnɔ̃bʀ(ǝ)] nm: **en** ~
in der Überzahl.

surnommer [syʀnɔme] vt taufen.

surpasser [syʀpase] vt übertreffen;
se ~ vt sich selbst übertreffen.

surpeuplé, e [syʀpœple] a (région)
übervölkert; (maison) überfüllt.

surplis [syʀpli] nm Chorhemd nt.

surplomb [syʀplɔ̃] nm Überhang m.

surplomber [syʀplɔ̃be] vi (mur)
überragen // vt überragen.

surplus [syʀply] nm (COMM)
Überschuß m; (reste): ~ **de bois/
tissu** Holz-/Stoffrest m.

surprenant, e [syʀpʀǝnɑ̃, ɑ̃t] a
überraschend, erstaunlich.

surprendre [syʀpʀɑ̃dʀ(ǝ)] vt
überraschen; (secret) herausfinden;
(conversation) mithören; (clin d'œil)
mitbekommen; **se** ~ **à faire qch** sich
bei etw erwischen ou ertappen.

surprise [syʀpʀiz] nf Überraschung
f; **faire une** ~ **à qn** jdn überraschen.

surprise-partie [syʀpʀiz, iz] nf Zuschlags-
prämie f.

par ~ ad überraschend.

surréaliste [syʀʀealist(ǝ)] a sur-
realistisch.

sursaut [syʀso] nm
Zusammenzucken nt; ~ **d'énergie/
d'indignation** Energieaufwallung
f/plötzlicher Ausbruch der Entrü-
stung; **se réveiller en** ~ aus dem
Schlaf auffahren.

sursauter [syʀsote] vi
zusammenfahren.

surseoir [syʀswaʀ]: ~ **à** vt
aufschieben; (JUR) aussetzen.

sursis [syʀsi] nm Aufschub m; (MIL)
Zurückstellung f; (JUR)
Bewährungsfrist f; **avec** ~ auf
Bewährung.

sursitaire [syʀsitɛʀ] nm (MIL) Zu-
rückgestellte(r) m.

surtaxe [syʀtaks(ǝ)] nf (POSTE:
supplément) Zuschlag m;(: amende)
Nachporto m.

surtout [syʀtu] ad besonders; **cet
été, il a** ~ **fait de la pêche** in
diesem Sommer hat er hauptsächlich geangelt; ~ **ne dites
rien!** sagen Sie bloß nichts; ~ **pas!**
bestimmt nicht!, bitte nicht!; ~
que... um so mehr, als...

surveillance [syʀvejɑ̃s] nf
Überwachung f; (d'un gardien)
Aufsicht f; **être sous la** ~ **de qn**
unter jds Aufsicht stehen; **sous** ~
médicale unter ärztlicher
Beobachtung; **Direction de la** ~ **du
territoire (D.S.T.)** Geheimdienst
m.

surveillant, e [syʀvejɑ̃] nm/f
Aufseher(in f) m.

surveiller [syʀveje] vt überwachen;
(SCOL) beaufsichtigen; **se** ~ sich
beherrschen; ~ **son langage/ sa
ligne** auf seine Sprache/Linie
achten.

survenir [syʀvǝniʀ] vi eintreten,
vorkommen; (personne) auftauchen.

survêtement [syʀvɛtmɑ̃] nm Trai-
ningsanzug m.

survie [syʀvi] nf Überleben nt; (REL)
(Fort)leben nt nach dem Tode.

survivant, e [syʀvivɑ̃, ɑ̃t] nm/f
Überlebende(r) mf; (d'une personne)

Hinterbliebene(r) mf.

survivre [syʀvivʀ(ə)] vi überleben (à +akk).

survoler [syʀvɔle] vt überfliegen.

survolté, e [syʀvɔlte] a (ELEC) hinauftransformiert; (personne, ambiance) überreizt.

sus [sy(s)]: **en ~ de** prep zusätzlich zu; **en ~ ad** zusätzlich; **~ à l'ennemi!** auf den Feind!

susceptible [syseptibl(ə)] a (trop sensible) empfindlich; (capable de): **être ~ de modification** geändert werden können; **être ~ de faire qch** etw tun können.

susciter [sysite] vt hervorrufen.

susdit, e [sysdi, dit] a obengenannt.

suspect, e [syspɛ(kt), ɛkt(ə)] a (personne, attitude) verdächtig; (témoignage, opinion) zweifelhaft // nm/f (JUR) Verdächtige(r) mf; **être ~ de qch** einer Sache (gen) verdächtigt werden.

suspecter [syspɛkte] vt (personne) verdächtigen; (honnêteté de qn) anzweifeln; **~ qn de qch/faire qch** jdn einer Sache (gen) verdächtigen/jdn verdächtigen, etw zu tun.

suspendre [syspɑ̃dʀ(ə)] vt (accrocher) aufhängen; (interrompre) einstellen; (séance, jugement) aufheben; (interdire) verbieten; (démettre) suspendieren; **se ~ à** sich (akk) hängen an (+dat).

suspendu, e [syspɑ̃dy] a (accroché): **être ~ à** hängen an (+dat); (perché): **~ au-dessus de** schwebend über (+dat); **voiture bien/mal ~e** gut/ schlecht gefedertes Auto; **être ~ aux lèvres de qn** jdm an den Lippen hängen.

suspens [syspɑ̃]: **en ~ ad** in der Schwebe; nicht entschieden; **tenir en ~** fesseln, in Spannung halten.

suspense [syspɛns] nm Spannung f.

suspension [syspɑ̃sjɔ̃] nf (voir **suspendre**) Einstellung f; Aufhebung f; Verbot nt; Suspendierung f; (AUT) Federung f; (lustre) Hängelampe f; **en ~** schwebend; **~ d'audience** Vertagung f.

suspicion [syspisjɔ̃] nf Verdacht m.

sustenter [systɑ̃te]: **se ~** vi sich stärken.

susurrer [sysyʀe] vt flüstern.

suture [sytyʀ] nf: **point de ~** Stich m.

suturer [sytyʀe] vt nähen.

S.V.P. sigle (= s'il vous plaît) bitte.

svelte [svɛlt(ə)] a schlank.

syllabe [silab] nf Silbe f.

sylviculture [silvikyltyʀ] nf Forstwirtschaft f.

symbole [sɛ̃bɔl] nm Symbol m.

symbolique [sɛ̃bɔlik] a symbolisch.

symétrie [simetʀi] nf Symmetrie f.

symétrique [simetʀik] a symmetrisch.

sympa [sɛ̃pa] a (fam) abr de **sympathique.**

sympathie [sɛ̃pati] nf (affinité) Sympathie f; (participation à douleur) Mitgefühl nt; **accueillir un projet avec ~** einem Vorhaben wohlwollend gegenüberstehen; **témoignages de ~** (lors d'un deuil) Beileidsbekundungen pl; **croyez à toute ma ~** mein aufrichtiges Beileid.

sympathique [sɛ̃patik] a sympathisch; (repas, réunion, endroit) nett.

sympathisant, e [sɛ̃patizɑ̃, ɑ̃t] nm/f (POL) Sympathisant(in f) m.

sympathiser [sɛ̃patize] vi (s'entendre) sich gut verstehen.

symphonie [sɛ̃fɔni] nf Sinfonie f.

symphonique [sɛ̃fɔnik] a: **orchestre/concert ~** Sinfonieorchester nt/-konzert nt; **musique ~** sinfonische Musik f.

symptôme [sɛ̃ptom] nm (MED) Symptom nt; (fig) Anzeichen nt.

synagogue [sinagɔg] nf Synagoge f.

synchroniser [sɛ̃kʀɔnize] vt synchronisieren.

syncope [sɛ̃kɔp] nf Ohnmacht f; **tomber en ~** ohnmächtig werden.

syndic [sɛ̃dik] nm (d'un immeuble) Verwalter m.

syndical, e, aux [sɛ̃dikal, o] a gewerkschaftlich; **centrale ~e** Gewerkschaftshaus nt.

syndicaliste [sɛ̃dikalist] nm/f Gewerkschaft(l)er(in f) m.

syndicat [sɛ̃dika] nm Gewerkschaft f; (association d'intérêts) Verband m; ~ **patronal** Arbeitgeberverband m; ~ **de propriétaires** Eigentümerverband m; ~ **d'initiative** Fremdenverkehrsverein m.

syndiqué, e [sɛ̃dike] a gewerkschaftlich organisiert; (personne) einer Gewerkschaft angeschlossen.

syndiquer [sɛ̃dike]: **se** ~ vi sich gewerkschaftlich organisieren; (adhérer) in die Gewerkschaft eintreten.

synonyme [sinɔnim] a synonym (de mit) // nm Synonym nt.

synoptique [sinɔptik] a: **tableau** ~ Übersichtstafel f.

synovie [sinɔvi] nf: **épanchement de** ~ Wasser nt im Knie.

syntaxe [sɛ̃taks(ə)] nf Syntax f.

synthèse [sɛ̃tɛz] nf Synthese f.

synthétique [sɛ̃tetik] a synthetisch.

syphilis [sifilis] nf Syphilis f.

Syrie [siri] nf: **la** ~ Syrien nt.

systématique [sistematik] a systematisch.

système [sistɛm] nm System nt; **le** ~ **nerveux** das Nervensystem; **le** ~ **métrique** das metrische System; **le** ~ **décimal** das Dezimalsystem; **le** ~ **D** Selbsthilfe f.

T

t' [t(ə)] pron voir **te.**

ta [ta] dét voir **ton.**

tabac [taba] nm Tabak m; Tabakwarengeschäft nt; ~ **blond/brun** heller/dunkler Tabak; ~ **à priser** Schnupftabak.

table [tabl(ə)] nf Tisch m; (liste) Verzeichnis nt; (numérique) Tabelle f; **à** ~ zu Tisch!; Essen ist fertig!; **se mettre à** ~ sich zu Tisch setzen; (fig) reden; **faire** ~ **rase de** Tabula rasa machen mit; ~ **d'écoute** Abhörgerät nt; ~ **ronde** (fig) runder Tisch; ~ **des matières** Inhaltsverzeichnis nt; ~ **de nuit** ou **de chevet** Nachttisch(chen nt) m.

tableau, x [tablo] (ART) Gemälde nt, Bild nt; (fig) Schilderung f; (répertoire) Tafel f; (schéma) Tabelle f; ~ **d'affichage** Anschlagbrett nt; ~ **de bord** Armaturenbrett nt; ~ **noir** (SCOL) Tafel f.

tabler [table] vi: ~ **sur** rechnen mit.

tablette [tablɛt] nf (planche) (Regal)brett nt; ~ **de chocolat** Tafel f Schokolade.

tablier [tablije] nm Schürze f.

tabou [tabu] nm Tabu nt // a tabu.

tabouret [taburɛ] nm Schemel m, Hocker m.

tabulateur [tabylatœr] nm Tabulator m.

tac [tak] nm: **du** ~ **au** ~ Schlag auf Schlag.

tache [taʃ] nf Fleck m; ~**s de rousseur** ou **de son** Sommersprossen pl.

tâche [taʃ] nf Aufgabe f; **travailler à la** ~ im Akkord arbeiten.

tacher [taʃe] vt fleckig ou schmutzig machen; (fig) beflecken; **se** ~ (fruits) fleckig werden.

tâcher [taʃe] vi: ~ **de faire** versuchen zu machen.

tacite [tasit] a stillschweigend.

taciturne [tasityrn(ə)] a schweigsam.

tacot [tako] nm (fam) Karre f.

tact [takt] nm Takt m, Feingefühl nt; **avoir du** ~ Takt haben.

tactique [taktik] a taktisch // nf Taktik f.

taffetas [tafta] nm Taft m.

taie [tɛ] nf: ~ **(d'oreiller)** Kopfkissenbezug m.

taille [taj] nf (action) Behauen nt, Schliff m; Beschneiden nt, Schnitt m; (milieu du corps) Taille f; (grandeur) Größe f; (fig) Format nt; **être de** ~ **à faire** imstande ou fähig sein zu tun; **de** ~ (important) gewaltig.

taille-crayon(s) [tajkrɛjɔ̃] nm Bleistiftspitzer m.

tailler [taje] vt (pierre) behauen; (diamant) schleifen; (arbre, plante) beschneiden; (vêtement) zuschneiden; (crayon) spitzen; vi: ~ **dans la chair/le bois** in Fleisch/Holz schneiden; **se** ~ **la barbe** sich *(dat)* den Bart stutzen.

tailleur [tajœʀ] *nm (couturier)* Schneider *m; (vêtement)* Kostüm *nt;* **en ~** *(assis)* im Schneidersitz; **~ de diamants** Diamantenschleifer *m.*

taillis [taji] *nm* Dickicht *nt.*

taire [tɛʀ] *vt* verschweigen // *vi:* **faire ~ qn** jdn zum Schweigen bringen; **se ~** *vi* schweigen; *(s'arrêter de parler)* verstummen; **taistoi!/taisez-vous!** sei/seid still!

talc [talk] *nm* Talk *nt.*

talent [talɑ̃] *nm* Talent *nt.*

talon [talɔ̃] *nm* Ferse *f; (de chaussure)* Absatz *m; (de jambon, pain)* Ende *nt,* Kanten *pl; (de chèque, billet)* Abschnitt *m;* **~s plats/aiguilles** flache/spitze Absätze.

talonner [talɔne] *vt* dicht folgen *(+dat); (harceler)* hart verfolgen *(RUGBY)* hetzen.

talus [taly] *nm* Böschung *f.*

tambour [tɑ̃buʀ] *nm* Trommel *f; (musicien)* Trommler *m; (porte)* Drehtür *f.*

tamis [tami] *nm* Sieb *nt.*

tamisé, e [tamize] *a (lumière, ambiance)* gedämpft.

tamiser [tamize] *vt* sieben.

tampon [tɑ̃pɔ̃] *nm (d'ouate)* (Watte)bausch *m,* Tupfer *m; (amortisseur)* Puffer *m; (bouchon)* Stöpsel *m; (timbre)* Stempel *m;* **~ (hygiénique)** Tampon *m.*

tamponner [tɑ̃pɔne] *vt (timbres)* stempeln; *(heurter)* zusammenstoßen mit; **se ~** *(voitures)* aufeinanderfahren.

tamponneur, euse [tɑ̃pɔnœʀ, øz] *a:* **autos ~euses** (Auto)skooter *pl.*

tandis [tɑ̃di]: **~ que** *conj* während.

tangent, e [tɑ̃ʒɑ̃, ɑ̃t] *a (MATH):* **~ à** tangential zu; *(fam: de justesse)* knapp // *// (MATH)* Tangente *f.*

tangible [tɑ̃ʒibl(ə)] *a* greifbar.

tanguer [tɑ̃ge] *vi* stampfen.

tanière [tanjɛʀ] *nf* Höhle *f.*

tank [tɑ̃k] *nm (char)* Panzer *m; (citerne)* Tank *m.*

tanker [tɑ̃kɛʀ] *nm* Tanker *m.*

tanné, e [tane] *a (bronzé)* braungebrannt.

tanner [tane] *vt (cuir)* gerben.

tannerie [tanʀi] *nf* Gerberei *f.*

tant [tɑ̃] *ad* so, so viel, so sehr; **~ de** *(quantité)* so viel; *(nombre)* so viele; **~ que** *conj* so, daß; **~ que** *(aussi longtemps que)* solange...; **~ mieux** *(comparatif)* so(viel) wie; **~ mieux** um so besser; **~ pis** macht nichts; **~ pis pour lui** sein Pech; **~ soit peu** ein bißchen.

tante [tɑ̃t] *nf* Tante *f.*

tantôt [tɑ̃to] *ad (cet après-midi)* heute nachmittag; **~ ... ~ ...** bald ... bald...

taon [tɑ̃] *nm* Bremse *f.*

tapage [tapaʒ] *nm (bruit)* Lärm *m; ~* **nocturne** nächtliche Ruhestörung *f.*

tapageur, euse [tapaʒœʀ, øz] *a (bruyant)* lärmend, laut; *(voyant)* auffallend.

tape [tap] *nf* Klaps *m.*

tape-à-l'œil [tapalœj] *a inv* protzig.

taper [tape] *vt* schlagen; *(dactylographier)* tippen, schreiben; *(fam: emprunter):* **~ qn de 10 F** jdn um 10 F anpumpen // *vi (soleil)* stechen; **~ sur qn** jdn verhauen; *(fam: fig)* jdn schlechtmachen; **~ sur qch** schlagen auf *(+akk);* **~ dans** *vt (se servir)* kräftig zugreifen bei; **~ à la porte** an die Tür klopfen; **~ des mains/pieds** die Hände klatschen/mit den Füßen stampfen; **~ (à la machine)** tippen.

tapi, e [tapi] *a:* **~ dans/derrière** hockend ou kauernd in/hinter *(+dat); (caché)* versteckt in/hinter *(+dat).*

tapis [tapi] *nm* Teppich *m;* **mettre sur le ~** *(fig)* aufs Tapet bringen; **~-brosse** Schuhabstreifer *m; ~ de sol** Bodenplane *f; ~ roulant** Fließband *nt.*

tapisser [tapise] *vt* tapezieren, *(fig)* beziehen *(mit).*

tapisserie [tapisʀi] *nf (tenture)* Wandteppich *m; (broderie)* Gobelin *m; (: travail)* Gobelinarbeit *f,* Sticken *nt; (papier peint)* Tapete *f.*

tapissier, ière [tapisje, jɛʀ] *nm/f:* **~ (-décorateur)** Tapezierer(in *f) m.*

tapoter [tapɔte] *vt* sanft klopfen auf *(+akk).*

taquet [takɛ] *nm (coin, cale)* Keil *m.*

taquiner [takine] *vt* necken.

tarabiscoté, e [taʀabiskɔte] *a* überladen.

tard [taʀ] *ad* spät; **plus ~** später; **au plus ~** spätestens; **sur le ~** spät, in vorgerücktem Alter.

tarder [taʀde] *vi (chose)* lange brauchen; *(personne):* **~ à faire qch** etw hinausschieben; **il me tarde d'arriver** ich wäre am liebsten schon da; **sans (plus) ~** ohne (weitere) Verzögerung.

tardif, ive [taʀdif, iv] *a* spät.

targuer [taʀge]: **se ~ de** *vt* sich brüsten mit.

tarif [taʀif] *nm* Tarif *m*; *(liste)* Preisliste *f.*

tarifer [taʀife] *vt* einen Tarif festsetzen für.

tarir [taʀiʀ] *vi* versiegen // *vt* erschöpfen.

tarte [taʀt(ə)] *nf* Kuchen *m*; **~ aux pommes** Apfelkuchen.

tartelette [taʀtəlɛt] *nf* Törtchen *nt.*

tartine [taʀtin] *nf* Schnitte *f*; **~ au miel** Honigschnitte *f.*

tartiner [taʀtine] *vt* (be)streichen; **fromage à ~** Streichkäse *m.*

tartre [taʀtʀ(ə)] *nm (des dents)* Zahnstein *m*; *(de chaudière)* Kesselstein *m.*

tas [tɑ] *nm* Haufen *m*; *(fig)*: **un ~ de** eine Menge...; **formé sur le ~** am Arbeitsplatz ausgebildet.

tasse [tɑs] *nf* Tasse *f.*

tasser [tɑse] *vt (terre, neige)* festtreten, feststampfen; *(entasser):* **~qch dans** etw stopfen in (+*akk*); **se ~** *vi* sich senken; *(problème)* sich geben.

tâter [tɑte] *vt* abtasten; **~ de** *(prison etc)* ausprobieren; **se ~** *(hésiter)* unschlüssig sein.

tâtonnement [tɑtɔnmɑ̃] *nm* tastender Versuch *m.*

tâtonner [tɑtɔne] *vi* herumtappen; *(fig)* im Dunkeln tappen.

tâtons [tɑtɔ̃]: **à ~** *ad*: **chercher à ~** tastend suchen; **avancer à ~** sich vorantasten.

tatouer [tatwe] *vt* tätowieren.

taudis [todi] *nm* Bruchbude *f.*

taupe [top] *nf* Maulwurf *m.*

taureau, x [tɔʀo] *nm* Stier *m*; **le T~** *(ASTR)* der Stier.

tauromachie [tɔʀɔmaʃi] *nf* Stierkampf *m.*

taux [to] *nm* Rate *f*; *(d'alcool, cholestérol)* Spiegel *m*; **~ d'intérêt** Zinsfuß *m*, Zinssatz *m*; **~ de mortalité** Sterblichkeitsziffer *f ou* -rate *f.*

taxe [taks(ə)] *nf (impôt)* Steuer *f*; *(douanière)* Zoll *m*; **~ de séjour** Kurtaxe *f*; **~ à la valeur ajoutée (T.V.A.)** Mehrwertsteuer *f.*

taxer [takse] *vt* besteuern; *(fig)* **~ qn de qch** jdn etw nennen; *(accuser)* jdn einer Sache *(gen)* beschuldigen.

taxi [taksi] *nm* Taxi *nt.*

taximètre [taksimɛtʀ(ə)] *nm* Taxameter *m.*

T.C.F. *sigle m* = Touring Club de France = ADAC.

Tchécoslovaquie [tʃekɔslɔvaki] *nf*: **la ~** die Tschechoslowakei.

tchèque [tʃɛk] *a* tschechisch; **T~** *nm/f* Tscheche *m*, Tschechin *f.*

té [te] *nm (de dessinateur)* Reißschiene *f.*

technicien, ne [tɛknisjɛ̃, jɛn] *nm/f* Techniker(in *f*) *m.*

technique [tɛknik] *a* technisch // *nf* Technik *f.*

techniquement [tɛknikmɑ̃] *ad* technisch.

technologie [tɛknɔlɔʒi] *nf* Technologie *f.*

technologique [tɛknɔlɔʒik] *a* technologisch.

teck [tɛk] *nm* Teak(holz) *nt.*

teckel [tekɛl] *nm* Dackel *m.*

teindre [tɛ̃dʀ(ə)] *vt* färben; **se ~ les cheveux** sich *(dat)* die Haare färben.

teint, e [tɛ̃, tɛ̃t] *a* gefärbt // *nm (du visage)* Teint *m* // *nf* Farbton *m*; **grand ~** *a inv* farbecht.

teinté, e [tɛ̃te] *a (verre, lunettes)* getönt; *(bois)* gebeizt; **~ de** *(fig)* mit einem Anflug ou Hauch von.

teinter [tɛ̃te] vt färben; (bois) beizen.

teinture [tɛ̃tyʀ] nf (action) Färben nt; (substance) Färbemittel nt; ~ **d'iode/ d'arnica** Jod-/Arnikatinktur f.

teinturerie [tɛ̃tyʀʀi] nf Reinigung f.

tel, telle [tɛl] a: **un/une ~(le)...** so ein/so eine... solch ein(e)...; **de ~(le)s...** solche...; (indéfini): **(et ~)** der und der, die und die, das und das; **rien de ~** nichts dergleichen; **~(le) que** so, wie; **~(le) quel(le)** so wie er/sie/es ist ou war; **on n'a jamais rien vu de** ~ so etwas hat man ja noch nie gesehen; ~ **père, ~ fils** wie der Vater, so der Sohn; ~ **doit être son but** das sollte sein Ziel sein; **~le est mon opinion** das ist meine Meinung.

télé [tele] nf abr de **télévision**.

télébenne [teleben] nf, **télécabine** [telekabin] nf Kabinenbahn f.

télécommande [telekɔmɑ̃d] nf Fernsteuerung f.

télécommander [telekɔmɑ̃de] vt fernsteuern.

télécommunications [telekɔmynikasjɔ̃] nfpl Fernmeldewesen nt, Nachrichtentechnik f.

téléférique [teleferik] nm = **téléphérique**.

télégramme [telegʀam] nm Telegramm nt.

télégraphe [telegʀaf] nm Telegraf m.

télégraphier [telegʀafje] vt, vi telegrafieren.

télégraphique [telegʀafik] a telegrafisch; **style ~** Telegrammstil m.

téléguider [telegide] vt fernlenken.

téléobjectif [teleɔbʒɛktif] nm Teleobjektiv nt.

téléphérique [teleferik] nm (Draht)seilbahn f.

téléphone [telefɔn] nm Telefon nt; **avoir le ~** ein Telefon haben; **au ~** am Telefon; **coup de ~** Anruf m.

téléphoner [telefɔne] vt telefonisch mitteilen // vi telefonieren; ~ **à qn** jdn anrufen.

téléphonique [telefɔnik] a telefonisch; **cabine/appareil ~** Telefonzelle f/-apparat m.

téléphoniste [telefɔnist(ə)] nm/f Telefonist(in) m.

télescope [teleskɔp] nm Teleskop nt.

télescopique [teleskɔpik] a (qui s'emboîte) ausziehbar.

téléscripteur [teleskʀiptœʀ] nm Fernschreiber m.

télésiège [telesjɛʒ] nm Sessellift m.

téléski [teleski] nm Skilift m.

téléspectateur, trice [telespektatœʀ, tʀis] nm/f Fernsehzuschauer(in) m.

téléviser [televize] vt im Fernsehen übertragen ou senden.

téléviseur [televizœʀ] nm Fernsehapparat m ou -gerät nt.

télévision [televizjɔ̃] nf (système) Fernsehen nt; **(poste de) ~** Fernsehgerät nt; **avoir la ~** einen Fernseher haben; **à la ~** im Fernsehen.

télex [teleks] nm Telex nt.

tellement [tɛlmɑ̃] ad (tant) so sehr, so viel, derartig; (si) so; ~ **plus grand/cher (que)** so viel größer/teurer (als); ~ **de** (quantité) so viel; (nombre) so viele; **il était ~ fatigué qu'il ...** er war so müde, daß er ...; **pas ~** (fam) nicht so sehr.

tellurique [telyʀik] a: **secousse ~** Erderschütterung f.

téméraire [temeʀɛʀ] a tollkühn.

témérité [temeʀite] nf Tollkühnheit f.

témoignage [temwaɲaʒ] nm Zeugnis nt; (JUR) Zeugenaussage f.

témoigner [temwaɲe] vt (manifester) zeigen, beweisen // vi (JUR) (als Zeuge) aussagen; ~ **que** bezeugen, daß; ~ **de qch** etw bezeugen ou beweisen.

témoin [temwɛ̃] nm (personne) Zeuge m, Zeugin f; (preuve) Beweis m; (SPORT) Staffelstab m // a Kontroll-, Test-; **être ~ de** Zeuge sein von; **appartement ~** Musterwohnung f; ~ **oculaire** Augenzeuge m, -zeugin f.

tempe [tɑ̃p] nf Schläfe f.

tempérament [tɑ̃peʀamɑ̃] nm (caractère) Wesen nt, Temperament nt; **vente à ~** Teilzahlungsverkauf m; **achat à ~** Ratenkauf m.

température [tɑ̃peʀatyʀ] nf Tem-

peratur f; (MED) Fieber nt; **prendre la ~ de** die Temperatur messen bei; (fig) die Stimmung (+gen) sondieren; **avoir ou faire de la ~** Fieber haben.
tempérer [tãpere] vt mildern.
tempête [tãpɛt] nf Unwetter nt; **~ de sable/neige** Sand-/Schneesturm m.
temple [tãpl(ə)] nm Tempel m; (protestant) Kirche f.
tempo [tɛmpo] nm Tempo nt.
temporaire [tãpɔʀɛʀ] a vorübergehend.
temporiser [tãpɔʀize] vi abwarten, Zeit gewinnen wollen.
temps [tã] nm Zeit f; (atmosphérique) Wetter nt; (MUS) Takt m; (TECH: phase) Hub m; nmpl: **les ~ changent/sont durs** die Zeiten ändern sich/ sind hart; **il fait beau/ mauvais ~** es ist schönes/ schlechtes Wetter; **avoir le ~/ juste le ~** Zeit/gerade genug Zeit haben; **avoir du ~ de libre** Zeit haben; **en ~ de paix/guerre** in Friedens-/ Kriegszeiten; **en ~ utile ou voulu** zu gegebener Zeit; **de ~ en ~, de ~ à autre** von Zeit zu Zeit, dann und wann; **en même ~** zur gleichen Zeit; **à ~** rechtzeitig; **entre ~** inzwischen; **dans le ~** früher; **~ d'arrêt** Pause f.
tenable [t(ə)nabl(ə)] a (fig) erträglich.
tenace [tənas] a beharrlich, hartnäckig.
tenailler [tənɑje] vt quälen.
tenailles [tənɑj] nfpl Kneifzange f.
tenancier, ière [tənãsje, jɛʀ] nm/f Inhaber(in f) m.
tendance [tãdãs] nf Tendenz f, Richtung f; (inclination) Hang m; **~ à la hausse/baisse** Aufwärts-/ Abwärtstrend m; **avoir ~ à grossir/exagérer** zum Dickwerden/Übertreiben neigen.
tendancieux, euse [tãdãsjø, jøz] a tendenziös.
tendeur [tãdœʀ] nm Spanner m.
tendon [tãdõ] nm Sehne f.
tendre [tãdʀ(ə)] a zart; (bois, roche) mürbe, brüchig, morsch; (affectueux) zärtlich // vt (allonger)

spannen; (muscle, arc) anspannen; (donner): **~ qch à qn** jdm etw geben ou reichen; (piège) stellen; **se ~** vi (relations, atmosphère) (an)gespannt werden; **~ à qch/à faire qch** etw anstreben/danach streben, etw zu tun; **~ la main** die Hand reichen ou geben.
tendrement [tãdʀəmã] ad zart, zärtlich.
tendresse [tãdʀɛs] nf Zärtlichkeit f.
tendu, e [tãdy] pp de **tendre** // a angespannt; (personne) gereizt.
ténébreux, euse [tenebʀø, øz] a finster; (personne) melancholisch.
teneur [tənœʀ] nf Inhalt m; (d'une lettre) Wortlaut m; (concentration) Gehalt m.
tenir [t(ə)niʀ] vt halten; (réunion, débat) (ab)halten; (magasin, hôtel) haben, führen; (caisse, comptes) führen // vi (être fixé) halten; (durer) andauern; **~ à** Wert legen auf (+akk); (être attaché à) hängen an (+dat); (avoir pour cause) kommen von; **se ~** vi (avoir lieu) stattfinden; **se ~ debout** sich aufrecht halten; **bien/mal se ~** (se conduire) sich gut/ schlecht benehmen; **s'en ~ à qch** sich an etw (akk) halten; **~ qn pour** jdn halten für; **~ qch de qn** etw von jdm haben; **~ de qn** jdm ähneln; **~ un rôle** eine Rolle spielen; **~ l'alcool** Alkohol vertragen; **~ le coup** durchhalten, es aushalten; **~ au chaud** warm halten; **~ chaud** warm geben; **tiens/tenez, voilà le stylo!** da ist der Füller; **tiens! Pierre** sieh da, Pierre!; **tiens?** wirklich?
tennis [tenis] nm Tennis nt; (court) Tennisplatz m; des (chaussures de) ~ Tennisschuhe pl; **de table** Tischtennis nt.
tennisman [tenisman] nm Tennisspieler m.
ténor [tenɔʀ] nm Tenor m.
tension [tãsjõ] nf Spannung f; (concentration, effort) Anspannung f; (MED) Blutdruck m; **faire ou avoir de la ~** hohen Blutdruck haben.
tentacule [tãtakyl] nm (de pieuvre)

Tentakel *nt ou m*, Fangarm *m*.

tentant, e [tɑ̃tɑ̃, ɑ̃t] *a* verführerisch.

tentation [tɑ̃tasjɔ̃] *nf* Versuchung *f*.

tentative [tɑ̃tativ] *nf* Versuch *m*.

tente [tɑ̃t] *nf* Zelt *nt*; **~ à oxygène** Sauerstoffzelt *nt*.

tenter [tɑ̃te] *vt* (*éprouver*) in Versuchung führen; (*séduire*) verführen, verlocken; (*essayer*) versuchen; **être tenté de penser** versucht sein zu denken.

tenture [tɑ̃tyʀ] *nf* Wandbehang *m*.

tenu, e [t(ə)ny] *a*: **bien/mal ~** gut/schlecht geführt; **être ~ de faire qch** gehalten sein, etw zu tun // *pp* (*action*) Halten *nt*, Führen *nt*; (*vêtements*) Kleidung *f*; (*: pej*) Aufzug *m*; (*comportement*) Benehmen *nt*; **être en petite ~e** sehr wenig anhaben; **avoir de la ~** (*personne*) sich gut benehmen; (*journal*) Niveau haben; **~e de voyage/soirée** Reise-/Abendkleidung *f*; **~e de combat** Kampfanzug *m*; **~e de route** Straßenlage *f*.

ter [tɛʀ] *a*: **le 16 ~ de la rue Montmartre** Nr 16b in der Rue Montmartre.

térébenthine [teʀebɑ̃tin] *nf*: (**essence de ~**) Terpentin *nt*.

terme [tɛʀm(ə)] *nm* (*LING*) Ausdruck *m*; (*élément*) Glied *nt*; (*fin*) Ende *nt*; (*FIN*) Frist *f*, Termin *m*; (*loyer*) (vierteljährliche) Miete *f*; **achat à ~** Kreditkauf *m*; **au ~ de** am Ende von; **à court/moyen/long ~** *a, ad* kurz-/mittel-/langfristig; **mettre un ~ à qch** einer Sache (*dat*) ein Ende machen.

terminaison [tɛʀminɛzɔ̃] *nf* Endung *f*.

terminal, e, aux [tɛʀminal, o] *a* End-, letzte(r, s) // *nm* (*INFORMATIQUE*) Terminal *nt* // *nf* (*SCOL*) Oberprima *f*.

terminer [tɛʀmine] *vt* beenden; (*nourriture*) aufessen; (*venir à la fin de*) am Schluß kommen von; **se ~** *vi* zu Ende sein; **se ~ par/en** aufhören mit.

terminus [tɛʀminys] *nm* Endstation *f*.

terne [tɛʀn(ə)] *a* trüb, matt; (*regard, œil*) stumpf.

ternir [tɛʀniʀ] *vt* matt ou glanzlos machen; (*honneur, réputation*) beflecken; **se ~** *vi* matt ou glanzlos werden.

terrain [tɛʀɛ̃] *nm* Boden *m*; (*COMM*) Grundstück *nt*; (*sujet, domaine*) Gebiet *nt*, Bereich *m*; **~ de football/rugby** Fußball-/Rugbyplatz *m*; **~ d'aviation** Flugplatz *m*; **~ de camping** Zeltplatz *m*; **~ de jeu** Spielplatz *m*; **~ vague** unbebautes Land *nt*.

terrasse [tɛʀas] *nf* Terrasse *f*; **culture en ~s** Terrassenkultur *f*.

terrassement [tɛʀasmɑ̃] *nm* (*action*) Erdarbeiten *pl*; (*terre*) (Erd)aufschüttung *f*.

terrasser [tɛʀase] *vt* (*adversaire*) niederschlagen; (*maladie, malheur*) niederstrecken.

terrassier [tɛʀasje] *nm* Straßenarbeiter *m*.

terre [tɛʀ] *nf* Erde *f*; (*opposé à mer*) Land *nt*; **une ~ d'élection/d'exil** ein Wahl-/Exilland *nt*; **~s** *nfpl* (*propriété*) Landbesitz *m*; **travail de la ~** Landarbeit *f*; **en ~** (*pipe, poterie*) tönern; **mettre en ~** (*plante*) einpflanzen; (*enterrer*) begraben; **à ou par ~** auf dem Boden; (*avec mouvement*) auf den Boden; **~ cuite** Terrakotta *f*; **la ~ ferme** das Festland; **~ glaise** Ton *m*; **la T~ promise** das Gelobte Land; **la T~ Sainte** das Heilige Land; **à ~** *a* sachlich, nüchtern.

terreau [tɛʀo] *nm* Kompost(erde *f*).

terre-plein [tɛʀplɛ̃] *nm* gemauerter Erdwall *m*.

terrer [tɛʀe]: **se ~** *vi* sich verkriechen.

terrestre [tɛʀɛstʀ(ə)] *a* (*surface, croûte*) Erd-, der Erde; (*plante, animal, transport*) Land-; (*choses, problèmes*) irdisch, weltlich.

terreur [tɛʀœʀ] *nf* Schrecken *m*; **régime/politique de ~** Terrorregime *nt*/-politik *f*.

terrible [tɛribl(ə)] *a* furchtbar; *(violent)* fürchterlich; *(enfant)* schwierig.

terriblement [tɛribləmɑ̃] *ad* (très) fürchterlich.

terrien, ne [tɛrjɛ̃, jɛn] *nm/f (habitant de la terre)* Erdbewohner(in f) m.

terrier [tɛrje] *nm (de lapin)* Bau m; *(chien)* Terrier m.

terrifier [tɛrifje] *vt* in Schrecken versetzen.

terril [tɛri(l)] *nm* Halde f.

terrine [tɛrin] *nf* Terrine f.

territoire [tɛritwar] *nm* Territorium nt; *(POL)* (Hoheits)gebiet nt.

territorial, e, aux [tɛritɔrjal, o] *a* territorial, Hoheits-.

terroir [tɛrwar] *nm (Acker)boden m; accent/traditions du ~* ländlicher Akzent/ländliche Bräuche.

terroriser [tɛrɔrize] *vt* terrorisieren.

terrorisme [tɛrɔrism(ə)] *nm* Terrorismus m.

terroriste [tɛrɔrist(ə)] *nm/f* Terrorist(in f) m.

tertiaire [tɛrsjɛr] *a (GEO)* tertiär; *(ECON)* Dienstleistungs- // *nm (ECON)* Dienstleistungssektor m.

tertre [tɛrtr(ə)] *nm* Anhöhe f, Hügel m.

tes [te] *dét voir* **ton.**

tesson [tɛsɔ̃] *nm* Scherbe f.

test [tɛst] *nm* Test m.

testament [tɛstamɑ̃] *nm* Testament nt.

testicule [tɛstikyl] *nm* Hoden m.

tétanos [tetanos] *nm* Tetanus m.

tête [tɛt] *nf* Kopf m; *(d'un cortège, d'une armée)* Spitze f; *(FOOTBALL)* Kopfball m; **de** ~ *a (antérieur)* führend // *ad (calculer)* im Kopf; **il a une** ~ **sympathique** *er sieht sympathisch aus;* **perdre la** ~ *(s'affoler)* den Kopf verlieren; *(devenir fou)* verrückt werden; **se mettre en** ~ **que** *sich (dat)* in den Kopf setzen, daß; **tenir** ~ **à qn** jdm die Stirn bieten; **la** ~ **première** vornüber; **avoir la** ~ **dure** einen Dickkopf haben; **faire la** ~ schmollen; **arriver en** ~

als erste(r,s) ankommen; **en** ~ **à** ~ unter vier Augen, im Tête-à-tête; **de la** ~ **aux pieds** von Kopf bis Fuß; ~ **d'enregistrement** *m;* ~ **de lecture** Tonkopf *m;* ~ **chercheuse** Suchkopf *m;* ~ **d'affiche** Hauptdarsteller(in f) m; ~ **de liste** *(POL)* Spitzenkandidat(in f) m; ~ **de mort** Totenkopf m.

tête-à-queue [tɛtakø] *nm inv:* **faire un** ~ sich um die eigene Achse drehen.

tête-à-tête [tɛtatɛt] *nm inv* Tête-à-tête nt; *(POL)* Vieraugengespräch nt.

téter [tete] *vt (enfant):* ~ **(sa mère)** an der Brust der Mutter saugen ou gestillt werden.

tétine [tetin] *nf (de vache)* Euter nt; *(en caoutchouc)* Schnuller m.

têtu, e [tety] *a* störrisch.

texte [tɛkst(ə)] ~ nm Text m; **apprendre son** ~ seine Rolle lernen.

textile [tɛkstil] *a* Textil- // *nm* Stoff m; *(industrie):* **le** ~ die Textilindustrie.

textuel, le [tɛkstɥɛl] *a* wörtlich.

texture [tɛkstyr] *nf* Struktur f.

thé [te] *nm* Tee m; **prendre le** ~ Tee trinken; **faire du** ~ Tee kochen; ~ **au lait/citron** Tee mit Milch/ Zitrone.

théâtral, e, aux [teɑtral, o] *a* dramatisch, bühnenmäßig; *(pej)* theatralisch.

théâtre [teɑtr(ə)] *nm* Theater nt; *(genre)* Drama m; *(œuvres)* Dramen pl, Theaterstücke pl; *(fig)* Schauplatz m; **faire du** ~ Theater spielen.

théière [tejɛr] *nf* Teekanne f.

thème [tɛm] *nm* Thema nt; *(SCOL: traduction)* (Hin)übersetzung f.

théologie [teɔlɔʒi] *nf* Theologie f.

théologique [teɔlɔʒik] *a* theologisch.

théorème [teɔrɛm] *nm* Theorem nt, Lehrsatz m.

théoricien, ne [teɔrisjɛ̃, ɛn] *nm/f* Theoretiker(in f) m.

théorie [teɔri] *nf* Theorie f; **en** ~ in der Theorie.

théorique [teɔrik] *a* theoretisch.

théoriquement [teɔrikmã] *ad* theoretisch.

thérapie [terapi] *nf* Therapie *f*.

thermal, e, aux [tɛrmal, o] *a* Thermal-; **station ~e** Kurort *m*.

thermes [tɛrm(ə)] *nmpl (établissement thermal)* Thermalbad *nt; (romains)* Thermen *pl*.

thermomètre [tɛrmɔmɛtr(ə)] *nm* Thermometer *nt*.

thermos [tɛrmos] *nm ou nf* Thermos- flasche *f*.

thermostat [tɛrmɔsta] *nm* Thermo- stat *m*.

thèse [tɛz] *nf* These *f; (SCOL)* Dis- sertation *f*.

thon [tɔ̃] *nm* Thunfisch *m*.

thoracique [tɔrasik] *a voir* **cage**.

thorax [tɔraks] *nm* Brustkorb *m*.

thrombose [trɔ̃boz] *nf* Thrombose *f*.

thym [tɛ̃] *nm* Thymian *m*.

thyroïde [tiroid] *nf* Schilddrüse *f*.

tiare [tjar] *nf* Tiara *f*.

tibia [tibja] *nm* Schienbein *nt*.

tic [tik] *nm (nerveux)* Tick *m; (habitude)* Eigenheit *f*.

ticket [tikɛ] *nm* Fahrkarte *f*, Fahrschein *m;* ~ **de quai** Bahnsteigkarte *f*.

tiède [tjɛd] *a* lauwarm; *(vent, air)* lau.

tiédir [tjedir] *vi (refroidir)* abkühlen.

tien, tienne [tjɛ̃, tjɛn] *pron:* **le ~ (la tienne), les ~s (tiennes)** deine(r,s), deine; **à la tienne!** auf dein Wohl!

tiens [tjɛ̃] *vb, excl voir* **tenir**.

tierce [tjɛrs(ə)] *a, nf voir* **tiers**.

tiercé [tjɛrse] *nm (pari)* Dreierwette *f*.

tiers, tierce [tjɛr, tjɛrs(ə)] *a* dritte(r,s) // *nm (fraction)* Drittel *nt; (JUR)* Dritte(r) *m;* **assurance au ~** Haftpflichtversicherung *f // nf (MUS)* Dritteltakt *m; (CARTES)* Dreierreihe *f;* **une tierce personne** ein Dritter.

tige [tiʒ] *nf* Stengel *m*, Stiel *m; (baguette)* Stab *m*.

tignasse [tiɲas] *nf* Mähne *f*.

tigre [tigr(ə)] *nm* Tiger *m*.

tigré, e [tigre] *a (tacheté)* gefleckt; *(rayé)* getigert.

tigresse [tigrɛs] *nf* Tigerin *f*.

tilleul [tijœl] *nm* Linde *f; (boisson)* Lindenblütentee *m*.

timbale [tɛ̃bal] *nf* Becher *m; (CULIN):* ~ **de langouste** Languste in Teighülle; ~**s** *nfpl (MUS)* Pauken *pl*.

timbre [tɛ̃br(ə)] *nm (tampon)* Stempel *m; (aussi* ~-**poste**) Briefmarke *f; (sonnette)* Glocke *f*, Klingel *f; (son)* Klang *m*.

timbrer [tɛ̃bre] *vt* stempeln.

timide [timid] *a* schüchtern; *(timoré)* ängstlich; *(fig)* zögernd.

timidement [timidmã] *ad* schüchtern.

timidité [timidite] *nf* Schüchternheit *f*.

tinter [tɛ̃te] *vi* klingeln.

tique [tik] *nf* Zecke *f*.

tir [tir] *nm* Schuß *m; (action)* Schießen *nt; (stand)* Schießbude *f; (rafale):* ~ **d'obus/de mitraillette** Granaten-/ MG-Beschuß *m;* ~ **à l'arc/au fusil** Bogen-/Gewehrschießen *nt;* ~ **de barrage** Sperrfeuer *nt;* ~ **au pigeon** Tontaubenschießen *nt*.

tirade [tirad] *nf* Redeschwall *m*.

tirage [tiraʒ] *nm (TYP)* Drucken *nt; (PHOT)* Abzug *m; (d'un journal, livre)* Auflage *f; (édition)* Ausgabe *f; (d'une cheminée)* Zug *m; (de loterie)* Ziehung *f;* ~ **au sort** Auslosung *f*.

tirailler [tiraje] *vt* zupfen an (+dat); *(fig)* quälen // *vi . (au hasard)* drauflosschießen.

tirant [tirã] *nm:* ~ **d'eau** Tiefgang *m*.

tiré [tire] *nm (COMM)* Bezogene(r) *m/f*, Trassat *m;* ~ **à part** Son- derdruck *m*.

tire-au-flanc [tiroflã] *nm inv* Drückeberger *m*.

tire-bouchon [tirbuʃɔ̃] *nm* Korkenzieher *m*.

tire-fesses [tirfɛs] *nm inv (fam)* Schlepplift *m*.

tirelire [tirlir] *nf* Sparbüchse *f*.

tirer [tire] *vt* ziehen; *(fermer)* zuziehen; *(rideau, panneau)* vor- ziehen; *(en faisant feu)* abschießen; *(imprimer)* drucken; *(PHOT)*

abziehen; *(balle, boule)* schießen // vi schießen; *(cheminée)* ziehen; **se ~** vi *(fam: partir)* sich verziehen; **~ qch de** *(extraire)* etw (heraus)ziehen aus; *(: substance d'une matière première)* etw entziehen *(+dat);* **~ 6 mètres** *(NAVIG)* 6 Meter Tiefgang haben; **s'en ~** davonkommen; **~ sur** zukommen an *(+dat); (faire feu sur)* schießen auf *(+akk); (approcher de)* grenzen an *(+akk);* **~ la langue** die Zunge herausstrecken; **~ avantage/parti de** Vorteil ziehen aus/etw nutzen; **~ qn de** jdm (heraus)helfen aus; **~ à l'arc** mit Pfeil und Bogen schießen; **~ en longueur** in die Länge ziehen; **~ les cartes** die Karten legen.

tiret [tiʀɛ] *nm* Gedanken-/Trennungsstrich *m*.

tireur, euse [tiʀœʀ, øz] *nm/f* Schütze *m*; *(COMM)* Trassant *m*; **bon ~** guter Schuß *m*.

tiroir [tiʀwaʀ] *nm* Schublade *f*.

tiroir-caisse [tiʀwaʀkɛs] *nm* (Registrier)kasse *f*.

tisane [tizan] *nf* Kräutertee *m*.

tison [tizɔ̃] *nm* glimmendes Holzstück *nt*; **~s** Glut *f*.

tisonner [tizɔne] *vt* schüren.

tisonnier [tizɔnje] *nm* Schürhaken *m*.

tisser [tise] *vt* weben; *(fig)* spinnen.

tisserand [tisʀɑ̃] *nm* Weber *m*.

tissu [tisy] *nm* Stoff *m*; *(MED)* Gewebe *nt*; **~ de mensonges** Lügengespinst *nt*.

tissu, e [tisy] *a:* **~ de** durchschossen *ou* durchwoben mit.

tissu-éponge [tisyepɔ̃ʒ] *nm* Frottee *m*.

titre [titʀ(ə)] *nm* Titel *m*; *(de journal)* Schlagzeile *f*; *(diplôme)* Diplom *nt*, Qualifikation *f*; *(document)* Urkunde *f*; *(CHIMIE)* Titer *m*, Gehalt *m*; **en ~** offiziell; **à juste ~** mit vollem Recht; **à quel ~?** mit welchem Recht?; **à aucun ~** auf gar keinen Fall; **au même ~ (que)** genauso (wie); **à ~ exceptionnel** ausnahmsweise; **à ~ d'information** zur Kenntnisnahme *ou* Information; **à ~ gracieux** unentgeltlich; **à ~**

provisoire/d'essai provisorisch/versuchsweise; **à ~ privé/consultatif** in privater/beratender Eigenschaft; **~ de propriété** Eigentumsurkunde *f*.

titré, e [titʀe] *a (personne)* mit einem Titel.

tituber [titybe] *vi* taumeln, schwanken.

titulaire [titylɛʀ] *a:* **professeur ~** ordentlicher Professor *m* // *nm* Inhaber *m* eines Amtes; **être ~ de** *(poste)* innehaben; *(permis)* besitzen.

toast [tost] *nm (pain grillé)* Toast *m*; *(de bienvenue)* Trinkspruch *m*; **porter un ~ à qn** auf jds Wohl trinken.

toboggan [tɔbɔgã] *nm (pour jouer)* Rutschbahn *f*.

tocsin [tɔksɛ̃] *nm* Alarmglocke *f*.

toge [tɔʒ] *nf (de juge, professeur)* Robe *f*.

toi [twa] *pron* du; *(objet)* dich; dir.

toile [twal] *nf (matériau, tissu)* Stoff *m*, Leinen *m*, Baumwollstoff *m*; *(ART: support)* Leinwand *f*; *(:tableau)* Gemälde *nt*; **tisser sa ~** sein Netz spinnen; **~ d'araignée** Spinnennetz *nt*; **~ cirée** Wachstuch *nt*; **~ de fond** *(fig)* Hintergrund *m*; **~ de jute** Sackleinwand *f*, Rupfen *m*; **~ de lin** Leinentuch *nt*; **~ de tente** Zeltplane *f*.

toilette [twalɛt] *nf* Toilette *f*; *(costume):* **elle a changé quatre fois de ~** sie hat sich viermal umgezogen; **~s** *nfpl (W.C.)* Toilette *f*, Abort *m*; **faire sa ~** sich waschen; **produits de ~** Toilettenartikel *pl*.

toi-même [twamɛm] *pron* du (selbst); dich (selbst).

toiser [twaze] *vt (personne)* von oben bis unten ansehen.

toison [twazɔ̃] *nf (de mouton)* Vlies *nt*; *(cheveux)* Haarpracht *f*.

toit [twa] *nm* Dach *nt*; *(de véhicule)* Verdeck *nt*.

toiture [twatyʀ] *nf* Bedachung *f*, Dach *nt*.

tôle [tol] *nf* Blech *nt*; *(carrosserie)* Karosserie *f*; **~ d'acier** Stahlblech *nt*; **~ ondulée** Wellblech *nt*.

tolérable [tɔlerabl(ə)] *a* erträglich.

tolérance [tɔlerɑ̃s] *nf* Toleranz *f*, Duldsamkeit *f*; (hors taxe) Duldung *f*.

tolérer [tɔlere] *vt* (comprendre) ertragen, tolerieren; (MED) vertragen; (TECH: erreur) zulassen; (hors taxe) erlauben.

tollé [tɔle] *nm*: un ~ (de protestations) ein Aufschrei des Protests.

tomate [tɔmat] *nf* Tomate *f*.

tombant, e [tɔ̃bɑ̃, ɑ̃t] *a* hängend.

tombe [tɔ̃b] *nf* Grab *nt*.

tombeau, x [tɔ̃bo] *nm* Grabmal *nt*.

tombée [tɔ̃be] *nf*: à la ~ de la nuit bei Einbruch der Nacht.

tomber [tɔ̃be] *vi* (fruit, feuille) herunterfallen, abfallen; laisser ~ fallen lassen; ~ sur *vt* (rencontrer) zufällig treffen; (attaquer) herfallen über (+akk); ~ de fatigue/de sommeil vor Erschöpfung/ Müdigkeit fast umfallen; ~ en panne eine Panne haben; ça tombe bien/mal das trifft sich gut/ schlecht; il est bien/mal tombé er hat Glück/Pech gehabt.

tombeur [tɔ̃bœʁ] *nm* Frauenheld *m*.

tome [tɔm] *nm* (d'un livre) Band *m*.

ton, ta, pl tes [tɔ̃, ta, te] *dét* dein(e).

ton [tɔ̃] *nm* Ton *m*; (d'un morceau) Tonart *f*; (style) Stil *m*; de bon ~ von gutem Geschmack; ~ sur ~ Ton in Ton.

tonalité [tɔnalite] *nf* (au téléphone) Ruf-/Freizeichen *nt*; (MUS) Tonart *f*; (de couleur) dominierender Farbton.

tondeuse [tɔ̃døz] *nf* (à gazon) Rasenmäher *m*; (du coiffeur) Haarschneider *m*; (pour la tonte) Heckenschere *f*.

tondre [tɔ̃dʁ(ə)] *vt* (herbe) mähen; (haie) schneiden; (mouton) scheren.

tonifier [tɔnifje] *vt* stärken.

tonique [tɔnik] *a* stärkend // *nm* Tonikum *nt*.

tonnage [tɔnaʒ] *nm* (jauge) Tonnage *f*.

tonne [tɔn] *nf* (poids) Tonne *f*.

tonneau, x [tɔno] *nm* Faß *nt*; (NAVIG) Bruttoregistertonne *f*; faire des ~x sich überschlagen.

tonnelier [tɔnəlje] *nm* Böttcher *m*,

Küfer *m*.

tonnelle [tɔnɛl] *nf* Gartenhäuschen *nt*/-laube *f*.

tonner [tɔne] *vi* donnern // *vb impersonnel*: il tonne es donnert.

tonnerre [tɔnɛʁ] *nm* Donner *m*.

tonus [tɔnys] *nm* Energie *f*; (~ musculaire) Tonus *m*.

top [tɔp] *nm*: au 3ème ~ beim 3. Ton.

topaze [tɔpaz] *nf* Topas *m*.

toper [tɔpe] *vi*: tope-/topez-là! topp!, abgemacht!

topinambour [tɔpinɑ̃buʁ] *nm* Topinambur *m*.

topographique [tɔpɔgʁafik] *a* topographisch.

toponymie [tɔpɔnimi] *nf* Ortsnamenkunde *f*.

toque [tɔk] *nf* (coiffure) Mütze *f*; ~ de jockey/juge Jockeymütze *f*/Barett *nt*; ~ de cuisinier Kochmütze *f*.

torche [tɔʁʃ(ə)] *nf* Fackel *f*; (électrique) Taschenlampe *f*.

torchon [tɔʁʃɔ̃] *nm* Lappen *m*; (pour épousseter) Staublappen *m*; (à vaisselle) Geschirrtuch *nt*.

tordre [tɔʁdʁ(ə)] *vt* (vêtement, chiffon) auswringen; (barre, métal) verbiegen; (bras, pied) verrenken, verzerren; (visage) verziehen; se ~ *vi* (barre) sich biegen; (roue) sich verbiegen; (ver, serpent) sich winden; se ~ le pied/bras sich (dat) den Fuß/Arm verrenken.

tordu, e [tɔʁdy] *a* (fig) verdreht.

tornade [tɔʁnad] *nf* Tornado *m*.

torpeur [tɔʁpœʁ] *nf* Betäubung *f*.

torpille [tɔʁpij] *nf* Torpedo *m*.

torpiller [tɔʁpije] *vt* torpedieren.

torréfier [tɔʁefje] *vt* rösten.

torrent [tɔʁɑ̃] *nm* Gebirgs-/ Sturzbach *m*; il pleut à ~s es gießt in Strömen.

torrentiel, le [tɔʁɑ̃sjɛl] *a*: pluie ~le strömender Regen *m*.

torride [tɔʁid] *a* (glühend) heiß.

torse [tɔʁs(ə)] *nm* Oberkörper *m*; (ART) Torso *m*.

torsion [tɔʁsjɔ̃] *nf* (action) Verbiegen *nt*; Verrenkung *f*; Verziehen *nt*; (PHYS, TECH) Torsion *f*.

tort [tɔʁ] *nm* (défaut) Fehler *m*; (préju-

dice) Unrecht *nt;* ~**s** *nmpl (JUR)*
Schuld *f;* **avoir** ~ unrecht haben;
être dans son ~ im Unrecht sein;
donner ~ **à qn** jdm unrecht geben;
causer du ~ **à** etw schaden (+*dat);* **en** ~
im Unrecht; **à** ~ zu Unrecht; **et à**
à travers aufs Geratewohl, wild
drauflos.

torticolis [tɔʀtikɔli] *nm* steifer Hals.

tortiller [tɔʀtije] *vt (corde, mouchoir)*
zwirbeln; *(cheveux, cravate)* zwirbeln
an (+*dat); (doigts)* spielen mit *// se* ~
vi sich winden.

tortue [tɔʀty] *nf* Schildkröte *f.*

tortueux, euse [tɔʀtɥø, øz] *a*
gewunden, sich schlängelnd; *(fig)*
nicht geradlinig, kompliziert.

torture [tɔʀtyʀ] *nf* Folter *f.*

torturer [tɔʀtyʀe] *vt* foltern, *(fig)*
quälen.

tôt [to] *ad* früh; ~ **ou tard** früher
oder später; **pas de si** ~ nicht so
bald; **au plus** ~ frühestens; **il eut** ~
fait de s'en apercevoir er hat es
schnell gemerkt.

total, e, aux [tɔtal, o] *a* völlig;
(guerre) total; *(hauteur, somme)*
gesamt *// nm (somme)* Summe *f,*
Gesamtbetrag *m;* **au** ~ **(en tout)** im
ganzen; *(somme toute)* schließlich;
faire le ~ zusammenzählen ou
-rechnen.

totalement [tɔtalmã] *ad* völlig,
total.

totaliser [tɔtalize] *vt (points)*
(insgesamt) erreichen.

totalité [tɔtalite] *nf:* **la** ~ **de: la** ~ **de**
mes biens mein ganzes Vermögen;
la ~ **des élèves** die Gesamtheit der
Schüler; **la** ~ **de la population** die
gesamte Bevölkerung.

touchant, e [tuʃã, ãt] *a* rührend.

touche [tuʃ] *nf (de piano, machine à*
écrire) Taste*f;(ART)* Pinselführung*f,*
Pinselstrich *m; (fig)* Hauch *m,* Anflug
m; **(remise en)** ~ *(FOOTBALL)*
Einwurf *m;* **(ligne de)** ~
(FOOTBALL) Seitenlinie *f;*
(ESCRIME) Treffer *m.*

toucher [tuʃe] *nm (sens):* **le** ~ der
Tastsinn; *(MUS)* Anschlag *m // vt* berühren; *(manger, boire)* anrühren;

(atteindre, affecter) treffen;
(émouvoir) ergreifen, bewegen; *(con-*
cerner) betreffen, angehen; *(con-*
tacter) erreichen; *(recevoir)*
bekommen; **se** ~ *vi* sich berühren;
au ~ anzufühlen; ~ **à qn** *(attaquer)*
jdn anrühren; ~ **à qch** *(frôler)* etw
berühren; *(modifier)* etw ändern;
(traiter de) etw betreffen; **je vais lui**
en ~ **un mot** ich werde mit ihm ein
Wörtchen darüber reden.

touffe [tuf] *nf* Büschel *nt.*

touffu, e [tufy] *a (haie, forêt)* dicht;
(cheveux) buschig.

toujours [tuʒuʀ] *ad* immer; *(encore)*
immer noch; *(constamment)* immer
wieder; ~ **plus** immer mehr; **pour** ~
für immer; ~ **est-il que** die Tatsache bleibt bestehen, daß; **essaie** ~
du kannst es ja mal versuchen.

toupie [tupi] *nf (jouet)* Kreisel *m.*

tour [tuʀ] *nf* Turm *m;* **(immeuble)**
Hochhaus *nt // nm (excursion)* Ausflug
m; (de piste, circuit) Runde*f;(tournure)*
Wende *f; (rotation)* Umdrehung *f,*
(POL) Wahlgang *m; (ruse)* Trick *m;*
(d'adresse) Kunststück *nt; (de potier)*
Töpferscheibe *f; (à bois, métaux)*
Drehscheibe *f;* **c'est mon/son** ~ ich
bin/er ou sie ist dran; **c'est au** ~ **de**
Philippe Philippe ist an der Reihe;
faire le ~ **de qch** um etw her-
umgehen; *(en voiture)* um etw her-
umfahren; *(fig)* etw durchspielen;
faire un ~ **d'Europe** Europa be-
reisen, durch Europa reisen; **fermer**
à double ~ zweimal abschließen; ~
~ **de rôle,** ~ **à** ~ abwechselnd; ~ **nm**
de poitrine/taille Brust-/
Taillenweite *f;* ~ **nm de tête**
Kopfumfang *m;* ~ **nm de chant**
Tournee *f;* ~ **nf de contrôle**
Kontrollturm *m;* ~ **nf de garde**
Wachdienst *m;* ~ **nm d'horizon** *(fig)*
Überblick *m;* ~ **nm de ville**
Stadtbesichtigung *f.*

tourbe [tuʀb(ə)] *nf* Torf *m.*

tourbillon [tuʀbijɔ̃] *nm (de vent)*
Wirbelwind *m; (de poussière)* Ge-
stöber *nt; (d'eau)* Strudel *m; (fig)* Herumwirbeln *nt.*

tourbillonner [tuʀbijɔne] *vi* herumwirbeln; *(eau)* strudeln.

tourelle [tuʀɛl] *nf* Türmchen *nt; (de véhicule)* Turm *m.*

tourisme [tuʀism(ə)] *nm:* **le ~** der Tourismus; **office/agence de ~** Verkehrs-/Reisebüro *nt;* **faire du ~** auf Besichtigungstour gehen.

touriste [tuʀist(ə)] *nm/f* Tourist(in *f*) *m.*

touristique [tuʀistik] *a (voyage)* Touristen-; *(région)* touristisch; **prix/menu ~** électoral prix/menu *m*/-menü *nt.*

tourment [tuʀmɑ̃] *nm* Plage *f*, Qual *f.*

tourmenter [tuʀmɑ̃te] *vt* quälen; **se ~** *vi (dat)* Sorgen machen.

tournage [tuʀnaʒ] *nm (d'un film)* Dreharbeiten *pl.*

tournant [tuʀnɑ̃] *nm (de route)* Kurve *f; (fig)* Wende(punkt *m*) *f.*

tournebroche [tuʀnəbʀɔʃ] *nm* Drehspieß *m.*

tourne-disque [tuʀnədisk(ə)] *nm* Plattenspieler *m.*

tournée [tuʀne] *nf (du facteur, boucher)* Runde *f; (d'artiste)* Tournee *f; (au café):* **payer une ~** eine Runde zahlen; **~ électorale** Wahlkampfreise *f.*

tourner [tuʀne] *vt* drehen; *(sauce, mélange)* umrühren; *(obstacle, difficulté)* umgehen; *(cap)* umsegeln // *vi* sich drehen; *(: changer de direction)* drehen; *(: personne)* umdrehen; *(fonctionner)* laufen; *(lait)* sauer werden; *(chance)* sich wenden; **se ~** *vi* sich umdrehen; **se ~ vers** sich zuwenden (+*dat); (pour demander aide)* sich wenden an (+*akk);* **bien/mal ~** *(personne)* sich gut/ schlecht entwickeln; *(chose)* gut/ schlecht gehen; **~ autour de** herumlaufen/-fahren um; *(soleil)* sich drehen um; *(importuner)* herumhängen um; **~ à/en** sich verwandeln in (+*akk);* **~ à la pluie/au rouge** regnerisch/rot werden; **~ le dos à** den Rücken kehren (+*dat);* **~ de l'œil** umkippen.

tournesol [tuʀnəsɔl] *nm* Sonnenblume *f.*

tourneur [tuʀnœʀ] *nm* Dreher *m.*

tournevis [tuʀnəvis] *nm* Schraubenzieher *m.*

tourniquet [tuʀnikɛ] *nm (pour arroser)* Sprenger *m; (portillon)* Drehkreuz *nt; (présentoir)* Drehständer *m.*

tournoi [tuʀnwa] *nm* Turnier *nt.*

tournoyer [tuʀnwaje] *vi (oiseau)* kreisen; *(fumée)* herumwirbeln.

tournure [tuʀnyʀ] *nf* (LING) Ausdruck *m.*

tourte [tuʀt(ə)] *nf (CULIN)* Pastete *f.*

tourterelle [tuʀtəʀɛl] *nf* Turteltaube *f.*

tous *dét* [tu], *pron* [tus] *voir* **tout.**

Toussaint [tusɛ̃] *nf:* **la ~** Allerheiligen *nt.*

tousser [tuse] *vi* husten.

toussoter [tusɔte] *vi* hüsteln.

tout, e *pl* **tous, toutes** [tu, tus, tut] *dét* alle; alle; *(la totalité: sg):* **~ le, toute la, tout le, das ganze; ~ un livre/pain** ein ganzes Buch/Brot; *(: pl):* **tous les livres/enfants** alle Bücher/Kinder; *(chaque):* **toutes les nuits** jede Nacht; **à toute heure/~ âge** zu jeder Stunde/in jedem Alter; **toutes les fois** jedesmal; **toutes les fois que** jedesmal, wenn...; **toutes les 2/3 semaines** alle 2/3 Wochen; **tous les deux** alle beide; **toutes les 3 alle** drei; **~ le temps** immer; *(sans cesse)* dauernd; **~ le contraire** genau das Gegenteil; **à toute vitesse** mit Höchstgeschwindigkeit; **de tous côtés** ou **de ~es parts** von/nach allen Seiten; **à ~ hasard** auf gut Glück // *pron* alles; **il tous, toutes alle; je les vois tous/toutes** ich sehe sie alle; **c'est ~** das ist alles; **en ~** insgesamt // *ad (aussi):* **elle était ~ émue/toute petite** sie war ganz gerührt/klein; **~ près** ou **à côté** ganz in der Nähe; **le ~ premier** der allererste; **le ~ livre ~ entier** das ganze Buch; **~ droit** geradeaus; **~ en travaillant/mangeant** während er/sie arbeitete/aß // *nm:* **le ~** *(sg)* das Ganze; **~ pl)** alle(s); **~ ou rien** alles oder nichts; **~ d'abord** zuallererst; **~ à coup** plötzlich; **~ à fait** ganz und gar; *(exactement)* genau; ~ **à l'heure** *(passé)* soeben, gerade; *(futur)* gleich; ~ **de même** trotzdem; ~ **le monde** alle; ~ **de suite** sofort; ~ **terrain** a Allzweck-.

toutefois [tutfwa] ad jedoch, dennoch.

toux [tu] nf Husten m.

toxicomane [tɔksikɔman] nm/f (Rauschgift)süchtige(r) mf.

toxique [tɔksik] a giftig.

trac [tʀak] nm *(fam: SCOL etc)* Bammel m; *(THEAT)* Lampenfieber nt.

tracas [tʀaka] nm Schererei f *(fam)*; Sorgen pl.

tracasser [tʀakase] vt plagen, quälen; se ~ vi sich (dat) Sorgen machen.

tracasserie [tʀakasʀi] nf Schikane f.

trace [tʀas] nf Spur f; ~**s de pas** Fußspuren pl; ~ **de pneus/de freinage** Reifen-/Bremsspuren pl.

tracé [tʀase] nm Verlauf m; *(d'un dessin, d'une écriture)* Linie f; *(plan)* Plan m.

tracer [tʀase] vt zeichnen; *(frayer)* eröffnen; *(fig: chemin, voie)* weisen (à qn jdm).

tract [tʀakt] nm Flugblatt nt.

tractations [tʀaktasjɔ̃] nfpl Handeln nt, Feilschen nt.

tracteur [tʀaktœʀ] nm Traktor m.

traction [tʀaksjɔ̃] nf *(action)* Ziehen nt; *(AUT)* Antrieb m; ~ **mécanique/ électrique** mechanischer/ elektrischer Antrieb; ~ **avant/arrière** Front-/Heckantrieb m.

tradition [tʀadisjɔ̃] nf Tradition f.

traditionalisme [tʀadisjɔnalism] nm Traditionsbewußtsein nt.

traditionnel, le [tʀadisjɔnɛl] a traditionell.

traducteur, trice [tʀadyktœʀ, tʀis] nm/f Übersetzer(in f) m.

traduction [tʀadyksjɔ̃] nf Übersetzung f; ~ **simultanée** Simultanübersetzung f.

traduire [tʀadyiʀ] vt übersetzen; *(exprimer)* ausdrücken; se ~ **par** sich ausdrücken durch; ~ **en**

français ins Französische übersetzen.

trafic [tʀafik] nm *(illicite)* (Schwarz)handel m; *(circulation)*: ~ **(routier/aérien)** (Straßen-/Flug)verkehr m; ~ **d'armes** Waffenschieberei f.

trafiquant, e [tʀafikɑ̃, ɑ̃t] nm/f Schwarzhändler(in f) m; Schieber(in f) m.

trafiquer [tʀafike] vt *(pej: transformer)* sich *(dat)* zu schaffen machen (+dat).

tragédie [tʀaʒedi] nf Tragödie f.

tragique [tʀaʒik] a tragisch.

trahir [tʀaiʀ] vt verraten; se ~ vt sich verraten.

trahison [tʀaizɔ̃] nf Verrat m.

train [tʀɛ̃] nm *(RAIL)* Zug m; *(allure)* Tempo m; **mettre qch en** ~ etw in Gang bringen; **mettre qn en** ~ jdn in Schwung bringen; **se sentir en** ~ in Form sein; ~ **avant/arrière** Vorder-/Hinterachse f; ~ **d'atterrissage** Fahrgestell nt; ~ **électrique** *(jouet)* Modelleisenbahn f; ~ **de pneus** Reifensatz m; ~ **spécial** Sonderzug m; ~ **auto-couchettes** Autoreisezug m; ~ **de vie** Lebensstil m.

traine [tʀɛn] nf *(de robe)* Schleppe f.

traineau, x [tʀɛno] nm Schlitten m.

trainée [tʀɛne] nf *(de sable)* Spur f; *(de peinture)* Streifen m.

trainer [tʀɛne] vt schleppen, ziehen; *(enfant, chien)* hinter sich *(dat)* herziehen // vi *(être en désordre)* herumliegen; *(agir lentement)* trödeln; *(durer)* sich schleppen; *(vagabonder)* sich herumtreiben; se ~ vi *(personne, voiture)* kriechen; *(durer)* sich in die Länge ziehen; se ~ **par terre** am Boden kriechen; ~ **les pieds** schlurfen; **par terre** auf dem Boden schleifen; ~ **en longueur** in die Länge ziehen.

train-train [tʀɛ̃tʀɛ̃] nm tägliches Einerlei nt, Trott m.

traire [tʀɛʀ] vt melken.

trait [tʀɛ] nm Strich m; *(caractéristique)* Zug m; ~**s** nmpl *(du visage)* Gesichtszüge pl; **d'un** ~ auf einen Zug; **animal de** ~ Zugtier nt; **avoir** ~ **à** sich beziehen auf (+akk); ~ **de caractère** Charakterzug m; ~ **d'esprit** Geistesblitz m; ~ **d'union** Bindestrich m; (fig) Verbindung f.

traitant [tʀɛtɑ̃] am: **votre médecin** ~ Ihr behandelnder Arzt.

traite [tʀɛt] nf (COMM) Tratte f; (AGR) Melken nt; **d'une (seule)** ~ ohne Unterbrechung; **la** ~ **des noirs/blanches** Sklaven-/Mädchenhandel m.

traité [tʀete] nm Vertrag m.

traitement [tʀɛtmɑ̃] nm Behandlung f, Bearbeitung f, Verarbeitung f; (salaire) Gehalt nt.

traiter [tʀete] vt behandeln; (matériaux) verarbeiten, bearbeiten; (qualifier): ~ **qn d'idiot/de tous les noms** jdn einen Idioten/alles mögliche heißen // vi (négocier) verhandeln; ~ **de qch** vt behandeln; **bien/mal** ~ gut/schlecht behandeln.

traiteur [tʀetœʀ] nm Partyservice m.

traître, tresse [tʀɛtʀ(ə), tʀɛs] a (heim)tückisch // nm/f Verräter (in f) m.

traîtrise [tʀetʀiz] nf Verrat m, Hinterlist f.

trajectoire [tʀaʒɛktwaʀ] nf Flugbahn f.

trajet [tʀaʒɛ] nm abr de **tramway**.

tram [tʀam] nm abr de **tramway**.

trame [tʀam] nf (d'un tissu) Schuß m; (d'un roman) Gerippe nt; (TYP) Raster m.

tramer [tʀame] vt (combiner) aushecken.

tramway [tʀamwɛ] nm Straßenbahn f.

tranchant, e [tʀɑ̃ʃɑ̃, ɑ̃t] a scharf; (remarque, ton) kategorisch // nm (d'un couteau) Schneide f.

tranche [tʀɑ̃ʃ] nf (morceau) Scheibe f; (bord) Kante f; (d'un livre) Rand m; (partie) Abschnitt m, Teil m; (d'actions, bons) Tranche f; (de revenus) Spanne f; **d'émission** (loterie) Ziehung f; ~ **d'âge/de salaires**

tranché, e [tʀɑ̃ʃe] a (couleurs) grell; (opinions) scharf abgegrenzt // nf Graben m.

trancher [tʀɑ̃ʃe] vt schneiden; (résoudre) entscheiden // vi (contraster): ~ **avec** sich scharf abheben ou unterscheiden von.

tranchet [tʀɑ̃ʃɛ] nm Messer nt.

tranchoir [tʀɑ̃ʃwaʀ] nm (planche) Hack-/Wiegebrett nt.

tranquille [tʀɑ̃kil] a ruhig; **se tenir** ~ (enfant) sich ruhig verhalten; **laisse-moi** ~! laß mich in Ruhe!

tranquillement [tʀɑ̃kilmɑ̃] ad ruhig.

tranquillisant [tʀɑ̃kiliza̱] nm Beruhigungsmittel nt.

tranquillité [tʀɑ̃kilite] nf Ruhe f; ~ **d'esprit** Gemütsruhe f.

transaction [tʀɑ̃zaksjɔ̃] nf Geschäft nt, Transaktion f.

transatlantique [tʀɑ̃zatlɑ̃tik] a überseeisch // nm (bateau) Überseedampfer m.

transborder [tʀɑ̃sbɔʀde] vt umladen.

transcription [tʀɑ̃skʀipsjɔ̃] nf Abschrift f, Umsetzung f.

transférer [tʀɑ̃sfeʀe] vt (prisonnier) überführen; (bureau) verlegen; (PSYCH; argent) übertragen; (par virement) überweisen; (fonctionnaire) versetzen.

transfert [tʀɑ̃sfeʀ] nm Überführung f, Verlegung f; Übertragung f; Überweisung f; Versetzung f.

transfigurer [tʀɑ̃sfigyʀe] vt verklären.

transformateur [tʀɑ̃sfɔʀmatœʀ] nm Transformator m.

transformation [tʀɑ̃sfɔʀmasjɔ̃] nf Verwandlung f; Umbau m; Änderung f; Veränderung f.

transformer [tʀɑ̃sfɔʀme] vt verwandeln; (maison, magasin) umbauen; (vêtement) (ab)ändern; ~**en qch** in etw umwandeln; **se** ~ vi sich verändern.

transfuge [tʀɑ̃sfyʒ] nm Überläufer m.

transfusion [trãsfyzjɔ̃] nf: ~ sanguine Bluttransfusion f.

transgresser [trãsgrese] vt übertreten.

transi, e [trãzi] a erstarrt.

transiger [trãziʒe] vi einen Kompromiß schließen.

transistor [trãzistɔr] nm Transistor m.

transit [trãzit] nm Transit(verkehr) m.

transiter [trãzite] vi im Transit sein; (personnes) auf der Durchreise sein.

transitif, ive [trãzitif, iv] a transitiv.

transition [trãzisjɔ̃] nf Übergang m; de ~ vorübergehend.

transitoire [trãzitwar] a vorübergehend, vorläufig; (fugitif) kurzlebig.

translucide [trãslysid] a durchscheinend.

transmetteur [trãsmetœr] nm Sender m.

transmettre [trãsmetr(ə)] vt übertragen; ~ qch à qn jdm etw übermitteln; (biens, droits) etw auf jdn übertragen, jdm etw übertragen; (secret, recette) jdm etw mitteilen.

transmission [trãsmisjɔ̃] nf Übertragung f; Übermittlung f; ~ de pensée Gedankenübertragung f.

transparaître [trãsparɛtr(ə)] vi durchscheinen.

transparence [trãsparãs] nf Transparenz f; regarder qch par ~ etw gegen das Licht halten.

transparent, e [trãsparã, ãt] a durchsichtig.

transpercer [trãsperse] vt durchbohren; (fig) durchdringen; ~ un vêtement durch ein Kleidungsstück durchgehen.

transpiration [trãspirasjɔ̃] nf (sueur) Schweiß m.

transpirer [trãspire] vi schwitzen.

transplanter [trãsplãte] vt verpflanzen.

transport [trãspɔr] nm Transport m, Beförderung f; (émotion) ~ de colère/joie Wut-/Freudenausbruch m; ~ de voyageurs/marchandises Beförderung von Reisenden/Waren; ~ aérien/routier Transport per Flugzeug/auf der Straße; avion de ~ Transportflugzeug nt; ~s en commun öffentliche Verkehrsmittel pl.

transporter [trãspɔrte] vt befördern, transportieren; (énergie, son) übertragen; (fig) hinreißen.

transporteur [trãspɔrtœr] nm (entrepreneur) Spediteur m.

transposer [trãspoze] vt (idée, fait) umwandeln; (MUS) transponieren.

transversal, e, aux [trãsversal, o] a Quer-.

trapèze [trapez] nm Trapez nt.

trappe [trap] nf (ouverture) Falltür f; (piège) Falle f.

trappeur [trapœr] nm Trapper m.

trapu, e [trapy] a untersetzt, stämmig.

traquenard [traknar] nm Falle f.

traquer [trake] vt hetzen.

traumatiser [tromatize] vt einen Schock versetzen (+dat).

traumatisme [tromatism(ə)] nm (PSYCH) Trauma nt, Schock m; ~ crânien Gehirntrauma nt.

travail, aux [travaj, o] nm Arbeit f; être sans ~ arbeitslos sein; travaux forcés Zwangsarbeit; ~ (au) noir Schwarzarbeit; travaux des champs Feldarbeiten pl; travaux dirigés (SCOL) Schularbeiten pl unter Aufsicht; travaux manuels (SCOL) Handarbeit; travaux ménagers Haushalt m; Travaux publics staatliche Bauvorhaben pl.

travailler [travaje] a aufpoliert.

travailler [travaje] vi arbeiten; (bois) sich werfen (/~ vi arbeiten an (+dat); (bois, métal; influencer) bearbeiten; cela le travaille das geht in seinem Kopf herum; ~ la terre das Feld bestellen; ~ son piano Klavier üben; ~ à arbeiten an (+dat); (contribuer à) hinarbeiten auf (+dat).

travailleur, euse [travajœr, øz] a/ être ~ arbeitsam ou fleißig sein;

nm/f Arbeiter(in f) m.

travée [tʀave] nf (rangée) Reihe f.

travelling [tʀavliŋ] nm (chariot) (Kamera)wagen m; (technique) Kamerafahrt f; ~ **optique** Zoomaufnahmen pl.

travers [tʀavɛʀ] nm (défaut) Schwäche f; **en ~ (de)** quer (zu); **au ~ (de)** quer (durch); **de ~** a, ad schief, verkehrt; **à ~** quer durch; **regarder de ~** (fig) schief ansehen.

traverse [tʀavɛʀs(ə)] nf (RAIL) Schwelle f; **chemin de ~** Abkürzung f.

traversée [tʀavɛʀse] nf Durchquerung f; (en mer) Überfahrt f.

traverser [tʀavɛʀse] vt (rue, mer, frontière) überqueren; (salle, forêt) gehen durch; (ville, tunnel) durchqueren; (percer) durchgehen durch; (difficultés, temps) durchmachen; (sujet: ligne, trait) durchqueren.

traversin [tʀavɛʀsɛ̃] nm Nackenrolle f.

travestir [tʀavɛstiʀ] vt verzerren; **se ~** sich verkleiden.

trébucher [tʀebyʃe] vi: ~ **(sur)** stolpern (über +akk).

trèfle nm [tʀɛfl(ə)] Klee m; (CARTES) Kreuz nt; ~ **à quatre feuilles** vierblättriges Kleeblatt nt.

treillage [tʀɛjaʒ] nm Spalier nt.

treille [tʀɛj] nf Weinlaube f.

treillis [tʀɛji] nm (métallique) Gitter nt.

treize [tʀɛz] num dreizehn.

treizième [tʀɛzjɛm] num dreizehnte(r,s).

tréma [tʀema] nm Trema nt.

tremblant, e [tʀɑ̃blɑ̃, ɑ̃t] a zitternd.

tremblement [tʀɑ̃bləmɑ̃] nm Zittern nt, Beben nt; ~ **de terre** Erdbeben nt.

trembler [tʀɑ̃ble] vi zittern; (flamme) flackern; (terre) beben; ~ **de froid/fièvre/peur** vor Kälte/ Fieber/Angst zittern.

trémousser [tʀemuse]: **se ~** vi herumzappeln.

trempe [tʀɑ̃p] nf (caractère) de cette/sa ~ von diesem/seinem Schlag.

trempé, e [tʀɑ̃pe] a klatschnaß; (TECH) gehärtet.

tremper [tʀɑ̃pe] vt naß machen; (aussi: **faire ~, mettre à ~**) einweichen; (plonger): ~ **dans** eintauchen in (+akk) // il (lessive) eingeweicht sein in (+akk); (fig: ~ **dans** verwickelt sein in (+akk); **se ~** vi (dans mer, piscine) kurz hineingehen.

trempette [tʀɑ̃pɛt] nf: **faire ~ (dans la mer)** kurz (ins Meer) hineingehen.

tremplin [tʀɑ̃plɛ̃] nm Sprungbrett nt; (SKI) Sprungschanze f.

trentaine [tʀɑ̃tɛn] nf: **une ~ (de)** etwa dreißig.

trente [tʀɑ̃t] num dreißig.

trentième [tʀɑ̃tjɛm] num dreißigste(r,s).

trépied [tʀepje] nm (d'appareil) Stativ nt; (meuble) Dreifuß m.

trépigner [tʀepiɲe] vi stampfen, trampeln.

très [tʀɛ] ad sehr; ~ **critiqué** viel kritisiert; **j'ai ~ envie de** ich habe große Lust auf/zu.

trésor [tʀezɔʀ] nm Schatz m; **le Trésor (public)** die Finanzbehörde.

trésorerie [tʀezɔʀʀi] nf (gestion) Finanzverwaltung f; (bureaux) Finanzzeiträutig f; **difficultés de ~** Finanzprobleme pl.

trésorier, ière [tʀezɔʀje, jɛʀ] nm/f (d'une société) Kassenverwalter (in f) m, Schatzmeister (in f) m.

tressaillir [tʀesajiʀ] vi erbeben.

tresse [tʀɛs] nf (cheveux) Zopf m.

tresser [tʀese] vt flechten; (corde) drehen.

tréteau, x [tʀeto] nm (chevalet) Gestell nt.

treuil [tʀœj] nm Winde f.

trêve [tʀɛv] nf Waffenruhe f; (fig) Ruhe f; **de... ~** Schluß mit...; **sans ~** unaufhörlich.

Trèves n Trier.

tri [tʀi] nm Sortieren nt, Auswahl f.

triage [tʀijaʒ] nm: **gare de ~** Rangier- und Verschiebebahnhof m.

triangle [tʀijɑ̃gl(ə)] nm Dreieck nt; (MUS) Triangel m.

tribord [tribɔr] nm: à ~ nach Steuerbord.

tribu [triby] nf Stamm m.

tribunal, aux [tribynal, o] nm Gericht nt; ~ **de commerce/de police** Handels-/Polizeigericht; ~ **de grande instance** oberster Gerichtshof m; ~ **pour enfants** Jugendgericht.

tribune [tribyn] nf Tribüne f; (d'église) Empore f; (de tribunal) Galerie f; (débat) Diskussion f.

tribut [triby] nm (argent) Abgabe f.

tributaire [tribytɛr] a: **être** ~ **de** abhängig sein von; (fleuve) einmünden in (+akk).

tricher [triʃe] vi schummeln.

tricherie [triʃri] nf Betrug m.

tricheur, euse [triʃœr, øz] nm/f Betrüger(in f) m.

tricolore [trikɔlɔr] a dreifarbig; (français) rot-weiß-blau; **le drapeau** ~ die Trikolore.

tricot [triko] nm (action) Stricken nt; (ouvrage) Strickarbeit f, Strickzeug nt; (tissu) Strickware f, Trikot m; (vêtement) Pullover m.

tricoter [trikɔte] vt stricken; **machine/aiguille à** ~ Strickmaschine/-nadel f.

tricycle [trisikl(ə)] nm (d'enfant) Dreirad nt.

triennal, e, aux [triɛnal, o] a dreijährlich; (mandat) dreijährig.

trier [trije] vt sortieren; (fruits) aussortieren; (sélectionner) auslesen.

trimestre [trimɛstr(ə)] nm (SCOL) Trimester nt; (COMM) Quartal nt, Vierteljahr nt.

trimestriel, le [trimɛstrijel] a vierteljährlich.

tringle [trɛgl(ə)] nf (barre) Stange f.

Trinité [trinite] nf: **la** ~ die Dreifaltigkeit.

trinquer [trɛ̃ke] vi anstoßen; ~ **à qch/la santé de qn** auf etw (akk)/jds Wohl anstoßen.

triomphe [trijɔ̃f] nm Triumph m.

triompher [trijɔ̃fe] vi siegen; (idée, cause) triumphieren; ~ **de qch** über etw (akk) triumphieren.

tripe [trip] nfpl (CULIN) Kutteln pl,

Kaldaunen pl.

triple [tripl(ə)] a dreifach; (trois fois plus grand) dreimal (so groß) // nm: **le** ~ **de** das Dreifache (von); **en** ~ **exemplaire** in dreifacher Ausfertigung.

tripler [triple] vi sich verdreifachen // vt verdreifachen.

tripoter [tripɔte] vt (objet) herumspielen mit.

trique [trik] nf Knüppel m.

triste [trist(ə)] a traurig.

tristesse [tristɛs] nf Traurigkeit f.

trivial, e, aux [trivjal, o] a derb, vulgär; trivial, alltäglich.

troc [trɔk] nm Tauschhandel m.

trognon [trɔɲɔ̃] nm (de fruit) Kerngehäuse nt; (de légume) Strunk m.

trois [trwa] num drei; **les** ~ **quarts de** dreiviertel (+gen).

troisième [trwazjɛm] num dritte(r,s).

trolleybus [trɔlebys] nm Obus m.

trombe [trɔ̃b] nf: **des** ~**s d'eau** ein Regenguß m; **en** ~ (arriver, passer) wie ein Wirbelwind.

trombone [trɔ̃bɔn] nm (MUS) Posaune f; (de bureau) Büroklammer f.

trompe [trɔ̃p] nf (d'éléphant) Rüssel m; (MUS) Horn nt.

tromper [trɔ̃pe] vt (personne) betrügen; (espoir, attente) enttäuschen; (vigilance, poursuivants) irreführen; (sujet: distance, objet, ressemblance) täuschen; **se** ~ vi sich irren; **se** ~ **de jour** sich im Tag täuschen; **se** ~ **de 3 cm/20 F** sich um 3 cm/20 F vertun.

tromperie [trɔ̃pri] nf Betrug m.

trompette [trɔ̃pɛt] nf (MUS) Trompete f.

trompettiste [trɔ̃petist(ə)] nm/f Trompeter(in f) m.

trompeur, euse [trɔ̃pœr, øz] a täuschend.

tronc [trɔ̃] nm (d'arbre) Stamm m; (d'église) Opferstock m; (ANAT) Rumpf m; ~ **d'arbre** Baumstamm m/-stumpf m; ~ **commun** (SCOL) gemeinsamer Bildungsweg m.

tronçon [trɔ̃sɔ̃] nm Teilstrecke f.

tronçonner [trɔ̃sɔne] vt zersägen.

tronçonneuse [trɔ̃sɔnøz] nf Kettensäge f.

trône [tron] nm Thron m; **monter sur le ~** den Thron besteigen.

tronquer [trɔ̃ke] vt abstumpfen; (citation, texte) verstümmeln.

trop [tro] ad (avec verbe) zuviel; (devant adverbe) zu; (devant adjectif) (viel) zu; ~ (nombreux) zu viele; zu zahlreich; ~ peu (nombreux) zu wenige; ~ (souvent) zu oft; ~ (longtemps) zu lange; ~ (de nombre) zu viele; (quantité) zu viel; de ~, en ~: des livres en ~/3 F zuviel; du lait en ~ zu viel Milch.

trophée [trɔfe] nm Trophäe f.

tropical, e, aux [trɔpikal, o] a tropisch, Tropen-.

tropique [trɔpik] nm Wendekreis m; ~s nmpl (région) Tropen pl; ~ du Cancer/Capricorne Wendekreis des Krebses/Steinbocks.

trop-plein [troplɛ̃] nm Überlauf m.

troquer [trɔke] vt: ~ qch contre qch etw gegen etw eintauschen.

trot [tro] nm: le ~ der Trab; aller au ~ Trab reiten.

trotter [trɔte] vi traben; (souris, enfant) (herum)huschen.

trotteuse [trɔtøz] nf (de montre) Sekundenzeiger m.

trottiner [trɔtine] vi trippeln.

trottinette [trɔtinɛt] nf Roller m.

trottoir [trɔtwaʀ] nm Gehweg m; faire le ~ auf den Strich gehen; ~ roulant Rollsteg m.

trou [tru] nm Loch n, Öffnung f; ~ de mémoire Gedächtnislücke f; ~ d'air Luftloch nt; le ~ de la serrure das Schlüsselloch.

trouble [tʀubl(ə)] nm a trüb; (affaire, histoire) zwielichtig // nm (désarroi) Verwirrung f; (émoi) Erregung f; (zizanie) Unruhe f; ~s nmpl (POL) Aufruhr m, Unruhen pl; (MED) Störung f, Beschwerden pl.

troubler [tʀuble] vt verwirren; (émouvoir) bewegen; (inquiéter) beunruhigen; (liquide) trüben; (per-

turber, déranger) stören; se ~ vi (personne) verlegen werden.

troué, e [tʀue] a durchlöchert // nf (dans un mur, une haie) Lücke f; (GEO) Spalte f.

trouer [tʀue] vt durchlöchern; (mur) durchbohren; (silence, air, nuit) durchbrechen.

troupe [tʀup] nf (MIL) Truppe f; (groupe) Schar f, Gruppe f; ~ (de théâtre) (Theater)truppe f.

troupeau, x [tʀupo] nm Herde f.

trousse [tʀus] nf (étui) Etui nt; (d'écolier) (Feder)mäppchen nt; (de docteur) Arztkoffer m; aux ~s de auf den Fersen von; ~ à outils Werkzeugtasche f; ~ de toilette Kulturbeutel m.

trousseau, x [tʀuso] nm (de mariée) Aussteuer f; ~ de clefs Schlüsselbund nt ou m.

trouvaille [tʀuvaj] nf Entdeckung f.

trouver [tʀuve] vt finden; (rendre visite): aller ~ qn jdn besuchen; je trouve que ich finde, daß; ~ à boire/critiquer etwas zu trinken/kritisieren finden; se ~ vi (être) sein, sich befinden; (être soudain) sein finden; se ~ être/avoir... zufällig... sein/haben; il se trouve que... zufälligerweise...; se ~ mal in Ohnmacht fallen.

truand [tʀyɑ̃] nm Gangster m.

truc [tʀyk] nm (astuce) Dreh m; (de cinéma, de prestidigitateur) Trick m; (chose) Ding nt.

truchement [tʀyʃmɑ̃] nm: par le ~ de qn über jds Vermittlung, durch durch jdn.

truelle [tʀyɛl] nf (de maçon) Kelle f.

truffe [tʀyf] nf (champignon, chocolat) Trüffel f.

truffé, e [tʀyfe] a: ~ de gespickt mit.

truie [tʀyi] nf Sau f.

truite [tʀyit] nf Forelle f.

truquer [tʀyke] vt fälschen; (élections) manipulieren; (FILM) Trickaufnahmen anwenden bei.

T.S.V.P. sigle (= tournez s'il-vous-plaît) b.w. (bitte wenden).

T.T.C. sigle = toutes taxes

comprises.

tu [ty] *pron* du.

tu, e [ty] *pp de* **taire.**

tuba [tyba] *nm* (MUS) Tuba *f*; (SPORT) Schnorchel *m*.

tube [tyb] *nm* Röhre *f*; (de canalisation) Rohr *nt*; (d'aspirine etc) Röhrchen *nt*; (de dentifrice etc) Tube *f*; (disque) Hit *m*; **~ à essai** Reagenzglas *nt*; **~ digestif** Verdauungskanal *m*.

tuberculose [tybɛʀkylɔz] *nf* Tuberkulose *f*.

tubulaire [tybylɛʀ] *a* Stahlrohr-.

tuer [tɥe] *vt* töten; (commerce) ruinieren; **se ~** (se suicider) sich (dat) das Leben nehmen; (dans un accident) umkommen.

tuerie [tyʀi] *nf* Gemetzel *nt*, Blutbad *nt*.

tue-tête [tytɛt]: **à ~** *ad* aus Leibeskräften.

tueur [tɥœʀ] *nm* Mörder *m*; **~ à gages** bezahlter Killer *m*.

tuile [tɥil] *nf* Dachziegel *m*; (fam: ennui) Pech *nt*.

tulipe [tylip] *nf* Tulpe *f*.

tulle [tyl] *nm* Tüll *m*.

tuméfié, e [tymefje] *a* geschwollen.

tumeur [tymœʀ] *nf* Tumor *m*.

tumultueux, euse [tymyltɥø, øz] *a* tobend, lärmend.

tunique [tynik] *nf* Tunika *f*.

Tunisie [tynizi] *nf*: **la ~** Tunesien *nt*.

tunisien, ne [tynizjɛ̃, ɛn] *a* tunesisch; **T~, ne** *nm/f* Tunesier(in *f*) *m*.

tunnel [tynɛl] *nm* Tunnel *m*.

turban [tyʀbɑ̃] *nm* Turban *m*.

turbine [tyʀbin] *nf* Turbine *f*.

turboréacteur [tyʀbɔʀeaktœʀ] *nm* Turbotriebwerk *nt*.

turbulent, e [tyʀbylɑ̃, ɑ̃t] *a* (enfant) wild, ausgelassen.

turc, turque [tyʀk(ə)] *a* türkisch; **T~, Turque** *nf* Türke *m*, Türkin *f*; **à la turque** *ad* (assis) mit gekreuzten Beinen.

turf [tyʀf] *nm* Pferderennsport *m*.

turque [tyʀk] *a, nf voir* **turc.**

Turquie [tyʀki] *nf*: **la ~** die Türkei.

turquoise [tyʀkwaz] *a inv* türkis // *nf* Türkis *m*.

tutelle [tytɛl] *nf* (JUR) Vormundschaft *f*; (de l'État, d'une société) Treuhandschaft *f*; **être/mettre sous la ~** (de (fig) jds Aufsicht (dat) unterstehen/unterstellen; (protégé) unter jds Schutz (dat) stehen/stellen.

tuteur, trice [tytœʀ, tʀis] *nm/f* (JUR) Vormund *m* // *nm* (de plante) Stütze *f*.

tutoyer [tytwaje] *vt* duzen.

tuyau, x [tɥijo] *nm* Rohr *nt*, Röhre *f*; (flexible) Schlauch *m*; (fam: conseil) Wink *m*, Tip *m*; **~ d'arrosage** Gartenschlauch *m*; **~ d'échappement** Auspuffrohr *nt*.

tuyauterie [tɥijotʀi] *nf* Rohrleitungsnetz *nt*.

T.V.A. *sigle f voir* **taxe.**

tympan [tɛ̃pɑ̃] *nm* (ANAT) Trommelfell *nt*.

type [tip] *nm* Typ *m*; **le ~ standard** die Standardausführung // *a* typisch; **avoir le ~ nordique** ein nordischer Typ sein.

typhoïde [tifɔid] *nf* Typhus *m*.

typhus [tifys] *nm* Flecktyphus *m*.

typique [tipik] *a* typisch.

tyran [tiʀɑ̃] *nm* Tyrann *m*.

tyrannie [tiʀani] *nf* Tyrannei *f*.

tyrannique [tiʀanik] *a* tyrannisch.

tzigane [dzigan] *a* Zigeuner- // *nm/f* Zigeuner(in *f*) *m*.

U

ulcère [ylsɛʀ] *nm* Geschwür *nt*.

ulcérer [ylseʀe] *vt* (fig) zutiefst verärgern.

ultérieur, e [ylteʀjœʀ] *a* später; **remis à une date ~e** auf später verschoben; **~ement** *ad* später.

ultime [yltim] *a* letzte(r,s).

ultra... [yltʀa] *préf* ultra-; **~sensible** *a* hochempfindlich; **~sons** *nmpl* Überschall *m*, Ultraschall *m*; **~violet, te** *a* ultraviolett.

un, une [œ̃, yn] *dét* ein(e) // *pron* eine(r,s) // *num* eins; **l'~ l'autre, les ~s les autres** einander; **l'~ ..., l'autre...** der (die, das) eine ... der (die, das) andere...; **l'~ et l'autre**

beide(s); **l'~ des meilleurs eine(r,s) der besten.**

unanime [ynanim] *a* einstimmig; **unanimité** *nf* Einstimmigkeit *f*; **à l'unanimité** einstimmig.

uni, e [yni] *a* (*tissu*) einfarbig, uni; (*surface*) eben; (*famille*) eng verbunden; (*pays*) vereinigt.

unifier [ynifje] *vt* vereinen, vereinigen; (*systèmes*) vereinheitlichen.

uniforme [ynifɔʀm(ə)] *a* gleichmäßig; (*surface*) eben; (*objets, maisons*) gleichartig; (*pej*) einförmig // *nm* Uniform *f*; **uniformiser** *vt* vereinheitlichen; **uniformité** *nf* Gleichmäßigkeit *f*; Ebenheit *f*; Gleichartigkeit *f*; Einförmigkeit *f*.

unilatéral, e, aux [ynilateʀal, o] *a* einseitig, unilateral; **stationnement ~** Parken *nt* nur auf einer Straßenseite.

union [ynjɔ̃] *nf* Vereinigung *f*; (*douanière*, *POL*) Union *f*; (*mariage*) Verbindung *f*; **l'U~ Soviétique** die Sowjetunion.

unique [ynik] *a* (*seul*) einzig; (*le même*): **un prix/système ~** ein Einheitspreis/-system; (*exceptionnel*) einzigartig; **route à sens ~** Einbahnstraße *f*; **~ment** *ad* nur, bloß.

unir [yniʀ] *vt* vereinen, vereinigen; (*éléments, couleurs*) verbinden; **~ qch à** etw vereinigen/verbinden mit; **s'~** sich vereinigen.

unisson [ynisɔ̃]: **à l'~** *ad* einstimmig.

unitaire [yniteʀ] *a* vereinigend; **prix ~** Einzelpreis *m*.

unité [ynite] *nf* Einheit *f*; (*accord*) Einigkeit *f*.

univers [yniveʀ] *nm* Universum *nt*; **universel, le** [yniveʀsɛl] *a* allgemein; (*esprit*) universal; **un remède ~** ein Allheilmittel *nt*.

universitaire [yniveʀsiteʀ] *a* Universitäts- // *nm/f* Lehrkraft *f* an der Universität.

université [yniveʀsite] *nf* Universität *f*.

uranium [yʀanjɔm] *nm* Uran *nt*.

urbain, aine [yʀbɛ̃, ɛn] *a* städtisch.

urbanisme [yʀbanism(ə)] *nm* Städtebau *m*; **urbaniste** *nm/f*

Städteplaner(in *f*) *m*.

urbanité [yʀbanite] *nf* Weltgewandtheit *f*.

urgence [yʀʒɑ̃s] *nf* Dringlichkeit *f*; (*accidenté*) dringender Fall; **d'~**, *ad* dringend; **en cas d'~** im Notfall; **service des ~s** Unfallstation *f*.

urgent, e [yʀʒɑ̃, ɑ̃t] dringend, eilig.

urinal [yʀinal] *nm* Urinflasche *f*.

urine [yʀin] *nf*/Urin *m*; **uriner** *vi* urinieren; **urinoir** *nm* Pissoir *nt*.

urne [yʀn(ə)] *nf*Urne *f*; **aller aux ~s** zur Wahl gehen; **~ funéraire** Urne *f*.

URSS [*parfois:* yʀs] *nf*: **l'~** die UdSSR.

urticaire [yʀtikeʀ] *nf* Nesselfieber *nt*.

us [ys] *nmpl*: **~ et coutumes** Sitten und Gebräuche *pl*.

U.S.A. *sigle mpl*: **les ~** die USA.

usage [yzaʒ] *nm* Benutzung *f*, Gebrauch *m*; (*coutume*) Sitte *f*; (*bonnes manières*) Sitten *pl*; (*LING*) Gebrauch *m*; **c'est l'~** das ist Brauch; **faire ~ de** Gebrauch machen von; **avoir l'~ de** benutzen können; **à l'~ de** zum Gebrauch von, für; **en ~** in Gebrauch; **hors d'~** nicht mehr brauchbar; **à ~ interne/externe** zur inneren/äußeren Anwendung.

usagé, e [yzaʒe] *a* gebraucht; (*usé*) abgenutzt.

usager, ère [yzaʒe, ɛʀ] *nm/f* Benutzer(in *f*) *m*.

usé, e [yze] *a* abgenutzt; (*santé, personne*) verbraucht; (*banal, rebattu*) abgedroschen.

user [yze] *vt* abnützen; (*consommer*) verbrauchen; (*santé, personne*) mitnehmen, verschleißen; **s'~** *vi* sich abnutzen; (*facultés, santé*) nachlassen; **s'~ à la tâche** *ou* **au travail** sich bei der Arbeit aufreiben; **~ de** vt gebrauchen.

usine [yzin] *nf* Fabrik *f*, Werk *nt*; **~ à gaz** Gaswerk *nt*.

usiner [yzine] *vt* verarbeiten, maschinell bearbeiten.

usité, e [yzite] *a* gebräuchlich.

ustensile [ystãsil] *nm* Gerät *nt*; **~ de**

cuisine Küchengerät nt.

usuel, le [yzɥɛl] a üblich.

usure [yzyʁ] nf Abnutzung f, Verschleiß m.

usurper [yzyʁpe] vt sich (dat) widerrechtlich aneignen.

ut [yt] nm C nt.

utérus [yteʁys] nm Uterus m, Gebärmutter f.

utile [ytil] a nützlich; **en temps** ~ zu gegebener Zeit.

utilisation [ytilizasjɔ̃] nf Benutzung f, (Aus)nutzung f.

utiliser [ytilize] vt benutzen; (force, moyen) anwenden; (CULIN: restes) verwenden, verwerten; (pej) ausnutzen.

utilitaire [ytilitɛʁ] a Gebrauchs-; (préoccupations, but) nützlich, utilitär.

utilité [ytilite] nf Nützlichkeit f, Nutzen m; ~s nfpl (THEAT, fig) Nebenrollen pl; **reconnu d'~ publique** staatlich zugelassen; **c'est d'une grande** ~ es ist von großem Nutzen.

V

va [va] vb voir **aller**.

vacance [vakɑ̃s] nf (d'un poste) freie Stelle f; ~s nfpl Ferien pl, Urlaub m; **les grandes** ~s die großen Ferien; **les** ~**s de Pâques/de Noël** die Oster-/Weihnachtsferien pl; **prendre des/ses** ~**s** Ferien machen; **aller en** ~**s** in die Ferien fahren; **vacancier, ière** nm/f Urlauber(in f) m.

vacant, e [vakɑ̃, ɑ̃t] a (poste, chaire) frei; (appartement) leerstehend, frei.

vacarme [vakaʁm(ə)] nm Lärm m, Getöse nt.

vaccin [vaksɛ̃] nm (substance) Impfstoff m; (action) Impfung f.

vaccination [vaksinasjɔ̃] nf Impfung f.

vacciner [vaksine] vt impfen.

vache [vaʃ] nf Kuh f; (cuir) Rindsleder nt // a (fam: sévère) gemein.

vachement [vaʃmɑ̃] ad (fam: très)

unheimlich.

vacherin [vaʃʁɛ̃] nm (fromage) Weichkäse aus der Juragegend; (gâteau): ~ **glacé** Eismeringue f.

vaciller [vasije] vi schwanken; (flamme, lumière) flackern; (mémoire) unzuverlässig sein.

vadrouille [vadʁuj] nf: **être/partir en** ~ einen Bummel machen.

va-et-vient [vaevjɛ̃] nm inv Kommen und Gehen nt; (de pièce mobile) Hin und Her nt.

vagabond, e [vagabɔ̃, ɔ̃d] a (chien) streunend, (vie) unstet, Zigeuner-; (peuple) umherziehend, nomadenhaft; (imagination, pensées) umherschweifend // nm (rôdeur) Vagabund m, Landstreicher m; (aventurier) Abenteurer m, Wandervogel m.

vagabonder [vagabɔ̃de] vi (errer) umherziehen; (fig: pensées) schweifen.

vagin [vaʒɛ̃] nm Scheide f, Vagina f; **vaginal, e, aux** a vaginal, Scheiden-.

vagir [vaʒiʁ] vi (bébé) wimmern.

vague [vag] nf Welle f // a (confus) unklar, unbestimmt; (flou) verschwommen; (indéfinissable) unbestimmt, unerklärlich; (peu ajusté) weit, lose; ~ **souvenir/notion** vage Erinnerung/vager Begriff; **un** ~ **bureau/cousin** irgendein Büro/Vetter // nm: **rester/être dans le** ~ im Unklaren bleiben/sein; ~ **de fond** Sturmwelle f; ~**ment** ad vage.

vaguer [vage] vi schweifen.

vaillant, e [vajɑ̃, ɑ̃t] a (courageux) mutig, tapfer; (en bonne santé) gesund.

vaille vb voir **valoir**.

vain, e [vɛ̃, vɛn] a (illusoire, stérile) vergeblich; (fat) eitel, eingebildet; **en** ~ ad vergeblich, umsonst.

vaincre [vɛ̃kʁ(ə)] vt besiegen; (fig) überwinden.

vaincu, e [vɛ̃ky] nm/f Besiegte(r) mf.

vainement [vɛnmã] ad vergeblich.

vainqueur [vɛ̃kœʁ] nm Sieger(in f) m.

vaisseau, x [vɛso] nm (ANAT) Gefäß nt; (NAVIG) Schiff nt.

vaisselle [vɛsɛl] nf Geschirr nt; (lavage) Abwasch m; **faire la ~** Geschirr spülen, abwaschen.

val, vaux ou **vals** [val, vo] nm: **par monts et (par) vaux** über Berg und Tal.

valable [valabl(ə)] a gültig; (motif, solution) annehmbar; (interlocuteur, écrivain) fähig.

valet [valɛ] nm Diener m; (CARTES) Bube m; **~ de chambre** Kammerdiener m.

valeur [valœR] nf Wert m; (boursière) Kurs(wert) m; (d'une personne) Verdienst nt; **~s** nfpl (morales) (sittliche) Werte pl; **mettre en ~** nutzbar machen; (fig) zur Geltung bringen; **avoir de la ~** wertvoll sein; **prendre de la ~** im Wert steigen; **sans ~** wertlos; **~ absolue** Grundwert m; **~ d'échange** Tauschwert m; **~s mobilières** bewegliche Habe f.

valeureux, euse [valœRø, øz] a tapfer.

valide [valid] a (en bonne santé) gesund; (valable) gültig.

valider [valide] vt für gültig erklären.

validité [validite] nf Gültigkeit f.

valise [valiz] nf Koffer m.

vallée [vale] nf Tal nt.

vallon [valɔ̃] nm Tälchen nt.

vallonné, e [valɔne] a hügelig.

valoir [valwaR] vb avec attrib (un certain prix) wert sein // vi (être valable) taugen // vt (équivaloir à) entsprechen (+dat); (procurer): **qch à qn** jdm etw bringen; (: négatif) jdn etw kosten; **faire ~** (défendre) geltend machen; (mettre en valeur) nutzbar machen; **se climat ne me convient pas** das Klima bekommt mir nicht ou ist nichts für mich; **la peine** sich lohnen; **mieux** besser sein; **ça ne vaut rien** das taugt nichts; **~ cher** teuer sein; **que vaut ce candidat/cette méthode?** was taugt der Kandidat/diese Methode?

valoriser [valɔRize] vt aufwerten.

valse [vals(ə)] nf Walzer m.

valve [valv(ə)] nf (ZOOL) Muschelschale f; (TECH) Ventil nt.

vandale [vɑ̃dal] nm/f Vandale m.

vandalisme [vɑ̃dalism(ə)] nm Vandalismus m.

vanille [vanij] nf Vanille f; **glace/crème à la ~** Vanilleeis nt/-creme f.

vanité [vanite] nf (inutilité) Vergeblichkeit f, Nutzlosigkeit f; (fatuité) Eitelkeit f, Einbildung f.

vaniteux, euse [vanitø, øz] a eitel, eingebildet.

vanne [van] nf Stauschranke f.

vanneau, x [vano] nm Kiebitz m.

vannerie [vanRi] nf (art) Korbmacherei f; (objets) Korbwaren pl.

vantail, aux [vɑ̃taj, o] nm Fensterflügel m.

vantard, e [vɑ̃taR, aRd(ə)] a angeberisch, großsprecherisch.

vanter [vɑ̃te] vt preisen; — **qch à qn** jdm etw anpreisen; — **se** vi sich rühmen; (pej) prahlen; **se de qch** sich einer Sache (gen) rühmen; (pej) mit etw angeben.

vapeur [vapœR] nf Dampf m; (brouillard) Dunst m; **machine ~/locomotive à ~** Dampfmaschine f/-lokomotive f; **à toute ~** mit Volldampf; **cuit à la ~** dampfgekocht; **~s** nfpl (MED) Wallungen pl.

vaporeux, euse [vapoRø, øz] a (flou) dunstig; (léger) duftig.

vaporisateur [vapoRizatœR] nm (à parfum) Zerstäuber m; (à laque, déodorant) Spray m ou nt.

vaporiser [vapoRize] vt (CHIM) verdampfen; verdunsten lassen; (parfum etc) zerstäuben.

varappe [vaRap] nf Klettern nt.

varech [vaRɛk] nm Tang m.

vareuse [vaRøz] nf (d'intérieur) Hausjacke f; (de marin) Matrosenbluse f; (d'uniforme) Uniformjacke f.

variable [vaRjabl(ə)] a veränderlich; (TECH) verstellbar; (divers) verschieden // nf (MATH) Variable f, Veränderliche f.

variante [vaRjɑ̃t] nf (d'un texte) Lesart f.

variation [varjasjɔ̃] nf Variation f; **~s** nfpl (changements) Veränderungen pl; (écarts) Schwankungen pl; (différences) Unterschiede pl.

varice [varis] nf Krampfader f.

varicelle [varisɛl] nf Windpocken pl.

varié, e [varje] a (qui change) verschiedenartig; (qui présente un choix) abwechslungsreich; (divers) unterschiedlich.

varier [varje] vi (changer) sich ändern; (TECH, MATH) variieren; (différer) unterschiedlich sein; (changer d'avis) die Meinung ändern; (différer d'opinion) verschiedener Meinung sein // vt (diversifier) variieren; (faire alterner) abwechseln.

variété [varjete] nf Verschiedenartigkeit f; (BOT, ZOOL) Spielart f; (choix): **une (grande) ~ de** eine große Auswahl an (+dat); **~s** nfpl Varieté nt.

variole [varjɔl] nf Pocken pl.

vase [vaz] nm (ZOOL) Vase f // nf Schlamm m, Morast m; **~ de nuit** Nachttopf m.

vaseux, euse [vazø, øz] a schlammig; (confus) verworren; (fatigué) schlapp.

vasistas [vazistas] nm Oberlicht nt.

vaste [vast(ə)] a weit; (fig) umfangreich, groß.

va-tout [vatu] nm: **jouer son ~** seinen letzten Trumpf ausspielen.

vaudeville [vodvil] nm Lustspiel nt.

vaurien, enne [vorjɛ̃, ɛn] nm/f Nichtsnutz m.

vaut vb voir **valoir**.

vautour [votur] nm Geier m.

vautrer [votre]: **se ~** vi sich wälzen; (fig) sich suhlen.

vaux [vo] pl de **val**.

veau, x [vo] nm (ZOOL) Kalb nt; (CULIN) Kalb(fleisch) nt; (peau) Kalbsleder nt.

vecteur [vɛktœr] nm Vektor m.

vécu, e [veky] pp de **vivre**.

vedette [vədɛt] nf Star m; (canot) Motorboot nt; **mettre en ~** herausstreichen; (personne) groß herausbringen; **avoir la ~** im Mittelpunkt stehen.

végétal, e, aux [veʒetal, o] a Pflanzen-; (graisse, teinture) pflanzlich // nf Pflanze f.

végétarien, ne [veʒetarjɛ̃, jɛn] a vegetarisch // nm/f Vegetarier(in f) m.

végétation [veʒetasjɔ̃] nf Vegetation f; **~s** nfpl Polypen pl.

véhément, e [veemã, ãt] a heftig.

véhicule [veikyl] nm Fahrzeug nt; (fig) Mittel nt.

veille [vɛj] nf: **l'état de ~** der Wachzustand; **la ~** adam Tag davor; **la ~ de** der Tag vor (+dat); **à la ~ de** vor (+dat); **l'avant-veille** ad vorgestern.

veillée [veje] nf Abend m; **~ mortuaire** Totenwache f.

veiller [veje] vi wachen // vt wachen bei; **~ à** vi (s'occuper de) sich kümmern um; (faire attention à) aufpassen auf (+akk); **~ à faire qch** aufpassen, daß man etw tut/daß; **~ à ce que** aufpassen, daß man etw tut/daß; **~ sur** vt aufpassen auf (+akk).

veilleur [vɛjœr] nm: **~ de nuit** Nachtwächter m.

veilleuse [vɛjøz] nf (lampe) Nachtlicht nt; **en ~** a, ad auf Sparflamme.

veine [vɛn] nf (ANAT) Ader f, Vene f; (filon minéral) Ader f; (du bois, marbre etc) Maserung f; (fam: chance) Glück nt.

vêler [vele] vi kalben.

vélin [velɛ̃] a, nm: **(papier) ~** Pergament nt.

velléités [veleite] nfpl Anwandlungen pl.

vélo [velo] nm Fahrrad nt; **faire du ~** radfahren.

vélocité [velɔsite] nf Geschwindigkeit f.

vélodrome [velɔdrom] nm Radrennbahn f.

vélomoteur [velɔmɔtœr] nm Mofa nt.

velours [v(ə)lur] nm Samt m; **~ côtelé** Kordsamt m.

velouté, e [v(ə)lute] a (au toucher) samtartig; (à la vue) samtig; (au goût: vin) lieblich; (: crème) sämig //

(CULIN): ~ **d'asperges** Spargelkremsuppe f.

velu, e [vəly] a haarig.

venaison [vənɛz5] nf Wild nt.

vénal, e, aux [venal, o] a käuflich, bestechlich.

venant [v(ə)nã]: **à tout** ~ ad dem ersten besten; **le tout-** ~ der erstbeste.

vendange [vãdãʒ] nf Weinlese f.

vendanger [vãdãʒe] vi Wein lesen // vt lesen.

vendeur, euse [vãdœr, øz] nm/f Verkäufer(in f) m.

vendre [vãdr(ə)] vt verkaufen; *(trahir)* verraten.

vendredi [vãdrədi] nm Freitag m; **V~ saint** Karfreitag m.

vendu, e [vãdy] a *(pej)* gekauft.

vénéneux, euse [venenø, øz] a giftig.

vénérable [venerabl(ə)] a ehrwürdig.

vénérer [venere] vt ehren; *(REL)* verehren.

vénérien, ne [venerjɛ̃, jɛn] a Geschlechts-.

vengeance [vãʒãs] nf Rache f.

venger [vãʒe] vt *(affront)* sich rächen für; *(honneur)* retten; *(personne, famille)* rächen; **se** ~ **(de qch)** sich *(für etw)* rächen; **se** ~ **sur qn** sich an jdm rächen.

vengeur, eresse [vãʒœr, ʒrɛs] nm/f Rächer(in f) m // a rächend.

véniel, le [venjɛl] a: **faute** ~ **le** verzeihlicher od entschuldbarer Fehler m; **péché** ~ lässliche Sünde f.

venimeux, euse [vənimø, øz] a giftig.

venin [vənɛ̃] nm Gift nt; *(fig)* Bosheit f.

venir [v(ə)nir] vi kommen; ~ **de** kommen von; ~ **jusqu'à** gehen bis; ~ **de faire: je viens d'y aller/de le voir** ich bin gerade dorthin gegangen/ich habe ihn gerade gesehen; **s'il vient à pleuvoir** wenn es regnen sollte; **j'en viens à croire que** ich glaube langsam, daß; **il en est venu à mendier** es ist soweit gekommen, daß er bettelte;

les années/générations à ~ **die** kommenden Jahre/Generationen; **il me vient une idée** ich habe eine Idee; **voir** ~ *(fig)* abwarten; **laisser** ~ *(fig)* auf sich *(akk)* zukommen lassen; **faire** ~ *(docteur, plombier)* kommen lassen; **d'où vient que ...?** woher kommt es, daß?

vent [vã] nm Wind m; **au/sous le** ~ *(NAVIG)* vor dem/gegen den Wind; **avoir le** ~ **debout** od **de face/arrière** od **en poupe** Gegenwind/ Rückenwind m; **(être) dans le** ~ *(fam)* modern od in (sein).

vente [vãt] nf Verkauf m.

venteux, euse [vãtø, øz] a windig.

ventilateur [vãtilatœr] nm Ventilator m.

ventiler [vãtile] vt *(local)* belüften; *(COMM: répartir)* aufgliedern.

ventouse [vãtuz] nf *(de verre)* Schröpfkopf m; *(de caoutchouc)* Saugglocke f; *(ZOOL)* Saugnapf m.

ventre [vãtr(ə)] nm Bauch m.

ventriloque [vãtrilɔk] nm/f Bauchredner(in f) m.

ventru, e [vãtry] a dickbäuchig.

venu, e [v(ə)ny] a: **c'est mal** ~ **de faire** cela ist eine Unverschämtheit, das zu tun; **mal/bien** ~ *(plante etc)* mißraten/ gelungen // nf *(arrivée)* Ankunft f.

ver [vɛr] nm Wurm m; ~ **à soie** Seidenraupe f; ~ **blanc** Made f; ~ **de terre** Regenwurm m; ~ **luisant** Glühwürmchen nt; ~ **solitaire** Bandwurm m.

véracité [verasite] nf Wahrhaftigkeit f.

verbal, e, aux [vɛrbal, o] a *(oral)* mündlich; *(LING)* verbal.

verbe [vɛrb(ə)] nm *(LING)* Verb nt; *(voix):* **avoir le** ~ **haut/sonore** laut reden.

verdâtre [vɛrdɑtr(ə)] a grünlich.

verdeur [vɛrdœr] nf *(vigueur)* Vitalität f; *(crudité)* Schärfe f; *(défaut de maturité)* Unreife f.

verdict [vɛrdik(t)] nm Urteil nt.

verdir [vɛrdir] vi grün werden // vt grün werden lassen.

verdoyant, e [vɛrdwajã, ãt] a grün-

verdure [vɛʀdyʀ] nf (feuillages) Laub nt.

véreux, euse [veʀø, øz] a wurmig, wurmstichig; (fig) unredlich.

verge [vɛʀʒ(ə)] nf (ANAT) Penis m, Glied nt; (baguette) Rute f.

verger [vɛʀʒe] nm Obstgarten m.

vergeture [vɛʀʒətyʀ] nf (gén pl) Striemen pl.

verglacé, e [vɛʀglase] a vereist.

verglas [vɛʀgla] nm Glatteis nt.

vergogne [vɛʀgɔɲ]: **sans ~** ad schamlos.

véridique [veʀidik] a (témoin) wahrhaftig; (récit) wahrheitsgemäß.

vérification [veʀifikasjɔ] nf Überprüfung f.

vérifier [veʀifje] vt überprüfen; (hypothèse) verifizieren; (prouver) beweisen; **se ~** vi sich bestätigen.

véritable [veʀitabl(ə)] a wahr; (ami, or) echt; **un ~ miracle** ein wahres Wunder.

vérité [veʀite] nf Wahrheit f; (d'un portrait) Naturgetreuheit f; (sincérité) Aufrichtigkeit f; **en ~, à la ~** ad in Wirklichkeit.

vermeil, e [vɛʀmɛj] a karminrot.

vermicelles [vɛʀmisɛl] nmpl Fadennudeln pl.

vermillon [vɛʀmijɔ] nm Zinnoberrot nt.

vermine [vɛʀmin] nf Ungeziefer nt; (fig) Pack nt, Gesindel nt.

vermout(h) [vɛʀmut] nm Wermut m.

verni, e [vɛʀni] a lackiert; **être ~** (fam) Schwein haben; **cuir ~** Lakkleder nt.

vernir [vɛʀniʀ] vt lackieren.

vernis [vɛʀni] nm (enduit) Lack m; (fig) Schliff m; **~ à ongles** Nagellack m.

vernissage [vɛʀnisaʒ] nm Lakkierung f; (d'une exposition) Vernissage f.

vérole [veʀɔl] nf (ou petite ~) Pocken pl.

verre [vɛʀ] nm Glas nt; **boire ou prendre un ~** ein Glas trinken; **~ à dents** Zahnputzbecher m; **~s de contact** Kontaktlinsen pl.

verrerie [vɛʀʀi] nf (fabrique) Glashütte f; (fabrication) Glasbläserei f; (objets) Glaswaren pl.

verrière [vɛʀjɛʀ] nf (grand vitrage) großes Fenster nt; (toit vitré) Glasdach nt.

verroterie [vɛʀɔtʀi] nf Glasperlen pl.

verrou, x [vɛʀu] nm Riegel m; (obstacle) Sperre f.

verrouiller [vɛʀuje] vt (porte) verou ab- ou zuriegeln.

verrue [vɛʀy] nf Warze f.

vers [vɛʀ] nm Vers m, Zeile f // nmpl Gedichte pl // prep (en direction de) gegen (+akk), in Richtung auf (+akk); (dans les environs de) um (+akk); (temporel) gegen (+akk), etwa um.

versant [vɛʀsã] nm Seite f, Hang m.

versatile [vɛʀsatil] a unbeständig, wankelmütig.

verse [vɛʀs(ə)]: **à ~** ad: **pleuvoir à ~** in Strömen gießen.

versé, e [vɛʀse] a: **être ~ dans** bewandert sein in (+dat).

Verseau [vɛʀso] nm Wassermann m.

versement [vɛʀsəmã] nm Zahlung f.

verser [vɛʀse] vt (liquide, grains) schütten; (dans une tasse etc) gießen; (larmes, sang) vergießen; (argent) zahlen; (: sur un compte) einzahlen; (MIL: incorporer) zuweisen (+dat) // vi (basculer) umstürzen; (fig: **~ dans** grenzen an (+akk); (personne) neigen zu.

verset [vɛʀsɛ] m (de la Bible etc) Vers m.

version [vɛʀsjɔ] nf Version f; (SCOL: traduction) (Her)übersetzung f; **film en ~ originale (sous-titré)** Film in Originalfassung f (mit Untertiteln).

verso [vɛʀso] nm Rückseite f; **voir au ~** siehe Rückseite.

vert, e [vɛʀ, vɛʀt(ə)] a grün; (vigoureux) rüstig; (langage, propos) derb // nm (couleur) Grün nt.

vertébral, e, aux [vɛʀtebʀal, o] a (douleurs) Rücken-.

vertèbre [vɛʀtɛbʀ(ə)] nf (Rücken)wirbel m.

vertébrés [vɛʀtebʀe] nmpl

Wirbeltiere pl.

vertement [vɛrtəmɑ̃] ad scharf.

vertical, e, aux [vɛrtikal, o] a vertikal, senkrecht // nf: **la ~** die Senkrechte; **verticalement** ad senkrecht.

vertige [vɛrtiʒ] nm Schwindel m; **j'ai le ~** mir ist schwindlig; **ça me donne le ~** mir wird schwindlig.

vertigineux, euse [vɛrtiʒinø, øz] a schwindelerregend.

vertu [vɛrty] nf (propriété) Eigenschaft f; (sens moral) Tugend f; **avoir la ~ de** (avoir pour effet) die Wirkung (+gen) haben; **en ~ de** prep aufgrund von.

vertueux, euse [vɛrtɥø, øz] a tugendhaft; (femme) sittsam; (action) ehrenhaft.

verve [vɛrv] nf Wortgewandtheit f; **être en ~** in Schwung sein.

verveine [vɛrvɛn] nf (plante) Eisenkraut nt; (infusion) Eisenkrauttee m.

vésicule [vezikyl] nf Bläschen nt; **~ biliaire** Gallenblase f.

vessie [vesi] nf (ANAT) (Harn)blase f.

veste [vɛst(ə)] nf Jacke f; Jackett nt; **~ droite/croisée** Ein-/Zweireiher m; **retourner sa ~** umschwenken.

vestiaire [vɛstjɛr] nm (théâtre) Garderobe f; (stade) Umkleideraum m.

vestibule [vɛstibyl] nm Diele f, Flur m; (d'hôtel, temple etc) Vorhalle f.

vestige [vɛstiʒ] nm (gén pl: ruine, trace) Spur f; (: reste) Überrest m, Überbleibsel nt.

veston [vɛstɔ̃] nm Jacke f.

vêtement [vɛtmɑ̃] nm Kleidungsstück nt, Kleidung f; nmpl: **~s** Kleider pl.

vétéran [veterɑ̃] nm Veteran m.

vétérinaire [veterinɛr] nm/f Tierarzt m, Tierärztin f.

vêtir [vetir] vt anziehen; **se ~** vi sich anziehen.

véto [veto] nm Veto nt; **droit de ~** Vetorecht nt.

vêtu, e [vety] pp de **vêtir**.

vétuste [vetyst(ə)] a alt, baufällig.

veuf, veuve [vœf, vœv] a verwitwet // nm/f Witwe(r m) f.

veule [vøl] a schwach, lax.

veuve [vœv] a, nf voir **veuf**.

vexation [vɛksasjɔ̃] nf (gén pl) Demütigung f, Erniedrigung f.

vexer [vɛkse] vt beleidigen; **se ~** vi sich ärgern.

viabiliser [vjabilize] vt erschließen.

viabilité [vjabilite] nf Lebensfähigkeit f; (d'une route) Befahrbarkeit f.

viable [vjabl(ə)] a (enfant) lebensfähig; (réforme) durchführbar; (entreprise) rentabel.

viaduc [vjadyk] nm Viadukt m.

viager, ère [vjaʒe, ɛR] a: **rente ~ère** Rente f auf Lebenszeit // nm Leibrente f.

viande [vjɑ̃d] nf Fleisch nt.

vibrant, e [vibrɑ̃, ɑ̃t] a (émouvant) begeisternd; (ému) begeistert.

vibration [vibrasjɔ̃] nf Schwingung f, Vibration f.

vibrer [vibre] vi schwingen, vibrieren; (fig) hingerissen sein // vt (TECH: béton etc) schütteln; **faire ~** mitreißen, fesseln.

vice [vis] nm (immoralité) Laster nt; (défaut): **~ de fabrication** Fabrikationsfehler m; **~ de forme** Formfehler m.

vice- [vis] pref Vize-; **vice-président, e** nm/f Vizepräsident(in f) m.

vice-versa [visevɛrsa] ad umgekehrt.

vichy [viʃi] nm (toile) Gingan m; (eau minérale) Vichywasser nt.

vicié, e [visje] a verdorben; (JUR) ungültig.

vicieux, euse [visjø, øz] a (pervers) schlecht; (fautif) inkorrekt, falsch.

vicinal, e, aux [visinal, o] a: **chemin ~** Nebenstraße f.

victime [viktim] nf Opfer nt; **être ~ de qch** ein Opfer von etw sein, einer Sache (dat) zum Opfer fallen.

victoire [viktwar] nf Sieg m.

victorieux, euse [viktɔrjø, øz] a (personne, groupe) siegreich; (attitude) triumphierend.

vidange [vidɑ̃ʒ] nf (d'un fossé, réservoir) Entleerung f; (AUT) Ölwechsel m.

m; *(de lavabo)* Fäkalienleerung *f*; **~s** *nfpl (matières)* Abwasser *nt*.

vidanger [vidɑ̃ʒe] *vt (fosse)* entleeren; **faire ~ la voiture** einen Ölwechsel machen lassen.

vide [vid] *a* leer; *(journée)* langweilig // *nm (PHYS)* luftleerer Raum *m*, Vakuum *nt*; *(solution de continuité)* Lücke *f*; *(sous soi)* Abgrund *m*; *(futilité, néant)* Leere *f*; **~ de** *(dépourvu de)* ohne; **avoir peur du ~** nicht schwindelfrei sein; **emballage sous ~** Vakuumverpackung *f*; **regarder dans le ~** ins Leere starren; **à ~** *ad* leer; **tourner à ~** *(moteur)* leer laufen; **vide-ordures** *nm inv* Müllschlucker *m*; **vide-poches** *nm inv* Behälter *m*.

vider [vide] *vt* leeren, ausleeren; *(salle, lieu)* räumen; *(CULIN)* ausnehmen; *(querelle)* beenden; **se ~** *(contenant, récipient)* sich leeren.

videur [vidœr] *nm (de boîte de nuit)* Rausschmeißer *m*.

vie [vi] *nf*; *(biographie)* Biographie *f*; Leben *nt*; **sans ~** leblos, ohne Leben; **à ~** auf Lebenszeit gewählt.

vieillard [vjejar] *nm* alter Mann *m*, Greis *m*; **les ~s** die alten Leute *pl*, die älteren Menschen *pl*.

vieille [vjɛj] *a*, *nf voir* **vieux**.

vieilleries [vjɛjʀi] *nfpl (objets)* alte Sachen *pl*; *(fig)* alter Kram *m*.

vieillesse [vjɛjɛs] *nf* Alter *nt*; *(ensemble des vieillards)* alte Leute *pl*.

vieillir [vjejiʀ] *vi* alt werden; *(se flétrir)* altern; *(institutions, idées)* veralten; *(vin)* reifen // *vt* älter machen.

vieillissement [vjejismɑ̃] *nm* Altwerden *nt*, Altern *nt*.

vielle [vjɛl] *nf* Leierkasten *m*.

Vienne [vjɛn] *n* Wien *nt*.

vierge [vjɛʀʒ] *a (personne)* jungfräulich; *(film)* unbelichtet; *(feuille)* unbeschrieben; *(terre, neige)* unberührt // *nf (aussi ASTR)* Jungfrau *f*; **~ de** ohne.

vieux (vieil), vieille [vjø, vjɛj] *a* alt // *nm/f* Alte(r) *mf*; **les ~** die alten

Menschen *pl*; **mon vieux/ma vieille** *(fam)* mein Lieber/meine Liebe; **prendre un coup de ~** *(plötzlich)* altern; **~ garçon** *m* Junggeselle *m*; **~ jeu** *a inv* altmodisch; **~ rose** *a inv* altrosa; **vieille fille** *nf* alte Jungfer *f*.

vif, vive [vif, viv] *a (animé: personne, mélodie)* lebhaft; *(alerte)* rege, wach; *(brusque, emporté)* aufbrausend; *(aigu)* scharf; *(lumière, couleur)* grell; *(air)* frisch; *(froid)* schneidend; *(vent)* scharf; *(fort: douleur, intérêt)* stark; *(vivant)*; **brûlé/enterré ~** lebendig verbrannt/begraben; *(plaie)* offen; **nerfs à ~** aufs äußerste gespannt; **sur le ~** *(ART)* nach der Natur.

vigie [viʒi] *nf (NAVIG: surveillance)* Ausguck *m*; *(: poste)* Mastkorb *m*.

vigilant, e [viʒilɑ̃, ɑ̃t] *a* wachsam.

vigne [viɲ] *nf (arbrisseau)* Weinrebe *f*; *(plantation)* Weinberg *m*; **~ vierge** wilder Wein *m*.

vigneron, onne [viɲʀɔ̃, ɔn] *nm* Winzer(in *f*) *m*.

vignette [viɲɛt] *nf* Vignette *f*; *(: d'une marque de fabrique)* Markenzeichen *nt*; *(petite illustration)* Skizze *f*; *(de l'impôt sur les automobiles)* Autosteuerplakette *f*; *(de la Sécurité Sociale)* Gebührenmarke *f* *(auf Medikamenten)*.

vignoble [viɲɔbl(ə)] *nm (plantation)* Weinberg *m*; *(vignes d'une région)* Weingegend *f*.

vigoureux, euse [viguʀø, øz] *a* kräftig; *(fig)* kraftvoll.

vigueur [vigœʀ] *nf* Kraft *f*, Stärke *f*; *(fig)* Ausdruckskraft *f*; **être/entrer en ~** in Kraft sein/treten; **en ~** geltend.

vil, e [vil] *a* abscheulich, gemein; **à ~ prix** spottbillig.

vilain, e [vilɛ̃, ɛn] *a (laid)* häßlich; *(mauvais: temps, affaire)* scheußlich; ekelhaft; *(pas sage: enfant)* ungezogen; **~ mot** *nm* Grobheit *f*.

vilebrequin [vilbʀəkɛ̃] *nm (outil)* Bohrwinde *f*; *(AUT: arbre)* Kurbelwelle *f*.

villa [vila] *nf* Villa *f*.

village [vilaʒ] nm Dorf nt.

villageois, e [vilaʒwa, waz] a ländlich // nm/f Dorfbewohner(in f) m.

ville [vil] nf Stadt f; **habiter en ~** in der Stadt wohnen.

vin [vɛ̃] nm Wein m; **~ de pays** Landwein m; **sauce au ~** Weinsoße f; **coq au ~** Hähnchen nt in Weinsoße; **avoir le ~ gai/triste** nach ein paar Gläschen lustig/traurig werden; **~ d'honneur** kleiner Empfang m; **~ de messe** Meßwein m; **~ ordinaire** ou **de table** Tischwein m, Tafelwein m; **~ blanc/rouge** Weiß-/Rotwein m; **~ rosé** Rosé m.

vinaigre [vinɛgr(ə)] nm Essig m.

vinaigrette [vinɛgrɛt] nf Vinaigrette f.

vinaigrier [vinɛgrije] nm (personne) Essighersteller m; (flacon) Essigflasche f.

vinasse [vinas] nf (pej) schlechter Wein m.

vindicatif, ive [vɛ̃dikatif, iv] a rachsüchtig.

vineux, euse [vinø, øz] a (couleur) weinrot; (odeur) Wein-.

vingt [vɛ̃] num zwanzig; **~ quatre heures sur ~ quatre** rund um die Uhr.

vingtaine [vɛ̃tɛn] nf: **une ~** etwa zwanzig.

vingtième [vɛ̃tjɛm] num zwanzigste(r, s).

vinicole [vinikɔl] a Weinbau-.

viol [vjɔl] nm (d'une femme) Vergewaltigung f; (d'un lieu sacré) Entweihung f, Schändung f.

violation [vjɔlasjɔ̃] nf (d'un lieu) Entweihung f, Schändung f; (d'un traité, d'une loi) Verstoß m (de gegen).

violemment [vjɔlamɑ̃] ad brutal, wild; heftig.

violence [vjɔlɑ̃s] nf Gewalttätigkeit f; Brutalität f; (fig) Gewaltigkeit f; Heftigkeit f; **la ~** die Gewalt.

violent, e [vjɔlɑ̃, ɑ̃t] a (personne, instincts) gewalttätig; (langage) grob, brutal; (effort, bruit) gewaltig; (fig) heftig, stark.

violer [vjɔle] vt brechen, verletzen; (femme) vergewaltigen; (lieu, sé-

pulture) schänden.

violet, te [vjɔlɛ, ɛt] a violett // nm Violett nt // nf Veilchen nt.

violon [vjɔlɔ̃] nm (instrument) Geige f, Violine f; (musicien) Geiger(in f) m; (fam: prison) Kittchen nt; **~ d'Ingres** Hobby nt.

violoncelle [vjɔlɔ̃sɛl] nm Cello nt.

violoniste [vjɔlɔnist(ə)] nm/f Geiger(in f) m.

vipère [vipɛr] nf Viper f.

virage [viraʒ] nm (d'un véhicule) Wenden nt; (d'une route) Kurve f; (CHIM) Farbänderung f; (PHOT) Tonung f.

viral, e, aux [viral, o] a Virus-.

virée [vire] nf Bummel m; (en voiture) Spritztour f.

virement [virmɑ̃] nm (COMM) Überweisung f; **~ bancaire/postal** Bank-/Postüberweisung f.

virer [vire] vt (somme) überweisen; (PHOT) tönen; (fam: renvoyer) rausschmeißen // vi (changer de direction) (sich) wenden, drehen; (CHIM, PHOT) die Farbe ändern; (MED: cutiréaction) positiv ausfallen; **~ de bord** aufkreuzen.

virevolte [virvɔlt(ə)] nf (d'une danseuse) schnelle Drehung f; (fig) plötzliche Meinungsänderung f.

virginité [virʒinite] nf Jungfräulichkeit f; (fig) Reinheit f.

virgule [virgyl] nf Komma nt.

viril, e [viril] a männlich; (courageux) mannhaft.

virilité [virilite] nf Männlichkeit f; (vigueur sexuelle) Potenz f, Manneskraft f; (fermeté, courage) Entschlossenheit f.

virtuel, le [virtɥɛl] a potentiell.

virtuose [virtɥoz] nm/f (musicien) Virtuose m, Virtuosin f; (fig) Meister(in f) m.

virulent, e [virylɑ̃, ɑ̃t] a (microbe) bösartig; (poison) stark, tödlich; (critique) geharnischt, scharf.

virus [virys] nm Virus m.

vis [vis] nf Schraube f.

visa [viza] nm (sceau) Stempel m; (validation de passeport) Visum nt; **~ de censure** Zensurvermerk m.

visage [vizaʒ] nm Gesicht nt.

visagiste • [vizaʒist(ə)] nm/f Kosmetiker(in f) m.

vis-à-vis [vizavi] ad gegenüber; ~ **de** prep gegenüber von (+dat); (fig: à l'égard de) in bezug auf (+akk); (en comparaison de) im Vergleich zu (+dat) // nm Gegenüber nt; **en** ~ gegenüberliegend.

viscéral, e, aux [viseral, o] a Eingeweide-; (fig) tiefwurzelnd.

visée [vize] nf (avec une arme) Zielen nt; (arpentage) Anpeilen nt; ~**s** (intentions) Absichten pl.

viser [vize] vi zielen // vt (cible) zielen auf (+akk); (ambitionner: poste etc) anstreben; (concerner) betreffen; (apposer un visa sur) mit einem Sichtvermerk versehen; ~ **à** vt (avoir pour but) abzielen auf (+akk).

viseur [vizœr] nm (d'arme) Kimme f; (PHOT) Sucher m.

visibilité [vizibilite] nf Sicht f.

visible [vizibl(ə)] a sichtbar; (concret) wahrnehmbar; (évident) sichtlich; (personne: disponible) zu sprechen.

visière [vizjɛr] nf Schirm m, Schild m.

vision [vizjɔ̃] nf (sens) Sehvermögen nt; (image mentale, conception) Vorstellung f, Bild nt; (apparition) Halluzination f; (REL) Vision f; **en première** ~ (FILM) Erstaufführung f.

visite [vizit] nf Besuch m; (touristique) Besichtigung f; (MIL) Musterung f; (MED: consultation) Untersuchung f; (: à l'hôpital) Visite f; **faire une/ rendre** ~ **à qn** jdm besuchen/ einen Besuch abstatten; **être en** ~ (**chez qn**) (bei jdm) zu Besuch sein.

visiter [vizite] vt besuchen.

visiteur, euse [vizitœr, øz] nm/f Besucher(in f) m.

vison [vizɔ̃] nm Nerz m.

visqueux, euse [viskø, øz] a (fluide) zähflüssig; (peau, surface) glitschig.

visser [vise] vt festschrauben.

visuel, le [vizɥɛl] a visuell; **champ** ~ Gesichtsfeld nt.

vital, e, aux [vital, o] a Lebens-;

(indispensable) lebensnotwendig.

vitalité [vitalite] nf Vitalität f; (d'une entreprise, région) Dynamik f.

vitamine [vitamin] nf Vitamin nt.

vite [vit] ad schnell.

vitesse [vites] nf (de) Schnelligkeit f; (mesurée) Geschwindigkeit f; (AUT: dispositif) les ~s die Gänge pl; **prendre qn de** ~ jdm zuvorkommen; **à toute** ~ mit Volldampf; **changer de** ~ (AUT) schalten; **en première/deuxième** ~ im ersten/zweiten Gang.

viticole [vitikɔl] a Weinbau-.

viticulteur [vitikyltœr] nm Weinbauer m.

vitrage [vitraʒ] nm (action) Verglasen nt; (cloison) Glaswand f; (toit) Glasdach nt; (rideau) Store m.

vitrail, aux [vitraj, o] nm buntes Kirchenfenster nt; (technique) Glasmalerei f.

vitre [vitr(ə)] nf Fensterscheibe f.

vitrer [vitre] vt verglasen.

vitreux, euse [vitrø, øz] a (roche) Glas-; (oeil, regard) glasig.

vitrier [vitrije] nm Glaser m.

vitrifier [vitrifje] vt zu Glas schmelzen; (parquet) versiegeln.

vitrine [vitrin] nf (devanture) Schaufenster nt; (étalage) Auslage f; (petite armoire) Vitrine f; ~ **publicitaire** Schaukasten m.

vitriol [vitrijɔl] nm Schwefelsäure f.

vitupérer [vitypere] vi herumschimpfen.

vivace [vivas] a widerstandsfähig; (fig) tief verwurzelt; **plante** ~ mehrjährige Pflanze f.

vivacité [vivasite] nf Lebhaftigkeit f, Lebendigkeit f.

vivant, e [vivã, ãt] a (qui vit) lebendig, lebend; (animé) lebhaft; (preuve, exemple, témoignage) lebend // nm: **du** ~ **de qn** zu jds Lebzeiten.

vivats [viva] nmpl Hochrufe pl.

vive [viv] a/ voir **vif** // excl: ~ **le roi** es lebe der König; ~ **la liberté** ein Hoch auf die Freiheit!

vivement [vivmã] ad lebhaft; ~ **qu'il s'en aille** wenn er doch nur ginge!

viveur [vivœr] *nm* Lebemann *m*.

vivier [vivje] *nm* Fischteich *m*; *(au restaurant)* Fischbehälter *m*.

vivifiant, e [vivifjã, ãt] *a* belebend, erfrischend; *(fig)* anregend, stimulierend.

vivre [vivr(ə)] *vi* leben; *(demeurer)* weiterbestehen // *vt* erleben; *(une certaine vie)* führen; **~s** *nmpl* Verpflegung *f*; **se laisser ~** das Leben nehmen, wie es kommt; **cette mode/ce régime a vécu** *(va disparaître)* diese Mode/dieses Regime hat ihre/seine besten Tage gesehen; **il est facile à ~** mit ihm kann man gut auskommen; **faire ~ qn** *(pouvoir à sa subsistance)* jdn ernähren.

vlan [vlã] *excl* peng!

vocable [vɔkabl(ə)] *nm (LING)* Wort *nt*, Begriff *m*.

vocabulaire [vɔkabylɛr] *nm* Wortschatz *m*; *(livre)* Wörterverzeichnis *nt*.

vocal, e, aux [vɔkal, o] *a* Stimm-.

vocation [vɔkasjɔ̃] *nf* Berufung *f*; **avoir la ~ du théâtre** für das Theater geschaffen sein.

vociférer [vɔsifere] *vi, vt* schreien, brüllen.

vœu, x [vø] *m (à Dieu)* Gelübde *nt*; *(souhait)* Wunsch *m*; **faire ~ de qch** etw geloben; **~x de bonheur** Glückwünsche *pl*; **~x de bonne année** Glückwunsch *m* zum Neuen Jahr.

vogue [vɔg] *nf* **en ~** à in Mode, in.

voguer [vɔge] *vi* segeln.

voici [vwasi] *prep* hier ist/sind; **~ que** ... jetzt ...; **~ deux ans** vor zwei Jahren; **~ deux ans que** ... es ist zwei Jahre (her), daß ...; **en ~ un** hier ist eine(r,s); **~! bitte!**

voie [vwa] *nf* Weg *m*; *(de chemin de fer)* Gleis *nt*; **par ~ buccale/rectale** oral/rektal; **être en bonne ~** sich gut entwickeln; **mettre qn sur la ~** jdm auf die Sprünge helfen; **être en ~ de rénovation** erneuert werden; **à ~ unique/étroite** *(chemin de fer)* eingleisig/schmalspurig; **route à 2/3 ~s** zwei-/dreispurige Fahrbahn *f*; **~ d'eau** Leck *nt*; **~ de garage**

voilà [vwala] *prep (en désignant)* da ist/sind; **les ~** da sind sie, da; **en ~ un** hier ist eine(r,s); **~ deux ans que** ... nun sind es zwei Jahre, daß ...; **et ~!** na also!; **~ tout** das ist alles; **~!** *(en apportant qch)* bitte!

voile [vwal] *nm* Schleier *m*; *(tissu)* Tüll *m*; *(PHOT)* dunkler Schleier *m* // *nf (de bateau)* Segel *nt*; *(sport):* **la ~** das Segeln; **mettre à la ~** Segel setzen.

voiler [vwale] *vt* verschleiern; *(fig)* verbergen, verhüllen; *(TECH: fausser, gauchir)* verbiegen, verbeulen; **se ~** *(lune)* sich verschleiern; *(regard)* sich trüben; *(voix)* heiser werden; *(TECH)* sich verbiegen.

voilier [vwalje] *nm (bateau)* Segelschiff *nt*; *(: de plaisance)* Segelboot *nt*.

voilure [vwalyr] *nf (d'un voilier)* Segel *pl*.

voir [vwar] *vi* sehen; *(comprendre):* **je vois** ich verstehe, aha // *vt* sehen; *(film, match)* sich *(dat)* ansehen; *(guerre, révolution)* miterleben; *(fréquenter)* verkehren mit; *(considérer, examiner)* sich *(dat)* ansehen; *(constater):* **~ que** feststellen, daß; **se ~ critiquer/transformer** kritisiert/verändert werden; **cela se voit** *(cela arrive)* das kommt vor; *(c'est évident)* das sieht man; **faire ~** zeigen; **~ loin** vorausschauen; **en faire ~ à qn** jdm die Hölle heiß machen; **ne pas pouvoir ~ qn** *(fig)* jdn nicht riechen *ou* ausstehen können; **aller ~ le médecin** zum Arzt gehen; **montrez-voir!** zeigen Sie mal!; **voyons!** na!; **avoir quelque chose à ~ avec** etwas mit zu tun haben mit.

voire [vwar] *ad* ja sogar.

voisin, e [vwazɛ̃, in] *a (contigu)* benachbart; *(ressemblant)* nah verwandt // *nm/f* Nachbar(in *f*) *m*.

voisinage [vwazinaʒ] *nm* Nachbarschaft *f*; *(proximité)* Nähe *f*; **relations de bon ~** gut-

Abstellgleis *nt*; **~ ferrée** Schienenweg *m*.

nachbarliche Beziehungen pl.

voisiner [vwazine] vi (être proche) danebenstehen ou -sein.

voiture [vwatyʀ] nf (automobile) Wagen m, Auto nt; (wagon) Wagen m; en ~! alles einsteigen!; ~ **d'enfant** Kinderwagen m.

voix [vwa] nf Stimme f; **parler à** ~ **haute/basse** laut/leise reden; à 2/4 ~ (MUS) zwei-/vierstimmig.

vol [vɔl] nm Flug m; (mode de locomotion) Fliegen nt; (mode d'appropriation) Diebstahl m; **un** ~ **de perdrix/moineaux** ein Schwarm m Rebhühner/Spatzen; **à** ~ **d'oiseau** in der Luftlinie; **attraper un objet au** ~ etw im Fluge erwischen; **prendre son** ~ wegfliegen; **de haut** ~ (fig) von Format; **en** ~ im Flug; ~ **à main armée** bewaffneter Raubüberfall m; ~ **à voile** Segelflug m/-fliegen nt; ~ **de nuit** Nachtflug m; ~ **libre** ou **sur aile delta** Drachenfliegen nt.

volage [vɔlaʒ] a (personne) unbeständig; (humeur) launenhaft.

volaille [vɔlaj] nf Geflügel nt.

volant, e [vɔlɑ̃, ɑ̃t] a voir **feuille** // nm (lancé avec une raquette) Federball m; (: jeu) Federball(spiel nt) m; (bande de tissu) Volant m; (d'automobile) Lenkrad nt; (de commande) Steuer(rad) nt.

volatil, e [vɔlatil] a flüchtig.

vol-au-vent [vɔlovɑ̃] nm Königinpastetchen nt.

volcan [vɔlkɑ̃] nm Vulkan m.

volcanique [vɔlkanik] a vulkanisch; (fig) aufbrausend.

volée [vɔle] nf (groupe d'oiseaux) Schwarm m; ~ **de coups** Hagel m von Schlägen; ~ **de flèches/d'obus** Pfeil-/Granathagel m; **rattraper qch à la** ~ etw im Fluge erwischen; **à toute** ~ kräftig.

voler [vɔle] vi fliegen; (fig) eilen; (commettre un vol, des vols) stehlen // vt (dérober) stehlen; (dévaliser: personne) bestehlen; (: client) übervorteilen; ~ **qch à qn** jdm etw stehlen.

volet [vɔle] nm (de fenêtre) Fen-

sterladen m; (AVIAT: sur l'aile) (Lande)klappe f.

voleter [vɔlte] vi flattern.

voleur, euse [vɔlœʀ, øz] nm/f Dieb(in f) m // a diebisch.

volière [vɔljɛʀ] nf Voliere f.

volontaire [vɔlɔ̃tɛʀ] a (délibéré) freiwillig; (décidé) entschlossen // nm/f Freiwillige(r) mf.

volonté [vɔlɔ̃te] nf (faculté de vouloir) Wille m; (fermeté) Willenskraft f; (souhait) Wunsch m; **à** ~ nach Belieben; **bonne** ~ guter Wille; **mauvaise** ~ Mangel m an gutem Willen.

volontiers [vɔlɔ̃tje] ad gern.

volt [vɔlt] nm Volt nt.

voltage [vɔltaʒ] nm (différence de potentiel) Spannung f; (nombre de volts) Voltzahl f.

volte-face [vɔltəfas] nf Kehrtwendung f.

voltige [vɔltiʒ] nf (au trapèze) Akrobatik f; (EQUITATION) Voltigieren nt; (AVIAT) Luftakrobatik f.

voltiger [vɔltiʒe] vi flattern.

voltigeur, euse [vɔltiʒœʀ] nm/f (acrobate) Trapezkünstler(in f) m.

volume [vɔlym] nm Volumen nt; (MATH: solide) Körper m; (quantité globale) Umfang m; (de la voix) Umfang m; (d'une radio) Lautstärke f; (livre) Band m.

volumineux, euse [vɔlyminø, øz] a riesengroß; (courrier etc) reichlich.

volupté [vɔlypte] nf (des sens) Lust f; (esthétique etc) Genuß m.

voluptueux, euse [vɔlyptɥø, øz] a sinnlich, wollüstig.

volute [vɔlyt] nf (ARCHIT) Volute f.

vomir [vɔmiʀ] vi (er)brechen // vt spucken, speien; (fig) ausstoßen, ausspeien; (exécrer) verabscheuen.

vomissement [vɔmismɑ̃] nm Erbrechen nt.

vomitif [vɔmitif] nm Brechmittel nt.

vorace [vɔʀas] a gefräßig; (fig) unersättlich.

vos [vo] dét voir **votre**.

Vosges [voʒ] nfpl Vogesen pl.

votant, e [vɔtɑ̃, ɑ̃t] nm/f

Wähler(in f) m.

vote [vɔt] nm (voix) Stimme f; (consultation) Abstimmung f; (élection) Wahl f.

voter [vɔte] vi abstimmen; (élection) wählen // vt (loi) verabschieden; (décision) abstimmen über (+akk); ~ **pour** qn für jdn stimmen.

votre [vɔtr(ǝ)], pl **vos** [vo] dét euer (eure); (forme de politesse) Ihr (Ihre); pl eure; (forme de politesse) Ihre.

vôtre [votr(ǝ)] pron: **le/la ~** eure (r,s); (forme de politesse) Ihre(r,s); **les ~s** eure; (forme de politesse) Ihre; (vos parents: forme de politesse) die Ihren; à la ~! (toast) auf euer/Ihr Wohl!

voué, e [vwe] a: ~ **à l'échec/la faillite** zum Scheitern/Mißerfolg verurteilt.

vouer [vwe] vt: weihen; **se** ~ **à** qch sich einer Sache widmen.

vouloir [vulwar] vt, vi wollen; ~ **que** wollen, daß; ~ **faire** tun wollen // nm: **le bon** ~ **de** qn jds guter Wille m; **je voudrais ceci/que** (souhait) ich möchte ceci/möchte gerne, daß; **la tradition veut que** die Tradition verlangt, daß; **veuillez attendre** bitte warten Sie; **je veux bien** (bonne volonté) gern(e); (concession) na schön; **si on veut** (en quelque sorte) wenn man so will; **que me veut-il?** was will er von mir? ~ **dire** (signifier) bedeuten, heißen sollen; **sans le** ~ (involontairement) unabsichtlich; ~ **qch à** qn jdm etw wünschen; **en** ~ **à** qn/qch (rancune) jdm/etw böse sein; **s'en** ~ **d'avoir fait** qch sich ärgern, etw getan zu haben; ~ **de** qch/qn (accepter) etw/jdn wollen.

voulu, e [vuly] a (requis) erforderlich; (délibéré) absichtlich.

vous [vu] pron (sujet: pl) ihr; (:forme de politesse) Sie; (objet direct) euch, Sie; (objet indirect) euch, Ihnen; (réfléchi) euch; sich.

voûte [vut] nf Gewölbe m.

voûté, e [vute] a (dos) gewölbt; (personne) gebeugt.

voûter [vute] vt (ARCHIT) wölben;

(dos) krümmen; (personne) beugen; **se** ~ **à** gebeugt werden.

vouvoyer [vuvwaje] vt siezen.

voyage [vwajaʒ] nm Reise f; (course de chauffeur) Fahrt f; (: de porteur) Weg m; (fait de voyager): **le** ~ das Reisen; **être** en ~ auf Reisen sein; **partir** en ~ verreisen; **les gens du** ~ das fahrende Volk; ~ **d'agrément** Vergnügungsreise f; ~ **d'affaires** Geschäftsreise f; ~ **de noces** Hochzeitsreise f; ~ **organisé** Gesellschaftsreise f.

voyager [vwajaʒe] vi (faire de voyages) reisen; (faire de déplacements) unterwegs sein; (marchandises: être transporté) transportiert werden.

voyageur, euse [vwajaʒœr, øz] nm/f Reisende(r) mf; (aventurier, explorateur) Abenteurer(in f) m // a (tempérament) reiselustig; ~ **(de commerce)** Handelsreisende(r) m.

voyant, e [vwajã, ãt] a grell, schreiend // nm (signal lumineux) Warnlicht nt // nf (cartomancienne) Hellseherin f.

voyelle [vwajɛl] nf Vokal m.

voyeur [vwajœr] nm Voyeur m.

voyou [vwaju] nm (enfant) Gassenkind m; (petit truand) Rüpel m, Flegel m // a rüpelhaft.

vrac [vrak]: **en** ~ a, ad (pêle-mêle) durcheinander; (COMM) lose.

vrai, e [vrɛ] a wahr; (non factice) echt; (véritable): **son** ~ **nom** sein wirklicher Name; (authentique): **un** ~ **comédien/sportif** ein echter Schauspieler/Sportler // nm: **le** ~ das Wahre; **à dire** ~, **à** ~ **dire** offen gestanden.

vraiment [vrɛmã] ad wirklich.

vraisemblable [vrɛsãblabl(ǝ)] a (plausible) einleuchtend; (probable) wahrscheinlich.

vraisemblance [vrɛsãblãs] nf Wahrscheinlichkeit f; **selon toute** ~ aller Wahrscheinlichkeit nach.

vrille [vrij] nf (d'une plante) Ranke f; (outil) Vorbohrer m; (spirale) Spirale f.

vriller [vrije] vt (percer) bohren;

vrombir [vʀɔ̃biʀ] vi summen.

vu [vy] prep (en raison de) wegen (+gen), angesichts (+gen); ~ **que** angesichts der Tatsache, daß.

vu, e [vy] pp de **voir** // a: cela/il est bien/mal vu davon/von ihm hält man viel/nicht viel.

vue [vy] nf (sens, faculté) Sehen nt, Sehvermögen nt; (fait de voir) Anblick m; (panorama) Aussicht f; (image) Ansicht f; ~**s** nfpl (idées) Ansichten pl; (dessein) Absichten pl; **perdre la** ~ erblinden; **perdre de** ~ aus den Augen verlieren; (: principes, objectifs) abkommen von; **à la** ~ **de** tous vor aller Augen; **hors de** ~ außer Sicht; **à première** ~ auf den ersten Blick; **connaître qn de** ~ jdn von Sehen kennen; **à** ~ (COMM) bei Sicht; **tirer à** ~ (sans sommation) sofort schießen; **à** ~ **d'œil** sichtbar; **en** ~ (aisément visible) in Sicht; **avoir qch en** ~ (intentions) etw anvisieren; **en** ~ **de faire qch** mit der Absicht, etw zu tun.

vulgaire [vylgɛʀ] a (grossier) ordinär, vulgär; (bassement matériel) banal; (pej: quelconque): **de** ~**s chaises de cuisine** ganz ordinäre Küchenstühle; **nom** ~ (BOT, ZOOL) gewöhnlicher Name m; **langue** ~ Vulgärsprache f.

vulgariser [vylgaʀize] vt (répandre des connaissances) populär machen; (rendre vulgaire) derber machen.

vulgarité [vylgaʀite] nf Vulgarität f.

vulnérable [vylneʀabl(ə)] a (physiquement) verwundbar; (moralement) verletzbar; (stratégiquement) ungeschützt.

vulve [vylv(ə)] nf Vulva f.

W, X, Y, Z

wagon [vagɔ̃] nm Wagen m; (de marchandises) Waggon m; ~**-citerne** Tankwagen m; ~**-lit** Schlafwagen m; ~**-restaurant** Speisewagen m.

Wallonie [valɔni] nf: **la** ~ Wallonien nt.

waters [watɛʀ] nmpl Toilette f.

w.-c. [vesse] nmpl WC nt, Toilette f.

week-end [wikɛnd] nm Wochenende nt.

whisky [wiski] nm Whisky m.

xénophobe [ksenɔfɔb] nm/f Ausländerfeind(in f) m.

xérès [gzeʀɛs] nm Sherry m.

xylophone [ksilɔfɔn] nm Xylophon nt.

y [i] ad (à cet endroit) da, dort; (mouvement) dorthin; (dessus) darauf; (dedans) darin; (mouvement) hinein // pron daran; damit; davon (vérifier la syntaxe du verbe employé); **j'** ~ **pense** ich denke daran.

yacht [jɔt] nm Jacht f.

yaourt [jauʀt] nm = **yoghourt**.

yeux [jø] nmpl voir **œil**.

yoga [jɔga] nm Yoga ou Joga nt.

yoghourt [jɔguʀt] nm Joghurt m ou nt.

yougoslave [jugɔslav] a jugoslawisch; Y~ nm/f Jugoslawe m, Jugoslawin f.

Yougoslavie [jugɔslavi] nf: **la** ~ Yugoslawien f.

yo-yo [jojo] nm inv Jo-jo nt.

zèbre [zɛbʀ(ə)] nm Zebra nt.

zébré, e [zebʀe] a gestreift.

zèle [zɛl] nm Eifer m; **faire du** ~ übereifrig sein; **zélé, e** a eifrig.

zénith [zenit] nm Zenit m.

zéro [zeʀo] nm Null f; (SCOL) Sechs f.

zeste [zɛst(ə)] nm (CULIN) Schale f.

zézayer [zezeje] vi lispeln.

zibeline [ziblin] nf Zobel m.

zigzag [zigzag] nm Zickzack m; (point) Zickzackstich m.

zinc [zɛ̃g] nm Zink nt; (comptoir) Theke f, Tresen m.

zodiaque [zɔdjak] nm Tierkreis m.

zona [zona] nm Gürtelrose f.

zone [zon] nf (secteur) Gebiet nt; ~ **bleue** Kurzparkzone f, blaue Zone.

zoo [zoo] nm Zoo m.

zoologie [zɔɔlɔʒi] nf Zoologie f; **zoologique** a zoologisch.

zut [zyt] excl Mist!

DEUTSCH - FRANZÖSISCH
ALLEMAND - FRANÇAIS

A

A nt (MUS) la m.

Aachen nt Aix-la-Chapelle.

Aal m -(e)s, -e anguille f.

Aas nt -es, -e o **Äser** charogne f; **~geier** m vautour m.

ab prep +dat (örtlich) de; (zeitlich, nicht unter) à partir de; ~ und zu o an de temps en temps; **von heute ~** à partir d'aujourd'hui; **weit ~** très loin.

Abart f variété f, variante f; **a~ig** a anormal(e).

Abbau m -(e)s (Zerlegung) démantèlement m; (Verminderung) réduction f, diminution f; (Verfall) déclin m; (BERGBAU) exploitation f; (CHEM) décomposition f; **a~en** vt (zvb) (zerlegen) démonter, démanteler; (verringern) réduire, diminuer; (BERGBAU) exploiter; (CHEM) décomposer.

abbestellen vt (zvb, ohne ge-) annuler o résilier l'abonnement de.

abbezahlen vt (zvb, ohne ge-) finir de payer.

abbiegen vi irr (zvb, mit sein) tourner.

Abbild nt portrait m; **a~en** vt (zvb) représenter; **~ung** f illustration f.

abbinden vt irr (zvb) délier, détacher; (MED) ligaturer.

Abbitte f: **~ leisten** o **tun (bei)** demander pardon (à).

abblenden vt(zvb) (Fenster, Licht) voiler, masquer.

Abblendlicht nt phare m code.

abbrechen irr (zvb) vt (Ast, Henkel) casser, briser; (Verhandlungen, Beziehungen) rompre; (Spiel) arrêter; (Gebäude, Brücke) démolir; (Zelt, Lager) démonter // vi (mit sein: brechen) casser; (mit haben: aufhören) s'arrêter; (Musik, Vorstellung) s'interrompre.

abbrennen irr (zvb) vt brûler; (Feuerwerk) tirer // vi (mit sein) (Haus) brûler; (Feuer) s'éteindre.

abbringen vt irr (zvb): **jdn von etw ~** dissuader qn de qch.

abbröckeln vi (zvb, mit sein) s'effriter.

Abbruch m rupture f; (von Gebäude) démolition f; **jdm/etw ~ tun** porter préjudice à qn/à qch; **a~reif** a (Haus) délabré(e).

abbuchen vt (zvb) débiter.

abdanken vi (zvb) démissionner; (König) abdiquer.

Abdankung f démission f; abdication f.

abdecken vt (zvb) (Haus) emporter le toit de; (Tisch) desservir; (zudecken: Loch) couvrir, boucher.

abdichten vt (zvb) obturer, boucher; (NAVIG) calfater.

abdrehen (zvb) vt (abstellen) fermer; (Licht) éteindre // vi (Film) tourner // vi (Schiff, Flugzeug) changer de cap o de route.

Abdruck m impression f; (Gips~, Wachs~) moule m; (Finger~) empreinte f.

abebben vi (zvb, mit sein) (Wasser) reculer; (fig) baisser, décliner.

Abend m -s, -e soir m; soirée f; **jeden ~** tous les soirs; **zu ~ essen** dîner, souper // **a~** adv: **heute/morgen ~** ce/demain soir; **~essen** nt dîner m; souper m; **~kleid** nt robe f de soirée; **~land** nt Occident m; **a~lich** a du soir; **~mahl** nt (REL) communion f; **a~s** ad le soir.

Abenteuer nt -s, - aventure f; **a~lich** a (gefährlich) aventureux(-euse); (seltsam) bizarre.

aber conj mais; **das ist ~ schön!**

c'est vraiment beau!; **nun ist —**
Schluß! ça suffit!; **A—** nt **-s** mais m;
A—glaube m superstition f; **~gläu-**
bisch a superstitieux(-euse).

aberkennen vt irr (zvb, ohne ge-):
jdm etw ~ contester qch à qn.

abermals ad encore une fois.

abfahren vt irr (zvb, mit sein) partir;
(Skiläufer) descendre // vt (Schutt)
transporter, charrier; (Strecke)
faire, parcourir; (Arm, Bein) écraser;
(Reifen) user; (Fahrkarte) utiliser.

Abfahrt f départ m; (SKI) descente f;
(von Autobahn) sortie f; **~slauf** m
descente f; **~szeit** f heure f de
départ.

Abfall m déchets mpl; (~produkt)
résidus mpl; (Neigung) inclinaison f;
(von Leistung) perte f; (von Temperatur
etc) baisse f; **~eimer** m poubelle f.

abfallen vi irr (zvb, mit sein) tomber;
(sich neigen) s'incliner; (zurückgehen)
diminuer, décliner; (übrigbleiben)
rester, être de reste; **gegen**
jdn/etw ~ être inférieur(e) à
qn/qch.

abfällig a défavorable.

abfangen vt irr (zvb) intercepter;
(Flugzeug) redresser; (Ball) attraper;
(Stoß) amortir.

abfärben vi (zvb) déteindre.

abfertigen vt (zvb) (Flugzeug, Schiff)
préparer au départ; (Gepäck)
enregistrer; (Postsendung) expédier;
(an der Grenze) dédouaner; (Kundschaft, Antragsteller) servir; **jdn**
kurz ~ expédier qn.

abfeuern vt (zvb) tirer.

abfinden irr (zvb) vt dédommager //
vr: **sich mit etw ~** prendre son parti
de qch; **sich mit etw nicht ~** ne pas
accepter qch.

Abfindung f (von Gläubigern) dédommagement m; (Betrag) indemnité f.

abfliegen vi irr (zvb) (Flugzeug, Flugzeug) décoller; (Passagier) partir //
vt (Gebiet) survoler.

Abflug m décollage m; départ m.

Abfluß m (Vorgang) écoulement m;
(Öffnung) tuyau f d'écoulement.

Abfuhr f: **jdm eine ~ erteilen**
envoyer promener qn (fam).

abführen (zvb) vt (Verbrecher)
emmener; (Abfall) enlever; (Gelder,
Steuern) payer, verser // vi (Gelder,
Thema) écarter; (MED) purger;

Abführmittel nt purgatif m, laxatif
m.

Abgabe f (von Mantel) dépôt m; (von
Wärme) dégagement m, émission f;
(von Waren) vente f; (von Prüfungsar-
beit, Stimmzettel) remise f; (von
Stimme) vote m; (von Ball) passe f;
(Steuer) impôts mpl; (eines Amtes)
démission f; **a—nfrei** a non imposable; **a—npflichtig** a imposable.

Abgang m (von Schule) sortie f; (von
Amt) départ m; (THEAT) sortie f;
(MED: das Ausscheiden) écoulement
m; (: Fehlgeburt) fausse couche f; (von
Post, Ware) expédition f.

Abgas nt gaz m d'échappement.

abgeben vt irr (zvb) (Gegenstand)
remettre, donner; (an Garderobe)
déposer; (Ball) passer; (Wärme)
dégager; (Waren) expédier; (Prü-
fungsarbeit) rendre, remettre;
(Stimmzettel, Stimme) donner; (Amt)
démissionner de; (Schuß) tirer;
(Erklärung, Urteil) donner; (darstellen,
sein) être // vr: **sich mit jdm/etw**
~ s'occuper de qn/qch; **jdm etw ~**
(überlassen) remettre o céder qch à
qn.

abgedroschen a (Redensart) usé(e),
rebattu(e).

abgehen vi irr (zvb, mit sein) (sich
entfernen) s'en aller; (THEAT) sortir
de scène; (von der Schule) quitter
l'école; (Fleck, Knopf) partir; (ab-
gezogen werden) être déduit(e) (von de);
(abzweigen) bifurquer; **etw geht**
jdm ab (fehlt) qch manque à qn.

abgelegen a éloigné(e), isolé(e).

abgeneigt a: **jdm/etw nicht ~ sein**
ne pas voir qn/qch d'un mauvais œil.

Abgeordnete(r) mf député(e).

Abgesandte(r) mf délégué(e).

abgeschmackt a fade, plat(e).

abgesehen a: **es auf jdn/etw ~**
haben en vouloir à qn/qch; **~**
davon, daß ... sans compter que ...

abgespannt a fatigué(e), abattu(e).

abgestanden a éventé(e).

abgestorben a (Finger, Bein) engourdi(e).

abgetragen a usé(e), défraîchi(e).

abgewinnen vt irr (zvb, ohne ge-): **jdm Geld** ~ gagner de l'argent sur qn; **einer Sache** (dat) **Geschmack** o **etwas/nichts** ~ trouver goût a qch/ne rien trouver à qch.

abgewöhnen vt (zvb, ohne ge-): **jdm/sich etw** ~ faire perdre l'habitude de qch à qn/se déshabituer de qch.

abgöttisch ad: ~ **lieben** adorer, idolâtrer.

Abgrund m gouffre m; abîme m.

abhaken vt (zvb) (auf Papier) cocher; (fig: als erledigt betrachten) faire une croix sur

abhalten vt irr (zvb) (Versammlung, Besprechung) tenir; (Gottesdienst) célébrer; **jdn von etw** ~ (hindern) empêcher qn de faire qch.

abhandeln vt (zvb) (Thema) traiter; **jdm etw** ~ marchander qch à qn.

ab'handen ad: (jdm) ~ **kommen** disparaître.

Abhang m pente f; (Berg~) versant m.

abhängen (zvb) vt décrocher; (Verfolger) semer; **von jdm/etw** ~ dépendre de qn/qch.

abhängig a dépendant(e); **A~keit** f dépendance f.

abhärten vt (zvb) (Körper, Kind) endurcir // vr: **sich** ~ s'endurcir; **sich gegen etw** ~ devenir insensible à qch.

abheben irr (zvb) vt (Dach, Schicht) enlever; (Deckel) soulever; (Hörer) décrocher; (Karten) couper; (Masche) diminuer de; (Geld) retirer // vi (Flugzeug) décoller; (Kartenspiel) couper // vr: **sich von etw** ~ se détacher de qch.

Abhilfe f remède m.

abholen vt (zvb) aller chercher.

abholzen vt (zvb) déboiser.

abhorchen vt (zvb) (MED) ausculter.

abhören vt (zvb) (Vokabeln) faire réciter; (Tonband, Telefongespräch) écouter.

Abi'tur nt -s, -e baccalauréat m.

Abituri'ent(in f) m candidat(e) au baccalauréat; (nach bestandener Prüfung) bachelier(-ère).

abkapseln vr (zvb): **sich** ~ (fig) se renfermer, s'isoler.

abkaufen vt (zvb): **jdm etw** ~ acheter qch à qn; (fam: glauben) croire qch.

Abklatsch m -es, -e (fig) imitation f.

abklingen vi irr (zvb, mit sein) s'atténuer.

abkommen vi irr (zvb, mit sein) (SPORT) partir; (sich freimachen) se libérer; **vom Weg** ~ s'égarer; **von einem Plan** ~ renoncer à un projet; **vom Thema** ~ sortir du sujet.

abkömmlich a disponible, libre.

abkühlen (zvb) vt faire o laisser refroidir // vr: **sich** ~ se rafraîchir; (Zuneigung, Beziehung) se refroidir.

abkürzen vt (zvb) abréger; (Strecke, Verfahren) raccourcir; (Aufenthalt) écourter.

Abkürzung f (Wort) abréviation f; (Weg) raccourci m.

abladen vt irr (zvb) décharger.

Ablage f -, -n (für Akten) classement m; (für Kleider) vestiaire m.

ablagern (zvb) vt (Sand, Geröll) déposer // vi (mit sein) (Wein) se faire; (Holz) sécher // vr: **sich** ~ se déposer.

ablassen irr (zvb) vt (Wasser) faire couler; (Dampf, Luft) faire sortir; (vom Preis) rabattre, déduire // vi: **von etw** ~ renoncer à qch.

Ablauf m (Abfluß) écoulement m; (von Ereignissen) déroulement m; (einer Frist) expiration f; (Startplatz) départ m.

ablaufen irr (zvb) vi (mit sein) (abfließen) s'écouler; (Ereignisse) se dérouler; (Frist, Paß) expirer // vt (Sohlen) user; **jdm den Rang** ~ l'emporter sur qn.

ablegen vt (zvb) (Gegenstand) déposer; (Kleider) enlever, ôter; (Gewohnheit) abandonner; (Prüfung) passer; **Zeugnis über etw** (akk) ~ faire un déposition sur qch.

Ableger m -s, - (BOT) bouture f.

ablehnen vt (zvb) refuser; (Vor-

schlag, Einladung) décliner; **~d** *a* défavorable *(Haltung, Geste)* de refus.

ablenken *(zvb)* *vt (Strahlen etc)* dévier; *(Verdacht)* écarter; *(Konzentration, Interesse)* détourner; *(zerstreuen)* distraire // *vi* changer de sujet.

Ablenkung *f* distraction *f.*

ablesen *vt irr (zvb) (Text, Rede)* lire; *(Meßgeräte, Werte)* relever.

abliefern *vt (zvb) (Ware)* livrer; *(Kind, Patienten)* conduire; *(abgeben)* remettre.

ablösen *vt (zvb) (abtrennen)* détacher; *(im Amt)* remplacer; *(Pflaster)* enlever; *(Wache, Schichtarbeiter)* relever // *vr: sich ~ (sich lösen)* se suivre; *(sich abwechseln)* se relever, se relayer.

abmachen *vt (zvb) (Gegenstand)* enlever *(von de)*; *(vereinbaren)* convenir de; *(in Ordnung bringen)* régler.

Abmachung *f (Vereinbarung)* accord *m.*

abmagern *vi (zvb, mit sein)* maigrir.

Abmarsch *m (von Soldaten)* départ *m,* mise *f* en route.

abmarschieren *vi (zvb, ohne ge-, mit sein)* se mettre en route.

abmelden *vt vr* décommander *(Auto)* retirer de la circulation; *(Telefon)* résilier // *vr: sich ~* annoncer son départ; *(bei Polizei)* déclarer son départ; *(bei Verein)* retirer son adhésion.

abmessen *vt irr (zvb)* mesurer.

Abnäher *m* **-s, -** pince *f.*

Abnahme *f* **-, -n** enlèvement *m,* *(COMM)* achat *m; (Verringerung)* diminution *f,* réduction *f.*

abnehmen *irr (zvb) vt* enlever; *(Bild, Hörer)* décrocher; *(Bart)* couper; *(entgegennehmen, übernehmen)* prendre; *(kaufen)* acheter; *(Führerschein)* retirer; *(Prüfung)* faire passer; *(prüfen: Neubau, Fahrzeug)* contrôler; *(Maschen)* diminuer // *vi* diminuer; *(schlanker werden)* maigrir; **jdm etw ~** *(für ihn machen)* faire qch pour qn; *(fam: glauben)* croire qch.

Abnehmer(in *f) m* **-s, -** *(COMM)* acheteur(-euse).

Abneigung *f* aversion *f,* antipathie *f (gegen pour).*

ab'norm *a* anormal(e).

abnutzen *vt (zvb)* user.

Abonnement [abɔnəˈmã:] *nt* **-s, -s** abonnement *m.*

abon'nieren *vt (ohne ge-)* abonner, s'abonner à.

abordnen *vt (zvb)* déléguer.

Ab'ort *m* **-(e)s, -e** cabinet *m.*

abpacken *vt (zvb)* empaqueter.

Abpfiff *m* coup *m* de sifflet final.

abprallen *vi (zvb, mit sein) (Ball, Kugel)* rebondir, ricocher; **an jdm ~** *(fig)* ne pas toucher qn.

abputzen *vt (zvb)* nettoyer.

abraten *vi irr (zvb)* déconseiller.

abräumen *vt (zvb) (Tisch)* débarrasser; *(Geschirr)* enlever.

abreagieren *(zvb, ohne ge-) vt* passer // *vr: sich ~* se défouler *(an +dat sur).*

abrechnen *(zvb) vt (abziehen)* décompter, déduire; *(Rechnung aufstellen für)* faire le compte de // *vi (Rechnung begleichen)* régler *(Rechnung aufstellen)* faire la/une facture; **mit jdm ~** régler ses comptes avec qn.

Abrechnung *f (Schlußrechnung)* (dé)compte *m* final; *(Vergeltung)* règlement *m* de comptes.

Abreise *f* départ *m; (e)* **a~en** *vi (zvb, mit sein)* partir.

abreißen *irr (zvb) vt* arracher; *(Haus, Brücke)* démolir // *vi (sein) (Faden)* se casser; *(Gespräch)* s'interrompre.

abrichten *vt (zvb) (Hund)* dresser.

Abriß *m* **-sses, -sse** *(Übersicht)* résumé *m,* grandes lignes *fpl.*

Abruf *m:* **auf ~** sur appel, à l'appel; *(COMM)* sur commande.

abrunden *vt (zvb)* arrondir; *(Eindruck)* préciser; *(Geschmack)* affiner.

abrüsten *vi (zvb) (MIL)* désarmer.

Abrüstung *f* désarmement *m.*

abrutschen *vi (zvb, mit sein)* glisser.

Absage *f* **-, -n** refus *m.*

absagen *(zvb) vt* annuler; *(Einladung)* décommander // *vi* refuser.

absägen vt (zvb) scier.

Absatz m (COMM) vente f; (Abschnitt) paragraphe m; (Treppen~) palier m; (Schuh~) talon m; ~gebiet nt (COMM) débouché m, marché m.

abschaffen vt (zvb) (Todesstrafe) abolir; (Gesetz) abroger; (Auto) se débarrasser de.

abschalten (zvb) vt (Radio, Strom) éteindre; (Motor) couper // vi (fig fam) décrocher.

abschätzen vt (zvb) estimer, évaluer; (Person) juger.

abschätzig a (Blick) méprisant(e); (Bemerkung) désobligeant(e).

Abschaum m -(e)s (pej) rebut m.

Abscheu m -(e)s dégoût m, répugnance f; **a~erregend** a (Anblick) repoussant(e); (Lebenswandel) détestable.

ab'scheulich a horrible, affreux '-(euse).

abschicken vt (zvb) envoyer.

abschieben vt irr (zvb) (Verantwortung) rejeter; (Person) expulser.

Abschied m -(e)s, -e adieux mpl; (von Armee) congé m; ~ **nehmen** prendre congé; **zum** ~ en guise d'adieux.

abschießen vt irr (zvb) abattre; (Geschoß) tirer; (Gewehr) décharger; (fam: Minister) liquider.

abschirmen vt (zvb) protéger (gegen contre).

abschlagen vt irr (zvb) (wegschlagen) couper; (SPORT) remettre en jeu; (ablehnen) refuser.

abschlägig a négatif(-ive).

Abschlagszahlung f acompte m.

Abschleppdienst m service m de dépannage.

abschleppen vt (zvb) remorquer.

Abschleppseil nt câble m de remorquage.

abschließen vt irr (zvb) fermer à clé; (isolieren) séparer, isoler; (beenden) achever, finir; (Vertrag, Handel) conclure.

Abschluß m (Beendigung) clôture f; (Bilanz) bilan m; (Geschäfts~, von Vertrag) conclusion f.

abschmieren vt (zvb) (AUT) faire un

graissage de.

abschneiden vt irr (zvb) couper; (kürzer machen) raccourcir; (Rede, Fluchtweg) barrer; (Zugang) fermer, barrer; (Truppen, Stadtteil) isoler; **gut/schlecht** ~ avoir o obtenir un bon/mauvais résultat.

Abschnitt m (Teilstück) section f; (von Buch) passage m; (Kontroll~) talon m; (Zeit~) période f.

abschrauben vt (zvb) dévisser.

abschrecken vt (zvb) (Menschen) rebuter, effrayer; (Ei) passer à l'eau froide.

Abschreckung f dissuasion f.

abschreiben vt irr (zvb) (Text) copier; (SCOL) copier (von sur); (verloren geben) ne plus compter sur; (COMM) déduire.

Abschrift f copie f.

Abschuß m (von Geschütz) tir m; (von Waffe) décharge f; (von Flugzeug) destruction f.

abschüssig a en pente.

abschütteln vt (zvb) (Staub, Tuch) secouer; (Verfolger) semer; (Müdigkeit, Erinnerung) oublier.

abschwächen (zvb) vt (Eindruck, Wirkung) atténuer; (Behauptung, Kritik) modérer // vi: **sich** ~ s'affaiblir; (Interesse, Lärm, Wärme) diminuer.

abschweifen vi (zvb, mit sein) (Redner) digresser, s'écarter (von de); (Gedanken) divaguer.

abschwellen vi irr (zvb, mit sein) désenfler, dégonfler; (Sturm) se calmer; (Lärm) diminuer.

absehbar a (Folgen) prévisible; **in** ~**er Zeit** dans un proche avenir.

absehen irr (zvb) vt (Ende, Folgen, Entwicklung) prévoir; (erlernen): **jdm etw** ~ apprendre qch de qn // vi: **von etw** ~ renoncer à qch; (nicht berücksichtigen) faire abstraction de qch; **es auf jdn/etw abgesehen haben** en vouloir à qn/qch.

ab'seits ad à l'écart; ~ **von** loin de; **A**~ nt -, - (SPORT) hors-jeu m.

absenden vt irr (zvb) envoyer.

Absender(in f) m -s, - expéditeur (-trice).

absetzen (zvb) vt déposer; (Feder, Glas, Gewehr) poser; (Hut, Brille) ôter, enlever; (verkaufen) écouler, vendre; (abziehen) défalquer; (entlassen) destituer, suspendre; (König) détrôner; (hervorheben) faire ressortir (gegen an) // vr: sich ~ (sich entfernen) partir, filer; (sich ablagern) se déposer.

absichern (zvb) vt assurer; (Aussage, Position) affermir // vr: sich ~ (Mench) s'assurer (contre toute éventualité).

Absicht f (Vorsatz) intention f; (Wille) volonté f; mit ~ intentionnellement; a~lich a délibéré(e), intentionnel(le) // ad exprès.

absitzen irr (zvb) vi (vom Pferd) descendre de cheval // vt (Strafe) purger.

abso'lut a absolu(e) // ad absolument.

absolvieren [apzɔl'viːrən] vt (ohne ge-) (Pensum) achever, venir à bout de.

ab'sonderlich a bizarre, singulier (-ère).

absondern (zvb) vt isoler, séparer; (ausscheiden) sécréter // vr: sich ~ s'isoler.

Absonderung f isolement m, séparation f; (MED) sécrétion f.

abspeisen vt (zvb) (fig: jdn) ~ payer qn de belles paroles.

abspenstig a: jdn (jdm) ~ machen détourner qn (de qn).

absperren vt (zvb) (Gebiet) fermer; (Tür) fermer à clé.

Absperrung f (Vorgang) blocage m, (Sperre) barrage m, barricade f.

abspielen vt (zvb) (Platte) passer // vr: sich ~ se dérouler, se passer.

Absprache f accord m, arrangement m.

absprechen vt irr (zvb) (vereinbaren) convenir de; jdm etw ~ refuser qch à qn; (aberkennen) contester qch à qn.

abspringen vi irr (zvb, mit sein) sauter (von de); (Farbe, Lack) s'é-cailler; (sich distanzieren) prendre ses distances.

abstammen vi (zvb, mit sein) descendre; (Wort) dériver, venir.

Abstammung f descendance f, origine f.

Abstand m distance f, écart m; (zeitlich) espace f; von etw ~ nehmen s'abstenir de qch; mit ~ der beste de loin le meilleur; ~ssumme f indemnité f.

abstatten vt (zvb) (Dank) exprimer; (Besuch) faire, rendre.

abstauben vt (zvb) épousseter.

Abstecher m -s, - crochet m.

absteigen vi irr (zvb, mit sein) descendre; (SPORT) rétrograder.

abstellen vt (zvb) déposer; (Auto, Fahrrad) garer; (Maschine) arrêter; (Strom, Wasser) fermer, couper; (Mißstand, Unsitte) supprimer; (ausrichten): etw auf etw (akk) ~ adapter qch à qch.

abstempeln vt (zvb) (Briefmarke) oblitérer; (fig: Menschen) étiqueter.

absterben vi irr (zvb, mit sein) (Ast) se dessécher; (Körperteil) s'engourdir.

Abstieg m -(e)s, -e descente f; (SPORT) recul m; (fig) déclin f.

abstimmen vi (zvb) voter // vt (Farben) assortir; (Interessen) accorder; (Termine, Ziele) fixer // vr: sich ~ se mettre d'accord, s'accorder.

Abstimmung f (Stimmenabgabe) vote m.

Abstinenz [apsti'nɛnts] f abstinence f; (von Alkohol) sobriété f; ~ler(in f) m -s, - buveur(-euse) d'eau, abstinent(e).

abstoßen vt irr (zvb) (fortbewegen) pousser; (beschädigen) endommager; (verkaufen) vendre; (anekeln) dégoûter, écœurer; ~d a dégoûtant(e), repoussant(e).

abstrakt [ap'strakt] a abstrait(e) // ad abstraitement.

abstreiten vt irr (zvb) contester, nier.

Abstrich m (Abzug) réduction f, diminution f; (MED) frottis m; ~e machen (fig) se contenter de moins.

abstumpfen vt émousser; (fig: jdn) abrutir // vi (mit sein) s'émousser; *(fig)* s'abrutir; *(: Gefühle)* perdre de l'intensité.

Absturz *m* chute *f*.

abstürzen *vi (zvb, mit sein)* faire une chute; *(AVIAT)* s'abattre.

absuchen *vt (zvb)* fouiller.

Abs'zeß *m* -sses, -sse abcès *m*.

Abt *m* -(e)s, ⁓e abbé *m*.

abtasten *vt (zvb)* tâter; *(MED)* palper.

abtauen *(zvb) vi (mit sein) (Schnee, Eis)* fondre; *(Straße)* dégeler // *vt* dégivrer.

Ab'tei *f* abbaye *f*.

Ab'teil *nt* -(e)s, -e compartiment *m*.

abteilen *vt (zvb)* diviser, partager; *(abtrennen)* séparer.

Ab'teilung *f (in Firma)* section *f; (in Kaufhaus)* rayon *m; (in Krankenhaus)* service *m; (MIL)* bataillon *m*, unité *f;* ⁓**sleiter(in** *f) m* chef *m* de section/ de rayon.

Ab'tissin *f* abbesse *f*.

abtragen *vt irr (zvb) (Hügel, Erde)* déblayer; *(Essen)* desservir; *(Kleider)* user; *(Schulden)* acquitter.

abträglich *a* nuisible, préjudiciable.

abtreiben *irr (zvb) vt (Boot, Flugzeug)* déporter // *vi (mit sein: Schiff, Schwimmer)* dériver; *(mit haben: Kind)* avorter.

Abtreibung *f* avortement *m*.

abtrennen *vt (zvb) (lostrennen)* détacher; *(entfernen)* enlever; *(abteilen)* séparer.

abtreten *irr (zvb) vt (überlassen)* céder *(jdm etw qch à qn)* // *vi (mit sein) (Wache)* se retirer; *(THEAT)* sortir de scène; *(zurücktreten: Minister)* se retirer de la scène politique.

abtrocknen *(zvb) vt* essuyer; sécher // *vi (mit sein)* sécher.

abtrünnig *a* renégat(e).

abwägen *vt irr (zvb)* soupeser, examiner.

abwählen *vt (zvb) (Vorsitzenden)* ne pas réélire; *(SCOL: Fach)* ne pas reprendre, ne pas choisir.

abwandeln *vt (zvb)* changer, modifier.

abwarten *(zvb) vt* attendre // *vi* voir

venir, attendre.

abwärts *ad* vers le bas, en bas.

Abwasch *m* -(e)s vaisselle *f*.

abwaschen *vt irr (zvb) (Schmutz)* laver; **das Geschirr** ⁓ faire la vaisselle.

Abwasser *nt* -s, **Abwässer** vidanges *fpl*, eaux *fpl* d'égout.

abwechseln *vi (zvb) (auch vr: sich* ⁓) alterner; *(Menschen)* se relayer; ⁓**d** *a* alternativement, en alternant.

Abweg *m*: **auf** ⁓ **geraten/führen** s'écarter/détourner du bon chemin; **a**⁓**ig** *a* saugrenu(e).

Abwehr *f - (Ablehnung)* résistance *f; (Verteidigung)* défense *f; (MIL: Geheimdienst)* contre-espionnage *m; (SPORT)* défense *f; (Schutz)* protection *f*.

abwehren *vt (zvb) (Feind, Angriff)* repousser; *(Neugierige)* écarter; *(Ball)* arrêter; *(Verdacht: Dank)* refuser.

abweichen *vi irr (zvb, mit sein) (Werte)* différer; *(Fahrzeug)* dévier; *(Meinung)* diverger.

abweisen *vt irr (zvb) (Besucher)* renvoyer; *(Klage)* repousser, rejeter; *(Antrag, Hilfe)* refuser; ⁓**d** *a (Haltung)* froid(e).

abwenden *irr (zvb) vt (Blick, Kopf)* détourner; *(verhindern)* écarter // *vr:* **sich** ⁓ se détourner.

abwerfen *vt irr (zvb) (Kleidungsstück)* se débarrasser de; *(Reiter)* désarçonner; *(Profit)* rapporter; *(Flugblätter)* lancer.

abwerten *vt (zvb) (FIN)* dévaluer.

abwesend *a* absent(e).

Abwesenheit *f* absence *f*.

abwickeln *vt (zvb) (Garn, Verband)* dérouler; *(Geschäft)* liquider.

abwimmeln *vt (zvb) (fam) (jdn)* envoyer promener; *(Auftrag)* rejeter, refuser.

abwischen *vt (zvb) (Staub)* enlever; *(Schweiß, Hände)* essuyer; *(Tisch)* donner un coup d'éponge à.

Abwurf *m* lancement *m; (von Bomben etc)* largage *m; (SPORT)* remise *f* en jeu.

abwürgen *vt (zvb) (fam) (Gespräch*

étouffer, bloquer; (Motor) caler.

abzahlen vt (zvb) (Schulden) régler, payer; (in Raten) payer à tempérament.

Abzahlung f: auf ~ kaufen acheter à tempérament.

Abzeichen nt insigne m, emblème m; (Orden) décoration f.

abzeichnen (zvb) vt copier, dessiner; (Dokument) parapher, signer// vr:sich ~ (sichtbar sein) se profiler; (fig: bevorstehen) se dessiner.

abziehen irr (zvb) vt (entfernen) retirer; (Tier) dépouiller; (Truppen) retirer; (subtrahieren) soustraire; (kopieren) tirer // vi (mit sein) (Rauch) sortir; (Truppen) se retirer; (fam: weggehen) décamper, filer; **das Bett** ~ enlever les draps; **eine Schau** ~ (fam) faire du cinéma.

Abzug m retrait m; (Kopie) tirage m; (PHOT) épreuve f; (Subtraktion) soustraction f; (Betrag) retrait m; (Rauch~) sortie f; (von Waffen) gâchette f.

abzüglich prep +gen après déduction de.

abzweigen (zvb) vt mettre de côté // vi (mit sein) bifurquer.

Abzweigung f embranchement m.

ach excl ah; (enttäuscht, verärgert) oh; ~ **ja** mais oui; **mit A~ und Krach** tant bien que mal.

Achse f ~, -n axe m; (AUT) essieu m; **auf** ~ **sein** être en vadrouille.

Achsel f ~, -n aisselle f; ~**höhle** f creux m de l'aisselle; ~**zucken** nt -s haussement m d'épaules.

Acht f - (Zahl) huit m; (HIST) ban m, proscription f; **sich in a~ nehmen** prendre garde; **etw außer a~ lassen** négliger qch // **a~** num huit; **a~ Tage** huit jours; **a~e(r, s)** a huitième; ~**el** nt -s, - huitième m.

achten vt respecter // vi: **auf etw** (akk)~ veiller à qch; **darauf** ~, **daß** ... faire attention que...

Achter-: ~**bahn** f montagnes fpl russes; ~**deck** nt pont m arrière.

acht-: ~**fach** a octuple; ~**geben** vi irr (zvb) faire attention (auf +akk à); ~**los** a négligent(e); ~**mal** ad huit

fois; ~**sam** a attentif(-ive).

Achtung f respect m, estime f (vor +dat pour) // excl attention!; ~ **Lebensgefahr/Stufe!** Attention danger/à la marche!

acht-: ~**zehn** num dix-huit; ~**zig** num quatre-vingt(s).

ächzen vi (Mensch) gémir; (Holz, Balken) grincer.

Acker m -s, = champ m; ~**bau** m agriculture f.

ad'dieren vt (ohne ge-) additionner.

a'de excl adieu!

Adel m -s noblesse f; (Familie) nobles mpl; **a~ig, adlig** a noble.

Ader f ~, -n (ANAT) veine f; (Schlag~) artère f; (BOT) nervure f; (BERGBAU) filon m; **eine ~ für etw haben** être doué(e) pour qch.

Adjektiv nt adjectif m.

Adler m -s, - aigle m.

Admi'ral m -s, = amiral m.

adop'tieren vt (ohne ge-) adopter.

Adopti'on f adoption f.

Adop'tiv-: ~**eltern** pl parents mpl adoptifs; ~**kind** nt enfant m adoptif.

Adres'sant(in f) m expéditeur(-trice).

Adres'sat m -en, -en destinataire m/f.

A'dresse f -, -n adresse f.

adres'sieren vt (ohne ge-) adresser.

Advent [at'vɛnt] m -(e)s, -e avent m; ~**skranz** m couronne f de l'Avent.

Adverb [at'vɛrp] nt adverbe m.

Af'färe f -, -n (Angelegenheit) affaire f; (Verhältnis) liaison f.

Affe m -en, -en singe m.

affek'tiert a affecté(e), maniéré(e).

affig a (eingebildet) affecté(e); (Mädchen) maniéré(e).

Afrika nt l'Afrique f; **a~nisch** a africain(e); **Afrikaner(in** f) m africain(e).

After m -s, - anus m.

AG [a:'ge:] f -, -s (abk von Aktiengesellschaft) S.A.

A'gent(in f) m (Spion) agent m; (Vertreter) représentant(e); (Vermittler) agent m.

Agen'tur f (Geschäftsstelle) bureau m; (Vermittlungsstelle) agence f.

Aggre'gat nt (TECH) agrégat m; **~zustand** m (PHYS) état m de la matière.

Aggressi'on f agression f; **seine ~en abreagieren** passer son agression.

aggres'siv a agressif(-ive).

Aggressivi'tät f agressivité f.

A'grarstaat m État m agricole.

Ägypten nt l'Égypte f; **ägyptisch** a égyptien(ne).

a'ha excl ah!

Ahn m **-en, -en** ancêtre m.

ähneln vi: **jdm/etw ~** ressembler à qn/qch // vr: **sich ~** se ressembler.

ahnen vt (vermuten) se douter de; (Tod, Gefahr) pressentir.

ähnlich a semblable, pareil(le); **das sieht ihm ~** ça lui ressemble bien; **Ä~keit** f ressemblance f.

Ahnung f (Vorgefühl) pressentiment m; (Vermutung) idée f; **keine ~!** aucune idée!; **a~slos** a sans se douter de rien.

Ahorn ['a:hɔrn] m **-s, -e** érable m.

Ähre f **-, -n** épi m.

Akade'mie f (Hochschule) académie f.

Aka'demiker(in f) m **-s, -** personne qui a fait des études universitaires.

akklimati'sieren vr (ohne ge-): **sich ~** s'acclimater.

Ak'kord m **-(e)s, -e** (Stücklohn) forfait m, payement m à la pièce; (MUS) accord m; **im ~ arbeiten** travailler à la pièce; **~arbeit** f travail m à la pièce.

Ak'kordeon nt **-s, -s** accordéon m.

Akkusativ m accusatif m.

Akt m **-(e)s, -e** (Handlung) acte m, action f; (Zeremonie) cérémonie f; (THEAT) acte m; (KUNST) nu m; (Sexual~) acte sexuel.

Akte f **-, -n** dossier m, document m; **etw zu den ~n legen** (fig) considérer qch comme réglé(e).

Akten-: a~kundig a enregistré(e); **das ist a~kundig geworden** c'est dans les dossiers; **~schrank** m casier m, classeur m; **~tasche** f porte-documents m, attaché-case m.

Aktie ['aktsiə] f action f; **~ngesell-**

schaft f société f anonyme.

Akti'on f action f, campagne f; (Polizei-, Such-) opération f; (Sonderangebot) promotion f; **in ~** en action.

ak'tiv a actif(-ive).

aktivieren [akti'vi:rən] vt (ohne ge-) activer.

Aktivität [aktivi'tɛːt] f activité f.

Aktuali'tät f actualité f.

aktu'ell a actuel(le), d'actualité.

a'kut a grave, urgent(e); (MED: Entzündung) aigu(ë).

Ak'zent m **-(e)s, -e** accent m.

akzep'tieren vt (ohne ge-) accepter.

A'larm m **-(e)s, -e** alarme f.

alar'mieren vt (ohne ge-) alerter; (beunruhigen) alarmer.

Albanien nt l'Albanie f.

albern a stupide, sot(te).

Album nt **-s, Alben** album m.

Alge f **-, -n** algue f.

Algebra f algèbre f.

Algerien nt l'Algérie f.

Alibi nt **-s, -s** alibi m.

Ali'mente pl pension f alimentaire.

al'kalisch a (CHEM) alcalin(e).

Alkohol m **-s, -e** alcool m.

alko'holfrei a non-alcoolisé(e).

Alko'holiker(in f) m **-s, -** alcoolique m/f.

All nt **-s** univers m.

alle a (mit pl) tous les; toutes les; (mit sg) tout le; toute la // pron tous; toutes; **~s** tout; (adjektivisch) tout le; toute la; **das ~s** tout cela; **sie sind ~ gekommen** ils sont tous venus; **wir ~** nous tous; **~ beide** tous (toutes) les deux; **~s in ~m** somme toute; **~ vier Jahre** tous les quatre ans; **vor ~m** avant tout, surtout; **er hat ~s versucht** il a tout essayé; **~ sein** être fini(e).

Al'lee f **-, -n** [-e:ən] allée f.

al'lein a, ad seul(e); **nicht ~** (nicht nur) non seulement; **im A~gang** en solitaire; **~ig** a unique, exclusif(-ive); (Erbe) universel(le); **~stehend** a seul(e), célibataire.

alle-: ~mal ad (ohne weiteres) facilement; **ein für ~mal** une fois pour toutes; **~nfalls** ad (mögli-**

cherweise) à la rigueur, éventuellement; (*höchstens*) tout au plus;
~r'beste(r,s) *a* le (la) meilleur(e);
~rdings *ad* (*zwar*) pourtant, à la
vérité; (*gewiß*) assurément, bien sûr.
Aller'gie *f* allergie *f.*
al'lergisch *a* allergique; **gegen etw**
~ sein être allergique à qch.
allerhand *a inv* (*Ärger, Neuigkeiten*)
beaucoup de, un tas de; (*substantivisch*) toutes sortes de choses; **das ist**
doch ~! (*entrüstet*) c'est du propre!;
~! (*lobend*) il faut le faire!.
Aller'heiligen *nt* la Toussaint.
allerhöchste(r, s) *a* le (la) plus
haut(e); **es ist ~ Zeit** il est grand
temps; **~ns** *ad* au plus.
allerlei *a inv* toute sorte de; (*substantivisch*) toute(s) sorte(s) de choses.
allerletzte(r,s) *a* le (la)
dernier(-ère) de tous (toutes).
Aller'seelen *nt* le jour des morts.
allerseits *ad:* **er war ~ beliebt** il
était aimé de tous; **guten Morgen ~**
bonjour à tous.
aller'wenigste(r, s) *a* le minimum
de.
alles *siehe* **alle.**
Allesfresser *m -s, -* omnivore *m/f.*
allgemein *a* général(e); (*Wahlrecht,
Bestimmung*) universel(le) // *ad*
(*überall*) partout; **im ~en** en
général, généralement; **~gültig** *a*
universellement reconnu(e);
A~heit *f* (*Menschen*) communauté *f;
pl* (*Redensarten*) généralités *fpl.*
Alli'ierte(r) *m* allié *m.*
all-: **~jährlich** *a* annuel(le);
~'mählich *a* graduel(le) // *ad* peu à
peu, petit à petit; **~tag** *m* vie *f* quo-
tidienne; **~'täglich** *a* quotidien(ne);
~zu *ad* trop; **~zuoft** *ad* beaucoup
trop souvent; **~zuviel** *ad* beaucoup
trop.
Alm *f-*, **-en** alpe *f,* pâturage *m.*
Almosen *nt -s, -* aumône *f.*
Alpen *pl* Alpes *fpl.*
Alpha'bet *nt -(e)s, -e* alphabet *m;*
a~isch *a* alphabétique.
al'pin *a* alpin(e).
Alptraum *m* cauchemar *m.*
als *conj* (*zeitlich*) quand, lorsque; (*mit*

Komparativ) que; (*wie*) que; (*Angabe
von Eigenschaft*) en tant que, comme;
nichts ~ rien d'autre que; comme;
~ ob comme si; **~ da ist/sind** à savoir.
also *ad* donc; (*abschließend, zusammenfassend*) donc, alors; (*auffordernd*)
alors; **~ gut** *o* **schön** très bien; **~ so**
was! eh bien, ça alors!; **na ~!** tu
vois!
alt *a* (**-er, am ~esten**) (*vieille,
vieille*); (*antik, klassisch, lange
bestehend, ehemalig*) ancien(ne);
(*überholt: Witz*) dépassé(e); **sie ist**
drei Jahre ~ elle a trois ans; **alles**
beim ~en lassen laisser comme
c'était; **wie in ~en Zeiten** comme
au bon vieux temps; **A~** *m -s, -e*
(*MUS*) contralto *m.*
Al'tar *m -(e)s, -äre* autel *m.*
Alt-: **~bau** *m, pl* **~bauten** construction *f* ancienne; **a~bekannt** *a* bien
connu(e); **~eisen** *nt* ferraille *f.*
Alter *nt -s, -* (*Lebensjahre*) âge *m;*
(*hohes*) âge *m* avancé, vieillesse *f;*
(*von Möbeln*) époque *f; im ~ von* à
l'âge de.
altern *vi* (*mit sein*) vieillir.
alterna'tiv *a* alternatif(-ive).
Alternative [alterna'ti:və] *f* alternative *f.*
Alters-: **~erscheinung** *f* signe *m* de
vieillesse; **~heim** *nt* maison *f* de
retraite; **a~schwach** *a* (*Mensch*)
sénile; (*Gebäude*) délabré(e); **~ver-
sorgung** *f* caisse *f* de prévoyance-
vieillesse.
Altertum *nt -s* (*Zeit*) Antiquité *f.*
Altertümer *pl* (*Gegenstände*) antiquités *f.*
alt-: **~hergebracht** *a* tradi-
tionnel(le); **~klug** *a* précoce;
A~material *nt* matériel *m* usé;
~modisch *a* démodé(e); **A~papier**
nt vieux papiers *mpl;* **A~stadt** *f*
vieille ville *f;* **A~'weibersommer**
m été *m* de la Saint-Martin.
Alu'minium *nt -s* aluminium *m;*
~folie *f* feuille *f* o papier *m*
d'aluminium.
am = an dem; er ist ~ Kochen il
est en train de faire à manger; **~ 15.**
März le 15 mars; **~ besten**

le mieux.

Ama'teur(in f) m amateur m.

Amboß m -sses, -sse enclume f.

ambu'lant a (MED) en consultation externe.

Ameise f -, -n fourmi f.

A'merika nt l'Amérique f; **Ameri'kaner(in** f m) Américain(e); **ameri'kanisch** a américain(e).

Amne'stie f amnistie f.

Ampel f -, -n (Verkehrs~) feux mpl.

ampu'tieren vt (ohne ge-) amputer.

Amsel f -, -n merle m.

Amt nt -(e)s, ¨er (Posten) office m; (Aufgabe) fonction f, charge f; (Behörde) service m, bureau m; (REL) office m.

am'tieren vi (ohne ge-) être en fonction(s).

amtlich a officiel(le).

Amts-: ~**person** f officiel m; ~**richter(in** f) m juge m de première instance.

amü'sieren (ohne ge-) vt amuser // vr: **sich** ~ s'amuser.

an prep +dat (räumlich) à; (auf, bei) sur, près de; (nahe bei) contre; (zeitlich) à; +akk (räumlich) à, contre; ~ die 5 Mark environ 5 marks; die Licht ist ~ la lumière est allumée.

Ana'log f analogie f.

Ana'lyse f -, -n analyse f.

analy'sieren vt (ohne ge-) analyser.

Anar'chie f anarchie f.

Anato'mie f anatomie f.

anbahnen vr (zvb): **sich** ~ se dessiner.

anbändeln vi (zvb) (fam): **mit jdm** ~ flirter avec qn.

Anbau m -s (AGR) culture f // -s, pl -bauten (Gebäude) annexe f.

anbauen vt (zvb) (AGR) cultiver; (Gebäudeteil) ajouter.

anbehalten irr vt (zvb, ohne ge-) garder.

an'bei ad ci-joint.

anbeißen irr (zvb) vi (Fisch) mordre à l'hameçon.

anbelangen vt (zvb, ohne ge-) concerner, regarder; **was mich anbelangt** en ce qui me concerne.

anbeten vt (zvb) adorer.

Anbetracht m: **in** ~ (+gen) en considération de.

anbiedern vt (zvb): **sich** ~ se mettre dans les bonnes grâces (bei jdm de qn).

anbieten irr (zvb) vt offrir; (Vertrag) proposer; (Waren) mettre en vente // vr: **sich** ~ (Mensch) se proposer; (Gelegenheit) s'offrir.

anbinden vt irr (zvb) lier, attacher; **kurz angebunden** (fig) laconique.

Anblick m vue f.

anbrechen irr (zvb) vt (Flasche etc) entamer // vi (mit sein) (Zeitalter) commencer; (Tag) se lever; (Nacht) tomber.

anbrennen vi irr (zvb, mit sein) prendre feu; (CULIN) brûler.

anbringen vt irr (zvb) (herbeibringen) apporter; (Bitte) présenter; (Wissen) placer; (Ware) écouler, vendre; (festmachen) apposer, fixer.

Anbruch m commencement m; ~ **des Tages** lever m du jour; **der Nacht** tombée f de la nuit.

anbrüllen vt (zvb): **jdn** ~ crier contre qn.

Andacht f -, -en recueillement m; (Gottesdienst) office m bref.

andächtig a (Beter) recueilli(e); (Zuhörer) absorbé(e), très attentif (-ive); (Stille) solennel(le).

andauern vi (zvb) durer, persister; ~**d** à continuel(le), persistant(e) // ad toujours.

Andenken nt -s, - souvenir m.

andere(r,s) pron autre m/f; **am** ~**n Tage** le jour suivant, le lendemain; **ein** ~**s Mal** une autre fois; **kein** ~**r** personne d'autre; **von etwas** ~**m sprechen** parler d'autre chose; **unter** ~**m** entre autres; ~**rseits** ad d'autre part, d'un autre côté.

ändern vt changer, modifier // vr: **sich** ~ changer.

andernfalls ad sinon, autrement.

anders ad autrement; **wer ~?** qui d'autre?; **jemand ~** quelqu'un d'autre?; **irgendwo ~** ailleurs, autre part; **~artig** a différent(e); **~gläubig** a hétérodoxe; **~herum** ad dans l'autre sens; **~wo** ad ailleurs; **~woher** ad d'ailleurs; **~wohin** ad ailleurs, autre part.

andert'halb a un et demi(e).

Änderung f changement m, modification f.

anderweitig a autre // ad autrement.

andeuten vt (zvb) indiquer.

Andeutung f (Hinweis) indication f, allusion f; (Spur) trace f.

Andrang m affluence f, foule f.

andrehen vt (zvb) (Licht etc) allumer; **jdm etw ~** (fam) refiler o coller qch à qn.

androhen vt (zvb): **jdm etw ~** menacer qn de qch.

aneignen vt (zvb): **sich (dat) etw ~** s'approprier qch; (widerrechtlich) usurper qch.

anein'ander ad (vorbeifahren) l'un/e à côté de l'autre; (denken) l'un(e) à l'autre; **~fügen** vt (zvb) joindre; **~geraten** vi ir (zvb, ohne ge-, mit sein) se disputer; **~legen** vt (zvb) mettre o poser l'un(e) à côté de l'autre, juxtaposer.

anekeln vt (zvb) dégoûter, écœurer.

anerkannt a reconnu(e), admis(e).

anerkennen vt irr (zvb, ohne ge-) reconnaître; (würdigen) apprécier; **~d** a élogieux(-euse); **~swert** a louable, appréciable.

Anerkennung f (eines Staates) reconnaissance f; (Würdigung) appréciation f.

anfahren irr (zvb) vt (herbeibringen) apporter, charrier; (fahren gegen) emboutir; (Hafen, Ort) se diriger vers; (Kurve) s'engager dans; (zurechtweisen) rudoyer, rabrouer // vi (mit sein) (losfahren) démarrer; (ankommen) arriver.

Anfall m (MED) attaque f; (fig) accès m.

anfallen irr (zvb) vt (angreifen) as-saillir, attaquer // vi (mit sein): **es fällt viel Arbeit an** il y a beaucoup de travail, le travail s'accumule.

anfällig a: **~ für etw** sujet(e) à qch.

Anfang m -(e)s, **Anfänge** commencement m, début m; **von ~ an** dès le début; **am o zu ~** au début; **für den ~** pour le début, pour commencer; **~ Mai/des Monates** début mai/au début du mois.

anfangen irr (zvb) vi, vt commencer; (machen) faire, s'y prendre.

Anfänger(in) m -s, - débutant(e).

anfänglich a premier(-ère), initial(e).

anfangs ad au début, d'abord.

anfassen (zvb) vt (ergreifen) prendre, saisir; (berühren) toucher; (Angelegenheit) traiter // vi (helfen) donner un coup de main.

anfechten vt irr (zvb) attaquer, contester; (beunruhigen) inquiéter.

anfertigen vt (zvb) faire, fabriquer.

anfeuern vt (zvb) (fig) encourager, stimuler.

anflehen vt (zvb) supplier, implorer.

anfliegen vt (zvb) vt (Land, Stadt) desservir // vi (mit sein) (Vogel) s'approcher.

Anflug m (AVIAT) vol m d'approche; (Spur) trace f, soupçon m.

anfordern vt (zvb) demander, réclamer.

Anforderung f (Beanspruchung) exigence f; demande f.

Anfrage f demande f; (POL) interpellation f.

anfreunden vr (zvb): **sich ~ (mit jdm)** se lier d'amitié (avec qn); **sich mit etw ~** s'habituer à qch.

anfühlen vr (zvb): **sich hart/weich ~** être dur/mou au toucher.

anführen vt irr (zvb) (leiten) guider, conduire; (Beispiel, Zeugen) citer.

Anführer(in) m f m chef m, dirigeant(e).

Anführungsstriche o **-zeichen** pl guillemets mpl.

Angabe f (Auskunft) information f; (das Angeben) indication f; (TECH) donnée f; (SPORT) service m; (fam:

Prahlerei vantardise f.

angeben irr (zvb) vt donner; (Zeugen) citer // vi (fam) se vanter.

Angeber(in f) m -s, - (fam) vantard(e), crâneur(-euse).

angeblich a prétendu(e) // ad à ce qu'on dit.

angeboren a inné(e); congénital(e).

Angebot nt offre f; (Auswahl) choix m.

angebracht a opportun(e).

angegriffen a (Gesundheit) mauvais(e).

angeheitert a éméché(e).

angehen irr (zvb) vt (betreffen) regarder, concerner; (angreifen) attaquer; (bitten) demander (um etw qch) // vi (mit sein) (Feuer) prendre; (Licht) s'allumer; (ankämpfen) lutter (gegen etw contre qch); (das:beginnen) commencer; (erträglich sein) être supportable; **~d** a (Lehrer) débutant(e), en herbe.

Angehörige(r) mf parent(e).

Angeklagte(r) mf accusé(e).

Angel ['aŋl] f -, -n (Gerät) canne f à pêche; (Tür~, Fenster~) gond m, pivot m.

Angelegenheit f affaire f.

angeln ['aŋln] vt pêcher // vi pêcher à la ligne; **A~** nt -s pêche f à la ligne.

angemessen a convenable, approprié(e).

angenehm a agréable; **~!** (bei Vorstellung) enchanté(e)!; **jdm ~ sein** plaire à qn, faire plaisir à qn.

angenommen a supposé(e).

angeschrieben a: **bei jdm gut ~ sein** être bien vu(e) de qn.

angesehen a considéré(e), estimé(e).

angesichts prep +gen en égard à; face à.

angespannt a (Aufmerksamkeit) intense; (Arbeiten) assidu(e); (kritisch: Lage) critique.

Angestellte(r) mf employé(e).

angetan a: **von jdm/etw ~ sein** être enchanté(e) de qn/de qch; **es jdm ~ haben** (Mensch) avoir la cote auprès de qn.

angewiesen a: **auf jdn/etw ~ sein**

dépendre de qn/de qch.

angewöhnen vt (jdm, ohne ge-): **sich** (dat) etw **s'**habituer à qch.

Angewohnheit f habitude f.

Angler(in f) m [aŋle, -ərɪn] -s, - pêcheur(-euse) à la ligne.

angreifen vt irr (zvb) attaquer; (anfassen) toucher; (Gesundheit) nuire à.

Angreifer(in f) m -s, - attaquant(e).

Angriff m attaque f; **etw in ~ nehmen** attaquer qch.

Angst f -, **-e** (Furcht) peur f (vor +dat de); (Sorge) peur (um pour); **a~ a: jdm ist/wird a~** qn prend peur; **jdm ~ machen** faire peur à qn; **~hase** m (fam) froussard(e).

ängstigen vt effrayer // vr: **sich ~** avoir peur, s'inquiéter.

ängstlich a (furchtsam) peureux(-euse); (besorgt) inquiet(-ète), anxieux(-euse).

anhaben vt irr (zvb) (Kleidung) porter; **er kann mir nichts ~** il ne peut rien me faire.

anhalten vt (zvb) vt (Fahrzeug) arrêter; (Atem) retenir // vi s'arrêter; (andauern) durer; **um jds Hand ~** demander la main de qn; **jdn zu etw ~** exhorter qn à qch; **~d** a ininterrompu(e), persistant(e).

Anhalter(in f) m -s, - autostoppeur(-euse); **per ~ fahren** faire de l'auto-stop.

Anhaltspunkt m point m de repère, indication f.

an'hand prep +gen à l'aide de.

Anhang m (von Buch etc) appendice m; (Leute) partisans mpl; (Kinder) progéniture f.

anhängen vt (zvb) accrocher; (Zusatz) ajouter; **jdm etw ~** imputer qch à qn.

Anhänger(in f) m -s, - (Mensch) partisan(e), adepte m/f; (Fußball~) fan m/f; (AUT) remorque f; (am Koffer) étiquette f; (Schmuck) pendentif m.

anhänglich a dévoué(e), fidèle; **A~keit** f dévouement m, fidélité f.

anheben vt irr (zvb) (Gegenstand) soulever; (Preise) relever.

an'heimstellen vt (zvb, pp anheim-**

gestellt): **jdm etw** ~ laisser à qn libre choix de qch.

anheuern vt (zvb) (NAVIG) affréter; (Arbeitskräfte) engager.

Anhieb m: **auf** ~ d'emblée.

Anhöhe f hauteur f, colline f.

anhören (zvb) vt écouter; (anmerken) remarquer // vi: ~ sonner; **sich** (dat) **etw** ~ écouter qch.

ani'mieren vt (ohne ge-) inciter, entraîner.

Ankauf m achat m.

Anker ['aŋkə] m -s, - ancre f; **vor** ~ **gehen** jeter l'ancre; **a**~**n** vi mouiller; ~**platz** m mouillage m.

Anklage f accusation f; (JUR) inculpation f.

anklagen vt (zvb) accuser.

Ankläger m plaignant(e)s.

Anklang m: **bei jdm** ~ **finden** avoir du succès auprès de qn.

Ankleidekabine f (im Schwimmbad) cabine f de bain; (im Kaufhaus) salon m d'essayage.

anklopfen vi (zvb) frapper à la porte.

anknüpfen (zvb) vt attacher; (fig) commencer // vi: **an etw** (akk) ~ partir de qch; **Beziehungen mit jdm** ~ entrer en relations avec qn.

ankommen vi irr (zvb, mit sein) arriver; (Anklang finden) avoir du succès (bei jdm auprès de); **es kommt darauf an** cela dépend; (wichtig sein) c'est important; **gegen jdn/etw** ~ l'emporter sur qn/qch.

ankündigen vt (zvb) annoncer.

Ankunft f -, **Ankünfte** arrivée f.

ankurbeln vt (zvb) (fig: Wirtschaft etc) stimuler, relancer.

Anlage f (Veranlagung) disposition f (zu pour); (Begabung) talent m, don m; (Park) parc m, jardin m; (Gebäudekomplex) édifices mpl; (Beilage) annexe f; (TECH) installation f; (FIN) investissement m; (Entwurf) projet m, esquisse f; (das Anlegen: von Garten, Stausee etc) construction f.

Anlaß m -sses, -lässe (Ursache) cause f; (Gelegenheit) occasion f; **aus** ~ (+gen) à l'occasion de; **zu etw** ~ **geben** donner lieu à qch; **etw zum**

~ **nehmen** profiter de qch.

anlassen irr (zvb) vt (Motor, Auto) démarrer; (fam: Mantel) garder; (Licht, Radio) laisser allumé(e) // vi: **sich gut** ~ bien s'annoncer.

Anlasser m -s, - (AUT) démarreur m, starter m.

anläßlich prep +gen à l'occasion de.

anlasten vt (zvb): **jdm eine Tat** ~ rendre qn responsable d'une action.

Anlauf m (Beginn) commencement m; (SPORT) élan m; (Versuch) essai m.

anlaufen irr (zvb) vi (mit sein) démarrer; (Fahndung, Film) commencer; (Metall) s'oxyder; (Glas) s'embuer // vt (Hafen) faire escale à; **angelaufen kommen** arriver en courant.

anlegen (zvb) vt (Leiter) poser, appuyer; (Lineal, Maßstab) appliquer, mettre; (anziehen) mettre; (Park, Garten) aménager; (Liste) dresser; (Akte) ouvrir; (Geld: investieren) investir; (: ausgeben) dépenser; (Gewehr) épauler // vi (NAVIG) aborder; **es auf etw** (akk) ~ viser qch; **sich mit jdm** ~ (fam) chercher querelle à qn.

Anlegestelle f, **Anlegeplatz** m embarcadère m.

anlehnen (zvb) vt (Leiter, Fahrrad) appuyer; (Tür, Fenster) laisser entrouvert(e) // vr: **sich** ~ s'appuyer; (an Vorbild) suivre l'exemple de.

Anleitung f directives fpl, instructions fpl.

anliegen vi irr (zvb) (auf Programm stehen) être à faire, être au programme; (Kleidung) être ajusté(e); **A**~ nt. -s, - demande f, prière f; (Wunsch) désir m.

Anlieger m -s, - riverain m.

anmachen vt (zvb) (befestigen) attacher; (Elektrisches) allumer; (Salat) assaisonner.

anmaßen vr (zvb): **sich** (dat) **etw** ~ s'attribuer o se permettre qch; ~**d** a prétentieux(-euse), arrogant(e).

Anmaßung f prétention f, arrogance f.

anmelden (zvb) vt (Besuch) annoncer; (Radio, Auto) déclarer // vr:

sich ~ *(sich ankündigen)* s'annoncer; *(für Kurs)* s'inscrire *(für, zu* à); *(polizeilich)* faire une déclaration d'arrivée.

Anmeldung *f* inscription *f*; déclaration *f*.

anmerken *vt (zvb) (hinzufügen)* ajouter; *(anstreichen)* marquer; **jdm etw ~** lire o remarquer qch sur le visage de qn; **sich** *(dat)* **nichts ~ lassen** faire semblant de rien.

Anmerkung *f* annotation *f*, remarque *f*.

Anmut *f* - grâce *f*, élégance *f*; **a~ig** *a* gracieux(-euse), *(Lächeln)* charmant(e) *(Dorf etc)* agréable.

annähen *vt (zvb)* (re)coudre.

annähernd *a (Wert, Betrag)* approximatif(-ive).

Annäherung *f* approche *f*, rapprochement *m*.

Annahme *f* -, -n réception *f*; *(von Vorschlag, Gesetz)* adoption *f*; *(Vermutung)* supposition *f*, hypothèse *f*.

annehmbar *a* acceptable; *(Wetter)* passable.

annehmen *vt irr (zvb)* prendre; *(Einladung)* accepter; *(vermuten)* supposer; **angenommen, das ist so** admettons que c'est ainsi; **sich jds/einer Sache ~** prendre soin de qn/de qch.

Annehmlichkeit *f* côté m agréable, agrément *m*.

annek'tieren *vt (ohne ge-)* annexer.

annoncieren [anõˈsiːrən] *vt, vi (ohne ge-)* passer o mettre une annonce (pour).

annul'lieren *vt (ohne ge-)* annuler.

anöden *vt (zvb) (fam)* barber, raser.

ano'nym *a* anonyme.

anordnen *vt (zvb)* ranger, disposer; *(befehlen)* ordonner.

Anordnung *f* disposition *f*.

anorganisch *a* inorganique.

anpacken *vt (zvb) (anfassen)* empoigner, saisir; *(behandeln: Menschen)* traiter; *(in Angriff nehmen: Arbeit)* attaquer, aborder; **mit ~** *(helfen)* mettre la main à la pâte.

anpassen *(zvb) vt (angleichen)* adapter *(+dat, an +akk* à) // *vr:* **sich** ~

s'adapter *(+dat* à).

Anpfiff *m (SPORT)* coup *m* d'envoi; *(fam)* savon *m*, engueulade *f*.

anpöbeln *vt (zvb) (fam)* apostropher.

anprangern *vt (zvb)* clouer o mettre au pilori.

anpreisen *vt irr (zvb)* recommander, vanter *(jdm* à qn).

Anprobe *f* essayage *m*.

anprobieren *vt (zvb, ohne ge-)* essayer.

anrechnen *vt (zvb)* compter; *(altes Gerät)* défalquer; **jdm etw hoch ~** savoir gré de qch à qn.

Anrecht *nt* droit *m (auf +akk* à).

Anrede *f* apostrophe *f*; *(Titel)* titre *m*.

anreden *vt (ansprechen)* adresser la parole à qn; *(aufdringlich)* accoster; **jdn mit Herr Dr./Frau** appeler qn docteur/madame; **jdn mit Sie ~** vouvoyer qn.

anregen *vt (zvb) (stimulieren)* inciter, stimuler; *(vorschlagen)* proposer, suggérer; **angeregte Unterhaltung** discussion animée.

Anregung *f* suggestion *f*; *(das Stimulieren)* stimulation *f*.

Anreise *f* arrivée *f*.

Anreiz *m* stimulant *m*, attrait *m*.

Anrichte *f* -, -n crédence *f*, dressoir *m*.

anrichten *vt (zvb) (Essen)* préparer, servir; *(Verwirrung, Schaden)* provoquer, causer.

anrüchig *a* louche, suspect(e).

anrücken *vi (zvb, mit sein)* pousser *(an +akk* contre); *(MIL)* avancer, approcher.

Anruf *m* appel *m*.

anrufen *vt irr (zvb) (TEL)* appeler.

anrühren *vt (zvb) (anfassen)* toucher; *(essen)* toucher à; *(mischen)* mélanger.

ans = an das.

Ansage *f* -, -n annonce *f*.

ansagen *(zvb) vt (Zeit, Programm)* annoncer; *(Konkurs)* déclarer // *vr:* **sich** ~ s'annoncer.

Ansager(in *f) m* -s, - présentateur (-trice); *(TV)* speaker *m*, speakerine *f*.

ansammeln *vr (zvb):* **sich** ~ s'ac-

cumuler; *(Menschen)* se rassembler.
Ansammlung f accumulation f,
amas m; *(Leute)* rassemblement m.
ansässig a établi(e).
Ansatz m *(Beginn)* début m; *(Versuch)*
essai m; *(Haar~)* racine f; *(Rost~,
Kalk~)* dépôt m; *(Verlängerungsstück)*
rallonge f; **~punkt** m point m de
départ.
anschaffen vt *(zvb)* acquérir,
acheter.
Anschaffung f acquisition f.
anschalten vt *(zvb)* allumer.
anschauen vt *(zvb)* regarder.
anschaulich a expressif(-ive).
Anschein m apparence f; **allem ~
nach** selon toute apparence; **den ~
haben** sembler, paraître; **a~end** ad
apparemment.
Anschlag m *(Bekanntmachung)*
affiche f; *(Attentat)* attentat m;
(TECH) arrêt m; *(Klavier)* toucher m;
(Schreibmaschine) frappe f.
anschlagen vt irr *(zvb)* *(Zettel)*
afficher; *(Kopf)* cogner, heurter;
(beschädigen: Tasse) ébrécher;
(Akkord) frapper.
anschließen irr *(zvb)* vt *(Gerät)*
brancher; *(Sender)* relayer; *(Frage)*
enchaîner // vi, vr: **(sich) an etw
(akk) ~** *(räumlich)* être contigu(ë) à
qch; *(zeitlich)* suivre qch // vr: **sich ~
(an Menschen)** se joindre *(jdm à qn)*;
(beipflichten) se ranger à l'avis *(jdm
de qn)*; **~d** *(räumlich)* contigu(ë);
(zeitlich) successif(-ive), suivant(e)
// ad ensuite, après.
Anschluß m *(ELEC)* branchement
m; *(VERKEHR)* correspondance f;
(TEL: Verbindung) communication f;
(: Apparat) raccord m, joint m;
(Kontakt zu jdm) contact m; *(Wasser~
etc)* distribution f; **im ~ an** *(+akk)*
faisant suite à; **~ finden** avoir des
contacts.
anschmiegsam a *(Mensch)* tendre,
caressant(e); *(Stoff)* souple.
anschnallen vr: **sich ~** *(AUT,
AVIAT)* attacher sa ceinture.
anschneiden vt irr *(zvb)* entamer.
anschreien vt irr *(zvb)* rudoyer,
apostropher.

Anschrift f adresse f.
Anschuldigung f accusation f.
ansehen vt irr *(zvb)* regarder; *(betrachten)* contempler; **jdm etw ~** lire
qch sur le visage de qn; **jdn/etw als
etw ~** considérer qn/qch comme
qch; **~ für** estimer; **A~** nt -s *(Ruf)*
réputation f.
ansehnlich a *(Mensch)* de belle
apparence ou stature; *(beträchtlich)*
considérable.
ansetzen *(zvb)* vt *(Wagenheber)*
mettre, placer; *(Glas)* porter à sa
bouche; *(Trompete)* emboucher;
(anfügen) ajouter; *(Knospen, Frucht)*
faire, produire; *(Rost)* se couvrir de;
(Bowle) faire macérer; *(Termin)*
fixer; *(Kosten)* calculer // vi *(beginnen)*
commencer; **Fett ~** engraisser.
Ansicht f *(Anblick)* vue f; *(Meinung)*
avis m, opinion f; **zur ~** *(COMM)* à
vue; **meiner ~ nach** à mon avis;
~skarte f carte f postale.
anspannen vt *(zvb)* *(Tiere)* atteler;
(Muskel) bander; *(Nerven)* tendre.
Anspannung f tension f.
Anspiel nt *(SPORT)* commencement
m du jeu; **~en** vi *(zvb)* *(SPORT)* commencer à jouer; **auf etw** *(akk)* **a~en**
faire allusion à qch; **~ung** f allusion
f.
Ansporn m -(e)s stimulation f.
Ansprache f allocution f.
ansprechen irr *(zvb)* vt *(reden mit)*
adresser la parole à; *(bitten)*
demander à; *(gefallen)* plaire à // vi
(gefallen) plaire, intéresser;
(reagieren) réagir; *(wirken)* faire
effet; **jdn auf etw** *(akk)* **(hin) ~**
parler de qch à qn.
anspringen vi irr *(zvb, mit sein)* *(AUT)*
démarrer.
Anspruch m *(Recht)* droit m; *(Forderung)* droit m; **hohe ~e stellen/
haben** être exigeant(e); **~ auf etw**
(akk) **haben** avoir droit à qch; **etw in
~ nehmen** avoir recours à qch; **a~slos**
a modeste; **a~svoll** a
exigeant(e), prétentieux(-euse).
anstacheln vt *(zvb)* encourager,
pousser.
Anstalt f -, -en *(Schule, Heim,*

Gefängnis) établissement *m; (Institut)* institut *m,* institution *f; (Heil-)* maison *f* de santé; **~en machen, etw zu tun se** préparer à faire qch.
Anstand *m* décence *f.*
anständig *a (Mensch, Benehmen)* honnête, convenable; *(Leistung, Arbeit)* bon(ne); *(fam: Schulden, Prügel)* sacré(e).
anstandslos *ad* sans hésitation.
anstarren *vt (zvb)* regarder fixement, fixer du regard.
an'statt *prep +gen* à la place de // *conj:* **~ etw zu tun** au lieu de faire qch.
anstecken *(zvb) vt (Abzeichen, Blume)* attacher; *(MED)* contaminer, infecter; *(Pfeife)* allumer; *(Haus)* mettre le feu à // *vi (fig)* être contagieux(-euse) // *vr:* **ich habe mich bei ihm angesteckt** il m'a contaminé(e).
Ansteckung *f* contagion *f.*
an'stelle *ad:* **~ von** à la place de.
anstellen *(zvb) vt (Gerät)* allumer, mettre en marche; *(Wasser)* ouvrir; *(anlehnen)* poser, placer *(an +akk* contre); *(Arbeit geben)* employer, engager; *(machen, unternehmen)* faire // *vr:* **sich ~** *(Schlange stehen)* se mettre à la queue; *(fam:* **sich dumm ~** faire l'imbécile; **sich geschickt ~** s'y prendre bien.
Anstellung *f* emploi *m.*
Anstieg *m -(e)s* montée *f.*
anstiften *vt (zvb):* **jdn zu etw ~** pousser qn à qch.
anstimmen *vt (zvb) (Lied)* entonner; *(Geschrei)* pousser.
Anstoß *m (Impuls)* impulsion *f; (Ärgernis)* offense *f,* scandale *m; (SPORT)* coup *m* d'envoi; **~ nehmen an** *(+dat)* être choqué(e) par.
anstoßen *vt (zvb) vi unreg; (mit Fuß)* heurter, buter // *vi (mit haben) (SPORT)* donner le coup d'envoi; *(mit Gläsern)* trinquer; *(mit sein:* **sich stoßen)** se heurter; **an etw** *(dat)* ~ *(angrenzen)* être attenant(e) à qch.
anstößig *a* choquant(e), inconvenant(e).
anstreben *vt (zvb)* aspirer à.

Anstreicher *m -s,* - peintre *m* en bâtiment(s).
anstrengen *(zvb) vt* forcer; *(strapazieren)* surmener, fatiguer; *(JUR)* intenter // *vr:* **sich ~** faire des efforts, s'efforcer; **~d** *a* fatigant(e).
Anstrengung *f* effort *m,* fatigue *f.*
Anstrich *m* couche *f* de peinture; *(fig: Note)* air *m.*
Ansturm *m* assaut *m,* attaque *f.*
Anteil *m -s, -e (Teil)* part *f; (Teilnahme)* participation *f;* **~ nehmen an** *(+dat) (sich beteiligen)* prendre part à; *(Mitgefühl haben)* compatir à; **~nahme** *f (Mitleid)* compassion *f,* sympathie *f.*
An'tenne *f -, -n* antenne *f.*
anti'biotikum *nt -s, -biotika* antibiotique *m.*
an'tik *a* ancien(ne); **A~e** *f - (Zeitalter)* antiquité *f.*
Anti'körper *m* anticorps *m.*
Anti'lope *f -, -n* antilope *f.*
Antipa'thie *f* antipathie *f.*
Antiquari'at *nt* librairie *f* d'occasions.
Antiqui'täten *pl* antiquités *fpl.* **~händler(in** *f) m* antiquaire *m/f.*
Antrag *m -(e)s, Anträge (POL)* motion *f; (Gesuch)* pétition *f,* demande *f; (Formular)* formulaire *m; (Heirats-)* demande *f* en mariage.
antreffen *vt irr (zvb)* rencontrer.
antreiben *vt irr (zvb)* pousser, faire avancer; *(Menschen)* inciter; *(Maschine)* mettre en marche.
antreten *irr (zvb) vt (Stellung)* prendre; *(Erbschaft)* accepter; *(Strafe)* commencer à purger; *(Beweis)* fournir; *(Reise, Urlaub)* partir // *vi (mit sein)* s'aligner; **an/die Regierung ~** prendre ses fonctions/le pouvoir.
Antrieb *m* force *f* motrice; *(fig)* impulsion *f;* **aus eigenem ~** de sa propre initiative.
antrinken *vt irr (zvb)* commencer à boire; **sich** *(dat)* **Mut ~** boire un coup pour se donner du courage; **sich** *(dat)* **einen Rausch ~** se soûler, se griser; **angetrunken sein** être gris(e).

Antritt m (von Erbschaft) prise f de possession; (von Reise) départ m; (von Stelle) entrée f en place; (von Amt) entrée f en fonction.

antun vt irr (zvb): jdm etw ~ faire qch à qn; **sich** (dat) **Zwang** ~ se faire violence, se contraindre.

Antwort f -, -en en réponse f; **um** ~ **wird gebeten** R.S.V.P. (Répondez s'il vous plaît); **a**~**en** vi répondre (+ dat à).

anvertrauen vt (zvb, ohne ge-): **jdm etw** ~ confier qch à qn; **sich jdm** ~ se confier à qn.

Anwalt m -(e)s, **Anwälte**, **Anwältin** f avocat(e).

Anwandlung f caprice m, passade f; **eine** ~ **von** un accès de qch.

Anwärter(in) f m candidat(e), prétendant(e).

anweisen vt irr (zvb) (anleiten) diriger, instruire; (befehlen) ordonner à; (zuteilen) assigner à, attribuer à; (Geld) virer.

Anweisung f (Anleitung) directives fpl; (Befehl) ordre m; (Zuteilung) assignation f, attribution f; (Post-,Zahlungs-) mandat m, virement m.

anwenden vt irr (zvb) employer; (Gerät) utiliser; (Gesetz, Regel) appliquer; **etw auf jdn/etw** ~ appliquer qch à qn/à qch; **Gewalt** ~ user de violence.

Anwendung f utilisation f, emploi m, application f.

anwesend a présent(e); **die A**~**en** les personnes présentes.

Anwesenheit f présence f.

anwidern vt (zvb) répugner à, dégoûter.

Anzahl f (Menge) quantité f; (Gesamtzahl) nombre m.

Anzahlung f acompte m; (Betrag) premier versement m.

Anzeichen n signe m, indice m.

Anzeige f -, -n annonce f; (bei Polizei) dénonciation f; ~ **gegen jdn erstatten** dénoncer qn.

anzeigen vt (zvb) (Zeit) marquer, indiquer; (Geburt) faire part de; (bei Polizei) dénoncer.

anziehen irr (zvb) vt attirer;

(Kleidung) mettre; (Menschen: anlocken) attirer; (: sympathisch sein) plaire à; (Schraube, Handbremse) serrer; (Seil) tirer; (Knie) plier; (Feuchtigkeit) absorber // vi (mit haben: Preise etc) monter, être en hausse; (mit sein: sich nähern) s'approcher; (: MIL) avancer // vr: **sich** ~ s'habiller; ~**d** a attirant(e), attrayant(e).

Anziehung f (Reiz) attrait m, charme m.

Anzug m costume m; **im** ~ **sein** s'approcher.

anzüglich a de mauvais goût.

anzünden vt (zvb) allumer; (Haus) mettre le feu à.

anzweifeln vt (zvb) mettre en doute.

à part a spécial(e), chic.

Apa'thie f apathie f, indifférence f.

a'pathisch a apathique, indifférent(e).

Apfel m -s, = pomme f; ~**'sine** f orange f; ~**wein** m cidre m.

A'postel m -s, - apôtre m.

Apo'stroph m -s, -e apostrophe f.

Apo'theke f -n, -n pharmacie f; ~**r(in** f) m -s, - pharmacien(ne).

Appa'rat m -(e)s, -e appareil m; **am** ~ **bleiben** rester à l'écoute o à l'appareil.

Appara'tur f appareillage m.

Ap'pell m -s, -e (MIL) revue f; (fig) exhortation f, prière f.

appel'lieren vi (ohne ge-): **an etw** (akk) ~ faire appel à qch.

Appe'tit m -(e)s, -e appétit m; **guten** ~ bon appétit; **a**~**lich** a appétissant(e); ~**losigkeit** f manque m d'appétit.

Ap'plaus m -es, -e applaudissements mpl.

Appre'tur f apprêt m.

Apri'kose f -, -n abricot m.

A'pril m -(s), -e avril m; ~**wetter** m giboulées fpl de mars.

Aqua'rell n -s, -e aquarelle f.

A'quarium n aquarium m.

A'quator m équateur m.

Araber(in f) m Arabe m/f; **arabisch** a arabe.

Arbeit f -, -en travail m; (Klassen-) composition f.

arbeiten vi travailler; (funktionieren) fonctionner.

Arbeiter(in f) m -s, - travailleur(-euse); (ungelernt) ouvrier(-ère); ~schaft f ouvriers mpl, main-d'œuvre f.

Arbeit-: ~'geber(in f) m -s, - employeur(-euse); ~'nehmer(in f) m -s, - salarié(e).

Arbeits-: ~amt nt agence f pour l'emploi, bureau m de placement; ~gang m phase f de travail; ~gemeinschaft f groupe m de travail; ~kräfte pl main-d'œuvre f; a~los a en chômage; a~los sein être en chômage; ~losigkeit f chômage m; ~platz m lieu m de travail; a~scheu a rétif(-ive) au travail, paresseux(-euse); ~teilung f division f du travail; a~unfähig a inapte au travail; ~zeit f horaire m de travail.

Archäo'loge m, **Archäo'login** f archéologue m/f.

Archi'tekt(in f) m -en, -en architecte m.

Architek'tur f architecture f.

Ar'chiv nt -s, -e archives fpl.

arg a (-er, am =sten) terrible // ad (sehr) fort, très.

Argen'tinien nt l'Argentine f.

Ärger m -s (Wut) colère f; (Unannehmlichkeit) ennuis mpl, contrarieté f; ä~lich a (zornig) fâché(e), en colère; (lästig) fâcheux(-euse), ennuyeux(-euse).

ärgern vt fâcher, contrarier // vr: sich ~ se fâcher, s'énerver.

Argu'ment nt argument m.

Argwohn m soupçon(s) m(pl), méfiance f.

argwöhnisch a soupçonneux(-euse), défiant(e).

Arie [-iə] f aria f.

Aristokra'tie f aristocratie f.

aristo'kratisch a aristocratique.

arm a (-er, am =sten) pauvre; ~ an etw (dat) sein être pauvre en qch; ~ dran sein être à plaindre.

Arm m -(e)s, -e bras m; (von Leuchter) branche f; (von Polyp) tentacule m; ~ in ~ bras dessus bras dessous.

Arma'tur f (ELEC) armature f; ~enbrett nt tableau m de bord.

Armband nt bracelet m; ~uhr f montre-bracelet f.

Ar'mee f -, -n [-e:ən] armée f.

Ärmel m -s, - manche f; etw aus dem ~ schütteln (fig) faire qch en un tour de main.

ärmlich a pauvre.

armselig a (elend) pauvre, misérable; (schlecht) piètre, minable.

Armut f - pauvreté f.

A'roma nt -s, A'romen arôme m.

arrangieren [arã'ʒi:rən] (ohne ge-) vt arranger // vr: sich ~ s'arranger (mit avec).

Ar'rest m -(e)s, -e (Haft) détention f, arrêts mpl.

Arro'gant a arrogant(e).

Arro'ganz f arrogance f.

Arsch m -es, =e (fam!) cul m.

Art f -, -en (Weise) façon f, manière f; (Sorte) sorte f; (Wesen) caractère m, nature f; (BIO) espèce f, variété f; Sauerkraut nach ~ des Hauses choucroute-maison f.

Arterie [-iə] f artère f; ~nverkalkung f artériosclérose f.

artig a (folgsam) obéissant(e), sage.

Ar'tikel m -s, - article m.

Artille'rie f artillerie f.

Arz'nei f, **Arz'neimittel** nt médicament m.

Arzt m -es, =e, **Ärztin** f médecin m, docteur m.

ärztlich a médical(e).

As nt Asses, Asse as m.

As'best m -(e)s, -e amiante f.

Asche f -, -n cendre f; ~nbahn f (SPORT) piste f cendrée; ~nbecher m cendrier m; ~nbrödel nt -s - Cendrillon f; ~r'mittwoch m mercredi m des Cendres.

asi'atisch a asiatique; **Asien** nt l'Asie f.

asozial a asocial(e).

As'pekt m -(e)s, -e aspect m.

As'phalt m -(e)s, -e asphalte m.

asphal'tieren vt (ohne ge-) asphalter, bitumer.

aß siehe essen.

Assi'stent(in f) m assistant(e).

Assoziati'on f association f.

Ast m -(e)s, ⁓e branche f.

äs'thetisch a esthétique a.

Asthma nt -s asthme m.

Astro'loge m, **Astro'login** f astrologue m/f.

Astrolo'gie f astrologie f.

Astro'naut(in f) m -en, -en astronaute m/f.

Astrono'mie f astronomie f.

A'syl nt -s, -e asile m; (Heim) hospice m; (Obdachlosen⁓) abri m, refuge m.

Asy'lant(in f) m réfugié(e).

Atelier [-'lie:] nt -s, -s atelier m.

Atem m -s (das Atmen) respiration f; (Luft) haleine f, souffle m; außer ⁓ hors d'haleine, à bout de souffle; **jdn in ⁓ halten** (fig) tenir qn en haleine; **jdm den ⁓ verschlagen** (fig) couper le souffle o la respiration à qn; **a⁓beraubend** a (Spannung) palpitant(e); (Tempo) vertigineux(-euse); (Schönheit) époustouflant(e); **a⁓los** a (Mensch) essoufflé(e), hors d'haleine; **⁓pause** f temps m d'arrêt (respiratoire); **⁓zug** m souffle m; **in einem ⁓zug** (fig) d'une (seule) traite.

Athe'ist(in f) m athée m/f; **a⁓isch** a athée.

Äther m -s, - éther m.

Ath'let(in f) m -en, -en athlète m/f; **⁓ik** f athlétisme m.

at'lantisch a: **der ⁓e Ozean** l'(Océan m) Atlantique m.

Atlas m -ses, **At'lanten** atlas m.

atmen vt, vi respirer.

Atmo'sphäre f atmosphère f.

atmo'sphärisch a atmosphérique a.

Atmung f respiration f.

A'tom nt -s, -e atome m.

A'tom-: **⁓bombe** f bombe f atomique; **⁓kraftwerk** nt centrale f nucléaire; **⁓krieg** m guerre f atomique; **⁓müll** m déchets mpl atomiques o radioactifs; **⁓sperrvertrag** m traité m de non-prolifération nucléaire; **⁓waffen** pl armes fpl nucléaires o atomiques; **⁓waffengegner(in** f) m antinucléaire m/f.

Attentat nt -(e)s, -e attentat m.

Attentäter(in f) m auteur m d'un attentat, criminel(le).

At'test nt -(e)s, -e certificat m.

attrak'tiv a séduisant(e), attrayant(e).

Attri'but nt -(e)s, -e attribut m.

ätzen vi, vt corroder; (Haut) attaquer, brûler.

auch conj aussi; (überdies) en plus, de plus; (selbst, sogar) même; **oder ⁓** ou bien; **⁓ das ist schön** ça aussi, c'est beau; **ich ⁓ nicht** moi non plus; **⁓ wenn das Wetter schlecht ist** même si le temps est mauvais; **⁓ immer** quoi qu'il y; **wer ⁓ immer** quiconque; **so sieht es ⁓ aus** ça se voit bien; **⁓ das noch!** il ne manquait plus que cela!

auf prep +akk o dat (räumlich) sur; (hinauf +akk) sur; (nach) après; **⁓ der Reise** en voyage; **⁓ der Post/dem Fest** à la poste/à la fête; **⁓ der Straße** dans la rue; **⁓ das/dem Land** à la campagne; **⁓ der ganzen Welt** dans le monde entier; **⁓ deutsch** en allemand; **⁓ Lebenszeit** à vie; **bis ⁓** à part o sauf lui; **⁓ einmal** soudain, tout à coup o / ad **⁓ und ab** de haut en bas; (hin und her) de long en large; **⁓ und davon** déjà loin; **⁓!** (los) en route!; **⁓ daß** afin que, pour que (+subj).

aufatmen vi (zvb) être soulagé(e).

aufbauen vt (zvb) (Zelt, Maschine) monter; (Gerüst) construire; (Stadt) reconstruire; (gestalten: Vortrag, Aufsatz) élaborer; (Existenz) bâtir; (Gruppe) fonder; (Beziehungen) créer; (groß herausbringen: Sportler, Politiker) lancer.

aufbäumen vr (zvb): **sich ⁓** (Pferd) se cabrer; (Mensch) se révolter.

aufbauschen vt (zvb) (fig: Angelegenheit) exagérer.

aufbessern vt (zvb) (Gehalt) augmenter.

aufbewahren vt (zvb, ohne ge-) (aufheben, lagern) garder, conserver.

Aufbewahrung f conservation f; (Gepäck-⁓) consigne f; **jdm etw zur ⁓ geben** donner qch à garder à qn.

aufbieten vt irr (zvb) (Kraft, Verstand)

employer; *(Armee, Polizei)* mobiliser.

aufblasen vt irr *(zvb)* gonfler.

aufbleiben vi irr *(zvb, mit sein)* *(Geschäft)* rester ouvert(e); *(Mensch)* rester éveillé(e), veiller.

aufblenden *(zvb)* vt *(Scheinwerfer)* allumer // vi *(Fahrer)* allumer les phares.

aufblühen vi *(zvb, mit sein)* *(Blume)* fleurir; *(Mensch)* être épanoui(e); *(Wirtschaft)* être florissant(e), prospérer.

aufbrauchen vt *(zvb)* finir, consommer.

aufbrausen vi *(zvb, mit sein)* *(Mensch)* se mettre en colère, s'emporter; **~d** a *(Mensch, Wesen)* emporté(e).

aufbrechen irr *(zvb)* vt *(Kiste)* ouvrir (en forçant); *(Schloß)* fracturer // vi *(mit sein)* s'ouvrir; *(Wunde)* se rouvrir; *(gehen)* partir.

aufbringen vt irr *(zvb)* *(öffnen)* réussir à ouvrir; *(in Mode)* introduire, mettre en vogue; *(Geld)* trouver, (se) procurer; *(Energie)* trouver; *(Verständnis)* montrer, avoir; *(ärgern)* mettre en colère; *(aufwiegeln)* monter *(gegen contre)*.

Aufbruch m départ m.

aufbrühen vt *(zvb)* faire; *(Tee)* infuser.

aufbürden vt *(zvb)*: **sich** *(dat)* **etw ~** se charger de qch, se mettre qch sur le dos.

aufdecken *(zvb)* vt découvrir; *(Bett)* ouvrir.

aufdrängen vt *(zvb)*: **jdm etw ~** imposer qch à qn // vr: **sich ~** *(Mensch)* s'imposer *(jdm à qn)*; *(Gedanke, Verdacht)* ne pas sortir de la tête de qn.

aufdringlich a importun(e).

aufeinander ad *(übereinander)* l'un(e) sur l'autre; *(gegenseitig)* l'un(e) l'autre, réciproquement; *(schießen)* l'un(e) sur l'autre; *(vertrauen)* l'un(e) en l'autre; **~prallen** vi *(zvb, mit sein)* se heurter.

Aufenthalt m **-s, -e** séjour m; *(Verzögerung)* retard m, délai m; *(bei Flug, Zugfahrt)* arrêt m; **~sgenehmigung**

f permis m de séjour.

auferlegen vt *(zvb, ohne ge-)*: **jdm etw ~** *(Strafe)* infliger qch à qn; *(Steuern)* imposer qch à qn; *(Last)* charger qn de qch.

Auferstehung f résurrection f.

auffahren vi irr *(zvb, mit sein)* *(aufgegenfahren)* *(auf etw (akk)~* tamponner o heurter qch; *(dicht aufschließen)* serrer *(auf jdn qn)*; *(herankommen)* s'approcher; *(hochfahren)* se dresser (en sursaut); *(wütend werden)* s'emporter.

Auffahrt f *(Haus~)* allée f; *(Autobahn~)* bretelle f d'accès.

Auffahrunfall m télescopage m.

auffallen vi irr *(zvb, mit sein)* se faire remarquer; **das ist mir aufgefallen** je l'ai remarqué; **~d** a *(Begabung, Erscheinung)* surprenant(e); *(Kleid)* voyant(e).

auffällig a voyant(e), frappant(e).

auffangen vt irr *(zvb)* *(Ball)* attraper; *(fallenden Menschen)* rattraper; *(Wasser)* recueillir; *(Strahlen)* capter; *(Funkspruch)* capter; *(Preise)* arrêter, freiner.

auffassen vt *(zvb)* *(verstehen)* comprendre, saisir; *(auslegen)* interpréter.

Auffassung f *(Meinung)* opinion f, avis m; *(Auslegung)* interprétation f; **~sgabe** faculté f de compréhension, intelligence f.

auffordern vt *(zvb)* *(befehlen)* exhorter; *(bitten)* inviter.

Aufforderung f *(Befehl)* demande f, sommation f; *(Einladung)* invitation f.

auffrischen *(zvb)* vt *(Farbe, Kenntnisse)* rafraîchir; *(Erinnerungen)* raviver // vi *(Wind)* fraîchir.

aufführen vt *(zvb)* *(THEAT)* représenter, jouer; *(in einem Verzeichnis)* mentionner, énumérer // vr: **sich ~** *(sich benehmen)* se conduire, se comporter.

Aufführung f *(THEAT)* représentation f; *(Liste)* énumération f.

Aufgabe f *(Auftrag, Arbeit)* tâche f; *(Pflicht, SCOL)* devoir m; *(Verzicht)* abandon m; *(von Gepäck)* enregistrement m; *(von Post)* expédition f;

(von Inserat) publication f, insertion f.

Aufgang m *(Sonnen~)* lever m; *(Treppe)* montée f, escalier m.

aufgeben irr *(zvb)* vt *(Paket, Gepäck)* envoyer, expédier; *(Bestellung)* passer, faire; *(Inserat)* insérer, passer; *(Schularbeit)* donner; *(Rätsel, Problem)* poser *(jdm à qn)*; *(verzichten auf)* abandonner, renoncer à; *(Rauchen)* arrêter; *(Kampf)* abandonner; *(Hoffnung)* perdre; *(Verlorenes)* renoncer à // vi abandonner.

Aufgebot nt mobilisation f; *(Ehe~)* publication f des bans.

aufgedreht a *(fam)* excité(e).

aufgedunsen a enflé(e), boursouflé(e).

aufgehen vi irr *(zvb, mit sein)* *(Sonne)* se lever; *(Teig, Saat)* lever; *(sich öffnen)* s'ouvrir; *(Knospe)* éclore; *(klarwerden)* **jdm** ~ devenir clair(e) pour qn; *(MATH)* être divisible; *(sich widmen)*: **in etw** *(dat)* ~ se consacrer à qch; **in Flammen** ~ être la proie des flammes.

aufgeklärt a *(Zeitalter)* éclairé(e); *(sexuell)* instruit(e), au courant *(des questions sexuelles)*.

aufgelegt a: **gut/schlecht** ~ **sein** être de bonne/mauvaise humeur; **zu etw** ~ **sein** avoir envie de faire qch.

aufgeregt a énervé(e), agité(e).

aufgeschlossen a ouvert(e), compréhensif(-ive).

aufgeweckt a éveillé(e).

aufgreifen vt irr *(zvb)* *(Thema, Punkt)* reprendre; *(Verdächtige)* appréhender, saisir.

auf'grund prep +gen en raison de.

aufhaben irr *(zvb)* vt *(Hut, Brille)* porter; *(machen müssen, SCOL)* avoir à faire // vi *(Geschäft)* être ouvert(e).

aufhalsen vt *(zvb)* *(fam)*: **jdm etw** ~ mettre qch sur le dos de qn.

aufhalten irr *(zvb)* vt *(stoppen)* arrêter; vt *(: Entwicklung)* freiner(:; *Katastrophe)* empêcher; *(verlangsamen)* retarder, retenir; *(Tür, Hand, Augen, Sack)* garder ouvert(e) // vi: **sich** ~ *(bleiben)* s'arrêter; *(wohnen)* séjourner; **sich über jdn/etw** ~ *(aufregen)* être énervé(e)

par qn/qch; **sich mit etw** ~ passer son temps à qch.

aufhängen irr *(zvb)* vt accrocher; *(Hörer)* raccrocher; *(Menschen)* pendre // vr: **sich** ~ se pendre.

aufheben irr *(zvb)* vt *(hochheben)* *(sou)lever, ramasser; *(aufbewahren)* conserver; *(Sitzung, Belagerung, Widerspruch)* lever; *(Verlobung)* rompre; *(Urteil)* casser; *(Gesetz)* abroger // vr: **sich** ~ *(sich ausgleichen)* se compenser; **bei jdm gut aufgehoben sein** être dans de bonnes mains; **viel Aufhebens** ~ **machen** faire grand bruit o beaucoup de bruit.

aufheitern *(zvb)* vr: **sich** ~ *(Himmel)* s'éclaircir; *(Miene, Stimmung)* se dérider // vt *(Menschen)* égayer.

aufhellen *(zvb)* vt *(Geheimnis)* faire la lumière sur; *(Farbe, Haare)* éclaircir // vr: **sich** ~ *(Himmel)* se dégager; *(Miene)* s'éclaircir.

aufhetzen *(zvb)*: **jdn** ~ **gegen** dresser o ameuter qn contre.

aufholen vt, vi *(zvb)* rattraper.

aufhorchen vi *(zvb)* tendre o dresser l'oreille.

aufhören vi *(zvb)* arrêter.

aufklären *(zvb)* vt *(Fall etc)* tirer au clair, élucider; *(Irrtum)* tirer o mettre au clair; *(unterrichten)* informer *(über +akk de o sur)*; *(sexuell)* donner une éducation sexuelle // vr: **sich** ~ *(Wetter, Geheimnis)* s'éclaircir; *(Gesicht)* s'éclaircir; *(Irrtum)* s'expliquer.

Aufklärung f *(von Geheimnis)* éclaircissement m; *(Unterrichtung)* information f; *(sexuell)* éducation f sexuelle; *(MIL)* reconnaissance f; **die** ~ *(Zeitalter)* le siècle des lumières.

Aufkleber m -s, - auto-collant m.

aufkommen vi irr *(zvb, mit sein)* *(Wind)* se lever; *(Zweifel, Gefühl, Stimmung)* naître; *(Mode)* se répandre, s'introduire; **für jdn/etw** ~ répondre de qn/qch.

aufladen irr *(zvb)* vt *(Last, Verantwortung)*: **jdm etw** ~ charger qn de qch;

(Batterie) recharger.

Auflage f revêtement m; *(von Zeitung etc)* tirage m, édition f; *(Bedingung)* obligation f; **jdm etw zur ~ machen** imposer qch à qn.

auflauern vi (zvb): **jdm ~** épier o guetter qn.

Auflauf m (CULIN) soufflé m; *(Menschen~)* attroupement m.

aufleben vi (zvb, mit sein) *(Mensch, Pflanze)* se remettre; *(Gespräch, Interesse)* reprendre.

auflegen vt (zvb) mettre; *(Telefon)* raccrocher; *(Buch etc)* éditer.

auflehnen vr (zvb): **sich gegen jdn/etw ~** se révolter contre qn/qch.

auflesen vi irr (zvb) ramasser.

aufleuchten vi (zvb, mit sein) s'allumer; *(Augen)* s'illuminer.

auflockern vt (zvb) détendre; *(Erde)* rendre meuble, ameublir.

auflösen (zvb) vt *(in Wasser)* diluer, délayer; *(Rätsel)* résoudre; *(Versammlung)* dissoudre; *(Geschäft)* liquider; *(Mißverständnis)* lever // vr: **sich ~** se dissoudre.

aufmachen vt (zvb) *(öffnen)* ouvrir; *(Kleidung)* déboutonner; *(Geschäft)* ouvrir; *(Verein)* fonder; *(zurechtmachen)* arranger // vr: **sich ~** *(gehen)* se mettre en route.

Aufmachung f *(Kleidung)* tenue f; *(Gestaltung)* présentation f.

aufmerksam a attentif(-ive); *(höflich)* attentionné(e), prévenant(e); **jdn auf etw (akk) ~ machen** attirer l'attention de qn sur qch; **A~keit** f attention f; *(Höflichkeit)* attentions fpl, égards mpl.

aufmuntern vt (zvb) *(ermutigen)* encourager; *(erheitern)* égayer.

Aufnahme f-, -n *(Empfang)* accueil m; *(in Verein etc)* admission f; *(in Liste, Programm etc)* insertion f; *(von Geld)* emprunt m; *(von Verhandlungen, Beziehungen)* établissement m; *(PHOT)* photo(graphie) f; *(Tonband-etc)* enregistrement m; *(Reaktion)* accueil m; **a~fähig** a réceptif(-ive).

aufnehmen vt irr (zvb) *(empfangen)* accueillir; *(in Verein etc)* admettre;

(einbeziehen) insérer; *(FIN: Geld)* emprunter; *(notieren: Protokoll)* établir, noter; *(Kampf, Verhandlungen)* ouvrir, engager; *(fotografieren)* photographier; *(auf Tonband, Platte)* enregistrer; *(reagieren auf)* réagir à, accueillir; *(Eindrücke)* enregistrer; *(hochheben)* lever, soulever; *(Maschen)* reprendre; *(Anzahl, Menge)* contenir; **es mit jdm ~ können** se mesurer à qn, égaler qn.

aufpassen vi (zvb) faire attention *(auf +akk à)*; **aufgepaßt!** attention!

Aufprall m choc m, heurt m; **a~en** vi (zvb, mit sein) heurter *(auf +akk contre)*.

aufpumpen vt (zvb) gonfler.

aufraffen vr (zvb): **sich ~** se décider enfin *(zu à)*.

aufräumen vt, vi (zvb) ranger.

aufrecht a droit(e); **~erhalten** vt irr (zvb, ohne zu) maintenir.

aufregen vt (zvb) exciter, énerver // vr: **sich ~** s'énerver, s'émouvoir.

Aufregung f énervement m, émoi m.

aufreiben vt irr (zvb) *(Haut)* écorcher; *(erschöpfen)* épuiser.

aufreißen vt irr (zvb) *(Umschlag)* déchirer; *(Augen)* écarquiller; *(Mund)* ouvrir grand; *(Tür)* ouvrir brusquement.

aufreizen vt (zvb) exciter; **~d** a provocant(e).

aufrichten (zvb) vt mettre debout, dresser; *(moralisch)* consoler, remonter // vr: **sich ~** se mettre debout; se dresser; *(moralisch)* se remonter, se remettre.

aufrichtig a sincère; **A~keit** f sincérité f.

aufrücken vi (zvb, mit sein) avancer; *(beruflich)* monter en grade.

Aufruf m appel m *(an +akk à)*.

aufrufen vt irr (zvb) *(auffordern)*: **jdn zu etw ~** sommer qn à qch; *(Namen)* faire l'appel (nominal) de.

Aufruhr m -(e)s, -e *(Erregung)* tumulte m, émeute f; *(POL)* révolte f, insurrection f.

aufrunden vt (zvb) *(Summe)* arrondir.

Aufrüstung f (ré)armement m.

aufs 24 **Auftakt**

aufs = auf das.
aufsässig *a* rebelle, récalcitrant(e).
Aufsatz *m* (Geschriebenes) essai *m*; (Schul~) rédaction *f*, dissertation *f*; (auf Schrank etc) dessus *m*.
aufschieben *vt irr* (zvb) (öffnen) ouvrir; (verzögern) remettre, différer.
Aufschlag *m* (an Kleidung) revers *m*; (Aufprall) choc *m*; (Preis~) augmentation *f*; (TENNIS) service *m*.
aufschlagen *irr vt* (zvb) vi (öffnen) ouvrir; (verwunden: Knie, Kopf) se blesser à; (Zelt, Lager) dresser, monter; (Wohnsitz) installer; (Ärmel) retrousser; (Kragen) relever // vi (mit haben: teurer werden) augmenter; (:TENNIS) servir; (mit sein: aufprallen) percuter.
aufschließen *irr* (zvb) *vt* ouvrir // *vi* (aufrücken) serrer les rangs.
Aufschluß *m* explication *f*, information *f*; **a~reich** *a* révélateur(-trice), significatif(-ive).
aufschneiden *irr* (zvb) *vt* (Knoten, Paket) ouvrir (en coupant); (Brot, Wurst) découper; (MED) inciser // *vi* (prahlen) se vanter.
Aufschnitt *m* (Wurst~) charcuterie *f*; (Käse~) fromage *m* en tranches.
aufschrecken (zvb) *vt* effrayer, faire sursauter // *vi* (mit sein) sursauter.
Aufschrei *m* cri *m* perçant.
aufschreiben *vt irr* (zvb) écrire, noter; (Polizist) dresser un procès-verbal à.
Aufschrift *f* inscription *f*.
Aufschub *m* **-(e)s, Aufschübe** délai *m*, renvoi *m*.
Aufschwung *m* (Auftrieb) élan *m*, essor *m*; (wirtschaftlich) redressement *m*, expansion *f*.
aufsehen *vi irr* (zvb) lever les yeux; **A~** *nt* **-s** sensation *f*; **~erregend** *a* sensationnel(le), retentissant(e).
Aufseher(in *f)* *m* **-s, -** surveillant(e); (Museums~, Park~) gardien(ne).
aufsein *vi irr* (zvb, mit sein) (fam) être ouvert(e); (Mensch) être debout.
aufsetzen (zvb) *vt* (Hut, Brille)

mettre; (Essen) mettre sur le feu; (Fuß) appuyer; (Schreiben) rédiger // *vr*: **sich ~** se redresser (pour s'asseoir) // vi (Flugzeug) atterrir.
Aufsicht *f* (Kontrolle) surveillance *f*; (Person) garde *m/f*, surveillant(e).
aufsitzen *vi irr* (zvb, mit sein) s'asseoir droit; (aufs Pferd) monter; (aufs Motorrad) chevaucher; **jdm ~** (fam) se faire rouler par qn.
aufsparen *vt* (zvb) mettre de côté; **sich** (dat) **etw ~** garder qch.
aufspielen *vr* (zvb): **sich ~** se donner de grands airs; **sich als etw ~** se poser comme qch.
aufspringen *vi irr* (zvb, mit sein) sauter (auf +akk sur); (hochspringen) bondir, sauter; (sich öffnen) s'ouvrir (brusquement); (Hände, Lippen) gercer; (Ball) rebondir.
aufspüren *vt* (zvb) dépister.
aufstacheln *vt* (zvb) (aufhetzen) soulever, exciter.
Aufstand *m* soulèvement *m*, insurrection *f*.
aufständisch *a* séditieux(-euse), rebelle.
aufstecken *vt* (zvb) (Haar etc) relever; (fam: aufgeben) laisser tomber, abandonner.
aufstehen *vi irr* (zvb, mit sein) se lever; (Tür) être ouvert(e).
aufsteigen *vi irr* (zvb, mit sein) monter (auf +akk sur); (Flugzeug) s'envoler; (Rauch) s'élever; (beruflich) faire carrière; (SPORT) monter, être promu(e).
aufstellen *vt* (zvb) (hinstellen) mettre, poser; (Gerüst) monter; (Wachen) poster, placer; (Heer, Mannschaft) constituer, former; (Kandidaten) présenter; (Programm, Rekord etc) établir.
Aufstieg *m* **-(e)s, -e** (auf Berg, Fortschritt) ascension *f*; (Weg) montée *f*; (SPORT) promotion *f*; (beruflich) avancement *m*.
aufstützen (zvb) *vr*: **sich ~** s'appuyer // *vt* (Körperteil) appuyer.
aufsuchen *vt* (zvb) (besuchen) rendre visite à; (konsultieren) consulter.
Auftakt *m* (fig) début *m*.

auftanken (zvb) vi, vt faire le plein d'essence.

auftauchen vi (zvb, mit sein) émerger; (U-Boot) faire surface; (Zweifel, Problem) apparaître.

auftauen (zvb) vt (Gefrorenes) décongeler; (Leitung) faire dégeler // vi (mit sein) (Eis) dégeler; (fig: Mensch) se dégeler.

Auftrag m -(e)s, **Aufträge** (Bestellung) commande f, ordre m; (Anweisung) instruction f; (Aufgabe) mission f, charge f; **im ~ von** par ordre de o de la part de.

auftragen irr (zvb) vt (Essen) servir, apporter; (Farbe, Salbe) mettre, passer // vi (dick machen) grossir; **jdm etw ~** charger qn de qch; **dick ~** (fig) exagérer.

auftreten irr (zvb) vt (Tür) ouvrir d'un coup de pied // vi (mit sein) (erscheinen) se présenter; (THEAT) entrer en scène; (mit Füßen) marcher; (sich verhalten) se conduire; **A~** nt -s (Vorkommen) apparition f; (Benehmen) conduite f, attitude f.

Auftrieb m (PHYS) poussée f verticale; (fig) essor m, impulsion f.

Auftritt m (das Erscheinen) apparition f; (von Schauspieler) entrée f en scène; (THEAT, fig: Szene) scène f.

aufwachen vi (zvb, mit sein) s'éveiller, se réveiller.

aufwachsen vi irr (zvb, mit sein) grandir.

Aufwand m -(e)s (an Kraft, Geld etc) dépense f, apport m; (Kosten) frais mpl; (Luxus) luxe m, faste m.

aufwärts ad en haut, vers le haut.

aufwecken vt (zvb) réveiller.

aufweisen vt irr (zvb) présenter, montrer.

aufwenden vt irr (zvb) employer; (Geld) dépenser.

aufwendig a coûteux(-euse).

aufwerfen vt (zvb) vt (Fenster etc) ouvrir violemment; (Probleme) soulever // vr: **sich zu etw ~** s'ériger o se poser en qch.

aufwerten vt (zvb) (FIN) réévaluer; (fig) valoriser.

aufwiegeln vt (zvb) soulever.

aufwiegen vt irr (zvb) compenser.

Aufwind m vent m ascendant.

aufwirbeln vt (zvb) faire tourbillonner, soulever.

aufzählen vt (zvb) énumérer.

aufzeichnen vt (zvb) dessiner; (schriftlich) noter; (auf Band) enregistrer.

Aufzeichnung f (schriftlich) note f; (Tonband~) enregistrement m; (Film~) reproduction f.

aufziehen irr (zvb) vt (öffnen) ouvrir; (Uhr) remonter; (Unternehmung, Fest) organiser; (Kinder, Tiere) élever; (fam: necken) faire marcher, ,taquiner // vi (mit sein) (aufmarschieren) se déployer; (Sturm) approcher.

Aufzug m (Fahrstuhl) ascenseur m; (Aufmarsch) cortège m; (Kleidung) accoutrement m; (THEAT) acte m.

Augapfel m globe m oculaire; (fig) prunelle f des yeux.

Auge n -s, -n œil m (pl yeux); (auf Würfel) point m; **ein ~ zudrücken** (fig) fermer les yeux; **jdm etw vor ~n führen** démontrer qch à qn.

Augen~blick m moment m, instant m; **a~blicklich** a (sofort) instantané(e); (gegenwärtig) présent(e), actuel(le); **a~blicks** ad présentement; **a~braue** f sourcil m; **a~weide** f régal m pour les yeux; **a~zeuge** m, **a~zeugin** f témoin m oculaire.

Au'gust m -(e)s o -, -e août m.

Aukti'on f vente f aux enchères.

Aukti'onator m commissaire-priseur m.

Aula f -, -**Aulen** o -s salle f des fêtes.

aus prep +dat de; (Material) en, de; (wegen) par; ~ **ihr wird nie etwas** on ne fera jamais rien d'elle; **etw ~ jdm machen** faire qch de qn // ad (beendet) fini(e), terminé(e); (ausgezogen) enlevé(e); (nicht an) fermé(e), éteint(e); (Boxen) K.O., out; ~ **und vorbei** bien fini, passé; **bei jdm ~ und ein gehen** fréquenter qn; **weder ~ noch ein wissen** ne plus savoir sur quel pied danser; **auf etw (akk) ~ sein**

aspirer à qch; **vom Fenster** ~ de la fenêtre; **von Rom** ~ de Rome; **von sich** ~ de soi-même, spontanément; **von mir** ~ (meinetwegen) quant à moi; **A~** nt - (SPORT) hors-jeu m.

ausarbeiten vt (zvb) élaborer.

ausarten vi (zvb, mit sein) (Spiel, Party) dégénérer.

ausatmen vt (zvb) expirer.

Ausbau m (ARCHIT) aménagement m; (fig) agrandissement m, extension f; **a~en** vt (zvb) aménager, agrandir; (herausnehmen) démonter.

ausbedingen vt irr (zvb, ohne ge-): **sich** (dat) **etw** ~ se réserver qch.

ausbessern vt (zvb) réparer, améliorer.

ausbeulen vt (zvb) débosseler.

Ausbeute f rendement m, profit m; **a~en** vt (zvb) exploiter.

ausbilden vt (zvb) (beruflich) former; (Fähigkeiten) développer; (Stimme) former; (Geschmack) cultiver.

Ausbildung f (beruflich) formation f.

ausbleiben vi irr (zvb, mit sein) (Person) ne pas venir; (Ereignis) ne pas se produire.

Ausblick m vue f; (fig) perspective f.

ausbrechen vi irr (zvb) (mit sein) (Gefangener) s'évader; (Krankheit, Feuer) se déclarer; (Krieg, Panik) éclater; (Vulkan) faire éruption // vt arracher; **in Tränen** ~ fondre en larmes; **in Gelächter** ~ éclater de rire.

ausbreiten vt (Waren) étendre, étaler; (Karte) déplier; (Arme, Flügel) déployer // vr: **sich** ~ s'étendre; (Nebel, Wärme) se répandre; (Seuche, Feuer) se propager.

Ausbruch m (von Gefangenen) évasion f; (Beginn) début m, commencement m; (von Vulkan) éruption f; (Gefühls~) effusion f; **zum** ~ **kommen** se déclarer.

ausbrüten vt (zvb) couver.

Ausdauer f endurance f, persévérance f; **a~nd** a endurant(e).

ausdehnen vt (zvb) étendre; (Gummi) étirer; (zeitlich) prolonger // vr: **sich** ~ s'étendre; (zeitlich) se prolonger.

ausdenken vt irr (zvb) (zu Ende denken) considérer à fond; **sich** (dat) **etw** ~ imaginer qch.

Ausdruck m expression f.

ausdrücken (zvb) vt exprimer; (Zigarette) écraser; (Zitrone, Schwamm) presser // vr: **sich** ~ s'exprimer.

ausdrücklich a exprès(-esse).

auseinander ad (räumlich) éloigné(e) l'un(e) de l'autre; (zeitlich) loin l'un(e) de l'autre; **~fallen** vi irr (zvb, mit sein) tomber en morceaux, se défaire; **~gehen** vi irr (zvb, mit sein) (Menschen) se séparer; (Meinungen) diverger, différer; (Gegenstand) se disjoindre, se disloquer; (fam: dick werden) engraisser; **~halten** vt irr (zvb) (unterscheiden) distinguer; **A~setzung** f (Diskussion) discussion f; (Streit) dispute f, démêlé m.

auserlesen a choisi(e), de choix.

ausfahren irr (zvb) vi (mit sein) (Zug) partir; (spazierenfahren) se promener (en voiture) // vt (spazierenfahren) promener; (Ware) livrer, distribuer; (TECH: Fahrwerk) baisser, descendre.

Ausfahrt f (Autobahn~, Garagen~) sortie f; (des Zuges etc) départ m; (Spazierfahrt) promenade f (en voiture).

ausfallen vi irr (zvb, mit sein) (Zähne, Haare) tomber; (nicht stattfinden) ne pas avoir lieu; (wegbleiben) manquer; (nicht funktionieren) tomber en panne; (Resultat haben) tourner; **wie ist das Spiel ausgefallen?** comment s'est terminée la partie?; **a~d** a blessant(e).

ausfertigen vt (zvb) (Urkunde, Paß) rédiger, délivrer; (Rechnung) faire; **doppelt ausgefertigt** en double exemplaire.

ausfindig machen vt dénicher, découvrir.

ausflippen vi (zvb, mit sein) (fam) déconner.

Ausflug m excursion f, tour m.

Ausfluß m écoulement m; (MED) sécrétions fpl.

ausfragen vt (zvb) questionner.

ausfransen vi (zvb, mit sein) effranger, effilocher.

Ausfuhr f exportation f.

ausführen vt (zvb) (spazierenführen) sortir, promener; (erledigen) accomplir, exécuter; (verwirklichen) réaliser; (gestalten) produire, élaborer; (exportieren) exporter; (erklären) expliquer.

ausführlich a détaillé(e), ample // ad en détail.

ausfüllen vt (zvb) (Loch, Zeit, Platz) combler; (Fragebogen etc) remplir; (Beruf: jdn) satisfaire.

Ausgabe f (Kosten) dépense f; (Aushändigung) remise f; délivrance f; (Gepäck~) consigne f; (Buch, Nummer) édition f; (Modell, Version) version f.

Ausgang m (Stelle) sortie f; (Ende) fin f; (~spunkt) point m de départ; (Ergebnis) résultat m; (Ausgehtag) jour m de sortie; (MIL) quartier m libre; **kein** ~ impasse, sortie interdite; **~sperre** f couvre-feu m.

ausgeben vt irr (zvb) (Geld) dépenser; (austeilen) distribuer; **sich für etw/jdn** ~ se faire passer pour qch/qn.

ausgebucht a complet(-ète).

ausgefallen a (ungewöhnlich) extravagant(e), étrange.

ausgeglichen a (Mensch, Spiel) équilibré(e).

ausgehen vi irr (zvb, mit sein) (weggehen) sortir; (Haare, Zähne) tomber; (zu Ende gehen) finir, se terminer; (Benzin) venir à manquer, s'épuiser; (Feuer, Ofen, Licht) s'éteindre; (Strom) baisser, diminuer; (Resultat haben) finir; **von etw** ~ partir de qch; (ausgestrahlt werden) provenir de qch; (herrühren) venir de qch; **böse** o **schlecht** ~ finir mal.

ausgelassen a fougueux(-euse), plein(e) d'allant.

ausgelastet a: ~ **sein** être très occupé(e).

ausgelernt a qualifié(e).

ausgenommen prep +akk excepté, à l'exception de // conj: ~ **wenn/daß** excepté si/à moins que +subj.

ausgeprägt a marqué(e), prononcé(e).

ausgerechnet ad justement, précisément.

ausgeschlossen a (unmöglich) impossible; **es ist nicht** ~, **daß** ... il n'est pas exclu que... .

ausgesprochen a prononcé(e), marqué(e) // ad particulièrement.

ausgezeichnet a excellent(e).

ausgiebig a (Gebrauch) large, fréquent(e); (Essen) copieux(-euse).

Ausgleich m -(e)s, -e équilibre m; compromis m; (SPORT) égalisation f; **zum** ~ en compensation.

ausgleichen irr (zvb) vt (Höhe) égaliser; (Unterschied) aplanir, équilibrer; (Konflikt) arranger; (Mangel) compenser; (Konto) équilibrer // vr: **sich** ~ s'équilibrer, se compenser.

Ausgrabung f (archäologisch) fouilles fpl.

Ausguß m (Spüle) évier m; (Abfluß) écoulement m; (Tülle) bec m.

aushalten irr (zvb) vt (Schmerzen, Hunger) supporter, endurer; (Blick, Vergleich) soutenir; (Geliebte) entretenir // vi (durchhalten) tenir bon, durer; **das ist nicht zum A~** c'est insupportable.

aushandeln vt (zvb) négocier.

aushändigen vt: **jdm etw** ~ remettre qch à qn (en mains propres).

Aushang m affiche f, placard m.

aushängen (zvb) vt (Meldung) afficher; (Fenster) décrocher, déboîter // vi irr (Meldung) être affiché(e) // vr: **sich** ~ (Kleidung, Falten) se défroisser.

Aushängeschild nt enseigne f.

aushecken vt (zvb) (fam) inventer, tramer.

aushelfen vi irr (zvb): **jdm** ~ aider qn, donner un coup de main à qn.

Aushilfe f aide f.

Aushilfskraft f aide f; pl personnel m auxiliaire.

aushilfsweise ad à titre provisoire, provisoirement.

aushungern vt (zvb) affamer.

auskennen vr irr (zvb): **sich** ~ s'y

connaître.

ausklammern vt (zvb) (Thema) mettre de côté, exclure.

ausklingen vi irr (zvb, mit sein) (Ton, Lied) s'éteindre, s'achever; (Fest) se terminer.

ausklopfen vt (zvb) (Teppich) battre; (Pfeife) débourrer.

auskochen vt (zvb) (Wäsche) faire bouillir; (Knochen) faire bien cuire; (MED) stériliser.

auskommen vi irr (zvb, mit sein): jdm ~ s'entendre avec qn; mit etw ~ se débrouiller avec qch; ohne jdn/etw ~ se passer de qn/qch.

auskosten vt (zvb) savourer.

auskundschaften vt (zvb) (Gegend) explorer; (Meinung) sonder, scruter.

Auskunft f -, **Auskünfte** (Mitteilung) information f; (nähere) détails mpl; (Stelle) bureau m de renseignements o d'informations; (TEL) renseignements mpl; jdm ~ erteilen renseigner qn, donner des renseignements à qn.

auslachen vt (zvb) rire de.

ausladen vt irr (zvb) décharger; (fam: Gäste) décommander.

Auslage f (Waren) étalage m, éventaire m; (Schaufenster) vitrine f; ~n pl (Kosten) frais mpl.

Ausland nt étranger m; im ~, ins ~ à l'étranger.

Ausländer(in f m -s, - étranger(-ère).

ausländisch a étranger(-ère).

Auslandsgespräch nt communication f internationale.

auslassen (zvb) vt omettre; (Fett) faire fondre; (Wut, Ärger) décharger, passer (an +dat sur); (fam: nicht anstellen) ne pas allumer; (nicht anziehen) ne pas mettre // vr: sich über etw (akk) ~ s'étendre sur qch.

auslaufen vi irr (zvb, mit sein) (Flüssigkeit) s'écouler, couler; (Behälter) fuir; (NAVIG) partir, appareiller; (Serie) se terminer; (Vertrag, Amtszeit) cesser, se terminer.

Ausläufer m (von Gebirge) contrefort m; (Pflanze) pousse f, surgeon m.

ausleeren vt (zvb) vider; (wegschütten) vider.

auslegen vt (zvb) (Waren) étaler; (Köder, Schlinge) placer, poser; (leihen: Geld) avancer; (Kiste, Zimmer, Boden) revêtir; (interpretieren: Text etc) interpréter.

Ausleihe f -, -n (Vorgang) prêt m; (Stelle) salle f de prêt.

ausleihen vt irr (zvb) (verleihen) prêter; sich (dat) etw ~ emprunter qch.

Auslese f -, -n (Vorgang) choix m, sélection f; (Elite) élite f; (Wein) grand vin m, vin m de grand cru.

ausliefern vt (zvb) livrer // vr: jdm ~ se livrer à qn; jdm/etw ausgeliefert sein être à la merci de qn/qch.

ausliegen vi (zvb) (Waren) être exposé(e), être à l'étalage; (Zeitschrift, Liste) être à la disposition des lecteurs.

auslöschen vt (zvb) effacer; (Feuer, Kerze) éteindre.

auslosen vt (zvb) tirer au sort.

auslösen vt (zvb) (Explosion, Alarm, Reaktion) déclencher, provoquer; (Panik, Gefühle, Heiterkeit) susciter; (Gefangene) racheter; (Pfand) dégager, retirer.

Auslöser m -s, - (PHOT) déclencheur m.

ausmachen vt (zvb) (Licht, Feuer) éteindre; (Radio) fermer; (erkennen) distinguer, repérer; (vereinbaren) convenir de, fixer; (Anteil darstellen, betragen) constituer; das macht ihm nichts aus ça ne lui fait rien; macht es Ihnen etwas aus, wenn ...? ça vous dérange si ...?.

ausmalen vt (zvb) (Bild, Umrisse) peindre; (fig: schildern) décrire, dépeindre; sich (dat) etw ~ (sich vorstellen) s'imaginer qch.

Ausmaß nt (von Katastrophe) ampleur f; (von Liebe etc) profondeur f.

ausmessen vt irr (zvb) mesurer.

Ausnahme f -, -n exception f; eine ~ machen faire une exception; ~fall m cas m exceptionnel; ~zustand m état m d'urgence.

ausnahmslos ad sans exception.
ausnahmsweise ad exceptionnellement.
ausnutzen vt (zvb) profiter de. .
auspacken vt (zvb) (Koffer) défaire; (Geschenk) déballer.
ausprobieren vt (zvb, ohne ge-) essayer.
Auspuff m -(e)s, -e (TECH) échappement m; ~**rohr** nt tuyau m d'échappement; ~**topf** m pot m d'échappement.
auspumpen vt (zvb) pomper; (See) assécher; (MED: Magen) faire un lavage (d'estomac).
ausrangieren ['aʊsrãʒiːrən] vt (zvb, ohne ge-) (fam) mettre au rancart.
ausrauben vt (zvb) dévaliser.
ausräumen vt (zvb) (Dinge) enlever; (Schrank, Zimmer) vider; (Bedenken) écarter.
ausrechnen vt (zvb) calculer; **sich** (dat) **etw** ~ **können** pouvoir s'imaginer qch.
Ausrede f excuse f, prétexte m; **a~n** (zvb) (jdm) (zu Ende reden) finir (de parler) // vt: **jdm etw** ~ dissuader qn de qch.
ausreichen vi (zvb) suffire; ~**d** a suffisant(e).
Ausreise f sortie f, départ m; **a~n** vi (zvb, mit sein) sortir du pays.
ausreißen irr (zvb) vt arracher // vi (mit sein) (Riß bekommen) se déchirer; (fam: weglaufen) se sauver, déguerpir.
ausrenken vt (zvb): **sich** (dat) **etw** ~ se fouler or se démettre qch.
ausrichten (zvb) vt (Botschaft, Gruß) transmettre; (in gerade Linie bringen) aligner; **jdm etw** ~ faire savoir qch à qn.
ausrotten vt (zvb) exterminer.
ausrücken vi (zvb, mit sein) (MIL) se mettre en marche; (Feuerwehr, Polizei) entrer en action; (fam: weglaufen) décamper.
ausrufen vt irr (zvb) (schreien) crier, s'exclamer; (Stationen, Schlagzeile) annoncer; (Streik, Revolution) proclamer.
Ausrufezeichen nt point m d'ex-

clamation.
ausruhen vi (auch vr: **sich** ~) (zvb) se reposer.
ausrüsten vt (zvb) équiper.
Ausrüstung f équipement m.
ausrutschen vi (zvb, mit sein) glisser, déraper.
Aussage f -, -n déclaration f; (JUR) déposition f; **a~n** (zvb) vt déclarer // vi (JUR) déposer (en justice).
ausschalten vt (zvb) (Maschine) arrêter; (Licht) éteindre; (Strom) couper; (fig: Gegner, Fehlerquelle) éliminer, écarter.
Ausschank m -(e)s, Ausschänke (von Alkohol) débit m de boissons; (Theke) comptoir m.
Ausschau f: ~ **halten** guetter (nach etw qch).
ausscheiden irr (zvb) vt écarter; (MED) sécréter // vi (mit sein) (nicht in Betracht kommen) ne pas entrer en ligne de compte; (weggehen) partir; (SPORT) être éliminé(e).
ausschlafen irr (zvb) vi (auch vr: **sich** ~) dormir son content.
Ausschlag m (MED) éruption f; (Pendel~) oscillation f; (Nadel~) déviation f; **den** ~ **geben** (fig) être déterminant(e).
ausschlagen irr (zvb) vt (Zähne) casser; (auskleiden) tapisser, revêtir; (verweigern) refuser // vi (Pferd) ruer; (BOT) bourgeonner; (Zeiger, Pendel) osciller.
ausschlaggebend a déterminant(e), capital(e).
ausschließen vt irr (zvb) exclure.
ausschließlich a exclusif(-ive) // ad exclusivement // prep +gen à l'exclusion de.
Ausschluß m exclusion f; **unter** ~ **der Öffentlichkeit** à huis clos.
ausschmücken vt (zvb) décorer; (fig) enjoliver, embellir.
ausschneiden vt irr (zvb) découper; (Büsche) élaguer, tailler.
Ausschnitt m (Teil) fragment m, partie f; (von Kleid) décolleté m; (Zeitungs~) coupures fpl de journaux; (aus Film etc) extrait m.
Ausschreitungen pl (Gewalttätig-

keiten) excès *mpl*, actes *mpl* de violence.

Ausschuß *m* (*Gremium*) comité *m*; (*Prüfungs~*) commission *f*; (*COMM:* *~ware*) marchandise *f* de rebut.

ausschweifend *a* (*Leben*) de débauche; (*Phantasie*) extravagant *f*.

Ausschweifung *f* excès *m*, débauche *f*.

aussehen *vi irr* (*haben*) sembler, paraître; **es sieht nach Regen aus** le temps est à la pluie; **es sieht schlecht aus** ça va mal.

aussein *vi* (*zrb, mit sein*) (*fam*) (*zu Ende sein*) être fini(e); (*vorbei sein*) être passé(e); (*nicht brennen*) être éteint(e); (*abgeschaltet sein*) être arrêté(e); **auf etw** (*akk*) ~ vouloir avoir qch.

außen *ad* à l'extérieur, au dehors.

aussenden *vt irr* (*zvb*) envoyer; (*Strahlen*) lancer.

Außen-: ~**minister(in** *f*) *m* ministre *m* des Affaires étrangères; ~**politik** *f* politique *f* étrangère; ~**seite** *f* extérieur *m*, dehors *m*; ~**seiter(in** *f*) *m* **-s, -,** (*SPORT*) outsider *m*; (*fig*) étranger(-ère); ~**stände** *pl* (*COMM*) créances *fpl*.

außer *prep* +*dat* (*außerhalb*) en dehors de; (*abgesehen von*) à l'exception de, sauf; ~ **Gefahr** sein être hors de danger; ~ **Zweifel/Atem/Betrieb** hors de doute/d'haleine/de service; ~ **sich** (*dat*) **sein/geraten** être hors de soi // *conj* (*ausgenommen*) sauf que, sauf si; ~ **wenn** à moins que (+*subj*); ~ **daß** sauf que; ~**dem** *conj* en outre, en plus.

äußere(r, s) *a* (*nicht innen*) extérieur(e); (*von außen*) du dehors; (*Erscheinung, Rahmen*) apparent(e); **das Ä~** l'extérieur *m*, les dehors *m*.

außer-: ~**ehelich** *a* extraconjugal(e); ~**gewöhnlich** *a* insolite; (*außerordentlich*) extraordinaire, exceptionnel(le); ~**halb** *prep* +*gen* hors de; (*räumlich*) en dehors de; (*zeitlich*) hors de // *ad* au dehors, à l'extérieur.

äußer-: ~**lich** *a* externe, superficiel(le) // *ad* en apparence;

Ä~lichkeit *f* formalité *f*.

äußern *vt* (*aussprechen*) dire, exprimer // *vr*: **sich ~** (*sich aussprechen*) s'exprimer, se prononcer; (*sich zeigen*) se manifester.

außerordentlich *a* extraordinaire.

äußerst *ad* extrêmement.

außer'stande *a*: ~ **sein, etw zu tun** être incapable de faire qch.

äußerste(r, s) *a* (*größte*) extrême; (*räumlich*) externe; (*am weitesten weg*) le (la) plus éloigné(e); (*Termin, Preis*) dernier(-ère).

Äußerung *f* propos *m(pl)*.

aussetzen (*zvb*) *vt* (*Kind, Tier*) abandonner; (*Boote*) mettre à l'eau; (*Belohnung*) offrir; (*Urteil, Verfahren*) remettre, suspendre // *vi* (*aufhören*) cesser; (*Herz*) s'arrêter; (*Motor*) faire des ratés, caler; (*bei Arbeit*) s'interrompre; **jdn/sich einer Sache** (*dat*) ~ (*preisgeben*) exposer à qch; **an jdm/etw etwas auszusetzen haben** trouver quelque chose à redire à qn/qch.

Aussicht *f* (*Blick*) vue *f*; (*in Zukunft*) perspective *f*; **etw in ~ haben** avoir qch en vue; **a~slos** *a* sans espoir, vain(e); **a~sreich** *a* prometteur(-euse); ~**sturm** *m* belvédère *m*.

aussondern *vt* (*zvb*) sélectionner.

aussortieren *vt* (*zvb, ohne ge-*) trier.

ausspannen (*zvb*) *vt* (*Tuch, Netz*) étendre, déployer; (*Pferd, Kutsche*) dételer; (*fam: Mädchen*) chiper, souffler (*jdm* à *qn*) // *vi* (*sich erholen*) se détendre.

aussperren *vt* (*zvb*) (*ausschließen*) fermer la porte à; (*Streikende*) lockouter.

ausspielen *vt* (*zvb*) (*Karte*) jouer; (*Erfahrung, Wissen*) faire valoir; **jdn gegen jdn** ~ se servir de qn contre qn.

Aussprache *f* prononciation *f*; (*Unterredung*) explication *f*.

aussprechen (*zvb*) *vt* (*Wort*) prononcer; (*zu Ende sprechen*) finir de parler; (*äußern*) dire; (*Urteil, Strafe, Warnung*) prononcer // *vr*: **sich ~** (*sich äußern*) s'exprimer;

anvertrauen s'épancher, se confier; *(diskutieren)* discuter; **sich für/ gegen etw ~** se prononcer pour/ contre qch.

Ausstand m *(Streik)* grève f.

ausstatten vt *(zvb)*: **jdm mit etw ~** doter qn de qch; **etw ~** équiper qch.

Ausstattung f *(das Ausstatten)* équipement m; *(Aufmachung)* présentation f; *(Einrichtung : von Zimmer)* ameublement m, mobilier m; *(: von Auto)* équipement m.

ausstehen irr *(zvb)* vt *(ertragen)* supporter // vi *(noch nicht dasein)* manquer, ne pas être là; **ausgestanden sein** être passé(e); **etw nicht ~ können** ne pas pouvoir supporter qch.

aussteigen vi irr *(zvb, mit sein)* *(aus Fahrzeug)* descendre *(aus de)*; *(aus Geschäft)* se retirer.

Aussteiger(in f) m -s, - *(aus Gesellschaft)* marginal(e).

ausstellen vt *(zvb)* *(Waren)* exposer; *(Paß, Zeugnis)* délivrer; *(Rechnung, Scheck)* établir; *(fam: Gerät)* arrêter.

Ausstellung f *(Kunst~ etc)* exposition f; *(von Waren)* étalage m; *(von Paß etc)* délivrance f; *(von Rechnung)* établissement m.

aussterben vi irr *(zvb, mit sein)* disparaître; **wie ausgestorben** *(fig)* comme mort(e).

Aussteuer f trousseau de mari, dot f.

ausstopfen vt *(zvb)* empailler.

ausstoßen vt irr *(zvb)* *(Luft, Rauch)* émettre; *(Drohungen)* proférer; *(Seufzer, Schrei)* pousser; *(aus Verein etc)* exclure, expulser; *(produzieren)* produire.

ausstrahlen *(zvb)* vt répandre; *(RADIO, TV)* émettre, diffuser // vi *(mit sein)*: **von etw ~** émaner de qch.

Ausstrahlung f diffusion f; *(fig: eines Menschen)* rayonnement m.

aussuchen vt *(zvb)* choisir.

Austausch m échange f; **a~bar** a échangeable; *(interchangeable)*; **a~en** vt *(zvb)* échanger.

austeilen vt *(zvb)* distribuer.

Auster ['auste] f -, -n huître f.

austragen vt irr *(zvb)* *(Post)* porter à

domicile; *(Streit etc)* régler; *(Wettkämpfe)* disputer.

Au'stralien nt l'Australie f.

austreiben irr *(zvb)* vt *(Geister)* exorciser; **jdm etw ~** faire passer qch à qn.

austreten irr *(zvb)* vt *(Feuer)* éteindre *(avec les pieds)*; *(Schuhe)* éculer; *(Treppe)* user // vi *(mit sein)* *(zur Toilette)* sortir, aller aux toilettes; *(aus Verein etc)* démissionner; *(Flüssigkeit)* s'échapper.

austrinken vt irr *(zvb)* *(Glas)* finir, vider; *(Getränk)* finir de boire.

Austritt m démission f, retrait m.

ausüben vt *(zvb)* exercer.

Ausverkauf m soldes fpl; **a~t** a *(Karten, Artikel)* épuisé(es); *(THEAT: Haus)* complet(-ète).

Auswahl f choix m; *(SPORT)* sélection f; *(COMM: Angebot)* assortiment m.

auswählen vt *(zvb)* choisir.

auswandern vi *(zvb, mit sein)* émigrer.

auswärtig a étranger(-ère); **A~es Amt** ministère m des Affaires étrangères.

auswärts ad *(nicht zu Hause)* au dehors, à l'extérieur; *(nicht am Ort)* hors de la ville, à l'extérieur.

auswechseln vt *(zvb)* remplacer.

Ausweg m issue f, sortie f; **a~los** a sans issue.

ausweichen vi irr *(zvb, mit sein)*: **jdm/etw ~** éviter qn/qch; **~d** a *(Antwort)* évasif(-ive).

Ausweis m **-es, -e** *(Personal~)* pièce f d'identité; *(Mitglieds~, Bibliotheks~ etc)* carte f.

ausweisen irr *(zvb)* vt expulser, chasser // vr: **sich ~** *(Identität nachweisen)* décliner son identité.

auswendig ad par cœur.

auswirken *(zvb)*: **sich ~** se répercuter, faire effet.

Auswirkung f répercussion f, effet m.

Auswuchs m **-es, -wüchse** excroissance f; *(fig)* excès m.

auswuchten vt *(zvb)* *(AUT)* équilibrer.

auszahlen *(zvb)* vt payer // vr: **sich ~** *(sich lohnen)* être payant(e).

auszeichnen (zvb) vt (ehren) honorer; (hervorheben) distinguer; (COMM: Waren) étiqueter // vr: **sich ~** se distinguer.

Auszeichnung f (Ehrung) distinction f; (Ehre) honneur m.

ausziehen irr (zvb) vt (Kleidung) enlever; (Tisch) rallonger; (Antenne) sortir // vi (mit sein) (aufbrechen) partir; (aus Wohnung) déménager // vr: **sich ~** se déshabiller.

Auszug m (aus Wohnung) déménagement m; (aus Buch etc) extrait m; (passage m (Abschrift) copie f; (Konto~) relevé m.

Auto nt -s, -s auto f; ~ **fahren** conduire (une auto); ~**bahn** f autoroute f; ~**bahndreieck** nt, ~**bahnkreuz** nt échangeur f; ~**fahrer(in** f) m automobiliste m/f.

Auto'gramm nt -s, -e autographe m.

Auto'mat m -en, -en distributeur m automatique.

auto'matisch a automatique.

Autop'sie f autopsie f.

Autor m, **Au'torin** f auteur m.

Auto-: ~**reifen** m pneu m; ~**rennen** nt course f automobile.

autori'tär a autoritaire.

Autori'tät f autorité f.

Auto-: ~**unfall** m accident m de voiture; ~**verleih** m location f de voitures.

Axt f -, -̈e hache f.

B

B nt (MUS) si m.

Baby ['be:bi] nt -s, -s bébé m.

Bach m -(e)s, -̈e ruisseau m.

Backe f -, -n joue f.

backen irr vt faire cuire; (Fisch) faire frire // vi cuire; frire.

Backen-: ~**bart** m favoris mpl; ~**zahn** m molaire f.

Bäcker(in f) m -s, - boulanger (-gère) f.

Bäcke'rei f boulangerie f.

Back-: ~**obst** nt fruits mpl secs; ~**ofen** m four m; ~**pulver** nt poudre m.

Bad nt -(e)s, -̈er (Baden) bain m; (Raum) salle f de bains; (Anstalt) piscine f; (Kurort) station f thermale; (Schwimmen) bain m, baignade f.

Bade-: ~**anstalt** f piscine f; ~**anzug** m maillot m de bain; ~**hose** f maillot m o slip m de bain; ~**kappe** f bonnet m de bain; ~**mantel** m peignoir m; ~**meister** m maître-nageur m.

baden vi se baigner // vt baigner.

Bade-: ~**wanne** f baignoire f; ~**zimmer** nt salle f de bains.

baff vt, vi excaver, creuser.

Bagger m -s, - excavateur m, pelle f mécanique.

baggern vt, vi excaver, creuser.

Bahn f -, -en voie f (Kegel~, Renn~) piste f; (von Gestirn, Geschoß) trajectoire f; (Tapeten~) bande f; (Stoff~) panneau m; (Eisen~) chemin m de fer; (Straßen~) tram m; (Schienenstrecke) voie f ferrée; **mit der ~ fahren** aller en train.

Bahn-: **b~brechend** a novateur (-trice), révolutionnaire; ~**damm** m remblai m (de chemin de fer).

bahnen vt: **sich/jdm einen Weg ~** se frayer un chemin/frayer un chemin à qn.

Bahn-: ~**fahrt** f voyage m en train; ~**hof** m gare f; **auf dem ~hof** à la gare; ~**steig** m quai m; ~**steigkarte** f billet m de quai; ~**strecke** f ligne f de chemin de fer; ~**übergang** m passage m à niveau.

Bahre f -, -n brancard m, civière f.

Bakterie [bak'te:riə] f bactérie f.

Balance [ba'lã:sɔ] f -, -n équilibre m.

balancieren [balã'si:rɔn] (ohne ge-) vt faire tenir en équilibre // vi (mit sein) être en équilibre.

bald ad (eher, am ehesten) (zeitlich) bientôt; (leicht) vite; (fast) presque; ~ **wäre ich darauf hereingefallen** j'ai failli tomber dans le panneau; ~..., ~... tantôt ... tantôt ....

baldig a (Antwort, Bearbeitung) rapide; (Genesung) prochain(e); **auf ~es Wiedersehen** à bientôt.

Baldrian m -s, -e valériane f.

Balken m -s, - poutre f.

Bal'kon m -s, -s o -e balcon m.

Ball m -(e)s, ⁻e ballon m, balle f; (Tanz) bal m.

Bal'last m -(e)s, -e lest m; (fig) poids m mort.

Ballen m -s, - (Stoff~) ballot m; (Heu~) botte f; (Hand~) thénar m; (Fuß~) plante f.

ballen vt (Papier) froisser; (Faust) serrer // vr: sich ~ (Schnee) s'agglomérer; (Wolken) s'amonceler; (Industrieanlagen) se concentrer.

Bal'lett m -(e)s, -e ballet m.

Bal'lon m -s, -s o -e ballon m.

Ballung f concentration f; (von Energie) accumulation f; ~gebiet nt conurbation f.

Balsam m -s, -e baume m.

Bambus m -ses, -se bambou m; ~rohr nt tige m de bambou.

ba'nal a banal.

B⁻nali'tät banalité f.

Ba'nane f -, -n banane f.

Ba'nause m -n, -n philistin m.

band siehe **binden**.

Band m -(e)s, -e (Buch~) volume m // nt -(e)s, ⁻er (Stoff~) bandeau f; (Ordens~) ruban m; (Fließ~) chaîne f (de fabrication); (Ton~) bande f magnétique; (ANAT) ligament m; etw auf ~ aufnehmen enregistrer qch; er hat sich am laufenden ~ beschwert (fam) il n'a pas cessé de se plaindre // nt -(e)s, -e (Freundschafts~ etc) lien m // [bent] f -, -s (Jazz~) orchestre m; (Pop~) groupe m.

bandagieren [banda'ʒiːrən] vt (ohne ge-) panser.

Bande f -, -n (Menschen) bande f.

bändigen vt (Tier) dompter; (Trieb, Leidenschaft) maîtriser.

Band-: ~scheibe f (ANAT) disque m intervertébral; ~wurm m ténia m, ver m solitaire.

bange a anxieux (-euse); jdm ~ machen faire peur à qn; mir wird es ~ j'ai la frousse.

bangen vi: um jdn/etw ~ craindre pour qn/qch.

Bank f -, ⁻e (Sitz ~) banc m // -, -en (Geld~) banque f. ~anweisung f mandat m de paiement (à une banque).

Bank-: ~konto nt compte m en banque; ~note f billet m de banque.

Ban'krott m -(e)s, -e faillite f. ~ machen faire faillite; b~ a failli(e), en faillite.

bannen vt (Geister) exorciser; (Gefahr) conjurer; (bezaubern) ensorceler, captiver.

bar a (unbedeckt) découvert(e); (offenkundig) patent(e); ~es Geld argent m liquide; etw (in) ~ bezahlen payer qch en espèces; (Rechnung) payer qch comptant.

Bär m -en, -en ours m.

Ba'racke f -, -n baraque f.

bar'barisch a barbare.

barfuß ad pieds nus, nu-pieds.

barg siehe **bergen**.

Bar-: ~geld nt espèces fpl, argent m liquide; b~geldlos ad par chèque; par virement; ~hocker m tabouret m de bar; ~keeper ['baːrkiːpə] m -s, -, ~mann m barman m.

barm'herzig a miséricordieux(-euse).

Baro'meter nt -s, - baromètre m.

Barren m -s, - barres fpl parallèles; (Gold~) lingot m.

Barri'kade f barricade f.

Barsch m -(e)s, -e perche f.

barsch a brusque, bourru(e).

barst siehe **bersten**.

Bart m -(e)s, ⁻e barbe f; (Schlüssel~) panneton m.

bärtig a barbu(e).

Barzahlung f paiement m comptant.

Ba'sar m -s, -e (Markt) bazar m; (Wohltätigkeits~) vente f de bienfaisance.

Base f -, -n (CHEM) base f; (Kusine) cousine f.

ba'sieren (ohne ge-) vt baser, fonder // vi: ~ auf (+ dat) se baser sur, être basé(e) sur.

Basis f -, **Basen** base f.

basisch a (CHEM) basique.

Baß m Basses, Bässe basse f;
~schlüssel m clé f de fa.

Bast m -(e)s, -e raphia m.

basteln vt, vi bricoler.

Bastler(in f) m -s,
bricoleur(-euse).

bat siehe **bitten.**

Batte'rie f batterie f.

Bau m -(e)s (Bauen) construction f;
(Baustelle) chantier m // pl -e (Tier~)
terrier m, tanière f // pl -ten
(Gebäude) bâtiment m, édifice m;
sich im ~ befinden être en construction; ~arbeiter m ouvrier m
du bâtiment.

Bauch m -(e)s, Bäuche ventre m;
~fell nt péritoine m.

bauchig a (Gefäß) ventru(e),
renflé(e).

Bauch-: ~redner(in f) m ventriloque m/f; ~schmerzen pl, ~weh nt
mal m au ventre.

bauen vt, vi construire, bâtir; (Nest)
faire; (Instrumente) fabriquer; auf
jdn/etw ~ compter sur qn/qch; **gut
gebaut sein** (Mensch) être bien
bâti(e); **kräftig gebaut sein** être
solide.

Bauer m -n o -s, -n paysan m; (pej)
rustre m; (Schach) pion m// nt o m -s, -
(Vogel~) cage f.

Bäuerin f fermière f.

bäuerlich a paysan(ne), rustique.

Bau-: b~fällig a délabré(e); ~ge-
nehmigung f permis m de construire; ~
land nt terrain m à bâtir; b~lich a
qui concerne la construction.

Baum m -(e)s, Bäume arbre m.

baumeln vi (mit sein) pendre.

bäumen vr: sich ~ se cabrer.

Baum-: ~stamm m tronc m
d'arbre; ~stumpf m souche f
d'arbre; ~wolle f coton m.

Bauplatz m terrain m (à bâtir).

Bausch m -(e)s, Bäusche (Watte~)
tampon m.

bauschen vr: sich ~ se gonfler;
(Hemd) bouffer.

Bau-: b~sparen vi (zvb) faire de
l'épargne-logement; ~sparkasse f
caisse f d'épargne-logement;
~stelle f chantier m; ~teil nt

élément m; ~unternehmer m
entrepreneur m; ~werk nt construction f, édifice m.

Bayern nt la Bavière; **bayrisch** a
bavarois(e).

be'absichtigen vt (ohne ge-), ~ etw
zu tun avoir l'intention de faire qch.

be'achten vt (ohne ge-) (jdn, Vorfahrt)
faire attention à; (Vorschrift, Regeln,
Vorfahrt) observer.

be'achtlich a considérable.

Be'achtung f attention f; observation f.

Be'amte(r) m -n, -n, Be'amtin f
fonctionnaire m/f; (Bank~)
employé(e).

be'ängstigen vt (ohne ge-) effrayer;
(Subjekt: Lage, Zustand) alarmer.

be'anspruchen vt (ohne ge-) (Recht,
Erbe) revendiquer; (Hilfe)
demander; (Zeit, Platz) prendre; (jdn)
occuper; (verbrauchen) user.

be'anstanden vt (ohne ge-) réclamer
au sujet de.

be'antragen vt (ohne ge-) demander
(officiellement).

be'antworten vt (ohne ge-) répondre
à.

be'arbeiten vt (ohne ge-) s'occuper
de; (Thema) étudier; (Buch) revoir,
corriger; (Film, Stück, Musik)
adapter; (Material) travailler, façonner; (fam: beeinflussen wollen)
travailler.

Be'atmung f respiration f.

be'aufsichtigen vt (ohne ge-)
surveiller.

be'auftragen vt (ohne ge-) charger
(mit de).

be'bauen vt (ohne ge-) (Grundstück)
construire sur.

beben vi trembler.

Beben nt -s, - tremblement m;
(Erd~) tremblement m de terre.

Becher m -s, - (ohne Henkel) gobelet
m; (mit Henkel) tasse f.

Becken nt -s, - bassin m; (Wasch~)
lavabo m; (MUS) cymbale f.

be'dacht a réfléchi(e); **auf etw ~
sein** penser à qch.

be'dächtig a (umsichtig) prudent(e);
(langsam) lent(e), posé(e).

be'danken *vr (ohne ge-):* sich ~ dire merci; sich bei jdm für etw ~ remercier qn de o pour qch.

Be'darf *m* besoin *m (an + dat an);* (COMM) demande *f;* je nach ~ selon les besoins; bei ~ en cas de besoin; ~ an etw *(dat)* haben avoir besoin de qch; im ~sfall en cas de besoin; ~shaltestelle *f* arrêt *m* facultatif.

be'dauerlich *a* regrettable.

be'dauern *vt (ohne ge-)* regretter; *(bemitleiden)* plaindre; B~ *nt* -s regret *m;* zu jds B~ au regret de qn.

be'dauernswert *a (Zustände)* regrettable; *(Mensch)* à plaindre.

be'decken *vt (ohne ge-)* couvrir.

be'denken *vt irr (ohne ge-) (Folgen, Tat)* réfléchir à; jdn mit etw ~ faire cadeau de qch à qn.

Be'denken *nt* -s, - *(Überlegung)* réflexion *f;* (Zweifel) doute *m;* (Skrupel) scrupule *m.*

be'denklich *a (besorgt)* préoccupé(e); *(Zustand)* critique; *(Aussehen)* menaçant(e); *(Geschäfte)* douteux(-euse).

be'deuten *vt (ohne ge-)* signifier, vouloir dire; jdm viel/wenig ~ avoir beaucoup/peu d'importance pour qn.

be'deutend *a* important(e); *(beträchtlich)* considérable.

Be'deutung *f* sens *m,* signification *f;* (Wichtigkeit) importance *f.*

be'dienen *(ohne ge-)* vt servir; *(Maschine)* faire marcher, faire fonctionner // *vr:* sich ~ *(beim Essen)* se servir; sich einer Sache (gen) ~ faire usage de qch.

Be'dienung *f* service *m;* (von Maschinen) maniement *m;* (in Lokal) serveuse *f,* garçon *m;* (Verkäuferin) vendeuse *f.*

be'dingen *vt (ohne ge-) (voraussetzen)* demander, impliquer; *(verursachen)* causer.

be'dingt *a (beschränkt)* limité(e); *(Lob)* réservé(e); *(Zusage)* conditionnel(le); *(Reflex)* conditionnel(le).

Be'dingung *f* condition *f.*

be'dingungslos *a* sans condition.

be'drängen *vt (ohne ge-)* harceler; jdn mit etw ~ presser qn de qch.

be'drohen *vt (ohne ge-)* menacer.

be'drohlich *a* menaçant(e).

be'drücken *vt (ohne ge-)* oppresser, gêner.

Be'dürfnis *nt* besoin *m;* (Notwendigkeit) nécessité *f;* ~ nach etw haben désirer qch.

be'dürftig *a (arm)* dans le besoin.

be'eilen *vr (ohne ge-):* sich ~ se dépêcher.

be'eindrucken *vt (ohne ge-)* impressionner.

be'einflussen *vt (ohne ge-) (jdn)* influencer; *(Verhandlungen, Ergebnisse)* avoir une influence sur.

be'einträchtigen *vt (ohne ge-)* gâter, gâcher; *(Freiheit)* empiéter sur.

be'enden *vt (ohne ge-)* terminer.

be'engen *vt (ohne ge-) (Subjekt: Kleidung)* serrer; *(jdn)* oppresser.

be'erben *vt (ohne ge-)* hériter de.

be'erdigen *vt (ohne ge-)* enterrer.

Be'erdigung *f* enterrement *m;* ~sunternehmer *m* entrepreneur *m* de pompes funèbres.

Beere *f* -, -n baie *f;* (Trauben~) grain *m.*

Beet *nt* -(e)s, -e plate-bande *f.*

be'fahl *siehe* befehlen.

be'fahrbar *a (Straße)* carrossable; (NAVIG) navigable.

be'fahren *vt irr (ohne ge-) (Straße, Route)* emprunter; (NAVIG) naviguer sur // *a (Straße)* fréquenté(e).

be'fallen *vt irr (ohne ge-) (Subjekt: Krankheit)* frapper; (: *Übelkeit, Fieber)* saisir; (: *Ekel, Angst, Zweifel)* envahir.

be'fangen *a (schüchtern)* embarrassé(e); *(voreingenommen)* partial(e); in etw *(dat)* ~ sein être coincé(e) dans qch; B~heit *f* *(Schüchternheit)* embarras *m;* (Voreingenommenheit) manque *m* d'objectivité.

be'fassen *vr (ohne ge-):* sich ~ mit s'occuper de.

Be'fehl *m* -(e)s, -e *(Anweisung)* ordre *m;* (Führung) commandement m.

be'fehlen irr (ohne ge-) vt ordonner // vi commander; **über** jdn/etw ~ commander qn/qch.

be'festigen vt (ohne ge-) (Gegenstand) fixer; (Straße, Ufer) stabiliser, consolider; (MIL: Stadt) fortifier.

Be'festigung f fortification f; (von Gegenstand) fixation f.

be'fiehlst, befiehlt siehe befehlen.

be'finden irr (ohne ge-) vr: sich ~ se trouver // vt: etw/jdn für o als etw ~ tenir qch/qn pour o qch; **B**~ nt -s (Zustand) santé f, état m de santé; (Meinung) opinion f.

be'fohlen siehe befehlen.

be'folgen vt (ohne ge-) suivre.

be'fördern vt (ohne ge-) (Güter) transporter, envoyer; (beruflich) promouvoir.

Be'förderung f (von Gütern) transport m; (beruflich) promotion f.

be'fragen vt (ohne ge-) interroger; (Wörterbuch) consulter.

be'freien (ohne ge-) vt délivrer, libérer; (freistellen) exempter (von de) // vr: sich ~ se libérer.

Be'freiung f libération f, délivrance f; (Freistellung) exemption f (von de).

be'fremden vt (ohne ge-) heurter; **B**~ nt -s surprise f.

be'freunden vr (ohne ge-): sich mit jdn ~ se faire un ami de qn; sich mit etw ~ se faire à qch.

be'freundet a ami(e).

be'friedigen vt (ohne ge-) satisfaire.

be'friedigend a satisfaisant(e); (SCOL) assez bien.

Be'friedigung f satisfaction f.

be'fristet a à durée limitée.

be'fruchten vt (ohne ge-) féconder; (fig) stimuler.

be'fugt a: ~ sein, etw zu tun avoir compétence pour faire qch.

be'fühlen vt (ohne ge-) toucher.

Be'fund m -(e)s, -e (von Sachverständigen) rapport m d'expertise; (MED) diagnostic m; **ohne** ~ résultat m négatif, rien à signaler.

be'fürchten vt (ohne ge-) craindre.

Be'fürchtung f crainte f.

be'fürworten vt (ohne ge-) parler en faveur de, appuyer.

Be'fürworter(in f) m -s, - partisan(e).

be'gabt a doué(e).

Be'gabung f don m.

be'geben vr irr (ohne ge-): sich ~ se rendre; (geschehen) se passer.

Be'gebenheit f événement m.

be'gegnen (ohne ge-, mit sein) vi: jdm ~ rencontrer qn; **einer Sache** (dat) ~ se trouver face à qch; (Frechheit, Meinung) rencontrer qch; (behandeln) traiter qn // vr: (Blicke) se croiser; **wir sind uns** (dat) begegnet nous nous sommes rencontré(e)s.

Be'gegnung f rencontre f.

be'gehen vt irr (ohne ge-) (Straftat, Fehler) commettre; (Dummheit) faire; (Strecke) parcourir; (Feier) fêter.

be'gehren vt (ohne ge-) convoiter.

be'gehrenswert a désirable.

be'geistern (ohne ge-) vt enthousiasmer // vr: sich ~ s'enthousiasmer (für pour).

Be'geisterung f enthousiasme m.

Be'gierde f -, -n désir m.

be'gierig a avide.

Be'ginn m -(e)s commencement m, début m; zu ~ pour commencer.

be'ginnen vt, vi commencer.

Be'glaubigung f authentification f.

be'gleichen vt irr (ohne ge-) (Schulden) régler.

be'gleiten vt (ohne ge-) accompagner; (MIL) escorter.

Be'gleiter(in f) m -s, - compagnon m, compagne f.

Be'gleitung f compagnie f; (MUS) accompagnement m.

be'glückwünschen vt (ohne ge-) féliciter (zu pour).

be'gnadigen vt (ohne ge-) gracier.

Be'gnadigung f grâce f, amnistie f.

be'gnügen vr (ohne ge-): sich mit etw ~ se contenter de qch.

be'gonnen siehe beginnen.

be'graben vt irr (ohne ge-) (Toten)

enterrer; *(Streit)* oublier.

Be'gräbnis *nt* enterrement *m*.

be'gradigen *vt (ohne ge-)* rectifier.

be'greifen *vt irr (ohne ge-) (verstehen)* comprendre.

Be'griff *m* -(e)s, -e notion *f*, concept *m*; *(Meinung, Vorstellung)* idée *f*; **im ~ sein, etw zu tun** être sur le point de faire qch.

be'griffsstutzig *a*: **~ sein** avoir l'esprit lent.

be'gründen *vt (ohne ge-) (Tat)* justifier; *(Abwesenheit)* excuser; *(Theorie)* fonder.

be'gründet *a* fondé(e); *(Aussicht)* raisonnable.

Be'gründung *f* justification *f*.

be'grüßen *vt (ohne ge-)* accueillir; **~swert** *a* bienvenu(e), opportun(e).

Begrüßung *f* accueil *m*; **zur ~ der Gäste** pour recevoir les invités.

begünstigen *vt (ohne ge-) (jdn)* favoriser; *(Sache, Wachstum, Fortschritt)* promouvoir.

begutachten *vt (ohne ge-)* expertiser; **jdn ~** *(fam)* voir de quoi qn a l'air.

begütert *a* nanti(e).

behaart *a* poilu(e); *(Pflanze)* velu(e).

behäbig *a (dick)* corpulent(e); *(geruhsam)* peinard(e).

behaftet *a*: **mit etw ~ sein** être accablé(e) de qch.

behagen *vi (ohne ge-)*: **jdm ~** plaire à qn; **B~** *nt* **-s** plaisir *m*, aise *f*.

be'haglich *a* agréable, douillet(te).

be'halten *vt irr (ohne ge-)* garder; *(Mehrheit)* conserver; *(im Gedächtnis)* retenir; **die Nerven ~** garder son sang-froid; **Recht ~** avoir raison.

Be'hälter *m* -s, - récipient *m*.

be'handeln *vt (ohne ge-)* traiter; *(Maschine)* manier; *(MED)* soigner.

Be'handlung *f* traitement *m*; maniement *m*.

be'harren *a (ausdauernd)* ferme, résolu(e); *(hartnäckig)* opiniâtre, tenace.

be'harren *vi*: **auf etw** *dat* **~** ne pas démordre de qch.

be'hauptet *(ohne ge-) vt* affirmer; *(Position)* soutenir // *vr*: **sich ~**

s'affirmer.

Be'hauptung *f (Äußerung)* affirmation *f*.

be'heizen *vt (ohne ge-)* chauffer.

Be'helf *m* -(e)s, -e expédient *m*.

be'helfen *vr irr (ohne ge-)*: **sich mit etw ~** se débrouiller avec qch.

be'helligen *vt (ohne ge-)* importuner.

be'herrschen *(ohne ge-) vt (Volk)* régner sur, gouverner; *(Situation, Gefühle)* maîtriser; *(Sprache)* posséder; *(Szene, Landschaft)* dominer // *vr*: **sich ~** se maîtriser.

be'herrscht *a* contrôlé(e).

Be'herrschung *f (Selbst~)* maîtrise *f* de soi; **die ~ verlieren** ne plus pouvoir se contrôler.

be'herzigen *vt (ohne ge-)* prendre à cœur.

be'hilflich *a*: **jdm ~ sein** aider qn *(bei dans)*.

be'hindern *vt (ohne ge-)* gêner; *(Verkehr)* entraver; *(Arbeit)* empêcher.

Be'hinderte(r) *mf* handicapé(e).

Be'hinderung *f (Körper~)* infirmité *f*.

Be'hörde *f* -, -n autorités *fpl*, service *m*.

be'hördlich *a* officiel(le).

be'hüten *vt (ohne ge-)* garder, surveiller; **jdn vor etw** *dat* **~** préserver qn de qch.

be'hutsam *a* avec précaution.

bei *prep* + *dat (räumlich)* près de; *(mit etw zusammen)* dans, avec, parmi; *(mit jdm zusammen)* chez; *(Teilnahme)* à; *(zeitlich)* à; **~m Friseur** chez le coiffeur; **~ der Firma X Y arbeiten** travailler chez X Y; **~ uns** chez nous; **etw ~ sich haben** avoir qch sur soi; **~ Fahren en conduisant**; **~ Nacht/Tag** la nuit/le jour; **~ Nebel** quand il y a du brouillard; **~ einem Glas Wein** tout en buvant un verre de vin.

beibehalten *vt irr (zvb, ohne ge-)* conserver, garder

beibringen *vt irr (zvb) (Beweis)* fournir; *(Zeugen)* produire; **jdm etw ~** *(lehren)* apprendre qch à qn; *(zu verstehen geben)* faire comprendre qch à qn; *(Wunde, Niederlage)* infliger qch à qn.

Beichte *f* -, -n confession *f*.

beichten *vt (Sünden)* confesser // *vi* aller à confesse.

beide *pron*, *a* les deux; **meine** ∼n **Brüder** mes deux frères; **wir** ∼ nous deux; **einer von** ∼n l'un des deux.

beidemal *ad* les deux fois.

beiderlei *a* des deux, de l'un(e) et de l'autre; **Menschen** ∼ **Geschlechts** des personnes des deux sexes.

beiderseitig *a* mutuel(le), réciproque; *(Lungenentzündung)* double; *(Lähmung)* bilatéral(e).

beiderseits *ad* des deux côtés // *prep* + *gen* des deux côtés de.

beides *pron* les deux; **alles** ∼ les deux.

beieinander *ad* ensemble.

Beifahrer(in *f) m* passager(-ère); ∼**sitz** *m* place *f* à côté du conducteur.

Beifall *m* -(e)s applaudissements *mpl; (Zustimmung)* approbation *f*.

beifällig *a (Nicken)* approbateur(-trice); *(Bemerkung)* favorable.

beifügen *vt (zvb)* joindre.

Beigeschmack *m* arrière-goût *m*.

Beihilfe *f (für Bedürftige)* aide *f; (zur Krankenversicherung)* contribution *f; (Studien~)* bourse *f; (JUR)* complicité *f (zu de).*

Beil *nt* -(e)s, -e hache *f*.

Beilage *f (Buch~)* supplément *m; (CULIN)* garniture *f*.

beiläufig *a (Bemerkung)* accessoire // *ad* en passant, incidemment.

beilegen *vt (zvb) (hinzufügen)* joindre; *(Wert, Bedeutung)* attacher; *(Streit)* régler.

Beileid *nt* condoléances *fpl*.

beiliegend *a (COMM)* ci-joint(e).

beim = **bei dem**.

beimessen *vt irr (zvb): einer Sache (dat)* Wert ∼ attacher de la valeur à qch.

Bein *nt* -(e)s, -e jambe *f; (von kleinem Tier)* patte *f; (von Möbelstück)* pied *m*.

beinah(e) *ad* presque.

beipflichten *vi (zvb): jdm/einer*

Sache ∼ être d'accord avec qn/qch.

bei'sammen *ad* ensemble; **B∼sein** *nt* -s réunion *f*.

Beischlaf *m* rapports *mpl* sexuels.

Beisein *nt* -s présence *f; im* ∼ **von** *jdm* en présence de qn.

bei'seite *ad* de côté; *(abseits)* à l'écart; *(THEAT)* en aparté; **etw** ∼ **legen** *(sparen)* mettre qch de côté; **jdn/etw** ∼ **schaffen** faire disparaître qn/qch.

Beispiel *nt* -(e)s, -e exemple *m; zum* ∼ par exemple; **sich** *(dat)* an **jdm ein** ∼ **nehmen** prendre exemple sur qn; **b∼haft** *a* exemplaire; **b∼los** *a* sans précédent.

beispringen *vi irr (zvb, mit sein): jdm* ∼ venir au secours de qn.

beißen *irr vt, vi* mordre; *(Rauch, Säure)* brûler // *vr:* **sich** ∼ *(Farben)* jurer.

beißend *a (Rauch)* âcre; *(Hohn, Spott)* mordant(e).

Beißzange *f* pinces *fpl*.

Beistand *m* -(e)s, ∸e aide *f*, assistance *f; (JUR)* avocat(e).

beistehen *vi irr (zvb):* **jdm** ∼ aider *o* assister qn.

beisteuern *vt (zvb)* contribuer *(zu* à).

beistimmen *vi (zvb): jdm/einer* **Sache** ∼ être d'accord avec qn/qch.

Beitrag *m* -(e)s, ∸e contribution *f; (Mitglieds~)* cotisation *f; (Versicherungs~)* prime *f*.

beitragen *vt irr (zvb)* contribuer *(zu* à).

beitreten *vi irr (zvb, mit sein)* adhérer *(dat* à).

Beitritt *m* -(e)s, -e adhésion *f*.

beiwohnen *vi (zvb): einer Sache (dat)* ∼ assister à qch.

Beize *f* -, -n *(Holz~)* enduit *m; (CULIN)* marinade *f*.

bei'jahen *vt (ohne ge-) (Frage)* répondre par l'affirmative à; *(gutheißen)* approuver.

be'kämpfen *(ohne ge-) vt* combattre; *(Schädlinge, Unkraut, Seuche)* lutter contre // *vr:* **sich (gegenseitig)** ∼ se battre.

be'kannt *a* connu(e); *(nicht fremd)* familier(-ère); **mit jdm** ∼ **sein** connaître qn; **jdn mit jdm ~ machen** présenter qn à qn; **sich mit etw ~ machen** se familiariser avec qch; **das ist mir ~** je suis au courant (de cela); **es kommt mir ~ vor** ça me rappelle quelque chose; **durch etw ~ werden** devenir célèbre grâce à qch.

Be'kannte(r) *mf* ami(e), connaissance *f*.

Be'kanntenkreis *m* cercle *m* des amis, connaissances *fpl*.

Be'kannt-: **b~geben** *vt irr (zvb)* annoncer; **b~lich** *ad* comme on sait; **~machung** *f* notification *f*, avis *m*; **~schaft** *f* connaissance *f*.

be'kehren *vt (ohne ge-)* convertir (zu à).

be'kennen *irr (ohne ge-) vt* reconnaître; (Sünden) confesser; (Glauben) professer // *vr:* **sich zu jdm ~** prendre parti pour qn; **sich zu etw ~** proclamer qch; **sich schuldig ~** se reconnaître coupable.

be'klagen *(ohne ge-) vt* pleurer; (Verluste) déplorer // *vr:* **sich ~** se plaindre (über +akk de).

be'kleiden *vt (ohne ge-)* (jdn) habiller; (Amt) occuper, remplir.

be'klommen *a* angoissé(e).

be'kommen *irr (ohne ge-) vt* recevoir; (Kind) avoir; (im Futur) aller avoir; (Krankheit, Fieber) attraper; (Ärger) avoir // *vi* (mit sein): **jdm gut/schlecht ~** faire du bien/mal à qn; **die Mauer bekommt Risse** le mur se lézarde; **Hunger ~** commencer à avoir faim; **etw ~ haben** avoir reçu qch; **wir haben nichts zu essen ~** on ne nous a rien donné à manger; **es nicht über sich** (akk) **~, etw zu tun** ne pas arriver à faire qch; **etw fertig~** réussir à faire qch.

be'kömmlich *a* sain(e), digeste.

be'kräftigen *vt (ohne ge-)* confirmer.

be'lächeln *vt (ohne ge-)* sourire de.

be'laden *vt irr (ohne ge-)* charger.

Be'lag *m -(e)s, -e* enduit *m*, couche *f*; (Zahn~) tartre *m*; (Brems~) garniture *f*.

be'lagern *vt (ohne ge-)* assiéger.

Be'lagerung *f* siège *m*.

Be'lang *m -(e)s:* **von/ohne ~ sein** être d'/sans importance; **~e** *pl* intérêts *mpl*.

be'langlos *a* insignifiant(e).

be'lasten *(ohne ge-) vt* charger; (Organ, Körper) surmener; (Gedächtnis) encombrer; (Stromnetz) saturer; (fig: bedrücken) causer de gros soucis à; (Konto) débiter; (Haus, Etat, Steuerzahler) grever // *vr:* **sich ~ s'accabler** (mit de).

be'lästigen *vt (ohne ge-)* importuner.

Be'lastung *f* charge *f*; (fig: Sorge) poids *m*; (von Konto) débit *m*; (FIN) charges *fpl*.

be'laufen *vr irr (ohne ge-):* **sich ~ auf** s'élever à.

be'lebt *a* animé(e).

Be'leg *m -(e)s, -e* (COMM) reçu *m*; (Beweis) document *m*, attestation *f*; (Beispiel) exemple *m*.

be'legen *vt (ohne ge-)* (Boden) recouvrir (mit de); (Kuchen) garnir; (Brot) tartiner; (Platz, Zimmer) retenir; (Kurs, Vorlesung) s'inscrire à; (beweisen) justifier; (urkundlich) documenter; **jdn mit einer Strafe ~** infliger une peine à qn.

be'lehren *vt (ohne ge-)* faire la leçon à.

be'leidigen *vt (ohne ge-)* (durch Benehmen) offenser; (mündlich) insulter, injurier; (JUR) diffamer; **beleidigt sein** être vexé(e).

Be'leidigung *f* offense *f*; (JUR) injure *f*.

be'leuchten *vt (ohne ge-)* éclairer; (Gebäude) illuminer; (Problem, Thema) éclaircir.

Be'leuchtung *f* éclairage *m*; (von Gebäude) illumination *f*; (von Fahrzeug) feux *mpl*, phares *mpl*.

Belgien *nt* la Belgique; **Belgier(in** *f*) *m* Belge *m/f*; **belgisch** *a* belge.

Be'lichtung *f* (PHOT) exposition *f*, pose *f*; **~smesser** *m -s,* - posemètre *m*.

be'lieben *nt:* **(ganz) nach ~** à volonté; **(nach Geschmack)** comme il vous plaira.

be'liebig *a* quelconque; (irgendein)

n'importe quel(le); ~ **viel** autant que vous voudrez.

be'liebt a populaire; **sich bei jdm ~ machen** se faire bien voir de qn.

be'liefern vt (ohne ge-) (Firma) fournir (mit en).

bellen vi aboyer.

be'lohnen vt (ohne ge-) récompenser (für de).

Be'lohnung f récompense f.

be'lügen vt irr (ohne ge-) mentir à.

be'lustigen vt (ohne ge-) amuser; (Buch) divertir.

be'mängeln vt (ohne ge-) critiquer.

be'merkbar a sensible, notable; **sich ~ machen** se faire sentir; (Mensch) se faire remarquer.

be'merken vt (ohne ge-) remarquer.

be'merkenswert a remarquable.

Be'merkung f remarque f.

be'mitleiden vt (ohne ge-) plaindre.

be'mühen vt (ohne ge-) : **sich ~** s'efforcer; (gehen) se déplacer // (beanspruchen) mettre à contribution; **sich um jdn ~** prendre soin de qn; **sich um etw ~** veiller à qch.

Be'mühung f (Anstrengung) effort m; (Dienstleistung) peine f.

be'nachbart a voisin(e).

be'nachrichtigen vt (ohne ge-) informer.

be'nachteiligen vt (ohne ge-) désavantager.

be'nehmen vr irr (ohne ge-): **sich ~** (sich verhalten) se comporter; (höflich sein) bien se tenir; **B~** nt ~s comportement m.

be'neiden vt (ohne ge-) envier (jdn um etw qch à qn).

be'neidenswert a enviable.

Bengel m -s, - garnement m.

be'nommen a hébété(e).

be'nötigen vt (ohne ge-) avoir besoin de.

be'nutzen, be'nützen vt (ohne ge-) utiliser; (Eingang) emprunter; (Bücherei) fréquenter; (Zug, Taxi) prendre.

Be'nutzer(in f) m -s, - (von Gegenstand) utilisateur(-trice); (von Bücherei etc) usager m.

Be'nutzung f utilisation f; (von

Gerät) emploi m.

Ben'zin nt -s, -e (AUT) essence f; (Reinigungs~) benzine f; **~kanister** m bidon m d'essence; **~uhr** f jauge f d'essence.

be'obachten vt (ohne ge-) observer; (Verdächtigen) filer; (bemerken) remarquer.

Be'obachter(in f) m -s, - observateur(-trice); (Zeitung, TV) correpondant(e).

Be'obachtung f observation f; (polizeilich, ärztlich) surveillance f.

be'quem a confortable; (Lösung, Ausrede) facile; (Schüler, Untergebene) docile; (träge) paresseux(-euse); **sitzen Sie ~?** êtes-vous bien assis?

Be'quemlichkeit f confort m, commodité f; (Faulheit) paresse f.

be'raten irr (ohne ge-) vt (Rat geben) conseiller; (besprechen) discuter // vr: **sich ~** tenir conseil; **gut/schlecht ~ sein** être bien/mal avisé(e).

be'rater m -s, - conseiller m.

be'ratschlagen (ohne ge-) vt délibérer de // vi délibérer.

Be'ratung f (das Beraten) conseil m; (ärztlich) consultation f; (Besprechung) délibération f.

be'rauben vt (ohne ge-) voler.

be'rechnen vt (ohne ge-) calculer; **jdm etw ~** facturer qch à qn.

be'rechnend a (Mensch) calculateur(-trice).

Be'rechnung f calcul m; (COMM) facturation f.

be'rechtigen vt (ohne ge-) autoriser; (fig) justifier; **jdn** zum **Gebrauch/Zutritt ~** donner à qn droit à l'usage/l'entrée; **jdn zur Annahme ~** faire supposer à qn.

be'rechtigt a (Sorge) fondé(e); (Ärger, Forderung) justifié(e).

be'reich m -(e)s, -e (Bezirk) région f; (Ressort, Gebiet) domaine m.

be'reichern vt (ohne ge-) (Sammlung) enrichir; (Wissen) augmenter // vi: **sich ~** s'enrichir.

be'reinigen vt (ohne ge-) (Angelegenheit) régler; (Mißverständnisse) dissiper; (Verhältnis) normaliser.

be'reisen vt (ohne ge-) parcourir.

be'reit a: ~ sein être prêt(e) (zu à); sich ~ halten se tenir prêt(e); sich ~ machen se préparer.

be'reiten vt (ohne ge-) préparer; (Kummer, Freude) causer (jdm à qn).

be'reit-: b~halten vt irr (zvb) tenir prêt(e); ~machen vt (zvb) préparer.

be'reits ad déjà.

Be'reit-: b~stehen vi irr (zvb) être prêt(e); b~stellen vt (zvb) préparer; (Geld) assurer; (Truppen, Maschinen) mettre à disposition; b~willig a empressé(e).

be'reuen vt (ohne ge-) regretter.

Berg m -(e)s, -e montagne f.

Berg-: b~arbeiter m mineur m; ~bau m exploitation f minière.

bergen vt (retten) sauver; (Tote) dégager; (Material) récupérer; (enthalten) renfermer.

bergig a montagneux(-euse).

Berg-: ~mann m, pl ~leute mineur m; ~steigen vi -s alpinisme m; ~steiger(in f) m alpiniste m/f.

Bergung f (von Menschen) sauvetage m; (von Toten) dégagement m; (von Material) récupération f.

Bergwerk nt mine f.

Be'richt m -(e)s, -e rapport m.

be'richten (ohne ge-) vi faire un rapport // vt faire un rapport de, relater; über etw (akk) ~ raconter qch; jdm etw ~ informer qn de qch.

be'richtigen vt (ohne ge-) corriger.

Bernstein m ambre m (jaune).

bersten vi irr (mit sein) crever (vor de).

be'rüchtigt a (Gegend, Lokal) mal famé(e); (Verbrecher) notoire.

be'rücksichtigen vt (ohne ge-) prendre en considération.

Be'rücksichtigung f prise f en considération.

Be'ruf m -(e)s, -e (Tätigkeit) profession f; (Gewerbe) métier m; von ~ Lehrer sein être professeur de son métier; ohne ~ sans profession.

be'rufen irr (ohne ge-) vt nommer // vr: sich auf jdn/etw ~ en appeler à qn/qch // a compétent(e); sich zu

etw ~ fühlen se sentir appelé(e) à qch.

be'ruflich a professionnel(le); ~ unterwegs sein être en déplacement.

Be'rufs-: ~ausbildung f formation f professionnelle; ~beratung f orientation f professionnelle; ~schule f école f professionnelle; ~soldat m militaire m de carrière; ~sportler m professionnel m; b~tätig a qui exerce une activité professionnelle.

Be'rufung f nomination f; (innerer Auftrag) vocation f (zu pour); (JUR) appel m; ~recours m; ~ einlegen faire appel.

be'ruhen vi (ohne ge-): auf etw (dat) ~ reposer sur qch; etw auf sich ~ lassen laisser dormir qch.

be'ruhigen (ohne ge-) vt calmer; (Gewissen) soulager, apaiser // vr: sich ~ se calmer; beruhigt sein être tranquille ou rassuré(e).

Be'ruhigung f apaisement m; (von Gewissen) soulagement m; zu jds ~ pour rassurer qn; ~mittel nt tranquillisant m, sédatif m.

be'rühmt a célèbre, renommé(e).

Be'rühmtheit f célébrité f.

be'rühren (ohne ge-) vt toucher; (MATH) être tangent à; (flüchtig erwähnen) effleurer, mentionner // vr: sich ~ se toucher.

Be'rührung f contact m.

be'sänftigen vt (ohne ge-) apaiser; ~d a apaisant(e).

Be'satzung f équipage m; (MIL) troupes fpl d'occupation; ~smacht f force f occupante ou d'occupation.

be'schädigen vt (ohne ge-) endommager, abîmer.

Be'schädigung f endommagement m; (Stelle) dégâts mpl.

be'schaffen vt (ohne ge-) procurer, fournir; sich (dat) etw ~ se procurer qch // a: so ~ sein, daß ... être de nature à; mit der Wirtschaft ist es schlecht ~ l'économie ne va pas bien.

Be'schaffenheit f (von Materie) nature f; (von Lage) état m.

be'schäftigen *(ohne ge-) vt* occuper; *(Subjekt: Problem, Frage)* préoccuper; *(beruflich)* employer // *vr*: **sich ~** s'occuper; *(sich befassen)*: **sich ~ mit** s'occuper de.

Be'schäftigung *f* occupation *f*; *(Beruf)* emploi *m*.

Be'scheid *m* **-(e)s, -e** *(Auskunft)* renseignement *m*; *(Benachrichtigung)* information *f*; *(Weisung)* ordre *m*, directive *f*; **~ wissen** être au courant; **jdm ~ geben** o **sagen** avertir qn, informer qn.

be'scheiden *a* modeste.

be'scheinen *vt irr (ohne ge-)* éclairer; *(Subjekt: Sonne)* briller sur.

be'scheinigen *vt (ohne ge-)* attester.

Be'scheinigung *f* certificat *m*, attestation *f*; *(Quittung)* reçu *m*.

be'scheißen *vt irr (ohne ge-) (fam!)* rouler; **beschissen werden** se faire avoir.

be'schenken *vt (ohne ge-)* faire un cadeau à.

be'schimpfen *vt (ohne ge-)* insulter, injurier.

be'schlagen *irr (ohne ge-) vt* ferrer; *(Schuhe)* clouter // *vr*: **sich ~** *(Glas)* s'embuer; *(Metall)* se ternir; **in etw** *(dat)* **~ sein** être ferré(e) sur qch.

be'schlagnahmen *vt (ohne ge-)* saisir, confisquer.

be'schleunigen *(ohne ge-) vt*, *vi* accélérer.

Be'schleunigung *f* accélération *f*.

be'schließen *vt irr (ohne ge-)* décider; *(beenden)* terminer, achever.

Be'schluß *m* **-sses, Beschlüsse** décision *f*, résolution *f*.

be'schmutzen *vt (ohne ge-)* salir.

be'schränken *vt (ohne ge-)* limiter, restreindre // *vr*: **sich ~** se limiter, se restreindre; **sich auf etw** *(akk)* **~** se borner à qch.

be'schränkt *a* limité(e); *(Mensch)* borné(e).

be'schreiben *vt irr (ohne ge-)* décrire; *(Papier)* écrire sur.

Be'schreibung *f* description *f*.

be'schuldigen *vt (ohne ge-)* accuser *(jdn einer Sache (gen)* qn de qch).

Be'schuldigung *f* accusation *f*.

be'schützen *vt (ohne ge-)* protéger.

Be'schützer(in *f)* *m* **-s, -** protecteur(-trice).

Be'schwerde *f* **-, -n** plainte *f*; *(Mühe)* peine *f*; *(pl: Leiden)* troubles *mpl*.

be'schweren *(ohne ge-) vt* charger, alourdir; *(fig)* peiner, attrister // *vr*: **sich ~** se plaindre.

be'schwerlich *a* pénible, fatigant(e).

be'schwichtigen *vt (ohne ge-)* apaiser, calmer.

be'schwingt *a* gai(e), enjoué(e); *(Schritte)* léger(-ère).

be'schwipst *a* gris(e), éméché(e).

be'schwören *vt irr (ohne ge-)* *(Aussage)* jurer, affirmer sous serment; *(anflehen)* implorer, supplier; *(Geister)* conjurer.

be'sehen *vt irr (ohne ge-)* regarder de près.

be'seitigen *vt (ohne ge-)* éliminer, écarter; *(Zweifel)* lever; *(jdn)* supprimer.

Besen *m* **-s, -** balai *m*.

be'sessen *a* obsédé(e) *(von de)*.

be'setzen *vt (ohne ge-)* occuper; *(Rolle)* donner; *(mit Edelstein, Spitzen)* garnir *(mit de)*.

be'setzt *a* occupé(e).

Be'setzung *f* occupation *f*; *(THEAT)* distribution *f*.

be'sichtigen *vt (ohne ge-)* visiter; *(ansehen)* aller voir.

be'siegen *vt (ohne ge-)* vaincre.

be'sinnen *vr irr (ohne ge-)*: **sich ~** *(nachdenken)* réfléchir; *(erinnern)* se souvenir *(auf +akk de)*; **sich anders ~** changer d'avis.

be'sinnlich *a* contemplatif(-ive).

Be'sinnung *f (Bewußtsein)* connaissance *f*; *(Ruhe)* calme *m*; **zur ~ kommen** reprendre connaissance; *(fig)* revenir à la raison; **die ~ verlieren** perdre connaissance; *(fig)* perdre la tête o la raison.

Be'sitz *m* **-es** propriété *f*; *(das Besitzen)* possession *f*.

be'sitzen *vt irr (ohne ge-)* posséder.

Be'sitzer(in *f)* *m* **-s, -** propriétaire *m/f*.

be'soffen a (fam) bourré(e).

Be'soldung f (von Beamten) appointements mpl; (von Soldaten) solde f.

be'sondere(r, s) a exceptionnel(le), extraordinaire; (speziell: Liebling, Interesse, Wünsche, Auftrag) particulier(-ière); (gesondert, zusätzlich) spécial(e); nichts B~s rien de spécial, pas grand chose; etwas B~s quelque chose de spécial; im ~n en particulier.

Be'sonderheit f particularité f.

be'sonders ad (hauptsächlich) principalement, surtout; (nachdrücklich) particulièrement, expressément; (außergewöhnlich) exceptionnellement; (sehr) tout particulièrement, beaucoup; (getrennt) séparément; nicht ~ pas spécialement.

be'sonnen a réfléchi(e), raisonnable.

be'sorgen vt (ohne ge-) (beschaffen) procurer; (Geschäfte) faire, expédier; (sich kümmern um) prendre soin de.

Be'sorgnis f souci m, inquiétude f; b~erregend a inquiétant(e).

be'sorgt a souci m, inquiétude f; b~erregend a inquiétant(e).

be'sprechen irr (ohne ge-) vt discuter (mit avec); (Tonband etc) parler sur; (Buch, Theaterstück) critiquer // vr: sich ~ se concerter (mit avec).

Be'sprechung f (Unterredung) réunion f; (Rezension) compte m rendu, critique f.

besser a (Komparativ von gut) meilleur(e); es wäre ~, wenn ... il vaudrait mieux que ...; etwas B~es quelque chose de mieux; jdn eines B~en belehren détromper qn // ad mieux; tue das — cela vaudrait mieux fait de ...; du hättest ~ ... tu aurais mieux fait de ...; ~ gesagt ou plutôt; es geht ihm ~ il va mieux.

bessern vt amender, rendre meilleur(e) // vr: sich ~ s'améliorer; (Wetter) se remettre au beau; (Verbrecher) s'amender.

Besserung f amélioration f; amendement m; rétablissement m; gute ~! bon rétablissement!

Be'stand m -(e)s, ¨e (Fortbestehen) persistance f, continuité f; (Kassen~

encaisse f; (Vorrat) stock m; ~ haben o von ~ sein durer, persister.

be'ständig a (ausdauernd) persistant(e), constant(e); (Wetter) stable; (widerstandsfähig) résistant(e); (dauernd) continuel(le), ininterrompu(e).

Be'standteil m composante f; (fig) partie f intégrante; (Einzelteil) élément m.

be'stärken vt (ohne ge-): jdn in etw (dat) ~ appuyer qn dans qch.

be'stätigen (ohne ge-) vt confirmer; (Empfang) accuser réception de // vr: sich ~ se confirmer, se vérifier; jdm etw ~ confirmer qch à qn.

Be'stätigung f confirmation f.

Be'stattung f inhumation f.

be'staunen vt (ohne ge-) s'émerveiller de.

beste(r, s) a (Superlativ von gut) meilleur(e); sie singt am ~n c'est elle qui chante le mieux; am ~n gehst du gleich il vaut mieux que tu partes tout de suite; jdn zum ~n haben se jouer de qn; jdm etw zum ~n geben régaler qn de qch; aufs ~ au mieux; zu jds B~n pour le bien de qn.

be'stechen vt irr (ohne ge-) soudoyer; (Subjekt: Leistung, Schönheit) séduire, éblouir.

be'stechlich a corruptible, vénal(e).

Be'stechung f corruption f, subornation f.

Be'steck nt -(e)s, -e couverts mpl; (MED) trousse f.

be'stehen irr (ohne ge-) vi (existieren) exister, être; (andauern) durer, subsister // vt (Kampf, Probe) soutenir; (Prüfung) réussir; aus etw ~ se composer de qch; auf etw (dat) ~ insister sur qch.

bestehlen vt irr (ohne ge-) voler.

be'stellen vt (ohne ge-) (Waren) commander; (reservieren lassen) réserver, retenir; (jdn) faire venir (zu chez); (Grüße, Auftrag) transmettre; (nominieren) nommer, désigner; (Acker) cultiver; um ihn ist es gut/schlecht bestellt ses affaires vont bien/mal.

Be'stellung f commande f, ordre m.

bestens ad au mieux, parfaitement.

Bestie ['bɛstiə] f bête f féroce; (fig) monstre m.

be'stimmen vt (ohne ge-) (anordnen) décréter, ordonner; (Tag, Ort) déterminer, fixer; (beherrschen) dominer; (ausersehen) désigner; (ernennen) nommer; (definieren) définir, qualifier; (veranlassen) décider.

be'stimmt a (entschlossen) ferme, décidé(e); (gewiß) certain(e); (Artikel) défini/-e d (gewiß) sûrement, certainement.

Be'stimmtheit f (Entschlossenheit) détermination f.

Be'stimmung f (Verordnung) décret m, ordonnance f; (Festsetzen) détermination f, fixation f; (Verwendungszweck) destination f, but m; (Schicksal) destin m; (Definition) définition f.

Bestleistung f record m.

bestmöglich a: der/die/das ~... le(la) meilleur(e) ... (possible).

be'strafen vt (ohne ge-) punir.

be'strahlen vt (ohne ge-) éclairer; (MED) traiter aux rayons.

Be'streben nt -s, **be'strebung** f effort m, tentative f.

be'streiken vt (ohne ge-) faire grève dans; **der Betrieb wird bestreikt** l'entreprise est en grève.

be'streiten vt irr (ohne ge-) (abstreiten) contester, nier; (finanzieren) financer.

be'streuen vt (ohne ge-): **etw mit Erde ~** répandre de la terre sur qch; **etw mit Mehl ~** saupoudrer qch de farine; **etw mit Sand ~** sabler qch.

be'stürmen vt (ohne ge-) assaillir, presser (mit de); (MIL) donner l'assaut à.

be'stürzen vt (ohne ge-) bouleverser, affoler.

Be'such m -(e)s, -e visite f; (von Gottesdienst) fréquentation f; **jdm einen ~ machen** rendre visite à qn; **~ haben** avoir de la visite o des invités; **bei jdm auf** o **zu ~ sein**

être en visite chez qn.

be'suchen vt (ohne ge-) aller voir, rendre visite à; (Ort) visiter; (Gottesdienst) assister à; (SCOL) aller à; (Kurs) suivre; **gut besucht** fréquenté(e).

Be'sucher(in f) m -s, - visiteur(-euse).

be'tagt a âgé(e), d'un âge avancé.

be'tätigen (ohne ge-) vt actionner // vr: **sich ~** s'occuper, travailler; **sich politisch ~** exercer une activité politique.

Be'tätigung f occupation f, activité f; (beruflich) travail m; (TECH) actionnement m.

be'täuben vt (ohne ge-) (Subjekt: Schlag) assommer, sonner; (:Geruch) griser, enivrer; (MED) endormir, anesthésier.

Be'täubungsmittel nt narcotique m, anesthésique m.

Bete f -, -n: **rote ~** betterave f rouge.

be'teiligen (ohne ge-) vr: **sich ~** participer, prendre part (an +dat à) // vt: **jdn ~** faire participer qn (an +dat à).

Be'teiligung f participation f.

beten vt, vi prier.

be'teuern vt (ohne ge-) affirmer, **jdm etw ~** assurer qn de qch.

Beton [be'tɔŋ] m -s, -s béton m.

be'tonen vt (ohne ge-) (Wort, Silbe) accentuer; (Tatsache) insister sur; (hervorheben) faire ressortir.

Be'tonung f accentuation f.

Be'tracht m: **in ~ kommen** entrer en ligne de compte; **etw in ~ ziehen** prendre qch en considération.

be'trachten vt (ohne ge-) regarder, contempler; (erwägen) considérer; **jdn als etw ~** considérer qn comme qch.

be'trächtlich a considérable.

Be'trachtung f (Ansehen) examen m; contemplation f; (Erwägung) considération f; (Gedanken) réflexion f, méditation f.

Be'trag m -(e)s, -e montant m, somme f.

be'tragen vt irr (ohne ge-) (Summe, Anzahl) s'élever à // vr: **sich ~** se comporter, se conduire; **B~** *nt* **-s** conduite *f*.

be'treffen *vt irr (ohne ge-)* concerner; **was mich betrifft** en ce qui me concerne.

be'treffend *a* concernant; *(Stelle)* concerné(e); **Ihre unser Angebot ~e Anfrage** votre question concernant notre offre.

be'treffs *prep +gen* concernant.

be'treiben *vt irr (ohne ge-) (ausüben)* exercer; *(Studien)* faire, poursuivre.

be'treten *vt irr (ohne ge-) (Haus)* entrer dans; *(Gelände)* pénétrer dans o sur; *(Rasen)* marcher sur; *(Bühne)* entrer en // *a* embarrassé(e), confus(e).

be'treuen *vt (ohne ge-)* s'occuper de; *(Reisegruppe)* accompagner.

Be'trieb *m* **-(e)s, -e** *(Firma)* entreprise *f*; *(von Maschine)* fonctionnement *m*; *(Treiben)* animation *f*; **außer ~ sein** être hors service; **in ~ sein** être en service.

Be'triebsrat *m* comité *m* d'entreprise; *(Mensch)* délégué(e) du personnel.

be'trinken *vr irr (ohne ge-)*: **sich ~** s'enivrer.

be'troffen *a (bestürzt)* bouleversé(e); **von etw ~ werden** o **sein** être concerné(e) par qch.

be'trübt *a* triste, affligé(e).

Be'trug *m* **-(e)s** tromperie *f*, duperie *f*.

be'trügen *irr (ohne ge-) vt* tromper // *vr*: **sich ~** s'abuser.

Be'trüger(in *f)* *m* **-s, -** escroc *m*.

be'trügerisch *a* frauduleux(-euse).

be'trunken *a* ivre, soûl(e).

Bett *nt* **-(e)s, -en** lit *m*; **ins** o **zu ~ gehen** aller au lit; **~bezug** *m* garniture *f* de lit.

betteln *vi* mendier.

Bettler(in *f)* *m* **-s, -** mendiant(e).

Bett-: ~nässer(in *f)* *m* **-s, -** énurétique *m/f*; **~vorleger** *m* descente *f* de lit; **~wäsche** *f* draps *mpl*; **~zeug** *nt* literie *f*.

beugen *vt (Körperteil)* plier, fléchir; *(LING)* décliner; conjuguer; *(Gesetz, Recht)* faire une entorse à // *vr*: **sich**

~ (sich fügen) s'incliner, se soumettre; *(sich lehnen)* se pencher.

Beule *f* **-, -n** bosse *f*.

be'unruhigen *vt (ohne ge-)* inquiéter // *vr*: **sich ~** s'inquiéter.

be'urlauben *vt (ohne ge-) (Arbeiter)* donner un congé à; *(Minister)* relever de ses fonctions; **beurlaubt sein** être en congé; *(Professor)* être en disponibilité.

be'urteilen *vt (ohne ge-)* juger.

Be'urteilung *f* jugement *m*, appréciation *f*.

Beute *f* **-** butin *m*; *(Opfer)* victime *f*.

Beutel *m* **-s, -** *(Tasche)* sac *m*; *(Wasch-, Kosmetik~)* trousse *f* de toilette; *(Geld~)* porte-monnaie *m*; *(Tabaks~)* blague *f*; *(von Känguruh)* poche *f*.

Be'völkerung *f* population *f*.

be'vollmächtigen *vt (ohne ge-)* habiliter, autoriser.

Be'vollmächtigte(r) *mf* mandataire *m/f*.

Be'vollmächtigung *f* procuration *f*.

be'vor *conj* avant de, avant que; **~ ich noch etwas sagen konnte** avant que j'aie pu ouvrir la bouche; **~ überleg's dir gut, ~ du's tust** réfléchis bien avant de le faire; **~munden** *vt (ohne ge-)* tenir en tutelle; **~stehen** *vi irr (zvb)* être imminent(e); **~zugen** *vt (ohne ge-)* préférer.

be'wachen *vt (ohne ge-)* surveiller; *(Schatz)* garder.

be'waffnen *vt (ohne ge-)* armer // *vr*: **sich ~** s'armer (mit de).

be'waffnet *a* armé(e); *(Überfall)* à main armée.

Be'waffnung *f* armement *m*.

be'wahren *vt (ohne ge-)* garder; **jdn vor etw ~** préserver qn de qch.

be'währen *vr (ohne ge-)*: **sich ~** *(Mensch)* faire ses preuves; *(Methode, Mittel)* donner de bons résultats.

be'wahrheiten *vr (ohne ge-)*: **sich ~** se vérifier.

be'währt *a* sûr(e).

Be'währung *f (JUR)* sursis *m*; **~sfrist** *f* sursis *m*.

be'wältigen *vt (ohne ge-)* surmonter; *(Arbeit)* arriver à faire; *(Strecke)* parcourir.

be'wandert *a:* in etw *(dat)* ~ sein être calé(e) en qch.

be'wässern *vt (ohne ge-)* irriguer.

be'wegen *(ohne ge-) vt* remuer, bouger; *(rühren: jdn)* émouvoir, toucher; *(Subjekt: Problem, Gedanke)* préoccuper // *vr:* sich ~ bouger; jdn ~, etw zu tun amener qn à faire qch.

be'weglich *a* mobile; *(flink)* agile; *(geistig wendig)* vif(vive).

be'wegt *a (Leben, Zeit)* agité(e), mouvementé(e); *(ergriffen)* ému(e).

Be'wegung *f* mouvement *m; (körperliche Betätigung)* exercice *m*; keine ~! pas un geste!; etw in ~ setzen mettre qch en marche *o* en mouvement.

be'wegungslos *a* immobile.

Be'weis *m -es, -e* preuve *f; (MATH)* démonstration *f.*

be'weisen *vt irr (ohne ge-)* prouver; *(MATH)* démontrer; *(Mut, Geschmack)* faire preuve de.

be'wenden *vi:* es bei etw ~ lassen se contenter de qch; wir wollen es dabei ~lassen restons-en là.

be'werben *vr irr (ohne ge-):* sich ~ poser sa candidature; *(beim Vorstellungsgespräch)* se présenter.

Be'werber(in *f) m -s, -* candidat(e), postulant(e).

Be'werbung *f* candidature *f,* demande *f* d'emploi.

be'werten *vt (ohne ge-)* évaluer, estimer; *(SPORT)* noter.

be'wirken *vt (ohne ge-)* provoquer; was will er damit ~? qu'est-ce qu'il cherche?.

be'wirten *vt (ohne ge-)* régaler.

Be'wirtung *f* accueil *m,* service *m.*

be'wohnen *vt (ohne ge-) (Haus, Höhle)* habiter; *(Gebiet, Insel)* occuper.

Be'wohner(in *f) -s, -* habitant(e).

be'wölkt *a* nuageux(-euse).

Be'wölkung *f* nébulosité *f.*

Be'wunderer *m -s, -,* Be'wunderin *f* admirateur(-trice).

be'wundern *vt (ohne ge-)* admirer.

Be'wunderung *f* admiration *f.*

be'wußt *a (Tag, Stunde, Ort)* nommé(e), cité(e); *(Erleben, Genuß)* conscient(e); *(absichtlich)* délibéré(e), intentionnel(le); sich *(dat)* einer Sache ~ sein avoir conscience de qch; die Folgen wurden ihm ~ il se rendit compte des conséquences.

be'wußtlos *a* inconscient(e); ~ werden perdre connaissance.

Be'wußtlosigkeit *f* inconscience *f.*

Be'wußtsein *nt -s* conscience *f; (MED)* connaissance *f;* im ~ seines Unrechts en pleine connaissance de ses torts; das ~ und das Unterbewußtsein le conscient et le subconscient; das ~ verlieren perdre connaissance; sich *(dat)* etw ins ~ rufen se rappeler qch.

be'zahlen *vt (ohne ge-)* payer; sich bezahlt machen être payant; bitte ~! l'addition, s'il vous plait!.

Be'zahlung *f* paiement *m.*

be'zähmen *vt (ohne ge-) (fig)* refréner, maîtriser.

be'zeichnen *vt (ohne ge-) (markieren)* marquer, repérer; *(benennen)* appeler; *(beschreiben)* décrire; *(zeigen)* indiquer; jdn als Lügner ~ qualifier qn de menteur.

be'zeichnend *a* caractéristique, significatif(-ive).

Be'zeichnung *f (Markierung)* marquage *m; (Zeichen)* signe *m; (Benennung)* désignation *f.*

be'ziehen *irr (ohne ge-) vt (Möbel)* recouvrir; *(Haus, Position)* occuper; *(Standpunkt)* prendre; *(Gelder)* percevoir; *(Zeitung)* être abonné(e) à // *vr:* sich ~ *(Himmel)* se couvrir; sich auf jdn/etw ~ se référer à o rapporter à qn/qch; etw auf jdn/etw ~ rapporter qch à qn/qch; das Bett ~ mettre des draps propres.

Be'ziehung *f (Verbindung)* relation *f; (Zusammenhang)* rapport *m; (Verhältnis)* liaison *f;* in dieser ~ hat er recht à cet égard il a raison; ~ en haben *(vorteilhaft)* avoir des relations.

be'ziehungsweise *conj (genauer*

gesagt) ou plutôt; (im anderen Fall) ou.

Be'zirk m -(e)s, -e (Stadt~) quartier m; (Polizei~) district m.

Be'zug m -(e)s, ¨-e (Überzug) garniture f; (von Waren) commande f; (von Zeitung) abonnement m; (von Rente) perception f; (Beziehung) rapport m (zu avec); ~e pl (Gehalt) appointements mpl; in b~ auf (+akk) en référence à; ~ nehmen auf (+akk) se référer à.

be'züglich prep +gen concernant, relatif à // à concernant; (LING) relatif(-ive).

be'zwecken vt (ohne ge-) viser, avoir pour but; etw mit etw ~ wollen vouloir obtenir qch avec qch.

be'zweifeln vt (ohne ge-) douter de.

Bhf. abk von Bahnhof.

Bibel f -, -n bible f.

Biber m -s, - castor m.

Biblio'thek f -, -en bibliothèque f.

bieder a (rechtschaffen) honnête, droit(e); (Frisur, Geschmack) sage, simple.

biegen irr vt (Ast, Metall) courber; (Arm, Körper) plier // vr: **sich ~ se** courber; (Ast) se ployer // vi (mit sein) tourner; **auf B~ oder Brechen** quoi qu'il advienne.

biegsam a flexible, souple.

Biegung f (von Straße) tournant m; (von Fluß) coude m.

Biene f -, -n abeille f.

Bier nt -(e)s, -e bière f; ~brauer m -s, - brasseur m; ~deckel m, ~filz m dessous o rond m (de bière); ~krug m, ~seidel nt chope f.

Biest nt -s, -er (fam) (Tier) bête f; (Mensch) vache f.

bieten irr vt présenter; (Arm, Hand) donner; (Schauspiel) représenter; (bei Versteigerung) offrir // vr: **sich ~** se présenter; **sich (dat) etw ~** lassen accepter qch.

Bi'lanz f bilan m; (Handels~) balance f.

Bild nt -(e)s, -er image f; (Gemälde) tableau m; (Foto) photo f; (Zeichnung) dessin m; (Eindruck) impression f; (Anblick) vue f; **über etw** (akk) **im ~(e) sein** être au courant de qch.

bilden vt (formen) former; (Regierung) constituer; (Form, Figur) modeler, façonner; (Ausnahme, Ende, Höhepunkt) représenter; être // vr: **sich ~** (entstehen) se former, se développer; (geistig) s'instruire, se cultiver.

Bild-: **~fläche** f (fig) **auf der ~fläche erscheinen** apparaître; **von der ~fläche verschwinden** disparaître, s'éclipser; **~hauer(in** f) m -s, - sculpteur m; **b~hübsch** a ravissant(e).

Bildschirm m écran m.

bild'schön a ravissant(e).

Bildung f (von Schaum, Wolken) formation f; (von Ausschuß, Regierung) constitution f; (Wissen) instruction f; (Benehmen) éducation f.

Bildungs-: **~lücke** f lacune f; **~politik** f politique f de l'éducation.

billig a bon marché; (schlecht) mauvais(e); (Ausrede, Trost, Trick) médiocre, piètre; (gerecht) juste.

billigen vt approuver.

Bimsstein m pierre f ponce.

Binde f -, -n bande f; (MED) bandage m; (Arm~) brassard m; (Damen~) serviette f périodique; **~gewebe** nt tissu m conjonctif; **~glied** nt lien m.

binden irr vt attacher (an +akk à); (Blumen) faire un bouquet de; (Buch) relier; (Schleife) nouer; (fesseln) ligoter; (verpflichten) obliger; (Soße, MUS: Töne) lier // vr: **sich ~** s'engager; **sich an jdn ~** se lier avec qn.

Bindestrich m trait m d'union.

Bindfaden m ficelle f.

Bindung f (Verpflichtung) obligation f; (Verbundenheit) lien m; (Ski~) fixation f.

Binnenhafen m port m intérieur.

Binse f -, -n jonc m.

Binsenwahrheit f vérité f de La Palice, truisme m.

Bioche'mie f biochimie f.

Biogra'phie f biographie f.

Bio'loge m, **Bio'login** f biologiste m/f.

Biolo'gie f biologie f.

bio'logisch a biologique.

birgst, **birgt** siehe bergen.

Birke f -, -n bouleau m.

Birnbaum m poirier m.

Birne f -, -n poire f; (ELEC) ampoule f.

birst siehe **bersten**.

bis ad, prep +akk (~ zu/an) jusqu'à; ~ **hierher** jusqu'ici; ~ **in die Nacht** jusque tard dans la nuit; ~ **auf weiteres** jusqu'à nouvel ordre; ~ **bald/gleich** à tout à l'heure/à tout de suite; ~ **auf etw** sauf qch // conj: **von ... ~ de ... à.**

Bischof m -s, "e évêque m.

bischöflich a épiscopal(e).

bisher ad jusqu'à présent.

bisherig a précédent(e).

Biskuit m ont -(e)s, -s o -e génoise f.

Biß m -sses, -sse morsure f.

biß siehe **beißen**.

bißchen pron: **ein** ~ un peu; **ein** ~ **Ruhe/Salz** un peu de repos/de sel; **ein** ~ **viel/wenig** un peu beaucoup/ pas assez; **kein** ~ pas du tout; **ein klein(es)** ~ un tout petit peu.

Bissen m -s, - bouchée f.

bissig a méchant(e).

Bistum nt -s, "er évêché m.

bisweilen ad quelquefois, de temps en temps.

Bitte f -, -n demande f, prière f.

bitte excl s'il vous (te) plaît; (wie ~?) comment?, pardon?; (als Antwort auf Dank) je vous en prie!

bitten vt, vi irr demander; **jdn um etw** ~ demander qch à qn; **jdn zum Tisch/zum Tanz** ~ inviter qn à passer à table/inviter qn à danser; ~**d** a suppliant(e), implorant(e).

bitter a amer(-ère); (Wahrheit) triste; (Ernst, Not, Hunger, Unrecht) extrême; ~**böse** a très méchant(e); (Blick) fâché(e); **B~keit** f amertume f.

Bizeps m -(es), -e biceps m.

Blähungen pl (MED) vents mpl, gaz mpl.

Blamage [bla'ma:ʒ] f -, -n honte f.

blamieren (ohne ge-) vr: **sich** ~ se ridiculiser // vt couvrir de honte.

blank a (Metall, Schuhe, Boden) brillant(e); (unbedeckt) nu(e); (abgewetzt) lustré(e); (sauber) propre; (fam: ohne Geld) fauché(e)

(:Unsinn, Neid, Egoismus) pur(e).

Blankoscheck m chèque m en blanc.

Bläschen ['blɛːsçən] nt (MED) pustule f; (im Mund) aphte m.

Blase f -, -n bulle f; (MED) ampoule f; (ANAT) vessie f.

Blasebalg m soufflet m.

blasen irr vt souffler; (MUS: Instrument) jouer de; (:Melodie) jouer // vi (Mensch) souffler; (auf Instrument) jouer.

bla'siert a hautain(e).

Blas-: ~**instrument** nt instrument m à vent; ~**kapelle** f orchestre m de cuivres.

Blasphe'mie f blasphème m.

blaß a pâle.

Blässe f - pâleur f.

Blatt nt -(e)s, "er feuille f; (Seite) page f; (Zeitung) papier m; (Karte) carte f; (von Säge, Axt) lame f.

blättern vi: **in etw** (dat) ~ feuilleter qch.

Blätterteig m pâte f feuilletée.

blau a bleu(e); (Auge) au beurre noir; (Blut) bleu(e), noble; (fam: betrunken) noir(e); (CULIN) au bleu; ~**er Fleck** bleu m; **Fahrt ins B~e** voyage m surprise; **B~licht** nt gyrophare m; ~**machen** vi (zvb) (SCOL) sécher; **B~strumpf** m bas m bleu.

Blech nt -(e)s, -e tôle f; (Büchsen-) fer-blanc m; (Back-) plaque f; (MUS) cuivre m.

blechen vt, vi (fam: Geld) payer, cracher.

Blechschaden m (AUT) dégâts mpl de carrosserie.

Blei nt -(e)s, -e plomb m // m ont (~stift) crayon m.

bleiben vi irr (mit sein) rester; (Einstellung nicht ändern) persister (bei dans); (unkommen) mourir; **stehen**~ rester debout; ~**lassen** vt irr (zvb) ne pas faire.

bleich a blême.

bleichen vt (Wäsche) blanchir; (Haare) décolorer.

Bleistift m crayon m; ~**spitzer** m taille-crayons m.

Blende f -, -n (PHOT) diaphragme f.

blenden vt éblouir; (blind machen) aveugler.

blendend a (fam) formidable; ~ **aussehen** être resplendissant(e).

Blick m -(e)s, -e regard m; (Aussicht) vue f; (Urteilsfähigkeit) coup m d'œil.

blicken vi regarder; sich ~ lassen se montrer, se faire voir.

blieb siehe **bleiben**.

blies siehe **blasen**.

blind a aveugle; (Spiegel, Glas etc) terne, mat(e); ~**er Passagier** passager m clandestin; ~**er Alarm** fausse alarme f o alerte f.

Blinddarm m appendice f; ~**entzündung** f appendicite f.

Blindenschrift f écriture f braille.

Blindheit f cécité f; (fig) aveuglement m.

blindlings ad aveuglément.

Blindschleiche f -, -n orvet m.

blinken vi scintiller; (Licht) clignoter; (AUT) mettre ses clignotants.

Blinker m -s, -, **Blinklicht** nt (AUT) clignotant m.

blinzeln vi cligner des yeux; (jdm zu~) faire un clin d'œil.

Blitz m -es, -e éclair m, foudre f; ~**ableiter** m (PHOT) paratonnerre m.

blitzen vi (Metall) briller, étinceler; (Augen) lancer des éclairs; **es blitzt** (METEO) il fait des éclairs.

Blitzlicht nt (PHOT) flash m.

blitzschnell a, ad rapide comme l'éclair o la foudre.

Block m -(e)s, ⁻e bloc m // m -s, -s (Häuser~) pâté m; (Gruppe) bloc m.

Blockade [blɔ'ka:də] f blocus m.

Blockflöte f flûte f à bec.

blockfrei a (POL) non-aligné(e).

blo'ckieren (ohne ge-) vt bloquer; (unterbinden) entraver // vi (Räder) bloquer.

Blockschrift f caractères mpl d'imprimerie.

blöd(e) a idiot(e); (unangenehm) ennuyeux(-euse), embêtant(e).

Blödsinn m idiotie f.

blond a blond(e).

bloß a nu(e); (nichts anderes als) rien

d'autre que // ad (nur) seulement; **sag ~!** dis donc!; **sag ~, daß du das nicht gemerkt hast** ne me dis surtout pas que tu ne l'as pas remarqué; **laß das ~!** laisse!

Blöße f -, -n: **sich** (dat) **eine ~ geben** montrer son point faible.

bloßstellen vt (zvb) mettre à nu.

blühen vi fleurir; (fig) prospérer, être florissant(e); **jdm blüht etw** (fam) qch va arriver à qn; ~**d** a florissant(e); (Aussehen) éclatant(e).

Blume f -, -n fleur f; (von Wein) bouquet m; (von Bier) mousse f.

Blumen-: ~**kohl** m chou-fleur m; ~**topf** m pot m de fleurs.

Bluse f -, -n corsage m, chemisier m.

Blut nt -(e)s sang m; ~**druck** m tension f artérielle.

Blüte f -, -n fleur f; (Blütezeit) floraison f; (fig) apogée f.

bluten vi saigner.

Blutegel m sangsue f.

Bluter m -s, - (MED) hémophile m.

Blut-: ~**erguß** m contusion f; ~**gruppe** f groupe m sanguin.

blutig a (Verband) ensanglanté(e); (Kampf) sanglant(e).

blutjung a tout(e) jeune.

Blut-: ~**probe** f prise f de sang; ~**übertragung** f transfusion f sanguine; ~**ung** f saignement m; (starke) hémorragie f; ~**wurst** f boudin m.

Bö(e) f -, -en rafale f.

Bock m -(e)s, ⁻e (Reh~) chevreuil m; (Ziegen~) bouc m; (Gestell) tréteau m; (Kutsch~) siège m (du cocher).

Boden m -s, - terre f, sol m; (untere Seite) bas m; (Meeres~, Faß~) fond m; (Speicher) grenier m; (fig: Grundlage) base f, fond m; **auf dem ~ sitzen** être assis(e) par terre; **b~los** a (fam: Frechheit) inouï(e), énorme; ~**schätze** pl ressources fpl naturelles.

bog siehe **biegen**.

Bogen m -s, - (Biegung) courbe f; (ARCHIT, Waffe) arc m; (MUS) archet m; (Papier) feuille f.

Bohne f -, -n (Gemüsepflanze) haricot

m vert; *(Frucht)* haricot *m; (Kaffee~)* grain *m* de café.

bohren *vt (Loch)* percer; *(Brunnen)* creuser, forer; *(Metall)* perforer; *(hinein~)* enfoncer // *vi (mit Werkzeug)* percer, creuser; *(Zahnarzt)* passer la roulette; **in der Nase ~** se mettre les doigts dans le nez.

Bohrer *m -s, -* perceuse *f; (von Zahnarzt)* fraise *f.*

Bohr-: **~insel** *f* plateforme *f* pétrolière; **~maschine** *f* perceuse *f;* **~turm** *m* derrick *m.*

Boiler *f* ['bɔylə] *m -s, -* chauffe-eau *m.*

Boje *f -, -n* balise *f.*

Bolzen *m -s, -* boulon *m.*

bombar'dieren *vt (ohne ge-)* bombarder; **jdn mit Fragen ~** mitrailler qn de questions.

Bombe *f -, -n* bombe *f;* **~nerfolg** *m (fam)* succès *m* monstre *o* fou.

Bonbon [bõˈbõ] *m o nt -s, -s* bonbon *m.*

Bonus *m -, -se (Gewinnanteil)* boni *m; (Sondervergütung)* bonification *f.*

Boot *nt -(e)s, -e* bateau *m.*

Bord *m -(e)s, -e:* **an ~** à bord; **über ~ gehen** par-dessus bord; **von ~ gehen** débarquer.

Bord *nt -(e)s, -e (Brett)* étagère *f.*

Bor'dell *nt -s, -e* bordel *m.*

borgen *vt (verleihen)* prêter; *(ausleihen)* emprunter *(etw von jdm* qch à qn); **sich** *(dat)* **etw ~** emprunter qch.

Borke *f -, -n* écorce *f.*

bor'niert *a* borné(e).

Börse *f -, -n (FIN)* Bourse *f; (Geld~)* porte-monnaie *m.*

Borste *f -, -n* soie *f.*

Borte *f -, -n* bordure *f.*

bös(e) *a* mauvais(e); méchant(e); *(Krankheit)* grave; **ein ~es Gesicht machen** avoir l'air fâché(e).

bösartig *a* méchant(e), malfaisant(e); *(MED)* malin(-igne).

Böschung *f (Straßen~)* talus *m; (Ufer~)* berge *f.*

boshaft *a* méchant(e).

Bosheit *f* méchanceté *f.*

böswillig *a* malveillant(e).

bot *siehe* **bieten.**

Bo'tanik *f* botanique *f.*

bo'tanisch *a* botanique.

Bote *m -n, -n* messager *m; (Laufbursche)* garçon *m* de courses.

Botschaft *f* message *m; (POL)* ambassade *f.*

Botschafter(in *f)* *m -s, -* ambassadeur(-drice).

Bottich *m -(e)s, -e* cuve *f; (Wäsche~)* baquet *m.*

Bouillon [buˈljõ] *f -, -s* bouillon *m,* consommé *m.*

boxen *vi* boxer.

Boxer *m -s, -* boxeur *m.*

Boxkampf *m* match *m* de boxe.

boykot'tieren, *vt (ohne ge-)* boycotter.

brach *siehe* **brechen.**

brachte *siehe* **bringen.**

Branche ['brãːʃə] *f -, -n* branche *f;* **~nverzeichnis** *nt* annuaire *m* des professions.

Brand *m -(e)s, -e* feu *m,* incendie *m; (MED)* gangrène *f.*

branden *vi (mit sein) (Meer)* se briser; *(fig)* se déchaîner *(um jdn* contre qn).

brandmarken *vt (Tiere)* marquer (au fer rouge); *(fig)* dénoncer.

Brand-: **~stifter(in** *f)* *m* incendiaire *m/f,* pyromane *m/f;* **~stiftung** *f* incendie *m* criminel.

Brandung *f* ressac *m.*

Brandwunde *f* brûlure *f.*

brannte *siehe* **brennen.**

Branntwein *m* eau-de-vie *f.*

Bra'silien *nt* le Brésil.

braten *vt irr (Fleisch)* rôtir, cuire; *(in der Pfanne)* frire.

Braten *m -s, -* rôti *m.*

Brat-: **~huhn** *nt* poulet *m; (~kartoffeln* *pl* pommes *fpl* de terre sautées; **~pfanne** *f* poêle *f* à frire; **~rost** *m* gril *m.*

Bratsche *f -, -n* alto *m.*

Brat-: **~spieß** *m* broche *f; ~wurst** *f* saucisse *f* à griller; saucisse *f* grillée.

Brauch *m -(e)s, Bräuche* tradition *f,* usage *m.*

brauchbar *a* utilisable; *(Vorschlag)* utile; *(Mensch)* capable.

brauchen *vt* avoir besoin de *(jdn/etw* de

qn/qch); (verwenden) utiliser; (Strom, Benzin) consommer.

Braue f -, -n sourcil m.

brauen vt brasser.

Braue'rei f brasserie f.

braun a brun(e), marron inv; (von Sonne) bronzé(e).

bräunen vt (CULIN) faire revenir; (Subjekt: Sonne) bronzer.

Brause f -, -n (Dusche) douche f; (von Gießkanne) pomme f; (Getränk) limonade f.

brausen vi rugir; (auch vr: duschen) se doucher; (mit sein: schnell fahren) foncer, filer.

Braut f -, Bräute mariée f; (Verlobte) fiancée f.

Bräutigam m -s, -e marié m; fiancé m.

Brautpaar nt mariés mpl.

brav a (artig) sage, gentil(le); (ehrenhaft) brave.

BRD [be:ʔer'de:] f - abk von **Bundesrepublik Deutschland** R.F.A. f.

Brecheisen nt levier m.

brechen irr vt (zer-) casser; (Bein, Arm) se casser, se fracturer; (Licht, Wellen) réfléchir, réfracter; (Widerstand, Trotz; jdn) briser; (Schweigen, Versprechen) rompre; (Rekord) battre; (Blockade) forcer; (speien) vomir // vi (mit sein) (zer-) rompre, se casser; (Rohr etc) crever; (Wellen) se briser (an contre); (Strahlen) percer (durch etw qch); (hervorstoßen) surgir; (mit haben: speien) vomir, rendre; **mit jdm/etw** ~ rompre avec qn/qch; **die Ehe** ~ commettre un adultère.

Brecher m -s, - lame f brisante.

Brechreiz m nausée f.

Brei m -(e)s, -e (Masse) pâte f; (CULIN) bouillie f.

breit a large; (ausgedehnt) vaste, étendu(e); (Lachen) gras(se); **1 m** ~ large de 1 m, 1 m de large; **die** ~ **e Masse** les masses.

Breite f -, -n largeur f; étendue f; (GEO) latitude f.

Breitengrad m degré m de latitude.

breit-: ~**machen** vr (zvb): **sich** ~**machen** s'étaler; ~**treten** vt irr

(zvb) (fam) rabâcher.

Bremsbelag m garniture f o semelle f de frein.

Bremse f -, -n frein m; (ZOOL) taon m.

bremsen vi freiner // vt (Auto) faire freiner; (fig) freiner; (jdn) retenir.

Brems-: ~**licht** nt feu m de stationnement; ~**pedal** nt pédale f de frein; ~**schuh** m sabot m; ~**spur** f trace f de freinage; ~**weg** m longueur f d'arrêt.

brennbar a inflammable.

brennen irr vi brûler // vt brûler; (Ziegel) marquer au fer rouge; (Muster) imprimer; (Ziegel, Ton) cuire; (Branntwein) distiller; (Kaffee) torréfier, griller; **mir** ~ **die Augen** j'ai les yeux qui piquent; **es brennt!** au feu!; **darauf** ~, **etw zu tun** être impatient(e) de faire qch.

Brenn-: ~**material** nt combustible m; ~**(n)essel** f ortie f; ~**punkt** m (PHYS) foyer m; (Mittelpunkt) centre m; ~**spiritus** m alcool m à brûler; ~**stoff** m combustible m.

brenzlig a (Geruch) de brûlé; (Situation) critique.

Brett nt -(e)s, -er planche f; (Bord) étagère f; (Spiel-) damier m; (schwarzes) ~ panneau m d'affichage; ~**er** pl (Skier) skis mpl; (THEAT) planches fpl; ~**erzaun** m palissade f.

brichst, bricht siehe **brechen.**

Brief m -(e)s, -e lettre f; ~**kasten** m boîte f aux lettres; **b**-**lich** a, ad par écrit, par lettre; ~**marke** f timbre (-poste) m; ~**tasche** f portefeuille m; ~**träger** m facteur m; ~**umschlag** m enveloppe f; ~**wechsel** m correspondance f.

briet siehe **braten.**

brillant [brɪl'jant] a (ausgezeichnet) brillant(e), excellent(e).

Brillant [brɪl'jant] m brillant m, diamant m.

Brille f -, -n lunettes fpl; (Toiletten~) lunette f.

bringen vt irr porter, apporter; (mitnehmen) emporter; (jdn) emmener; (Profit) rapporter; (veröffentlichen) publier; (THEAT, FILM) jouer; présenter; (RADIO, TV) passer; (in einen Zustand versetzen) mener (zu, in à); **jdn dazu ~, etw zu tun** amener qn à faire qch; **jdn nach Hause ~** ramener qn à la maison; **er bringt es nicht** (fam) il n'y arrive pas; **jdn um etw ~** faire perdre qch à qn; **es zu etw ~** parvenir à qch; **jdn auf eine Idee ~** donner une idée à qn.

Brise f -, -n brise f.

britisch a britannique.

bröckelig a friable.

Brocken m -s, - (Stückchen) morceau m; (Bissen) bouchée f; (von Kenntnissen) bribe f; (Fels~) fragment m; (fam: großes Exemplar) sacré morceau m.

Brombeere f mûre f.

Bronchien ['brɔnçiən] pl bronches fpl.

Bron'chitis f - bronchite f.

Bronze ['brõːsə] f -, -n bronze m.

Brosame f -, -n miette f.

Brosche f -, -n broche f.

Bro'schüre f -, -n brochure f.

Brot nt -(e)s, -e pain m; (belegtes ~) tartine f.

Brötchen nt petit pain m.

brotlos a (Mensch) sans emploi; (Arbeit) peu lucratif(-ive).

Bruch m -(e)s, -̈e cassure f; (fig) rupture f; (MED: Eingeweide~) hernie f; (:Bein~ etc) fracture f; (MATH) fraction f.

brüchig a (Material) cassant(e), fragile; (Stein) friable.

Bruch-: ~**landung** f atterrissage m forcé ~**strich** m barre f de fraction; ~**stück** nt fragment m; ~**teil** m fraction f.

Brücke f -, -n pont m; (Zahn~) bridge m; (NAVIG) passerelle f; (Teppich) carpette f.

Bruder m -s, -̈ frère m; (pej: Kerl) type m, loustic m.

brüderlich a fraternel(le) // ad fraternellement.

Brüderschaft f amitié f, camaraderie f.

Brühe f -, -n (CULIN) bouillon m; (pej: Getränk) lavasse f; (: Wasser) eau

f de vaisselle.

brüllen vi (Mensch) hurler; (Tier) mugir, rugir.

brummen vi grogner; (Insekt, Radio) bourdonner; (Motoren) vrombir, ronfler; (murren) ronchonner // vt (Antwort, Worte) grommeler; (Lied) chantonner; **jdm brummt der Schädel** qn a mal au crâne.

brü'nett a châtain inv.

Brunft f -, -̈e rut m, chaleur f.

Brunnen m -s, - fontaine f; (tief) puits m; (natürlich) source f.

brüsk a brusque, brutal(e).

Brust f -, -̈e poitrine f; (~korb) thorax m.

brüsten vr: **sich ~** se vanter, se rengorger.

Brust-: ~**schwimmen** nt brasse f; ~**warze** f mamelon m.

Brüstung f balustrade f.

Brut f -, -en (Tiere) couvée f; (pej: Gesindel) engeance f; (Brüten) incubation f.

brutal a brutal(e).

Brutali'tät f brutalité f.

brüten vi couver.

brutto ad brut.

Buch nt -(e)s, -̈er livre m; (COMM) livre m de comptabilité, registre m; ~**binder** m -s, - relier f; ~**drucker** m imprimeur m.

Buche f -, -n hêtre m.

buchen vt réserver, retenir; (Betrag) inscrire, porter.

Bücherbrett nt étagère f.

Büche'rei f bibliothèque f.

Bücher-: ~**regal** nt rayons mpl de bibliothèque; ~**schrank** m bibliothèque f.

Buch-: ~**fink** m pinson m; ~**führung** f comptabilité f; ~**halter(in** f) m -s, - comptable m/f; ~**händler(in** f) m libraire m/f; ~**handlung** f librairie f.

Büchse f -, -n boîte f; (Gewehr) carabine f, fusil m; ~**nfleisch** nt viande f en conserve; ~**nöffner** m ouvreboîtes m.

Buchstabe ['buːxʃtaːbə] m -ns, -n lettre f.

buchstabieren [buːxʃtaˈbiːrən] vt

(ohne ge-) épeler.

buchstäblich ['buːxʃtɛːplıç] *a (fig)* littéralement, à la lettre.

Bucht *f -, -en* baie *f; (Park~)* place *f* de stationnement.

Buchung *f (Reservierung)* réservation *f; (COMM)* opération *f (comptable).*

Buckel *m -s, -* bosse *f; (fam: Rücken)* dos *m.*

bücken *vr:* sich ~ se baisser.

Bückling *m (Fisch)* hareng *m* saur; *(Verbeugung)* révérence *f.*

Bude *f -, -n* baraque *f.*

Budget [byˈdʒeː] *nt -s, -e* budget *m.*

Büfett [byˈfeː] *nt -s, -e (Schrank)* buffet *m; (Theke)* comptoir *m; kaltes* ~ buffet *m* froid.

Büffel *m -s, -* buffle *m.*

Bug *m -(e)s, -e (NAVIG)* proue *f.*

Bügel *m -s, - (Kleider~)* cintre *m; (Steig~)* étrier *m; (Brillen~)* branche *f; (an Handtasche etc)* poignée *f;* ~**eisen** *nt* fer *m* à repasser; ~**falte** *f* pli *m.*

bügeln *vt, vi* repasser.

Bühne *f -, -n (Podium)* podium *m,* estrade *f; (im Theater)* scène *f; (Theater)* théâtre *m;* ~**nbild** *nt* scène *f,* décor *m.*

Bulgarien *nt* la Bulgarie.

Bulldogge *f* bouledogue *m.*

Bulldozer ['buldoːzɐ] *m -s, -* bulldozer *m.*

Bulle *m -n, -n* taureau *m.*

Bummel *m -s, - balade *f,* flânerie *f; (Schaufenster~)* lèche-vitrines *m.*

Bummelant *m* traînard *m.*

bummeln *vi (mit sein: gehen)* se balader, flâner; *(trödeln)* traîner; *(faulenzen)* se la couler douce.

Bummel-: ~**streik** *m* grève *f* du zèle; ~**zug** *m* omnibus *m.*

Bummler(in *f) m -s, - (langsamer Mensch)* traînard *m,* lambin *m; (Faulenzer)* fainéant(e), flemmard.

bumsen *vi (mit sein: aufprallen)* rentrer *(gegen dans); (mit haben: Lärm)* faire boum; *(fam!: mit haben)* baiser.

Bund *m -(e)s, -e* lien *m; (Vereinigung)* alliance *f; (POL)* fédération

f; (Hosen~, Rock~) ceinture *f // nt* ~**(e)s, -e** botte *f; (Schlüssel~)* trousseau *m.*

Bündchen *nt* manchette *f; (Hals~)* revers *m.*

Bündel *nt -s, -* paquet *m,* ballot *m; (Strahlen~)* faisceau *m.*

Bundes-: ~**bahn** *f* chemins *mpl* de fer fédéraux; ~**kanzler(in** *f) m* chancelier *m* de la République fédérale; ~**land** *nt* land *m;* ~**liga** *f* première division *f* de football; ~**präsident** *m* président *m* de la République fédérale; ~**rat** *m* conseil *m* fédéral, bundesrat *m;* ~**republik** *f* république fédérale *f;* ~**staat** *m* État *m* fédéral; ~**straße** *f* route *f* fédérale, route *f* nationale; ~**tag** *m* parlement *m* fédéral; ~**wehr** *f* armée *f* (allemande).

bündig *a (kurz)* concis(e), succinct(e).

Bündnis *nt* alliance *f,* pacte *m.*

Bunker *m -s, -* bunker *m,* casemate *m.*

bunt *a* coloré(e); *(gemischt)* varié(e); **jdm wird es zu** ~ c'en est trop pour qn.

Buntstift *m* crayon *m* de couleur.

Burg *f -, -en (Festung)* forteresse *f,* château *m* fort.

Bürge *m -n, -n, Bürgin** *f* garant(e).

bürgen *vi:* für jdn/etw ~ se porter garant de qn/qch.

Bürger(in *f) m -s, - citoyen(ne),* bourgeois(e); ~**krieg** *m* guerre *f* civile; **b~lich** *a (Rechte)* civique, civil(e); *(Klasse, pej)* bourgeois(e); ~**meister(in** *f) m* maire *m;* ~**steig** *m* trottoir *m;* ~**tum** *nt -s* bourgeoisie *f.*

Bürgschaft *f* caution *f.*

Bü'ro *nt -s, -s* bureau *m;* ~**klammer** *f* trombone *m.*

Bürokra'tie *f* bureaucratie *f.*

büro'kratisch *a* bureaucratique.

Bursch(e) *m -en, -en* garçon *m,* gars *m; (Diener)* domestique *m.*

burschi'kos *a* sans complexes, décontracté(e).

Bürste *f -, -n* brosse *f.*

bürsten *vt* brosser.

Bus *m -ses, -se* (auto)bus *m.*

Busch m -(e)s, ⁻e buisson m, arbuste m; (in Tropen) brousse f.

Büschel nt -s, - touffe f.

Busen m -s, - poitrine f, seins mpl; (Meer~) golfe m.

Bussard m -s, -e busard m.

Buße f -, -n pénitence f; (Geld~) amende f.

büßen vi faire pénitence // vt (Leichtsinn, Tat) payer, expier.

Büste f -, -n buste m; (Schneider~) mannequin m (de tailleur); **~nhalter** m -s, - soutien-gorge m.

Butter f - beurre m; **~blume** f bouton m d'or; **~brot** nt tartine f beurrée; **~dose** f beurrier m.

C

C nt (MUS) do m.

Ca'fé nt -s, -s salon m de thé.

Cafete'ria f -, -s cafétéria f.

campen ['kɛmpn] vi camper.

Camper(in f) ['kɛmpɐ, -ərɪn] m -s, - campeur(-euse).

Camping ['kɛmpɪŋ] nt -s camping m; **~platz** m camping m, terrain m de camping.

Cape [keːp] nt -s, -s cape f.

Caravan m ['ka(ː)ravan] m -s, -s caravane f.

CDU ['tseːdeːˈʔuː] abk von **Christlich-Demokratische Union**.

Cello ['tʃɛlo] nt -s, -s o **Celli** ['tʃɛli] violoncelle m.

Celsius ['tsɛlzɪʊs] Celsius, centigrade m.

Chamäleon [kaˈmɛːleɔn] nt -s, -s caméléon m.

Champagner [ʃamˈpanjɐ] m -s, - champagne m.

Champignon ['ʃampɪnjɔŋ] m -s, -s champignon m de Paris.

Chance ['ʃãːsə] f -, -n (Gelegenheit) occasion f, possibilité f; (Aussicht) chance f.

Chanson [ʃãːˈsõː] nt -s, -s chanson f (à texte).

Chaos ['kaːɔs] nt - chaos m.

chaotisch [kaˈoːtɪʃ] a chaotique.

Charakter [kaˈraktɐ] m -s, -e [-ˈtɛːrə] caractère m; c**~fest** a de caractère.

charakteri'sieren [ka-] vt (ohne ge-) caractériser.

charakter'istisch [ka-] a caractéristique (für de).

cha'rakterlich [ka-] a du o de caractère.

cha'rakterlos [ka-] a sans caractère.

charmant [ʃarˈmant] a charmant(e).

Charterflug ['tʃartɐ-] m vol m charter; **~zeug** nt charter m.

Chassis [ʃaˈsiː] nt -, - [-iːs] châssis m.

Chauffeur [ʃoˈføːr] m chauffeur m.

Chauvi'nismus [ʃovi-] m chauvinisme m.

Chauvi'nist(in f) [ʃovi-] m chauvin(e).

Chef [ʃɛf] m -s, -s chef m, patron m; **~arzt** m médecin-chef m; **~in** f chef m, patronne f; **~redakteur** m rédacteur m en chef; **~sekretärin** f secrétaire f de direction.

Chemie [çeˈmiː] f - chimie f; **~faser** f fibre f synthétique.

Chemikalie [çemiˈkaːliə] f produit m chimique.

Chemiker(in f) ['çeː-] m -s, - chimiste m/f.

chemisch ['çeː-] a chimique; **~e Reinigung** nettoyage m à sec.

Chiffon [ʃiˈfõː(ŋ)] m -s, -s foulard m.

Chiffre ['ʃɪfrə, 'ʃɪfra] f -, -n (Geheimzeichen) chiffre m; (in Zeitung) référence f.

Chile ['tʃiːlə] nt -s le Chili.

China ['çiːna, 'kiːna] nt -s la Chine.

chi'nesisch [çi-, ki-] a chinois(e).

Chinin [çiˈniːn] nt -s quinine f.

Chips [tʃɪps] pl (Spielmarken) jetons mpl; (Kartoffel~) chips mpl.

Chirurg(in f) [çiˈrʊrɡ(ɪn)] m -en, -en chirurgien(ne).

Chirurgie [çirʊrˈɡiː] f chirurgie f.

chi'rurgisch [çi-] a chirurgical(e).

chlorofor'mieren [kloro-] vt (ohne ge-) chloroformer.

Choke [tʃɔːk] *m* -s, -s (AUT) starter *m*.

cho'lerisch [ko-] *a* colérique, coléreux(-euse).

Choleste'rin [ço-] *nt* -s cholestérol *m*.

Chor [koːɐ] *m* -(e)s, ∵e chœur *m*.

Choreogra'phie [koreo-] *f* chorégraphie *f*.

Chor-: ~**gestühl** *nt* stalles *fpl*; ~**knabe** *m* petit chanteur *m*.

Christ(in *f*) [krɪst] *m* -en, -en chrétien(ne); ~**enheit** *f* chrétienté *f*; ~**entum** *nt* -s christianisme *m*; ~**kind** *nt* enfant *m* Jésus; *(das Geschenke bringt)*=Père *m* Noël.

christlich ['krɪ-] *a* chrétien(ne).

Christrose ['krɪ-] *f* rose *f* de Noël.

Chrom [kroːm] *nt* -s chrome *m*.

Chromo'som [kro-] *nt* -s, -en chromosome *m*.

Chronik ['kro:-] *f* chronique *f*.

chronisch ['kro:-] *a* chronique.

chrono'logisch [kro-] *a* chronologique.

Chrysantheme [kryzan'teːmə] *f* -, -n chrysanthème *m*.

circa ['tsɪrka] *ad* environ.

clever ['klɛvɐ] *a* malin(e), futé(e).

Clou [klu:] *m* -s, -s clou *m*.

Clown [klaun] *m* -s, -s clown *m*.

Cockerspaniel *m* -(s), -s cocker *m*.

Cocktail ['kokteːl] *m* -s, -s cocktail *m*; ~**kleid** *nt* robe *f* de cocktail; ~**party** *f* cocktail *m*.

Comics ['kɔmɪks] *pl* bande *f* dessinée (BD, bédé *f*).

Computer [kɔm'pjuːtɐ] *m* -s, - ordinateur *m*.

Conférencier [kõferãˈsieː] *m* -s, -s animateur(-trice).

Container [kɔnˈteːnɐ] *m* -s, - conteneur *m*.

Couch [kautʃ] *f* -en canapé *m*.

Countdown ['kaunt'daun] *m* -s, -s compte *m* à rebours.

Cousin [ku'zɛ̃] *m* -s, -s cousin *m*; ~**e** [ku'ziːnə] *f* -, -n cousine *f*.

Creme [kreːm] *f* -, -s crème *f*; (Schuh~) cirage *m*; (Zahn~) dentifrice *m*; **c~farben** *a* crème.

Curry(pulver *nt*) ['kari-] *m o nt* -s

curry *m*.

Cutter(in *f*) ['katɐ, -ərɪn] *m* -s, - monteur(-euse).

D

D *nt* (MUS) ré *m*.

da *ad* (*dort*) là-bas; (*hier*) ici, là; (*dann*) alors; ~ **drüben/draußen/vorn** là-bas/là-dehors/là-devant; ~ **hinein/hinauf** là-dedans/là-dessus; ~, **wo** ... là où ...; **von** ~ **an** à partir de (ce moment-)là; ~ **haben wir sie gelacht** ça l'a fait rire; **was soll man ~ sagen/machen?** que dire de plus/qu'y faire? // *conj* (*weil*) comme, puisque.

da'bei *ad* (*räumlich*) à côté; (*mit etwas zusammen*) avec (*oft nicht übersetzt*); (*inklusive*) compris(e); (*bei sich*): **ich habe kein Geld** ~ je n'ai pas d'argent sur moi; **er hatte seine Tochter** ~ sa fille l'accompagnait; (*zeitlich: während*) en même temps; (*obwohl doch*) pourtant; **er starb** ~ il en est mort; **was ist schon** ~? et alors?; **es ist doch nichts** ~, **wenn** man ... qu'est-ce que ça peut faire qu'on ...?; **es bleibt** ~ ~ c'est décidé; **das Schwierige** ~ **ist** ... le problème (là-dedans), c'est ...

da'beisein *vi irr* (*zvb, mit sein*) (*anwesend sein*) être présent(e); (*beteiligt*) en être; **er war gerade** ~ **zu gehen** il était en train de partir.

Dach *nt* -(e)s, ∵er toit *m*; ~**boden** *m* grenier *m*; ~**decker** *m* -s, - couvreur *m*; ~**rinne** *f* gouttière *f*.

Dachs [daks] *m* -es, -e blaireau *m*.

Dachständer *m*, **Dachträger** *m* (AUT) galerie *f*.

dachte *siehe* **denken**.

Dackel *m* -s, - basset *m*.

da'durch *ad* (*räumlich*) par là; (*mittel*) par ce moyen, ainsi; (*aus diesem Grund*) c'est pourquoi; ~, **daß** ... du fait que ...

da'für *ad* pour cela; (*Ersatz*) en échange; ~ **sein** être pour; ~ **sein, daß** ... (*der Meinung sein*) être d'avis que ... (+ *subj*); ~, **daß** ... étant donné que ...; **er kann nichts ~** il n'y peut rien; **was bekomme ich ~?** que recevrai-je en échange?

da'gegen ad contre (cela); (an, auf) y (vor vb); (im Vergleich) en comparaison; **er hat es ~ eingetauscht** il l'a échangé(e) contre ceci; **ein gutes Mittel ~** un bon remède à cela; **er prallte ~** il a foncé dedans; **ich habe nichts ~** je n'ai rien contre (cela); **ich war ~** j'étais contre // conj par contre.

da'heim ad à la maison, chez soi.

da'her ad de là // conj (deshalb) c'est pourquoi; **ich komme gerade ~** j'en viens; **die Schmerzen kommen ~** voilà la cause des douleurs; **das geht ~ nicht, weil ...** c'est impossible pour la raison que ....

da'hin ad (räumlich) là; **gehst du auch ~?** tu y vas aussi?; **sich ~ einigen** se mettre d'accord sur cela; **er bringt es noch ~, daß ...** il va finir par ...; **bis ~** (zeitlich) jusque-là.

da'hinten ad là-derrière; (weit entfernt) là-bas; (in Raum) au fond.

da'hinter ad derrière; **was verbirgt sich/steckt ~?** qu'est-ce qui se cache/qu'il y a là-dessous?

da'hinterkommen vi irr (zvb, mit sein): **~, daß/wer/was** découvrir que/qui/ce que.

dalassen vt irr (zvb) laisser (ici).

damalig a d'alors; **der ~e Direktor war Herr ...** le directeur était alors Monsieur ....

damals ad à cette époque(-là); **~ als** à l'époque où; **~ und heute** jadis et aujourd'hui.

Da'mast m -(e)s, -e damas m.

Dame f -, -n dame f; (Schach) reine f; **meine ~n und Herren** mesdames et messieurs; **d~nhaft** a distingué(e).

da'mit conj pour que (+subj); ad avec cela; (begründend) ainsi; **was ist ~?** qu'en est-il?; **genug ~!** suffit comme ça!; **~ basta** o Schluß un point, c'est tout; **~ eilt es nicht** ça ne presse pas.

dämlich a (fam) idiot(e).

Damm m -(e)s, ¨-e (Stau~) barrage m; (Hafen~) môle m; (Bahn~, Straßen~) chaussée f.

Dämmerung f (Morgen~) aube f, lever m du jour; (Abend~) crépuscule m, nuit f tombante.

dämmrig a (Zimmer) sombre; (Licht) faible.

Dä'mon m -s, -en démon m.

dä'monisch a démoniaque.

Dampf m -(e)s, ¨-e vapeur f.

dampfen vi fumer.

dämpfen vt (CULIN) cuire à l'étuvée o à la vapeur; (bügeln) repasser (à la vapeur); (Lärm) étouffer; (Freude, Schmerz) atténuer.

Dampfer m -s, - bateau m à vapeur.

Dampf-: ~kochtopf m auto-cuiseur m, cocotte-minute f; **~maschine** f machine f à vapeur; **~schiff** nt bateau m à vapeur; **~walze** f rouleau m compresseur.

da'nach ad ensuite; (in Richtung) vers cela; (gemäß) d'après cela; **~ kann man nicht gehen** on ne peut pas s'y fier; **ich werde mich ~ richten** j'en tiendrai compte; **er schoß ~** il tira dessus; **mir ist nicht ~** je n'en ai pas envie; **er sieht auch ~ aus** il en a tout l'air.

da'neben ad à côté; (im Vergleich damit) en comparaison; (außerdem) en outre.

da'neben-: ~benehmen vr irr (zvb, ohne ge-): **sich ~ benehmen** mal se conduire; **~gehen** vi irr (zvb, mit sein) échouer; (Schuß) manquer la cible.

Dänemark nt -s le Danemark.

dänisch a danois(e).

Dank m -(e)s remerciement(s) m(pl); **vielen o schönen ~** merci beaucoup.

dank prep +dat grâce à.

dankbar a (Mensch) reconnaissant(e); (Aufgabe) qui en vaut la peine.

danke excl merci; **~ schön!** merci beaucoup!

danken vt, vi remercier; **jdm für etw ~** remercier qn de qch; **ich danke** merci; (ironique) non merci.

niemand wird dir das ~ personne ne t'en sera reconnaissant.

dann *ad* alors; *(danach)* puis, ensuite; *(außerdem)* et puis, en outre; ~ und **wann** de temps en temps.

da∙ran *ad* à cela, y *(vor vb)*; *(zweifeln)* de cela; **im Anschluß** ~ tout de suite après; **es liegt** ~, **daß** ... c'est parce que ...; **mir liegt viel** ~ c'est très important pour moi; **gut/ schlecht** ~ **sein** être en bonne/ mauvaise posture; **das Beste ist** ~ ... le meilleur de l'histoire, c'est ...; **ich war nahe** ~, **zu** ... j'étais sur le point de ...; **er ist** ~ **gestorben** il en est mort.

da∙rauf *ad (räumlich)* dessus; *(danach)* après; **es kommt** ~ **an, ob** ... cela dépend si ...; **ich komme nicht** ~ m'échappe; **die Tage** ~ les jours suivants; **am Tag** ~ le lendemain; ~**folgend** *a* suivant(e); ~**hin** *ad (im Hinblick* ~*)* à ce point de vue; *(aus diesem Grund)* à la suite de quoi.

da∙raus *ad (räumlich)* de là, en *(vor Subst)*; *(Material)* en o de cela; **was ist** ~ **geworden?** qu'en est-il advenu?; ~ **geht hervor, daß** ... il en ressort que ...; **mach dir nichts** ~ ne t'en fais pas.

darf, darfst *siehe* **dürfen**.

darin *ad* là-dedans, y *(vor vb)*; *(Grund angebend)* en cela, y *(vor vb)*.

darlegen *vt (zvb)* exposer, expliquer.

Darlehen *nt* -s, - prêt *m*, emprunt *m*.

Darm *m* -(e)s, -e intestin *m*; *(Wurst~)* boyau *m*; ~**saite** *f* corde *f* de boyau.

darstellen *(zvb) vt* représenter; *(THEAT)* jouer, représenter; *(beschreiben)* décrire // *vr:* **sich** ~ se montrer, se présenter.

Darsteller(in *f)* *m* -s, - acteur(-trice), interprète *m/f*.

Darstellung *f* représentation *f*; *(Geschichte)* description *f*.

dar∙über *ad (räumlich)* dessus; *(zur Bedeckung)* par-dessus; *(in bezug auf Thema)* à ce sujet; *(bei Zahlen, Beträgen)* au-dessus; **er hat sich** ~

geärgert/gefreut ça l'a mis en colère/lui a fait plaisir; **er hat** ~ **gesprochen** il en a parlé; ~ **geht nichts** il n'y a rien de mieux.

dar∙um *ad (räumlich)* autour; *(hinsichtlich einer Sache)* pour cela // *conj* c'est pourquoi; **ich bitte** ~ nous vous en prions; **ich bemühe mich** ~ je m'y efforce; **es geht** ~, **daß** ... il s'agit de ...; **er würde viel** ~ **geben, wenn** ... il donnerait beaucoup pour que ... *(+subj)*; **warum bitte?** — ~! *(fam)* pourquoi pas?—parce que!

dar∙unter *ad* en dessous; *(mit vb der Bewegung)* par dessous; *(im Haus, bei Zahlen, Unterordnung)* au-dessous; *(dazwischen, dabei)* parmi eux(elles); **was** ~ **verstehen Sie** ~? qu'entendez-vous par là?

das *gen des, dat dem, akk das, pl die (el* le(la)*, pl les // pron (demonstrativ)* cela, ça, le *(vor vb)* // *pron (relativ)* qui, que; ~ **ist** c'est; ~ **heißt** c'est-à-dire.

Dasein *nt* -s *(Leben)* existence *f*; *(Anwesenheit)* présence *f*; ~ *vi* ir *(zvb, mit sein) (anwesend)* être présent(e); *(vorhanden)*: **es ist noch Brot da** il y a encore du pain.

daß *conj* que; *(damit)* pour que *(+subj)*; *(in Wunschsätzen)* si; **zu teuer, als** ~ ... trop cher pour que ... *(+subj)*; **außer** ~ ... excepté que ...; **ohne** ~ ... sans que ... *(+subj)*.

das∙selbe *pron* la même chose.

dastehen *vi* irr *(zvb) (Mensch)* être là; *(fig)* se trouver; *(in Buch)* être mentionné(e); **dumm** ~ avoir l'air bête.

Daten *pl von* **Datum** // *pl (EDV)* données *fpl*, ~**bank** *f* banque *f* de données; ~**schutz** *m* protection *f* de la vie privée; ~**typist(in** *f)* *m* opérateur(-trice), pupitreur(-trice); ~**verarbeitung** *f* traitement *m* des données.

da∙tieren *(ohne ge-) vt* dater // *vi:* **von** ~ dater de ...

Dativ *m* datif *m*.

Dattel *f* -, -n datte *f*.

Datum *nt* -s, **Daten** date *f*.

Dauer *f* -, -n durée *f*; **auf die** ~ à la

longue; ~**auftrag** m (FIN) ordre m permanent; **d**~**haft** a durable; ~**karte** f abonnement m; ~**lauf** m course f à pied, jogging m.

dauern vi durer; **es hat sehr lange gedauert, bis er begriffen hat** il a mis longtemps à comprendre.

dauernd a constant(e), incessant(e); (andauernd) permanent(e) // ad constamment.

Dauer-: ~**regen** m pluie f incessante; ~**welle** f permanente f; ~**zustand** m état m permanent.

Daumen m -s, - pouce m; **am** ~ **lutschen** sucer son pouce.

Daune f (-, -n duvet m.

Daunendecke f édredon m.

da'von ad en (vor vb); (Entfernung) de là; (Trennung, Grund) de cela; **die Hälfte** ~ la moitié (de cela); **10** ~ **waren gekommen** dix d'entre eux étaient venus; ~ **wußte er nichts** il n'en savait rien; ~ **wissen** être au courant; **das kommt** ~! c'est bien fait!; ~ **abgesehen** à part cela; **was habe ich** ~? à quoi ça m'avance?; **das hast du nun** ~! tu vois le résultat.

da'von-: ~**kommen** vi irr (zvb, mit sein) en tirer; **mit dem Schrecken** ~**kommen** en être quitte pour la peur; ~**laufen** vi irr (zvb, mit sein) se sauver; ~**tragen** vt irr (zvb) (Sieg) remporter; (Verletzung) subir.

da'vor ad devant; (zeitlich, Reihenfolge) avant; **das Jahr** ~ l'année d'avant; **ihn** ~ **warnen** l'en avertir; **Angst** ~ **haben** en avoir peur.

da'zu ad avec cela; (Zweck angebend) pour cela; (in bezug auf Thema, Frage) sur cela; **er arbeitet und singt** ~ il chante en travaillant; **was hat er** ~ **gesagt?** qu'en a-t-il dit?; **und** ~ **noch et en plus; wie komme ich denn** ~? quelle idée!; ~ **fähig sein** en être capable; **Zeit/Lust** ~ **haben** en avoir le temps/envie.

da'zu-: ~**gehören** vi (zvb, ohne ge-) en faire partie; ~**kommen** vi irr (zvb, mit sein) (Ereignisse) survenir; (an einen Ort) arriver.

da'zwischen ad (räumlich) au

milieu; (zeitlich) entretemps; (bei Maß-, Mengenangaben) entre les deux; (dabei, darunter) dans le tas, parmi eux (elles).

da'zwischen-: ~**kommen** vi irr (zvb, mit sein) (hineingeraten): **mit den Fingern** ~**kommen** se coincer les doigts; **es ist etwas** ~**gekommen** il y a eu un contretemps; ~**reden** vi (zvb) (unterbrechen) interrompre.

DDR [de:de:'|εr] f (abk von Deutsche Demokratische Republik) R.D.A. f.

De'batte f -, -n débat m.

Deck nt -(e)s, -s o -e pont m.

Decke f -, -n couverture f; (Tisch~) nappe f; (Zimmer~) plafond m; **unter einer** ~ **stecken** être de connivence.

Deckel m -s, - couvercle m; (Buch~) couverture f.

decken vt couvrir, (Bedarf) satisfaire à; (FIN) couvrir; (Defizit) combler; (SPORT) marquer // vr: **sich** ~ (Meinung) être identique(s); (MATH) coïncider // vi (Farbe) couvrir, camoufler; **den Tisch** ~ mettre le couvert o la table.

Deckung f (Schutz) abri m; (SPORT: von Gegner) marquage m; (von Meinung) accord m; (COMM: von Bedarf) satisfaction f; **in** ~ **gehen** se mettre à l'abri; **zur** ~ **des Defizits** pour combler le déficit; **zur** ~ **der Kosten** pour couvrir les frais.

De'fekt m -(e)s, -e défaut m; **d**~ a (Maschine) défectueux(-euse).

defen'siv a défensif(-ve).

defi'nieren vt (zvb) définir.

Defini'tion f définition f.

Defizit nt -s, -e déficit m.

deftig a (Essen) consistant(e); (Witz) grossier(-ère).

Degen m -s, - épée f.

dege'ne'rieren vi (ohne ge-, mit sein) dégénérer; (Sitten) se dégrader.

dehnbar a extensible.

dehnen vt (Stoff) étirer; (Vokal) allonger // vr: **sich** ~ (Stoff) s'allonger, s'élargir; (Mensch) s'étirer; (Strecke) s'étendre; (dauern) trainer en longueur.

Deich m -(e)s, -e digue f.

Deichsel ['daiksl] f -, -n timon m.

dein (D~ in Briefen) ton(ta); pl tes; (substantivisch): **der/die/das ~e** le (la) tien(ne); **die D~en** (Angehörige) les tiens.

deiner pron (gen von **du**) de toi.

deinerseits ad de ta part, de ton côté.

deinesgleichen pron des gens comme toi.

deinetwegen, deinetwillen ad (für dich) pour toi; (wegen dir) à cause de toi.

dekadent a décadent(e).

Dekadenz f décadence f.

De'kan m -s, -e doyen m.

Deklinati'on f déclinaison f.

dekli'nieren vt (ohne ge-) décliner.

Dekolle'té nt -s, -s décolleté m.

Dekorateur(in f) [dekora'tø:r, 'tø:rin] m décorateur m, décoratrice f.

Dekorati'on f décoration f; (THEAT) décor m.

deko'rieren vt (ohne ge-) décorer.

Delegati'on f délégation f.

Delika'tesse f -, -n délicatesse f; (Feinkost) mets m délicat.

De'likt nt -(e)s, -e délit m.

Delle f -, -n (fam) bosse f.

Del'phin m -s, -e dauphin m // ~ -s brasse f papillon.

dem art dat von **der, das**.

Dema'goge m démagogue m.

demen'tieren vt (ohne ge-) (Meldung) démentir.

demgemäß ad en conséquence.

demnach ad donc.

demnächst ad bientôt, sous peu.

Demokra'tie f démocratie f.

demo'kratisch a démocratique.

demo'lieren vt (ohne ge-) démolir.

Demon'strant(in f) m manifestant(e).

Demonstrati'on f (Darlegung) démonstration f; (Umzug) manifestation f.

demonstra'tiv a démonstratif (-ive) // ad avec ostentation.

demon'strieren (ohne ge-) vt montrer; (guten Willen) manifester, montrer // vi manifester.

Demosko'pie f sondage m d'opinion.

Demut f- humilité f, soumission f.

demütig a humble.

demütigen vt humilier // vr: **sich ~** s'humilier, s'abaisser.

Demütigung f humiliation f.

demzufolge ad donc, par conséquent.

den art akk von **der.**

denen pron dat von **die.**

denkbar a concevable // ad (sehr) extrêmement.

denken irr vt, vi penser; **sich** (dat) **etw ~** (vermuten) se douter de qch; **gut/schlecht über jdn/etw ~** penser du bien/du mal de qn/qch; **an jdn/etw ~** penser à qn/qch; **denk(e) daran, daß ...** n'oublie pas que...; **D~** nt -s (Überlegen) réflexion f; (Denkfähigkeit) pensée f.

Denk-: ~fähigkeit f faculté f de penser; **d~faul** a paresseux(-euse) d'esprit; **~fehler** m faute f o erreur f de raisonnement; **~mal** nt, -mals, -mäler monument m; **d~würdig** a mémorable; **~zettel** m: **jdm einen ~zettel verpassen** donner une leçon à qn.

denn conj car // ad (verstärkend) donc; **wo ist er ~**? où est-il donc?; **mehr/besser ~ je** plus/mieux que jamais; **es sei ~** à moins que (+subj).

dennoch conj cependant, pourtant.

Denunzi'ant(in f) m dénonciateur(-trice).

depo'nieren vt (ohne ge-) déposer.

Depot [de'po:] nt -s, -s dépôt m.

Depressi'on f dépression f.

depri'mieren vt (ohne ge-) déprimer.

der gen des, dat dem, akk den, pl **die** art le(la), pl les // pron (demonstrativ) celui(celle)-ci, celui(celle)-là; (fam) il(elle) // pron (relativ) qui // gen, dat pron die f.

derart ad tellement, tant; (solcher Art) de ce genre(-là), de cette sorte; **~, daß ...** (relativ) de telle sorte que ...; (verstärkend) tellement ... que ...

derartig a tel(le).

derb a grossier(-ère); *(Kost)* peu raffiné(e).

deren pron gen von **die** pl.

der-: ~'**gleichen** pron tel(le), semblable; ~**jenige** pron *(demonstrativ):* ~**jenige ... der** celui ... (qui); ~**maßen** ad tant, si; ~'**selbe** pron le même; ~**zeitig** a *(jetzig)* actuel(le); *(damalig)* d'alors.

des art gen von **der, das.**

deser'tieren vi *(ohne ge-, mit sein)* déserter.

des'gleichen ad pareillement.

deshalb ad c'est pourquoi, pour cette raison, pour cela.

Desinfekti'on f désinfection f; ~**smittel** nt désinfectant m.

desinfi'zieren vt *(ohne ge-)* désinfecter.

dessen pron gen von **der, das**; ~**ungeachtet** ad malgré cela, néanmoins.

Destillati'on [dɛstɪla'tsioːn] f distillation f.

destillieren [dɛstɪ'liːrən] vt *(ohne ge-)* distiller.

desto ad d'autant; ~ **besser** d'autant mieux; *tant mieux.*

deswegen conj c'est pourquoi, à cause de cela.

Detail [de'taj] nt **-s, -s** détail m.

Detek'tiv m détective m.

deuten vt interpréter // vi: **auf etw** *(akk)* ~ indiquer qch.

deutlich a clair(e); *(Schrift)* lisible; *(Aussprache)* distinct(e); *(Unterschied)* net(nette); **jdm etw** ~ **machen** faire comprendre qch à qn.

Deutlichkeit f clarté f; netteté f.

deutsch a allemand(e); **D**~ nt **-en** *(LING)* (l')allemand m; **D**~(**r**) mf Allemand(e); **D**~**land** nt l'Allemagne f.

Deutung f *(Auslegung)* interprétation f.

Devise [de'viːzə] f **-, -n** devise f.

De'zember m **-(s)** décembre m.

de'zent a discret(-ète).

dezi'mal a décimal(e); **D**~**bruch** m décimale f.

d.h. *(abk von* **das heißt)** c'est-à-dire.

Dia nt **-s, -s** diapo f.

Dia'betes m **-, -** diabète m.

Dia'betiker(in f) m **-s, -** diabétique mf.

Dia'gnose f **-, -n** diagnostic m.

Diago'nale f **-, -n** diagonale f.

Dia'lekt m **-(e)s, -e** dialecte m, patois m.

Dia'log m **-(e)s, -e** dialogue m.

Dia'mant m diamant m.

Diaposi'tiv nt diapositive f.

Di'ät f **-, -en** régime m; **d**~ **halten** être au régime, suivre un régime; ~**en** pl indemnité f *(parlementaire).*

dich pron akk von **du.**

dicht a épais(se); *(Menschenmenge, Verkehr)* dense; *(Bäume)* touffu(e); *(Gewebe)* serré(e); *(Dach)* étanche // ad: ~ **an/bei** tout près de.

Dichte f **-** épaisseur f; *(von Gewebe)* texture f serrée; *(von Verkehr)* densité f.

dichten vt *(dicht machen)* étancher; *(Leck)* colmater; *(verfassen)* composer; *(fam: erfinden)* inventer, imaginer // vi *(reimen)* écrire des vers.

Dichter(in f) m **-s, -** poète m.

dichterisch a poétique.

Dichtung f *(TECH)* joint m, garniture f; *(AUT)* joint m de culasse; *(Gedichte)* poésie f; *(Prosa)* œuvre f *(poétique).*

dick a épais(se); *(Mensch)* gros(se); **durch**~ **und dünn** à travers vents et marées.

Dicke f **-, -n** épaisseur f; *(von Mensch)* grosseur f.

dickflüssig a visqueux(-euse), épais(se).

Dickicht nt **-s, -e** fourré m.

Dickkopf m *(Mensch)* tête f de mule; **einen** ~ **haben** être têtu(e).

Dickmilch f lait m caillé.

die gen der, dat der, akk die, pl die art la(les) // pron *(demonstrativ)* celle-là, celle-ci; *(relativ)* qui // pl von **der, die, das.**

Dieb(in f) m **-(e)s, -e** voleur(-euse).

Diebstahl m **-(e)s, ⁒e** vol m.

Diele f **-, -n** *(Brett)* planche f; *(Flur)* vestibule m, entrée f.

dienen vi servir.

Diener(in f) m -s, - domestique m/f; (fig) serviteur m (servante f).

Dienst m -(e)s, -e service m; **außer** ~ hors service; **im** ~ en service; ~ **haben** être de service; **der öffentliche** ~ le service public.

Dienstag m mardi m; **d~s** ad le mardi, tous les mardis.

Dienst-: ~**bote** m domestique m; **d~eifrig** a empressé(e), zélé(e); **d~frei** a: **d~ frei haben** avoir congé; ~**geheimnis** nt secret m professionnel; ~**gespräch** nt communication f de service; **d~habend** a de service; **d~lich** a officiel(le) // ad pour affaires; ~**mädchen** nt bonne f; ~**reise** f voyage m d'affaires; ~**stelle** f bureau m, office m; ~**vorschrift** f instruction f de service; ~**weg** m voie f hiérarchique; ~**zeit** f heures fpl de service.

diesbezüglich a (Frage) à ce propos.

diese(r, s) pron (demonstrativ) ce, (vor Vokal, stummem h) cet, f cette // (substantivisch) celui-là (celle-là).

die'selbe pron le/la même.

Diesel m -s, - (Auto) diesel m; ~**öl** nt huile f diesel.

diesig a brumeux(-euse).

diesjährig a de cette année.

diesmal ad cette fois.

diesseits prep +gen en deçà de; **D~** nt - ce monde m.

Dietrich m -s, -e crochet m.

Differential [-'tsia:l] nt -s, -e différentielle f; ~**getriebe** nt engrenage m différentiel.

differen'zieren vt, vi (ohne ge-) différencier.

Dik'tat nt dictée f; (fig: von Mode) canons pl.

Dik'tator m dictateur m.

Dikta'tur f dictature f.

dik'tieren vt (ohne ge-) dicter.

Di'lemma nt -s, -s dilemme m.

Dilet'tant(in f) m amateur m (-trice).

Dimensi'on f dimension f.

Ding nt -(e)s, -e chose f.

Dingsbums nt - (fam) truc m, machin-chouette m.

Diö'zese f -, -n diocèse m.

Di'plom nt -(e)s, -e diplôme m.

Diplo'mat(in f) m -en, -en diplomate m/f.

Diploma'tie f diplomatie f.

diplo'matisch a diplomatique.

Di'plomingenieur m ingénieur m diplômé.

dir pron dat von **du**.

di'rekt a direct(e) // ad directement; franchement.

Di'rektor(in f) m directeur (-trice); (vonGymnasium) proviseur m; (von Realschule) principal m.

Di'rektübertragung f retransmission f en direct.

Diri'gent(in f) m chef m d'orchestre.

diri'gieren vt, vi (ohne ge-) diriger.

Dirne f -, -n prostituée f.

Dis'kont m -s, -e (FIN) escompte m; (COMM) remise f, rabais m; ~**satz** m taux m d'escompte.

Disko'thek f -, -en discothèque f.

Diskre'panz f divergeance f, contradiction f.

Diskreti'on f discrétion f.

Diskussi'on f discussion f; **zur** ~ **stehen** entrer en ligne de compte.

disku'tieren vt, vi (ohne ge-) discuter (über +akk de).

Di'stanz f distance f; ~ **halten** garder ses distances.

distan'zieren vr (ohne ge-): **sich von jdm/etw** ~ prendre ses distances par rapport à qn/qch.

Distel f -, -n chardon m.

Diszi'plin f discipline f.

Dividende [divi'dendə] f -, -n dividende m.

dividieren [divi'di:rən] vt (ohne ge-) diviser (durch par).

DM abk von **Deutsche Mark**.

doch ad: ~! si!; **das ist** ~ **schön!** mais c'est beau!; **nicht** ~! mais non!; **er kam** ~ **noch** il est venu après tout; **komm** ~! viens donc! // conj (aber) mais; (trotzdem) quand même.

Docht m -(e)s, -e mèche f.

Dock nt -s, -s dock m, bassin m.

Dogge f -, -n dogue m.

Dogma nt -s, **Dogmen** dogme m.
dog'matisch a dogmatique.
Doktor m docteur m.
Doktorarbeit f thèse f de doctorat.
Doku'ment nt document m.
Dokumen'tar-: **~bericht** m, **~film** m documentaire m.
dokumen'tarisch a documentaire.
Dolch m -(e)s, -e poignard m.
dolmetschen vt traduire // vi servir d'interprète.
Dolmetscher(in f) m -s, - interprète m/f.
Dom m -(e)s, -e cathédrale f.
Dompfaff m bouvreuil m.
Donau f - Danube m.
Donner m -s, - tonnerre m.
donnern vb impers tonner.
Donnerstag m jeudi m; **d~s** ad le jeudi, chaque jeudi.
Donnerwetter nt; (fig) engueulade f (fam)! // excl (verärgert) bon sang! (überrascht) dis donc.
doof a (fam) idiot(e), stupide; **ein ~es Gesicht machen** faire une drôle de tête.
Doppel nt -s, - double m; **~bett** nt lit m pour deux personnes; **~gänger(in** f) m -s, - sosie m; **~punkt** m deux points mpl; **~stecker** m prise f double.
doppelt a double; **in ~er Ausführung** en double exemplaire // ad en double; (sich freuen, ärgern) doublement.
Doppel-: **~zentner** m quintal m; **~zimmer** nt chambre f pour deux.
Dorf nt -(e)s, **¨er** village m; **~bewohner(in** f) m villageois(e).
Dorn m -(e)s, -e épine f // pl -e (aus Metall) ardillon m.
dornig a épineux(-euse).
dörren vt sécher.
Dörrobst nt fruits mpl secs.
Dorsch m -(e)s, -e cabillaud m.
dort ad là(-bas); **~ drüben/oben** là-bas/là-haut; **~her** ad de là; **~hin** ad là-bas.
dortig a de là-bas.
Dose f -, -n boîte f.
Dosenöffner m ouvre-boîtes m.
dösen vi (fam) sommeiller.

Dosis f -, **Dosen** dose f.
Dotter m -s, - jaune m (d'œuf).
Do'zent(in f) m maître m de conférences.
Drache m -n, -n dragon m.
Drachen m -s, - (Spielzeug) cerf-volant m; (SPORT) deltaplane m; (fam: Frau) dragon m; **~fliegen** nt (SPORT) vol m libre; **~flieger(in** f) m libériste m/f.
Draht m -(e)s, **¨e** fil m (de fer); **auf ~ sein** être en (pleine) forme; **~seilbahn** f funiculaire m.
drall a potelé(e), robuste.
Drama nt -s, **Dramen** drame m.
dra'matisch a dramatique.
Drang m -(e)s, **¨e** (Trieb) forte envie f; (Druck) pression f.
drang siehe **dringen.**
drängeln vt, vi pousser.
drängen vt presser // vi presser; **auf etw** (akk) **~** insister sur qch.
drastisch a (Maßnahme) draconien(ne); (Schilderung) cru(e).
drauf ad (fam) siehe **darauf.**
Draufgänger(in f) m -s, - casse-cou m.
draußen ad (au) dehors.
Dreck m -(e)s saleté f; crasse f.
dreckig a sale; (Bemerkung, Witz) obscène; (Lachen) mauvais(e).
Dreharbeiten pl tournage m.
drehen vt tourner; (Zigaretten) rouler // vi tourner; (Schiff) virer de bord // vr: **sich ~** tourner; (Mensch) se tourner; (handeln von) s'agir (um de).
Dreh-: **~orgel** f orgue m de Barbarie; **~tür** f porte f pivotante.
Drehung f (Rotation) rotation f; (Um-, Wendung) tour m.
Dreh-: **~zahl** f nombre m de tours; **~zahlmesser** m compte-tours m.
drei num trois.
Drei-: **~eck** nt triangle m; **d~eckig** a triangulaire; **d~ein'halb** num trois et demi; **~'einigkeit** f, **~'faltigkeit** f Trinité f; **d~erlei** a inv de trois sortes; **d~fach** a triple; **d~hundert** num trois cents; **~'königsfest** nt Épiphanie f, fête f des Rois; **d~mal** ad trois fois.

dreinreden vi (zvb): jdm ~ (dazwischenreden) interrompre qn; (sich einmischen) se mêler des affaires de qn.

dreißig num trente.

dreist a impertinent(e).

drei∙viertel num trois quarts; **D~stunde** f trois quarts mpl d'heure.

dreizehn num treize.

dreschen vt irr (Getreide) battre; **Phrasen** ~ (fam) faire des phrases.

dres'sieren vt (ohne ge-) dresser.

Drillbohrer m perceuse f.

drin ad (fam) siehe **darin**.

dringen vi irr (mit sein): **durch/in etw** (akk) ~ pénétrer dans qch; **zu jdm** ~ parvenir à qn; **in jdn** ~ presser qn; **auf etw** (akk) ~ (mit haben) insister sur qch.

dringend a urgent(e), pressant(e); (Verdacht) sérieux(-euse).

dringlich a (Aufgabe) urgent(e).

drinnen ad à l'intérieur; (in Behälter) dedans.

drischt siehe **dreschen**.

dritte(r, s) a troisième.

Drittel nt -s, - tiers m.

drittens ad troisièmement, tertio.

droben ad là-haut.

Droge f -, -n drogue f.

drogenabhängig a drogué(e).

Droge'rie f droguerie f.

drohen vi menacer (jdm qn).

dröhnen vi (Motor) vrombir; (Stimme, Musik) retentir.

Drohung f menace f.

drollig a amusant(e).

drosch siehe **dreschen**.

Drossel f -, -n grive f.

drüben ad de l'autre côté; (in der DDR) en Allemagne de l'Est.

drüber ad (fam) siehe **darüber**.

Druck m -(e)s, -e pression f; (TYP) impression f; im ~ sein être surchargé(e) de travail; **~buchstabe** m caractère m d'imprimerie.

Drückeberger m -s, - tire-au-flanc m.

drucken vt (TYP) imprimer.

drücken vt pousser; (pressen) presser; (Preise) casser; (bedrücken)

oppresser, accabler // vi (zu eng sein) serrer // vr: **sich (vor etw)** ~ s'esquiver devant qch; **jdm die Hand** ~ serrer la main à qn; **jdm etw in die Hand** ~ donner qch à qn; **jdn an sich** (akk) ~ serrer qn contre soi.

drückend a (Hitze) étouffant(e); (Stille) pesant(e), oppressant(e).

Drucker m -s, - imprimeur m, typographe m.

Drücker m -s, - (Tür~) poignée f; (Gewehr~) gâchette f.

Drucke'rei f imprimerie f.

Druck∙: **~fehler** m faute f d'impression; **~knopf** m boutonpression m; **~mittel** nt moyen m de pression; **~sache** f imprimé m; **~schrift** f (TYP) caractères mpl d'imprimerie.

drunten ad en bas.

Drüse f -, -n glande f.

Dschungel m -s, - jungle f.

du pron (D~ in Briefen) tu; (alleinstehend) toi.

ducken vr: **sich** ~ se baisser; (fig) courber l'échine.

Dudelsack m cornemuse f.

Du'ett nt -(e)s, -e duo m.

Duft m -(e)s, -e odeur f.

duften vi sentir bon, embaumer.

duftig a (Stoff, Kleid) vaporeux(-euse); (Muster) délicat(e).

dulden vt souffrir // vt subir; (Maßnahmen) admettre; (Widerspruch) tolérer.

duldsam a patient(e).

dumm a (-er, am -sten) stupide, bête, sot(te); **das wird mir zu** ~ j'en ai assez; **der D~e sein** être le dindon de la farce.

dummer'weise ad bêtement.

dummdreist a effronté(e).

Dummheit f stupidité f, bêtise f.

Dummkopf m imbécile m/f.

dumpf a (Ton, Schmerz) sourd(e); (Luft) étouffant(e); (Erinnerung) vague.

Düne f -, -n dune f.

Dung m fumier m.

düngen vt mettre de l'engrais à; (mit Mist) fumer.

Dünger m -s, - engrais m.

dunkel a sombre; *(Farbe)* foncé(e); *(Stimme)* grave; *(Ahnung)* vague; *(rätselhaft)* obscur(e); *(verdächtig)* louche; **im dunkeln tappen** *(fig)* tâtonner.

Dunkelheit f obscurité f.

dünn a *(Mensch)* maigre; *(Scheibe)* mince; *(Schleier, Luft)* léger(-ère); *(Haar)* fin(e); *(Suppe)* clair(e); ~ **gesät** rare.

Dunst m -es, ᵗe vapeur f; *(Wetter)* brume f.

dünsten vt cuire à l'étuvée.

dunstig a *(Raum)* embué(e); *(Luft)* humide; *(Wetter)* brumeux(-euse).

Dur n -, - *(MUS)* majeur m.

durch prep +akk par; *(mit Hilfe von)* grâce à; *(MATH)* divisé par // *(zeitlich):* **die Nacht** ~ toute la nuit; ~ **Arbeiten** en travaillant; **hier** ~ par ici; ~ **und** ~ complètement, tout à fait; **die Hose ist an den Knien** ~ le pantalon est troué aux genoux; **das Gesetz ist** ~ la loi a été adoptée.

durcharbeiten *(zbv)* vt travailler sans interruption // vr: **sich** ~ se frayer un chemin *(durch* à travers).

durch'aus ad complètement; *(unbedingt)* absolument.

durchblättern vt *(zvb)* feuilleter.

Durchblick m: **keinen/den** ~ **haben** *(fam)* ne pas piger/piger.

durchblicken vi *(zvb)* regarder (à travers); *(fam: verstehen)* piger; **etw** ~ **lassen** *(fig)* laisser entendre qch.

durch'bohren vt irr *(mit Bohrer)* percer; *(mit Degen)* transpercer; *(mit Kugel)* cribler (de balles).

durchbrechen vt *(zvb)* vt casser, briser // vi *(mit sein)* casser; *(sich zeigen)* percer.

durch'brechen vt irr *(ohne ge-)* *(Schranken)* forcer; *(Schallmauer)* franchir; *(Gewohnheit)* rompre.

durchbrennen vi irr *(zvb, mit sein)* *(Draht)* brûler; *(Sicherung)* sauter; *(fam: weglaufen)* filer.

durchbringen vt irr *(zvb)* *(Kranken)* tirer d'affaire; *(Familie)* nourrir; *(Antrag)* faire valoir; *(Geld)* dilapider, gaspiller.

Durchbruch m *(Öffnung)* ouverture f; *(MIL)* percée f.

durch'dacht a, examiné(e) à fond.

durchdiskutieren vt *(zvb, ohne ge-)* discuter à fond.

durchdrehen *(zvb)* vt *(Fleisch)* hacher // vi *(fam)* craquer.

durchdringen vi irr *(zvb, mit sein)* *(Wasser)* pénétrer; *(Mensch)* arriver; **mit etw** ~ faire prévaloir qch.

durchein'ander ad pêle-mêle, en désordre; *(fam: verwirrt)* troublé(e), dérouté(e); **D~** n -s *(Verwirrung)* confusion f; *(Unordnung)* désordre m; ~**bringen** vt irr *(zvb)* *(in Unordnung)* déranger; *(Pläne)* bouleverser; *(verwirren)* troubler; ~**reden** vi *(zvb)* parler en même temps.

durchfahren vt irr *(zvb, mit sein)* passer, traverser; *(ohne Unterbrechung)* rouler sans interruption.

Durchfahrt f *(Durchgang)* passage m; *(das Durchfahren)* traversée f; **auf der** ~ sein être de passage.

Durchfall m *(MED)* diarrhée f.

durchfallen vi irr *(zvb, mit sein)* tomber *(durch* à travers); *(in Prüfung)* échouer.

durchfragen vr *(zvb):* **sich** ~ demander son chemin.

durchführbar a réalisable.

durchführen vt *(zvb)* *(jdn)* guider; *(Plan, Maßnahme)* mettre à exécution; *(Experiment)* réaliser.

Durchgang m passage m *(durch* à travers); *(bei Produktion)* phase f; *(SPORT)* round m; *(bei Wahl)* scrutin m; ~**verboten!** passage interdit!

Durchgangs-: ~**lager** nt camp m provisoire; ~**verkehr** m trafic m de transit.

durchgefroren a *(Mensch)* gelé(e), transi(e).

durchgehen irr *(zvb, mit sein)* vt *(Arbeit, Text)* parcourir // vi passer *(durch* à travers); *(Antrag)* être adopté(e); *(durchpassen)* passer *(durch* à travers); *(ohne Unterbrechung)* durer; *(Zug)* aller directement; *(ausreißen: Pferd)* s'emballer; *(Mensch)* filer; **mein Temperament**

ging mit mir durch je me suis emporté(e); jdm etw ~ lassen laisser passer qch à qn.

durchgehend a (Zug) direct(e); (Öffnungszeiten) sans interruption.

durchhalten irr (zvb) vi tenir bon // vt supporter.

durchkommen vi irr (zvb, mit sein) passer; (Nachricht) arriver; (auskommen) se débrouiller; (im Examen) réussir; (überleben) s'en tirer.

durchlassen vt irr (zvb) laisser passer; jdm etw ~ laisser passer qch à qn.

Durchlauf(wasser)erhitzer m -s, - chauffe-eau m.

durch'leben vt (ohne ge-) vivre.

durchlesen vt irr (zvb) lire.

durch'leuchten vt (ohne ge-) radiographier.

durch'löchern vt (ohne ge-) trouer; (mit Kugeln) cribler; (fig: Argumentation) démolir.

durchmachen vt (zvb) (Leiden) subir; **die Nacht** ~ passer une nuit blanche, faire la fête.

Durch-: ~marsch m (von Truppen) passage m; ~messer m -s, - diamètre m.

durchnehmen vt irr (zvb) traiter.

durchnumerieren vt (zvb, ohne ge-) numéroter.

durch'queren vt (ohne ge-) traverser.

Durchreise f passage m; auf der ~ sein être de passage.

durchringen vr irr (zvb): sich zu etw ~ se résoudre à qch.

durchrosten vi (zvb, mit sein) rouiller complètement.

durchs = durch das.

Durchsage f -, -n annonce f.

durch'schauen vt (ohne ge-) ne pas se laisser tromper par.

durchscheinen vi irr (zvb) (Schrift, Untergrund) transparaître.

Durchschlag m (Doppel) copie f.

durchschlagen irr (Doppel) vt (entzweischlagen) casser en deux; (Nagel) enfoncer // vr: sich ~ (fam) se débrouiller.

durchschlagend a (Erfolg)

retentissant(e).

Durchschnitt m moyenne f; **im** ~ en moyenne.

durchschnittlich a moyen(ne) // ad en moyenne.

Durchschnitts-: ~geschwindigkeit f vitesse f moyenne; ~mensch m homme m de la rue; ~wert m valeur f moyenne.

Durchschrift f double m.

durchsehen irr (zvb) vt (Artikel) parcourir; (Maschine) contrôler // vi voir (durch à travers).

durchsetzen (zvb) vt imposer // vr: sich ~ s'imposer; seinen Kopf ~ imposer sa volonté.

durch'setzen vt (ohne ge-) (Gruppe) s'introduire dans; (Gemisch) parsemer (mit de); **durchsetzt sein mit** être entremêlé(e) de.

Durchsicht f examen m.

durchsichtig a (Stoff) transparent(e); (Manöver) évident(e).

durchsickern vi (zvb, mit sein) suinter; (fig) s'ébruiter.

durchsprechen vt irr (zvb) discuter.

durchstehen vt irr (zvb) endurer.

durch'stöbern vt (ohne ge-) fouiller.

durchstreichen vt irr (zvb) barrer, biffer.

durch'suchen vt (ohne ge-) fouiller; (JUR) perquisitionner; **die Wohnung nach Waffen** ~ chercher des armes dans l'appartement.

Durch'suchung f fouille f; (von Haus) perquisition f.

durch'trieben a rusé(e).

durchweg ad complètement, sans exception.

Durchzug m (Luft) courant m d'air; (von Truppen, Vögeln) passage m.

durchzwängen (zvb) vt faire passer de force (durch à travers) // vr: sich ~ passer de force (durch à travers).

dürfen vi, vt irr avoir la permission de, pouvoir; **darf ich?** je peux?; **es darf geraucht werden** il est permis de fumer; **was darf es sein?** que désirez-vous?; **das darf nicht geschehen** cela ne doit pas arriver; **das** ~ **Sie mir glauben** vous pouvez m'en croire; **es dürfte**

Ihnen bekannt sein, daß ... vous savez sûrement que ...

durfte siehe **dürfen.**

dürftig a (ärmlich) misérable; (unzulänglich) insuffisant(e), maigre.

dürr a (Ast) mort(e); (Land) aride; (mager) maigre.

Dürre f -, -n (von Land) aridité f; (Zeit) sécheresse f; (Magerkeit) maigreur f.

Durst m -(e)s soif f.

durstig a assoiffé(e).

Dusche f -, -n douche f.

duschen vi (auch vr: sich ~) se doucher, prendre une douche.

Düse f -, -n (AVIAT) brûleur m.

Düsen-: ~antrieb m propulsion f par réaction; ~flugzeug nt avion m à réaction.

düster a sombre.

Dutzend nt -s, -e douzaine f; im ~ à la douzaine.

dutzend(e)mal ad des douzaines de fois.

dutzendweise ad par douzaines.

duzen vt tutoyer.

Dynamik f (PHYS) dynamique f; (fig) élan m, dynamisme m.

dy'namisch a dynamique.

Dyna'mit nt -s dynamite f.

Dy'namo m -s, -s dynamo f.

D-Zug ['de:tsu:k] m (train) express m.

E

E nt (MUS) mi m.

Ebbe f -, -n marée f basse.

eben a plat(e); (glatt) lisse // ad (gerade) er ist ~ abgereist il vient de partir (en voyage); (bestätigend) justement; so ist das ~ eh bien, c'est comme ça; ~bürtig a: jdm ~bürtig sein valoir qn.

Ebene f -, -n plaine f; (fig) niveau m; (MATH) plan m.

ebenfalls ad aussi; danke, ~! merci, de même!.

eben-: ~so ad (vor Adjektiv, Adverb) (tout) aussi; (alleinstehend) pareillement; ~sogut ad (tout) aussi bien; ~sooft ad (tout) aussi souvent; ~soweit ad (tout) aussi loin;

~sowenig ad (tout) aussi peu.

Eber m -s, - verrat m; (wilder ~) sanglier m; ~esche f sorbier m.

Echo nt -s, -s écho m.

echt a vrai(e), authentique; (typisch) typique; **E~heit** f authenticité f.

Ecke f -, -n coin m; (von Kragen) pointe f; (SPORT) corner m.

eckig a anguleux(-euse); (fig: Bewegung) gauche.

Eckzahn m canine f.

edel a (Holz) précieux(-euse); (Wein) sélectionné(e); (Pferd) de race; (Tat, Mensch) noble, généreux(-euse); **E~metall** nt métal m précieux; **E~stein** m pierre f précieuse.

Efeu m -s lierre m.

Ef'fekt m -s, -e effet m; ~en pl titres mpl, valeurs fpl; ~hasche'rei f recherche f de l'effet.

effek'tiv a effectif(-ive).

e'gal a égal(e); das ist ~ c'est égal.

Ego-: ~'ismus m égoïsme m; ~'ist m égoïste m/f; e~'istisch a égoïste.

Ehe f -, -n mariage m; ~bruch m adultère m; ~frau f femme f, épouse f; ~leute pl couple m (marié); e~lich a (Beziehungen) conjugal(e); (Recht) matrimonial(e); (Kind) légitime.

ehemalig a ancien(ne) (vorgestellt).

ehemals ad autrefois.

Ehemann m mari m.

Ehepaar nt couple m (marié).

eher ad (früher) plus tôt; (lieber, mehr) plutôt.

Ehe-: ~ring m alliance f; ~schließung f mariage m.

eheste(r,s) a (frühester) premier (-ière); am ~n (am liebsten) de préférence; (wahrscheinlichst) très probablement.

Ehre f -, -n honneur m; zu ~n von en l'honneur de; **es war mir eine** ~ ce fut un honneur pour moi; e~n vt honorer; ~ngast m invité(e) d'honneur; ~nmitglied nt membre m honoraire; ~nsache f affaire f d'honneur; e~nvoll a honorable; ~nwort nt parole f (d'honneur).

Ehrgeiz m ambition f; e~ig a ambitieux(-euse).

ehrlich a honnête; **es ~ meinen** avoir des intentions honnêtes; **~ gesagt** à vrai dire; **E~keit** f honnêteté f.

Ehrung f honneur m, hommage m.

ehrwürdig a vénérable, respectable.

Ei nt -(e)s, -er œuf m; **e~** excl mais.

Eiche f -, -n chêne m.

Eichel f -, -n (Frucht) gland m.

eichen vt étalonner.

Eichhörnchen nt écureuil m.

Eid m -(e)s, -e serment m; **unter ~ stehen** être sous serment à asserment é(e); **an ~es Statt** (für eine déclaration) tenant lieu de serment.

Eidechse f -, -n lézard m.

Eidgenosse m confédéré m; (Schweizer) Suisse m.

Eier-: **~becher** m coquetier m; **~kuchen** m omelette f, crêpe f; **~schale** f coquille f d'œuf; **~stock** m ovaire m; **~uhr** f sablier m.

Eifer m -s zèle m; **~sucht** f jalousie f; **e~süchtig** a jaloux(-ouse).

eifrig a zélé(e); (Antwort) empressé(e).

Eigelb nt jaune m d'œuf.

eigen a propre (mit Possessivpronomen; (Meinung) personnel(le); (gesondert, typisch) particulier(-ière); (~artig) étrange; **der ~e Bruder** son propre frère; **mit der ihm ~en ...** avec cet(te)... qui le caractérise; **sich** (dat) **etw zu ~ machen** faire sien(ne) qch; **E~art** f (von Mensch) particularité f; **~artig** a étrange, bizarre; **E~bedarf** m besoins mpl personnels; **~händig** a de sa propre main; **E~heit** f particularité f; (von Mensch) bizarrerie f; **E~lob** nt éloge m de soi-même; **~mächtig** a (Handeln) de son propre chef; (Entscheidung) arbitraire; **E~name** m nom m propre; **E~schaft** f (Merkmal) qualité, propriété f; **in seiner E~schaft als ...** en (sa) qualité de ~; **E~sinn** m obstination f.

eigentlich a (Grund) vrai(e); (Bedeutung) propre // ad en réalité, à vrai dire; (überhaupt) au fait.

Eigen-: **~tor** nt but m contre son propre camp; **~tum** nt -s, ⁺er propriété f; **~tümer(in** f) m -s, - propriétaire m/f; **e~tümlich** a bizarre, étrange; (angeboren) particulier(-ière), caractéristique; **~tumswohnung** f appartement m possédé en propriété.

eignen vr: **sich ~** convenir (für pour, als comme); **er eignet sich nicht zum Lehrer** il n'est pas fait pour être professeur.

Eignung f aptitude f, qualification f.

Eil-: **~bote** m courrier m; **~brief** m lettre f (par) exprès.

Eile f - hâte f, précipitation f; **es hat ~** ça ne presse pas.

eilen vi (mit sein: Mensch) se presser, se dépêcher; (mit haben: dringend sein) être urgent(e).

eilig a (Passant, Schritt) pressé(e); (dringlich) urgent(e); **es ~ haben** être pressé(e).

Eilzug m rapide m.

Eimer m -s, - seau m.

ein num un(e) // art un(e) // ad: **nicht mehr ~ noch aus wissen** ne plus savoir quoi faire; **bei jdm ~ und aus gehen** fréquenter qn; **~e(r,s)** pron un(e); (jemand) quelqu'un; (etwas) quelque chose; (man) on; **ich habe ~en gesehen** j'en ai vu un(e); **~er von uns** l'un d'entre nous.

ein'ander pron (dat) l'un(e) à l'autre, les uns (unes) aux autres; (akk) l'un(e) l'autre, les uns (unes) les autres.

einarbeiten vr (zvb): **sich ~** se mettre au courant (in +akk de).

einatmen (zvb) vi inspirer // vt inhaler.

Einbahnstraße f route f o rue f à sens unique.

Einband m couverture f, reliure f.

einbändig a en un volume.

einbauen vt (zvb) installer; monter; (Schrank) encastrer.

Einbaumöbel pl meubles mpl encastrables.

einberufen vt irr (zvb, ohne ge-) (Versammlung) convoquer; (Soldaten) appeler.

Einberufung f (von Versammlung) convocation f; (MIL) appel m.

einbeziehen vt irr (zvb, ohne ge-) (Tatsache) inclure; (Person) impliquer (in +akk dans).

einbilden vr (zvb): **sich** (dat) **etw ~** s'imaginer qch; (stolz sein) se croire quelqu'un.

Einbildung f imagination f; (Dünkel) suffisance f; **~skraft** f imagination f.

einbleuen vt (zvb) (fam): **jdm etw ~** seriner qch à qn.

Einblick m aperçu m, idée f; **jdm ~ gewähren** mettre qn au courant (in +akk de).

einbrechen vi irr (zvb, mit sein) (Nacht) tomber; (Winter) faire irruption; (Decke) s'effondrer; (in Eis) s'enfoncer; **in ein Haus ~** cambrioler une maison; **in ein Land ~** envahir un pays.

Einbrecher(in f) **m -s, -** cambrioleur(-euse).

einbringen vt irr (zvb) (Geld, Vorteil) rapporter; (Ernte) rentrer; (Zeit) rattraper.

Einbruch m (Haus~) cambriolage m; (in Land) invasion f; (des Winters) irruption f; (Einsturz) effondrement m; **bei ~ der Dunkelheit** à la tombée de la nuit.

einbürgern (zvb) vt naturaliser // vr: **sich ~** (üblich werden) devenir une habitude, passer dans l'usage.

Einbuße f **-, -n** perte f (an +dat de).

einbüßen (zvb) vt perdre // vi: **an etw** (dat) **~** perdre de qch.

eindecken (zvb) vr: **sich ~** s'approvisionner (mit de).

eindeutig a (Beweis) incontestable; (Absage) clair(e).

eindringen vi irr (zvb, mit sein) pénétrer (in +akk dans); **auf jdn ~** harceler qn.

eindringlich a (Bitte) pressant(e); (Rede) énergique.

Eindruck m **-(e)s, -e** (Wirkung) impression f; (Spur) trace f; **e~svoll** a impressionnant(e).

eine siehe **ein**.

eineiig a: **~e Zwillinge** vrais jumeaux.

einein'halb num un(e) et demi(e).

einengen vt (zvb) restreindre.

eine(r, s) siehe **ein**.

einer-: **E~lei** nt **-s** train-train m; **~lei** a (gleichartig) du même genre; **es ist mir ~lei** ça m'est égal; **~seits** ad d'une part.

einfach a simple // ad: **etw ~ tun** faire qch simplement; **~ großartig** tout simplement extraordinaire; **E~heit** f simplicité f.

einfädeln vt (zvb) (Nadel) enfiler; (fig) tramer // vr: **sich ~** (AUT) s'engager.

einfahren vi irr (zvb) vt (Ernte) rentrer; (Mauer, Barriere) emboutir; (Fahrgestell) rentrer; (Auto) roder // vi (mit sein) entrer (in +akk dans); (Zug) entrer en gare.

Einfahrt f arrivée f; (Ort) entrée f.

Einfall m **-s, -e** (Idee) idée f; (Licht~) incidence f (in +akk sur); (MIL) invasion f (in +akk de).

einfallen vi irr (zvb, mit sein) (Licht) tomber (in +akk sur); (MIL) envahir (in +akk qch); (einstimmen) se joindre (in +akk à); (einstürzen) s'écrouler; **etw fällt mir ein** qch me vient à l'esprit; **das fällt mir gar nicht ein** je n'y pense même pas; **sich** (dat) **etwas ~ lassen** avoir une bonne idée.

einfältig a niais(e).

einfangen vt irr (zvb) attraper; (Stimmung) rendre.

einfarbig a d'une (seule) couleur; (Stoff) uni(e).

einfliegen irr (zvb) vt faire venir par avion; (neues Flugzeug) essayer // vi (mit sein) pénétrer (en avion).

einfließen vi irr (zvb, mit sein) (Wasser) couler; (Luft) arriver; **eine Bemerkung ~ lassen** ajouter une remarque.

einflößen vt (zvb): **jdm etw ~** (Medizin) faire prendre qch à qn; (Angst etc) inspirer qch à qn.

Einfluß m influence f; **~bereich** m sphère f d'influence; **e~reich** a influent(e).

einförmig a monotone; **E~keit** f monotonie f.

einfrieren irr (zvb) vi (mit sein) geler; (Schiff) être pris(e) dans les glaces // vt (Lebensmittel) congeler, surgeler.

einfügen (zvb) vt insérer, emboîter (in +akk dans); (zusätzlich) ajouter (in +akk à) // vr: **sich ~** s'adapter (in +akk à).

Einfuhr f importation f.

einführen vt (zvb) introduire; (jdn) présenter; (in Arbeit) initier (in +akk à); (importieren) importer.

Einführung f introduction f; (in Arbeit) initiation f; (von Mensch) présentation f; **~spreis** m prix m de lancement.

Eingabe f pétition f; (Daten-) entrée f.

Eingang m entrée f; (COMM: Ankunft) réception f; (: Sendung) courrier m; **~sbestätigung** f avis m de réception, récépissé m.

eingeben vt irr (zvb) (Arznei) administrer; (Daten) entrer; (Gedanken) inspirer.

eingebildet a (Krankheit) imaginaire; (Mensch) vaniteux (-euse); (Benehmen) suffisant(e).

Eingeborene(r) mf indigène m/f.

Eingebung f inspiration f.

eingefleischt a invétéré(e); **~er Junggeselle** célibataire m endurci.

eingefroren siehe **einfrieren**.

eingehen irr (zvb) vi (mit sein) (Aufnahme finden) entrer (in +akk dans); (verständlich sein) entrer dans la tête (jdm à qn); (Sendung, Geld) arriver; (Tier, Pflanze) mourir (an +dat de); (Firma) faire faillite (an +dat à cause de); (schrumpfen) rétrécir // (Vertrag) conclure; (Risiko) courir; (Wette, Verbindung) conclure; **auf etw ~** s'occuper de qch; **auf jdn ~** s'occuper de qn.

eingehend a détaillé(e), minutieux(-euse).

Eingemachte(s) nt conserves fpl, confitures fpl.

eingemeinden vt (zvb, ohne ge-) rattacher (à une commune).

eingenommen a: **~ (von)** infatué(e) (~ (gegen) prévenu(e) (contre).

eingeschrieben a (Sendung) recommandé(e).

Eingeständnis nt aveu m.

eingetragen a (Warenzeichen) déposé(e); (Verein) déclaré(e); (in Frankreich) régi(e) par la loi de 1901.

Eingeweide nt **-s**, - viscères mpl, intestins mpl.

eingewöhnen vr (zvb, ohne ge-): **sich ~** s'adapter (in +akk à).

eingießen vt irr (zvb) verser.

eingleisig a (Bahnstrecke) à voie unique; (Denken) borné e.

eingreifen vi irr (zvb) intervenir.

Eingriff m intervention f; (Operation) intervention f chirurgicale.

einhalten vt irr (zvb) (Regel) observer; (Plan, Frist) respecter; (Diät) suivre; (Richtung) garder.

einhändig a à une (seule) main.

einhängen vt (zvb) accrocher; (Telefon, auch vi) raccrocher; **sich bei jdm ~** prendre le bras de qn.

einheimisch a (Ware) local(e); (Mensch) indigène, autochtone.

Einheit f unité f; **e~lich** a (System) cohérent(e); (Format) uniforme; (Preis) même; **~spreis** m prix m unique.

einholen vt (zvb) (Tau) haler; (Fahne) amener; (Segel) rentrer; (jdn, Verspätung) rattraper; (Rat, Erlaubnis) demander; (einkaufen) acheter.

einig a (vereint) uni(e); (sich (dat)) **~ sein/werden** être/se mettre d'accord.

einige pl quelques; (ohne Substantiv) quelques-un(e)s; **~mal** ad plusieurs fois.

einigen vt unir, unifier // vr: **sich ~** se mettre d'accord (auf +akk sur).

einigermaßen ad plus ou moins.

einiges pron plusieurs choses.

Einigkeit f unité f, union f; (Übereinstimmung) accord m.

Einigung f (Übereinstimmung) accord m; (das Einigen) unification f.

einkalkulieren vt (zvb, ohne ge-) (fig) tenir compte de.

Einkauf m achat m.

einkaufen (zvb) vt acheter // vi faire des courses.

Einkaufsbummel m lèche-vitrines m.

einklammern vt (zvb) mettre entre

parenthèses.

Einklang m accord m; **in ~** en accord.

einklemmen vt (zvb) coincer.

Einkommen nt -s, - revenu m; **~(s)steuer** f impôt m sur le revenu.

Einkünfte pl revenus mpl, ressources fpl.

einladen vt irr (zvb) (Person) inviter; (Gegenstände) charger.

Einladung f invitation f.

Einlage f (Programm~) intermède m; (Spar~) dépôt m; (Schuh~) support m; (Zahn~) obturation f provisoire.

einlassen irr (zvb) vt (Menschen) laisser entrer; (Wasser) faire couler; (einsetzen) encastrer, mettre ' (in +akk dans) // vr: **sich mit jdm ~** entrer en relations avec qn; **sich auf etw** (akk) **~** se laisser embriguer dans qch (fam).

Einlauf m arrivée f; (MED) lavement m.

einlaufen irr (zvb) vi (mit sein) entrer, arriver; (in Hafen) entrer dans le port; (Wasser) couler; (Stoff) rétrécir // vt (Schuhe) former // vr: **sich ~** (SPORT) s'échauffer; (Motor, Maschine) se roder.

einleben vr (zvb): **sich ~** s'acclimater (in +dat à).

Einlegearbeit f marqueterie f.

einlegen vt (zvb) (einfügen) insérer, joindre; (CULIN) mettre en conserve; (in Holz etc) incruster; (Geld) déposer; (Pause, Protest) faire; (Veto) opposer; **Berufung ~** faire appel; **ein gutes Wort bei jdm ~** intercéder auprès de qn.

einleiten vt (zvb) (Maßnahmen, Feier) ouvrir; (Rede) introduire; (Geburt) provoquer.

Einleitung f introduction f.

einleuchten vi (zvb): **jdm ~** paraître évident(e) à qn; **~d** à convaincant(e).

einlösen vt (zvb) (Scheck) encaisser; (Schuldschein, Pfand) retirer, dégager; (Versprechen) tenir.

einmachen vt (zvb) (konservieren) mettre en conserve.

einmal ad une fois; (irgendwann: in

Zukunft) un jour; (: in Vergangenheit) une fois; **nehmen wir ~ an** supposons; **erst ~** d'abord; **noch ~** encore une fois; **nicht ~** même pas; **auf ~** (plötzlich) tout à coup; (zugleich) à la fois; **es war ~** il était une fois; **E~'eins** nt - tables fpl de multiplication; **~ig** à qui n'a lieu qu'une fois; (prima) unique.

Ein'mannbetrieb m entreprise f personnelle.

Einmarsch m (MIL) invasion f; (von Sportlern) entrée f.

einmarschieren vi (zvb, ohne ge-, mit sein) (Truppen): **in etw** (akk) **~** envahir qch; (Sportler) faire son entrée.

einmischen vr (zvb): **sich ~** se mêler (in +akk de).

einmünden vi (zvb, mit sein): **~ in** (+akk) (Straße) déboucher sur; (Fluß) se jeter dans.

einmütig a unanime.

Einnahme f -, -n (Geld) recette f, revenu m; (von Medizin) absorption f; (MIL) prise f; **~quelle** f source f de revenus.

einnehmen vt irr (zvb) (Geld) toucher; (Steuern) percevoir; (Medizin, Mahlzeit) prendre; (Stellung, Raum: besetzen) occuper; **jdn für/gegen ~** prévenir qn en faveur de/contre; **~d** a (Wesen) séduisant(e), charmant(e).

Einöde f désert m, région f sauvage.

einordnen vt (zvb) ranger, classer (in +akk dans) // vr: **sich ~** s'intégrer (in +akk dans à); (AUT) prendre une file.

einpacken vt (zvb) empaqueter, emballer; (in Koffer) mettre dans une valise.

einparken vt, vi (zvb) garer.

einpferchen vt (zvb) enfermer.

einpflanzen vt (zvb) planter.

einplanen vt (zvb) planifier; (Ausgaben) programmer; (Abstecher) prévoir.

einprägen vt (zvb) (Zeichen) graver, imprimer; (beibringen) inculquer // vr: **sich ~** (Spuren) s'imprimer; (Erlebnisse) rester dans la mémoire *(jdm de* qn); **sich** *(dat) etw ~* se graver qch dans l'esprit.

einräumen *vt (zvb) (ordnend)* ranger; *(Platz)* laisser, céder; *(zugestehen)* concéder.

einreden *vt (zvb): jdm etw ~* persuader qn de qch.

einreichen *vt (zvb) (Antrag)* présenter; *(Beschwerde)* déposer.

Einreise *f* entrée *f;* **~erlaubnis** *f,* **~genehmigung** *f* autorisation *f* o permis *m* d'entrée.

einreisen *vi (zvb, mit sein): in ein Land ~* entrer dans un pays.

einreißen *vt (zvb) vi (Papier)* déchirer; *(Gebäude)* démolir // *vi (mit sein)* se déchirer; *(Gewohnheit werden)* entrer dans les mœurs.

einrichten *(zvb) vt (Haus)* meubler, aménager; *(Büro)* ouvrir; *(arrangieren)* arranger // *vr:* **sich ~** *(in Haus)* se meubler, s'installer; *(sich vorbereiten)* se préparer *(auf + akk* à); *(sich anpassen)* s'adapter *(auf + akk* à); **es** *(sich (dat)) so ~*, **daß** ... s'arranger pour que ...

Einrichtung *f (Wohnungs~)* installation *f,* équipement *m; (öffentliche Anstalt)* institution *f,* organisme *m; (Dienst)* service *m.*

einrücken *(zvb) vi (mit sein) (Soldat)* être incorporé(e); *(in Land)* pénétrer *(in + akk* à,dans à) // *vt (Zeile)* commencer en retrait.

Eins *f* **-, -en** un *m//* **e~** num un(e); **es ist mir alles ~** tout ça m'est égal.

einsam *a* solitaire, seul(e); **E~keit** *f* solitude *f.*

einsammeln *vt (zvb) (Geld)* recueillir; *(Hefte)* ramasser.

Einsatz *m (Teil)* pièce *f* amovible o de rechange; *(in Tisch)* rallonge *f; (Stoff~)* pièce *f* rapportée; *(Verwendung)* emploi *m; (Bemühung)* effort *m; (im Spiel)* mise *f; (Risiko)* risque *m; (MIL)* opération *f,* campagne *f; (MUS)* rentrée *f;* **e~bereit** *a (Gruppe)* opérationnel(le); *(Helfer)* disponible; *(Gerät)* en état de marche.

einschalten *(zvb) vt (Radio etc)* allumer; *(Maschine)* mettre en marche; *(einfügen)* ajouter; *(Pause)*

faire; *(Anwalt)* demander les services de // *vr:* **sich ~** *(dazwischentreten)* intervenir.

einschärfen *vt (zvb): jdm etw ~* exhorter qn à qch.

einschätzen *(zvb) vt* estimer, juger // *vr:* **sich ~** s'estimer.

einschenken *vt (zvb)* verser; **jdm ~** servir (à boire à) qn.

einschlafen *vi irr (zvb, mit sein)* s'endormir; *(Glieder)* s'engourdir.

einschläfernd *a* soporifique; *(Stimme)* monotone.

einschlagen *irr (zvb) vt (Nagel)* enfoncer; *(Fenster, Zähne)* casser; *(Schädel)* défoncer; *(Steuer)* braquer; *(Ware)* emballer; *(Richtung)* prendre, suivre; *(Laufbahn)* embrasser, choisir // *vi (Blitz)* tomber *(in + akk* sur); *(sich einigen)* toper; *(Anklang finden)* être bien accueilli(e).

einschlägig *a (Literatur)* relatif (-ive) au sujet; *(Geschäft)* spécialisé(e).

einschleichen *vr (zvb): sich ~ (in Haus)* s'introduire; *(Fehler)* se glisser; *(in jds Vertrauen)* s'insinuer.

einschließen *vt (zvb) vt (jdn)* enfermer; *(Gegenstand)* mettre sous clé; *(umgeben)* entourer; *(MIL)* encercler; *(fig)* inclure, comprendre.

einschließlich *ad, prep + gen* y compris.

einschmeicheln *vr (zvb): sich ~* s'insinuer dans les bonnes grâces *(bei* de).

Einschnitt *m* coupure *f; (MED)* incision *f.*

einschränken *(zvb) vt* réduire *(auf + akk* à); *(Freiheit)* limiter; *(Behauptung, Begriff)* restreindre // *vr:* **sich ~** se priver.

Einschränkung *f (von Freiheit)* limitation *f; (von Begriff)* restriction *f; (von Kosten)* réduction *f; (von)* **ohne ~** sans réserve.

Einschreib(e)brief *m* lettre *f* recommandée.

einschreiben *irr (zvb) vt* inscrire; *(Post)* recommander // *vr:* **sich ~** s'inscrire; **E~** *nt* **-s, -** envoi *m* recommandé.

einschreiten vi irr (zvb, mit sein) intervenir.

einschüchtern vt (zvb) intimider.

einsehen vt irr (zvb) (Akten) examiner; (verstehen) voir; **ein E- haben** être compréhensif(-ive).

einseitig a (Lähmung) partiel(le); (Erklärung) partial(e), unilatéral(e); (Ausbildung) trop spécialisé(e).

einsenden vt irr (zvb) envoyer.

einsetzen (zvb) vt (Teil) mettre, placer; (Betrag) miser; (in Amt) installer; (verwenden) employer // vi (beginnen) commencer; **das Fieber setzt wieder ein** il y a une nouvelle poussée de fièvre // vr: **sich ~ (bemühen)** payer de sa personne; **sich für jdn/etw ~** apporter son appui à qn/s'employer à qch.

Einsicht f -, -en intelligence f, discernement m; (in Akten) consultation f, examen m; **zu der ~ kommen, daß ...** en arriver à la conclusion que ...; **e~ig** a raisonnable, compréhensif(-ive).

Einsiedler(in f) m ermite m.

einsilbig a (fig) laconique.

einsinken vi irr (zvb, mit sein) (Mensch) s'enfoncer; (Boden) s'affaisser.

einspannen vt (zvb) (Werkstück) serrer; (Papier) mettre; (Pferde) atteler; (fam: jdn) embringuer.

einsperren vt (zvb) enfermer.

einspielen (zvb) vr: **sich ~** se chauffer; **gut eingespielt (Team)** bien rodé(e) // vt (Film: Geld) rapporter.

einspringen vi irr (zvb, mit sein) (aushelfen) remplacer (für jdn qn).

Einspruch m objection f, protestation f (gegen contre).

einspurig a à une (seule) voie.

einst ad autrefois, jadis; (zukünftig) un jour.

Einstand m (TENNIS) égalité f; (Antritt) entrée f en fonction.

einstecken vt (zvb) (ELEC) brancher; (verdienen: Geld) empocher; (mitnehmen) prendre; (hinnehmen) encaisser.

einsteigen vi irr (zvb, mit sein): ~ (in

+akk) (in Fahrzeug) monter (dans o en); (in Schiff) s'embarquer (sur); (sich beteiligen) participer (à).

einstellbar a réglable.

einstellen vt (zvb) (aufhören: Arbeit) arrêter; (: Zahlungen) cesser, suspendre; (Geräte) régler; (Kamera etc) mettre au point; (anmachen: Radio etc) allumer; (unterstellen) mettre (in +akk dans, bei chez); (in Firma) recruter, embaucher; (SPORT: Rekord) battre // vr: **sich ~ (Mensch)** se trouver; (Erfolg, Besserung, Interesse) se manifester; **sich auf jdn/etw ~** se préparer à qn/qch; (sich anpassen) s'adapter à qn/qch.

Einstellung f (das Aufhören) arrêt m, cessation f; (Einrichtung) réglage m, mise f au point; (in Firma) recrutement m; (von Rekord) établissement m; (Haltung) attitude f.

Einstieg m -(e)s, -e (Eingang) entrée f; (fig) approche f.

einstig a ancien(ne) (vorgestellt).

einstimmen (zvb) vi joindre sa voix (in +akk à) // vt (jdn) préparer (auf +akk à).

einstimmig a unanime.

einstöckig a (Haus) à un étage.

einstudieren vt (zvb, ohne gestisch) étudier, répéter.

einstündig a d'une heure.

einstürmen vi (zvb, mit sein): **auf jdn ~** assaillir qn.

Einsturz m (von Gebäude) effondrement m, écroulement m; **~gefahr** f danger m d'effondrement.

einstürzen vi (zvb, mit sein) s'écrouler, s'effondrer.

einstweilig a provisoire, temporaire.

eintägig a d'un(e) jour/née.

eintauchen (zvb) vt tremper (in +akk dans) // vi (mit sein) plonger (in +akk dans).

eintauschen vt (zvb) échanger (für, gegen contre).

ein'tausend num mille.

einteilen vt (in Teile) partager, diviser (in +akk en); (Menschen) répartir.

einteilig a (Badeanzug) d'une (seule) pièce.

eintönig a monotone.

Eintopf(gericht nt) m plat m unique, ragoût m.

Eintracht f- concorde f, harmonie f.

Eintrag m -(e)s, ⁼e inscription f; **amtlicher ~** enregistrement m.

eintragen irr (zvb) vt (in Buch) inscrire (in +akk sur); (Profit) rapporter // vr: **sich ~** s'inscrire (in +akk dans); **jdm etw ~** (Lob, Tadel, Ehre) valoir qch à qn.

einträglich a profitable, lucratif (-ive).

eintreffen vi irr (zvb, mit sein) (Prophezeiung) se réaliser; (ankommen) arriver.

eintreten irr (zvb) vt (Tür) enfoncer d'un coup de pied // vi (mit sein) entrer (in +akk dans); (sich einsetzen) intervenir (für en faveur de; (geschehen) se produire.

Eintritt m -s entrée f; (Anfang) début m; **~sgeld** nt ~spreis m (prix m d') entrée f; **~skarte** f billet m d'entrée.

einüben vt (zvb) exercer; (Rolle) répéter; (Klavierstück) étudier.

Einvernehmen nt -s accord m.

einverstanden excl d'accord! // a: **mit jdm ~ sein** être d'accord avec qn; **mit etw ~ sein** approuver o accepter qch.

Einverständnis nt (Zustimmung) consentement m; (gleiche Meinung) accord m.

Einwand m -(e)s, ⁼e objection f (gegen à).

Einwanderer m, **Einwanderin** f immigrant(e), immigré(e).

einwandern vi (zvb, mit sein) immigrer.

Einwanderung f immigration f.

einwandfrei a (Ware) impeccable; (Benehmen) irréprochable; (Beweis) irrécusable.

Einwegflasche f bouteille f perdue o non consignée.

einweichen vt (zvb) faire tremper.

einweihen vt (zvb) (Kirche) consacrer; (Brücke, Gebäude) inaugurer;

(fam: Gegenstand) étrenner; (: jdn) mettre au courant (in +akk de).

Einweihung f inauguration f; (Kirche) consécration f.

einweisen vt irr (zvb) (in Amt) installer; (in Arbeit) initier; (in Anstalt) envoyer.

Einweisung f (in Amt) installation f; (in Arbeit) initiation f; (in Heilanstalt) hospitalisation f.

einwenden vt (zvb) objecter (gegen à o contre).

einwerfen vt irr (zvb) (Brief) poster; (SPORT: Ball) remettre en jeu; (Fenster) casser; (äußern) objecter.

einwickeln vt (zvb) envelopper.

einwilligen vi (zvb) consentir (in +akk à).

Einwilligung f consentement m.

einwirken vi (zvb): **auf jdn/etw ~** influencer qn/qch.

Einwirkung f influence f, effet m.

Einwohner(in f) m -s, - habitant(e); **~meldeamt** nt bureau m de déclaration de domicile; **~schaft** f population f, habitants mpl.

Einwurf m (Öffnung) fente f; (SPORT) remise f en jeu; (Einwand) objection f.

Einzahl f singulier m.

einzahlen vt, vi (zvb) (Geld) payer, verser (auf o in +akk sur).

Einzel nt -s, - (TENNIS) simple m; **~fall** m cas m isolé; **~haft** f détention f cellulaire; **~heit** f détail m.

einzeln a seul(e), unique; (vereinzelt) séparé(e), isolé(e) // ad séparément; (angeben) spécifier; **der/die ~e** l'individu; **ins ~e gehen** entrer dans les détails.

Einzel-: ~teil nt pièce f détachée; **~zimmer** nt chambre f à un lit.

einziehen irr (zvb) vt (Kopf) baisser; (Fühler) rétracter; (Zwischenwand) construire; (Steuern) percevoir; (Erkundigungen) prendre; (Rekruten) appeler (sous les drapeaux); (aus dem Verkehr ziehen) retirer (de la circulation); (konfiszieren) confisquer // vi (mit sein) (in Wohnung) emménager; (in Land, Stadion) entrer; (Friede, Ruhe) revenir, s'établir; *(Flüssigkeit)* pénétrer *(in +akk* dans).

einzig *a* seul(e), unique; *(ohnegleichen)* unique // *ad (nur)* (ne...) que; seulement; **das ~e** la seule chose; **der/die ~e** la seule personne; **~artig** *a* unique.

Einzug *m* entrée *f (in +akk* dans); *(in Haus)* emménagement *m.*

Eis *nt -es,* - glace *f;* **~bahn** *f* patinoire *f;* **~becher** *m* coupe *f* glacée; **~blumen** *pl* cristaux *mpl* de glace; **~decke** *f* couche *f* de glace; **~diele** *f* pâtissier-glacier *m.*

Eisen *nt -s,* - fer *m;* **~bahn** *f* chemin *m* de fer; **~bahnschaffner(in** *f) m* contrôleur *m;* **~bahnübergang** *m* passage *m* à niveau; **~bahnwagen** *m* wagon *m,* voiture *f;* **~erz** *nt* minerai *m* de fer.

eisern *a* de fer // *ad* tenacement, avec ténacité; **der E~e Vorhang** *(POL)* le rideau de fer.

Eis-: **e~frei** *a* dégagé(e), débarrassé(e) des glaces; **e~ig** *a* glacial(e); **e~kalt** *a* glacial(e); *(Wasser)* glacé(e); **~kunstlauf** *m* patinage *m* artistique; **~lauf** *m* patinage *m;* **~pickel** *m* piolet *m;* **~schrank** *m* frigo *m;* **~zapfen** *m* glaçon *m;* **~zeit** *f* période *f* glaciaire.

eitel *a (Mensch)* vaniteux(-euse); *(rein: Freude)* pur(e); **E~keit** *f* vanité *f.*

Eiter *m -s* pus *m;* **e~n** *vi* suppurer.

Ei-: **e~weiß** *nt -es,* -e blanc *m* d'œuf; **~zelle** *f* œuf *m.*

Ekel *m -s* dégoût *m (vor jdm)* // *nt -s,* - *(fam: Mensch)* horreur *f;* **e~erregend, e~haft, ek(e)lig** *a* horrible; **e~n** *vt* dégoûter, écœurer // *vr:* **ich ekle mich vor diesem Schmutz** cette saleté me dégoûte.

Ek'stase *f* -n extase *f.*

Ek'zem *nt -s,* -e *(MED)* eczéma *m.*

Elan *m -s* énergie *f,* vitalité *f.*

Elastizi'tät *f (von Material)* élasticité *f.*

Elch *m -(e)s,* -e élan *m.*

Ele'fant *m* éléphant *m.*

Ele'ganz *f* élégance *f.*

E'lektriker(in *f) m -s,* - électricien(ne).

e'lektrisch *a* électrique.

Elektrizi'tät *f* électricité *f;* **~swerk** *nt* centrale *f* électrique.

Elek'trode *f -, -n* électrode *f.*

E'lektroherd *m* cuisinière *f* électrique.

Elektro'lyse *f -, -n* électrolyse *f.*

E'lektron *nt -s, -en* [-'tro:nən] électron *m;* **~en(ge)hirn** *nt* cerveau *m* électronique; **~enrechner** *m* ordinateur *m.*

Elek'tronik *f* électronique *f.*

e'lektro-: **~rasierer** *m* rasoir *m* électrique; **~technik** *f* électrotechnique *f.*

Ele'ment *nt* élément *m;* **in seinem ~ sein** être dans son élément.

elemen'tar *a* élémentaire.

Elend *nt -(e)s* misère *f;* **e~** *a* misérable; *(krank)* malade; *(fam: Hunger)* terrible; **~sviertel** *nt* quartier *m* insalubre, bidonville *m.*

elf *num* onze // *E~ f -, -en (SPORT)* onze *m.*

Elfenbein *nt* ivoire *m.*

Elf'meter *m (SPORT)* penalty *m.*

E'lite *f -, -n* élite *f.*

Ell(en)bogen *m* coude *m.*

Elsaß *nt: das ~* l'Alsace *f;* **Elsässer(in** *f) m* Alsacien(ne).

Elster *f -, -n* pie *f.*

elterlich *a* des parents.

Eltern *pl* parents *mpl;* **~haus** *nt* maison *f* familiale.

Email [e'mai] *nt -s, -s* émail *m;* **e~'lieren** [ema'ji:rən] *vt (ohne ge-)* émailler.

Emanzipati'on *f* émancipation *f.*

emanzi'pieren *(ohne ge-) vt* émanciper // *vr:* **sich ~** s'émanciper.

Embryo *m -s, -s o -nen* [embry'o:nən] embryon *m.*

Emi'grant(in *f) m* émigré(e).

Emigrati'on *f* émigration *f.*

emi'grieren *vi (ohne ge-, mit sein)* émigrer *(nach en,* à).

em'pfahl *siehe* **empfehlen.**

em'pfand *siehe* **empfinden.**

Em'pfang *m -(e)s, -̈e* réception *f;* *(der Gäste)* accueil *m;* **in ~ nehmen** recevoir.

em'**pfangen** irr (ohne ge-) vt recevoir // vi (schwanger werden) concevoir.

Em'**pfänger**(in) f m -s, - (von Brief etc) destinataire m/f; (Gerät) récepteur m.

em'**pfänglich** a sensible (für à).

Em'**pfängnis** f conception f; ~**verhütung** f contraception f.

Em'**pfangs**-: ~**bestätigung** f accusé m de réception; ~**dame** f hôtesse f d'accueil; ~**zimmer** nt salon m.

em'**pfehlen** irr (ohne ge-) vt recommander // vr: **sich** ~ (sich verabschieden) prendre congé; **es empfiehlt sich, das zu tun** il est recommandé de faire ceci.

Em'**pfehlung** f recommandation f; ~**sschreiben** nt lettre f de recommandation.

em'**pfiehlt** siehe **empfehlen**.

em'**pfinden** vt irr (ohne ge-) éprouver, ressentir.

em'**pfindlich** a (Stelle) sensible; (Gerät) fragile; (Mensch) sensible, susceptible.

Em'**pfindung** f sensation f; (Gefühl) sentiment m.

em'**pfing** siehe **empfangen**.

em'**pfohlen** siehe **empfehlen**.

em'**pfunden** siehe **empfinden**.

em'**pören** vt (ohne ge-) vt indigner // vr: **sich** ~ s'indigner; (sich erheben) se révolter.

Em'**pörkömmling** m arriviste m/f, parvenu(e).

Em'**pörung** f indignation f.

emsig a (Mensch) affairé(e); (Treiben) de ruche.

Endbahnhof m terminus m.

Ende nt -s, -n fin f; (von Weg, Stock, Seil) bout m; extrémité f; (Ausgang) fin f, conclusion f; **am** ~ (räumlich) au bout (de); (zeitlich) à la fin (de); (schließlich) finalement; **am** ~ **des Zuges** en queue du train; ~ **Dezember** fin décembre; **zu** ~ **sein** être au bout du rouleau; ~ **sein** être au bout du rouleau; (Geduld) être à bout; **e~n** vi finir, se terminer.

endgültig a définitif(-ive).

En'**divie** [-viə] f chicorée f.

End-: **e~lich** a limité(e); (MATH) fini(e) // ad enfin, finalement; **e~los** a (Diskussion) interminable; (Seil) sans fin; ~**spiel** nt finale f; ~**spurt** m finish m; ~**station** f terminus m; ~**ung** f terminaison f.

Ener'**gie** f énergie f; ~**bedarf** m besoins mpl énergétiques; ~**krise** f crise f de l'énergie.

e'**nergisch** a énergique.

eng a étroit(e); (fig: Horizont) borné(e), limité(e).

engagieren [ãga'ʒiːrən] (ohne ge-) vt (Künstler) engager // vr: **sich** ~ s'engager.

Enge f -, -n étroitesse f; (Land-) défilé m; (Meer-) détroit m; **jdn in die** ~ **treiben** acculer qn.

Engel m -s, - ange m.

England nt -s l'Angleterre f; ~**er(in)** f) m -s, - Anglais(e).

englisch a anglais(e); **E**~ nt -en (LING) Anglais m.

Engpaß m goulet m d'étranglement.

engstirnig a (Mensch) borné(e); (Entscheidung) mesquin(e).

Enkel m -s, - petit-fils m; ~**in** f petite-fille f; ~**kind** nt petit-enfant m.

ent'**arten** vi (ohne ge-, mit sein) dégénérer.

ent'**behren** vt (ohne ge-) se passer de.

ent'**behrlich** a superflu(e).

Ent'**behrung** f privation f.

ent'**binden** irr (ohne ge-) vt dispenser (von de); (MED) accoucher // vi (MED) accoucher.

Ent'**bindung** f dispense f (von de); (MED) accouchement m; ~**sheim** nt maternité f.

ent'**decken** vt (ohne ge-) découvrir.

Ent'**decker(in** f) m -s, - découvreur m.

Ent'**deckung** f découverte f.

Ente f -, -n canard m; (fig) bobard m, fausse nouvelle f.

ent'**ehren** vt (ohne ge-) déshonorer.

ent'**eignen** vt (ohne ge-) (Besitzer) exproprier, déposséder.

ent'**eisen** vt (ohne ge-) (auftauen) dégivrer.

ent'**erben** vt (ohne ge-) déshériter.

ent'fachen vt (ohne ge-) (Feuer) attiser; (Leidenschaft) enflammer.

ent'fallen vi irr (ohne ge-, mit sein) (wegfallen) être annulé(e); **jdm** ~ (vergessen) échapper à qn; **auf jdn** ~ revenir à qn.

ent'falten (ohne ge-) ❧ (Karte) déplier; (Talente) développer; (Pracht, Schönheit) déployer // vr: **sich** ~ (Blume, Mensch) s'épanouir; (Talente) se développer.

ent'fernen vt (ohne ge-) vt éloigner; (Flecken) enlever // vr: **sich** ~ s'éloigner.

ent'fernt a éloigné(e), lointain(e); **weit davon** ~ **sein, etw zu tun** être bien loin de faire qch.

Ent'fernung f (Abstand) distance f; (das Wegschaffen) enlèvement m; **E—smesser** m (PHOT) télémètre m.

ent'fremden vt (ohne ge-) éloigner (dat de) // vr: **sich jdm/einer Sache** ~ se distancer de o s'aliéner qn/qch.

Ent'froster m -s, - (AUT) dégivreur m.

ent'führen vt (ohne ge-) enlever; (Flugzeug) détourner.

Ent'führer(in f) m -s, - ravisseur (-euse); (Flugzeug~) pirate m de l'air.

Ent'führung f enlèvement m, rapt m; (Flugzeug~) détournement m.

ent'gegen prep +dat contre // ad: **neuen Abenteuern** ~ vers de nouvelles aventures; **~bringen** vt irr (zvb) (fig: Vertrauen) témoigner; **~gehen** vi irr (zvb, mit sein) (auf jdn) aller à la rencontre de; **~gesetzt** a opposé(e); (Maßnahme) contradictoire; **~kommen** vt irr (zvb, mit sein) venir à la rencontre de (jdm à qn); (fig) obliger (jdm qn); **~nehmen** vt irr (zvb) recevoir, accepter; **~sehen** vi irr (zvb) (jdm/einer Sache ~sehen) attendre qn/quelque chose; **~setzen** vt (zvb) opposer (dat à); **~wirken** vi (zvb) (jdm/etw (dat) ~wirken) contrecarrer qn/qch.

ent'gegnen vi irr (ohne ge-) répliquer.

ent'gehen vi irr (ohne ge-, mit sein): **jdm/einer Gefahr** ~ échapper à qn/à un danger; **sich** (dat) **etw** ~ **lassen** rater qch.

ent'geistert a abasourdi(e).

ent'gleisen vi (ohne ge-, mit sein) (Zug) dérailler; (Mensch) dérailler (fam).

ent'gleiten vi irr (ohne ge-, mit sein) échapper (jdm à qn).

Ent'haarungsmittel nt dépilatoire m.

ent'halten irr (ohne ge-) vt contenir // vr: **sich der Stimme** (gen) ~ s'abstenir; **sich einer Meinung** ~ ne pas prendre position.

ent'haltsam a (Leben) abstinent(e); (Mensch) sobre; (sexuell) continent(e); **E—keit** f tempérance f; (sexuell) continence f.

ent'hemmen vt (ohne ge-) (jdn) désinhiber.

ent'hüllen vt (ohne ge-) (Statue) dévoiler; (Geheimnis) dévoiler.

ent'kommen vi irr (ohne ge-, mit sein) échapper (jdm à qn); s'évader (aus de).

ent'kräften vt (ohne ge-) (Menschen) épuiser; (Argument) réfuter.

ent'laden vt irr (ohne ge-) (Wagen, Schiff) décharger; (ELEC: Batterie) vider // vr: **sich** ~ se décharger; (Gewitter) éclater.

ent'lang prep +akk o dat, ad le long de; **~gehen** vt, vi irr (ohne ge-, mit sein) longer.

ent'lassen vt irr (ohne ge-) libérer, renvoyer; (Arbeiter) licencier.

Ent'lassung f libération f; (von Arbeiter) licenciement m.

ent'lasten vt (ohne ge-) (von Arbeit) décharger; (Achse) soulager; (Straßen) délester; (Angeklagten) disculper; (Konto) créditer.

ent'machten vt (ohne ge-) destituer.

ent'militari'siert a démilitarisé(e).

ent'mündigen vt (ohne ge-) mettre sous tutelle.

ent'mutigen vt (ohne ge-) décourager.

ent'richten vt (ohne ge-) (Geldbetrag) payer, régler.

ent'rosten vt (ohne ge-) débarrasser de sa rouille.

ent'rüsten (ohne ge-) vt indigner // vr: **sich** ~ (über +akk) s'indigner (de).

Ent'rüstung f indignation f.

ent'schädigen vt (ohne ge-) dédommager (für de).

Ent'schädigung f dédommagement m; (Ersatz) indemnité f.

ent'schärfen vt (ohne ge-) désamorcer.

ent'scheiden (ohne ge-) vt décider // vr: **sich ~** (Angelegenheit) se décider; **sich für jdn/etw ~** se décider pour qn/qch; **~d** décisif (-ive); (Irrtum) capital(e).

Ent'scheidung f décision f.

ent'schied, ent'schieden siehe **entscheiden**.

ent'schließen vr irr (ohne ge-): **sich ~** se décider (zu à).

ent'schloß, ent'schlossen siehe **entschließen**.

Ent'schlossenheit f résolution f, détermination f.

Ent'schluß m décision f.

ent'schuldigen (ohne ge-) vt excuser // vr: **sich ~** s'excuser (für de).

Ent'schuldigung f excuse f; **jdn um ~ bitten** demander pardon à qn.

ent'setzen vr (ohne ge-): **sich ~** être horrifié(e); **E~** -nt s (von Mensch) effroi m.

ent'setzlich a effroyable.

ent'setzt a horrifié(e).

ent'spannen (ohne ge-) vt détendre // vr: **sich ~** se détendre.

Ent'spannung f détente f; **~spolitik** f politique f de détente.

ent'sprach siehe **entsprechen**.

ent'sprechen vi irr (ohne ge-) +dat correspondre à qch; **den Anforderungen/Wünschen** (dat) ~ satisfaire les exigences/désirs.

ent'sprechend a approprié(e); (Befehl) correspondant(e) // ad selon, conformément à.

ent'sprochen siehe **entsprechen**.

ent'stand, ent'standen siehe **entstehen**.

ent'stehen vi irr (ohne ge-, mit sein) naître; (Unruhe) se produire; (Kosten) résulter; (Unheil) arriver.

Ent'stehung f naissance f, origine f.

ent'stellen vt (ohne ge-) (jdn) défigurer; (Bericht, Wahrheit) déformer, altérer.

ent'täuschen vt (ohne ge-) décevoir.

Ent'täuschung f déception f.

ent'waffnen vt (ohne ge-) désarmer; **~d** a désarmant(e).

ent'warf siehe **entwerfen**.

Ent'warnung f fin f de l'alarme.

ent'wässern vt (ohne ge-) drainer, assécher.

Ent'wässerung f drainage m.

entweder conj: **~ ... oder ...** ou ... ou...

ent'werfen vt irr (ohne ge-) (Zeichnung) esquisser; (Modell, Roman) concevoir; (Plan) dresser; (Gesetz) faire un projet de.

ent'werten vt (ohne ge-) dévaluer; (Briefmarken) oblitérer; (Fahrkarte) composter.

ent'wickeln vt (ohne ge-) vt développer // vr: **sich ~** se développer.

Ent'wicklung f développement m; **~shilfe** f aide f aux pays en voie de développement; **~sland** nt pays m en voie de développement.

ent'wirren vt (ohne ge-) démêler, débrouiller.

ent'wöhnen vt (ohne ge-) sevrer; (Süchtige) désintoxiquer.

Ent'wöhnung f (von Säugling) sevrage m; (von Süchtigen) désintoxication f.

ent'worfen siehe **entwerfen**.

ent'würdigend a dégradant(e).

Ent'wurf m esquisse f; (Konzept) brouillon m; (Gesetz~) projet m.

ent'ziehen irr (ohne ge-) vt: **jdm etw ~** retirer qch à qn // vr: **sich ~** échapper (+dat à); se dérober (dat à).

Ent'ziehung f privation f; (von Alkohol) désintoxication f; **~skur** f cure f de désintoxication.

ent'ziffern vt (ohne ge-) déchiffrer.

ent'zog, ent'zogen siehe **entziehen**.

ent'zücken vt (ohne ge-) enchanter, ravir; **~d** a ravissant(e); (Kind) adorable.

ent'zünden (ohne ge-) vt (Holz) allumer; (MED, Begeisterung) enflammer; *(Streit)* déclencher.

Ent'zündung *f (MED)* inflammation
f.

ent'zwei *ad:* ~ **sein** être cassé(e);
~**brechen** *irr (zvb)* vt mettre en morceaux // vi *(mit sein)* se casser.

'Enzian *m* -s, -e gentiane *f.*

En'zym *nt* -s, -e enzyme *m.*

Epide'mie *f* épidémie *f.*

Epilep'sie *f* épilepsie *f.*

E'poche *f* -, -n époque *f.*

er pron il; *(bei weiblichen französischen
Substantiven)* elle.

er'achten *vt (ohne ge-):* ~ **für** *o* als
considérer comme; **meines E~s** à
mon avis.

er'barmen *vr (ohne ge-):* **sich** *(jds/
einer Sache)* ~ avoir pitié (de
qn/qch); **E~** *nt* -s pitié *f.*

er'bärmlich *a* minable; *(Zustände)*
misérable.

er'bauen *(ohne ge-)* vt *(Stadt)* bâtir;
(Denkmal) construire; *(fig)* édifier //
vr: **sich an etw** *(dat)* ~ être édifié(e)
par qch.

er'baulich *a* édifiant(e).

Er'bauung *f* construction *f;* *(fig)* édi-
fication *f.*

Erbe *m* -n, -n héritier *m* // *nt* -s
héritage *m;* **e~n** *vt, vi* hériter.

er'beuten *vt (ohne ge-)* prendre
comme butin.

Erb-: ~**faktor** *m* facteur *m* héréditaire; ~**fehler** *m* affection *f* con-
génitale; ~**folge** *f* (ordre *m* de)
succession *f;* ~**in** *f* héritière *f.*

er'bittert *a* acharné(e).

er'blassen, er'bleichen *vi (ohne
ge-, mit sein)* pâlir.

erblich *a* héréditaire.

Erbmasse *f (JUR)* succession *f;*
(BIO) génotype *m.*

er'brechen *irr (ohne ge-)* vt vomir //
vr: sich ~ vomir.

Erb-: ~**recht** *nt* droit *m* successoral;
~**schaft** *f* héritage *m.*

Erbse *f* -, -n (petit) pois *m.*

Erd-: ~**bahn** *f* orbite *f* terrestre;
~**beben** *nt* -s, - tremblement *m* de
terre; ~**beere** *f* fraise *f.*

Erde *f* -, -n terre *f;* **zu ebener** ~ au
rez-de-chaussée; **e~n** *vt (ELEC)*

relier à la terre.

er'denklich *a* imaginable,
concevable.

Erd-: ~**gas** *nt* gaz *m* naturel;
~**geschoß** *nt* rez-de-chaussée *m;*
~**kunde** *f (SCOL)* géographie *f;*
~**nuß** *f* cacahuète *f;* ~**öl** *nt* pétrole *m.*

er'drosseln *vt (ohne ge-)* étrangler.

Erd-: ~**rutsch** *m* glissement *m* de
terrain; *(POL)* raz-de-marée *m*
(électoral); ~**teil** *m* continent *m.*

er'eifern *vr (ohne ge-):* **sich** ~ s'é-
chauffer *(über +akk* au sujet de).

er'eignen *vr (ohne ge-):* **sich** ~
arriver, se passer.

Er'eignis *nt* événement *m;* **e~reich** *a*
à mouvementé(e).

er'fahren *vt irr (ohne ge-)* apprendre;
(erleben) éprouver // *a* expéri-
menté(e).

Er'fahrung *f* expérience *f;*
e~sgemäß *ad* par expérience.

er'fand *siehe* **erfinden**

er'fassen *vt (ohne ge-)* saisir; *(fig: einbeziehen)* inclure, comprendre.

er'finden *vt irr (ohne ge-)* inventer.

Er'finder(in *f) m* -s, - inventeur
(-trice).

Er'findung *f* invention *f;* ~**sgabe** *f*
esprit *m* inventif, imagination *f.*

Er'folg *m* -(e)s, -e succès *m.*

er'folgen *vi (ohne ge-, mit sein)* *(sich
ergeben)* se produire, s'ensuivre;
(stattfinden) avoir lieu; *(Zahlung)* être
effectué(e).

er'folg-: ~**los** *a (Mensch)* qui n'a pas
de succès; *(Versuch)*
infructueux(-euse), vain (vaine);
~**reich** *a (Mensch)* qui a du succès;
(Versuch) couronné(e) de succès;
~**versprechend** *a (Mensch)*
promis(e) au succès; *(Versuch)*
prometteur(-euse).

er'forderlich *a* nécessaire;
(Kenntnisse) requis(e).

er'fordern *vt (ohne ge-)* demander,
exiger.

Er'fordernis *nt* nécessité *f.*

er'forschen *vt (ohne ge-)* *(Land)*
explorer; *(Problem)* étudier.

Er'forschung *f* étude *f,* examen *m;*
(von Land) exploration *f.*

er'freulich a qui fait plaisir; **~erweise** ad heureusement.

er'frieren vi irr (ohne ge-, mit sein) geler; (Mensch) mourir de froid.

er'frischen (ohne ge-) vt rafraîchir // vr: **sich ~** se rafraîchir.

Er'frischung f rafraîchissement m; **~raum** m buvette f, cafétéria f.

er'fuhr siehe **erfahren**.

er'füllen (ohne ge-) vt remplir; (Bitte) satisfaire; (Erwartung) répondre à // vr: **sich ~** s'accomplir.

er'funden siehe **erfinden**.

er'gänzen (ohne ge-) vt compléter // vr: **sich ~** se compléter.

Er'gänzung f complément m; (Zusatz) supplément m.

er'geben irr (ohne ge-) vt (Betrag) donner, rapporter; (Bild) révéler // vr: **sich ~** (sich ausliefern) se rendre (dat à); (folgen) s'ensuivre // a dévoué(e); (dem Trunk) adonné(e) (dat à).

Er'gebnis nt résultat m; **e~los** a sans résultat.

er'giebig a (Quelle) productif(-ive); (Untersuchung) fructueux(-euse); (Boden) fertile.

er'greifen vt irr (ohne ge-) saisir; (Täter) attraper; (Beruf) choisir; (Maßnahmen) prendre; (rühren) toucher.

er'griffen a (Mensch) touché(e); (Worte) ému(e).

er'halten vt irr (ohne ge-) recevoir; (Art) maintenir; (Kunstwerk) conserver; **gut ~** a en bon état.

er'hältlich a (Ware) disponible, en vente.

er'hängen (ohne ge-) vt pendre.

er'haschen vt (ohne ge-) (Beute) attraper; (Blick) surprendre; (Glück) saisir.

er'heben irr (ohne ge-) vt (hochheben) lever; (rangmäßig) élever (zu au rang de); (stimmungsmäßig) élever; (Steuern etc) percevoir; **Klage ~** porter plainte; **Anspruch auf etw** (akk) ~ revendiquer qch // vr: **sich ~** (aufstehen) se lever; (aufsteigen) s'élever; (Frage) se poser; (revoltieren) se soulever; **sich über** jdn/etw ~ se mettre au dessus de qn/qch.

er'heblich a considérable.

er'heitern vt (ohne ge-) égayer.

Er'heiterung f amusement m; **zur allgemeinen ~** à la grande joie de tout le monde.

er'hitzen (ohne ge-) vt chauffer; (fig) échauffer // vr: **sich ~** devenir chaud, s'échauffer.

er'höhen vt irr (ohne ge-) (Mauer) hausser; (Steuern) augmenter; (Geschwindigkeit) accroître.

er'holen vr (ohne ge-): **sich ~** (von Krankheit, Schreck) se remettre; (sich entspannen) se reposer.

er'holsam a reposant(e).

Er'holung f (Gesundung) rétablissement m; (Entspannung) repos m, détente f; **~sheim** nt maison f de repos o de convalescence.

Erika f ~, **Eriken** bruyère f.

er'innern (ohne ge-) vt: **jdn an jdn/etw ~** rappeler qn/qch à qn // vr: **sich ~** se souvenir (an +akk de).

Er'innerung f mémoire f; (Andenken) souvenir m; **zur ~ an** (+akk) en souvenir de.

er'kälten vr (ohne ge-): **sich ~** prendre froid; **erkältet sein** avoir un rhume.

Er'kältung f refroidissement m, rhume m.

er'kennbar a reconnaissable.

er'kennen vt irr (ohne ge-) (jdn, Fehler) reconnaître; (Krankheit) diagnostiquer; (sehen) distinguer.

er'kenntlich a: **sich ~ zeigen** se montrer reconnaissant(e) (für de).

Er'kenntnis f reconnaissance f, connaissance f; (Einsicht) idée f; **zur ~ kommen** se rendre compte.

Er'kennung f reconnaissance f; **~smarke** f plaque f d'identité.

Erker m -s, - encorbellement m.

er'klären vt (ohne ge-) expliquer.

Er'klärung f explication f; (Aussage) déclaration f.

er'klingen vi irr (ohne ge-, mit sein) retentir, résonner.

Er'krankung f maladie f.

er'kundigen vr (ohne ge-): **sich ~ se**

renseigner *(nach, über +akk* sur).

Er'kundigung f (prise f de) renseignements m.

er'langen vt *(ohne ge-)* obtenir; *(Fähigkeit)* atteindre.

Er'laß m -sses, ⁼sse décret m; *(von Strafe)* remise f.

er'lassen vt irr *(ohne ge-) (Gesetz)* décréter; *(Strafe)* exempter; **jdm etw ~** dispenser qn de qch.

er'lauben vt *(ohne ge-)* permettre *(jdm etw* qch à qn); **sich** *(dat)* **etw ~** se permettre qch.

Er'laubnis f permission f.

er'läutern vt *(ohne ge-)* expliquer.

Er'läuterung f explication f.

Erle f -, **-n** au(l)ne m.

er'leben vt *(ohne ge-) (Überraschung etc)* éprouver; *(Zeit)* passer par; *(mit~)* assister à.

Er'lebnis nt expérience f.

er'ledigen vt *(ohne ge-) (Auftrag etc)* exécuter; *(fam: erschöpfen)* crever; *(: ruinieren)* ruiner; *(: umbringen)* liquider; **er ist erledigt** *(fam)* il est foutu.

er'leichtern vt *(ohne ge-)* alléger; *(Aufgabe)* faciliter; *(Gewissen, jdn)* soulager.

Er'leichterung f allègement m, soulagement m.

er'leiden vt irr *(ohne ge-)* subir; *(Schmerzen)* souffrir, supporter.

er'lesen a *(Speisen)* sélectionné(e); *(Publikum)* choisi(e).

Er'lös m **-es, -e** produit m *(aus* de).

er'lösen vt *(ohne ge-) (Mensch)* délivrer; *(REL)* sauver.

er'mächtigen vt *(ohne ge-)* autoriser, habiliter *(zu* à).

Er'mächtigung f *(das Ermächtigen)* autorisation f; *(Vollmacht)* pleins pouvoirs mpl.

er'mahnen vt *(ohne ge-)* exhorter *(zu* à).

Er'mahnung f exhortation f.

er'mäßigen vt *(ohne ge-) (Gebühr)* réduire.

Er'mäßigung f réduction f.

Er'messen nt **-s** jugement m; **in jds ~** *(dat)* **liegen** être à la discrétion de qn.

er'mitteln *(ohne ge-)* vt *(Wert)* calculer; *(Täter)* retrouver // vi: **gegen jdn ~** ouvrir une information contre qn.

Er'mittlung f *(Polizei~)* enquête f.

er'möglichen vt *(ohne ge-)*: **jdm etw ~** rendre qch possible à qn.

er'morden vt *(ohne ge-)* assassiner.

Er'mordung f assassinat m.

er'müden *(ohne ge-)* vt fatiguer // vi *(mit sein)* se fatiguer.

Er'müdung f fatigue f; **~serscheinung** f signe m de fatigue.

er'muntern vt *(ohne ge-) (ermutigen)* encourager; *(beleben)* animer; *(aufmuntern)* dérider.

er'mutigen vt *(ohne ge-)* encourager *(zu* à).

er'nähren *(ohne ge-)* vt nourrir // vr: **sich ~** von vivre o se nourrir de.

Er'nährer(in) f m **-s,** - soutien m (de famille).

Er'nährung f *(das Ernähren)* alimentation f; *(Nahrung)* nourriture f; *(Unterhalt)* entretien m.

er'nennen vt irr *(ohne ge-)* nommer.

Er'nennung f nomination f.

er'neuern vt *(ohne ge-) (renovieren)* rénover, restaurer; *(austauschen)* remplacer; *(verlängern)* renouveler.

Er'neuerung f *(von Gebäude)* restauration f; *(von Teil)* remplacement m; *(von Vertrag)* renouvellement m.

er'neut a nouveau(nouvelle), répété(e) // ad à nouveau.

Ernst m **-es** rigueur f, sérieux m; **das ist mein ~** je suis sérieux; **im ~** sérieusement; **mit etw ~ machen** mettre qch en pratique // **e~** a sérieux(-euse); *(Lage)* grave; **~fall** m cas m d'urgence; **e~haft** a sérieux(-euse); **e~lich** a sérieux (-euse).

Ernte f -, **-n** *(von Getreide)* moisson f; *(von Obst)* récolte f; **e~n** vt moissonner; récolter; *(Lob etc)* récolter.

er'nüchtern vt *(ohne ge-)* dégriser; *(fig)* ramener à la réalité.

Er'nüchterung f dégrisement m.

er'obern vt *(ohne ge-)* conquérir.

Er'oberung f conquête f.

er'öffnen (ohne ge-) vt ouvrir; (mitteilen): **jdm etw ~** révéler qch à qn // vr: **sich ~** (Möglichkeiten) se présenter.

Er'öffnung f (von Sitzung etc) ouverture f; (Mitteilung) communication f.

ero'gen a (Zonen) érogène.

er'örtern vt (ohne ge-) (Vorschlag) discuter.

E'rotik f érotisme m.

e'rotisch a érotique.

er'picht a avide (auf +akk de).

er'pressen vt (ohne ge-) (Geld etc) extorquer; (jdn) faire chanter.

Er'presser(in f) m **-s,** - maîtrechanteur m.

Er'pressung f chantage m.

er'proben vt (ohne ge-) éprouver, mettre à l'épreuve; (Gerät) tester.

er'raten vt irr (ohne ge-) deviner.

er'regbar a excitable; (reizbar) irritable.

er'regen (ohne ge-) vt exciter; (ärgern) irriter; (Neid, Aufsehen) éveiller, susciter // vr: **sich ~** s'énerver (über +akk à cause de).

Er'reger m **-s,** - (MED) agent m pathogène.

Er'regtheit f excitation f; (Ärger) irritation f.

Er'regung f excitation f.

er'reichen vt (ohne ge-) atteindre; (Menschen) joindre; (Zug) attraper.

er'richten vt (ohne ge-) (Gebäude) dresser, ériger; (gründen) fonder.

er'röten vi (ohne ge-, mit sein) rougir.

Er'rungenschaft f conquête f; (fam: Anschaffung) acquisition f.

Er'satz m **-es** (das Ersetzen) remplacement m; (Person) remplaçant(e); (Sache) substitut m; (Schadens~) dédommagement m; **~befriedigung** f compensation f; **~dienst** m (MIL) service m civil; **~reifen** m pneu m de rechange; **~teil** nt pièce f de rechange.

er'schaffen vt irr (ohne ge-) créer.

er'scheinen vi irr (ohne ge-, mit sein) (sich zeigen) apparaître; (auftreten) arriver; (vor Gericht) comparaître; (Buch etc) paraître; **das erscheint mir vernünftig** cela me semble

raisonnable.

Er'scheinung f (Geist) apparition f; (Gegebenheit) phénomène m; (Gestalt) air m, aspect m.

er'schien, **er'schienen** siehe **erscheinen.**

er'schießen vt irr (ohne ge-) tuer d'un coup de feu; (MIL) fusiller.

er'schlagen vt irr (ohne ge-) battre à mort.

er'schöpfen vt (ohne ge-) épuiser.

er'schöpft a épuisé(e).

Er'schöpfung f épuisement m.

er'schrak siehe **erschrecken.**

er'schrecken (ohne ge-) vt effrayer // vi (mit sein) s'effrayer; **~d** a effrayant(e).

er'schrocken siehe **erschrecken** // a effrayé(e).

er'schüttern vt (ohne ge-) (Gebäude, Gesundheit) ébranler; (jdn) secouer, émouvoir.

Er'schütterung f (von Gebäude) ébranlement m; (von Menschen) bouleversement m.

er'schweren vt (ohne ge-) rendre (plus) difficile.

er'schwinglich a (Artikel) d'un prix accessible; (Preise) abordable.

er'setzbar a remplaçable.

er'setzen vt (ohne ge-) remplacer; (Unkosten) rembourser; **jdm etw ~** remplacer qch, rembourser qch à qn.

er'sichtlich a (Grund) apparent(e).

er'sparen vt (ohne ge-) (Geld) économiser; (Ärger etc) épargner; **jdm etw ~** épargner qch à qn.

Er'sparnis f économie f (an +dat de); **~se** pl économies fpl.

erst ad (zuerst) d'abord; (nicht früher/mehr als) seulement, ne ... que; **~ einmal** d'abord.

er'statten vt (ohne ge-) (Kosten) rembourser; (Bericht etc) faire; **gegen jdn Anzeige ~** porter plainte contre qn.

Erstaufführung f première f.

er'staunen vt (ohne ge-) étonner; **E~** nt -s étonnement m.

er'staunlich a étonnant(e).

erst-: **E~ausgabe** f première

erstechen   82   es

édition f; ~**beste(r,s)** a (Mensch) le (la) premier(-ière) venu(e); (Sache) la première chose qui (vous) tombe sous la main; ~**e(r,s)** a premier(-ière).

er'stechen vt irr (ohne ge-) (jdn) poignarder.

er'stellen vt (ohne ge-) (Gebäude) construire; (Gutachten) faire.

erstens ad premièrement.

erstere(r,s) pron le (la) premier (-ière)

er'sticken (ohne ge-) vt étouffer // vi (mit sein) s'étouffer.

Er'stickung f (von Mensch) étouffement m, asphyxie f.

erst-: ~**klassig** a (Ware) de premier choix; (Sportler, Hotel) de première classe; (Essen) de première qualité; ~**mals** ad pour la première fois.

er'strebenswert a désirable.

er'strecken vr (ohne ge-): **sich** ~ s'étendre.

er'tappen vt (ohne ge-) surprendre; **jdn beim Stehlen** ~ prendre qn en flagrant délit de vol.

er'teilen vt (ohne ge-) donner.

Er'trag m -(e)s, -e (Ergebnis) rendement m; (Gewinn) recette f.

er'tragen vt irr (ohne ge-) supporter.

er'träglich a supportable.

er'tränken vt (ohne ge-) noyer.

er'träumen vt (ohne ge-): **sich** (dat) **etw** ~ rêver de qch.

er'trinken vi irr (ohne ge-, mit sein) se noyer; **E**~ nt -s noyade f.

er'übrigen (ohne ge-) vt: **etw (für jdn)** ~ können pouvoir donner qch à qn; (Zeit) consacrer qch à qn // vr: **sich** ~ être superflu(e).

er'wachen vi (ohne ge-, mit sein) se réveiller; (Gefühle, Mißtrauen) s'éveiller.

er'wachsen a (Mensch) adulte; **E**~**e(r)** mf adulte m/f; **E**~**enbildung** f formation f permanente o continue.

er'wägen vt irr (ohne ge-) (Plan) examiner; (Möglichkeiten) peser.

er'wähnen vt (ohne ge-) mentionner.

Er'wähnung f mention f.

er'wärmen (ohne ge-) vt chauffer // vr: **sich für jdn/etw nicht** ~

können ne pas pouvoir s'enthousiasmer pour qn/qch.

er'warten vt (ohne ge-) (rechnen mit) s'attendre à; (warten auf) attendre; **etw kaum** ~ **können** attendre qch avec impatience.

Er'wartung f attente f, espoir m.

er'wecken vt (ohne ge-) éveiller; **den Anschein** ~ donner l'impression.

er'weisen irr (ohne ge-) vt (Ehre, Dienst) rendre (jdm à qn) // vr: **sich** ~ se révéler; **sich** ~, **daß** ... s'avérer que ... .

er'werb m -(e)s, -e (von Haus, Auto) acquisition f; (Beruf) métier m; (Lohn) gain m; **e**~**en** vt irr (ohne ge-) acquérir; **e**~**slos** a sans emploi; ~**squelle** f source f de revenu; **e**~**stätig** a actif(-ive); **e**~**sunfähig** a invalide.

er'widern vt (ohne ge-) (antworten; Gefühl) répondre (jdm à qn); (Besuch, Böses) rendre.

er'wiesen a prouvé(e), démontré(e).

er'wischen vt (ohne ge-) (fam) attraper, choper.

er'wog, er'wogen siehe **erwägen.**

er'wünscht a désiré(e).

er'würgen vt (ohne ge-) étrangler.

Erz nt -es, -e minerai m.

er'zählen vt (ohne ge-) raconter.

Er'zählung f histoire f, conte m.

Erz-: ~**bischof** m archevêque m; ~**engel** m archange m.

er'zeugen vt (ohne ge-) produire, fabriquer; (Angst) provoquer.

Er'zeugnis nt produit m.

Er'zeugung f production f.

er'ziehen vt irr (ohne ge-) (Kind) élever; (bilden) éduquer.

Er'ziehung f éducation f; ~**sberechtigte(r)** mf père m; mère f; tuteur(-trice).

er'zielen vt (ohne ge-) obtenir, réaliser.

er'zwingen vt irr (ohne ge-) forcer, obtenir de force.

es pron (nom) il (elle); (in unpersönlichen Konstruktionen) ça, ce; (bei unpersönlichen Verben) il; (akk) le (la); (in unpersönlichen Konstruktionen) le.

Esel m -s, - âne m; ~**sohr** nt (fam: im Buch) corne f.

Eskalati'on f escalade f.

eßbar a mangeable; (Pilz) comestible.

essen vt, vi irr manger; **E**~ nt -s, - (Nahrung) nourriture f; (Mahlzeit) repas m; **E**~**szeit** f heure f du repas.

Essig m -s, - vinaigre m.

Eß-: ~**kastanie** f marron m; ~**löffel** m cuiller f (à soupe); ~**zimmer** nt salle f à manger.

eta'blieren v (ohne ge-): **sich** ~ (Geschäft) s'installer; (Mensch) s'établir.

Etage f e'ta:ʒə] f -, -n étage m; ~**nbetten** pl lits mpl superposés.

E'tappe f -, -n étape f.

Etat [e'ta:] m -s, -s budget m.

Ethik f éthique f, morale f.

ethisch a éthique, moral(e).

Eti'kett nt -(e)s, -e étiquette f.

etliche pron pl pas mal; ~ **sind gekommen** il est venu pas mal qui sont venus; ~**s** pas mal de choses.

etwa ad (ungefähr) environ; (vielleicht) par hasard; (beispielsweise) par exemple; **nicht** ~ non pas.

etwaig ['etvaiç] a éventuel(le).

etwas pron quelque chose; (ein wenig) un peu (de) // ad un peu.

euch pron (akk +dat von ihr) vous; **dieses Buch gehört** ~ ce livre est à vous.

euer pron (attributiv) votre, pl vos // (gen von ihr) de vous; ~**e(r,s)** pron (substantivisch) le (la) vôtre; **der/die/das** ~ le le (la) vôtre.

Eule f -, -n hibou m.

eure(r,s) pron (substantivisch) le (la) vôtre; ~**rseits** ad de votre côté; ~**sgleichen** pron vos pareil(le)s pl; ~**twegen**, ad (für euch) pour vous; (wegen euch) à cause de vous.

eurige pron: **der/die/das** ~ le (la) vôtre.

Eu'ropa nt -s l'Europe f.

Euro'päer(in f) m -s, - Européen(ne).

euro'päisch a européen(ne); **E**~**e Wirtschaftsgemeinschaft** Com- munauté f économique européenne.

Eu'ropa-: ~**parlament** nt Parlement m européen; ~**rat** m Conseil m de l'Europe.

Euter nt -s, - pis m, mamelle f.

evakuieren [evaku'i:rən] vt (ohne ge-) évacuer.

evangelisch [evaŋe'lif] a protestant(e).

Evangelium [evaŋ'ge:lium] nt -s -, évangile m.

eventuell [eventu'el] a éventuel(le) // ad éventuellement.

EWG [e:ve:'ge:] f - abk von **Europäische Wirtschaftsgemeinschaft** CEE f.

ewig a éternel(le); **E**~**keit** f éternité f.

E'xamen nt -s, - o **E'xamina** examen m.

E'xempel nt -s, - exemple m; **an jdm ein** ~ **statuieren** faire un exemple de qn.

Exem'plar nt -s, -e exemplaire m; **e**~**isch** a exemplaire.

exer'zieren v (ohne ge-) (Truppen) faire des manœuvres.

E'xil nt -s, -e exil m.

Exi'stenz f existence f; (pej: Mensch) individu m; ~**minimum** nt minimum m vital.

exi'stieren vi (ohne ge-) exister.

exklu'siv a (Bericht) exclusif (-ive); (Gesellschaft) sélect(e); **e**~ [-'zi:və] ad, prep +gen non compris(e).

e'xotisch a exotique.

Experi'ment nt expérience f.

experimen'tieren vi (ohne ge-) faire une expérience.

Ex'perte m -n, -n, **Ex'pertin** f expert m, spécialiste m/f.

explo'dieren vi (ohne ge-, mit sein) exploser.

Explosi'on f explosion f.

Expo'nent m (MATH) exposant m.

Ex'port m -(e)s, -e exportation f; ~**eur** [ɛkspɔr'tø:r] m exportateur m; ~**handel** m commerce m d'exportation.

expor'tieren vt (ohne ge-) (Waren) exporter.

extra a inv (fam: gesondert) séparé(e); (besonders) spécial(e)// ad (gesondert) à part; (speziell) spécialement; (absichtlich) exprès; (zuzüglich) en supplément; **ich bin ~ langsam gefahren** j'ai fait un effort pour conduire lentement; **E~ nt -s, -s** option f; **E~ausgabe** f, **E~blatt** nt édition f spéciale.

Ex'trakt m **-(e)s, -e** extrait m.

ex'trem a extrême.

extre'mistisch a (POL) extrémiste.

Extremi'täten pl extrémités fpl.

ex'zentrisch a excentrique.

Ex'zeß m **-sses, -sse** excès m.

F

F nt (MUS) fa m.

Fabel f **-, -n** fable f; **f~haft** a merveilleux(-euse), fabuleux(-euse).

Fa'brik f **-, -en** usine f, fabrique f.

Fabri'kant(in f) m (Hersteller) fabricant(e); (Besitzer) industriel m.

Fabri'kat nt produit m.

Fabrikati'on f fabrication f, production f.

Fach nt **-(e)s, ̄er** rayon m, compartiment m; (Gebiet) discipline f, matière f, sujet m.

Fach-: **~arbeiter(in** f) m ouvrier(ère) spécialisé(e); **~arzt** m, **~ärztin** f spécialiste m/f; **~ausdruck** m terme m technique.

Fächer m **-s, -** éventail m.

Fach-: **f~kundig** a expert(e); **f~lich** a professionnel(le); **~mann** m, pl **-leute** spécialiste m/f; **~schule** f école f professionnelle; **f~simpeln** vi (zvb) (fam) parler métier; **~werk** nt colombage m.

Fackel f **-, -n** torche f, flambeau m.

fad(e) a fade.

Faden m **-s, ̈** fil m; **der rote ~** le fil conducteur; **f~scheinig** a (Lüge) cousu(e) de fil blanc.

fähig a capable; **zu etw** (dat) **~ sein** être capable de qch; **F~keit** f capacité f.

fahnden vi: **~ nach** rechercher m.

Fahndung f recherches fpl; **~sliste**
f liste f de recherches.

Fahne f **-, -n** (Flagge) pavillon m, drapeau m; **eine ~ haben** (fam) sentir l'alcool.

Fahrbahn f chaussée f.

Fähre f **-, -n** bac m.

fahren irr (mit sein) vt (Rad, Karussell, Ski, Schlitten etc) faire de; (Fahrzeug, Auto) conduire; (befördern: Fuhre) transporter; (Strecke) faire; parcourir// vi aller, rouler; (Auto ~) conduire; (abfahren) partir; **~ nach** (+dat) partir à; **mit etw ~** aller o partir en; **ein Gedanke fuhr ihm durch den Kopf** une idée lui passa par la tête; **mit der Hand über den Tisch ~** passer la main sur le table; **etw an eine Stelle ~** conduire qch quelque part.

Fahrer(in f) m **-s,** conducteur(-trice); **~flucht** f délit m de fuite.

Fahr-: **~gast** m passager(-ère); **~gestell** nt châssis m; (AVIAT) train m d'atterrissage; **~karte** f billet m; **~kartenausgabe** f, **~kartenschalter** m guichet m (des billets); **f~lässig** a négligent(e); (JUR) par négligence; **~lässigkeit** f négligence; **~lehrer(in** f) m moniteur(-trice) d'auto-école; **~plan** m horaire m; **f~planmäßig** a à l'heure prévue; **~preis** m prix m du billet; **~prüfung** f examen m pour permis de conduire; **~rad** nt bicyclette f, vélo m; **~schein** m ticket m; **~schule** f auto-école f; **~stuhl** m ascenseur m.

Fahrt f **-, -en** voyage f; **in voller ~ à** toute allure; **in ~ kommen** (fam) se mettre en train.

Fährte f **-, -n** piste f.

Fahrt-: **~kosten** pl frais mpl de déplacement; **~richtung** f direction f.

Fahr-: **~verbot** nt interdiction f de circuler; **~zeug** nt véhicule m.

fair [fɛːr] a équitable, loyal(e).

Faktor m facteur m.

Fakt(um) nt **-s, Fakten** fait m.

Fakul'tät f faculté f.

Falke m **-n, -n** faucon m.

Fall m -(e)s, ⸚e (Sturz, Untergang) chute f; (Sachverhalt, LING,MED) cas m; (JUR) affaire f; **auf jeden** ~, **auf alle** ⸚e en tous cas; **für den** ~, **daß** ... au cas où ...; **auf keinen** ~ en aucun cas.

Falle f -, -n piège m.

fallen vi irr (auch) tomber; (Entscheidung) être pris(e); (Tor) être marqué(e).

fällen vt (Baum) abattre; (Urteil) rendre.

fallenlassen vt irr (zvb) (Bemerkung) faire; (Plan) laisser tomber, abandonner.

fällig a (Zinsen) exigible, arrivé(e) à échéance; (Bus, Zug) attendu(e).

falls ad au cas où.

Fall-: ~schirm m parachute m; **~schirmspringer (in** f) m parachutiste m/f; **~tür** f trappe f.

falsch a faux (fausse).

fälschen vt contrefaire.

fälsch-: ~lich a faux (fausse), erroné(e); **F~ung** f falsification f, contrefaçon f.

Falte f -, -n pli m; (Haut~) ride f; **f~n** vt plier; (Hände) joindre.

Falter m -s, - papillon m.

famili'är a de famille; (vertraut) familier(-ère).

Familie [fa'mi:liə] f famille f.

Fa'milien- [-iən-]: **~feier** f fête f de famille; **~kreis** m cercle m familial; **~mitglied** nt membre m de la famille; **~name** m nom m de famille; **~planung** f planning m familial; **~stand** m état m civil.

fa'natisch a fanatique.

fand siehe **finden**.

Fang m -(e)s, ⸚e capture f; (das Jagen) chasse f; (Beute) prise f; (pl: Zähne) croc m; (pl: Krallen) serre f.

fangen irr vt attraper // vr: **sich** ~ (nicht fallen) se rattraper; (seelisch) se reprendre.

Farbaufnahme f photo f en couleurs.

Farbe f -, -n couleur f; (zum Malen etc) peinture f.

farbecht a grand teint(e).

färben vi (Stoff etc) déteindre // vt

teindre // vr: **sich** ~ se colorer.

farben-: ~blind a daltonien(ne); **~prächtig** a haut(e) en couleur.

Farb-: ~fernsehen nt télévision f en couleurs; **~film** m film m (en) couleur(s); **f~ig** a (bunt) coloré(e); (Mensch) de couleur; **~ige(r)** mf homme m (femme f) de couleur; **~kasten** m boîte f de couleurs; **f~los** a incolore; (fig) terne, plat(e); **~stoff** m colorant m; **~ton** m ton m.

Färbung f coloration f, teinte f; (fig) tendance f.

Farn m -(e)s, -e fougère f.

Fa'san m -(e)s, -(e)n faisan m.

Fasching m -s, -e carnaval m.

Fa'schismus m fascisme m.

Fa'schist(in f) m fasciste m/f.

faseln vt, vi radoter.

Faser f -, -n fibre f; **f~n** vi s'effilocher.

Faß nt -sses, **Fässer** tonneau m.

Fas'sade f façade f.

fassen vt (ergreifen, angreifen) saisir, empoigner; (begreifen, glauben) saisir, comprendre; (inhaltlich) contenir; (Edelstein) sertir; (Plan, Gedanken) concevoir; (Entschluß, Vertrauen) prendre; (Verbrecher) arrêter, attraper // vr: **sich** ~ se ressaisir, se calmer.

Fassung f (Umrahmung) monture f; (bei Lampe) douille f; (von Text) version f; (Beherrschung) contenance f, maîtrise f de soi; **jdn aus der** ~ **bringen** faire perdre contenance à qn; **f~slos** a décontenancé(e); **~svermögen** nt (bei Behälter) capacité f, contenance f; (bei Mensch) compréhension f.

fast ad presque.

fasten vi jeûner.

Fastenzeit f carême m.

Fastnacht f mardi m gras.

faszi'nieren vt (ohne ge-) fasciner.

fa'tal a fatal(e), désastreux(-euse).

fauchen vi siffler.

faul a (verdorben) pourri(e), avarié(e); (Mensch) paresseux (-euse); (Witz, Ausrede, Sache) douteux(-euse), louche.

faulen vi (mit sein) pourrir.

faulenzen vi paresser.

Faulheit f paresse f.

faulig a pourri(e), putride.

Fäulnis f décomposition f, putréfaction f.

Faust f -, **Fäuste** poing m; **auf eigene** ~ de sa propre initiative; ~**handschuh** m moufle f.

Fazit nt -s, -e o -s bilan m.

Februar m -(s), -e février m.

fechten vi irr (kämpfen) se battre à l'épée); (SPORT) faire de l'escrime.

Feder f -, -n plume f; (Bett~) duvet m; (TECH) ressort m; ~**ball** m volant m; ~**bett** nt édredon m; ~**halter** m porte-plume m, stylo m à encre; **f~'leicht** a léger(-ère) comme une plume.

Federung f sommier m; (bei Auto) suspension f.

Fee f -, -n ['fe:ən] fée f.

Fegefeuer nt purgatoire m.

fegen vt balayer.

fehl a: ~ **am Platz** o **Ort** déplacé(e).

fehlen vi (nicht vorhanden sein) manquer; (abwesend sein: Mensch) être absent(e); **etw fehlt jdm** il manque qch à qn; **du fehlst mir** tu me manques; **was fehlt ihm?** qu'est-ce qu'il a?; **es fehlt an etw** (dat) il manque qch.

Fehler m -s, - faute f; (bei Mensch, Gerät) défaut m; **f~frei** a irréprochable, impeccable; **f~haft** a incorrect(e), défectueux(-euse).

Fehl-: ~**geburt** f fausse couche f; ~**griff** m méprise f, gaffe f; ~**schlag** m échec m; **f~schlagen** vi irr (zvb, mit sein) échouer; ~**start** m (SPORT) faux départ m; ~**tritt** m faux pas m; ~**zündung** f (AUT) raté m (d'allumage).

Feier f -, -n fête f, cérémonie f; ~**abend** m fin f du travail; ~**abend machen** arrêter de travailler; **jetzt ist** ~ **abend** (fig) c'est terminé.

feierlich a solennel(le); **F~keit** f solennité f // pl cérémonie f.

feiern vt, vi fêter.

Feiertag m jour m férié.

feig(e) a lâche.

Feige f -, -n figue f.

Feigheit f lâcheté f.

Feigling m lâche m/f, poltron(ne).

Feile f -, -n lime f.

feilschen vi marchander.

fein a fin(e); (Qualität, vornehm) raffiné(e); ~! formidable!

Feind(in f) m -(e)s, -e ennemi(e); **f~lich** a hostile; ~**schaft** f inimitié f, hostilité f; **f~selig** a hostile; ~**seligkeit** f hostilité f.

feist a gros(se), replet(-ète).

Fein-: **f~fühlig** a sensible; ~**gefühl** nt délicatesse f, tact m; ~**heit** f finesse f, raffinement m; ~**kostgeschäft** nt épicerie f fine; ~**schmecker(in** f) m gourmet m.

Feld nt -(e)s, -er (Acker) champ m; (bei Brettspiel) case f; (fig: Gebiet) domaine m; (Schlacht~) champ m de bataille; (SPORT) terrain m; ~**weg** m chemin m de terre o rural.

Felge f -, -n (AUT, Fahrrad) jante f.

Fell nt -(e)s, -e poil m, pelage m; (von Schaf) toison f; (verarbeitetes ~) fourrure f; ~**jacke** f veste f de fourrure.

Fels m -en, -en, **Felsen** m -s, - rocher m, roc m; **f~en'fest** a ferme, inébranlable; **f~ig** a rocheux(-euse); ~**spalte** f fissure f.

feminin a féminin(e); (pej) efféminé(e).

Fenchel m -s fenouil m.

Fenster nt -s, - fenêtre f; ~**brett** nt appui m de fenêtre; ~**laden** m volet m; ~**scheibe** f vitre f, carreau m; ~**sims** m rebord m de fenêtre.

Ferien ['fe:riən] pl vacances fpl; ~ **machen** prendre des vacances; ~ **haben** avoir des vacances, être en vacances.

Ferkel nt -s, - porcelet m.

fern a lointain(e), éloigné(e) // ad loin; ~ **von hier** loin d'ici; **f~bleiben** vi irr (zvb, mit sein) ne pas venir; ne pas participer.

Ferne f -, -n lointain m.

ferner ad (zukünftig) à l'avenir, à venir; (außerdem) en outre.

Fern-: ~**gespräch** nt communication f interurbaine; **f~gesteuert** a télécommandé(e); ~**glas** nt jumelles *fpl*; **f~halten** *vt irr (zvb)* tenir à l'écart; **~heizung** *f* chauffage *m* urbain; **f~liegen** *vi irr (zvb)*: **jdm f~liegen** être loin de la pensée de qn; **~meldeamt** *nt* office *m* des télé-communications; **~rohr** *nt* longue-vue *f*, télescope *m*; **f~schreiber** *m* téléscripteur *m*; **~sehapparat** *m* poste *m* de télévision; **f~sehen** *vi irr (zvb)* regarder la télévision ♦ **~sehen** *nt* **-s: im ~sehen** à la télévision; **~sehgerät** *nt* télévision *f*, télé-viseur *m*; **~sprecher** *m* téléphone *m*; **~sprechzelle** *f* cabine *f* télé-phonique; **~straße** *f* route *f* à grande circulation; **~verkehr** *m* trafic *m* des grandes lignes.

Ferse *f* **-, -n** talon *m*.

fertig *a* prêt(e); *(beendet)* fini(e); **~ sein** *(fam: müde)* être à plat; **mit jdm ~ sein** n'avoir fini avec qn; **mit etw ~ werden** finir avec qch; *(zu-rechtkommen)* venir à bout de qch; **~bringen** *vt irr (zvb) (fähig sein)* arriver à faire; **F~bau** *m* construction *f* en préfabriqué; **F~keit** *f* adresse *f*, habileté *f*; **~machen** *(zvb) vt (beenden)* finir, terminer; *(fam: Menschen: körperlich)* épuiser; *(fam: moralisch)* démolir // *vr*: **sich ~machen** se préparer; **~stellen** *vt (zvb)* finir, achever.

Fessel *f* **-, -n** lien *m*, chaîne *f*; **f~n** *vt (Gefangenen)* ligoter; *(fig)* captiver; **f~nd** *a* captivant(e).

fest *a* ferme; *(Nahrung, Stoff)* solide; *(Preis, Wohnsitz)* fixe; *(Anstellung)* permanent(e); *(Bindung)* sérieux(-euse); *(Schlaf)* profond(e); **~e Schuhe** de bonnes chaussures.

Fest *nt* **-(e)s, -e** fête *f*.

fest-: **~binden** *vt irr (zvb)* lier, atta-cher; **~essen** *nt* banquet *m*; **~halten** *irr (zvb) vt (Gegenstand)* tenir ferme; *(Ereignis)* noter, retenir // *vr*: **sich ~halten** s'accrocher *(an +dat* à); **an etw** *(dat)* **~halten** *(fig)* rester fidèle à qch, garder qch.

festigen *vt* consolider; *(Material)* renforcer // *vr*: **sich ~** *(Beziehung, Gesundheit)* se consolider.

Festigkeit *f* consistance *f*, fermeté *f*.

fest-: **~klammern** *vr (zvb)*: **sich ~klammern** s'accrocher *(an +dat* à qch); **F~land** *nt* continent *m*; **~legen** *vt (zvb)* fixer, déterminer // *vr*: **sich ~legen** s'engager *(auf +akk* à).

festlich *a* de cérémonie, solen-nel(le).

fest-: **~machen** *vt (zvb)* fixer; **F~mahl** *f* **-, -e** repas *m* de fête; **~nehmen** *vt irr (zvb)* saisir, arrêter; **~setzen** *vt (zvb)* fixer, établir; **F~spiel** *nt* festival *m*; **~stehen** *vi irr (zvb)* être fixé(e); **~stellen** *vt (zvb)* constater.

Festung *f* forteresse *f*.

Fett *nt* **-(e)s, -e** graisse *f*; **f~** *a* gras(se); *(Nahrung)* pauvre en graisses; **f~en** *vt* graisser; **~fleck** *m* tache *f* de graisse; **f~ge-druckt** *a* imprimé(e) en caractères gras; **f~ig** *a* gras(se); **~näpfchen** *nt*: **ins ~näpfchen treten** mettre les pieds dans le plat.

Fetzen *m* **-s, -** *(Stoff-, Papier-)* lambeau *m*, chiffon *m*.

feucht *a* humide; **F~igkeit** *f* humidité *f*.

Feuer *nt* **-s, -** feu *m*; **~ fangen** prendre feu; *(fig)* s'enthousiasmer; *(sich verlieben)* tomber amoureux (-euse); **~ und Flamme sein** être tout feu tout flamme; **~alarm** *m* alerte *f* au feu; **f~fest** *a (Geschirr)* résistant(e) au feu; **~gefahr** *f* danger *m* d'incendie; **f~gefährlich** *a* inflammable; **~löscher** *m* extinc-teur *m*; **~melder** *m* avertisseur *m* d'incendie.

Feuer-: **~stein** *m* silex *m*; pierre *f* à briquet; **~ wehr** *f* sapeurs-pompiers *mpl*; **~wehrauto** *nt* voiture *f* de pom-piers; **~wehrmann** *m, pl* **-leute** pompier *m*; **~werk** *nt* feu *m* d'ar-tifice; **~zeug** *nt* briquet *m*.

feurig *a* brûlant(e); *(fig: Liebhaber)* fervent(e), ardent(e).

** fichst, ficht** siehe **fechten**.

Fichte *f* **-, -n** sapin *m*, épicéa *m*.

fidel *a* joyeux(-euse), gai(e).

Fieber *nt* **-s, -** fièvre *f*; **f~haft** *a* fièvreux(-euse); **~thermometer** *nt* thermomètre m (médical).

fiel siehe **fallen**.

fies a (fam) écoeurant(e), vache.

Fi'gur f -, -en (von Mensch) stature f, silhouette f; (Mensch) personnage m; (Tanz~) figure f; (Kunst~) statue f; (Spiel~) pièce f, pion m; **sie hat eine gute ~** elle est bien faite; **auf die ~ achten** faire attention à sa ligne.

Fili'ale f -, -n succursale f.

Film m -(e)s, -e (Spiel~ etc) film m; (PHOT) pellicule f; **f~en** vt filmer; **~kamera** f caméra f; **~vorführgerät** nt projecteur m.

Filter m -s, - filtre m; (TECH) écran m; **f~n** vt filtrer; **~papier** nt papier-filtre m; **~zigarette** f cigarette f.

Filz m -es, -e feutre m.

Fi'nanz-: **~amt** nt perception f; **~beamte(r)** m fonctionnaire m aux finances.

Fi'nanzen pl finances fpl.

finanzi'ell a financier(-ère).

finan'zieren vt (ohne ge-) financer.

finden vt irr trouver; **ich finde nichts dabei, wenn ...** je ne trouve rien de mal à ce que...; **das wird sich ~** on verra bien; **zu sich selbst ~** se trouver.

Finder(in f) m -s, - personne f qui trouve qch; **~lohn** m récompense f.

fing siehe **fangen**.

Finger m -s, - doigt m; **laß die ~ davon!** (fam) ne t'en mêle pas!; **jdm auf die ~ sehen** avoir qn à l'œil; **~abdruck** m empreinte f digitale; **~hut** m dé m à coudre; (BOT) digitale f; **~nagel** m ongle m; **~spitzengefühl** nt doigté m.

fin'giert a fictif(-ive).

Fink m -en, -en pinson m.

Finnland nt -s la Finlande.

finster a sombre; (Mensch) lugubre; (Kneipe) sinistre; (Mittelalter) obscur(e); **F~nis** f obscurité f.

Finte f -, -n feinte f, ruse f.

Firma f -, **Firmen** compagnie f, firme f.

Firmen-: **~schild** nt enseigne f, écriteau m; **~zeichen** nt marque f de fabrique.

Firnis m -ses, -se vernis m.

Fisch m -(e)s, -e poisson m; (ASTR) Poissons mpl; **f~en** vt, vi pêcher; **~er** m -s, - pêcheur m; **~e'rei** f pêche f; **~fang** m pêche f; **~geschäft** nt poissonnerie f; **~gräte** f arête f.

fit a en forme.

fix a (Mensch) leste, adroit(e); (Idee, Kosten) fixe; **~ und fertig** fin prêt(e); (erschöpft) éreinté(e); (er-schüttert) bouleversé(e).

fi'xieren vt (ohne ge-) fixer.

flach a plat(e).

Fläche f -, -n surface f, superficie f; **~ninhalt** m superficie f, aire f.

flackern vi vaciller.

Fladen m -s, - galette f.

Flagge f -, -n pavillon m.

flämisch a flamand(e).

Flamme f -, -n flamme f; **in ~n stehen** être en flammes.

Flandern nt -s la o les Flandre(s).

Fla'nell m -s, -e flanelle f.

Flanke f -, -n flanc m; (SPORT) saut m de côté.

Flasche f -, -n bouteille f; (fam: Versager) cloche f, raté(e); **~nbier** nt bière f en bouteilles o canettes fpl; **~nöffner** m ouvre-bouteilles m; décapsuleur m.

flatterhaft a volage, écervelé(e).

flattern vi (bei Fortbewegung mit sein) voleter; (Fahne) flotter.

flau a (Stimmung) mou(molle); (COMM) stagnant(e); **jdm ist ~** qn se trouve mal.

Flaum m -(e)s duvet m.

flauschig a duveteux(-euse), cotonneux(-euse).

Flausen pl baliverses fpl.

Flaute f -, -n (NAVIG) calme m; (COMM) récession f.

Flechte f -, -n tresse f, natte f; (MED) dartre f; (BOT) lichen m; **f~n** vt irr tresser.

Fleck m -(e)s, -e tache f; (fam: Ort, Stelle) endroit m; (Stoff~) petit bout (de tissu); **nicht vom ~ kommen** ne pas avancer d'une semelle; **~enmittel** nt détachant m; **f~ig** a (schmutzig) taché(e), sale.

Fledermaus f chauve-souris f.

Flegel m -s, - (Dresch~) fléau m; (Mensch) mufle m; **f~haft** a malappris(e), impertinent(e); **~jahre** pl âge m ingrat.

flehen vi implorer, supplier.

Fleisch nt -(e)s chair f; (Essen) viande f; (~brühe f) bouillon m (de viande); **~er(in** f) m -s, - boucher (-ère), charcutier(-ère); **~e'rei**boucherie f, charcuterie f; **f~ig** a charnu(e); **f~lich** a (Gelüste) charnel(le); **~wolf** m hachoir m.

Fleiß m -es application f, assiduité f; **f~ig** a travailleur(-euse), assidu(e) // ad (oft) assidûment.

flichst, flicht siehe **flechten**.

Flicken m -s, - (Stoff) pièce f; (Tätigkeit) raccommodage m; **f~** vt rapiécer, raccommoder.

Flieder m -s, - lilas m.

Fliege f -, -n mouche f; (zur Kleidung) noeud m papillon.

fliegen irr vt (Flugzeug) piloter; (Menschen) transporter (par avion); (Strecke) parcourir // vi (mit sein) voler; (im Flugzeug) aller en avion; (durch Schleudern) être précipité(e); **nach London ~** aller à Londres en avion; **aus der Schule/Firma ~** (fam) être mis(e) à la porte de l'école/de l'entreprise; **auf jdn/etw ~** (fam) avoir un faible pour qn/qch.

Fliegenpilz m fausse oronge f, tuemouche m.

Flieger(in f) m -s, - aviateur (-trice); **~alarm** m alerte f aérienne.

fliehen vi irr (mit sein) fuir; **vor etw** (dat) ~ (s'en)fuir devant qch.

Fliese f -, -n carreau m.

Fließband nt tapis m roulant; (in Fabrik) chaîne f de montage.

fließen vi irr (mit sein) couler; **~d** a (Wasser) courant(e) // ad (sprechen) couramment.

flimmern vi scintiller.

flink a vif (vive), agile.

Flinte f -, -n fusil m (de chasse).

flirten ['flɪrtn, auch 'fløːɐtn, 'flɔːrtn] vi flirter (mit etw).

Flitterwochen pl lune f de miel.

flitzen vi (mit sein) filer.

flocht siehe **flechten**.

Flocke f -, -n (Schnee~) flocon m; (Watte~) boule f.

floh siehe **fliehen**.

Floh m -(e)s, -e puce f; **jdm einen ~ ins Ohr setzen** donner des idées à qn; **~markt** m marché m aux puces.

flo'rieren vi (ohne ge-) prospérer.

Floskel f -, -n figure f de rhétorique.

floß siehe **fließen**.

Floß nt -es, -e radeau m.

Flosse f -, -n (bei Fisch) nageoire f, aileron m; (Taucher~) palme f.

Flöte f -, -n flûte f.

Flö'tist(in f) m flûtiste m/f.

flott a (schnell) rapide; (schick) chic inv, élégant(e); (NAVIG) à flot.

Flotte f -, -n flotte f, marine f.

Fluch m -(e)s, -e juron m; (Verfluchung) malédiction f; **f~en** vi jurer.

Flucht f -, -en fuite f; **auf der ~ sein** être en fuite; **f~artig** ad avec précipitation, précipitamment.

flüchten vi (mit sein) fuir, s'enfuir (vor + dat devant); **sich ins Haus ~** se réfugier dans la maison.

flüchtig a (Arbeit) superficiel(le); (Besuch, Blick) rapide; (Bekanntschaft) passager(-ère); (geflohen: Verbrecher) en fuite; **F~keit** f rapidité f, caractère m superficiel; **F~keitsfehler** m faute f d'inattention.

Flüchtling m fugitif(-ive); (politischer ~) réfugié(e).

Flug m -(e)s, -e vol m; **im ~** en vol; **~blatt** nt tract m.

Flügel m -s, - aile f; (Altar~) volet m; (SPORT) ailier m; (MUS) piano m à queue.

Fluggast m passager(-ère).

flügge a (Vogel) capable de voler; (fig: Mensch) capable de voler de ses propres ailes.

Flug-: ~gesellschaft f compagnie f aérienne; **~hafen** m aéroport m; **~plan** m horaire m aérien; **~platz** m aérodrome m; **~schein** m billet m d'avion; (des Piloten) brevet m de pilote; **~verkehr** m trafic m aérien.

Flugzeug nt avion m; **~entführung**

f détournement *m* d'avion; ~**halle** *f* hangar *m*; ~**träger** *m* porte-avions *m inv.*

Flunder *f* -, -n flet *m.*

flunkern *vi* raconter des bobards.

Flur *m* -(e)s, -e entrée *f.*

Fluß *m* -sses, -sse fleuve *m*, rivière *f*; (*das Fließen*) courant *m*, flot *m*; **im ~ sein** (*fig*) être en cours.

flüssig *a* liquide; (*Verkehr*) fluide; (*Stil*) aisé(e); **F~keit** *f* liquide *m*; (*Zustand*) liquidité *f*, fluidité *f*; ~**machen** *vt* (*zvb*) (*Geld*) se procurer.

flüstern *vt*, *vi* chuchoter.

Flut *f* -, -en inondation *f*, déluge *m*; (*Gezeiten*) marée *f* haute; (*Wassermassen*) flots *mpl*; (*fig*) torrent *m*; **f~en** *vi* (*mit sein*) arriver à flots; ~**licht** *nt* projecteur *m.*

focht *siehe* **fechten.**

Fohlen *nt* -s, - poulain *m.*

Föhre *f* -, -n pin *m* sylvestre.

Folge *f* -, -n suite *f*; continuation *f*; (*Auswirkung*) conséquence *f*; **etw zur ~ haben** avoir qch pour conséquence; **einer Sache** (*dat*) ~ **leisten** donner suite à qch.

folgen *vi* obéir // *vi* (*mit sein*) suivre; **daraus folgt ...** il en résulte; ~**d** *a* suivant(e); ~**dermaßen** de la manière suivante.

folgern *vt* conclure (*aus* +*dat de*).

Folgerung *f* conclusion *f.*

folglich *ad* en conséquence, par conséquent.

folgsam *a* docile, obéissant(e).

Folie ['fo:liə] *f* -, -n feuille *f*, film *m.*

Folter *f* -, -n torture *f*; (*Gerät*) chevalet *m*; **f~n** *vt* torturer.

Fön ® *m* -(e)s, -e sèche-cheveux *m*, séchoir *m*; **f~en** *vt* sécher (au séchoir).

fordern *vt* exiger.

fördern *vt* (*Menschen, Produktivität*) encourager; (*Plan*) favoriser; (*Kohle*) extraire.

Forderung *f* exigence *f*; demande *f.*

Förderung (*siehe* **fördern**) *f* encouragement *m*; favorisation *f*; avancement *m*; extraction *f.*

Forelle *f* truite *f.*

Form *f* -, -en forme *f*; (*Guß~, Back~*) moule *m*; **in ~ sein** être en forme; **in ~ von** sous forme de; **die ~ wahren** garder les formes.

Formalität *f* formalité *f.*

Formal *nt* format *m*; (*fig*) envergure *f*, grande classe *f.*

Formel *f* -, -n formule *f.*

for'mell *a* formel(le).

formen *vt* former.

förmlich *a* en bonne et due forme; (*Mensch, Benehmen*) cérémonieux (-euse) // *ad* (*geradezu*) presque; **F~keit** *f* formalité *f.*

formlos *a* sans forme, informe; (*Antrag, Brief*) sans formalités.

Formular *nt* -s, -e formulaire *m.*

formu'lieren *vt* (*ohne ge*) formuler.

forsch *a* résolu(e), énergique.

forschen *vi* chercher, rechercher (*nach etw qch*); (*wissenschaftlich*) faire de la recherche.

Forscher(in *f*) *m* -s, - chercheur (-euse).

Forschung *f* recherche *f.*

Förster(in *f*) *m* -s, - garde *m*/*f* forestier(-ère).

Forstwesen *nt*, -**wirtschaft** *f* sylviculture *f.*

fort *ad* (*verschwunden, weg*) pas ici *o* là; **und so ~** et ainsi de suite; **in einem ~** sans arrêt; ~**bestehen** *vi irr* (*zvb, ohne ge*) persister, survivre; ~**bewegen** (*zvb, ohne ge*) *vt* faire avancer // *vr*: **sich ~bewegen** (*vorankommen*) avancer; ~**bilden** *vr* (*zvb*): **sich ~bilden** continuer ses études, se perfectionner; ~**bleiben** *vi irr* (*zvb, mit sein*) ne pas (re)venir; **F~dauer** *f* continuation *f*; ~**dauern** *vi irr* (*zvb, mit sein*) (*wegfahren*) partir, s'en aller; (*weitermachen*) continuer; ~**gehen** *vi irr* (*zvb, mit sein*) (*weggehen*) s'en aller, partir; ~**geschritten** *a* avancé(e); ~**kommen** *vi irr* (*zvb, mit sein*) (*wegkommen*) arriver à s'en aller; (*vorankommen*) faire des progrès; (*verlorengehen*) disparaître; ~**lassen** *vt irr* (*zvb*) laisser partir; ~**pflanzen** *vr* (*zvb*): **sich ~pflanzen** se reproduire; **F~pflanzung** *f* reproduction *f.*

Fortschritt *m* -s, -e progrès *m*; **f~lich** *a* progressiste.

fort-: **~setzen** *vt* (*zvb*) (*fortführen*) continuer, poursuivre; **F~setzung** *f* continuation *f*, suite *f*; **F~setzung folgt** à suivre; **~'während** *a* constant(e), continuel(le); **~'ziehen** *irr* (*zvb*) *vt* 1 *vt* (*mit sein*) émigrer, (*umziehen*) déménager.

Foto *nt* -s, -s photo *f*; **~apparat** *m* appareil *m* photo; **~'graf(in** *f) m* photographe *m/f*; **~'gra'fie** *f* photographie *f*; **f~gra'fieren** (*ohne ge-*) *vt* photographier // *vi* faire de la photo, faire des photos; **~'ko'pie** *f* photocopie *f*; **f~ko'pieren** *vt* (*ohne ge-*) photocopier.

Fracht *f* -, -en fret *m*, cargaison *f*; **~er** *m* -s, - cargo *m*; **~gut** *nt* fret *m*.

Frack *m* -(e)s, -e frac *m*, habit *m*.

Frage *f* -, -n question *f*; **etw in ~ stellen** remettre qch en question; **das kommt nicht in ~** il n'en est pas question; **eine ~ stellen** poser une question; **~bogen** *m* questionnaire *m*; **f~n** *vt*, *vi* demander (*jdn* à qn); **~zeichen** *nt* point *m* d'interrogation.

fraglich *a* incertain(e); (*ADMIN*) en question.

Frag'ment *nt* fragment *m*.

fragwürdig *a* douteux(-euse).

Frakti'on *f* fraction *f*.

fran'kieren *vt* (*ohne ge-*) affranchir.

franko *ad* franco de port.

Frankreich *nt* -s la France.

Franse *f* -, -n frange *f*.

Fran'zose *m* -n, -n, **Fran'zösin** *f* Française/-n.

französisch *a* français; **F~** *nt* -en (*LING*) français *m*.

fraß siehe **fressen**.

Fratze *f* -, -n grimace *f*.

Frau *f* -, -en femme *f*; **~ Müller** Madame Müller; **~ Doktor** Madame le docteur, Docteur; **~enarzt** *m*, **~enärztin** *f* gynécologue *m/f*; **~enbewegung** *f* mouvement *m* féministe.

Fräulein *nt* demoiselle *f*; (*Anrede*) Mademoiselle.

fraulich *a* féminin(e).

frech *a* insolent(e); (*Lied, Kleidung, Aussehen*) audacieux(-euse); **F~heit** *f* insolence *f*, effronterie *f*.

frei *a* libre; (*Mitarbeiter*) indépendant(e); (*Arbeitsstelle*) vacant(e); (*Gefangener*) en liberté; (*kostenlos*) gratuit(e); (*Aussicht, schnee-*) dégagé(e); **sich** (*dat*) **einen Tag ~ nehmen** prendre un jour de congé; **von etw ~ sein** être libéré(e) de qch; **im F~en** en plein air; **F~bad** *nt* piscine *f* en plein air; **f~bekommen** *vt irr* (*zvb, ohne ge-*): **jdn ~bekommen** faire libérer qn; **einen Tag ~bekommen** obtenir un jour de congé; **g~big** *a* généreux(-euse); **f~halten** *irr* (*zvb*) *vt*: **'Ausfahrt ~halten'** 'sortie de voitures' // *vr*: **sich ~halten** se libérer; **~händig** *ad*: **f~händig fahren** conduire sans tenir son volant (*o guidon*).

Freiheit *f* liberté *f*; **~sstrafe** *f* peine *f* de prison.

Frei-: **~karte** *f* billet *m* gratuit; **f~kommen** *vi irr* (*zvb, mit sein*) recouvrer la liberté; **f~lassen** *vt irr* (*zvb*) libérer, remettre en liberté; **~lauf** *m* (*am Fahrrad*) roue *f* libre.

freilich *ad* à dire vrai, à la vérité; **ja** ~ mais certainement.

Frei-: **~lichtbühne** *f* théâtre *m* en plein air; **f~machen** (*zvb*) *vt* (*Post*) affranchir // *vr*: **sich ~machen** (*zeitlich*) se libérer; (*sich entkleiden*) se déshabiller; **f~mütig** *a* franc (franche), ouvert(e); **f~sprechen** *vt irr* (*zvb*) acquitter (*von* de); **~spruch** *m* acquittement *m*; **f~stellen** *vt* (*zvb*): **jdm etw ~stellen** laisser le choix de qch à qn; **~stoß** *m* (*Fußball*) coup *m* franc.

Freitag *m* vendredi *m*; **f~s** *ad* le vendredi.

freiwillig *a* volontaire.

Freizeit *f* loisirs *mpl*.

freizügig *a* large d'esprit; (*großzügig*) généreux(-euse).

fremd *a* étranger(ère); (*unvertraut*) étrange; **sich ~ fühlen** se sentir dépaysé(e); **~artig** *a* étrange, bizarre; **F~e(r)** *mf* étranger/-ère).

Fremden-: ~**führer**(in *f*) *m* guide *m/f* touristique; ~**verkehr** *m* tourisme *m*; ~**zimmer** *nt* chambre *f* à louer.

Fremd-: ~**körper** *m* (*im Auge etc*) corps *m* étranger; (*fig: Mensch*) intrus(e); ~**sprache** *f* langue *f* étrangère; ~**wort** *nt* mot *m* étranger.

Fre'quenz *f* fréquence *f*.

fressen *vt, vi irr* (*Tier*) manger; (*fam: Mensch*) bouffer.

Freude *f* -, -**n** joie *f*, plaisir *m*; ~ **an** *etw* (*dat*) **haben** trouver plaisir à qch; **jdm eine ~ machen** faire plaisir à qn.

freudig *a* joyeux(-euse).

freuen *vt* faire plaisir à // *vr*: **sich ~** être heureux(-euse) *o* content(e) (*über +akk* de); **sich auf etw** (*akk*) ~ attendre qch avec impatience; **es freut mich, daß...** je suis content(e) que...

Freund(in *f*) *m* -(**e**)**s**, -**e** (*Kamerad*) ami(e); (*Liebhaber*) petit(e) ami(e).

freundlich *a* (*Mensch, Miene*) aimable, avenant(e); (*Wetter, Farbe*) agréable; (*Wohnung, Gegend*) accueillant(e), riant(e); **das ist sehr ~ von Ihnen** c'est très aimable à vous; **er war so ~, mir zu helfen** il a eu l'amabilité de m'aider; ~**erweise** *ad* aimablement; **F~keit** *f* amabilité *f*.

Freundschaft *f* amitié *f*.

Frevel *m* -**s**, - crime *m*, offense *f* (*an +dat* à); (*REL*) sacrilège *m*; **f~haft** *a* criminel(le); sacrilège.

Frieden *m* -**s**, - paix *f*; **im ~** en temps de paix; **in ~ leben** vivre en paix; ~**svertrag** *m* traité *m* de paix.

Friedhof *m* cimetière *m*.

friedlich *a* paisible.

frieren *vt, vi irr* (*Mensch*) avoir froid; **ich friere, es friert mich** j'ai froid.

Fries *m* -**es**, -**e** (*ARCHIT*) frise *f*.

fri'gid(e) *a* frigide.

Frika'delle *f* boulette *f* de viande.

frisch *a* frais (fraîche); ~ **gestrichen!** peinture fraîche!; **sich ~ machen** faire un brin de toilette;

F~e *f* - fraîcheur *f*.

Friseur [fri'zø:ɐ] *m*, **Friseuse** [fri'zø:zə] *f* coiffeur(-euse).

fri'sieren (*ohne ge-*) *vt* coiffer; (*fig: Abrechnung*) maquiller, falsifier; (*Motor*) traffiquer // *vr*: **sich ~ se** coiffer.

Fri'sör *m* -**s**, -**e** = **Friseur**.

Frist *f* -, -**en** délai *m*, terme *m*; **f~los** *a* (*Entlassung*) sans préavis.

Fri'sur *f* coiffure *f*.

Frl. (*abk von* **Fräulein**) Mlle.

froh *a* joyeux(-euse); ~**e Ostern!** joyeuses Pâques!; **ich bin ~, daß...** je suis content(e) que...

fröhlich *a* joyeux(-euse), gai(e); **F~keit** *f* gaîté *f*, joie *f*.

fromm *a* (-**er**, *am* -**sten**) pieux (-euse); (*Wunsch*) vain(e).

Frömmigkeit *f* piété *f*, dévotion *f*.

Fron'leichnam *nt* -**s** Fête-Dieu *f*.

Front *f* -, -**en** (*Haus~*) façade *f*; (*MIL*) front *m*.

fron'tal *a* frontal(e).

fror *siehe* **frieren**.

Frosch *m* -(**e**)**s**, -**e** grenouille *f*; (*Feuerwerk*) pétard *m*; ~**mann** *m, pl* -**männer** homme-grenouille *m*; ~**schenkel** *m* cuisse *f* de grenouille.

Frost *m* -(**e**)**s**, -**e** gelée *f*; ~**beule** *f* engelure *f*.

frösteln *vi* frissonner; **es fröstelt mich** j'ai des frissons.

Frost-: ~**gefahr** *f* danger *m* de gel; **f~ig** *a* glacial(e); ~**schutzmittel** *nt* antigel *m*.

Frottee *nt o m* -(**s**), -**s** tissu-éponge *m*.

frot'tieren *vt* (*ohne ge-*) frotter, frictionner.

Frot'tier(hand)tuch *nt* serviette-éponge *f*.

Frucht *f* -, -**e** fruit *m*; **f~bar** *a* fertile; (*Frau, Tier*) fécond(e); (*fig: Gespräch etc*) fructueux(-euse); ~**barkeit** *f* fertilité *f*; fécondité *f*; productivité *f*; **f~en** *vi* faire de l'effet; **f~los** *a* infructueux(-euse), sans fruit *o* effet.

früh *a,ad* tôt; (*beizeiten*) de bonne heure; (*vorzeitig*) précoce; **heute ~** ce matin; ~**e Kindheit** première enfance; **F~aufsteher(in** f) m lève-tôt (m/f); **~er** a ancien(ne) // ad autrefois, avant; **~estens** ad au plus tôt; **F~geburt** f (Kind) prématuré(e); **F~jahr** nt, **~ling** m printemps m; **~reif** a précoce; **F~stück** nt petit déjeuner m; **~stücken** vi prendre le petit déjeuner.

fru'strieren vt (ohne ge-) frustrer.

fru'striert a frustré(e).

Fuchs [fʊks] m -es, -e renard m; **fuchteln** vi gesticuler (mit de).

Fuge f -, -n jointure f; (MUS) fugue f.

fügen vt (an~, bei~) joindre (an +akk à); (bestimmen) vouloir, déterminer // vr: **sich ~** se soumettre (in à); (dem Schicksal) se résigner (dat à); (dem Befehl) se conformer (dat à).

fühlbar a perceptible.

fühlen vt sentir, ressentir; (durch Tasten, Puls) tâter // vi: **nach etw ~** chercher qch (en tâtant); **mit jdm ~** comprendre les sentiments de) qn // vr: **sich ~** se sentir.

Fühler m -s, -, antenne f, tentacule m.

fuhr siehe **fahren**.

Fuhre f -, -n (Ladung) charge f.

führen vt (leiten: Gruppe etc) guider; (wohin) conduire; (Name) porter; (Ware etc) avoir; (Geschäft, Haushalt, Kasse, Kommando) tenir; (Gespräch) avoir, tenir // vi mener; (an der Spitze liegen) être en tête; (zur Folge haben): **zu etw ~** mener à qch // vr: **sich ~** se conduire; **etw mit sich (dat) ~** avoir qch sur soi o avec soi; **Buch ~** tenir la comptabilité.

Führer(in f) m -s, -, guide m/f; (POL) leader m; (von Fahrzeug) conducteur(trice); **~schein** m permis m de conduire.

Führung f conduite f; (eines Unternehmens) direction f; (MIL) commandement m; (Benehmen) conduite f; (Museums~) visite f guidée; **~szeugnis** nt certificat m de bonne vie et moeurs.

Fuhrwerk nt -s, -e charrette f, voiture f.

Fülle f -(Menge) abondance f, masse f; (Leibes~) embonpoint m.

füllen vt emplir, remplir; (Abend)

occuper; (Zahn) plomber; (CULIN) farcir // vr: **sich ~** se remplir (mit de); **Bier in Flaschen ~** mettre de la bière en bouteilles.

Füller m -s, -, **Füllfederhalter** m stylo m à plume o à encre.

Füllung f remplissage m; (CULIN) farce f.

fummeln vi (fam): **an etw** (dat) **~** tripoter qch.

Fund m -(e)s, -e trouvaille f, découverte f.

Funda'ment nt (Grundlage) base f, fondement m; (von Gebäude) fondations fpl.

fundamen'tal a fondamental.

Fund-: **~büro** nt bureau m des objets trouvés; **~grube** f (fig) mine f.

fünf num cinq; **~hundert** num cinq cents; **~te(r,s)** a cinquième; **F~tel** nt -s, - cinquième m; **~zehn** num quinze; **~zig** num cinquante.

fun'gieren vi (ohne ge-): **~ als** faire fonction de.

Funk m -s radio f.

Funke(n) m -ns, -n étincelle f.

funkeln vi étinceler.

funken vt (durch Funk) radiotélégraphier // vi (Funken sprühen) lancer des étincelles.

Funker m -s, - opérateur m radio.

Funk-: **~gerät** nt appareil m de radio; **~station** f station f de radio; **~streife** f voiture f radio.

Funkti'on (Funktion) f

Funktio'när(in f) m fonctionnaire m/f.

funktio'nieren vi (ohne ge-) fonctionner.

funkti'onsfähig a en état de fonctionner.

für prep +akk pour; **sich ~ etw entschuldigen** s'excuser de qch; **etw ~ richtig/dumm halten** trouver qch correct/idiot; **was ~ ein Künstler/eine Frechheit!** quel artiste/quelle impertinence!; **~ sich leben** vivre seul(e); **das hat etwas ~ sich** cela a du bon; **~ erste** d'abord; **Schritt ~ Schritt** pas à pas; **Tag ~ Tag** jour après jour; **das F~ und Wider** le pour et le contre; **F~bitte** f intercession f.

Furche f -, -n sillon m; **f~n** vt sillonner.

Furcht f - crainte f, peur f.

furchtbar a terrible, effroyable; (Wetter, Mensch, Kleid etc) affreux (-euse).

fürchten vt craindre // vr: **sich ~** avoir peur (vor etw (dat) de qch).

fürchterlich a terrible.

furchtlos a intrépide, sans peur.

furchtsam a timide, craintif (-ive).

füreinander ad l'un pour l'autre, les uns pour les autres.

Fur'nier nt -s, -e placage m.

fur'nieren vt (ohne ge-) contreplaquer.

fürs = für das.

Fürsorge f (persönlich) soins mpl, sollicitude f; (sozial) assistance f; (Geld) allocation f; **~r(in** f) m -s, - assistant(e) social(e); **~unterstützung** f allocation f.

fürsorglich a aux petits soins.

Für-: ~sprache f intercession f; **~sprecher(in** f) m intercesseur m, porte-parole m/f.

Fürst (in f) m -en, -en prince(-esse); **~entum** nt principauté f; **f~lich** a princier(-ère).

Furt f -, -en gué m.

Fürwort nt pronom m.

Fuß m -es, ⁼e pied m; (von Tier) patte f; **zu ~** à pied; **~ fassen** (re)prendre pied; **~ball** m ballon m de football; (Spiel) football m; **~ballspiel** nt match m de football; **~ballspieler(in** f) m footballeur(-euse); **~boden** m sol m, plancher m; **~ende** nt pied m; **~gänger(in** f) m piéton(ne); **~gängerzone** f zone f piétonnière; **~note** f note f, annotation f; **~pfleger(in** f) m pédicure m/f; **~spur** f empreinte f, trace f; **~tritt** m coup m de pied; **~weg** m sentier m.

Futter nt -s, - nourriture f, fourrage m; (Stoff) doublure f.

Futteral nt -s, -e étui m.

futtern vt, vi (fam) bouffer.

füttern vt donner à manger, faire

manger; (Kleidung) doubler.

Fu'tur nt -s, -e futur m.

G

G nt (MUS) sol m.

gab siehe **geben**.

Gabe f -, -n don m; (Geschenk) cadeau m.

Gabel f -, -n fourche f; (Eß~) fourchette f; **g~n** vr: **sich g~n** (Weg, Straße) bifurquer.

gackern vi caqueter.

gaffen vi regarder bouche bée.

Gage ['ga:ʒə] f -, -n cachet m.

gähnen vi (Mensch) bâiller.

Galavorstellung f (THEAT) représentation f de gala.

Gale'rie f (Kunst~) musée m; (Kunsthandlung) galerie f (ARCHIT) galerie f; (Theater~) poulailler m.

Galgen m -s, - (zur Todesstrafe) potence f; **~frist** f (fig) répit m.

Galle f -, -n (Organ) vésicule f biliaire; (~nsaft) bile f; **~nstein** m calcul m biliaire.

Ga'lopp m -s, -s o -e galop m.

galop'pieren vi (ohne ge-, mit sein) galoper.

galt siehe **gelten**.

Ga'masche f -, -n guêtre f.

gammeln vi (fam: Mensch) traînasser.

Gang m -(e)s, ⁼e (~art) démarche f; (Essens~) plat m; (Besorgung) commission f; (Ablauf, Verlauf) cours m; (Arbeits~) stade m; (Korridor) couloir m; (beim Auto) vitesse f; (BERGBAU) veine f; **in ~ bringen** (Motor, Maschine) mettre en route; (Sache, Vorgang) amorcer; **in ~ kommen** démarrer; **im ~ sein** (Aktion) être en cours // f [gɛŋ], **-s gang** m; **g~ a: g~ und gäbe** courant(e); **~schaltung** f (an Fahrrad) dérailleur m.

Gangway ['gæŋweɪ] f -, -s passerelle f.

Ganove [ga'no:və] m -n, -n (fam) voyou m, truand m.

Gans f -, ⁼e oie f; **dumme ~** (fam)

petite dinde f.

Gänse-: ~**blümchen** nt pâquerette f; ~**haut** f: **eine** ~**haut haben/bekommen** avoir la chair de poule; ~**marsch** m: **im** ~**marsch** à la file indienne; ~**rich** m jars m.

ganz a tout(e); (fam: nicht kaputt) intact(e); ~ **Europa** toute l'Europe; **die** ~**e Welt** le monde entier; **sein** ~**es Geld** tout son argent; ~**e fünf Wochen** (so lange) cinq semaines; (nur) cinq semaines en tout et pour tout; **eine** ~**e Menge** ... pas mal de o d'...; **das G**~**e** le tout // ad (ziemlich) assez; (völlig) complètement; **er ist** ~ **die Mutter** il est le portrait de sa mère; ~ **und gar** complètement; ~ **und gar nicht** (ne...) absolument pas.

gänzlich ad complètement, entièrement.

gar a (durchgekocht) cuit(e) // ad: ~ **nicht/nichts/keiner** (ne...) pas du tout(ne...) rien du tout/absolument personne (ne...); ~ **nicht schlecht** pas mal du tout; **ich hätte** ~ **zu gern gewußt** j'aurais bien aimé savoir; **oder** ~...? ou peut-être...?

Garage [ga'ra:ʒə] f-, -n garage m.

Garan'tie f garantie f; **g**~**en** (ohne ge-) vt garantir // vi: **für etw g**~**en** garantir qch.

Garbe f-, -n gerbe f.

Garde'robe f-, -n (Kleidung) garderobe f; (Raum, ~nabgabe) vestiaire m; ~**nständer** m porte-manteau m.

Gar'dine f rideau m.

gären vi irr (auch Wein) fermenter; **es gärt im Volk** le peuple est en effervescence.

Garn nt -(e)s, -e fil m.

Gar'nele f -, -n crevette f.

gar'nieren vt (ohne ge-) garnir.

Garni'tur f (Satz) assortiment m, ensemble m; (Unterwäsche) sousvêtement m.

Garten m -s, =: jardin m; ~**gerät** nt outil m de jardinage; ~**haus** nt pavillon m; ~**lokal** nt café m avec jardin; ~**schere** f sécateur m.

Gärtner(in f) m -s, = jardinier(-ière); (Obst-, Gemüse-)

maraîcher(-ère).

Gärtne'rei f jardinage m; (Unternehmen) entreprise f maraîchère.

Gas nt -es, -e gaz m; **g**~**geben** (AUT) accélérer; ~**herd** m cuisinière f à gaz; ~**kocher** m réchaud m à gaz; ~**pedal** nt accélérateur m.

Gasse f -, -n ruelle f; ~**njunge** m gamin m, gavroche m, voyou m.

Gast m -es, =e hôte m/f; (Besuch) invité(e); (in Hotel) client(e); (in Land) étranger(-ère); **bei jdm zu** ~ **sein** être l'hôte de qn; ~**arbeiter(in** f) m travailleur m immigré.

Gästebuch nt livre m d'hôtes.

Gast-: **g**~**freundlich** a hospitalier(-ière); ~**geber(in** f) m -s, - hôte m, hôtesse f; ~**haus** nt, ~**hof** m hôtel m, auberge f.

ga'stieren vi (THEAT) être en tournée.

gastlich a hospitalier(-ière).

Gast-: ~**spiel** nt (THEAT) représentation f exceptionnelle; (SPORT) match m à l'extérieur; ~**stätte** f restaurant m.

Gatte m -n, -n époux m, mari m.

Gatter nt -s, - grille f.

Gattin f épouse f, femme f.

Gattung f (bei Tieren, Pflanzen) espèce f, famille f; (Art, Literatur-) genre m.

Gaul m -(e)s, Gäule cheval m; (pej) canasson m, rosse f.

Gaumen m -s, - palais m.

Gauner(in f) m -s, - filou m.

Ge'bäck nt -(e)s, -e pâtisserie f.

ge'backen siehe backen.

ge'bar siehe gebären.

Ge'bärde f -, -n geste m; **g**~**n** vr (ohne ge-): **sich g**~**n** se conduire, se comporter.

ge'bären vt irr mettre au monde.

Ge'bärmutter f utérus m.

Ge'bäude nt -s, - bâtiment m.

ge'bell nt -(e)s aboiement m.

geben vt irr donner; (in Lehre, Schule, Obhut) mettre // vr: **sich** ~ (sich verhalten) se montrer; (aufhören) se calmer // vb impers (existieren): **es gibt viele Fische hier** il y a beaucoup de poisson ici; **es wird Frost**

il va geler; **was gibt es zu Mittag?** qu'est-ce qu'il y a à manger à midi?; **das gibt es nicht!** (erstaunt) c'est pas vrai!; (ist verboten) pas question!; **zu gegebener Zeit** au moment opportun; **unter den gegebenen Umständen** dans les circonstances présentes; **sich geschlagen ~** reconnaître sa défaite; **das wird sich ~** ça va s'arranger; **Wärme ~** chauffer, réchauffer; **Schatten ~** faire de l'ombre; **jdm etw zu essen ~ donner** (qch) à manger à qn; **dem werde ich es ~** (fam) il va voir ce qu'il va voir!; **darauf kann man nichts ~** on ne peut pas tabler là-dessus; **etw verloren ~** considérer qch comme perdu; bitte ~ **Sie mir den Chef!** (TEL) veuillez me passer le directeur, s'il vous plaît!; **5 plus 3 gibt 8** 5 plus 3 font 8; **er gäbe alles darum, zu wissen ...** il donnerait tout pour savoir ...; **etw von sich ~** dire qch.

Ge'bet nt -(e)s, -e prière f.
ge'beten siehe **bitten**.
Ge'biet nt -(e)s, -e (Bezirk) région f; (Hoheits~) territoire f; (Fach~) domaine m; **g~en** vt irr (ohne ge-) (Subjekt: Mensch) ordonner; (: Lage) exiger.
ge'bildet a cultivé(e).
Ge'birge nt -s, - montagne f.
ge'birgig a montagneux(-euse).
Ge'biß nt -sses, -sse dents fpl; (künstlich) dentier m.
ge'bissen siehe **beißen**.
Ge'bläse nt -s, - (AUT) désembuage m.
ge'blasen siehe **blasen**.
ge'blieben siehe **bleiben**.
ge'blümt a à fleurs.
ge'bogen siehe **biegen**.
ge'boren ge'gebären // a: ~ **am ...** né(e) le ...; **Müller, ~e Schulz** Müller, née Schulz; **er ist der ~e Musiker** c'est un musicien né.
ge'borgen pp siehe **bergen** // a: **sich (bei jdm) ~ fühlen** se sentir en sécurité (chez qn).
ge'borsten siehe **bersten**.

Ge'bot nt -(e)s, -e (REL) commandement m; **g~en** siehe **bieten**.
ge'bracht siehe **bringen**.
ge'brannt siehe **brennen**.
ge'braten siehe **braten**.
Ge'brauch m -(e)s, Ge'bräuche (Benutzung) emploi m, utilisation f, usage m; (Sitte) coutume f; **g~en** vt (ohne ge-) employer, se servir de; **das kann ich gut g~en** cela me rendra service.
ge'bräuchlich a (Redewendung) usité(e).
Ge'brauchs-: **~anweisung** f mode m d'emploi; **~gegenstand** m objet m d'usage courant.
ge'braucht a usagé(e); **G~wagen** m voiture f d'occasion.
Ge'brechen nt -s, - infirmité f.
ge'brechlich a (Mensch) infirme, invalide.
gebrochen siehe **brechen**.
Gebrüder pl frères mpl; **Gebr. Müller** Müller frères.
Ge'brüll nt -(e)s hurlements mpl; (von Tier) rugissement m.
Ge'bühr f -, -en tarif m; **über ~** (fig) exagérément, à l'excès, trop; **g~end** a dû(due).
Ge'bühren-: **g~frei** a gratuit(e); (Post) franc inv de port; **g~pflichtig** a payant(e), passible de droits; **g~pflichtige Verwarnung** f contravention f, p.-v. m.
ge'bunden siehe **binden**.
Ge'burt f -, -en naissance f; **~enrückgang** m baisse f de la natalité.
ge'bürtig a natif(-ive) de, originaire de; **sie ist ~e Schweizerin** elle est d'origine suisse.
Ge'burts-: **~anzeige** f faire-part de naissance; **~datum** nt date f de naissance; **~helfer(in** f) m (infirmier m) accoucheur m, sage-femme f; **~jahr** nt année f de naissance; **~ort** m lieu m de naissance; **~tag** m anniversaire m; (Tag der Geburt) date f de naissance; **herzlichen Glückwunsch zum ~tag!** bon anniversaire!; **~urkunde** f acte m de naissance.

Ge'büsch nt -(e)s, -e buissons mpl, broussailles fpl.

ge'dacht siehe **denken.**

Ge'dächtnis nt (Erinnerungsvermögen) mémoire f; (Andenken) souvenir m; ~verlust m amnésie f.

Ge'danke m -ns, -n (Denken) pensée f; (Idee) idée f; **sich** (dat) **über etw** (akk) ~**n machen** réfléchir à qch; ~**naustausch** m échange m d'idées; **g~nlos** ad sans réflexion; distraitement; ~**nstrich** m tiret m; ~**nübertragung** f transmission f de pensée, télépathie f; **g~nverloren** a perdu(e) dans ses pensées, absent(e).

Ge'deck nt -(e)s, -e (Teller und Besteck) couvert m; (Menu) menu m.

ge'deihen vi irr (mit sein) (Pflanze) pousser; (Mensch, Tier) grandir; (fig) prospérer; (Werk etc) avancer.

ge'denken vi irr (ohne ge-) (beabsichtigen): **zu tun** — avoir l'intention de faire; **jds/einer Sache** ~ se souvenir de qn/de qch.

Ge'denk-: ~**minute** f minute f de silence; ~**tag** m anniversaire m.

Ge'dicht nt -(e)s, -e poème m; **das ist ein** — (fig) magnifique!

ge'dieh, ge'diehen siehe **gedeihen.**

Ge'dränge nt -s (das Drängeln) bousculade f; (Menschen, Menge) foule f, cohue f.

ge'droschen siehe **dreschen.**

ge'drückt a déprimé(e), abattu(e).

ge'drungen pp siehe **dringen** // a (Mensch, Körperbau) trapu(e).

Ge'duld f- patience f; **g~en** vr (ohne ge-): **sich g~en** prendre patience; **g~ig** a patient(e).

ge'durft siehe **dürfen.**

ge'eignet a (Mensch) capable, apte; (Mittel, Methode, Wort) approprié(e); **für etw** ~ **sein** être capable de faire qch.

Ge'fahr f-, -en danger m; ~ **laufen, etw zu tun** courir le risque de (faire) qch; **auf eigene** ~ à ses risques et périls.

ge'fährden vt (ohne ge-) (Menschen) mettre en danger, exposer; (Plan,

Erfolg) compromettre.

ge'fährlich a dangereux(-euse); (Alter) critique; (Krankheit) grave.

Ge'fährte m -n, -n, **Ge'fährtin** f compagnon m, compagne f.

Ge'fälle nt -s, - (von Straße) pente f, inclinaison f; (soziales ~) différence f, écart m.

Ge'fallen m -s, - (Gefälligkeit) service m; **jdm einen** ~ **tun** rendre service à qn; **an etw** (dat) ~ **finden/ haben** prendre plaisir à qch; **g~** pp siehe **fallen** // vi irr (ohne ge-): **jdm g~** plaire à qn; **das gefällt mir an ihm** c'est ce que j'aime bien chez lui; **sich** (dat) **etw g~ lassen** accepter o supporter qch.

ge'fällig a (hilfsbereit) serviable; (erfreulich, hübsch) agréable; **G~keit** f (Hilfsbereitschaft) obligeance f; **etw aus G~keit tun** faire qch pour rendre service.

ge'fälligst ad s'il te (o vous) plaît.

ge'fangen pp siehe **fangen; G~e(r)** mf (Verbrecher) détenu(e); (Kriegs-) prisonnier(-ière); **G~nahme** f -, -n arrestation f, capture f; ~**nehmen** vt irr (zvb) capturer; **G~schaft** f (Haft) détention f; (Kriegs~schaft) captivité f.

Ge'fängnis nt prison f; ~**strafe** f (peine f de) prison f; ~**wärter(in** f) m gardien(ne) de prison; ~**zelle** f cellule f.

Ge'fäß nt -es, -e (Behälter) récipient m; (Blut~) vaisseau m.

ge'faßt a (beherrscht) posé(e), calme; **auf etw** (akk) ~ **sein, sich auf etw** (akk) ~ **machen** s'attendre à qch.

Ge'fecht nt -(e)s, -e combat m.

Ge'fieder nt -s, - plumage m.

ge'flochten siehe **flechten.**

ge'flohen siehe **fliehen.**

ge'flossen siehe **fließen.**

Ge'flügel nt -s volaille f.

ge'fochten siehe **fechten.**

Ge'folge nt -s, - suite f, escorte f.

Ge'folgschaft f (Anhänger) partisans mpl; (in einem Betrieb) personnel m.

ge'fragt a très demandé(e).

ge'fräßig a vorace.

Ge'freite(r) m -n, -n caporal m; (NAVIG) brigadier m.

ge'fressen siehe **fressen**.

ge'frieren vi irr (ohne ge-, mit sein) geler.

Ge'frier-: ~**fach** nt congélateur m, freezer m; **g**~**getrocknet** a lyophilisé(e); ~**punkt** m point m de congélation; ~**truhe** f congélateur m.

ge'froren siehe **frieren**.

ge'fügig a docile.

Ge'fühl nt -(e)s, -e sentiment m; (physisch) sensation f; (Gespür) intuition f, sensibilité f; **g**~**los** a insensible; **g**~**sbetont** a émotif(-ive), sensible; ~**sduse'lei** f (fam) sensiblerie f; **g**~**smäßig** a intuitif(-ive).

ge'funden siehe **finden**.

ge'gangen siehe **gehen**.

ge'geben pp siehe **geben**; ~**enfalls** ad le cas échéant.

gegen prep +akk contre; (im Vergleich zu): ~ **ihn bin ich klein/arm** en comparaison de lui, je suis petit/pauvre; (ungefähr) à peu près, environ; (zeitlich) vers; ~ **Mittag** vers midi; ~ **jdn/etw sein** être contre qn/qch; ~ **die Tür schlagen** cogner à la porte; **G**~**angriff** m contre-attaque f; ~**beweis** m preuve f du contraire.

Gegend f -, -en région f.

Gegen-: **g**~**ein'ander** ad l'un(e) contre l'autre; ~**fahrbahn** f voie f de gauche; ~**gewicht** nt contrepoids m; ~**gift** nt contrepoison m, antidote m; ~**maßnahme** f contre-mesure f; ~**probe** f contre-épreuve f; ~**satz** m (bei Begriff, Wort) contraire m; (bei Meinung) différence f, contradiction f; **g**~**sätzlich** a opposé(e), contraire; ~**seite** f (Gegenpartei) adversaire m; (JUR) partie f adverse; **g**~**seitig** a mutuel(le), réciproque; **sich g**~**seitig helfen** s'entraider; ~**seitigkeit** f réciprocité f.

Gegenstand m (Ding) objet m; (Thema) sujet m.

Gegen-: ~**stimme** f (bei Abstimmung) non m; ~**teil** nt contraire m;

im ~**teil** au contraire; **g**~**teilig** a contraire.

gegen'über prep +dat (räumlich) en face de; (zu jdm): **jdm** ~ **freundlich sein** être aimable avec qn; (in Hinsicht auf etw): **allen Reformen** ~ **zurückhaltend** opposé(e) à toute réforme; (im Vergleich mit): ~ **ihm ist sie sehr intelligent** comparée à lui, elle est très intelligente // ad en face; ~ **von** en face de; **G**~ nt -s, - (Mensch) vis-à-vis m; ~**liegen** vr irr (zvb): **sich** ~**liegen** être situé(e) en face l'un(e) de l'autre; ~**stehen** vr irr (zvb): **sich** ~**stehen** être face à face; ~**stellen** vr (zvb) confronter; (zum Vergleich) comparer; ~**treten** vr irr (zvb, mit sein): **jdm** ~**treten** se présenter devant qn, affronter qn.

Gegen-: ~**vorschlag** m contreproposition f; ~**wart** f (LING) présent m; (Anwesenheit) présence f; **g**~**wärtig** a (augenblicklich) actuel(le); (anwesend) présent(e) // ad actuellement; ~**wind** m vent m contraire; **g**~**zeichnen** vt (zvb) contresigner.

ge'gessen siehe **essen**.

ge'glichen siehe **gleichen**.

ge'glitten siehe **gleiten**.

ge'glommen siehe **glimmen**.

Gegner(in f) m -s, - adversaire m/f; (militärisch) ennemi m.

ge'golten siehe **gelten**.

ge'goren siehe **gären**.

ge'gossen siehe **gießen**.

ge'graben siehe **graben**.

ge'griffen siehe **greifen**.

Ge'habe nt -s (pej) manières fpl.

ge'habt siehe **haben**.

ge'hackte(s) nt -n viande f hachée.

Ge'halt m -(e)s, -e (Inhalt) contenu m; (Anteil) teneur f (an +dat en) // nt (Bezahlung) ~, -er traitement m, salaire m.

ge'halten siehe **halten**.

Ge'halts-: ~**empfänger(in** f) m salarié(e) f; ~**erhöhung** f augmentation f de salaire; ~**zulage** f rallonge f de traitement.

ge'hangen siehe **hängen**.

ge'harnischt a (fig) violent(e).

ge'hässig a haineux(-euse); **G~keit** f méchanceté f.

ge'hauen siehe **hauen.**

Ge'häuse nt -s, - boîte f; (Uhr~) boîtier m; (Schnecken~) coquille f; (von Apfel etc) trognon m.

ge'heim a secret(-ète); (Mitteilung) confidentiel(le); (Wahl) à bulletins secrets; **im ~** en secret; **G~dienst** m service m secret; **G~nis** nt secret m (Rätsel) mystère m; **~nisvoll** a mystérieux(-euse); **G~polizei** f police f secrète.

ge'heißen siehe **heißen.**

ge'hemmt a bloqué(e), complexé(e).

gehen irr (mit sein) vi aller; (laufen, funktionieren) marcher; (weggehen) s'en aller; (abfahren) partir; (Teig) lever; (hinein~): **in dieses Auto ~ 5 Leute** il y a de la place pour 5 personnes dans cette voiture; (anfangen, anfangen): **daran ~, etw zu tun se** mettre à quelque chose; (sich verkaufen lassen) se vendre; (florieren: Geschäft) bien marcher; (andauern) durer // vt (Weg, Strecke) faire, parcourir // vb impers: **wie geht es (dir)?** comment vas-tu?; **mir/ihm geht es gut** je vais/il va bien; **geht das?** c'est possible?; **es geht um etw** il s'agit de quelque chose; **mit einem Mädchen ~** sortir avec une fille; **das Zimmer geht nach Süden** la chambre donne sur le sud; **~lassen** vr irr (zvb): **sich ~lassen** se laisser aller.

ge'heuer a: **nicht ~** inquiétant(e).

Ge'hilfe m -n, -n, **Ge'hilfin** f aide m/f, assistant/e.

Ge'hirn nt -(e)s, -e cerveau m; **~erschütterung** f commotion f cérébrale; **~wäsche** f lavage m de cerveau.

ge'hoben pp siehe **heben** // a (Position) élevé(e); (Sprache) soutenu(e).

ge'holfen siehe **helfen.**

Ge'hör nt -(e)s (Organ) ouïe f; musikalisches ~ oreille f; **jdm ~ schenken** prêter l'oreille à qn.

ge'horchen vi (ohne ge-) (folgsam sein) obéir; **jdm ~** obéir à qn.

ge'hören (ohne ge-) vi (als Eigentum):

jdm ~ être o appartenir à qn; (angehören, Teil sein): **zu etw ~** faire partie de quelque chose; (hin~) avoir sa place, aller // vr: **sich ~** être convenable; **dazu gehört Mut** il faut du courage pour (faire) cela; **er gehört ins Bett** il devrait être au lit.

ge'horsam a obéissant(e); **G~** m -s obéissance f.

Gehsteig m, **Gehweg** m trottoir m.

Geier m -s, - vautour m.

Geige f -, -n violon m; **~r(in** f) m -s, - violoniste m/f.

geil a (erregt) excité(e).

Geisel f -, -n otage m.

Geist m -(e)s, -er esprit m.

Geistes-: **g~abwesend** a absent(e); **~blitz** m idée f géniale; **g~gegenwärtig** a avec à-propos; **g~krank** a aliéné(e); **~kranke/r** m/f malade mental(e); **~wissenschaften** pl sciences fpl humaines; **~zustand** m état m mental.

geistig a intellectuel(le), mental(e); (Getränke) spiritueux (-euse), alcoolique; **~ behindert** handicapé(e) mental(e).

geistlich a spirituel(le), religieux (-euse); **G~(e)r** m ecclésiastique m.

geist-: **~los** a (Mensch) sans esprit; (Antwort, Bemerkung) idiot(e); **~reich** a spirituel(le); **~tötend** a abrutissant(e).

Geiz m -es avarice f; **g~en** vi: **mit etw g~en** être avare de quelque chose; **~hals** m, **~kragen** m avare m, grigou m; **g~ig** a avare.

ge'kannt siehe **kennen.**

Ge'klingel nt -s sonnerie f.

ge'klungen siehe **klingen.**

ge'knickt a (fig) abattu(e), déprimé(e).

ge'kniffen siehe **kneifen.**

ge'kommen siehe **kommen.**

ge'konnt pp siehe **können** // a habile, adroit(e).

Ge'kritzel nt -s gribouillage m.

ge'krochen siehe **kriechen.**

ge'künstelt a affecté(e).

Ge'lächter nt -s, - rire m, rires mpl.

ge'laden siehe **laden** // a

chargé(e); (ELEC) sous tension; (fig) furieux(-euse).

ge'lähmt a paralysé(e).

Ge'lände nt -s, - terrain m.

Ge'länder nt -s, - balustrade f; (Treppen~) rampe f.

ge'lang siehe gelingen.

ge'langen vi (ohne ge-, mit sein) (kommen, ankommen); ~ an (+akk) o zu arriver à, parvenir à; (erreichen) atteindre; (erwerben) acquérir; in jds Besitz (akk) ~ être acquis(e) par qn.

ge'lassen pp siehe lassen // a calme; G~heit f calme m.

ge'laufen siehe laufen.

ge'läufig a courant(e).

ge'launt a: schlecht/gut ~ de mauvaise/bonne humeur.

gelb a jaune; (Ampellicht) orange; ~lich a jaunâtre; G~sucht f jaunisse f.

Geld nt -(e)s, -er argent m; ~anlage f placement m; ~beutel m, ~börse f porte-monnaie m; g~gierig a âpre au gain; ~mittel pl ressources fpl financières, capitaux mpl; ~schein m billet m de banque; ~schrank m coffre-fort m; ~strafe f amende f; ~stück nt pièce f de monnaie; ~wechsel m change m.

ge'legen siehe liegen // a situé(e); (passend) opportun(e); etw kommt jdm ~ qch vient à propos.

Ge'legenheit f occasion f; bei jeder ~ à tout propos; bei ~ à l'occasion; ~sarbeit f travail m occasionnel; ~skauf m occasion f.

ge'legentlich a occasionnel(le) // ad (ab und zu) de temps à autre; (bei Gelegenheit) à l'occasion.

ge'lehrig a qui apprend facilement, intelligent(e).

ge'lehrt a savant(e), érudit(e); G~heit f érudition f.

ge'leise nt -s, - siehe Gleis.

Ge'leit nt -(e)s, -e escorte f; freies ~ sauf-conduit m; g~en vt (ohne ge-) escorter, accompagner; ~schutz m escorte f.

Ge'lenk nt -(e)s, -e (von Mensch) articulation f; (von Maschine) joint m;

g~ig a souple.

ge'lernt a qualifié(e).

ge'lesen siehe lesen.

Ge'liebte(r) mf amant(e); (Frau) maîtresse f.

ge'liehen siehe leihen.

ge'lingen vi irr (mit sein) réussir; die Arbeit gelingt mir nicht je n'arrive pas à faire ce travail; es ist mir gelungen, etw zu tun j'ai réussi à faire qch.

ge'litten siehe leiden.

ge'loben vt (ohne ge-) faire le serment de; sich (dat) ~, etw zu tun prendre la résolution de faire qch.

ge'logen siehe lügen.

gelten irr vt (wert sein) valoir // vb impers: es gilt, etw zu tun il s'agit de faire qch // vi (gültig sein) être valable; für/als etw ~ être considéré(e) comme qch; das gilt dir cela s'adresse à toi; das gilt nicht ça ne compte pas; etw ~d machen faire valoir qch.

Geltung f: ~ haben valoir, être valable; sich/einer Sache (dat) ~ verschaffen s'imposer/faire respecter qch; etw zur ~ bringen mettre qch en valeur; ~sbedürfnis nt besoin m de se faire valoir.

Ge'lübde nt -s, - vœu m.

ge'lungen pp siehe gelingen // a réussi(e); (Witz) drôle, bon(ne).

ge'mächlich a tranquille, peinard(e) (fam).

Ge'mahl m -(e)s, -e époux m; ~in f épouse f.

Ge'mälde nt -s, - tableau m.

ge'mäß prep +dat (zufolge) conformément à, selon // a: jdm/etw ~ sein convenir à qn/être conforme à qch; den Vorschriften ~ conformément aux instructions; eine Aufgabe, die ihm nicht ~ ist une tâche qui n'est pas à la mesure de son talent.

ge'mäßigt a modéré(e); (Klima) tempéré(e).

ge'mein a (niederträchtig) méchant(e), infâme; (allgemein) commun(e); etw ~ haben (mit) avoir qch en commun (avec).

Ge'meinde f -, -n commune f; (Pfarr~) paroisse f; ~**wahlen** pl élections fpl municipales.

Gemein-: g~**gefährlich** a très dangereux (-euse); ~**heit** f méchanceté f; g~**sam** a commun(e); **etw** g~**sam tun** faire qch ensemble; ~**schaft** f communauté f; g~**schaftlich** a commun(e); ~**schaftsarbeit** f travail m d'équipe; ~**wohl** nt bien m public.

Ge'menge nt -s, - échauffourée f.

ge'messen pp siehe **messen** // a (Bewegung) mesuré(e).

ge'mieden siehe **meiden**.

Ge'misch nt -es, -e mélange m; g~t a mélangé(e); (beider Geschlechter) mixte; (Gefühle) mêlé(e).

ge'mocht siehe **mögen**.

Ge'munkel nt -s chuchotements mpl, ragots mpl.

Ge'müse nt -s, - légumes mpl; ~**garten** m potager m.

ge'mußt siehe **müssen**.

Ge'müt nt -(e)s, -er âme f, cœur m; (Mensch) nature f; **sich** (dat) **etw zu** ~e **führen** (fam) s'offrir qch; (Bezirzigen) noter qch.

ge'mütlich a agréable, (Haus, Stuhl) confortable; (Tempo) tranquille, peinard(e) (fam); G~**keit** f (Bequemlichkeit) confort m; (Behaglichkeit) bien-être m.

ge'nannt siehe **nennen**.

ge'nas siehe **genesen**.

ge'nau a exact(e); (sorgfältig) précis(e), minutieux(-euse) // ad (exakt) exactement; (sorgfältig) consciencieusement; (gerade): **er kam** ~ **da, als** ... il est arrivé juste au moment où; **das reicht** ~ cela suffit tout juste; **etw** ~ **nehmen** prendre qch au sérieux; ~**genommen** ad à strictement parler; G~**igkeit** f (Exaktheit) exactitude f; (Sorgfältigkeit) soin m.

ge'nehmigen vt (ohne ge-) approuver, autoriser; **sich** (dat) **etw** ~ se permettre qch.

Ge'nehmigung f autorisation f.

ge'neigt a favorable; ~ **sein, etw**

zu tun incliner à faire qch; **jdm** ~ **sein** être favorable à qn.

Gene'ral m -s, -e o -e général m; ~**konsulat** nt consulat m général; ~**probe** f (répétition f) générale f; ~**streik** m grève f générale; ~**überholen** vt (ohne ge-) effectuer une révision de; ~**versammlung** f assemblée f générale.

Generati'on f génération f.

Gene'rator m générateur m.

gene'rell a général(e).

ge'nesen vi irr (mit sein, pp: genesen) guérir.

Ge'nesung f guérison f.

Genf nt -s Genève.

geni'al a génial(e), de génie.

Geniali'tät f génie m.

Ge'nick nt -(e)s, -e nuque f.

Genie [ʒe'niː] nt -s, -s génie m.

genieren [ʒe'niːrən] (ohne ge-) vr: **sich** ~ être embarrassé(e); **sich nicht** ~ ne pas se gêner.

ge'nießbar a mangeable; (Getränk) buvable.

ge'nießen vt irr prendre plaisir à, apprécier; (Essen) savourer; (erhalten) recevoir, avoir droit à; **das ist nicht zu** ~ (Essen) c'est immangeable.

Ge'nießer(in f) m -s, - connaisseur m, bon vivant m.

ge'nommen siehe **nehmen**.

ge'noß siehe **genießen**.

Ge'nosse m -n, -n, **Ge'nossin** f camarade m/f; g~n siehe **genießen**; ~**nschaft** f coopérative f.

ge'nug ad assez, suffisamment.

Ge'nüge f: **zur** ~ assez, suffisamment; g~n vi (ohne ge-) prendre assez suffire; (befriedigen): **etw** (dat) g~n satisfaire qch; (Ansprüchen) correspondre à qch.

ge'nügsam a sobre, modeste.

Ge'nugtuung f (Wiedergutmachung) réparation f; (innere ~) satisfaction f.

Ge'nuß m -sses, -̈sse (von Nahrung etc) consommation f; (Freude) plaisir m; **in den** ~ **von etw kommen** bénéficier de qch.

ge'nüßlich ad avec délectation.

Geogra'phie f géographie f.

geo'graphisch a géographique.
Geolo'gie f géologie.
geo'logisch a géologique.
Geome'trie f géométrie f.
Ge'päck nt -(e)s bagages mpl; **~abfertigung** f, **~annahme** f enregistrement m des bagages; **~aufbewahrung** f consigne f; **~ausgabe** f retrait m des bagages; **~netz** nt filet m à bagages; **~schein** m bulletin m de consigne; **~träger** m porteur m; (am Fahrrad) porte-bagages m; **~wagen** m fourgon m.
ge'pfiffen siehe pfeifen.
ge'pflegt a soigné(e); (Atmosphäre) raffiné(e); (Park, Wohnung) bien entretenu(e).
Ge'pflogenheit f coutume f.
ge'priesen siehe preisen.
ge'rade a droit(e); (Zahl) pair(e) // ad (direkt) droit; **~gegenüber** juste en face; (eben): er ist **~ angekommen** il vient d'arriver; (im Augenblick): er ißt **~** il est en train de manger; (genau das) justement; (ausgerechnet): **warum ~ ich?** pourquoi moi?; **~ dann muß er kommen, wenn ...** il faut qu'il arrive juste au moment où ...; **~ eben** à l'instant; **~ noch** (rechtzeitig) juste à temps; **~, weil** précisément parce que; **das ist es ja ~** c'est justement là le problème; **nicht ~ schön** pas précisément beau; **G~** f -n, -n (MATH) droite f; **~aus** ad tout droit; **~heraus** ad carrément; **~zu** ad presque.
ge'rann siehe gerinnen.
ge'rannt siehe rennen.
Ge'rät nt -(e)s, -e (Haushalts~) appareil m; (landwirtschaftliches ~) machine f; (Werkzeug) outil m; (RADIO, TV) poste m; (SPORT) agrès mpl.
ge'raten vi irr (ohne ge-, mit sein) (gelingen) réussir; (mit prep: wohin kommen) arriver, atterrir (fam); (in Zustand, Situation) se retrouver; **gut/schlecht ~** bien réussir/mal réussir; **an jdn ~** tomber sur qn; **in Schulden/Schwierigkeiten ~** s'endetter/avoir des difficultés; **in Angst ~** prendre peur; **nach jdm ~**

ressembler à qn; **außer sich (dat) ~** être hors de soi // pp siehe raten.
Gerate'wohl nt: **aufs ~** au hasard, au petit bonheur.
ge'räumig a spacieux(-euse).
Ge'räusch nt -(e)s, -e bruit m.
gerben vt tanner.
ge'recht a juste, équitable; **jdm/etw ~ werden** rendre justice à qn/qch; **G~igkeit** f justice f.
Ge'rede nt -s bavardage m.
ge'reizt a irrité(e), énervé(e); **G~heit** f irritation f.
ge'richtlich a (JUR) tribunal m; (Essen) plat m; **das Letzte ~** le Jugement dernier; **g~lich** a judiciaire.
Ge'richts-: ~barkeit f juridiction f; **~hof** m cour f de justice; **~verhandlung** f procès m; **~vollzieher(in** f) m huissier m.
ge'rieben siehe reiben.
ge'ring a minime; (Zeit) court(e), bref(brève); **nicht im ~sten** pas du tout; **~fügig** a insignifiant(e); **~schätzig** a dédaigneux(-euse); **~ste(r, s)** a le (la) moindre.
ge'rinnen vi irr (mit sein) se figer; (Milch) cailler; (Blut) se coaguler.
Ge'rippe nt -s, - squelette m; (von Tier) carcasse f.
ge'rissen siehe reißen // a rusé(e), roué(e).
ge'ritten siehe reiten.
gern a ad: **etw ~ tun** (mögen) aimer faire qch; **jdn/etw ~ haben** o mögen bien aimer qn/qch; **~!** avec plaisir!, volontiers!; **~ geschehen!** il n'y a pas de quoi!
ge'rochen siehe riechen.
Ge'röll nt -(e)s, -e éboulis m.
ge'ronnen siehe gerinnen, rinnen.
Gerste f -, -n orge f; **~nkorn** nt (im Auge) orgelet m.
Ge'ruch m -(e)s, -e odeur f; **g~los** a inodore; **~sinn** m odorat m.
Ge'rücht nt -(e)s, -e bruit m, rumeur f.
ge'rufen siehe rufen.
ge'ruhsam a tranquille, calme.
Ge'rümpel nt -s fatras m.

ge'rungen siehe **ringen**.

Ge'rüst nt -(e)s, -e (Bau~) échafaudage m; (fig) structure f.

ge'samt a tout(e) entier(-ère), tout(e) le(la); (Kosten) total(e); **G~ausgabe** f (édition f des) œuvres fpl complètes; **G~eindruck** m impression f générale; **G~heit** f ensemble m, totalité f.

ge'sandt pp siehe **senden**; **G~e(r)** mf ministre m plénipotentiaire; **G~schaft** f légation f.

Ge'sang m -(e)s, ¨e chant m; **~verein** m chorale f.

Ge'säß nt -es, -e derrière m, postérieur m.

ge'schaffen siehe **schaffen**.

Ge'schäft nt -(e)s, -e affaire f; (Laden) magasin m; (fam: Arbeit) boulot m; (Aufgabe) travail m; **g~lich** a d'affaires, commercial(e) // ad: **er muß g~lich oft nach Paris** il va souvent à Paris pour affaires.

Ge'schäfts-: **~bericht** m rapport m de gestion; **~führer(in** f) m gérant(e); (im Klub) secrétaire m/f; **~jahr** m exercice m; **~leitung** f direction f; **~mann** m, pl ~leute homme m d'affaires; **~partner(in** f) m associé(e); **~reise** f voyage m d'affaires; **~schluß** m heure f de fermeture; **~stelle** f (COMM) bureau m, agence f; **g~tüchtig** a habile en affaires.

ge'schah siehe **geschehen**.

ge'schehen vi irr (mit sein, pp: geschehen) arriver; **jdm** ~ arriver à qn; **es war um ihn** ~ c'en était fait de lui; **das geschieht ihm recht** c'est bien fait pour lui.

ge'scheit a intelligent(e); (fam) pas bête.

Ge'schenk nt -(e)s, -e cadeau m.

Ge'schichte f -, -n histoire f.

ge'schichtlich a historique.

Ge'schick nt -(e)s, -e (Schicksal) sort m, destin m; (Geschicklichkeit) adresse f.

ge'schickt a habile, adroit(e).

ge'schieden pp siehe **scheiden** // a divorcé(e).

ge'schienen siehe **scheinen**.

Ge'schirr nt -(e)s, -e vaisselle f; (für Pferd) harnais m; **~spülmaschine** f lave-vaisselle m; **~tuch** nt torchon m.

ge'schlafen siehe **schlafen**.

ge'schlagen siehe **schlagen**.

Ge'schlecht nt -(e)s, -er sexe m; (Generation) génération f; (Familie) famille f; (LING) genre m; **g~lich** a sexuel(le).

Ge'schlechts-: **~krankheit** f maladie f vénérienne; **~teil** m or nt organe m (sexuel o génital); **~verkehr** m rapports mpl sexuels.

ge'schlichen siehe **schleichen**.

ge'schliffen siehe **schleifen**.

ge'schlossen siehe **schließen**.

ge'schlungen siehe **schlingen**.

Ge'schmack m -(e)s, ¨e goût m; **nach jds** ~ au goût de qn; **auf den** ~ **kommen** (fig) y prendre goût; **g~los** a (fig) de mauvais goût; **~(s)sache** f question f de goût; **~sinn** m goût m; **g~voll** a de bon goût // ad avec goût.

ge'schmeidig a (Haut, Stoff) doux (douce); (beweglich) souple.

ge'schmissen siehe **schmeißen**.

ge'schmolzen siehe **schmelzen**.

ge'schnitten siehe **schneiden**.

ge'schoben siehe **schieben**.

ge'scholten siehe **schelten**.

Ge'schöpf nt -(e)s, -e créature f.

ge'schoren siehe **scheren**.

Ge'schoß nt -sses, -sse (MIL) projectile m; (Stockwerk) étage m.

ge'schossen siehe **schießen**.

Ge'schrei nt -s cris mpl; (fig) protestations fpl.

ge'schrieben siehe **schreiben**.

ge'schrien siehe **schreien**.

ge'schunden siehe **schinden**.

Ge'schütz nt -es, -e pièces fpl d'artillerie; canon m; **schwere** ~ **auffahren** (fig) sortir des arguments massue.

ge'schützt a protégé(e).

Ge'schwader nt -s, - escadre f.

Ge'schwätz nt -es bavardage m; **g~ig** a bavard(e).

ge'schweige ad: ~ **(denn)** et encore moins.

ge'schwiegen *siehe* **schweigen.**

ge'schwind *a* rapide; **G~igkeit** *f* vitesse *f*; **G~igkeitsbegrenzung** *f* limitation *f* de vitesse; **G~igkeitsüberschreitung** *f* excès *m* de vitesse.

Ge'schwister *pl* frère(s) et sœur(s) *pl.*

ge'schwollen *pp siehe* **schwellen //** *a (Gelenk)* enflé(e); *(Redeweise)* ampoulé(e).

ge'schwommen *siehe* **schwimmen.**

ge'schworen *pp siehe* **schwören; G~e(r)** *mf* juré m; **die G~en** *pl* le jury.

Ge'schwulst *f* -, ⁻e enflure *f*; *(Tumor)* tumeur *f.*

ge'schwungen *siehe* **schwingen.**

Ge'schwür *nt* -(e)s, -e abcès *m*, ulcère *m.*

ge'sehen *siehe* **sehen.**

Ge'selle *m* -n, -n *(Handwerks~)* compagnon *m*; *(Bursche)* type *m.*

ge'sellig *a (Mensch, Wesen)* sociable; **ein ~es Beisammensein** une réunion amicale; **G~keit** *f* sociabilité *f.*

Ge'sellschaft *f* société *f*; *(Begleitung)* compagnie *f*; **~sschicht** *f* couche *f* sociale.

ge'sessen *siehe* **sitzen.**

Ge'setz *nt* -es, -e loi *f*; **g~gebend** *a* législatif(-ive); **~gebung** *f* législation *f*; **g~lich** *a* légal(e); **~lichkeit** *f* légalité *f.*

ge'setzt *a* posé(e), pondéré(e).

Ge'sicht *nt* -(e)s, -er figure *f*, visage *m*; *(Miene)* air *m*; **ein langes ~ machen** faire triste mine.

Ge'sichts-: ~ausdruck *m* expression *f*; **~punkt** *m* point *m* de vue; **~züge** *pl* traits *mpl.*

Ge'sindel *nt* -s canaille *f.*

Ge'sinnung *f* mentalité *f*; *(POL)* idées *fpl*; **~swandel** *m* volte-face *f.*

ge'soffen *siehe* **saufen.**

ge'sonnen *siehe* **sinnen.**

ge'sotten *siehe* **sieden.**

Ge'spann *nt* -(e)s, -e attelage *m*; *(fam)* tandem *m.*

ge'spannt *a (voll Erwartung)*

impatient(e), curieux(-euse); *(Verhältnis, Lage)* tendu(e); **ich bin ~, ob ... je me demande si ...; auf etw/jdn ~ sein** attendre qch/qn avec impatience.

ge'spenst *nt* -(e)s, -er fantôme *m.*

ge'spien *siehe* **speien.**

ge'sponnen *siehe* **spinnen.**

Ge'spött *nt* -(e)s moqueries *fpl*; **zum ~ der Leute werden** devenir la risée générale.

Ge'spräch *nt* -(e)s, -e entretien *m*, conversation *f*; *(Telefon~)* communication *f* téléphonique; **g~ig** *a* bavard(e), loquace; **~sstoff** *m*, **~sthema** *nt* sujet *m* de conversation.

ge'sprochen *siehe* **sprechen.**

ge'sprungen *siehe* **springen.**

ge'spür *nt* -s sens *m* (für de).

Ge'stalt *f* -, -en forme *f*; *(fam: Person)* figure *f*; **in ~ von** sous forme de; **~ annehmen** prendre forme.

ge'stalten *(ohne ge-)* *vt* organiser; *(formen)* agencer // *vr*: **sich ~ se révéler.**

Ge'staltung *f* organisation *f.*

ge'standen *siehe* **stehen** *o* **gestehen.**

Ge'ständnis *nt* -ses, -se aveu *m.*

ge'stank *m* -(e)s puanteur *f.*

ge'statten *vt (ohne ge-)* permettre; **~ Sie?** vous permettez?; **sich** *(dat)* **~, etw zu tun** prendre la liberté de faire qch.

Geste *f* -, -n geste *m.*

ge'stehen *vt irr (ohne ge-)* avouer.

Ge'stein *nt* -(e)s, -e roche *f.*

Ge'stell *nt* -(e)s, -e *(aus Holz)* tréteau *m*; *(Fahr~)* châssis *m*; *(Regal)* étagère *f*; *(von Fahrrad)* cadre *m.*

gestern *ad* hier; **~ abend/morgen** hier soir/matin.

ge'stiegen *siehe* **steigen.**

Ge'stirn *nt* -(e)s, -e astre *m*; *(Sternbild)* constellation *f.*

ge'stochen *siehe* **stechen.**

ge'stohlen *siehe* **stehlen.**

ge'storben *siehe* **sterben.**

ge'streift *a* rayé(e), à rayures.

ge'strichen *siehe* **streichen.**

gestrig *a* d'hier.

ge'stritten siehe **streiten**.
Ge'strüpp nt -(e)s, -e broussailles fpl.

ge'stunken siehe **stinken**.
Ge'stüt nt -(e)s, -e haras m.
Ge'such nt -(e)s, -e demande f, requête f.
Ge'sund a (¨-er, am ¨-esten) sain(e); (Mensch: körperlich) en bonne santé; **jdn ~ schreiben** déclarer que qn est guéri.
Ge'sundheit f santé f; ~! à tes (o vos) souhaits!; **g~schädlich** a malsain(e); **~zustand** m état m de santé.

ge'sungen siehe **singen**.
ge'sunken siehe **sinken**.
ge'tan siehe **tun**.
Ge'töse nt -s vacarme m.
Ge'tränk nt -(e)s, -e boisson f.
ge'trauen vr (ohne ge-) : **sich ~** (, etw zu tun) oser (faire qch).
Ge'treide nt -s céréales fpl; **~speicher** m silo m.
ge'trennt a séparé(e); **~ leben** être séparés; **~ schlafen** faire chambre à part.
Ge'triebe nt -s, - (von Maschinen) rouages mpl; (AUT) boîte f de vitesses; (Umtriebe) animation f.
ge'trieben siehe **treiben**.
ge'troffen siehe **treffen**.
ge'trogen siehe **trügen**.
ge'trost ad en toute confiance.
ge'trunken siehe **trinken**.
Getue [gə'tu:ə] nt -s chichis mpl.
ge'übt a exercé(e); (Mensch) adroit(e).
Ge'wächs nt -es, -e (Pflanze) plante f; (MED) tumeur f.
ge'wachsen pp siehe **wachsen** // a: **jdm/etw ~ sein** être de taille à tenir tête à qn/être à la hauteur de qch.
Ge'wächshaus nt serre f.
ge'wagt a (Schritt) risqué(e).
ge'wählt a (Sprache) soutenu(e).
Ge'währ f - garantie f; **keine ~ übernehmen (für)** ne pas répondre (de); **ohne ~** sans garantie; **g~en** vt (ohne ge-) (Wunsch) accéder à; (bewilligen) accorder; **g~leisten** vt (ohne

ge-) garantir.
Ge'walt f -, -en force f; (Macht) pouvoir m; (Kontrolle) contrôle m; (~taten) violence f; **~ über etw (akk) haben/verlieren** avoir/perdre le contrôle de qch; **~anwendung** f recours m à la force; **~herrschaft** f dictature f; **g~ig** a (Bau, Fels, Menge) énorme; (mächtig) puissant(e); (fam: groß) sacré(e) // ad (fam) sacrément; **g~sam** a violent(e); **~tätig** a violent(e).
ge'wandt pp siehe **wenden** // a (Turner) agile; (Stil) fluide; (Redner) habile; (im Auftreten) à l'aise; **G~heit** f agilité f; habileté f; aisance f.
ge'wann siehe **gewinnen**.
Ge'wässer nt -s, - eaux fpl.
Ge'webe nt -s, - tissu m.
Ge'wehr nt -(e)s, -e fusil m; **~lauf** m canon m (de fusil).
Ge'weih nt -(e)s, -e bois mpl.
Ge'werbe nt -s, - industrie f; commerce m; métier m; **Handel und ~** le commerce et l'industrie.
Ge'werkschaft f syndicat m; **~(l)er(in)** f m -s, - syndicaliste m/f; **~sbund** m confédération f syndicale.
ge'wesen siehe **sein**.
ge'wichen siehe **weichen**.
Ge'wicht nt -(e)s, -e poids m.
ge'wiesen siehe **weisen**.
ge'willt a: **~ sein, etw zu tun** être disposé(e) à faire qch.
Ge'winde nt -s, - (von Schraube) pas m.
Ge'winn m -(e)s, -e gain m; (finanziell) bénéfice m; (in Lotterie) lot m; **etw mit ~ verkaufen** vendre qch à bénéfice; **~beteiligung** f participation f aux bénéfices; **g~en** irr vt gagner; (Kohle, Öl etc) extraire // vi gagner; (profitieren) tirer bénéfice; (besser werden) s'améliorer; **an etw (dat) g~en** gagner en qch; **jdn für etw g~en** gagner qn pour etw; **g~end** a séduisant(e); **~er(in** f) m -s, - vainqueur m, gagnant(e); **~spanne** f marge f bénéficiaire; **~ung** f (von Kohle etc) extraction f;

(von Strom, Erdöl) production f.

Ge'wirr nt **-(e)s, -e** enchevêtrement m; *(von Straßen etc)* dédale m.

ge'wiß a certain(e) // ad *(sicherlich)* certainement.

Ge'wissen nt **-s, -** conscience f; g~haft a conscientieux(-euse); ~sbisse pl remords mpl; ~skonflikt m conflit m moral.

gewisser'maßen ad pour ainsi dire.

Ge'wißheit f certitude f.

Ge'witter nt **-s, -** orage m.

ge'witzt a malin(-igne).

ge'woben siehe **weben**.

ge'wogen pp siehe **wiegen** // a: **jdm/etw** ~ **sein** être favorable à qn/qch.

ge'wöhnen *(ohne ge-)* vt habituer // vr: **sich an etw (akk)** ~ s'habituer à qch.

Ge'wohnheit f habitude f; **aus** ~ par habitude; **zur** ~ **werden** devenir une habitude.

ge'wöhnlich a *(alltäglich)* habituel(le), comme les autres; *(vulgär)* vulgaire; **wie** ~ comme d'habitude.

ge'wohnt a habituel(le); **etw** *(akk)* ~ **sein** être habitué(e) à qch.

Ge'wöhnung f accoutumance f *(an +akk à)*.

Ge'wölbe nt **-s, -** *(Decke)* voûte f; *(Raum)* cave f voûtée.

ge'wonnen siehe **gewinnen**.

ge'worben siehe **werben**.

ge'worden siehe **werden**.

ge'worfen siehe **werfen**.

Ge'wühl nt **-(e)s** *(von Menschen)* cohue f.

ge'wunden siehe **winden**.

Ge'würz nt **-es, -e** épice f, assaisonnement m; ~nelke f clou m de girofle.

ge'wußt siehe **wissen**.

ge'zahnt a denté(e), dentelé(e).

Ge'zeiten pl marée f.

Ge'zeter nt **-s** criailleries fpl.

ge'ziert a affecté(e).

ge'zogen siehe **ziehen**.

ge'zwungen pp siehe **zwingen** // a forcé(e).

Gicht f- goutte f.

Giebel m **-s, -** pignon m.

Gier f- avidité f; **g~ig** a avide.

gießen vt irr verser; *(Blumen)* arroser; *(Metall, Wachs)* couler; **es gießt** il pleut à verse.

Gießkanne f arrosoir m.

Gift nt **-(e)s, -e** poison m; **g~ig** a toxique; *(Pilz)* vénéneux(-euse); *(Schlange, fig)* venimeux(-euse); ~**stoff** m produit m toxique, poison m; ~**zahn** m crochet à venin.

ging siehe **gehen**.

Ginster m **-s, -** genêt m.

Gipfel m **-s, -** sommet m; *(von Dummheit)* comble m; ~**treffen** nt rencontre f au sommet.

Gips m **-es, -e** plâtre m; ~**abdruck** m plâtre m; ~**verband** m plâtre m.

Gi'raffe f-, **-n** girafe f.

Giro ['ʒiro] nt **-s, -s** virement m; ~**konto** nt compte m courant.

Gischt m **-(e)s, -e** embruns mpl.

Gi'tarre f-, **-n** guitare f.

Gitter nt **-s, -** grille f; *(für Pflanzen)* treillage m; ~**bett** nt lit m d'enfant.

Glanz m **-es, -e** éclat m; *(fig)* splendeur f.

glänzen vi briller; ~**d** a excellent(e).

Glas nt **-es, -er** verre m; ~**er** m vitrier m.

gla'sieren vt *(ohne ge-)* *(Tongefäß)* vernisser; *(CULIN)* glacer.

glasig a *(Blick, Augen)* vitreux(-euse).

Glasscheibe f vitre f.

Gla'sur f *(Metall)* vernis m; *(CULIN)* glaçage m.

glatt a lisse; *(rutschig)* glissant(e); *(komplikationslos)* sans histoires; *(Absage)* catégorique; *(Lüge)* flagrant(e); **das habe ich** ~ **vergessen** je l'ai tout simplement oublié.

Glätte f-, **-n** structure f lisse, poli m; *(Rutschigkeit)* état m glissant.

Glatteis nt verglas m.

glätten vt lisser, défroisser // vr: **sich** ~ *(Wogen, Meer)* se calmer.

Glatze f-, **-n** calvitie f; **eine** ~ **bekommen** devenir chauve.

Glaube m **-ns, -ns** *(REL)* foi f; *(Überzeugung)* croyance f *(an +akk à)*; **g~n** vt, vi croire *(an +akk à, (REL)* en);

jdm g~n croire qn.

glaubhaft a digne de foi, crédible.

gläubig a (REL) croyant(e); (vertrauensvoll) confiant(e); **G~e(r)** mf croyant(e); **die G~en** les fidèles; **~er(in f)** m -s, - créancier(-ière).

glaubwürdig a digne de foi; (Mensch, Partei, Politik) digne de confiance; **G~keit** f crédibilité f.

gleich a (identisch) le(la) même // ad (ebenso) également; (sofort) tout de suite; (bald) dans un instant; **2 mal 2 ~ 4** 2 fois 2 font 4; **es ist mir ~** ça m'est égal; **~ groß** aussi grand(e), de la même taille; **~ nach** juste après; **~altrig** a du même âge; **~artig** a semblable; **~bedeutend** a synonyme; **~berechtigung** f égalité f (des droits); **~bleibend** a constant(e).

gleichen irr vi: **jdm/etw ~** ressembler à qn/à qch // vr: **sich ~** se ressembler.

gleichermaßen ad également.

gleich-: **~falls** ad pareillement; **G~förmigkeit** f uniformité f; **~gewicht** nt équilibre m; **~gültig** a indifférent(e); (unbedeutend) sans importance; **das ist mir ~gültig** cela m'est égal; **G~gültigkeit** f indifférence f; **G~heit** f égalité f; **~kommen** irr vi (zvb, mit sein): **einer Sache ~kommen** équivaloir à qch; **jdm ~kommen** égaler qn; **~mäßig** a régulier(-ière); **~mut** m -s égalité f d'humeur; **~sehen** vi irr (zvb): **jdm ~sehen** ressembler à qn; **~stellen** vt (zvb) mettre sur le même plan; **~strom** m (ELEC) courant m continu; **G~ung** f équation f; **~zeitig** a simultané(e).

Gleis nt -es, -e (Schiene) voie f ferrée, rails mpl; (Bahnsteig) quai m.

gleiten vi irr (mit sein) glisser; **~de Arbeitszeit** horaire m variable o à la carte.

Gletscher m -s, - glacier m; **~spalte** f crevasse f.

glich siehe **gleichen**.

Glied nt -(e)s, -er (einer Kette) maillon m; (Körper~) membre m; **~erung** f organisation f; **~maßen** pl

membres mpl.

glimmen vi irr rougeoyer; luire.

glimpflich a (nachsichtig) indulgent(e); **~ davonkommen** s'en tirer à bon compte.

glitschig a glissant(e).

glitt siehe **gleiten**.

glitzern vi scintiller.

Globus m - o **Globen** globe m.

Glocke f -, -n (Kirchen~) cloche f; (Käse~) cloche f à fromage; (Schul~) sonnerie f; **etw an die große ~ hängen** (fig) crier qch sur les toits; **~nspiel** nt carillon m; **~nturm** m clocher m.

glomm siehe **glimmen**.

glotzen vi (fam) regarder bouche bée.

Glück nt -(e)s (guter Umstand) chance f; (Zustand) bonheur m; **~ haben** avoir de la chance; **viel ~!** bonne chance!; **zum ~** par bonheur; **auf gut ~** au petit bonheur; **g~en** vi (mit sein) réussir.

gluckern vi (Wasser) glouglouter.

Glück-: **g~lich** a heureux(-euse); **g~licher** weise ad heureusement; **~sbringer** m -s, - porte-bonheur m; **~sfall** m coup m de chance; **~sspiel** nt jeu m de hasard; **~strahlend** a rayonnant(e) de bonheur; **~wunsch** m félicitations fpl; **herzlichen ~wunsch!** toutes mes félicitations!

Glühbirne f ampoule f.

glühen vi (Draht, Kohle, Ofen) rougeoyer; (begeistert sein): **~ vor** brüler de; **~d** a (Hitze) torride; (leidenschaftlich) passionné(e).

Glüh-: **~wein** m vin m chaud; **~würmchen** nt ver m luisant.

Glut f -, -en (Feuers~) braise f; (Hitze) chaleur f torride; (von Leidenschaft) feu m.

GmbH [ge:ɛmbe:'ha:] f -, -s (abk von Gesellschaft mit beschränkter Haftung) S.A.R.L.

Gnade f -, -n (Gunst) faveur f; (Erbarmen) grâce f; **g~nlos** a sans pitié; **~nstoß** m coup m de grâce.

gnädig a clément(e); **~e Frau** (Anrede) Madame.

Gold nt -(e)s o m; **g~en** a d'or;

(Zukunft) doré(e); ~**fisch** m poisson m rouge; **g~ig** a adorable; ~**schmied** m orfèvre m.

Golf nt -s *(SPORT)* golf m; ~**platz** m terrain m de golf; ~**schläger** m crosse f de golf.

Gondel f -, -n *(Boot)* gondole f; *(bei Seilbahn)* cabine f de téléférique.

gönnen vt: jdm etw ~ penser que qn a mérité qch; **sich** *(dat)* **etw ~** s'accorder qch.

Gönner(in f) m -s, - bienfaiteur (-trice); *(von Künstler)* mécène m; **g~haft** a condescendant(e).

gor siehe **gären**.

goß siehe **gießen**.

Gosse f -, -n caniveau m; *(fig)* ruisseau m.

Gott m -es, ¨er dieu m; um ~es willen! mon Dieu!; grüß ~! bonjour!; leider ~es malheureusement; ~ sei Dank! Dieu merci!; ~**esdienst** m office m, service m religieux.

Göttin f déesse f.

göttlich a divin(e).

gottlos a impie, athée.

Götze m -n, - n idole f.

Grab nt -(e)s, ¨er tombe f; **g~en** vt, vi irr creuser; **nach etw g~en** chercher qch; ~**en** m -s, - fossé m; *(MIL)* tranchée f.

Grad m -(e)s, -e degré m; *(Rang)* grade m; *(akademischer)* ~ grade m universitaire; ~**einteilung** f graduation f.

Graf m -en, -en comte m.

Gräfin f comtesse f.

Gram m -(e)s chagrin m.

Gramm nt -s, -(e) gramme m.

Gram'matik f grammaire f.

gram'matisch a grammatical(e).

Gra'nat m -(e)s, -e *(Stein)* grenat m.

Gra'nate f -, -n *(MIL)* obus m; *(Hand-)* grenade f.

graphisch a graphique.

Gras nt -es, ¨er herbe f; **g~en** vi *(Tiere)* paître; ~**halm** m brin m d'herbe.

gras'sieren vi *(ohne ge-)* sévir.

gräßlich a horrible.

Grat m -(e)s, -e arête f.

Gräte f -, -n arête f.

gratis ad gratis, gratuitement; **G~probe** f échantillon m gratuit.

Gratulati'on f félicitations fpl.

gratu'lieren vi *(ohne ge-):* jdm (zu etw) ~ féliciter qn (de qch); **(ich) gratuliere!** félicitations!

grau a gris(e).

grauen vi *(Tag)* se lever // vb impers: es graut ihm/ihr vor etw *(dat)* il/elle appréhende qch // vr: **sich vor etw** *(dat)* ~ avoir horreur de qch; **G~** nt -s horreur f; ~**haft** a horrible.

grausam a atroce; *(Mensch)* cruel(le); *(Sitten)* barbare; **G~keit** f atrocité f, cruauté f.

greifbar a tangible; *(deutlich)* évident(e); **in ~er Nähe** tout près.

greifen irr vt *(ergreifen)* saisir; *(auf Musikinstrument)* jouer // vi *(in Reifen)* avoir une adhérence; **in etw** *(akk)* ~ mettre la main dans qch; **an etw** *(akk)* ~ toucher qch; **nach etw** ~ tendre la main pour prendre qch; **zu etw** ~ *(fig)* recourir à qch; **um sich** ~ *(sich ausbreiten)* se propager.

Greis m -es, -e vieillard m.

grell a *(Licht)* aveuglant(e); *(Farbe)* criard(e), cru(e); *(Stimme, Ton)* perçant(e).

Grenz-: ~**beamte(r)** m, ~**beamtin** f douanier(-ère) m/f; ~**e** f -, -n frontière f; *(fig)* limite f; **sich in ~en halten** être modéré(e); **g~en** vi: **an etw** *(akk)* **g~en** confiner à qch; **g~enlos** a immense, infini(e); *(Angst)* démesuré(e); ~**fall** m cas m limite; ~**übergang** m *(Ort)* poste m frontière.

Greuel m -s, - horreur f; ~**tat** f atrocité f.

Grieche m -n, -n, **Griechin** f Grec(que).

Griechenland nt -s la Grèce.

griechisch a grec(que).

griesgrämig a grincheux(-euse).

Grieß m -es, -e semoule f.

griff siehe **greifen**.

Griff m -(e)s, -e poignée f, prise f; *(an Tür etc)* poignée f; *(an Topf, Messer)* manche m; **g~bereit** a; **g~bereit haben** avoir qch sous la main.

Grill m -s, -e gril m; (Garten~) barbecue m.

Grille f -, -n grillon m.

grillen vt griller.

Gri'masse f -, -n grimace f.

grimmig a furieux(-euse); (heftig) terrible.

grinsen vi sourire méchamment; (dumm) sourire bêtement.

Grippe f -, -n grippe f.

grob a (-er, am ⁺sten) brutal(e); grossier(-ière); (Netz) à larges mailles; (Eindruck, Überblick) sommaire; (Fehler, Unfug) grave; **G~heit** f grossièreté f.

grölen vi brailler.

Groll m -(e)s rancœur f; **g~en** vi: (mit) jdm **g~en** en vouloir à qn; (Donner) gronder.

groß a (-er, am ⁺sten) grand(e) (immer vorgestellt); (Mühe, Lärm) beaucoup de; **die ~e Zehe** le gros orteil; **~e Angst/Schmerzen haben** avoir très peur/mal; **im ~en und ganzen** dans l'ensemble; **1,80 m ~** il mesure 1,80 m; **~artig** a formidable (fam); **G~aufnahme** f gros plan m.

Großbri'tannien nt la Grande Bretagne.

Größe f -, -n taille f, dimensions fpl; (MATH) valeur f; (bei Kleidung) taille f; (bei Schuhen) pointure f; (fig) grandeur f; (von Ereignis) importance f.

Großeltern pl grands-parents mpl.

Größenwahn m mégalomanie f, folie f des grandeurs.

Groß-: ~**handel** m commerce m de gros; ~**händler** m grossiste m; ~**macht** f grande puissance f; ~**maul** nt (fam) grande gueule f (fam!); ~**mut** f magnanimité f; ~**mutter** f grand-mère f; **g~spurig** a (Mensch) vantard(e); ~**stadt** f grande ville f.

größte(r, s) a (Superlativ von **groß**) le(la) plus grand(e); ~**nteils** ad pour la plupart.

Groß-: ~**vater** m grand-père m; **g~ziehen** vt irr (zvb) élever; **g~zügig** a généreux(-euse); (in Aus-

dehnung) où il y a de l'espace.

Grotte f -, -n grotte f.

grub siehe **graben**.

Grübchen nt fossette f.

Grube f -, -n trou m, fosse f; (BERGBAU) mine f.

grübeln vi se creuser la tête; **über etw** (akk) ~ retourner et retourner qch dans sa tête.

Gruft f -, ⁺e caveau m, tombeau m.

grün a vert(e); (POL) écologique; (Mensch) sans expérience; **G~anlagen** pl espaces mpl verts.

Grund m -(e)s, ⁺e (Motiv, Ursache) raison f; (von Gewässer) fond m; **im ~e genommen** au fond; **einer Sache** (dat) **auf den ~ gehen** tâcher de découvrir le fin fond de qch; ~**bedeutung** f sens m premier; ~**besitz** m propriété f foncière; ~**buch** nt cadastre m.

gründen vt fonder // vr: **sich ~ auf** (+akk) être fondé(e) sur.

Gründer(in f) m -s, - fondateur (-trice).

Grund-: ~**gebühr** f taxe f de base; ~**gesetz** nt (in BRD) constitution f; ~**lage** f base f, fondement m; **g~legend** a fondamental(e).

gründlich a (Mensch, Arbeit) consciencieux(-euse); (Kenntnisse) approfondi(e); (Vorbereitung) minutieux(-euse) // ad à fond.

Grund-: ~**riß** m plan m; (fig) grandes lignes fpl; ~**satz** m principe m; **g~sätzlich** a fondamental(e) // ad par principe; (normalerweise) en principe; ~**schule** f école f primaire; ~**stein** m première pierre f; ~**stück** m terrain m.

Gründung f fondation f.

grundver'schieden a tout à fait différent(e).

Grün-: ~**schnabel** m blanc-bec m; ~**span** m vert-de-gris m; ~**streifen** m bande f médiane.

grunzen vi grogner.

Gruppe f -, -n groupe m.

gruseln vi: **es gruselt mir/ihm vor etw** (dat) je suis/il est fasciné(e) par qch // vr: **sich ~** r avoir peur.

Gruß m -es, ⁺e salutations fpl; salut

m; **viele ~e** amities.

grüßen *vt* saluer; **jdn von jdm ~** saluer qn de la part de qn; **jdn ~ lassen** demander à qn de saluer qn.

gültig *a* (*Paß, Gesetz*) valide; (*Fahrkarte, Vertrag*) valable; (*Geld*) qui a cours; **G~keit** *f* validité *f*.

Gummi *nt o m* **-s, -s** caoutchouc *m*; **~band** *nt* élastique *m*; **~knüppel** *m* matraque *f*; **~reifen** *nt* pneu *m*; **~strumpf** *m* bas *m* élastique.

Gunst *f* - faveur *f*.

günstig *a* favorable; (*Angebot, Preis*) avantageux(-euse).

Gurgel *f* -, **-n** (*fam*) gorge *f*; **g~n** *vi* (*Wasser*) gargouiller; (*Mensch*) se gargariser.

Gurke *f* -, **-n** concombre *m*; **saure ~** cornichon *m*.

Gurt *m* **-(e)s, -e, Gurte** *f* -, **-n** (*Band*) courroie *f*; (*Sicherheits-*) ceinture *f*.

Gürtel *m* **-s, -** ceinture *f*; **~reifen** *m* pneu *m* à carcasse radiale; **~rose** *f* zona *m*; **~tier** *nt* tatou *m*.

Guß *m* **Gusses, Güsse** fonte *f*, coulage *f*; (*Regen-*) averse *f*; (*CULIN*) glace *f*; **~eisen** *nt* fonte *f*.

Gut *nt* **-(e)s, ^er** (*Besitz*) bien *m*; (*Ware*) marchandise *f*; (*Land-*) propriété *f*.

gut (*besser, am besten*) *a* bon(ne) // *ad* bien; **wenn das Wetter ~ ist** quand il's'il fait beau; **es ist ~e 2 Meter lang** cela mesure bien 2 mètres de long; **es ~ sein lassen** ne plus en parler; **alles G~e!** bonne chance!; **G~achten** *nt* **-s, -** expertise *f*; **~artig** *a* (*MED*) bénin(-igne); **~bürgerlich** *a*: **~bürgerliche Küche** cuisine *f* bourgeoise.

Güte *f* - (*charakterlich*) bonté *f*; (*Qualität*) qualité *f*.

Güter-: ~bahnhof *m* gare *f* des marchandises; **~zug** *m* train *m* de marchandises.

gut-: ~gehen *vi* irr (zvb, mit sein) bien se passer; **es geht ihm/mir gut** il va/je vais bien; **~gemeint** *a* qui part d'une bonne intention; **~gläubig** *a* crédule; **G~haben** *nt* **-s, -** avoir *m*; **~haben** *vt* irr (zvb)

avoir à son crédit; **~heißen** *vt* irr (zvb) approuver.

gütig *a* bon(ne), gentil(le).

gütlich *a*: **sich an etw** (*dat*) **~ tun** se régaler de qch.

gutmütig *a* brave, gentil(le); **G~keit** *f* gentillesse *f*.

Gutsbesitzer(in *f*) *m* propriétaire *m* foncier.

Gut-: ~schein *m* bon *m*; **g~schreiben** *vt* irr (zvb) créditer; **~schrift** *f* crédit *m*; (*Bescheinigung*) avis *m* de crédit; **g~tun** *vi* irr (zvb): **jdm g~tun** faire du bien à qn.

Gym'nasium *nt* lycée *m*.

Gym'nastik *f* gymnastique *f*.

H

H *nt* (MUS) si *m*.

Haar *nt* **-(e)s, -e** poil *m*, (*Kopf-*) cheveu *m*; **sie hat schönes ~ o schöne ~e** elle a de beaux cheveux; **um ein ~** (*fam*) à un cheveu près; **~bürste** *f* brosse *f* (à cheveux); **h~en** *vi* (auch vr: **sich h~en**) perdre ses poils; **h~ge'nau** *a* précis(e), exact(e); **h~ig** *a* poilu(e); (*Pflanze*) velu(e); (*fig fam*) désagréable; **~nadelkurve** *f* virage *m* en épingle à cheveux; **h~scharf** *a* (*Beobachtung*)très précis(e); **h~scharf an etw** (*dat*) **vorbei** en effleurant qch; **~schnitt** *m* coupe *f* de cheveux; **~spange** *f* barrette *f*; **h~sträuben** *a* à faire dresser les cheveux sur la tête; **~teil** *nt* postiche *m*.

Habe *f* - avoir *m*, propriété *f*.

haben irr (*Hilfsverb*) avoir; **er hat gesagt** il a dit; (*mit Infinitiv: müssen*) devoir; **er hat zu gehorchen** il doit obéir // *vt* (*besitzen*) avoir; **etw von jdm ~** avoir qch de qn; **woher hast du denn das?** où as-tu trouvé cela?; (*gehört*) d'où tiens-tu cela?; **es am Herzen ~** être malade du cœur; **was hast du denn?** qu'est-ce que tu as?; **zu ~ sein** (*erhältlich*) être en vente; (*Mensch*) être libre; **für etw zu ~ sein** (*begeistert*) être enthousiasmé(e) par qch // *vr*: **sich ~**

(sich zieren) faire des manières; **damit hat es sich** c'est fini o terminé; **H~** nt -s, - (FIN) avoir m.

Habgier f cupidité f, avidité f; **h~ig** a cupide, avide.

Habicht m -(e)s, -e autour m.

Habseligkeiten pl affaires fpl.

Hachse ['haksə] f-, -n jarret m.

Hacke f-, -n pioche f; (Ferse) talon m.

hacken vi piocher; (Vogel) donner des coups de bec // vt (Erde) piocher, retourner; (Holz) fendre; (Fleisch) hacher; (Loch) creuser (in +akk dans).

Hackfleisch nt viande f hachée.

Hafen m -s, ÷ port m; (Vogel) docker m; **~damm** m quai m, môle m; **~stadt** f ville f portuaire.

Hafer m -s, - avoine f; **~brei** m bouillie f d'avoine; **~schleim** m crème f d'avoine, gruau m.

Haft f - détention f, prison f; **in ~ sein** o **sitzen** être détenu(e) o en détention; **h~bar** a responsable (für de); **~befehl** m mandat d'arrêt.

haften vi (kleben) coller (an +dat à); **für jdn/etw ~** répondre de qn/qch, être responsable de qn/qch.

Haft-: **~pflichtversicherung** f assurance f de responsabilité civile; **~schalen** pl verres mpl de contact; **~ung** f responsabilité f.

Hagebutte f -, -n fruit m de l'églantier; (Tee) cynorrhodon m.

Hagel m -s, - grêle f; **h~n** impers vi grêler // vt (fig): **es hagelte Schläge** les coups pleuvaient.

hager a décharné(e).

Häher m -s, - geai m.

Hahn m -(e)s, ÷e coq m; (Wasser-, Gas~) robinet m.

Hähnchen nt poulet m.

Hai(fisch) m -(e)s, -e requin m.

Häkchen nt petit crochet m.

Häkel-: **h~n** vt faire au crochet // vi faire du crochet; **~nadel** f crochet m.

Haken m -s, - crochet m; (Angel~) hameçon m; (fig) accroc m; **~kreuz** nt croix f gammée.

halb a demi(e); (Arbeit) à moitié fait(e) // ad à moitié, à demi; **eine ~e**

Stunde une demi-heure; **ein ~es Jahr** six mois; **sein ~es Leben** la moitié de sa vie; **die ~e Stadt** la moitié de la ville; **ein ~es Dutzend** une demi-douzaine; **~ zwei** une heure et demi; **~ ... ~ ...** mi-...; **~ und ~** moitié-moitié; **~e~e machen** faire moitié-moitié; **H~dunkel** nt pénombre f.

halber prep +gen pour.

halbfertig a (COMM) semi-fini(e).

hal'bieren vt (ohne ge-) partager en deux.

Halb-: **~insel** f presqu'île f; (groß) péninsule f; **~jahr** nt semestre m; **h~jährlich** ad tous les six mois; **~kreis** m demi-cercle m; **~kugel** f hémisphère m; **~mond** m croissant m de lune; **h~nackt** a à demi-nu(e); **h~offen** a entrouvert(e); **~schuh** m chaussure f basse, bottine f; **h~stündlich** a toutes les demi-heures; **~tagsarbeit** f travail m à mi-temps; **h~voll** a à moitié plein(e); **~waise** f orphelin(e) de père o de mère; **h~wegs** ad (fam: ungefähr) plus ou moins; **~wüchsige(r)** mf adolescent(e); **~zeit** f mi-temps f.

Halde f -, -n (Abhang) pente f, versant m; (Kohlen~) terril m; (Schutt~) tas m.

half siehe helfen.

Hälfte f -, -n moitié f.

Halfter m nt -s, - o f -, -n licou m; (Pistolen~) étui m de revolver.

Halle f -, -n hall m; (AVIAT) hangar m; (Turn~) gymnase m.

hallen vi résonner.

Hallenbad nt piscine f (couverte).

hallo excl (Ruf) hé, hep; (am Telefon) allô; (überrascht) eh!

Halluzinati'on f hallucination f.

Halm m -(e)s, -e brin m, tige f.

Hals m -es, ÷e (von Tier) encolure f; (von Mensch: außen) cou m; (: innen) gorge f; (von Flasche) col m; (von Instrument) manche m; **~ über Kopf abreisen** partir précipitamment; **~band** nt collier m; **~entzündung** f laryngite f; **~kette** f collier m; **~-Nasen-Ohren-Arzt** m, **-Ärztin** f oto-rhino-laryngologiste *m/f*, oto-rhino *m/f*; ~**schlagader** *f* carotide *f*; ~**schmerzen** *pl* mal *m* de gorge; ~**tuch** *nt* écharpe *f*.

Halt *m* -(e)s, -e (*Anhalten*) arrêt *m*; (*für Füße, Hände*) appui *m*; (*fig*) soutien *m*, appui *m*; **h~!** stop!; **innerer** ~ stabilité *f*; **h~bar** *a* (*Material*) résistant(e); (*Lebensmittel*) non périssable; (*Position, Behauptung*) défendable; ~**barkeitsdauer** *f* durée *f* de conservation.

halten *irr vt* tenir; (*Rede*) faire, prononcer; (*Abstand, Takt*) garder; (*Disziplin*) maintenir; (*Stellung, Rekord*) défendre; (*zurück~*) retenir; (*Versprechen*) tenir; (*in bestimmtem Zustand*) garder, conserver; (*Haustiere*) avoir // *vi* (*Nahrungsmittel*) se conserver; (*nicht abgehen, stehen bleiben*) tenir; (*an~*) s'arrêter // *vr*: **sich** ~ (*Nahrung*) se conserver; (*Blumen*) rester frais (fraîche); (*Wetter*) rester beau; (*sich behaupten*) s'affirmer; **etw an o gegen etw** (*akk*) ~ tenir qch contre qch; **jdn/etw für jdn/etw** ~ prendre *o* considérer qn/qch comme qn/qch; (*versehentlich*) prendre qn/qch pour qn/qch; **viel/wenig von jdm/etw** ~ estimer beaucoup/peu qn/qch; **ihn hält hier nichts** rien ne le retient ici; **an sich** (*akk*) ~ (*sich beherrschen*) se contenir; **zu jdm** ~ soutenir qn; **sich rechts** ~ serrer à droite; **sich an jdn** ~ (*richten nach*) prendre exemple sur qn; (*wenden an*) s'adresser à qn; **sich an etw** (*akk*) ~ observer qch.

Halt-: ~**estelle** *f* arrêt *m*; ~**verbot** *nt* interdiction *f* de stationner; **h~los** *a* (*Mensch*) instable, faible; (*Behauptung*) sans fondement (*z.a*); **h~los weinen** pleurer sans retenue; **h~machen** *vi* (*zvb*) s'arrêter, faire une halte; **vor nichts h~machen** ne reculer devant rien.

Haltung *f* (*Körper~*) posture *f*, allure *f*; (*Einstellung*) attitude *f*; (*Selbstbeherrschung*) maîtrise *f* de soi.

hämisch *a* sournois(e); (*Lachen*)

sardonique.

Hammel *m* -s, -*o* = mouton *m*.

Hammer *m* -s, - = marteau *m*.

hämmern *vt* (*Metall*) marteler // *vi* (*Herz, Puls*) battre.

Hämoglobin *nt* -s hémoglobine *f*; ~**rrho'iden** *pl* hémorroïdes *fpl*.

Hampelmann *m*, *pl* -**männer** pantin *m*.

hamstern *vi* faire des réserves // *vt* accaparer, amasser.

Hand *f* -, -e main *f*; **an** ~ **von** à l'aide de, au moyen de; **in** ~ **arbeiten** collaborer (étroitement); ~ **in gehen** marcher la main dans la main; ~**arbeit** *f* travail *m* manuel *o* artisanal; (*Nadelarbeit*) ouvrage *m* à l'aiguille; ~**besen** *m* balayette *f*; ~**bremse** *f* frein *m* à main.

Handel *m* -s commerce *m*.

handeln *vi* (*agieren*) agir; (*Handel treiben*) **mit etw** ~ faire commerce de qch; (*feilschen*): **um etw** ~ marchander qch *o* sur qch; **es handelt sich um etw** ~ s'agir de qch; **von etw** ~ traiter de qch.

Handels-: ~**bilanz** *f* (*ECON*) balance *f* commerciale; ~**kammer** *f* chambre *f* de commerce; ~**marine** *f* marine *f* marchande; **h~üblich** *a* courant(e).

Hand-: ~**feger** *m* -s, - balayette *f*; **h~fest** *a* (*Mahlzeit*) solide, copieux(-euse); (*Information, Ideen*) précis(e); **h~gearbeitet** *a* fait(e) à la main; ~**gelenk** *nt* poignet *m*; ~**gemenge** *nt* rixe *f*, bagarre *f*; ~**gepäck** *nt* bagages *mpl* à main; **h~geschrieben** *a* manuscrit(e); ~**granate** *f* grenade *f*; **h~greiflich** *a*: **h~greiflich werden** devenir violent(e), se livrer à des voies de fait; **h~haben** *vt irr* (*zvb*) (*Maschine*) manier, manœuvrer; (*Gesetze, Regeln*) appliquer.

Handkuß *m* baisemain *m*.

Händler(in *f*) *m* -s, - commerçant(e).

handlich *a* facile à manier, maniable.

Handlung *f* action *f*; (*Geschäft*) commerce *m*, magasin *m*.

Hand-: ~**schelle** f menotte f; ~**schlag** m poignée f de main; ~**schrift** f écriture f (Text) manuscrit m; ~**schuh** m gant m; ~**tasche** f sac m à main; ~**tuch** nt essuie-main(s) m, serviette f de toilette; ~**werk** nt métier m; ~**werker**(in f) m -s, - artisan(e f); ~**werkszeug** nt outils mpl.

Hanf m -(e)s chanvre m.

Hang m -(e)s, -e (Berg~) versant m, (Vorliebe) penchant m (zu pour).

Hänge-: ~**brücke** f pont m suspendu; ~**matte** f hamac m.

hängen vt (befestigen) accrocher (an +akk à); (töten) pendre // vi irr (befestigt sein) être accroché(e) (an +dat à); **an etw** (dat) ~ dépendre de qch; **an jdm/etw** ~ (gern haben) tenir à qn/qch; ~**bleiben** vi irr (zvb, mit sein) rester accroché(e) (an +dat à); (fig) rester (im Gedächtnis) rester en mémoire; ~**lassen** vt irr (zvb) (Arme etc) laisser pendre; (vergessen) oublier.

hänseln vt taquiner.

Hansestadt f ville f hanséatique.

Hantel f -, -n (SPORT) haltère m.

han'tieren vi (ohne ge-) s'affairer; **mit etw** ~ manier o manipuler qch.

Happen m -s, - bouchée f, morceau m.

Harfe f -, -n harpe f.

Harke f -, -n râteau m; **h**~n vt, vi ratisser.

harmlos a inoffensif(-ive); (Krankheit, Wunde) bénin(-igne); (Bemerkung) innocent(e); **H**~**igkeit** f innocuité f.

Harmo'nie f harmonie f.

harmo'nieren vi (ohne ge-) (Töne, Farben) s'harmoniser; (Menschen) bien s'entendre o s'accorder.

Har'monika f -, -s (Zieh~) accordéon m.

har'monisch a harmonieux (-euse).

Harn m -(e)s, -e urine f; ~**blase** f vessie f.

Harnisch m -(e)s, -e (Rüstung) armure f; **in** ~ **geraten** se mettre en colère, s'emporter.

Har'pune f -, -n harpon m.

hart a (-er, am -esten) dur(e); (Währung) stable, fort(e); (Arbeit, Leben, Schlag) rude; (Winter, Gesetze, Strenge) rigoureux(-euse); (Aufprall) violent(e)// ad (dicht): ~ **an** tout près de.

Härte f -, -n dureté f; (Strenge) sévérité f; (von Währung) stabilité f; (von Leben) difficulté f.

hart-: ~**gekocht** a: ~**gekochtes Ei** œuf m dur; ~**herzig** a dur(e), impitoyable; ~**näckig** a (Mensch) obstiné(e); (Husten) persistant(e).

Harz nt -es, -e résine f.

Haschee nt -s, -s hachis m.

Haschisch nt - haschisch m.

Hase m -n, -n lièvre m.

Haselnuß f noisette f.

Hasenscharte f bec-de-lièvre m.

Haß m -sses haine f.

hassen vt haïr, détester.

häßlich a laid(e); (gemein) méchant(e); **H**~**keit** f laideur f.

hast siehe **haben.**

Hast f - hâte f; **h**~en vi (mit sein) se hâter; **h**~**ig** a précipité(e).

hat, hatte siehe **haben.**

Haube f -, -n (Kopfbedeckung) bonnet m, coiffe f; (von Nonne) voile m; (AUT) capot m; (Trocken~) casque m, séchoir m.

Hauch m -(e)s, -e souffle m; (Duft) odeur f; (fig) soupçon m; **h**~**dünn** a très mince; **h**~en vi souffler (auf +akk sur).

hauen irr vt (Holz) fendre; (Bäume) abattre; (Stein) tailler; (Erz) extraire; (fam: verprügeln) rosser // vi (fam: schlagen): **jdm auf die Finger** ~ frapper qn sur les doigts; **ein Loch in etw** (akk) ~ faire un trou dans qch.

Haufen m -s, - tas m; (Leute) foule f; **ein** ~ **Fehler** (fam: viele) un tas de fautes; **auf einem** ~ en tas; **etw über den** ~ **werfen** bouleverser qch.

häufen vt accumuler, amasser // vr: **sich** ~ s'accumuler.

haufenweise ad en masse.

häufig a fréquent(e) // ad fréquemment H~keit f fréquence f.

Haupt nt -(e)s, **Häupter** (Kopf) tête f; (Ober~) chef m; ~**bahnhof** m gare f centrale; ~**darsteller(in** f) m acteur(-trice) principal(e); ~**ge-'schäftszeit** f heure f de pointe; ~**gewinn** m gros lot m.

Häuptling m chef m de tribu.

Haupt-: ~**mann** m, pl -leute (MIL) capitaine m; ~**person** f personnage m principal; ~**quartier** nt quartier m général; ~**rolle** f rôle m principal; ~**sache** f essentiel m; **h~sächlich** ad surtout; ~**schlagader** f aorte f; ~**stadt** f capitale f; ~**straße** f (von Stadt) grand-rue f; (Durchgangsstraße) rue f principale; ~**wort** nt nom m, substantif m.

Haus nt -es, **Häuser** (Gebäude) maison f; (von Schnecke) coquille f; (Geschlecht) famille f, dynastie f; (THEAT) spectateurs mpl; **nach/zu** ~**e** à la maison; **von** ~ **zu** ~ de porte en porte; ~**arbeit** f travaux mpl ménagers; (SCOL) devoir m; ~**arzt** m, ~**ärztin** f médecin m de famille; ~**aufgabe** f (SCOL) devoir m; ~**besetzer(in** f) m squatter m; ~**besitzer(in** f) m, ~**eigentümer(in** f) m propriétaire m/f.

hausen vi (wohnen) nicher; (Unordnung schaffen) faire des ravages.

Haus-: ~**frau** f femme f au foyer, ménagère f; ~**friedensbruch** m violation f de domicile; ~**halt** m ménage m; (POL) budget m; **h~halten** vi irr (zvb) tenir son ménage; (sparen) économiser; **mit den Kräften h~halten** ménager ses forces; ~**hälterin** f gouvernante f; ~**haltsgeld** nt argent m du ménage; ~**haltsgerät** nt appareil m ménager; ~**haltsplan** m (POL) budget m; ~**herr** m maître m de maison; (Vermieter) propriétaire m; **h~hoch** a/ad ~**hoch verlieren** être battu(e) à plate couture.

hau'sieren vi (ohne ge-) faire du porte à porte; **mit etw** ~ colporter qch.

Hau'sierer(in f) m -s, - colporteur-

(euse).

häuslich a domestique; (Mensch) casanier(-ère).

Haus-: ~**meister(in** f) m concierge m/f; ~**schlüssel** m clé f de la maison; ~**schuh** m chausson m, pantoufle f; ~**tier** nt animal m domestique; ~**wirtschaft** f économie f domestique.

Haut f-, **Häute** peau f; (von Zwiebel, Obst) pelure f; ~**arzt** m, ~**ärztin** f dermatologue m/f.

häuten vt (Tier) écorcher; (Wurst) enlever la peau de // vr: **sich** ~ (Schlange) muer; (Mensch) peler.

Haut-: **h~'eng** a collant(e); ~**farbe** f teint m.

Haxe f-, -n siehe **Hachse**.

Hbf abk von Hauptbahnhof.

Hebamme f -, -n sage-femme f, accoucheuse f.

Hebel m -s, - levier m.

heben irr vt (Gegenstand, Kind) soulever; (Arm, Augen) lever; (Schatz, Wrack) retirer; (Niveau, Stimmung) améliorer // vr: **sich** ~ (Vorhang) se lever; (Wasserspiegel) monter; (Stimmung) s'animer.

hecheln vi haleter.

Hecht m -(e)s, -e (Fisch) brochet m; (~sprung) saut m de carpe.

Heck nt -(e)s, -e (Schiff) poupe f; (von Auto) arrière m.

Hecke f -, -n haie f; ~**nrose** f églantier m; ~**nschütze** m franc-tireur m.

Heck-: ~**motor** m (AUT) moteur m arrière; ~**scheibe** f lunette f o vitre f arrière; ~**tür** f hayon m o porte f arrière.

Heer nt -(e)s, -e armée f; (Unmenge) multitude f, foule f.

Hefe f-, -n levure f.

Heft nt -(e)s, -e (Schreib~) cahier m; (Fahrschein~) carnet m; (Zeitschrift) magazine m; (von Messer) manche m; **h~en** vt (befestigen) épingler (an +akk à); (nähen) faufiler; **sich an jds Fersen h~en** être sur les talons de qn.

heftig a violent(e); (Liebe) passionné(e), ardent(e); **H~keit** f violence f; intensité f.

Heft-: ~**klammer** f agrafe f; ~**maschine** f agrafeuse f; ~**pflaster** nt pansement m adhésif, sparadrap m; ~**zwecke** f punaise f.

hegen vt (Wild, Bäume) protéger; (Menschen) s'occuper de, prendre soin de; (Pläne) caresser; (fig: empfinden) avoir.

Hehl m o nt: **kein(en)** ~ **aus etw machen** ne pas cacher qch; ~**er(in** f) m -s, - receleur(-euse).

Heide a, -n (Gebiet) lande f; (Gewächs) bruyère f // nm -n, -n, (Heidin f) païen(ne); ~**kraut** nt bruyère f; ~**lbeere** f myrtille f.

heikel a délicat(e); (Mensch) difficile

Heil nt -(e)s (Glück) bonheur m; (Seelen~) salut m; **h**~ a (nicht kaputt) intact(e); (unverletzt) indemne // excl: **h**~...! vive ...!; **h**~**en** vi (mit sein), vt guérir.

heilig a saint(e); **H**~**'abend** m nuit f o veille f de Noël; **H**~**(e)r** nt f saint(e); **H**~**enschein** m auréole f; ~**sprechen** si irr (zvb) canoniser; **H**~**tum** nt -s, ¨er (Ort) sanctuaire m.

Heil-: **h**~**los** a terrible; ~**mittel** nt remède m; ~**praktiker(in** f) m guérisseur(-euse); ~**sarmee** f armée f du salut; ~**ung** f (von Kranken) guérison f; (von Wunde) cicatrisation f.

Heim nt -(e)s, -e foyer m, maison f; (Alters~) maison f de retraite; (Kinder~) home m d'enfants; **h**~ ad à la maison, chez soi.

Heimat f -, -en (von Mensch) patrie f; (von Tier, Pflanze) pays m d'origine; ~**land** nt pays m natal; ~**ort** m lieu m de naissance, ville f natale.

Heim-: **h**~**begleiten** vt (zvb, ohne ge-) raccompagner; **h**~**elig** a (Wohnung, Atmosphäre) douillet(te); **h**~**fahren** vi irr (zvb, mit sein) rentrer chez soi; ~**fahrt** f retour m chez soi; **h**~**gehen** vi irr (zvb, mit sein) rentrer chez soi; **h**~**isch** a local(e), du pays; **sich h**~**isch fühlen** se sentir chez soi; ~**kehr** f -, retour m; **h**~**kehren** vi (zvb, mit sein) retourner chez soi, rentrer; **h**~**lich** a secret(-ète);

~**lichkeit** f secret m; ~**reise** f retour m; **h**~**tückisch** a (Krankheit) malin(-igne); (Mensch, Blick) sournois(e); (Tat) perfide; **h**~**wärts** ad en direction de la maison; ~**weg** m chemin m du retour; ~**weh** nt mal m du pays, nostalgie f; **h**~**zahlen** vt (zvb): **jdm etw h**~**zahlen** rendre à qn la monnaie de sa pièce.

Heirat f -, -en mariage m; **h**~**en** vi se marier // vt épouser; ~**santrag** m demande f en mariage.

heiser a enroué(e); **H**~**keit** f enrouement m.

heiß a chaud(e); (Kampf) acharné(e); (Liebe) passionné(e); (Wunsch) ardent(e); (Musik) excitant(e); **h**~**blütig** a passionné(e), ardent(e).

heißen vt irr (Namen haben) s'appeler; (Titel haben) s'intituler // vt (befehlen): **jdn etw tun** ~ ordonner à qn de faire qch; (nennen) appeler; (bedeuten) signifier // vi impers: **es heißt, ...** on dit que ...; **das heißt** ... c'est-à-dire ...; à savoir ...

Heiß-: **h**~**laufen** vi irr (zvb, mit sein) chauffer; ~**wasserbereiter** m -s, - chauffe-eau m.

heiter a gai(e), joyeux(-euse); (Wetter) beau(belle); (Himmel) dégagé(e); **das kann** ~ **werden** ça promet; **H**~**keit** f gaieté f; (Belustigung) hilarité f.

heizen vi, vt chauffer.

Heiz-: ~**körper** m radiateur m; ~**material** nt combustible m; ~**öl** nt mazout m; ~**ung** f chauffage m; ~**ungsanlage** f installation f de chauffage, chaufferie f.

hektisch a fébrile.

Held m -en, -en héros m; ~**in** f héroïne f.

helfen vi irr: **jdm** ~ aider qn (bei dans); (nützen) aider, servir // vi impers: **es hilft nichts, du mußt** ... il n'y a rien à faire, tu dois ...; **sich** (dat) **zu** ~ **wissen** savoir se débrouiller.

Helfer(in f) m -s, - aide m/f, collaborateur(-trice); ~**shelfer(in** f) m complice m/f.

hell a clair(e); (klug) éveillé(e); (fam:

sehr groß) énorme // *a (fam: sehr)* complètement; ~**hörig** *a (Mensch)* qui a l'ouïe fine; *(Wand)* sonore; **H~seher(in** *f)* *m* voyant(e); ~**'wach** *a* bien éveillé(e).

Helm *m* -**es**, -**e** casque *m*.

Hemd *nt* -(**e)s**, -**en** *(Ober~)* chemise *f*; *(Nacht~)* chemise *f* de nuit; *(Unter~)* tricot *m* (de corps).

hemmen *vt* contrarier, freiner; *(Menschen)* gêner.

Hemmung *f*: ~ **von etw** obstacle à qch; *(PSYCH)* complexe *m*; **h~slos** *a (Mensch)* sans scrupules; *(Weinen)* sans retenue.

Hengst *m* -**es**, -**e** étalon *m*.

Henkel *m* -**s**, -**e** anse *f*; *(an Koffer, Deckel)* poignée *f*.

henken *vt* pendre.

Henker *m* -**s**, - bourreau *m*.

Henne *f* -, -**n** poule *f*.

her *ad* (par) ici; **es ist lange/2 Jahre ~** il y a longtemps/deux ans; ~ **damit!** *(fam)* donne!; ~ **nebeneinander ~** l'un(e) à côté de l'autre; **von weit ~** de loin.

her'ab *ad:* ~! descendez!; ~**lassen** *vr irr (zvb):* **sich ~lassen, etw zu tun** daigner faire qch; ~**lassend** *a* condescendant(e); ~**setzen** *vt (zvb) (Preise)* baisser; *(Strafe)* réduire; *(fig)* déprécier.

her'an *ad:* **näher ~!** approchez!; ~ **zu mir!** venez vers moi!; ~**bilden** *vt (zvb)* former; ~**kommen** *vi (zvb, mit sein)* s'approcher (**an** +**akk** de); **etw an sich** (*akk*) ~**kommen lassen** laisser venir qch; ~**ziehen** *vt irr (zvb) (Gegenstand)* tirer vers o à soi; *(aufziehen)* élever; *(ausbilden)* former.

her'auf *ad* vers le haut, en haut; **vom Tal ~** (en montant) de la vallée; ~**beschwören** *vt irr (zvb, ohne ge-) (Unheil)* provoquer; *(Erinnerung)* évoquer; ~**holen** *vt (zvb)* monter, aller chercher; ~**kommen** *vi irr (zvb, mit sein)* monter.

her'aus *ad* (vers le) dehors; ~ **damit!** donne la moi!; ~ **aus dem Bett!** lève-toi!; ~ **mit der Sprache!** parle!; **aus der Not ~**

poussé(e) par la nécessité; ~**bekommen** *vt irr (zvb, ohne ge-) (erfahren)* découvrir; *(Rätsel)* résoudre; **Sie bekommen noch 2 DM ~** je vous dois encore 2 marks de monnaie; ~**bringen** *vt irr (zvb) (nach außen bringen)* sortir; *(COMM)* lancer; *(veröffentlichen)* publier; *(Geheimnis)* deviner; **kein Wort ~bringen** rester bouche bée; ~**finden** *vt irr (zvb) (Geheimnis)* découvrir; ~**fordern** *vt irr (zvb)* provoquer; **H~forderung** *f* provocation *f*; ~**geben** *vt irr (zvb) (nach außen)* passer; *(zurückgeben)* rendre; *(Buch)* éditer; *(Zeitung)* publier; **H~geber(in** *f)* *m* -**s**, - éditeur(-trice); ~**halten** *vr irr (zvb):* **sich aus etw ~halten** ne pas se mêler de qch; ~**holen** *vt (zvb)* sortir; *(aus Gefängnis)* libérer; ~**kommen** *vi irr (zvb, mit sein)* sortir; *(Blumen)* apparaître; *(Buch)* sortir, paraître; *(Gesetz)* être publié(e); ~**nehmen** *vt irr (zvb)* prendre, sortir; **sich** (*dat*) **den Blinddarm ~nehmen lassen** se faire opérer de l'appendicite; ~**schlagen** *vt irr (zvb) (Nagel)* enlever (en frappant); *(Staub)* secouer; *(Vorteile, Geld)* s'assurer; ~**sein** *vi irr (zvb, mit sein) (Buch, Fahrplan, Briefmarke)* être sorti(e) o paru(e); *(Gesetz)* être publié(e); **aus etw ~sein** *(überstanden haben)* être sorti(e) o avoir surmonté qch; **es ist noch nicht ~** *(entschieden)* ce n'est pas encore décidé, on ne sait pas encore; ~**springen** *vi irr (zvb, mit sein) (nach außen):* **aus etw ~springen** sauter du dehors de; *(Gang)* sauter; *(entgleisen)* dérailler; **was springt dabei für mich ~?** qu'est-ce que cela me rapporte?; ~**stellen** *vt (zvb) (nach außen)* sortir, mettre dehors; *(betonen)* mettre en évidence // *vr:* **sich ~stellen** *(sich zeigen)* se montrer, se révéler; **sich als schwierig ~stellen** se révéler difficile; ~**strecken** *vt (zvb) (Kopf)* sortir; *(Zunge)* tirer; ~**ziehen** *vt irr (zvb) (nach außen)* tirer *(aus* hors de); *(aus Tasche etc)* sortir; *(Zahn)* arracher; (Splitter) enlever.

herb a (Geschmack, Duft) âcre; (Wein) âpre; (Enttäuschung) amer (amère); (Verlust) douloureux(-euse); (Worte, Kritik) dur(e); (Gesicht, Schönheit) austère.

her'bei ad (par) ici.

herbemühen vr (zvb, ohne ge-): sich ~ prendre la peine de venir.

Herberge f -, -n auberge f, gîte m.

herbringen vt irr (zvb) (etw) apporter; (jdn) amener.

Herbst m -(e)s, -e automne m; ~zeitlose f -, -n colchique m.

Herd m -(e)s, -e cuisinière f.

Herde f -, -n troupeau m.

her'ein ad vers l'intérieur, dedans; ~! entrez!; ~bitten vt irr (zvb) prier d'entrer; ~brechen vi irr (zvb, mit sein) (Nacht) tomber; (Schicksal) s'abattre (über +akk sur); ~bringen vt irr (zvb) apporter (à l'intérieur); ~fallen vi irr (zvb, mit sein) (getäuscht werden) se laisser prendre; auf jdn/etw ~fallen se laisser berner par jdn/qch; ~kommen vi irr (zvb, mit sein) entrer; ~lassen vt irr (zvb) laisser entrer; ~legen vt (zvb) (jdn ~legen (fam: betrügen) rouler qn; ~platzen vi (zvb, mit sein) (ungelegen): bei jdm ~platzen débarquer chez qn.

her-: ~fallen vi irr (zvb, mit sein): über jdn/etw ~fallen se jeter sur ou attaquer qn/qch; H~gang m déroulement m (des faits); ~geben vt irr (zvb) (weggeben) donner; (zurückgeben) rendre; sich zu etw ~geben se prêter à qch; ~gebracht a traditionnel(le); ~halten vi irr (zvb): ~halten müssen (Mensch) servir de bouc émissaire; ~hören vi (zvb) écouter.

Hering m -s, -e hareng m.

her-: ~kommen vi irr (zvb, mit sein) (näher kommen) s'approcher; von etw ~kommen (herrühren) provenir de qch; wo kommen Sie her? d'où venez-vous?; ~kömmlich a traditionnel(le); H~kunft f -, origine f; ~laufen vi irr (zvb, mit sein) hinter jdm ~laufen suivre qn; (fam) courir après qn.

Herr m -(e)n, -en (Herrscher) maître m; (Mann) monsieur m; (vor Namen) Monsieur; (REL) Seigneur m; meine ~en! messieurs; ~enhaus nt manoir m; ~gott m Dieu m.

herrichten vt (zvb) (Essen) préparer; (Bett) faire; (Haus) remettre à neuf.

Herrin f maîtresse f.

herrisch a despotique.

herrlich a merveilleux(-euse).

Herrschaft f domination f, souveraineté f, autorité f; (Herr und Herrin) maîtres mpl; meine ~en! Messieurs Dames.

herrschen vi régner.

Herrscher(in f) m -s, souverain(e).

her-: ~rühren vi (zvb): von etw ~rühren provenir de qch; ~stellen vt (zvb) (produzieren) produire, fabriquer; H~steller(in f) m -s, producteur(-trice), fabricant(e); H~stellung f production f, fabrication f.

her'über ad par ici.

her'um ad: verkehrt ~ à l'envers; um etw ~ autour de qch; ~gehen vi irr (zvb, mit sein): um etw ~gehen parcourir qch; um etw ~gehen faire le tour de qch; (~gereicht werden) passer de main en main; (vergehen) passer; ~kommen vi irr (zvb, mit sein): um etw ~kommen (vermeiden) éviter qch; viel ~kommen (fam) rouler sa bosse; ~kriegen vt (zvb) (fam: überreden) convaincre; ~lungern vi (zvb, mit sein) traînasser; ~sprechen vr (zvb): sich ~sprechen s'ébruiter; ~treiben vr irr (zvb): sich ~treiben traîner; ~werfen vt irr (zvb) (Kopf, Steuer) tourner brusquement.

her'unter ad: von etw ~ du haut de qch; ~ mit euch! descendez!; ~gekommen a (gesundheitlich) affaibli(e); (moralisch) dépravé(e); (Haus) en mauvais état; ~holen vt (zvb) aller chercher; ~kommen vi irr (zvb, mit sein) descendre; (gesundheitlich) être affaibli(e); (moralisch) déchoir; (finanziell) aller à la ruine; ~**machen** vt (zvb) (fam: schimpfen) dénigrer.

her'vor ad dehors; ~ (**mit euch**)! sortez!; ~**bringen** vt irr (zvb) produire; (Wort) prononcer; ~**heben** vt irr (zvb) souligner; (als Kontrast) faire ressortir; ~**ragend** a (gut) excellent(e); ~**rufen** vt irr (zvb) (bewirken) causer, provoquer; ~**tun** vr irr (zvb): **sich** ~**tun** se faire remarquer (mit par).

Herz nt -ens, -en cœur m; ~**anfall** m crise f cardiaque; ~**infarkt** m infarctus m; ~**klopfen** nt battements mpl de cœur; **h~lich** a cordial(e); (Grüße) sincère; **h~lichen Glückwunsch** toutes mes félicitations; ~**lichkeit** f cordialité f.

Herzog m -(e)s, -e duc m; ~**in** f duchesse f; ~**tum** nt -s, -er duché m.

Herzschlag m battement m du cœur; (MED) arrêt du cœur.

Hetze f -, -n (Eile) précipitation f, hâte f; (Verleumdung) calomnie f, diffamation f; **h~n** vt (jagen) traquer, chasser // vi (mit sein) (eilen) se dépêcher; **zur Arbeit h~n** se précipiter à son travail; **Hunde auf jdn h~n** lâcher les chiens sur qn.

Heu nt -(e)s foin m.

Heuchelei f hypocrisie f.

heucheln vt feindre, simuler // vi faire semblant.

Heuchler(in f) m -s, - hypocrite m/f; **h~isch** a hypocrite.

Heugabel f fourche f (à foin).

heulen vi hurler; **das ~de Elend bekommen** (fam) avoir le cafard.

Heu~: ~**schnupfen** m rhume m des foins; ~**schrecke** f sauterelle f.

heute ad aujourd'hui; ~**abend/früh** ce soir/matin; **das H~** le présent.

heutig a (Jugend, Probleme) actuel(le); (Zeitung) d'aujourd'hui.

heutzutage ad de nos jours.

Hexe f -, -n sorcière f; ~**nschuß** m lumbago m.

hieb siehe **hauen**.

Hieb m -(e)s, -e coup m.

hielt siehe **halten**.

hier ad ici; ~**auf** ad (danach, infol-

gedessen) là-dessus, sur cela; ~**behalten** vt irr (zvb, ohne ge-) garder (ici); ~**bleiben** vi irr (zvb, mit sein) rester (ici); ~**durch** ad (kausal) ainsi; (örtlich) par ici; ~**her** ad vers cet endroit, ici; ~**lassen** vt irr (zvb) laisser (ici); ~**mit** ad (schriftlich) par la présente; ~**nach** ad après cela, là-dessus; ~**zulande** ad dans ce pays.

hiesig a local(e), d'ici.

hieß siehe **heißen**.

Hilfe f -, -n aide f; **Erste ~** premiers soins mpl o secours mpl; ~! au secours!

hilf-: ~**los** a faible, impuissant(e); ~**reich** a serviable, secourable.

Hilfs-: ~**arbeiter(in** f) m manœuvre m/f; **h~bereit** a serviable; ~**kraft** f aide m/f; ~**zeitwort** nt (verbe m) auxiliaire m.

hilft siehe **helfen**.

Himbeere f -, -n framboise f.

Himmel m -s, - ciel m; ~**srichtung** f point m cardinal.

himmlisch a céleste, divin(e).

hin ad (Ausdehnung): **bis zur Mauer ~** jusqu'au mur; (in Richtung): **nach Süden ~** vers le sud; **wo gehst du ~**? où vas-tu?; (zeitlich): **über Jahre ~** pendant des années; (fam: kaputt) cassé(e), fichu(e); (fam); ~ **und zurück** aller (et) retour; ~ **und her laufen** faire les cent pas; **vor sich ~ reden/weinen** marmonner/pleurnicher; ~ **und wieder** de temps à autre; **auf seinen Rat ~** ...

hin'ab ad: ~! descendez!; ~**gehen** vi irr (zvb, mit sein) descendre.

hin'auf ad: ~! montez!; ~**steigen** vi irr (zvb, mit sein) monter.

hin'aus ad: ~! dehors!; ~**gehen** vi irr (zvb, mit sein) sortir; **über etw** (akk) ~**gehen** dépasser o excéder qch; ~**laufen** vi irr (zvb, mit sein) sortir en courant; **auf etw** ~**laufen** revenir à qch; ~**schieben** vt irr (zvb) remettre, reporter; ~**werfen** vt irr (zvb) (Gegenstand) jeter (dehors); (Menschen) mettre à la porte; ~**wollen** vi irr (zvb) vouloir sortir;

auf etw (akk) ~**wollen** vouloir en venir à qch; ~**ziehen** vi irr (zvb) vr: **sich** ~**ziehen** se prolonger, traîner en longueur.

Hinblick m: **in** o **im** ~ **auf** (+akk) eu égard à

hinderlich a gênant(e), encombrant(e).

hindern vt empêcher; **jdn an etw** (dat) ~ empêcher qn de faire qch.

Hindernis nt obstacle m.

hindeuten vi (zvb) vr: **auf etw** (akk) ~ indiquer qch; (schließen lassen) faire penser à qch.

hin'durch ad: **durch etw** ~ à travers qch; (zeitlich) pendant.

hin'ein ad ~! entrez!; **bis in die Nacht** ~ jusque tard dans la nuit; ~**gehen** vi irr (zvb, mit sein) entrer (**in** +akk dans); ~**passen** vi (zvb) (Sache) entrer (**in** +akk dans); ~**stecken** vt (zvb) (Schlüssel) mettre, introduire; (Geld, Mühe) investir.

hin-: ~**fahren** irr (zvb) vi (mit sein) (mit Fahrzeug) aller o se rendre quelque part (en voiture) // vt conduire; **H~fahrt** f aller m; ~**fällig** a (Mensch) fragile, infirme; (Argument, Pläne) périmé(e), caduc (-uque).

hing siehe **hängen**.

hin-: ~**gabe** f dévouement m (an +akk à); ~**geben** vr irr (zvb): **sich einer Sache** ~**geben** se consacrer à qch; ~**gehen** vi irr (zvb, mit sein) (Mensch) aller; etw ~**gehen lassen** fermer les yeux sur qch; ~**halten** vt irr (zvb) (Gegenstand) tendre; (vertrösten) faire attendre.

hinken vi (Mensch) boiter, (Vergleich) être boiteux(-euse); (mit sein: gehen) aller en boitant.

hin-: ~**kommen** vi (zvb, mit sein) (an Ort) arriver; **wo kämen wir da hin?** où irions-nous?; **wo ist das** ~**gekommen?** où est-il (elle) passé(e)?; **mit den Vorräten** ~**kommen** avoir assez de réserves; ~**länglich** a suffisant(e); ~**legen** vt (zvb) (Gegenstand) poser; (Geld) débourser // vr: **sich** ~**legen** se coucher; **H~reise** f aller

m; ~**reißen** vt irr (zvb) (begeistern) enthousiasmer; **sich** ~**reißen lassen, etw zu tun** se laisser entraîner à faire qch; ~**richten** vt (zvb) exécuter; **H~richtung** f exécution f; ~**sichtlich** prep +gen ce qui concerne; **H~spiel** nt match m aller; ~**stellen** (zvb) vt placer, mettre; **jdn/etw als etw** ~**stellen** présenter qn/qch comme qch // vr: **sich** ~**stellen** se placer (stehen) se tenir.

hinten ad derrière; (am Ende) à la fin; (in Raum) au fond; ~ **und vorne nicht reichen** ne pas suffire du tout; ~**herum** ad par derrière.

hinter prep +dat derrière; ~ **dem Komma** après la virgule; ~ **Glas aufbewahren** conserver sous verre; **etw** ~ **sich lassen** dépasser qch; **etw** ~ **sich haben** en avoir fini avec qch; **jdn** ~ **sich haben** (als Unterstützung) avoir qn derrière soi; ~ **jdm her sein** (fahnden) être aux trousses de qn; (werben) courir après qn; ~ **etw her sein** être après qch // prep +akk derrière; ~ **ein Geheimnis kommen** découvrir un secret; **etw** ~ **sich bringen** en finir avec qch; **H~achse** f essieu m arrière; **H~bein** nt (von Tier) patte f de derrière; **H~bliebene(r)** mf die **H~bliebenen** la famille du défunt o de la défunte.

hintere(r, s) a (an der Rückseite) arrière; (am Ende) dernier(-ière).

hinter-: ~**einander** ad (räumlich) l'un(e) derrière l'autre; (zeitlich) l'un(e) après l'autre; **H~gedanke** m arrière-pensée f; **H~grund** m fond m; (von Situation) milieu m; (von Geschehen) antécédents mpl, dessous mpl; **H~halt** m embuscade f; ~**hältig** a sournois(e); ~**her** ad après coup; ~**lassen** vt irr (zvb) (zurücklassen) laisser; (nach Tod) léguer; ~'**legen** vt (zvb) déposer; **H~list** f ruse f; ~**listig** a sournois(e).

Hintern m -s, - derrière m, postérieur m.

Hinter-: ~**rad** nt roue f arrière; ~**radantrieb** m traction f arrière h~rücks ad par derrière; ~teil nt derrière m; h~treiben vt irr (zvb) faire échouer, contrecarrer; H~tür (fig) porte f de sortie; ~ziehen vt irr (zvb): Steuern ~ziehen frauder le fisc.

hin'über ad de l'autre côté; ~! traversez!; ~gehen vi irr (zvb, mit sein) traverser (über +akk qch); (besuchen): zu jdm ~gehen aller voir qn.

hinunter ad: ~! descendez!; ~schlucken vt (zvb) avaler; ~steigen vt irr (zvb, mit sein) descendre.

Hinweg m aller m.

hin'weg-: ~helfen vi irr (zvb): jdm über etw (akk) ~helfen aider qn à surmonter qch; ~setzen vr (zvb): sich über etw (akk) ~setzen ne pas tenir compte de qch.

Hinweis m -es, -e (Verweis) renvoi m; (Andeutung) allusion f; indication f; (Anleitung) instructions f/pl; h~en vt, vi irr (zvb): (jdn) auf etw (akk) ~en indiquer qch (à qn); (aufmerksam machen) attirer l'attention (de qn) sur qch.

hin-: ~werfen vt irr (zvb) jeter; (Arbeit) abandonner; (fallen lassen) laisser tomber; (Skizze) ébaucher; ~ziehen vr irr (zvb): sich ~ziehen (lange dauern) traîner en longueur; (sich erstrecken) s'étendre, se prolonger.

hin'zu-: kommen en outre, en plus; ~fügen vt (zvb) ajouter; ~kommen vi irr (zvb, mit sein) (Mensch) se joindre; (Umstand) s'ajouter; ~ziehen vt irr (zvb) consulter.

Hirn nt -(e)s, -e cerveau m; (CULIN) cervelle f; ~gespinst nt chimère f; h~verbrannt a complètement fou (folle).

Hirsch m -(e)s, -e cerf m.

Hirse f-, -n millet m.

Hirt m -en, -en m pâtre m; (Schaf~) berger m; (fig) pasteur m.

hi'storisch a historique.

Hitze f-, CULIN) température f; h~beständig a résistant(e) à la chaleur o au feu.

hitzig a (Mensch) impétueux (-euse); (Temperament) fougueux(-euse); (Debatte) passionné(e).

Hitzschlag m coup m de chaleur.

hob siehe heben.

Hobby ['hɔbi] nt -s, -s passe-temps m favori.

Hobel m -s, - rabot m; ~bank f établi m; h~n vt (Holz) raboter; (Gurken etc) couper en tranches.

hoch a (hohe(r, s), höher, am höchsten) haut(e; (Zahl, Gehalt) élevé(e); (Fieber) fort(e); (Offizier) supérieur(e); (Vertrauen, Lob, Qualifikation) grand(e); // ad haut; (weit oben) très haut; (sehr) très, extrêmement; das ist mir zu ~ (fam) ça me dépasse; Hände ~! haut les mains!; Kopf ~! courage!; drei Mann ~ à trois; H~ nt -s, -s (Ruf) vivat m; (METEO) anticyclone m; H~achtung f estime f, considération f; ~achtungsvoll ad (Briefschluß) Recevez l'assurance de mes sentiments distingués; H~amt nt grand-messe f; ~arbeiten vr (zvb): sich ~arbeiten réussir à force de travail; ~begabt a extrêmement doué(e); ~betagt a très âgé(e); H~betrieb m activité f intense; H~burg f (fig) fief m; H~deutsch nt haut allemand m; ~dotiert a très bien payé(e); H~druck m (METEO) haute pression f; (TECH) gravure f en relief; H~ebene f haut plateau m, H~form f excellente condition f; H~halten vt irr (zvb) tenir en l'air; (fig) sauvegarder; H~haus nt tour f; ~heben vt irr (zvb) soulever; H~land nt région f montagneuse; ~leben vi: jdn ~leben lassen acclamer qn; H~mut m orgueil m; ~mütig a orgueilleux(-euse), hautain(e); ~näsig a prétentieux(-euse); H~ofen m haut fourneau m; ~prozentig a (Getränk) à teneur en alcool élevée; H~saison f pleine saison f; H~schule f établissement m d'enseignement supérieur; H~sommer m plein été m.

H~**spannung** f haute tension f;
H~**sprung** m saut m en hauteur.
höchst ad très, extrêmement.
Hochstapler(in f) m -s, - imposteur(-euse).
höchste(r, s) (Superlativ von hoch):
aufs ~ **erstaunt** très étonné(e); es
ist ~ **Zeit** il est grand temps.
höchstens ad tout au plus, au
maximum.
Höchst-: ~**geschwindigkeit** f
vitesse f maximum, plafond m; h~**wahr'scheinlich** ad très probablement.
Hoch-: h~**trabend** a
pompeux(-euse); ~**verrat** m haute
trahison f; ~**wasser** nt (von Meer)
marée f; (von Fluß) crue f;
(Überschwemmung) inondation
f; ~**würden** m monseigneur m; ~**zahl**
f exposant m.
Hochzeit f -, -en mariage m.
Hocke f -, -n (Stellung) accroupis-
sement m; (SPORT) saut m à pieds
joints; h~**n** vi (Mensch) être
accroupi(e); (Vogel) être perché(e).
Hocker m -s, - tabouret m.
Höcker m -s, - bosse f.
Hoden m -s, - testicule m.
Hof m -(e)s, ⁼e cour f; (von Mond)
halo m.
hoffen vi, vt espérer; auf etw (akk) ~
espérer qch.
hoffentlich ad: ~ ist morgen
schönes Wetter espérons que
j'espère qu'il fera beau demain.
Hoffnung f espoir m; h~**slos** a dés-
espéré(e); ~**schimmer** m lueur f
d'espoir; h~**svoll** a plein(e)
d'espoir.
höflich a poli(e); H~**keit** f politesse
f.
hohe(r, s) a siehe hoch.
Höhe f -, -n hauteur f; (zahlen-, men-
genmäßig) niveau m; (von Betrag)
montant m.
Hoheit f (POL) souveraineté f; (Titel)
altesse f; ~**sgebiet** nt territoire m
national; ~**sgewässer** pl eaux fpl
territoriales.
Höhen-: ~**messer** m -s, - altimètre m; ~**sonne** f lampe f à rayons

ultraviolets; ~**zug** m chaîne f de
montagnes.
Höhepunkt m apogée f, sommet m.
hohl a creux(-euse).
Höhle f -, -n grotte f, caverne f; (von
Tier) antre m, tanière f.
Hohlmaß nt mesure f de capacité.
Hohn m -(e)s ironie f, raillerie f.
höhnisch a sarcastique.
holen vt aller chercher; **Atem** ~
reprendre son souffle, respirer;
sich (dat) **Rat/Hilfe** ~ demander
conseil/de l'aide; **sich** (dat) **einen
Schnupfen** ~ attraper un rhume;
jdn/etw ~ **lassen** envoyer chercher qn/qch.
Holland nt -s la Hollande.
Holländer(in f) m Hollandais(e).
Hölle f -, -n enfer m.
höllisch a infernal(e), d'enfer.
holperig a cahoteux(-euse); (Sprach-
kenntnisse) hésitant(e).
Holz nt -es, ⁼er bois m.
hölzern a en bois; (fig) gauche.
Holz-: ~**fäller** m -s, - bûcheron m;
h~**ig** a (Apfel, Spargel etc)
filandreux(-euse); ~**kohle** f charbon
m de bois; ~**scheit** nt bûche f; ~**weg**
m: auf dem ~**weg sein** faire fausse
route; ~**wolle** f laine f de bois.
Homöopa'thie f homéopathie f.
Honig m -s, -e miel m; ~**wabe** f
rayon m de miel.
Hono'rar nt -s, -e honoraires mpl.
hono'rieren vt (ohne ge-) (bezahlen)
rétribuer; (anerkennen) honorer.
Hopfen m -s - houblon m.
hopsen vi (mit sein) sautiller.
Hör-: ~**apparat** m audiophone m;
h~**bar** a audible, perceptible.
horchen vi écouter.
Horde f -, -n horde f, bande f.
hören vt entendre; (an-) écouter // vi
entendre; (erfahren) apprendre; auf
jdn/etw ~ écouter qn/qch; **von jdm**
~ avoir des nouvelles de qn.
Hörer(in f) m -s, - auditeur(-trice) //
m (Telefon-) écouteur m.
Hori'zont m -(e)s, -e horizon m;
(Verständnis) portée f.
Hor'mon nt -s, -e hormone f.
Hörmuschel f pavillon m.

Horn nt -(e)s, ⁼er corne f; (Instrument) cor m; ~haut f am (Fuß) callosité f; (von Auge) cornée f.

Hor'nisse f -, -n frelon m.

Horo'skop nt -s, -e horoscope m.

horten vt stocker, accumuler.

Hose f -, -n pantalon m; (Unter~) slip m, culotte f; ~nträger m bretelles fpl.

Ho'tel nt -s, -s hôtel m.

hüben ad de ce côté(-ci).

Hubraum m (AUT) cylindrée f.

hübsch a joli(e).

Hubschrauber m -s, - hélicoptère m.

Huf m -(e)s, -e sabot m; ~eisen nt fer m à cheval.

Hüfte f -, -n hanche f.

Hügel m -s, - colline f; (Erd~) monticule m; h~ig a vallonné(e).

Huhn nt -(e)s, ⁼er poule f.

Hühner-: ~auge nt cor m (au pied); ~brühe f bouillon m de poule.

Hülle f -, -n enveloppe f; in ~ und Fülle en abondance, à profusion.

hüllen vt: jdn/etw in etw (akk) ~ envelopper qn/qch dans qch.

Hülse f -, -n (von Pflanze) cosse f, enveloppe f; (von Geschoß) douille f; (Behälter, Etui) étui m; ~nfrucht f légumineuse f.

hu'man a humain(e).

Huma'nismus m humanisme m.

Humani'tät f humanité f.

Hummel f -, -n bourdon m.

Hummer m -s, - homard m.

Hu'mor m -s, -e humour m.

hu'morvoll a plein(e) d'humour, spirituel(le).

humpeln vi (mit sein) boiter, boitiller.

Hund m -(e)s, -e chien m; ~ehütte f niche f; h~e'müde a (fam) éreinté(e), crevé(e).

hundert num cent // nt: H~e von Menschen des centaines de personnes; H~'jahrfeier f centenaire m; ~mal ad cent fois; ~prozentig ad (à) cent pour cent.

Hündin f chienne f.

Hunger m -s faim f; ~ haben avoir faim; ~lohn m salaire m de misère;

h~n vi souffrir de la faim; (zum Abnehmen) faire un régime; nach etw h~n désirer ardemment qch, avoir soif de qch; ~snot f famine f; ~streik m grève f de la faim.

hungrig a affamé(e), qui a faim.

Hupe f -, -n claxon m; h~n vi claxonner.

hüpfen vi (mit sein) sautiller.

Hürde f -, -n (SPORT) haie f; (Hindernis) obstacle m; (für Schafe) clôture f.

Hure f -, -n putain f.

huschen vi (mit sein) passer furtivement.

Husten m -s toux f; h~ vi tousser; ~anfall m quinte f de toux; ~bonbon m o nt pastille f contre la toux; ~saft m sirop m (contre la toux).

Hut m -(e)s, ⁼e chapeau m // f: auf der ~ sein se tenir sur ses gardes.

hüten vt garder // vr: sich ~ vor (+dat) prendre garde à; sich ~, etw zu tun se garder de faire qch.

Hütte f -, -n cabane f; (im Gebirge) refuge m; (Eisen~) aciérie f; ~nwerk nt usine f métallurgique.

Hy'drant m bouche f d'incendie.

Hygi'ene f- hygiène f.

hygi'enisch a hygiénique.

hyper- pref hyper-, ultra-.

Hyp'nose f -, -n hypnose f.

hypnoti'sieren vt (ohne ge-) hypnotiser.

Hypo'thek f -, -en hypothèque f.

Hypo'these f -, -n hypothèse f.

Hyste'rie f hystérie f.

hy'sterisch a hystérique.

I

ich pron je; (vor Vokal) j'; (betont) moi (je); ~ bin's! c'est moi!; I~ nt -s, -s moi m.

Ide'al nt -s, -e idéal m; i~ a idéal(e).

I'dee f -, -n idée f; eine ~ (ein bißchen) un petit peu.

identifi'zieren (ohne ge-) vt identifier.

i'dentisch a identique (mit à).

Identi'tät f identité f.

Ideolo'gie f idéologie f.

Idi'ot m -en, -en idiot(e), imbécile m/f; **i~isch** a idiot(e), bête.

i'dyllisch a idyllique.

Igel m -s, - hérisson m.

igno'rieren vt (ohne ge-) ne tenir aucun compte de, ignorer.

ihm pron (dat von er) lui, à lui.

ihn pron (akk von er); le; (vor Vokal) l'; (nach prep) lui; **~en** pron (dat von sie pl) leur; (nach prep) eux (elles); à eux (elles); **I~en** pron (dat von Sie) vous.

ihr pron (nom pl) vous; (dat von sie vb) lui; (: nach prep) elle // **~(e)** pron (adjektivisch) (Subjekt: sg) son(sa, (vor Vokal son), pl ses; (:pl) leur, pl leurs; **I~(e)** pron (adjektivisch) votre, pl vos; **~e(r, s)** pron (substantivisch) (Subjekt: sg) le(la sien(ne), pl les sien(ne)s; (:pl) le(la) leur, pl les leurs; **I~e(r, s)** pron (substantivisch) le(la vôtre) les vôtres; **~er** pron (gen von sie) (Subjekt: sg) d'elle; (:pl) d'eux(elles); **~erseits** ad de son côté, de leur côté; **~esgleichen** pron gens pl comme elle; gens comme eux(elles); (von Dingen) choses fpl du même genre; **~etwegen**, **~etwillen** ad (für sie) pour elle; pour eux(elles); (wegen: ihr) à cause d'elle : (ihnen) à cause d'eux(elles); **~ige:** der, die, das **~ige** (Subjekt: sg) le(la sien(ne); (:pl) le(la) leur.

illegal a illégal(e).

Illusi'on f illusion f.

Illu'strierte f -n, -n illustré m, magazine m.

Iltis m -ses, -se putois m.

im = in dem.

Imbiß m -sses, -sse casse-croûte m inv; **~halle** f, **~stube** f, snack(-bar) m.

imi'tieren vt (ohne ge-) imiter.

Imker(in f) m -s, - apiculteur (-trice).

Immatrikulati'on f (SCOL) inscription f.

immatriku'lieren vr (ohne ge-): **sich ~** s'inscrire.

immer ad toujours; (jeweils) à chaque fois; **~ vier zusammen** quatre par quatre; **~ wieder** toujours, constamment; **~ noch** encore, toujours; **~ noch nicht** toujours pas; **für ~** pour toujours, à jamais; **~ wenn ich ...** chaque fois que je ...; **~ schöner/trauriger** de plus en plus beau/triste; **~ langsam** doucement; **was (auch) ~** quoi que; **wer (auch) ~** qui que ce soit qui; **~hin** ad tout de même; **~zu** ad sans arrêt.

Immobilien [-'bi:liən] pl biens mpl immobiliers ou immeubles.

im'mun a immunisé(e) (gegen contre); **I~i'tät** f immunité f.

Imperfekt nt -s, -e imparfait m.

impfen vt vacciner (gegen etw qn contre qch).

Impf~: **~stoff** m vaccin m; **~ung** f vaccination f; **~zwang** m vaccination f obligatoire.

impo'nieren vi (ohne ge-): **jdm ~** impressionner qn.

Im'port m -(e)s, -e importation f.

impor'tieren vt (ohne ge-) importer.

impotent a impuissant(e).

Impotenz f impuissance f.

imprä'gnieren vt (ohne ge-) imprégner; (Mantel) imperméabiliser.

improvisieren [-vi'zi:rən] vt,vi (ohne ge-) improviser.

Im'puls m -es, -e impulsion f.

impul'siv a impulsif(-ive).

im'stande: **~ sein**, etw zu tun (in der Lage sein) être en mesure ou de faire qch; (fähig) être capable de faire qch.

in prep +akk (räumlich) dans; **~s Ausland fahren** aller à l'étranger; (zeitlich) bis **~s 19. Jahrhundert** jusqu'au 19e siècle; **das Projekt zog sich ~ den Herbst hinein** le projet a traîné jusqu'en automne // +dat (räumlich) dans, à, en; Bonn ist **~ Deutschland** Bonn est en Allemagne; **das ist im Haus/Schrank** c'est dans la maison/dans l'armoire; **er ist ~ der Schule/Kirche** il est à l'école/à l'église; **~ der Bibel** steht es ... il est dit dans la Bible ...; (zeitlich) dans; **~ diesem Monat/Jahr** ce mois-ci/cette année; **er kommt ~**

einem Monat il vient dans un mois; *(Art und Weise)* en, dans; ~ rot en rouge; **er war im Hemd** il était en chemise; ~ **der/die Schule** à l'école; ~ **der/die Stadt** en ville; **im Frühling/Herbst/Sommer/Winter/Mai** au printemps/en automne/en été/en hiver/en mai; **im Stehen essen** manger debout.

In'anspruchnahme f -, -n: **bei** ~ **+gen** si l'on profite de.

Inbegriff m quintessence f, type m, incarnation f; **i~en** ad compris; **Bedienung i~en** service compris.

inbrünstig a fervent(e).

Inder(in f) m -s, - Indien(ne).

Indi'aner(in f) m -s, - Indien(ne).

indi'anisch a indien(ne).

Indien ['ɪndiən] nt -s Inde f.

Indikativ m indicatif m.

indirekt a indirect(e).

indiskret a indiscret(-ète).

individuell [ɪndivi'duɛl] a individuel(le).

In'diz nt -es, -ien [-iən] indice m *(für* de).

industriali'sieren vt *(ohne ge-)* industrialiser.

Indu'strie f industrie f; ~**gebiet** nt zone f industrielle.

inein'ander ad l'un dans l'autre, les uns dans les autres.

In'farkt m -(e)s, -e infarctus m.

Infekti'on f infection f; ~**skrankheit** f maladie f infectieuse.

Infinitiv m infinitif m.

infi'zieren *(ohne ge-)* vt infecter // vr: **sich** ~ être contaminé(e) *(bei* par).

in fla'granti ad en flagrant délit.

Inflati'on f inflation f.

inflatio'när a inflationniste.

in'folge prep *+gen* par suite de; ~'**dessen** ad par conséquent.

Infor'matik f informatique f.

Infor'matiker(in f) m -s, - informaticien(ne).

Informati'on f information f.

infor'mieren *(ohne ge-)* vt informer // vr: **sich** ~ s'informer *(über +akk* sur).

Infra-: ~'**rotbestrahlung** f traite-

ment m aux infrarouges; ~**struktur** f infrastructure f.

Infusi'on f perfusion f.

Ingenieur [ɪnʒe'niø:r] m ingénieur m; ~**schule** f école f d'ingénieurs.

Ingwer m -s gingembre m.

Inhaber(in f) m -s, - *(von Rekord, Genehmigung)* détenteur(-trice); *(von Titel)* titulaire m/f; *(Haus-)* propriétaire m/f; *(FIN)* porteur m.

inha'lieren vt, vi *(ohne ge-)* (MED) inhaler; *(beim Rauchen)* avaler la fumée.

Inhalt m -(e)s, -e contenu m; *(Volumen)* volume m; *(Bedeutung: von Wort, Leben)* signification f; **i~lich** ad en ce qui concerne le contenu; ~**sangabe** f résumé m; **i~slos** a vide; ~**sverzeichnis** nt indication f du contenu; *(in Buch)* table f des matières.

Initiative [initsia'tiːvə] f initiative f.

Injekti'on f injection f.

inklusive [-'ziːvə] prep *+gen*, ad y compris; ~ **Getränke** boissons comprises; **bis zum 20. März** ~ jusqu'au 20 mars inclus.

inkompetent a incompétent(e).

In'krafttreten nt -s entrée f en vigueur.

Inland nt -(e)s intérieur m des terres; *(POL)* pays m; **im** ~ **und Ausland** en Allemagne et à l'étranger.

innehaben vt irr *(zvb)* *(Amt)* occuper; *(Titel)* avoir; *(Rekord)* détenir.

innen ad à l'intérieur; **nach** ~ vers l'intérieur; **I~architekt(in** f) m décorateur(-trice) d'intérieurs o d'appartements; **I~aufnahme** f intérieur m; **I~leben** nt vie f intérieure; **I~minister(in** f) m ministre m de l'intérieur; **I~stadt** f centre m ville; **I~tasche** f poche f intérieure.

innere(r,s) a intérieure(e); *(im Körper)* interne.

Innere(s) nt intérieur m; *(fig)* cœur m.

Inne'reien pl *(CULIN)* abats mpl.

innerhalb prep *+gen (zeitlich)* dans un délai de; *(räumlich)* à l'intérieur de // ad à l'intérieur.

innerlich a interne; (geistig) intérieur(e).

innerste(r,s) a (Punkt) central(e); (Gedanken, Gefühle) intime.

innig a intime; (Freundschaft) profond(e).

inoffiziell a non officiel(le).

ins = in das.

Insasse m -n, -n (von Anstalt) pensionnaire m/f; (AUT) passager(-ère), occcupant m.

insbe'sondere ad en particulier.

Inschrift f inscription f.

In'sekt nt -(e)s, -en insecte m.

Insel f -, -n île f; (Verkehrs~) refuge m.

Inse'rat nt annonce f.

inse'rieren (ohne ge-) vt, vi passer une annonce.

insgeheim ad en secret.

insgesamt ad dans l'ensemble; **er war ~ 10 Tage krank** en tout il a été malade 10 jours.

insofern ad par là, en cela // conj (deshalb) dans la mesure où; (falls) si; ~ **als** dans la mesure où.

insoweit siehe **insofern**.

Installateur [instala'tø:ɐ] m installateur m; (für sanitäre Anlagen) plombier m.

In'stand-: ~**haltung** f entretien m; ~**setzung** f remise f en état; (von Gebäude) restauration f.

In'stanz f autorité f; (JUR) instance f.

In'stinkt m -(e)s, -e instinct m.

Insti'tut nt -(e)s, -e institut m.

Instru'ment nt instrument m.

insze'nieren vt (ohne ge-) mettre en scène; (fig: Skandal, Szene) monter.

intellektu'ell a intellectuel(le).

intelli'gent a intelligent(e).

Intelli'genz f intelligence f; (Leute) intelligentsia f.

Inten'dant(in f) m intendant m; (RADIO, TV) président(-e); (THEATER) directeur(-trice).

inten'siv a intense; (AGR) intensif (-ive).

interes'sant a intéressant(e); **i~erweise** ad curieusement.

Inte'resse nt -s, -n intérêt m; ~ **haben** s'intéresser (an + dat à).

Interes'sent(in f) m personne f

intéressée.

interes'sieren (ohne ge-) vt intéresser // vr: **sich ~** s'intéresser (für à); **jdn für etw ~** gagner qn à qch; **an jdm/etw interessiert sein** être intéressé par qn/qch.

Inter'nat nt internat m.

internatio'nal a international(e).

Inter'nist(in f) m spécialiste m/f des maladies internes.

Interpretati'on f interprétation f.

interpre'tieren vt (ohne ge-) interpréter.

Inter-: ~**punkti'on** f ponctuation f; ~**vall** ['-val] nt -s, -e intervalle m; **i~venieren** [-ve'ni:rən] vi (ohne ge-, mit sein) intervenir; ~**view** ['intevju:] nt -s, -s interview f; **i~viewen** vt (ohne ge-) interviewer.

in'tim a intime; **In'ti'tät** f intimité f.

intolerant a intolérant(e).

intransitiv a intransitif(-ive).

In'trige f -, -n intrigue f.

introvertiert [-ver'ti:ɐt] a introverti(e).

Intuiti'on f intuition f.

invalide [inva'li:də] m -n, -n invalide m/f.

Invasion [invazi'o:n] f invasion f.

Inventar [inven'ta:ɐ] nt -s, -e inventaire m.

Inventur [inven'tu:ɐ] f ~ **machen** dresser un inventaire.

investieren [inves'ti:rən] vt (ohne ge-) investir.

inwie'fern, inwie'weit ad dans quelle mesure.

in'zwischen ad entretemps.

irdisch a terrestre.

Ire m -n, -n, **Irin** f Irlandais(e).

irgend ad d'une façon ou d'une autre; ~ **so ein Vertreter/Bettler** un de ces représentants/mendiants; (egal wer) n'importe qui; ~ **etwas** quelque chose; n'importe quoi; ~**ein** a (adjektivisch) un(e) ... (quelconque); ~**eine(r,s)** pron quelqu'un; (egal wer) n'importe qui; ~**einmal** ad (in Zukunft) un jour; (in Vergangenheit) une fois; ~**wann** ad un jour, une fois; (egal wenn) n'importe quand;

~**wer** pron quelqu'un; (egal wer) n'importe qui; ~**wie** ad d'une façon ou d'une autre; (egal wie) n'importe comment; ~**wo** ad quelque part; (egal wo) n'importe où.

Irland nt -s Irlande f.

Iro∙nie f ironie f.

i∙ronisch a ironique.

irre a fou (folle); (fam: prima) chouette; **I∙(r)** mf fou (folle); ~**führen** vt (zvb) induire en erreur; ~**machen** vt (zvb) embrouiller.

irren vi (auch vr: sich ~: unrecht haben) se tromper; (mit sein: umher~) errer; **wenn ich mich nicht irre** si je ne me trompe; **sich im Datum ~** se tromper de date; **sich in jdm ~** se tromper sur qn.

irrig a (ungenau) inexact(e); (falsch) faux (fausse).

Irr-: ~**sinn** m folie f; i~**sinnig** a fou (folle); (fam) dingue; ~**tum** m -s, ¨er erreur f; i~**tümlich** a erroné(e) // ad par erreur.

Ischias f o nt - sciatique f; ~**nerv** m nerf m sciatique.

Island nt -s Islande f.

Isolati'on f -: ~**band** nt ruban m isolant; (ELEC) isolation f.

Iso∙lier-: ~**band** nt ruban m isolant; i~**en** (ohne ge-) vt isoler // vr: **sich** i~**en** s'isoler; ~**station** f (MED) salle f de quarantaine; ~**ung** f isolement m.

Israel [israel] nt -s Israël m.

Isra'eli mf -s, - Israélien(ne).

ist siehe **sein**.

Italien [-iən] nt -s Italie f.

Itali'ener(in f) m -s, - Italien(ne).

itali'enisch a italien(ne).

J

ja ad oui; **ich habe es ~ gewußt** je le savais bien; **das soll er ~ nicht tun** il ne faut surtout pas qu'il fasse cela.

Jacht f -, -en yacht m.

Jacke f -, -n veste f.

Ja'ckett nt -s, -s o -e veston m.

Jagd f -, -en chasse f (auf +akk à).

jagen vi chasser; (mit sein: eilen) filer

// vt chasser; (verfolgen) pourchasser.

Jäger(in f) m -s, - chasseur(-euse).

jäh a soudain(e); (steil) abrupt(e).

Jahr nt -(e)s, -e an m, année f; **alle ~e wieder** chaque année; **ein ganzes ~** toute une année; **im ~e 1979** en 1979; **5 ~e alt** âgé(e) de 5 ans; **j~elang** ad pendant des années; ~**esabschluß** m fin f de l'année; (COMM) bilan m annuel; ~**eszahl** f date f; ~**eszeit** f saison f; ~**gang** m année f; ~'**hundert** nt siècle m; ~'**hundertfeier** f centenaire m.

jährlich a annuel(le) // ad annuellement.

Jahrmarkt m foire f.

Jähzorn m accès m de colère; (Eigenschaft) caractère m colérique; **j~zornig** a colérique.

Jalousie [ʒaluˈziː] f persienne f.

Jammer m (Klagen) lamentation f; (Elend) misère f; **es ist ein ~, daß ...** c'est dommage que ... (+subj).

jämmerlich a misérable; (Geschrei, Tod) pitoyable; (Leistung, Bezahlung) lamentable.

jammern vi gémir // vt: **es jammert mich/ihn** cela me/lui fait de la peine.

Januar m -s, -e janvier m.

Japan nt -s Japon m.

jäten vt sarcler.

jauchzen vi pousser des cris de joie.

jaulen vi hurler.

ja-: ~'**wohl** ad oui (bien sûr); **J~wort** nt oui m.

je ad (zeitlich) jamais; (jeweils): **sie erhielten ~ zwei Stück** ils reçurent chacun deux morceaux; **er gab ihnen ~ 5 Mark** il leur donna à chacun 5 marks; **die schönste Stadt, die sie ~ gesehen hatte** la plus belle ville qu'elle ait jamais vue; **wenn du ~ einmal dahin kommst** si jamais tu y vas; **schöner als o denn** ~ plus beau que jamais; ~ **nach Größe/Alter/Umständen** selon la grandeur/l'âge/les circonstances; ~ **nachdem** cela dépend; ~ ... **desto** ... plus ... plus ...; ~ **mehr** ... **desto weniger**...

plus... moins... // prep +akk (pro) par // excl: ach ~ oh là, là; o ~ hou là, là.
jede(r,s) a chaque // pron chacun(e); ohne ~ Scham sans aucune honte; ~nfalls ad en tout cas; ~rmann pron chacun, tout le monde; ~rzeit ad à tout moment; ~smal ad chaque fois.
je'doch ad cependant, pourtant.
jeher ad: von ~ depuis toujours.
jemals ad jamais.
jemand pron quelqu'un.
jene(r,s) a ce, cet (vor Vokal und stummem h), cette, ci ces, cettes // pron celui-là, celle-là, pl ceux(celles)-là.
jenseits ad de l'autre côté // prep +gen de l'autre côté de, au-delà de; das ~ l'au-delà m.
jetzig a actuel(le).
jetzt ad maintenant.
je-: ~weilig a respectif(-ive); ~weils ad chaque fois.
Jod nt -(e)s iode m.
Joghurt m o nt -s, -s yaourt m.
Johannisbeere f groseille f; schwarze ~ cassis m.
jonglieren [ʒõˈgliːrən] vi (ohne ge-) jongler (mit avec).
Journa'list(in f) [ʒurnaˈlɪst, -ɪstɪn] m journaliste m/f.
Jubel m -s cris m/pl de joie; j~n vi pousser des cris de joie.
Jubi'läum nt -s, Jubi'läen anniversaire m.
jucken vt, vi démanger; es juckt mich am Arm le bras me démange.
Juckreiz m démangeaison f.
Jude m -n, -n juif m; ~nverfolgung f persécution f des juifs.
Jüdin f juive f.
jüdisch a juif (juive).
Jugend f - jeunesse f; ~herberge f auberge f de jeunesse; j~lich a jeune; ~liche(r) m/f jeune m/f, adolescent(e).
Jugo'slawien [jugoˈslaːviən] nt -s Yougoslavie f.
Juli m -(s), -s juillet m.
jung a (-er, am -sten) jeune.
Junge m -n, -n garçon m.
Junge(s) nt petit m.

jünger a (Komparativ von jung) plus jeune; (Bruder, Schwester) cadet(te).
Jünger m -s, - disciple m.
Jungfer f -, -n: alte ~ vieille fille f; ~nfahrt f voyage m inaugural.
Jung-: ~frau f vierge f; (ASTR) Vierge f; ~geselle m, ~gesellin f célibataire m/f.
Juni m -(s), -s juin m.
Junior m -s, -en fils m; (SPORT) junior m/f.
Ju'rist(in f) m juriste m/f; j~isch a juridique.
Ju'stiz f - justice f; ~irrtum m erreur f judiciaire.
Ju'wel m o nt -s, -en joyau m.
Juwe'lier m -s, -e bijoutier (-ière), joaillier m.
Jux m -es, -e blague f; nur aus ~ pour rigoler.

K

Kabarett'ist(in f) m chansonnier (-ière).
Kabel nt -s, - câble m.
Ka'bine f cabine f; (in Flugzeug) carlingue f.
Kachel f -, -n carreau m; ~ofen m poêle m de faïence.
Käfer m -s, - coléoptère m.
Kaff nt -s, -s o -e (pej) patelin m.
Kaffee m -s, -s (Getränk) café m; (Nachmittags-) goûter m; ~bohne f grain m de café; ~kanne f cafetière f; ~klatsch m, ~kränzchen nt bavardages m/pl; ~löffel m petite cuiller f, cuiller f à café; ~mühle f moulin m à café; ~satz m marc m de café.
Käfig m -s, -e cage f.
kahl a (Mensch) chauve; (Baum) dénudé(e); (Landschaft) pelé(e); (Raum) vide; ~geschoren a tondu(e), rasé(e); K~heit f calvitie f, nudité f; ~köpfig a chauve.
Kahn m -(e)s, -e barque f; (Last~) péniche f, chaland m.
Kai m -s, -e o -s quai m.
Kaiser(in f) m -s, - empereur m, impératrice f; k~lich a impérial(e);

~reich nt empire m; ~schnitt m césarienne f.

Ka'jüte f, -n cabine f.

Ka'kao m -s, -s cacao m.

Kak'tee f, -n [-ɛːən], Kaktus m -es, -se cactus m.

Kalb nt -(e)s, ̈er veau m; ~fleisch nt (viande f der) veau m.

Ka'lender m -s, - calendrier m; (Taschen~) agenda m.

Kali nt -s, - potasse f.

Ka'liber nt -s, - calibre m.

Kalk m -(e)s, -e chaux f; (im Körper) calcium m; ~stein m pierre f à chaux.

Kalkulati'on f calcul m.

kalku'lieren vt (ohne ge-) calculer.

Kalo'rie f calorie f.

kalt a (̈er, am ̈esten) froid(e); mir ist (es) ~ j'ai froid; etw ~ stellen mettre qch au frais; ~bleiben vi irr (zvb, mit sein) (fig) demeurer insensible; ~blütig a (Mensch) qui a du sang-froid; (Tat) de sang-froid.

Kälte f - froid m; (fig) froideur f.

kalt-: ~schnäuzig a (fam) culotté(e); ~stellen vt (zvb) (fig) limoger.

Kalzium nt -s calcium m.

kam siehe kommen.

Ka'mel nt -(e)s, -e chameau m.

Kamera f, -s appareil-photo m; (Film~) caméra f.

Kame'rad m -en, -en camarade m/f; ~schaft f camaraderie f.

Kameraführung f die ~ haben être opérateur-chef.

Ka'mille f, -n camomille f; ~ntee m infusion f de camomille.

Ka'min m -s, -e cheminée f; ~feger, ~kehrer m -s, - ramoneur m.

Kamm m -(e)s, ̈e peigne m; (Berg-, Hahnen~) crête f.

kämmen vt peigner.

Kammer f, -n chambre f; (Herz~) cavité f; ~ton m diapason m.

Kampf m -(e)s, ̈e combat m, lutte f; (Spiel) match m.

kämpfen vi se battre (um pour); mit etw ~ lutter contre qch; mit jdm ~ se battre contre qn.

kam'pieren vi (ohne ge-) camper.

Kanada nt -s le Canada.

Ka'nal m -s, Ka'näle canal m; (für Abfluß) égout m; überm (Ärmel)~ de l'autre côté de la Manche.

kanali'sieren vt (ohne ge-) canaliser.

Ka'narienvogel [-iən-] m canari m.

Kandi'dat(in f) m -en, -en candidat(e).

Kandida'tur f candidature f.

kandi'dieren vi (ohne ge-) se porter candidat.

Känguruh nt -s, -s kangourou m.

Ka'ninchen nt -s, - lapin m.

Ka'nister m -s, - bidon m.

Kanne f, -n pot m, cruche f; (Kaffee~) cafetière f; (große Milch~) bidon m à lait.

Kanni'bale m -n, -n, Kanni'balin f cannibale m/f.

kannte siehe kennen.

Ka'none f, -n canon m; (fig: Mensch) as m.

Kante f, -n bord m; (Web~) lisière f; (Rand, Borte) bordure f.

Kan'tine f cantine f.

Kanton m -s, -e canton m.

Kanu nt -s, -s canoë m.

Kanzel f, -n (in Kirche) chaire f; (im Flugzeug) poste f de pilotage.

Kanz'lei f (Anwalts-) cabinet m; (Notariats-) étude f.

Kanzler(in f) m -s, - chancelier m.

Kapazi'tät f capacité f; (Fachmann) autorité f.

Ka'pelle f chapelle f; (MUS) orchestre m.

ka'pieren vt, vi (ohne ge-) (fam) saisir, piger.

Kapi'tal nt -s, -e o -ien [-iən] capital m; ~anlage f placement m de capitaux.

Kapita'lismus m capitalisme m.

kapita'listisch a capitaliste.

Kapi'tän m -s, -e capitaine m; (von Flugzeug) commandant m.

Kapi'tel nt -s, - chapitre m.

Kapi'tell nt -s, -e chapiteau m.

kapitu'lieren vi (ohne ge-) capituler (vor +dat devant).

Ka'plan m -s, Ka'pläne aumônier m, vicaire m.

Kappe f -, -n (*Mütze*) bonnet m; (*auf Füllfederhalter*) capuchon m; (*auf Flasche*) capsule f.

Kapsel f -, -n capsule f.

ka'putt a (*fam*) foutu(e); (*müde*) crevé(e); ~**gehen** vi irr (*zvb, mit sein*) (*Auto, Gerät*) se détraquer; (*Schuhe, Stoff*) s'abîmer; (*Firma*) faire faillite; (*sterben*) crever; ~**machen** vt (*zvb*) (*Gegenstand*) casser; (*Firma*) ruiner; (*Gesundheit, jdn*) démolir // vr: **sich ~machen** s'éreinter.

Ka'puze f -, -n capuchon m.

Ka'raffe f -, -n carafe f.

Kara'mel m -s caramel m.

Kara'wane f -, -n caravane f.

Kardi'nal m -s, **Kardi'näle** cardinal m; ~**zahl** f nombre m cardinal.

Kar'freitag m vendredi m saint.

karg a (*Landschaft, Boden*) ingrat(e); (*Lohn*) maigre; (*Mahlzeit*) frugal(e).

kärglich a pauvre, maigre.

ka'riert a (*Stoff, Kleidungsstück*) à carreaux; (*Papier*) quadrillé(e).

Karies ['ka:ries] f - carie f.

Karika'tur f caricature f.

kari'kieren vt (*ohne ge-*) caricaturer.

kari'ös a carié(e).

Karneval ['karnəval] m -s, -e o -s carnaval m.

Karo nt -s, -s carreau m.

Karosse'rie f carrosserie f.

Ka'rotte f -, -n carotte f.

Karpfen m -s, - carpe f.

Karre f -, -n, ~**n** m -s, - (*Schub~*) brouette f; (*Pferde~*) charrette f; (*fam: altes Fahrzeug*) clou m.

Karri'ere f carrière f; ~**frau** f femme qui veut faire carrière; ~**macher** m -s, - arriviste m.

Karte f -, -n carte f; (*Eintritts~, Fahr~*) billet m; (*Kartei~*) fiche f.

Kar'tei f fichier m; ~**karte** f fiche f.

Kartenspiel nt jeu m de cartes.

Kar'toffel f -, -n pomme f de terre; ~**brei** m, ~**püree** nt purée f (de pommes de terre).

Karton [kar'tɔŋ] m -s, -s carton m.

Karus'sell nt -s, -s manège m.

Karwoche f semaine f sainte.

ka'schieren vt (*ohne ge-*)

dissimuler.

Käse m -s, - fromage m; (*fam: Unsinn*) connerie f (*fam!*); ~**kuchen** m tarte f au fromage.

Ka'serne f -, -n caserne f.

Ka'sino nt -s, -s (*MIL*) mess m; (*Spiel~*) casino m.

Kasper m -s, - guignol m.

Kasse f -, -n caisse f; (*Kranken~*) assurance f maladie; Sécurité f sociale; (*Spar~*) caisse f d'épargne; **getrennte ~ machen** payer séparément; **gut bei ~ sein** être en fonds; ~**narzt** m, ~**närztin** f médecin m conventionné; ~**nbestand** m encaisse f; ~**nzettel** m ticket m de caisse.

Kas'sette f (*Behälter, Tonband*) cassette f; (*von Decke*) caisson m; (*PHOT*) chargeur m; (*Bücher~*) coffret m; ~**nrecorder** m -s, - magnétophone m à cassettes.

kas'sieren (*ohne ge-*) vt (*Geld*) encaisser; (*an sich nehmen*) confisquer // vi: **darf ich ~?** est-ce que je peux vous demander de payer?

Kas'sierer(in f) m -s, - caissier (-ière); (*von Klub*) trésorier(-ère).

Ka'stanie [-ə] f (*Baum: Roß~*) châtaignier m; (*Edel~*) marronnier m; (*Frucht*) châtaigne f; (*Eß~*) marron m.

Kästchen nt coffret m; (*auf Papier*) carreau m; (*von Kreuzworträtsel*) case f.

Kasten m -s, = (*Behälter*) boîte f, caisse f; (*Schrank*) bahut m.

ka'strieren vt (*ohne ge-*) châtrer.

Kata'log m -(e)s, -e catalogue m.

Kataly'sator m catalyseur m.

Ka'tarrh m -s, -e catarrhe m.

katastro'phal a catastrophique.

Kata'strophe f -, -n catastrophe f.

Katego'rie f catégorie f.

Kater m -s, - matou m; (*fam*): **einen ~ haben** avoir la gueule de bois.

Ka'theder nt -s, - chaire f.

Kathe'drale f -, -n cathédrale f.

Katho'lik(in f) m -en, -en catholique m/f.

ka'tholisch a catholique.

Kätzchen nt chaton m.

Katze f -, -n chat m; **für die Katz**

(fam) pour des prunes; ~**njammer** *m (fam)* déprime *f*; ~**nsprung** *m*: einen ~**nsprung von hier** à deux pas d'ici.

Kauderwelsch *nt* **(-s)** charabia *m*.

kauen *vt, vi* mâcher.

kauern *vi* être accroupi // *vr*: **sich** ~ s'accroupir.

Kauf *m* **-(e)s, Käufe** achat *m*; **ein guter** ~ une affaire, une occasion; **etw in** ~ **nehmen** s'accommoder de qch; **k**~**en** *vt* acheter.

Käufer(in *f)* *m* **-s,** - acheteur(-euse).

Kauf-: ~**haus** *nt* grand magasin *m*; ~**kraft** *f* pouvoir *m* d'achat.

käuflich *a* achetable, à vendre; *(bestechlich)* corruptible, vénal(e).

Kauf-: ~**mann** *m, pl* ~**leute** commerçant(e), marchand(e); *(in großem Betrieb)* homme *m* d'affaires; **k**~**männisch** *a* commercial(e).

Kaugummi *m* **-s, -s** chewing-gum *m*.

Kaulquappe *f* **-, -n** têtard *m*.

kaum *ad* à peine, presque pas; **er ist** ~ **größer als ich** il n'est guère plus grand que moi; ~ **daß er angekommen war, hat er ...** à peine était-il arrivé qu'il a ...

Kauti'on *f* caution *f*.

Kauz *m* **-es, Käuze** *(ZOOL)* hibou *m*; *(fig: Mensch)* drôle de type *m*.

Kavalier [kava'liːɐ] *m* **-s, -e** *(höflicher Mensch)* gentleman *m*; ~**sdelikt** *nt* peccadille *f*; délit *m* mineur.

keck *a* hardi(e), audacieux(-ieuse) de // *vr*: **sich** ~**lernen** apprendre à *(Hut, Frisur)* coquet(te).

Kegel *m* **-s, -** cône *m*; *(zum Kegeln)* quille *f*; ~**bahn** *f* bowling *m*; **k**~**n** *vi* jouer aux quilles.

Kehle *f* **-, -n** gorge *f*.

Kehlkopf *m* larynx *m*.

Kehre *f* **-, -n** *(Biegung)* tournant *m*; **k**~**n** *vt (wenden)* tourner *m*; *(mit Besen)* balayer; **jdm den Rücken k**~**n** tourner le dos à qn.

Kehr-: ~**maschine** *f* balayeuse *f*; ~**reim** *m* refrain *m*; ~**schaufel** *f* petite pelle *f*; ~**seite** *f* revers *m*, envers *m*.

kehrtmachen *vi (zvb)* rebrousser chemin.

keifen *vi* criailler.

Keil *m* **-(e)s, -e** coin *m*; *(Brems)* cale *f*; ~**riemen** *m* courroie *f* de ventilateur.

Keim *m* **-(e)s, -e** bourgeon *m*; *(MED, fig)* germe *m*; **etw im** ~ **ersticken** étouffer qch dans l'œuf; **k**~**en** *vi (mit sein)* germer; **k**~**frei** a stérilisé(e), stérile; **k**~**tötend** a germicide.

kein *a (attributiv)*: **ich habe** ~ **Papier/Geld** je n'ai pas de papier/ d'argent; ~**e(r,s)** *pron* (ne...) pas un(e), (ne...) aucun(e); *(Mensch)* (ne...) personne; ~**erlei** *a* aucun(e) (...ne); ~**esfalls** *ad* en aucun cas; ~**eswegs** *ad* (ne ...) pas du tout; ~**mal** *ad* (ne...) pas une seule fois.

Keks *m o nt* **-es, -e** biscuit *m*.

Kelch *m* **-(e)s, -e** calice *m*; *(Glas)* coupe *f*.

Kelle *f* **-, -n** *(Schöpf~)* louche *f*; *(Maurer~)* truelle *f*; *(von Eisenbahner)* palette *f*.

Keller *m* **-s, -** cave *f*; ~**assel** *f* cloporte *m*; ~**wohnung** *f* appartement *m* en sous-sol.

Kellner *m* **-s, -** garçon *m*; ~**in** *f* serveuse *f*.

keltern *vt* presser.

kennen *irr vt* connaître; *(Sprache)* savoir; **jdn an etw** *(dat)* ~ reconnaître qn à qch; ~**lernen** *(zvb)* apprendre à connaître; *(jds Bekanntschaft machen)* faire la connaissance se connaître; *(zum erstenmal)* faire connaissance.

Kenntnis *f* connaissance *f*; **etw zur** ~ **nehmen** prendre note de qch; **von etw** ~ **nehmen** prendre connaissance de qch; **jdn von etw in** ~ **setzen** informer qn de qch.

Kenn-: ~**zeichen** *nt* marque *f* (distinctive), caractéristique *f*; ~**ziffer** *f* numéro *m* minéralogique; **k**~**zeichnen** *vt* caractériser; ~**ziffer** *f* numéro *m* de référence.

kentern *vi (mit sein)* chavirer.

Ke'ramik *f* **-, -en** céramique *f*.

Kerbe *f* **-, -n** encoche *f*.

Kerbel m -s, - cerfeuil m.

Kerbholz nt: etwas auf dem ~ haben avoir qch sur la conscience.

Kerker m -s, - cachot m.

Kerl m -s, -e (Mann) type m; **er/sie ist ein netter ~** c'est une personne sympathique.

Kern m -(e)s, -e noyau m; (Apfel~) pépin m; (Nuß~) amande f; (fig: von Stadt) centre m; (: von Problem) fond m; **er hat einen guten ~** il a un bon fond; **~energie** f énergie f nucléaire; **~forschung** f recherche f nucléaire; **~gehäuse** nt trognon m, cœur m; **k~gesund** a: **er ist k~gesund** il se porte comme un charme; **~kraftwerk** nt centrale f nucléaire; **~physik** f physique f nucléaire; **~punkt** m point m essentiel o central; **~seife** f savon m de Marseille; **~spaltung** f fission f nucléaire; **~waffen** pl armes fpl nucléaires.

Kerze f -, -n bougie f; (REL) cierge m; **k~ngerade** a droit(e) comme un I.

keß a désinvolte, mutin(e).

Kessel m -s, - (Gefäß) chaudron m; (Wasser~) bouilloire f; (von Lokomotive etc) chaudière f; (GEO) cuvette f; (MIL) encerclement m.

Kette f -, -n chaîne f; **~nfahrzeug** nt véhicule m à chenilles; **k~nrauchen** vi (zvb) fumer comme une locomotive; **~nreaktion** f réaction f en chaîne.

Ketzer(in f) m -s, - hérétique m/f.

keuchen vi haleter.

Keuchhusten m coqueluche f.

Keule f -, -n massue f; (CULIN) cuisse f; (Hammel~) gigot m.

keusch a chaste; **K~heit** f chasteté f.

Kfz [kaef'tsɛt] abk von **Kraftfahrzeug.**

kichern vi pouffer, ricaner.

Kiebitz m -es, -e vanneau m.

Kiefer m -s, - mâchoire f // f -, -n pin m; **~nzapfen** m pomme f de pin.

Kiel m -(e)s, -e (Feder~) bec m; (NAVIG) quille f.

Kiemen fpl ouïes fpl, branchies fpl.

Kies m -es, -e gravier m; **~el(stein** m) m -s, - galet m, caillou m.

Kilo nt -s, -(s) kilo m; **~'gramm** nt -s, - kilogramme m; **~'meter** m kilomètre m; **~'meterzähler** m compteur m kilométrique.

Kind nt -(e)s, -er enfant m/f; **von ~ auf** depuis l'enfance; **sich bei jdm lieb ~ machen** se faire bien voir de qn; **~erei** f enfantillage m; **~ergarten** m école f maternelle, jardin m d'enfants; **~ergärtnerin** f jardinière f d'enfants; **~ergeld** nt allocations fpl familiales; **~erkrankheit** f maladie f infantile; **~erlähmung** f poliomyélite f; **k~erleicht** a enfantin(e); **k~erlos** a sans enfants; **~ermädchen** nt bonne f d'enfants; **k~erreich** a: **k~erreiche Familie** famille f nombreuse; **~erstube** f: **eine gute ~erstube gehabt haben** être bien élevé(e); **~erwagen** m landau m, poussette f; **~heit** f enfance f; **k~isch** a puéril(e); **k~lich** a d'enfant, innocent(e).

Kinn nt -(e)s, -e menton m; **~haken** m crochet m à la mâchoire; **~lade** f -, -n mâchoire f.

Kino nt -s, -s cinéma m; **~besucher(in** f) m spectateur(-trice).

Kiosk m -(e)s, -e kiosque m.

Kippe f -, -n (fam: Zigarette) mégot m; **auf der ~ stehen** (fig: gefährdet) être dans une situation critique; (: unsicher) être incertain(e).

kippen vi incliner, pencher // vi (mit sein) se renverser.

Kirche f -, -n église f.

Kirch-: k~lich a ecclésiastique (Feiertag, Trauung) religieux(-euse); **~turm** m clocher m; **~weih** f, **-en** kermesse f, fête f patronale; **~weihe** f dédicace f.

Kirsche f -, -n cerise f; (Baum) cerisier m.

Kissen nt -s, - coussin m; (Kopf~) oreiller m.

Kiste f -, -n caisse f.

Kitt m -(e)s, -e mastic m.

Kittel m -s, - blouse f.

kitten vt (re)coller; (Fenster) mastiquer.

Kitz nt -es, -e chevreau m; (Reh~) faon m.

kitzelig a chatouilleux(-euse); (fig) délicat(e).

kitzeln vt, vi chatouiller.

klaffen vi être béant(e).

kläffen vi japper, glapir.

Klage f -, -n plainte f; k~n vi (weh~) se lamenter; (sich beschweren) se plaindre; (JUR) porter plainte.

kläglich a pitoyable; (Stimme) plaintif(-ive).

Klamm f -, -en gorge f; k~ a (Finger) engourdi(e); (feucht) humide (et froid(e)).

Klammer f -, -n crochet m; (in Text) parenthèse f; (Büro~) trombone m; (Heft~) agrafe f; (Wäsche~) pince f; (Zahn~) appareil m (dentaire).

klammern vr: sich an jdn/etw ~ se cramponner à qn/qch.

klang siehe klingen.

Klang m -(e)s, -e son m; k~voll a sonore.

Klappe f -, -n valve f; (Herz~) valvule f; (von Blasinstrument, Ofen) clé f; (am Mund) gueule f.

klappen vi (Geräusch) claquer; (gelingen) marcher // vt (nach oben) relever; (nach unten) baisser.

Klapper f -, -n crécelle f, claquette f; (Kinderspielzeug) hochet m.

klappern vi claquer; (Schreibmaschine) cliqueter; (Pferdehufe, Schuhe) résonner.

Klapper-: ~schlange f serpent m à sonnettes; ~storch m cigogne f.

Klaps m -es, -e tape f.

klar a clair(e); (NAVIG) prêt(e); (das ist) ~! bien sûr!; **sich** (dat) **über etw** (akk) **im** ~**en sein** être parfaitement conscient(e) de qch.

Kläranlage f station f d'épuration.

klären vt clarifier, éclaircir // vr: **sich** ~ se clarifier, s'éclaircir.

Klarheit f clarté f.

klar-: ~**kommen** vi irr (zvb, mit sein) saisir; ~**legen** vt (zvb) expliquer; ~**machen** vt (zvb): **jdm etw** ~**machen** faire comprendre qch à qn; **K**~**sichtfolie** f cellophane f, ~**stellen** vt (zvb) mettre au point.

Klärung f (von Flüssigkeit) clarification f; (von Abwasser) épuration f; (von Frage, Problem) éclaircissement m.

Klasse f -, -n classe f; (SPORT) catégorie f; **k**~ a (fam) super.

Klassen-: ~**arbeit** f composition f; ~**bewußtsein** nt conscience f de classe; ~**kampf** m lutte f des classes; ~**lehrer(in** f) m professeur m principal; ~**sprecher(in** f) m délégué(e) de classe; ~**zimmer** nt salle f de classe.

klassifi·zieren vt (ohne ge-) classifier, classer.

Klassik f -, (Zeit) époque f classique; (Stil) classicisme m; ~**er** m -s, classique m.

klassisch a classique.

Klatsch m -(e)s, -e (Geräusch) fouettement m; claquement m; (Gerede) cancan m, commérage m.

klatschen vi (Geräusch) battre, fouetter, claquer; (reden) bavarder, commérer; (Beifall ~) applaudir.

Klatschmohn m coquelicot m.

Klaue f -, -n (von Tier) griffe f; (von Raubvogel) serres fpl; (fam: Schrift) écriture f illisible.

klauen vt, vi (fam) piquer, chiper.

Klausel f -, -n clause f.

Klau·sur f (Abgeschlossenheit) isolement m; (von Kloster) clôture f; (SCOL) examen m écrit.

Klavier [kla'viːɐ] nt -s, -e piano m.

kleben vt, vi coller (an + akk à).

Klebestreifen m (ruban m) adhésif.

klebrig a collant(e).

Klebstoff m colle f.

kleckern vi faire des taches.

Klecks m -es, -e tache f; k~**en** vi faire des taches.

Klee m -s trèfle m; ~**blatt** nt feuille f de trèfle; (fig) trio m.

Kleid nt -(e)s, -er (Frauen~) robe f; ~**er** pl (Kleidung) habits mpl.

kleiden vt habiller // vr: **sich elegant** ~ s'habiller élégamment.

Kleider-: ~**bügel** m cintre m; ~**bürste** f brosse f à habits; ~**schrank** m garde-robe f.

Kleidung f habits mpl; ~sstück nt vêtement m.

Kleie f -, -n son m.

klein a petit(e); **der ~e Mann** l'homme de la rue; **ein ~ wenig** un tout petit peu; ~ **anfangen** partir de rien; **K~bürgertum** nt petite bourgeoisie f; **K~geld** nt monnaie f; ~**hacken** vt (zvb) hacher (menu); **K~igkeit** f (nicht wichtig) bagatelle f, détail m; (nicht groß, viel) babiole f, petit quelque chose m; **K~kind** nt petit enfant m; **K~kram** m babioles fpl; ~**laut** a déconcerté(e), qui a baissé le ton; ~**lich** a mesquin(e); **K~lichkeit** f mesquinerie f; ~**schneiden** vt irr (zvb) couper en petits morceaux; ~**st'möglich** a le (la) plus petit(e) possible.

Kleister m -s, - colle f.

Klemme f -, -n pince f; (Haar~) barrette f; (fig) embarras m.

klemmen vt (festhalten) bloquer, coincer; (quetschen) pincer // vi (Tür) être coincé(e) // vr: **sich ~** se coincer; **sich hinter jdn** ~ entreprendre qn; **sich hinter etw** ~ se mettre à qch.

Klempner m -s, - ferblantier m, plombier m.

Klerus m - clergé m.

Klette f -, -n bardane f; (fam: Mensch) pot m de colle.

klettern vi (mit sein) grimper; (Preise, Temperaturen) monter.

Kli'ent(in f) m -en, -en client(e).

Klima nt -s, -s climat m; ~**anlage** f climatisation f; ~**wechsel** m changement m d'air.

klimpern vi tinter; faire tinter (mit etw qch); (auf Gitarre) gratter (auf +dat de).

Klinge f -, -n tranchant m, lame f.

Klingel f -, -n sonnette f; **k~n** vi sonner.

klingen vi irr résonner; (Glocken) sonner; (Gläser) tinter; **eigenartig** ~ paraître étrange; **seine Stimme klang etwas belegt** sa voix était un peu voilée.

Klinik f clinique f.

Klinker m -s, - brique f recuite.

Klippe f -, -n falaise f; (im Meer, fig) écueil m.

klipp und klar ad sans détour.

Klips m -es, -e clip m; (Ohr~) boucle f d'oreille.

klirren vi (Ketten, Waffen) cliqueter; (Gläser) tinter; ~**de Kälte** froid m de canard.

Kli'schee nt -s, -s cliché m.

Klo nt -s, -s (fam) w.-c. mpl.

Klo'ake f -, -n égout m, cloaque m.

klobig a massif(-ive), mastoc inv (fam); (Benehmen) gauche.

klopfen vi frapper; (Herz) battre; (Motor) cogner; **es klopft** on frappe; **ihm auf die Schulter** ~ lui taper sur l'épaule // (Teppich, Matratze) battre; (Steine) casser; (Fleisch) attendrir; (Takt) battre; (Nagel etc) enfoncer (in +akk dans).

Klopfer m -s, - (Teppich~) tapette f; (Tür~) heurtoir m.

Klöppel m -s, - (von Glocke) battant m.

Klops m -es, -e boulette f (de viande).

Klo'sett nt -s, -e o -s cabinets mpl; ~**papier** nt papier m hygiénique.

Kloß m -es, =e (CULIN) boulette f; (im Hals) boule f.

Kloster nt -s, = couvent m.

Klotz m -es, =e (aus Holz) bille f; (aus Stein) bloc m; (Spielzeug) cube m; (Hack~) billot m; (fig: Mensch) balourd m; **ein ~ am Bein** un boulet (à traîner).

Klub m -s, -s club m; ~**sessel** m (fauteuil m) club.

Kluft f -, =e (Spalt) fente f, crevasse f; (fig: Gegensatz) fossé m; (GEO) gouffre m; (Kleidung, Uniform) habit m, uniforme m.

klug a (-er, am =sten) (Mensch) intelligent(e) (Verhalten) sensé(e); (Rat) judicieux(-euse); (Entscheidung) sage; **aus jdm/etw nicht** ~ **werden** ne pas savoir qn/qch; **K~heit** f (von Mensch) intelligence f; (von Entscheidung) sagesse f, prudence f.

Klümpchen nt (Blut~) caillot m; (CULIN) grumeau m.

Klumpen m -s, - (Erd~) motte f;
(Blut~) caillot m; (Gold~) pépite f;
(CULIN) grumeau m; **k~** vi (CULIN)
former des grumeaux.

knabbern vt grignoter // vi: **an etw**
(dat) ~ grignoter o ronger qch.

Knabe m -n, -n garçon m; **k~nhaft**
a de garçon, comme un garçon.

Knäckebrot nt pain m suédois.

knacken vt (Nüsse) casser; (Tresor,
Auto) forcer // vi (Boden, Holz)
craquer; (Radio) grésiller.

Knacks m -es, -e fêlure f; (Laut) craquement m.

Knall m -(e)s, -e (von Explosion)
détonation f; (von Aufprall) fracas m;
(Peitschen~, von Schlag) claquement
m; ~ **und Fall** (fam) sur le champ;
~**effekt** m effet m sensationnel.

knallen vi claquer; (Korken) sauter;
(Schlag) cogner; (mit sein): **gegen**
etw ~ heurter qch // vt (werfen) flanquer; (schießen) tirer; **wir hörten**
Schüsse ~ on entendit des déto-
nations.

knapp a (Kleidungsstück) étroit(e),
juste; (Portionen) maigre; (Sieg) rem-
porté(e) de justesse; (Mehrheit)
faible (vorgestellt); (Sprache, Bericht)
concis(e); **mit etw** ~ **sein** être à
court de qch; **meine Zeit ist** ~ je
n'ai pas beaucoup de temps; **eine**
~**e Stunde** une petite heure; **zwei**
Meter ~ à peine deux mètres; ~
an/unter/neben tout près de; ~**halten** vt irr (zvb) être
radin(e) avec; **K~heit** f (von Geld,
Vorräten) pénurie f; (von Zeit) manque
m; (von Kleidungsstück) étroitesse f;
(von Ausdrucksweise) concision f.

knarren vi grincer.

knattern vi crépiter; (Motorräder)
pétarader.

Knäuel m o nt -s, - (Woll~) pelote f;
(Menschen~) grappe f.

Knauf m -(e)s, **Knäufe** pommeau
m; (Tür~) bouton m.

knauserig a radin(e).

knausern vi être radin(e); **mit etw**
~ lésiner sur qch.

knautschen vti froisser, friper.

Knebel m -s, - bâillon m; **k~n** vt
bâillonner.

kneifen irr vt (jdn) pincer; (Subjekt:
Kleidung) serrer; (Subjekt: Bauch)
faire mal à // vt (Kleidung) serrer;
(fam: sich drücken) se dégonfler; **vor**
etw (dat) ~ esquiver qch.

Kneipe f -, -n (fam) bistro m.

kneten vt pétrir; (Muskeln) masser.

Knick m -(e)s, -e (in Papier etc) pli
m; (in Blume) cassure f; (Kurve)
virage m, tournant m.

knicken vt (Papier) plier; (biegen:
Draht) tordre; (Ast, Blumenstengel)
casser; (bedrücken) démoraliser // vi
(mit sein) (Balken, Ast etc) se briser,
se casser; **geknickt sein** être
déprimé(e).

Knicks m -es, -e révérence f.

Knie nt -s, - (Körperteil) genou m; (in
Rohr) coude m; **etw übers** ~
brechen (fig) décider qch à la
va-vite; ~**beuge** f flexion f des
genoux; (REL) génuflexion f; ~**fall** m
prosternation f; ~**gelenk** nt articulation f du genou; ~**kehle** f jarret m;
k~n ['kniːən] vi (mit sein) être à
genoux // vr: **sich k~n** se mettre à
genoux, s'agenouiller; **sich in etw**
(akk) k~n (fig) se plonger dans qch;
~**scheibe** f rotule f; ~**strumpf** f
(mi-)bas m.

kniff siehe **kneifen**.

Kniff m -(e)s, -e (Falte) pli m; (fig)
truc m; **k~(e)lig** a difficile, déli-
cat(e).

knipsen vt (Fahrkarte) poinçonner;
(PHOT) photographier // vi prendre
des photos.

Knirps m -es, -e (kleiner Mensch)
nabot m; (fig) petit bonhomme m;
® (Schirm) parapluie m pliable.

knirschen vi crisser; **mit den**
Zähnen ~ grincer des dents.

knistern vi (Feuer) crépiter; **mit**
Papier ~ froisser du papier; ~**de**
Spannung une atmosphère chargée
d'électricité.

knittern vi se froisser.

Knoblauch m -(e)s, -e ail m.

Knöchel m -s, - (Finger~) articulation f (des phalanges); (Fuß~)
cheville f.

Knochen m -s, - os m; ~**bau** m ossature f; ~**bruch** m fracture f.

knochig a osseux(-euse).

Knödel m -s, - boulette f.

Knolle f -, -n bulbe m, oignon m.

Knopf m -(e)s, ~e bouton m.

knöpfen vt boutonner.

Knopfloch nt boutonnière f.

Knorpel m -s, - cartilage m.

knorrig a noueux(-euse).

Knospe f -, -n bourgeon m; (von Blume) bouton m.

Knoten m -s, - nœud m; (Haar~) chignon m; (MED: in Brust) tubercule m; (: an Gelenk) nodosité f; k~ vt nouer; ~**punkt** m (Verkehrs~) carrefour m; (Eisenbahn~) embranchement m.

Knüller m -s, - (fam) succès m fou; (Reportage) scoop m.

knüpfen vt nouer; **Hoffnungen an etw** (akk) ~ fonder ses espoirs sur qch; **Bedingungen an etw** (akk) ~ mettre des conditions à qch.

Knüppel m -s, - gourdin m; (Polizei~) matraque f; (AVIAT) manche m à balai; ~**schaltung** f (AUT) levier m de vitesse au plancher.

knurren vi (Hund, Mensch) grogner; (Magen) gargouiller.

knusprig a croustillant(e).

k.o. [ka:o:] a k.-o.; ~ **sein** être k.-o.; (fam: müde) être complètement crevé(e).

Kobold m -(e)s, -e lutin m.

Koch m -(e)s, ~e cuisinier m; ~**buch** nt livre m de cuisine.

kochen vt cuire; (Kaffee, Tee) faire; (Wasser, Wäsche) faire bouillir // vi (Essen bereiten) cuisiner, faire la cuisine; (Wasser etc; fig fam) bouillir.

Kocher m -s, - (Gerät) réchaud m.

Kochgelegenheit f possibilité f de faire la cuisine.

Köchin f cuisinière f.

Koch-: ~**löffel** m cuiller f de bois; ~**nische** f coin m cuisine; ~**platt** f réchaud m (électrique); ~**salz** nt sel m de cuisine; ~**topf** m casserole f.

Köder m -s, - appât m; **k~** nt appâter.

Koffe'in nt -s caféine f; **k~frei** a décaféiné(e).

Koffer m -s, - valise f; (Schrank~) malle f; ~**radio** nt transistor m; ~**raum** m (AUT) coffre m.

Kohl m -(e)s, -e chou m.

Kohle f -, -n charbon m; (CHEM) carbone m; **wie auf glühenden ~n sitzen** être sur des charbons ardents; ~**hydrat** nt hydrate m de carbone; ~**n'dioxyd** nt gaz m carbonique; ~**n'monoxyd** nt oxyde m de carbone; ~**säure** f acide m carbonique; ~**nstoff** nt carbone m.

Kohlrübe f navet m.

Koje f -, -n cabine f; (Bett) couchette f.

ko'kett a coquet(te).

koket'tieren vi (ohne ge-) (flirten) flirter (mit avec); **mit etw** ~ (fig) songer à qch.

Kokosnuß f noix f de coco.

Koks m -es, -e coke m.

Kolben m -s, - (Gewehr~) crosse f; (von Motor) piston m; (Mais~) épi m; (CHEM) ballon m.

Kolik f colique f.

Kol'laps m -es, -e effondrement m.

Kol'lege m -n, -n, **Kol'legin** f collègue m/f.

Kol'legium nt corps m.

kolli'dieren vi (ohne ge, mit sein) entrer en collision; (zeitlich) se chevaucher.

Kollisi'on f collision f; (zeitlich) chevauchement m.

Köln nt -s Cologne f.

Kolo'nie f colonie f.

Ko'lonne f -, -n colonne f; (von Fahrzeugen) convoi m.

kolos'sal a (riesig) colossal(e); (fam: sehr viel) terrible.

Kombinati'on f combinaison f; (Vermutung) conjecture f; (Hose und Jackett) costume m.

kombi'nieren vt combiner // vi (vermuten) conjecturer.

Kombi-: ~**wagen** m break m; ~**zange** f pince f universelle.

Komik f comique m; ~**er(in)f** m -s, - comique m/f.

komisch a (lustig) comique, drôle;

(merkwürdig) bizarre.

Komi'tee nt -s, -s comité m.

Komma nt -s, -s o -ta virgule f.

Komman'deur m commandant m.

komman'dieren vt, vi *(ohne ge-)* commander.

Kom'mando nt -s, -s commandement m; *(Truppeneinheit)* commando m; **auf ~** sur commande.

kommen vi irr *(mit sein)* venir; *(ankommen, geschehen)* arriver; *(Gewitter)* se préparer; *(Blumen)* poindre, pousser; *(Zähne)* percer; *(kosten)* revenir *(auf +akk à)*; *(unter, zwischen)* atterrir *(fam)*; **jdn/etw ~ lassen** faire venir qn/qch; **in die Schule/ins Krankenhaus ~** aller à l'école/à l'hôpital; **zur Zeit ~ laufend Beschwerden** en ce moment il y a continuellement des réclamations; **bei Müllers ist ein Baby ge~** les Müller viennent d'avoir un bébé; **ihm kamen die Tränen** il eut les larmes aux yeux; **jetzt kommt er dran** o **an die Reihe** c'est à son tour; **wie kommt es, daß…?** comment se fait-il que …?; **und so kam es auch** ça n'a pas manqué; **um etw ~** perdre qch; **hinter etw** *(akk)* **~** *(entdecken)* découvrir qch; **zu sich ~** *(nach Bewußtlosigkeit)* retrouver ses esprits; **nichts auf jdn ~ lassen** prendre fait et cause pour qn; **~d** a *(Woche etc)* prochain(e); *(Generationen)* futur(e).

Kommen'tar m commentaire m; **kein ~** sans commentaire.

kommen'tieren vt *(ohne ge-)* commenter.

kommerzi'ell a commercial(e).

Kommili'tone m -n, -n, **Kommili'tonin** f camarade m/f d'études.

Kommis'sar m *(Polizei)* commissaire m.

Kom'mode f -, -n commode f.

Kom'mune f -, -n commune f; *(Wohngemeinschaft)* communauté f.

Kommunikati'on f communication f.

Kommuni'on f communion f.

Kommu'nismus m communisme m.

Kommu'nist(in f) m communiste m/f; **k~isch** a communiste.

kommuni'zieren vi *(ohne ge-)* communiquer; *(REL)* communier.

Komödie [ko'mø:diə] f comédie f.

Kompagnon ['kɔmpanjõ] m -s, -s *(COMM)* associé m.

kom'pakt a compact(e).

Kompa'nie f compagnie f.

Kompara'tiv m comparatif m.

Kompaß m -sses, -sse boussole f.

kompe'tent a compétent(e).

Kompe'tenz f *(Zuständigkeit)* compétence f; *(Fähigkeit)* capacité f.

kom'plett a complet(-ète).

Kom'plex m -es, -e complexe m; *(von Fragen etc)* ensemble m.

Kompli'ment nt compliment m.

Kom'plize m -n, -n, **Kom'plizin** f complice m/f.

kompli'zieren vt *(ohne ge-)* compliquer.

kompli'ziert a complexe, compliqué(e).

kompo'nieren vt *(ohne ge-)* composer.

Kompo'nist(in f) m compositeur (-trice).

Kompost m -(e)s, -e compost m.

Kom'pott nt -(e)s, -e compote f.

Kompro'miß m -sses, -sse compromis m; **k~bereit** a conciliant(e); **~lösung** f solution f de compromis.

Kondensati'on f condensation f.

Konden'sator m condensateur m.

konden'sieren vt *(ohne ge-)* condenser.

Kon'dens-: ~milch f lait m condensé; **~wasser** nt eau f de condensation.

Kon'ditor m pâtissier(-ière).

Kondito'rei f pâtisserie f.

kondo'lieren vi *(ohne ge-)* présenter ses condoléances *(jdm à qn)*.

Kon'dom nt -s, -e préservatif m.

Konfekti'on f confection f.

Konfe'renz f conférence f.

Konfessi'on f religion f; confession f.

Konfirmati'on f confirmation f.

konfir'mieren vt (ohne ge-) confirmer.

konfis'zieren vt (ohne ge-) confisquer.

Kon'flikt m -(e)s, -e conflit m.

kon'form a conforme; **mit jdm in etw** (dat) ~ **gehen** être d'accord avec qn sur qch.

konfron'tieren vt (ohne ge-) confronter.

Kon'greß m -sses, -sse congrès m.

Kongruenz [kɔŋgru'ɛnts] f -, accord m; (MATH) congruence f.

König m -(e)s, -e roi m; ~**in** f reine f; Schönheits~**in** reine f de beauté, miss f; **k**~**lich** a royal(e); ~**reich** nt royaume m; ~**tum** nt royauté f.

Konjugati'on f conjugaison f.

konju'gieren vt (ohne ge-) conjuger.

können vt, vi irr pouvoir; (erkennen, wissen) savoir; **ich kann nicht schwimmen** je ne sais pas nager; (jetzt) je ne peux pas nager; **er kann gut Italienisch** il parle bien l'italien; **ich kann das auswendig** je le connais par cœur; **ich kann nicht mehr** je n'en peux plus; **das kann (möglich) sein** c'est bien possible; **er kann nichts dafür** il n'y peut rien; **ihr könnt mich mal** (fam) allez vous faire foutre!; **K**~ nt -s: **er zeigt sein K**~ il montre ce qu'il sait faire.

konnte siehe **können**.

Konjunkti'on f conjonction f.

Konjunktiv m subjonctif m.

Konjunk'tur f conjoncture f.

kon'kret a concret(-ète).

Konkur'rent(in f) m concurrent(e).

Konkur'renz f concurrence f; **k**~**fähig** a compétitif(-ive); ~**kampf** m concurrence f; (fam) foire f d'empoigne.

konkur'rieren vi (ohne ge-) rivaliser (mit avec), faire concurrence (mit à); (um Posten) concourir (um pour).

Kon'kurs m -es, -e faillite f.

kon'se'quent a conséquent(e).

Konse'quenz f conséquence f; (Folgerung) conclusion f.

konservativ a conservateur

(-trice).

Konserve [kɔn'zɛrvə] f -, -n conserve f; ~**nbüchse** f boîte f de conserve.

konservieren [kɔnzɛr'viːrən] vt (ohne ge-) conserver.

Konser'vierung f conservation f; ~**smittel** nt agent m de conservation.

Konso'nant m consonne f.

kon'stant a constant(e); (Freiheit, Weigerung) obstiné(e).

Konstellati'on f constellation f; (Lage) ensemble m de circonstances, situation f.

konstru'ieren vt (ohne ge-) construire; (fig) fabriquer, imaginer.

Konstrukteur [kɔnstrʊk'tøːʀ] m (ingénieur m) constructeur m.

Konstrukti'on f construction f.

Konsu'lat nt consulat m.

konsul'tieren vt (ohne ge-) consulter.

Kon'sum m -s consommation f; ~**artikel** m article m de consommation courante.

Konsu'ment(in f) m consommateur(-trice).

konsu'mieren vt (ohne ge-) consommer.

Kon'takt m -(e)s, -e contact m; **k**~**arm** a isolé(e); **k**~**freudig** a sociable; ~**linsen** pl verres mpl de contact.

kontern vt, vi contre-attaquer.

Konti'nent m -(e)s, -e continent m.

Kontin'gent nt -(e)s, -e quota m; (Truppen~) contingent m.

kontinu'ierlich a continu(e), permanent(e).

Kontinui'tät f continuité f.

Konto nt -s, Konten compte m; **auf jds** ~ **gehen** (fig) être à mettre au compte de qn; ~**auszug** m relevé m de compte; ~**inhaber(in** f) m titulaire mf d'un compte; ~**stand** m position f (de compte).

Kontra nt -s, -s: **jdm** ~ **geben** (fig) contredire qn; ~**baß** m contrebasse f.

Kon'trast m -(e)s, -e contraste m.

Kon'trolle f -, -n contrôle m.

Kontrol'leur m (Fahrkarten~) contrôleur m.

kontrol'lieren vt (ohne ge-) contrôler.

Kon'tur f contour m.

konventionell [kɔnvɛntsio'nɛl] a conventionnel(le).

Konversation [kɔnvɛrza'tsioːn] f conversation f, causerie f; ~**slexikon** nt encyclopédie f.

konvex [kɔn'vɛks] a convexe.

Konzen'trat nt concentré m.

Konzentrati'on f concentration f; ~**slager** nt camp m de concentration.

konzen'trieren (ohne ge-) vt concentrer // vr: sich ~ se concentrer (auf +akk sur).

konzen'triert a concentré(e) // ad attentivement.

Kon'zept nt -(e)s, -e (Entwurf) brouillon m; (Vorstellung, Plan) projet m; jdn aus dem ~ bringen (fig) embrouiller qn.

Kon'zern m -s, -e groupe m industriel, trust m.

Kon'zert nt -(e)s, -e concert m.

konzer'tiert a (POL): ~**e Aktion** concertation f.

Konzessi'on f concession f; (für Alkohol) licence f.

Kon'zil nt -s, -e o -ien [-iən] concile m.

konzi'pieren vt (ohne ge-) concevoir.

koordi'nieren vt (ohne ge-) coordonner.

Kopf m -(e)s, ⁻e tête f; (Brief~) en-tête m; (Zeitungs~) titre m; pro ~ par tête, par personne; den ~ hängen lassen baisser les bras; sich (dat) den ~ zerbrechen se creuser la tête; etw auf den ~ stellen (unordentlich machen) mettre qch sens dessus dessous; (verdrehen) inverser qch; aus dem ~ (auswendig) par cœur; im ~ rechnen calculer de tête; ~**bedeckung** f chapeau m, couvre-chef m (fam).

köpfen vt (jdn) décapiter; (Ball) envoyer de la tête.

Kopf-: ~haut f cuir m chevelu; ~**hörer** m casque m (à écouteurs);

~**kissen** nt oreiller m; k~**los** a affolé(e); k~**rechnen** vi (nur im Infinitiv) faire du calcul mental; ~**salat** m laitue f; ~**schmerzen** pl mal m de tête; ~**sprung** m plongeon m; ~**stand** m poirier m; ~**tuch** nt foulard m; k~**über** ad la tête en première; ~**weh** nt mal m de tête; ~**zerbrechen** nt: jdm ~**zerbrechen machen** poser des problèmes à qn.

Ko'pie f copie f.

ko'pieren vt (ohne ge-) copier; (jdn) imiter.

koppeln vt (Fahrzeuge) atteler; (Dinge, Vorhaben) combiner.

Ko'ralle f -, -n corail m; ~**nriff** nt récif m de corail.

Korb m -(e)s, ⁻e panier m; ich habe ihm einen ~ gegeben je l'ai envoyé promener; ~**stuhl** m chaise f en osier.

Kord m -(e)s, -e, **Kordsamt** m velours m côtelé.

Kordel f -, -n cordelette f.

Kork m -(e)s, -e (Material) liège m; ~**en** m -s, - bouchon m; ~**enzieher** m -s, - tire-bouchon m.

Korn m -(e)s, ⁻er grain m; (Getreide) céréale f; (von Gewehr) mire f; ~**blume** f bleuet m.

Körper m -s, - corps m; (MATH) solide m; ~**bau** m carrure f, stature f; k~**behindert** a handicapé(e); ~**gewicht** nt poids m; ~**größe** f taille f; ~**haltung** f maintien m, port m; k~**lich** a physique; ~**pflege** f hygiène f corporelle; ~**schaft** f corporation f; ~**teil** m partie f du corps.

korpu'lent a corpulent(e).

kor'rekt a correct(e).

Kor'rektur f correction f.

Korrespon'dent(in f) m (von Zeitung) correspondant(e).

Korrespon'denz f correspondance f.

korri'gieren vt (ohne ge-) corriger.

Korrupti'on f corruption f.

Kose-: ~form f terme m d'affection; ~**name** m petit nom m; ~**wort** nt mot m tendre.

Kos'metik f art m cosmétique, cos-

métologie f; ~**erin** f esthéticienne f.
kos'metisch a cosmétique; (Chirurgie) plastique, esthétique.
kosmisch a cosmique.
Kosmo-: ~'**naut(in** f) m -en, -en cosmonaute m/f; ~**po'lit** m -en, -en citoyen(ne) du monde; **k**~**po'litisch** a cosmopolite.
Kost f - (Nahrung) nourriture f; (Verpflegung) pension f; **inklusive** ~ **und Logis** logé et nourri.
kostbar a (wertvoll) précieux (-euse); (teuer) coûteux(-euse);
K~**keit** f grande valeur f; (Wertstück) objet m de valeur.
Kosten pl coût m; (Auslagen) frais mpl; (persönliche ~, für Einkäufe etc) dépenses fpl; **auf jds** ~ aux frais de qn; (fig: zu jds Nachteil) aux dépens de qn.
kosten vt (Preis haben) coûter // vt, vi (versuchen) goûter // vt: **jdn Zeit** ~ prendre du temps à qn.
kostenlos a gratuit(e).
köstlich a (ausgezeichnet) savoureux(-euse); (amüsant) amusant(e); **sich** ~ **amüsieren** s'amuser comme un/des petit(s) fou(s).
Kost-: ~**probe** f (von Essen) dégustation f; (fig) échantillon m; **k**~**spielig** a cher (chère), coûteux (-euse).
Ko'stüm nt -s, -e costume m; (Damen~) tailleur m.
Kot m -(e)s excrément m.
Kote'lett nt -(e)s, -e o -s côtelette f; ~**en** pl (Bart) favoris mpl, pattes fpl.
Köter m -s, - cabot m.
Kotflügel m aile f.
kotzen vi (fam!) dégueuler.
Krabbe f -, -n crevette f.
krabbeln vi (mit sein) (Kind) marcher à quatre pattes; (Tier) courir.
Krach m -(e)s, -e o -s fracas m; (andauernd) bruit m; (fam: Streit) bagarre f.
krachen vi (Lärm machen) craquer; (mit sein, fam: brechen) se casser; **gegen etw** ~ heurter (bruyamment) qch.
krächzen vi (Vogel) croasser;

(Mensch) parler d'une voix éraillée.
kraft prep +gen en vertu de.
Kraft f -, ~e force f; (von Energiequelle, Natur) énergie f; (Arbeits~) employé(e); **in** ~ **treten** entrer en vigueur; **mit vereinten** ~**en** tous (toutes) ensemble; **in/außer** ~ **sein** (Gesetz) être en vigueur/abrogé(e); ~**fahrer(in** f) m automobiliste m/f; ~**fahrzeug** nt véhicule m, automobile f; ~**fahrzeugschein** m carte f grise; ~**fahrzeugsteuer** f vignette f auto.
kräftig a fort(e); (nahrhaft) riche // ad (stark) vigoureusement.
kräftigen vt fortifier, tonifier.
Kraft-: **k**~**los** a sans force, faible; (JUR) nul(le), invalide; ~**probe** f épreuve f de force; **k**~**voll** a vigoureux(-euse); ~**wagen** m automobile f; ~**werk** nt centrale f.
Kragen m -s, - (von Kleidung) col m; ~**nweite** f encolure f.
Krähe f -, -n corneille f.
krähen vi (Hahn) chanter; (Säugling) piailler.
Kralle f -, -n (von Tier) griffe f; (Vogel~) serre f.
Kram m -(e)s affaires fpl; (unordentlich) fourbi m; **k**~**en** vi fouiller; **nach etw** ~**en** fouiller pour trouver qch; ~**laden** m (pej) bazar m, boutique f.
Krampf m -(e)s, ~e crampe f; ~**ader** f varice f; **k**~**haft** a convulsif(-ive); (fig: Versuche) désespéré(e).
Kran m -(e)s, ~e grue f; (Wasser~) robinet m.
Kranich m -s, -e grue f.
krank a (~er, am ~sten) malade; **K**~**e(r)** m/f malade m/f, patient(e).
kränkeln vi avoir une santé fragile.
kranken vi: **an etw** (dat) ~ souffrir de qch.
kränken vt blesser.
Kranken-: ~**haus** nt hôpital m; ~**kasse** f caisse f (d'assurance-)maladie; ~**schwester** f infirmière f; ~**versicherung** f assurance-maladie f; ~**wagen** m ambulance f.
Krank-: **k**~**feiern** vi (zvb) prétexter

une maladie; **k~haft** a maladif(-ive); **~heit** f maladie f.

kränk-: **~lich** a maladif(-ive); **K~ung** f offense f, humiliation f.

Kranz m -es, ⁻e couronne f.

Krapfen m -s, - beignet m.

kraß a grossier(-ière), extrême.

Krater m -s, - cratère m.

kratzen vt gratter; (mit Nägeln, Krallen) griffer; (einritzen) graver; (fam: stören) turlupiner // vi gratter; (Katze) griffer.

Kratzer m -s, - (Wunde) égratignure f; (Werkzeug) grattoir m, racloir m.

Kraul(schwimmen) nt -s crawl m; **k~en** vi (mit sein) (schwimmen) nager le crawl // vt (streicheln) caresser, flatter.

kraus a (Haar) frisé(e); (Stirn) plissé(e); (verworren) confus(e).

kräuseln vt (Haar) friser; (Stoff, Stirn) plisser; (Wasser) rider, faire onduler // vr: **sich ~** friser; se plisser; onduler.

Kraut nt -(e)s, Kräuter herbe f; (Blätter) fane f; (Kohl) chou m; (fam: Tabak) tabac m.

Kra'wall m -s, -e tumulte m, émeute f; (Lärm) tapage m.

Kra'watte f -, -n cravate f.

krea'tiv a créatif(-ive).

Krebs m -es, -e (ZOOL) écrevisse f; (MED) cancer m; (ASTR) Cancer m.

Kre'dit m -(e)s, -e crédit m.

Kreide f -, -n craie f; **k~bleich** à blanc (blanche) comme un linge.

krei'eren vt (ohne ge-) créer.

Kreis m -es, -e cercle m; (Gesellschaft) milieu m, société f; (Verwaltungs~) district m, canton m, arrondissement m; **im ~ gehen** tourner en rond.

kreischen vi (Vogel) piailler; (Mensch) criailler; (Reifen) crisser.

kreisen vi (mit sein) tourner (um autour de); (herumgereicht werden) passer de main en main.

Kreis-: **~lauf** m (MED) circulation f; (der Natur etc) cycle m; **~laufstörungen** fpl troubles mpl circulatoires; **~stadt** f chef-lieu m.

Kreißsaal m salle f d'ac-

couchement.

Krempe f -, -n bord m (de chapeau).

Krempel m -s (fam) fatras m.

kre'pieren vi (ohne ge-, mit sein: sterben) crever; (Bombe) exploser.

Krepp m -s, -s o -e crêpe m; **~(p)apier** nt papier m crépon.

Kresse f -, -n cresson m.

Kreuz nt -es, -e croix f; (MUS) dièse m; (ANAT) reins mpl; (Spielkartenfarbe) trèfle m.

kreuzen vt croiser // vi (mit sein) (NAVIG) croiser // vr: **sich ~** se croiser; (Ansichten) s'opposer.

Kreuz-: **~fahrt** f croisière f; **~feuer** nt ins **~feuer geraten/im ~feuer stehen** être attaqué(e) de toutes parts; **~gang** m cloître m.

kreuzigen vt crucifier.

Kreuzigung f crucifixion f.

Kreuzotter f vipère f.

Kreuzung f croisement m.

Kreuz-: **~verhör** nt interrogatoire m contradictoire; **~worträtsel** nt mots mpl croisés; **~zeichen** nt signe m de croix; **~zug** m croisade f.

kriechen vi irr (mit sein) ramper; (langsam) se traîner; (pej) faire de la lèche (vor a).

Kriech-: **~spur** f (auf Autobahn) voie f réservée aux véhicules lents; **~tier** nt reptile m.

Krieg m -(e)s, -e guerre f.

kriegen vt (fam) (bekommen) recevoir; (erwischen) attraper.

Kriegs-: **~erklärung** f déclaration f de guerre; **~gefangene(r)** m prisonnier m de guerre; **~gefangenschaft** f captivité f; **~gericht** nt cour f martiale; **~verbrecher** m criminel m de guerre; **~versehrte(r)** m mutilé m de guerre; **~zustand** m état m de guerre.

Krimi m -s, -s (fam) (Roman) (roman m) policier m, polar m; (Film) film m policier.

Krimi'nal-: **~beamte(r)** m policier m; **~i'tät** f criminalité f; **~polizei** f police f judiciaire; **~roman** m policier m.

krimi'nell a criminel(le); **K~e(r)**

mf criminel(le).

Krimskrams *m* - *(fam)* camelote *f*.

Kripo *f*- *(fam)* P.J. *f*.

Krippe *f* -, -n crèche *f*; *(Futter~)* mangeoire *f*.

Krise *f* -, -n crise *f*.

kriseln *vb impers*: **es kriselt** une crise se prépare.

Krisenherd *m* foyer *m* de crise.

Kri'stall *m* -s, -e cristal *m* // nt -s *(Glas)* cristal *m*.

Kri'terium *nt* critère *m*.

Kri'tik *f* critique *f*; **unter jeder ~ sein** être au-dessous de tout.

Kritiker(in) *m* -s, - critique *f*.

kritisch *a* critique.

kriti'sieren *vt, vi (ohne ge-)* critiquer.

kritzeln *vt, vi* gribouiller, griffonner.

kroch *siehe* **kriechen**.

Kroko'dil *nt* -s, -e crocodile *m*.

Krokus *m* -, -se crocus *m*.

Krone *f*-, -n couronne *f*; *(Baum~, fig)* sommet *m*.

krönen *vt* couronner.

Kronleuchter *m* lustre *m*.

Krönung *f* couronnement *m*.

Kropf *m* -(e)s, -e *(MED)* goitre *m*; *(von Vogel)* jabot *m*.

Kröte *f*-, -n *(ZOOL)* crapaud *m*.

Krücke *f* -, -n *(für Gehbehinderte)* béquille *f*.

Krug *m* -(e)s, -e cruche *f*; *(Bier~)* chope *f*.

Krümel *m* -s, - miette *f*; **k~n** vi s'émietter.

krumm *a (gebogen)* tordu(e); *(kurvig)* pas droit(e); *(pej)* louche.

krümmen *vt* courber, plier // *vr*: **sich ~** *(vor Schmerz, Lachen)* se tordre; *(Rücken)* se voûter; *(Linie)* être courbe.

krumm-: **~lachen** *vr (zvb)*: **sich ~lachen** *(fam)* se tordre de rire; **~nehmen** *vt irr (zvb)*: **jdm etw ~nehmen** *(fam)* prendre qch mal.

Krüppel *m* -s, - infirme *m/f*.

Kruste *f*-, -n croûte *f*.

Krypta *f*-, **Krypten** crypte *f*.

Kübel *m* -s, - seau *m*.

Ku'bikmeter *m* mètre *m* cube.

Küche *f*-, -n cuisine *f*.

Kuchen *m* -s, - gâteau *m*; **~blech** *nt* plaque *f* à gâteaux; **~form** *f* moule *m* (à gâteaux); **~gabel** *f* fourchette *f* à gâteau o à dessert.

Küchen-: **~herd** *m* fourneau *m*; cuisinière *f*; **~schabe** *f* blatte *f*, cafard *m*.

Kuchenteig *m* pâte *f* à gâteau.

Kuckuck *m* -s, -e *(Vogel)* coucou *m*.

Kufe *f*-, -n *(von Faß)* cuve *f*; *(Schlitten~)* patin *m*.

Kugel *f*-, -n *(Körper)* boule *f*; *(Erd~)* globe *m*; *(MATH)* sphère *f*; *(MIL: Gewehr~)* balle *f*; *(: Kanonen~)* boulet *m*; *(SPORT)* poids *m*; **k~förmig** *a* sphérique; **~lager** *nt* roulement *m* à billes; **k~rund** *a (Gegenstand)* rond(e) (comme une boule); *(fam: Mensch)* rondouillard(e), rondelet(te); **~schreiber** *m* stylo *m* à bille; **k~sicher** *a* pare-balles *inv*; **~stoßen** *vt* s lancer *m* du poids.

Kuh *f*-, -e vache *f*; *(fam: Frau)* conne *f*; **~handel** *m* marchandage *m*.

kühl *a* frais (fraîche); *(fig)* froid(e); **K~anlage** *f* (système *m*) refroidisseur *m*; **K~e** *f* - fraîcheur *f*; *(von Person)* froideur *f*; **~en** *vt* rafraîchir, refroidir; **K~er** *m* -s, - *(Kübel)* seau *m* à glace; *(AUT)* radiateur *m*; **K~erhaube** *f (AUT)* capot *m*; **K~schrank** *m* réfrigérateur *m*, frigo *m*; **K~truhe** *f* congélateur *m*; **~ung** *f* réfrigération *f*; refroidissement *m*; **K~wasser** *nt (AUT)* eau *f* de refroidissement.

kühn *a (mutig)* hardi(e); *(gewagt)* audacieux(-ieuse); *(frech)* effronté(e); **K~heit** *f* hardiesse *f*; audace *f*; culot *m*.

Küken *nt* -s, - poussin *m*.

ku'lant *a* obligeant(e).

Kuli *m* -s, -s coolie *m*; *(fam: Kugelschreiber)* bic *m* ®.

Ku'lisse *f*-, -n *(THEAT)* décor *m*; *(fig: Rahmen)* cadre *m*.

kullern *vi (mit sein)* rouler.

Kult *m* -(e)s, -e culte *m*; **mit etw einen ~ treiben** idolâtrer qch.

kultivieren [kʊltiˈviːrən] *vt (ohne ge-)* cultiver.

kulti·viert a cultivé(e).
Kul·tur f culture f, civilisation f.
kultu·rell a culturel(le).
Kultusministerium nt Ministère m de l'Education (et des Affaires culturelles).
Kümmel m -s, - cumin m.
Kummer m -s chagrin m, peine f, souci m.
kümmerlich a misérable; (Pflanze, Tier) chétif(-ive).
kümmern vr: **sich um jdn/etw ~** s'occuper de qn/qch // vt concerner; **das kümmert mich nicht** cela m'est égal, je m'en fiche (fam).
Kumpel m -s, - (Bergmann) mineur m; (fam) copain (copine).
kündbar a résiliable.
Kunde m -n, -, **Kundin** f client(e); **~ndienst** m service m après-vente.
Kund-: **k~geben** vt irr (zvb) faire savoir, annoncer; **~gebung** f meeting m, manifestation f.
kündigen vi donner son préavis (jdm à qn) // vt résilier; **seine Wohnung ~** résilier son bail.
Kündigung f préavis m; **~sfrist** f préavis m.
Kundschaft f clientèle f.
künftig a futur(e) // ad à l'avenir.
Kunst f -, ⁻e art m; (Können) adresse f, habileté f; **das ist doch keine ~** ce n'est vraiment pas la mer à boire; **~dünger** m engrais m chimique; **~faser** f fibre f synthétique; **~fehler** m faute f professionnelle; **~fertigkeit** f habileté f, adresse f; **~geschichte** f histoire f de l'art; **~gewerbe** nt arts mpl décoratifs o appliqués o industriels.
Künstler(in f) m -s, - artiste m/f; **k~isch** a artistique; **~name** m pseudonyme m.
künstlich a artificiel(le).
Kunst-: **~stoff** m matière f plastique o synthétique; **~stopfen** nt se raccommoder m (parfait); **~stück** nt tour m; **das ist kein ~stück** ce n'est pas sorcier; **~turnen** nt gymnastique f; **k~voll** a (künstlerisch) artistique; (geschickt) ingénieux(-ieuse); **~werk** nt œuvre

f d'art.
kunterbunt a (farbig) bariolé(e); (gemischt) varié(e); (durcheinander) pêle-mêle.
Kupfer nt -s, - cuivre m.
Kuppe f -, -n (Berg~) sommet m; (Finger~) bout m.
Kuppe'lei f (JUR) proxénétisme m.
kuppeln vi (JUR) faire l'entre-metteur(-euse); (AUT) débrayer.
Kuppler(in f) m -s, - proxénète m/f.
Kupplung f (AUT) embrayage m.
Kur f -, -en cure f, traitement m.
Kurbel f -, -n manivelle f; **~welle** f vilebrequin m.
Kürbis m -ses, -se potiron m, citrouille f.
Kurgast m curiste m/f.
Ku'rier m le courrier m.
ku'rieren vt (ohne ge-) guérir.
kuri·os a curieux(-euse), bizarre; **K~i'tät** f curiosité f.
Kur-: **~ort** m station f; **~pfuscher** m (pej) charlatan m.
Kurs m -es, -e cours m; (von Schiff, Flugzeug) route f; **hoch im ~ stehen** (fig) être très en vogue; **~buch** nt horaire m, indicateur m (des chemins de fer).
kur'sieren vi (ohne ge-, mit sein) circuler.
Kurswagen m (EISENBAHN) voiture f directe.
Kurve f -, -n (Linie) courbe f; (Straßen~) virage m, tournant m; (von Frau) forme f; **k~nreich, kurvig** a (Straße) sinueux(-euse).
kurz a (⁻er, am ⁻esten) court(e); (zeitlich, knapp) court(e), bref (brève); (unfreundlich) sec(sèche); **zu ~ kommen** être désavantagé(e); **den ~eren ziehen** avoir le dessous; **~arbeit** f chômage m partiel; **~arm(e)lig** a à manches courtes.
Kürze f -, -n brièveté f; (Unfreundlichkeit) sécheresse f.
kürzen vt raccourcir; (verringern) réduire, diminuer.
kurzer'hand ad brusquement.
Kurz-: **k~fristig** a à bref délai; (Kredit) à court terme; **~geschichte** f nouvelle f; **k~halten** vt irr (jdm

tenir la bride haute à.

kürzlich a récemment.

Kurz-: ~schluß m (ELEC) court-circuit m; **k~sichtig** a myope; **~waren** pl (articles mpl de) mercerie f; **~welle** f ondes fpl courtes.

kuscheln vr: **sich an jdn/etw ~** se blottir contre qn/dans qch.

Ku'sine f cousine f.

Kuß m -sses, ¨sse baiser m.

küssen vt embrasser; **jdm die Hand ~** baiser la main de qn.

Küste f -, -n côte f.

Küster m -s, - sacristain m.

Kutsche f -, -n diligence f; **~r** m -s, - cocher m.

Kuvert [ku'vɛːɐ] nt -s, -e o -s enveloppe f.

L

la'bil a (Mensch) instable; (Gesundheit) fragile.

La'bor nt -s, -e o -s labo m.

Labo'rant(in f) m laborantin(e).

Lache f -, -n flaque f; (größere, Blut~) mare f; (fam: Gelächter) rire m.

lächeln vi sourire; **L~** nt -s sourire m.

lachen vi rire (über +akk de); **das wäre doch gelacht, wenn ... ce serait ridicule si ...**.

lächerlich a ridicule; (Geld) minime; **jdn ~ machen** ridiculiser qn.

Lach-: ~gas nt gaz m hilarant; **l~haft** a ridicule.

Lachs [laks] m -es, -e saumon m.

Lack m -(e)s, -e laque f, vernis m; (von Auto) peinture f.

lac'kieren vt (ohne ge-) (Möbel) vernir; (Fingernägel) se peindre; (Auto) peindre.

laden vt irr charger; (Subjekt: Lkw, Schiff) transporter; (vor Gericht) citer; (einladen) inviter.

Laden m -s, ¨ (Geschäft) magasin m; (Fenster~) volet m; **~dieb(in** f) m voleur(-euse) (à l'étalage); **~preis** m prix m de détail; **~schluß** m heure f de fermeture; **~tisch** m comptoir m; **unter dem ~tisch** en sous-main.

Laderaum m cale f.

lä'dieren vt (ohne ge-) endommager, abîmer.

Ladung f (Last, Fracht) chargement m, cargaison f; (das Beladen) chargement m; (Spreng~) charge f; (fam: große Menge) tas m; (JUR) citation f.

lag siehe **liegen**.

Lage f -, -n situation f; (Position) position f; (Schicht) couche f; **in der ~ sein, etw zu tun** être en mesure de faire qch.

Lager nt -s, - camp m; (COMM) entrepôt m, magasin m; (Schlaf~) lit m; (von Tier) tanière f, gîte m; (TECH) support m, coussinet m, palier m; (POL) camp m; (von Bodenschätzen) gisement m; **~bestand** m stock m; **~haus** nt entrepôt m.

lagern vi (Vorräte) être stocké(e); (übernachten) camper; (rasten) faire halte, s'arrêter // vt stocker; (betten) étendre; **kühl ~** conserver au frais.

lahm a (Mensch, Tier, Glied) paralysé(e); (langsam) apathique; (Ausrede) mauvais(e).

lähmen vt paralyser.

lahmlegen vt (zvb) paralyser.

Lähmung f paralysie f.

Laib m -s, -e pain m.

Laich m -(e)s, -e frai m.

Laie m -n, -n profane m/f; (REL) laïc (-ique); **l~nhaft** a de profane.

Laken nt -s, - (Bettuch) drap m.

La'kritze f -n réglisse o f.

lallen vt, vi (Betrunkener) bafouiller; (Säugling) babiller.

La'melle f lamelle f, lame f; segment m; (TECH) disque m.

Lamm nt -(e)s, ¨er agneau m; **l~fromm** a doux(douce) comme un agneau.

Lampe f -, -n lampe f; **~nfieber** nt trac m; **~nschirm** m abat-jour m.

Land nt -(e)s, ¨er (Gebiet, Nation) pays m; (Erdboden) terre f, terrain m; (Fest~) terre f; (Bundes~) land m; (nicht Stadt) campagne f; **auf dem ~(e)** à la campagne; **~ebahn** f piste f (d'atterrissage).

landen vi (mit sein) (Flugzeug) atterrir; (Schiff) accoster; (Passagier) débarquer; (aufkommen) (re)tomber; (fam: geraten) atterrir, se retrouver.

Landes-: ~**farben** pl couleurs fpl nationales; ~**sprache** f langue f du pays; ~**verrat** m haute trahison f; ~**währung** f monnaie f nationale.

Land-: ~**haus** nt maison f de campagne; ~**karte** f carte f; ~**kreis** m arrondissement m; **l~läufig** a courant(e).

ländlich a rural(e).

Landschaft f paysage m; (Landstrich) contrée f; **l~lich** a du paysage; régional.

Land-: ~**straße** f route f; ~**streicher(in** f) m -s, - vagabond(e); ~**strich** m contrée f, région f; ~**tag** m (POL) landtag m, diète f.

Landung f (von Flugzeug) atterrissage m; (von Schiff) arrivée f.

Land-: ~**vermesser** m -s, - arpenteur m, géomètre m; ~**wirt(in** f) m agriculteur m, cultivateur(-trice) m; ~**wirtschaft** f agriculture f.

lang a (-er, am -sten) long(ue); (Mensch) grand(e); **sein Leben** ~ toute sa vie; ~**atmig** a interminable; ~**e** ad longtemps.

Länge f -, -n (räumlich) longueur f; (GEO) longitude f; (zeitlich) durée f.

langen vi (ausreichen) suffire; (sich erstrecken) s'étendre, arriver (bis jusqu'à); (greifen) tendre la main (nach vers); **es langt mir** j'en ai assez.

Längen-: ~**grad** m degré m de longitude; ~**maß** nt mesure f de longueur.

Langeweile f ennui m.

lang-: ~**fristig** a à long terme; ~**lebig** a qui vit longtemps.

länglich a allongé(e).

längs prep +gen o dat le long de // ad dans le sens de la longueur.

langsam a lent(e) // ad (allmählich) peu à peu; L~**keit** f lenteur f.

Lang-: ~**schläfer(in** f) m lèvetard m/f; ~**spielplatte** f 33 tours m.

längst ad depuis longtemps.

Languste f [laŋˈgʊstə] -, -n langouste f.

lang-: ~**weilig** a ennuyeux

(-euse); **L~welle** f ondes f longues fpl; ~**wierig** a long(ue); (Verhandlungen) laborieux(-euse).

Lanze f -, -n lance f.

Lap'palie [-ịə] f bagatelle f.

Lappen m -s, - (Stoff) chiffon m.

läppisch a puéril(e).

Lapsus m -, - (Fehler) lapsus m; (im Benehmen) faux pas m.

Lärche f -, -n mélèze m.

Lärm m -(e)s bruit m; **l~en** vi faire du bruit.

las siehe **lesen**.

lasch a (Bewegung) mou (molle); (Behandlung, Einstellung) flou(e); (Geschmack) fade.

Lasche f -, -n (Schuh~) languette f; (TECH) couvre-joint m; (EISENBAHN) éclisse f.

lassen irr vt laisser; (unterlassen) arrêter; (veranlassen) faire; **etw machen** ~ faire faire qch; **sich machen** ~ ça peut se faire // vi: **von jdm/etw** ~ se passer de qn/qch.

lässig a désinvolte; (nach~) négligent(e); **L~keit** f désinvolture f; négligence f.

Last f -, -en (Gegenstand) fardeau m, charge f; (Fracht) cargaison f; (Belastung) poids m, charge f; ~**en** pl (Gebühren) charges fpl; **jdm zur** ~ **fallen** être à charge à qn.

lasten vi: **auf jdm/etw** ~ peser sur qn/qch.

Laster nt -s, - vice m.

Lästerer m -s, - médisant m; (Gottes~) blasphémateur m.

lasterhaft a immoral(e).

lästerlich a calomniateur(-trice); blasphématoire.

lästern vi (abfällig sprechen) médire (über de) // vt (Gott) blasphémer.

Lästerung f médisance f; (Gottes~) blasphème m.

lästig a ennuyeux(-euse), désagréable; (Mensch) importun(e).

Last-: ~**kahn** m péniche f; ~**kraftwagen** m poids m lourd; ~**schrift** f écriture f au débit; ~**wagen** m camion m.

la'tent a latent(e).

La'terne f -, -n lanterne f; (Straßen~)

réverbère f; ~**npfahl** m lampadaire m.

latschen vi (mit sein) (fam) (schlurfen) traîner les pieds; (gehen) se traîner.

Latte f -, -n latte f; (Fußball) barre f transversale; (fam: Mensch) échalas m.

Latz m -es, ⁻e (für Säugling) bavette f; (an Kleidungsstück) plastron m.

Latzhose f salopette f.

lau a tiède; (Wetter, Wind) doux (douce).

Laub nt -es feuillage m; (abgefallen) feuilles fpl; ~**baum** m arbre m à feuilles caduques; ~**frosch** m rainette f; ~**säge** f scie f à chantourner.

Lauch m -(e)s poireau m.

Lauer f: auf der ~ sein o liegen se tenir aux aguets; l~n vi: auf jdn/etw l~n guetter qn/qch.

Lauf m -(e)s, **Läufe** course f; (Ablauf, Fluß~, Entwicklung, ASTR) cours m; (Gewehr~) canon m; einer **Sache** (dat) ihren ~ **lassen** laisser qch suivre son cours; ~**bahn** f carrière f.

laufen irr (mit sein) vt (Strecke) parcourir, faire; (Wettlauf) courir, faire // vi (rennen) courir; (zu Fuß gehen) marcher, aller (à pied); (Flüssigkeit) couler; (sich zeitlich erstrecken) durer; (sich bewegen) avancer; (funktionieren) marcher; (Film) passer; (in Gang sein: Verhandlungen) être en cours; (sich: dat) **Blasen** ~ attraper des ampoules; **auf jds Namen** (akk) ~ être au nom de qn; ~**d a** (Klagen, Schmerzen) continuel(le); (Monat, Ausgaben) courant(e); **auf dem ~den sein/halten** être/tenir au courant; **am ~den Band** (fig) sans arrêt.

Läufer m -s, - (Teppich) tapis m de couloir; (Treppen ~) chemin m (SCHACH) fou m.

Läufer(in f) m -s, - (SPORT) coureur(-euse).

Lauf-: ~**masche** f maille f qui file; ~**paß** m: jdm den ~**paß geben** mettre qn à la porte, rompre avec qn; ~**stall** m parc m; ~**steg** m passerelle f.

Lauge f -, -n (CHEM) solution f alcaline; (Seifen~) eau f savonneuse.

Laune f -, -n humeur f; (Einfall) caprice m.

launisch a lunatique.

Laus f -, **Läuse** pou m; ~**bub** m petit vaurien m.

lauschen vi écouter.

lauschig a retiré(e), intime.

lausig a (fam) minable; **eine ~e Kälte** un froid de canard.

laut a fort(e), haut(e); (voller Lärm) bruyant(e) // prep +gen o dat d'après; ~ **werden** (bekannt) devenir notoire; **L~** m -(e)s - son m.

läuten vi sonner; **es hat geläutet** on a sonné; **nach jdm** ~ sonner qn.

lauter a pur(e); (Charakter) sincère // ad: ~ **dummes Zeug reden** ne dire que des bêtises.

läutern vt (jdn) changer (en mieux).

laut-: ~**hals** ad à pleine voix; (lachen) à gorge déployée; ~**los a** silencieux(-euse); ~**malend a** onomatopéique; **L~malerei** f transcription f phonétique; **L~sprecher** m haut-parleur m; ~**stark a** très fort(e); **L~stärke** f (RADIO) volume m.

Lavendel [la'vɛndl] m -s, - lavande f.

La'wine f avalanche f.

lax a (Disziplin, Grundsätze) relâché(e); (Benehmen) flou(e).

Laza'rett nt -(e)s, -e hôpital m militaire.

Lebe-: ~**hoch** nt -s, - vivat m; **mann** m bon vivant m.

leben vi, vt vivre // L~ nt -s, - vie f; **ums ~ kommen** perdre la vie; **von etw ~** vivre de qch; ~**d a** vivant(e).

le'bendig a (nicht tot) vivant(e); (lebhaft) vif(vive), plein(e) d'entrain; **L~keit** f vivacité f.

Lebens-: ~**alter** nt âge m; ~**art f** manière f de vivre; (Benehmen) savoir-vivre m; ~**erwartung** f espérance f de vie; l~**fähig** a viable; l~**froh** a plein(e) de joie de vivre; l~**gefährlich** a très dangereux(-euse); (Verletzung, Krankheit) grave; ~**haltung** f niveau *m* de vie; **~haltungskosten** *pl* coût *m* de la vie; **~ jahr** *nt* année *f*; **~lage** *f* situation *f*; **l~länglich** *a* à perpétuité; **~lauf** *m* curriculum *m* vitae; **l~lustig** *a* plein(e) de joie de vivre; **~mittel** *pl* alimentation *f*; **l~müde** *a* las(se) de vivre; **~retter** *m* sauveteur *m*; **~standard** *m* niveau *m* de vie; **~unterhalt** *m* moyens *mpl* d'existence; **~versicherung** *f* assurance-vie *f*; **~wandel** *m* manière *f* de vivre, vie *f*; **l~wichtig** *a* vital(e); **~zeichen** *nt* signe *m* de vie.

Leber *f* -, -n foie *m*.

Leber-: **~fleck** *m* grain *m* de beauté; **~tran** *m* huile *f* de foie de morue; **~wurst** *f* saucisse *f* de foie.

Lebe-: **~wesen** *nt* être *m* vivant; **~wohl** *nt* adieu *m*.

leb-: **~haft** *a* vif(vive), plein(e) d'entrain; (*Straße, Verkehr*) animé(e); (*Interesse*) vif(vive); **~kuchen** *m* pain *m* d'épice; **~los** *a* inanimé(e).

lechzen *vi*: nach etw ~ être avide de qch.

leck *a*: ~ sein avoir une fuite; **L~** *nt* -(e)s, -e fuite *f*; **~en** *vi* (*Loch haben*) avoir une fuite // *vt, vi* (*schlecken*) lécher.

lecker *a* délicieux(-euse); **L~bissen** *m* délice *m*.

Leder *nt* -s, - cuir *m*; **~hose** *f* culotte *f* de peau *o* de cuir; **l~n** *a* en *o* de cuir; **~waren** *pl* articles *mpl* de cuir.

ledig *a* célibataire; *einer Sache* (*gen*) ~ **sein** être délivré(e) d'une chose; **~lich** *ad* uniquement.

leer *a* vide // (*Seite*) blanc/he.

Leere *f* - vide *m*.

leeren *vt* vider.

Leer-: **~gewicht** *nt* poids *m* à vide; **~lauf** *m* point *m* mort; **l~stehend** *a* vide; **~ung** *f* vidage *m*; (*POST*) levée *f*.

le'gal *a* légal(e).

legali'sieren *vt* (*ohne ge-*) légaliser.

Legali'tät *f* légalité *f*.

legen *vt* (*tun*) mettre, poser; (*in flacher Lage*) coucher, étendre; (*Kabel, Schienen*) poser; (*Ei*) pondre // *vr*: **sich ~** (*Mensch*) s'allonger; (*Sturm*) tomber; (*abflauen*) diminuer;

(*Betrieb, Interesse*) baisser; (*Schmerzen*) se calmer; **Waschen und L~** un shampoing-mise en plis.

Le'gende *f* -, -n légende *f*.

leger [le'ʒɛːr, le'ʒɛːɐ] *a* décontracté(e).

le'gieren *vt* (*ohne ge-*) (*Metall*) allier; (*CULIN*) lier.

Le'gierung *f* alliage *m*.

Legislative [legisla'tiːvə] *f* pouvoir *m* législatif; (*Versammlung*) assemblée *f* législative.

Legiti'tät *f* légitimité *f*.

legi'tim *a* légitime.

Lehm *m* -(e)s, -e terre *f* glaise; **l~ig** *a* glaiseux(-euse).

Lehne *f* -, -n (*Rücken~*) dossier *m*, dos *m*; (*Arm~*) accoudoir *m*, bras *m*.

lehnen *vt* appuyer (*an +akk* contre) // *vr*: sich ~ s'appuyer.

Lehr-: **~amt** *nt* profession *f* d'instituteur; (*an höherer Schule*) professorat *m*; **~buch** *nt* manuel *m*.

Lehre *f* -, -n (*Ideologie*) doctrine *f*; (*wissenschaftlich*) théorie *f*; (*beruflich*) apprentissage *m*; (*Lebensweisheit*) leçon *f*; (*TECH*) jauge *f*, calibre *m*.

lehren *vt* apprendre; (*unterrichten*) enseigner.

Lehrer(in *f*) *m* -s, - instituteur(-trice) *m*; (*an höherer Schule*) professeur *m*.

Lehr-: **~gang** *m* cours *m*; **~jahre** *pl* années *fpl* d'apprentissage; **~kraft** *f* enseignant(e); **~ling** *m* apprenti *m*; **~plan** *m* programme *m*; **l~reich** *a* instructif(-ive); **~satz** *m* théorème *m*; **~stelle** *f* (place *f* d')apprentissage *m*; **~stuhl** *m* chaire *f* (für de).

Leib *m* -(e)s, -er corps *m*; **~eserziehung** *f* éducation *f* physique; **~esübung** *f* exercice *m* de gymnastique; **l~haftig** *a* en chair et en os; (*Teufel*) incarné(e); **l~lich** *a* physique; **~wache** *f* garde *m* du corps.

Leiche *f* -, -n cadavre *m*; **~nhalle** *f*, **~haus** *nt* chapelle *f* mortuaire; **~nstarre** *f* rigidité *f* cadavérique; **~nwagen** *m* corbillard *m*.

Leichnam *m* -(e)s, -e cadavre *m*.

leicht *a* léger(-ere); (*einfach*) facile // *ad* (*schnell*) facilement; **L~athletik** *f* athlétisme m; **~fallen** vi irr (zvb, mit sein): jdm **~fallen** ne pas poser de problèmes à qn; **~fertig** a (Handeln) léger(-ère); (Mensch) insouciant(e); (Lebenswandel) volage; **~gläubig** a crédule; **~hin** ad à la légère; **L~igkeit** f (Mühelosigkeit) facilité f; **~machen** vt (zvb) faciliter; **L~metall** nt métal m léger; **~nehmen** vt irr (zvb) prendre à la légère; **L~sinn** m légèreté f; **~sinnig** a étourdi(e).

Leid nt -(e)s chagrin m, douleur f; **~** a: etw **~ haben** o **sein** en avoir par-dessus la tête de qch; **es tut mir l~** je suis désolé; **er tut mir l~** il me fait pitié.

leiden irr vt (Hunger, Not) souffrir; (erlauben) tolérer // vi souffrir; (Schaden nehmen) se détériorer; **L~** nt -s, **~** souffrance f; (Krankheit) affection f; **~schaft** f (Passion) l~**schaftlich** a passionné(e).

leider ad malheureusement.

leidlich a passable // ad comme ci, comme ça.

Leid-: **~tragende(r)** mf: **die ~tragenden** la famille du disparu; (Benachteiligter) der **~tragende sein** subir les conséquences de qch; **~wesen** nt: **zu meinem ~wesen** à mon grand regret.

Leihbibliothek f bibliothèque f de prêt.

leihen vt irr prêter; **sich** (dat) **etw ~** emprunter qch.

Leih-: **~gebühr** f frais mpl de location; **~haus** m mont-de-piété f; **~schein** m bulletin m de prêt; **~wagen** m voiture f de location.

Leim m -(e)s, -e colle f; **l~en** vt coller.

Leine f -, -n corde f; (Hunde~) laisse f.

Leinen nt -s, - toile f.

Lein-: **~tuch** nt drap m; **~wand** f toile f; (FILM) écran m.

leise a (nicht laut) bas(se), faible; (schwach) léger(-ère).

Leiste f -, -n bordure f; (Zier~) baguette f; (ANAT) aine f.

leisten vt (Arbeit; Subjekt: Motor) faire; (vollbringen) accomplir; jdm

Gesellschaft ~ tenir compagnie à qn; **sich** (dat) **etw ~ können** pouvoir se payer qch; **sich** (dat) **die Frechheit ~** se permettre une insolence; **Ersatz für etw ~** remplacer qch.

Leistung f (gute) performance f; (Kapazität) rendement m; (von Motor) puissance f; (finanziell) prestations fpl; **~szulage** f prime f de rendement.

Leit-: **~artikel** m éditorial m; **~bild** nt modèle m.

leiten vt (an der Spitze sein) être à la tête de; (Firma) diriger; (in eine Richtung) conduire; (Kabel, Rohre) amener; (Wärme) conduire; **sich von etw ~ lassen** suivre qch; **~d** a (Stellung) dirigeant(e); (Gedanke) directeur(-trice); **der ~de Angestellter** cadre m (supérieur).

Leiter m -s, - (ELEC) conducteur m.

Leiter f -, -n échelle f.

Leiter(in f) m -s, - directeur(-trice), chef m.

Leitplanke f glissière f de sécurité.

Leitung f (Führung) direction f; (Wasser~) conduite f; (Kabel) câble m; (ELEC, TEL) ligne f; **eine lange ~ haben** (fam) avoir la comprenette un peu dure; **~srohr** nt conduite f; **~swasser** nt eau f du robinet.

Leitwerk nt (AVIAT) empennage m.

Lektion f leçon f; **jdm eine ~ erteilen** faire la leçon à qn.

Lektor(in f) m lecteur(-trice).

Lektüre f -, -n lecture f.

Lende f -, -n lombes mpl, reins mpl; (CULIN) filet m, longe f; **~nbraten** m aloyau m; **~nstück** m filet m.

lenken vt (Fahrzeug) conduire; (Kind) guider; (Blick) diriger (auf +akk vers).

Lenk-: **~rad** nt volant m; **~stange** f (von Fahrrad) guidon m.

Lerche f -, -n alouette f.

lernen vt apprendre; (Handwerk) faire un apprentissage de // vi travailler, étudier; (in der Ausbildung sein) être à l'école; être en apprentissage.

lesbisch a lesbien(ne).

Lese f -, -n récolte f; (Wein~) vendange f.

lesen irr vt lire; (ernten) récolter, cueillir; (auslesen: Erbsen etc) trier // vi lire; (SCOL) faire un cours (über +akk sur).

Leser(in f) m -s, - lecteur(-trice); l~lich a lisible.

Lesung f lecture f.

Lettner m -s, - jubé m.

letzte(r,s) a dernier(-ière); **zum ~nmal** ad pour la dernière fois; **~ns** ad (kürzlich) récemment; (zuletzt) enfin; **~re(r,s)** a ce(cette) dernier (-ière).

Leuchte f -, -n lampe f, lumière f.

leuchten vi briller; (mit Lampe) éclairer.

Leuchter m -s, - bougeoir m, chandelier m.

Leucht-: **~farbe** f couleur f fluorescente; **~feuer** nt balise f; **~kugel** f, **~rakete** f fusée f éclairante; **~reklame** f réclame f lumineuse; **~röhre** f néon m; **~stift** m marqueur m fluorescent; **~turm** nt phare m.

leugnen vt, vi nier.

Leukämie f leucémie f.

Leuko'plast ® nt -(e)s, -e (Heftpflaster) sparadrap m.

Leumund m -(e)s réputation f; **~szeugnis** nt certificat m de bonne conduite.

Leute pl gens mpl o fpl; (Personal) personnel m; (MIL) hommes mpl.

Leutnant m -s, -s o -e lieutenant m.

leutselig a affable, bienveillant(e).

Lexikon nt -s, **Lexiken** o **Lexika** (Konversations~) encyclopédie f, (Wörterbuch) dictionnaire m.

Libanon m -s: **der ~** le Liban.

Li'belle f libellule f; (TECH) niveau m (à bulle o f d'eau).

Licht nt -(e)s, -er lumière f; (Kerze) bougie f.

Licht-: **~bild** nt photo f; (Dia) diapositive f; **~blick** m (Hoffnung) lueur f d'espoir.

lichten vt (Wald) éclaircir; (Anker) lever // vr: **sich ~** s'éclaircir; (Nebel)

se lever.

Licht-: **~hupe** f: **die ~hupe** betätigen faire un appel de phares; **~jahr** nt année-lumière f; **~maschine** f dynamo f; **~schalter** nt interrupteur m.

Lichtung f clairière f.

Lid nt -(e)s, -er paupière f; **~schatten** m ombre f à paupières.

lieb a gentil(le); (artig) sage; (willkommen) agréable; (geliebt: Eltern, Frau etc) cher (chère); **würden Sie so ~ sein und** ... auriez-vous la gentillesse de...; **~er Juppi** (in Brief) cher Juppi; **~äugeln** vi: **mit etw ~äugeln** avoir qch en vue; **mit dem Gedanken ~äugeln** caresser l'idée.

Lieb-: **~e** f amour m (zu jdm pour qn); **l~bedürftig** a: **l~bedürftig sein** avoir besoin d'affection; **~'lei** f amourette f.

lieben vt aimer.

liebens-: **~wert** a très sympathique, adorable; **~würdig** a aimable; **~würdigerweise** ad aimablement; **L~würdigkeit** f amabilité f.

lieber ad (vorzugsweise): **etw ~ mögen/tun** préférer qch/faire qch; **ich gehe ~ nicht** (besser) il vaut mieux que je n'y aille pas.

Liebes-: **~brief** m lettre f d'amour; **~kummer** m chagrin m d'amour; **~paar** nt amoureux mpl.

liebevoll a affectueux(-euse), tendre.

lieb-: **~gewinnen** vt irr (zvb, ohne ge-) se mettre à aimer; **~haben** vt irr (zvb) aimer beaucoup; **L~haber** m -s, - amateur m, connaisseur m; (von Frau) amant m; **L~habe'rei** f violon m d'Ingres; **~kosen** v (ohne ge-) caresser, câliner; **~lich** a (entzückend) mignon(ne); (angenehm) agréable; **L~ling** m (von Eltern) préféré(e), chouchou(te) (fam); (Anrede) chéri(e); (von Publikum) favori(te); **L~lings-** pref préféré(e), favori(te); **~los** a sans cœur; **L~schaft** f liaison f, aventure f.

Lied nt -(e)s, -er chanson f; (Kirchen~) cantique m.

liederlich a (unordentlich) négligé(e); (unmoralisch) dissolu(e).

lief siehe **laufen**.

Liefe'rant m fournisseur m.

liefern vt (Waren) livrer; (hervorbringen: Rohstoffe) produire; (Beweis) fournir.

Liefer-: ~**schein** m bon m de livraison; ~**termin** m délai m de livraison; ~**ung** f livraison f.

Liege f -, -n divan m.

liegen vi irr se trouver; (waagerecht sein) être couché(e) o étendu(e); **bei jdm** ~ (fig) dépendre de qn; **schwer im Magen** ~ peser sur l'estomac; **an etw** (dat) ~ (Ursache) tenir à qch; **mir liegt viel daran** j'y tiens beaucoup; **Sprachen:** ~ **mir nicht** je ne suis pas doué(e) pour les langues; ~**bleiben** vi irr (zvb, mit sein) (Mensch) rester couché(e); (Ding) être oublié(e); (Arbeit) rester en plan; ~**lassen** vt irr (zvb) (vergessen) oublier; **L**~**schaften** pl biens mpl immeubles.

Liege-: ~**sitz** m (AUT) siège m à dossier réglable; ~**stuhl** m chaise f longue; ~**wagen** m wagoncouchette m.

lieh siehe **leihen**.

ließ siehe **lassen**.

liest siehe **lesen**.

Lift m -(e)s, -e o -s ascenseur m.

Li'kör m -s, -e liqueur f.

lila a inv mauve.

Lilie [-iə] f lis m.

Limo'nade f limonade f.

Linde f -, -n tilleul m.

lindern vt soulager, adoucir.

Linderung f soulagement m, apaisement m.

Line'al nt -s, -e règle f.

Linie [-iə] f ligne f; ~**nflug** m vol m régulier; ~**nrichter** m (SPORT) juge m de touche.

li'nieren vt (ohne ge-) régler.

Linke f -n, -n gauche f.

linke(r,s) a (Pol) gauche; ~ **Seite** envers m; ~**Masche** maille f à l'envers.

linkisch a gauche.

links ad à gauche; (verkehrt herum) à l'envers; (mit der linken Hand) de la main gauche; ~ **von mir** à ma gauche; ~ **vom Eingang** à gauche de l'entrée; **L**~**außen** m -, - (SPORT) ailier m gauche; **L**~**händer(in** f) m -s, - gaucher(-ère).

Linse f -, -n lentille f.

Lippe f -, -n lèvre f; ~**nstift** m rouge m à lèvres.

liqui'dieren vt (ohne ge-) liquider.

lispeln vi zézayer.

List f -, -en ruse f, astuce f.

Liste f -, -n liste f.

listig a rusé(e), malin(-ligne).

Liter m o nt -s, - litre m.

lite'rarisch a littéraire.

Litera'tur f littérature f; ~**preis** m prix m littéraire.

Litfaßsäule f colonne f Morris.

litt siehe **leiden**.

Litur'gie f liturgie f.

Litze f -, -n cordon m; (ELEC) câble m.

Li'zenz f licence f.

Lkw m abk von **Lastkraftwagen**.

Lob nt -(e)s éloge m, louange f.

loben vt faire l'éloge de, louer; ~**swert** a louable.

löblich a louable.

Loch nt -(e)s, ¨er trou m; (pej: Wohnung) taudis m; **l**~**en** vt (Papier) perforer; (Fahrkarte) poinçonner; ~**er** m -s, - perforatrice f.

löcherig a troué(e).

Locke f -, -n boucle f.

locken vt attirer, séduire; (Haare) boucler, friser; ~**nwickler** m -s, - bigoudi m.

locker a (wackelnd) desserré(e); (Zahn) branlant(e); (nicht eng, nicht straff) lâche; (Muskel) décontracté(e); (Mensch) libertin(e); (nicht streng) relâché(e); ~**lassen** vi irr (zvb): **nicht** ~**lassen** ne pas céder (d'un pouce).

lockern vt desserrer; (fig: Vorschriften etc) assouplir.

lockig a bouclé(e).

Löffel m -s, - cuiller f; **l**~**weise** ad par cuillerées.

log siehe **lügen**.

Loga'rithmus m logarithme m.

logisch a logique.

Lohn m -(e)s, ⁻e récompense f; (Arbeits~) salaire m; **~empfänger**(in f) m salarié(e) f.

lohnen vr: sich ~ en valoir la peine; **es lohnt sich nicht, das zu tun** ça ne vaut pas la peine de faire cela.

Lohn-: **~steuer** f impôt m sur le revenu; **~streifen** m fiche f de paie; **~tüte** f enveloppe f de paie, paie f.

lo'kal a local(e); **L~** nt -(e)s, -e restaurant m, café m.

Lokomotive [lokomo'ti:və] f locomotive f.

Lokomo'tivführer m mécanicien m, conducteur m (de locomotive).

Lorbeer m -s, -en laurier m.

Lore f -, -n (BERGBAU) truc m.

Los nt -es, -e sort m, destin m; (Lotterie~) billet m de loterie.

los ad: ~! en avant!, allons-y!; ~ sein (abgetrennt) ne plus être attaché(e); **was ist ~?** qu'est-ce qu'il y a?; **was ist mit ihm ~?** qu'est-ce qu'il a?; **mit ihm ist nichts ~** (er taugt nichts) ce n'est vraiment pas une lumière; **dort ist nichts ~** c'est un endroit mort; **jdn/etw ~ sein** être débarrassé(e) de qn/de qch; **etwas ~ haben** (fam) s'y connaître; **~binden** vt irr (zvb) détacher.

löschen vt (Feuer, Licht) éteindre; (Durst) étancher; (Tonband) effacer; (Fracht) décharger // vi (Feuerwehr) éteindre l~; ~heft (Papier) sécher.

Lösch-: **~fahrzeug** nt voiture f de pompiers; **~gerät** nt extincteur m; **~papier** nt buvard m.

lose a (locker) lâche; (Schraube) desserré(e); (Blätter) volant(e); (nicht verpackt) en vrac; (einzeln) à l'unité; (moralisch) sans principes.

Lösegeld nt rançon f.

losen vi tirer au sort (um etw qch).

lösen vt (aufmachen) défaire; (Rätsel etc) résoudre; (Partnerschaft) rompre; (CHEM) dissoudre; (Fahrkarte) acheter // vr: sich ~ (aufgehen) se séparer; (Zucker etc) se dissoudre; (Problem, Schwierigkeit) se résoudre.

los-: **~fahren** vi irr (zvb, mit sein) (Fahrzeug) démarrer; partir;

~gehen vi irr (zvb, mit sein) (aufbrechen) s'en aller, partir; (anfangen) commencer; (Bombe) exploser; **auf jdn** ~**gehen** se jeter sur qn; **~kaufen** vt (zvb) racheter; **~kommen** vi irr (zvb, mit sein): **von jdm/etw** ~**kommen** arriver à se détacher de qn/se passer de qch; **~lassen** vt irr (zvb) lâcher; **~laufen** vi irr (zvb, mit sein) partir; **~legen** vi irr (zvb) (fam) démarrer.

löslich a soluble.

los-: **~machen** vt (zvb) détacher (Boot) démarrer; **~schießen** vi irr (zvb, mit sein) foncer (auf +akk sur); (sprechen) se mettre à parler.

Losung f mot m d'ordre; (Kennwort) mot m de passe.

Lösung f solution f; (von Verlobung) rupture f; **~smittel** nt (dis)solvant m.

los-: **~werden** vt irr (zvb, mit sein) se débarrasser de; (verkaufen) écouler; **~ziehen** vi irr (zvb, mit sein) (sich aufmachen) s'en aller, partir; **gegen jdn** ~**ziehen** (mit haben) fulminer o tempêter contre qn.

Lot nt -(e)s, -e (Blei) plomb m; (Senkblei) fil m à plomb; (Senkrechte) perpendiculaire f; **im** ~ (senkrecht) à plomb; (fig: in Ordnung) en ordre.

löten vt souder.

Lothringen nt -s Lorraine f.

Lötkolben m fer m à souder.

Lotse m -n, -n pilote m; (AVIAT) aiguilleur m du ciel; **l~n** vt piloter, diriger; (fam) traîner.

Lotte'rie f loterie f.

Löwe m -n, -n lion m; (ASTR) Lion; **~nzahn** m (BOT) pissenlit m.

Löwin f lionne f.

Luchs [luks] m -es, -e lynx m.

Lücke f -, -n trou m; (Mangel, in Text) lacune f; **~nbüßer** m -s, - bouchetrou m.

lud siehe laden.

Luder nt -s, - (pej: Mann) ordure f; (: Frau) garce f; (bedauernswert) misérable m/f.

Luft f -, ⁻e (Atem) souffle m; **die** ~ **sprengen** faire sauter; **in die** ~ **gehen** (explodieren) sauter; **in der**

~ **liegen** être dans l'air; **jdn wie~ behandeln** ignorer qn; **dicke** ~ *(fam)* de l'orage dans l'air; ~**angriff** *m* attaque *f* aérienne; ~**ballon** *m* ballon *m* aérostatique; l~**dicht** hermétique; ~**druck** *m* pression *f* atmosphérique.

lüften *vt* (Kleidung, Zimmer) aérer; (Hut) soulever; (Geheimnis) éventer; (Schleier) lever // *vi* aérer.

Luft-: ~**fahrt** *f* aviation *f*; l~**ig** *a* (Ort) aéré(e), frais (fraîche); (Kleider) léger(-ère); ~**kissenfahrzeug** *nt* aéroglisseur *m*; ~**krieg** *m* guerre *f* aérienne; ~**kurort** *m* station *f* climatique; l~**leer** *a:* ~**leerer Raum** vide *m*; ~**linie** *f:* **in der** ~**linie** à vol d'oiseau; ~**loch** *nt* trou *m* d'air; ~**matratze** *f* matelas *m* pneumatique; ~**pirat** *m* pirate *m* de l'air; ~**post** *f* poste *f* aérienne; ~**röhre** *f* trachée (-artère) *f*; ~**schutzkeller** *m* abri *m* anti-aérien; ~**verkehr** *m* trafic *m* aérien; ~**waffe** *f* armée *f* de l'air; ~**zug** *m* courant *m* d'air.

Lüftung *f* aération *f*.

Lug *m:* ~ **und Trug** mensonges *mpl*.

Lüge *f* -, -**n** mensonge *m*; **jdn/etw** ~**n strafen** démentir qn/qch; l~**n** *vi irr* mentir.

Lügner(in *f)* *m* -**s**, - menteur(-euse).

Luke *f* -, -**n** lucarne *f*.

Lümmel *m* -**s**, - malotru *m*; l~**n** *vr:* **sich l~n** se prélasser.

Lump *m* -**en**, -**en** vaurien *m*.

Lumpen *m* -**s**, - chiffon *m*.

Lunge *f* -, -**n** poumon *m*; **eiserne** ~ poumon *m* d'acier; ~**nentzündung** *f* pneumonie *f*.

lungern *vi* (mit sein) traîner.

Lunte *f* -, -**n** mèche *f*; ~ **riechen** *(fam)* flairer quelque chose.

Lupe *f* -, -**n** loupe *f*; **unter die** ~ **nehmen** (fig) examiner de très près.

Lust *f* -, ¨**e** (Freude) plaisir *m*, joie *f*; (Begierde) plaisir *m*; (Neigung) désir *m*, envie *f*; ~ **haben zu o auf** (+akk) avoir envie de.

lüstern *a* lascif(-ive), lubrique.

lustig *a* (komisch) drôle; (fröhlich) joyeux(-euse), gai(e).

~ **Lüstling** *m* obsédé *m* sexuel.

Lust-: ~**los** *a* sans entrain; ~**spiel** *nt* comédie *f*.

lutheranisch *a* luthérien(ne).

lutschen *vt, vi* sucer; **am Daumen** ~ sucer son pouce.

Lutscher *m* -**s**, - sucette *f*.

Luxemburg *nt* -**s** Luxembourg *m*.

luxuriös *a* luxueux(-euse).

Luxus *m* - luxe *m*.

lynchen *vt* lyncher.

Lyrik *f* poésie *f* lyrique; ~**er(in** *f)* *m* -**s**, - poète *m* (lyrique).

lyrisch *a* lyrique.

M

Mach-: ~**art** *f* (von Kleid etc) façon *f*; **m~bar** *a* (Muster) faisable; (Plan) réalisable.

machen *vt* faire; (fam: reparieren) réparer; (mit Adjektiv) rendre; **jdn eifersüchtig** ~ rendre qn jaloux (-ouse); **das macht nichts** ça ne fait rien; **mach's gut!** bon courage! // *vr:* **sich** ~ aller mieux; (passen) aller (bien); **sich an etw** (akk) ~ se mettre à qch.

Macht *f* -, ¨**e** pouvoir *m*; ~**haber** *m* -**s**, - homme *m* au pouvoir.

mächtig *a* puissant(e); (Gebäude) massif(-ive).

Macht-: ~**probe** *f* épreuve *f* de force; ~**wort** *nt:* **ein** ~**wort sprechen** faire acte d'autorité.

Mädchen *nt* jeune fille *f*; (Kind) fille *f*; ~**name** *m* nom *m* de jeune fille.

Made *f* -, -**n** ver *m*, asticot *m*.

madig *a* (Holz) vermoulu(e); (Obst) véreux(-euse); **jdm etw** ~ **machen** gâcher qch à qn.

Maga'zin *nt* -**s**, -**e** (Zeitschrift) magazine *m*, revue *f*; (MIL) magasin *m*.

Magen *m* -**s**, - o ¨ estomac *m*; ~**schmerzen** *pl* maux *mpl* d'estomac, mal *m* au ventre.

mager *a* maigre; **M~keit** *f* maigreur *f*.

Ma'gie *f* magie *f*.

magisch *a* magique.

Ma'gnet *m* -**s** *o* -**en**, -**en** aimant *m*; **m~isch** *a* magnétique; ~**nadel** *f* aiguille f aimantée.

Maha'goni nt -s acajou m.

mähen vt (Rasen) tondre; (Gras) faucher.

Mahl nt -(e)s, -e repas m.

mahlen vt moudre.

Mahlzeit f repas m // excl bon appétit!

Mahnbrief m (lettre f d')avertissement m.

Mähne f -, -n crinière f.

mahnen vt (auffordern) exhorter (zu à); **jdn wegen Schulden** ~ mettre qn en demeure de (payer).

Mahnung f exhortation f; (mahnende Worte) avertissement m; (wegen Schulden) mise f en demeure.

Mai m -(e)s, -e mai m; ~**glöckchen** nt muguet m; ~ **käfer** m hanneton m.

Mais m -es, -e maïs m; ~**kolben** m épi m de maïs.

Maje'stät f majesté f.

Ma'jor m -s, -e commandant m.

Majoran m -s, -e marjolaine f.

ma'kaber a macabre.

Makel m -s, - (von Material) défaut m; (Fleck) tache f; **m**~**los** a sans défaut; sans tache; (Sauberkeit) parfait(e); (Vergangenheit) irréprochable.

mäkeln vi trouver à redire (an + dat à).

Makka'roni pl macaronis mpl.

Makler(in f) m -s, - courtier (-ière f); (FIN) agent m de change.

Mal nt -(e)s, -e (Zeichen) marque f; (Zeitpunkt) fois f; **m**~ ad (MATH) fois f; (fam) = **einmal.**

malen vt, vi peindre.

Maler(in f) m -s, - peintre m.

Male'rei f peinture f.

malerisch a pittoresque.

Malkasten m boîte f de couleurs.

malnehmen vt, vi irr (zvb) multiplier (mit par).

Malz nt -es malt m.

Mama f -, -s, **Mami** f -, -s (fam) maman f.

man pron on.

manche(r, s) a certain(e); (pl) quelques, plusieurs // pron maint(e), plus d'un(e).

mancherlei a toutes sortes de //

pron toutes sortes de choses.

manchmal ad quelquefois, parfois.

Man'dant(in f) m mandant(e), client(e).

Man'dat nt mandat m.

Mandel f -, -n amande f; (MED) amygdale f.

Manege [ma'ne:ʒə] f -, -n (Reitbahn) manège m; (im Zirkus) piste f.

Mangel f -, -n calandre f // m -s, ¨ (Knappheit) manque m (an + dat de); (Fehler) défaut m; ~**erscheinung** f symptôme m de carence; **m**~**haft** a (ungenügend) médiocre; (fehlerhaft) défectueux(-euse).

mangeln vb impers: **es mangelt ihm an etw** (dat) il lui manque qch // vt (Wäsche) calandrer.

mangels prep + gen faute de.

Ma'nier f - manière f; (pej) affectation f; ~**en** pl manières fpl.

Mani'küre f -, -n manucure f.

manipu'lieren vt (ohne ge-) manipuler.

Manko nt -s, -s manque m; (COMM) déficit m.

Mann m -(e)s, ¨er homme m; (Ehe~) mari m; **seinen** ~ **stehen** être à la hauteur (de la situation).

Männchen nt petit homme m; (Zwerg) nain m; (Tier) mâle m.

mannigfaltig a (Erlebnisse) divers(e); (Eindrücke) varié(e).

männlich a (BIOL) mâle; (fig, LING) masculin(e).

Mannschaft f (SPORT, fig) équipe f; (NAVIG, AVIAT) équipage m; (MIL) troupe f.

Mannweib nt (pej) virago f.

Manöver [ma'nø:vər] nt -s, - manœuvre f.

manö'vrieren [manø'vri:rən] vt, vi (ohne ge-) manœuvrer.

Man'sarde f -, -n mansarde f.

Man'schette f manchette f; ~**knopf** m bouton m de manchette.

Mantel m -s, ¨ manteau m; (TECH) revêtement m.

Manu'skript nt -(e)s, -e manuscrit m.

Mappe f -, -n serviette f; (Akten~) chemise f, classeur m.

Märchen nt conte m; (Lüge) histoires fpl; **m~haft** a féerique; (Tag) fantastique.

Marder m -s, - martre f.

Marga'rine f margarine f.

Marienkäfer [ma'ri:ən-] m coccinelle f.

Ma'rine f marine f.

Mario'nette f marionnette f.

Mark f -, - (Münze) mark m // nt -(e)s (Knochen-) moelle f; **jdm durch ~ und Bein gehen** transpercer qn.

Marke f -, -n (Fabrikat) marque f; (Rabatt-, Brief-) timbre m; (Essens-) ticket m; (aus Metall etc) plaque f; (Spiel-, Garderoben-) jeton m.

mar'kieren (ohne ge-) vt marquer (mit de); (fam) faire, jouer // vi (sich verstellen) faire semblant.

Mar'kise f -, -n store m.

Markstück nt pièce f d'un mark.

Markt m -(e)s, ⁿe marché m; **~forschung** f étude f du marché; **~platz** m place f du marché; **~wirtschaft** f économie f de marché.

Marme'lade f confiture f.

Marmor m -s, -e marbre m.

marmo'rieren vt (ohne ge-) marbrer.

Marok'kaner(in f) m -s, - Marocain(e).

Ma'rokko nt -s le Maroc.

Ma'rone f -, -n o **Ma'roni** marron m.

Marsch m -(e)s, ⁿe marche f; **m~!** excl en avant, marche!

mar'schieren vi (ohne ge-, mit sein) marcher; (MIL) marcher au pas.

Märtyrer(in f) m -s, - martyr(e).

März m -(es), -e mars m.

Marzipan m -s, -e massepain m.

Masche f -, -n maille f; **das ist die neuste ~** c'est une nouvelle combine.

Ma'schine f machine f.

maschi'nell a mécanique, à la machine.

Ma'schinen-: ~bauer(in f) m ingénieur m mécanicien; **~gewehr** nt mitrailleuse f; **~pistole** f mitraillette f; **~schaden** m panne f; **~schlosser(in** f) m mécanicien

(ne); **~schrift** f dactylographie f.

ma'schineschreiben vi irr (zvb, nur Infinitiv und Partizip) taper (à la machine).

Maser f -, -n (von Holz) veine f; **~n** pl (MED) rougeole f; **~ung** f veinure f.

Maske f -, -n masque m.

mas'kieren (ohne ge-) vt (verkleiden) déguiser; (fig) masquer // vr: **sich ~** se déguiser.

Maß nt -es, -e mesure f // f -, -(e) litre m de bière.

Masse f -, -n masse f.

Massen-: ~artikel m article m de série; **~grab** nt fosse f commune; **~medien** pl (mass) media mpl.

maß-: ~gebend a qui fait autorité; **~halten** vi irr (zvb) garder la mesure, se modérer.

mas'sieren vt (ohne ge-) masser.

massig a massif(-ive) // ad (fam) en masse.

mäßig a (Preise) raisonnable; (mittel-) médiocre; (Qualität) moyen(ne) // ad (essen, trinken) avec modération.

mäßigen vt modérer // vr: **sich ~** se modérer, se retenir.

mas'siv a massif(-ive); (fig: Beleidigung) grossier(-ière); **M~** nt -s, -e massif m.

Maß-: ~krug m chope f; **m~los** a (Essen, Trinken) sans mesure; (Enttäuschung etc) immense; **~nahme** f, -n mesure f, disposition f; **~stab** m règle f; (fig) norme f, critère m; (GEO) échelle f; **m~voll** a mesuré(e), modéré(e).

Mast m -(e)s, -(en) mât m; (ELEC) pylône m.

mästen vt (Tier) gaver.

Materi'al nt -s, -ien [-iən] matériaux mpl, matériel m.

materia'listisch a matérialiste.

Materie [ma'te:riə] f matière f.

materi'ell a (Werte) matériel(le); (Denken) matérialiste.

Mathema'tik f mathématiques fpl.

Mathe'matiker(in f) m -s, - mathématicien(ne).

Ma'tratze f -, -n matelas m.

Ma'trose m -n, -n matelot m.

Matsch m -(e)s boue f; (Schnee~) neige f fondue.

matt a las(se); (Lächeln) faible; (Metall, PHOT) mat(e); (Schimmer) terne; (Schach) mat inv.

Matte f -, -n natte f; (Fuß~) paillasson m; (Turn~) tapis m.

Mauer f -, -n mur m.

Maul nt -(e)s, Mäuler gueule f; ~esel m mulet m, mule f; ~korb m muselière f; ~tier nt mulet m, mule f; ~wurf m taupe f.

Maurer(in f) m -s, - maçon m.

Maus f -, Mäuse souris f.

Mausefalle f souricière f.

mausern vr: sich ~ (Vogel) muer; (fig) se métamorphoser.

maus(e)'tot a (fam) raide mort(e).

maxi'mal a maximum (inv, nachgestellt).

Me'chanik f mécanique f; (Getriebe) mécanisme m.

Me'chaniker(in f) m -s, - mécanicien(ne).

Mecha'nismus m mécanisme m.

meckern vi (Ziege) chevroter; (fam) râler.

Medika'ment nt médicament m.

medi'tieren vi (ohne ge-) méditer (über +akk sur).

Medi'zin f -, -en remède m; (Wissenschaft) médecine f.

medi'zinisch a médical(e).

Meer nt -(e)s, -e mer f; ~busen m golfe m; ~enge f détroit m; ~esspiegel m niveau m de la mer; ~rettich m raifort m; ~schweinchen nt cobaye m.

Mehl nt -(e)s, -e farine f.

mehr a plus de // ad plus, de ~; M~aufwand m dépenses fpl supplémentaires; ~deutig a (Wort) ambigu(ë).

mehrere a plusieurs.

mehreres pron plusieurs choses.

mehrfach a (Ausfertigung) multiple; (Hinsicht) divers(e); (wiederholt) réitéré(e).

Mehrheit f majorité f.

mehrmalig a répété(e), réitéré(e).

mehrmals ad à plusieurs reprises.

mehrstimmig a à plusieurs voix.

Mehrwertsteuer f taxe f sur la valeur ajoutée (T.V.A.).

Mehrzahl f majorité f; (LING) pluriel m.

meiden vt irr éviter.

Meile f -, -n mille m; ~nstein m borne f; (fig) tournant m.

mein pron mon, ma, pl mes; ~e(r, s) ~ (le) la) mien(ne).

Meineid m parjure m.

meinen vt (sich beziehen auf) penser; (sagen) dire; (sagen wollen) vouloir dire; das will ich ~ je pense bien.

mein-: ~erseits ad de mon côté; ~esgleichen pron des gens pl comme moi; ~etwegen ad (für mich) pour moi; (von mir aus) en ce qui me concerne.

Meinung f opinion f; jdm die ~ sagen dire ses quatre vérités à qn; ~saustausch m échange m de vues; ~sumfrage f sondage m d'opinion; ~sverschiedenheit f divergence f d'opinions.

Meise f -, -n mésange f.

Meißel m -s, - ciseau m.

meißeln vt ciseler.

meist a la plupart de // ad la plupart du temps, généralement; ~ens ad la plupart du temps, généralement.

Meister(in f) m -s, - maître m; (SPORT) champion(ne); ~schaft f maîtrise f; (SPORT) championnat m; ~werk nt chef-d'œuvre m.

Melancholie [melaŋkoˈliː] f mélancolie f.

melancholisch [melaŋˈkoːliʃ] a mélancolique.

Meldefrist f délai m d'inscription.

melden vt (anzeigen) annoncer, déclarer; (Subjekt: Gerät) signaler // vr: sich ~ se présenter (bei chez); (Bescheid geben) donner signe de vie; (SCOL) lever le doigt; (freiwillig) se porter volontaire; (MIL) s'engager; (am Telefon) répondre; sich zu Wort ~ demander la parole; sich krank ~ se faire porter malade.

Meldung f annonce f; (Bericht) information f.

me'liert a (Haar) grisonnant(e); (Wolle) moucheté(e).

melken — 155 — **minder**

melken *vt* traire.
me'lodisch *a* (Stimme) mélodieux (-euse).
Me'lone *f* -, -n melon *m*; (Hut) (chapeau *m*) melon *m*.
Menge *f* -, -n quantité *f*; (Menschen~) foule *f*; (große Anzahl) beaucoup de, un tas de; ~nlehre *f* (MATH) théorie *f* des ensembles.
Mensch *m* -en, -en homme *m*, être *m* humain; kein ~ personne // nl -(e)s, -er (fam) garce *f*; ~enfeind *m* misanthrope *m*; ~enkenner(in *f*) *m* fin psychologue *m*; ~enliebe *f* philanthropie *f*; m~enmöglich *a* humainement possible; ~enrechte *pl* droits *mpl* de l'homme; m~enscheu *a* farouche; m~enunwürdig *a* dégradant(e); gesunder ~enverstand bon sens *m*; ~heit *f* humanité *f*; m~lich *a* humain(e); ~lichkeit *f* humanité *f*.
Menstruation [menstrua'tsion] *f* règles *fpl*.
Menta'li'tät *f* mentalité *f*.
Me'nü *nt* -s, -s menu *m*.
merken *vt* remarquer; sich (dat) etw ~ retenir qch.
merklich *a* visible.
Merkmal *nt* -s, -e signe *m*, marque *f*.
merkwürdig *a* curieux(euse), bizarre.
Meßbecher *m* mesure *f*.
Messe *f* -, -n (auch Schau) foire *f*; (REL) messe *f*; (MIL) mess *m*.
messen *irr vt* mesurer // vr: sich mit jdm/etw ~ se mesurer à o avec qn/qch.
Messer *nt* -s, - couteau *m*.
Meß-: ~gerät *nt* appareil *m* de mesure; ~gewand *nt* (REL) chasuble *f*.
Messing *nt* -s laiton *m*.
Me'tall *nt* -s, -e métal *m*.
me'tallisch *a* métallique.
Meter *nt* o *m* -s, - mètre *m* o *nt*; ~maß *nt* mètre *m*.
Me'thode *f* -, -n méthode *f*.
Metzger(in *f*) *m* -s, - boucher(-ère).
Metzge'rei *f* boucherie *f*.
Meute *f* -, -n meute *f*.
Meute'rei *f* mutinerie *f*.

meutern *vi* se mutiner.
Mexiko *nt* -s Mexique *m*.
mi'auen *vi* (ohne ge-) miauler.
mich *pron* (akk von ich) (bei Verb) me; (vor Vokal o stummem h) m'; (nach prep) moi.
mied *siehe* meiden.
Miene *f* -, -n mine *f*.
mies *a* (fam) sale (vorgestellt), mauvais(e).
Miete *f* -, -n loyer *m*; zur ~ wohnen être locataire.
mieten *vt* louer.
Mieter(in *f*) *m* -s, - (von Wohnung) locataire *m/f*.
Miet-: ~shaus *nt* maison *f* de rapport, immeuble *m* locatif; ~vertrag *m* contrat *m* de location.
Mi'gräne *f* -, -n migraine *f*.
Mikro'fon, Mikro'phon *nt* -s, -e micro(phone) *m*.
Mikro'skop *nt* -s, -e microscope *m*; m~isch *a* microscopique.
Milch *f* - lait *m*; ~glas *nt* verre *m* dépoli; ~kaffee *m* café *m* au lait; ~pulver *nt* lait *m* en poudre; ~straße *f* voie *f* lactée.
mild *a* indulgent(e); (Wetter) doux (douce); (Gabe) charitable.
Milde *f* - douceur *f*; (Freundlichkeit) indulgence *f*.
mildern *vt* atténuer; ~de Umstände circonstances *fpl* atténuantes.
Milieu [mi'liø:] *nt* -s, -s milieu *m*.
Mili'tär *nt* -s militaires *mpl*; (Truppen) armée *f*.
mili'tärisch *a* militaire.
Mili'tärpflicht *f* service *m* militaire (obligatoire).
Milliar'där(in *f*) *m* milliardaire *m/f*.
Milli'arde *f* -, -n milliard *m*.
Millimeter *m* millimètre *m*.
Milli'on *f* -, -en million *m*.
Millio'när(in *f*) *m* -s, -e millionnaire *m/f*.
Milz *f* -, -en rate *f*.
Mimik *f* mimique *f*.
Mi'mose *f* -, -n mimosa *m*; (fig) hypersensible *m/f*.
minder *a* (Qualität) inférieur(e); (Ware) de qualité inférieure // *ad*

moins; **M~heit** f minorité f; **~jährig** a mineur(e).

mindern vt (Wert) diminuer; (Qualität) (a)baisser.

minderwertig a (Ware) de qualité inférieure; **M~keitskomplex** m complexe m d'infériorité.

mindeste(r, s) a le (la) moindre; (Einsatz) le (la) plus petit(e) possible.

mindestens, zum mindesten ad au moins.

Mine f -, **-n** mine f; (Kugelschreiber~) recharge f.

Mine'ral nt -s, **-e** o **-ien** [-ɪən] minéral m; **m~isch** a minéral(e); **~wasser** nt eau f minérale.

mini'mal a minime, infime.

Mi'nister(in f) m **-s, -** ministre m.

ministeri'ell a ministériel(le).

Mini'sterium nt ministère m.

Mi'nisterpräsident(in f) m premier ministre m.

minus ad moins // prep +gen moins; **M~** nt -, - déficit m; **M~pol** m pôle m négatif; **M~zeichen** nt (signe) moins m.

Mi'nute f -, **-n** minute f.

mir pron (dat von ich) (vor Verb) me; (vor Vokal, stummem h) m'; (nach prep) moi; **das gehört ~** c'est à moi.

Mischehe f mariage m mixte.

mischen vt mélanger; (Leute) mêler; (FILM, RADIO, TV) mixer.

Mischling m métis(se).

Mischung f mélange m.

Miß-: **m~achten** vt (ohne ge-) ne pas tenir compte de; **~'achtung** f mépris m; **~behagen** nt malaise m, gêne f; **~bildung** f malformation f.

Mißbilligung f désapprobation f.

Mißbrauch m abus m.

miß'brauchen vt (ohne ge-) abuser de; **jdn zu etw ~** se servir de qn pour qch.

Mißerfolg m échec m.

Misse-: **~tat** f méfait m; **~täter(in** f) m malfaiteur m, (fam) coupable m.

miß'fallen vi irr (ohne ge-): **jdm ~** déplaire à qn.

Mißfallen nt -s mécontentement m, déplaisir m; **jds ~ erregen** déplaire à qn.

Mißgeburt f monstre m.

Mißgeschick nt malchance f.

miß'glücken vi (ohne ge-, mit sein) (Versuch) échouer.

Miß-: **~griff** m erreur f; **~gunst** f envie f; **m~günstig** a envieux(-euse), malveillant(e).

miß'handeln vt (ohne ge-) maltraiter.

Miß'handlung f mauvais traitement m.

Missi'on f (Aufgabe) mission f; (REL) missions fpl.

Missio'när(in f) m missionnaire m/f.

Mißkredit m discrédit m.

miß'lingen vi irr (Experiment) échouer; (Werk) rater.

Mißmut m -s mauvaise humeur f.

miß'raten vi irr (ohne ge-, mit sein): **der Braten ist mir ~** j'ai raté le rôti // a (Essen) raté(e); (Kind) mal élevé(e).

Mißstand m anomalie f.

miß'trauen vi (ohne ge-) se méfier (jdm/etw de qn/qch).

Mißtrauen nt -s méfiance f (gegenüber à l'égard de); **~santrag** m motion f de censure; **~svotum** nt question f de confiance.

Miß-: **m~trauisch** a méfiant(e); (Frage) soupçonneux(-euse); **~verhältnis** nt disproportion f; **~verständnis** nt malentendu m.

mißver'stehen vt irr (ohne ge-) mal comprendre; (Tat) se méprendre sur.

Mist m -(e)s fumier m; (fam) foutaise f; **~!** zut!

Mistel f -, **-n** gui m.

Misthaufen m fumier m.

mit prep +dat avec; (mittels) par; **~ der Bahn** en train; **~ 10 Jahren** à dix ans; **~ Bleistift** au crayon; **~ einem Wort** en un mot; **~ dem nächsten Zug kommen** arriver par le train suivant // ad aussi; **wollen Sie ~?** venez?

Mitarbeit f collaboration f; **~er(in** f) m collaborateur(-trice); pl équipe f.

Mit-: ~**bestimmung** f participation f (à une décision o à la gestion); m~**bringen** vt irr (zvb) (Menschen) amener; (Sache) apporter.

miteinan'der ad ensemble.

miterleben vt (zvb, ohne ge-) assister à; (Krieg, Katastrophe) vivre.

Mitesser m -s, - point m noir.

mitgeben vt irr (zvb) donner (à emporter) (jdm à qn).

Mitgefühl nt -s compassion f.

mitgehen vi irr (zvb, mit sein) venir; **mit jdm** ~ accompagner qn.

mitgenommen a: ~ **sein** o **aussehen** (Mensch) être marqué(e); (Möbel, Auto) être en mauvais état.

Mitgift f - dot f.

Mitglied nt -s, -er membre m; ~**sbeitrag** m cotisation f; ~**schaft** f appartenance f (in + dat à).

Mithilfe f aide f, assistance f.

mithören vt, vi (zvb) écouter.

mitkommen vi irr (zvb, mit sein) venir; (verstehen) arriver à suivre.

Mitläufer(in f) m suiveur m; (POL) sympathisant(e).

Mitleid nt -s compassion f; (Erbarmen) pitié f; ~**enschaft** f in ~**enschaft ziehen** affecter; m~**ig** a compatissant(e).

mitmachen vt (zvb) prendre part à; (leiden) : **er hat viel mitgemacht** il a beaucoup souffert // il a été de la partie.

mitnehmen vt irr (zvb) (jdn) emmener; (Sache) emporter; (anstrengen) épuiser.

mit'samt prep + dat avec.

Mitschuld f complicité f.

Mitschüler(in f) m camarade m/f (de classe).

mitspielen vi (zvb) participer au jeu; (fig) entrer en jeu (bei dans).

Mitspieler(in f) m partenaire m/f.

Mitspracherecht nt droit m de l'intervention.

Mittag m -(e)s, -e midi m; (zu) ~ **essen** déjeuner; **heute/gestern** m~ à o ce midi/hier à midi; **~essen** nt déjeuner m, repas m de midi; m~s ad à midi; ~**schlaf** m sieste f.

Mittäter(in f) m complice m/f.

Mitte f -, -n milieu m; **aus unserer** ~ d'entre nous; ~ **Mai** à la mi-mai.

mitteilen vt (zvb): **jdm etw** ~ informer qn de qch.

mitteilsam a communicatif(-ive).

Mitteilung f communication f; (Nachricht) information f.

Mittel nt -s, - moyen m; (MATH) moyenne f; (MED) remède m (gegen + akk contre, pour); ~**alter** nt (historisch) moyen âge m; m~**alterlich** a (Schloß) médiéval(e); (Zustände) moyenâgeux(-euse); m~**mäßig** a médiocre; ~**meer** nt Méditerranée f; ~**punkt** m centre; **sie will immer im** ~**punkt stehen** elle veut toujours être le point de mire; m~**s** prep + gen au moyen de; ~**streifen** m bande f médiane; ~**stürmer** m -s, - avant-centre m; ~**weg** m voie f moyenne; ~**welle** f (RADIO) ondes fpl moyennes; ~**wert** m valeur f moyenne.

mitten ad: ~ **auf der Straße** en plein milieu de la route; ~ **in der Nacht** au milieu de la nuit.

Mitternacht f minuit m.

mittlere(r, s) a du milieu; (durchschnittlich) moyen(ne).

mittler'weile ad entretemps.

Mittwoch m -(e)s, -e mercredi m; m~**s** ad le mercredi.

mit'unter ad de temps en temps.

mitverantwortlich a (Mensch) coresponsable.

mitwirken vi (zvb) coopérer (bei, an + dat à); (THEAT) participer.

Mitwirkung f collaboration f; **unter** ~ **von** avec la participation de.

Mitwisser(in f) m personne f qui est dans le secret; témoin m.

Möbel nt -s, - meuble m; ~**wagen** m camion m de déménagement.

mo'bil a (Gerät) mobile; (fam: Mensch) alerte; (MIL) sur le pied de guerre.

Mobiliar nt -s mobilier m.

mö'blieren vt (ohne ge-) meubler; **möbliert wohnen** habiter un meublé.

mochte siehe **mögen**.

Mode f -, -n mode f.

Mo'dell nt -s, -e modèle m; (Manne-

quin) mannequin *m*; *(ARCHIT)* maquette *f*.
model'lieren *vt (ohne ge-)* modeler.
Mode(n)schau *f* défilé *m* de mode.
mo'dern *a* moderne; *(modisch)* à la mode.
moderni'sieren *vt (ohne ge-)* moderniser.
modisch *a* à la mode.
mogeln *vi (fam)* tricher.
mögen *vt, vi irr* aimer; *(wollen)* vouloir; **ich möchte ...** je voudrais ...; **das mag wohl sein** cela se pourrait bien.
möglich *a* possible; **~er'weise** *ad* peut-être; **M~keit** *f* possibilité *f*; **nach M~keit** si possible; **~st** *ad*: **~st schnell** le plus rapidement possible.
Mohn *m -(e)s, -e* pavot *m*; *(Klatsch~)* coquelicot *m*.
Möhre *f -, -n*, **Mohrrübe** *f* carotte *f*.
Mole *f -, -n* môle *m*.
Molke'rei *f* laiterie *f*.
Moll *nt -, -* *(MUS)* mineur(e).
mollig *a (Wärme)* agréable; *(Pullover)* douillet(te); *(dicklich)* potelé(e).
Mo'ment *m -(e)s, -e* moment *m*; **im ~** pour le moment // *nt* facteur *m*, élément *m*.
momen'tan *a* momentané(e) // *ad* pour le moment.
Mo'narch *m* *(in f)* *m -en, -en* monarque *m*, souverain(e).
Monar'chie *f* monarchie *f*.
Monat *m -(e)s, -e* mois *m*; **m~elang** *ad* pendant des mois; **m~lich** *a* mensuel(le); **~skarte** *f* abonnement *m* mensuel.
Mönch *m -(e)s, -e* moine *m*.
Mond *m -(e)s, -e* lune *f*; **~finsternis** *f* éclipse *f* de lune; **~landung** *f* alunissage *m*; **~schein** *m* clair *m* de lune.
Mono'log *m -s, -e* monologue *m*.
Mono'pol *nt -s, -e* monopole *m*.
mono'ton *a* monotone.
Mon'sun *m -s, -e* mousson *f*.
Montag *m -(e)s, -e* lundi *m*; **m~s** *ad* le lundi.
Monteur [mɔn'tø:ʀ] *m (TECH)* monteur *m*.

mon'tieren *vt (ohne ge-)* monter.
Monu'ment *nt* monument *m*.
monumen'tal *a* monumental(e).
Moor *nt -(e)s, -e* marécage *m*.
Moos *nt -es, -e* mousse *f*.
Moped *nt -s, -s* mobylette *f*.
Mops *m -es, -̈e* carlin *m*.
Mo'ral *f - morale *f*; **m~isch** *a* moral(e).
Mord *m -(e)s, -e* meurtre *m*; **~anschlag** *m* attentat *m*.
Mörder(in *f)* *m -s, -* meurtrier(-ière).
Mord-: **m~s'mäßig** *a (fam)* énorme; **~verdacht** *m*: **unter ~verdacht stehen** être soupçonné(e) de meurtre.
morgen *ad* demain; **~ früh** demain matin // **M~** *m -s, -* matin *m*; **M~rock** *m* robe *f* de chambre; **M~röte** *f* aurore *f*; **~s** *ad* le matin.
morgig *a* de demain; **der ~e Tag** demain.
Morphium *nt* morphine *f*.
morsch *a (Holz)* pourri(e); *(Knochen)* fragile.
morsen *vt* télégraphier en morse // *vi* envoyer un message en morse.
Mörtel *m -s, -* mortier *m*.
Mosa'ik *nt -s, -en* o *-e* mosaïque *f*.
Mo'schee *f -, -n* [-ɛːən] mosquée *f*.
Mos'kito *m -s, -s* moustique *m*.
Most *m -(e)s, -e* moût *m*; *(Apfelwein)* cidre *m*.
Mo'tiv *nt* motif *m*.
motivieren [moti'viːʀən] *vt (ohne ge-)* motiver.
Motor *m -s, -en* moteur *m*; **~enöl** *nt* huile *f* de graissage.
Motor-: **~rad** *nt* moto *f*; **~roller** *m* scooter *m*; **~schaden** *m* ennuis *mpl* mécaniques, panne *f*.
Motte *f -, -n* mite *f*; **~nkugel** *f*, **~npulver** *nt* antimite *m*.
Motto *nt -s, -s* devise *f*.
Möwe *f -, -n* mouette *f*.
Mücke *f -, -n* moustique *m*; **~nstich** *m* piqûre *f* de moustique.
müde *a* fatigué(e); *(Lächeln)* las(se); **einer Sache** *(gen)* **~ sein** être las(se) de qch.
Müdigkeit *f* fatigue *f*.

Muffel m -s, - (fam) ronchonneur (-euse).

muffig a qui sent le renfermé.

Müh f -, -n peine f; mit **Müh** und **Not** avec peine; **sich** (dat) ~ **geben** se donner de la peine; **m**~**los** a facile.

muhen vi meugler.

mühevoll a pénible.

Mühle f -, -n moulin m.

mühsam a pénible.

Mulde f -, -n cuvette f.

Mull m -(e)s, -e mousseline f; **~binde** f bande f de gaze.

Müll m -(e)s ordures fpl; **~abfuhr** f enlèvement m des ordures; (Leute) éboueurs mpl; **~abladeplatz** m, **~deponie** f décharge f; **~eimer** m poubelle f.

Müller(in f) m -s, - meunier(-ière).

Müll-: **~schlucker** m -s, - vide-ordures m; **~wagen** m benne f à ordures.

mulmig a (Gefühl) bizarre; **mir ist (es)** ~ (fam) je me sens mal à l'aise.

multipli'zieren vt (ohne ge-) multiplier.

Mumie ['muːmiə] f momie f.

München nt München M Munich.

Mund m -(e)s, -er bouche f; **~art** f dialecte m.

münden vi (Fluß) se jeter (in +akk dans); (Straße) déboucher (in +akk sur).

Mundhar'monika f harmonica m.

mündig a majeur(e).

mündlich a (Absprache) verbal(e); (Prüfung) oral(e) // ad de vive voix; oralement.

Mund-: **~stück** nt (von Trompete usw) embouchure f; (Zigaretten~) bout m; **m**~**tot** a: **jdn** ~**tot machen** réduire qn au silence.

Mündung f embouchure f; (von Gewehr) gueule f.

Mund-: **~werk** nt: **ein großes ~werk haben** avoir une grande gueule; **~winkel** m commissure f des lèvres.

Muniti'on f munitions fpl.

munkeln vi chuchoter.

Münster nt -s, - cathédrale f.

munter a (lebhaft) gai(e); (wach) plein(e) d'entrain; **M**~**keit** f entrain m.

Münze f -, -n pièce f de monnaie.

münzen vt monnayer; **auf jdn gemünzt sein** être dirigé(e) contre qn.

Münzfernsprecher m cabine f téléphonique.

mürb(e) a (Gestein) friable; (Holz) pourri(e); (Gebäck) sablé(e); **jdn** ~ **machen** briser qn; **M**~**teig** m pâté f brisée.

murmeln vt, vi murmurer.

Murmeltier m marmotte f.

murren vi rouspéter.

mürrisch a (Mensch) de mauvaise humeur; (Antwort) maussade; (Gesicht) renfrogné(e).

Mus nt -es, -e compote f.

Muschel f -, -n moule f; (~schale) coquillage m; (Telefon~) combiné m.

Museum [mu'zeːʊm] nt -s, **Museen** [mu'zeːən] musée m.

Mu'sik f musique f.

musi'kalisch a (Mensch) musicien(ne); (Verständnis) musical(e).

Musiker(in f) m -s, - musicien(ne).

musi'zieren vi (ohne ge-) jouer de la musique.

Muskel m -s, -n muscle m; **~kater** m courbatures fpl.

Muskula'tur f musculature f.

musku'lös a musclé(e).

Muß n - nécessité f.

Muße f - loisir m.

müssen vi irr devoir; **ich muß es machen** je dois le faire, il faut que je le fasse; **er hat gehen ~** il a dû s'en aller.

Muster nt -s, - modèle m; (Dessin) motif m; (Probe) échantillon m; **m**~**gültig** a exemplaire.

mustern vt (Truppen) passer en revue; (fig: ansehen) dévisager.

Muster-: **~schüler(in** f) m/f élève m/f modèle; **~ung** f (MIL) conseil m de révision.

mußte siehe **müssen**.

Mut m -(e)s courage m; **nur** ~! courage!; **jdm** ~ **machen** encourager qn; **m**~**ig** a courageux(-euse).

mutmaßlich a (Täter) présumé(e).

Mutter f -, = mère f // pl: ~n (Schrauben~) écrou m.

mütterlich a maternel(le); ~erseits ad: Großvater ~erseits grand-père maternel.

Mutter-: ~mal nt envie f; ~schaft f maternité f; ~schutz m protection f de la mère; (Zeit) congé m maternité; ~sprache f langue f maternelle; ~tag m fête f des mères.

mutwillig a (Zerstörung) volontaire.

Mütze f -, -n (Woll~) bonnet m; (Schiffers~) casquette f.

MwSt abk von **Mehrwert steuer.**

Mythos m -, **Mythen** mythe m.

N

na excl eh bien!

Nabel m -s, - nombril m; ~schnur f cordon m ombilical.

nach prep +dat (zeitlich) après; (in Richtung) vers; (gemäß) d'après, selon //: ad: ihm ~! suivons-le!; ~ wie vor tout comme avant; ~ und ~ peu à peu; ~ oben/hinten vers le haut, en haut/en arrière; ~ahmen vt (zvb) imiter.

Nachbar(in f) m -s, -n voisin(e); ~haus nt maison f voisine; n~lich a (Beziehung) de bon voisinage; ~schaft f voisinage m.

nach-: ~bestellen vt (zvb, ohne ge-) (Ware) faire une commande supplémentaire de; ~datieren vt (zvb, ohne ge-) postdater.

nach'dem conj après que, après (+Infinitiv); (weil) puisque, comme.

nach-: ~denken vi irr (zvb) réfléchir (über +akk a); ~denklich a pensif (-ive).

nachdrücklich a catégorique.

nacheifern vi (zvb): jdm ~ se modeler sur qn.

nachein'ander ad l'un(e) après l'autre, successivement.

nachempfinden vt irr (zvb, ohne ge-): jdm etw ~ comprendre (les sentiments de) qn; das kann ich Ihnen ~ je comprends ce que vous

ressentez.

Nacherzählung f compte-rendu m (de lecture).

Nachfahr m -s, -en descendant m.

Nachfolge f succession f.

nachfolgen vi (zvb, mit sein) suivre (jdm, etw (dat) qn, qch); (in Amt etc) succéder.

Nachfolger(in f) m -s, - successeur m.

nachforschen vi (zvb) faire des recherches.

Nachfrage f demande f de renseignements; (COMM) demande f; n~ vi (zvb) se renseigner.

nach-: ~fühlen vt (zvb): jdm etw ~ fühlen comprendre qn, se mettre à la place de qn; ~füllen vt (zvb) (Behälter) recharger; (Flüssigkeit) remplir à nouveau; ~geben vt irr (zvb) céder.

Nachgebühr f surtaxe f.

nachgehen vi irr (zvb, mit sein) suivre (jdm qn); (erforschen) faire de recherches (sur qch); (Uhr) retarder.

Nachgeschmack m arrière-goût m.

nachgiebig a (Mensch) conciliant(e); (Boden etc) mou (molle).

nachhaltig a durable.

nachhelfen vi irr (zvb) aider (jdr qn).

nach'her ad après, ensuite.

Nachhilfeunterricht m cours m particulier o de rattrapage.

nachholen vt (zvb) (Versäumtes rattraper.

Nachkomme m -n, -n descen dant(e).

nachkommen vi irr (zvb, mit sein venir après; (mitkommen) rejoindre (einer Verpflichtung) remplir (er (dat) qch).

Nachkriegszeit f après-guerre m.

nachlassen irr (zvb) vt (Strafe) re mettre; (Preise) rabattre, diminuer vi (Sturm etc) s'apaiser; (schlechte werden: Mensch) se laisser alle (: Leistung) diminuer.

nachlässig a négligé(e); (Mensch négligeant(e).

nachlaufen vi irr (zvb, mit sein): jdm ~ courir après qn.

nachmachen vt (zvb) (Fotos) faire refaire; (Arbeit) faire plus tard, rattraper; (Gebärde) imiter; (fälschen) contrefaire; **jdm etw** ~ imiter o copier qn (en qch).

Nachmittag m après-midi m o f; **am** ~, **n~s** ad l'après-midi.

Nach-: ~**nahme** f -, -n: **per** ~**nahme** contre remboursement; ~**name** m nom m de famille.

nachprüfen vt, vi (zvb) contrôler.

Nachrede f üble ~ diffamation f.

Nachricht f -, -en (Mitteilung) information f, nouvelle f; ~**en** pl informations fpl; ~**enagentur** f agence f de presse; ~**ensprecher(in** f) m speaker(ine); ~**entechnik** f télécommunications fpl.

Nachruf m nécrologie f.

nachsagen vt (zvb): **jdm etw** ~ (wiederholen) répéter qch après qn; (vorwerfen) reprocher qch à qn.

nachschicken vt (zvb) faire suivre.

nachschlagen irr (zvb) vt (Wort) vérifier; (Sache) chercher // vi (mit sein): **jdm** ~ tenir de qn; **in einem Buch** ~ consulter un livre.

Nachschlagewerk nt ouvrage m de référence.

Nachschub m ravitaillement m.

nachsehen irr (zvb) vt (prüfen) vérifier // vi le regarder; **jdm etw** ~ suivre qn/qch des yeux; **jdm etw** ~ pardonner qch à qn; **das N~ haben** en être pour ses frais.

nachsenden vt irr (zvb) faire suivre.

Nachspeise f dessert m.

Nachspiel nt (fig) suites fpl, conséquences fpl.

nachsprechen vt, vi irr (zvb) répéter (jdm après qn).

nächst'beste(r, s) a le(la) premier(-ière) venu(e).

nächste(r, s) a suivant(e), prochain(e).

Nächstenliebe f amour m du prochain.

nächstens ad prochainement.

nächstliegend a (Grundstück) d'à côté; (Buch) à portée de main; (fig) évident(e), manifeste.

nächst'möglich a (Termin) le plus tôt (possible)

Nacht f -, -̈e nuit f.

Nachteil m inconvénient m, désavantage m.

Nachthemd nt chemise f de nuit.

Nachtigall f -, -en rossignol m.

Nachtisch m dessert m.

nächtlich a nocturne.

Nach-: ~**trag** m -e (e)s, -träge supplément m; **n~tragen** vt irr (zvb) ajouter; **jdm etw n~tragen** (übelnehmen) en vouloir à qn de qch; **n~trauern** vi (zvb): **jdm/etw** ~**trauern** regretter qn/qch.

Nacht-: ~**ruhe** f repos m nocturne; ~**s** ad la nuit, de nuit; ~**schicht** f poste m de nuit; ~**tisch** m table f de nuit; ~**topf** m pot m de chambre; ~**wächter** m veilleur m de nuit.

Nach-: ~**untersuchung** f contrôle m médical; **n~wachsen** vi irr (zvb, mit sein) repousser.

Nachweis m -es, -e preuve f; **n~bar** a vérifiable.

nachweisen vt irr (zvb) prouver, démontrer; **jdm etw** ~ (Fehler) convaincre qn de qch; (angeben) fournir qch à qn.

nach-: ~**wirken** vi (zvb) avoir des répercussions o des suites; **N~wirkung** f répercussions fpl, effet m ultérieur; **N~wuchs** m (in Familie) progéniture f; (in Beruf) nouvelles recrues fpl; ~**zahlen** vt, vi (zvb) (Summe) payer en plus; (Steuer) payer postérieurement; ~**zählen** vt, vi (zvb) recompter, vérifier; **N~zügler(in** f) m -s, - retardataire m/f; (bei Wanderung) traînard(e); (Kind) enfant m/f venu(e) sur le tard.

Nacken m -s, - nuque f.

nackt a nu(e); (Wand) dénudé(e); (Tatsachen) cru(e); (Wahrheit) tout(e) nu(e); **N~heit** f nudité f.

Nadel f -, -n aiguille f; (Steck~) épingle f; ~**kissen** nt pelote f à épingles; ~**öhr** nt chas m; ~**wald** m forêt f de conifères.

Nagel m -s, -̈ clou m; (Finger~) ongle

nageln *vt* (Kiste etc) clouer; (Schuhe) clouter.

nagelneu *a* flambant neuf (neuve).

nagen *vt, vi* ronger (an jdm/etw qn/qch).

Nagetier *nt* rongeur m.

nah(e) *a, ad* (**näher, am nächsten**) proche // *prep* +dat près de.

Nahaufnahme *f* gros plan m.

Nähe *f* - proximité *f*; in der ~ à deux pas d'ici; aus der ~ de près.

nahe-: ~**bei** *ad* à proximité; ~**gehen** *vi irr* (zvb): **jdm** ~**gehen** (Erlebnis etc) toucher qn de près; ~**legen** *vt* (zvb): **jdm** ~**legen** suggérer qch à qn; ~**liegen** *vi irr* (zvb) paraître évident(e).

nahen *vi* (mit sein) approcher.

nähen *vt, vi* (Kleidung) coudre; (Wunde) suturer.

näher *a, ad* (Komparativ von nahe) plus proche; (Erklärung, Erundigung) plus précis(e); **N~es** *nt* détails mpl; ~**kommen** *irr* (zvb, mit sein) vi s'approcher // *vr*: **sich** ~**kommen** se rapprocher.

nähern *vr*: **sich** ~ s'approcher.

nahe-: ~**stehen** *vi irr* (zvb): **jdm** ~**stehen** être près de qn; **etw** (dat) ~**stehen** être proche de qch; ~**stehend** *a* (Freunde) intime, proche; ~**zu** *ad* presque.

nahm siehe **nehmen**.

Näh-: ~**maschine** *f* machine *f* à coudre; ~**nadel** *f* aiguille *f* (à coudre).

nähren *vt* nourrir // *vr*: **sich** ~ se nourrir (von de).

nahrhaft *a* nourrissant(e).

Nährstoffe *pl* substances *fpl* nutritives.

Nahrung *f* nourriture *f*; ~**smittel** *nt* aliment m, produit m alimentaire.

Nährwert *m* valeur *f* nutritive.

Naht *f* -, **-e** *f* couture *f*; (MED) suture *f*; (TECH) soudure *f*; **n~los** *a* sans couture(s).

Nah-: ~**verkehr** *m* traffic m suburbain o de banlieue; ~**ziel** *nt* but m immédiat.

naiv *a* naïf(naïve).

Naivität [naivi'tɛ:t] *f* naïveté *f*.

Name *m* -ns, -n nom m; im ~n von au nom de; n~**ntlich** *a* (Abstimmung) nominal(e) // *ad* nominalement; (besonders) surtout.

namhaft *a* (berühmt) renommé(e), réputé(e).

nämlich *a* à savoir; (denn) car; ~e *a*: der/die/das ~e le (la) même.

nannte siehe **nennen**.

Napf *m* -(e)s, -e écuelle *f*.

Narbe *f* -, -n cicatrice *f*.

narbig *a* couvert(e) de cicatrices.

Nar'kose *f* -, -n anesthésie *f*.

Narr *m* -en, -en fou m; n~en *vt* duper, berner; ~**heit** *f* folie *f*.

närrisch *a* fou(folle), loufoque.

naschen *vt* (Schokolade etc) grignoter.

naschhaft *a* gourmand(e).

Nase *f* -, -n nez m; n~**bluten** *nt* -s saignement m de nez; ~**nloch** *nt* narine *f*; ~**nrücken** *m* arête *f* du nez; n~**ntropfen** *pl* gouttes *fpl* pour le nez; n~**weis** *a* (frech) effronté(e), impertinent(e); (neugierig) curieux (-euse).

Nashorn *nt* -s, **-hörner** rhinocéros m.

naß *a* mouillé(e).

Nässe *f* - humidité *f*.

nässen *vi* (Wunde) suinter.

Naßrasur *f* rasage m mécanique.

Nation [natsi'o:n] *f* nation *f*.

natio'nal *a* national(e); **N~hymne** *f* hymne m national.

Nationa'lismus *m* nationalisme *f*.

Nationali'tät *f* nationalité *f*.

Natio'nal-: ~**mannschaft** *f* équipe *f* nationale; ~**sozialismus** *m* national-socialisme m, nazisme m.

Natron *nt* -s soude *f*.

Na'tur *f* nature *f*.

Natu'ralien [-iən] *pl*: in ~ en nature.

Na'tur-: ~**erscheinung** *f* phénomène m naturel; n~**gemäß** *a* naturel(le); ~**gesetz** *nt* loi *f* de la nature; ~**katastrophe** *f* catastrophe *f* naturelle.

na'türlich *a* naturel(le) // *ad* naturellement; **N~keit** *f* (*von Mensch*) naturel *m*, simplicité *f*.

Na'tur-: **n~rein** *a* (*Wein etc*) naturel(le); **~schutzgebiet** *nt* site *m* protégé; **~wissenschaft** *f* sciences *fpl* naturelles; **~wissenschaftler(in** *f*) *m* scientifique *m/f*; **~zustand** *m* état *m* naturel.

Nazi *m -s*, **-s** nazi(e).

n. Chr. (*abk von* **nach Christus**) après J.-C.

Nebel *m -s*, - brouillard *m*, brume *f*; **~scheinwerfer** *m* phare *m* anti-brouillard.

neben *prep* (+*dat, bei Bewegung* +*akk*) près de; (*außer:* +*dat*) à part; **~'an** *ad* à côté; **N~anschluß** *m* (*TEL*) ligne *f* supplémentaire; (*ELEC*) dérivation *f*; **~'bei** *ad* (*außerdem*) en outre; (*beiläufig*) en passant; **N~beschäftigung** *f* activité *f* secondaire; **~ein'ander** *ad* l'un(e) à côté de l'autre; **~ein'anderlegen** *vt* mettre l'un(e) à côté de l'autre; **N~eingang** *m* entrée *f* latérale; **N~erscheinung** *f* effet *m* secondaire; **N~fach** *nt* (*SCOL*) matière *f* secondaire; **N~fluß** *m* affluent *m*; **N~geräusch** *nt* parasites *mpl*, interférences *fpl*; **~'her** (*zusätzlich*) en outre; (*gleichzeitig*) en même temps; (*daneben*) à côté; **~'herfahren** *vi irr* (*vb, mit sein*) rouler à côté (de qn); **N~kosten** *pl* frais *mpl* supplémentaires; **N~produkt** *nt* sous-produit *m*; **N~rolle** *f* rôle *m* secondaire; **N~sache** *f* bagatelle *f*; **~sächlich** *a* insignifiant(e); **N~straße** *f* rue *f* latérale; **N~zimmer** *nt* pièce *f* voisine.

neblig *a* (*Wetter, Tag*) brumeux(-euse).

necken *vt* taquiner.

neckisch *a* taquin(e); (*Einfall, Lied*) amusant(e).

Neffe *m -n*, **-n** neveu *m*.

negativ *a* négatif(-ive); **N~** *nt* **-s, -e** négatif *m*.

Neger *m -s*, - nègre *m*; **~in** *f* négresse *f*.

ne'gieren *vt* (*ohne ge-*) nier.

nehmen *vt irr* prendre; **etw an sich** (*akk*) **~** prendre qch; **sich ernst ~** se prendre au sérieux; **nimm dir noch einmal** ressers-toi.

Neid *m -(e)s* jalousie *f*; **n~isch** *a* envieux(-euse).

neigen *vt* incliner // *vi:* **zu etw ~** tendre à qch.

Neigung *f* (*des Geländes*) pente *f*, inclinaison *f*; (*Tendenz*) tendance *f* (*zu* à); (*Vorliebe*) penchant *m* (*für* pour); (*Zuneigung*) affection *f* (*zu* pour).

nein *ad* non.

Nelke *f -, -n* œillet *m*; (*Gewürz*) clou *m* de girofle.

nennen *vt irr* nommer; (*Kind*) appeler; (*Namen*) dire; **~swert** *a* digne d'être mentionné(e), remarquable; (*Schaden*) considérable.

Nenner *m -s*, - (*MATH*) dénominateur *m*.

Nennwert *m* (*FIN*) valeur *f* nominale.

Neon *nt -s* néon *m*; **~licht** *nt* lampe *f* au néon; **~röhre** *f* tube *m* au néon.

Nerv *m -s, -en* nerf *m*; **jdm** **~en gehen** énerver qn; **n~enaufreibend** *a* énervant(e); **~enbündel** *nt* paquet *m* de nerfs; **n~enheilanstalt** *f* maison *f* de santé; **n~enkrank** *a* neurasthénique; **~enzusammenbruch** *m* dépression *f* nerveuse.

nervös [nɛr'vøːs] *a* nerveux(-euse).

Nervosität [nɛrvozi'tɛːt] *f* nervosité *f*.

Nerz *m -es, -e* vison *m*.

Nessel *f -, -n* ortie *f*.

Nest *nt -(e)s, -er* nid *m*; (*fam: Ort*) patelin *m*; (*von Dieben*) repaire *m*.

nesteln *vi:* **an etw** (*dat*) **~** tripoter qch.

nett *a* joli(e); (*Abend*) agréable; (*freundlich*) gentil(le); **~erweise** *ad* gentiment, aimablement.

netto *ad* net.

Netz *nt -es, -e* filet *m*; (*Spinnen~*) toile *f*; (*System*) réseau *m*; **~gerät** *nt* transformateur *m*; **~haut** *f* rétine *f*.

neu *a* nouveau(-elle); (*noch nicht gebraucht*) neuf(neuve); (*Sprachen, Geschichte*) moderne // *ad:* **~ schreiben/machen** récrire/

refaire; **seit ~estem** tout récemment; **N~anschaffung** f nouvelle acquisition f; **~artig** a (Sache) inédit(e); **N~auflage** f, **N~ausgabe** f nouvelle édition f; **N~bau** m construction f nouvelle; **~erdings** ad (kürzlich) récemment; **~(von ~em)** de nouveau.

Neuerung f innovation f.

Neugier f - curiosité f; **n~ig** a curieux(-euse).

Neuheit f nouveauté f.

Neuigkeit f nouvelle f.

Neujahr nt nouvel an m.

neulich ad l'autre jour.

Neuling m novice m/f, débutant(e).

Neumond m nouvelle lune f.

neun num neuf; **~zehn** num dix-neuf; **~zig** num quatre-vingt-dix.

neureich a (Mensch) nouveau riche.

Neu'rose f -, -n névrose f.

Neu'rotiker(in f) m -s, - névrosé(e).

neu'rotisch a névrosé(e).

neu'tral a neutre.

Neutrali'tät f neutralité f.

Neutron nt -s, -en neutron m.

Neutrum nt -s, -tra o -en neutre m.

Neu-: **~wert** m valeur f à l'état neuf; **~zeit** f temps mpl modernes.

nicht ad (ne ...) pas; **~ wahr?** n'est-ce pas?; **~ doch!** mais non!; **~berühren!** ne pas toucher!; **N~'angriffspakt** m pacte m de non-agression.

Nichte f -, -n nièce f.

nichtig a (ungültig) nul(le); (bedeutungslos) vain(e); (wertlos) futile.

Nicht-: **~raucher(in** f) m personne f qui ne fume pas, non-fumeur m; **~rostend** a inoxydable.

nichts pron (ne ...) rien; **N~** nt -s néant m; (pej: Person) zéro m; **~desto'weniger** ad néanmoins; **~nutzig** a: **ein ~nutziger Kerl** un vaurien; **~sagend** a insignifiant(e); **N~tun** nt oisiveté f.

nicken vi faire un signe de la tête.

Nickerchen nt petit somme m.

nie ad (ne ...) jamais; **~ wieder** o **~ mehr** jamais plus, plus jamais; **~**

und nimmer jamais de la vie.

nieder a bas(se) // ad: **~ mit ...** à bas ...; **N~gang** m déclin m, décadence f; **~gehen** vi irr (zvb, mit sein) descendre; (Regen) s'abattre; **~geschlagen** a abattu(e), déprimé(e); **N~lage** f défaite f, échec m; **N~lande** pl Pays-Bas mpl; **~ländisch** a néerlandais(e); **~lassen** vr irr (zvb): **sich ~lassen** s'installer; **N~lassung** f (COMM) succursale f; **~legen** vt (zvb) poser; (Arbeit) cesser; (Amt) démissionner de; **N~schlag** m (CHEM) précipité m; (METEO) précipitations fpl; **~schlagen** a irr (zvb) vt (Gegner) terrasser; (Augen) baisser; (Aufstand) réprimer; **~trächtig** a infâme, vil(e).

niedlich a mignon(ne), adorable.

niedrig a bas(se); (Geschwindigkeit) faible; (Stand) modeste.

niemals ad (ne ...) jamais.

niemand pron personne (mit Verneinung); **N~sland** nt zone f neutre.

Niere f -, -n rein m; **~nentzündung** f néphrite f.

nieseln vi: **es nieselt** il bruine.

niesen vi éternuer.

Niete f -, -n (TECH) rivet m; (Los) mauvais numéro m; (Reinfall) fiasco m; (Mensch) raté(e).

nieten vt riveter.

Nihi'lismus m nihilisme m.

nihi'listisch a nihiliste.

Nilpferd nt hippopotame m.

nippen vt, vi siroter (an +dat qch).

Nippsachen pl bibelots mpl.

nirgends o **nirgendwo** ad nulle part.

Nische f -, -n niche f.

nisten vi (Vogel) nicher, faire son nid.

Niveau [ni'vo:] nt -s, -s niveau m.

Nixe f -, -n ondine f.

noch ad encore // conj: **weder...~** ni...ni; **~ nie** jamais; **~ nicht** pas encore; **immer ~** toujours, encore; **~ heute** aujourd'hui même; **~ vor einer Woche** il y a encore une semaine; **und wenn es ~ so schwer ist** même si c'est très difficile; **~ einmal** encore une fois, **~**

und ~ en masse; ~**mal(s)** ad encore
une fois; ~**malig** a répété(e).

nomi'nell a (Besitzer) nominal(e) //
ad nominalement.

Nonne f -, -n religieuse f; ~**nkloster**
nt couvent m.

Nord(en) m -s nord m; n~**isch** a
nordique.

nördlich a septentrional(e), du
nord; ~ **von** , ~ prep +gen au nord
de.

Nordpol m Pôle m Nord.

Nordsee f Baltique f.

Nörge'lei f récriminations fpl, remarques fpl continuelles.

nörgeln vi grogner, rouspéter.

Nörgler(in f) m -s, - ronchonneur
(-euse), rouspéteur(-euse).

Norm f -, -en (Regel) norme f;
(Größenvorschrift) standard m,
norme.

nor'mal a normal(e); ~**erweise** ad
normalement.

normali'sieren (ohne ge-) vt (Lage)
normaliser // vr: **sich** ~ se
normaliser, revenir à la normale.

normen vt (Maße) standardiser.

Norwegen nt -s la Norvège.

Norweger(in f) m -s, - Nor-
végien(ne).

Not f -, -̈e détresse f; (Armut) besoin
m, dénuement m; (Mühe) peine f;
(Zwang) nécessité f; **zur** ~ au besoin;
(gerade noch) à la rigueur.

No'tar m notaire f; **notari'ell** a
(Beglaubigung) notarié(e).

Not-: ~**ausgang** m sortie f de
secours; ~**behelf** m succédané m,
expédient m; n~**dürftig** a (Ersatz)
insuffisant(e); (behelfsmäßig: Reparatur) provisoire; **sich** n~**dürftig**
verständigen se faire comprendre
tant bien que mal.

Note f -, -n note f; (Bank~) billet m;
(Gepräge) trait m, marque f; ~**nblatt**
nt feuillet m de musique;
~**nschlüssel** m clé f; ~**nständer** m
pupitre m (à musique).

Not-: ~**fall** m cas m d'urgence;
n~**falls** ad au besoin, si besoin est;
n~**gedrungen** a: etw n~**gedrun-**
gen machen faire qch par

nécessité.

no'tieren vt, vi (ohne ge-) noter; (FIN)
coter.

nötig a nécessaire; **etw** ~ **haben**
avoir besoin de qch.

nötigen vt obliger (zu à); ~**falls** ad
au besoin, si besoin est.

No'tiz f -, -en notice f, note f; ~
nehmen remarquer (von etw qch);
~**buch** nt carnet m, calepin m.

Not-: ~**lage** f situation f critique,
détresse f; **n~landen** vi (zvb, mit
sein) faire un atterrissage forcé;
n~leidend a nécessiteux(-euse);
~**lösung** f solution f provisoire;
~**lüge** f pieux mensonge m.

no'torisch a notoire.

Not-: ~**ruf** m appel m au secours;
~**rufsäule** f poste m de secours;
~**stand** m état m d'urgence;
~**standsgesetz** nt loi f d'urgence;
~**unterkunft** f logement m provisoire; ~**wehr** f légitime défense f;
n~wendig a nécessaire; (zwangsläufig) obligatoire; ~**zucht** f viol m.

Novelle f (no'vɛlə) f -, -n nouvelle f;
(JUR) amendement m.

November [no'vɛmbɐ] m -(s), -
novembre m.

Nu m: **im** ~ en moins de rien.

nüchtern a (Mensch) à jeun; (nicht
betrunken) pas ivre; (Urteil) objectif
(-ive); (Einrichtung) simple; **N~heit**
f sobriété f.

Nudel f -, -n nouille f.

Null f -, -en zéro m; **n~** num zéro m; **n~**
und nichtig nul(le) et non avenu(e);
~**punkt** m zéro m.

nume'rieren vt (ohne ge-) numéroter.

Nummer f -, -n numéro m;
~**nschild** nt (AUT) plaque f minéralogique.

nun ad maintenant // excl alors!

nur ad seulement.

Nuß f -, **Nüsse** noix f; (Hasel~)
noisette f; ~**baum** m noyer m;
noisetier m; ~**knacker** m -s, - casse-
noisettes m inv.

Nüster f -, -n naseau m.

nutz, nütze a: **zu nichts** ~ **sein**
n'être bon(ne) à rien; ~**bar** a (Boden)

cultivable; **~bar machen** rendre cultivable; **~bringend** a (*Verwendung*) efficace; (*Anlage*) rentable.

nutzen, nützen *vt* utiliser // *vi* (*gut sein*) être utile *o* bon(ne) (+*dat* à, pour); **nichts** ~ ne servir à rien.

Nutzen *m* -s utilité *f*.

nützlich *a* utile; **N~keit** *f* utilité *f*.

Nutz-: ~losigkeit *f* inutilité *f*; **~nießer(in** *f*) *m* -s, - usufruitier(-ière).

rieure; **~schule** *f* lycée *m*; **~schwester** *f* (*MED*) infirmière-chef *f*.

Oberst *m* **-en** *o* **-s, -en** *o* **-e** colonel *m*.

oberste(r, s) *a* le(la) plus haut(e); (*Befehlshaber, Gesetz*) suprême; (*Klasse*) supérieur(e).

Ober-: ~stufe *f* second cycle *m*; **~teil** *nt* partie *f* supérieure; **~wasser** *nt*: **~wasser haben/bekommen** avoir le vent en poupe; **~weite** *f* tour *m* de poitrine.

O

O'ase *f* -, -n oasis *f*.

ob *conj* si; ~ **das wohl wahr ist?** je me demande si c'est vrai; **und ~!** et comment!

obdachlos *a* sans abri; sans foyer.

Obdukti'on *f* autopsie *f*.

obdu'zieren *vt* (*ohne ge-*) autopsier.

O-Beine *pl* jambes *fpl* arquées.

oben *ad* en haut; **nach** ~ en haut, vers le haut; **von** ~ d'en haut; ~ **ohne** seins nus; ~**'an** *ad* en tête; **~drein** *ad* par-dessus le marché, en plus; **~erwähnt** *a* mentionné(e) ci-dessus; **~'hin** *ad* superficiellement.

Ober *m* **-s,** - (*Kellner*) garçon *m*; **~arzt** *m*, **~ärztin** *f* médecin *m* chef; **~aufsicht** *f* supervision *f*; **~befehlshaber** *m* commandant *m* en chef; **~begriff** *m* terme *m* générique; **~bekleidung** *f* vêtements *mpl* (de dessus); **~bürgermeister(in** *f*) *m* maire *m*.

obere(r, s) *a* supérieur(e).

Ober-: ~fläche *f* surface *f*; **o~flächlich** *a* superficiel(le); **~geschoß** *nt* étage *m*; **o~halb** *ad* au-dessus // *prep* ~ *gen* au-dessus de; **~haupt** *nt* chef *m*; **~hemd** *nt* chemise *f*; **~in** *f* (*REL*) (mère *f*) supérieure *f*; **~kellner** *m* maître *m* d'hôtel; **~kommando** *nt* haut commandement *m*; **~körper** *m* tronc *m*, haut *m* du corps; **~leitung** *f* direction *f* générale; (*ELEC*) caténaire *f*; **~licht** *nt* (*Fenster*) lucarne *f*; **~schenkel** *m* cuisse *f*; **~schicht** *f* classe *f* supé-

Obhut *f* - garde *f*, protection *f*.

obig *a* ci-dessus.

Ob'jekt *nt* **-(e)s, -e** objet *m*; (*LING*) complément *m* d'objet.

Objek'tiv *nt* objectif *m*.

objek'tiv *a* objectif(-ive).

Objektivi'tät *f* objectivité *f*.

obli'gatorisch *a* obligatoire.

Oboe [o'bo:ə] *f* -, -n hautbois *m*.

Obrigkeit *f* (*Behörde*) autorités *fpl*; (*Regierung*) pouvoirs *mpl* publics.

ob'schon *conj* bien que + *subj*.

Observatorium [ɔpzɛrva'to:rium] *nt* observatoire *f*.

ob'skur *a* obscur(e); (*verdächtig*) douteux(-euse).

Obst *nt* **-(e)s** fruit(s) *m* (*pl*); **~bau** *m* culture *f* fruitière; **~baum** *m* arbre *m* fruitier; **~garten** *m* verger *m*; **~kuchen** *m* tarte *f* aux fruits.

ob'szön *a* obscène; **O~i'tät** *f* obscénité *f*.

ob'wohl *conj* bien que + *subj*.

Ochse ['ɔksə] *m* **-n, -n** bœuf *m*.

öd(e) *a* (*Land*) désert(e), inculte; (*fig: Leben*) terne, ennuyeux(-euse).

Öde *f* -, -n désert *m*; (*fig*) vide *m*, ennui *m*.

oder *conj* ou.

Ofen *m* **-s,** ¨ (*Heiz-*) poêle *m*; (*Back-*) four *m*; (*Hoch-*) (haut) fourneau *m*; **~rohr** *nt* tuyau *m* de poêle.

offen *a* ouvert(e); (*Feuer*) vif(vive); (*Meer, Land*) plein(e); (*vorgestellt*); (*Stelle*) vacant(e); (*aufrichtig*) franc (franche); **ein ~es Haus haben** tenir table ouverte; ~ **gesagt** à vrai dire; **~bar** *a* manifeste, évident(e) // *ad* manifestement; **~'baren** *vt*

ge-): jdm etw ~'baren révéler qch
à qn; O~'barung f révélation f;
~'bleiben vi irr (zvb, mit sein)
(Fenster) rester ouvert(e); (Frage,
Entscheidung) rester en suspens;
O~'heit f franchise f, sincérité f;
~herzig a (Mensch) ouvert(e);
(Bekenntnis) sincère; (Kleid) très
décolleté(e); ~kundig a (bekannt)
public(-ique); (klar) évident(e);
~lassen vt irr (zvb) (Tür etc) laisser
ouvert(e); (Frage) laisser en
suspens; ~sichtlich a manifeste.

offenstehen vi irr (zvb) (Tür etc) être
ouverte(e); es steht Ihnen offen,
es zu tun vous êtes libre de le faire.

öffentlich a public(-ique);
Erregung ~en Ärgernisses
outrage m à la pudeur; O~keit f
public m; (einer Versammlung etc)
publicité f; in aller O~keit en
public; an die O~keit dringen
transpirer.

Of'ferte f~, -n offre f.

offizi'ell a officiel(le).

Offi'zier m -s, -e officier m.

öffnen vt (Tür) ouvrir // vr: sich ~
s'ouvrir.

Öffnung f ouverture f; ~szeiten pl
heures fpl d'ouverture.

oft ad souvent.

öfter ad plus souvent; ~s ad souvent.

ohne prep +akk sans // conj (+
Infinitiv) sans (+ daß) sans que (+
subj); das ist nicht ~ (fam) ce n'est
pas si bête que ça; ~ weiteres
simplement; (sofort) immédiatement; ~dies ad de toute façon;
~gleichen ad sans égal, incomparable; ~hin ad de toute façon.

Ohnmacht f évanouissement m; (fig)
impuissance f; in ~ fallen
s'évanouir.

ohnmächtig a évanoui(e); (fig)
impuissant(e).

Ohr nt -(e)s, -en oreille f; (Gehör)
ouïe f.

Öhr nt -(e)s, -e chas m.

Ohren-: ~arzt m, ~ärztin f oto-
rhino(-laryngologiste) m/f;
o~betäubend a assourdissant(e);
~schmalz nt cérumen m;

~schmerzen pl maux mpl d'oreilles; ~schützer pl cache-oreilles m.

Ohr-: ~feige f gifle f, claque f;
o~feigen vt gifler; ~läppchen nt
lobe m de l'oreille; ~ringe pl
boucles fpl d'oreille.

öko'nomisch a économique.

Ok'tober m -(s), - octobre m.

öku'menisch a œcuménique.

Öl nt -(e)s, -e huile f; (Erd~) pétrole
m; (Heiz~) mazout m; ~baum m
olivier m; ölen vt (TECH) lubrifier,
graisser; ~farbe f peinture f à
l'huile; ~heizung f chauffage m au
mazout.

Öl-: ~meßstab m jauge f de niveau
d'huile; ~pest f marée f noire;
~sardine f sardine f à l'huile;
~standanzeiger m indicateur m de
niveau d'huile; ~wechsel m
vidange f (d'huile); ~zeug nt ciré m.

o'lympisch a (Spiele) olympique.

Oma f -, -s (fam) mémé f.

Omelett nt -(e)s, -e, Ome'lette f-,
-n omelette f.

Omen nt -s, - présage m.

Omnibus m autobus m.

ona'nieren vi (ohne ge-) se
masturber.

Onkel m -s, - oncle m.

Opa m -s, -s (fam) pépé m.

Oper f -, -n opéra m.

Operati'on f opération f.

Ope'rette f opéra m.

ope'rieren vt, vi (ohne ge-) opérer;
am Blinddarm operiert werden
être opéré(e) de l'appendicite.

Opern-: ~glas nt jumelles fpl de
spectacle; ~haus nt opéra m.

Opfer nt -s, - (Gabe) offrande f; (Verzicht) sacrifice m; (Mensch) victime f;
o~n vt sacrifier.

Oppositi'on f opposition f.

Optik f optique f; ~er(in f) m -s, -
opticien(ne).

opti'mal a optimal(e), optimum.

Opti'mismus m optimisme m.

Opti'mist m optimiste m/f; o~isch a
optimiste.

optisch a optique.

Orange [o'rā:ʒə] f-, -n orange f;
a inv orange inv.

Or'chester nt -s, - orchestre m.

Orchi'dee f -, -n [-ɛːən] orchidée f.

Orden m -s, - (REL) ordre m; (MIL etc) décoration f; **~schwester** f religieuse f.

ordentlich a (anständig) respectable; (Arbeit) soigné(e); (Zimmer) bien rangé(e); (fam: annehmbar) potable // ad (fam) bien; **O~keit** f respectabilité f; soin m; bon ordre m.

Ordi'nalzahl f nombre m ordinal.

ordi'när a (gemein) vulgaire; (alltäglich) ordinaire.

ordnen (Papiere, Bücher etc) ordonner, classer; (Gedanken) mettre de l'ordre dans.

Ordner m -s, - (Mensch) ordonnateur(-trice); (Akten-) classeur m.

Ordnung f (das Ordnen) rangement m, classement m; (das Geordnetsein) ordre m; (das Erledigung) ordre m; **o~sgemäß** a correct(e), en bonne et due forme; (Verhalten) conforme aux règles; **o~shalber** ad pour la forme; **o~swidrig** a (Verhalten) irrégulier (-ière); **~szahl** f nombre m ordinal.

Or'gan nt -s, -e organe m.

Organisati'on f organisation f.

Organi'sator m organisateur(-trice).

organi'satorisch a (Talent) d'organisateur(-trice); (Arbeit) d'organisation.

organi'sieren (ohne ge-) vt organiser // vr: **sich** ~ s'organiser.

Orga'nismus m organisme m.

Or'ganverpflanzung f transplantation f d'organe.

Or'gasmus m orgasme m.

Orgel f -, -n orgue m, orgues fpl.

Orient ['oːriɛnt, oːrˈiɛnt] m -s Orient m.

orientalisch [oriɛnˈtaːlɪʃ] a oriental(e).

orientieren [oriɛnˈtiːrən] (ohne ge-) vt (informieren: jdn) informer, mettre au courant // vr: **sich** ~ (örtlich) s'orienter; (sich informieren) s'informer; **sich an etw** (dat) ~ s'orienter d'après qch.

Orien'tierung f orientation f; **zu Ihrer** ~ à titre d'information:

~ssinn m sens m de l'orientation.

origi'nal a original(e); **O~** nt -s, -e original m; (Mensch) original(e).

Or'kan m -(e)s, -e ouragan m.

Orna'ment nt ornement m, décoration f.

Ort m -(e)s, -e ~er endroit m, lieu m; (Stadt etc) localité f; **an** ~ **und Stelle** sur place, sur les lieux.

Ortho'päde m -n, -n, **Ortho'pädin** f orthopédiste m/f.

ortho'pädisch a orthopédique.

örtlich a local(e).

Ortschaft f localité f, agglomération f.

Orts-: ~gespräch nt communication f locale u urbaine; **~netz** nt réseau m local u urbain; **~sinn** m sens m de l'orientation; **~zeit** f heure f locale.

Öse f -, -n œillet m, anneau m.

Ostblock nt (POL) pays mpl de l'Est.

Osten m -s est m, orient m; (POL) pays mpl de l'Est.

Oster-: ~ei nt œuf m de Pâques; **~glocke** f jonquille f; **~hase** m lapin m de Pâques; **~n** nt -s, - Pâques fpl.

Österreich nt -s (l')Autriche f; **ö~er(in** f) m -s, - Autrichien(ne); **ö~isch** a autrichien(ne).

Ostersonntag m dimanche m de Pâques.

östlich a (Wind); (POL) de l'Est.

Ost-: see f (mer f) Baltique f; **o~wärts** ad vers l'est, à l'est; **~wind** m vent m d'est.

Otter m -s, - loutre f // f -, -n (Schlange) vipère f.

oval [o'vaːl] a ovale.

oxy'dieren (ohne ge-) vt oxyder // vi s'oxyder.

Ozean m -s, -e océan m; **~dampfer** m transatlantique m.

O'zon nt -s ozone m.

P

Paar nt -(e)s, -e paire f; (Ehe-) couple m; **ein p~** quelques.

paaren vt (Eigenschaften) allier; (Tiere) accoupler // vr: **sich** ~

s'allier; *(Tiere)* s'accoupler.

Paar-: **~lauf** m patinage m par couples; **p~mal** *ad:* **ein p~mal** plusieurs fois; **p~weise** *ad* par paires, par deux.

Pacht f -, -en bail m; **p~en** vt louer.

Pächter(in f) m -s, - preneur (-euse), locataire m/f.

Pack m -(e)s, -e o²e paquet m, liasse f // nt -(e)s canaille f.

Päckchen nt petit paquet m; *(Zigaretten)* paquet m.

packen vt *(Koffer, Paket)* faire; *(fassen)* saisir; *(fam: schaffen)* réussir; **seine Sachen ~** faire sa valise.

Packen m -s, - paquet m; *(Menge):* **ein ~ Arbeit** un tas o beaucoup de travail.

Pack-: **~papier** nt papier m d'emballage; **~ung** f paquet m; *(Pralinen~)* boîte f; *(MED)* compresse f.

Pädа-: **~'gogik** f pédagogie f; **p~'gogisch** a pédagogique.

Paddel nt -s, - pagaie f, aviron m; **~boot** nt pirogue f; *(SPORT)* canoë m; **p~n** vi *(bei Bewegung: mit sein)* pagayer.

paffen vt, vi *(fam)* fumer.

Page ['pa:ʒə] m -n, -n *(Hotel)* chasseur m, groom m; **~nkopf** m coiffure f à la Jeanne d'Arc.

Pa'ket nt -(e)s, -e paquet m; *(Post~)* colis m postal.

Pakt m -(e)s, -e pacte m.

Pa'last m -es, Pa'läste palais m.

Palme f -, -n palmier m.

Palm'sonntag m (Dimanche m des) Rameaux mpl.

Pampelmuse f -, -n pamplemousse f.

pa'nieren vt *(ohne ge-)* paner.

Pa'niermehl nt chapelure f, panure f.

Panik f panique f.

Panne f -, -n *(TECH)* panne f; *(Mißgeschick)* erreur f, bévue f.

panschen vi patauger, barboter // vt *(Wein etc)* couper d'eau.

Panther m -s, - panthère f.

Pan'toffel m -s, -n pantoufle f; **~held** m *(fam)* mari m écrasé par sa femme.

Panzer m -s, - *(von Tieren)* carapace f; *(Fahrzeug)* char m (d'assaut); **~glas** nt verre m parre-balles; **~schrank** m coffre-fort m.

Papa m -s, -s *(fam)* papa m.

Papa'gei m -s, -en perroquet m.

Pa'pier nt -s, -e papier m; *(Wert~)* valeurs fpl; **~fabrik** f (usine f de) papeterie f; **~geld** nt billets mpl de banque; **~korb** m corbeille f à papier; **~krieg** m paperasserie f; **~tüte** f sachet m de papier.

Pappdeckel m, **Pappe** f -, -n carton m.

Pappel f -, -n peuplier m.

Paprika m -s, -(s) *(Gewürz)* paprika m; *(~schote)* poivron m.

Papst m -(e)s, ²e pape m.

Pa'rabel f -, -n parabole f.

Para'dies nt -es, -e paradis m; **p~isch** a divin(e), paradisiaque.

Para'graph m -en, -en paragraphe m; *(JUR)* article m.

paral'lel a parallèle; **P~e** f -, -n parallèle f.

Paranuß f noix f du Brésil.

Para'sit m -en, -en parasite m.

Pärchen nt couple m.

Par'füm nt -s, -e o -s m parfum m.

Parfümerie f parfumerie f.

parfü'mieren *(ohne ge-)* vt parfumer // vr: **sich ~** se parfumer.

pa'rieren *(ohne ge-)* vt *(Angriff)* parer // vi *(fam)* obéir.

Park m -s o parc m; **~anlage** f parc m.

parken vt garer // vi se garer, stationner.

Par'kett nt -(e)s, -e parquet m; *(THEAT)* orchestre m.

Park-: **~haus** nt silo m à voitures, parking m couvert; **~lücke** f place f de stationnement; **~platz** m parking m; **~scheibe** f disque m de stationnement; **~uhr** f parcmètre m; **~verbot** nt interdiction f de stationner.

Parla'ment nt parlement m.

parlamen'tarisch a parlementaire.

Parla'ments-: ~**beschluß** *m* décret *m* du parlement; ~**mitglied** *nt* membre *m* du parlement, député *m*.

Pa'role *f-*, **-n** mot *m* de passe; (*Wahlspruch*) slogan *m*.

Par'tei *f* parti *m*; **für jdn ~ ergreifen** prendre parti pour qn; **p~isch** *a* partial(e); ~**nahme** *f-*, *-n* prise *f* de position; ~**tag** *m* congrès *m* du parti.

Par'terre *nt* -s, -s rez-de-chaussée *m*; (THEAT) parterre *m*.

Par'tie *f* partie *f*; (*zur Heirat*) parti *m*; (COMM) lot *m*; **mit von der ~ sein** être de la partie.

Parti'san(in *f*) *m* -s *o* -en, -en *partisan m*, résistant(e), franc-tireur *m*.

Parti'tur *f* partition *f*.

Parti'zip *nt* -s, **Parti'zipien** [-iən] participe *m*.

Partner(in *f*) *m* -s, - partenaire *m/f*; (COMM) associé(e).

Party ['pa:tɪ] *f-*, -s *o* **Parties** fête *f*, soirée *f*.

Paß *m* -sses, -sse (GEO) col *m*; (*Ausweis*) passeport *m*.

Passage [pa'sa:ʒə] *f-*, -n passage *m*; (*Überfahrt*) traversée *f*.

Passagier [pasa'ʒi:ɐ] *m* -s, -e passager(-ère); ~**dampfer** *m* paquebot *m*.

Paßamt *nt* bureau délivrant les passeports ≈ préfecture *f*.

Paßbild *nt* photo *f* d'identité.

passen *vi* aller (bien); (*Spiele, SPORT*) passer; **das paßt mir nicht** cela ne me convient pas; **zu etw ~** aller (bien) avec qch; ~**d** *a* assorti(e); (*Zeit*) opportun(e); (*Geschenk*) approprié(e).

pas'sieren (*ohne ge-*) *vt* (*durch Sieb*) passer // *vi* (*mit sein*) se produire, arriver.

passiv *a* passif(-ive); **P~** *nt* -s, -e passif *m*; **P~a** *pl* (COMM) passif *m*.

Paßkontrolle *f* contrôle *m* des passeports.

Paste *f-*, -n pâte *f*.

Pa'stete *f-*, -n vol-au-vent *m*; (*Leber- etc*) pâté *m*.

pasteuri'sieren *vt* (*ohne ge-*) pas-

teuriser.

Pastor *m* pasteur *m*; ~**in** *f* (*femme* pasteur.

Pate *m* -n, -n parrain *m*; ~**nkind** *n* filleul(e).

Pa'tent *nt* -(e)s, -e brevet *m* (d'invention); **p~** *a* (*Mensch*) débroui lard(e).

paten'tieren *vt* (*ohne ge-*) (*Erfindung* faire breveter.

Pater *m* -s, -s *o* **Patres** père *m*.

pa'thetisch *a* pathétique.

patho'logisch *a* pathologique.

Patient(in *f*) [pa'tsɪɛnt(ɪn)] *m* patient(e), malade *m/f*.

Patin *f* marraine *f*.

Patina *f-* patine *f*.

patriar'chalisch *a* patriarcal(e).

Patri'ot(in *f*) *m* -en, -en patriot *m/f*; **p~isch** *a* patriotique.

Pa'tron(in *f*) *m* -s, -e patron(ne) (*pej*) type *m*.

Pa'trone *f-*, -n cartouche *f*; (PHOT chargeur *m*; ~**nhülse** *f* douille *f*.

patrouillieren [patrʊl'ji:rən] *vi* (*ohne ge-*) patrouiller.

patsch *excl* plouf!

Patsche *f-*, -n (*fam: Händchen* menotte *f*; (:*Bedrängnis*) pétrin *m* **p~n** *vi* taper; (*im Wasser*) patauger

patschnaß *a* (*fam*) trempé(e).

patzig *a* (*fam*) effronté(e).

Pauke *f-*, -n timbales *fpl*; **auf die hauen** (*fam: feiern*) faire la fête.

pausbäckig *a* joufflu(e).

pau'schal *a* (*Kosten*) forfaitaire (*Urteil*) en bloc; **P~e** *f-*, -n, -n **P~prei** *m* prix *m* forfaitaire; **P~reise** voyage *m* organisé.

Pause *f-*, -n pause *f*; (THEAT entracte *m*; (SCOL) récréation (*Kopie*) calque *m*; **p~n** *vt* calquer **p~nlos** *a* continuel(le); ~**nzeiche** *nt* (RADIO, TV) indicatif *m*; (MUS silence *m*.

Pauspapier *nt* papier-calque *m*.

Pavian ['pa:vian] *m* -s, -e babouin *m*.

Pazifik *m* -s: der ~, der **Pazifisch Ozean** le Pacifique, l'Océan *m* pacifique.

Pazi'fist(in *f*) pacifiste *m/f*.

Pech nt -s, -e poix f; (Mißgeschick) malchance f, poisse f; ~ haben ne pas avoir de chance; **p~schwarz** a (Haar) noir(e) comme jais; (Nacht) noir(e) comme de l'encre; **~strähne** f (fam) série f noire; **~vogel** m (fam) malchanceux m.

Pe'dal nt -s, -e pédale f.

Pe'dant m homme m pointilleux; **p~isch** a (Mensch) pointilleux (-euse); (Genauigkeit) scrupuleux (-euse); (Arbeit) méticuleux (-euse).

Pegel m -s, - indicateur m de niveau; **~stand** m niveau m de l'eau.

Pein f - peine f, tourment m; **p~igen** vt tourmenter; **p~lich** a pénible; (unangenehm) gênant(e), embarrassant(e); (Sauberkeit, Ordnung) méticuleux(-euse).

Peitsche f -, -n fouet m; **p~n** vt (Pferd) fouetter // vi (Regen) battre (an +akk contre).

Pelle f -, -n (von Wurst) peau f; (von Kartoffel) pelure f; **p~n** vt (Wurst) peler; (Kartoffel) éplucher.

Pellkartoffeln pl pommes fpl de terre en robe des champs o de chambre.

Pelz m -es, -e fourrure f.

Pendel nt -s, - pendule m; (Uhr~) balancier m; **~verkehr** m (Bus etc) navette f.

Pendler(in f) m -s, - banlieusard(e).

pene'trant a (Geruch) fort(e); (Mensch) envahissant(e), importun(e).

Penis m -, -se pénis m.

Pensi'on f pension f; (Ruhestand, Ruhestandsgeld) retraite f; **halbe/volle** ~ demi-pension/pension complète.

pensio'nieren vt (ohne ge-) mettre à la retraite.

pensio'niert a retraité(e).

Pensi'onsgast m pensionnaire m/f.

Pensum nt -s, **Pensen** travail m, tâche f; (SCOL) programme m.

per prep +akk par; (bis) d'ici à.

Perfekt nt -(e)s, -e parfait m; passé m composé.

per'fekt a parfait(e).

perfo'rieren vt (ohne ge-) perforer, percer.

Perga'ment nt parchemin m; **~papier** nt papier m sulfurisé, papier-parchemin m.

Peri'ode f -, -n période f; (MED) règles fpl.

peri'odisch a périodique.

Perle f -, -n perle f; **p~n** vi (Sekt, Wein) pétiller; (Schweiß) perler.

Perl'mutt nt -s nacre f.

per'plex a stupéfait(e).

Persi'aner m -s, - astrakan m; (Mantel) manteau m d'astrakan.

Per'son f -, -en personne f; **ich für meine** ~ en ce qui me concerne.

Perso'nal nt -s personnel m; **~ausweis** m carte f d'identité.

Perso'nalien [-iən] pl état m civil, identité f.

Perso'nalpronomen nt pronom m personnel.

Per'sonen-: **~kraftwagen** m voiture f; **~schaden** m dommage m physique; **~waage** f balance f; **~zug** m train m de voyageurs; (Nahverkehrszug) omnibus m.

personifi'zieren vt (ohne ge-) personnifier.

per'sönlich a personnel(le) // ad personnellement; (erscheinen) en personne; **jdn ~ angreifen** faire une attaque personnelle contre qn; **P~keit** f personnalité f.

Pe'rücke f -, -n perruque f.

Pessi'mismus m pessimisme m.

Pessi'mist m pessimiste m/f; **p~isch** a pessimiste.

Pest f - peste f.

Peter'silie [-iə] f persil m.

Petroleum [pe'tro:ləum] nt -s kérosène m.

petzen vi (fam) moucharder, cafarder.

Pfad m -(e)s, -e sentier m; **~finder(in** f) m scout m.

Pfahl m -(e)s, -e, pieu m, poteau m; **~bau** m construction f sur pilotis.

Pfalz f -: **die** ~ le Palatinat.

Pfand nt -(e)s, -er gage m; (COMM) consigne f; **~brief** m obligation f.

pfänden vt saisir.

Pfand-: ~**haus** nt mont-de-piété m; ~**leiher** m prêteur m sur gages; ~**schein** m reconnaissance f de gage.

Pfändung f saisie f.

Pfanne f -, -n poêle f.

Pfannkuchen m crêpe f; (Berliner) beignet m à la confiture.

Pfar'rei f paroisse f.

Pfarrer m -s, - curé m; (evangelisch) pasteur m.

Pfarrhaus nt presbytère m, cure f.

Pfau m -(e)s, -en paon m.

Pfeffer m -s, - poivre m; ~**kuchen** m pain m d'épice; ~**minz** nt -es, -e pastille f de menthe; ~'**minze** f menthe f (poivrée); ~**mühle** f moulin m à poivre; **p~n** vt poivrer; (fam: werfen) balancer; **gepfefferte Preise** prix salés.

Pfeife f -, -n sifflet m; (Tabak~) pipe f; (Orgel~) tuyau m; **p~n** vt, vi irr siffler.

Pfeil m -(e)s, -e flèche f.

Pfeiler m -s, - pilier m; (Brücken~) pile f.

Pferd nt -(e)s, -e cheval m; ~**erennen** nt course f de chevaux; ~**eschwanz** m queue f de cheval; ~**estall** m écurie f.

pfiff siehe **pfeifen.**

Pfiff m -(e)s, -e (Pfeifen) sifflement m; (Kniff) truc m.

Pfifferling m chanterelle f, girolle f; **das ist keinen ~ wert** ça ne vaut pas un clou.

pfiffig a futé(e).

Pfingsten nt -, - Pentecôte f.

Pfingstrose f pivoine f.

Pfirsich m -s, -e pêche f.

Pflanze f -, -n plante f.

pflanzen vt planter.

Pflanzenfett nt graisse f végétale.

pflanzlich a végétal(e).

Pflaster nt -s, - pansement m (adhésif); (von Straße) pavé m; **p~n** vt paver; ~**stein** m pavé m.

Pflaume f -, -n prune f.

Pflege f -, -n (von Mensch, Tier) soins mpl; (von Dingen) entretien m; **in ~ sein/geben** (Kind) être/placer chez des parents adoptifs; **p~bedürftig**

a (Patient) qui a besoin de soins; (Sache) qui a besoin d'être entretenu(e); ~**eltern** pl parents mpl adoptifs; ~**kind** nt enfant m adoptif; **p~leicht** a (Material) facile à laver; (Boden) d'entretien facile; **p~n** vt soigner; (Beziehungen) entretenir; (gewöhnlich tun) avoir l'habitude (zu de); ~**r(in)** f m -s, - (MED) infirmier -ière).

Pflicht f -, -en devoir m; (SPORT) figures fpl imposées; **p~bewußt** a consciencieux(-euse); ~**fach** nt matière f obligatoire; ~**gefühl** nt sentiment m du devoir; ~**versicherung** f assurance f obligatoire.

Pflock m -(e)s, -e piquet m.

pflücken vt cueillir.

Pflug m -(e)s, -e charrue f.

pflügen vt (Feld) labourer.

Pforte f -, -n porte f.

Pförtner(in f) m -s, - concierge m/f, portier m.

Pfosten m -s, - poteau m; (Tür~) montant m.

Pfote f -, -n patte f.

Pfropf m -(e)s, -e (Flaschen~) bouchon m; (Blut~) caillot m; **p~en** vt (stopfen) boucher; (Baum) greffer; **P~en** m -s, - bouchon m.

pfui excl pouah!

Pfund nt -(e)s, -e livre f.

pfuschen vi (fam) bâcler; **jdm ins Handwerk ~** se mêler des affaires de qn.

Pfuscher m -s, - (fam) bâcleur(-euse); (Kur~) charlatan m.

Pfütze f -, -n flaque f.

Phanta'sie f imagination f; **p~los** a sans imagination; **p~ren** vi (ohne ge-) rêver (von de); (MED, pej) délirer; **p~voll** a plein(e) d'imagination.

phantastisch a fantastique.

Phase f -, -en phase f.

Philolo'gie f philologie f.

Philo'soph(in f) m -en, -en philosophe m/f.

Philoso'phie f philosophie f.

philo'sophisch a philosophique; (Mensch) philosophe.

phleg'matisch a (Mensch) lymphatique.

Pho'netik f phonétique f.

phosphores'zieren vi (ohne ge-) être phosphorescent(e).

Photo nt -s, -s etc siehe **Foto**.

Phrase f -, -n (LING) phrase f; (pl: pej) verbiage m.

Phy'sik f physique f.

Physiker(in f) m -s, - physicien(ne).

Physiolo'gie f physiologie f.

physisch a physique.

picheln vi (fam) picoler.

Pickel m -s, - (MED) bouton m; (Werkzeug) pic m, pioche f; (Berg~) piolet m; **~ig** a (Gesicht) boutonneux(-euse).

picken vt, vi picorer.

Picknick nt -s, -e o -s pique-nique m; **~ machen** pique-niquer.

piepen, piepsen vi pépier.

piesacken vt (fam) asticoter, agacer.

Pie'tät f respect m; **p~los** a irrévérencieux(-euse).

Pik nt -s, -s pique m // m: **einen ~ auf jdn haben** (fam) avoir une dent contre qn.

pi'kant a (Speise) épicé(e), relevé(e); (Geschichte) piquant(e), croustillant(e).

pi'kiert a vexé(e), froissé(e).

Pilger(in f) m -s, - pèlerin m/f; **~fahrt** f pèlerinage m.

Pille f -, -n pilule f.

Pi'lot m pilote m.

Pilz m -es, -e champignon m; **~krankheit** f mycose f.

pingelig a (fam) tatillon(ne), pointilleux(-euse).

Pinguin ['pɪŋgui:n] m -s, -e pingouin m.

Pinie [-iə] f pin m.

pinkeln vi (fam) pisser.

Pinsel m -s, - pinceau m.

Pin'zette f pince f, pincette f.

Pi'rat m -en, -en pirate m; **~ensender** m radio-pirate f.

Pi'stole f -, -n pistolet m.

Pkw ['peːkaːveː] m -(s), -(s) abk von **Personenkraftwagen**.

Placke'rei f (fam) corvée f.

plädieren vi (ohne ge-) plaider.

Plage f -, -n fléau m; (Mühe) fardeau m; **p~n** vt (Mensch) harceler; (Hunger) tourmenter // vr: **sich p~n** s'esquinter.

Pla'kat nt affiche f.

Plan m -(e)s, "e plan m.

Plane f -, -n bâche f.

planen vt projeter; (Entwicklung) planifier; (Mord etc) tramer.

Planer(in f) m -s, - planificateur(-trice).

Pla'net m -en, -en planète f; **~enbahn** f orbite f.

pla'nieren vt (ohne ge-) (Gelände) aplanir, niveler.

Pla'nierraupe f bulldozer m.

Planke f -, -n (Brett) planche f.

plan-: ~los a (réfléchi(e) // ad sans méthode; (umherlaufen) sans but; **~mäßig** a (Ankunft, Abfahrt) à l'heure // ad comme prévu.

Planschbecken nt bassin m pour enfants.

planschen vi barboter.

Planstelle f poste m.

Plantage [plan'ta:ʒə] f -, -n plantation f.

Planung f planification f.

Plan-: ~wagen m chariot m bâché; **~wirtschaft** f économie f planifiée.

plappern vi papoter, babiller.

plärren vi (Mensch) brailler, criailler; (Radio) beugler.

Plastik f sculpture f // nt -s, -s (Kunststoff) plastique m.

Plasti'lin nt -s pâte f à modeler.

plastisch a plastique; (Material) malléable; **eine ~e Darstellung** une description vivante.

Pla'tane f -, -n platane m.

Platin nt -s platine m.

pla'tonisch a (von Plato) platonicien(ne); (Liebe) platonique.

platsch excl plouf, floc!

plätschern vi (Wasser) murmurer, clapoter.

platt a plat(e); (Reifen) crevé(e); (fam: überrascht) baba inv; **P~deutsch** nt bas allemand m.

Platte f -, -n plat m; (Stein~, PHOT) plaque f; (Kachel) carreau m; (Schall~) disque m.

Platten-: ~spieler m électrophone m, tourne-disque m; ~teller m plateau m, platine f

Plattfuß m pied m plat; (Reifen) pneu m crevé.

Platz m -es, ¨e place f; (Sport~) terrain m (de sport); jdm ~ **machen** céder la place à qn; ~ **nehmen** prendre place; ~**angst** f agoraphobie f; (fam) claustrophobie f; ~**anweiser(in** f) m ouvreur(-euse).

Plätzchen nt petite place f, coin m; (Gebäck) petit four m.

platzen vi (mit sein) éclater; (Reifen) crever; (Kleid) craquer; **vor Wut/Neid** ~ (fam) être fou(folle) de rage/crever de jalousie.

Platz-: ~**karte** f réservation f; ~**patrone** f cartouche f à blanc; ~**regen** m averse f.

plaudern vi causer, bavarder.

pla'zieren (ohne ge-) vt placer // vr: **sich** ~ (SPORT) arriver parmi les premiers(-ières); (Tennis) être tête de série.

pleite (fig) en faillite; (fam: Mensch) fauché(e); **P**~ f -, -n faillite f, banqueroute f; (fam: Reinfall) fiasco m.

Plenum nt -s assemblée f plénière.

Pleuelstange f bielle f.

Plombe f -, -n plomb m; (Zahn~) plombage m.

plom'bieren (ohne ge-) vt plomber.

plötzlich a soudain(e), subit(e) // ad brusquement, tout à coup, soudain.

plump a (Mensch) lourdaud(e); (Körper, Hände) épais(se); (Bewegung) lourd(e); (Auto, Vase) mastoc inv; (Versuch) maladroit(e).

plumpsen vi (mit sein) (fam) tomber lourdement.

Plunder m -s (fam) fatras m.

plündern vt piller.

Plural m -s, -e pluriel m.

Plus nt -, - excédent m; (FIN) bénéfice m; (Vorteil) avantage m; **p**~ ad plus.

Plüsch m -(e)s, -e peluche f.

Plus-: ~**pol** m pôle m positif; ~**punkt** m (Vorteil) avantage m; ~**quamperfekt** nt -s, -e plus-que-parfait m.

Po m -s, -s (fam) derrière m.

Pöbel m -s populace f.

Pöbe'lei f vulgarité f.

pöbelhaft a vulgaire.

pochen vi frapper (an +akk à); (Herz) battre; **auf etw** (akk) ~ (fig) ne pas démordre de qch.

Pocken pl variole f.

Podium nt estrade f; ~**sdiskussion** f débat m public.

Poe'sie f poésie f.

Po'et m -en, -en poète m; **p**~**isch** a poétique.

Pointe ['poɛ̃:tə] f -, -n astuce f.

Po'kal m -s, -e coupe f.

Pökel-: ~**fleisch** nt viande f salée; **p**~**n** vt saler.

Pol m -s, -e pôle m.

po'lar a polaire.

Pole m -n, -n, **Polin** f Polonais f.

polemisch a polémique.

Polen nt -s (la) Pologne.

Police [po'li:sə] f -, -n police f (d'assurance).

po'lieren vt (ohne ge-) astiquer.

Poli'tik f politique f.

Po'litiker(in f) m -s, - politicien(ne).

po'litisch a politique.

Poli'tur f (Mittel) encaustique f.

Poli'zei f police f; ~**beamte(r)** m, ~**beamtin** f agent m de police; **p**~**lich** a policier(-ière); (Anordnung) de la police; **p**~**liches Kennzeichen** plaque f minéralogique; ~**revier** nt (Stelle) commissariat m de police; ~**staat** m Etat m policier; ~**streife** f patrouille f de police; ~**stunde** f heure f de fermeture; **p**~**widrig** a illégal(e).

Poli'zist(in f) m agent m de police, femme-agent f.

polnisch a polonais(e).

Polster nt -s, - (Polsterung) rembourrage m; (in Kleidung) épaulette f; (fig: Geld) réserves fpl; ~**er** m -s, - tapissier m; ~**möbel** pl meubles mpl rembourrés; **p**~**n** vt rembourrer; ~**ung** f rembourrage m.

Polterabend m fête, à la veille d'un mariage, où l'on casse de la vaisselle pour porter bonheur aux mariés.

poltern vi (*Krach machen*) faire du vacarme; (*schimpfen*) tempêter.

Pommes frites [pɔmˈfrits] pl frites fpl.

Pomp m -(e)s pompe f, faste f.
po'm'pös a somptueux(-euse).

Pony -s, -s nt poney m // m frange f.
Po'po m -s, -s (*fam*) derrière m.

Pore f -, -n pore m.

Porno'gra'phie f pornographie f.
po'rös a poreux(-euse).

Porree m -s, -s poireau m.

Por'tal nt -s, -e portail m.

Portemonnaie [pɔrtmɔˈne:] nt -s, -s porte-monnaie m.

Portier [pɔrˈtie:] m -s, -s concierge m, portier m.

Portion [pɔrˈtsioːn] f (*Essens~*) portion f, part f; (*fam: Menge*) dose f.

Porto nt -s, -s port m, affranchissement m; **p~frei** a franco de port.

porträ'tieren vt (*ohne ge-*) faire le portrait de.

Portugiese m -n, -n, **Portugiesin** f Portugais(e).

Porzel'lan nt -s, -e porcelaine f.

po'saune f -, -n trombone m.

Pose f -, -n pose f.

po'sieren vi (*ohne ge-*) poser.

positiv a positif(-ive).

Posi'tur f posture f, attitude f.

posses'siv a possessif(-ive); **P~(pronomen)** nt -s, -e (adjectif m o pronom m) possessif m.

pos'sierlich a amusant(e).

Post f -, -en poste f; (*Briefe*) courrier m; **~amt** nt (*bureau m de*) poste m; **~anweisung** f mandat m postal, mandat-poste m; **~bote** m, **~botin** f facteur m.

Posten m -s, -s poste m; (*Soldat*) sentinelle f; (*COMM*) lot m; (*auf Liste*) rubrique f; (*Streik~*) piquet m de grève.

Post-: **~fach** nt boîte f postale; **~karte** f carte f postale; **p~lagernd** a (*Sendung*) poste restante; **~leitzahl** f code m postal; **~scheckkonto** nt compte m chèque postal; **~sparkasse** f Caisse f (nationale) d'épargne; **~stempel** m cachet m d'oblitéra-

tion de la poste; **p~wendend** ad par retour du courrier.

po'tent a (*Mann*) viril(e).

Po'tenz f (MATH) puissance f; (*eines Mannes*) virilité f.

Pracht f - magnificence f, splendeur f.

prächtig a magnifique, splendide.

Pracht-: **~stück** nt joyau m; **p~voll** a (*Bewertung*) splendide.

Prädi'kat nt (*Adels~*) titre m; (LING) prédicat m; (*Bewertung*) mention f.

prägen vt (*Münze*) battre; (*Ausdruck*) inventer; (*Charakter*) marquer.

prä'gnant a concis(e), précis(e).

prahlen vi se vanter.

Prahle'rei f vantardise f.

prahlerisch a fanfaron(ne).

Praktik f pratique f.

prakti'kabel a (*Lösung*) réalisable.

Prakti'kant(in) f) m stagiaire m/f.

Praktikum nt -s, Praktika stage m.

praktisch a pratique; **~er Arzt** généraliste m.

prakti'zieren (*ohne ge-*) vt (*Idee*) mettre en pratique // vi (*Arzt etc*) exercer.

Pra'line f chocolat m (fourré).

prall a (*Sack*) bourré(e); (*Ball*) bien gonflé(e); (*Segel*) tendu(e); (*Arme*) rond(e); **in der ~en Sonne** en plein soleil.

prallen vi (*mit sein*) se heurter (*gegen o auf +akk* contre).

Prämie [-iə] f prime f; (*Belohnung*) récompense f.

prä'mieren vt (*ohne ge-*) (*belohnen*) récompenser; (*auszeichnen*) primer.

Pranger m -s, - pilori m.

Pranke f -, -n griffes fpl.

Präpa'rat nt (BIOL) préparation f; (MED) médicament m.

Präpositi'on f préposition f.

Präsens nt - présent m.

präsen'tieren vt (*ohne ge-*) présenter.

Präser'vativ [prɛzɛrvaˈti:f] nt préservatif m.

Präsi'dent(in f) m président(e); **~schaft** f présidence f; **~schaftskandidat(in** f) m candidat(e) à la présidence.

Prä'sidium nt (Vorsitz) présidence f; (Polizei~) direction f (de la police).

prasseln vi (Feuer) crépiter; (mit sein: Hagel, Wörter) tomber dru.

Pratze f -, -n patte f.

Praxis f - (Wirklichkeit) pratique f; pl **Praxen** (von Arzt, Anwalt) cabinet m.

Präze'denzfall m précédent m.

predigen vt, vi prêcher.

Predigt f -, -en sermon m.

Preis m -es, -e prix m; **um keinen ~** à aucun prix.

Preiselbeere f airelle f.

preisen vt irr louer.

preisgeben vt irr (zvb) livrer.

Preis-: ~**gericht** nt jury m; **p~günstig** a (Ware) avantageux(-euse); ~**lage** f catégorie f de prix; **p~lich** de(s) prix; ~**richter(in** f) m membre m du jury; ~**träger(in** f) m lauréat(e) f; **p~wert** a (Ware) bon marché inv.

prellen vt (stoßen) cogner; (fig): **jdn um etw** ~ escroquer qch à qn.

Prellung f contusion f.

Premi'ere f -, -n première f.

Presse f -, -n presse f; ~**freiheit** f liberté f de la presse; ~**meldung** f communiqué m de presse.

pressen vt presser.

pres'sieren vi (ohne ge-): **es pressiert** c'est urgent.

Preßluft f air m comprimé; ~**bohrer** m marteau-piqueur m.

Preußen nt la Prusse.

prickeln vi picoter, chatouiller.

pries siehe **preisen**.

Priester m -s, - prêtre m.

prima a inv (Ware) de première qualité; (fam) super inv.

Primel f -, -n primevère f.

primi'tiv a primitif(-ive).

Prinz m -en, -en prince m.

Prin'zessin f princesse f.

Prin'zip nt -s, -ien [-iən] principe m. **prinzipi'ell** a de principe // ad en principe.

privat [pri'va:t] a privé(-e).

pro prep +akk par; **P~** nt -s pour m.

Probe f -, -n essai m; (Prüfstück) échantillon m; (THEAT) répétition f;

jdn auf die ~ stellen mettre qn à l'épreuve; ~**exemplar** nt spécimen m; **p~n** vt, vi répéter; **p~weise** ad à titre d'essai; ~**zeit** f période f d'essai o probatoire.

pro'bieren (ohne ge-) vt essayer; (Wein, Speise) goûter // vi: ~, **ob etw paßt** essayer qch.

Pro'blem nt -s, -e problème m.

proble'matisch a problématique.

pro'blemlos a sans problème.

Pro'dukt nt -(e)s, -e produit m.

Produkti'on f production f.

produk'tiv a productif(-ive). **P~i'tät** f productivité f.

Produ'zent(in f) m producteur m.

produ'zieren vt (ohne ge-) produire.

Pro'fessor, **Profes'sorin** f professeur m (de faculté o de l'Université).

Profes'sur f chaire f.

profi'lieren vr (ohne ge-): **sich ~** (Politiker, Künstler etc) s'affirmer.

Pro'fit m -(e)s, -e profit m.

profi'tieren vi (ohne ge-) profiter (von de).

Pro'gnose f -, -n pronostic m.

Pro'gramm nt -s, -e programme m; (TV) chaîne f; (:Sendung) émission f; **p~(m)äßig** ad comme prévu.

program'mieren vt (ohne ge-) (Computer) programmer.

Program'mierer(in f) m -s, - programmeur(-euse).

progres'siv a progressiste.

Pro'jekt nt -(e)s, -e projet m.

Pro'jektor m projecteur m.

proji'zieren vt (ohne ge-) projeter.

Pro'let m -en, -en prolo m.

Prole'tariat nt prolétariat m.

Pro'mille nt -(s), - alcoolémie f.

Promi'nenz f élite f, notables mpl; (fam) gratin m.

promo'vieren [promo'vi:rən] vi (ohne ge-) faire son doctorat.

prompt a (Reaktion) rapide, immédiat(e) // ad immédiatement.

Pro'nomen nt -s, - pronom m.

Propa'ganda f - propagande f.

Pro'peller m -s, - hélice f.

prophe'zeien vt (ohne ge-) prophétiser.

Prophe'zeiung f prophétie f.
Proporti'on f proportion f.
proportional [proportsio'na:l] a proportionnel(le).
Prosa f - prose f.
prosaisch [pro'za:ıʃ] a (nüchtern) prosaïque.
Pro'spekt m -(e)s, -e prospectus m, brochure f.
prost excl à votre (o ta) santé!, santé!
Prostitu'ierte [prostitu'i:rtə] f -n, -n prostituée f.
Prostituti'on f prostitution f.
Pro'test m -(e)s, -e protestation f.
Prote'stant(in f) m protestant(e); **p~isch** a protestant(e).
prote'stieren vi (ohne ge-) protester.
Pro'these f -, -n prothèse f; (Gebiß) dentier m.
Proto'koll nt -s, -e (von Sitzung) procès-verbal m; (diplomatisch) protocole m; (Polizei~) déposition f.
protokol'lieren vi (ohne ge-): etw ~ rédiger le procès-verbal de qch.
Protz m -en, -e(n) (fam) vantard(e), fanfaron(ne); **p~en** vi (fam) fanfaronner, se vanter; **p~ig** a (fam: Haus, Auto etc) pour la frime.
Provi'ant [pro'viant] m -s, -e provisions fpl.
Pro'vinz [pro'vınts] f -, -en province f; **p~i'ell** a provincial(e).
Provisi'on [provi'zio:n] f (COMM) commission f.
provi'sorisch [provi'zo:rıʃ] a provisoire.
provo'zieren [provo'tsi:rən] vt (ohne ge-) provoquer.
Proze'dur f procédure f; (pej) cirque m.
Pro'zent nt -(e)s, -e pour cent; **~satz** m pourcentage m.
prozentu'al a: **~e Beteiligung** pourcentage de bénéfices // ad: **~ am Gewinn beteiligt sein** toucher un pourcentage.
Pro'zeß m -sses, -sse processus m; (JUR) procès m; **~kosten** pl frais mpl de procédure.
proze'ssieren vi (ohne ge-) être en procès (mit, gegen avec).
Prozessi'on f défilé m; (REL) pro-

cession f.
prüfen vt (Gerät) tester; (Kandidat) interroger; (Rechnung, Bücher) vérifier.
Prüfer(in f) m -s, - examinateur(-trice).
Prüfung f candidat(e).
Prügel m -s, - gourdin m // pl raclée f.
Prüge'lei f bagarre f.
Prügelknabe m bouc m émissaire.
prügeln vt battre // vr: **sich ~** se battre.
Prunk m -(e)s pompe f, faste m; **p~voll** a magnifique, fastueux(-euse).
PS (abk von Pferdestärken) C.V.; (abk von Nachschrift) P.S.
Psalm m -s, -en psaume m.
Psychiater [psy'çia:tɐ] m -s, - psychiatre m f.
psychisch ['psy:çıʃ] a psychique, psychologique.
Psycho-: **~ana'lyse** f psychanalyse f; **~'loge** m, **~'login** f psychologue m f; **~lo'gie** f psychologie f; **p~'logisch** a psychologique.
Puber'tät f puberté f.
Publikum nt -s public ; (SPORT) spectateurs mpl.
Pudding m -s, -e o -s ≈ flan m.
Pudel m -s, - caniche m.
Puder m -s, - poudre f; **~dose** f poudrier m; **p~n** vt poudrer; **~zucker** m sucre m glace.
Puff m -s (fam: Stoß) pl -e bourrade f; (fam: Bordell) pl -s bordel m; pl -e Wäsche~) corbeille f à linge; (Sitz~) pouf m.
Puffer m -s, - tampon m.
Pulli m -s, -s (fam), **Pullover** [pu'lo:vɐ] m -s, - pull m tricot m.
Puls m -es, -e pouls m; **~ader** f artère f.
pul'sieren vi (ohne ge-) battre; (fig) s'agiter.
Pult nt -(e)s, -e pupitre m.
Pulver nt -s, - poudre f; **p~ig** a poudreux(-euse); **~schnee** m neige f poudreuse.
pummelig a (Kind) potelé(e).

Pumpe f -, -n pompe f; **p~n** vt pomper; (fam) prêter; (sich leihen) emprunter.

Punkt m -(e)s, -e point m.

pünktlich a ponctuel(le); **P~keit** f • ponctualité f.

Pu'pille f -, -n pupille f.

Puppe f -, -n poupée f; (Marionette) marionnette f; (Insekten~) chrysalide f; **~nstube** f maison f de poupée.

pur a pur(e).

Pü'ree nt -s, -s purée f.

Purzel-: **~baum** m (fam) culbute f; **p~n** vi (mit sein) tomber.

Puste f (fam) souffle m.

Pustel f -, -n pustule f.

pusten vi souffler.

Pute f -, -n dinde f; **~r** m -s, - dindon m.

Putz m -es (Mörtel) crépi m.

putzen vt (Haus, Auto) nettoyer; (Schuhe) cirer; (Nase) moucher; (Zähne) brosser // vr: **sich** ~ faire sa toilette.

Putzfrau f femme f de ménage.

putzig a mignon(ne); (Häuschen) pittoresque.

Putz-: **~lappen** m chiffon m, torchon m; **~zeug** nt ustensiles mpl de ménage.

Pyjama [py'dʒaːma, pi'dʒaːma] m -s, -s pyjama m.

Q

quabb(e)lig a gélatineux(-euse); (Frosch) visqueux(-euse).

Quacksalber m -s, - (fam) charlatan m.

Quader m -s, - pierre f de taille; (MATH) cube m.

Qua'drat nt carré m; **q~isch** a (Fläche) carré(e); (Gleichung) du second degré; **~meter** m mètre m carré.

quaken vi (Frosch) coasser; (Ente) faire coin-coin.

quäken vi (fam) brailler.

Qual f -, -en tourment m, peine f, torture f.

quälen vt tourmenter, torturer; (mit Bitten) importuner // vi: ~ avancer avec peine; (geistig) se tourmenter.

Quäle'rei f (das Quälen) tourment m, torture f; (fig) corvée f.

Quälgeist m casse-pieds m/f inv.

qualifi'zieren (ohne ge-) vt qualifier; (einstufen) classer // vr: **sich** ~ se qualifier.

Quali'tät f qualité f; **~sware** f marchandise f de qualité.

Qualle f -, -n méduse f.

Qualm m -(e)s fumée f épaisse; **q~en** vi (Ofen, Kerze etc) fumer; (fam: auch vt) fumer (comme une locomotive).

qualvoll a atroce, douloureux(-euse).

Quanti'tät f quantité f.

Quaran'täne f -, -n quarantaine f.

Quark m -s, - fromage m blanc; (fam) bêtise f.

Quar'tal m -s, -e trimestre m.

Quar'tier nt -s, -e logement m, (MIL) quartiers mpl.

quasseln vi (fam) radoter.

Quatsch m -es bêtises fpl, conneries fpl (fam); **q~en** vi dire des bêtises oi des conneries (fam); bavarder.

Quecksilber nt mercure m.

Quelle f -, -n source f; **q~n** vi irr (mit sein) (hervor~) jaillir; (schwellen) gonfler, grossir.

quengeln vi (fam) pleurnicher.

quer ad (der Breite nach) en travers; (rechtwinklig) de travers; ~ **auf dem** Bett en travers du lit; ~ **durch den** Wald à travers la forêt; **Q~balken** m poutre f transversale; **~feld'ein** ad à travers champs; **Q~flöte** flûte traversière; **Q~schiff** nt transept m; **~schnitt(s)gelähmt** a para plégique; **Q~straße** f rue f trans versale; **Q~treiber** m casse-pied m.

quetschen vt presser, écraser; (MED) contusionner, meurtrir.

Quetschung f (MED) contusion f.

quieken vi (Schwein) couiner; (Mensch) pousser des cris perçants.

quietschen vi (Tür) grincer.

(*Mensch*) pousser des cris perçants.
Quirl *m* -(e)s, -e (*CULIN*) fouet *m*.
quitt *a*: ~ **sein** être quitte. qn).
Quitte *f* -, -n coing *m*.
quit'tieren *vt* (*ohne ge*-) quittancer; (*Dienst*) quitter.
Quittung *f* quittance *f*, reçu *m*.
Quiz [kvis] *nt* - jeu(-concours) *m*.
Quote *f* -, -n quote-part *f*, taux *m*.

R

Rabatt *m* -(e)s, -e rabais *m*, remise *f*; ~**e** *f* -, -n bordure *f*; ~**marke** *f* timbre-ristourne *m*.
Rabe *m* -n, -n corbeau *m*; ~**nmutter** *f* marâtre *f*.
rabi'at *a* furieux(-euse).
Rache *f* - vengeance *f*.
Rachen *m* -s, - gorge *f*.
rächen *vt* venger // *vr*: **sich** ~ (*Mensch*) se venger (an +*dat* de); (*Leichtsinn etc*) coûter cher.
Rad *nt* -(e)s, ˉer roue *f*; (*Fahr~*) vélo *m*.
Ra'dar *m ont* -s radar *m*.
Ra'dau *m* -s (*fam*) vacarme *m*.
radebrechen *vi*: **deutsch** ~ baragouiner l'allemand.
Rad-: **r~fahren** *vi irr* (*zvb, mit sein*) faire du vélo; ~**fahrer(in** *f*) *m* cycliste *m/f*; ~**fahrweg** *m* piste *f* cyclable.
Ra'dier-: **r~en** *vt, vi* (*ohne ge*-) gommer, effacer; (*KUNST*) graver (à l'eau-forte); ~**gummi** *m* gomme *f*; ~**ung** *f* eau-forte *f*, gravure *f*.
Radieschen [ra'di:sçən] *nt* radis *m*.
radi'kal *a* radical(e); (*POL*) extrémiste.
Radio *nt* -s, -s radio *f*; ~**apparat** *m* poste *m* de radio.
Radius *m* -, **Radien** [-ion] rayon *m*.
Rad-: ~**kappe** *f* (*AUT*) enjoliveur *m*; ~**rennen** *nt* course *f* cycliste; ~**sport** *m* cyclisme *m*.
raffen *vt* (*Besitz*) amasser; (*Stoff*) froncer.
Raffi'nade *f* sucre *m* raffiné.
raffi'nieren *vt* (*ohne ge*-) raffiner.
raffi'niert *a* rusé(e), malin(-igne).

(*Methode*) astucieux(-euse); (*Kleid*) raffiné(e).
ragen *vi* (*mit sein*) s'élever, se dresser.
Rahm *m* -s crème *f*.
Rahmen *m* -s, - cadre *m*; (*von Fenster*) châssis *m*; **im** ~ **des Möglichen** dans la mesure du possible; **r~** *vt* (*Bild*) encadrer.
rahmig *a* crémeux(-euse).
Ra'kete *f* -, -n fusée *f*.
rammen *vt* (*Pfahl*) enfoncer, ficher; (*Schiff*) éperonner; (*Auto*) emboutir.
Rampe *f* -, -n rampe *f*; ~**nlicht** *nt* feux *mpl* de la rampe.
rampo'nieren *vt* (*ohne ge*-) (*fam*) abîmer.
ran (*fam*) = **heran.**
Rand *m* -(e)s, ˉer bord *m*; (*Wald~*) lisière *f*; (*von Stadt*) abords *mpl*; (*auf Papier*) marge *f*; (*unter Augen*) cerne *m*; **am** ~**e der Verzweiflung sein** être au bord du désespoir; **außer** ~ **und Band** déchaîné(e); **am** ~**e bemerkt** soit dit en passant.
randa'lieren *vi* (*ohne ge*-) faire du tapage.
Randerscheinung *f* phénomène *m* marginal.
rang *siehe* **ringen.**
Rang *m* -(e)s, ˉe rang *m*; (*Dienstgrad*) grade *m*; (*THEAT*) balcon *m*.
Rangier- [rā'ʒiːr]-: ~**bahnhof** *m* gare *f* de triage; **r~en** *vi* (*ohne ge*-) (*EISENBAHN*) garer // *vi* (*fig*) se classer; ~**gleis** *nt* voie *f* de garage.
Rangordnung *f* hiérarchie *f*.
rann *siehe* **rinnen.**
rannte *siehe* **rennen.**
Ranzen *m* -s, - cartable *m*; (*fam*: *Bauch*) panse *f*, bedaine *f*.
ranzig *a* (*Butter*) rance.
Rappe *m* -n, -n (*Pferd*) cheval *m* noir.
Raps *m* -es, -e colza *m*.
rar *a* (*Artikel*) rare; **sich** ~ **machen** (*fam*) se faire rare; **R~i'tät** *f* rareté *f*.
ra'sant *a* très rapide.
rasch *a* rapide.
rascheln *vi* (*Blätter, Papier*) bruire; (*Mensch*): **mit etw** ~ froisser qch.

Rasen m -s, - gazon m, pelouse f.

rasen vi être déchaîné(e); *(fam: mit sein: schnell)* foncer; **vor Eifersucht** ~ être fou de jalousie; **r~d** a *(Eifersucht, Tempo)* fou (folle); *(Kopfschmerzen)* atroce; *(Entwicklung)* très rapide.

Rasenmäher m, **Rasenmähmaschine** f tondeuse f à gazon.

Rase'rei f *(Wut)* fureur f; *(Schnelligkeit)* vitesse f folle.

Ra'sier-: ~**apparat** m rasoir m; **r~en** *(ohne ge-)* vt raser // vr: **sich r~en** se raser; ~**klinge** f lame f de rasoir; ~**messer** nt rasoir m; ~**pinsel** m blaireau m; ~**seife** f savon m à barbe; ~**wasser** nt aftershave m.

Rasse f -, -n race f.

Rassel f -, -n crécelle f; *(Baby~)* hochet m; **r~n** vi faire un bruit de ferraille; *(Ketten)* cliqueter.

Rassen-: ~**haß** m racisme m; ~**trennung** f ségrégation f raciale.

Rast f -, -en arrêt m; *(Ruhe)* repos m; **r~en** vi s'arrêter; *(ausruhen)* se reposer; **r~los** a *(Mensch)* infatigable; *(Tätigkeit)* ininterrompu(e); *(unruhig)* agité(e); ~**platz** m *(AUT)* aire f de repos.

Ra'sur f rasage m.

Rat m -(e)s, **Ratschläge** conseil m; **jdn zu** ~**e ziehen** demander conseil à qn; **keinen** ~ **wissen** ne (pas) savoir que faire // pl **Räte** *(Person)* conseiller m; *(Einrichtung)* conseil m.

Rate f -, -n paiement m partiel; *(monatlich)* mensualité f.

raten vt, vi irr deviner; *(empfehlen)* conseiller.

Raten-: **r~weise** ad *(zahlen)* à tempérament, par mensualités; ~**zahlung** f paiement m partiel.

Rathaus nt mairie f.

ratifi'zieren vt *(ohne ge-)* ratifier.

Ratifi'zierung f ratification f.

Rati'on f ration f.

rational [ratsio'naːl] a rationnel(le), raisonnable; **r~i'sieren** vt *(ohne ge-)* rationaliser.

rationell [ratsio'nɛl] a rationnel(le), économique.

rationieren [ratsio'niːrən] vt *(ohne ge)* rationner.

Rat-: **r~los** a *(Mensch)* perplexe; ~**losigkeit** f perplexité f; **r~sam** a indiqué(e), recommandable; ~**schlag** m conseil m.

Rätsel nt - devinette f; *(Geheimnis)* énigme f; **r~haft** a énigmatique, mystérieux(-euse).

Ratsherr m conseiller m municipal.

Ratte f -, -n rat m.

rattern vi *(Maschine)* cliqueter; *(Auto)* pétarader.

Raub m -(e)s *(von Gegenstand)* vol m *(à main armée)*; *(von Mensch)* rapt m; *(Beute)* butin m; ~**bau** m exploitation f abusive; **r~en** vt *(Gegenstand)* voler; *(jdn)* enlever.

Räuber(in f) m -s, - bandit m, voleur(-euse).

Raub-: ~**mord** m assassinat m avec vol; ~**tier** nt prédateur m; ~**überfall** m attaque f à main armée; ~**vogel** m oiseau m de proie.

Rauch m -(e)s fumée f; **r~en** vt, vi fumer; ~**er(in** f) m -s, - fumeur(-euse).

räuchern vt *(Fleisch)* fumer.

rauchig a enfumé(e); *(Geschmack)* fumé(e).

räudig a *(Hund)* galeux(-euse).

rauf *(fam)* = **herauf**.

Rauf-: ~**bold** m -(e)s, -e voyou m; **r~en** vt *(Haar)* arracher // vi *(auch vr: sich r~en)* se chamailler; **R~e'rei** f bagarre f; **r~lustig** a bagarreur(-euse).

rauh a rêche, rugueux(-euse); *(Stimme)* rauque; *(Hals)* enroué(e); *(Klima)* rude; **R~reif** m -s, -e givre m.

Raum m -(e)s, **Räume** *(Zimmer)* pièce f; *(Platz)* place f; *(Gebiet)* région f; *(Weltraum)* espace m.

räumen vt *(verlassen)* quitter, vider; *(Gebiet)* évacuer; *(wegschaffen)* enlever.

Raum-: ~**fahrt** f navigation f spatiale; ~**inhalt** m volume m.

räumlich a *(Darstellung)* dans l'espace; **R~keiten** pl locaux mpl.

Raum-: ~**meter** m o nt mètre m

cube; ~**pflegerin** f femme f de ménage; ~**schiff** nt engin m spatial.

Räumung f déménagement m; évacuation f; ~**sverkauf** m liquidation f générale (des stocks).

raunen vt, vi murmurer.

Raupe f -, -n chenille f.

raus (fam) = heraus, hinaus.

Rausch m -(e)s, Räusche ivresse f.

rauschen vi bruire, murmurer; (Radio etc) grésiller; ~**d** a (Fest) magnifique; ~**der Beifall** tempête f d'applaudissements.

Rauschgift nt drogue f; ~**süchtige(r)** mf drogué(e).

räuspern vr: **sich ~** se racler la gorge.

Raute f -, -n losange m.

Razzia ['ratsia] f -, **Razzien** ['ratsien] rafle f.

Rea'genzglas nt éprouvette f.

rea'gieren vi (ohne ge-) réagir (auf +akk à).

Reakti'on f réaction f.

Re'aktor m réacteur m.

re'al a réel(le); (Vorstellung) concret(-ète).

Rea'lismus m réalisme m.

Rea'list m réaliste m.

rea'listisch a réaliste.

Rebe f -, -n vigne f.

Re'bell m -en, -en rebelle m.

Rebelli'on f rébellion f.

re'bellisch a rebelle.

Reb-: ~**huhn** nt perdrix f; ~**stock** m cep m (de vigne).

Rechen m -s, râteau m; **r~** vt, vi ratisser.

Rechen-: ~**aufgabe** f problème m (d'arithmétique); ~**fehler** m erreur f de calcul; ~**maschine** f calculatrice f; ~**schaft** f: **jdm über etw ~ (akk) schaft ablegen o geben** rendre compte de qch à qn; **von jdm ~schaft verlangen** demander des comptes à qn; ~**schaftsbericht** m rapport m; ~**schieber** m règle f à calcul.

rechnen vt, vi calculer; (haushalten) compter (ses sous); (veranschlagen) compter; **jdn/etw** ~ **zu o unter** (+akk) compter qn/qch parmi; ~ **mit/auf** (+akk) compter sur.

Rechner m -s, -(Gerät) calculatrice f.

Rechnung f (MATH) calcul m; (fig) compte m; (COMM) facture f; (Restaurant) addition f; (im Hotel) note f; **jdm/etw** ~ **tragen** tenir compte de qn/qch; ~**sjahr** nt exercice m; ~**sprüfung** f vérification f des comptes.

recht a juste; (Feigling) vrai(e) // ad (vor Adjektiv) vraiment; **das ist mir** ~ cela me convient; **jetzt erst** ~ maintenant plus que jamais; ~ **haben** avoir raison; **jdm** ~ **geben** donner raison à qn; **R~** nt -(e)s, -e droit m (auf +akk à); (JUR) droit m; **R~ sprechen** rendre la justice; **mit** **R~** à bon droit; **R~e** f -n, -n (Hand) (main f) droite f; (POL): **die R~e** la droite; ~**e(r, s)** a/m droit(e); **R~e(s)** nt ce qu'il faut; **R~eck** nt -s, -e rectangle m; ~**eckig** a rectangulaire; ~ **fertigen** vt justifier // vr: **sich** ~ **fertigen** se justifier (vor +dat devant); **R~fertigung** f justification f; ~**haberisch** a qui veut toujours avoir raison; ~**lich** a, ~**mäßig** a légal(e).

rechts ad à droite; **R~anwalt** m avocat(e) m; **R~außen** m (Fußball) ailier m droit.

Recht-: **r~schaffen** a juste, honnête; ~**schreibung** f orthographe f.

Rechts-: ~**fall** m cas m; ~**händer(in)** f m -s, - droitier(-ière); **r~kräftig** a valide; ~**pflege** f justice f; **r~radikal** a (POL) d'extrême-droite; ~**spruch** m sentence f; **r~widrig** a illégal(e); ~**wissenschaft** f jurisprudence f.

recht-: ~**winklig** a angle droit; (Dreieck) rectangle; ~**zeitig** a temps.

Reck nt -(e)s, -e barre f fixe; **r~en** vt (Hals) tendre, étirer // vr: **sich** **r~en** (Mensch) s'étirer.

Redakteur(in) f ['tø:ʀ, -'tø:rɪn] m rédacteur(-trice).

Redakti'on f rédaction f.

Rede f -, -n discours m; (Gespräch) conversation f; **jdn (wegen etw**

zur ~ stellen demander raison (de qch) à qn; **~freiheit** f liberté f d'opinion; **r~gewandt** a éloquent(e); **r~n** vi parler // vt (Unsinn etc) dire // vr: **sich heiser r~n** parler jusqu'à en être enroué(e); **sich in Wut r~n** s'énerver de plus en plus; **~'rei** f bavardage m; **~wendung** f expression f.

redlich a honnête; **R~keit** f honnêteté f.

Redner(in f) m **-s,** - orateur(-trice).

redselig a loquace; **R~keit** f loquacité f.

redu'zieren vt (ohne ge-) réduire (auf +akk à).

Reede f **-, -n** mouillage m; **~r m -s,** - armateur m; **~'rei** f (société f d') armement m maritime.

re'ell a (Chance) véritable; (Preis, Geschäft) honnête; (MATH) réel(le).

Refe'rat nt (Vortrag) exposé m; (Gebiet) service m.

Refe'rent m (Berichterstatter) rapporteur m; (Sachbearbeiter) chef m de service.

refe'rieren vi (ohne ge-) faire un exposé.

Re'flex m **-es, -e** réflexe m.

refle'xiv a (LING) réfléchi(e).

Re'form f **-, -en** réforme f.

reforma'torisch a réformateur (-trice).

Re'formhaus nt magasin m diététique.

refor'mieren vt (ohne ge-) réformer. m **-s, -s** refrain m.

Re'gal nt **-s, -e** étagère f.

rege a (Treiben) animé(e), intense; (Geist) vif/vive.

Regel f **-, -n** règle f; (MED) règles fpl; **r~mäßig** a régulier(-ière) // ad régulièrement; **~mäßigkeit** f régularité f; **r~n** vt régler // vr: **sich von selbst r~n** (Angelegenheit) se régler tout(e) seul(e); **r~recht** a (Verfahren) en règle; (fam: Frechheit etc) sacré(e); (Beleidigung) véritable // ad carément; **~ung** f (von Verkehr) régulation f; (von Angelegenheit) règlement m; **r~widrig** a (Verhalten) contraire à la règle.

regen vt (Glieder) bouger, remuer // vr: **sich ~** bouger.

Regen m **-s,** - pluie f; **~bogen** m arc-en-ciel m; **~bogenhaut** f iris m; **~mantel** m imperméable m; **~schauer** m averse f; **~schirm** m parapluie m.

Regen-: **~wurm** m ver m de terre; **~zeit** f saison f des pluies.

Regie [re'ʒiː] f (Film etc) réalisation f; (THEAT) mise f en scène; (fig) direction f.

re'gieren (ohne ge-) vt gouverner // vi régner.

Re'gierung f gouvernement m; **~szeit** f durée f de gouvernement; (von König) règne m.

Regi'ment nt **-s, -er** régiment m; (Herrschaft) gouvernement m.

Regi'on f région f.

Regis'seur [reʒɪ'søːv] m réalisateur (-trice); (THEAT) metteur m en scène.

Re'gister nt **-s, -** registre m; (in Buch) index m.

regi'strieren vt (ohne ge-) (verzeichnen) enregistrer.

regnen vb impers: **es regnet** il pleut.

regnerisch a pluvieux(-euse).

regu'lär a régulier(-ière); (Preis) courant(e), normal(e).

regu'lieren vt (ohne ge-) régler, régulariser.

Regung f (Bewegung) mouvement m; (Gefühl) sentiment m; **r~slos** a immobile.

Reh nt **-(e)s, -e** chevreuil m; **~kalb** nt, **~kitz** nt faon m.

Reibe f **-, -n, Reibeisen** nt râpe f.

reiben irr vt (Creme etc) passer (in o auf +akk sur); (scheuern) frotter; (zerkleinern) râper // vr: **sich ~** (Flächen etc) frotter; **sich** (dat) **die Hände ~** se frotter les mains.

Reibe'rei f friction f.

Reibung f friction f, frottement m; **r~slos** a (fig) sans problème.

reich a riche.

Reich nt **-(e)s, -e** empire m; (fig) royaume m; **das Dritte ~** le troisième Reich.

reichen vi s'étendre, aller (bis jusqu'à); (genügen) suffire //

donner, passer; *(Hand)* tendre; *(Erfrischungen)* offrir.

reich-: ~**haltig** *a (Essen)* abondant(e); *(Auswahl)* très grand(e); ~**lich** *a (Geschenke)* en grand nombre; *(Entlohnung)* généreux (-euse), large; ~**lich Zeit** bien assez de temps.

Reichtum *m* richesse *f*.

Reichweite *f* portée *f*; **in/außer** ~ à/hors de portée.

reif *a* mûr(e).

Reif *m* -(e)s givre *m* // *m* -(e)s, - *(Ring)* anneau *m*.

Reife *f* - maturité *f*; **r~n** *vi (mit sein)* mûrir.

Reifen *m* -s, - cerceau *m*; *(Fahrzeug)* pneu *m*; ~**panne** *f*, ~**schaden** *m* crevaison *f*.

Reife-: ~**prüfung** *f* baccalauréat *m*; ~**zeugnis** *nt* baccalauréat *m*.

Reihe *f*-, **-n** rangée *f*; *(von Menschen)* rang *m*; *(von Tagen etc)* suite *f*; *(fam: Anzahl)* série *f*; **der** ~ **nach** à tour de rôle; **er ist an der** ~ c'est son tour; **ich komme an die** ~ c'est mon tour; ~**nfolge** *f* suite *f*; **alphabetische** ~**nfolge** ordre *m* alphabétique.

Reiher *m* -s, - héron *m*.

Reim *m* -(e)s, **-e** rime *f*; **r~en** *vr*: **sich r~en** rimer *(auf+akk* avec).

rein *(fam)* = **herein, hinein**.

rein *a* pur(e); *(sauber)* propre; **etw ins** ~ **bringen** mettre qch au clair; ~ **gar nichts** rien du tout; **R~machefrau** *f* femme *f* de ménage; **R~fall** *m (fam)* échec *m*; **R~gewinn** *m* bénéfice *m* net; **R~heit** *f* pureté *f*; *(von Wäsche)* propreté *f*; ~**igen** *vt* nettoyer; **R~igung** *f (das Reinigen)* nettoyage *m*; *(Geschäft)* teinturerie *f*; **chemische R~ung** *f* nettoyage à sec; ~**rassig** *a* de race; **R~schrift** *f* copie *f* au net.

Reis *m* -es riz *m* // *nt* -es, **-er** rameau *m*.

Reise *f*-, **-n** voyage *m*; ~**andenken** *nt* souvenir *m*; ~**büro** *nt* agence *f* de voyages; ~**führer(in** *f)* *m* guide *m/f*; ~**gesellschaft** *f* groupe *m* (de touristes); ~**kosten** *pl* frais *mpl* de

voyage; ~**leiter(in** *f)* *m* accompagnateur(-trice); **r~n** *vi (mit sein)* voyager; **nach Athen/Schottland r~n** aller à Athènes/en Ecosse; ~**nde(r)** *mf* voyageur(-euse); ~**paß** *m* passeport *m*; ~**pläne** *pl* projets *mpl* de voyage; ~**proviant** *m* casse-croûte *m*; ~**verkehr** *m* trafic *m* touristique; ~**wetter** *nt* temps *m* de vacances; ~**ziel** *nt* destination *f*.

Reisig *nt* -s petit bois *m*.

Reißbrett *nt* planche *f* à dessin.

reißen *irr* *vi (mit sein) (Stoff)* se déchirer; *(Seil)* casser; *(ziehen)* tirer *(an +dat* sur) *// vt (ziehen)* tirer; *(Witz)* faire; **etw an sich** *(akk)* ~ s'emparer de qch; **sich um etw** ~ s'arracher qch; ~**d** *a (Fluß)* impétueux(-euse); ~**den Absatz finden** partir comme des petits pains.

Reiß-: ~**nagel** *m* punaise *f*; ~**schiene** *f* équerre *f*; ~**verschluß** *m* fermeture *f* éclair; ~**zwecke** *f* punaise *f*.

reiten *irr* *vt* monter; **Galopp/Trab r~** aller au galop/trot // *vi (mit sein)* monter; **er reitet auf einem Esel** il va à dos d'âne; **er reitet gern** il aime bien faire du cheval.

Reiter(in *f)* *m* -s, - cavalier(-ière).

Reit-: ~**hose** *f* culotte *f* de cheval; ~**pferd** *nt* cheval *m* de selle; ~**stiefel** *m* botte *f* d'équitation.

Reiz *m* -es, **-e** charme *m*; *(von Licht)* stimulation *f*; *(unangenehm)* irritation *f*; *(Verlockung)* attrait *m*; ~**e** *(von Frau)* charmes *mpl*; **r~bar** *a (Mensch)* irritable; **r~en** *vt* irriter; *(verlocken)* exciter, attirer; *(Subjekt: Aufgabe, Angebot)* intéresser; **r~end** *a* charmant(e), ravissant(e); **r~los** *a* peu attrayant(e); **r~voll** *a* attrayant(e).

rekeln *vr*: **sich** ~ *(sich strecken)* s'étirer; *(lümmeln)* se prélasser.

Reklamati'on *f* réclamation *f*.

Re'klame *f*-, **-n** publicité *f*, réclame *f*.

rekla'mieren *(ohne ge-)* *vt* se plaindre de; *(zurückfordern)* réclamer // *vi* se plaindre.

rekonstru'ieren vt (ohne ge-) (Gebäude) reconstruire; (Vorfall) reconstituer.

Rekonvaleszenz [rekonvales'tsɛnts] f convalescence f.

Re'kord m -es, -e record m.

Re'krut m -en, -en recrue f.

rekru'tieren (ohne ge-) vt recruter // vr: **sich ~** (Team) se recruter (aus parmi).

Rektor m (von Universität) recteur m; (von Schule) directeur(-trice).

Rekto'rat nt rectorat m; direction f.

relativ a relatif(-ive).

relevant [rele'vant] a (Bemerkung) pertinent(e); (Sache) important(e).

Religi'on f religion f; **~sunterricht** m cours m de religion.

Re'likt nt -(e)s, -e vestige m.

Reling f -s, -s (NAVIG) bastingage m.

Reminis'zenz f (Anklang) réminiscence f (an +akk de).

Ren nt -s, -s o -e renne m.

Renn-: **~bahn** f (Pferde~) champ m de courses; (Rad~) vélodrome m; (AUT) circuit m automobile; **r~en** vt, vi irr (mit sein) courir; **R~en** nt -s, - course f; **~fahrer(in** f) m coureur m; **~wagen** m voiture f de course.

renovieren [reno'viːrən] vt (ohne ge-) (Gebäude) rénover.

Renovierung [reno'viːruŋ] f rénovation f.

ren'tabel a rentable, lucratif(-ive).

Rentabili'tät f rentabilité f.

Rente f -, -n retraite f, pension f; **~nempfänger(in** f) m retraité(e), bénéficiaire m/f d'une pension.

Rentier nt renne m.

ren'tieren vr (ohne ge-): **sich ~** être rentable.

Rentner(in f) m -s, - retraité(e); bénéficiaire m/f d'une pension.

Repara'tur f réparation f; **r~bedürftig** a qui a besoin d'être réparé(e); **~werkstatt** f atelier m de réparation; (AUT) garage m.

repa'rieren vt (ohne ge-) réparer.

Reportage [repɔr'taːʒə] f -, -n reportage m.

Re'porter(in f) m -s, - reporter m.

repräsenta'tiv a

représentatif(-ive); (Geschenk etc) de prestige.

repräsen'tieren vt, vi (ohne ge-) représenter.

Repressalien [reprɛ'saːliən] pl représailles fpl.

Reprodukti'on f reproduction f.

reprodu'zieren vt (ohne ge-) reproduire.

Rep'til nt -s, -ien [-iən] reptile m.

Repu'blik f république f.

Reser'vat nt (Gebiet) réserve f.

Reserve [re'zɛrvə] f -, -n réserve f; **etw in ~ haben** avoir qch en réserve; **~rad** nt roue f de rechange; **~spieler(in** f) m remplaçant(e); **~tank** m nourrice f.

reser'vieren [rezer'viːrən] vt (ohne ge-) réserver, retenir.

Resi'denz f (Wohnsitz) résidence f.

Resignati'on f résignation f.

resi'gnieren vi (ohne ge-) se résigner.

Resoluti'on f (Beschluß) résolution f.

Reso'nanz f résonance f; (fig) écho m; **~kasten** m caisse f de résonance.

Resoziali'sierung f réinsertion f dans la société.

Re'spekt m -(e)s respect m (vor +dat envers).

respek'tieren vt (ohne ge-) respecter.

Re'spekt-: **r~los** a irrespectueux (-euse); **~sperson** f personne f qui commande le respect; **r~voll** a respectueux(-euse).

Ressort [rɛ'soːr] nt -s, -s département m, compétence f.

Rest m -(e)s, -e reste m; (von Stoff) coupon m; (Über~) restes mpl.

Restaurant [rɛsto'rãː] nt -s, -s restaurant m.

restaurieren vt (ohne ge-) restaurer.

Rest-: **~betrag** m restant m, solde m; **r~lich** a qui reste; **r~los** ad complètement.

Resul'tat nt résultat m.

Re'torte f -, -n cornue f; **~nbaby** nt bébé-éprouvette m.

retten vt sauver // vr: **sich ~** se sauver.

Retter(in f) m -s, - sauveur m; (nach Katastrophe) sauveteur m.

Rettich m -s, -e radis m.

Rettung f (das Retten) sauvetage m; (Hilfe) secours m; **seine letzte ~** son dernier espoir; **~sboot** nt canot m de sauvetage; **~gürtel** m, **~sring** m bouée f de sauvetage.

Reue f - remords m; **r~n** vt: **es reut ihn** il (le) regrette.

reuig a (Sünder) repentant(e); (Miene) contrit(e).

revanchieren [revãˈʃiːrən] vr (ohne ge-): **sich ~** (sich rächen) prendre sa revanche; (durch Gleiches) rendre la pareille (bei jdm à qn); **sich bei jdm für eine Einladung ~** inviter qn à son tour.

Revers [reˈvɛrs] m ont -, - revers m.

revidieren [reviˈdiːrən] vt (ohne ge-) (Rechnung) vérifier; (Politik, Ansichten) réviser.

Revier [reˈviːɐ] nt -s, -e district m; (Jagd~) terrain m de chasse; (Polizei~) commissariat m.

Revolution [revoluˈtsjoːn] f révolution f.

Revolutionär(in f) [revolutsioˈnɛːɐ, -ˈɛːɐ(in)] m révolutionnaire m/f.

revolutionieren [revolutsioˈniːrən] vt (ohne ge-) révolutionner.

Rezen'sent(in f) m critique m.

rezen'sieren vt (ohne ge-) rendre compte de.

Rezensi'on f critique f.

Re'zept nt -(e)s, -e recette f; (MED) ordonnance f; **r~pflichtig** a délivré(e) seulement sur ordonnance.

rezi'tieren vt (ohne ge-) réciter.

Rha'barber m -s rhubarbe f.

Rhein m -(e)s: **der ~** le Rhin.

Rhesusfaktor m facteur m rhésus.

rhe'torisch a rhétorique.

Rheuma('tismus m) nt -s rhumatisme m.

rhythmisch a rythmique.

Rhythmus m -, **Rhythmen** rythme m.

richten vt adresser (an +akk à); (Waffe) pointer (auf +akk sur); (einstellen) ajuster; (instand setzen) réparer; (zurechtmachen) préparer;

(bestrafen) juger // vi (urteilen) juger (über jdn qn) // vr: **sich nach jdm ~** faire comme qn.

Richter(in f) m -s, - juge m; **r~lich** a judiciaire.

richtig a (Antwort) juste; (Abzweigung) bon(ne); (Partner) qu'il me/te/lui etc faut; (Lage) véritable // ad effectivement; (fam: sehr) vraiment; **R~keit** f (von Antwort) exactitude f; (von Verhalten) justesse f; **R~stellung** f rectification f.

Richtpreis m prix m recommandé.

Richtung f direction f; (fig) tendance f.

rieb siehe **reiben**.

riechen vt, vi irr sentir; **an etw ~** sentir o renifler qch; **nach etw ~** sentir qch; **ich kann das/ihn nicht ~** (fam) je ne peux pas supporter cela/le sentir.

Ried nt -(e)s, -e marécage m.

rief siehe **rufen**.

Riege f -, -n équipe f.

Riegel m -s, - (Schieber) verrou m; (von Schokolade) barre f.

Riemen m -s, - (TECH) courroie f; (Gürtel) ceinture f.

Riese m -n, -n géant m.

rieseln vi (mit sein) (fließen) couler doucement; (Regen, Schnee, Staub) tomber doucement.

Riesen-: **~erfolg** m succès m monstre; **r~haft** a gigantesque.

riesig a énorme.

riet siehe **raten**.

Riff nt -(e)s, -e récif m.

Rille f -, -n rainure f.

Rind nt -(e)s, -er bœuf m.

Rinde f -, -n (Baum~) écorce f; (Brot~, Käse~) croûte f.

Rind-: **~fleisch** nt (viande f de) bœuf m; **~vieh** nt bétail m; (fam) imbécile m/f.

Ring m -(e)s, -e anneau m; (Schmuck) bague f; (Kreis) cercle m; (SPORT) ring m; **~buch** nt classeur m.

ringen vi irr lutter (um pour).

Ring-: **~finger** m annulaire m; **~kampf** m lutte f; **~richter** m arbitre m.

rings *ad:* ~ **um** ... (**herum**) tout autour de ...; ~**herum** *ad* tout autour (de).

Ringstraße *f* (boulevard *m*) périphérique *m*.

ringsum(her) *ad* tout autour; *(überall)* partout.

Rinne *f* -, -n rigole *f*.

rinnen *vi irr (Eimer etc)* fuir; *(mit sein: Flüssigkeit)* fuir, couler.

Rinn-: ~**sal** *nt* -s, -e filet *m* (d'eau); ~**stein** *m* caniveau *m*.

Rippchen *nt* côtelette *f*.

Rippe *f* -, -n côte *f*.

Risiko *nt* -s, -s *o* **Risiken** risque *m*.

ri'skant *a* risqué(e).

ri'skieren *vt (ohne ge-)* risquer.

riß *siehe* **reißen**.

Riß *m* -sses, -sse (in Mauer etc) fissure *f*; (in Tasse) fêlure *f*; (an Lippen, Händen) gerçure *f*; (in Papier, Stoff) déchirure *f*; (TECH) plan *m*, schéma *m*.

rissig *a* (Mauer) fissuré(e); (Hände) gercé(e).

ritt *siehe* **reiten**.

Ritt *m* -(e)s, -e chevauchée *f*; ~**er** *m* -s, - chevalier *m*; **r**~**erlich** *a* chevaleresque; ~**ertum** *nt* chevalerie *f*.

rittlings *ad* à cheval.

Ritus *m* -, **Riten** rite *m*.

Ritze *f* -, -n fente *f*, fissure *f*.

ritzen *vt* graver.

Rivale [ri'va:lə] *m* -n, -n, **Rivalin** [ri'va:lin] *f* rival(e).

Rivalität [rivali'tɛːt] *f* rivalité *f*.

Rizinusöl *nt* huile *f* de ricin.

Robbe *f* -, -n phoque *m*.

Roboter *m* -s, - robot *m*.

roch *siehe* **riechen**.

röcheln *vi* respirer bruyamment; *(Sterbender)* râler.

Rock *m* -(e)s, ⁼e jupe *f*; (Jackett) veston *m*.

Rodel *m* -s, - luge *f*; **r**~**n** *vi* (auch mit sein) luger; ~**bahn** *f* piste *f* de luge.

Rogen *m* -s, - œufs *mpl* de poisson.

Roggen *m* -s, - seigle *m*.

roh *a* (ungekocht) cru(e); (unbearbeitet) brut(e); (Mensch, Sitten) grossier(-ière), rude; **R**~**bau** *m*

gros œuvre *m*; **R**~**ling** *m* brute *f*; **R**~**material** *nt* matière *f* première; **R**~**öl** *nt* pétrole *m* brut.

Rohr *nt* -(e)s, -e tuyau *m*, tube *m*; (BOT) canne *f*; (Schilf) roseau *m*; ~**bruch** *m* tuyau *m* crevé.

Röhre *f* -, -n tuyau *m*; tube *m*; (RADIO etc) lampe *f*; (Back~) four *m*.

Rohr-: ~**stuhl** *m* chaise *f* de rotin; ~**zucker** *m* sucre *m* de canne.

Roh-: ~**seide** *f* soie *f* grège; ~**stoff** *m* matière *f* première.

Roll-: ~(**l**)**aden** *m* volet *m*; rayon *m*; ~**bahn** *f*, ~**feld** *nt* (AVIAT) piste *f* (d'envol o d'atterrissage).

Rolle *f* -, -n rouleau *m*; (Garn~ etc) bobine *f*; (Walze) roulette *f*; (Wäsche) calandre *f*; (sozial, THEAT) rôle *m*; **keine** ~ **spielen** ne jouer aucun rôle.

rollen *vt* (bewegen) rouler; (Teig) abaisser // *vi* (mit sein) rouler.

Roller *m* -s, - scooter *m*; (für Kinder) trottinette *f*; (Welle) rouleau *m*.

Roll-: ~**schuh** *m* patin *m* à roulettes; ~**stuhl** *m* fauteuil *m* roulant; ~**treppe** *f* escalier *m* roulant.

Ro'man *m* -s, -e roman *m*.

Ro'mantik *f* romantisme *m*; ~**er**(**in** *f*) *m* -s, - romantique *m/f*.

ro'mantisch *a* romantique.

Ro'manze *f* -, -n romance *f*; (Affäre) histoire *f* d'amour, liaison *f*.

Römer(**in** *f*) *m* -s, - Romain(e).

röntgen *vt, vi* radiographier; **R**~**aufnahme** *f*, **R**~**bild** *nt* radio(graphie) *f*; **R**~**strahlen** *pl* rayons *mpl* X.

rosa *a inv* rose.

Rose *f* -, -n rose *f*; ~**nkohl** *m* chou *m* de Bruxelles; ~**nkranz** *m* chapelet *m*; ~**nmontag** *m* lundi *m* de carnaval.

Ro'sette *f* rosette *f*; (Fenster) rosace *f*.

rosig *a* rose.

Ro'sine *f* raisin *m* sec.

Roß *nt* -sses, -sse cheval *m*, coursier *m*; ~**kastanie** *f* marronier *m*.

Rost *m* -(e)s, -e rouille *f*; (Gitter) grillage *m*; (Brat~) gril *m*; (Bett~) sommier *m*; **r**~**en** *vi* rouiller.

rösten *vt* griller.

Rost-: r~frei a inoxydable; **r~ig** a rouillé(e); **~schutz** m traitement m antirouille.

rot a rouge.

Röte f - rougeur f.

Röteln pl rubéole f.

röten vt rougir // vr: **sich** ~ rougir.

rothaarig a roux(rousse).

ro'tieren vi (ohne ge-, mit sein) tourner; (fam) être débordé(e).

Rot-: ~käppchen nt Petit chaperon m rouge; **~kehlchen** nt rougegorge m; **~stift** m crayon m rouge; **~wein** m vin m rouge.

Rotz m **-es, -e** (fam) morve f.

Route ['ru:tə] f **-, -n** itinéraire m.

Routine [ru'ti:nə] f - expérience f, (pej) routine f.

Rübe f **-, -n** rave f; **gelbe** ~ carotte f; **rote** ~ betterave f; **~nzucker** m sucre m de betterave.

Ru'bin m **-s, -e** rubis m.

Ruck m **-(e)s, -e** secousse f.

Rück-: ~antwort f réponse f; **r~bezüglich** a (Fürwort) réfléchi(e); **~blende** f flashback m; **r~blickend** ad rétrospectivement.

rücken vt (Möbel) déplacer // vi (mit sein) bouger, remuer.

Rücken m **-s, -** dos m; (Nasen-) arête f; (Berg-) crête f; **~deckung** f appui m, soutien m; **~lehne** f dossier m; **~mark** nt moelle f épinière; **~schwimmen** nt nage f sur le dos; **~wind** m vent m arrière.

Rück-: ~erstattung f (von Auslagen) remboursement m; **~fahrt** f retour m; **~fall** m (von Patient) rechute f; (von Verbrecher) récidive f; **~flug** m (vol m de) retour m; **~gabe** f (von Dingen) restitution f; **~gang** m déclin m; (von Hochwasser) baisse f; **r~gängig** a: **etw** **r~gängig** **machen** annuler; **~grat** nt **-s, -e** colonne f vertébrale; **~griff** m recours m (auf +akk à); **~kehr** f - retour m (zu à); **~koppelung** f feedback m, rétroaction f; **~lage** f (Reserve) réserve f; **r~läufig** a (Entwicklung) régressif(-ive); (Preise) en baisse; **~licht** nt feu m arrière; **r~lings** ad par derrière.

~nahme f **-, -n** reprise f; **~reise** f (voyage m de) retour m; **~ruf** m rappel m.

Rucksack m sac m à dos.

Rück-: ~schau f rétrospective f (auf +akk de); **~schluß** m conclusion f; **~schritt** m régression f; **~seite** f dos m; (von Papier) verso m; (von Münze) revers m.

Rücksicht f considération f; **auf** **jdn/etw** ~ **nehmen** ménager qn/tenir compte de qch; **r~slos** a (Mensch, Benehmen) qui manque d'égards; (Fahren) irresponsable; (unbarmherzig) sans pitié; **r~svoll** a (Mensch) prévenant(e); (Benehmen) plein(e) d'égards.

Rück-: ~sitz m siège m arrière; **~spiegel** m rétroviseur m; **~spiel** nt match m retour; **~sprache** f entretien m, pourparlers mpl; **~stand** m (Betrag) arriéré m; **im** **~stand** **sein** être en retard; **r~ständig** a (Methoden) démodé(e); (Zahlungen) dû (due); **~stoß** m (von Gewehr) recul m; **~tritt** m démission f; **~trittbremse** f frein m au pédalier; **~vergütung** f (COMM) ristourne f; **r~wärts** ad en arrière; **~wärtsgang** m marche f arrière; **~weg** m retour m; **r~wirkend** a rétroactif(-ive); **~zahlung** f remboursement m; **~zug** m retraite f.

Rudel nt **-s, -** (von Wölfen) bande f; (von Hirschen) harde f.

Ruder nt **-s, -** rame f; (Steuer) gouvernail m; **~boot** nt bateau m à rames; **r~n** vi (auch mit sein) ramer; (SPORT) faire de l'aviron.

Ruf m **-(e)s, -e** cri m, appel m; (Ansehen) réputation f; **r~en** irr vi appeler // vi crier, appeler; (nach) **jdm** ~ appeler qn; **~name** m prénom m usuel; **~nummer** f numéro m de téléphone.

Rüge f **-, -n** réprimande f; **r~n** vt réprimander.

Ruhe f - calme m; (Ausruhen, Bewegungslosigkeit) repos m; (Ungestörtheit) paix f; (Schweigen) silence m; **sich zur** ~ **setzen** prendre sa retraite; **~!** silence!; **r~los** a agité(e); **r~n** vi (Mensch) se reposer; (Tätigkeit) être interrompu(e); (liegen) reposer; **r~stand** m retraite f; **~tag** m jour m de repos.

ruhig a tranquille; (gelassen, friedlich) calme; **tu das ~** ne te gêne pas.

Ruhm m -(e)s gloire f.

rühmen vt louer, vanter // vr: **sich ~** (+gen) se vanter (de).

rühmlich a glorieux(-euse).

Ruhr f - dysenterie f.

Rühr-: **~ei** m œufs mpl brouillés; **r~en** vt remuer; (fig) toucher // vr: **sich r~en** bouger // vi: **r~en von** provenir de; **r~en an** (+akk) toucher à; **r~end** a touchant(e); **r~selig** a sentimental(e); **~ung** f émotion f.

Ru'in m -s, -e ruine f.

Ru'ine f -, -n ruine f.

rui'nieren vt (ohne ge-) (jdn) ruiner; (Stoff) abimer.

rülpsen vi roter.

Rumänien [ru'mɛːniən] nt -s (la) Roumanie f.

Rum m -s, -s rhum m.

Rummel m -s (fam) agitation f, vacarme f; (Jahrmarkt) foire f; **~platz** m champ m de foire.

Rumpf m -(e)s, ⁼e tronc m; (AVIAT) fuselage m; (NAVIG) coque f.

rümpfen vt (Nase) froncer.

rund a rond(e) // ad (etwa) environ; **~ um etw** tout autour de qch; **R~bogen** m arc m en plein cintre; **R~e** f -, -n tour m; (von Wächter) ronde f; (Gesellschaft) cercle m; (von Getränken) tournée f.

Rundfunk m -(e)s radio f; **im ~** à la radio; **~empfang** m réception f; **~gerät** nt (poste m de) radio f; **~sendung** f émission f de radio.

Rund-: **r~heraus** ad carrément; **r~herum** ad tout autour; **r~lich** a rondelet(te); (Gesicht) rond(e); **~schreiben** nt circulaire f; **~ung** f (von Gewölbe) courbure f; (von Wange) rondeur f.

runter (fam) = **herunter**, **hinunter**.

Runzel f -, -n ride f; **r~ig** a ridé(e); **r~n** vt plisser; **die Stirn r~n** froncer les sourcils.

Rüpel m -s, - mufle m; **r~haft** a grossier(-ière).

rupfen vt (Huhn) plumer; (Gras) arracher; **R~** m -s, - jute f (de) jute m.

ruppig a grossier(-ière).

Rüsche f -, -n volant m; (an Hemd) jabot m.

Ruß m -es suie f.

Russe m -n, -n, **Russin** f Russe m/f.

Rüssel m -s, - trompe f.

rußig a couvert(e) de suie.

russisch a russe.

Rußland m -s (la) Russie.

rüsten vt préparer; (MIL) armer // vi (MIL) se réarmer // vr: **sich ~** se préparer.

rüstig a alerte; **R~keit** f vigueur f.

Rüstung f (das Rüsten) armement m; (Ritter~) armure f; (Waffen) armements mpl.

Rute f -, -n baguette f.

Rutsch m -(e)s, -e (Erd~) glissement m de terrain; **~bahn** f toboggan m; **r~en** vi (mit sein) glisser; (Erde) s'affaisser; **r~ig** a glissant(e).

rütteln vt secouer.

S

Saal m -(e)s, **Säle** salle f.

Saat f -, -en (Pflanzen) semence f; (Säen) semailles fpl.

sabbern vi (fam) baver.

Säbel m -s, - sabre m.

Sabotage [zabo'taːʒə] f -, -n sabotage m.

sabo'tieren vt (ohne ge-) saboter.

sachdienlich a (Hinweis) utile.

Sache f -, -n chose f; (Angelegenheit) affaire f; (JUR) cause f; (Thema) sujet m; (Pflicht) problème m; **zur ~** au fait; **dumme ~n machen** faire des bêtises.

Sach-: **~lage** f circonstances fpl, situation f; **s~lich** a objectif(-ive).

sächlich a neutre.

Sachschaden m dommage m matériel.

sacht ad avec précaution; (bewegen)

doucement.

Sachverständige(r) *mf* expert *m*.

Sack *m* -(e)s, :e sac *m*; ~**gasse** *f* impasse *f*, cul-de-sac *m*.

säen *vt*, *vi* semer.

Saft *m* -(e)s, :e jus *m*; (BOT) sève *f*; ~**ig** *a* juteux(-euse); (Ohrfeige) retentissant(e); (Witz, Rechnung) salé(e).

Sage *f* -, -n légende *f*.

Säge *f* -, -n scie *f*; ~**mehl** *nt* sciure *f*; ~**n** *vt*, *vi* scier.

sagen *vt*, *vi* dire; ~**haft** *a* légendaire; (fam: Haus, Auto) formidable.

Sägewerk *nt* scierie *f*.

sah *siehe* **sehen**.

Sahne *f* - crème *f*.

Saison [zɛ'zɔ̃:, dɛ'zɔŋ] *f* -, -s (haute) saison *f*; ~**arbeiter** *m* saisonnier *m*.

Saite *f* -, -n corde *f*; ~**ninstrument** *nt* instrument *m* à cordes.

Sakko [zakro] *m* od *nt* -s, -s veston *m*.

Sakra'ment *nt* -(e)s, -e sacrement *m*.

Sakri'stei *f* sacristie *f*.

Sa'lat *m* -(e)s, -e salade *f*; (Kopfsalat) laitue *f*; ~**soße** *f* vinaigrette *f*.

Salbe *f* -, -n pommade *f*, crème *f*.

Salbei *m* -s sauge *f*.

salbungsvoll *a* onctueux(-euse).

Saldo *m* -s, Salden solde *m*.

Salmi'ak *m* -s chlorure *m* d'ammonium; ~**geist** *m* ammoniaque *f*.

Sa'lopp *a* (Kleidung) négligé(e); (Ausdrucksweise) relâché(e), vulgaire.

Sal'peter *m* -s salpêtre *m*; ~**säure** *f* acide *m* nitrique.

Salz *nt* -es, -e sel *m*; ~**en** *vt* saler; ~**ig** *a* salé(e); ~**kartoffeln** *pl* pommes *fpl* de terre bouillies; ~**säure** *f* acide *m* chlorhydrique.

Samen *m* -s, - semence *f*, graine *f*; (ANAT) sperme *m*.

sammeln *vt* (Beeren) ramasser, cueillir; (Unterschriften) recueillir; (Geld) collecter; (Truppen) rassembler; (als Hobby) collectionner // *vr*: **sich** ~ se rassembler; (sich konzentrieren) se concentrer.

Sammel'surium *nt* -s salmigondis *m*.

Sammlung *f* (das Sammeln) collecte *f*; rassemblement *m*; (das Gesammelte) collection *f*; (Konzentration) concentration *f*.

Samstag *m* samedi *m*; **s~s** *ad* le samedi.

Samt *m* -(e)s, -e velours *m*.

samt *prep* +*dat* avec; ~ **und sonders** tous (toutes) sans exception.

sämtliche *a pl* tous(toutes) les.

Sand *m* -(e)s, -e sable *m*.

Sand-: **s~ig** *a* (Boden) sablonneux (-euse); ~**kasten** *m* tas *m* de sable; ~**papier** *nt* papier *m* de verre; ~**stein** *m* grès *m*.

sandte *siehe* **senden**.

Sanduhr *f* sablier *m*.

sanft *a* doux(douce); ~**mütig** *a* doux(douce), gentil(le).

sang *siehe* **singen**.

Sänger(in *f*) *m* -s, - chanteur(-euse).

sa'nieren (ohne ge-) *vt* (Stadt) assainir, rénover; (Betrieb) redresser financièrement // *vr*: **sich** ~ redresser sa situation.

Sa'nierung *f* (von Stadt) rénovation *f*; (von Betrieb) redressement *m* financier.

sani'tär *a* sanitaire, hygiénique; ~**e Anlagen** installations *fpl* sanitaires.

Sani'täter *m* -s, - secouriste *m*; (MIL) sanitaire *m*.

sank *siehe* **sinken**.

sanktionieren [zaŋktio'ni:rən] *vt* (ohne ge-) (Maßnahmen) approuver; (Gesetz) adopter.

sann *siehe* **sinnen**.

Sar'delle *f* anchois *m*.

Sarg *m* -(e)s, :e cercueil *m*.

saß *siehe* **sitzen**.

Sa'tire *f* -, -n satire *f*.

satirisch *a* satirique.

satt *a* rassasié(e); (Farbe) vif(vive), intense; **sich** ~ **essen** manger à sa faim; **jdn/etw** ~ **sein** *od* **haben** (fam) en avoir marre de qn/qch.

Sattel *m* -s, : selle *f*; ~**fest** *a* (fig) compétent(e); ~**n** *vt* seller.

sättigen *vt* rassasier; (Verlangen) satisfaire; (CHEM) saturer.

Satz *m* -es, :e phrase *f*; (Lehr-) théorème *m*; (MUS) mouvement *m*; (von Töpfen etc) jeu *m*, assortiment *m*; (von Briefmarken) série *f*; (SPORT) set *m*; (von Kaffee) marc *m*; (Sprung) bond *m*, saut *m*; (TYP) composition *f*; **~'gegenstand** *m* sujet *m*; **~lehre** *f* syntaxe *f*.

Satzung *f* statuts *mpl*, règlement *m*.

Satzzeichen *nt* signe *m* de ponctuation.

Sau *f* -, **Säue** truie *f*; (fam!) cochon *m*.

sauber *a* propre; (Charakter) honnête; (ironisch) sacré(e) (vor dem Substantiv); **S~keit** *f* propreté *f*.

säubern *vt* nettoyer; (POL) épurer, purger.

Sauce ['zoːsə] *f* -, **-n** siehe **Soße**.

sauer *a* acide; (Wein) aigre; (Hering) saur; (Milch) caillé(e); (fam: Mensch, Gesicht) fâché(e).

Saue'rei *f* (fam) cochonnerie *f*.

säuerlich *a* (Geschmack) aigrelet(te), acidulé(e); (Gesicht) revêche, acariâtre.

Sauer-: **~milch** *f* (lait *m*) caillé *m*; **~stoff** *m* oxygène *m*.

saufen *vt*, *vi irr* (Tier) boire; (fam) boire, picoler.

Säufer(in *f)* *m* -s, - ivrogne(sse), poivrot(e).

Saufe'rei *f* (fam) soûlerie *f*.

saugen *vt*, *vi* (Flüssigkeit) sucer; (Staub) aspirer; **an etw** (dat) **~** sucer qch.

säugen *vt* allaiter.

Sauger *m* -s, - (auf Flasche) tétine *f*.

Säugetier *nt* mammifère *m*.

Säugling *m* nourrisson *m*.

Säule *f* -, **-n** colonne *f*, pilier *m*.

Saum *m* -(e)s, **Säume** (von Kleid) ourlet *m*.

säumen *vt* (Kleid) ourler; (fig) border.

Säure *f* -, **-n** (CHEM) acide *m*; (Geschmack) acidité *f*, aigreur *f*.

säuseln *vt*, *vi* (Wind) murmurer; (sprechen) susurrer.

sausen *vi* siffler, mugir; (Ohren) bourdonner; (fam: mit sein: eilen) foncer.

Saustall *m* (fam) porcherie *f*.

Schabe *f* -, **-n** blatte *f*, cafard *m*; **s~n** *vt* gratter; (CULIN) râper.

Schabernack *m* -(e)s, **-e** farce *f*.

schäbig *a* miteux(-euse); (gemein) méprisable.

Schab'lone *f* -, **-n** pochoir *m*; (fig)

cliché *m*.

Schach *nt* -s, -s échecs *mpl*; (Stellung) échec *m*; **~brett** *nt* échiquier *m*; **~figur** *f* pièce *f* (d'un jeu d'échecs); **s~matt** *a* échec et mat.

Schacht *m* -(e)s, **-e** puits *m*; (Fahrstuhl~) cage *f*.

Schachtel *f* -, **-n** boîte *f*.

schade *a*: **es ist ~** c'est dommage; **für diese Arbeit ist der Anzug zu ~** ce costume est trop bon pour ce travail; **sich** (dat) **zu ~ für etw sein** ne pas s'abaisser à qch.

Schädel *m* -s, - crâne *m*; **~bruch** *m* fracture *f* du crâne.

Schaden *m* -s, = dommage *m*, dégât *m*; (Verletzung) lésion *f*; (Nachteil) perte *f*, désavantage *m*; **s~** *vi* +dat nuire (à); **~ersatz** *m* dommages *mpl* et intérêts *mpl*, indemnité *f*; **~freude** *f* joie *f* malveillante; **s~froh** *a* qui se réjouit du malheur des autres.

schadhaft *a* endommagé(e).

schädigen *vt* nuire à.

schädlich *a* nuisible; (Stoffe, Einfluß) nocif(-ive).

Schädling *m* animal *m* nuisible; (Insekte) insecte *m* nuisible.

schadlos *a*: **sich ~ halten an** (+dat) se rattraper sur.

Schaf *nt* -(e)s, -e mouton *m*; **~bock** *m* bélier *m*.

Schäfer(in *f)* *m* -s, - berger(-ère); **~hund** *m* berger *m*.

schaffen *vt irr* (Werk) créer; (Ordnung) rétablir; (Platz) faire // (erledigen) arriver à terminer, réussir à faire; (fam: Zug) réussir à attraper; (transportieren) transporter // *vi* (fam: arbeiten) travailler, bosser (fam); **sich** (dat) **etw ~** se faire qch.

Schaffner(in *f)* *m* -s, - contrôleur(-euse).

Schaft *m* -(e)s, **-e** (von Werkzeug) manche *m*; (von Gewehr) crosse *f*; (von Blume, Stiefel) tige *f*.

schäkern *vi* badiner.

schal *a* plat(e).

Schal *m* -s, **-e** *o* -s écharpe *f*.

Schälchen *nt* coupe *f*.

Schale f~, -n *(Kartoffel~, Obst~)* peau f; *(abgeschält)* pelure f, épluchure f; *(Orangen~)* écorce f; *(Nuß~, Muschel~, Ei~)* coquille f; *(Behälter)* coupe f, bol m.

schälen vt *(Kartoffeln, Obst)* éplucher, peler; *(Eier)* enlever la coquille de // vr: **sich** ~ *(Haut)* peler.

Schall m -(e)s, (-e son m; ~dämpfer m *(AUT)* pot m d'échappement; **s~dicht** a insonorisé(e); **s~en** vi sonner, retentir; **s~end** a *(Ton)* sonore; *(Ohrfeige)* retentissant(e); ~mauer f mur m du son; ~platte f disque m.

schalt *siehe* **schelten**.

Schalt-: ~bild nt schéma m de circuit; ~brett nt tableau m de commande; **s~en** vt: **auf 'warm' s~en** mettre sur 'chaud' // vi *(AUT)* changer de vitesse; *(fam: begreifen)* piger; **in den 2. Gang s~en** passer la o en seconde; **s~en und walten** agir à sa guise; ~er m -s, - guichet m; *(an Gerät)* interrupteur m, bouton m; ~hebel m levier m de commande; *(AUT)* levier m de changement de vitesse; ~jahr nt année f bissextile.

Scham f- pudeur f; *(Organe)* organes mpl génitaux.

schämen vr: **sich** ~ avoir honte *(vor +dat* vis à vis de).

Scham-: ~haare pl poils mpl du pubis; **s~los** a éhonté(e).

Schande f- honte f.

schänden vt *(Frau, Kind)* violer; *(Grab)* profaner; *(Namen)* déshonorer.

schändlich a *(Benehmen)* scandaleux(-euse), honteux(-euse)

Schandtat f infamie f; *(fam)* folie f.

Schank-: ~erlaubnis f, ~konzession f licence f *(de débit de boissons)*; ~tisch m comptoir m.

Schanze f-, -n *(Sprung~)* tremplin m.

Schar f-, -en *(Vögel)* volée f; *(von Menschen)* troupe f; **in ~en** en grand nombre; **s~en** vr: **sich s~en** se rassembler.

scharf a (-er, am -sten) *(Klinge)* tranchant(e); *(Essen)* épicé(e); *(Senf)* fort(e); *(Auge)* perçant(e); *(Ohr)*

fin(e); *(Verstand)* incisif(ive); *(Wind)* glacial(e); *(Kurve)* dangereux(-euse); *(Ton)* aigu(-uë); *(PHOT)* net(te); *(streng: Worte)* dur(e); *(Kritik)* mordant(e); *(Vorgesetzter)* sévère; *(Hund)* méchant(e); ~ **nachdenken** réfléchir; **auf etw** *(akk)* ~ **sein** *(fam)* être fou(folle) de qch; **S~blick** m *(fig)* pénétration f.

Schärfe f -, -n tranchant m; *(von Essen)* goût m épicé; *(von Wind)* âpreté f; *(PHOT)* netteté f; *(Strenge)* dureté f; *(von Kritik)* causticité f; **s~n** vt aiguiser.

Scharf-: ~schütze m tireur m d'élite; ~sinn m perspicacité f; **s~sinnig** a *(Mensch)* perspicace; *(Überlegung)* fin(e).

Schar'nier nt -s, -e charnière f.

Schärpe f -, -n écharpe f.

scharren vt, vi creuser, gratter.

Scharte f -, -n brèche f.

schartig a *(Klinge)* ébréché(e).

Schaschlik m o nt -s, -s brochette f, chiche-kebab m.

Schatten m -s, - ombre f; ~bild nt, ~riß m silhouette f; ~seite f *(fig)* désavantage m.

Schat'tierung f ombres fpl.

schattig a ombragé(e).

Scha'tulle f -, -n coffret m.

Schatz m -es, -e trésor m.

schätzbar a évaluable.

Schätzchen nt chéri(e).

schätzen vt estimer; ~lernen *(zvb)* (jdn) se mettre à apprécier.

Schätzung f estimation f, évaluation f; **s~sweise** ad à peu près.

Schau f -, -en spectacle m; *(Ausstellung)* exposition f; **etw zur ~ stellen** exposer qch; ~bild nt diagramme m.

Schauder m -s, - frisson m; **s~haft** a horrible, épouvantable; **s~n** vi frissonner; **es schaudert mich bei dem Gedanken...** je frémis à la pensée...

schauen vi regarder.

Schauer m -s, - *(Regen~)* averse f; *(Schreck)* frisson m; **s~lich** a horrible.

Schaufel f -, -n (Gerät) pelle f; s~n vt (Sand) pelleter, déplacer avec une pelle.

Schau-: ~fenster nt vitrine f; ~fensterauslage f étalage m; ~fensterbummel m faire-vitrines m; ~geschäft nt showbusiness m; ~kasten m vitrine f.

Schaukel f -, -n balançoire f; s~n vi se balancer; ~pferd nt cheval m à bascule; ~stuhl m fauteuil m à bascule.

Schaulustige(r) mf badaud(e).

Schaum m -(e)s, **Schäume** écume f; (Seifen-) mousse f.

schäumen vi (Bier, Seife) mousser; (vor Wut) écumer.

Schaum-: ~gummi m caoutchouc m mousse; ~krone f écume f; ~wein m (vin m) mousseux m.

Schauplatz m scène f.

schaurig a horrible, épouvantable.

Schau-: ~spiel nt spectacle m; (THEAT) pièce f; ~spieler m acteur m; ~spielerin f actrice f; s~spielern vi jouer la comédie.

Scheck m -s, -s chèque m; ~buch nt chéquier m, carnet m de chèques.

scheckig a (Pferd) moucheté(e); (Muster) bariolé(e).

scheffeln vt (Geld) amasser.

Scheibe f -, -n disque m; (Brot, Braten) tranche f; (Glas-) carreau m; (Schieß-) cible f; ~nwaschanlage f lave-glace m; ~nwischer m essuie-glace m.

Scheich m -s, -e o -s cheik m.

Scheide f -, -n (von Waffe) gaine f, fourreau m; (Grenze) frontière f; (ANAT) vagin m; s~n irr vt (Ehe) dissoudre // vi (mit sein) s'en aller; sich s~n lassen divorcer (von d'avec).

Scheidung f (Ehe-) divorce m; die ~ einreichen demander le divorce.

Schein m -(e)s, -e lumière f, éclat m; (An-) apparence f; (Geld-) billet m; (Bescheinigung) attestation f; zum ~ pour la galerie; s~bar a apparent(e).

scheinen vi irr briller; (Anschein haben) sembler.

Schein-: s~heilig a hypocrite; ~tod m mort f apparente; ~werfer m projecteur m; (AUT) phare m.

Scheiße f -, -n (fam!) merde f.

Scheit nt -(e)s, -e o -er büche f.

Scheitel m -s, - (höchster Punkt) sommet m; (Haar-) raie f.

scheitern vi (mit sein) échouer.

Schelte f -, -n réprimande f; s~en vt, vi irr gronder.

Schema nt -s, -s o -ta plan m; (Darstellung) schéma m; nach ~ F d'une manière routinière; ~tisch [ʃe'maːtɪʃ] a schématique; (pej) machinal(e).

Schemel m -s, - tabouret m.

Schenkel m -s, - cuisse f; (MATH) côté m; (von Zirkel) branche f.

schenken vt offrir, donner; (Getränk) verser; sich (dat) etw ~ (fam) se dispenser de qch; das ist geschenkt! c'est donné; (nichts wert) ça ne vaut rien.

Schenkung f don m.

Scherbe f -, -n tesson m, débris m.

Schere f -, -n ciseaux mpl; (groß) cisailles fpl; (von Hummer etc) pince f; s~n vt (kümmern) intéresser, préoccuper; (irr: Schaf) tondre; sich scheren s~n um (fam) se ficher de.

Schererei f (fam) embêtement m.

Scherz m -es, -e plaisanterie f.

scheu a craintif(-ive); (schüchtern) timide; S~ f - (Angst) crainte f; (Ehrfurcht) respect m.

scheuen vt (Gefahr) avoir peur de, craindre; (Anstrengung) épargner; (Aufgabe) se dérober à // vi (Pferd) s'emballer // vr: sich ~ vor (+dat) craindre.

scheuern vt (putzen) récurer; (reiben) frotter.

Scheuklappe f œillère f.

Scheune f -, -n grange f.

Scheusal nt -s, -e monstre m.

scheußlich a épouvantable; S~keit f (von Anblick) laideur f; (von Verbrechen) atrocité f.

Schi m siehe Ski.

Schicht f -, -en couche f; (in Fabrik) poste m; (: Gruppe) équipe f; ~arbeit f travail m par roulement; s~en vt empiler.

schicken vt envoyer // vr: sich ~ se résigner (in +akk à); **es schickt sich nicht** ça n'est pas convenable.

Schicksal nt -s, -e destin m; **S~sschlag** m coup m du destin.

Schiebedach nt toit m ouvrant.

schieben vt irr pousser; (Schuld, Verantwortung): **etw auf jdn** ~ rejeter qch sur qn; (fam: Waren) trafiquer avec, faire (le) trafic de.

Schieber m -s, - coulisseau m; (von Gerät) curseur m; (Person) trafiquant(e).

Schiebetür f porte f coulissante.

Schiebung f (Betrug) trafic m.

schied siehe **scheiden**.

Schieds: ~**richter** m arbitre m; **s~richtern** vt arbitrer // vi faire l'arbitre; ~**spruch** m arbitrage m.

schief a (Ebene) en pente, incliné(e); (Turm) penché(e); (falsch) faussé(e), faux(fausse) // ad de travers.

Schiefer m -s, - ardoise f; ~**dach** nt toit m d'ardoises; ~**tafel** f ardoise f.

schief: ~**gehen** vi irr (zvb, mit sein) (fam) ne pas marcher, louper; ~**lachen** vr (zvb) (fam) sich ~lachen se tordre de rire; ~**liegen** vi irr (zvb) (fam) se tromper.

schielen vi loucher; **nach etw** ~ (fig) loucher sur qch.

schien siehe **scheinen**.

Schienbein nt tibia m.

Schiene f -, -n rail m; (MED) attelle f.

schier a (Fleisch) maigre // ad (fig) pur(e) // ad presque.

Schieß: ~**bude** f (stand m de) tir m; **s~en** irr vi, vt tirer // vi (mit sein) (Blut) jaillir; (Salat) monter en graine; ~**e'rei** f coups mpl de feu, fusillade f.

Schiff nt -(e)s, -e bateau m; (Kirchen~) nef f; (~f)**ahrt** f navigation f; (Reise) traversée f; ~(f)**ahrtslinie** f ligne f maritime; ~**bar** a navigable; ~**bau** m construction f navale; ~**bruch** m naufrage m; **s~brüchig** a naufragé(e); ~**chen** nt (WEBEN) navette f; ~**er** m -s, - batelier m; ~**sjunge** m mousse m; ~**sladung** f cargaison f.

Schi'kane f -, -n chicane f, tracasserie f; **mit allen ~en** (fam) avec tout ce qu'il faut.

schika'nieren vt (ohne ge-) brimer.

Schild m -(e)s, -e (Schutz) bouclier m; (von Tier) carapace f; (Mützen~) visière f; **etw im ~ führen** tramer qch // nt -(e)s, -er enseigne f; (Verkehrs~) panneau m; (Etikett) étiquette f; ~**drüse** f glande f thyroïde f.

schildern vt (de)peindre, décrire.

Schilderung f description f.

Schildkröte f tortue f.

Schilf nt -(e)s, -e, ~**rohr** nt roseau m.

schillern vi chatoyer, miroiter; ~**d** a chatoyant(e); (fig) ambigu(-uë).

Schimmel m -s, - moisissure f; (Pferd) cheval m blanc; **s~ig** a moisi(e); **s~n** vi moisir.

Schimmer m -s lueur f; **s~n** vi luire.

Schim'panse m -n, -n chimpanzé m.

Schimpf m -(e)s, -e affront m; **s~en** vt: **jdn einen Idioten ~en** traiter qn d'idiot // vi jurer, pester, râler (fam); **mit jdm ~** gronder qn; ~**wort** nt juron m, injure f.

schinden irr vt maltraiter; (fam): **Eindruck ~** en mettre plein la vue // vr: sich ~ s'esquinter (mit etw à faire qch); (fig) se donner de la peine.

Schinde'rei f corvée f.

Schinken m -s, - jambon m.

Schippe f -, -n pelle f; **s~n** vt (Sand, Schnee) déplacer à la pelle, pelleter.

Schirm m -(e)s, -e (Regen~) parapluie m; (Sonnen~) parasol m; (Wand~, Bild~) écran m; (Lampen~) abat-jour m; (Mützen~) visière f; (Pilz~) chapeau m; ~**herr** m patron m, protecteur m; ~**mütze** f casquette f.

Schlacht f -, -en bataille f; **s~en** vt tuer; ~**er(in f)** m -s, - boucher(-ère); ~**feld** nt champ m de bataille; ~**haus** nt, ~**hof** m abattoir m; ~**schiff** nt cuirassé m; ~**vieh** nt animal m de boucherie.

Schlacke f -, -n scorie f.

Schlaf m -(e)s sommeil m; ~**anzug**

m pyjama *m*.

Schläfchen *nt* sieste *f*.

Schläfe *f* -, *-n* tempe *f*.

schlafen *vi* dormir; ~ **gehen** (aller) se coucher; **mit jdm** ~ coucher avec qn.

Schläfer(in *f*) *m* -s, - dormeur (-euse).

schlaff *a* (Haut) flasque; (energielos) mou(molle); (erschöpft) épuisé(e).

Schlaf-: ~**gelegenheit** *f* endroit *m* où dormir; ~**lied** *nt* berceuse *f*; **s~los** *a*: **eine** ~**lose Nacht** une nuit blanche; ~**losigkeit** *f* insomnie *f*; ~**mittel** *nt* somnifère *m*.

schläfrig *a* (Mensch) qui a sommeil; (Stimmung) endormant(e).

Schlaf-: ~**saal** *m* dortoir *m*; ~**sack** *m* sac *m* de couchage; ~**tablette** *f* somnifère *m*; **s~trunken** *a* somnolent(e), ensommeillé(e); ~**wagen** *m* wagon-lit *m*; **s~wandeln** *vi* (zvb) être somnambule; ~**zimmer** *nt* chambre *f* à coucher.

Schlag *m* -(e)s, *¨e* (Hieb) coup *m*; (pl: Tracht Prügel) raclée *f*; (Herz~) attaque *f*; (Gehirn~) (attaque *f* d')apoplexie *f*; (ELEC) secousse *f*; (Blitz~) coup *m* de foudre; (Schicksals~) coup *m* du destin; (Puls~) pouls *m*; (Glocken~) son *m*; (fam: Portion) portion *f*; (Art) race *f*, espèce *f*; **mit einem** ~ d'un seul coup; ~**ader** *f* artère *f*; ~**anfall** *m* apoplexie *f*; **s~artig** *a* brusque; ~**baum** *m* barrière *f*.

schlagen *irr vt* battre; (Sahne) fouetter; (einschlagen) enfoncer; (Kreis, Bogen) décrire; (Schlacht) livrer // *vi* battre; (Uhr) sonner; (Blitz) tomber; (mit sein): **auf o an o gegen etw** (akk) ~ heurter qch // *vr*: **sich** ~ se battre; **um sich** ~ se débattre; **nach jdm** ~ ressembler à qn; **s~d** *a* (Beweis) convaincant(e).

Schlager *m* -s, - (Lied) tube *m*; (Erfolg) succès *m*.

Schläger *m* -s, - (Mensch) bagarreur *m*; (Tennis~) raquette *f*; (Hockey~, Golf~) crosse *f*.

Schläge'rei *f* bagarre *f*.

Schlagersänger(in *f*) *m* chanteur

(-euse) à succès.

Schlag-: **s~fertig** *a* qui a de la repartie; ~**loch** *nt* nid *m* de poule; ~**rahm** *m*, ~**sahne** *f* crème *f* fouettée; ~**seite** *f*: ~**seite haben** (Schiff) donner de la bande; (fig: Mensch) être bourré(e); ~**wort** *nt* slogan *m*; ~**zeile** *f* manchette *f*; ~**zeug** *nt* batterie *f*.

Schla'massel *m* -s, - (fam) merdier *m* (fam!).

Schlamm *m* -(e)s, -e boue *f*; **s~ig** *a* boueux(-euse).

Schlampe *f* -, *-n* (fam) souillon *f*; (fig) salope *f*.

schlampen *vi* (fam): **mit einer Arbeit** ~ bâcler un travail.

Schlampe'rei *f* (fam) bâclage *m*; (Durcheinander) pagaille *f*.

schlampig *a* (fam) (Mensch) négligé(e); (Arbeit) salope(e), bâclé(e).

schlang siehe **schlingen**.

Schlange *f* -, *-n* serpent *m*; (Menschen~, Auto~) file *f*; ~ **stehen** faire la queue.

schlängeln *vr*: **sich** ~ se faufiler; (Fluß, Weg) serpenter.

Schlangen-: ~**gift** *nt* venin *m*.

schlank *a* mince, svelte; **S~heit** *f* minceur *f*; **S~heitskur** *f* régime *m* amaigrissant.

schlapp *a* mou(molle); (erschöpft) vidé(e); **S~e** *f* -, *-n* (fam) échec *m*; ~**machen** *vi* (zvb) (fam) flancher.

schlau *a* (Mensch) malin(-e o -igne); (Plan) astucieux(-euse).

Schlauch *m* -(e)s, **Schläuche** tuyau *m*; (in Reifen) chambre *f* à air; (fam: Anstrengung) corvée *f*; ~**boot** *nt* canot *m* pneumatique; **s~en** *vt* (zvb) pomper.

Schlauheit *f*, **Schläue** *f* - ruse *f*, malice *f*.

schlecht *a* mauvais(e); (verdorben: Essen) gâté(e), avarié(e); (Mensch) méchant(e) // *ad* mal; (kaum) difficilement; ~ **und recht** tant bien que mal; **mir ist (es)** ~ je me sens mal; ~**gehen** *vi irr* (zvb, mit sein): **jdm geht es schlecht** qn est mal en point; ~**hin** *ad* tout simplement; **der Dramatiker** ~**hin** le vrai dramaturge; **S~igkeit** f méchanceté f; **~machen** vt (zvb) dénigrer.

schlecken vt lécher // vi (naschen) manger des sucreries.

Schlegel m -s, - (Trommel~) baguette f; (CULIN) cuisse f.

schleichen vi irr (mit sein) ramper; (fig: langsam) trainer; **~d** a (Krankheit) insidieux(-euse).

Schleier m -s, - voile m; **s~haft** a (fam): jdm **s~haft** sein échapper à qn.

Schleife f -, -n boucle f; (Band) nœud m; **s~n** vt (ziehen) trainer; (niederreißen) raser // vi irr (Messer) aiguiser; (Edelstein) tailler.

Schleim m -(e)s, -e substance f visqueuse; (MED) mucosité f; (CULIN) gruau m; **s~ig** a visqueux(-euse).

schlemmen vi festoyer.

Schlemme'rei f festin m, gueuleton m (fam).

schlendern vi (mit sein) flâner; (irgendwohin) aller en flânant.

Schlendrian m -(e)s laisser-aller m.

schlenkern vt balancer.

schleppen vt trainer; (AUT, Schiff) remorquer // vr: **sich** ~ se trainer.

Schlepper m -s, - (Schiff) remorqueur m.

Schleuder f -, -n (Geschütz) fronde f; (Wäsche~) essoreuse f; (Honig~) extracteur m; (Butter~) baratte f; **s~n** vt lancer; (Wäsche) essorer // vi (AUT) (mit sein oder haben) déraper; **~preis** m prix m écrasé; **~sitz** m siège m éjectable; **~ware** f marchandise f bradée.

schleunigst ad au plus vite.

Schleuse f -, -n écluse f.

schlich siehe **schleichen**.

schlicht a simple.

schlichten vt (Streit) régler, aplanir.

Schlick m -(e)s, -e vase f.

schlief siehe **schlafen**.

Schließe f -, -n fermeture f.

schließen irr vt fermer; (Sitzung) clore; (einschließen) enfermer; (Lücke) boucher; (eingehen; folgern) conclure // vr: **sich** ~ se fermer // vi (Tür, Deckel) se fermer; (enden) se

terminer; (folgern) conclure.

Schließ-: ~fach nt (auf Bahnhöfen) consigne f automatique; **s~lich** ad finalement; (~ doch) après tout.

schliff siehe **schleifen**.

Schliff m -(e)s, -e taille f; (fig) savoir-vivre m.

schlimm a grave; (Nachricht, Bursche) mauvais(e); (Zeiten) difficile; **~er** a pire; **~ste(r,s)** a le (la) pire; **~stenfalls** ad au pire.

Schlinge f -, -n boucle f; (Falle) collet m; (MED) écharpe f.

Schlingel m -s, - vaurien m.

schlingen irr vt mettre, enrouler // vt, vi (essen) engloutir.

schlingern vi (Schiff) tanguer.

Schlips m -es, -e cravate f.

Schlitten m -s, - luge f; (Fahrzeug) traineau m.

schlittern vi (auch mit sein) glisser, patiner.

Schlittschuh m patin m (à glace); **~bahn** f patinoire f; **~laufen** nt patinage m.

Schlitz m -es, -e fente f; (Hosen~) braguette f; **s~äugig** a qui a les yeux bridés; **s~en** vt fendre.

schloß siehe **schließen**.

Schloß nt -sses, Schlösser (an Tür) serrure f; (Bau) château m.

Schlosser m -s, - serrurier m; (Auto~) mécanicien m.

Schlosse'rei f (Werkstatt) atelier m.

Schlot m -(e)s, -e cheminée f.

schlottern vi trembler (vor de); (Kleidung) flotter.

Schlucht f -, -en gorge f.

schluchzen vi sangloter.

Schluck m -(e)s, -e gorgée f; **~auf** m -s, -s hoquet m; **s~en** vt, vi avaler.

schludern vi: **bei** o **mit etw** ~ bâcler qch.

schlug siehe **schlagen**.

Schlund m -(e)s, -e gosier m.

schlüpfen vi (mit sein) se glisser, se faufiler; **aus dem Ei** ~ sortir de l'œuf; **in die Kleider** ~ enfiler ses habits.

Schlüpfer m -s, - slip m.

Schlupfloch nt trou m, cachette f.

schlüpfrig a glissant(e); (fig)

équivoque, obscène.

schlurfen vi (*mit sein*) traîner les pieds, se traîner.

schlürfen vt, vi boire bruyamment.

Schluß m ~sses, **Schlüsse** fin f; (~folgerung) conclusion f; **am** ~ à la fin; ~ **machen** s'arrêter; **mit jdm** ~ **machen** rompre avec qn.

Schlüssel m -s, - clé f; ~**bein** nt clavicule f; ~**blume** f primevère f; ~**bund** nt trousseau m de clés; ~**loch** nt trou m de la serrure.

schlüssig a (*überzeugend*) concluant(e); **sich** (*dat*) **über etw** ~ **sein** être sûr(e) de qch.

Schluß-: ~**licht** nt feu m arrière; ~**strich** m (*fig*) point m final; ~**verkauf** m soldes mpl.

Schmach f - honte f, ignominie f.

schmachten vi (*vor Durst*) mourir (*vor de*); (*vor Sehnsucht*) languir (*nach* loin de).

schmächtig a chétif(-ive), frêle.

schmackhaft a (*Essen*) appétissant(e); **jdm etw** ~ **machen** peindre qch sous de couleurs flatteuses.

schmählich a honteux(-euse).

schmal a étroit(e); (*Mensch, Buch*) mince; (*karg*) maigre.

schmälern vt diminuer; (*fig*) rabaisser.

Schmal-: ~**film** m film m de format réduit; ~**spur** f voie f étroite.

Schmalz nt -es, -e graisse f fondue; (*von Schwein*) saindoux m; **s**~**ig** a sentimental(e).

schma'rotzen vi: **bei** o **von jdm** ~ vivre aux crochets de qn.

Schma'rotzer(**in** f) m -s, - parasite m.

schmatzen vi manger bruyamment.

Schmaus m -es, **Schmäuse** festin m; **s**~**en** vi se régaler.

schmecken vt sentir // vi (*Essen*) être bon; **nach etw** ~ avoir le goût de qch; **es schmeckt ihm** il trouve cela bon.

Schmeiche'lei f flatterie f.

schmeichelhaft a flatteur(-euse).

schmeicheln vi: **jdm** ~ flatter qn.

schmeißen vt irr (*fam*) jeter, ba-

lancer (*fam*).

Schmeißfliege f mouche f à viande.

schmelzen irr vt faire fondre // vi (*mit sein*) fondre.

Schmelz-: ~**punkt** m point m de fusion; ~**wasser** nt neige f fondue.

Schmerz m -es, -en douleur f; (*Trauer*) chagrin m; **s**~**en** vt faire mal à; (*fig*) peiner; ~**ensgeld** nt dommages mpl et intérêts mpl; **s**~**haft** a douloureux(-euse); **s**~**lich** a douloureux(-euse); **s**~**los** a indolore; **s**~**stillend** a (*Mittel*) analgésique.

Schmetterling m papillon m.

schmettern vt (*werfen*) lancer avec violence, projeter; (*singen*) chanter à tue-tête.

Schmied m -(e)s, -e forgeron m; ~**e** f -, -n forge f; ~**eeisen** nt fer m forgé; **s**~**en** vt forger.

schmiegen vt (*Kopf*) poser, appuyer (*an* +akk contre) // vr: **sich** ~ (*Mensch*) se blottir; (*Stoff*) mouler.

Schmier-: ~**e** f -, -n graisse f; **s**~**en** vt étaler; (*Butterbrot*) tartiner; (*fetten*) graisser; (*bestechen*) graisser la patte à; (*auch* vi: *schreiben*) gribouiller // vi (*Kuli*) baver, couler; ~**fett** nt graisse f, lubrifiant m; ~**geld** nt pot-de-vin m; ~**mittel** nt lubrifiant m; ~**seife** f savon m mou.

Schminke f -, -n maquillage m; **s**~**n** vt farder, maquiller // vr: **sich** s~**n** se maquiller.

schmirgeln vt (*glätten*) polir à l'émeri.

schmiß siehe **schmeißen**.

Schmöker m -s, - (*fam*) bouquin m; **s**~**n** vi (*fam*) bouquiner.

schmollen vi bouder.

schmolz siehe **schmelzen**.

Schmor-: ~**braten** m viande f braisée; **s**~**en** vt, vi braiser.

Schmuck m -(e)s décoration f; (~*stücke*) bijoux mpl.

schmücken vt décorer.

Schmuggel m -s contrebande f; **s**~**n** vt passer en contrebande o en fraude // vi faire de la contrebande.

Schmuggler(**in** f) m -s, - contrebandier(-ière).

schmunzeln vi sourire.

Schmutz m -es saleté f; **s~en** vi (Stoff) se salir; **s~ig** a sale; (Witz) cochon(ne); (Geschäfte) louche.

Schnabel m -s, ⸚ bec m.

Schnake f-, -n (Stechmücke) moustique m.

Schnalle f -, -n boucle f; **s~n** vt attacher.

schnalzen vi claquer (mit de), faire claquer (mit etw qch).

schnappen vi saisir // vi chercher à happer (nach etw qch); **Luft ~** (ins Freie) prendre l'air.

Schnapp~: **s~schloß** nt cadenas m; **~schuß** m instantané m.

Schnaps m -es, ⸚e eau-de-vie f.

schnarchen vi ronfler.

schnattern vi (Ente) criailler; (zittern) frissonner.

schnauben vi (Pferd) s'ébrouer.

schnaufen vi haleter.

Schnauzbart m moustache f.

Schnauze f -, -n museau m; (von Kanne) bec m; (fam) gueule f.

Schnecke f -, -n escargot m; (ohne Gehäuse) limace f; **~nhaus** nt coquille f (d'escargot).

Schnee m -s neige f; (Ei~) œufs mpl en neige; **~ball** m boule f de neige; **~gestöber** nt tempête f de neige; **~glöckchen** nt perce-neige m f; **~kette** f chaîne f; **~pflug** m chasse-neige m inv; **~schmelze** f fonte f des neiges.

Schneid m -(e)s (fam) cran m.

Schneide f -, -n tranchant m.

schneiden irr vt couper // vr: **sich ~** (Mensch) se couper; (sich kreuzen) se croiser; **Gesichter ~** faire des grimaces.

Schneider(in f) m -s, - tailleur m, couturière f.

Schneidezahn m incisive f.

schneien vb impers: **es schneit** il neige.

schnell a rapide // ad vite, rapidement; **~en** vi (mit sein) bondir; (Preise, Temperatur) faire un bond; **S~igkeit** f rapidité f; **S~straße** f voie f rapide; **S~zug** m rapide m.

schneuzen vr: **sich ~** se moucher.

schnippisch a impertinent(e).

schnitt siehe **schneiden.**

Schnitt m -(e)s, -e coupure f; (Quer~) coupe f (transversale); (Durch~) moyenne f; (~muster) patron m; (von Gesicht) forme f; (fam: Gewinn) bénéfice m; **~e** f -, -n tranche f; **~fläche** f coupe f; **~lauch** m ciboulette f; **~muster** nt patron m; **~punkt** m intersection f.

Schnitzel nt -s, - (Stückchen) petit morceau m; (CULIN) escalope f.

schnitzen vt, vi tailler.

Schnitzer m -s, - sculpteur m (sur bois); (fam: Fehler) gaffe f.

schnodderig a (fam) impertinent(e), gonflé(e).

schnöde a (Behandlung) mesquin(e); (Gewinn) méprisable.

Schnörkel m -s, - fioriture f; (ARCHIT) volute f.

schnorren vt mendier // vi être un parasite.

schnüffeln vi renifler, flairer (an etw qch); (fam: spionieren) fouiner.

Schnuller m -s, - tétine f.

Schnupfen m -s, - rhume m.

schnuppern vi renifler.

Schnur f -, ⸚e ficelle f; (ELEC) fil m; **schnüren** vt (Paket) ficeler; (Schuhe) lacer.

Schnurr~: **~bart** m moustache f; **s~en** vi (Katze) ronronner.

Schnür~: **~schuh** m chaussure f à lacets; **~senkel** m lacet m.

schnur'stracks ad (tout) droit.

schob siehe **schieben.**

Schock m -(e)s, -s choc m.

scho'ckieren vt (ohne ge-) choquer.

Schöffe m -n, -n jury m; **~ngericht** nt tribunal m avec un jury.

Schöffin f jurée f.

Scho'ko'lade f chocolat m.

Scholle f -, -n (Eis~) glace f flottante; (Fisch) plie f.

schon ad (bereits) déjà; (endlich) enfin; (zwar) certes; **das ist ~ immer so** ça a toujours été le cas; **das wird ~ (noch) gut** tout ira bien; **~ der Gedanke...** rien que de penser...

schön a beau o bel (vor Vokal) (belle); **~e Grüße** bien le bonjour; **~es**

Wochenende! bon week-end!; **~en Dank** merci beaucoup.

schonen vt épargner, ménager // vr: **sich ~** se ménager.

Schönheit f beauté f.

Schonung f (Nachsicht) égards mpl; (von Gegenstand) ménagement m; (Forst) pépinière f; **s~slos** a (Vorgehen) impitoyable.

Schonzeit f période où la chasse est interdite.

Schöpf-: s~en vt (Flüssigkeit) puiser; (Mut) rassembler; **frische Luft s~en** prendre l'air; **~er** m -s, créateur(-trice); **s~erisch** a (Begabung) créateur(-trice); **~löffel** m louche f; **~ung** f création f.

schor siehe **scheren**.

Schorf m -(e)s, -e croûte f.

Schornstein m cheminée f; **~feger(in** f) m -s, - ramoneur m.

schoß siehe **schießen**.

Schoß m -es, -̈e: **auf jds ~** sur les genoux de qn; (von Rock) basque f.

Schote f -, -n (BOT) cosse f.

Schottland nt -s l'Ecosse f.

schraf̄fieren vt (ohne ge-) hachurer.

schräg a (Wand) incliné(e), penché(e); (Linie) oblique; **etw ~ stellen** mettre qch de biais; **S~e** f -, -n inclinaison f; **S~streifen** m biais m.

Schramme f -, -n éraflure f; **s~n** vt rayer, érafler.

Schrank m -(e)s, -̈e placard m; (Kleider-) armoire f.

Schranke f -, -n barrière f; **s~nlos** a (Bahnübergang) non gardé(e); (zügellos) effréné(e).

Schraube f -, -n vis f; (Schiffs-) hélice f; **s~n** vt visser; **~nschlüssel** m clé f (à écrous); **~nzieher** m tournevis m.

Schraubstock m étau m.

Schreck m -(e)s, -e, **Schrecken** m -s, - effroi m, terreur f; **~gespenst** nt spectre m; **s~haft** a craintif(-ive); **s~lich** a terrible; (fam) épouvantable; **~schuß** m coup m en l'air.

Schrei m -(e)s, -e cri m.

Schreib-: ~block m bloc-notes m; **s~en** vt, vi irr écrire; **~en** nt -s, -

lettre f, écrit m; **s~faul** a qui n'aime pas écrire (des lettres); **~fehler** m faute f d'orthographe; **~maschine** f machine f à écrire; **~tisch** m bureau m; **~waren** pl articles mpl de papeterie.

schreien vt, vi irr crier; **~d** a (Ungerechtigkeit) criant(e); (Farbe) criard(e).

Schreiner(in f) m -s, - menuisier m; (Zimmermann) charpentier m; (Möbel-) ébéniste m.

Schreine'rei f menuiserie f.

schrie siehe **schreien**.

schrieb siehe **schreiben**.

Schrift f -, -en écriture f; (Gedrucktes) écrit m; **~deutsch** nt allemand m écrit; (nicht Dialekt) bon allemand; **s~lich** a écrit(e) // ad par écrit; **~setzer(in** f) m compositeur (-trice), typographe m/f; **~sprache** f langue f écrite; **~steller(in** f) m -s, - écrivain m.

schrill a perçant(e), aigu(-uë).

Schritt m -(e)s, -e pas m; (Gangart) démarche f; (von Hose) entrejambes m; **~macher** m stimulateur m cardiaque.

schroff a (Felswand) abrupt(e); (fig) brusque.

schröpfen vt (fig) plumer.

Schrot m o nt -(e)s, -e (Blei) plomb m; (Getreide) farine f brute; **~flinte** f fusil m de chasse.

Schrott m -(e)s, -e ferraille f; **s~reif** a (Auto) à mettre à la casse.

schrubben vt (Boden) frotter.

Schrubber m -s, - balai-brosse m.

Schrulle f -, -n lubie f.

schrumpfen vi (mit sein) rétrécir; (Apfel) se ratatiner; (Kapital) fondre.

Schub-: ~karren m brouette f; **~lade** f tiroir m.

schüchtern a timide; **S~heit** f timidité f.

schuf siehe **schaffen**.

Schuft m -(e)s, -e fripouille f; **s~en** vi (fam) bosser (dur).

Schuh m -(e)s, -e chaussure f; **~band** nt lacet m; **~creme** f cirage m; **~macher(in** f) m cordonnier(-ière).

Schulaufgaben pl devoirs mpl.

Schuld f -, -en culpabilité f; (FIN) dette f; (Verschulden) faute f.

schuld a: ~ **sein** être responsable (an +dat de); **er ist** o **hat** ~ c'est de sa faute.

schulden vt: jdm etw ~ devoir qch à qn.

schuldig a coupable (an +dat de); (Respekt) dû(due); **jdm etw** ~ **sein/bleiben** devoir qch à qn.

Schule f -, -n école f; **s**~ **n** vt former; (Ohr) exercer.

Schüler(in f) m -s, - élève m/f.

Schul-: ~**ferien** pl vacances fpl scolaires; **s**~**frei** a (Tag) de congé; **s**~**frei haben** avoir congé; ~**hof** m préau m, cour f de l'école; **s**~**pflichtig** a (Kind) en o d'âge scolaire; (Alter) scolaire; ~**stunde** f heure f de classe; ~**tasche** f cartable m.

Schulter f -, -n épaule f; ~**blatt** nt omoplate f.

Schul-: ~**ung** f formation f; ~**wesen** nt système m scolaire o d'éducation; ~**zeugnis** nt bulletin m scolaire.

schund siehe schinden.

Schund m -(e)s camelote f.

Schuppe f -, -n écaille f // pl (Haar-) pellicules fpl; **s**~ **n** vt (Fisch) écailler // vr: **sich s**~**n** (Haut) peler.

Schuppen m -s, - remise f.

schuppig a (Haut) sec(sèche), qui pèle; (Haar) pelliculeux(-euse).

Schur f -, -en (Schaf-) tonte f.

schüren vt attiser.

schürfen vt égratigner, écorcher; (Gold) chercher.

Schürhaken m tisonnier m.

Schurke m -n, -n vaurien m.

Schürze f -, -n tablier m.

Schuß m -sses, **Schüsse** (Gewehr-) coup m (de feu); (Sport) tir m; (von Flüssigkeit; fig) dose f.

Schüssel f -, -n saladier m, jatte f.

Schuß-: ~**linie** f ligne f de tir; ~**verletzung** f blessure f par balle; ~**waffe** f arme f à feu.

Schuster m -s, - cordonnier(-ère).

Schutt m -(e)s détritus mpl; (Bau-) décombres mpl; ~**abladeplatz** m décharge f publique.

Schüttelfrost m frissons mpl.

schütteln vt secouer // vr: **sich** ~ frissonner, trembler; (Hund) s'ébrouer.

schütten vt verser // vb impers: **es schüttet** il pleut à verse.

schütter a (Haare) clairsemé(e).

Schutz m -es protection f; (Unterschlupf) abri m; jdn in ~ **nehmen** prendre la défense de qn; ~**anzug** m combinaison f de protection; ~**blech** nt garde-boue m.

Schütze m -n, -n tireur m; (Tor-) marqueur m; (ASTR) Sagittaire m.

schützen vt protéger (vor +dat, gegen de, contre) // vr: **sich** ~ se protéger.

Schutz-: ~**gebiet** nt protectorat m; (Natur-) parc m naturel; ~**impfung** f vaccination f préventive; **s**~**los** a sans défense; ~**mann** m agent m de police; ~**umschlag** m jaquette f.

schwach a (-er, am -sten) faible; (Gedächtnis) mauvais(e); (Programm) médiocre; **eine** ~**e Stunde** un moment de faiblesse.

Schwäche f -, -n faiblesse f; (schwache Seite) faible m; **s**~ **n** vt affaiblir.

Schwäch-: **s**~**lich** a (Mensch) délicat(e); ~**ling** m gringalet m; (charakterlich) faible m.

Schwach-: ~**sinn** m imbécillité f; **s**~**sinnig** a imbécile; ~**strom** m courant m de faible intensité.

Schwächung f affaiblissement m.

Schwaden m -s, - nuage m.

schwafeln vt, vi radoter.

Schwager m -s, - beau-frère m.

Schwägerin f belle-sœur f.

Schwalbe f -, -n hirondelle f.

Schwall m -(e)s, -e flot m.

schwamm siehe schwimmen.

Schwamm m -(e)s, -e éponge f; **s**~**ig** a spongieux(-euse); (Gesicht) bouffi(e).

Schwan m -(e)s, -e cygne m.

schwand siehe schwinden.

schwang siehe schwingen.

schwanger a enceinte.

schwängern vt rendre enceinte.

Schwangerschaft f grossesse f.

schwanken vi se balancer, osciller; (wackeln) osciller, vaciller; (mit jem: gehen) tituber; (Preise, Zahlen) fluctuer; (zögern) hésiter, balancer.

Schwankung f fluctuation f, variation f.

Schwanz m -es, ⁻e queue f.

schwänzen (fam) vt (Schule) sécher // vi faire l'école buissonnière.

Schwarm m -(e)s, ⁻e essaim m; (fam) idole f, béguin m.

schwärmen vi (fig): ~ für être fou(folle) de.

schwarz a (⁻er, am ⁻esten) noir(e); ins S~e treffen tirer dans le mille; (fig) tomber juste; S~arbeit f travail m noir; S~brot n pain m (au) noir.

Schwärze f -, -n noirceur f; (Drucker~) encre f d'imprimerie); s~ n vt noircir.

Schwarz-: s~fahren vi irr (zvb, mit sein) voyager sans billet; conduire sans permis; ~handel m, ~markt m marché m noir; ~hören vi (zvb) ne pas déclarer sa radio; s~sehen vi irr (zvb) (Pessimist) voir tout en noir; (TV) ne pas déclarer sa télévision; ~wald m: der ~wald la Forêt-Noire; s~weiß à noir et blanc inv.

schwatzen, schwätzen vi bavarder.

Schwätzer(in f) m -s, - bavard(e).

schwatzhaft a bavard(e).

Schwebe f: in der ~ (fig) en suspens; ~bahn f téléphérique m; s~n vi (mit sein) planer, être suspendu(e).

Schwede m -n, -n, **Schwedin** f Suédois(e).

Schweden nt -s la Suède.

Schwefel m -s soufre m; ~säure f acide m sulfurique.

schweigen vi irr se taire, ne pas parler; S~ nt -s silence f.

schweigsam a (Mensch) taciturne, silencieux(-euse).

Schwein nt -(e)s, -e cochon m; (CULIN) porc m; (fam: Glück) bol m; ~e'rei f cochonnerie f; (Gemeinheit): das ist eine ~ c'est dégoûtant!; ~estall m porcherie f; ~sleder nt peau f de porc.

Schweiß m -es sueur f, transpiration f; s~en vi, vt (TECH) souder; ~naht f soudure f.

Schweiz f: die ~ la Suisse f; ~er(in f) m -s, - Suisse m/f.

schwelen vi couver.

Schwelle f -, -n seuil m; (EISENBAHN) traverse f.

schwellen vi irr (mit sein) grossir; (MED) enfler.

Schwellung f (MED) enflure f.

schwenken vt agiter; (abspülen) rincer // vi (mit sein) (MIL) changer de direction.

schwer a lourd(e); (Gold) massif(-ive); (Wein) capiteux(-euse); (schwierig) difficile; (Sorgen, Gewitter) gros(se); (Schicksal) cruel(le); (Schmerzen) insupportable; (Krankheit, Verdacht) grave // ad (sehr) très, beaucoup; S~arbeiter m travailleur m de force; S~e f -lourdeur f, poids m; (PHYS) pesanteur f; ~elos a (Zustand) d'apesanteur; ~erziehbar a (Kind) difficile; ~fallen vi irr (zvb, mit sein): jdm ~fallen être difficile pour qn; ~fällig a (Gang) lourd(e); (Mensch) lourdaud(e); S~gewicht nt (fig) accent m; ~hörig a dur(e) d'oreille; S~industrie f industrie f lourde; S~kraft f gravité f; S~kranke(r) m/f grand(e) malade m/f; ~machen vt (zvb): jdm/sich etw ~machen rendre qch (plus) difficile pour qn/se compliquer qch; ~mütig a mélancolique; ~nehmen vt irr (zvb) prendre au tragique; S~punkt m centre m de gravité; (fig) centre.

Schwert nt -(e)s, -er épée f.

schwer-: ~tun vr irr (zvb): sich (dat o akk) (mit etw) ~tun avoir des difficultés (avec qch); S~verbrecher(in f) m (grand) criminel m; ~verdaulich a lourd(e), indigeste; ~verletzt a grièvement blessé(e); ~wiegend a (Grund) important(e); (Fehler) grave.

Schwester f -, -n sœur f; (MED) infirmière f.

schwieg siehe **schweigen.**

Schwieger-: ~eltern pl beaux-

parents *mpl*; ~**mutter** *f* belle-mère *f*;
~**sohn** *m* gendre *m*; ~**tochter** *f*
belle-fille *f*; ~**vater** *m* beau-père *m*.

Schwiele *f* ~, -n cal *m*.

schwierig *a* difficile; **S**~**keit** *f* difficulté *f*.

Schwimm-: ~**bad** *nt* piscine *f*;
~**becken** *nt* bassin *m*; **s**~**en** *vi irr*
(mit sein) nager; *(treiben, nicht sinken)*
surnager, flotter; ~**weste** *f* gilet *m*
de sauvetage.

Schwindel *m* -s vertige *m*; *(Betrug)*
escroquerie *f*; **s**~**n** *vi (fam: lügen)*
mentir; **mir schwindelt (es)** j'ai le
vertige.

schwinden *vi irr (mit sein)* disparaître; *(sich verringern)* diminuer;
(Kräfte) décliner.

schwindlig *a*: **mir ist/wird** ~ j'ai le
vertige.

schwingen *irr vt* balancer; *(Waffe)*
brandir // *vi (in und her)* se balancer,
osciller; *(vibrieren)* vibrer; *(klingen)*
résonner.

Schwingtür *f* porte *f* battante.

Schwingung *f (eines Pendels)* oscillation *f*.

Schwips *m* -es, -e: **einen** ~ **haben**
être éméché(e).

schwirren *vi (bei Bewegung: mit sein)*
passer en bourdonnant.

schwitzen *vi* transpirer, suer.

schwören *vt, vi irr* jurer.

schwul *a (fam)* pédé.

schwül *a (Wetter)* lourd(e).

schwülstig *a* pompeux(-euse).

Schwund *m* -(e)s, perte *f*.

Schwung *m* -(e)s, ~e élan *m*;
(Energie) énergie *f*; *(fam: Menge)*
tapée *f*; **s**~**haft** *a (Handel)* florissant(e); **s**~**voll** *a* plein(e) d'élan.

schwur siehe **schwören**.

Schwur *m* -(e)s, ~e serment *m*;
~**gericht** *nt* cour *f* d'assises.

sechs *num* six; ~**hundert** *num* six
cent(s); ~**te(r, s)** *a* sixième; **S**~**tel**
nt -s, - sixième *m*.

sechzehn *num* seize.

sechzig *num* soixante.

See *f* ~, -n ['ze:ən] mer *f* // *m* -s, -n lac
m; ~**fahrt** *f* navigation *f* maritime;

~**gang** *m (état m de la: mer)*; ~**hund**
m phoque *m*; ~**igel** *m* oursin *m*;
s~**krank** *a* qui a le mal de mer.

Seele *f* ~, -n âme *f*; **s**~**nruhig** *a*
calme, tranquille.

Seel-: **s**~**isch** *a* mental(e), psychologique; ~**sorge** *f* charge *f*
d'âmes.

See-: ~**mann** *m*, *pl* -leute marin *m*;
~**meile** *f* mille *m* marin; ~**not** *f*
détresse *f*; ~**räuber** *m* pirate *m*;
~**rose** *f* nénuphar *m*; **s**~**tüchtig** *a*
(Schiff) en état de naviguer; ~**weg** *m*
voie *f* maritime; **auf dem** ~**weg** par
mer; ~**zunge** *f* sole *f*.

Segel *nt* -s, -, voile *f*; ~**boot** *nt* voilier
m; ~**fliegen** *nt* vol *m* à voile;
~**flieger(in** *f) m* vélivole *m/f*; ~**flugzeug** *nt* planeur *m*; **s**~**n** *vi (mit sein)*
naviguer; *(SPORT)* faire de la voile;
~**schiff** *nt* voilier *m*; ~**tuch** *nt* toile
f.

Segen *m* -s, - bénédiction *f*.

segnen *vt* bénir.

sehen *vt, vi irr* voir; *(in bestimmte
Richtung)* regarder; **S**~**swürdigkeiten** *pl* curiosités *fpl*.

Sehne *f* ~, -n tendon *m*; *(Bogen-)*
corde *f*.

sehnen *vr*: **sich nach jdm/etw** ~
s'ennuyer de qn/avoir envie de qch.

sehnig *a* nerveux(-euse).

Sehnsucht *f* désir *m*, envie *f*, nostalgie *f*.

sehnsüchtig *a* nostalgique, plein(e)
d'envie // *ad* avec impatience.

sehr *ad (vor a, ad)* très; *(mit Verben)*
beaucoup; **zu** ~ trop.

seicht *a (Wasser)* peu profond(e);
(Gespräch) superficiel(le).

seid 2. *Person Plural von* **sein**.

Seide *f* ~, -n soie *f*.

Seidel *nt* o *m* -s, - chope *f*.

seidig *a* soyeux(-euse).

Seife *f* ~, -n savon *m*; ~**nlauge** *f* eau *f*
savonneuse.

seihen *vt* passer, filtrer.

Seil *nt* -(e)s, -e corde *f*, câble *m*;
~**bahn** *f* téléférique *m*; ~**hüpfen** *nt*
-s, ~**springen** *nt* -s saut *m* à la
corde; ~**tänzer(in** *f) m* funambule
m/f.

sein vi irr (mit sein) être; (mit Partizip) être o avoir; **der Meinung** ~ être d'avis; **laß das** ~! arrête!; **es ist an dir, zu…** c'est à toi de…; **ich bin 15 Jahre alt** j'ai 15 ans.

sein pron son (sa, vor Vokal: son), pl ses; ~**e(r,s)** pron le (la) sien(ne); ~**erseits** ad de son côté; ~**erzeit** ad autrefois; ~**esgleichen** pron son (sa) pareil(le), pl ses pareil(le)s; ~**etwegen, um** ~**etwillen** ad (für ihn) pour lui; (von ihm aus) en ce qui le concerne.

seit prep depuis // conj depuis que; **er ist** ~ **einer Woche hier** ça fait une semaine qu'il est ici; ~ **langem** depuis longtemps; ~**dem** ad depuis // conj depuis que.

Seite f -, -n côté m; (von Angelegenheit) aspect m; (von Buch) page f; ~**nhieb** m (fig) coup m de griffe; **s~s** prep ~ on du côté de; ~**nschiff** nt nef f latérale; ~**nsprung** m aventure f, liaison f; ~**nstechen** nt point m de côté.

seit-: ~**her** ad depuis; ~**lich** a (Ansicht) de côté; (Absperrung) latéral(e).

Sekretär m secrétaire m.

Sekretariat nt secrétariat m.

Sekretärin f secrétaire f.

Sekt m -(e)s, -e (vin m) mousseux m.

Sekte f -, -n secte f.

Se'kunde f -, -n seconde f.

selber = selbst.

selbst pron inv: **er/sie/es** ~ lui-même/elle-même/cela même; **von** ~ tout seul // ad même; **S~** nt ~ moi m; **S~achtung** f respect m de soi-même, dignité f.

selbständig a indépendant(e); **S~keit** f indépendance f.

Selbst-: ~**bedienung** f libre-service m; ~**befriedigung** f masturbation f; ~**beherrschung** f maîtrise f de soi; ~**bewußt** a sûr(e) de soi; ~**bewußtsein** nt confiance f en soi; ~**erhaltungstrieb** m instinct m de conservation; **s~gefällig** a suffisant(e); **s~gemacht** a fait(e) à la maison; ~**gespräch** nt monologue m;

~**kostenpreis** m prix m coûtant, prix de revient; ~**los** a désintéressé(e); ~**mord** m suicide m; ~**mörder(in** f) m suicidé(e); **s~sicher** a sûr(e) de soi, plein(e) d'assurance; **s~süchtig** a égoïste; **s~tätig** a automatique; **s~verständlich** a qui va de soi // ad bien entendu; ~**vertrauen** nt confiance f en soi; ~**zweck** m fin f en soi.

selig a (glücklich) heureux(-euse); (REL) bienheureux(-euse); (tot) défunt(e).

Sellerie m -s, -(s), f -, - céleri m.

selten a rare; (Ereignis) extraordinaire // ad rarement; **S~heit** f rareté f.

seltsam a bizarre, étrange; ~**keit** f étrangeté f, bizarrerie f.

Se'mester nt -s, - semestre m.

Semi'kolon nt -s, -s point-virgule m.

Semi'nar nt -s, -e séminaire m; (Ort) institut m, département m.

Semmel f -, -n petit pain m.

Sende-: ~**bereich** m portée f; ~**folge** f programme m (des émissions); (Serie) feuilleton m.

senden vt irr (Brief) envoyer, expédier // vt, vi (RADIO, TV) diffuser, transmettre.

Sender m -s, - (RADIO, TV) station f; (Anlage) émetteur m.

Sendung f (Brief, Paket) envoi m, expédition f; (Aufgabe) mission f; (RADIO, TV) diffusion f; (Programm) émission f.

Senf m -(e)s, -e moutarde f.

senken vt baisser; (Steuern) diminuer // vr: **sich** ~ s'affaisser; (Nacht) tomber.

Senk-: ~**fuß** m pied m plat; **s~recht** a vertical(e), perpendiculaire; ~**rechte** f verticale f, perpendiculaire f.

Sense f -, -n faux f.

sen'sibel a sensible.

sentimen'tal a sentimental(e); **S~i'tät** f sentimentalité f.

sepa'rat a séparé(e); (Eingang) indépendant(e).

Sep'tember m -(s), - septembre m.

septisch a septique; (Wunde) infecté(e).

Serie ['zeːrɪə] f série f; ~**nherstellung** f production f en série; s~**nweise** a, ad en série.

Serpen'tine f (Kehre) lacet m.

Serum nt s, **Seren** sérum m.

servieren [zɛr'viːrən] vt, vi (ohne ge-) servir.

Sessel m s, - fauteuil m; ~**lift** m télésiège m.

setzen vt mettre; (Gast) placer, faire asseoir; (Denkmal) ériger; (Ziel) fixer; (Baum) planter; (Segel) déployer; (TYP) composer; (Geld) miser (auf +akk sur) // vr: sich ~ (Mensch) s'asseoir; (Niederschlag) se déposer // vi (springen) sauter (über etw (akk) qch); (wetten) miser (auf +akk sur).

Seuche f -, -n épidémie f; ~**ngebiet** nt région f contaminée.

seufzen vi, vi soupirer.

Seufzer m s, - soupir m.

Sex m -(es) sexe m.

Se'xismus m sexisme m.

Sexuali'tät f sexualité f.

sexy ['zɛksi] a inv sexy inv.

se'zieren vt (ohne ge-) disséquer.

sich pron se.

Sichel f -, -n faucille f; (Mond~) croissant m.

sicher a sûr(e); (nicht gefährdet: Mensch) en sécurité; (gewiß) certain(e), sûr(e) (+gen de) // ad certainement; **vor jdm/etw** ~ sein être hors de portée de qn/qch; ~**gehen** si irr (zvb, mit sein) être sûr(e).

Sicherheit f sécurité f; (FIN) garantie f, caution f; (Gewißheit) certitude f; (Zuverlässigkeit) sûreté f; (Selbst~) assurance f; s~**shalber** ad par mesure de sécurité; ~**snadel** f épingle f de sûreté; ~**sschloß** nt serrure f de sûreté; ~**svorkehrung** f mesure f de précaution.

sichern vt (sicher machen) fixer, attacher; (schützen) protéger (gegen, vor +dat contre, de); sich (dat) etw ~ se procurer qch.

sicherstellen vt (zvb) (Beute) mettre

en sécurité.

Sicherung f (das Sichern) protection f; (Vorrichtung) sécurité f; (an Waffen) cran m de sûreté; (ELEC) fusible m.

Sicht f - vue f; **auf lange** ~ à long terme; ~**bar** a visible; s~**en** vt apercevoir; (durchsehen) examiner; s~**lich** a manifeste; ~**verhältnisse** pl visibilité f; ~**vermerk** m visa m.

sickern vt (mit sein) (Flüssigkeit) suinter; (Nachricht) filtrer.

Sie pron sing, pl, nom, akk (Höflichkeitsform) vous.

sie pron sg nom akk; (bei männlichen französischen Substantiven) il // akk la; le; (vor Vokal o stummem h) l' // pl nom ils mpl, elles fpl // akk les.

Sieb nt -(e)s, -e (Mehl~) tamis m; (Getreide~) crible m; (Tee~) passoire f; s~**en** vt tamiser; (Flüssigkeit) passer, filtrer.

sieben num sept; ~**hundert** num sept cent(s); S~**sachen** pl affaires fpl.

siebte(r, s) a septième f; S~**l** nt -s, - septième m.

siebzehn num dix-sept.

siebzig num soixante-dix.

sieden vt, vi irr (Wasser) bouillir; (Eier) (faire) cuire.

Siedler(in f) m s, - colon m.

Siedlung f (Häuser~) cité f, lotissement m; agglomération f.

Sieg m -(e)s, -e victoire f.

Siegel nt -s, - sceau m.

siegen vi l'emporter (über +akk sur); être vainqueur (de); (SPORT etc) gagner.

Sieger(in f) m -s, - vainqueur m, gagnant(e).

siehe Imperativ voir.

siezen vt vouvoyer.

Silbe f -, -n syllabe f.

Silber nt -s argent m; ~**blick** m: einen ~**blick haben** loucher, avoir une léger strabisme; s~**n** a d'argent; (Klang) argentin(e).

Silvester(abend) m nt -s, - Saint-Sylvestre f.

Sims nt o m -es, -e (Fenster~) rebord m.

simul'tan a simultané(e).

sind 1. Person und 3. Person Plural von **sein**.

Sinfo'nie f symphonie f.

singen vt, vi chanter.

Singular m singulier m.

Singvogel m oiseau m chanteur.

sinken vi irr (mit sein) (Schiff) couler; (Sonne) se coucher; (Temperatur, Preise etc) baisser; (Hoffnung) diminuer.

Sinn m -(e)s, -e sens m; ~ **für** Humor haben avoir le sens de l'humour; **von** ~**en sein** avoir perdu la tête; **~bild** nt symbole m; **s~en** vi irr réfléchir, être perdu dans ses pensées; **auf etw** (akk) **s~en** méditer qch; **~estäuschung** f illusion f des sens; **s~gemäß** a (Übersetzung) libre; **was er s~gemäß gesagt hat** ce qu'il a dit en substance; **s~ig** a (praktisch) ingénieux(-euse); (treffend) approprié(e); **s~lich** a (Mensch) sensuel(le); **~lichkeit** f sensualité f; **s~los** a vain(e), absurde; **~losigkeit** f absurdité f; **s~voll** a sensé(e).

Sintflut f déluge m.

Sippe f -, -n clan m.

Si'rene f -, -n sirène f.

Sirup m -s, -e sirop m.

Sitte f -, -n (Brauch) coutume f; ~n pl (bonnes) mœurs fpl.

sittlich a moral(e); **S~keitsverbrechen** nt attentat m aux mœurs.

Situati'on f situation f.

Sitz m -es, -e siège m; der Anzug hat einen guten ~ le costume est (très) seyant.

sitzen vi irr être assis(e); (Bemerkung) être pertinent(e); (Gelerntes) être bien assimilé(e); (Kleidung) être seyant(e); ~ **bleiben** rester assis(e); **~bleiben** vi irr (zvb, mit sein) (SCOL) redoubler; **auf etw** (dat) **~bleiben** ne pas trouver preneur pour qch; **~lassen** vt irr (zvb) (Mädchen) laisser tomber, plaquer (fam); (Wartenden) poser un lapin à (fam); **etw auf sich** (dat) **~lassen** laisser passer qch.

Sitz-: ~gelegenheit f place f (pour s'asseoir); **~platz** m place f (assise);

~**ung** f réunion f.

Skala f -, Skalen échelle f.

Skan'dal m -s, -e scandale m.

Skandinavien [skandi'na:vion] nt -s la Scandinavie f.

Skelett nt -(e)s, -e squelette m.

Skepsis f - scepticisme m.

skeptisch a sceptique.

Ski, Schi [ʃi:] m -s, -er [ʃi:ɐ] ski m; ~ **laufen** o **fahren** faire du ski; **~fahrer(in** f) m, ~**läufer(in** f) m skieur(-euse); **~lehrer(in** f) m moniteur(-trice) de ski; **~lift** m remonte-pente m.

Skizze f -, -n esquisse f.

skiz'zieren vt, vi (ohne ge-) esquisser, faire une esquisse (de); (Bericht) faire un plan (de).

Skonto m o nt -s, -Skonti escompte m.

Skorpi'on m -s, -e scorpion m; (ASTR) Scorpion m.

Skrupel m -s, - scrupule m; **s~los** a sans scrupules.

Sma'ragd m -(e)s, -e émeraude f.

so ad (auf diese Weise) ainsi, comme cela; (etwa) à peu près; (fam: umsonst) gratis; ~? ah oui?; ~ **ein** Haus une maison de ce genre o comme ceci; **das ist fertig** bon, voilà qui est fait (vor a); ~ ... **wie** ... aussi ... que...; ~ **und** conj pour que (+subj).

Socke f -, -n chaussette f.

Sockel m -s, - socle m.

Sodbrennen nt brûlures fpl d'estomac.

so'eben ad: das Buch ist ~ erschienen le livre vient de paraître.

Sofa nt -s, -s canapé m.

sofern conj si, à condition que (+subj).

soff siehe **saufen**.

so'fort ad sur le champ, immédiatement; **~ig** a immédiat(e).

Sog m -(e)s, -e tourbillon m.

so-: ~gar ad même; **~genannt** a soi-disant inv.

Sohle f -, -n (Fuß~) plante f; (Schuh~) semelle f; (Tal~) fond m.

Sohn m -(e)s, -e fils m.

so'lang(e) conj tant que.

solch pron: ~ **ein(e)** ... un(e)

tel(le)...; ~e Häuser de telles maisons; **~ schöne Häuser** de si belles maisons.

Sol'dat m **-en, -en** soldat m.

Söldner m **-s, -** mercenaire m.

so'lid(e) a (Material) solide; (Leben, Mensch) respectable.

soli'darisch a solidaire.

Soll nt **-(s), -(s)** (FIN) doit m; (Arbeitsmenge) objectif m.

sollen vi devoir; **du hättest nicht gehen ~** tu n'aurais pas dû t'en aller; **sie soll sehr schön sein** on dit qu'elle est très belle; **es soll 5 Tote gegeben haben** il y aurait eu 5 morts; **was soll das?** qu'est-ce que cela signifie?

so'mit conj ainsi.

Sommer m **-s, -** été m; **s~lich** a (Wetter) estival(e); (Kleidung) d'été; **~sprossen** pl taches fpl de rousseur.

Sonder-: **~angebot** nt offre f spéciale; **~bar** a étrange, bizarre; **s~gleichen** a inv sans pareil(le); **s~lich** a (eigenartig) bizarre // ad: **nicht ~lich** pas spécialement; **s~n** conj mais.

son'dieren vt, vi (ohne ge-) sonder.

Sonnabend m samedi m.

Sonne f **-, -n** soleil m; **s~n** vt mettre au soleil // vr: **sich s~n** se bronzer; **~naufgang** m lever m du soleil; **~nbrand** m coup m de soleil; **~nfinsternis** f éclipse f de soleil; **bei ~nschein** quand le soleil brille; **~nschirm** m parasol m; **~nstich** m insolation f; **~nuhr** f cadran m solaire; **~nuntergang** m coucher m du soleil; **~nwende** f solstice m.

sonnig a ensoleillé(e); (Gemüt) épanoui(e), souriant(e).

Sonntag m dimanche m; **s~s** ad le dimanche.

sonst ad (außerdem) à part cela; (zu anderer Zeit) d'habitude; ~ **noch etwas?** quoi encore? **wer/was ~?** qui/quoi d'autre?; ~ **nichts** rien d'autre // conj sinon; **~wo(hin)** ad autre part; **~woher** ad d'ailleurs.

so'oft conj chaque fois que; ~ **du willst** tant que tu voudras.

Sorge f **-, -n** souci m; (Fürsorge) soins mpl; **sich** vi: **für jdn s~n** s'occuper de qn; **für etw s~n** (Ruhe, Ordnung) se charger d'obtenir qch; (Aufregung) causer qch // vr: **sich s~n** se faire du souci (um pour); **~nkind** nt enfant m/f difficile; **s~nvoll** a (Blick) soucieux(-euse); (Worte) inquiet(-ète); **~recht** nt (droit m de garde).

Sorg-: **~falt** f soin m; **s~fältig** a (Arbeit) soigneux(-euse), soigné(e); **s~los** a (Leben) sans soucis; (Mensch) insouciant(e); **s~sam** a soigneux(-euse).

Sorte f **-, -n** sorte f, genre m; (Waren-) marque f, variété f; **~n** pl (FIN) devises fpl.

sor'tieren vt (ohne ge-) trier.

Sorti'ment nt assortiment m.

so'sehr conj tant, tellement.

Soße f **-, -n** sauce f; (zu Salat) vinaigrette f; (Braten-) jus m (de viande); (süß) crème f.

sott siehe sieden.

souf'flieren [zu'fli:rən] vt, vi (ohne ge-) souffler.

souverän [zuvəˈrɛːn] a souverain(e); (Haltung) supérieur(e).

so-: **~viel** conj autant que // pron tant; **~viel wie** autant que; **~weit** conj autant que // a: **so weit sein** être prêt(e); **~weit wie** o **als möglich** autant que possible; **ich bin ~weit zufrieden** je suis assez content(e) // ad; **~wenig** conj: **~wenig er auch weiß...** même s'il n'y connaît rien... // pron: **~wenig wie** aussi peu que; **~wie** conj (sobald) dès que; (ebenso) ainsi que; **~wie'so** ad de toute façon; **~wohl** conj: **~wohl... als auch** o **wie auch...** non seulement..., mais encore...; o aussi bien que...

sozi'al a social(e); **S~abgaben** pl cotisations fpl de Sécurité sociale; **S~demokrat(in)** f m social(e)-démocrate.

Sozialismus m socialisme m.

Sozia'list(in) f m socialiste m/f; **s~istisch** a socialiste.

Sozio-: **~lo'gie** f sociologie f;

s~'logisch *a* sociologique.

Sozius *m* -, -se (COMM) associé(e); ~sitz *m* siège *m* arrière, tan-sad *m*.

sozusagen *ad* pour ainsi dire.

Spachtel *m* -s, - spatule *f*.

Spa'lier *nt* -s, -e (Gerüst) espalier *m*; (für Wein) treille *f*; (Leute) haie *f*.

Spalt *m* -(e)s, -e fente *f*; (Kluft) division *f*; ~e *f* -, -n fissure *f*; (Gletscher~) crevasse *f*; (in Text) colonne *f*; s~en *vt* fendre; (fig) diviser // *vr*: sich s~en se fendre; se diviser; ~ung *f* division *f*; (PHYS) fission *f*.

Span *m* -(e)s, -e copeau *m*; ~ferkel *nt* cochon *m* de lait.

Spange *f* -, -n (Haar~) barrette *f*; (Schnalle) boucle *f*; (Armreif) bracelet *m*.

Spanien ['ʃpaːniən] *nt* -s l'Espagne *f*.

Spanier(in *f*) ['ʃpaːniɐ, ərin] *m* -s, -, Espagnol(e) *f*.

spann siehe spinnen.

Spann-: ~beton *m* béton *m* armé; ~e *f* -, -n (Zeit~) espace *m* (de temps), moment *m*; (Differenz) écart *m*; s~en *vt* (straffen) tendre; (Bogen, Muskeln) bander; (Werkstück) serrer, fixer; (Briefbogen) mettre // *vi* (Kleidung) serrer, être trop juste; s~end *a* captivant(e); ~kraft *f* (von Mensch) tonus *m*, ressort *m*; (von Haar) souplesse *f*; ~ung *f* tension *f*.

Spar-: ~buch *nt* livret *m* de caisse d'épargne; ~büchse *f* tirelire *f*; s~en *vt* économiser // *vi* faire des économies; sich (dat) etw s~en (Arbeit) se dispenser de qch; (Bemerkung) garder qch pour soi; mit etw an etw (dat) s~en économiser qch.

Spargel *m* -s, - asperge *f*.

Spar-: ~kasse *f* caisse *f* d'épargne; ~konto *nt* compte *m* d'épargne.

spärlich *a* maigre; (Haar) clairsemé(e).

Spar-: s~sam *a* (Mensch) économe; (Gerät, Auto) économique; ~samkeit *f* parcimonie *f*; ~schwein *nt* tirelire *f*.

Sparte *f* -, -n *nt* section *f*, catégorie *f*; (in Zeitung) rubrique *f*.

Spaß *m* -es, -e plaisanterie *f*;

(Freude) plaisir; **jdm** ~ **machen** plaire à qn; s~en vi plaisanter; **mit ihm ist nicht zu s~en** on ne plaisante pas avec lui; s~haft, s~ig *a* drôle; ~verderber(in *f*) rabat-joie *f*.

spät *a* (Stunde) tardif(-ive), avancé(e); (Gast) en retard // *ad* tard; ~er ultérieur(e) // *ad* plus tard.

Spaten *m* -s, - bêche *f*.

spätestens *ad* au plus tard.

Spatz *m* -en, -en moineau *m*.

spa'zieren *vi* (ohne ge-, mit sein) se promener; ~fahren *vi irr* (zvb, mit sein) faire un tour (en voiture etc); ~gehen *vi irr* (zvb, mit sein) se promener.

Spa'zier-: ~gang *m* promenade *f*; ~weg *m* sentier *m*.

SPD *abk von* Sozialdemokratische Partei.

Specht *m* -(e)s, -e pic *m*.

Speck *m* -(e)s, -e lard *m*.

Spediteur [ʃpedi'tøːr] *m* transporteur *m*; (Möbel~) entreprise *f* de déménagement.

Spedition [ʃpedi'tsioːn] *f* expédition *f*.

Speer *m* -(e)s, -e lance *f*; (SPORT) javelot *m*.

Speiche *f* -, -n rayon *m*.

Speichel *m* -s salive *f*.

Speicher *m* -s, - grenier *m*; (Wasser~) citerne *f*, réservoir *m*; (von Computer) mémoire *f*; s~n *vt* stocker; (Wasser) conserver; (Informationen) enregistrer.

speien *vt*, *vi irr* cracher; (erbrechen) vomir.

Speise *f* -, -n nourriture *f*, aliment *m*; ~kammer *f* garde-manger *m*; ~karte *f* menu *m*; s~n *vt*, *vi* (essen) manger // *vt* (versorgen) alimenter; ~röhre *f* œsophage *m*; ~saal *m* réfectoire *m*; (im Hotel) salle *f* à manger; ~wagen *m* wagon-restaurant *m*.

Spek'takel *m* -s, - (fam) tapage *m*, chahut *m* // *nt* -s, - spectacle *m*.

Speku'lant(in *f*) *m* spéculateur (-trice).

speku'lieren *vi* (ohne ge-) spéculer.

Spe'lunke f-, -n bouge m.

Spende f-, -n don m; **s~n** vt donner; (Schatten) faire; (Seife, Wasser) distribuer.

spen'dieren vt (ohne ge-) offrir.

Sperling m moineau m.

Sperre f-, -n barrière f, barrage m; (Verbot) interdiction f.

sperren vt (Straße) barrer; (Grenze) fermer; (Hafen) bloquer; (SPORT) suspendre; (einschließen) enfermer; (verbieten) interdire // vr: **sich (gegen etw)** ~ s'opposer (à qch).

Sperr-: ~**gebiet** nt zone f interdite; ~**holz** nt contre-plaqué m; **s~ig** a (Paket) volumineux(-euse); (Möbel) encombrant(e); ~**sitz** m (THEAT) (fauteuil m d') orchestre m; ~**stunde** f, ~**zeit** f heure f de fermeture (obligatoire).

Spesen pl frais mpl.

speziali'sieren vr (ohne ge-): **sich (auf +akk)** se spécialiser (dans, en).

Speziali'tät f spécialité f.

spezi'ell a spécial(e).

spicken vt entrelarder (mit de) // vi (SCOL: fam) copier.

spie siehe **speien**.

Spiegel m -s, - glace f, miroir m; (Wasser~) surface f de l'eau; niveau m de l'eau; ~**bild** nt reflet m; **s~bildlich** a (Abbildung) renversé(e), à l'envers; ~**ei** nt œuf m au plat; ~**schrift** f écriture f spéculaire.

Spiel nt -(e)s, -e jeu m; (SPORT) partie f, match m; (Schau~) pièce f; **s~en** vt, vi jouer; **s~end** ad facilement; ~**er(in** f) m -s, - joueur(-euse); ~**feld** nt terrain m; ~**film** m film m (de fiction), long métrage m; ~**platz** m terrain m de jeu; ~**raum** m marge f, jeu m; ~**sachen** pl jouets mpl; ~**verderber(in** f) m trouble-fête m/f; ~**waren** pl jouets mpl; ~**zeug** nt jouet m; jouets mpl.

Spieß m -es, -e lance f; (Brat~) broche f; ~**bürger(in** f) m bourgeois(e).

Spießer(in f) m -s, - petit(e) bourgeois(e).

Spikes [[paiks, sp-]] pl chaussures fpl de course (o à crampons); (AUT)

clous mpl.

Spi'nat m -(e)s, -e épinards mpl.

Spind m o nt -(e)s, -e placard m.

Spinne f-, -n araignée f.

spinnen vt, vi irr filer; (Spinne) tisser (sa toile); (fam: verrückt sein) avoir une araignée au plafond.

Spinne'rei f filature f; (fam) bêtise f.

Spinn-: ~**rad** nt rouet m; ~**webe** f -, -n toile f d'araignée.

Spi'on m -s, -e, **Spi'onin** f espion(ne); (in Tür) judas m.

Spio'nage [ʃpio'na:ʒə] f -, pl espionnage m.

spio'nieren vi (ohne ge-) espionner.

Spi'rale f-, -n spirale f; (MED) stérilet m.

Spiritu'osen pl spiritueux mpl.

Spiritus m -, -se alcool m à brûler.

spitz a pointu(e); (Winkel) aigu(-uë); (Zunge) bien affilé(e); (Bemerkung) mordant(e); **S~bogen** m arc m en ogive; **S~e** f-, -n pointe f; (Berg~) sommet m, pic m; (von Bemerkung) pique f; (erster Platz) tête f; (gén pl: Textil~) dentelle(s) f(pl).

spitzen vt (Bleistift) tailler; (Ohren) dresser.

Spitzen- pref (erstklassig) excellent(e); (aus Spitze) en dentelle.

spitzfindig a subtil(e).

Spitzname m surnom m.

Splitter m -s, - (Holz~) écharde f; (Glas~, Metall~) éclat m; **s~'nackt** a nu(e) comme un ver.

spon'tan a spontané(e).

Sport m -(e)s, -e sport m; (fig) passe-temps m; ~**lehrer(in** f) m professeur m d'éducation physique; ~**ler(in** f) m -s, - sportif(-ive); **s~lich** a sportif(-ive); (Kleidung) de sport, sport inv; ~**platz** m terrain m de sport; ~**verein** m association f sportive, club m sportif.

Spott m -(e)s moquerie f; **s~'billig** a (Ware) d'un prix dérisoire; **s~en** vi se moquer (über +akk de).

spöttisch a moqueur(-euse), railleur(-euse).

sprach siehe **sprechen**.

Sprache f-, -n langage m; (eines Volks) langue f; (Sprechfähigkeit) parole f.

Sprach-: ~**gebrauch** m langage m courant; ~**lich** a linguistique; **s**~**los** a (Mensch) muet(te); (Gesicht) interdit(e); ~**rohr** nt porte-voix m; (fig) porte-parole m inv.

sprang siehe **springen**.

sprechen vt, vi irr parler; **jdn** o mit **jdm** ~ parler à qn; **das spricht für ihn** cela parle en sa faveur.

Sprecher(in f) m -**s**, -orateur(-trice); (für Gruppe) porte-parole m inv; (RADIO, TV) speaker(speakerine), présentateur(-trice).

Sprech-: ~**stunde** f heures de consultation f; ~**stundenhilfe** f assistante f médicale; ~**zimmer** nt cabinet m.

spreizen vt écarter.

sprengen vt (Rasen) arroser; (mit Sprengstoff) dynamiter, faire sauter; (Versammlung) disperser.

Sprengstoff m explosif m.

Spreu f - balle f.

Sprich-: ~**wort** nt proverbe m.

Springbrunnen m jet m d'eau.

springen vi irr (mit sein) (hüpfen) sauter; (Wasser) jaillir, gicler; (schnellen) bondir; (Glas, Metall) se fendre, éclater.

Spritze f -, -n (MED) piqûre f.

spritzen vt, vi asperger, arroser; (MED) faire une piqûre (jdn à qn).

spröde a (Material) cassant(e); (Haut) sec(sèche); (Stimme) rauque; (Mensch) distant(e).

Sprosse f -, -n barreau m.

Sprößling m rejeton m.

Spruch m -(**e**)**s**, ⁻e maxime f, dicton m; (JUR) sentence f, verdict m.

Sprudel m -**s**, - eau f (minérale gazeuse; **s**~**n** vi (mit sein: Wasser) jaillir; (Mensch): ~**vor** +dat déborder de.

Sprüh-: ~**dose** f vaporisateur m; **s**~**en** vi, vt gicler.

Sprung m -(**e**)**s**, ⁻e saut m; ~**brett** nt tremplin m; **s**~**haft** a (Denken) incohérent(e); (Aufstieg) fulgurant(e); ~**schanze** f tremplin m (de ski).

Spucke f - salive f; **s**~**n** vt, vi cracher.

Spuk m -(**e**)**s**, -**e** fantôme m; **s**~**n** vi (Geist): **in einem Schloß s**~**en** hanter un château; **hier spukt es** il y a des revenants ici.

Spule f -, -n bobine f.

Spüle f -, -n évier m.

spülen vt, vi rincer; (Geschirr) laver, faire la vaisselle; (Toilette) tirer la chasse d'eau.

Spül-: ~**maschine** f lave-vaisselle m; ~**ung** f rinçage m.

Spur f -, -**en** trace f; (von Rad, Tonband) sillon m; (Fahr~) voie f.

spür-: ~**bar** a sensible; ~**en** vt sentir; (Schmerz) éprouver, avoir; (Wirkung) ressentir.

spurlos ad sans laisser de traces.

Spurt m -(**e**)**s**, -**s** o -**e** sprint m.

sputen vr: **sich** ~ se dépêcher.

Staat m -(**e**)**s**, -**en** m état m/// kein pl (Prunk): **mit etw** ~ **machen** se pavaner avec qch; **s**~**enlos** a apatride; **s**~**lich** a de l'état, étatique, national(e), publique.

Staats-: ~**angehörigkeit** f nationalité f; ~**anwalt** m procureur m de la République, procureur f public; ~**dienst** m fonction f publique; ~**eigen** a (Betrieb) nationalisé(e); ~**examen** nt (SCOL) examen m d'Etat, nécessaire pour devenir professeur dans l'enseignement public; **s**~**feindlich** a antinational(e); ~**mann** m homme m d'Etat o politique.

Stab m -(**e**)**s**, ⁻e bâton m; (Gitter~) barreau m; (Menschen) équipe f; ~**hochsprung** m saut m à la perche.

sta·bil a (Bau) solide; (Möbel) robuste; (Lage, Währung) stable; ~**i'sieren** vt (ohne ge-) (Konstruktion) consolider; (fig) stabiliser.

stach siehe **stechen**.

Stachel m -**s**, -**n** épine f; (von Insekten) dard m; ~**beere** f groseille f (à maquereau); ~**draht** m fil m de fer barbelé; **s**~**ig** a (Tier) recouvert(e) de piquants; (Pflanze) épineux (-euse).

Stadion nt -**s**, **Stadien** [-iən] stade

Stadium nt stade m.

Stadt f -, -̈e ville f.

Städtebau m urbanisme m.

Städter(in f) m -s, - citadin(e).

städtisch a (Leben) en ville, citadin(e); (Anlagen) municipal(e).

Stadt-: ~rand m banlieue f; ~teil m quartier m.

Staffel f -, -n (SPORT) équipe f (de course de relais); (AVIAT) escadrille f.

Staffe'lei f chevalet m.

staffeln vt échelonner; graduer.

stahl siehe **stehlen**.

Stahl m -(e)s, -̈e acier m.

Stall m -(e)s, -̈e étable f; (Pferde~) écurie f; (Kaninchen~) clapier m; (Schweine~) porcherie f; (Hühner~) poulailler m.

Stamm m -(e)s, -̈e (Baum~) tronc m; (Menschen~) tribu f; (LING) radical m; ~baum m arbre m généalogique.

stammeln vt, vi balbutier, bégayer.

stammen vi (mit sein): **von** o **aus** ~ venir de.

Stammgast m habitué(e).

stämmig a robuste, costaud.

stampfen vt, vi taper (du pied); (mit sein: stapfen) marcher d'un pas lourd; (mit Werkzeug) piler.

stand siehe **stehen**.

Stand m -(e)s, -̈e (Stehen) position f (debout); (Zustand) état m; (Spiel~) score m; (Messe~) stand m; (Klasse) classe f; (Beruf) profession f.

Stan'dard m -s, -s norme f; (erreichte Höhe) niveau m.

Ständchen nt sérénade f.

Ständer m -s, - support m; (Kerzen~) chandelier m; (Noten~) pupitre m.

Standesamt nt état m civil; (für Trauung) mairie f.

stand-: ~haft a ferme; ~halten vi irr (zvb) résister.

ständig a permanent(e); (Bedrohung) continuel(le), incessant(e) // ad continuellement.

Stand-: ~licht nt feux mpl de position; ~ort m emplacement m; (MIL) garnison f; ~punkt m point m de vue.

Stange f -, -n barre f; (Zigaretten~)

cartouche f; **von der** ~ (COMM) de confection, prêt-à-porter.

stank siehe **stinken**.

stanzen vt (prägen) estamper; (pressen) mouler, fabriquer; (Löcher) poinçonner.

Stapel m -s, - tas m, pile f; (NAVIG) cale f sèche; ~**lauf** m lancement m; **s**~n vt empiler, entasser.

Star m -(e)s, -e (Vogel) étourneau m; (MED) cataracte f // m -s, -s star f, vedette f.

starb siehe **sterben**.

stark a (-̈er, am -̈sten) fort(e); (mächtig) puissant(e); (Schmerzen) violent(e); (bei Maßangabe): **2 cm** ~ 2 cm d'épaisseur; **ein** ~**er Raucher** un grand fumeur.

Stärke f -, -n force f, puissance f, violence f; (Wäsche~) amidon m; (CULIN) fécule f; **s**~n vt (Menschen) fortifier; (Mannschaft) renforcer; (Wäsche) amidonner.

Starkstrom m courant m de forte intensité.

Stärkung f renforcement m; (Essen) encas m, collation f; (seelisch) réconfort m.

starr a (Material) rigide; (Haltung) inflexible; (Blick) fixe.

starren vi (blicken) regarder fixement; **in etw** (akk)/**auf jdn** ~ fixer qch/qn; ~ **vor** o **von** être couvert(e) de.

Starr-: **s**~köpfig a (Mensch) têtu(e); (Haltung) obstiné(e); ~**sinn** m entêtement m, obstination f.

Start m -(e)s, -e (AVIAT) décollage m, envol m; (Anfang) début m; ~**bahn** f piste f de décollage; **s**~en vt, vi (vi: mit sein) démarrer.

Station f station f; (in Krankenhaus) service m; ~ **machen** in faire halte à.

Stati'on f station f; (in Krankenhaus) service m; ~ **machen** in faire halte à.

Sta'tist(in f) m figurant(e).

Sta'tistik f statistique f.

Sta'tiv nt trépied m.

statt conj, prep +gen o dat au lieu de.

Stätte f -, -n lieu m, endroit m.

statt-: ~**finden** vi irr (zvb) avoir lieu; ~**lich** a (Figur) imposant(e); (Menge) considérable.

Statue ['ʃtaːtuə, st-] f, **-n** statue f.

Stau m **-(e)s, -e** blocage m; (Verkehrs~) embouteillage m.

Staub m **-(e)s** poussière f; **s~ig** a (Straße) poussiéreux(-euse); (Kleidung) couvert(e) de poussière; **~sauger** m **-s, -** aspirateur m.

Staudamm m barrage m.

Staude f-, **-n** arbrisseau m.

stauen vt (Wasser) endiguer; (Blut) arrêter la circulation de // vr: **sich ~** (Wasser) s'accumuler; (Verkehr) être paralysé(e); (Menschen) s'empiler.

staunen vi s'étonner, être étonné(e).

Stauung f (von Wasser) endiguement m; (von Verkehr) embouteillage m.

stechen irr vt, vi piquer; (mit Messer verletzen) poignarder; (Sonne) taper dur; (Karte, Spargel) couper; (in Kupfer) graver // vi (mit sein): **in See ~** appareiller; **~d** a (Sonne) brûlant(e); (Geruch) pénétrant(e); (Bemerkung) mordant(e).

Steck-: **~brief** m signalement m; **~dose** f prise f (électrique); **s~en** vt enfoncer, mettre (in +akk dans); (Pflanzen) planter; (Nähen) épingler // vi (auch mit sein) être enfoncé(e), être; (fam: sein) être fourré(e); **s~enbleiben** vi irr (zvb, mit sein) être immobilisé(e); (in Rede) avoir un blanc.

Stecker m **-s, -** fiche f.

Stecknadel f épingle f.

stehen vi irr (auch mit sein) (sich befinden) être, se trouver; (nicht liegen) être debout; (in Zeitung) être écrit(e); (still~) être arrêté(e); **zu etw ~** (Versprechen) tenir qch; **wie ~ Sie dazu?** quelle est votre point de vue?; **jdm ~** aller (bien) à qn; **wie steht's?** comment ça va?; **~bleiben** vi irr (zvb, mit sein) s'arrêter; **~lassen** vt irr (zvb, mit sein) laisser (en place); (Bart) laisser pousser.

stehlen vt irr voler.

steif a (Glieder) engourdi(e); (Stoff) raide, empesé(e); (förmlich) guindé(e); **S~heit** f raideur f.

Steigbügel m étrier m.

steigen vi irr (mit sein) monter (klettern) grimper; (Flugzeug) prendre de l'altitude.

steigern vt (Leistung) améliorer; (LING) mettre au comparatif ou au superlatif; // vr: **sich ~** augmenter; (Mensch) s'améliorer.

Steigerung f augmentation f.

Steigung f montée f; (Hang) pente f, inclinaison f.

steil a (Abhang) raide; (Fels) escarpé(e).

Stein m **-(e)s, -e** pierre f; (in Uhr) rubis m; **~bock** m (ASTR) Capricorne m; **~bruch** m carrière f; **s~ern** a en pierre; (Herz) de pierre; (Miene) impassible; **~gut** nt poterie f; **s~ig** a rocailleux(-euse); **~kohle** f houille f; **~metz** m **-es, -e** tailleur m de pierres.

Steiß m **-es, -e** postérieur m, derrière m.

Stelle f-, **-n** place f, emplacement m; (Position) position f; (in Buch) passage m; (Arbeit) place f (de travail), emploi m; (Amt) office m.

stellen vt mettre, placer; (Gerät) régler; (Bedingungen) poser; (Falle) tendre; (Diagnose) établir; (Dieb) arrêter // vr: **sich ~** (sich aufstellen) se placer; (bei Polizei) se livrer; **jdm etw ~** mettre qch à la disposition de qn; **sich krank/tot ~** jouer les malades/faire la (la) mort(e).

Stellen-: **~angebot** nt offre f d'emploi; **~gesuch** nt demande f d'emploi.

Stellung f position f; (Arbeit) emploi m; **~ nehmen zu** prendre position au sujet de; **~nahme** f-, **-n** prise f de position.

Stell-: **~vertreter(in** f) m représentant(e), remplaçant(e), adjoint(e).

Stelze f-, **-n** échasse f.

stemmen vt (Gewicht) soulever // vr: **sich ~ gegen** s'appuyer contre; (fig) tenir tête à.

Stempel m **-s, -** timbre m; tampon m; (BOT) pistil m; **s~n** vt timbrer, tamponner; (Briefmarke) oblitérer.

Stengel m **-s, -** tige f.

Steno-: **~gra'phie** f sténographie f; **s~gra'phieren** vt, vi (ohne ge-)

sténographier; ~**ty'pist(in** f) m sténodactylo m/f.

Steppdecke f édredon m piqué.

Steppe f~, -n steppe f.

steppen vt, vi (Naht) piquer.

sterben vi irr (mit sein) mourir.

Stereo-: ~**anlage** f chaine f hi-fi; s~'**typ** a (Antwort) stéréotypé(e) (Lächeln) artificiel(le).

steril a stérile; ~**i'sieren** vt (ohne ge-) stériliser.

Stern m -s, -e étoile f; ~**bild** nt constellation f; ~**chen** nt astérisque m; ~**schnuppe** f~, -n étoile f filante.

stet a continu(e); (Tropfen, Treue) constant(e); ~**ig** a continu(e); ~**s** ad toujours.

Steuer f -, - (NAVIG) barre f; (AUT) volant m; (fig) direction f, contrôle m //f~, -n impôt m; ~**bord** nt tribord m; ~**erklärung** f déclaration f d'impôts; ~**knüppel** m levier m de commande; ~**mann** m pilote m; s~**n** vt, vi (Auto) conduire; (Flugzeug) piloter; (Entwicklung) contrôler; (Tonstärke) régler; ~**rad** nt volant m; ~**ung** f conduite f; (Vorrichtung) commandes fpl; ~**zahler(in** f) m contribuable m/f.

Steward ['stjuət, ʃt-] m -s, -s steward m; ~**eß** ['stjuːədes, stjuːə'des, ʃt-]f~, -ssen hôtesse f de l'air.

Stich m -(e)s, -e (Insekten-) piqûre f; (Messer-) coup m; (Nähen) point m; (Karte) pli m, levée f; (KUNST) gravure f; **jdn im** ~ **lassen** laisser qn en plan; ~**eln** vi (fig) faire des remarques désobligeantes; s~**haltig** a concluant(e); ~**probe** f échantillon m; ~**wahl** f scrutin m de ballottage second tour m; ~**wort** nt mot m clé; (in Wörterbuch) adresse f, entrée f; ~**wortverzeichnis** nt index m.

sticken vt, vi broder.

Sticke'rei f broderie f.

stickig a (Luft) étouffant(e).

Stickstoff m azote m.

Stiefel m -s, - botte f.

Stief-: ~**kind** nt beau-fils m, belle-fille f; (fig) enfant m mal aimé; ~**mutter** f belle-mère f; ~**müt-**

terchen nt pensée f.

stieg siehe **steigen**.

Stiel m -(e)s, -e (von Gerät) manche m; (von Glas) pied m; (BOT) tige f.

stier a (Blick) fixe; **S~** m -(e)s, -e taureau m; (ASTR) Taureau m; ~**en** vi regarder fixement.

stieß siehe **stoßen**.

Stift m -(e)s, -e cheville f; (Nagel) clou m; (zum Zeichnen) crayon m // nt -(e)s, -e fondation f, institution f (REL) couvent m.

stiften vt (Orden etc) fonder; (Unruhe etc) provoquer, susciter; (spenden) donner; (Preis) instaurer.

Stiftung f fondation f; (Spende) donation f.

Stil m -(e)s, -e style m.

still a calme; (heimlich) secret(-ète); **S~e** f - calme m; ~**(l)egen** vt (zvb) (Betrieb) fermer; (Blut) arrêter; (Schmerzen) apaiser, calmer; (Sehnsucht) apaiser; (Säugling) allaiter; ~**halten** vi irr (zvb) rester immobile; ~**schweigend** a (Übereinkunft) tacite; **zum** ~ **S~stand bringen** arrêter qch; ~**stehen** vi irr (zvb) être arrêté(e), s'arrêter; (Verkehr) être immobilisé(e).

Stimm-: ~**abgabe** f vote m; ~**bänder** pl cordes fpl vocales; s~**berechtigt** a qui a le droit de vote.

Stimme f -, -n voix f; s~**n** (MUS) accorder // vi (richtig sein) être correct(e) o vrai(e); **für/gegen etw** s~**n** voter pour/contre qch; **das stimmte ihn traurig** ça l'a rendu triste.

Stimm-: ~**enthaltung** f abstention f; ~**gabel** f diapason m; s~**haft** a sonore; s~**los** a sourd(e); ~**ung** f (Gemüts-) état m d'âme; (Atmosphäre) ambiance f, atmosphère f; (öffentlich) climat m; ~**zettel** m bulletin m de vote.

stinken vi irr puer.

Sti'pendium nt bourse f d'études.

Stirn f -, -en front m; ~**höhlenentzündung** f sinusite f.

stöbern vi (fig) fouiller, fureter.

stochern vi: im Feuer ~ tisonner le feu; in den Zähnen ~ se curer les dents; im Essen ~ chipoter.

Stock m -(e)s, ⁼e bâton m // pl ~werke étage m.

stocken vi s'arrêter, s'immobiliser; (beim Sprechen) hésiter; (gerinnen) se coaguler; ~d a hésitant(e).

Stockung f (von Arbeit etc) arrêt m; (von Verkehr) embouteillage m.

Stockwerk nt -s, -e étage m.

Stoff m -(e)s, -e tissu m, étoffe f; (Materie) matière f; (von Buch) sujet m; ~wechsel m métabolisme m.

stöhnen vi gémir, soupirer.

Stollen m -s, - (BERGBAU) galerie f; (CULIN) sorte de gâteau de Noël aux fruits.

stolpern vi (mit sein) trébucher.

Stolz m -es (Hochmut) orgueil m; (große Befriedigung) fierté f; **s~** a fier(-ère) (auf +akk de).

stol'zieren vi (ohne ge-, mit sein) se pavaner.

stopfen vt (hinein~) enfoncer; (Sack) bourrer; (Gans) gaver; (Nähen) repriser // vi (MED) constiper.

Stoppel f -, -n chaume m; poils mpl ras.

stoppen vi s'arrêter; (mit Uhr) chronométrer // vi s'arrêter.

Stopp-: ~schild nt (signal m de) stop m; ~uhr f chronomètre m.

Stöpsel m -s, - (von Wanne) bonde f; (Korken) bouchon m.

Storch m -(e)s, ⁼e cigogne f.

stören vt déranger; (behindern) empêcher; (RADIO) brouiller // vr: sich an etw (dat) ~ (fam) être gêné(e) o dérangé(e) par qch; ~d a (Geräusch) qui dérange; (Umstand) fâcheux(-euse).

Stoß m -es, ⁼e coup m; (Erd~) secousse f (Haufen) tas m; ~dämpfer m amortisseur m.

stoßen irr vt (mit Druck) pousser; (mit Schlag) frapper, cogner; (mit Fuß) donner un coup de pied à; (mit Hörnern) donner des coups de cornes à; (Schwert etc) enfoncer; (Kopf etc) cogner; (zerkleinern) broyer, concasser // vr: sich ~ an +dat se

cogner à; (fig) se formaliser de // vi (mit sein): ~ an o auf (+akk) se heurter à o contre; (finden) tomber sur; (angrenzen) être attenant(e) à.

Stoßstange f pare-chocs m inv.

stottern vt, vi bégayer.

Straf-: ~anstalt f maison f de correction; ~arbeit f (SCOL) punition f; **s~bar** a punissable; répréhensible; ~e f -, -n punition f; (JUR) peine f; (Geld~) amende f; **s~en** vt punir.

straff a tendu(e), raide; (streng) sévère, strict(e); (Stil) concis(e); **s~en** vt tendre; (Rede) abréger.

Sträf-: s~lich a (Leichtsinn) impardonnable, inexcusable; ~ling m prisonnier m, détenu m.

Straf-: ~porto nt surtaxe f; ~recht nt droit m pénal; ~stoß m pénalty m; ~tat f délit m; ~zettel m contravention f, p.-v. m.

Strahl m -s, -en rayon m; (Wasser~) jet m; **s~en** vi (Sonne) briller; (Mensch) rayonner, être rayonnant(e); ~enbehandlung, ~entherapie f radiothérapie f; ~ung f (PHYS) radiation f.

Strähne f -, -n mèche f.

stramm a raide; (Haltung) rigide; ~stehen a irr (zvb) se tenir au garde-à-vous.

strampeln vi gigoter.

Strand m -(e)s, ⁼e rive f, rivage m; (mit Sand) plage f; **s~en** vi (mit sein) échouer, faire naufrage; (fig) échouer; ~gut nt épave f.

Stra'paze f -, -n: etw ist eine ~ qch est fatigant.

strapa'zieren vt (ohne ge-) user; (jdn) fatiguer.

strapazi'ös a (Reise) fatigant(e); (Arbeit) harassant(e), épuisant(e).

Straßburg nt -s Strasbourg f.

Straße f -, -n rue f; (Land~) route f; ~nbahn f tram(way) m; ~nbeleuchtung f éclairage m des rues; ~nfeger, ~nkehrer m -s, -e balayeur m; ~nsperre f barrage m routier; ~nverkehrsordnung f code m de la route.

Strate'gie f stratégie f.

sträuben vr: sich ~ se dresser, se

hérisser; *(Mensch)* s'opposer *(gegen etw* à qch), regimber.

Strauch m *-(e)s,* **Sträucher** buisson m.

Strauß m *-es,* **Sträuße** bouquet m// pl ~**e** *(Vogel)* autruche f.

streben vi aspirer *(nach* à); *(mit sein: sich bewegen):* ~ **zu/nach** se diriger vers.

Streber(in f) m *-s, -* *(pej)* arriviste m/f, ambitieux(-euse); *(SCOL)* bûcheur(-euse).

strebsam a *(Mensch)* assidu(e), travailleur(-euse).

Strecke f *-, -n* trajet m; *(Entfernung)* distance f; *(EISENBAHN)* ligne f; *(MATH)* segment m.

strecken vt allonger; *(Metall)* laminer; *(Glieder)* étirer, tendre; *(Waffen)* rendre, déposer; *(CULIN)* allonger // vr: **sich** ~ s'étirer.

Streich m *-(e)s, -e* *(Hieb)* coup m; *(Schabernack)* (mauvais) tour m.

streicheln vt caresser.

streichen irr vt *(auftragen)* étaler; *(anmalen)* peindre; *(durch~)* barrer, rayer; *(nicht genehmigen)* annuler // vi *(berühren)* passer la main *(über +akk* sur); *(mit sein: Wind)* souffler; *(: schleichen)* rôder.

Streich-: ~**holz** nt allumette f; ~**instrument** nt instrument m à cordes.

Streife f *-, -n* patrouille f.

streifen vt effleurer; *(ab~)* faire tomber // vi *(mit sein)* *(gehen)* errer, vagabonder.

Streifen m *-s, -* *(Linie)* rayure f; *(Stück)* bande f; *(Film)* film m; ~**wagen** m voiture f de police.

Streik m *-(e)s, -s* grève f; ~**brecher(in** f) m briseur(-euse) de grève; **s**~**en** vi faire (la) grève; ~**posten** m piquet m de grève.

Streit m *-(e)s, -e* dispute f, querelle f; **s**~**en** vi *(kämpfen)* combattre, lutter *(für* pour); *(zanken)* se disputer // vr: **sich** ~**en** se disputer; ~**frage** f point m litigieux; ~**ig** a: **jdm etw s**~**ig machen** contester qch à qn; ~**igkeiten** pl disputes fpl; ~**kräfte** pl forces fpl armées; ~**sucht** f

humeur f querelleuse.

streng a: sévère; *(Vorschrift)* strict(e); *(Geruch)* fort(e); **S**~**e** f sévérité f; ~**gläubig** a orthodoxe.

Streu f litière f; **s**~**en** vt répandre; ~**ung** f *(PHYS)* dispersion f, diffusion f.

strich siehe **streichen**.

Strich m *-(e)s, -e* *(Linie)* trait m, ligne f; *(Pinsel~)* coup m de pinceau; *(von Geweben, Fell)* sens m; **gegen den** ~ **streichen** caresser à rebrousse-poil; **auf den** ~ **gehen** *(fam)* faire le trottoir; **jdm gegen den** ~ **gehen** ne pas être du goût de qn; **einen** ~ **machen durch** rayer; *(fig)* empêcher; ~**mädchen** nt *(fam)* fille f des rues; ~**punkt** m point-virgule m.

Strick m *-(e)s, -e* corde f; **s**~**en** vt, vi tricoter; ~**leiter** f échelle f de corde; ~**nadel** f aiguille f à tricoter.

Strieme f *-, -n,* **Striemen** m *-s, -* meurtrissure f.

stritt siehe **streiten**.

strittig a controversé(e).

Stroh nt *-s* paille f; ~**dach** nt toit m de chaume; ~**halm** m brin m de paille; ~**witwe** f 'veuve' f *(dont le mari est absent)*.

Strolch m *-(e)s, -e* mauvais sujet m.

Strom m *-(e)s, -e* fleuve m; *(ELEC)* courant m; **s**~**abwärts** ad en aval; **s**~**aufwärts** ad en amont.

strömen vi *(mit sein)* *(Wasser)* couler à flots; *(Menschen)* affluer.

Strom-: ~**kreis** m circuit m électrique; **s**~**linienförmig** a aérodynamique; ~**stärke** f intensité f du courant.

Strömung f courant m.

strotzen vi: ~ **vor** o **von** être débordant(e) de.

Strudel m *-s, -* tourbillon m; *(CULIN)* sorte de pâtisserie aux pommes.

Strumpf m *-(e)s, -e* bas m; ~**band** nt jarretière f; ~**hose** f collants mpl.

struppig a hirsute.

Stube f *-, -n* pièce f, chambre f.

Stück nt *-(e)s, -e* morceau m; *(THEAT)* pièce f; **20 Pfennig pro** ~ 20 pfennig pièce; **s**~**weise** ad

(COMM) au détail; ~**werk** nt ouvrage nm incomplet.

Stu'dent(in f) m étudiant(e).

Studie ['ʃtuːdiə] f étude f.

stu'dieren (ohne ge-) vt étudier // vi faire des études.

Studium nt études fpl.

Stufe f-, -n marche f; (Entwicklungs~) stade m.

Stuhl m -(e)s, ̈e chaise f; ~**gang** m selles fpl.

stülpen vt (umdrehen) retourner; (bedecken) remettre.

stumm a (auch taub(e); (Gebärde, Spiel) silencieux(-euse).

Stummel m (Zigaretten~) mégot; (von Glied) moignon m.

Stumm-: ~**film** m film m muet; ~**heit** f mutisme m, silence m.

Stümper(in f) m -s, - incapable m; **s~haft** a mal fait(e); **s~n** vi (fam) bâcler.

stumpf a (Messer etc) émoussé(e); (glanzlos) terne, sans éclat; (teilnahmslos) morne, apathique; (Winkel) obtus(e); **S~** m -(e)s, ̈e (Baum~) souche f; (Bein~) moignon m; **S~sinn** m abrutissement m, hébétude f.

Stunde f-, -n heure f; (SCOL) cours m, heure f; **s~n** vt: **jdm etw ~n** accorder un délai à qn pour qch; ~**ngeschwindigkeit** f vitesse f horaire; ~**nkilometer** pl kilomètres mpl à l'heure, kilomètresheure mpl; **s~nlang** a qui dure des heures; ~**nlohn** m salaire m horaire; ~**nplan** m emploi m du temps, horaire m des cours; **s~nweise** ad à l'heure, temporairement.

stündlich ad toutes les heures.

Stupsnase f nez m retroussé.

stur a (Mensch) têtu(e), entêté(e); (Arbeit) abrutissant(e).

Sturm m -(e)s, ̈e tempête f; (MIL) assaut m; (SPORT) attaque f.

stürmen vi attaquer; (Wind) faire rage // vt assaillir // vi (mit sein; rennen) se précipiter, s'élancer; **es stürmt** il y a de la tempête.

Stürmer(in f) m -s, - (SPORT) avant m.

stürmisch a (Wetter) de tempête; (Empfang) enthousiaste.

Sturz m -es, ̈e chute f; (POL) renversement m.

stürzen vt (werfen) faire tomber; (POL, CULIN) renverser // vr: **sich ~** se jeter, se précipiter // vi (mit sein) (fallen) tomber, faire une chute; (rennen) s'élancer.

Sturzhelm m casque m (de protection).

Stute f-, -n jument f.

Stütze f-, -n support m; (fig) soutien m // vt soutenir; (Ellbogen etc) appuyer (auf +akk sur).

stutzen vt tailler // vi avoir un geste de surprise.

stutzig a: ~ **werden** (commencer à) se méfier.

Styro'por ® nt s polystyrène m (expansé).

Sub'jekt nt -(e)s, -e (Wesen) personne f, individu m; (LING) sujet m.

subjektiv a subjectif(-ive); **S~i'tät** f subjectivité f.

Sub'stanz f substance f; (Kapital) capital m.

subtra'hieren vt (ohne ge-) soustraire.

subventio'nieren [zʊpvɛntsio'niːrən] vt (ohne ge-) subventionner.

Suche f-, -n recherche f (nach de); **s~n** vt, vi chercher.

Sucher m -s, - (PHOT) viseur m.

Sucht f-, ̈e manie f; (Drogen~) toxicomanie f; (Alkohol~) alcoolisme m.

süchtig a toxicomane; **S~e(r)** mf toxicomane m/f, drogué(e).

Süd-: ~**en** m -s, - sud m; ~**früchte** pl fruits mpl tropicaux; **s~lich** a méridional(e); **s~lich von** au sud de.

süffig a moelleux(-euse).

sugge'rieren vf (ohne ge-) suggérer.

Sühne f-, -n expiation f, punition f; **s~n** vt expier, réparer.

Sulta'nine f raisin m sec.

Sülze f-, -n aspic m.

Summe f-, -n somme f.

summen vi bourdonner // vt

fredonner.

sum'mieren vt additionner; (zusammenfassen) résumer // vr: **sich ~** s'additionner.

Sumpf m -(e)s, ∸e marais m, marécage m; **s~ig** a marécageux(-euse).

Sünde f -, -n péché m; **~nbock** m (fam) bouc m émissaire; **~nfall** m péché m originel.

Super nt -s (Benzin) super m; **~lativ** m superlatif m; **~markt** m supermarché m.

Suppe f -, -n soupe f.

Surfbrett ['zœːɐf-, 'zœrf-] nt planche f de surf.

surfen ['zœːɐfn, zœrfn] vi (mit sein) faire du surf; **S~** nt -s surf m.

surren vi bourdonner.

süß a sucré(e); (lieblich) joli(e), ravissant(e); (pej) suave; **~en** vt sucrer; **S~igkeit** f douceur f; (Bonbon etc) sucrerie f; **~lich** a (Geschmack) douceâtre; (fig) doucereux (-euse); **~speise** f entremet m; **S~stoff** m saccharine f; **S~wasser** nt eau f douce.

Sylvester [zyl'vɛstɐ] nt -s, - Saint-Sylvestre f.

Sym'bol nt -s, -e symbole m; **s~isch** a symbolique.

Symme'trie f symétrie f.

sym'metrisch a symétrique.

Sympa'thie f sympathie f.

sym'pathisch a sympathique.

sympathi'sieren vi (ohne ge-) sympathiser.

Symp'tom nt -s, -e symptôme m.

Syna'goge f -, -n synagogue f.

synchron [zyn'kroːn] a synchrone, synchronique; **~getriebe** nt vitesses fpl synchronisées; **~i'sieren** vt (ohne ge-) synchroniser.

Syndi'kat nt syndicat m.

Syno'nym nt -s, -e synonyme m.

Syn'these f -, -n synthèse f.

syn'thetisch a synthétique.

Syphilis f - syphilis f.

Sy'stem nt -s, -e système m.

syste'matisch a systématique.

Szene f -, -n scène f.

Szene'rie f décor m.

T

Ta'bak m -s, -e tabac m.

tabel'larisch a sous forme de tableau.

Ta'belle f tableau m.

Tab'lette f comprimé m.

Ta'bu nt -s, -s tabou m.

Tacho'meter nt -s, - (AUT) compteurs m.

Tadel m -s, - (Rüge) réprimande f, blâme m; (Fehler) faute f; **t~los** a (Arbeit, Benehmen) irréprochable; (Kleidung etc) parfait(e); **t~n** vt critiquer; **~nswert** a (Benehmen) répréhensible.

Tafel f -, -n tableau m; (Anschlag~) écriteau m; (Schiefer~) tableau noir; (Gedenk~) plaque f (commémorative); (Illustration) planche f; (Tisch) table f; (Schokolade etc) tablette f.

Täfelung f revêtement m, lambris m.

Taft m -(e)s, -e taffetas m.

Tag m -(e)s, -e jour m; **bei ~** de jour; **es ist ~** il fait jour; **an den ~ kommen** se faire jour, apparaître; **eines ~es** un jour; **guten ~!** bonjour!; **~ für ~** jour après jour; **von ~ zu ~** de jour en jour; **t~'aus, t~'ein** ad jour après jour; **~ebuch** nt journal m (intime); **~egeld** nt indemnité f journalière; **t~elang** ad des jours et des jours, des journées entières.

Tages~ablauf m cours m du jour; **~anbruch** m point m du jour; **~karte** f (Eintrittskarte) carte f journalière; (Speisekarte) menu m du jour; **~licht** nt lumière f du jour; **~ordnung** f ordre m du jour; **~schau** f journal m télévisé; **~zeit** f heure f (du jour); **~zeitung** f quotidien m.

täglich a quotidien(ne) // ad tous les jours, quotidiennement.

tagsüber ad de jour, pendant la journée.

Tagung f congrès m.

Taille ['taljə] f -, -n taille f.

tailliert [ta'jiːɐt] a cintré(e).

Takt m -(e)s, -e (MUS) cadence f,

mesure f; (Verhalten) tact m; ~gefühl nt tact m, discrétion f.

Taktik f tactique f.

taktisch a tactique.

taktlos a (Mensch) sans tact; (Bemerkung) blessant(e); **T~igkeit** f manque m de tact; (Bemerkung) insolence f.

Takt-: ~stock m bâton m de chef d'orchestre; ~strich m barre f de mesure; t~voll a (Mensch) plein(e) de tact; (Benehmen) discret(-ète).

Tal nt -(e)s, ⁻er vallée f.

Ta'lent nt -(e)s, -e talent m; t~iert [talɛn'tiːrt], t~voll a doué(e).

Talg m -(e)s, -e suif m; ~drüse f glande f sébacée.

Talsperre f barrage m.

Tampon m -s, -s tampon m.

Tang m -(e)s, -e varech m.

Tangente [taŋˈgɛntə] f, -n tangente f.

tangieren [taŋˈgiːrən] vt (ohne ge-) toucher.

Tank m -s, -s réservoir m, citerne f; (von Öltanker) tank m; t~en vi prendre de l'essence // vt prendre; ~er m -s, -, ~schiff nt (navire m) pétrolier m; ~stelle f station-service f, garage m; ~wart m garagiste m.

Tanne f -, -n, ~nbaum m sapin m; ~nzapfen m cône m de sapin, pomme f de pin.

Tante f -, -n tante f.

Tanz m -es, ⁻e danse f.

tanzen vt, vi danser.

Ta'pete f -, -n papier m peint; ~nwechsel m (fig) changement d'air.

tape'zieren (ohne ge-) vt, vi tapisser.

tapfer a (Mensch, Tat) courageux(-euse) // ad courageusement; **T~keit** f courage m.

Ta'rif m -s, -e tarif m; (Steuer~) montant m; ~gehalt nt, ~lohn m salaire m conventionnel; ~verhandlungen pl négociations fpl salariales; ~vertrag m convention f collective.

Tarn-: t~en vt camoufler; (fig) cacher; ~ung f camouflage m.

Tasche f -, -n (an Kleidung) poche f; (Hand~) sac m (à main); (Einkaufs~)

cabas m; (Akten~) serviette f.

Taschen-: (in Zusammensetzungen) de poche; ~buch nt livre m de poche; ~dieb m pickpocket m; ~geld nt argent m de poche; ~lampe f lampe f de poche; ~messer nt canif m; ~tuch nt mouchoir m.

Tasse f -, -n tasse f.

Tasta'tur f clavier m.

Taste f -, -n touche f.

tasten vi tâtonner // vt (MED) palper; (Funkspruch) taper // vr: **sich ~** se tâter; **nach etw ~** tâtonner pour trouver qch.

Tastsinn m sens m du toucher.

tat siehe tun.

Tat f -, -en (Handlung) acte m, action f; (Verbrechen) méfait m; **in der ~** en effet; **auf frischer ~ ertappen** prendre sur le fait; ~bestand m faits mpl; circonstances fpl; t~enlos a: t~enlos zusehen regarder sans rien faire.

Täter(in f) m -s, - coupable m/f.

tätig a actif(-ive); **in einer Firma ~ sein** travailler dans une entreprise; ~en vt (Verkauf) réaliser; (Geschäfte) conclure; (Einkauf) effectuer; **T~keit** f activité f; (von Maschine) fonctionnement m; (Beruf) métier m.

tätlich a: ~ **werden** devenir violent(e).

täto'wieren vt (ohne ge-) tatouer.

Tat-: ~sache f fait m; t~sächlich a réel(le) // ad vraiment.

Tatze f -, -n patte f, griffes fpl.

Tau nt -(e)s, -e cordage m, câble m // m -(e)s rosée f.

taub a (Mensch) sourd(e); (Körperglied) engourdi(e); **T~heit** f surdité f; ~stumm a sourd(e)-muet(te).

Taube f -, -n pigeon m; ~nschlag m pigeonnier m.

tauchen vt, vi (mit sein) plonger.

Taucher(in f) m -s, - plongeur(-euse), scaphandrier m.

Tauchsieder m -s, - thermoplongeur m.

tauen vi (mit sein) fondre // vi dégeler; **es taut** il dégèle.

Tauf-: ~becken nt fonts mpl baptis-

maux; ~e f-, -n baptême m; t~en vt
baptiser; ~**pate** m parrain m;
~**patin** f marraine f; ~**schein** m
extrait m de baptême.

taugen vi (geeignet sein): ~ **für** o zu
convenir pour; (einen Wert haben):
etwas ~ valoir quelque chose;
nichts ~ ne rien valoir; (Mensch)
n'être bon(ne) à rien.

Taugenichts m -, -e vaurien(ne).

tauglich a valable; (MIL) apte (au
service militaire).

Taumel m -s vertige m; (fig) ivresse
f; t~n vi (mit sein) tituber.

Tausch m -(e)s, -e échange m;
t~en vt échanger // vi faire un
échange.

täuschen vt, vi tromper // vr: **sich** ~
se tromper; ~d a trompeur(-euse).

Täuschung f tromperie f, fraude f;
(optisch) illusion f (d'optique).

tausend num mille.

Tau-: ~**tropfen** m goutte o perle de
rosée; ~**wetter** nt dégel m; ~**ziehen**
nt -s lutte f à la corde; (fig) lutte f,
tiraillements mpl.

Taxi nt -(s), -(s) taxi m.

Tscheche m, **Tschechin** f Tchèque
m/f.

tschechisch a tchécoslovaque.

Tschechoslowa'kei f: **die** ~ la
Tchécoslovaquie.

Teakholz ['tiːk-] nt (bois m de) teck
m.

Technik f technique f.

Techniker(in f) m -s, - tech-
nicien(ne).

technisch a technique.

Technolo'gie f technologie f.

techno'logisch a technologique.

Tee m -s, -e (Schwarz~) thé m; (aus
anderen Pflanzen) infusion f, tisane f;
~**kanne** f théière f; ~**löffel** m
cuiller f o cuillère f à café.

Teer m -(e)s, -e goudron m; t~en vt
goudronner.

Tee-: ~**sieb** nt passoire f (à thé),
passe-thé m inv; ~**wagen** m table f
roulante.

Teich m -(e)s, -e mare f.

Teig m -(e)s, -e pâte f; t~**ig** a (Obst)
farineux(-euse); (Kuchen) mal

cuit(e); ~**waren** pl pâtes fpl (alimentaires).

Teil m o nt -(e)s, -e partie f; (An~)
part f; (Ersatz~) pièce f (détachée o
de rechange); **zum** ~ en partie;
~**betrag** m montant m partiel; t~en
vt partager, diviser; (MATH) diviser;
(Meinung, Los) partager // vi: (mit
jdm) t~en partager (avec qn) // vr:
sich t~en (in Vorhang) s'ouvrir; (Weg)
bifurquer; (Meinungen) diverger;
sich etw t~en se partager qch;
t~**haben** vi irr (zvb) participer;
~**haber(in** f) m -s, - (COMM)
associé(e); ~**kaskoversicherung** f
assurance f partielle; ~**nahme** f ~, -n
participation f (an + dat à); (Interesse)
intérêt m; (Mitleid) sympathie f;
(Beileid) condoléances fpl; t~**nahm-
slos** a indifférent(e), apathique;
t~**nehmen** vi irr(zvb) participer (an
+ dat à); ~**nehmer(in** f) m -s, -
participant(e) // vr: t~s ad en
partie, partiellement; t~s ... t~s en
partie, partiellement; ~**ung** f
partage m, division f; t~**weise** ad en
partie, partiellement; ~**zahlung** f
acompte m.

Telefon nt -s, -e téléphone m;
~**anruf** m, **Telefo'nat** nt -(e)s, -e
coup m de téléphone o de fil, appel m
téléphonique; ~**buch** nt annuaire m
(du téléphone).

telefo'nieren vi (ohne ge-) téléphoner (mit jdm à qn).

tele'fonisch a téléphonique.

Tele'fon-: ~**nummer** f numéro m
téléphonique; ~**verbindung** f communication f téléphonique; ~**zelle** f
cabine f téléphonique; ~**zentrale** f
central o standard m téléphonique.

telegra'fieren (ohne ge-) vt, vi télégraphier.

tele'grafisch a télégraphique // ad
par télégramme.

Tele'gramm nt -s, -e télégramme
m.

Tele-: ~**kolleg** nt télé-enseigne-
ment m; ~**objektiv** nt téléobjectif
m.

Telephon = Telefon.

Tele'skop nt -s, -e télescope m.

Teller m -s, - assiette f.

Tempel m -s, - temple m.

Temperafarbe f détrempe f.

Tempera'ment nt tempérament m; **t~voll** a fougueux(-euse), vif(vive).

Tempera'tur f température f.

Tempo nt -s, -s vitesse f, allure f// (pl **Tempi** (MUS) mouvement m, rythme m; **~ taschentuch** ® nt mouchoir m en papier.

Ten'denz f tendance f.

ten'dieren vi (ohne ge-) tendre (zu à).

Tennis nt - tennis m; **~platz** m court m; **~schläger** m raquette f de tennis; **~spieler(in** f) m joueur(-euse) de tennis.

Te'nor m -s, -̈e ténor m.

Teppich m -s, -e tapis m; **~boden** m moquette f; **~kehrmaschine** f balai m mécanique; **~klopfer** m, tapette f (à tapis).

Ter'min m -s, -e (Zeitpunkt) terme m, délai m, échéance f; (Frist) délai m; (Arzt~ etc) rendez-vous m; (JUR) assignation f; **~kalender** m agenda m.

Terpen'tin nt -s, -e térébenthine f.

Ter'rasse f -, -n terrasse f.

Terrier f ['tɛriɛ] m -s, - terrier m.

Terri'torium nt territoire m.

Terror m -s terreur f; **t~i'sieren** vt (ohne ge-) terroriser.

Terro'rismus m terrorisme m.

Terro'rist(in f) m terroriste m/f.

Terz f -, -en tierce f.

Tesafilm ® m -s, -e papier m collant, scotch m.

Test m -s, -s test m.

Testa'ment nt testament m.

testamen'tarisch a testamentaire.

test' vt tester, soumettre à un test.

Tetanus m - tétanos m; **~impfung** f vaccin m antitétanique.

teuer a cher(chère).

Teufel m -s, - diable m; **pfui ~**! pouah!; **der ~ ist los** c'est la pagaille; **~saustreibung** f exorcisme m.

teuflisch a diabolique.

Text m -(e)s, -e (Geschriebenes) texte m; (zu Bildern) légende f; (Lieder~) paroles fpl; (Bibel~) passage m de la Bible; **t~en** vi com-

poser (les paroles d'une chanson); écrire (un texte publicitaire).

Textilien [-iən] pl, **Textilwaren** pl (produits mpl) textiles mpl.

The'ater nt -s, - théâtre m; (Aufregung): **so ein ~**! quel cinéma!; (Umstände): **~ machen** faire des histoires; **~ spielen** faire du théâtre; (fig) jouer la comédie; **~besucher(in** f) m spectateur(-trice); **~kasse** f caisse f o guichets mpl (d'un théâtre); **~stück** nt pièce f de théâtre.

Theke f -, -n (Schanktisch) bar m, comptoir m; (Ladentisch) comptoir m.

Thema nt -s, **Themen** o -ta sujet m; (MUS) thème m.

Theo-: **~loge** m -n, -n, -n login f théologien(ne); **~lo'gie** f théologie f; **t~'logisch** a théologique.

Theo'retiker(in f) m -s, - théoricien(ne).

theo'retisch a théorique.

Theo'rie f théorie f.

Thera-: **t~'peutisch** a thérapeutique; **~pie** f thérapie f.

Ther'malbad nt station f thermale.

Thermo'meter nt -s, - thermomètre m.

Thermosflasche f thermos m.

Thermo'stat m -(e)s o -en, -e(n) thermostat m.

These f -, -n thèse f.

Thron m -(e)s, -e trône m; **t~en** vi trôner; **~folge** f succession f au trône.

Thunfisch m thon m.

Thymian m -s, -e thym m.

Tick m -s, -s (nervöser) tic m; (Eigenart) manie f; (Fimmel) marotte f, dada m; **t~en** vi (Uhr) faire tic tac; (Fernschreiber) cliqueter.

tief a profond(e); (Temperaturen) bas(se); (Stimme, Ton) grave; (mit Maßangabe) de profondeur; (Vertrauen) absolu(e), total(e); **im ~sten Winter** en plein hiver; **bis ~ in die Nacht hinein** jusque tard dans la nuit; **das läßt ~ blicken** cela révèle bien des choses; **T~** nt -s, -s (METEO) zone f de basse pression; **T~e** f -, -n profondeur f; **T~ebene** f basse plaine f; T~enschärfe f profondeur f de champ o de foyer; ~ernst a très sérieux(-euse)

T~gang m (NAVIG) tirant m d'eau; (geistig) profondeur f; ~gekühlt a surgelé(e); ~greifhand a profond(e); T~kühlfach nt congélateur m, freezer m; T~kühltruhe f congélateur m; T~punkt m creux m (de la vague); ~schürfend a profond(e); T~see f grands fonds mpl; ~sinnig a profond(e); T~stand m niveau m le plus bas o minimum; T~stwert m valeur f minimum

Tiegel m -s, -e casserole f, poêle f, (CHEM) creuset m.

Tier nt -(e)s, -e animal m; ~arzt m, ~ärztin f vétérinaire m/f; ~garten m jardin m zoologique, zoo m; t~isch a animal(e); (fig: roh) bestial(e); (Ernst etc) trop grand(e); ~kreiszeichen nt signe m du zodiaque; t~liebend a qui aime les animaux; ~quälerei f cruauté f envers les animaux.

Tiger m -s, - tigre m; ~in f tigresse f.

tilgen vt effacer; (Schulden) amortir, rembourser.

Tink'tur f teinture f.

Tinte f-, -n encre f; ~nfaß nt encrier m; ~nfisch m seiche f.

tippen vt (Brief, Manuskript) dactylographier, taper // vi (schreiben) taper à la machine; (raten) miser (auf +akk sur).

Tipp-: ~fehler m faute f de frappe; t~topp a (fam) parfait(e).

Tisch m -(e)s, -e table f; bei ~ à table; vor/nach ~ avant/après le repas; zu ~! à table!; unter den ~ fallen lassen (fig) laisser tomber; ~decke f nappe f.

Tischler(in f) m -s, - menuisier m; (Möbel~) ébéniste m.

Tischle'rei f menuiserie f.

Tisch-: ~tennis nt ping-pong m; ~tuch nt nappe f.

Titel m -s, - titre m; ~bild nt (von Zeitschrift) photo f de couverture; (von Buch) frontispice m; ~rolle f rôle m principal; ~seite f (von Zeit-

schrift) couverture f; (Buch~) page f de titre; ~verteidiger m détenteur(-trice) du titre.

Toast [toːst] m -(e)s, -s o -e (Brot) toast m, pain m grillé; (Trinkspruch) toast m; t~en vt -s, - grille-pain m.

toben vi (Meer, Wind, Kinder) être déchaîné(e); (Kampf) faire rage; vor Schmerz/Wut ~ être fou(folle) de douleur/de rage.

Tob-: ~sucht f rage f; t~süchtig a fou(folle) furieux(-euse).

Tochter f-, ˜ fille f.

Tod m -(e)s, -e mort f; jdn zum ~e verurteilen condamner qn à mort; jdn/etw auf den ~ nicht leiden können (fam) haïr qn à mort; t~ernst a très sérieux(-euse) // ad très sérieusement.

Todes-: ~angst f (große Angst) f panique; ~anzeige f avis m mortuaire; ~fall m décès m; ~kampf m agonie f; ~stoß m coup m de grâce; ~strafe f peine f de mort; ~ursache f cause f de la mort; ~urteil nt condamnation f à mort.

tod'krank a incurable, condamné(e).

tödlich a mortel(le).

tod-: ~'müde a mort(e) de fatigue; ~'schick a (fam) très chic o élégant(e); ~'sicher a (fam) tout à fait sûr(e); T~sünde f péché m mortel.

Toilette [toaˈlɛtə] f toilette f; (Abort) toilettes fpl, w-c. mpl; ~nartikel pl produits mpl de toilette; ~npapier nt papier m hygiénique o (de) toilette.

toi, toi, toi excl touchons du bois!

Tole'rant a tolérant(e).

Tole'ranz f tolérance f.

tole'rieren vt (ohne ge-) tolérer.

toll a audacieux(-euse), hardi(e); (wahnsinnig) fou (folle); (fam: ausgezeichnet) super, formidable; T~kirsche f belladone f; ~kühn a hardi(e); T~wut f rage f.

Tölpel m -s, - (Mensch) balourd(e).

To'mate f-, -n tomate f; ~nmark nt purée f de tomates.

Ton m -(e)s, -e (Erde) argile f; (terre

f) glaise f // -(e)s, ~e (Laut) son m;
(MUS, Redeweise, Nuance) ton m;
(Betonung) accent m (tonique);
~abnehmer m pick-up m; ~art f
tonalité f; ~band nt bande f magnétique; ~bandgerät nt magnetophone
m.

tönen vt (Haare) teindre.

tönern a en terre.

Ton-: ~fall m intonation f; ~film m
film m parlant; ~leiter f gamme f.

Tonne f~, -n (Faß) tonneau m; (Maß)
tonne f.

Ton-: ~spur f bande f sonore;
~taubenschießen nt tir m au
pigeon; ~waren fpl objets mpl cé-
ramiques, poteries fpl.

To'pas m ~es, ~e topaze f.

Topf m -(e)s, ~e (Koch~) casserole f,
marmite f; (Blumen~) pot m de fleurs;
(Nacht~) pot m de chambre.

Töpfer(in f) m -s, - potier(-ère).

Töpfe'rei f poterie f.

töpfern vi faire de la poterie // vt
fabriquer.

Töpferscheibe f tour m de potier.

Tor m -en, -en sot(te) // nt -(e)s, -e
(Tür) porte f, portail m; (Stadt~)
porte; (SPORT) but m.

Torf m -(e)s tourbe f.

Tor-: ~heit f sottise f; ~hüter m
gardien m de buts.

töricht a sot(te).

torkeln vi (mit sein) tituber.

torpe'dieren vt (ohne ge-) (Boot) torpiller; (fig) saboter.

Tor'pedo m -s, -s torpille f.

Torte f ~, -n gâteau m.

Tor'tur f (fig) torture f, martyre m.

Tor-: ~verhältnis nt score m;
~wart m -s, -e gardien m de buts.

tosen vi (Wasser, Wind, Meer) être
déchaîné(e); **ein ~der Beifall** une
tempête d'applaudissements.

tot a mort(e); (erschöpft) mort(e) de
fatigue; (Kapital) improductif(-ive),
qui dort; (Farben) terne.

to'tal a total(e), complet(-ète) // ad
très, complètement; **T~schaden** m:
mein Auto hat T~schaden ma
voiture est bonne pour la ferraille.

töten vt, vi tuer.

Toten-: ~kopf m tête f de mort;
~schein m acte m de décès; ~'stille
f silence m de mort.

Tote(r) mf mort(e).

tot-: ~fahren vt irr (zvb) écraser,
tuer; ~geboren a mort-né(e);
~lachen vr (zvb) (fam): **sich
~lachen** mourir de rire.

Toto m o nt -s, -s pronostics sur les
matchs de football.

tot-: ~schlag m homicide m volontaire; ~schlagen vt irr (zvb) (jdn)
assommer, tuer; (Zeit) tuer;
~schweigen vt irr (zvb) (Sache)
passer sous silence; ~stellen vr
(zvb): **sich ~stellen** faire le mort.

Tötung f (JUR) homicide m.

Toupet [tu'pe:] nt -s, -s postiche m.

toupieren [tu'pi:rən] vt (ohne ge-)
crêper.

Tour [tu:ɐ] f ~, -en (Ausflug) excursion f; (Umdrehung) tour m; (Verhal-
tensart) manière f; **diese ~ kenne
ich schon** je connais ce truc; **auf
~en kommen** (sich aufregen) s'énerver; **in einer ~** sans arrêt; ~enzäh-
ler m compte-tours m.

Tourismus [tu'rɪsmʊs] m tourisme
m.

Tourist [tu'rɪst] m touriste m.

Trab m -(e)s (von Pferd) trot m; **auf ~
sein** (Mensch) être très occupé(e).

Tra'bant m (Satellit) satellite m;
~enstadt f cité f satellite.

traben vi (mit sein) aller au trot,
trotter.

Tracht f ~, -en (Kleidung) costume m;
eine ~ Prügel une raclée.

trachten vi: **nach etw ~** aspirer à
qch; **danach ~, etw zu tun** aspirer
à faire qch; **jdm nach dem Leben
~** attenter aux jours de qn.

trächtig a (Tier) grosse, pleine.

Traditi'on f tradition f; **t~ell** [tradit-
sio'nel] a traditionnel(le).

traf siehe **treffen**.

Trag-: ~bahre f civière f, brancard
m; **t~bar** a (Gerät) portatif(-ive),
portable; (Kleidung) portable, met-
table; (erträglich) supportable.

träge a (Mensch) indolent(e);
(Bewegung) nonchalant(e); (PHYS)

inerte.

tragen irr vt porter; (stützen: Brücke, Dach) supporter, soutenir; (finanzieren) financer; (: Kosten) supporter; (erdulden) supporter // vi (schwanger sein) être grosse.

Träger (in f) m -s, - porteur(-euse) // m (Eisenteil) poutre f; (Ordens~) titulaire m/f; (an Kleidung) bretelles fpl; (Körperschaft etc) organisme m responsable; ~**rakete** f fusée f porteuse.

Trag-: ~**fähigkeit** f capacité f, charge f limite; ~**flügelboot** nt hydroglisseur m.

Trägheit f (von Mensch) indolence f, apathie f; (von Bewegung) nonchalance f; (geistig) paresse f; (PHYS) inertie f.

tragisch a tragique.

Tragödie [-iə] f tragédie f.

Tragweite f portée f.

Trainer(in f) m ['trɛːnɐ, trɛː-] -s, - entraîneur m.

trainieren [trɛ'niːrən, trɛ:'n-] vt (ohne ge-) entraîner // vi (ohne ge-) s'entraîner.

Training ['trɛːnɪŋ, trɛːn-] nt -s, -s entraînement m; ~**sanzug** m training m.

Traktor m tracteur m.

trällern vt, vi chantonner.

trampeln vi piétiner, trépigner; (mit sein: schwerfällig gehen) piétiner.

trampen ['trɛmpn, 'tram-] vi faire de l'auto-stop.

Tramper(in f) m ['trɛmpɐ, -ərɪn] -s,- auto-stoppeur(-euse).

Tran m -(e)s, -e (Öl) huile f (de poisson); im ~ dans un état second.

tranchieren [trãˈʃiːrən] vt (ohne ge-) découper.

Träne f -, -n larme f; t~n vi (Augen) larmoyer; ~**ngas** nt gaz m lacrimogène.

trank siehe **trinken**.

Tränke f -, -n abreuvoir m; t~n vt (naß machen) imbiber, tremper; (Tiere) donner à boire à.

Trans-: ~**for'mator** m transformateur m; ~**fusi'on** f transfusion f; ~**istor** [tran'zɪstɔr] m transistor m.

Tran'sit m -s transit m.

transitiv a transitif(-ive).

Trans-: t~**pa'rent** a transparent(e); ~**pa'rent** nt -(e)s, -e (Bild) transparent m; (Spruchband) banderole f; t~**pi'rieren** vi (ohne ge-) transpirer.

Trans'port m -(e)s, -e transport m.

transpor'tieren vt (ohne ge-) transporter.

Trans'port-: ~**mittel** nt moyen m de transport; ~**unternehmen** nt entreprise f de transports.

Transvestit [transvɛs'tiːt] m -en, -en travesti m.

Tra'pez nt -es, -e trapèze m.

trat siehe **treten**.

Traube f -, -n (Frucht) raisin m; (Beere) (grain m de) raisin; (Blütenstand) grappe f; ~**nzucker** m sucre m de raisin.

trauen vi jdm/etw ~ faire confiance à qn/qch, avoir confiance en qn/qch // vt marier // vr: sich ~ oser; jdm nicht über den Weg ~ se méfier de qn; sich ~ lassen se marier.

Trauer f - affliction f, tristesse f; (für Verstorbenen) deuil m; ~**fall** m deuil m, décès m; ~**kleidung** f tenue f porter le deuil; ~**marsch** m marche f funèbre; t~n vi être en deuil (um jdn de qn); ~**rand** m: mit einem ~**rand** bordé(e) de noir; ~**spiel** nt tragédie f; ~**weide** f saule m pleureur.

träufeln vt verser goutte à goutte.

Traufe f -, -n (Dach~) gouttière f.

Traum m -(e)s, Träume rêve m; das fällt mir nicht im ~ ein je n'y songe même pas.

Trauma nt -s, -en o -ata traumatisme m.

träumen vt, vi rêver; **das hätte ich mir nicht ~ lassen** je n'y aurais jamais songé.

Träume'rei f rêverie f.

träumerisch a rêveur(-euse).

traumhaft a de rêve.

traurig a triste; (Zustände, Anblick, Ereignis) triste (vorgestellt); (Rest, Leistung) pitoyable; T~**keit** f tristesse f.

Trau-: ~**schein** m acte m de mariage; ~**ung** f mariage m;

~**zeuge** m, ~**zeugin** f témoin m (d'un mariage).

treffen irr vt (Geschoß, Hieb) toucher qn o qch; (Schütze) toucher (qch, la cible o le but); (mit sein: begegnen): **auf jdn ~** rencontrer qn; (mit sein: finden): **auf etw ~** trouver, rencontrer qch // vt toucher; (begegnen) rencontrer; (Entscheidung, Maßnahmen) prendre; (Auswahl) faire, effectuer // vr: **sich ~** se rencontrer; (sich ereignen) se produire; **eine Vereinbarung ~** se mettre d'accord, conclure un accord; **Vorbereitungen ~** faire des préparatifs; **ich treffe dich also morgen** alors à demain!; **ihn trifft keine Schuld** ce n'est pas (de) sa faute; **es trifft sich gut** cela tombe bien; **wie es sich so trifft** comme cela se trouve; **T~** nt -s, ~ rencontre f; ~**d** a pertinent(e); (Ausdruck) juste.

Treffer m -s, - (Schuß etc) tir m réussi; (von Schütze) coup m dans le mille; (Fußball) but m; (Los) billet m gagnant.

Treffpunkt m rendez-vous m.

Treibeis nt glace f flottante.

treiben irr vt (bewegen: Tiere, Menschen) mener; (: Rad, Maschine) faire tourner; (drängen) pousser (zu etw à qch); (anspornen) encourager; (Studien, Handel etc) faire; (Blüten, Knospen) pousser // vi (mit sein: sich fortbewegen) avancer; (Pflanzen) pousser; (CULIN: aufgehen) lever; (Tee, Kaffee) être diurétique; **Unsinn ~** faire le (la fole) fou (folle); **es wild ~** être déchaîné(e); **was treibst du so immer?** qu'est-ce-que tu deviens?; **T~** nt -s (Tätigkeit) activité f; (lebhafter Verkehr etc) animation f.

Treib-: ~**haus** nt serre f; ~**jagd** f battue f; ~**stoff** m carburant m, combustible m.

trennen vt (Menschen) séparer; (Verbindung) mettre fin à; (Begriffe) distinguer; (zerteilen) séparer // vr: **sich ~** se séparer; (Ideen) différer; **sich von jdm /etw ~** se séparer de qn/qch.

Trenn-: ~**ung** f séparation f; dis-

tinction f; ~**wand** f paroi f, cloison f.

Treppe f -, -n escalier m; ~**ngeländer** nt rampe f (d'escalier); ~**nhaus** nt cage f d'escalier.

Tre'sor m -s, -e coffre-fort m; (Kammer) chambre f forte.

treten irr vi (mit sein: gehen) marcher // vt (mit Fußtritt) donner un coup de pied à; (nieder~) écraser; **die Tränen traten ihm in die Augen** les larmes lui montèrent aux yeux; **nach jdm/gegen etw ~** donner un coup de pied à qn/dans qch; **auf etw** (akk) ~ marcher sur qch, mettre le pied sur qch; **in etw** (akk) ~ mettre le pied dans qch; **in Verbindung ~** entrer en contact; **in Erscheinung ~** se manifester; **an jds Stelle ~** remplacer qn.

treu a fidèle; (Dienste) loyal(e); **T~e** f -, - fidélité f; **T~händer(in** f) m -s, - fiduciaire m; **T~handgesellschaft** f société f fiduciaire; ~**los** a déloyal(e), infidèle.

Trichter m -s, - (Gerät) entonnoir m.

Trick m -s, -s truc m.

trieb siehe **treiben**.

Trieb m -(e)s, -e (instinkthaft) instinct m, pulsion f; (geschlechtlich) pulsion sexuelle, libido f; (Neigung) tendance f; (an Baum etc) pousse f; ~**feder** f (fig) instigateur(-trice); **t~haft** a instinctif(-ive), impulsif(-ive); ~**kraft** f (fig) moteur m, locomotive f; ~**täter(in** f) m délinquant(e) sexuel(le); ~**wagen** m autorail m o automotrice f; ~**werk** nt moteur m.

triefen vi tomber goutte à goutte, dégoutter, dégoutter; **von** o **vor etw ~** être ruisselant(e) de; **vor Nässe ~** être trempé(e).

Trier nt Trèves f.

triftig a (Grund, Entschuldigung) valable, convainquant(e); (Beweis) concluant(e).

Trikot [tri'ko:, 'triko] nt -s, -e maillot m // m -s, -s (Gewebe) jersey m.

Trimm m -s, - (MUS) trille f; **t~n** vi triller; ~**pfeife** f sifflet m (à trilles).

trink-: ~**bar** a buvable; (Wasser

potable; ~en vt, vi irr boire; **T~er(in** f) m -s, - buveur(-euse), alcoolique m/f; **T~geld** nt pourboire m; **T~halm** m paille f; **T~spruch** m toast m; **T~wasser** nt eau f potable.

trippeln vi (mit sein) trottiner.

Tripper m -s, - blennoragie f.

Tritt m -(e)s, -e pas m; (Fuß~) coup m de pied; ~brett nt marchepied m.

Tri'umph m -(e)s, -e triomphe m; ~bogen m arc m de triomphe.

trium'phieren vi (ohne ge-) triompher (über jdn/etw de qn/qch).

trivial [tri'via:l] a trivial(e), plat(e); (alltäglich) simple.

trocken a sec(sèche); (nüchtern) sobre; (Witz, Humor) pince-sans-rire inv; **T~dock** nt cale f sèche; **T~haube** f casque m sèche-cheveux; **T~heit** f sécheresse f; ~legen vt (zvb) (Sumpf) assécher; (Kind) changer.

trocknen vt sécher, essuyer // vi (mit sein) sécher.

Trödel m -s bric-à-brac m; t~n vi (fam) lambiner.

Trödler(in f) m -s, - (Händler) fripier(-ère), brocanteur(-euse); (langsamer Mensch) lambin(e).

trog siehe **trügen**.

Trog m -(e)s, -̈e auge f.

Trommel f -, -n tambour m; (Revolver~) barillet m; ~fell nt tympan m; t~n vt tambouriner // vi jouer du tambour.

Trommler(in f) m -s, - tambour m.

Trom'pete f -, -n trompette f; ~r(in f) m -s, - trompette m.

Tropen pl tropiques mpl, régions fpl tropicales.

tröpfeln vi: es tröpfelt il bruine.

Tropfen m -s, - goutte f; t~ vi (mit sein) dégoutter, dégouliner // vi faire couler goutte à goutte; **eine Tinktur in die Augen** ~ mettre des gouttes dans les yeux; **es tropft vom Dach** il y a une fuite dans le toit; t~weise au goutte à goutte.

Tropfstein m (herunterhängend) stalagtite f; (am Boden) stalagmite f.

tropisch a tropical(e).

Trost m -es consolation f.

trösten vt consoler.

tröstlich a consolant(e).

trostlos a inconsolable; (Verhältnisse) désolant(e).

Trott m -(e)s, -e trot m; (Routine) train-train m.

Trottel m -s, - (fam) imbécile m.

trotten vi (mit sein) se traîner.

Trotz m -es obstination f; **aus** ~ par dépit; **jdm zum** ~ en dépit (des conseils) de qn; t~ prep +gen malgré; t~**dem** ad malgré tout, quand même // conj bien que (+subj); t~**ig** a obstiné, récalcitrant(e); ~**kopf** m tête f de mule; ~**reaktion** f réaction f de dépit.

trüb a (Augen) terne; (Metall) dépoli(e); (Flüssigkeit, Glas) trouble; (Tag, Wetter) morne; (Zeiten, Aussichten) triste; (Mensch, Gedanke, Stimmung) morose.

Trubel m -s tumulte m.

trüben vt (Flüßigkeit) troubler; (Glas, Metall) ternir; (Stimmung, Freude) gâter // vr: **sich** ~ (Flüssigkeit) devenir trouble; (Glas, Metall) se ternir; (Himmel) se couvrir; (Stimmung) se gâter.

Trübsal f - chagrin m; ~ **blasen** se laisser aller à la déprime.

trübselig a chagrin(e), sombre.

Trübsinn m mélancolie f, morosité f; t~**ig** a morose.

trudeln vi (AVIAT) vriller.

Trüffel f -, -n truffe f.

trug siehe **tragen**.

trügen vi, vt irr tromper.

trügerisch a trompeur(-euse).

Truhe f -, -n bahut m.

Trümmer pl décombres mpl; (Teile) (mille) morceaux mpl; (Bau~) ruines fpl.

Trumpf m -(e)s, -̈e atout m.

Trunk m -(e)s, -̈e boisson f; t~en a ivre; ~**bold** m -(e)s, -e ivrogne m; ~**enheit** f ivresse f; ~**sucht** f alcoolisme m.

Trupp m -s, -s groupe m; ~e f -, -n troupe f.

Truthahn m dindon m.

Tube f -, -n tube m.

Tuch nt -(e)s, -̈er (Stoff) étoffe f;

(*Stück Stoff*) pièce f d'étoffe; (*Lappen*) chiffon m; (*Hals—*) foulard m; (*Kirch—*) fichu m; (*Hand—*) serviette f de toilette, essuie-main(s) m.

tüchtig a (*fleißig*) travailleur(-euse); (*gut, hinreichend*) bon(ne) // ad (*sehr, kräftig*) très, beaucoup; **T~keit** f application f; zèle m; aptitude f.

Tücke f -, -n perfidie f.

tückisch a perfide, sournois(e); (*Krankheit*) malin(-igne).

Tugend f -, -en vertu f; **t~haft** a vertueux(-euse).

Tulpe f -, -n tulipe f.

tummeln vr: **sich ~** s'ébattre.

Tumor m -s, en o -e tumeur f.

Tümpel m -s, - mare f.

Tumult m -(e)s, -e tumulte m.

tun irr vt (*machen*) faire; (*legen etc*) mettre; // vr: **freundlich ~** se donner des airs aimables // vr: **sich schwer mit etw ~** avoir de la peine à faire qch; **jdm etwas ~** (*antun*) faire du mal à qn; (*erweisen*) rendre un service à qn; (*für jdn machen*) faire qch pour qn; **was soll ich ~?** que faire?; **das tut es auch** (*genügt*) cela suffit, cela convient aussi; **was tut's?** qu'importe?; **damit habe ich nichts zu ~** je n'ai rien à faire avec cela; **das tut nichts zur Sache** cela n'apporte rien; **es mit jdm zu ~ bekommen** avoir à faire avec qn; **es ist mir darum zu ~,** ce qui m'importe, c'est que ...; **so ~, als ob ...** faire comme si ...; **sie täten gut daran,** ils feraient bien de ...; **ich habe zu ~** (*bin beschäftigt*) j'ai à faire; **mit wem habe ich zu ~?** à qui ai-je l'honneur?; **es tut sich etwas/viel** il se passe quelque chose/beaucoup de choses; **T~** nt -s action f, activité f.

tünchen vt blanchir à la chaux.

Tunesien nt la Tunisie.

Tunke f -, -n sauce f; **t~n** vt tremper.

tunlichst ad si possible.

Tunnel m -s, -s o -e tunnel m.

tupfen vt tapoter; (*mit Watte*) tamponner; **T~** m -s, - point m, pois m.

Tür f -, -en porte f.

Tur'bine f turbine f.

turbu'lent a tumultueux(-euse).

Türke m, **Türkin** f Turc m, Turque f.

Türkei f: **die ~** la Turquie.

türkisch a turc (turque).

Tür'kis m -es, -e turquoise f.

Turm m -(e)s, -e tour f; (*Kirch—*) clocher m; (*Sprung—*) plongeoir m.

türmen vr: **sich ~** (*Wolken*) s'amonceler; (*Bücher*) s'empiler; (*Arbeit*) s'accumuler.

Turn-: t~en vi faire de la gymnastique // vt (*Übung*) effectuer; **~en** m -s gymnastique f; **~halle** f gymnase m; **~hose** f short m.

Tur'nier m -s, -e tournoi m.

Turn-: ~lehrer(in) f m maître(sse) o professeur m de gymnastique; **~schuh** m chaussure f de gymnastique.

Turnus m -, -se roulement m; **im ~** à tour de rôle.

Tür-: ~öffner m minuterie f (*pour déclencher l'ouverture d'une porte*); **~vorleger** m paillasson m.

Tusche f -, -n encre f de Chine (*Wimpern—*) mascara m.

tuscheln vi chuchoter.

Tuschkasten m boîte f de couleurs.

Tüte f -, -n sac m; (*Eiswaffel*) cornet m.

tuten vi (*Auto*) corner, claxonner; (*Sirene*) mugir.

Typ m -s, en m type m; **~e** f -, -en (*au Schreibmaschine*) touche f.

Typhus m - typhoïde f.

typisch a typique (*für de*).

Ty'rann m -en, -en tyran m; **t~isc** a tyrannique; **t~isieren** vt (*ohne ge* tyranniser.

U

u.a. (*abk von* **unter anderem**) en par ticulier.

u.A.w.g. (*abk von* **um Antwort wir gebeten**) R.S.V.P.

U-Bahn f métro m.

übel a mauvais(e); **jdm ist ~** qn s sent mal, qn a mal au cœur; **jdm ist ~ mal** m; **~gelaunt** a de mauvaise humeur, mal disposé(e); **Ü~keit**

nausée f, mal m au cœur; ~**nehmen**
vt irr (zvb): **jdm eine Bemerkung**
~**nehmen** mal prendre l'observation de qn.

üben vt (instrument) étudier, s'exercer à; (Kritik) faire; (Geduld) montrer // vi s'exercer, s'entraîner.

über prep +akk sur; (oberhalb von) au-dessus de; (wegen) à cause de; (bei Zahlen, Beträgen) plus de; (während) pendant; ~ **die Kreuzung fahren** traverser le carrefour; **ich fahre ~ Stuttgart** je passe par Stuttgart; ~ **etw sprechen** parler de qch; ~ **das Wochenende** pendant le week-end; ~ **die Stadt fliegen** survoler la ville; **Fehler ~ Fehler** erreur sur erreur // prep +dat sur; (räumlich, rangmäßig) au-dessus de; **er ist ~ der Arbeit eingeschlafen** il s'est endormi en travaillant; **Kinder ~ 15 Jahren** les enfants de plus de 15 ans; **Kosten weit ~ eine Million** des frais dépassant largement le million; ~ **dem Durchschnitt** au-dessus de la moyenne // ad (zeitlich): **den Sommer ~** (pendant) tout l'été; **das Wochenende ~** **bin ich hier** pendant le week-end, je suis ici; **jdn/etw ~ haben** (fam) en avoir par-dessus la tête de qn/qch; ~ **und ~** complètement.

über-: ~'**anstrengen** (ohne ge-) vt surmener, forcer // vr: **sich ~anstrengen** se surmener; ~'**arbeiten** (ohne ge-) vt (Text) remanier // vr: **sich ~arbeiten** se surmener.

überaus ad extrêmement.
überbelichten vt (zvb, ohne ge-) surexposer.
über'**bieten** vt irr (ohne ge-) (Angebot) enchérir sur; (Leistung) dépasser; (Rekord) battre.
Überbleibsel nt -s, - reste m, résidu m.
Überblick m vue f d'ensemble; (Darstellung) synthèse f, résumé m; **den ~ verlieren** ne plus savoir ce qui se passe.
über-: ~'**blicken** (ohne ge-) vt embrasser du regard; (Sachverhalt)

avoir une vue d'ensemble de; ~'**bringen** vt irr (ohne ge-) remettre; ~'**brücken** vt (ohne ge-) (Fluß) construire un pont sur; (Gegensatz) concilier; (Zeit) passer; ~'**dauern** vt (ohne ge-) survivre à; ~'**denken** vt irr (ohne ge-) réfléchir à.

Überdruß m **-sses** ennui m, dégoût m; **bis zum ~** à satiété.
überdrüssig a dégoûté(e), las(se).
übereifrig a trop zélé(e) o empressé(e).
über'**eilen** vt (ohne ge-) précipiter, hâter; **über**'**eilt** a précipité(e), prématuré(e).
überein'ander ad (liegen) l'un(e) sur l'autre; (sprechen) l'un(e) de l'autre; ~'**schlagen** vt irr (zvb) (Beine) croiser.
über'ein-: ~'**kommen** vi irr (zvb, mit sein) convenir; **Ü~kunft** f-, -**künfte** accord m; ~'**stimmen** vi (zvb) correspondre; (Menschen) être d'accord; **Ü~stimmung** f accord m.
überempfindlich a hypersensible.
über'**fahren** vt irr (ohne ge-) (AUT) écraser; (fig: jdn) prendre par surprise.
über-: **Ü~fahrt** f traversée f; **Ü~fall** m attaque f (auf +akk sur); (Bank-) attaque à main armée, hold-up m (auf +akk de).
über'**fallen** vt irr (ohne ge-) attaquer; (besuchen) rendre visite à l'improviste.
überfällig a en retard.
über'**fliegen** vt irr (ohne ge-) survoler.
Überfluß m surabondance f (an +dat de).
überflüssig a (Sache) superflu(e).
über'**fordern** vt irr (ohne ge-) (jdn) être trop exigeant(e) avec.
über'**führen** vt (ohne ge-) (Leiche etc) transporter, transférer; (Täter) convaincre (+gen de).
Über'**führung** f (von Leiche) transport m, transfert m; (von Täter) conviction f; (Brücke) passerelle f.
Übergabe f remise f; (MIL) capitulation f, reddition f.
Übergang m passage m; (fig) tran-

sition f; ~**serscheinung** f phénomène m transitoire; ~**slösung** f
solution f de transition.
über'geben irr (ohne ge-) vt (Geschenk) remettre; (Amt) transmettre; (MIL) rendre // vr: sich ~
rendre, vomir.
'übergeben vt irr (zvb, mit sein)
passer (zu, in +akk à).
über'gehen vt irr (ohne ge-) (Menschen) oublier; (Fehler) sauter.
Übergewicht nt excédent m de
poids; (fig) prépondérance f.
überglücklich a comblé(e).
überhaben vt irr (zvb) (fam) en avoir
assez de.
über'handnehmen vi irr (zvb, pp:
überhandgenommen) s'accroître,
augmenter.
über'haupt ad (im allgemeinen) en
général; ~ **nicht** pas du tout.
über'heblich a présomptueux
(-euse); Ü~**keit** f présomption f.
über'holen vt (ohne ge-) (AUT)
dépasser, doubler; (TECH) réviser.
über'holt a dépassé(e), démodé(e).
über'hören vt (ohne ge-) ne pas
entendre; (absichtlich) faire la
sourde oreille à.
überirdisch a surnaturel(le).
über'laden vt irr (ohne ge-)
surcharger.
über'lassen vt irr (ohne ge-): jdm
etw ~ confier qch à qn.
über'lasten vt (zvb) surcharger.
'überlaufen vi irr (zvb, mit sein) (Flüssigkeit) déborder; **zum Feind** ~
passer à l'ennemi.
über'laufen vi irr (zvb, ohne ge-) (Schauer
etc) traverser, parcourir; ~ **sein**
être surchargé(e); (Ort) être grouil-
lant(e) de monde.
Überläufer(in f) m -s, - déserteur
m.
über'leben vt, vi (ohne ge-) survivre
(jdn à qn); Ü~**de(r)** mf survivant(e).
über'legen vt (ohne ge-) réfléchir à //
a supérieur(e); Ü~**heit** f supériorité
f.
Über'legung f réflexion f.
über'liefern vt (ohne ge-) (Sitte)
transmettre.

Über'lieferung f tradition f.
über'listen vt (ohne ge-) duper.
überm = **über dem**.
Übermacht f supériorité f numérique.
übermächtig a très puissant(e);
(Gefühl etc) envahissant(e).
über'mannen vt (ohne ge-) vaincre,
envahir.
Übermaß nt excès m.
übermäßig a (Anstrengung)
excessif(-ive), démesuré(e).
über'mitteln vt (ohne ge-)
transmettre.
übermorgen ad après-demain.
Über'müdung f épuisement m.
Übermut m exubérance f.
über'nachten vi (ohne ge-) passer la
nuit, coucher (bei jdm chez qn).
über'nächtigt a ensommeillé(e),
défait(e).
Übernahme f -, -n prise f en charge,
réception f.
über'nehmen irr (ohne ge-) vt (Geschäft) reprendre; (Amt) prendre en
charge // vr: sich ~ se surmener.
über-: ~**'prüfen** vt (ohne ge-) contrôler; Ü~**'prüfung** f examen m,
contrôle m; ~**'queren** vt (ohne ge-)
traverser; ~**'raschen** vt (ohne ge-)
surprendre; Ü~**'raschung** f surprise f; ~**'reden** vt (ohne ge-) persuader; ~**'reichen** vt (ohne ge-)
présenter, remettre; ~**'reizt** a à
bout de nerfs, énervé(e).
Überreste pl restes mpl.
über'-: ~**'rumpeln** vt (ohne ge-) surprendre, prendre au dépourvu;
~**'runden** vt (ohne ge-) dépasser.
übers = **über das**.
über'sättigen vt (ohne ge-) saturer.
Überschallgeschwindigkeit f
vitesse f supersonique.
über'schätzen vt (ohne ge-) surestimer // vr: sich ~ se surestimer.
über'schäumen vi (ohne ge-)
déborder; (fig): **von etw** ~ être
débordant(e) de qch.
über'schlagen irr (ohne ge-) vt (berechnen) estimer; (Seite) sauter // vr:
sich ~ se renverser; (Auto) faire un
tonneau; (Stimme) se casser; (fam:

Mensch): sich vor etw ~ déborder de qch.

überschnappen *vi (zvb, mit sein)* *(Stimme)* se casser; *(fam: Mensch)* devenir fou (folle).

über-: ~'**schneiden** *vr irr (ohne ge-):* sich ~**schneiden** se chevaucher; ~'**schreiben** *vt irr (ohne ge-):* jdm etw ~**schreiben** céder qch à qn; ~'**schreiten** *vt irr (ohne ge-)* traverser; *(fig)* dépasser; *(Gesetz)* transgresser; *(Vollmacht)* abuser de, outrepasser.

Überschrift *f* titre *m.*

Überschuß *m* excédent *m.*

überschüssig *a (Ware)* excédentaire; *(Kraft)* débordant(e).

über'schütten *vt (ohne ge-):* jdn mit etw ~ *(fig)* combler o inonder qn de qch.

Überschwang *m* exubérance *f.*

über'schwemmen *vt (ohne ge-)* inonder (mit de).

Über'schwemmung *f* inondation *f.*

überschwenglich *a (Worte)* enthousiaste.

Übersee *f:* aus ~ d'outre-mer.

über-: ~'**sehen** *vt irr (ohne ge-) (Land)* embrasser du regard; *(Folgen)* évaluer, prévoir; *(nicht beachten)* négliger, omettre; ~'**senden** *vt irr (ohne ge-)* envoyer, expédier; ~'**setzen** *vt (ohne ge-) (Text)* traduire; **Ü**~'**setzer(in** *f* **m -s, -** *traducteur(-trice);* **Ü**~'**setzung** *f* traduction *f; (TECH)* multiplication *f.*

Übersicht *f* vue *f* d'ensemble *(über +akk* de); *(Darstellung)* résumé *m;* **ü**~**lich** *a (Gelände)* dégagé(e); *(Darstellung)* clair(e).

über'spitzt *a* exagéré(e).

über'springen *vt irr (ohne ge-)* sauter.

'**übersprudeln** *vi (zvb, mit sein)* jaillir.

'**überstehen** *vi irr (zvb)* dépasser.

über'stehen *vt irr (ohne ge-)* surmonter.

über'steigen *vt irr (ohne ge-) (Zaun)* escalader; *(fig)* dépasser.

über'stimmen *vt (ohne ge-)* mettre en minorité.

Überstunden *pl* heures *fpl* supplémentaires.

über-: ~'**stürzen** *(ohne ge-) vt* précipiter, hâter // *vr:* sich ~**stürzen** *(Ereignisse)* se précipiter; ~'**stürzt** a *(Aufbruch)* précipité(e); *(Entschluß)* hâtif(-ive).

Übertrag *m -(e)s, -träge (COMM)* report *m.*

über'tragbar *a* transmissible; *(MED)* contagieux(-euse).

über'tragen *irr (ohne ge-) vt (Aufgabe)* confier; *(Vollmacht)* déléguer *(auf +akk* à); *(RADIO, TV)* diffuser; *(übersetzen)* traduire; *(Krankheit)* transmettre // *vr:* sich ~ se transmettre *(auf +akk* à) // *a (Bedeutung)* figuré(e).

Über'tragung *f* transmission *f.*

über-: ~'**treffen** *vt irr (ohne ge-)* dépasser; ~'**treiben** *vt irr (ohne ge-)* exagérer; **Ü**~'**treibung** *f* exagération *f.*

über'treten *vt irr (ohne ge-) (Fuß)* fouler; *(Gebot etc)* enfreindre.

'**übertreten** *vi irr (zvb, mit sein)* dépasser; *(in andere Partei)* passer *(in +akk* à, chez); *(zu anderem Glauben)* se convertir.

Über'tretung *f (von Gebot)* transgression *f,* infraction *f.*

über'trieben *a* exagéré(e).

über'völkert *a* surpeuplé(e).

über-: ~'**vorteilen** *vt (ohne ge-)* duper; ~'**wachen** *vt (ohne ge-)* surveiller; ~'**wältigen** *vt (ohne ge-)* vaincre; *(fig)* envahir; ~'**wältigend** *a* grandiose; *(Eindruck)* très fort(e); ~'**weisen** *vt irr (ohne ge-) (Geld)* virer; *(Patienten)* envoyer; ~'**weisung** *f (FIN)* virement *m;* ~'**wiegen** *vt irr (ohne ge-)* prédominer; ~'**winden** *vt irr (ohne ge-) (Schwierigkeit)* surmonter; *(Abneigung)* dominer; **Ü**~'**windung** *f* effort *m* (sur soi-même).

Überzahl *f* grande majorité *f;* surnombre *m.*

überzählig *a* excédentaire.

über'zeugen *vt (ohne ge-)* convaincre, persuader.

Über'zeugung *f* conviction *f.*

'überziehen vt irr (zvb) (Mantel) mettre, enfiler.

über'ziehen vt irr (ohne ge-) recouvrir; **sein Konto** ~ faire un découvert.

Überzug m (Kissen~) taie f.

üblich a habituel(le).

U-Boot nt sous-marin m.

übrig a restant(e); **für jdn etwas ~ haben** (fam) avoir un faible pour qn; **das Ü~e le reste; im** ~en au o du reste; **~bleiben** vi irr (zvb, mit sein) rester; **~ens** ad du reste, d'ailleurs.

Übung f exercice m.

UdSSR [u:de:ɛs'ɛr] f (abk von Union der Sozialistischen Sowjetrepubliken): **die** ~ l'URSS f.

Ufer nt -s, - rive f, bord m; (Meeres~) rivage m, bord m.

Uhr f -, -en horloge f; (Armband~) montre f; **wieviel** ~ **ist es?** quelle heure est-il?; **1** ~ une heure; **(um) 2** ~ vingt heures; **~macher(in)** f m -s, - horloger(-ère); **~werk** nt mécanisme m; **~zeiger** m aiguille f; **~zeigersinn** m: **im ~zeigersinn** dans le sens des aiguilles d'une montre; **entgegen dem ~zeigersinn** en sens inverse des aiguilles d'une montre; **~zeit** f heure f.

Uhu ['u:hu] m -s, -s grand duc m.

UKW [u:ka:'ve:] abk von **Ultrakurzwelle**.

ulkig a drôle, amusant(e).

Ulme f -, -n orme m.

Ultrakurzwellen pl ondes fpl ultracourtes.

um prep +akk (räumlich) autour de; **jdn (herum)stehen** se tenir autour de qn; ~ **die Stadt (herum)fahren** contourner la ville; **er ging einmal** ~ **das Haus** il fit le tour de la maison; **die Erde kreist** ~ **die Sonne** la terre tourne autour du soleil; (zeitlich): **ich komme** ~ **12 Uhr** je viendrai à midi; ~ **Weihnachten** aux environs o autour de Noël; (bei Maßangaben): ~ **5 cm kürzer** plus court de 5 cm; (in bezug auf) au sujet de; **ich mache mir Sorgen** ~ **sie** je me fais du souci pour elle o à son sujet; **Kampf** ~

bessere Löhne lutte pour des salaires meilleurs; ~ **sich schlagen** se débattre; ~ **sich schauen** regarder autour de soi; ~ **etw bitten/kämpfen** demander qch/se battre pour qch; **Woche** ~ **Woche** semaine après semaine; **Auge** ~ **Auge** œil pour œil; ~ **vieles cher(-ère)**; ~ **so besser** d'autant mieux // conj (damit) afin que (+subj); afin de (+Infinitiv); ~ **größer zu werden** pour grandir; **zu klug** ~ **zu ... trop intelligent(e) pour ...**; ~ **so mehr** d'autant plus // ad (ungefähr) environ.

Umbau m reconstruction f, transformation f (d'un bâtiment); **u~en** vt (zvb) reconstruire, transformer.

umbiegen vt irr (zvb) plier, tordre.

umbilden vt (zvb) transformer; (Kabinett) remanier.

umblättern vt irr (zvb) feuilleter, tourner la o les page(s) (de).

umbringen vt irr (zvb) tuer.

Umbruch m bouleversement m; (TYP) mise f en pages.

umbuchen vt, vi (zvb) (FIN) transférer, virer.

umdenken vi irr (zvb) changer sa façon de penser.

umdrehen (zvb) vt (Gegenstand) (re)tourner // vr: **sich** ~ se retourner.

Um'drehung f rotation f, tour m.

umeinander ad l'un(e) autour de l'autre; (füreinander) l'un(e) pour l'autre.

umfallen vi irr (zvb, mit sein) tomber; (fam: Mensch) changer d'avis, tourner casaque.

Umfang m étendue f; (von Buch) longueur f; (Reichweite) portée f; (Fläche) surface f; (MATH) circonférence f; **u~reich** a (Änderungen) vaste; (Buch) volumineux(-euse).

um'fassen vt (ohne ge-) (umgeben) entourer; (enthalten) comporter, comprendre; ~**d** a (Darstellung) global(e), d'ensemble.

Umfrage f enquête f, sondage m.

umfüllen vt (zvb) transvaser.

umfunktionieren vt (zvb, ohne ge-) transformer.

Umgang m relation f, rapports mpl.

umgänglich a (Mensch) sociable, affable.

Umgangs-: ~**formen** pl manières fpl; ~**sprache** f langue f familière.

um'geben vt irr (ohne ge-) entourer.

Um'gebung f (Landschaft) environs mpl; (Milieu) milieu m, ambiance f; (Personen) entourage m.

'umgehen vi irr (zvb, mit sein): **mit jdm grob** ~ traiter qn avec rudesse; **mit Geld sparsam** ~ être économe.

um'gehen vt irr (ohne ge-) tourner autour de; (Gesetz) tourner; (Antwort) éluder; (Zahlung) escamoter.

'umgehend a immédiat(e).

Um'gehungsstraße f boulevard m périphérique.

umgekehrt a renversé(e); (Reihenfolge) inverse, contraire // ad au contraire, vice versa.

umgraben vt irr (zvb) bêcher.

Umhang m cape f, pèlerine f.

umhängen vt (zvb) (Bild) déplacer; (Jacke) mettre sur ses épaules.

umhauen vt irr (zvb) (Baum) abattre; (fig) renverser.

um'her ad autour; (hier und da) çà et là; ~**ziehen** vi (zvb, mit sein) errer.

umhören vr (zvb): **sich** ~ s'informer, se renseigner.

Umkehr f - retour m; (Änderung) revirement m; **u**~**en** (zvb) vi (mit sein) retourner // vt retourner; (Reihenfolge) intervertir.

umkippen (zvb) vt renverser // vi (mit sein) perdre l'équilibre; se renverser; (fam: Meinung ändern) changer d'idée; (Mensch) tomber dans les pommes.

Umkleideraum m vestiaire m.

umkommen vi irr (zvb, mit sein) mourir, périr.

Umkreis m voisinage m, environs mpl; **im** ~ **von** dans un rayon de.

Umlage f participation f aux frais.

Umlauf m (Geld-) circulation f; (von Gestirn) révolution f; ~**bahn** f orbite f.

Umlaut m tréma m; voyelle f infléchie.

umlegen vt (zvb) (verlegen) déplacer; (Kosten) partager; (fam: töten) descendre.

umleiten vt (zvb) (Fluß) détourner; (Verkehr) dévier.

Umleitung f déviation f.

umliegend a (Ortschaften) environnant(e).

Um'nachtung f aliénation f mentale.

um'rahmen vt (ohne ge-) encadrer.

Umrechnung f change m, conversion f; ~**skurs** m cours m du change.

Umriß m contour m.

umrühren vt (zvb) remuer.

ums = **um das.**

umsatteln vi (zvb) (fam) changer de métier (auf +akk pour devenir).

Umsatz m ventes fpl, chiffre m d'affaires.

Umschau f: **nach jdm/etw** ~ **halten** chercher qn/qch (du regard).

Umschlag m (Buch~) couverture f; (MED) compresse f; (Brief-) enveloppe f; (von Wetter) changement m; **u**~**en** irr (zvb) vi (mit sein) changer subitement // vt (Ärmel) retrousser; (Seite) tourner; (Waren) transborder.

'umschreiben vt irr (zvb) transcrire; (neu) rééécrire; (übertragen) transférer (auf +akk à).

um'schreiben vt irr (ohne ge-) (indirekt ausdrücken) paraphraser.

umschulen vt (zvb) recycler.

um'schwärmen vt (ohne ge-) voltiger autour de; (fig) courtiser.

Umschweife mpl: **ohne** ~ sans détours.

Umschwung m revirement m.

umsehen vr irr (zvb): **sich** ~ regarder autour de soi; (suchen) chercher (nach etw qch).

umseitig ad au verso.

Umsicht f circonspection f, précaution f.

um'sonst ad en vain, inutilement; (gratis) gratuitement.

Umstand m circonstance f; (Faktor) facteur m.

Umstände pl (Schwierigkeiten) difficultés fpl; **in anderen ~n sein** être enceinte; **~ machen** faire des façons o des histoires; **mildernde ~** circonstances fpl atténuantes.

umständlich a (Mensch) pédant(e); (Methode) compliqué(e); (Ausdrucksweise) prolixe.

Umstands-: **~kleid** nt robe f de grossesse; **~wort** nt adverbe m.

umsteigen vi irr (zvb, mit sein) (EISENBAHN) changer (de train).

'umstellen (zvb) vt changer de place; (TECH) régler // vr: **sich ~** s'adapter (auf +akk à).

um'stellen vt (ohne ge-) (Gebäude) encercler.

Umstellung f changement m; (Umgewöhnung) adaptation f.

umstimmen vt (zvb) (Menschen) faire changer d'avis.

umstoßen vt irr (zvb) renverser.

um'stritten a controversé(e).

Umsturz m renversement m (politique).

umstürzen (zvb) vt renverser // vi (mit sein) s'effondrer, s'écrouler; (Wagen) se retourner.

Umtausch m échange m; (von Geld) conversion f, change m; **u~en** vt (zvb) échanger, changer.

umtun vr irr (zvb): **sich nach jdm/etw ~** être à la recherche de qn/qch.

umwandeln vt (zvb) transformer.

umwechseln vt (zvb) changer.

Umweg m détour m.

Umwelt f environnement m; **u~schädlich** a polluant(e); **~schutz** m protection f de l'environnement; **~verschmutzung** f pollution f.

umwenden irr (zvb) vt tourner // vr: **sich ~** se retourner.

um'werben vt irr (ohne ge-) courtiser.

umwerfen vt irr (zvb) renverser; (erschüttern) bouleverser; (Mantel) jeter sur ses épaules.

umziehen irr (zvb) vt (Kind) changer // vi (mit sein) déménager // vr: **sich ~** se changer.

um'zingeln vt (ohne ge-) encercler.

Umzug m (Prozession) procession f; (Wohnungs-) déménagement m.

unabhängig a indépendant(e); **U~keit** f indépendance f; (POL) autonomie f.

unab-: **~'lässig** a continuel(le), incessant(e); **~'sehbar** a imprévisible.

unabsichtlich a involontaire.

unab'wendbar a inéluctable.

unachtsam a distrait(e); **U~keit** f distraction f, inattention f.

unan-: **~gebracht** a déplacé(e), inopportun(e); **~gemessen** a inadéquat(e); **~genehm** a désagréable; **U~nehmlichkeit** f désagrément m, ennui m; **~sehnlich** (Sache) insignifiant(e); (Mensch) disgracieux(-euse); **~ständig** a indécent(e).

Unart f (Angewohnheit) mauvaise habitude f; **u~ig** a désobéissant(e).

unauffällig a discret(-ète).

unauf'findbar a introuvable.

unaufgefordert a (Hilfe) spontané(e) // ad spontanément.

unauf-: **~'haltsam** a inéluctable; **~'hörlich** a incessant(e), continuel(le); **~merksam** a inattentif (-ive); **~richtig** a malhonnête.

unaus'bleiblich a inévitable.

unausgeglichen a (Mensch) mal équilibré(e).

unaus'sprechlich a (Name) imprononçable; (Kummer) indicible; **~stehlich** a insupportable.

unbändig a (Kind) indocile; (Freude) extrême.

unbarmherzig a impitoyable.

unbeabsichtigt a involontaire.

unbeachtet a inaperçu(e).

unbedenklich a qui n'offre aucune difficulté.

unbedeutend a (Summe) insignifiant(e); (Fehler) futile.

unbedingt a absolu(e) // ad absolument; **mußt du ~ gehen?** dois-tu vraiment partir?

unbefangen a spontané(e); (Zeuge) impartial(e).

unbefriedigend a insuffisant(e), peu satisfaisant(e).

unbefugt a non autorisé(e).

unbegabt a peu doué(e).

unbe'greiflich a incompréhensible.

unbegrenzt a illimité(e).

unbegründet a sans fondement.

Unbehagen nt malaise m, gêne f.

unbehaglich a (Wohnung) inconfortable; (Gefühl) désagréable.

unbeholfen a maladroit(e).

unbekannt a inconnu(e).

unbekümmert a insouciant(e).

unbeliebt a mal vu(e), peu aimé(e); (Maßnahmen) impopulaire.

unbequem a (Stuhl) inconfortable; (Mensch) gênant(e).

unbe'rechenbar a (Mensch, Verhalten) imprévisible.

unberechtigt a injuste; (nicht erlaubt) non autorisé(e).

unberührt a intact(e).

unbescheiden a présomptueux (-euse); (Forderung) exagéré(e).

unbe'schreiblich a indescriptible.

unbesonnen a irréfléchi(e).

unbeständig a (Mensch) inconstant(e); (Wetter, Lage) instable.

unbestechlich a incorruptible.

unbestimmt a indéfini(e), vague; (Zukunft) incertain(e).

unbeteiligt a (uninteressiert) neutre; ~ **an** étranger(-ère) à.

unbeugsam a inébranlable.

unbewacht a non gardé(e), sans surveillance.

unbeweglich a (Gerät) fixe; (Gelenk) immobile.

unbewußt a involontaire, inconscient(e).

un'brauchbar a inutile.

und conj et; ~ **so weiter (usw.)** et cetera (etc.).

undankbar a ingrat(e).

un'denkbar a inconcevable.

undeutlich a (Schrift) illisible; (Erinnerung) vague, imprécis(e); (Sprache) incompréhensible.

undicht a qui fuit; ~ **sein** fuir.

Unding nt absurdité f, non-sens m.

undurch-: ~ **'führbar** a irréalisable; ~**lässig** a imperméable,

étanche; ~**sichtig** a (Material) opaque; (fig) louche.

uneben a accidenté(e).

unehelich a (Kind) naturel(le), illégitime.

uneigennützig a désintéressé(e).

uneinig a désuni(e), en désaccord.

uneins a en désaccord.

unempfindlich a insensible; (Stoff) résistant(e).

un'endlich a infini(e); **U~keit** f infinité f.

unent-: ~**behrlich** a indispensable; ~**geltlich** a gratuit(e); ~**schieden** a: ~**schieden enden** (SPORT) se terminer sur un match nul; ~**schlossen** a irrésolu(e), indécis(e).

uner-: ~**bittlich** a inflexible; ~**fahren** a inexpérimenté(e); ~**freulich** a désagréable; ~**gründlich** a (Tiefe) insondable; (Wesen) impénétrable; ~**hört** a (Frechheit) inouï(e); (Bitte) qui n'est pas exaucé(e); ~**läßlich** a (Bedingung) indispensable; ~**laubt** a défendu(e), illicite; ~**meßlich** a immense; ~**müdlich** a infatigable; ~**sättlich** a insatiable; ~**'schöpflich** a (Vorräte) inépuisable; (Geduld) immense, sans limites; ~**schütterlich** a (Ruhe) imperturbable; (Vertrauen) inébranlable; ~**schwinglich** a inabordable; ~**träglich** a insupportable; ~**wartet** a inattendu(e), imprévu(e); ~**wünscht** a (Besuch) inopportun(e); (in Gruppe) indésirable; ~**zogen** a (Kind) mal élevé(e).

unfähig a incapable (zu de); **U~keit** f incapacité f, inaptitude f.

unfair a injuste.

Unfall m accident m; ~**flucht** f délit m de fuite.

un'faßbar a inconcevable.

un'fehlbar a infaillible // ad à coup sûr, certainement.

unfolgsam a désobéissant(e).

unfreiwillig a involontaire.

unfreundlich a (Mensch) peu aimable, désagréable; (Wetter) maussade; **U~keit** f manque m d'amabilité.

unfruchtbar a stérile; (Boden) inculte; (Gespräche) infructueux(-euse).

Unfug m (Benehmen) bêtises fpl; (Unsinn) non-sens m.

Ungarn ['ungarn] nt -s la Hongrie.

ungeachtet prep +gen malgré, en dépit de.

ungeahnt a (Möglichkeiten) inespéré; (Talente) insoupçonné(e).

ungebeten a (Gast) intrus(e); (Einmischung) importun(e).

ungebildet a inculte.

ungebräuchlich a inusité(e).

ungedeckt a (Scheck) sans provision.

Ungeduld f impatience f; u~ig a impatient(e).

ungeeignet a peu approprié(e); (Mensch) incompétent(e).

ungefähr a approximatif(-ive) // ad environ, à peu près.

ungefährlich a sans danger.

ungehalten a irrité(e), mécontent(e).

ungeheuer a énorme // ad (fam) énormément; U~ nt -s, - monstre m.

ungehobelt a (fig) grossier(-ère).

ungehörig a inconvenant(e).

ungehorsam a désobéissant(e), indocile; U~ m désobéissance f.

ungeklärt a (Frage) non éclairci(e); (Rätsel) non résolu(e).

ungeladen a non chargé(e); (Gast) pas invité(e).

ungelegen a (Besuch) inopportun(e); das kommt mir sehr ~ cela me dérange beaucoup.

ungelernt a non qualifié(e).

ungelogen ad sans mentir.

ungemein a extrêmement.

ungemütlich a désagréable; (Haus, Stuhl) inconfortable; **hier ist es ~** on n'est pas bien ici.

ungenau a (Angabe) inexact(e); (Bezeichnung) imprécis(e).

ungeniert ['unʒeniːrt] a sans gêne // ad sans se gêner.

unge'nießbar a (Essen) immangeable; (fam: Mensch) insupportable.

ungenügend a insuffisant(e).

ungepflegt a négligé(e).

ungerade a (Zahl) impair(e).

ungerecht a injuste; **~fertigt** a injustifié(e); U~igkeit f injustice f.

ungern ad de mauvaise grâce.

ungeschehen a: **das kann man nicht mehr ~ machen** c'est irréparable.

ungeschickt a maladroit(e).

ungeschminkt a sans fard.

ungesetzlich a illégal(e).

ungestört a en paix.

ungestraft ad impuni(e).

ungestüm a passionné(e), impétueux(-euse).

ungesund a malsain(e); (Aussehen) maladif(-ive).

ungetrübt a serein(e), sans nuage.

ungewiß a incertain(e); U~heit f incertitude f.

ungewöhnlich a exceptionnel(le).

ungewohnt a inhabituel(le); (nicht vertraut) inaccoutumé(e).

Ungeziefer nt -s vermine f.

ungezogen a (Kind) désobéissant(e); U~heit f impertinence f, désobéissance f.

ungezwungen a sans contrainte, décontracté(e), relax(e) (fam).

unglaublich a incroyable.

un'glaublich a incroyable.

ungleich a inégal(e) // ad infiniment; U~heit f inégalité f.

Unglück nt -(e)s, -e malheur m; (Pech) malchance f; (Verkehrs~) accident m; u~lich a malheureux(-euse); u~licher'weise ad malheureusement; u~selig a catastrophique, désastreux(-euse); (Mensch) malheureux(-euse).

ungültig a non valide; (Paß) périmé(e).

ungünstig a défavorable, peu propice.

unhaltbar a (Stellung) intenable; (Behauptung) insoutenable.

Unheil n désastre m, calamité f; (Unglück) malheur m; ~ **anrichten** provoquer un malheur.

unheimlich a inquiétant(e) // ad (fam) énormément.

unhöflich a impoli(e); U~keit f

impolitesse f.
Uniform f uniforme m.
uninteressant a inintéressant(e).
Universität [univɛrzi'tɛːt] f université f.
unkenntlich a méconnaissable.
Unkenntnis f ignorance f.
unklar a (Bild) trouble, flou(e); (Text, Rede) confus(e); **im ~en sein über** (+akk) ne pas être sûr(e) de.
unklug a imprudent(e).
Unkosten pl frais mpl.
Unkraut n mauvaises herbes fpl.
unlängst ad récemment.
unlauter a (Wettbewerb) déloyal(e)
unleserlich a illisible.
unlogisch a illogique.
Unlust f manque m d'enthousiasme; **u~ig** a maussade, morose.
unmäßig a démesuré(e), excessif (-ive).
Unmenge f quantité f énorme.
Unmensch m brute f, monstre m, **u~lich** a inhumain(e).
un 'merklich a imperceptible.
unmißverständlich a (Antwort) catégorique; (Verhalten) sans équivoque.
unmittelbar a (Nähe) immédiat(e); (Kontakt) direct(e).
unmöbliert a non meublé(e).
unmöglich a impossible; **U~keit** f impossibilité f.
unmoralisch a immoral(e).
unnachgiebig a (Material) rigide; (fig) intransigeant(e).
unnahbar a inabordable, inaccessible.
unnötig a inutile.
unnütz a inutile.
UNO ['uːno:] f = (abk von Organisation der Vereinten Nationen) ONU f.
unordentlich a (Mensch) désordonné(e); (Arbeit) négligé(e); (Zimmer) en désordre.
Unordnung f désordre m.
unparteiisch a impartial(e).
unpassend a (Äußerung) mal à propos; (Zeit) mal choisi(e).
unpäßlich a peu bien.
unpersönlich a impersonnel(le).
unpolitisch a apolitique.

unpraktisch a maladroit(e); (Gerät) peu pratique.
unpünktlich a qui n'est pas ponctuel(le).
unrationell a (Betrieb) peu productif(-ive).
unrecht a (Gedanken) mauvais(e); **U~** nt injustice f; **zu U~** à tort; **im U~ sein** avoir tort; **~mäßig** a (Besitz) illégitime, illégal(e).
unregelmäßig a irrégulier(-ère); (Leben) déréglé(e).
unreif a pas mûr(e).
unrentabel a non rentable.
unrichtig a incorrect(e).
Unruh f-, **-en** (von Uhr) balancier m; **~e** f agitation f, inquiétude f; **~estifter(in** f) m agitateur(-trice); **u~ig** a inquiet(-ète), agité(e); (Gegend) bruyant(e); (Meer) agité(e), houleux(-euse).
uns pron nous.
unsachlich a subjectif(-ive); (persönlich) personnel(le).
un'sagbar a indicible.
unsanft a brutal(e), rude; (Erwachen) brusque.
unsauber a malpropre, sale; (fig) malhonnête.
unschädlich a inoffensif(-ive); **jdn ~ machen** mettre qn hors d'état de nuire.
unscharf a (Konturen) indistinct(e); (Bild) flou(e).
unscheinbar a (Mensch) modeste; (Pflanze) simple.
unschlagbar a imbattable.
unschlüssig a indécis(e).
Unschuld f innocence f; (von Mädchen) virginité f; **u~ig** a innocent(e).
unselbständig a dépendant(e).
unser pron (gen von uns) de nous; (possessiv) notre, pl nos; **~e(r, s)** pron le(la) nôtre, pl les nôtres; **~einer, ~eins** pron nous autres; **~esgleichen** pron nos semblables.
unsicher a (Ausgang) incertain(e); (Mensch) qui manque d'assurance; **U~heit** f incertitude f; manque m d'assurance.
unsichtbar a invisible.

Unsinn m bêtises fpl; (Nonsens) absurdité f; ~ **sein** être absurde.

Unsitte f mauvaise habitude f.

unsittlich a immoral(e).

unsportlich a peu sportif(-ive).

unsre = **unsere.**

un'sterblich a immortel(le); **U~keit** f immortalité f.

Unstimmigkeit f discordance f; (Streit) discorde f, désaccord m.

unsympathisch a antipathique.

untätig a inactif(-ive).

untauglich a incapable; (MIL) inapte.

unten ad (en) dessous; (im Haus, an Leiter, Treppe) en bas; **nach** ~ vers le bas, en bas; **ich bin bei ihm** ~ **durch** (fam) je ne suis plus rien pour lui.

unter prep +akk sous; (zwischen, bei) parmi // prep +dat sous; (bei Zahlen, Beträgen) en dessous de; (zwischen, bei) parmi, au milieu de; **sie wohnen** ~ **mir** ils habitent en dessous de chez moi; ~ **dem heutigen Datum** en date d'aujourd'hui; ~ **jds Leitung/Herrschaft** sous la direction /la domination de qn; ~ **Willy Brandt** lorsque Willy Brandt était au gouvernement; ~ **Schwierigkeiten/Protest** avec difficulté/des protestations; ~ **Lachen** en riant; ~ **anderem** entre autres; ~ **uns gesagt** soit dit entre nous.

Unter-: ~arm m avant-bras m; **u~belichten** vt (zvb, ohne ge-) (PHOT) sous-exposer; ~**bewußtsein** nt subconscient m.

unter'bieten vt irr (ohne ge-) (COMM) vendre moins cher.

unter'binden vt irr (ohne ge-) (fig) empêcher.

unter'brechen vt irr (ohne ge-) interrompre; (Kontakt) cesser.

Unter'brechung f interruption f.

unterbringen vt irr (zvb) trouver de la place pour; (in Koffer) ranger; (in Zeitung) publier; (in Hotel) loger; (beruflich) trouver une place pour, placer.

unter'dessen ad pendant ce temps,
entre temps.

unter 'drücken vt (ohne ge-) (Gefühle) réprimer, étouffer; (Leute) opprimer.

untere(r, s) a inférieur(e).

untereinander ad (unter uns) entre nous; (unter euch) entre vous; (unter sich) entre eux (elles).

unterentwickelt a sous-développé(e).

Unterernährung f sous-alimentation f.

Unter'führung f passage m souterrain.

Untergang m (NAVIG) naufrage m; (von Staat) fin f, chute f; (von Kultur) déclin m; (von Gestirn) coucher m.

untergehen vi irr (zvb, mit sein) (NAVIG) couler; (Sonne) se coucher; (Staat) s'effondrer; (Volk) périr; (im Lärm) se perdre.

Untergeschoß nt sous-sol m.

unter'gliedern vt (ohne ge-) subdiviser.

Untergrund m sous-sol m; (POL) clandestinité f; ~**bahn** f métro m, ~**bewegung** f mouvement m clandestin.

unterhalb prep +gen, ad: ~ **(von)** en dessous (de).

Unterhalt m entretien m.

unter 'halten irr (ohne ge-) vt entretenir; (belustigen) divertir // vr: **sich** ~ s'entretenir; se divertir; ~**d** a divertissant(e).

Unter 'haltung f entretien m; (Belustigung) distraction f.

Unterhändler(in f) m négociateur(-trice), médiateur (-trice).

Unterhemd nt tricot m (de corps), sous-vêtement m.

Unterhose f slip m.

unterirdisch a souterrain(e).

Unterkunft f -, -**künfte** logement m.

Unterlage f (Beleg) document m; (Schreibtisch-) sous-main m.

unter 'lassen vt irr (ohne ge-) (versäumen) manquer, laisser; (sich enthalten) s'abstenir de.

unter 'legen a inférieur(e); (besieg-

vaincu(e).

Unterleib *m* bas-ventre *m*.

unter'liegen *vi irr (ohne ge-, mit sein)*: jdm ~ être vaincu(e) par qn; *(unterworfen)* être soumis(e) à qn.

Untermiete *f*: zur ~ wohnen être sous-locataire; ~**r(in** *f)* *m* sous-locataire *m/f*.

unter'nehmen *vt irr (ohne ge-)* entreprendre; **U~** *nt* -s, - entreprise *f*.

Unter'nehmer(in *f)* *m* entrepreneur(-euse).

unternehmungslustig *a* entreprenant(e).

Unter'redung *f* entrevue *f*, entretien *m*.

Unterricht *m* -(e)s cours *m*, enseignement *m*.

unter'richten *(ohne ge-) vt* instruire; *(SCOL)* enseigner // *vr*: sich ~ se renseigner *(über +akk* sur).

Unterrock *m* jupon *m*.

unter-: ~**'sagen** *vt (ohne ge-)*: jdm etw ~sagen interdire qch à qn; ~**'schätzen** *vt (ohne ge-)* sous-estimer; ~**'scheiden** *irr (ohne ge-) vt* distinguer // *vr*: sich ~scheiden différer *(von* de).

Unterschied *m* -(e)s, -e différence *f*; im ~ zu à la différence de, contrairement à; **u~lich** *a* différent(e); *(diskriminierend)* discriminatoire; **u~slos** *ad* indifféremment, sans distinction.

unter'schlagen *vt irr (ohne ge-) (Geld)* détourner; *(verheimlichen)* cacher.

Unter'schlagung *f* détournement *m*.

Unterschlupf *m* -(e)s, -schlüpfe abri *m*, refuge *m*; *(Versteck)* cachette *f*.

unter'schreiben *vt irr (ohne ge-)* signer.

Unterschrift *f* signature *f*.

Unterseeboot *nt* sous-marin *m*.

Untersetzer *m* -s, dessous-de-plat *m*; *(für Gläser)* sous-verre *m*.

unter'setzt *a (Gestalt)* râblé(e).

unterste(r, s) *a* inférieur(e), le (la)

plus bas(se).

unter'stehen *irr (ohne ge-) vi*: jdm ~ être sous les ordres de qn // *vr*: sich ~, etw zu tun ne pas oser faire qch.

'unterstehen *vi irr (zvb)* être à l'abri.

unter'stellen *vt (ohne ge-)*: jdm etw ~ *(von ihm behaupten)* imputer qch à qn.

'unterstellen *(zvb) vt (Fahrzeug)* mettre à l'abri o au garage // *vr*: sich ~ se mettre à l'abri.

unter'streichen *vt irr (ohne ge-)* souligner.

Unterstufe *f* degré *m* inférieur.

unter'stützen *vt (ohne ge-) (moralisch)* soutenir; *(finanziell)* aider, subventionner.

Unter'stützung *f* soutien *m*, aide *f*; *(Zuschuß)* aide financière.

unter'suchen *vt (ohne ge-)* examiner; *(Polizei)* enquêter sur.

Unter'suchung *f* examen *m*, enquête *f*; ~**shaft** *f* détention *f* préventive.

Untertan *m* -s, -en sujet *m*.

untertänig *a* soumis(e).

Untertasse *f* soucoupe *f*.

untertauchen *vi (zvb, mit sein)* plonger; *(fig)* disparaître.

Unterteil *nt o m* partie *f* inférieure, bas *m*.

Unterwäsche *f* sous-vêtements *mpl*.

unter'wegs *ad* en route.

unter'weisen *vt irr (ohne ge-)*: jdn in etw *(dat)* ~ enseigner qch à qn.

unter'werfen *irr (ohne ge-) vt (Volk)* soumettre // *vr*: sich ~ se soumettre.

unter'zeichnen *vt irr (ohne ge-)* signer.

unter'ziehen *irr (ohne ge-) vt*: jdn o einer Sache *(dat)* ~ soumettre qn à qch // *vr*: sich einer Untersuchung ~ se soumettre à un examen; ~ einer Prüfung ~ subir un examen.

untreu *a* infidèle; **U~e** *f* infidélité *f*.

un'tröstlich *a* inconsolable.

unüberlegt *a* irréfléchi(e).

unüber'sehbar *a* immense.

unum'gänglich *a* inévitable.

unumwunden *a* direct(e).

ununterbrochen *a (Folge)* continu(e); *(Regen)* ininterrompu(e).

unveränderlich a immuable.
unver'antwortlich a irresponsable.
unver'besserlich a incorrigible.
unverbindlich ad (COMM) sans engagement o obligation.
unverblümt a évident(e) // ad crûment, directement.
unver'einbar a incompatible.
unverfänglich a anodin(e).
unverfroren a effronté(e).
unver'kennbar a indubitable, évident(e).
unver'meidlich a inévitable.
unvermutet a imprévu(e).
unvernünftig a (Mensch) peu raisonnable; (Entscheidung) insensé(e).
unverschämt a (Mensch) impertinent(e), insolent(e); (Preise) exorbitant(e); **U~heit** f insolence f.
unversehrt a sain(e) et sauf (sauve), intact(e).
unversöhnlich a irréconciliable, implacable.
unverständlich a incompréhensible.
unverträglich a (Stoffe) qui ne vont pas ensemble; (Meinungen) incompatible, inconciliable.
unver'wüstlich a très résistant(e); (Humor) imperturbable.
unver'zeihlich a impardonnable.
unver'züglich a immédiat(e).
unvor-: **~bereitet** a non préparé(e), improvisé(e); **~eingenommen** a non prévenu(e); **~hergesehen** a imprévu(e); **~sichtig** a imprudent(e).
unvor'stellbar a inimaginable, inconcevable.
unvorteilhaft a peu avantageux (-euse).
unwahr a faux(fausse); **~scheinlich** a invraisemblable // ad (fam) très; **U~scheinlichkeit** f invraisemblance f.
unweigerlich a inéluctable // ad immanquablement, à coup sûr.
Unwesen nt (Unfug) méfaits mpl; **an einem Ort sein** ~ **treiben** faire des dégâts quelque part; **u~tlich** a peu important(e).

Unwetter nt mauvais temps m, tempête f.
unwichtig a sans importance.
unwider-: **~legbar** a (Beweis) irréfutable; **~'ruflich** a irrévocable; **~'stehlich** a irrésistible.
unwillig a indigné(e); mécontent(e); (widerwillig) rétif(-ive), récalcitrant(e).
unwillkürlich a (Reaktion) spontané(e), involontaire // ad involontairement.
unwirklich a irréel(le).
unwirsch a brusque, impoli(e).
unwirtlich a (Land) inhospitalier (-ère), peu accueillant(e).
unwirtschaftlich a (Verfahren) non rentable.
Unwissenheit f ignorance f.
unwohl a peu bien; **U~sein** nt indisposition f.
unwürdig a indigne (jds de qn).
unzählig a innombrable.
unzer-: **~brechlich** a incassable; **~störbar** a indestructible; **~trennlich** a inséparable.
Unzucht f impudicité f, luxure f.
unzüchtig a impudique, luxurieux (-euse).
unzu-: **~frieden** a mécontent(e), insatisfait(e); **U~friedenheit** f mécontentement m, insatisfaction f; **~länglich** a insuffisant(e); **~lässig** a inadmissible; **~rechungsfähig** a irresponsable; **~sammenhängend** a incohérent(e); **~treffend** a inexact(e); **~verlässig** a peu sûr(e).
unzweideutig a sans équivoque.
üppig a (Frau, Busen) plantureux(-euse); (Essen) copieux (-euse); (Vegetation) abondant(e).
uralt a très vieux(vieille).
Ur-: **~aufführung** f première f; **~einwohner** m aborigène m; **~enkel(in** f) m arrière-petit-fils (arrière-petite-fille); **~großmutter** f arrière-grand-mère f; **~großvater** m arrière-grand-père m; **~heber(in** f) m instigateur(-trice); (Verfasser) auteur m.
U'rin m -s, -e urine f.

Urkunde f -, -n document m.

Urlaub m -(e)s, -e vacances fpl, congé m; (MIL) permission f; ~er(in f) m -s, - vacancier(-ère).

Urmensch m homme m primitif.

Ursache f cause f.

Ursprung m origine f; (von Fluß) source f.

ursprünglich a (Form) originel(le); (Plan) initial(e).

Urteil nt -s, -e jugement m; (JUR) sentence f, verdict m; ~en vi juger.

Ur-: ~**wald** m forêt f vierge; ~**zeit** f ère f préhistorique.

usw. (abk von und so weiter) etc.

Utensilien pl ustensiles mpl.

Uto'pie f utopie f.

V

Vagina [va'gi:na] f -, **Vaginen** vagin m.

Vakuum ['va:kuom] nt -s, **Vakuen** ['va:kuən] vide m; v~**verpackt** a emballé(e) sous vide.

Vanille [va'nɪljə, va'nɪlə] f - vanille f; ~**stange** f gousse f de vanille.

Vase ['va:zə] f -, -n vase m.

Vater m -s, ¨ - père m; ~**land** nt patrie f.

väterlich a paternel(le); ~**erseits** ad du côté paternel.

Vater-: ~**schaft** f paternité f; ~**unser** nt -s, - Notre Père m.

v. Chr. (abk von vor Christus) av. J.-C.

Vegetarier(in) f [vege'ta:riɐ, -iərɪn] m -s, - végétarien(ne).

vegetieren [vege'ti:rən] vi (ohne ge-) végéter.

Veilchen nt violette f.

Vene ['ve:nə] f -, -n veine f.

Ventil [vɛn'ti:l] nt -s, -e soupape f, valve f.

Ventilator [vɛnti'la:tɔr] m ventilateur m.

ver'ab-: ~**reden** (ohne ge-) vt fixer, convenir de // vr: **sich** ~**reden** prendre un rendez-vous (mit jdm avec qn); **V~redung** f accord m; (Treffen) rendez-vous m; ~**scheuen**

vt (ohne ge-) détester; ~**schieden** vt (von Gästen) prendre congé de; (entlassen) congédier, licencier; (Gesetz) adopter, voter // vr: **sich** ~**schieden** prendre congé (von de).

ver'achten vt (ohne ge-) mépriser; **das ist nicht zu** ~ ce n'est pas négligeable.

ver'ächtlich a dédaigneux(-euse), méprisant(e).

Ver'achtung f mépris m, dédain m.

veralle'meinern vt (ohne ge-) généraliser.

Veralle'meinerung f généralisation f.

ver'alten vi (ohne ge-, mit sein) vieillir, tomber en désuétude.

ver'altet a vieilli(e), démodé(e).

ver'änderlich a variable, changeant(e).

ver'ändern (ohne ge-) vt transformer // vr: **sich** ~ changer.

Ver'änderung f changement m.

ver'ängstigt a intimidé(e).

ver'ankern vt (ohne ge-) (Schiff) amarrer; (fig) ancrer.

ver'anlagt a: **künstlerisch** ~ **sein** être doué(e) pour les arts.

Ver'anlagung f don m, disposition f.

ver'anlassen vt (ohne ge-) occasionner, causer; **sich veranlaßt sehen, etw zu tun** être obligé(e) de faire qch; **was veranlaßte ihn dazu?** qu'est-ce qui l'a poussé à faire cela?

Ver'anlassung f cause f, motif m; **auf jds** ~ (**-hin**) à l'instigation de qn.

ver'anschaulichen vt (ohne ge-) illustrer.

ver'anschlagen vt (ohne ge-) (Kosten) estimer.

ver'anstalten vt (ohne ge-) organiser; (fam: Krach) faire.

Ver'anstalter(in f) m -s, - organisateur(-trice).

Veranstaltung f (kulturelle, sportliche) manifestation f.

ver'antworten vt (ohne ge-) répondre de, être responsable de // vr: **sich für etw** ~ répondre de qch.

ver'antwortlich a responsable.

Ver'antwortung f responsabilité f;

die ~ **für etw tragen** être responsable de qch; **v~sbewußt** a responsable; **v~slos** a irresponsable.

ver'arbeiten vt (ohne ge-) travailler; (geistig) assimiler; **etw zu etw** ~ travailler qch pour en faire qch.

ver'ärgern vt (ohne ge-) fâcher.

ver'ausgaben vr (ohne ge-): **sich** ~ (finanziell) trop dépenser; (fig) se donner à fond.

ver'arzten vt (ohne ge-) soigner.

Ver'band m (MED) pansement m, bandage m; (Bund) association f; **~(s)kasten** m boîte f à pansements; **~stoff** m gaze f.

ver'bannen vt (ohne ge-) bannir, proscrire.

verbarrika'dieren (ohne ge-) vt barricader // vr: **sich** ~ se barricader.

ver'bergen vt irr (ohne ge-) vt dissimuler // vr: **sich** ~ se cacher.

ver'bessern (ohne ge-) vt (besser machen) améliorer; (berichtigen) corriger, rectifier // vr: **sich** ~ s'améliorer.

Ver'besserung f amélioration f; correction f.

ver'beugen vr (ohne ge-): **sich** ~ s'incliner.

Ver'beugung f révérence f.

ver'biegen vt irr (ohne ge-) plier, tordre.

ver'bieten vt irr (ohne ge-) défendre, interdire; **jdm den Mund** ~ faire taire qn.

ver'billigt a au rabais, à prix réduit.

ver'binden irr (ohne ge-) vt relier; (Menschen) lier; (kombinieren) combiner; (MED) panser; (TEL) donner // vr: **sich** ~ s'unir; (CHEM) se combiner; **etw mit etw** ~ associer qch à qch; **ich bin falsch verbunden** (TEL) je me suis trompé de numéro.

ver'bindlich a (bindend) obligatoire; (freundlich) obligeant(e); **V~keit** f obligation f; (Höflichkeit) obligeance f; (pl: Schulden) obligations fpl.

Ver'bindung f (von Orten) liaison f;

(Beziehung) relation f, rapport m; (Zug- etc) communication f; (CHEM) composé m; (Studenten-) corporation f.

ver'blassen vi (ohne ge-, mit sein) pâlir; (Farbe) passer.

Ver'bleib m -(e)s demeure f; **v~en** vi irr (ohne ge-, mit sein) (bleiben) rester, demeurer; **wir v~en dabei** nous en restons là.

ver'blenden vt (ohne ge-) aveugler, éblouir.

Ver'blendung f (fig) aveuglement m.

ver'blöden vi (ohne ge-, mit sein) s'abêtir, s'abrutir.

ver'blüffen vt (ohne ge-) stupéfier, ébahir.

Ver'blüffung f stupeur f, ébahissement m.

ver'blühen vi (ohne ge-, mit sein) se faner.

verbluten vi (ohne ge-, mit sein) mourir d'hémorragie.

ver'bohrt a obstiné(e), têtu(e).

ver'borgen a caché(e). .

Ver'bot nt -(e)s, -e interdiction f, défense f; **v~en** a interdit(e), défendu(e); **Rauchen v~en!** interdiction o défense de fumer.

Ver'brauch m -(e)s consommation f; **v~en** vt (ohne ge-) consommer; (Geld, Kraft) dépenser; **~er** (in f) m -s, - consommateur(-trice).

Ver'brechen nt -s, - crime m.

Ver'brecher(in f) m -s, - criminel(le); **v~isch** a criminel(le).

ver'breiten (ohne ge-) vt répandre, propager // vr: **sich** ~ se répandre; **sich über etw** (akk) ~ s'étendre sur qch.

ver'breitern vt (ohne ge-) élargir.

ver'brennen vt irr (ohne ge-) vt brûler; (Leiche) incinérer // vi (mit sein) brûler.

Ver'brennung f (von Papier) combustion f; (von Leiche) incinération f; (MED) brûlure f; **~smotor** m moteur m à explosion.

ver'bringen vt (ohne ge-) passer.

ver'brüdern vr (ohne ge-): **sich** ~ fraterniser.

ver'brühen (ohne ge-) vr: sich ~ s'ébouillanter.

ver'buchen vt (ohne ge-) enregistrer; (Erfolg) avoir à son actif.

ver'bunden a lié(e); jdm ~ sein (dankbar) être obligé(e) à qn; falsch ~! (TEL) vous avez composé un faux numéro.

ver'bünden vr (ohne ge-): sich ~ (mit) s'allier (à).

Verbundenheit f attachement m.

Ver'bündete(r) mf allié (e), confédéré(e).

ver'bürgen vr (ohne ge-): sich ~ für se porter garant o répondre de.

ver'büßen vt (ohne ge-): eine Strafe ~ purger une peine.

Ver'dacht m (-e)s soupçon m.

ver'dächtig a suspect(e); ~en vt (ohne ge-) soupçonner; jdn des Mordes ~en soupçonner qn de meurtre.

ver'dammen vt (ohne ge-) condamner.

ver'dampfen vi (ohne ge-, mit sein) s'évaporer.

ver'danken vt (ohne ge-): jdm etw ~ devoir qch à qn.

ver'darb siehe **verderben**.

ver'dauen vt (ohne ge-) digérer.

ver'daulich a: schwer/leicht ~ indigeste/digestible.

Ver'dauung f digestion f.

Ver'deck nt (-(e)s, -e (AUT) capote f; (NAVIG) pont m; v~en vt (ohne ge-) cacher, masquer.

ver'denken vt irr (ohne ge-): jdm etw nicht ~ können ne pas pouvoir tenir rigueur de qch à qn.

ver'derben irr (ohne ge-) vt (ruinieren) détruire; (Augen) abimer; (Vergnügen, Tag, Spaß) gâcher; (moralisch) corrompre, pervertir // vi (mit sein) (Essen) pourrir, être avarié(e); sich (dat) den Magen ~ se donner une indigestion; sich (dat) mit jdm ~ perdre les bonnes grâces de qn; V~ nt -s (moralisch) perte f.

ver'derblich a (Einfluß) nocif(-ive), destructeur(-trice); (Lebensmittel) périssable.

ver'deutlichen vt (ohne ge-) rendre

clair(e), élucider.

ver'dichten (ohne ge-) vt condenser; (CHEM) concentrer // vr: sich ~ se condenser.

ver'dienen vt (ohne ge-) mériter; (Geld) gagner.

Ver'dienst m -(e)s, -e revenus mpl; (Gewinn) bénéfice m, profit m // nt -(e)s, -e mérite(s) m(pl).

ver'doppeln vt (ohne ge-) doubler.

ver'dorben siehe **verderben** // a (Essen) avarié(e); (ruiniert) gâché(e); (moralisch) dépravé(e).

ver'dorren vi (ohne ge-, mit sein) se dessécher.

ver'drängen vt (ohne ge-) (Gedanken) refouler; (jdn) éclipser.

Ver'drängung f refoulement m.

ver'drehen vt (ohne ge-) (Augen) rouler; (Tatsachen) fausser, dénaturer; jdm den Kopf ~ tourner la tête à qn.

ver'dreifachen vt (ohne ge-) tripler.

ver'drießen vt irr contrarier.

ver'drießlich a renfrogné(e).

ver'droß siehe **verdrießen**.

ver'drossen siehe **verdrießen** // a dépité(e).

ver'drücken (ohne ge-) (fam) vt (Kleidung) chiffonner, froisser; (Essen) avaler // vr: sich ~ s'esquiver.

Ver'druß m -sses, -sse contrariété f.

ver'duften vi (ohne ge-, mit sein) (Aroma) s'évaporer; (fam: abhauen) se volatiliser, ficher le camp.

ver'dummen (ohne ge-) vt abêtir // vi (mit sein) s'abêtir.

Ver'dunk(e)lung f obscurcissement m.

ver'dünnen vt (ohne ge-) diluer.

ver'dunsten vi (ohne ge-, mit sein) s'évaporer.

ver'dursten vi (ohne ge-, mit sein) mourir de soif.

ver'dutzt a perplexe, ahuri(e).

ver'ehren vt (ohne ge-) vénérer; jdm etw ~ (fam) faire cadeau de qch à qn.

Ver'ehrer(in f) m -s, - admirateur (-trice); (Liebhaber) soupirant m.

ver'ehrt a honoré(e), vénéré(e); **sehr ~es Publikum!** Mesdames et Messieurs!

Ver'ehrung f admiration f; (REL) vénération f.

ver'eidigen vt (ohne ge-) assermenter, faire prêter serment à.

Ver'eidigung f prestation f de serment.

Ver'ein m -(e)s, -e société f, association f; **v~bar** a compatible; **v~baren** vt (ohne ge-) convenir de; **~barung** f accord m; **v~en** (ohne ge-) unir; (Prinzipien) concilier; **die ~ten Nationen** les Nations Unies; **v~fachen** vt (ohne ge-) simplifier; **v~igen** (ohne ge-) vt unir // vr: **sich ~igen** s'unir; **die ~igten Staaten** pl les Etats-Unis; **~igung** f union f; (Verein) association f.

ver'einzelt a isolé(e).

ver'eisen (ohne ge-) vi (mit sein) geler // vt (MED) anesthésier.

ver'eiteln vt (ohne ge-) (Plan) faire échouer, déjouer.

ver'eitert a purulent(e).

ver'enden vi (ohne ge-, mit sein) mourir.

ver'engen vr (ohne ge-): **sich ~ se** rétrécir.

ver'erben (ohne ge-) vt léguer; (BIOL) transmettre // vr: **sich ~ être** héréditaire; se transmettre (auf jdn à qn).

ver'erblich a héréditaire.

Ver'erbung f hérédité f, transmission f.

ver'ewigen (ohne ge-) vt immortaliser.

ver'fahren irr (ohne ge-) vi (mit sein) (vorgehen) procéder; **mit jdm/etw ~** traiter qn/qch // vt (Geld) dépenser (en transports); (Benzin, Fahrkarte) utiliser // vr: **sich ~** se tromper de route // a (Situation) sans issue; **V~** nt -s, - méthode f; (JUR) procédure f.

Ver'fall m -(e)s déclin m; (von Haus) délabrement m; (von Epoche) décadence f; (FIN) échéance f; **v~en** vi irr (ohne ge-, mit sein) (Haus) tomber en ruine; (ungültig werden) être périmé(e); (FIN) venir à

échéance; **v~en in** (+akk) tomber dans; **v~en auf** (+akk) avoir l'idée (saugrenue) de; **einem Laster v~en** sein être adonné(e) à un vice.

ver'fänglich a difficile, gênant(e).

ver'färben vt (ohne ge-): **sich ~** changer de couleur.

ver'fassen vt (ohne ge-) rédiger, écrire.

Ver'fasser(in f) m -s, - auteur m.

Ver'fassung f (von Drama) composition f; (Zustand) état m; (POL) constitution f.

ver'faulen vi (ohne ge-) pourrir.

ver'fehlen (ohne ge-) vt manquer, rater (fam) // vr: **sich ~** se manquer; **etw für verfehlt halten** considérer qch comme mal à propos.

ver'feinern vt (ohne ge-) améliorer.

ver'filmen vt (ohne ge-) filmer.

ver'fliegen vi irr (ohne ge-, mit sein) (Duft, Ärger) se dissiper; (Zeit) passer très vite.

ver'flossen a (Zeit) passé(e); (fam: Liebhaber) ex-.

ver'fluchen vt (ohne ge-) maudire.

ver'flüchtigen vr (ohne ge-): **sich ~** se volatiliser.

ver'flüssigen vr (ohne ge-): **sich ~** se liquéfier.

ver'folgen vt (ohne ge-) poursuivre; (POL) persécuter; (Entwicklung) suivre.

Ver'folger(in f) m -s, - poursuivant(e).

Ver'folgung f poursuite f; (POL) persécution f; **~swahn** m folie f de la persécution.

ver'frachten vt (ohne ge-) affréter; **jdn wohin ~** (fam) expédier qn quelque part.

ver'fremden vt (ohne ge-) rendre méconnaissable.

ver'früht a prématuré(e).

ver'fügbar a disponible.

ver'fügen (ohne ge-) vt (anordnen) ordonner // vi: **~ über** (+akk) disposer de.

Ver'fügung f (Anordnung) ordre m; **jdm zur ~ stehen** être à la disposition de qn.

ver'führen vt (ohne ge-) tenter; (sexuell) séduire.

ver'führerisch a (Mensch, Aussehen) séduisant(e); (Duft, Anblick, Angebot) attrayant(e), tentant(e).

Ver'führung f tentation f; (sexuell) séduction f.

ver'gammeln vi (ohne ge-, mit sein) (fam) se laisser aller; (Nahrung) moisir.

ver'gangen a passé(e) (nachgestellt), dernier(-ère); **V~heit** f passé m.

Vergänglichkeit f caractère m passager.

ver'gasen vt (ohne ge-) gazéifier; (töten) gazer.

Ver'gaser m -s, - carburateur m.

ver'gaß siehe **vergessen**.

ver'geben vt irr (ohne ge-) (verzeihen) pardonner; (Stelle, Tanz) accorder; (Preis) attribuer; **sie ist schon ~** elle n'est plus libre; **du vergibst dir nichts, wenn du...** tu ne te compromettras pas en....

ver'gebens ad en vain.

ver'geblich a vain(e), inutile.

Ver'gebung f (Verzeihen) pardon m; (von Preis) attribution f; **um ~ bitten** demander pardon.

ver'gehen irr (ohne ge-) vi (mit sein) (Zeit) passer; (Schmerz) disparaître; **jdm vergeht etw** on perd qch; **vor Liebe/Angst ~** mourir d'amour/de peur // vr: **sich gegen etw ~** transgresser qch; **sich an jdm ~** violer qn; **V~** nt -s, - délit m.

ver'gelten vt irr (ohne ge-) rendre; **jdm etw ~** récompenser qn de qch; (pej) rendre la pareille à qn.

Ver'geltung f vengeance f.

ver'gessen vt irr (pp: **vergessen**) oublier; **sich ~** s'oublier; **das werde ich ihm nie ~** je ne pardonnerai jamais ce qu'il a fait; **in V~heit geraten** tomber dans l'oubli.

ver'geßlich a étourdi(e), distrait(e); **V~keit** f étourderie f.

ver'geuden vt (ohne ge-) gaspiller.

verge'waltigen vt (ohne ge-) violer; (fig) faire violence à.

Verge'waltigung f viol m; (fig)

violation f.

ver'gewissern vr (ohne ge-): **sich ~** s'assurer.

ver'gießen vt irr (ohne ge-) verser.

ver'giften (ohne ge-) vt empoisonner // vr: **sich ~** s'intoxiquer; (Gift nehmen) s'empoisonner.

Ver'giftung f empoisonnement m, intoxication f.

ver'gilben vi (ohne ge-, mit sein) jaunir.

Ver'gißmeinnicht nt -(e)s, -e myosotis m.

ver'glasen vt (ohne ge-) vitrer.

Ver'gleich m -(e)s, -e comparaison f; (JUR) accommodement m, compromis m; **im ~ mit** o **zu** en comparaison de, par comparaison à; **v~bar** a comparable; **v~en** irr (ohne ge-) vt comparer // vr: (JUR) **sich v~en** s'arranger, s'accorder.

ver'gnügen vr (ohne ge-): **sich ~** s'amuser; **V~** nt -s, - plaisir m; **V~an etw** (dat) **haben** trouver plaisir à qch; **viel V~!** amusez-vous o amuse-toi bien!; **zum V~** pour le plaisir.

ver'gnügt a joyeux(-euse), gai(e).

Ver'gnügung f divertissement m, amusement m.

ver'golden vt (ohne ge-) dorer.

ver'göttern vt (ohne ge-) adorer.

ver'graben vt irr (ohne ge-) (in Erde) ensevelir; (in Kleidung etc) enfouir // vr: **sich in etw** (akk) **~** se plonger dans qch.

ver'grämt a affligé(e).

ver'greifen vr irr (ohne ge-): **sich an jdm ~** porter la main sur qn; **sich an etw** (dat) **~** détourner qch.

ver'griffen a épuisé(e).

ver'größern (ohne ge-) vt agrandir; (Anzahl) augmenter; (mit Lupe) grossir // vr: **sich ~** s'agrandir, augmenter.

Ver'größerung f agrandissement m; (mit Lupe) grossissement m; **~glas** nt loupe f.

Ver'günstigung f avantage m; (Preisnachlaß) réduction f.

ver'güten vt (ohne ge-) rembourser; **jdm etw ~** dédommager qn de qch.

ver'haften vt (ohne ge-) arrêter.
Ver'haftung f arrestation f.
ver'hallen vi (ohne ge-, mit sein) s'évanouir, se perdre au loin.
ver'halten vr irr (ohne ge-): **sich ~** se comporter; **V~ nt -s** comportement m; **V~sforschung** f étude f du comportement, éthologie f.
Ver'hältnis nt (proportionales) rapport m; (persönliches) rapport m, relation f, liaison f; (pl: Umstände) conditions fpl, circonstances fpl; (:Lage) situation f; **über seine ~se leben** vivre au-dessus de ses moyens; **im ~ zu** par rapport à; **v~mäßig** // a relativement.
ver'handeln (ohne ge-) vi négocier (über etw (akk) qch); (JUR) délibérer (über etw de) // vt (JUR) délibérer de.
Ver'handlung f négociation f; (JUR) délibération f.
ver'hängen vt (ohne ge-) suspendre.
Ver'hängnis nt fatalité f, sort m; **jdm zum ~ werden** être fatal(e) à qn; **v~voll** a fatal(e).
ver'harmlosen vt (ohne ge-) minimiser.
ver'härten vt (ohne ge-): **sich ~** (Fronten, Gegner) se durcir.
ver'haßt a détesté(e), haï(e).
ver'heerend a catastrophique.
ver'heilen vi (ohne ge-, mit sein) guérir.
ver'heimlichen vt (ohne ge-) cacher.
ver'heiratet a marié(e).
ver'herrlichen vt (ohne ge-) glorifier, exalter.
ver'hexen vt (ohne ge-) ensorceler.
ver'hindern vt (ohne ge-) empêcher.
Ver'hinderung f empêchement m.
Ver'hör nt -(e)s, -e interrogatoire m; **v~en** (ohne ge-) vt interroger // vr: **sich ~** en entendre de travers.
ver'hungern vi (ohne ge-, mit sein) mourir de faim.
ver'hüten vt (ohne ge-) prévenir, empêcher.
Ver'hütung f prévention f; **zur ~** préventivement; **~smittel** nt contraceptif m.
ver'irren vr (ohne ge-): **sich ~** s'égarer.

ver'jagen vt (ohne ge-) chasser.
ver'jüngen (ohne ge-) vt rajeunir // vr: **sich ~** rajeunir; (enger werden) rétrécir.
ver'kalken vi (ohne ge-, mit sein) (Rohre) s'entartrer; (fam: Mensch) devenir gaga.
verkalku'lieren vr (ohne ge-): **sich ~** se tromper dans ses calculs.
ver'kannt a (Genie) méconnu(e).
Ver'kauf m vente f; **v~en** vt (ohne ge-) vendre; **jdn für dumm v~en** le prendre qn pour un(e) idiot(e).
Ver'käufer(in f) m -s, - vendeur (-euse).
ver'käuflich a vendable, à vendre.
Ver'kehr m -s, -e (Straßen~) circulation f, trafic m; (Umgang) relations fpl, fréquentation f; (Geschlechts~) rapports mpl; **etw aus dem ~ ziehen** retirer qch de la circulation; **v~en** (ohne ge-) vi circuler; **in einem Lokal v~en** fréquenter un café; **bei/mit jdm v~en** fréquenter qn // vt renverser; **sich ins Gegenteil v~en** se transformer complètement.
Ver'kehrs-: ~ampel f feux mpl; **~delikt** nt infraction f au code de la route; **~insel** f refuge m (pour piétons); **~mittel** nt moyen m de transport; **öffentliche ~mittel** transports mpl publics o en commun; **~stockung** f embouteillage m; **~sünder** m contrevenant m au code de la route; **~teilnehmer** m usager(-ère) m de la route; **~unfall** m accident m de la circulation; **v~widrig** a (Verhalten) contraire au code de la route; **~zeichen** nt panneau m de signalisation.
ver'kehrt a (falsch) faux(fausse); (umgekehrt) à l'envers.
ver'kennen vt irr (ohne ge-) méconnaître, se méprendre sur.
ver'klagen vt (ohne ge-) porter plainte contre.
ver'kleiden (ohne ge-) (jdn) déguiser; (Gegenstand) revêtir, recouvrir // vr: **sich ~** se déguiser.
Ver'kleidung f déguisement m,

(Haus~ etc) revêtement *m*.

ver'kleinern *vt (ohne ge-)* réduire; *(Platz, Bild)* rapetisser.

ver'klemmt *a* complexé(e), bloqué(e).

ver'klingen *vt irr (ohne ge-, mit sein)* s'éteindre.

ver'kneifen *vt irr (ohne ge-): sich (dat) etw ~* retenir qch.

ver'kniffen *a (Miene)* aigri(e).

ver'knoten *vt (ohne ge-)* nouer.

ver'knüpfen *vt (ohne ge-)* attacher; *(fig: Pläne etc)* associer, joindre, lier.

ver'kommen *vi irr (ohne ge-, mit sein) (Garten, Haus)* être à l'abandon; *(Mensch)* se laisser aller // *a (Haus)* délabré(e); *(Mensch)* dépravé(e).

ver'krachen *vr (ohne ge-) (fam)*: sich ~ se brouiller.

ver'kraften *vt (ohne ge-)* supporter.

ver'krümmt *a* déformé(e).

Ver'krümmung *f* déformation *f*.

ver'krüppelt *a* estropié(e).

ver'kühlen *vr (ohne ge-): sich ~* prendre froid.

ver'kümmern *vi (ohne ge-, mit sein) (Pflanze)* s'étioler; *(Mensch, Tier)* dépérir; *(Gliedmaß, Muskel)* s'atrophier; *(Talent)* diminuer, disparaître.

ver'künden *vt (ohne ge-)* annoncer; *(Urteil)* prononcer.

ver'kürzen *vt (ohne ge-)* raccourcir, diminuer; *(Arbeitszeit)* réduire.

Ver'kürzung *f* diminution *f*, réduction *f*.

ver'laden *vt irr (ohne ge-)* embarquer; *(Waren)* charger.

Ver'lag *m -(e)s, -e* maison *f* d'édition.

ver'langen *(ohne ge-) vt* demander, exiger // *vi*: nach etw ~ réclamer qch; das ist zuviel verlangt c'est trop demander; V~ *nt -s, -* désir *m (nach de)*; auf jds V~ *(hin)* à la demande de qn.

ver'längern *vt (ohne ge-) (Strecke, Frist)* prolonger; *(Kleid)* rallonger.

Ver'längerung *f* prolongation *f*; *(von Strecke)* prolongement *m*; ~**sschnur** *f* rallonge *f*.

ver'langsamen *vt (ohne ge-)* ralentir.

Ver'laß *m*: auf ihn/das ist kein ~ on ne peut pas se fier à lui/s'y fier.

ver'lassen *irr (ohne ge-) vt* abandonner // *vr*: sich auf jdn ~ compter sur qn; sich auf etw ~ se fier à qch // *a (Mensch)* abandonné(e).

ver'läßlich *a (Mensch)* sérieux(-euse), de confiance.

Ver'lauf *m (Ablauf)* déroulement *m*; *(von Kurve)* tracé *m*; im ~ von au cours de; v~en *vi (mit sein) (Grenze, Linie)* s'étendre; *(Feier, Abend, Urlaub)* se dérouler; *(Farbe)* se mélanger // *vr*: sich v~en *(sich verirren)* se perdre, s'égarer; *(sich auflösen)* se disperser.

ver'lauten *vi (ohne ge-, mit sein)*: etw ~ lassen révéler qch; wie verlautet à ce qu'il paraît.

ver'leben *vt (ohne ge-)* passer.

ver'lebt *a* marqué(e) par une vie dissolue.

ver'legen *(ohne ge-) vt* déplacer; *(verlieren)* égarer; *(Wohnsitz)* transférer; *(Termin)* remettre, reporter; *(Rohre, Leitungen)* installer, poser; *(Buch)* éditer, publier // *vr*: sich auf etw *(akk)* ~ avoir recours à qch, recourir à qch; *(sich beschäftigen mit)* se spécialiser dans qch // *a* embarrassé(e), gêné(e); um etw nicht ~ sein ne pas être à court de qch; V~heit *f* embarras *m*, gêne *f*; jdn in V~heit bringen mettre qn dans l'embarras.

Ver'leih *m -(e)s, -e* location *f*; v~en *vt irr (ohne ge-) (leihweise geben)* prêter; *(Kraft, Ansehen)* conférer, donner; *(Medaille, Preis)* décerner.

ver'leiten *vt (ohne ge-)*: jdn zu etw ~ entraîner qn à qch.

ver'lernen *vt (ohne ge-)* oublier, désapprendre.

ver'letzen *(ohne ge-) vt* blesser; *(Gesetz)* violer // *vr*: sich ~ se blesser; ~d *a (Worte)* blessant(e).

ver'letzlich *a* vulnérable.

Ver'letzte(r) *mf* blessé(e).

Ver'letzung *f* blessure *f*; *(Verstoß)* -violation *f*.

ver'leugnen vt (ohne ge-) renier.
ver'leumden vt (ohne ge-) calomnier.
Ver'leumdung f calomnie f, diffamation f.
ver'lieben vr (ohne ge-): **sich ~** tomber amoureux(-euse) (in +akk de).
ver'liebt a amoureux(-euse).
ver'lieren irr vi, vt perdre // vr: **sich ~ se** perdre, s'égarer; (Angst, Pfad) disparaître; **an Wert ~ se** déprécier; **du hast hier nichts verloren** tu n'as rien à faire ici.
ver'loben vr (ohne ge-): **sich ~ se** fiancer.
Ver'lobte(r) mf fiancé(e).
Ver'lobung f fiançailles fpl.
Ver'lockung f tentation f.
ver'logen a mensonger(-ère); (Mensch) menteur(-euse), **V~heit** f fausseté f.
ver'lor siehe **verlieren**.
ver'loren siehe **verlieren** // a (Mensch) perdu(e); **~ sein** (fig) être perdu(e); **jdm/etw ~ geben** considérer qn/qch comme perdu(e); **~gehen** vi irr vt (zvb, mit sein) être perdu(e), se perdre.
ver'losen vt (ohne ge-) mettre en loterie; (auslosen) tirer.
Ver'losung f loterie f; tirage m.
Ver'lust m -(e)s, -e perte f; (finanziell) déficit m.
ver'machen vt (ohne ge-) léguer.
Ver'mächtnis nt legs m.
Ver'mählung f mariage m.
ver'masseln vt (ohne ge-) (fam) gâcher.
ver'mehren (ohne ge-) vt augmenter; (Menge) accroître; (Anstrengung) multiplier; (fortpflanzen) propager, multiplier // vr: **sich ~** multiplier.
Ver'mehrung f augmentation f; accroissement m; (Fortpflanzung) multiplication f, propagation f.
ver'meiden vt irr (ohne ge-) éviter.
ver'meintlich a présumé(e).
Ver'merk m -(e)s, -e note f, remarque f; (in Urkunde) mention f; **v~en** vt (ohne ge-) noter, remarquer.

ver'messen vt irr (ohne ge-) (Land) arpenter, mesurer // a (Mensch) présomptueux(-euse) (Wunsch) excessif(-ive); **V~heit** f présomption f, excès m.
ver'mieten vt (ohne ge-) louer; **Zimmer zu ~** chambre(s) à louer.
Ver'mieter(in f) m propriétaire m/f, logeur(-euse).
Ver'mietung f location f.
ver'mindern (ohne ge-) vt réduire // vr: **sich ~** se réduire, diminuer.
Ver'minderung f réduction f, diminution f.
ver'mischen (ohne ge-) vt (Zutaten) mélanger // vr: **sich ~** se mêler.
ver'missen vt (ohne ge-): **jd vermißt etw** qch manque à qn; (teil) **vermisse dich** tu me manques.
ver'mißt a disparu(e); **als ~ gemeldet** porté(e) disparu(e).
ver'mitteln (ohne ge-) vi (in Streit) servir de médiateur(-trice) // vt: **jdm etw ~** (Kenntnisse, Einblick) apporter qch à qn; (Wohnung, Stelle) procurer qch à qn.
Ver'mittlung f (Stelle) office m o bureau m de placement; (TEL) central m téléphonique; (Schlichtung) médiation f.
ver'modern vi (ohne ge-, mit sein) pourrir, se décomposer.
Ver'mögen nt -s, - (Reichtum) fortune f; (Fähigkeit) faculté f, capacité f; **ein ~ kosten** coûter une fortune; **~d** a fortuné(e).
ver'muten vt (ohne ge-) supposer, présumer; **wir ~ ihn dort** nous pensons o supposons qu'il est là-bas.
ver'mutlich a présumé(e), vraisemblable // ad probablement, vraisemblablement.
Ver'mutung f supposition f.
ver'nachlässigen vt (ohne ge-) négliger.
ver'narben vi (ohne ge-, mit sein) se cicatriser.
ver'nehmen vt irr (ohne ge-) (Stimme, Ton) entendre, percevoir; (erfahren) apprendre; (JUR) interroger; **dem V~ nach** à ce qu'on dit.
Ver'nehmung f (von Angeklagten)

interrogatoire *m; (von Zeugen)* audition *f;* **v~sfähig** en état de témoigner *o* d'être interrogé(e).

ver'neigen *vr (ohne ge-)* **sich ~** s'incliner.

ver'nichten *vt (ohne ge-) (zerstören)* détruire; *(Feind)* anéantir; **~d** *a (Niederlage)* écrasant(e); *(Kritik)* cinglant(e), acerbe.

Ver'nichtung *f* destruction *f;* anéantissement *m.*

ver'niedlichen *vt (ohne ge-)* minimiser.

Ver'nunft *f* raison *f;* **zur ~ kommen** (re)devenir raisonnable, revenir à la raison.

ver'nünftig *a* raisonnable; *(fam: Essen, Arbeit)* sensé(e), bon(ne).

ver'öden *(ohne ge-) vi (mit sein)* se dépeupler // *vt (Krampfadern)* enlever, opérer.

ver'öffentlichen *vt (ohne ge-)* publier.

Ver'öffentlichung *f* publication *f.*

ver'ordnen *vt (ohne ge-) (MED)* prescrire.

Ver'ordnung *f* décret *m; (MED)* prescription *f.*

ver'packen *vt (ohne ge-)* emballer.

Ver'packung *f* emballage *m.*

ver'passen *vt (ohne ge-)* manquer, rater; **jdm eine Ohrfeige ~** *(fam)* donner une gifle à qn.

ver'pesten *vt (ohne ge-)* empester, empoisonner.

ver'pflanzen *vt (ohne ge-)* transplanter.

ver'pflegen *(ohne ge-) vt* nourrir // *vr:* **sich ~** se nourrir.

Ver'pflegung *f* sustentation *f; (Kost)* nourriture *f;* **volle ~** pension complète.

ver'pflichten *(ohne ge-) vt* obliger; *(anstellen)* engager // *vr:* **sich ~** s'engager; *(MIL)* s'enrôler // *vi:* **sich zu etw ~** s'engager à, obliger à; **jdm zu Dank verpflichtet sein** être obligé(e) à qn.

Ver'pflichtung *f (Einstellung)* engagement *m; (soziale)* obligation *f;* **~en haben** avoir des obligations.

ver'pfuschen *vt (ohne ge-) (fam)*

bâcler.

ver'plempern *vt (ohne ge-) (fam)* gaspiller.

ver'pönt *a* mal vu(e).

ver'prassen *vt (ohne ge-)* dilapider, gaspiller.

ver'prügeln *vt (ohne ge-)* rosser, tabasser *(fam).*

Ver'putz *m* crépi *m;* **v~en** *vt (ohne ge-) (Haus)* crépir; *(fam: essen)* dévorer, engloutir.

ver'quollen *a* gonflé(e), enflé(e).

Ver'rat *m* -(e)s traîtrise *f; (POL)* trahison *f;* **v~en** *irr (ohne ge-) vt* trahir // *vr:* **sich v~en** se trahir.

Ver'räter(in *f) m* -s, - traître (traîtresse); **v~isch** *a (Absicht, Mensch)* traître; *(Miene, Lächeln, Blick)* révélateur(-trice).

ver'rechnen *(ohne ge-) vt:* **etw mit etw ~** décompter qch sur qch // *vr:* **sich ~** se tromper dans ses calculs; *(fig)* se tromper.

Ver'rechnungsscheck *m* chèque *m* barré.

ver'regnet *a* pluvieux(-euse).

ver'reisen *vi (ohne ge-, mit sein)* partir en voyage.

ver'renken *vt (ohne ge-)* tordre; **sich** *(dat)* **etw ~** se tordre qch.

Ver'renkung *f (Bewegung)* torsion *f; (Verletzung)* entorse *f.*

ver'riegeln *vt (ohne ge-)* verrouiller.

ver'ringern *(ohne ge-) vt* diminuer, réduire // *vr:* **sich ~** diminuer.

ver'rosten *vi (ohne ge-, mit sein)* rouiller.

ver'rotten *vi (ohne ge-, mit sein)* pourrir, se décomposer.

ver'rücken *vt (ohne ge-)* déplacer.

ver'rückt *a* fou(folle); **wie ~** comme un(e) fou(folle); **jdn ~ machen** rendre qn fou(folle); **du bist wohl ~!** tu es complètement fou(folle)!; **V~(e)r** *mf* fou(folle); **V~heit** *f* folie *f.*

Ver'ruf *m:* **in ~ kommen/bringen** être discrédité(e)/discréditer; **v~en** *a* mal famé(e).

Vers *m* -es, -e vers *m; (in Bibel)* verset *m.*

ver'sagen *vi (ohne ge-)* échouer;

(Motor, Maschine) tomber en panne; (Stimme) défaillir; **V~** nt -s, - défaillance f; **menschliches V~** défaillance humaine.

Ver'sager(in f) m -s, - raté(e).

ver'salzen vt (ohne ge-) trop saler; (fig) **jdm etw ~** gâcher qch à qn.

ver'sammeln vt (ohne ge-) réunir, rassembler // vr: **sich ~** se réunir.

Ver'sammlung f réunion f, assemblée f.

Ver'sand m -(e)s expédition f; (~abteilung) service m d'expédition; **~haus** nt maison f de vente par correspondance.

ver'sauern vi (ohne ge-, mit sein) (fam: Mensch) s'encroûter.

ver'säumen vt (ohne ge-) manquer, rater; (unterlassen) omettre, négliger.

ver'schaffen vt (ohne ge-) procurer.

ver'schämt a timide, gêné(e).

ver'schandeln vt (ohne ge-) gâcher, abîmer.

ver'schanzen vr (ohne ge-): **sich hinter etw** (dat) **~** se retrancher derrière qch.

ver'schärfen (ohne ge-) vt (Strafe, Zensur) rendre plus dur(e); (Spannung) intensifier; (Lage) aggraver // vr: **sich ~** s'aggraver.

ver'schätzen vr (ohne ge-): **sich ~** se tromper dans une estimation.

ver'schenken vt (ohne ge-) donner (en cadeau).

ver'scherzen vr (ohne ge-): **sich** (dat) **etw ~** perdre qch (par sa faute); **es sich** (dat) **bei jdm ~** perdre la sympathie de qn.

ver'scheuchen vt (ohne ge-) chasser.

ver'schicken vt (ohne ge-) envoyer.

ver'schieben irr (ohne ge-) vt (Möbel etc) déplacer; (illegal) faire le trafic de; (zeitlich) remettre, différer // vr: **sich ~** se déplacer.

Ver'schiebung f déplacement m; trafic m; ajournement m.

ver'schieden a (unterschiedlich) différent(e); **sie sind ~ groß** ils sont de tailles différentes; **~e** pl plusieurs; **~es** pron divers; **V~heit**

f différence f, diversité f; **~tlich** ad à maintes reprises.

ver'schimmeln vi (ohne ge-, mit sein) moisir.

ver'schlafen irr (ohne ge-) vt (Zeit) passer à dormir; (fig) oublier // vi se réveiller trop tard // a (Mensch) mal réveillé(e); (fig) endormi(e).

ver'schlagen vt irr (ohne ge-): **jdm den Atem ~** couper le souffle à qn; **an einen Ort ~ werden** se retrouver dans un endroit // a roué(e).

ver'schlechtern (ohne ge-) vt (Leistung, Chancen) diminuer; (Lage) rendre pire; (Gesundheit) aggraver // vr: **sich ~** empirer.

Ver'schlechterung f aggravation f, dégradation f.

Ver'schleiß m -es, -e usure f; v~en irr vt user // vi (mit sein) s'user // vr: **sich v~en** s'user.

ver'schleppen vt (ohne ge-) (Menschen) déporter, emmener de force; (zeitlich) faire traîner en longueur.

ver'schleudern vt (ohne ge-) dissiper, gaspiller.

ver'schließen irr (ohne ge-) vt (Haus) fermer à clé // vr: **sich einer Sache ~** se fermer à qch.

ver'schlimmern (ohne ge-) vt aggraver // vr: **sich ~** s'aggraver, empirer.

Ver'schlimmerung f aggravation f.

ver'schlingen irr (ohne ge-) vt (Fäden) engloutir; (Fäden) entrelacer // vr: **sich ~** s'entrelacer.

ver'schliß, ver'schlissen siehe **verschleißen.**

ver'schlossen a fermé(e) à clé; (fig) renfermé(e); **V~heit** f (von Mensch) caractère m renfermé(e).

ver'schlucken (ohne ge-) vt avaler // vr: **sich ~** avaler de travers.

Ver'schluß m fermeture f; (Stöpsel) bouchon m; **unter ~ halten** garder sous clé.

ver'schlüsseln vt (ohne ge-) (Nachricht) coder, chiffrer.

ver'schmähen vt (ohne ge-) dédaigner.

ver'schmitzt a malicieux(-euse).

ver'schmutzen vt (ohne ge-) salir; (Umwelt) polluer.

ver'schneit a enneigé(e).

ver'schnupft a enrhumé(e); (beleidigt) vexé(e).

ver'schollen a disparu(e).

ver'schonen vt (ohne ge-) épargner, ménager; **jdn mit etw ~** épargner qch à qn; **von etw verschont bleiben** être épargné(e) par qch.

ver'schreiben irr (ohne ge-) vt (MED) prescrire // vr: **sich ~** (Fehler machen) se tromper en écrivant; **sich einer Sache ~** se vouer à qch.

ver'schrien [fɛ'ʃriː(ə)n] a qui a mauvaise réputation.

ver'schroben a bizarre.

ver'schrotten vt (ohne ge-) mettre à la ferraille.

ver'schüchtert a intimidé(e).

ver'schuldet a endetté(e).

ver'schütten vt (ohne ge-) (Lawine etc) ensevelir; (zuschütten) combler; (ausschütten) renverser.

ver'schweigen vt irr (ohne ge-) taire, garder sous silence; **jdm etw ~** cacher qch à qn.

ver'schwenden vt (ohne ge-) gaspiller.

Ver'schwender(in f) m -s, - gaspilleur(-euse); **v~isch** a (Mensch) dépensier(-ère); (Leben) dissipé(e); (Aufwand) extravagant(e).

Ver'schwendung f gaspillage m.

ver'schwiegen a (Mensch) discret (-ète); (Ort) isolé(e), tranquille; **V~heit** f discrétion f.

ver'schwimmen vi irr (ohne ge-, mit sein) se brouiller.

ver'schwinden vi irr (ohne ge-, mit sein) disparaître; **V~** nt -s disparition f.

ver'schwitzen vt (ohne ge-) (Kleidung) tremper de sueur; (fam: vergessen) oublier.

ver'schwommen a (Farbe) brouillé(e); (Bild) flou(e).

ver'schwören vr irr (ohne ge-): **sich ~ (gegen)** conspirer (contre).

Ver'schwörung f conspiration f, complot m.

ver'sehen vt irr (ohne ge-) (Dienst) faire; (Haushalt) tenir; **jdn/etw mit etw ~** munir qn/qch de qch; **ehe er (es) sich ~ hatte** sans qu'il ne rende compte; **V~** nt -s, - erreur f, méprise f; **aus V~** par mégarde; **~tlich** ad par inadvertance.

Ver'sehrte(r) mf mutilé(e), invalide mf.

ver'senden vt irr (ohne ge-) expédier, envoyer.

ver'sengen vt (ohne ge-) brûler, roussir.

ver'senken (ohne ge-) vt (Hände) enfoncer; (Schiff) couler // vr: **sich ~** se plonger.

ver'sessen a: **~ auf** (+akk) fou(folle) de.

ver'setzen (ohne ge-) vt (an andere Stelle) déplacer; (dienstlich) muter; (verpfänden) mettre en gage; (in Schule) faire passer dans la classe supérieure; (fam: Menschen) poser un lapin à // vr: **sich in jdn o ids Lage ~** se mettre à la place de qn; **jdm einen Tritt ~** donner un coup de pied à qn; **jdn in gute Laune ~** mettre qn de bonne humeur.

Ver'setzung f (dienstlich) mutation f; (Verpfändung) mise f en gage; (in Schule) passage m (dans la classe supérieure).

ver'seuchen vt (ohne ge-) contaminer; (Umwelt) polluer.

ver'sichern (ohne ge-) vt assurer // vr: **sich ~ (+gen)** s'assurer (de); **sich gegen etw ~** s'assurer contre qch.

Ver'sicherung f assurance f; **~snehmer(in** f) m assuré(e); **~spolice** f police f d'assurance; **~sprämie** f prime f d'assurance.

ver'sinken vi irr (ohne ge-, mit sein) s'enfoncer; (Schiff) couler; **in etw** (akk) **versunken sein** (fig) être plongé(e) dans qch.

ver'söhnen vt (ohne ge-) réconcilier // vr: **sich ~** se réconcilier.

Ver'söhnung f réconciliation f.

ver'sorgen (ohne ge-) vt: **~ mit** pourvoir de, fournir en; (Familie) entretenir; (Haushalt) s'occuper de // **sich ~ mit** se pourvoir de, s'approvisionner en.

Ver'sorgung f approvisionnement m; (Unterhalt) entretien m.

ver'späten vr (ohne ge-): sich ~ être en retard.

Ver'spätung f retard m.

ver'sperren vt (ohne ge-) (Weg) barrer; (Tür) barricader; (Sicht) boucher.

ver'spielen vt (ohne ge-) (Geld) perdre au jeu; **bei jdm verspielt haben** avoir perdu la sympathie de qn.

ver'sprechen irr (ohne ge-) vt promettre // vr: **sich** ~ faire un lapsus; **sich** (dat) **etw von etw** ~ attendre qch de qch; **V**~ nt -s, - promesse f.

ver'staatlichen vt (ohne ge-) nationaliser.

Ver'stand m intelligence f; (Vernunft) raison f; (gesunder Menschen~) bon sens m; **über jds** (akk) ~ **gehen** dépasser qn.

ver'ständig adj sensé(e), raisonnable; ~**en** (ohne ge-) vt informer, prévenir // vr: **sich v**~**en** communiquer; (sich einigen) se mettre d'accord, s'entendre; **V**~**ung** f (Kommunikation) communication f; (Benachrichtigung) information f; (Einigung) accord m.

ver'ständ~**lich** adj compréhensible; **sich** ~**lich machen** se faire comprendre; **V**~**lichkeit** f compréhension f, intelligibilité f; **V**~**nis** nt compréhension f; **auf V**~**nis stoßen** être compris(e); ~**nisvoll** a compréhensif(-ive).

ver'stärken (ohne ge-) vt fortifier, renforcer; (Ton, ELEC) amplifier; (Anzahl) augmenter // vr: **sich** ~ augmenter, s'accroître.

Ver'stärker m -s, - (RADIO) amplificateur m.

Ver'stärkung f renforcement m; amplification f; augmentation f; (Hilfe) renfort m.

ver'stauchen vt (ohne ge-): **sich** (dat) **etw** ~ se fouler qch.

ver'stauen vt (ohne ge-) caser.

ver'stehen irr (ohne ge-) vt comprendre // vr: **sich gut/schlecht** ~ s'en-

tendre bien/mal; **etw von Kunst** ~ s'y connaître en art; ~ **Sie mich nicht falsch...** comprenez-moi bien; **jdm etw zu** ~ **geben** faire comprendre qch à qn.

ver'steigern vt (ohne ge-) vendre aux enchères.

Ver'steigerung f vente f aux enchères.

ver'stellen (ohne ge-) vt déplacer; (Gerät) régler; (Gerät: falsch) dérégler; (versperren) bloquer; (einstellen) régler; (Miene, Stimme) déguiser // vr: **sich** ~ (Mensch) jouer la comédie.

ver'stimmen vt (ohne ge-) (Instrument) désaccorder; (jdn) mettre de mauvaise humeur.

ver'stohlen a furtif(-ive).

ver'stopfen vt (ohne ge-) boucher, obstruer; (Straße) embouteiller.

Ver'stopfung f obstruction f; (von Straße) emboutellage m; (MED) constipation f.

ver'stört a troublé(e), bouleversé(e).

Ver'stoß m -es, ¨-e infraction f (gegen à); **v**~**en** irr (ohne ge-) vt (Menschen) chasser, repousser; (Frau) répudier // vi: **v**~**en gegen** contrevenir à.

ver'streichen irr (ohne ge-) vt répandre; (Ritzen) boucher // vi (mit sein) (Zeit) passer, s'écouler.

ver'streuen vt (ohne ge-) (Salz) verschütten) renverser; (verbreiten) répandre.

ver'stümmeln vt (ohne ge-) mutiler, estropier; (fig) tronquer.

ver'stummen vi (ohne ge-, mit sein) rester muet(te); (Lärm) cesser.

Ver'such m -(e)s, -e tentative f, essai m; (wissenschaftlich) expérience f; **v**~**en** (ohne ge-) vt (Essen) goûter; (ausprobieren) essayer; (verführen) tenter // vr: **sich an etw** (dat) **v**~**en** s'essayer à qch; ~**skaninchen** nt cobaye m; ~**ung** f (Versuchung) tentation f; **in** ~**ung geraten** être tenté(e).

ver'sunken a: ~ **sein in** (+akk) être plongé(e) dans.

ver'süßen vt (ohne ge-): **jdm etw** ~

rendre qch plus doux(douce) o agréable à qn.

ver'tagen (ohne ge-) vt ajourner, remettre // vr: **sich** ~ ajourner la séance.

ver'tauschen vt (ohne ge-) échanger; (versehentlich) confondre.

ver'teidigen (ohne ge-) vt défendre // vr: **sich** ~ se défendre.

Ver'teidiger m -s, - défenseur m; (JUR) avocat m (de la défense); (SPORT) arrière m.

Ver'teidigung f défense f.

ver'teilen vt (ohne ge-) distribuer; (Salbe etc) répandre // vr: **sich** ~ se répartir.

Ver'teilung f distribution f.

ver'tiefen vt (ohne ge-) vt approfondir // vr: **sich in etw** (akk) ~ se plonger dans qch.

ver'tilgen vt (ohne ge-) (Unkraut, Ungeziefer) détruire; (fam: essen) dévorer, engloutir.

ver'tonen vt (ohne ge-) (Text) mettre en musique.

Ver'trag m -(e)s, -e contrat m; (POL) traité m, convention f; **v~en** irr (ohne ge-) vt supporter // vr: **sich** **(mit jdm)** v~en s'accorder o bien s'entendre (avec qn); **v~lich** a contractuel(le), conventionnel(le).

ver'träglich a conciliant(e), sociable; (Speisen) digeste; (MED) bien toléré(e).

ver'trauen vi (ohne ge-) avoir confiance (jdm en qn); ~**e** **+** (akk) faire confiance à; **V~** nt -s confiance f (in +akk en); **im V~** confidentiellement; **v~erweckend** a qui inspire confiance; ~**sselig** a trop confiant(e); ~**svoll** a confiant(e); ~**swürdig** a digne de confiance.

ver'traulich a confidentiel(le).

ver'träumt a rêveur-(euse); (Ort) paisible.

ver'traut a familier(ère).

ver'treiben vt irr (ohne ge-) chasser; (aus Land) expulser; (COMM) vendre; (Zeit) passer.

ver'tretbar a soutenable, justifiable.

ver'treten vt irr (ohne ge-) (jdn) rem-

placer; (Interessen) défendre; (Ansicht) soutenir; (Staat, Firma) représenter; **sich** (dat) **die Beine** ~ se dégourdir les jambes.

Ver'treter(in f) m -s, - représentant(e); (Stell~) remplaçant(e); (Verfechter) défenseur m.

Ver'tretung f (von Staat, Firma) représentation f; (von Ansicht, Interessen) défense f; (beruflich) remplacement m.

Ver'trieb m -(e)s, -e (COMM) écoulement m, vente f.

ver'trocknen vi (ohne ge-, mit sein) se dessécher.

ver'trödeln vt (ohne ge-) (fam) gaspiller.

ver'trösten vt (ohne ge-) faire prendre patience.

ver'tun vt (ohne ge-) vt (fam) gaspiller // vr: **sich** ~ se tromper.

ver'tuschen vt (ohne ge-) camoufler, dissimuler.

ver'übeln vt (ohne ge-): **jdm etw** ~ en vouloir à qn de qch.

ver'üben vt (ohne ge-) commettre.

ver'un-: ~glimpfen vt (ohne ge-) insulter, injurier; ~**glücken** vi (ohne ge-, mit sein) avoir un accident; **tödlich** ~**glücken** mourir dans un accident; ~**sichern** vt (ohne ge-) rendre incertain(e), mettre dans l'incertitude; ~**stalten** vt (ohne ge-) défigurer; ~**treuen** vt (ohne ge-) détourner.

ver'ur-: ~**sachen** vt (ohne ge-) causer, provoquer; ~**teilen** vt (ohne ge-) condamner (zu à); **zum Scheitern** ~**teilt sein** être voué(e) à l'échec; **V~teilung** f condamnation f; (JUR) sentence f.

ver'viel-: ~**fachen** vt (ohne ge-) (Zahl) multiplier; ~**fältigen** vt (ohne ge-) (kopieren) photocopier.

ver'voll-: ~**kommnen** (ohne ge-) vt perfectionner // vr: **sich** ~**kommnen (in** +dat) se perfectionner (en, dans); ~**ständigen** vt (ohne ge-) compléter.

ver'wackeln vt (ohne ge-) (PHOT) rendre flou(e).

ver'wählen vr (ohne ge-) (TEL): **sich**

~ se tromper de numéro.
ver'wahren (ohne ge-) vt (aufbewahren) garder, conserver // vr: **sich** ~ **(gegen)** protester (contre).
ver'wahrlosen vi (ohne ge-, mit sein) être à l'abandon.
ver'waist a (Kind) orphelin(e).
ver'walten vt (ohne ge-) administrer, gérer.
Ver'walter(in f) m **-s, -** administrateur(-trice); (Haus~) intendant(e).
Ver'waltung f administration f.
ver'wandeln vt u changer o transformer (in +akk en) // vr: **sich** ~ se transformer (in +akk en).
Ver'wandlung f transformation f.
ver'wandt a apparenté(e); V~e(r) mf parent(e); V~schaft f parenté f.
ver'warnen vt (ohne ge-) avertir.
Ver'warnung f avertissement m.
ver'wechseln vt (ohne ge-) confondre.
Ver'wechslung f confusion f, méprise f.
ver'wegen a téméraire.
ver'weichlicht a mou(molle), efféminé(e).
ver'weigern vt (ohne ge-) refuser; **den Gehorsam/die Aussage** ~ refuser d'obéir/de témoigner.
Ver'weigerung f refus m.
Ver'weis m **-es, -e** (Tadel) réprimande f, remontrance f; (Hinweis) renvoi m; **jdm einen** ~ **erteilen** réprimander qn; **auf etw** (+akk) ~ **en** renvoyer à qch.
ver'weisen unr vt (ohne ge-) renvoyer (auf +akk sur); sich ~ **en auf** (+akk à); **jdn des Landes** v~**en** expulser qn du pays; **jdm an jdn** v~**en** (r)envoyer qn à qn.
ver'welken vi (ohne ge-, mit sein) se faner.
ver'wenden vt (ohne ge-) employer; (Mühe, Zeit) consacrer.
Ver'wendung f emploi m, utilisation f.
ver'werfen vt irr (ohne ge-) (Plan) repousser, rejeter.
ver'werflich a (Tat) condamnable, répréhensible.
ver'werten vt (ohne ge-) utiliser.
ver'wesen vi (ohne ge-, mit sein) se putréfier, se décomposer.

Ver'wesung f décomposition f.
ver'wickeln (ohne ge-) vt: **jdn in etw** ~ (fig) impliquer qn dans qch // vr: **sich** ~ (Faden) s'emmêler; **sich in** (+akk) (fig) s'embrouiller dans.
ver'wildern vi (ohne ge-, mit sein) (Garten) être à l'abandon; (Tier, Kind) devenir sauvage.
ver'wirklichen vt (ohne ge-) réaliser.
Ver'wirklichung f réalisation f.
ver'wirren vt (ohne ge-) emmêler; (fig) déconcerter.
Ver'wirrung f confusion f.
ver'wischen vt (ohne ge-) estomper, effacer.
ver'wittern vi (ohne ge-, mit sein) (Stein, Gebäude) être érodé(e).
ver'witwet a veuf(veuve).
ver'wöhnen vt (ohne ge-) gâter.
ver'worren a confus(e), embrouillé(e).
ver'wundbar a vulnérable.
ver'wunden vt (ohne ge-) blesser.
ver'wunderlich a étonnant(e), surprenant(e).
Ver'wunderung f étonnement m, surprise f.
Ver'wundete(r) mf blessé(e).
Ver'wundung f blessure f.
ver'wünschen vt (ohne ge-) maudire.
ver'wüsten vt (ohne ge-) dévaster, ravager.
Ver'wüstung f dévastation f, ravage m.
ver'zagt a découragé(e).
ver'zählen vr (ohne ge-): **sich** ~ se tromper (dans ses calculs).
ver'zaubern vt (ohne ge-) ensorceler, enchanter; (fig) charmer.
ver'zehren vt (ohne ge-) (essen) manger; (aufbrauchen) consommer.
ver'zeichnen vt (ohne ge-) (Niederlage, Verlust) enregistrer; (Preise, Werke) inscrire.
Ver'zeichnis nt liste f, catalogue m; (in Buch) index m.
ver'zeihen vt, vi irr pardonner.
Ver'zeihung f pardon m; ~! pardon!; **um** ~ **bitten** demander pardon.

ver'zerren vt (ohne ge-) tordre, déformer.

Ver'zicht m -(e)s, -e renoncement m (auf +akk à); ~**en** vi (ohne ge-) renoncer (auf +akk à).

ver'zieh siehe **verzeihen**.

ver'ziehen siehe **verzeihen** // irr (ohne ge-) vt (Kind) gâter, mal élever; **das Gesicht** ~ faire la grimace// vr: **sich** ~ (Gesicht) se crisper, grimacer; (Holz) travailler; (verschwinden) disparaître // vi (mit sein) (umziehen) déménager.

ver'zieren vt (ohne ge-) décorer.

ver'zögern (ohne ge-) vt retarder, différer // vr: **sich** ~ être retardé(e).

Ver'zögerung f retard m, délai m; ~**staktik** f méthodes fpl dilatoires.

ver'zollen vt (ohne ge-) dédouaner; **nichts zu** ~ **haben** n'avoir rien à déclarer.

ver'zweifeln vi (ohne ge-, mit sein) désespérer (an +akk de); **es ist zum** **V**~! c'est à désespérer.

ver'zweifelt a désespéré(e).

Ver'zweiflung f désespoir m; **jdn** **zur** ~ **bringen** désespérer qn.

ver'zweigen vr (ohne ge-): **sich** ~ (Ast) se ramifier; (Straße) bifurquer.

ver'zwickt a (fam) embrouillé(e), compliqué(e).

Veto ['ve:to] nt -s, -s véto m; ~ **einlegen** mettre son véto.

Vetter m -s, -n cousin m.

Video ['vi:deo] nt -s vidéo f; ~**gerät** nt appareil m vidéo, magnétoscope m; ~**kassette** f vidéocassette f.

Vieh m -(e)s bétail m, bestiaux mpl.

viel a inv beaucoup de// a beaucoup; ~ **zuwenig** beaucoup trop peu; ~**e** pl (attributiv) beaucoup de; (substantivisch) beaucoup de gens/choses etc; ~**erlei** a inv divers(e), de toutes sortes; ~**es** a (substantivisch) beaucoup de choses; ~**fach** a: **auf** ~**fachen Wunsch** à la demande générale; **V**~**falt** f multiplicité f; ~**fältig** a multiple, divers(e).

viel'leicht ad peut-être; **du bist** ~ **dumm!** que tu es bête!

viel-: ~**mals** [-ma:ls] ad souvent, bien des fois; **danke** ~**mals** merci infi-

niment; ~**mehr** ad plutôt, au contraire; ~**sagend** a éloquent(e), significatif(-ive); ~**seitig** a varié(e), multiple; (Mensch) aux talents multiples; ~**versprechend** a prometteur(-euse).

vier num quatre; **unter** ~ **Augen** entre quatre yeux; **auf allen** ~**en** à quatre pattes; **V**~**eck** nt quadrilatère m; ~**eckig** a quadrangulaire, rectangulaire; ~**te(r,s)** a quatrième; **V**~**tel** ['fɪrtl] nt -s, - quart m; (von Stadt) quartier m; **V**~**teljahr** nt trimestre m; **V**~**telstunde** f quart m d'heure; ~**zehn** ['fɪrtse:n] num quatorze; ~**zehntägig** a de quinze jours // ad tous les quinze jours; ~**zig** ['fɪrtsɪç] num quarante.

violett [vio'lɛt] a violet(te).

Violin- [vio'li:n-]: ~**bogen** m archet m (de violon); ~**e** f -, -n violon m; ~**schlüssel** m clé f de sol.

Virus ['vi:rʊs] m o nt -, **Viren** ['vi:rən] virus m.

Visier [vi'zi:r] nt -s, -e (an Waffe) hausse f; (am Helm) visière f.

Visite [vi'zi:tə] f -, -n (MED) visite f, consultation f.

Visum ['vi:zʊm] nt -s, **Visa** o **Visen** ['vi:zən] visa m.

Vitamin [vita'mi:n] nt -s, -e vitamine f; ~**mangel** m carence f en vitamines, avitaminose f.

Vize- ['fi:tsə-]: ~**kanzler** m vice-chancelier m; ~**präsident(in** f) m vice-président(e).

Vogel m -s, = oiseau m; **einen** ~ **haben** (fam) avoir une araignée au plafond; **jdm den** ~ **zeigen** (fam) se frapper le front; **V**~**bauer** nt cage f, volière f; ~**scheuche** f épouvantail m.

Vo'gesen pl: **die** ~ les Vosges fpl.

Vokabel [vo'ka:bl] f -, -n mot m, vocable m.

Vokabular [vokabu'la:r] nt -s, -e vocabulaire m.

Vokal [vo'ka:l] m -s, -e voyelle f.

Volk n -(e)s, ~**er** (Nation) peuple m, nation f; (Masse, Menge) foule f, masse f.

Völker-: ~**bund** m société f des Nations; ~**recht** nt droit m international; **v**~**rechtlich** a de droit international; ~**verständigung** f entente f entre les peuples; ~**wanderung** f migration f.

Volks-: ~**begehren** nt initiative f populaire; **v**~**eigen** a nationalisé(e); ~**fest** nt fête f populaire; ~**hochschule** f université f populaire; ~**tanz** m danse f folklorique; **v**~**tümlich** a populaire; ~**wirtschaft** f économie f politique.

voll a plein(e); (ganz) entier(-ère); (Farbe, Ton) intense; **eine Handvoll Geld** une poignée d'argent; ~ **sein** (fam: betrunken) être plein(-e) o bourré(e); **jdn für ~ nehmen** prendre qn au sérieux // ad (ganz) entièrement; ~ **und ganz** (genügen) pleinement; (zustimmen) entièrement; ~'**auf** ad largement, amplement; ~'**bart** m barbe f (et moustache f); ~'**bringen** vt irr (ohne ge-) accomplir; ~'**enden** vt irr (ohne ge-) terminer, accomplir; **die vollendete Dame** une vraie dame; ~'**ends** ad entièrement, complètement; **V**~'**endung** f accomplissement m, achèvement m.

voller a (+gen) plein(e) de.

Vollgas nt: **mit** ~ à plein gaz o régime; ~ **geben** rouler à plein gaz.

völlig a total(e), complet(-ète) // ad complètement.

voll-: ~**jährig** a majeur(e); **V**~**kaskoversicherung** f assurance f tous risques; ~**kommen** a (fehlerlos) parfait(e) // ad (fam) complètement; **V**~**kommenheit** f perfection f; **V**~**kornbrot** nt pain m complet; ~**machen** vt (fam) remplir; **V**~**macht** f -, -en procuration f; **V**~**macht haben** avoir plein(e) pouvoir(s); **jdm V**~**macht geben** donner procuration à qn; ~**milch** f lait m entier; ~**mond** m pleine lune f; **V**~**pension** f pension f complète; ~**schlank** a rondelet(te); ~**ständig** a complet(-ète), intégral(e) // ad (fam) complètement; ~'**strecken** vt (ohne ge-) exé-

cuter; ~**tanken** vi irr (zvb) faire le plein; **V**~**versammlung** f assemblée f plénière; ~**zählig** a complet(-ète), au complet; ~'**ziehen** irr (ohne ge-) vt exécuter, accomplir // vr: **sich** ~'**ziehen** s'accomplir; **V**~'**zug** m (von Urteil) exécution f.

Volumen [vo'luːmən] nt **-s, -** volume m.

vom = von dem; das kommt ~ Rauchen cela vient de ce qu'il/elle fume; **sie ist ~ Land** elle vient de la campagne.

von prep +dat de; (im Passiv) par; (bestehend aus) en; (über Thema) sur, de; **von ... an** (räumlich) dès...; (zeitlich) depuis...; **von ... bis de ...** à; depuis ... jusqu'à...; **ein Freund ~ mir** un de mes amis; ~ **mir aus** (fam) en ce qui me concerne; soit; ~ **wegen!** mon œil!; ~**einander** ad l'un(e) de l'autre; ~**statten** ad: ~**statten gehen** se dérouler, avoir lieu.

vor prep +akk/dat devant; (zeitlich) avant; (bei Zeitangaben) **fünf Viertel ~ sieben** sept heures moins cinq/le quart; (Grund angebend) de; ~ **der Stadt** en dehors de la ville; ~ **nächstem Jahr/dem Winter** (in Zukunft) avant l'année prochaine/l'hiver; ~ **einem Monat hat er noch gelebt** il y a un mois, il vivait encore; ~ **Jahren** il y a des années; **vor allem** surtout, avant tout; **etw ~ sich (dat) haben** avoir qch devant soi; **V**~**abend** m veille f.

vor'an ad en avant; ~**gehen** vi irr (zvb, mit sein) (vorn gehen) marcher devant; (zeitlich) avancer, progresser; **einer Sache ...** précéder qch; ~**kommen** vi irr (zvb, mit sein) avancer.

vor'aus ad devant, en avant; (zeitlich) en avance; **jdm ~ sein** être en avance sur qn; **im ~** à l'avance; ~**gehen** vi irr (zvb, mit sein) (vor gehen) aller devant; (zeitlich) précéder; ~**haben** vt irr (zvb): **jdm etw ~haben** avoir qch de plus que qn; ~**sagen** vt (zvb) prédire; ~**sehen** vt

irr (zvb) prévoir; ~**setzen** vt (zvb) présumer, supposer; **vorausgesetzt, daß**.. à condition que...; **V~setzung** f (Bedingungen) condition f; (Annahme) supposition f; **unter der V~setzung, daß**.. à condition que...; **V~sicht** f prudence f, prévoyance f; **aller V~sicht nach** très probablement; ~**sichtlich** ad probablement.

vorbauen vi (zvb) prévenir (einer Sache qch).

Vorbehalt m -(e)s, -e réserve f, restriction f; **v~en** vt irr (zvb, ohne ge-): **jdm/sich** (dat) **etw v~en** réserver qch; **Änderungen v~en** sous réserve de modification(s); **v~los** ad sans réserve o restriction.

vor'bei (zeitlich) passé(e); (zu Ende) fini(e), terminé(e); **2 Uhr** ~ deux heures passées; ~**gehen** vi irr (zvb, mit sein) passer (an +dat devant); (fig: nicht beachten) ne pas faire attention (an +dat); **bei jdm ~gehen** (fam) passer voir qn.

vor-: ~**belastet** a handicapé(e); (voreingenommen) influencé(e); ~**bereiten** (zvb, ohne ge-) vt préparer // vr: **sich auf etw** (akk) ~**bereiten** se préparer à qch; **V~bereitung** f préparation f, préparatif m; ~**bestraft** a qui a un casier judiciaire.

vorbeugen (zvb) vr: **sich** ~ se pencher (en avant) // vi prévenir (einer Sache qch); ~**d** a (Maßnahme) préventif(-ive).

Vorbeugung f prévention f.

Vorbild nt modèle m; **sich** (dat) **jdn zum** ~ **nehmen** prendre qn pour modèle, prendre exemple sur qn; ~**lich** a exemplaire.

vorbringen vt irr (zvb) (vortragen) formuler; (fam: nach vorne) apporter.

Vorder-: ~**achse** f essieu m avant; ~**ansicht** f vue f de face; **v~e(r, s)** a antérieur(e), de devant; ~**grund** m premier plan m; **im** ~**grund** au premier plan; ~**mann** m personne f qui est devant qn; **jdn auf** ~**mann bringen** (fam) mettre qn au pas;

v~ste(**r, s**) a le (la) premier(-ère), le (la) plus en avant.

vordrängen vr (zvb): **sich** ~ se mettre en avant o en évidence.

vorehelich a avant le mariage, prénuptial(e).

voreilig a prématuré(e).

vorein'ander ad l'un(e) devant l'autre; l'un(e) pour l'autre.

voreingenommen a prévenu(e); **V~heit** f préjugé m, parti m pris.

vorenthalten vt irr (zvb, ohne ge-): **jdm etw** ~ priver qn de qch; (verheimlichen) cacher qch à qn.

vorerst ad pour le moment.

Vorfahr m -en, -en ancêtre m.

vorfahren vi irr (zvb, mit sein) avancer; (vors Haus etc) arriver.

Vorfahrt f priorité f; ~ **achten!** respectez la priorité; ~**schild** nt panneau m de priorité; ~**straße** f route f prioritaire.

Vorfall m incident m; **v~en** vi irr (zvb, mit sein) se passer, arriver.

vorführen vt présenter.

Vorgang m cours m (des événements); (TECH, BIO) processus m.

Vorgänger(in f) m -s, - prédécesseur m.

vorgeben vt irr (zvb) (vortäuschen) prétexter, prétendre; (SPORT) donner un avantage de.

vorge-: ~**faßt** a préconçu(e), préétabli(e); ~**fertigt** a préfabriqué(e); **V~gefühl** nt pressentiment m.

vorgehen vi irr (zvb, mit sein) (voraus) aller devant; (Uhr) avancer; (handeln) procéder; (Vorrang haben) avoir la priorité; **gegen jdn** ~ prendre des mesures contre qn; **V~** nt s action f.

Vorgesetzte(**r**) mf supérieur(e).

vorgestern ad avant-hier.

vorhaben vt irr (zvb) avoir l'intention de; **ich habe heute schon etwas vor** je suis déjà pris(e) aujourd'hui; **V~** nt -s, - intention f, projet m.

vorhalten vt irr (zvb) (Hand, Taschentuch) tenir (devant), tendre; (vorwerfen): **jdm etw** ~ reprocher qch à qn // vi (Vorräte) suffire.

Vorhaltung f reproche m, remontrance f.

vor'handen a présent(e), exis-
tant(e); (erhältlich) disponible.

Vorhang m rideau m.

Vorhängeschloß nt cadenas m.

Vorhaut f prépuce m.

vor'her ad auparavant; ~ig a pré-
cédent(e), antérieur(e).

vorherrschen vi (zvb) prédominer.

vor'her- V:~sage f, -n prédiction
f; (Wetter~) prévisions fpl météorologiques; ~sagen vt (zvb) prédire,
prévoir; ~sehbar a prévisible; ~
sehen vt irr (zvb) prévoir.

vorhin ad tout à l'heure; ~ein ad:
~ein au préalable, à l'avance.

vorig a (Woche) dernier(-ère); (Direktor) précédent(e).

Vorkehrung f mesure f, disposition
f; ~en treffen prendre des dispositions o mesures.

vorkommen vi irr (zvb, mit sein)
(nach vorn) avancer; (geschehen)
arriver; (vorhandensein) se trouver,
exister; das kommt mir merkwürdig vor ça me semble bizarre;
sich (dat) dumm ~ se sentir o se
trouver bête; V:~ nt -s, - (von Erdöl
etc) gisement m.

Vorkommnis nt évènement m.

Vorkriegs- (in Zusammensetzungen)
d'avant-guerre.

Vorladung f citation f en justice.

Vorlage f (Muster) modèle m; (Ge-
setzes~) projet m de loi; (Fußball)
passe f.

vorläufig a provisoire.

vorlaut a impertinent(e).

vorlegen vt (zvb) (zur Ansicht,
Prüfung) soumettre.

Vorleger m -s, - essuie-pieds m;
(Bett~) descente f de lit.

Vorlesung f (SCOL) cours m (magistral).

vorletzte(r,s) a avant-dernier
(-ère).

Vorliebe f préférence f, prédilection
f.

vor'liebnehmen vi irr (zvb, pp: vor-
liebgenommen): ~ mit se contenter

de.

vorliegen vi irr (zvb): jdm ~ être
devant qn; gegen ihn liegt nichts
vor son casier judiciaire est vierge;
~d a présent(e).

vormachen vt (zvb): jdm etw ~
(zeigen) montrer qch à qn; (fig)
feindre qch devant qn.

Vormachtstellung f position f de
suprématie, prédominance f.

Vormarsch m marche f en avant,
avance f.

vormerken vt (zvb) prendre note de,
noter.

Vormittag m matinée f; **v~** ad:
heute/morgen ~ ce/demain
matin; v~s ad le matin.

Vormund m tuteur(-trice).

vorn(e) ad devant; nach ~ en avant;
von ~ par devant, de face; von ~
anfangen commencer à zéro.

Vorname m prénom m.

vornehm a distingué(e).

vornehmen vt irr (zvb) faire; sich
(dat) etw ~ projeter qch; sich (dat)
jdn ~ faire la leçon à qn.

vornherein ad: von ~ d'emblée,
d'abord, tout de suite.

Vorort m faubourg m.

Vorrang m priorité f, préséance f.

Vorrat m -s, Vorräte provisions
fpl, réserves fpl; auf ~ en réserve.

vorrätig a en magasin, en stock.

Vorrecht nt privilège m.

Vorrichtung f dispositif m.

vorrücken (zvb) (mit sein) avance
// vt mettre en avant, avancer.

Vorsatz m intention f, projet m;
einen ~ fassen prendre une
résolution.

vorsätzlich a intentionnel(le);
(JUR) prémédité(e) // ad intentionnellement, avec préméditation.

vorschieben vt irr (zvb) mettre
pousser en avant; (fig) mettre prétexter
jdn ~ employer qn comme homme
de paille.

Vorschlag m proposition f; v~en vt
irr (zvb) proposer.

vorschnell ad précipité(e), con-
sidéré(e).

orschreiben vt irr (zvb) prescrire.
orschrift f règle f; (Anweisung) instruction f; Dienst nach ~ grève f du zèle; jdm ~en machen donner des ordres à qn; v~smäßig a réglementaire.

orschuß m avance f.

orsehen irr (zvb) vt (planen) prévoir // vr: sich vor jdm/etw ~ prendre garde à o se garder de qn/qch; das ist dafür nicht vorgesehen cela n'a pas été prévu pour cela.

orsehung f providence f.

orsetzen (zvb) vt (Essen) servir, présenter // vr: sich ~ avancer.

orsicht f prudence f; ~! attention!; ~, Stufe! attention à la marche!; v~ig a prudent(e); v~shalber ad par précaution, par mesure de prudence; ~smaßnahme f précaution f.

orsilbe f préfixe m.

orsitz m présidence f; ~ende(r) mf président(e).

orsorge f précaution f; (für etw) ~ treffen prendre les dispositions nécessaires (pour qch); v~n vi (zvb) pourvoir (für à).

orsorglich ad par précaution.

orspeise f entrée f, hors-d'œuvre m.

orspiel nt (THEAT) prologue m; (MUS) prélude m; (sexuell) préliminaires mpl.

orsprung m rebord m, saillie f; (fig) avance f, avantage m.

orstadt f faubourg m.

orstand m conseil m d'administration; (Mensch) président(e).

orstehen vi irr (zvb) être devant; (als Vorstand): etw (dat) ~ diriger qch.

orstell-: ~bar a imaginable, concevable; ~en (zvb) vt (vor etwas) mettre o placer devant; (bekanntmachen) présenter; (darstellen) représenter; (bedeuten) signifier // vr: sich ~en se présenter; sich (dat) etw ~en se représenter o s'imaginer qch; V~ung f (Bekanntmachen) présentations fpl; (THEAT etc) représentation f; (Gedanke) idée f; (in

Firma): kommen Sie morgen zur V~ung venez vous présenter demain.

Vorstrafe f condamnation f antérieure.

vorstrecken vt (zvb) avancer.

vortäuschen vt (zvb) feindre, simuler.

Vorteil m -s, -e avantage m (gegenüber par rapport à); im ~ sein être avantagé(e); den ~ haben, daß... avoir l'avantage de; v~haft a avantageux(-euse).

Vortrag m -(e)s, Vorträge conférence f; einen ~ halten faire une conférence; v~en vt irr (zvb) (Bitte, Plan) présenter; (Gedicht) réciter; (Lied) chanter; (Rede) tenir.

vortrefflich a excellent(e).

vor über ad (räumlich) devant; (zeitlich) passé(e); ~gehen vi irr (zvb, mit sein) (vergehen) passer; ~ an (+dat) passer (devant); (fig: nicht beachten) négliger; ~gehend a temporaire, momentané(e).

Vorurteil nt préjugé m.

Vorverkauf m location f (à l'avance).

Vorwahl f (TEL) indicatif m.

Vorwand m -(e)s, Vorwände prétexte m, excuse f.

vorwärts ad en avant; V~gang m (AUT) marche f avant; ~gehen vi irr (zvb, mit sein) avancer, progresser; ~kommen vi irr (zvb, mit sein) avancer, progresser.

vor weg ad d'avance, auparavant; ~nehmen vt irr (zvb) anticiper.

vorweisen vt irr (zvb) montrer, présenter.

vorwerfen vt irr (zvb): jdm etw ~ reprocher qch à qn; sich (dat) nichts vorzuwerfen haben n'avoir rien à se reprocher.

vorwiegend a prédominant(e) // ad en majeure partie, surtout.

vorwitzig a impertinent(e), effronté(e).

Vorwort nt -(e)s, -e avant-propos m, préface f.

Vorwurf m reproche m; v~svoll a plein(e) de reproche(s).

Vorzeichen nt signe m (avant-coureur).

vorzeigen vt (zvb) montrer, produire.

vorzeitig a prématuré(e).

vorziehen vt irr (zvb) tirer (en avant); (Gardinen) tirer, fermer; (lieber haben) préférer.

Vorzug m préférence f; (gute Eigenschaft) qualité f; (Vorteil) avantage m.

vor'züglich a excellent(e).

Vulkan [vul'ka:n] m -s, -e volcan m.

W

Waage f -, -n balance f; (ASTR) **ich bin** ~ je suis de la Balance.

waagrecht a horizontal(e).

Wabe f -, -n rayons mpl.

wach a (r)éveillé(e); (fig) éveillé(e); **W~e** f -, -n garde f; **W~e halten** monter la garde; ~en vi veiller.

Wa'cholder m -s, - genièvre m.

Wachs [vaks] nt -es, -e cire f; (Ski-) fart m.

wachsam a vigilant(e).

wachsen [vaksn] vi irr (mit sein) croître; (Pflanze, Haare) pousser; (Kind) grandir; (Kraft) augmenter // vt (Skier) farter; (Boden) cirer.

Wachs-: ~**tuch** nt toile f cirée; ~**tum** nt croissance f.

Wächter(in f) m -s, - garde m (Museums-, Parkplatz-) gardien(ne).

wackelig a boiteux(-euse).

Wackelkontakt m mauvais o faux contact.

wackeln vi branler; (fig: Position) être précaire.

wacker a (Kämpfer) vaillant(e); (Arbeiter) honnête // ad bravement.

Wade f -, -n mollet m.

Waffe f -, -n arme f.

Waffel f -, -n gaufre f.

Waffen-: ~**schein** m permis m de port d'armes; ~**stillstand** m cessez-le-feu m.

Wagemut m goût m du risque.

wagen vt oser; (Widerspruch) oser émettre; (sein Leben) risquer.

Wagen m -s, - voiture f; (EISEN-BAHN) wagon m; ~**heber** m -s, - cri[...] m.

Waggon [va'gõ:, va'gõŋ] m -s, -[...] wagon m, fourgon m.

waghalsig a téméraire.

Wagnis nt risque m; (Vorhaben) entreprise f risquée.

Wahl f -, -en choix m; (POL) élection f; **w~berechtigt** a qui a le droit de vote.

wählen vt choisir; (POL) élire; (TEL) composer; **W~er(in** f) m -s, électeur(-trice); ~**erisch** a exi[...] geant(e); **W~erschaft** f électora[...]

Wahl-: ~**fach** nt (SCOL) matière f option; ~**kabine** f isoloir m ~**kampf** m campagne f électorale ~**kreis** m circonscription électorale; ~**lokal** nt bureau m d[...] vote; ~**los** ad sans discernemen[...] au hasard; ~**recht** nt droit m de vote; ~**spruch** m devise f.

Wahn m -(e)s aberration f, égare[...] ment m; ~**sinn** m folie f; **w~sinnig** fou(folle); (Blick, Lächeln) égarée(e [...] (fam) énorme // ad (fam) très vachement.

wahr a vrai(e); (Begeisterung) véritable (vorgestellt); ~**en** vt préser[...] ver; (Rechte) défendre.

während prep +gen pendant // co[...] pendant que; (wohingegen) alors qu[...]

wahr-: ~**haben** vt: **etw nich** ~**haben wollen** refuser de croi[...] qch; ~**haft** ad (tatsächlich) vrai[...] ment; ~'**haftig** a (Mensch) since[...] ad vraiment; **W~heit** f vérité ~**nehmen** vt irr (zvb) remarque[...] (Gelegenheit) profiter de; **W~ne[...]** **mung** f (Sinnes-) perception [...] **W~sager(in** f) m - voyante diseur(-euse) de bonne aventur[...] ~'**scheinlich** a (Grund) vraisen[...] blable; (Täter) présumé(e) // ba[...] bablement; **W~scheinlichkeit** vraisemblance f; **W~zeichen** n[...] emblème m.

Währung f monnaie f.

Waise f -, -n orphelin(e); ~**nhaus** orphelinat m; ~**nkind**

orphelin(e).

Wald m ~(e)s, ⁻er forêt f; w~ig a (Gebiet) boisé(e).

Wal(fisch) m ~(e)s, ~e baleine f.

Wall m ~(e)s, ⁻e rempart m; ~**fahrer(in** f) m pèlerin m f; ~**fahrt** f pèlerinage m.

Wal-: ~**nuß** f noix f; ~**nußbaum** m noyer m; ~**roß** nt morse m.

Walze f ~, ~n cylindre m; (Schreibmaschinen~) rouleau m; (Straßen~) rouleau compresseur; **w~n** vt (Boden) cylindrer; (Blech) laminer.

wälzen vt rouler, pousser en roulant; (CULIN): **in etw** ~ rouler o passer dans qch; (Bücher) compulser; (Probleme) ruminer // vr: **sich** ~ se rouler; (vor Schmerzen) se tordre; (im Bett) se retourner.

Walzer m ~s, ~ valse f.

Wälzer m ~s, ~ (fam) gros bouquin m.

wand siehe **winden**.

Wand f ~, ⁻e mur m; (Trenn~) paroi f, cloison f; (Berg~) paroi f.

Wandel m ~s transformation f; **w~n** vt changer de // vr: **sich** ~ changer // vi (mit sein) (gehen) déambuler, se promener.

Wander-: ~**er** m ~s, ~, **Wandrerin** f marcheur(-euse); **w~n** vi (mit sein) marcher, faire une excursion o une randonnée; (Blick, Gedanken) errer; ~**ung** f randonnée f.

Wandlung f transformation f.

wandte siehe **wenden**.

Wange f ~, ~n (ANAT) joue f.

wankelmütig a inconstant(e), versatile.

wanken vi chanceler; (mit sein: sich bewegen) tituber.

wann ad quand.

Wanne f ~, ~n cuve f; (Bade~) baignoire f.

Wanze f ~, ~n (ZOOL) punaise f.

Wappen nt ~s, ~ blason m.

war siehe **sein**.

warb siehe **werben**.

Ware f ~, ~n marchandise f; ~**nhaus** nt grand magasin m; ~**nlager** nt entrepôt m; ~**nprobe** f échantillon m; ~**nzeichen** nt marque f déposée.

warf siehe **werfen**.

warm a (⁻er, am ⁻sten) chaud(e); **es ist** ~ il fait chaud.

Wärme f ~, ~n chaleur f; **w~n** vt chauffer; (Essen) réchauffer // vr: **sich w~n** se réchauffer.

Wärmflasche f bouillotte f.

warm-: ~**herzig** a chaleureux(-euse); ~**laufen** irr (zvb) vi (mit sein) (AUT): **den Motor** ~**laufen lassen** faire tourner son moteur (pour le réchauffer) // vr: **sich** ~**laufen** (SPORT) s'échauffer; **W~'wassertank** m chauffe-eau m.

warnen vt: **vor etw** (dat) ~ avertir o prévenir de qch; **jdn vor etw** (dat) ~ avertir o prévenir qn de qch, mettre qn en garde contre qch.

Warnung f avertissement m, mise f en garde.

warten vi: **auf jdn/etw** ~ attendre qn/qch // vt (Maschine) réviser.

Wärter(in f) m ~s, ~ gardien(ne); (Kranken~) garde-malade m/f.

Warte-: ~**saal** m, ~**zimmer** nt salle f d'attente.

Wartung f (von Maschine) révision f.

warum ad pourquoi.

Warze f ~, ~n verrue f.

was pron (interrogativ) qu'est-ce que?; (akk) que; (relativ) ce qui; (akk) ce que; (nach prep) quoi; (fam: etwas) quelque chose.

Wasch-: **w~bar** a lavable; ~**becken** nt lavabo m; **w~echt** a résistant au lavage; (fig) vrai(e).

Wäsche f ~, ~n linge m; (das Waschen) lessive f; (Bett~) draps mpl; (Unter~) linge (de corps); ~**klammer** f pince f à linge.

waschen irr vt laver // vi faire la lessive // vr: **sich** ~ se laver; **sich** (dat) **die Hände** ~ se laver les mains.

Wäsche'rei f blanchisserie f.

Wäscheschleuder f essoreuse f.

Wasch-: ~**küche** f buanderie f; ~**lappen** m gant m de toilette; (fam) lavette f; ~**maschine** f machine f à laver; ~**mittel** nt, ~**pulver** nt lessive f.

Wasser nt ~s, ~ eau f; **w~dicht** a (Kleidung etc) imperméable; (Dach, Schiff, Uhr) étanche; ~**fall** m chute f

d'eau; ~**farbe** f couleur f à l'eau.
Wasser-: ~**kraftwerk** nt centrale f
hydro-électrique; ~**leitung** f conduite f d'eau; ~**mann** m (ASTR)
Verseau m; **w**~**n** vi amerrir.
wässern vt (CULIN) dessaler.
Wasser-: ~**ski** m ski m nautique;
~**ski fahren** faire du ski nautique;
~**stand** m niveau m de l'eau; ~**stoff**
m hydrogène m; ~**stoffbombe** f
bombe f H; ~**welle** f mise f en plis;
~**zeichen** nt filigrane m.
waten vi (mit sein) patauger.
watscheln vi (mit sein) se dandiner.
Watt nt -(e)s, -e (Küstenstreifen)
laisse f // nt -s, - (ELEC) watt m.
Watte f -, -n ouate f.
wat'tieren vt (ohne ge-) ouater.
weben vt irr tisser.
Weber(in f) m -s, - tisserand(e).
Webstuhl m métier m à tisser.
Wechsel ['vɛksl] m -s, - changement
m; (FIN) lettre f de change, traite f;
(Geld-) change m; ~**geld** nt monnaie
f; **w**~**haft** a changeant(e); ~**jahre**
pl ménopause f; ~**kurs** m cours m du
change; **w**~**n** vt changer de; (Geld)
changer; (Blicke) échanger // vi (sich
verändern) changer; ~**strom** m
courant m alternatif.
wecken vt réveiller; (Interesse)
éveiller.
Wecker m -s, - réveil m, réveille-
matin m inv.
wedeln vi (mit Schwanz) remuer la
queue; (mit Fächer) s'éventer; (SKI)
godiller.
weder conj: ~ ... **noch** ... ni ... ni ...
weg [vɛk] ad loin, pas là; **über etw**
(akk) ~ **sein** avoir surmonté qch; **er**
war schon ~ il était déjà parti.
Weg [ve:k] m -(e)s, -e chemin m;
(Mittel) moyen m; **sich auf den** ~
machen se mettre en route; **jdm**
aus dem ~ **gehen** éviter qn.
wegen prep +gen o (fam) dat à cause
de.
weg-: ~**fahren** vi irr (zvb, mit sein)
partir (en voiture etc); ~**gehen** vi irr
(zvb, mit sein) s'en aller; (aufhören:)
geh mir weg damit! arrête!; ~
jagen vt (zvb) chasser; ~**lassen** vt

irr (zvb) omettre; (Mensch) laisser
partir; ~**laufen** vi irr (zvb, mit sein)
s'enfuir; ~**legen** vt (zvb) poser;
(Kleidung) ranger; ~**machen** vt (zvb)
(fam) (Flecken) enlever; ~**müssen** vi
irr (zvb) (fam) devoir partir;
~**nehmen** vt irr (zvb) enlever;
(Eigentum) voler; ~**räumen** vt (zvb)
(Sachen) ranger; (Schnee) déblayer;
~**tun** vt irr (zvb) (aufräumen) ranger;
(wegwerfen) jeter; (sparen) mettre de
côté.
Wegweiser m -s, - poteau m
indicateur.
weg-: ~**werfen** vt irr (zvb) jeter;
~**werfend** a méprisant(e),
dédaigneux(-euse); ~**ziehen** vt
(zvb) vt enlever (en tirant) // vi (mit
sein) déménager.
weh a (Finger) douloureux(-euse), qui
fait mal; ~ **tun** faire mal; **mein**
Bauch tut mir ~ j'ai mal au ventre;
sich (dat) ~ **tun** se blesser; ~(**e**),
wenn du ... gare à toi, si tu ...
wehen vi (Wind) souffler; (Fahnen)
flotter.
Wehen pl (MED) contractions fpl.
weh-: ~**leidig** a douillet(te);
~**mütig** a mélancolique.
Wehr nt -(e)s, -e digue f // f: **sich zur**
~ **setzen** se défendre; ~**dienst** m
service m militaire; **w**~**en** vr (sich)
w~**en** se défendre (gegen contre);
w~**los** a sans défense; ~**macht** f
forces fpl armées, armée(f.); ~**pflicht**
f service m militaire obligatoire;
w~**pflichtig** a astreint aux obligations militaires.
Weib nt -(e)s, -er femme f; ~**chen**
nt (Tier) femelle f; **w**~**isch** a
efféminé(e); **w**~**lich** a féminin(e).
weich a (Material, Sessel) mou
(-euse); (Haut) doux(douce);
(Mensch) sensible; (Herz) tendre.
Weiche f -, -n aiguillage m.
weichen vi irr (mit sein): **jdm/etw** ~
céder devant qn/qch; (Platz machen)
céder la place à qn/qch.
Weichheit f moelleux m; douceur f;
mollesse f.
weichlich a (Kerl) mou.
Weide f -, -n (Baum) saule m; (Gras-

land) pâturage *m;* **w~n** *vi* paître // *vr:* **sich an etw** *(dat)* **w~n** se repaître de qch.

weidlich *ad* copieusement, beaucoup.

weigern *vr:* **sich** ~ refuser.

Weigerung *f* refus *m.*

Weihe *f* -, **-n** consécration *f; (Priester~)* ordination *f.*

Weiher *m* **-s,** - étang *m.*

Weihnacht *f* -, **Weihnachten** *nt* **-s,** - Noël *m.*

Weihnachts-: ~**abend** *m* veillée *f* o réveillon *m* de Noël; ~**baum** *m* sapin *m* de Noël; ~**lied** *nt* noël *m;* ~**mann** *m* Père *m* Noël.

Weih-: ~**rauch** *m* encens *m;* ~**wasser** *nt* eau *f* bénite.

weil *conj* parce que.

Weile *f* - moment *m.*

Wein *m* **-(e)s, -e** vin *m; (Pflanze)* vigne *f;* ~**bau** *m* viticulture *f;* ~**beere** *f* (grain *m* de) raisin *m;* ~**berg** *m* vignoble *m;* ~**brand** *m* eau-de-vie *f.*

weinen *vt, vi* pleurer.

Wein-: ~**geist** *m* esprit-de-vin *m;* ~**lese** *f* vendange *f;* ~**rebe** *f* vigne *f;* ~**stock** *m* pied *m* de vigne, cep *m;* ~**traube** *f* raisin *m.*

weise *a* sage; **W~(r)** *mf* sage *m.*

Weise *f* -, **-n** manière *f*, façon *f; (MUS)* air *m.*

weisen *vt* irr montrer.

Weisheit *f* sagesse *f;* ~**zahn** *m* dent *f* de sagesse.

weiß *a* blanc(blanche); **W~brot** *nt* pain *m* blanc; **W~glut** *f (TECH)* incandescence *f;* **jdn (bis) zur W~glut bringen** *(fig)* faire voir rouge qn; **W~wein** *m* vin *m* blanc.

Weisung *f* directives *fpl.*

weit *a* large; *(Entfernung)* éloigné(e); **das geht zu** ~ cela dépasse les bornes; ~**aus** *ad* de loin; **W~e** *f* -, **-n** largeur *f; (Raum)* étendue *f.*

weiter *a (breiter)* plus large; *(in Entfernung)* plus éloigné(e); *(zusätzlich)* supplémentaire // *ad* en avant; **ohne** ~**es** sans façon, simplement; ~ **nichts** rien de plus; **niemand** personne d'autre

~**arbeiten** *vi (zvb)* continuer de travailler; ~**bilden** *vr (zvb):* **sich** ~**bilden** se recycler; ~**empfehlen** *vt irr (zvb, ohne ge~)* recommander (à d'autres); ~**gehen** *vi irr (zvb, mit sein)* aller plus loin; *(Leben)* continuer; ~**hin** *ad:* **etw** ~**hin tun** continuer de faire qch; ~**machen** *vt, vi (zvb)* continuer; ~**reisen** *vi (zvb, mit sein)* continuer son voyage.

weit-: ~**gehend** *a* grand(e), considérable // *ad* largement; ~**läufig** *a (Gebäude)* grand(e), vaste; *(Erklärung)* détaillé(e); *(Verwandter)* éloigné(e); ~**sichtig** *a (MED)* presbyte; *(Entscheidung)* à long terme; *(Mensch)* qui voit loin; **W~sprung** *m* saut *m* en longueur; ~**verbreitet** *a* répandu(e).

Weizen *m* **-s,** - blé *m.*

welch *pron:* ~ **ein(e) ...** quel(le) ... ; ~ **e** *pron (fam: einige)* certains; ~**e(r, s)** *pron (relativ)* qui; *(akk)* (ce) que *f; interrogativ (adjektivisch)* quel(le); *(substantivisch)* lequel (laquelle), *pl* lesquel(le)s.

welk *a* fané(e); ~**en** *vi (mit sein)* se faner.

Wellblech *nt* tôle *f* ondulée.

Welle *f* -, **-n** vague *f; (PHYS)* onde *f;* ~**nbereich** *m* fréquence *f;* ~**nbrecher** *m* **-s,** - brise-lames *m;* ~**nlänge** *f* longueur *f* d'ondes; ~**nlinie** *f* ligne *f* ondulée, ondulation *f;* ~**nsittich** *m* perruche *f.*

Wellpappe *f* carton *m* ondulé.

welsch *a* suisse romand(e).

Welt *f* -, **-en** monde *m;* ~**all** *nt* univers *m;* ~**anschauung** *f* vision *f* du monde, philosophie *f;* **w~berühmt** *a* très célèbre o connu(e); **w~fremd** *a* sans contact avec la réalité; ~**krieg** *m* guerre *f* mondiale; ~**meister(in)** *f* champion(ne) du monde; ~**raum** *m* espace *m;* ~**stadt** *f* ville *f* cosmopolite; **w~weit** *a (Verbindungen)* international(e); *(Erscheinung)* universel(le); ~**wunder** *nt* merveille *f* du monde.

wem *pron (dat)* à qui.

wen *pron (akk)* qui.

Wende f -, -n tournant m.

Wendeltreppe f escalier m en colimaçon.

wenden (auch irr) vt tourner, retourner; (Boot) faire virer // vi tourner // vr: **sich an jdn** ~ s'adresser à qn.

Wendung f tournure f.

wenig a, ad peu de; (Lust) pas le (la) moindre // ad **peu** de; ~e pl peu de gens; ~**ste(r, s)** a moindre; ~**stens** ad au moins.

wenn conj si; (zeitlich) quand, lorsque; ~ **auch** ... même si ... ; ~ **ich doch wüßte/aufgepaßt hätte** si seulement je savais/ j'avais fait attention; **na** ~ **schon** ça ne fait rien.

wer pron qui.

Werbe-: ~**fernsehen** nt publicité f télévisée; ~**kampagne** f campagne f publicitaire; **w**~**n** irr vi tenter d'attirer, recruter // vi faire de la publicité (für pour); **um jdn w**~**n** tenter de s'attirer les bonnes grâces de qn; **um etw w**~**n** tenter de se concilier qch, rechercher qch.

Werbung f publicité f; (von Mitgliedern) recrutement m; (um jdn/etw) sollicitation f.

Werdegang m développement m // (beruflich) carrière f.

werden (mit sein) vi devenir // (Hilfsverb) (Futur) aller; (Passiv) être; **Lehrer** ~ devenir professeur; **was ist aus ihm geworden?** qu'est-il devenu?; **es ist nichts geworden** ça n'a rien donné; **mir wird kalt** je commence à avoir froid; **das muß anders** ~ il faut que cela change; **zu Eis** ~ geler.

werfen vt irr lancer; (Junge) mettre bas.

Werft f -, -en chantier m naval.

Werk nt -s, -e (Buch etc) œuvre f; (Tätigkeit) action f, acte m; (Fabrik) usine f, entreprise f; (Mechanismus) mécanisme m; (Uhr-) mouvement m; **ans** ~ **gehen** se mettre à l'œuvre; ~**statt** f atelier m; ~**tag** m jour m ouvrable; ~**tags** ad les jours ouvrables; **w**~**tätig** a (Bevölkerung) actif(-ive); ~**zeug** nt outils mpl;

~**zeugkasten** m caisse f à outils.

Wermut m -(e)s (Wein) vermout(h) m.

Wert m -(e)s, -e valeur f; ~ **legen auf** (+akk) attacher de l'importance à; **es hat doch keine** ~ cela ne sert à rien; **w**~ a (geschätzt) cher(chère); **es ist drei Mark w**~ cela vaut trois marks; **das ist es/er mir w**~ qch/il vaut bien cela; ~**angabe** f indication f de la valeur; ~**en** vt (Sache) estimer; (Leistung) évaluer; ~**gegenstand** m objet m de valeur; **w**~**los** a (Sache) sans valeur; (Information) inutile; ~**papier** nt titre m; **w**~**voll** a précieux(-euse); ~**zuwachs** m augmentation f de valeur.

Wesen nt -s, - (Geschöpf) être m; (Natur, Charakter) nature f, naturel m, caractère m.

wesentlich a (Unterschied) essentiel(le), fondamental(e); (beträchtlich) notable, considérable.

wes'halb ad pourquoi.

Wespe f -, -n guêpe f.

wessen pron (gen) de qui; ~ **Buch ist das?** à qui est ce livre?

Westdeutschland nt l'Allemagne f de l'Ouest.

Weste f -, -n gilet m; (Woll-) veste f.

Westen m -s ouest m.

westlich a de l'ouest, occidental(e) // ad à l'ouest.

wes'wegen ad pourquoi.

wett a: ~ **sein** être quitte; **W**~**bewerb** m concours m; ~**e** f -, -n pari m; ~**en** vt, vi parier.

Wetter nt -s temps m; ~**bericht** m bulletin m météorologique; ~**lage** f conditions fpl atmosphériques; ~**vorhersage** f prévisions fpl météorologiques, météo f; **w**~**wendisch** a lunatique.

Wett-: ~**kampf** m (SPORT) compétition f; ~**lauf** m course f; **w**~**machen** vt (zvb) compenser, réparer.

wetzen vt (Messer) aiguiser.

wich siehe **weichen**.

wichtig a important(e); **W**~**keit** f importance f.

wickeln vt enrouler; (Wolle) pelotonner; (Kind) langer.

Widder m -s, - bélier m; (ASTR) ich bin ~ je suis du Bélier.

wider prep +akk contre; ~fahren vi irr (ohne ge-, mit sein): jdm ~ **fahren** advenir o arriver à qn; ~legen vt (ohne ge-) réfuter.

widerlich a repoussant(e).

wider-: ~**rechtlich** a illégal(e); **W~rede** f contradiction f.

Widerruf m: bis auf ~ jusqu'à nouvel ordre.

wider-: ~**rufen** vt irr (ohne ge-) (Bericht) démentir, rétracter; (Anordnung) révoquer.

wider'setzen vr (ohne ge-): sich jdm/etw ~ s'opposer à qn/qch.

widerspenstig a récalcitrant(e), rebelle; **W~keit** f indocilité f.

widerspiegeln vt (zvb) refléter.

wider'sprechen vi irr (ohne ge-): jdm/etw ~ contredire qn/qch.

Widerspruch m contradiction f.

Widerstand m résistance f; **w~sfähig** a résistant(e).

wider'stehen vi irr (ohne ge-) résister (dat à).

Wider-: ~**streit** m conflit m; **w~wärtig** a repoussant(e); **W~wille** m dégoût m; (gegen jdn) aversion f (gegen qn o contre); **w~willig** a à contrecœur.

widmen vt (Buch) dédier; (Zeit) consacrer // vr: sich jdm/etw ~ se consacrer à qn/qch.

Widmung f (in Buch etc) dédicace f.

widrig a (Umstände) adverse.

wie ad comment // conj comme.

wieder ad de nouveau; ~ dasein être de retour; gehst du schon ~? tu repars déjà?; ~ ein(e) ... encore un(e) ....

wieder-: ~**bekommen** vt irr (zvb, ohne ge-) (Sache) récupérer; ~**bringen** vt irr (zvb) (Sache) rapporter; ~**erkennen** vt irr (zvb, ohne ge-) reconnaître; **W~erstattung** f remboursement m; **W~gabe** f reproduction f; (von Erzählung) narration f; ~**geben** vt irr (zvb) rendre; (Gefühle etc) exprimer.

wieder-: ~**gutmachen** vt (zvb, pp **wiedergutgemacht**) réparer; **W~'gutmachung** f réparation f; ~**hergestellt** vt (zvb, pp **wiederhergestellt**) rétablir; ~**holen** vt (ohne ge-) répéter; **W~holung** f répétition f.

wieder-: **W~hören** nt: auf **W~hören**! au revoir!; ~**sehen** vt irr (zvb) revoir; **auf W~sehen**! au revoir!; ~**um** ad de nouveau, (andererseits) d'autre part; **W~wahl** f réélection f.

Wiege f -, -n berceau m.

wiegen vt irr peser.

wiehern vi (Pferd) hennir.

Wien nt Vienne f.

wies siehe **weisen**.

Wiese f -, -n pré m.

Wiesel nt -s, - belette f.

wie'so ad pourquoi.

wie'viel ad combien de; — **Menschen**? combien de personnes?; ~**mal** ad combien de fois?

wievielte(r, s) a: zum ~n Mal? pour la quantième o combientième fois?; den W~n haben wir? quel jour sommes-nous?; an ~r Stelle? en quelle position?

wie'weit ad jusqu'où?

wild a sauvage; (Volk) primitif(-ive); (wütend) furieux (-euse); (Kampf) acharné(e); **W~** nt (e)s gibier m; ~**ern** vi braconner; ~**fremd** a (fam) (complètement) inconnu(e); **W~leder** nt daim m; **W~schwein** nt sanglier m.

Wille m -ns, n volonté f; **w~n** prep +gen: um ... **w~n** pour (l'amour de) ... ; **w~nlos** a sans volonté; **w~nsstark** a qui a de la volonté.

will'kommen a bienvenu(e); **herz-lich** ~! soyez le(la) bienvenu(e).

willkürlich a (Entscheidung) arbitraire; (Bewegung) calculé(e).

wimmeln vi fourmiller.

wimmern vi geindre.

Wimper f -, -n cil m; **W~ntusche** f mascara m.

Wind m -(e)s, -e vent m; ~**beutel** m chou m à la crème.

Winde f -, -n (TECH) treuil m; (BOT) volubilis m, liseron m.

Windel f -, -n lange m.

winden vi: **es windet** il vente.

winden vt (Kranz) tresser; **etw um etw** ~ enrouler qch autour de qch // vr: **sich** ~ (Weg) serpenter; (Pflanze) enlacer (um etw qch); (Mensch) se tordre (vor s dat de).

Wind-: ~**hose** f tourbillon m, tornade f, cyclone m; ~**hund** m lévrier m; (Mann) coureur m; **w**~**ig** a (Stelle) éventé(e); (fig) qui n'inspire pas confiance; ~**mühle** f moulin m à vent; ~**pocken** pl varicelle f; ~**schutzscheibe** f (AUT) pare-brise m; ~**stille** f calme m plat; ~**stoß** m coup m de vent, bourrasque f; ~**surfbrett** nt planche f à voile; **w**~**surfen** vi (zvb) faire de la planche à voile.

Wink m -(e)s, -e signe m; (mit Kopf) signe m de tête; (mit Hand) geste m de la main; (fig) tuyau m.

Winkel m -s, -e (MATH) angle m; (Gerät) équerre f; (Raum) coin m.

winken vi faire signe (dat à); (fig) attendre (jdm qn) // vt: **jdn zu sich** ~ faire signe à qn de s'approcher.

winseln vi geindre.

Winter m -s, - hiver m; **w**~**lich** a hivernal(e); ~**sport** m sport m d'hiver.

Winzer(in f) m -s, - vigneron(ne).

winzig a minuscule.

Wipfel m -s, - cime f.

wir pron nous; ~ **alle** nous tous.

Wirbel m -s, - tourbillon m; (Trommel~) roulement m de tambour; (Aufsehen) remous m; (ANAT) vertèbre f; ~**säule** f colonne f vertébrale; ~**wind** m tourbillon m.

wirken vi (arbeiten): **als Arzt** ~ être médecin; (erfolgreich sein) être efficace, agir; (scheinen) avoir l'air, sembler // vt (Wunder) faire.

wirklich a réel(le), vrai(e); (Künstler) véritable (vorgestellt); **W**~**keit** f réalité f.

wirksam a efficace; (JUR) valide; **W**~**keit** f efficacité f.

Wirkung f effet m; **w**~**slos** a

inefficace; **w**~**svoll** a efficace.

wirr a (Haar) emmêlé(e), hirsute; (Verhältnisse) confus(e); **W**~**en** pl troubles mpl, désordres mpl.

W~**warr** m -s chaos m frisé.

Wirsing(kohl) m -s chou m frisé.

Wirt(in f) m -(e)s, -e (Gastwirt) patron(ne); (Gastgeber) hôte(sse); ~**schaft** f (Gaststätte) auberge f (Haushalt) ménage m, tenue f de la maison; (eines Landes) économie f; (fam: Durcheinander) remue-ménage m; **w**~**schaftlich** a économique; ~**schaftskrise** f crise f économique; ~**schaftsprüfer(in** f) m expert-comptable m.

wischen vt essuyer; (Boden) nettoyer, frotter; (Augen) s'essuyer.

wispern vt, vi chuchoter.

wißbegierig a curieux(-euse).

wissen vt irr savoir; **ich weiß keinen Rat** je ne sais que faire; **W**~**s** savoir m // **W**~**schaft** f science f; **W**~**schaftler(in** f) m -s, - scientifique m/f; ~**schaftlich** a scientifique; ~**swert** a intéressant(e); ~**tlich** a voulu(e) // ad sciemment.

wittern vt sentir; (fig) pressentir.

Witterung f (Wetter) temps m; (Geruch) odorat m.

Witwe f -, -n veuve f; ~**r** m -s, - veuf m.

Witz m -es, -e plaisanterie f, histoire f drôle; ~**bold** m -(e)s, -e plaisantin m; **w**~**eln** vi plaisanter; **w**~**ig** a (Mensch) drôle; (Ereignis, Rede) amusant(e).

wo ad (als; fragend: irgendwo) quelque part // conj (wenn): sich; **im Augenblick,** ~ ... au moment où ... ; **die Zeit,** ~ ... l'époque où ... ; ~**anders** ad ailleurs.

wob siehe **weben**.

wo'bei ad (relativ; fragend: mit) dabei (a relativ): **sie gab mir das Buch,** ~ **sie mich nicht ansah** elle me donna le livre sans me regarder.

Woche f -, -n semaine f; ~**nende** nt fin f de semaine, week-end m.

wöchentlich a, ad hebdomadaire.

wo-: ~**durch** ad (siehe auch durch) (relativ) par quoi; (interrogativ) comment?; par où?; ~**für** (siehe auch **für**) ad (relativ) pour lequel(laquelle); (interrogativ) pourquoi?

wog siehe **wiegen**.

Woge f ~, -n vague f; **w~n** vi (Meer, Weizen) onduler.

wo-: ~**gegen** ad (siehe auch **gegen**) (relativ) contre lequel(laquelle); (interrogativ) contre quoi? // conj par contre; ~**her** ad d'où; ~**hin** ad où.

wohl ad bien; (vermutlich) probablement; (gewiß) sans doute; **er weiß das** ~ il le sait bien; **W~** nt -(e)s bien-être m; **zum W~!** santé!; ~**behalten** a sain(e) et sauf(sauve); (von Sachen) intact(e); **W~fahrt** f (Fürsorge) assistance f sociale; ~**habend** a aisé(e); ~**ig** a (Gefühl) agréable; ~**schmeckend** a savoureux(-euse); **W~stand** m prospérité f; **W~tat** f bienfait m; **W~täter(in** f) m bienfaiteur(-trice); ~**tätig** a (Verein) de bienfaisance; ~**verdient** a bien mérité(e); ~**weislich** ad sciemment; ~**wollend** a bienveillant(e).

wohnen vi habiter.

wohn-: ~**haft** a domicilié(e) (in +dat à); ~**lich** a (Einrichtung) confortable; **W~ort** m domicile m; **W~ung** f appartement m; (Unterkunft) logement m; **W~ungsnot** f crise f du logement; **W~wagen** m caravane f; **W~zimmer** nt salle f de séjour, salon m.

wölben vt: **gewölbt** (ARCHIT) voûté(e); **in voûte** // vr: **sich** ~ former une voûte.

Wölbung f voûte f, arc m.

Wolf m -(e)s, ÷e loup m.

Wölfin f louve f.

Wolke f ~, -n nuage m.

wolkig a (Himmel) nuageux(-euse).

Wolle f ~, -n laine f; **w~n** a en laine.

wollen vt vouloir.

wollüstig a voluptueux(-euse).

wo-: ~**mit** (siehe auch **mit**) ad (relativ) avec lequel(laquelle); (interrogativ) avec quoi; comment; ~**möglich** ad peut-être; ~**nach** (siehe auch **nach**) ad (relativ) après

quoi, après lequel(laquelle).

Wonne f ~, -n plaisir m.

wo-: ~**ran** (siehe auch **an**) ad (relativ) sur lequel(laquelle), auquel(à laquelle); (interrogativ) où; ~**rauf** (siehe auch **auf**) ad (relativ) sur lequel(laquelle); (interrogativ) sur quoi; ~**raus** (siehe auch **aus**) ad (relativ) de quoi, d'où; (interrogativ) de quoi, d'où; ~**rin** (siehe auch **in**) ad en quoi, où.

Wort nt -(e)s, ÷er mot m; ~**e** pl (Äußerung) parole f; **w~brüchig** a qui manque à sa parole.

Wörterbuch nt dictionnaire m.

wörtlich a (Übersetzung) mot à mot, littéral(e); textuel(le).

Wort-: **w~los** a (Abschied) muet(te); ~**schatz** m vocabulaire m; ~**spiel** nt jeu m de mots; ~**wechsel** m altercation f.

wo-: ~**rüber** (siehe auch **über**) ad (relativ) sur lequel(laquelle); (interrogativ) sur quoi; ~**rum** (siehe auch **um**) ad (relativ) autour duquel(de laquelle); (interrogativ) autour de quoi; ~**von** (siehe auch **von**) ad (relativ) duquel(de laquelle); (interrogativ) de quoi; ~**vor** (siehe auch **vor**) ad (relativ) devant lequel(laquelle); (interrogativ) devant quoi, où; ~**zu** (siehe auch **zu**) ad (relativ) à quoi; ce pourquoi; (interrogativ) pourquoi?

Wrack nt -(e)s, -s épave f.

Wucher m -s usure f; ~**er** m -s, usurier m; **w~isch** a exorbitant(e); **w~n** vi (Pflanzen) proliférer.

wuchs siehe **wachsen**.

Wuchs [vu:ks] m -es (Wachstum) croissance f; (Statur) stature f.

Wucht f ~ force f; **w~ig** a (Gestalt) massif(-ive); (Schlag) énergique.

wühlen vi (Tier) fouir.

Wulst m -es, ÷e renflement m; (von Körper) bourrelet m; (an Wunde) boursouflure f.

wund a blessé(e); (fig) meurtri(e); **W~e** f ~, -n blessure f.

Wunder nt -s, - miracle m; **es ist kein** ~ ce n'est pas étonnant; **w~bar** a miraculeux(-euse); (herr-

lich) merveilleux(-euse); ~**kind** *nt* enfant *m* prodige; w~**lich** *a* bizarre; **w~n** *vt* étonner // *vr:* **sich w~n** s'étonner *(über +akk* de); **w~schön** *a* merveilleux(-euse).

Wundstarrkrampf *m* tétanos *m.*

Wunsch *m* -(e)s, ¨e souhait *m,* vœu *m.*

wünschen *vt* souhaiter; **sich** *(dat)* **etw** ~ souhaiter qch; ~**swert** *a* souhaitable.

wurde *siehe* **werden.**

Würde *f* -, -n dignité *f;* ~**nträger(in** *f) m* dignitaire *m.*

würdig *a* digne; **jds/einer Sache** ~ **sein** être digne de qn/qch; ~**en** *vt* reconnaître (la valeur de); **jdn keines Blickes** ~ **en** ne pas accorder un regard à qn.

Wurf *m* -s, ¨e jet *m;* (SPORT) lancer *m,* lancement *m; (Junge)* portée *f.*

Würfel *m* -s, - dé *m;* (MATH) cube *m;* **w~n** *vi* jeter les dés; ~**spiel** *nt* jeu *m* de hasard; ~**zucker** *m* sucre *m* en morceaux.

würgen *vt* étrangler // *vi:* **an etw** ~ faire des efforts pour avaler qch.

Wurm *m* -(e)s, ¨er ver *m;* ~**fort-satz** *m* appendice *m;* **w~ig** *a* véreux(-euse); ~**stichig** *a* ver-moulu(e).

Wurst *f* -, ¨e saucisse *f;* **das ist mir** ~ *(fam)* ça m'est égal.

Würze *f* -, -e épice *f.*

Wurzel *f* -, -n racine *f.*

würzen *vt* épicer; *(fig)* pimenter.

würzig *a* épicé(e).

wusch *siehe* **waschen.**

wußte *siehe* **wissen.**

wüst *a* (roh) sauvage; *(ausschweifend)* déchaîné(e); *(öde)* désert(e); *(fam: heftig)* fort(e); **W~e** *f* -, -n désert *m;* **W~ling** *m* débauché *m.*

Wut *f* - colère *f,* rage *f.*

wüten *vi* causer des ravages; *(Wind)* être déchaîné(e); (*See)* être démonté(e); ~**d** *a* furieux(-euse).

X

X-Beine *pl* jambes *fpl* cagneuses.

x-beliebig *a* quelconque, n'importe

quel(le).

xeroko'pieren *vt (ohne ge-)* photocopier.

Xylophon [ksylofo:n] *nt* -s, -e xylophone *m.*

Y

Ypsilon *nt* -(s), -s i *m* grec.

Z

Zacke *f* -, -n pointe *f;* (Berg~, Gabel~, Kamm~) dent *f.*

zackig *a* dentelé(e); *(fam: Bursche)* fringant(e); *(Musik)* allègre.

zaghaft *a* hésitant(e), craintif(-ive).

zäh *a* (Mensch) robuste; (Fleisch) coriace; *(zähflüssig)* épais(se); *(schleppend)* qui traîne.

Zahl *f* -, -en chiffre *m;* (Menge) nombre *m;* **z~bar** *a* payable; **z~en** *vt, vi* payer; **z~en bitte!** l'addition s'il vous plaît!

zählen *vt, vi* compter ~ **zu** compter parmi; ~ **auf** (+akk) compter sur.

zahlenmäßig *a* numérique.

Zähler *m* -s, - (TECH) compteur *m;* (MATH) numérateur *m.*

Zahl-: **z~los** *a* innombrable; **z~reich** *a* nombreux(-euse); ~**tag** *m* jour *m* de paie; ~**ung** *f* paiement *m;* **z~ungsunfähig** *a* insolvable; ~**wort** *nt* numéral *m.*

zahm *a* (Tier) apprivoisé(e); *(fig)* docile.

zähmen *vt* apprivoiser, dompter.

Zahn *m* -(e)s, ¨e dent *f;* ~**arzt** *m,* ~**ärztin** *f* dentiste *m/f;* ~**bürste** *f* brosse *f* à dents; ~**creme** *f* denti-frice *m;* **z~en** *vi* faire ses dents; ~**ersatz** *m* prothèse *f* dentaire; ~**fäule** *f* carie *f* (dentaire); ~**fleisch** *nt* gencives *fpl;* ~**pasta,** ~**paste** *f* dentifrice *m;* ~**rad** *nt* roue *f* dentée; ~**radbahn** *f* chemin *m* de fer à crémaillère; ~**schmelz** *m* émail *m* (des dents); ~**stein** *m* tartre *m;* ~**stocher** *m* -s, - cure-dent *m.*

Zange *f* -, -n pince *f;* (Beiß~) tenailles

fpl; (MED) forceps *m.*

zanken *vi (auch vr:* **sich** ~) se quereller.

zänkisch *a* querelleur(-euse).

Zäpfchen *nt* (ANAT) luette *f;* (MED) suppositoire *m.*

Zapfen *m* -s, - bouchon *m;* (BOT) pomme *f* de pin, cône *m;* (Eis-) glaçon *m;* **z**~ *vt* tirer; ~**streich** *m* (MIL) retraite *f.*

zappeln *vi* frétiller.

Zar *m* -s, -en tsar *m.*

zart *a* délicat(e); (Farben, Töne) doux (douce); (Berührung) léger(-ère); (Braten etc) tendre; **Z**~**gefühl** *nt* délicatesse *f.*

zärtlich *a* tendre; **Z**~**keit** *f* tendresse *f;* ~**en** *pl* caresses *fpl.*

Zauber *m* -s, - (Magie) magie *f;* (fig) charme *m;* **fauler** ~ fumisterie *f.*

Zauberer *m* -s, - magicien *m.*

Zauber-: ~**haft** *a* merveilleux(-euse); ~**künstler**(**in** *f*) *m* prestidigitateur(-trice); **z**~**n** *vi* faire de la magie; ~**spruch** *m* formule *f* magique.

Zaum *m* -(e)s, **Zäume** bride *f;* **jdn/etw im** ~ **halten** tenir qn/qch en bride.

Zaun *m* -(e)s, **Zäune** clôture *f;* ~**könig** *m* roitelet *m.*

z.B. *(abk von* **zum Beispiel**) par exemple.

Zebra *nt* -s, -s zèbre *m;* ~**streifen** *m* passage *m* pour piétons, bandes *fpl* blanches.

Zeche *f* -, -n (Rechnung) écot *m;* (BERGBAU) mine *f.*

Zecke *f* -, -n tique *f.*

Zehe *f* -, -n doigt *m* de pied, orteil *m;* (Knoblauch~) gousse *f.*

zehn *num* dix; ~**te(r, s)** *a* dixième; **Z**~**tel** *nt* -s, - dixième *m.*

Zeichen *nt* -s, - signe *m;* (Schild) panneau *m;* ~**trickfilm** *m* dessin *m* animé.

zeichnen *vt, vi (malen)* dessiner; (kenn~) marquer; (unter~) signer.

Zeichner(**in** *f*) *m* -s, - dessinateur (-trice); **technischer** ~ dessinateur *m* industriel.

Zeichnung *f* dessin *m.*

Zeigefinger *m* index *m.*

zeigen *vt* montrer *// vi:* **auf** *o* **nach etw** ~ indiquer qch *// vr:* **sich** ~ se montrer; **es wird sich** ~, **ob ...** l'avenir dira si ...; **es zeigte sich, daß ...** il s'est avéré que ....

Zeiger *m* -s, - aiguille *f.*

Zeile *f* -, -n ligne *f.*

Zeit *f* -, -en temps *m;* (Uhr~) heure *f;* (Augenblick) moment *m;* **sich** (dat) ~ **lassen** prendre son temps; **sich** (dat) ~ **nehmen** prendre du temps; **von** ~ **zu** ~ de temps en temps; **mit der** ~ avec le temps; **zur** ~ en ce moment; **zur rechten** ~ au bon moment; **die ganze** ~ tout le temps; **in letzter** ~ ces derniers temps; ~**alter** *nt* époque *f;* **z**~**gemäß** *a* moderne; ~**genosse** *m,* ~**genossin** *f* contemporain(e); **z**~**ig** *a* précoce; **z**~**lebens** *ad* toute sa vie (ma, ta etc) vie; **z**~**lich** *a* temporel(le); ~**lupe** *f* ralenti *m;* ~**punkt** *m* moment *m;* ~**raum** *m* période *f,* durée *f;* ~**rechnung** *f:* **nach/vor unserer** ~**rechnung** après/avant notre ère; ~**schrift** *f* revue *f.*

Zeitung *f* journal *m.*

Zeit-: ~**verschwendung** *f* perte *f* de temps; ~**vertreib** *m* passe-temps *m;* **z**~**weilig** *a* temporaire; **z**~**weise** *ad* de temps en temps, parfois; ~**wort** *nt* verbe *m;* ~**zünder** *m:* **eine Bombe mit** ~**zünder** une bombe à retardement.

Zelle *f* -, -n cellule *f;* (Telefon~) cabine *f* téléphonique.

Zellstoff *m* cellulose *f.*

Zelt *nt* -(e)s, -e tente *f;* **z**~**en** *vi* camper.

Ze'ment *m* ciment *m.*

zen'sieren *vt (ohne ge-)* censurer; (SCOL) noter.

Zen'sur *f* censure *f;* (SCOL) note *f.*

Zentner *m* -s, - demi-quintal *m,* 50 kilos *mpl.*

zen'tral *a* central(e); **Z**~**e** *f* -, -n agence *f* principale; (TEL) central *m* téléphonique; **Z**~**heizung** *f* chauffage *m* central.

Zentri'fuge *f* -, -n centrifugeuse *f.*

Zentrum *nt* -s, **Zentren** centre *m.*

zer'brechen *irr (ohne ge-) vt* casser *// vi*

vi *(mit sein)* se casser.
zer'brechlich a fragile.
zer'drücken vt *(ohne ge-)* écraser.
Zer'fall m **-(e)s** désagrégation f;
(Untergang) déclin m; **z~en** vi irr
(ohne ge-, mit sein) se délabrer, se
désintégrer; *(sich gliedern)*: **z~en in**
(+akk) se diviser en.
zer'fetzen vt *(ohne ge-)* déchiqueter.
zer'fließen vi irr *(ohne ge-, mit sein)*
fondre.
zer'gehen vi irr *(ohne ge-, mit sein)*
fondre.
zer'kleinern vt *(ohne ge-)* réduire en
morceaux.
zerknittern vt *(ohne ge-)* froisser.
zer'legen vt *(ohne ge-)* démonter;
(Fleisch, Geflügel etc) découper; *(Satz)*
analyser.
zer'mürben vt *(ohne ge-)* user.
Zerrbild nt caricature f.
zer'reißen *(ohne ge-)* vt déchirer //
vi *(mit sein)* se déchirer.
zerren vt traîner, tirer // vi tirer *(an*
+dat sur).
zerrinnen vi irr *(ohne ge-, mit sein)*
fondre; *(Traum)* s'en aller en fumée.
zer'rütten vt *(ohne ge-)* ruiner; *(Ehe)*
briser.
zer'rüttet a ébranlé(e); *(Ehe)* en
crise.
zer'schlagen irr *(ohne ge-)* vt fracasser, briser // vr: **sich ~** *(Pläne etc)*
tomber à l'eau; **sich ~ fühlen** être
moulu(e) de fatigue.
zer'schneiden vt irr *(ohne ge-)*
couper en morceaux.
zer'setzen *(ohne ge)* vt décomposer,
désagréger // vr: **sich ~** se décomposer, se désagréger.
zer'splittern vi *(ohne ge-, mit sein)*
voler en éclats.
zer'springen vi irr *(ohne ge-, mit sein)*
se briser.
zer'stören vt *(ohne ge-)* détruire.
Zer'störung f destruction f.
zer'streiten vr irr *(ohne ge-)*: **sich ~**
se brouiller.
zer'streuen vt *(ohne ge-)* disperser //
vr: **sich ~** se disperser; *(sich unter-*
halten) se distraire.

zer'streut a dispersé(e); *(Mensch)*
distrait(e).
Zer'streuung f dispersion f;
(Ablenkung) distraction f.
zer'treten vt irr *(ohne ge-)* écraser.
zer'trümmern vt *(ohne ge-)* fracasser; *(Gebäude etc)* démolir.
Zer'würfnis nt brouille f.
zer'zausen vt *(ohne ge-)* ébouriffer.
zetern vi criailler.
Zettel m **-s,** - *(Notiz~)* bout m de
papier, billet m.
Zeug nt **-(e)s, -e** *(fam) (Dinge)* truc(s)
m(pl), chose(s) f(pl); *(Kleidung)*
vêtements mpl; *(Ausrüstung)* attirail
m; **dummes ~** bêtises fpl; **das ~ zu**
etw haben avoir l'étoffe de qch;
sich ins ~ legen s'y mettre.
Zeuge m **-n, -n, Zeugin** f témoin m;
z~n vi témoigner // vt *(Kind)* procréer; **es zeugt von ...** cela révèle
...; **~naussage** f déposition f,
~nstand m barre f *(des témoins)*.
Zeugnis nt certificat m; *(SCOL)* bulletin m; *(Abgangs-)* diplôme m; *(Ref-*
erenz) références fpl; *(Aussage)*
témoignage m.
Zeugung f procréation f.
z. H. *(abk von zu Händen (von))* à
l'attention de.
Ziege f **-, -n** chèvre f; *(fam: Frau)*
bécasse f.
Ziegel m **-s,** - brique f; *(Dach~)* tuile f.
Ziegenleder nt chevreau m.
ziehen vt irr tirer; *(hervor~)* sortir;
(Tier) élever; *(Pflanzen)* cultiver;
(Graben) creuser; *(Miene)* faire // vi
tirer; *(sich um: um~, wandern)* aller;
(:Rauch, Wolke etc) passer // vb
impers: **es zieht** il y a un courant
d'air // vr: **sich ~** *(Gummi etc)*
s'étirer; *(Grenze etc)* passer; **sich in**
die Länge ~ traîner en longueur;
ein Gesicht ~ faire la grimace;
nach Paris/Frankreich ~ aller
habiter à Paris/en France; **etw nach**
sich ~ entraîner qch; **Auf**
merksamkeit auf sich *(akk)* **~**
attirer l'attention sur soi.
Ziehhar'monika f **-, -s** accordéon
m.
Ziehung f *(Los~)* tirage m.

Ziel nt -(e)s, -e (einer Reise) destination f; (SPORT) arrivée f; (MIL) objectif m; (Absicht) but m; **z~en** vi viser (auf jdn/etw qn/qch); **z~los** a sans but; **~scheibe** f cible f; **z~strebig** a déterminé(e).

ziemlich a considérable // ad assez.

Zierde f -, -n ornement m, parure f; **zur~** pour la décoration.

zieren vr: **sich ~** faire des chichis.

Zierlichkeit f grâce f, délicatesse f.

Ziffer f -, -n chiffre m; **~blatt** nt cadran m.

zig a (fam) un grand nombre de.

Ziga'rette f cigarette f; **~nautomat** m distributeur m de cigarettes; **~nschachtel** f paquet m de cigarettes; **~nspitze** f fume-cigarette m inv.

Zi'geuner(in f) m -s, - gitan(e), bohémien(ne).

Zimmer nt -s, - pièce f, (Schlafraum) chambre f; (großes ~) salle f; **~ frei** chambres à louer; **~decke** f plafond m; **~mädchen** nt femme f de chambre; **~mann** m charpentier m; **z~n** vt faire.

zimperlich a hypersensible, délicat(e).

Zimt m -(e)s, -e cannelle f; **~stange** f bâton m de cannelle.

Zinke f -, -n dent f.

Zinn m -(e)s, -e étain m; **~waren** pl étains mpl.

Zins m -es, -en intérêt m; **~fuß** m, **~satz** m taux m d'intérêt; **z~los** a sans intérêt.

Zipfel m -s, - bout m; **~mütze** f bonnet m (pointu).

zirka ad environ.

Zirkel m -s, - (von Menschen) cercle m; (Gerät) compas m.

Zirkus m -, -se cirque m.

zischen vi siffler.

Zi'tat nt citation f.

zi'tieren vt, vi (ohne ge-) citer; aus einem Buch ~ citer (un passage d'un livre); **ich wurde zum Chef zitiert** le directeur m'a convoqué(e).

Zitronat nt citron m confit.

Zi'trone f -, -n citron m; **~nlimonade** f citronnade f; **~nsaft** m jus m de citron.

zittern vi trembler; **vor Wut/Angst ~** trembler de colère/peur; **vor einer Prüfung/seinem Vater ~** appréhender un examen/trembler devant son père.

Zitze f -, -n tétine f.

zivil [tsi'viːl] a civil(e); (Preis) modéré(e); **Z~** nt: **in Z~** en civil; **Z~bevölkerung** f population f civile; **Z~courage** [tsiˈviːlkuraːʒə] f courage m de ses opinions.

Zivilisation [tsiviliza'tsioːn] f civilisation f; **z~serscheinung** f phénomène m de civilisation.

Zivilist [tsivi'list] m civil m.

Zi'vilrecht nt code m civil.

zog siehe **ziehen**.

Zöli'bat nt o m -(e)s célibat m.

Zoll m -(e)s, -e (Behörde) douane f; (Abgabe) (droits mpl de) douane; (Maß) pouce m; **~abfertigung** f dédouanement m; **~amt** nt douane f; **~beamte(r)** m, **~beamtin** f douanier(-ère); **~erklärung** f déclaration f en douane; **z~frei** a exempté(e) en douane, hors taxes; **z~pflichtig** a soumis(e) aux droits de douane.

Zoo m -s, -s zoo m.

Zoologe [tsoo'loːgə] m -n, -n, **Zoologin** f zoologiste m/f.

Zoologie [tsoolo'giː] f zoologie f.

Zopf m -(e)s, -e (Haar~) natte f, tresse f; (Kuchen) tresse f; **alter ~** chose f démodée.

Zorn m -(e)s colère f; **im ~** sous l'effet de la colère; **z~ig** a en colère.

Zote f -, -n obscénité f.

zottig a (Fell) épais(se).

z.T. (abk von **zum Teil**) en partie.

zu ad (mit Infinitiv) meist nicht übersetzt; de // prep +dat (in bestimmte Richtung) vers, à; (als Besuch) chez; **er rückte ~ mir/ans Feuer** il se rapproche de moi/du feu; **~ Boden fallen** tomber par terre; (zeitlich) à, en, de; **~ Ostern** à Pâques; **~ Anfang** au commencement; **~ Mittag** à midi; (Preisangabe) au prix de, à; (Zweck) *angebend)* pour; *(in bezug auf Thema, Frage)* sur; **ein Bericht ~r Lage im Iran** un reportage sur la situation en Iran; *(zusammen mit)* avec; **Sahne ~m Kuchen** de la crème avec le gâteau; **von ... ~ ...** *(Entfernung)* de ... à ...; **von Hand ~ Hand** de main en main; **von Tag ~ Tag** de jour en jour; **bis ~** jusqu'à; **~ Wasser und ~ Lande** par eau et par terre; **~ beiden Seiten** des deux côtés; **~ Fuß** à pied; **~m Fenster herein** par la fenêtre; **~ einem Drittel** pour un tiers; **~ meiner Zeit** de mon temps; **~ sich kommen** revenir à soi; **2 ~ 1** *(SPORT)* 2 à 1 // **ad** *(übermäßig)* trop; **Tür ~!** la porte!; **~ sein** être fermé(e); **auf jdn/etw ~** vers qn/qch.

zu'aller-: **~erst** *ad* en premier lieu, en tout premier; **~letzt** *ad* en dernier lieu, en tout dernier.

Zubehör *nt* **-(e)s, -e** accessoires *mpl.*

zubekommen *vt irr (zvb, ohne ge-)* *(Tür, Verschluß)* arriver à fermer.

zubereiten *vt (zvb, ohne ge-)* préparer.

zubilligen *vt (zvb):* **jdm etw ~** accorder qch à qn.

zubinden *vt irr (zvb) (Sack)* fermer (en nouant); *(Schuh)* lacer.

zubleiben *vi irr (zvb, mit sein) (fam)* rester fermé(e).

zubringen *vt irr (zvb) (Zeit)* passer; *(fam: zubekommen)* arriver à fermer.

Zubringer *m* **-s, -** *(Straße)* bretelle *f* de raccordement.

Zucht *f* **-, -en** *(von Tieren)* élevage *m;* *(von Pflanzen)* culture *f;* *(Disziplin)* discipline *f.*

züchten *vt (Tiere)* élever; *(Pflanzen)* cultiver.

Züchter(in *f) m* **-s, -** éleveur *m;* producteur *m.*

Zuchthaus *nt* pénitencier *m.*

züchtig *a* sage; **~ en** *vt* corriger; **Z~ung** *f* correction *f.*

zucken *vi (Mensch, Tier, Muskel)* tressaillir; *(Auge)* ciller // *vt:* **die Schultern ~** hausser les épaules.

zücken *vt (Schwert)* tirer; *(Geldbeutel)* sortir.

Zucker *m* **-s, -** sucre *m;* *(MED)* diabète *m;* **~dose** *f* sucrier *m;* **~guß** *m* glace *f;* **z~krank** *a* diabétique; **z~n** *vt* sucrer; **~rohr** *nt* canne *f* à sucre; **~rübe** *f* betterave *f* à sucrière.

Zuckung *f* convulsion *f;* *(leicht)* tressaillement *m.*

zudecken *vt (zvb)* couvrir.

zu'dem *ad* de plus.

zudrehen *vt (zvb) (fam)* fermer.

zudringlich *a* importun(e).

zudrücken *vt (zvb) (fam)* fermer; **ein Auge ~** fermer les yeux.

zuei'nander *ad* l'un(e) envers l'autre; **sie passen ~** ils vont bien ensemble.

zu'erst *ad (als erste(r)/erstes)* le (la) premier(-ière); *(zu Anfang)* d'abord; **~ einmal** tout d'abord.

Zufahrt *f* accès *m;* **~sstraße** *f* voie *f* d'accès; *(von Autobahn etc)* bretelle *f* de raccordement.

Zufall *m* hasard *m;* **durch ~** par hasard.

zufallen *vi irr (zvb, mit sein) (Tür, Buch, Fenster etc)* se fermer; *(Anteil, Aufgabe)* incomber; **die Augen fallen ihm zu** il tombe de sommeil.

zufällig *a* fortuit(e) // *ad* par hasard.

Zuflucht *f* refuge *m.*

zu'folge *prep* +*dat o gen* conformément à; *(laut)* d'après, selon.

zu'frieden *a* content(e), satisfait(e); **er ist nie ~** il n'est jamais content; **mit etw ~ sein** être satisfait(e) de qch; **Z~heit** *f* satisfaction *f;* **~geben** *vr (zvb):* **sich (mit etw) ~geben** se contenter (de qch); **~stellen** *vt (zvb)* satisfaire.

zufügen *vt (zvb) (Zusatz)* ajouter; *(Leid etc)* causer.

Zug *m* **-(e)s, ¬e** train *m;* *(Luft~)* courant *m* d'air; *(Gesichts~, Charakter~)* trait *m;* *(Schach etc)* coup *m;* *(an Zigarette)* bouffée *f;* **etw in vollen ~en genießen** profiter pleinement de qch; **in den letzten ~en liegen** être à l'agonie.

Zugabe *f* **-, -n** prime *f;* *(in Konzert etc)* morceau *m* supplémentaire.

ugabteil nt compartiment m (de chemin de fer).

ugang m accès m; ~ **zu etw haben** avoir accès à qch; **zugänglich** a accessible.

ugbrücke f pont-levis m.

ugeben vt (zvb) (beifügen) ajouter; (gestehen) admettre.

ugehen irr (zvb, mit sein) vi (fam: schließen) fermer; **auf jdn/etw** ~ se diriger vers qn/qch; **aufs Ende** ~ toucher à sa fin // vb impers (sich ereignen) se passer.

ugehörigkeit f appartenance f (zu ~).

ugeknöpft a (fam) fermé(e).

ügel m -s, - rêne f; (fig) bride f; ~los a (Benehmen) effréné(e), débridé(e); **z~n** vt tenir en bride.

uge-: **Z~ständnis** nt concession f; ~**stehen** vt irr (zvb, ohne ge-) concéder; (zugeben) admettre.

ug-: ~**führer** m (EISENBAHN) chef m de train; **z~ig** a (Raum) exposé(e) aux courants d'air.

ügig a rapide.

ugleich ad en même temps.

ug-: ~**luft** f courant m d'air; ~**maschine** f tracteur m.

ugreifen vi irr (zvb) (bei Angebot, Waren) saisir une occasion; (zupacken) bien tenir; (Polizei etc) intervenir; (helfend ~) aider; (beim Essen) se servir.

ugrunde ad: ~ **gehen** sombrer; (Mensch) périr; **bei einer Sache** (dat) ~ **legen** prendre qch comme point de départ pour quelque chose; **einer Sache** (dat) ~ **liegen** être à la base de qch; ~ **richten** ruiner.

ugunsten prep + gen o dat en faveur de.

ugute ad: **jdm etw** ~ **halten** prendre en considération qch de qn; **jdm** ~ **kommen** servir à qn.

ug-: ~**verbindung** f correspondance f; ~**vogel** m oiseau m migrateur.

uhälter m -s, - souteneur m, maquereau m.

uhause nt -s chez-soi m.

uhören vi (zvb) écouter (jdm qn).

Zuhörer(in f) m -s, - auditeur(-trice).

zujubeln vi (zvb): **jdm** ~ acclamer qn.

zuknöpfen vt (zvb) boutonner.

zukommen vi irr (zvb, mit sein) (näherkommen) s'approcher (auf +akk de); (Titel, Ehre) revenir; **auf jdn** ~ (Arbeit, Zeit etc) attendre qn; **jdm etw** ~ **lassen** faire parvenir qch à qn; **etw auf sich** (akk) ~ **lassen** laisser venir qch; **wir werden in dieser Sache auf Sie** ~ nous prendrons contact avec vous à ce sujet.

Zukunft f - avenir m; (LING) futur m.

zukünftig a futur(e).

Zukunftsaussichten pl perspectives fpl d'avenir.

Zulage f -, -n (Gehalts~) prime f.

zulassen vt irr (zvb) admettre; (erlauben) permettre; (AUT) immatriculer; **die Tür** ~ laisser la porte fermée.

zulässig a permis(e).

zulaufen vi irr (zvb, mit sein) (Mensch) courir (auf +akk vers); **uns ist ein Hund zugelaufen** nous avons recueilli un chien; **spitz** ~ se terminer en pointe.

zulegen vt (zvb) (dazugeben) ajouter; (Tempo) accélérer; **sich** (dat) **etw** ~ (fam) acquérir qch.

zu'letzt ad (in Reihenfolge) le (la) dernier(-ière); (zum letzten Mal) pour la dernière fois; (schließlich) finalement.

zu'liebe ad: **jdm** ~ pour faire plaisir à qn.

zum = **zu dem**; ~ **dritten Mal** pour la troisième fois; **das ist** ~ **Weinen** c'est bien triste; ~ **Vergnügen** pour le plaisir.

zumachen vt, vi (zvb) fermer.

zu'mindest ad au moins.

zumutbar a acceptable.

zu'mute ad: **jdm ist wohl** ~ qn se sent bien.

zumuten vt (zvb): **jdm etw** ~ exiger qch de qn.

Zumutung f prétention f; **so eine** ~! c'est une demande exagérée!; **quel**

culot!

zu·nächst ad (in Reihenfolge) tout d'abord; (vorerst) pour l'instant.

zu·nähen vt (zvb) (re)coudre.

Zunahme f -, -n augmentation f.

Zuname m nom m de famille.

Zünd-: **z~en** vi s'allumer; (begeistern) provoquer l'enthousiasme; **z~end** a (Musik, Rede) passionné(e), fougueux(-euse); ~**flamme** f veilleuse f; ~**kerze** f (AUT) bougie f; ~**schlüssel** m clé f de contact; ~**stoff** m (fig) sujet m explosif; ~**ung** f (AUT) allumage m.

zunehmen vi irr (zvb) augmenter; (Mensch) grossir.

Zuneigung f affection f.

Zunft f -, ¨-e corporation f.

zünftig a comme il faut.

Zunge f -, -n langue f.

zu·nichte: a: ~ machen réduire à néant; ~ werden être réduit(e) à néant.

zu·nutze: a: sich (dat) etw ~ machen se servir de qch.

zu·oberst ad tout en haut.

zupacken vi (zvb) (bei Arbeit) mettre la main à la pâte.

zupfen vt (Fäden) effiler; (Augenbrauen) épiler; (Gitarre) pincer; **jdn an etw** (akk) ~ tirer qn par qch.

zur = zu der.

zurechnungsfähig a responsable (de ses actes); **Z~keit** f responsabilité f.

zurecht-: **z~finden** vr irr (zvb): sich ~finden se débrouiller, se retrouver; ~**kommen** vi irr (zvb, mit sein) (rechtzeitig) arriver à temps; **mit etw** ~**kommen** venir à bout de qch; ~**legen** vt (zvb) préparer; ~**machen** (zvb) vt préparer // vr: **sich** ~**machen** s'apprêter; ~**weisen** vt irr (zvb): **jdn** ~**weisen** faire des remontrances à qn.

zureden vi (zvb): **jdm** ~ chercher à persuader qn.

zurichten vt (zvb) maltraiter, arranger (fam).

zurück ad (an Ort) de retour, (im Rückstand) en retard; ~**bekommen** vt irr (zvb, ohne ge-) récupérer; **ich**

bekomme noch 1 DM zurück vous me devez encore 1 DM; ~**bezahlen** vt (zvb, ohne ge-) rembourser; ~**bleiben** vi irr (zvb, mit sein) rester (geistig) être en retard; ~**bringen** vt irr (zvb) rapporter; (jdn) ramener ~**fahren** irr (zvb) vi (mit sein) retourner; (vor Schreck) reculer brusquement // vt ramener; ~**fallen** vi irr (zvb, mit sein) retomber; (in Wettkampf) rétrograder; **das fällt auf uns zurück** cela retombe sur nous; ~**fordern** vt (zvb) réclamer ~**führen** vt (zvb) reconduire; etw **auf etw** (akk) ~**führen** mettre qch au compte de qch; ~**geben** vt irr (zvb) rendre; (antworten) répliquer ~**geblieben** a (geistig) retardé(e) ~**gehen** vi irr (zvb, mit sein) (an Ort) revenir, retourner; (nachlassen) diminuer; (zeitlich): ~**gehen auf** (+akk) remonter à; ~**gezogen** a retiré(e); ~**halten** irr (zvb) vt retenir; (Fortkommen) empêcher (hindern) empêcher // vr: **sich** ~**halten** se retenir; (im Essen) se modérer; (in Gruppe) ne pas se fair remarquer; ~**haltend** a réservé(e) ~**kommen** vi irr (zvb, mit sein) revenir; **auf etw** (akk) ~**kommen** revenir à qch; **auf jdn** ~**kommen** faire appel à qn; ~**legen** vt (zvb) (a Platz) remettre; (nach hinten legen) mettre en arrière; (Geld) mettre de côté; (reservieren) réserver; (Strecke parcourir; ~**nehmen** vt irr (zvb) reprendre; (Bemerkung) retirer ~**rufen** vt irr (zvb) (TEL) rappeler **sich** (dat) **etw ins Gedächtnis** ~**rufen** se rappeler qch; ~**schrecken** vi (zvb, mit sein) reculer (vor +dat devant); ~**stellen** vt (zvb) remettre (Uhr) retarder; (Interessen) négliger (Ware) mettre de côté; ~**treten** vi irr (zvb, mit sein) (nach hinten) reculer (von Amt) démissionner; (von Kau renoncer (von à); ~**weisen** vt irr (zvb) (Vorwurf) rejeter; (Menschen) repousser; ~**zahlen** vt (zvb) rembourser; (heimzahlen): **es jdm** ~**zahlen** faire payer qn; ~**ziehen** vt irr (zvb) retirer; (Vorhang) ouvrir // vr: **sich**

~ziehen se retirer.

Zusage f, -, n promesse f; (Annahme) acceptation f; z~n (zvb) vt promettre // vi (bei Einladung, Stelle) accepter; (gefallen) jdm ~sagen plaire à qn.

zusammen ad ensemble; (insgesamt) en tout; ~ mit avec; Z~arbeit f collaboration f; ~arbeiten vi (zvb) coopérer; ~brechen vi irr (zvb, mit sein) s'écrouler; (Verkehr) être complètement bloqué(e); ~bringen vt irr (zvb) (ansammeln) amasser; (Lösung, Geld) trouver; (Gedicht etc) retrouver; Z~bruch m (Nerven~) crise f de nerfs; (von Firma) faillite f; (von Verhandlungen) échec m; ~fahren vi irr (zvb, mit sein) (Fahrzeug) entrer en collision; (erschrecken) sursauter; ~fassen vt (zvb) (vereinigen) réunir; (Rede etc) résumer; Z~fassung f (von Rede) résumé m; ~halten vt irr (zvb) (Teile) tenir ensemble; (Menschen) se tenir ensemble; Z~hang m relation f, lien m; aus dem Z~hang hors du contexte; ~hängen vi irr (zvb) (Ursachen) être lié(e)s; mit etw ~hängen être en rapport avec qch; ~hang(s)los a incohérent(e); ~klappbar a pliant(e); ~kommen vi irr (zvb, mit sein) (Gruppe) se réunir; (Geld) être recueilli(e); ~legen vt (zvb) (falten) plier; (verbinden) regrouper; Geld ~legen se cotiser; ~nehmen vt irr (zvb) vr rassembler // vr: sich ~nehmen se ressaisir; ~passen vi (zvb) aller bien ensemble; ~prallen vi (zvb, mit sein) (Fahrzeuge) entrer en collision; (Menschen) se heurter; ~reißen vr irr (zvb): sich ~reißen se ressaisir; ~schlagen vt irr (zvb) (jdn) tabasser (am); (Dinge) casser; ~schließen vr irr (zvb): sich ~schließen s'associer; Z~schluß m association f, fusion f; Z~sein n réunion f; (Zusammensein) f commune; ~setzen (zvb) vt (Teile) composer // vr: sich aus etw ~setzen être composé(e) de qch; ~stellen vt (zvb) (Rede etc) composer; (Ausstellung) monter;

Z~stoß m collision f, heurt m; ~treffen vi irr (zvb, mit sein) coïncider; (Menschen) se rencontrer; mit jdm ~treffen rencontrer qn; Z~treffen n rencontre f; (von Ereignissen) coïncidence f; ~zählen vt (zvb) additionner; ~ziehen irr (zvb) vt (verengen) contracter; (addieren) additionner; (Truppen) concentrer; (in Wohnung) aller habiter (ensemble) // vr: sich ~ziehen se contracter; (sich bilden) se former.

Zusatz m addition f; (Bade~) produit m pour le bain.

zusätzlich a supplémentaire.

Zuschauer(in f) m s-, - spectateur (-trice).

Zuschlag m (EISENBAHN) supplément m; z~en irr (zvb) vt fermer bruyamment; (Tür) claquer // vi (Fenster, Tür) claquer; (Mensch) frapper; z~spflichtig a (Zug) à o avec supplément.

zuschließen vt irr (zvb) fermer à clé.

zuschneiden vt irr (zvb) couper (sur mesure).

zuschreiben vt irr (zvb): jdm etw ~ attribuer qch à qn.

Zuschrift f lettre f.

Zuschuß m subvention f, subsides mpl.

zusehen vt irr (zvb) (zuschauen) regarder; (dafür sorgen) veiller; ich sehe zu, daß das gemacht wird je veillerai à ce que cela se fasse; ~ds ad à vue d'œil.

zusenden vt irr (zvb): jdm etw ~ envoyer qch à qn.

zusetzen (zvb) vt (beifügen) ajouter // vi: jdm ~ (belästigen) harceler qn; (Krankheit) affaiblir qn; Geld ~ en être de sa poche.

zusichern vt (zvb): jdm etw ~ assurer qn de qch.

zuspitzen (zvb) vt tailler en pointe // vr: sich ~ (Lage) devenir explosif(-ive) o critique.

Zustand m état m; (pl: Verhältnisse) conditions fpl.

zustande ad: ~ bringen réaliser; ~ kommen se réaliser.

zuständig a compétent(e),

responsable; **Z~keit** f
responsabilité f.
zustehen vi irr (zvb): **jdm ~** être dû
(due) à qn; (Titel, Lohn) revenir à qn;
ein Urteil steht mir nicht zu ce
n'est pas à moi de juger.
zustellen vt (zvb) barricader; (Post)
distribuer.
zustimmen vi (zvb) être d'accord
(dat avec).
Zustimmung f approbation f, consentement m; **seine ~ geben**
donner son accord.
zustoßen vi irr (zvb, mit sein): **jdm ~**
arriver à qn.
zu'tage ad: **~ bringen** mettre au
jour, révéler.
Zutaten pl ingrédients pl.
zuteilen vt (zvb) donner; (als Anteil)
distribuer.
zutrauen vt (zvb): **jdm etw ~** (Mord,
Fähigkeit) croire qn capable de qch;
sich (dat) etw ~ se croire capable
de qch; **Z~** nt **-s** confiance f (zu en).
zutraulich a confiant(e).
zutreffen vi (zvb) être exact(e),
être juste; **~ auf** (+akk) o **für s**'appliquer à.
Zutritt m accès m, entrée f; **~ zu etw
haben** avoir accès à qch.
Zutun nt **-s** aide f; **ohne mein ~** sans
que j'y sois pour rien.
zuverlässig a (Mensch)
sérieux(-euse), fiable; (Nachrichten-
quelle) sûr(e); (Auto) solide; **Z~keit** f
sérieux m; fiabilité f.
Zuversicht f confiance f, assurance
f; **z~lich** a optimiste.
zu'viel ad trop.
zu'vor ad auparavant; **~kommen** vi
irr (zvb, mit sein): **jdm ~kommen**
devancer qn; **~kommend** a prévenant(e).
Zuwachs m **-es** (von Verein) accroissement m; (fam: Familien~) rejeton m;
z~en vi irr (zvb, mit sein) être
bouché(e); (Wunde) se cicatriser.
zu'wege ad: **etw ~ bringen** accomplir qch.
zuweisen vt irr (zvb) (Arbeit) donner;
(Platz) indiquer.
zuwenden vt irr (zvb) (Gesicht, Blicke)

tourner (dat vers); **jdm de
Rücken ~** tourner le dos à qn; sic
jdm/etw ~ se tourner vers qn/qc
(fig) s'occuper de qn/qch.
Zuwendung f (finanziell) aide f, all
cation f.
zu'wenig ad trop peu, pas assez.
zu'wider ad: **jdm ~** sein dégoût
qn; **Z~handlung** f infraction f, co
travention f.
zuziehen vt irr (zvb) (Vorhan
fermer, tirer; (Knoten etc) serrer
(Arzt) faire appel à; **sich** (dat) **etw**
(Krankheit) attraper qch; (Zorn) s'a
tirer qch.
zuzüglich prep +gen plus.
Zwang m **-(e)s, =e** contrainte
pression f; **sich** (dat) **keinen**
antun ne pas se gêner.
zwängen vt: **etw in etw** (akk)
faire rentrer qch dans qch// vr: sic
in ein Auto ~ s'entasser dans u
voiture.
zwanglos a décontracté(e), info
mel(le).
Zwangs-: **~jacke** f camisole f
force; **~lage** f situation f difficile
z~läufig a forcé(e), inévitable.
zwanzig num vingt.
zwar ad en effet, il est vrai; **das ist
traurig, aber nicht zu änder**
c'est peut-être triste, mais on
peut rien y changer; **und ~** a
Sonntag dimanche, pour être tou
fait précis(e); **... und ~ so schne
daß** ... et cela si rapidement que ..
Zweck m **-(e)s, ~e** but m, intentio
zu welchem ~? dans quel but?.
Zwecke f **-, -n** clou m; (Heft
punaise f.
zweck-: **~los** a inutile; **~mäßig**
approprié(e).
zwecks prep +gen en vue de.
zwei num deux; **~deutig**
ambigu(ë); (unanständig) scabreu
(-euse); **~erlei** a inv: **~erlei Sto**
deux tissus différents; **~fach**
double.
Zweifel m **-s, -** doute m; (Zweifelns
douteux(-euse); **z~los** a indubit
table; **z~n** vi douter (an **+dat** de

~sfall m: im ~sfall en cas de doute.

Zweig m -(e)s, -e branche f; ~stelle f succursale f.

zweihundert num deux cent(s).

zwei-: ~mal ad deux fois; Z~sitzer m -s, - voiture f à deux places; (AVIAT) biplace m; ~sprachig a bilingue; ~spurig a (Straße) à deux voies; Z~taktmotor m moteur m à deux temps.

zweit num: zu ~ à deux; ~beste(r,s) a second(e); ~e(r, s) a second(e), deuxième.

zweiteilig a en deux parties; (Kleidung) deux pièces.

zweitens ad deuxièmement.

zweit-: ~größte(r, s) a deuxième (en taille); ~klassig a de deuxième catégorie; ~letzte(r, s) a avant-dernier(-ière); ~rangig a de qualité inférieure f; Z~wagen m deuxième voiture f.

Zwerchfell nt diaphragme m.

Zwerg m -(e)s, -e nain m.

Zwetsche f -, -n prune f.

zwicken vt, vi pincer.

Zwieback m -(e)s, -e biscotte f.

Zwiebel f -, -n oignon m.

Zwie-: z~lichtig a louche; ~spalt m conflit m; z~spältig a contradictoire; ~tracht f - discorde f,

zizanie f.

Zwilling m -s, -e jumeau (jumelle); (ASTR) Gémeaux mpl.

zwingen vt irr forcer; jdn zu einem Geständnis ~ forcer qn à avouer.

zwinkern vi cligner des yeux; (absichtlich) faire un clin d'œil.

Zwirn m -(e)s, -e fil m.

zwischen prep +akk/+dat entre; er legte es ~ die beiden Bücher il le mit entre les deux livres; er stand ~ uns (dat) il se tenait entre nous; ~durch ad (zeitlich) entretemps; (nebenbei) en passant; Z~fall m incident m; ~landen vi (zvb, mit sein) faire escale; Z~landung f escale f; Z~raum m espace m; Z~ruf m interruption f; Z~station f; Z~station machen faire halte; Z~zeit f: in der Z~zeit entretemps, pendant ce temps.

Zwist m -es, -e dispute f, différend m.

zwitschern vt, vi (Vögel) gazouiller.

Zwitter m -s, - hermaphrodite m.

zwölf num douze.

Zylinder m -s, - cylindre m; (Hut) haut-de-forme m.

Zyniker(in f) m -s, - cynique m/f.

Zynismus m cynisme m.

Zyste f -, -n kyste m.

z. Zt. (abk von zur Zeit) actuellement.

FRANZÖSISCHE VERBEN

1 Participe présent 2 Participe passé 3 Présent 4 Imparfait 5 Futur 6 Conditionnel 7 Subjonctif présent

acquérir *1* acquérant *2* acquis *3* acquiers, acquérons, acquièrent *4* acquérais *5* acquerrai *7* acquière

ALLER *1* allant *2* allé *3* vais, vas, va, allons, allez, vont *4* allais *5* irai *6* irais *7* aille

asseoir *1* asseyant *2* assis *3* assieds, asseyons, asseyez, asseyent *4* asseyais *5* assiérai *7* asseye

atteindre *1* atteignant *2* atteint *3* atteins, atteignons *4* atteignais *7* atteigne

AVOIR *1* ayant *2* eu *3* ai, as, a, avons, avez, ont *4* avais *5* aurai *6* aurais *7* aie, aies, ait, ayons, ayez, aient

battre *1* battant *2* battu *3* bats, bat, battons *4* battais *7* batte

boire *1* buvant *2* bu *3* bois, buvons, boivent *4* buvais *7* boive

bouillir *1* bouillant *2* bouilli *3* bous, bouillons *4* bouillais *7* bouille

conclure *1* concluant *2* conclu *3* conclus, concluons *4* concluais *7* conclue

conduire *1* conduisant *2* conduit *3* conduis, conduisons *4* conduisais *7* conduise

connaître *1* connaissant *2* connu *3* connais, connaît, connaissons *4* connaissais *7* connaisse

coudre *1* cousant *2* cousu *3* couds, cousons, cousez, cousent *4* cousais *7* couse

courir *1* courant *2* couru *3* cours, courons *4* courais *5* courrai *7* coure

couvrir *1* couvrant *2* couvert *3* couvre, couvrons *4* couvrais *7* couvre

craindre *1* craignant *2* craint *3* crains, craignons *4* craignais *7* craigne

croire *1* croyant *2* cru *3* crois, croyons, croient *4* croyais *7* croie

croître *1* croissant *2* crû, crue, crus, crues *3* croîs, croissons *4* croissais *7* croisse

cueillir *1* cueillant *2* cueilli *3* cueille, cueillons *4* cueillais *5* cueillerai *7* cueille

devoir *1* devant *2* dû, due, dus, dues *3* dois, devons, doivent *4* devais *5* devrai *7* doive

dire *1* disant *2* dit *3* dis, disons, dites, disent *4* disais *7* dise

dormir *1* dormant *2* dormi *3* dors, dormons *4* dormais *7* dorme

écrire *1* écrivant *2* écrit *3* écris, écrivons *4* écrivais *7* écrive

ÊTRE *1* étant *2* été *3* suis, es, est, sommes, êtes, sont *4* étais *5* serai *6* serais *7* sois, sois, soit, soyons, soyez, soient

FAIRE *1* faisant *2* fait *3* fais, fait, faisons, faites, font *4* faisais *5* ferai *6* ferais *7* fasse

falloir *2* fallu *3* faut *4* fallait *5* faudra *7* faille

FINIR *1* finissant *2* fini *3* finis, finit, finissons, finissez, finissent *4* finissais *5* finirai *6* finirais *7* finisse

fuir *1* fuyant *2* fui *3* fuis, fuyons, fuient *4* fuyais *7* fuie

joindre *1* joignant *2* joint *3* joins, joignons *4* joignais *7* joigne

lire *1* lisant *2* lu *3* lis, lisons *4* lisais *7* lise

luire *1* luisant *2* lui *3* luis, luisons *4* luisais *7* luise

maudire *1* maudissant *2* maudit *3* maudis, maudissons *4* maudissait *7* maudisse

mentir *1* mentant *2* menti *3* mens, mentons *4* mentais *7* mente

mettre *1* mettant *2* mis *3* mets, mettons *4* mettais *7* mette

mourir *1* mourant *2* mort *3* meurs, mourons, meurent *4* mourais *5* mourrai *7* meure

naître *1* naissant *2* né *3* nais, naît,

naissons 4 naissais 7 naisse

offrir 1 offrant 2 offert 3 offre,
offrons 4 offrais 7 offre

PARLER 1 parlant 2 parlé 3 parle,
parles, parle, parlons, parlez,
parlent 4 parlais, parlais, parlait,
parlions, parliez, parlaient 5 par-
lerai, parleras, parlera, parle-
rons, parlerez, parleront 6
parlerais, parlerais, parlerait,
parlerions, parleriez, parle-
raient 7 parle, parles, parle, parlions, parliez, parlent *impératif*
parle!, parlez!

partir 1 partant 2 parti 3 pars,
partons 4 partais 7 parte

plaire 1 plaisant 2 plu 3 plais, plaît,
plaisons 4 plaisais 7 plaise

pleuvoir 1 pleuvant 2 plu 3 pleut,
pleuvent 4 pleuvait 5 pleuvra 7
pleuve

pourvoir 1 pourvoyant 2 pourvu 3
pourvois, pourvoyons, pour-
voient 4 pourvoyais 7 pourvoie

pouvoir 1 pouvant 2 pu 3 peux,
peut, pouvons, peuvent 4 pouvais
5 pourrai 7 puisse

prendre 1 prenant 2 pris 3 prends,
prenons, prennent 4 prenais 7
prenne

prévoir *siehe* voir 5 prévoirai

RECEVOIR 1 recevant 2 reçu 3
reçois, reçois, reçoit, recevons,
recevez, reçoivent 4 recevais 5
recevrai 6 recevrais 7 reçoive

RENDRE 1 rendant 2 rendu 3
rends, rends, rend, rendons,
rendez, rendent 4 rendais 5
rendrai 6 rendrais 7 rende

résoudre 1 résolvant 2 résolu 3

résous, résolvons 4 résolvais 7
résolve

rire 1 riant 2 ri 3 ris, rions 4 riais 7
rie

savoir 1 sachant 2 su 3 sais,
savons, savent 4 savais 5 saurai 7
sache *impératif* sache, sachons,
sachez

servir 1 servant 2 servi 3 sers,
servons 4 servais 7 serve

sortir 1 sortant 2 sorti 3 sors,
sortons 4 sortais 7 sorte

souffrir 1 souffrant 2 souffert 3
souffre, souffrons 4 souffrais 7
souffre

suffire 1 suffisant 2 suffi 3 suffis,
suffisons 4 suffisais 7 suffise

suivre 1 suivant 2 suivi 3 suis,
suivons 4 suivais 7 suive

taire 1 taisant 2 tu 3 tais, taisons 4
taisais 7 taise

tenir 1 tenant 2 tenu 3 tiens,
tenons, tiennent 4 tenais 5 tiendrai 7 tienne

vaincre 1 vainquant 2 vaincu 3
vaincs, vainc, vainquons 4
vainquais 7 vainque

valoir 1 valant 2 valu 3 vaux, vaut,
valons 4 valais 5 vaudrai 7 vaille

venir 1 venant 2 venu 3 viens,
venons, viennent 4 venais 5 viendrai 7 vienne

vivre 1 vivant 2 vécu 3 vis, vivons
4 vivais 7 vive

voir 1 voyant 2 vu 3 vois, voyons,
voient 4 voyais 7 verrai 7 voie

vouloir 1 voulant 2 voulu 3 veux,
veut, voulons, veulent 4 voulais
5 voudrai 7 veuille *impératif*
veuillez.

VERBES ALLEMANDS
*mit 'sein'

Infinitiv	Präsens 2., 3. sg.	Imperfekt	Partizip Perfekt
aufschrecken*	schrickst auf, schrickt auf	schrak o schreckte auf	aufgeschreckt
ausbedingen	bedingst aus, bedingt aus	bedang o bedingte aus	ausbedungen
backen	bäckst, bäckt	backte o buk	gebacken
befehlen	befiehlst, befiehlt	befahl	befohlen
beginnen	beginnst, beginnt	begann	begonnen
beißen	beißt, beißt	biß	gebissen
bergen*	birgst, birgt	barg	geborgen
bersten*	birst, birst	barst	geborsten
bewegen	bewegst, bewegt	bewog	bewogen
biegen	biegst, biegt	bog	gebogen
bieten	bietest, bietet	bot	geboten
binden	bindest, bindet	band	gebunden
bitten	bittest, bittet	bat	gebeten
blasen	bläst, bläst	blies	geblasen
bleiben*	bleibst, bleibt	blieb	geblieben
braten	brätst, brät	briet	gebraten
brechen*	brichst, bricht	brach	gebrochen
brennen	brennst, brennt	brannte	gebrannt
bringen	bringst, bringt	brachte	gebracht
denken	denkst, denkt	dachte	gedacht
dringen*	dringst, dringt	drang	gedrungen
dürfen	darfst, darf	durfte	gedurft
empfehlen	empfiehlst, empfiehlt	empfahl	empfohlen
erbleichen*	erbleichst, erbleicht	erbleichte	erblichen
erschrecken*	erschrickst, erschrickt	erschrak	erschrocken
essen	ißt, ißt	aß	gegessen
fahren*	fährst, fährt	fuhr	gefahren
fallen*	fällst, fällt	fiel	gefallen
fangen	fängst, fängt	fing	gefangen
fechten	fichtst, ficht	focht	gefochten
finden	findest, findet	fand	gefunden
flechten	flichst, flicht	flocht	geflochten
fliegen*	fliegst, fliegt	flog	geflogen
fliehen*	fliehst, flieht	floh	geflohen
fließen*	fließt, fließt	floß	geflossen
fressen	frißt, frißt	fraß	gefressen
frieren	frierst, friert	fror	gefroren
gären*	gärst, gärt	gor	gegoren
gebären	gebierst, gebiert	gebar	geboren
geben	gibst, gibt	gab	gegeben
gedeihen*	gedeihst, gedeiht	gedieh	gediehen
gehen*	gehst, geht	ging	gegangen
gelingen*	——, gelingt	gelang	gelungen

Infinitiv	Präsens (2., 3. sg)	Imperfekt	Partizip Perfekt
gelten	giltst, gilt	galt	gegolten
genießen	genießt, genießt	genoß	genossen
geraten*	gerätst, gerät	geriet	geraten
geschehen*	—, geschieht	geschah	geschehen
gewinnen	gewinnst, gewinnt	gewann	gewonnen
gießen	gießt, gießt	goß	gegossen
gleichen	gleichst, gleicht	glich	geglichen
gleiten*	gleitest, gleitet	glitt	geglitten
glimmen*	glimmst, glimmt	glomm	geglommen
graben	gräbst, gräbt	grub	gegraben
greifen	greifst, greift	griff	gegriffen
haben	hast, hat	hatte	gehabt
halten	hältst, hält	hielt	gehalten
hängen	hängst, hängt	hing	gehangen
hauen	haust, haut	hieb	gehauen
heben	hebst, hebt	hob	gehoben
heißen	heißt, heißt	hieß	geheißen
helfen	hilfst, hilft	half	geholfen
kennen	kennst, kennt	kannte	gekannt
klingen	klingst, klingt	klang	geklungen
kneifen	kneifst, kneift	kniff	gekniffen
kommen*	kommst, kommt	kam	gekommen
können	kannst, kann	konnte	gekonnt
kriechen*	kriechst, kriecht	kroch	gekrochen
laden	lädst, lädt	lud	geladen
lassen	läßt	ließ	gelassen
laufen*	läufst, läuft	lief	gelaufen
leiden	leidest, leidet	litt	gelitten
leihen	leihst, leiht	lieh	geliehen
lesen*	liest, liest	las	gelesen
liegen*	liegst, liegt	lag	gelegen
lügen	lügst, lügt	log	gelogen
mahlen	mahlst, mahlt	mahlte	gemahlen
meiden	meidest, meidet	mied	gemieden
melken	milkst, milkt	molk	gemolken
messen	mißt, mißt	maß	gemessen
mißlingen*	—, mißlingt	mißlang	mißlungen
mögen	magst, mag	mochte	gemocht
müssen	mußt, muß	mußte	gemußt
nehmen	nimmst, nimmt	nahm	genommen
nennen	nennst, nennt	nannte	genannt
pfeifen	pfeifst, pfeift	pfiff	gepfiffen
preisen	preist, preist	pries	gepriesen
quellen*	quillst, quillt	quoll	gequollen
raten	rätst, rät	riet	geraten
reiben	reibst, reibt	rieb	gerieben
reißen*	reißt, reißt	riß	gerissen
reiten*	reitest, reitet	ritt	geritten

Infinitiv	Präsens (2., 3. sg)	Imperfekt	Partizip Perfekt
rennen*	rennst, rennt	rannte	gerannt
riechen	riechst, riecht	roch	gerochen
ringen	ringst, ringt	rang	gerungen
rinnen*	rinnst, rinnt	rann	geronnen
rufen	rufst, ruft	rief	gerufen
salzen	salzt, salzt	salzte	gesalzen
saufen	säufst, säuft	soff	gesoffen
saugen	saugst, saugt	sog	gesogen
schaffen	schaffst, schafft	schuf	geschaffen
schallen	schallst, schallt	scholl	geschollen
scheiden*	scheidest, scheidet	schied	geschieden
scheinen	scheinst, scheint	schien	geschienen
schelten	schiltst, schilt	schalt	gescholten
scheren	scherst, schert	schor	geschoren
schieben	schiebst, schiebt	schob	geschoben
schießen	schießt, schießt	schoß	geschossen
schinden	schindest, schindet	schund	geschunden
schlafen	schläfst, schläft	schlief	geschlafen
schlagen	schlägst, schlägt	schlug	geschlagen
schleichen*	schleichst, schleicht	schlich	geschlichen
schleifen	schleifst, schleift	schliff	geschliffen
schließen	schließt, schließt	schloß	geschlossen
schlingen	schlingst, schlingt	schlang	geschlungen
schmeißen	schmeißt, schmeißt	schmiß	geschmissen
schmelzen	schmilzt, schmilzt	schmolz	geschmolzen
schneiden	schneidest, schneidet	schnitt	geschnitten
schreiben	schreibst, schreibt	schrieb	geschrieben
schreien	schreist, schreit	schrie	geschrie(e)n
schweigen	schweigst, schweigt	schwieg	geschwiegen
schwellen*	schwillst, schwillt	schwoll	geschwollen
schwimmen*	schwimmst, schwimmt	schwamm	geschwommen
schwinden*	schwindest, schwindet	schwand	geschwunden
schwingen	schwingst, schwingt	schwang	geschwungen
schwören	schwörst, schwört	schwur	geschworen
sehen	siehst, sieht	sah	gesehen
sein*	bist, ist	war	gewesen
senden	sendest, sendet	sandte	gesandt
singen	singst, singt	sang	gesungen
sinken*	sinkst, sinkt	sank	gesunken
sinnen*	sinnst, sinnt	sann	gesonnen
sitzen*	sitzt, sitzt	saß	gesessen
sollen	sollst, soll	sollte	gesollt
speien	speist, speit	spie	gespie(e)n
spinnen	spinnst, spinnt	spann	gesponnen
sprechen	sprichst, spricht	sprach	gesprochen
springen*	springst, springt	sprang	gesprungen
stechen	stichst, sticht	stach	gestochen
stecken	steckst, steckt	steckte o stak	gesteckt

Infinitiv	Präsens (2., 3. sg)	Imperfekt	Partizip Perfekt
stehen	stehst, steht	stand	gestanden
stehlen	stiehlst, stiehlt	stahl	gestohlen
steigen*	steigst, steigt	stieg	gestiegen
sterben*	stirbst, stirbt	starb	gestorben
stinken	stinkst, stinkt	stank	gestunken
stoßen	stößt, stößt	stieß	gestoßen
streichen	streichst, streicht	strich	gestrichen
streiten	streitest, streitet	stritt	gestritten
tragen	trägst, trägt	trug	getragen
treffen	triffst, trifft	traf	getroffen
treiben*	treibst, treibt	trieb	getrieben
treten*	trittst, tritt	trat	getreten
trinken	trinkst, trinkt	trank	getrunken
trügen	trügst, trügt	trog	getrogen
tun	tust, tut	tat	getan
verderben	verdirbst, verdirbt	verdarb	verdorben
vergessen	vergißt, vergißt	vergaß	vergessen
verlieren	verlierst, verliert	verlor	verloren
verschleißen	verschleißt, verschleißt	verschliß	verschlissen
wachsen*	wächst, wächst	wuchs	gewachsen
waschen	wäschst, wäscht	wusch	gewaschen
weben	webst, webt	wob	gewoben
weisen	weist, weist	wies	gewiesen
wenden	wendest, wendet	wandte	gewandt
werben	wirbst, wirbt	warb	geworben
werden*	wirst, wird	wurde	geworden
werfen	wirfst, wirft	warf	geworfen
wiegen	wiegst, wiegt	wog	gewogen
winden	windest, windet	wand	gewunden
wissen	weißt, weiß	wußte	gewußt
wollen	willst, will	wollte	gewollt
wringen	wringst, wringt	wrang	gewrungen
ziehen*	ziehst, zieht	zog	gezogen
zwingen	zwingst, zwingt	zwang	gezwungen

LES NOMBRES	**DIE ZAHLEN**
un (une)/premier(ère)	eins/erste(r,s)
deux/deuxième	zwei/zweite(r,s)
trois/troisième	drei/dritte(r,s)
quatre/quatrième	vier/vierte(r,s)
cinq/cinquième	fünf/fünfte(r,s)
six/sixième	sechs/sechste(r,s)
sept/septième	sieben/siebte(r,s)
huit/huitième	acht/achte(r,s)
neuf/neuvième	neun/neunte(r,s)
dix/dixième	zehn/zehnte(r,s)
onze/onzième	elf/elfte(r,s)
douze/douzième	zwölf/zwölfte(r,s)
treize/treizième	dreizehn/dreizehnte(r,s)
quatorze/quatorzième	vierzehn/vierzehnte(r,s)
quinze/quinzième	.fünfzehn/fünfzehnte(r,s)
seize/seizième	sechzehn/sechzehnte(r,s)
dix-sept/dix-septième	siebzehn/siebzehnte(r,s)
dix-huit	achtzehn
dix-neuf	neunzehn
vingt/vingtième	zwanzig/zwanzigste(r,s)
vingt et un/vingt-et-unième	einundzwanzig/
	einundzwanzigste(r,s)
vingt-deux	zweiundzwanzig
trente/trentième	dreißig/dreißigste(r,s)
quarante	vierzig
cinquante	fünfzig
soixante	sechzig
soixante-dix	siebzig
soixante et onze	einundsiebzig
soixante-douze	zweiundsiebzig
quatre-vingts	achtzig
quatre-vingt-un	einundachtzig
quatre-vingt-dix	neunzig
quatre-vingt-onze	einundneunzig
cent/centième	(ein)hundert/(ein)hundertste(r,s)
cent un/cent-unième	(ein)hundert(und)eins/
	(ein)hundertste(r,s)
trois cents	dreihundert
trois cent un	dreihundert(und)eins
mille/millième	(ein)tausend/(ein)tausendste(r,s)
cinq mille	fünftausend
un million/millionième	eine Million/millionste(r,s)